絶望のユートピア

小倉利丸

まえがき

ネットの時代になって、紙の新聞のような読み方は廃れつつあるように思う。ネットで必要な情報を得るようになってから、私たちは、あらかじめ得たいと思う情報をキーワードで検索して、必要な情報を必要な限りにおいて得るという効率性の世界に慣れはじめている。カテゴリーへの拘束が著しく強められるような環境のなかに追い込まれてしまったともいえる。また、ブログやツイッターなどのSNSでは、タイムラインに沿って事柄が一つの時間軸のなかに配置されることも当たり前のようになってしまった。

本書は、そうした今ある情報環境を前提とした「知識」の構成を捨てて、もっとカオスに近いものへと押し返す目論見でもある。本当ならば、すべての文章を最初から最後まで、タイトルも小見出しも、いや、段落すらもない文章にしてしまいたかったし、読み始める入口も一つではないものにしたいくらいなのだが、それはあまりにも気を衒い過ぎたものにしかならないだろうから、とりあえず、個々の文章については、初出のスタイルを維持しつつも必要な加筆や修正はほどこした。

私は、大学の研究者、教育者として、あるいは社会運動の活動家として、たぶん、そのいずれにおいても極めて中途半端な存在であり続け、徹底した生き方ができないまま、必要に迫られて文章を書いてきた。こうして出来上がった文章の山は、その時間の経過からすれば、決して大きなものではないだけでなく、その山は、特定の分野についての深い洞察や徹底したこだわりがあるわけでもないし、該博な知識に裏付けられた百科全書のようなものでもない。外国語の能力を駆使してこの国に未だ紹介されていない海外の研究や思想を輸入するような能力にも長けているわけではない。いわば、計画性のない増改築を繰り返した挙句、ついに「完成」と呼ぶにはほどとおい芥屋敷の類いが本書である。だから、最近とみに多くなった大部の書籍とは外見が似ていても、その成り立ちと構成はほとんど似たところはないと思う。したがって、読者の皆さんとしては、どこから読んでいただいても構わない。

●

本書に収録した文章群は、ほぼ1980年代に本格的に文章を書き始めてから現在に至る四半世紀のテクストから、既に単行本としてまとめた文章を除いたなかから選別して編集したものである。その時々の状況のなかで書かれた時事的な内容もあれば、かなり理論的な内容のものもあり、また短文もあれば数十ページの長い文章もあり、それらがほぼアトランダムに収録されている。以下、若干の編集方針と注釈を述べて「前書き」にかえたいと思う。

文章をどのように解釈するかは、読者の領分に属することだ。しかし、著者は勝手な解釈を歓迎するというよりも、いかにして著者の意図や趣旨を読者に「正確に」理解してもらうか、ということに執着して読者の解釈をコントロールしようとする。著者としての私もまた著者である限り、読者をコントロールしたいという欲求を持つが、他方で、読者としての私は、様々な文章を「読む」場合には、いかにして著者の期待を裏切るような解釈ができるか、というややひねくれた意図をもって解釈の自由度を拡げたいという気持ちを抱くことも事実である。本書は、こうした著者と読者の間にある文章を、著者ではあっても、より自由な「読み」を読者の手に委ねようという意図をもって編集した。これは、読者に媚びたいのではなく、読者自身が意図していない文章相互の関係の網のなかに誘惑したいということである。

一般に、既出の文章を一本にまとめる場合、カテゴリーごとに分類するか時系列で配列して編集するのが一般的だろうと思う。しかし、本書ではそのいずれの方法もとらなかった。時系列は、あたかも古い文章から新しい文章へという「時間」の経過に伴う変化という予断を読者に与えがちだ。たしかに、時を経るにつれて、著者の思索の進歩や発展もあるかもしれないが、逆に、変節や退行もあるかもしれず、時間はひとつの方向をとって流れるとはいえないのは、社会の歴史だけでなく一人の人間においても言えることだろうと思う。時事的な文章は、その時代を対象に書かれたものだが、どのような時事的な文章であっても、その文章には時代の制約を超えて今ここにあって再解釈されるべきものとしても存在するものである。時系列に沿って配置するということは、こうした解釈の多様性をあらかじめ時間の制約によって削ぐ可能性を持っている。今、読みかえしてみて、若い頃に書かれたものが未熟であるわけではなく、当時問題意識として持ちながらその後、私の能力の問題から捨てざるをえなかった重要な観点をいくつも発見した。だから本書の配列は時系列に従っていない。

他方で、カテゴリー別に文章を配列してしまえば、ひとつひとつの文章をカテゴリーとの関係のなかで理解されてしまう。読者は、自分の関心のある分野に絞りこもうとするかもしれない。しかし、どの文章も、ある特定のカテゴリーの中に分類してしまえるようには書きたくない、というのが著者としての私の思いでもある。また、読者にとっては、「カテゴリー」別の章立ては、自分の関心のあるカテゴリーの文章を読み、そうではない文章を容易に脇に置いてしまうための「目印」になってしまう。しかし、著者としての私は、こうした傾向をできるだけ回避（異化）したかった。

私が最初に出版した『支配の「経済学」』の読者は、二番目に出した『ネットワーク支配解体の戦略』にはかなり失望したように思う。最初の本を書いた後で、私は、より現在に近い現実の分析枠組を提示したいと思った。私は、「思想家」ではないし、最初の本も、現実の資本主義批判に必要な理論的な前提を、従来の私が縛られてきた前提を壊してスケッチしたいということだった。しかし、後者は、思想や理論ではなく現実の社会を対象にしたことによって、現実の世界への批判を知的な世界の批判によって代位する悪しき人文主義にとらわれた人たちには、つまらない本だったと思う。そして、『アシッドキャピタリズム』では、もはや『支配の「経済学」』の読者はほとんど見出せないように感じた。だから、この両方を読んでくださった数少い読者の方達には特に深い感謝の気持ちを感じている。

他方で『アシッドキャピタリズム』は、そのややキャッチーなタイトルの本だったこともあって、文字通り「アシッド」な本だと誤解して買ってくれた若いアートや音楽が好きな読者にも受け入れられたことは嬉しいことだった。彼らの多くは、必ずしも私の『支配の「経済学」』の読者やその後に書いた社会批判に関わる本の読者になるということでもなかったようにも思う。その後私は、監視社会や情報資本主義の問題、グローバル資本主義と社会運動、天皇制と表現の自由の問題など、「雑多」な課題に首を突っ込み、何冊かの本を出してきた。それぞれの問題群ごとに、数少ない私の読者が別々のレイヤーを構成し、あまりその間を横断するような読者がいないように感じてきた。

たとえば、アントニオ・ネグリらがマルチチュードという概念によって新たな変革の主体を再定義しようとしたとき、その前提となる世界にインターネットやサイバースペースがもたらす可能性へのかなり楽観的な見通しがあると私は感じてきた。私は、情報通信のガバナンスの問題（これが権力の問題であることは言うまでもない）を見ずに、ユーザーインターフェースだけでその「自由」を判断する皮相なネットアクティビズムにはどうしても同意できなかった。世界でたった一つしかない「インターネット」、殆どのパソコンのOSはマイクロソフトとアップルに独占されている情報環境のどこに「自由」の基盤があるというのだろうか？このような「自由」は幻影に違いないと疑うことはアクティビストにとっては難しいことではない筈だが、多国籍企業を批判してやまないアクティビストがウィンドウズPCやSNSに違和感や苦痛を感じているという場面に遭遇することは極めてマレだった。なぜこのような奇妙な日常が、「運動」の現場でも生じてしまうのかという疑問は、現代の社会が抱える問題を、既存のカテゴリーのレイヤーに沿って配置してしまった結果なのではないかと思うようになった。グローバルな反グローバリゼーション運動がインターネットを駆使して実現できたことは事実だとしても、そこにはかなり厄介な落とし穴があるということだ。こうした問題を情報資本主義と監視社会の問題として、マルクスの言う下向法の出発点に置いた私の問題意識は、監視社会に関心を持つ人たちにはある程度の関心をもってもらえたが、他方で、左翼人文主義の人たちにとっては関心の中心にはなってこなかったのではないかと思った。

右に述べたことはほんの一例であって、こうした既存のカテゴリーの溝によって生み出された超えがたい亀裂は随所にあり、支配の構造が巧妙に仕掛けたこの分断線を超えないところで、運動も批判的な知も自閉する状況が続いてきたように思う。私にできることは、私が書いてきたものをこのカテゴリーに従属させないということくらいなので、それをここで実行しようと思った。これが本書でカテゴリーによる編集を退けようと思った動機である。

では、どのようにして配列を決めたのか。最初と最後の文章を除いて、ある種の無意識のアルゴリズムとでも言うしかない方法で配列を決めた。人が想起する数字には隠された「意味」があり、この意味が何なのかは、当の主体には自覚されることがない。これはフロイトが指摘したことだが、おおむねこのような意味に沿って、各テキストの順番を決めた。テキストの前後の関係は一見すると無関係のようにみえるが、そうではない。著者は一人だからだ。その一人の著者は、必ずしも博覧強記の百科全書的な知識を有しているわけではなく、かなり狭い問題意識の持ち主であり、これは読んでいただければお分りと思う。

●

とはいえ、私が独特な意味を込めて使用している概念については、もしかすると分りにくいかもしれない。ここで少しだけ注釈を加えておきたい。

たとえば、〈労働力〉というカッコ付きの労働力がよく登場する。幾つかの文章では簡単な注釈をつけておいたが、これは私にとってはかなり中心的な問題意識に関わる考え方に基づくので説明しておきたい。〈労働力〉とは、変数としての労働能力を指している。実際に労働者が実行する労働の行為を支える労働能力ではない。可能態としての、あるいは潜勢力としての労働力といってもいいかもしれない。労働市場で売買されるのは、この意味での〈労働力〉である。本当は、このようなわずらわしいカッコを外したいのだが、マルクスを始めとして、一般に労働力として論じられている概念には、この可能態としての意味はほとんどない。労働市場で購入された労働力は、その能力を100%発揮するものだということを前提として理論が組み立てられている。しかし、私は、どのような強権的な資本の下にあっても、どれだけの労働を投下するかを最終的に決定するのは労働者の意思によること、つまり労働する身体としての能力をどの程度発揮しようと思うのかは、労働者の意思に依存すると考えており、これが、労働と資本の重要な闘争の主題になってきたと考えている。この労働の発揮の水準は、賃金、労働時間、労働内容、労働組織の人間関係などでも決まるが、それだけではないし、これらの要因も単純ではない、勤勉と怠惰、従属と反抗、過剰な同調、自傷的な自己犠牲、これらの間で揺れながら、構造としての階級が一方で資本による搾取を、他方でこの搾取を阻害する労働者の個人的集団的あるいは文化的な態度の弁証法が成立する。言い換えれば、この労働をめぐる意思の問題を論じうる枠組を構築することなしに、資本主義批判を徹底させることはできない、ということでもある。

〈労働力〉と表記しているときには、この〈労働力〉の担い手がどのように自己の能力を労働として実現するかは不確定であるということを含意している。この不確定性が時には労使間の摩擦や対立をもたらすかもしれない。本書ではこうした〈労働力〉概念の再定義がもたらす全体としての資本主義批判については断片的にしか言及されていない。この問題については別途きちんと論じる機会を持ちたいと考えている。

もうひとつ、搾取という概念の再定義についてここで簡単に説明しておきたい。搾取は、資本主義批判の基本として、通俗的に用いられる場合もあればマルクス主義の理論的な枠組として厳密に論じられる場合もあるが、いずれの場合も、搾取が関係するのは労働者が資本のために必要労働を超えて労働する「剰余労働」であるという基本認識に基づいている。しかし、長時間労働や資本の飽くなき利潤追求が労働者の搾取を招くという場合、問題は、単に「剰余労働」に限定されるわけではない、というのが私の理解だ。搾取は、一般に、剰余労働の量的な概念に(経験的な世界でいえば賃金と利潤の量的な関係)関わるとされているために、行為の意味それ自体が資本によって剥奪されるという側面への関心は中心を占めなくなってしまった。

問題は、労働時間の長さだけでなく、そもそもの労働それ自体の意味にある。若いマルクスは、これを「疎外された労働」という感性的な概念で問題にしようとしたために、「物象化」された労働者の観念を問題にできなくなった。近代の人間が〈労働力〉を市場で売買するようになってから、労働と生活を繋ぐ内在的な意味の構造に深刻な亀裂が生まれた。この亀裂は、学校教育であれば、科目の配列相互の関係がどうあれ、最終的に学んだ内容が成績という「量」によって評価されて序列化されるところに表われている。こうした意味不明な教育のカリキュラムを不可解と感じることなく受け入れる心理が正常であり、これを理解できない子どもたちは問題のある子どもたちだとみなされる。同様に、労働の苦痛や意味を見い出せないことによって抱える悩みを直視しようとする人たちは、社会的な適応障害を抱えることになる。人間は象徴的な事柄の意味の関係性のなかで幻想的な首尾一貫性の観念を形成することによって、行為の意味を生成するが、ここには、論理を超越する日常生活それ自体の構造がある。

近代社会は、資本や国家という「大きな物語」の担い手がこの超越的な意味の織物を構成することによって、この社会に内在する剥奪された意味の世界に、ある種の「意味」を挿入する。私たちが、資本や国家が挿入するこの意味から離脱して、自立した意味の世界を生きようとすれば、それは、多分、この支配的な世界からすれば容認できないか理解しえない意味に捉えられた行為や主張だとしか思われない可能性がある。搾取とは、私たちが資本と国家から自立した意味を喪失せざるをえない意味の織物のなかに捉えられているという側面を含むものとして再定義されることが必要なのである。

この他、本書では、通説に反する考え方がいくつか登場する。たとえば、近代資本主義の家族制度を「一夫多妻制」として捉えているとか、階級という概念を人口構成など人の分類としてではなく、「構造」として捉えるといったことが前提として書かれた文章がある。一夫多妻制については本書に収録した二つの文章で、その内容についてや詳細に論じたので、そちらを読んでいただいた方がいいだろう。また階級を「構造」概念として捉えるということについては、本書以外の私の著書で既に述べているので本書では、特にまとまった記述はないが、特にそのために理解が困難になることはないと思う。

最後に、本書のタイトルについて述べておきたい。「絶望のユートピア」に込めた思いは、一つではない。一般に、望まれないユートピアを「ディストピア」と呼ぶが、「絶望のユートピア」は、ディストピアを意味するものではない。絶望とユートピアを繋ぐ「の」という格助詞には多様な意味を込めた。広辞苑には、「の」は、場所、時、位置・方角、向う場所や時、対象、所有者、所属、原材料、資格・状況などを示すときに用いられるとある。この多様な「の」を前提として絶望とユートピアを繋ぎたいと考えている。今の時代は絶望の淵にあるかのように思われる一方で、ユートピアもまた、これを夢見る者たちと、この夢に半ば強制的に同伴させられる者たちとの間に生じるいかんともしがたい軋轢や摩擦から、ユートピアを否定してリアリズムに身を委ねる者たちもいる。私はリアリストではないという意味である種の夢想家ではあるが、かといって己の夢に人びとを引きずり込むほど傲慢でありたいとは思わない。この意味で普遍的なユートピアを夢想するものでもない。ただいかなる時代にあっても、決して社会の多数に受け入れられるような主張や文化には与しないであろうところに己の位置を置きたいという、いささか捻くれ者の思いがあり、このタイトルにはこのことが含意されている。

●

本書は、全体としていえば、体系性はないが、一貫して資本主義に対する根底的な懐疑と批判の意図を通奏底音としている。オーケストラのようにではなく、あくまで譜面に還元できない雑音として読者の皆さんにちょっとした居心地の悪さを感じていただければ、というのが書き手としての私のささやかな期待である。

最後に、かなり奇矯なアイデアを快く引き受けてくださった桂書房の勝山敏一さんに、かなりやっかいな編集の作業も含めてお世話になったことをここに記して謝辞としたい。

目次

凡例

(1)初出の出典は、各文章の最後に示した。

(2)本書に収録する際に、初出の注や文献や見出しの体裁を改めたり削除、修正した。とくにインターネットのURLについては、検索エンジンで容易に検索可能な場合は削除した。

(3)講演やインタビューは文語体に修正した場合がある。

(4)ほとんどの文章について、初出の文章に加筆、修正を加えたが、必ずしもその旨を明記していない。

(5)引用文献の一部については、その後再版、新版、改訳、新訳などが出ている場合があるが、引用については、初出の文献のままである。ただし、表記を一部改めたところがあるが、その旨を一々明記はしていない。

(6)引用文献などの注記は、初出のスタイルを踏襲したので、全体としての統一はとれていない。

「愛」と「成長」のダークサイドあるいは夢想家になることの必要について

経済成長と呼ばれているものが、そのものとして実在するわけではない。経済成長と呼びうるなにものかは実在しないが、これを実在するかのように人々に信じさせる仕掛けは確実に存在する。経済成長に実在の地位を与えてきたのは、この概念に普遍性を付与することを通じて、資本主義という人類史のごくわずかの期間を占めているにすぎない歴史社会を普遍的な存在にしようとするある種のイデオロギー作用である。概念の実在への問いは、哲学史における普遍論争を彷彿とさせるところがあるが、社会的な概念に普遍性を与えようとする抽象化の問題を、形而上学の文脈で解釈することは適当ではないだろう。むしろ、実在しない経済成長なるものを実在するかのようにして構築する理論のなかでも有力な仕掛けは、経済統計であり、支配的な経済理論であろう。これらは数値やテキスト、数式であって、それ自体が実在の社会そのものというわけではない。さらに、こうした抽象的な学問の体系だけでなく、日常生活における実感が経済成長をあたかも実在のものであるかのように経験させる。しかし同時に、こうした世界理解に対して、徹底した批判を加えてきた別の理論やライフスタイルを含む別の世界理解もまた存在し続けてきた。世界理解をめぐる対立は、それ自体が実践と理論における闘争の主題であり続けてきた。

経済成長は、GDP（国内総生産）の変化を指標として判断されるという考え方は、様々な批判がありながらも、いまだに支配的な理解であることは間違いない。市場経済における生産活動が、毎年どのくらい増加するかが実質GDPを成長の尺度とする考え方の基本にある。物価の変動を考慮せず、時価で評価する名目GDPは、GDPを経済力とみなして国別比較をする上で便利な指標として、国際競争のランク付けで最もよく用いられる。日本は中国に抜かれて世界3位、一人当たりGDPは世界17位、といった数字が内閣府から報道発表されれば、これが多くの人々の「経済成長」についての観念を形成することになる。国家間の経済競争によってGDPがランクアップするといった単純な数値による比較は、理解しやすい競争の指標として受け入れられがちだ。こうして、資本の経済活動を拡大することによって、成長率でより高い数値を獲得することが、グローバルな国家間競争を支配することになる。市場での資本の投資・生産活動の拡大が、国別1人当たりのGDPの増加に寄与することになるから、市場経済の活性化、政府による「成長戦略」が経済において何にもまして最優先の課題となる。政府が経済を統制するのか、それとも資本の自由に委ねるのか、どちらが好ましいのかは、GDPの拡大にどちらがより有効に作用するのかで決まる、と一般に信じられてきた。しかし、これらの数字は、格差・貧困の存在も、経済ナショナリズムがもたらす国家間の政治的軍事的な摩擦や紛争も示すことはない。私は支配的な経済分析に反して、経済が人々の生存の基本的条件を保障することに責任を負うシステムであると定義すべきだと考えるが、この考え方からすれば、GDPを指標とした競争や評価は、意味がない。問題は、この無意味な指標が、現実の経済を動かす力を持ってしまっているというところにある。

これまでも私は、反グローバリズム運動の基本的なスタンスとして「新自由主義批判」は必要条件ではあっても十分条件ではないということを、繰り返し指摘してきた。もちろん、言うまでもないが、新自由主義が市場原理主義とも呼ばれるように、政府による規制を排除する結果として、競争力では大企業に劣るが、地域にとっては必要なコミュニティの小企業を淘汰したり、公共部門の民営化によって人々の必要最低限の生存コストを高めるなど、多くの問題をもたらしたことは明らかである。だから、反グローバリズム運動の戦術として、あるいは、政策批判として、新自由主義にターゲットを絞った対抗運動を組織することは、決して無意味でも的外れでもない。

しかし、資本主義の経済システムを与件として、市場経済に依存する財政構造を持つ政府が、どのようにして市場を適切にコントロールすることが可能なのか、という問題は残る。また、新自由主義の弊害を除去しつつも資本主義的な市場の構造を維持し続けることが、経済を人々の生存を保障することに責任を負う社会制度とする上で最適の選択と言えるかどうか、という問題は残される。特に、資本主義の搾取(注1)がもたらす構造的な矛盾に原因がある場合には、資本主義の一つのモデルにすぎない新自由主義批判に批判の全てを委ねることはできず、新自由主義であるか否かにかかわらず、資本主義そのものにそもそもの原因があるものとみなければならない。本稿の主題である「成長」あるいは「発展」への批判は、資本主義が歴史的な社会として誕生して以降、この社会が本質的に持たざるを得ない「宿命」的な属性への批判を回避することがあってはならないという論点に関わっている。

●

資本主義の成長や発展に伴う弊害は、市場の自由競争によってだけでなく、市場を規制する政府によってももたらされる場合がある。例えば、戦争経済で端的に示されているように、市場経済が国家的な統制によってむしろ活性化され、武力紛争を助長することは、歴史的な経験としてよく知られていることだろう。市場原理主義者が批判の矛先を

(注1)ここでいう「搾取」とは、マルクス主義でいうところの剰余労働の搾取に限定されない。剰余労働の搾取は、「搾取」の一部である。資本蓄積のために人間を〈労働力〉として動員する構造のなかで、貨幣の支払い対象であるかないかにかかわらず、人間の行為が資本蓄積に直接・間接に寄与する労働となることを通じて、マルクスが「自己の喪失」と呼んだような状態に置かれること、そしてこの「自己の喪失」を埋め合わせるように「自己」が労働する身体として再構成されることを通じて、「自己」が資本に統合されることそのものが人間に対する資本による「搾取」と定義することが必要である。従って、問題は剰余労働に限定されない。必要労働もまた搾取的な労働であり、抽象的人間労働だけが問題なのではなく使用価値形成労働としての具体的有用労働そのものもまた搾取的労働である。詳しくは、拙稿「自己の喪失としての労働——剰余労働=搾取論を超えて」『経済理論』2010年10月参照(本書所収)。

向けてきたケインズ主義は、この側面の資本主義を代表している。

20世紀の資本主義の支配的な経済モデルは、社会主義との対抗戦略として、社会主義よりも高い生産力と繁栄を目指してきた。二つの世界大戦の時期から戦後の冷戦に至る時期、特に1970年代までは、ケインズ主義が支配的だったが、この時代は同時に、世界大戦、朝鮮戦争、ベトナム戦争の時代であり、ドルを基軸通貨とする国際通貨体制を前提として、先進諸国が高度成長を享受した。先進国の「豊かな社会」は、経済冷戦の帰結であり、第三世界の戦争と表裏の関係にある。戦争なき「豊かな社会」は不可能であったことを忘れるべきではない。ところが、ケインズ主義を新自由主義に対するオルタナティブとして相対的に好ましいシステムであるという主張は、国内の繁栄が対外的な危機という代価によってのみ可能であったことを忘れた議論である。戦争なきケインズ主義で成功した例はない、と言ってもいいのだ。軍事支出もまた公共投資であるということを都合よく忘れて、ケインズ主義を平和的な経済の前提で論じることは、国家権力の経済的役割の経済学主義的な思い込み以外のなにものでもない。

20世紀後半の植民地の解放と「社会主義」圏の拡大を伴う第三世界の自立化とともに、先進国の高度成長は国際通貨体制の危機のなかで終焉を迎えた。不況期の公共支出によって景気回復を促すケインズ主義のシナリオが破綻した結果、80年代以降、先進国は「小さな政府」＝新自由主義へとある種の先祖返り（アダム・スミスや古典派経済学が理想的な経済モデルとみなした自由競争市場の復興）の道を選んだ。市場経済は、「最適な」資源配分のシステムとして最も効率的で合理的であり、経済成長に「最適な」技術選択を行いうるシステムであるという新自由主義の考え方は、根拠のない信念ではなく、科学としての経済学によってその根拠を与えられてきたし、そのことは今に至るまで変わっていない。(注2) そして、この新自由主義もまた、安全保障の分野を小さな政府がもっぱら担うべき義務とし、軍事支出を擁護してきた。財政の軍事化は新自由主義においても抑制されることはなかった。

むしろ、80年代の冷戦の激化は、市場経済か計画経済か、という論争を「豊かさ」のメタファとしての経済成長を尺度として、大衆を巻き込む体制選択問題として、資本主義の支配層によって巧みに仕掛けられたある種の文化戦争を惹起した。繁栄とは市場経済に基づく所得の増大であり、自由とは市場における消費財選択の多様性であり、言論の自由とは議会制民主主義における政治的選択の多様性であるということを与件として、文化戦争のルールとアリーナが設定されることによって、西側諸国はイデオロギーの主導権を握り、社会主義圏を西側の資本主義世界市場に統合することに、とりあえずは成功した。資本は社会主義圏を新たな市場として獲得することによって、成長の原資を手に入れたが、多くの民衆は、約束された繁栄も自由も手に入れることができたとはいえない。繁栄を手に入れられなかった人々は、彼ら自身が競争の敗者とされてその責任を自ら引き受けることを強いられた。

●

しかし、80年代以降の新自由主義は、単なる先祖返りではないということを強調しておくことが必要だ。それは、植民地なき資本主義中枢諸国の慢性的に過剰化した資本が公共領域に新たな市場を見いだしたこと（いわゆる民営化）、ヘッジファンドの台頭や土地の証券化などいわゆる金融自由化によって、資金調達と通貨調整の制度そのものが市場化（証券化）されたことを通じて、金融領域を新たなマネーゲームの市場としたこと、そして、いわゆる「脱工業化」が情報コミュニケーション分野の拡大を通じて達成される新たな資本蓄積構造の中核をなすようになるという点にみられる。つまり、植民地がほぼ消滅しポストコロニアルな構造へと転換したなかで、知識・コミュニケー

（注2）支配的な経済学の教科書でも、「市場の失敗」に必ず言及されるが、失敗を市場の本質とはみなさない。市場は最適な資源配分と技術選択を行うことができる、ということがむしろ市場の本質であり、政府はこうした市場本来の性質を実現できるように行動すべきだということを前提としている。本質的に市場は資源の最適な配分などできないし、最適な技術選択も行えない。マルクスのいわゆる経済学に関わるテキストは「政治経済学批判」として、資本主義経済とその思想への批判的な分析であり、マルクスは、支配的な経済学に代替する経済学を構築しようと考えたことは一度もなかった。

ション領域が市場化され、そして右に述べた社会主義圏の解体と公共領域の市場への統合が新たな市場を創出したこと[注3]とは、広大な植民地とフロンティアを周辺部に抱えていた19世紀の自由主義にはない新たな特徴と言えたのである。

こうして、80年代を通じて、内包的外延的な新たな市場創出を通じたグローバル資本主義の登場は、資本の規模にあわせて世界規模で市場を地理的産業構造的に拡大すると同時に、公共領域を市場に組み込み、市場の拡大によって過剰資本を処理したという点で、新たな資本蓄積様式に基づくものだった。これは、過剰資本を景気循環のプロセスを通じて処理することがもはや不可能なまでに肥大化してしまったことを示してもいた。しかも、資本蓄積は有機的構成の高度化（省力化技術の導入による利潤の獲得）をもたらすという資本主義に一般的にみられる特徴に規定されていた。有機的構成の高度化による相対的剰余価値の生産は、19世紀の資本主義にとっては経済発展の資本主義的優位の証とみなされたが、これは、〈労働力〉が希少で階級闘争による制約が大きいという条件のもとで、機械化による労働者排除＝効率性向上という人口＝階級構成の特殊性を前提としていたからこそ言い得たことだった。しかし、〈労働力〉供給が慢性的に過剰となっている非西欧世界が市場に統合されたグローバル資本主義においては、この同じ資本蓄積のメカニズムが作用し続けることによって、有機的構成高度化による経済成長は、失業の増大と、これに伴う貧困を加速化してしまうという大きなジレンマを背負い込むことになる。

●

〈労働力〉は、資本にとっては、物にはない人格と人権を持つ人間であるとはみなされず、収益を圧迫するコストとみなされる。従って、個々の資本は、〈労働力〉の単位当たりの産出量を増大させられるような技術（労働生産性向上技術）の採用へのインセンティブを持つ。〈労働力〉はフレキシブルな存在であり、機械のように、その能力をあらかじめ固定できない。労働者の側からすると、階級闘争状態にある場合と労資協調状態にある場合とでは、〈労働力〉の発揮度、資本への従属度は大きく異なる。労働者の（経験する）世界と資本の世界は同じではない。機械技術は、この〈労働力〉のフレキシビリティを資本に有利な条件で固定化するものとして導入される。そして、こうした技術は、一国の人口が資本の下で生産しうる生産物の増大をもたらすから、GDPのように、商品の生産額で計られた社会の富の増大をもたらすものとして社会の支配的な価値観によって肯定的に評価される。こうして、労働節約型の技術への投資こそが社会の発展であるという価値観に支えられて、資本の〈労働力〉吸収力は一貫して低下し、失業圧力は強まり続けてきた。

他方で、資本間競争は、コスト削減圧力として作用するので、賃金コスト引き下げと労働節約型技術の導入を促す。〈労働力〉を市場に供給する圧力と〈労働力〉を排除しようとする圧力という相反する力が、労働市場には常に併存する。市場の価格競争は、労働節約型の技術を先進的で革新的な技術として評価し、こうした技術の開発競争に基づく技術観をもたらし、これを普遍的な科学技術の進歩として人々の価値観の一部を構成する要素とすることによって、〈労働力〉の排除をイデオロギー的に受け入れさせてきた。科学の普遍性が技術として社会的な機能に組込まれ、この科学技術の自然科学的な「正しさ」が社会の「正しさ」として理解されることを通じて、社会は生成から崩壊へと向かう歴史的な存在ではなく、普遍的な存在へと自らの永遠性を担保しようとしてきた。

資本主義的な経済成長に不可欠な市場の拡大は、人々を自給的な生産手段（その最も重要なものが土地であった）から切り離して自給の基盤を奪い、生活をますます市場に依存させると同時に、資本が必要とする〈労働力〉をより一層多く労働市場に供給する。資本が供給する生活手段市場の規模拡大は、生産手段市場の拡大を促し、市場拡大の

（注3）20世紀社会主義は、自壊したというよりもむしろ冷戦に伴う文化領域での「戦争」、すなわち、ハリウッド映画、ポピュラー音楽、抽象表現主義による社会主義リアリズムの掘り崩しなど、いわゆる「文化冷戦」を含むライフスタイルや文化的価値、「豊かさ」の観念をめぐるイデオロギーの闘争で有効な闘いを組織できなかった結果、崩壊したのである。

ための資本の投資資金を金融システムが媒介する。こうした全般的な市場拡大は、人々の生活を市場に巻き込みながら生存の基盤を市場のシステムに統合してゆく。言い換えれば、労働市場にますます多くの人口が供給され、また賃金を所得とする「消費者」がますます生活の必要を市場に依存するようになることを通じて、人々の生活は、資本の供給する商品の使用価値と資本のもとでの労働の経験に支配されるようになる。生活と労働は賃金（所得）という貨幣的な条件によって媒介され、両者の内的な結びつきは脆弱なものになる。労働の意味は資本によって与えられ、生活の質は所得の大きさに規定された生活手段市場の選択肢の幅によって規定される。いずれも主導権は資本に握られ、労働者は「自己の喪失」という深刻なアンデンティティの危機を常に抱え込むことになり、これが資本との闘争を支える情念の生成と結びつく。〈労働力〉商品化の拡大が、市場の拡大＝成長を支えるという問題は、単なる貨幣的な問題を超えて、人々のライフスタイルの実質と関わる問題となる。以上のメカニズムは、金融がマネーゲーム化していない場合であっても生じる資本主義に普遍的な問題だ。

資本にとって賃金は、他人の労働能力を資本の利潤目的のために自由に利用する権利の代価であり、権力的服従の代価を意味する。このことを前提として受け入れて、より多くの人々が〈労働力〉を供給し、賃金としての「所得」を得ることで生存を維持する。このことは、その「所得」が消費市場の需要となって資本に還流することが前提であり、貯蓄に回された場合には、信用制度を介して投資資金として融通されて資本に供給され、資本に還流する貨幣循環の一部に組み込まれる。「所得」の代償に労働者が引き渡す〈労働力〉は資本の価値増殖そのものの担い手となって、資本の運動に統合される資本の一要素となる。資本はこのような運動を繰り返しながら、資本蓄積＝利潤を実現することを目的とするのであって、人々の生存に責任を持つことはない。人間は〈労働力〉となる限りにおいて、つまり、資本にとって意味ある存在となることによってのみ生きる条件を与えられるのが資本主義である。人間としての生存に資本が責任を持つなどということは、市場経済に内在的な規範としては、ありえない。

従って、利潤率を最大化する資本の行動が同時に、人々に生存可能な所得を保障し、「自然失業率」(この概念は、失業率の傾向的な上昇を正当化するものでしかないのだが)以下に失業率を抑える結果をもたらすとは限らない。むしろ失業の圧力は、資本にとっては、賃金を押し下げ、コスト削減の効果を持つ一方で、失業率の上昇は、消費市場の拡大を抑制し、消費需要に対してマイナス効果をもたらす。しかし、この二律背反は、資本主義の現実とは何ら関わりのない閉鎖経済という理論モデル上でのことでしかない。今世紀はじめに、ローザ・ルクセンブルクが指摘したように、資本主義の歴史的な過程は、複数の国民経済市場や植民地との間の貿易を資本蓄積の不可欠な要素として組み込むことによって、国内市場が失業率の圧力で消費需要の押し上げが困難であっても、輸出や対外投資によって、国外の市場を獲得することができれば、資本過剰は緩和されるようなメカニズムを備えていた。より所得の高い地域との貿易は、資本にとっては効率的な利潤獲得の条件となる。あるいは、所得が低くても、人口が多い地域であれば、薄利多売の効果を発揮することが可能だ。このように国内の貧困層や失業人口は、賃金コスト引き下げ要因として利用される一方で、資本が国内に投資先を見いだせずに過剰になるとしても、過剰資本のはけ口を国外に市場を見いだそうとして侵出する過程(植民地主義、帝国主義に限らず、国家の軍事力や政治的な影響力が自国資本の対外侵出を支える力となることは言うまでもない)は、資本主義の歴史においてごく当たり前に存在してきた。そして、こうした環境を維持しながら資本は「成長」を続け、この意味での「成長」が、現実の具体的な歴史性を捨象されて構築された理論によって、あたかも市場の自由な競争によって繰り返し不断かつ永遠に達成されうるかのようにして正当化されてきたのである。しかし一端歴史と具体性へと立ち返るならば、資本の成長=経済成長は、貧困と国家の外交・軍事の力を必須の条件としていることが視野に入らざるを得なくなる。

経済成長は資本の成長でしかない以上(資本主義を前提とする限り、これ以外の成長の選択肢は存在できない)、貧困を解決することも紛争を終わらせる力もそれ自体にはない。にもかかわらず、経済成長に囚われるのは資本ばかりか、むしろ大多数の大衆もそうなのである。経済成長への批判で最大の難問は、経済成長＝繁栄をめぐる強固な大衆的な観念が再生産され続けている点である。なぜ成長＝繁栄という物語から人々は解き放たれ難いのだろうか。(注4)

●

右に述べたように、なぜ経済成長が大衆的な基盤をもって支持され続けるのか、このような大衆的な支持をどのようにしたら覆せるのかを考える上で、資本が生産する商品の使用価値および、〈労働力〉再生産過程を担う「消費」として現れる日常生活の質的な側面への注目は不可欠である。人々が「成長」を実感するのは、まさに彼らの生活を通してだからである。「成長」を肯定する価値観は、資本の側にあっては、利潤を獲得するための資本の行動を肯定する価値観として構築される。他方で、〈労働力〉の売り手である労働者の側にあっては、資本の「成長」価値観に同調できるような価値意識が構成される必要がある。「経済成長」を肯定する価値観が利害を異にする二つの階級によって共有されることによって、普遍性の観念を獲得する。国家はこの階級横断的な成長を肯定する価値意識を基盤として、経済政策を策定することになり、「成長」は「国民的」な共同利害の位置を獲得することになる。労資ともに、「成長」という基本前提のなかで、所得配分をめぐる「闘争」を展開する。景気が回復し資本の利潤率も回復すれば、賃金水準も引き上げられるべきだという主張に典型的に示されているように、「成長」あっての賃上げや待遇改善という意識は、労働運動側が基本的に抱いてきたものだろう。〈労働力〉としての身体構成が人々を労働市場へと媒介する条件となるが、この条件を認めてしまえば、資本蓄積の自動機械が作動して、人々の生活を資本主義的な消費財市場に依存させることになり、これが生活の実体を形成することになる。これは、物質的な条件だけでなく人々の精神的な条件をも構成するから、人々の生活意識は資本の価値規範に従属することになり、「成長」という観念を払拭することができなくなる。ＧＤＰのような単純化された数値を基準にした競争意識は、こうした観念を人々の意識に根付かせることに寄与することになる。このことが、政治的な意識や投票行動に影響し、国民国家の「成長」政策を支えることになると同時に、「成長」を基礎とした「国民意識」を再生産することにもなる。

労働者にとって「成長」とは、第一に、所得の実質的な増加として実感され、この所得によって購買される商品の消費によって、日々営まれる生活過程が「昨日よりも豊かな生活」として観念される。こうした観念が恒常的に労働者の意識を捉えて離さないようになる。この観念は、「自分の所得が増えた」ということよりも、「自分の所得は増えていないが、成長が実現されている」ということを消極的に肯定せざるを得ないような理解、言い換えれば競争における敗者が内面化する「成長」を肯定する観念によって支えられ、敗者をさらなる競争へと駆り立てるように作用するところが重要なのだ。「成長」を拒否できるようなオルタナティブが不在である結果として、否応なく「成長」を受け入れざるを得ないところに追い込まれる。敗北や貧困を自己責任としつつ、「成長」への希望を抱くように世界のあり方が理解され、「成長」を拒否することをあらかじめ封じられた価値観が再生産される点に注目する必要がある。利潤と賃金の相反関係のなかで労働者への所得配分を有利に導こうとする労働運動が、「成長」の観念の枠組みを前提とした闘争となるように、階級闘争のアリーナが設定される。新自由主義への批判が、新自由主義では「成長」が実現できず貧困と格差を蔓延させるだけだという主張として展開される限りにおいて、こうした批判は成長の罠を逃れられてはいない。資本と労働者との間の所得配分がどのような分割線を引こうとも、労働者が生活過程において「昨日よりも豊かな生活」を実感できるような仕掛けがあり、価値増殖を前提とした所得の再配分という要求の

（注4）いわゆる「トリクルダウン」の仮説は、経済成長によって低所得層がより高い所得を得るか、失業人口の減少が実現することが可能だとしているが、有機的構成高度化が進むなかで、単位当たりの資本投資による労働需要への効果はますます限定的になり、なおかつ生産拠点のグローバル化によって、労働市場の国際競争圧力は大きく、経済成長が貧困の削減につながる余地はますます小さくなっている。

枠組みが唯一の選択肢として提示され、これを受け入れるように心理的に迫られる（もちろん、「迫られる」という感覚は必ずしも抱かれないのだが）限り、資本蓄積がもたらす絶望的な構造は揺らぐことはないだろう。

従って、積極的に「成長」を拒否する論理は、このような前提条件からは導きようがない。労資の階級を横断して資本の利害に即して「国民的合意」として構成されてきた「成長」の価値意識に対して、「成長」が資本の価値増殖に寄与するのみであって、社会的な不平等、貧困や紛争を解決する経済的な基礎を構築しないという現実を体現する対抗的な価値意識が、いかにして具体的な表現を獲得することができるのか、という課題は、〈労働力〉の再生産に組み込まれた日常生活を構成する価値意識としての「成長」を異化すること、言い換えれば資本が消費過程を通じて与える「幸福」とか「希望」、その裏面にある競争とその敗者意識から自らを解き放つような、資本の理解を超えた生存を実在化するような集団的な闘争が重要な条件をなす。「成長」に対する拒否は、長期にわたって徐々に価値として形成されるものであって、この過程のなかでしか拒否の向こう側に存在する「成長」とは全く異なるパラダイムに基づく「なんらかの社会」の具体的な姿は創造しえない。多くの人々にとって「成長」という概念そのものが無意味となり、辞書から消え去るか古語として化石化することは、「成長」に抗う民衆の運動を通じてしか実現できない。誰にもこうした「成長」の向こう側にあるものをあらかじめ描いて見せることなどできないのだ。できない、ということは不可能を意味するのではなく、逆に、実践が向かうべき向こう側を指し示す潜勢態なのである。

●

「成長」という観念は市場経済の物質主義的で金銭欲にとらわれた「繁栄」として現れるとしても、このような物質欲がそのままの形で大衆の意識において肯定されるわけではない。この点が、経済成長の観念の強靭さを理解する上で重要なことである。市場経済は、単なる貨幣的な欲望をむき出しにするのではなく、「幸福」とか「希望」といった観念を味方につける。幸福それ自体とか希望それ自体は存在しえない。だから、これらは、様々な商品の消費を通して実現しうるものであるという、市場経済のある種の「物語」が構築される。

「成長」や「繁栄」は個人のレベルでは、「幸福」や将来への「希望」として感得されるものであり、そして、この「幸福」「希望」は、人々の私的な人間関係のなかで実現可能なものとなるべきこととして、人々の人生の実感を構成するものでなければならなかった。しかしこれらは、いずれもそれ自体では対象化可能なものではないから、これらを目に見えるもの、触れることのできるものなど、五感で実感できるものを通じて具体化される以外にない。市場が供給する商品の使用価値がこうした役割を担う。そして市場が使用価値の意味を構築する。「成長＝繁栄」を「幸福」「希望」に媒介する感情の基盤に、人間関係における「愛」が位置する。「幸福」や「希望」が自己の感情であるのに対して、「愛」には他者との関係を規定する感情としての要素が含まれる。そのために、人間関係に固有の影響を与えることになる。具体的に言えば、「愛」もまた愛それ自体としては存在しえないのだが、その具体的な制度化が家族関係に配当されるということ、しかも家族関係は同時に、〈労働力〉再生産を担う資本主義に必須の制度でもあることによって、「愛」という観念は、イデオロギー作用をまとうことになる。「幸福」「希望」「愛」の観念が商品広告に溢れていることにみられるように、これらの観念は商品の使用価値の意味を構成するものとして、その売り手（つまり資本）によって意識的に生産される。「幸福」「希望」「愛」の観念は、生活手段としての商品の使用価値の一要素であり、従って、資本の生産過程のなかで生産されるものなのである。

家族と「愛」の結びつきは、資本主義に特有のものだ。資本主義における家族は、伝統社会の家族制生産様式のような確固とした物質的な基盤を持つことがなく、単なる観念的な結びつきのなかでもっぱら〈労働力〉としての人口の再生産を担う。近代家族にとって「愛」は、それなくしては家族が存続し得ない観念における必須の紐帯なのである。このような機能を担う「愛」という観念は、消費市場における欲望を刺激する基本的な条件を構成する。従って、資本主義的な「成長」への批判には、親密な人々の間に形成される「愛」の観念への批判が不可欠なのだ。家族愛、恋人同士の恋愛感情といった否定し難い実感として刷り込まれた「愛」は、形を変えた資本への愛、市場経済的な富への愛であり、それは、権力政治の側面からみれば、国家への愛であり、ナショナリズムに対する精神的な基盤をなす。「愛」は一方で性に係留され、他方で政治的・経済的な権力に係留されるなかで、極めて私的な感情のようにして個人の内面から自生するかのように感じられる。しかし、「愛」は、社会の必要によって構築される個人の感情でしかない。これらの「愛」に普遍的な価値を与える役割を担うのは、今に至るまで宗教である。キリスト教でもイスラム教でも、あるいは、天皇教でも何であってもよいが、これらの神は、資本の僕でしかなく、これらの背後にあって、文字通りの意味で神的な存在の地位にあるのは言うまでもなく資本である。同時に人々は、実在の曖昧な「愛」についての不安を常に無意識のなかに持つ。市場における貨幣的な富は、この不安を根本的には解決することなどできないが、「愛」を形あるものとして提示するための手段にはなりうるのだと消費者をそそのかすことはできる。家族であれ、恋人であれ、あるいは性産業の恋愛サービスであれ、愛情の絆の証として、市場は多様な商品を供給する。こうした市場の機能は、遊びでもなければ娯楽やレジャーという概念につきまとう「一時的な気晴らし」でもなく、それ自体が、資本主義が意図した「愛」であり「幸福」であって、人々が繁栄への「希望」を実感する仕掛けなのである。この仕掛けに乗れるかどうかは、市場における消費者になれるかどうかにかかっている。消費者の力は貨幣の額に依存する。そしてこうした欺瞞的な「愛」の仕掛けを、市場や貨幣の俗物的な欲望とはあたかも無縁であるかのような教義を携えた神たちが背後から支えることによって、精神の均衡を実現し、こうしてふたたび「所得」と「成長」の円環から逃れようのない現実に戻ってくることになる。

どのような社会であれ、社会が社会として存続しうるためには、人間であることの根源的な意味あるいは存在理由を、その社会の再生産にとって必須となる要件に沿って形成することが必要だ。このようにして形成された人間的な存在理由は、社会の普遍性を構成員によって公理のように「当たり前」なこととして感得され、こうした社会を否定することや、これを覆そうとする行為や主張を、理論や思想以前のところで生理的に拒絶する基盤をなすことになる。こうした意味での資本主義が与件とされれば、社会が「成長」するということ、資本主義あるいは市場経済が最適な社会の「成長」のための機構であることなど、本稿の主題である「成長」もまた公理の地位を得ることになる。言い換えれば、「成長」は、人々の日常の生活そのものを支える人間関係と物質的精神的な経験に基づく直感的に感得しうる回路を通じて内面化される。資本と賃金制度を変えようのない唯一不可欠の経済制度とみなしたり、家族と呼ばれている親族組織があたかも人類史全体を通じて変わることのない人間関係に本源的なものであるかのようにみなしたり、人々の生は、これらの制度を与件としながら「成長」を前提として世代的に継承されることを当然であるとみなしたり、これら諸々の事柄を説明以前の自明な事柄と直感することによって、これらが人々の生活そのものとなる。資本主義が生み出す「幸福」や「希望」、「愛」といった観念とその物質化が、これらの制度や社会関係にまとわりつき、別の形がありうるという可能性にすら思い至らないところに生活が構築される。現代の世界では、資本と国家の存在を欠いた経済システムをイメージすらできないなかで、人々の生活実感が構築される。資本と国家は「幸福」や「希望」の観念やその物質的な条件（所得と生活手段）を独り占めした上で、人々に「幸福」や「希望」を与えうる唯一の存在として登場する。これを欺瞞ということはたやすいが、このような資本と国家の仕掛けそのものを覆すことは、人々の想像力の問題であり、物理的な力に関わる問題はその後についてくるものだ。想像力が単なる観念や表象に還元されるのであれば、それらは、資本と国家が支配するこの世界のなかで、学問とか芸術などと呼ばれて、それなりの場所を与えられるだけのことだ。どのようにラディカルな言説も、どのように新鮮で驚きに満ちた表現も、それらが社会として人々の生存の基盤として具体化されることなく生かされれば、想像力は社会の創造力に転化されることを阻止されて、生殺しにされる。学問や真理、科学を疑うこと、芸術や文化の表象が与える快楽に感応する自己の感性を意識的に拒否すること、神として名指しされるありとあらゆる超越的な存在を拒否するだけでなく、神とは自らも呼ぶことはないが、実は、神々のなかの神として君臨するある存在に気づくことが必要なのだ。

資本と国家の絶対性に抗うということは、容易なことではない。日々の生活の中に深く埋め込まれ、私たちの行動や無意識の断片のなかにあまねく組み込まれている資本と国家のコードを解体するには、資本と国家が構築した「私」を疑うことができる別の「私」（複数形）を構築することが必要なのだ。「成長」への批判とは、この意味で、経済政策の批判や制度批判を必要条件とするもののそれだけでは十分ではない。これらに加えて、人々の日常を支配する「成長」という実在しようのない観念そのものが人々の生にとって意味をなさないものになるような、民衆の共同作業としての想像力／創造力を構築することなのだと思う。この意味で民衆の運動はプラグマティズムである以上に夢想家の資質を獲得することが大切なことである。

出典：『季刊ピープルズプラン』53号、２０１１年

「解釈改憲」を受容する社会意識と社会構造――「国際貢献」イデオロギーはなぜ受ける[注1]

戦後の長い間、戦後憲法の象徴天皇制は、政治的・軍事的な絶対権力を持っていた戦前型の天皇制ファシズムなるものに後戻りすることのないように設けられた防波堤であるとして、天皇を「象徴」という飾り物に押し込めたことを戦後憲法の一つの積極的な意義と見る見方が一般的であったように思う。いや、少なくとも、私たちが学校の社会科で教えられた天皇とはそうした毒にも薬にもならない、操り人形のような頼りない存在でしかないものと教えられてきたし、テレビに映し出された前天皇、ヒロヒトの猫背の背広姿は、そうした印象にぴったりしたものであった。同じ人物が、戦前、戦中に軍服姿であったことを知ってはいても、それは明らかに実感として同一の人物とは理解し難いものがあった。象徴天皇制は、この点で、少なくとも戦後民主主義を支持する人々にとっては、大きな争点ではなかったように思う。だから、右翼や保守派は、戦後の象徴天皇制をアメリカによる押し付け憲法の規定として批判し、天皇の戦前的な性格への復帰という主張を繰り返してきたように思う。

他方、憲法9条の戦争放棄条項は、戦後民主主義の擁護派にとっては、「平和憲法」の要とみられてきた。護憲という理念を一言で言い表せ、といわれれば、多分この9条が最もふさわしいものだろう。護憲と9条はこの意味で、ほぼ同義であると言える。自主憲法制定を掲げる自民党も含め、9条が右翼、保守派にとっては最も大きな批判の的であり続けたのは、言うまでもない。この9条に関する限り、護憲と改憲との立場の違いは少なくとも外見上は鮮明である。

しかし、こうした前提は今、大きく変化しようとしている。第一に、象徴天皇制は、必ずしも保守派、右翼にとって不名誉なものではなくなった。むしろ、政治世界の権力関係を超越する非常に好都合なものとさえ見られるようになった。今回の明仁天皇の訪中（1992年10月）をめぐる保守派の議論に、この点を見ることができる。第二に、

（注1）1992年11月15日開催の反派兵フォーラムに提出した原稿。

憲法9条はもはや死文である、ということである。自衛隊の発足以来繰り返し議論されてきた自衛隊の是非、憲法との関わりという議論の方法は、現実にどのような意味があると言うのだろうか？

ここで、私たちは、戦後的な問題の設定を再度根本的に検討し直す必要に迫られている。すなわち、

1．象徴天皇制はもはや保守派にとって制約ではないということ。従って、戦前の天皇制への「逆コース」への歯止めとして象徴天皇制を意義づけることはできない。むしろ象徴天皇制は、戦前とは異なる意味において抑圧的な装置となりつつある。だから、主権在民を標傍するならば、天皇制は不要であるということ、主権者としての民衆を超越する存在は不要だということがむしろ象徴天皇制のもとでは、より一層重要な課題とならなければならない。この問題は、さらに次のような問いを導かざるを得ない。すなわち、日本において、「民主主義」の理念がなぜ天皇制と共存し続けていたのか。社会主義、共産主義、アナキズムが天皇制を否定するのは、当然のことである。しかし、民主主義はそうではない、と信じられていたフシがある。そう信じられたところで成り立ってきた「民主主義」を疑うべきなのではないか。この懐疑は、近代国民国家とともに形成されてきた民主主義の欺瞞と関わる。法の下の平等と「王」を併存させる立憲君主制の欺瞞は、その端的な表れであることは容易に理解できる。では、共和制でよいのか。共和制は国家の象徴機能を「国民」の内面に埋め込むことによって、「国民」的一体性を形成するという点で、国家への民衆の統合がもたらす矛盾と問題を解決できるわけではない。

2．自衛隊を違憲とする批判は、場合によっては不毛な議論になりかねない。私たちは、自衛隊がまぎれもなく日本軍であろうとする欲望を内在化させた組織であるという認識を持った上で、この自衛隊を否定するのか、それとも条件付で肯定するのか、という問題を視野に入れた上で、9条が壊死してきた経緯を反省するのでなければならない。憲法9条は、自衛隊の現実を前提とすれば、事実上機能してこなかったと理解すべきである。この意味で「憲法9条を守れ」という主張は、自衛隊と防衛予算、そして在日米軍の存在をどのように理解した上で発せ

られた言葉なのかで、その意味は大きく異なりうる。しかし、他方で、自衛隊という武力が存在しながら、戦前の日本や他国のような戦争法制が存在しないというのもまた現行法制の現実でもある。戦争法制の不在は、確かに憲法による抑制の効果だが、この抑制効果を過大に評価することはできない。自衛隊が現に存在し、防衛予算が計上されていることが現実に私たちが直面している問題である。だから、問題を端的に提起するとすれば、9条に明示規定のない「自衛」概念による戦力保持の抜け穴をふさぎつつ、壊死してしまった憲法9条を現実の日本の統治機構のなかでいかにして再建できるか、である。

3. さらに、憲法9条問題は、国家の基本的な問題を提起することになる。すなわち、軍事と国民国家の本質の問題である。戦後の日本は、この問題を考えなくてもよかった。9条は、護憲勢力に代表される日本の左翼本流が軍事問題を国家論として検討することを回避する格好の言い訳を提供してきた。私がここで言いたいのは、再軍備肯定論ではない。既になされている再軍備をいかにして廃棄するか、の問題だ。あるいは、近代国家の枠組みを承認しながら、軍事問題を回避するということは、可能なのか?という問いである。近代国家である以上、軍事組織を持つことが必然的であるという観点を維持した上で反戦を主張することがほとんどの国の反戦運動の前提である。自国の軍隊を廃棄するということを反戦運動が前提にするということは、近代国民国家の「本質」の一部とさえ言われてきた軍事の枠組みそれ自体を否定的に問い返さねばならない、ということでもある。単なる政権交替で自衛隊と呼ばれている軍事組織を憲法9条の線に沿って解体させることができると考えるのはナンセンスである。むしろ、私たちは、憲法9条が近代国家と矛盾することを確認する必要がある。この意味で、9条問題は、近代国家の解体という課題を導きよせるときに、本当の意味での戦争放棄へと一歩近づくことができる。

4. 戦後の理念、戦後民主主義の擁護という立場を新左翼は繰り返し批判してきた。しかし、実のところ、心のどこかでこの戦後民主主義によりかかる部分があったのではなかろうか。「戦前に比べればまだマシ」な「戦後」という戦前対戦後という比較がこうした戦後左翼の発想にあり、それは、新旧を問わない共通した了解事項であった。しかし、いまや「戦後」としての今がはたして「戦前」よりもマシなのかどうかさえ怪しくなりつつある。こうした時代にあって、私たちは、戦後の理念を守るだけの闘いでは決定的に立ち後れざるを得ない位置にまできてしまった。私たちは、新たな理念を提起すべきなのである。そのための試行錯誤と努力を惜しまないことだけが、現在の天皇制と日本軍がもたらすであろう危機からアジアとそしてまた私たち自身をも救うことになる。

●

さて、自衛隊のカンボジア派兵問題（1992年、国際平和協力法、いわゆるPKO法による派遣）には幾つかの立場がある。自衛隊の派兵に反対する護憲左翼、イデオロギー問題として自衛隊の積極的な派兵と改憲を主張する保守派、右翼、そして現実的な対応を第一に選択する官僚とUNTACの明石康の立場まで様々である。しかし、現実に派兵を実現してきたのは、最後の立場であることは明らかである。そこで、彼らの考え方を簡単に見ておく必要がある。

明石は、頻繁にメディアに登場し、カンボジアPKOの意義を繰り返し強調している。(注2) 明石は、92年1月に国連カンボジア暫定統治機構の最高責任者に就任した。PKO法が成立する前に行われたインタビューで、日本の関わりについて、次のように語っていた。

「湾岸戦争の際もそうだったが、日本は最終的に貢献する金額は極めて大きいのだが、出すタイミングがずれている。常に他の国の様子をみてからやっている。このため、せっかくの寛大な日本の拠出があまり脚光を浴びず、関係諸国にもそれほど感謝されてこなかった。カンボジアの場合は、日本がイニシアティブを取り、日本の誘い水で他国が追随する、というぐらいの気持ちでやるべきではないかと、米国などは言っている。ある意味では日本が突出するというか、カンボジアは〈ジャパン・アイテム〉だとの評価がでるくらいやってほしいとの雰囲気がある。(注3)」

「日本が突出する」こと、それがUNTACの最高責任者、明石の当初からの日本への要求であった。もちろんそれは、金だけのことではない。明石は次のようにも述べる。

「国連の職員としては、日本のPKO参加問題に口はばったく言うべきことではないが、なにか、自衛隊の認知をめぐる国内的問題になってしまい、実際の国連のカンボジアなどでの平和維持がどういうものか、その活動がどんな拡がりをもっているのかという議論がないように思う。国連の平和のための外交手段である軍事力の使い方は、一国が単独で軍事力を行使するのとは全く次元が違うものだ。

紛争の平和的解決の一端としてのPKOや集団的安全保障（侵略防止）のための兵力の使用とも違う。そういった、

（注2）例えば次のようなものがある。「PKO派遣は国際的責務――平和維持活動は武力制裁とは違い憲法も許している（そこが聞きたい）」『東洋経済』92年9月19日号。「平和維持軍初等読本」『諸君！』92年8月号。「どんなことがあっても来春選挙を実施する――どうなるカンボジア、PKO、三宅和助緊急インタビュー」『サンデー毎日』92年7月12日号。「明石康（UNTAC特別代表）いま、一国平和主義日本人に考えてほしい「国連憲章」と「憲法」の精神（インタビュー）」『SAPIO』92年7月9日号。「〝平和オリンピック〟をなぜ日本はためらう―明石康UNTAC代表独占インタヴュー（PKO論議をカンボジアから見れば）」『マルコポーロ』92年7月号。「日本人よ、PKOを誤解するなかれ」『Foresight』92年7月号。「明石康が「PKO派兵論」に答える、このままでは日本は世界の孤児になる」（著者、志方俊之）『週刊ポスト』92年6月19日号。「カンボジアは国連の危機対応能力強化の試金石――実態とかけ離れた日本のPKO論議（明石康インタビュー）（二一世紀への提言〔3〕日本外交の再構築）」『エコノミスト』92年3月24日号。

（注3）明石康へのインタビュー。「カンボジアは国連の危機対応能力強化の試金石」『エコノミスト』92年3月24日号、26ページ。

国連の展望に立った議論でなく、日本的観点のみの議論になっている傾向があると思う。もう少し国際社会のニーズと現実に基づいた議論を、もっとしてほしいと思っている」(注4)

明石の立場ははっきりしている。国連の要求を全面的に呑む立場を日本はとるべきであり、「日本的観点のみの議論」はナンセンスだということである。この「日本的観点」とは、言うまでもなく、自衛隊と憲法9条問題であることは明らかだ。明石は、憲法9条が否定している武力行使を、日本が単独で他の国を武力によって威嚇したり侵略することと解釈し、国連の軍事力行使は「全く次元が違うもの」であるとして、暗に9条をからめることを批判しつつ、自衛隊の動員を求めている。「国際社会のニーズ」という明石の発言には具体的な根拠があるわけではない、むしろ明石の主張こそが「国際社会のニーズ」そのものなのだとしてしか理解できない言い方である。しかし、注意すべきなのは、「国際社会」とか「国際貢献」とか「日本的観点」といった言い回しは、聞き手に日本が国際社会から孤立しているのではないかという不安感を巧妙に煽る情緒的なディスクールであり、読み手の感情に訴えるウェットな表現である。

明石は、タカ派の派兵＝好戦派ではない。少なくとも、現状ではそうである。最近行われた座談会では、自衛隊の派兵に関して台頭しつつある改憲論には慎重論を対置し、また、専守防衛、武器輸出禁止3原則、非核3原則について「戦後の日本が生み出した国際秩序に関する日本なりの創見であり、ビジョンです」「それが日本の戦後の繁栄と平和を支えてきたわけですから、声を大きくして言ってもいい」と述べている。(注5)他方で明石のPKOについての見解は、さらなる軍事力の行使に含みを持った発言が多い。国連の平和維持活動について、明石は「紛争の平和的解決の一環としての活動であり、憲章第7条［7章の誤植か］でいう武力を行使してでも侵略を阻止するという武力制裁とは全く異なる」とし、「平和維持活動に参加するのは、基本的に日本国憲法によっても許されている」(注6)と述べている。

しかし、これはあくまで一般論であり、後に見るように、具体的なカンボジアの情勢を踏まえた発言、とくにポル・ポト派の武装解除拒否の動向とも絡んで、この原則と矛盾する発言が出ている。しかし、この建前をそのまま受けとるわけにはいかない。現実のカンボジアにおけるPKOについて、明石は、従来の国連のPKOとは全く異なるポスト冷戦の新たな国連の役割を試す重要なテストケースになるとみて、次のように述べている。

「UNTACは多面的なPKOであるということです。7つの活動の要素を備えていて、それは、(1)選挙の準備(選挙部門)(2)治安維持(文民警察部門)(3)人権の監視(人権監視部門)(4)外交、国防、治安、財政、情報を直接に管理する行政管理部門、それから拠出金、自発的寄付金に当る拠出方式による二つの部門、すなわち(5)難民帰還部門と(6)インフラの整備などを行う復旧部門があります。これらの役割の他に(7)軍事部門があるわけです。(注7)」

国連が、主権国家の全面的な管理を行うのは、このカンボジアが最初のケースであり、従来の平和維持活動ではなく、ピース・メーキングとしてのPKOがカンボジアの特徴であるということが強調されるわけである。しかし、これは単なるレトリックであり、カンボジアの方がいままでの国連がかかわったどのPKOよりも平和的だということではない。ピース・キーピングであれ、ピース・メーキングであれ、「平和」と「停戦」が前提であるというのなら、

(注4) 同上、29ページ。
(注5) 座談会「UNTACという野心的な試み」『世界』1992年11月号、高柳先男、山口定、大久保史郎との座談会。137ページ。
(注6)「PKO派遣は国際的責務――平和維持活動は武力制裁とは違い憲法も許している――」『東洋経済』92年9月19日号、136ページ。
(注7) 同上、121ページ

外国の軍隊を投入する必要はないのではないか。むしろ、今のカンボジアの状況は、軍事力による押さえ込みが必要であるということを暗に示唆しているにほかならない。

このカンボジアの国連統治システムは、シアヌークという王室を戴くSNC（最高国民評議会）が主権を代表しつつ、軍事的政治的実権を、このSNCから権力の移譲を受けたUNTACが掌握するという形をとっている。これは、かつてのアメリカの対日占領政策と似た形をとっているように見える。つまり、国連の部隊は、かつてのアメリカの占領軍と同じ役割を担っているのではないか？　こうした発想を誰が最初に思い付いたのか知らないが、ありうることだ。しかしそれは表面的なことで、実際には、長期にわたる内戦の結果、国内の軍事的、社会的な分裂と摩擦が圧倒的に大きく、容易に解決がつきそうにないということだ。来春（1993年）の選挙はかなり怪しい情勢になってきている。そして、明石が繰り返し強調していることとして、これだけの大規模な国連の介入には時間的な制約がある、「苦しい国連の財政的事情が立ちふさがっている」ということだ。そして、次のように発言している。

「ポル・ポト派が選挙の直前に入ってきた場合がいちばん困るということかもしれません。そこでは高度の政治的判断が要請されるでしょう。国連本部、安保理メンバーとも協議しながら、どれだけの時間が必要か、どれだけ準備期間を圧縮できるか、国際的な批判を一方で覚悟しつつも、われわれの良心の限りを尽し、決めざるを得ないことになると思います。(注8)」

選挙が予定通り実施できない場合、そしてその原因がポル・ポト派の妨害である場合、「国際的な批判を一方で覚悟」しなければならないような「高度な政治的判断」を下すであろうと言う。これは、軍事的にポル・ポト派を押さえ込むと読んでさしつかえないのではないか。ポル・ポト派にとって、選挙は実施されてもされなくても結果は同じである。つまり、実施できなければ軍事的な排除が行われ、選挙が実施されて新たな政権に正統性が付与されれば、ポル・ポト派による大量虐殺問題は改めて責任が問われるであろうから、結局は軍事的排除の対象になることはまちがいない。ポル・ポト派が武装解除しないのは、彼らにはそれ以外に延命の道がないからだ。こうしたわかりきったことのなかで自衛隊を派兵するということは、当然軍事的な紛争に巻き込まれることを前提しているばかりでなく、紛争の長期化に伴って、国連の介入が縮小した際の軍事的・政治的な介入の主役を日本がつとめるということを意味している。いや、それを明石ははっきりと自覚し、要求しているのだ。自衛隊だけが撤退することは、もはやありえない。日本は、アジアでアメリカが果たしてきた軍事的な役割を事実上肩代りすることになる。そして、本番は、朝鮮半島と北方領土であろう。第二次日露戦争なんて、マッピラであるが。

政府は、自衛隊が戦闘に巻き込まれることはありえない、ということを再三強調している。PKO法案作成に参画した内閣審議官の西村六善が『中央公論』92年7月号に「PKO論議の正しい進め方」という論文を寄稿している。そのなかで、西村は、PKOでは「戦争をしに行くのではない、侵略ともなんの関係もない。(略)〈停戦後〉が大原則である。停戦が崩れればPKOも存在しなくなる。(略)当然、各国の部隊は国連の定める手続きに従って、引き揚げてくる。」と述べている。もし、そうならば、あえて自衛隊でなくてもよいはずである。しかし、他方で、PKOは、「その性質からして、各国から参加する軍人が組織的にやる。軍人が組織的にやる活動を平和維持隊(PKF)の活動と呼んでいる。」「日本がPKFに対し協力しようとすれば、自衛隊に参加してもらう以外に手はない」とも述べている。(注9) 法案策定者側の認識は、PKOとPKFの区別は事実上ない、ということである。しかも、軍事など「危険なこと」を負担するのは当然のこととしている。PKOは停戦後の平和維持であるから、停戦が破られればPKO

(注8) 同上、123ページ。
(注9)『中央公論』92年7月号、78~88ページ。

は失効するというのだ。事実そうだろう。しかし、問題は、国連が国連として口を出さなくなったとき、各国の部隊はそのまま引き揚げると考えるのが現実的なのか、ということだ。西村の論理からいえば「国連の定める手続きに従って」PKOとは別の形態で軍隊が残留することはありうる。むしろPKOはなしくずし的に湾岸戦争時の多国籍軍のような前例に従うことになるのではないだろうか。平和を「維持」するために、目前の戦火を見逃すのは理屈にあわないことだからだ。しかも、自分だけ危険なことには手を染めないという態度を嫌う西村の発想からすれば、むしろ率先して危険を背負い込むことを選択したがっているようだ。今回もフセインの時と同じようにポル・ポト派という格好の悪役がいるのだし。

そして、実際国連の現在の動きは、憲章6章「紛争の平和的解決」に基づくPKOでは不十分だという認識からむしろ7章「平和に対する脅威、平和の破壊及び侵略行為に関する行動」40条の路線への転換の方向で動いている。このことを明石は次のようにはっきり明言している。

「ガリ総長が6月に出した構想は、ユーゴスラビアを見ても、今後PKOでは対処できない事態が生じてくるのではないか、という考えからきているものだ。つまり、在来型のPKOよりも大規模な武器を持ち、あるていど戦闘能力をもった新しいPKOも必要ではないか、という問題意識を提示したものと言える。これは、国連憲章第6条［6章］に基づくPKOではなく、第7条［7章］に基づく暫定措置の一部としての兵力の使い方だ(注10)」

PKOは国連憲章第6章に基づくという先の明石の発言がみられたのと同じインタビューのなかでの彼の発言である。要するに、ポル・ポト派の出方いかんでは軍事行動も辞さないというシナリオが既に出来ているということがここでもはっきり示されている。ポル・ポト派が「国際社会の声」を「無視すれば、一種の非合法な、革命的盗賊団みたいなものになりかねない」という明石の発言は、彼自身が「国際社会の声」を代弁する世界正義なのだということを言っているに等しいが、また同時に、「盗賊団」という認識によってポル・ポト派への武力行使の正当性を強調しているとも言える。こうした態度を現実にカンボジアでの政治的軍事的権力を行使している代表者が公然と語りながら、他方でポル・ポト派に対する和平工作を強調するというのは、明らかにデマゴギーでしかない。少なくとも、明石が本気でポル・ポト派を和平の路線で説得しようと考えているとは思えない不用意な発言である。

「平和維持活動」名目での国連による軍事介入の歴史は、決して新しいものではない。湾岸戦争における多国籍軍には前例がある。1950年の朝鮮戦争における「国連軍」名目の米軍を中心とする軍事行動がそれである。「国連軍」には15ヶ国の軍隊が参加したが、そのうちの大半を米軍が占め、軍事行動の統一指揮権を米軍に与えた。マッカーサーが国連軍の司令官となったことはよく知られている。しかし、「国連軍」による軍事行動に対して米国は必ずしも積極的ではなかった。それは、国連軍が場合によっては、アメリカの世界的な軍事戦略に対して対立する場合もありうるからだ。1989年にニカラグアにおけるコントラの武装解除に国連中米監視団（ONUCA）が関与したのはその例であろう。しかし、東西冷戦の終結と呼ばれる事態のなかで、ソ連という対抗勢力の消滅は、アメリカ合州国のイニシアチブによって、国連自身の軍事行動を展開できる客観的な状況を生み出した。(注11) 国連の軍事行動はそれぞれの個別的な状況に応じた展開の違いがあり、必ずしも「一般論」が成り立つとは言えない。カンボジアに関しても、それが微温的な兵力引き離しに終る場合から朝鮮戦争や湾岸戦争におけるような本格的な軍事行動に発展する

（注10）「PKO派遣は国際的責務」前掲、138ページ。国連憲章第6章は「紛争の平和的解決」に焦点を当てたものであるのに対して、第7章は「平和に対する脅威、平和の破壊及び侵略行為に関する行動」として、軍事行動を中心とするものになっている。とくにその42条では安保理は「平和及び安全の維持又は回復に必要な空輸、海軍又は陸軍の行動をとることができる」と規定している。

（注11）国連の軍事行動については、香西茂『国連の平和維持活動』有斐閣、1991年参照。

場合まで、その可能性の幅は大きい。ただ、カンボジアについては、主としてアフリカ、中南米、アラブで展開されてきた国連の軍事行動というこれまでの前例とは大きくちがって、日本が第一の関与国となっているということである。(注12) そして、国連の軍事行動は、中立でありえたことはなかったし、今回のカンボジアのUNTACについてもそうである。それは、なによりも、プノンペン政権がベトナムの傀儡政権であるといわれているなかで、UNTACが事実上このプノンペン政権を支える役割をもってしまっているからである。このことは、明石も次のようにはっきりと認めている。

「内戦といっても4派が4つどもえになって戦っていたのではなく、親ベトナム派のプノンペン政権対レジスタンス3派という図式だった。その3派のうちの2派がプノンペン政権と場合によっては手を結び、UNTACに協力している。そうした意味で、ポル・ポト派のみが現在孤立している。(注13)」

ここで、ベトナムとカンボジアの関係がさらに重要な要素となってくるわけだが、当事者が認めているように、UNTACはベトナムのカンボジアへの影響力に対して中立とは言えないようだ。ベトナムの影響を批判するポル・ポト派がカンボジア国内のベトナム系住民に対して武力行使することに私は賛成できないが、彼らがベトナムの影響力の排除を要求していることには一定程度の正当性がある。明石は、そうしたポル・ポト派の主張を知りながら、彼らとの合意点を積極的に見いだそうとはしていないように見える。しかも、日本は再びベトナムに対する経済援助を再開し、ベトナムに対する経済的影響力を強めようとしている。そうした日本のインドシナ戦略は、明らかにこの地域の政治的な対立の構図の核心にあるカンボジア対ベトナムの複雑な利害関係と、さらにその背後にある中国の影響力に対して、慎重であるよりは好戦的で挑戦的である。中国のインドシナに対する影響力を削ごうとする露骨な意図が見える。これでは、日本の和平が誰にとって得な「和平」であり、誰にとって損な「和平」かは明らかである。このような対応は、地域的な紛争をこじらせるだけである。自衛隊は、こうした日本政府の底の浅いインドシナに対する無意味な支配欲を象徴するものとして現地に存在する。この意味で、自衛隊は武力紛争をむしろ招き寄せる駒にしかならないのである。

私たちは、自衛隊の帰還を要求すべきである。日がたてばたつほど自衛隊への要求は大きくなるだろう。丸腰に近い現在の装備で武力衝突に巻き込まれた場合、それこそ「自衛」のための武力行使に格好の口実を与えることになる。もちろん、重武装での派兵ならば、最初から軍事的紛争を前提し、武力行使を容認することになるが、やはり、ここは何人か犠牲者が出てからの下からの世論の盛り上がりで、なし崩しの武力行使へ、という我慢と忍耐から一挙に爆発するヤクザ映画路線が考えられているのだろう。派兵される自衛隊員も、カンボジアの民衆もたまったものではない。

湾岸戦争は、石油のための戦争であった。石油のために派兵するという古典的な帝国主義の臭いがするものだとも言えたが、カンボジアには深刻な経済的利害は何もない。なぜカンボジアなのかは、非常に分かりづらい。何もないということは、逆に国内の世論の説得工作はヨリ巧妙で、なおかつ抑圧的な有無を言わさないものになる可能性がある。こうしたなかで「国際貢献」は、抽象的である分、効果的なスローガンになりかねないものだ。「国際貢献」という名目で、具体的に日本に住む者達が思い起こすのは、湾岸戦争時の軍事的貢献と財政的貢献であり、それ以外はほとんどない。最も必要な国際貢献は、難民の引き受けと日本国内での市民としての定住なのではないか、と思うのだが、そうした議論はどれほどなされてきているのだろうか？

（注12）これは、拠出金に関してのことである。軍事力としては、今のところ決して大きくはない。
（注13）「ＰＫＯ派遣は国際的責務」、前掲、１３８ページ。

闘うな、引き返せ、という世論作りは、「国際貢献」論や「金だけ出して血を流さない卑怯者」といった批判に対抗するためにはかなりの努力が必要である。しかし、臆病であることが今なによりも必要なことなのだ。(注14)

日本政府は、非軍事的な支援ではなく、あくまで武装した部隊を派遣することに執着している。日本政府の「国際貢献」論の問題は、自衛隊の派兵とそれ以外の非軍事的な事柄とを取り替え可能なように口では言いながら、その実、非軍事的な貢献をあらかじめ選択肢から排除した上に成り立っているところにある。カンボジアのUNTACも日本の政府も自衛隊の派兵を欲求しているのであって、それ以外ではないという状況そのものを変えなければならない。この問題は、多分、アジアの冷戦構造と関わりがある。アジア各国が軍備増強に走っているという報道、とりわけ中国の軍事大国化がマスメディアに頻繁に流されるのも、アジアの軍事的な緊張を強調するひとつのメディア操作のような気がしてならない。(注15)日本の自衛隊派兵は、そうした雰囲気を助長することはあっても抑えることにはならない。暗黙のうちに成り立ちつつあるシナリオは、アジアの軍事的緊張の高まり→日本の平和貢献→自衛隊による平和維持である。カンボジアはそのための既成事実づくりになるだろう。実は、自衛隊の派兵自体がアジアの軍事的緊張を高めているにもかかわらず、そうした認識をもてない状況がつくられつつあるように思えてならない。

●

天皇訪中が、政治的な意図を持ち、従って象徴天皇制の理念と矛盾するという批判は、左右両者から出されてきた基本的なスタンスだった。(注16)ヒロヒトの重体、死去前後に目についた右派言論における象徴天皇制への批判は、(注17)アキヒトの戦後憲法擁護発言をきっかけにかなり後退していったように思われる。むしろ、梅原猛らの議論に代表されるような文化的なアイデンティティの基盤として天皇を位置づけようとする主張が、現在の天皇制擁護論者の主流であるといえそうであり(注18)象徴天皇制規定を最大限に活用しようという戦術に関しては、護憲―改憲という論争軸が成り立ちにくくなっているように見える。天皇制の議論に関しては、戦前・戦中をモノサシとして左右に分かれるという状況は崩れた。

今回の天皇訪中は、自民党内の批判を抑えて、あえて強行したという意味では、あの優柔不断な宮沢の唯一と言っていい積極的なふるまいだった。(多分自民党「ホメ殺し」問題での検察・裁判官告発までは)その背景には、中国という巨大な市場を必要とする現在の日本資本主義の経済的な状況が絡んでいる。天皇訪中に関して、財界からの批判が聞かれなかったということもこのことを示している。日本資本主義は、バブルがはじけて以降、世界経済との関わりからいってもかなり危機的な状況に追い込まれている。つまり、ブロック化と地域紛争の膠着化のなかで、孤立しつつあるという危機感が資本の側にはあるのだろう。

欧米の資本主義中枢諸国は、ブロック化の方向を明確にしはじめている。EC統合に続き、合州国は自由貿易圏N

(注14) カンボジアの援助に関わる経済的な利害関係にはここでは立ち入らない。

(注15) 例えば『日経』92年11月8日の前田哲夫、平松茂雄の対談でも、編集部のリードには「アジア各国・地域の軍事費の増加、台湾や中国などの積極的な兵器購入。最近のこうした動きからアジアの〈軍備拡張〉を懸念する声が高まっている」とある。しかし、両者の対談の内容を読むと、むしろ言われるほどの軍拡状況ではないという点で一致している。

(注16) 例えば、保守派の批判としては、石原慎太郎「多くの国民の不安——何かあれば皇室に累が及ぶ危険はないのか?」『文芸春秋』92年10月号、中川八洋「陛下を足利義満にするなかれ」『正論』92年10月号。加地伸行「〈微笑〉よりも〈祈り〉を——天皇訪中に反対する」『月刊Asahi』92年10月号、村松剛「自由世界と訣別する天皇御訪中に反対する」『サンサーラ』92年10月号、橋本施剛「国民合意なき「天皇御訪中」への危惧——憲法を蹂躙する〝護憲〟宮沢政治を問う」『政財界ジャーナル』92月9月号、革新からの批判としては奥平康弘「『天皇』のなし得る行為について——憲法からみた『訪中』問題」『世界』92年10月号。横田耕一「天皇は元首に非ず。公的外遊は一切許されない(インタビュー)」『諸君!』92年10月号。末浪靖司「天皇訪中計画を問う——日中両国民の真の連帯のために」『前衛』92年2月号。

(注17) 例えば、小林道窓「現行憲法——解釈と鑑賞」『諸君!』88年6月号。福田恒存「象徴天皇の宿命」『文藝春秋』89年3月号など。

(注18) 梅原猛「当今『天皇制論議』を糾す——憲法学者の発言」『正論』88年12月号。

ＡＦＴＡを形成しはじめた。ＡＳＥＡＮはブロック化の具体的な姿をとってはいないが、経済的、政治的な結束を強めつつあり、かつてのような日本礼賛の「ルック・イースト」政策は影をひそめた。北方領土というほとんど金にもならない領土問題に足をとられて、ロシアのシベリア開発など絶好の市場機会を日本の資本は失った。10年前ならば、日本の東アジアにおける圧倒的な経済的優位によって、政治的な無理強いが経済的な不利益につながることは少なかったかもしれない。しかし、ごく僅かの先端的な技術を別にすれば、技術水準は日本も韓国も台湾もそれほど大きな開きはない。日本がダメなら韓国がある、そうしたオプションが経済援助、経済協力を求める側にはある。ロシアはそうした選択肢を戦略的に利用した。日本の資本は、こうした国際競争上の相対的に不利な状況に敏感に反応していたが、政治の対応はこれとは別の動きを示さざるを得なかった。こうした国際環境の中で、日本は、自らのイニシアチブで資本主義としてアジアを統合する必要に迫られている。これは、中国側の思惑とは完全に乖離する対応だが、日中の経済協力がどちらに有利になるかは結果論であって、現状では両者とも経済協力関係を欲しているという点では一致している。天皇訪中は、そのための外交儀礼である。天皇訪中それ自体は、これ以上でも以下でもない。歴史問題は経済の従属変数であることは、ドイツの戦後にも共通する。しかし、後に見るように、それが日本国内における天皇の位置、そして対中関係の歴史的な問題を「お言葉」なるもので「清算」しつつ、象徴天皇制の政治的機能の強化がもたらされたということは、別の問題である。

この意味で天皇の訪中は、カンボジア派兵とともに日本のアジア戦略にとっての重要な意味を持つものだった。天皇の訪中は、派兵のような恒常的な問題ではないが、ここでも戦後憲法のタテマエが大きく変化したことに注目すべきだろう。

皮肉なことだが、象徴天皇制のなかで天皇が内閣の承認のもとでおこなう「国事」に天皇の意志は反映されない、という枠組みを支えてきたのは、ヒロヒトの「戦争責任」であった。言い換えれば、ヒロヒトが天皇であった戦後の時代は、彼が戦前・戦中において戦争責任を負うべき最高責任者であったがゆえに、彼に自由な意志を与えることは――少なくとも表向きは――差し控えられた。多分、こうした事情は、たとえ象徴天皇制でなくても、起こり得たことだったのではないだろうか。それを、あたかも戦後憲法の象徴天皇制の規定によってもたらされたかのように錯覚したところに護憲派のつまづきがあったとはいえないだろうか。なぜならば、この国は、それほど憲法にも法律にも忠実であったことはなく、権力者による恣意的解釈がまかり通ってきたからである。むしろ、「国体護持」のための最良の選択は、天皇が沈黙によってその権威=国民統合の象徴作用を再生産するということであったのであり、それが象徴天皇制という法的な枠組みと一致したに過ぎない。

アキヒトになって事情は変わった。彼は、父親のように操り人形のような役回りをしなければならない過去を持つわけではないからだ。皇室外交という用語が定着しながら、憲法7条の国事行為の条項にはそうした外交行為は規定されていない、という批判は正しいが、憲法9条の読み換えをやってのけるこの国の読解力をもってすれば7条8、9、10項あたりを組み合わせれば、なんとでも言い逃れのできることである。(注19)「国政に関する権能を有しない」(4条)ということは、国政に関与してはならないということではない。関与しても権能をもたなければいいだけである。現実の皇室外交はこの線で展開している。

訪中問題で右派、天皇主義者たちがこぞって反対したのは、天皇訪中によって中国の現政権に対する正統性が付与されてしまうという危惧と、天皇が現実の政治のなかで〝汚れる〟ことへの危惧である。とりわけ、戦争責任問題での謝罪の「お言葉」への警戒があることは確かだ。「我々が今のあの姿の中国政府、つまり日本が従来加担してきた

（注19）「日本国の象徴、日本国民統合の象徴としての天皇陛下のご外遊は、国事行為には当らないが、憲法上認められる公的行為である」というのが内閣法制局の見解である（谷野作太郎「天皇皇后両陛下の中国ご訪問」『文藝春秋』92年10月号）というが、国事行為以外の「公的行為」の規定は憲法にはない。

西側の自由主義陣営の諸国が容認出来ずにいる隣人の在り方を、ただ隣人であるという以上の強い根拠もなしに、そのレジティマシィを認めるということになりかねない」という石原慎太郎の発言はその典型である。(注20) あるいは、服部実はもっとストレートに次のように述べている。

「問題は皇室外交からいかに政治色を払拭し、どこまで純粋に象徴天皇として振る舞うことができるか、である。（略）歴代内閣の多くは象徴天皇を利用してきている。戦前、東条内閣の商工相を務め、戦後A級戦犯となり、不死鳥のように復活した岸首相は、軍事同盟的色彩の濃い日米安保条約を実現させるため皇室を利用した。実弟の佐藤首相は、ワンマン宰相、〝臣・茂〟を自ら称した吉田の愛弟子だが、昭和天皇にいやがられるほど、いろいろ注文を付けたようである。

田中首相はニクソン大統領とアベックで天皇訪米を願った。中曾根首相は、自ら皇室を尊敬すること大で、昭和天皇からの信頼もあったようだが、皇太子の訪韓問題、外交とは関係ないが昭和天皇の在位60年を自分の政治日程に合わせて繰り上げたりした。(注21)」

服部は、天皇の「不親政」の歴史に象徴天皇制は合致し、政治が天皇に関わることによって「反皇室勢力が反発する」ことを危惧する。そして、「国民全体がさわやかな印象を持つ皇室、それが象徴天皇の本来の姿であり、皇室を永続させるものになるのである」という結論は、憲法の範囲内で象徴天皇制の存続を容認するリベラリストにも受け入れられそうな結論である。

逆に、内閣の認識は、こうした自民党タカ派やある種の文化天皇主義者の認識とかなりずれている。理念よりも現実の日中関係をヨリ強固なものにしたいという意図がはっきりと示されている。石原が言うように、天皇の訪中は外交の「切札」として使われたものだが、政府はそれでよい、と判断したのだ。こうして、天皇をめぐる支配層の立場は、天皇の元首化と政治関与の容認と、そこから限りなく遠い存在であるべきだという立場の対立の構図が浮かび上がってくる。これは、資本主義の天皇制なのか、天皇制の資本主義なのか、という問題でもあるわけだが、いまここではこれ以上この対立問題に立ち入る余裕はない。訪中問題に関して言えば、前者が一応主導権をとったということだろう。

では、この両者の対立は全く一致点がないのかといえばそうではないだろう。いずれの立場であれ、象徴天皇制における天皇はもはや単なる飾り物としての意味にはとどまらなくなった。元首＝外交の主役という認識に立っても、文化的な統合の中心という認識に立っても、天皇は神聖であることを今まで以上に要求されることになる。マスコミ報道が敬語を用いること、学校行事での日の丸・君が代の強制が常態化しつつあるのは、実質的な不敬罪がなりたちつつあることを示している。これは、自衛隊の場合と同様で、既成事実化から法的な枠組みの確定へと路線が敷かれやすい状況にあるということを示している。

この国では、普遍的な理念は現実の政治や権力の具体性から帰納的に構築される。象徴としての天皇という憲法の位置は、だからこそ天皇には実質的な権力はない、天皇への批判は自由である、と今まで解釈されてきた。しかし、象徴としての天皇の性格――あえて「尊厳」と言い直してもいい――を否定する言動に対して、それが違憲か否かが問われたことはなかった。これは、実際にはかなり微妙で深刻な問題を提起している。敗戦直後の天皇プラカード事件で不敬罪に問われた事件では、戦後憲法と不敬罪が共存した時期の判決として、不敬罪が戦後憲法下でも成立可能であると解釈できるような判決が出ている。(注22)

（注20）石原慎太郎「多くの国民の不安――何かあれば皇室に累が及ぶ危険はないか」『文藝春秋』92年10月号。95ページ。
（注21）服部実「皇室外交を政治に利用するな」『文藝春秋』92年5月号、289～290ページ。

この事件は、46年のメーデーに参加した被告人が「ヒロヒト詔書　曰ク　国体はゴジされたぞ　朕はタラフク食っているぞ　ナンジ人民飢えて死ね」というプラカードが不敬罪に当るとして起訴されたものである。一審では、不敬罪はポツダム宣言受諾と共に消滅したが、天皇一身の名誉を傷つけるものだという理由で有罪とし、2審判決では逆に、不敬罪は存続しているという立場から有罪としつつも、一審判決後に出された不敬罪についての大赦令に基づいて、免訴の判決を言い渡した。最高裁では上告棄却となっているが、2審の有罪判決は「大赦の趣旨を誤解したもの」と批判した。2審判決時には、形式的には新憲法と不敬罪が共存する奇妙な時期に当っている。しかも、星野安三郎の判例解説には次のようなくだりがある。

「第一審、第二審の判決では、名誉毀損罪の特別罪として実質的不敬罪が存続することを認定し、最高裁の斎藤裁判官も、同様の意見を述べている。さらに、日本国憲法1条に規定する天皇の象徴的地位について、そこから象徴侮辱罪や、象徴否定罪の新設も論理的には可能だという説もある（注23）」

もちろんこうした学説や判例に星野は反対なのだが、少なくとも当時の状況のなかで現場の裁判所が不敬罪に当るものの存在を認めていたということは軽視できない。そして何よりも、私は、不敬罪の可否についての当時の議論が、不敬罪の実質を問うことなく言わばアメリカの占領軍支配のもとで、あくまでも占領軍の意向をくみとるということだけで、形式的に推移していったというところに問題があると思う。このことが、結局のところ不敬罪は、主権在民の理念と矛盾するという実体的な価値観の転換を回避させ、主権在民の理念を実質的に日本に根付かせることなく、戦前の天皇の聖性を曖昧なまま戦後の象徴天皇制のなかに存続させていくことになったのではないか。そして、戦後半世紀を経て、そのツケが徐々にまわってきているように思えるのだ。

そして、金沢高裁で審理されてきた富山県立図書館図録毀損事件で、右翼が主張しているのも、象徴としての天皇の尊厳を損なうような表現は違憲である、という主張である。この裁判は、昭和天皇の肖像写真を用いた版画、「遠近を抱えて」を「不敬」な作品だと主張する右翼（大東塾、富山県の神社の神職）が、図書館に所蔵されていたこの作品の図版を掲載した図録を破り捨てたという事件である。天皇プラカード事件とちょうど逆の位置にある刑事事件である。この事件の被告側の「弁論要旨」には次のようなくだりがある。

「本件作品は日本国の象徴であり、国民の敬愛の対象である天皇陛下をやゆ・愚弄するものであって芸術的価値も経済的価値もないものであり、名誉毀損ないし侮辱に該当するものであって、現行憲法下の法秩序のもとにおいては保護に値しないものである。（略）さらに、ここで何よりも重大なのは、これが、天皇陛下の象徴といふ公的立場を否定し、また、天皇陛下を象徴とすることによって保護されるべき憲法上の価値を否定するものである点である。「象徴」たる天皇陛下は我が憲法秩序の下において最大限の敬意をはらわれねばならないことは当然であり、その尊厳を冒涜する行為は、表現の自由の保障の枠を超えた許されない表現行為なのである。

仮に、憲法が思想信条の自由及び表現の自由を厚く保護し、自らの価値観を否定する思想信条及び表現行為に対しても寛容な態度をとってゐるとしても、憲法が一つの価値体系をなす以上そこに自ずから限度が在るのであり、憲法が〈象徴〉と規定する天皇陛下に対して、真摯な態度に出た批判や評論は許されても、単にやゆしたり愚弄したりするだけの表現行為を認めるといういふことは、憲法が自らを辱めることに外ならず、到底容認されない、表現の自由の枠外の行為なのである[注24]」

（注22）以下、この件についての記述は、小倉利丸「〈天皇の名誉〉と検閲」『記録』91年9月号と重複する。
（注23）星野安三郎「天皇と不敬罪」『別冊ジュリスト』No.96、88年2月。

第一審は、表現の自由を尊重した裁判所の判断で右翼側が敗訴した。判決について、大原康男は「天皇に対する不敬・侮辱行為を処罰する特別の法律を新たに制定したとしても、憲法に抵触しないという法理は、憲法そのものが象徴天皇の名誉を特別に保護すべき国家的法益として考えていることを当然含意している。この意味で本判決は、憲法上の表面の文言にこだわって、その立法趣旨への洞察を欠いているという点で完全に誤っている」という批判を述べている。(注25)大原以外にも、小森義峯（憲法学会理事長）、三潴信吾（憲法学会顧問）らの右派憲法学者がこぞって憲法1条の趣旨を誤解した判決だと批判している。

そして、11月13日に2審判決が出された。判決主文は、控訴棄却で図録を破り捨てた右翼は有罪となったが、むしろここで注目すべきなのは、判決理由で裁判所が象徴天皇の表現について、憲法が象徴天皇制をとっている以上、最大限に尊重されるべきである、という見解を示したことである。そして、図書館が問題になった図録についての内容の検討を怠り、無条件に閲覧を認めたことは正しい判断ではなかったのではないか、と述べた。つまり、裁判所は取りようによっては、天皇の表現に関しては、一定の検閲を容認したともとれる判決理由を述べたのである。これは、明らかに一審よりも後退している。むしろ、実質では右翼側の主張をなかば取り入れつつ、現行の法律では不敬罪が存在しないので問題にしえない、ともとれる判断である。

こうして、少なくとも、今現在は主流ではないにしても象徴天皇制の枠組みの中で不敬罪に該当する法的な規制をなすべきであるし、それは可能だという論調が徐々に市民権を得つつあるように見える。英国王室に対する表現の自由の程度すら獲得しえていない日本で、これ以上の後退を許すことはできない。(注26)

アキヒトになって、天皇は身軽になった。ヨリ一般の庶民に近い存在にもなった。それは、同時に、大きな危険をはらんでもいる。つまり、天皇の象徴的な機能を天皇という存在それ自体で維持できない以上、法的に強制する必要が出てくるからだ。この意味で、過去のいきさつにとらわれない現在の方が、不敬罪の復活の可能性が高いとも言えるのだ。第二に、天皇も人間であり、自己主張できる存在だということが今回の訪中の「お言葉」でも繰り返し報道されたが、世襲制の人間が政治的な機能を持つことに対して、民主主義はチェック機能を持てない。私たちは、彼を罷免することができないからだ。リベラルな天皇だから問題はない、というマスコミの対応は、問題の本質を見落している。もし、民主主義をとるならば、天皇制は必要ない、ということをはっきりさせる必要がある。憲法第1章はいらないのだ。

●

近代国家の枠組みが大きく揺らぎつつあるなかで、ひとり日本という国家だけが、その近代的な出自に無自覚なまま、旧態依然たる国家の骨組みに執着しているように思える。高度成長を通じて、日本資本主義の奇跡が言われた時代の感覚を拭い去れないでいる。日本をめぐる国際環境は大きく変化した。労働生産性は大きく後退し、経済的な競争力で遅れをとりつつあり（だから競争力を回復せよと言いたいのではない）、欧米の広域経済圏とアジアの冷戦構造の中で、危機を深めつつある。天皇と軍隊という古いカードしか出てこないのは、現在の日本の創造力のなさをよく象徴している。

（注24）『富山県立近代美術館、同図書館の不敬行為について』第3巻、井頭克彦君を支援する会刊、92年4月。
（注25）大原康男「〈昭和天皇不敬図録破棄第一審判決〉に関する所感」同上書、111ページ。
（注26）イギリス『タイムズ』紙は、10月16日号で、訪中前に行われたアキヒトの記者会見そのものの異常さを報道している。天皇がアドリブで語っている部分を宮内庁が「記者会見後の記者会見」で逐一訂正していること、また、紀子の髪の毛直し写真問題でも'Britain's tabloid editors would be puzzled to discover that both subjccts were fully clothed and his picture merely showed the plincess rearanging the prince's hair'と揶揄している。

私たちもまた、この「日本」という枠組みにとらわれ、それに拘らねばならない事情をかかえていることは十分に承知しているが、しかし、「日本はいかにあるべきか」式の発想はもはやとるべきではない。この国には、憲法が「日本国民」に保障している基本的人権などとは無関係に生活し労働する多くの人々がいる。大量の移民と難民で世界的な規模の人口移動が起きつつある現在、私たちはむしろ自らの視点をこうした憲法における無権利状態にある人々の位置に置くことによって、憲法の呪縛からも「日本」という物語りの呪縛からも逃れることができるかもしれない。最近、とみに聞くことが少なくなった「国際主義」というかなり手垢にまみれた言葉は決して捨てていいものではない。かつての国際主義が国境を越えることを意味するものであったとすれば、むしろ、今必要な国際主義は、国境を開放することであり、難民を受け入れ、多様な人々との共存の試みをこの列島で進めることだろう。国境を開き、まず自衛隊を帰還させ、「日本文化」に正統性を付与する天皇制を否定すること、そのことにこの列島の未来の可能性がある。

出典：1993年9月15日、反派兵フォーラムの報告をもとに作成

原発再稼働の経済分析への批判——日本エネルギー経済研究所の原発再稼働提言を批判する

原発再稼働の圧力が電力会社や財界、政権の内部からも強まっている。福島原発の事故を例外として「ないこ

と」にし、電力需給と資本の利益のみを物差しとして、日本経済の活性化を最優先にすべきだという発想が頭をもたげている。経済とは、人々の生存をきちんと保障することに最大の責任を負う社会システムであるべきだ、と私は考えているが、財界も政府も、「景気悪化させ経済を破綻させるような原発停止＝電力供給不足とエネルギーコスト上昇を容認する気か」という恫喝によって、ある種の踏み絵を迫っている。

農民や酪農家が自殺し、甘い政府の基準値すら越えて被ばくする労働者が日々増大し、汚染の除去が進まないばかりかますます深刻な汚染の実態が明らかになりつつある今、こうした原発のもたらしている被害を棚上げにしようとする発想に、私は深い嫌悪の感情を抱かざるを得ない。

「国民経済」なるものの破綻は、庶民の「経済」の破綻を意味しない。しかし、逆に「国民経済」の延命のために庶民が殺されることはごく当たり前に起きてきた。これが今この世界を覆っている「経済」と呼ばれているシステムの本性なのではないか？だから原発や大量破壊兵器がビジネスとなって平然としていられるのではないか。

日本エネルギー経済研究所は、特別速報として２０１１年6月13日付けで「原子力発電の再稼動の有無に関する２０１２年度までの電力需給分析」を公表した。このレポートについてはマスメディアが原発再稼働の必要を論じたレポートとして報道しているのでご存知の読者も多いかと思う。このレポートは、原発の稼働なしでも電力の供給不足は生じないという脱原発派の原発再稼働不要論への反論として用意されたものであるだろう。これは、この間、財界が執拗に要求している原発再稼働の正当性を実証しようという意図があると言っていいだろう。

このレポートの問題意識は、「原子力発電所の定期検査入りが続く一方、停止中の原子力発電所の再稼動がどうなるかで、わが国の電力需給は大きな影響を受け、ひいてはわが国経済・市民生活等へ広範な影響が懸念されるところである」という点にあり、その結論は「エネルギーベストミックスの観点から、安全性の確保を最重点課題としつつ、原子力発電の再稼動問題を真摯に検討することがわが国にとって喫緊の課題となる。」というものだ。

言い換えれば、今後1年以内に次々と定期点検に入る原発がある一方で、廃炉や再稼働ができない原発が増えることで、全ての原発が停止状態になった場合、日本経済は深刻な打撃を被る。このような経済的な被害を回避するためには、早急に原発の再稼働が実現されることが必要だ、というのが本レポートの基調である。「わが国経済・市民生活等へ広範な影響が懸念」される経済的な事象として電力供給不足を取り上げる場合に、今現在進行中の福島原発による被害がもたらす経済の問題を棚上げにして、福島原発の事故がもたらす影響を電力供給問題に還元することが現実的な経済分析であるという発想そのものに私は大きな違和感を感じる。

しかし、あえてこの分析を全て受け入れたとしても、最後の結論が上のようである必然性は全くない。逆に「脱原発の観点から、安全性の確保を最重点課題としつつ、原子力発電の問題を真摯に検討することがわが国にとって喫緊の課題となる」という結論もあっていいはずだ。言い換えれば、電力供給は不足し従来の経済成長イデオロギーからすれば大きなマイナスとなっても、脱原発を目指すことが「安全性の確保を最重点課題」とする立場からは避けられない、という結論を導くことがあってもいいはずだ、ということである。

このレポートでは、実は「安全性の確保を最重点課題」と言いながら、この点については一切の分析を回避しており、事実上安全性を無視した分析となっている。安全性と再稼働のトレードオフの問題を真剣に考えていない。最初から再稼働優先の結論ありきの分析になっている。それなら「安全性の確保を最重点課題」などと言うべきではない。安全性は電力供給と経済競争力の維持のために犠牲にすべきだ、資本と国家の繁栄のために人々の生存が犠牲となっても致し方ない、とはっきり主張すべきだろう。残念ながら、このレポートが採用しているような分析の枠組みと結論を妥当だと考える経済学者や経済アナリストは少なくないのだ。

このレポートが日本経済に与える影響として危惧していることは、大きく分けて二つある。一つは、電力の供給そのものの不足。もうひとつは、電力料金の上昇である。そして、この二つの要因が日本の経済競争力を削ぐことをなにより最大の危惧とみなしている。上に述べたように、安全性は検討の対象には入っていない。

しかし、安全性を考慮に入れると、どうなるか。このレポートは、稼働している原発が正常に作動し、事故に伴う一切のリスクとコストがかからないという暗黙の前提を置いているが、まずもってこの前提を置くことはできなくなる。このレポートは今後1年という短期的な将来の見通しのなかで、再び福島原発並の事故は起きないという前提を置いていることは確かだ。しかし、百歩譲って、この前提を受け入れたとしても、安全を考慮するなら、稼働中の原発の事故は日常的に起きているという前提まで無視していいはずはない。3・11以前の数箇月だけをみても事故は日常茶飯事である。今年（2011年）2月には、島根原発1号機の配管ひび、柏崎刈羽原発1号機で安全装置に不具合、2010年12月には、志賀原発1号機停止、玄海原発でヨウ素濃度上昇、11月には敦賀原発2号機で水漏れ、10月には柏崎刈羽原発7号機で使用済み制御棒にひびなどなど。（これらの事故は、手元にある新聞記事から拾ったので日付は正確さを欠くかもしれない）これ以外に、島根原発でのデータの改竄など様々な法令違反もこの1年間で繰り返し見つかっている。どの事故についても保安院は常に安全宣言しか出していないが、保安院の判断を妥当とみなすことはできないだろう。事実、地元の反原発、脱原発の住民運動は、繰り返し地震対策の不備を指摘し続けてきた。事故に伴う放射能の漏洩による環境や労働者への影響などは経済学の主要な関心ではないのだろうが、いかなる軽微な事故であれ、それがコストに影響を与えないことはない。

さらにこのレポートでは、安全性確保を最優課題と言いながら、必ずなされなければならない原発の地震や津波対策で必要になるコストを一切考慮していない。関西電力だけでも地震・津波対策で1000億円必要だといわれている（関電、八木社長の2011年3月20日の発言、産経）。こうした福島原発事故をふまえた新たな災害対策コストは考慮されていない。さらに福島原発事故に伴う事故対策、廃炉、被災住民への補償、除染その他にかかる経費がもたらすコストも考慮されていない。再稼働するなら災害対策への投資は避けられないというのは「現実的」なこととしてシミュレーションに組み込むことは必要ではないか。これらを組み込まないという判断は、暗黙のうちにこれらのコストを最小化しようとする発想があり、これは安全性最優先の前提と矛盾する。

このレポートでは、火力発電による原発代替に伴う追加の燃料調達は考慮しても原発再稼働に伴う上記で指摘したような追加のコストは一切考慮されていない。そもそも原発の稼働に伴う放射性廃棄物の処理コストや被ばく労働に伴うコスト（金銭に還元できないものでもある）、地元への補助金や世論懐柔のための宣伝コストなどは、福島原発事故以前からまともにコストとして考慮されていないので、原発稼働に伴う隠されたコストはもっとずっと大きな数字になるはずだ。

他方でこのレポートでは、火力の稼働を増やす結果としての二酸化炭素排出については特に一項目を設けて分析しているが、だからといってコスト計算がなされているわけではない奇妙な一節になっている。要するに、原発再稼働を認めなければ温暖化対策は後退するが、それでもいいのか、という恫喝を暗に自然エネルギー派に突きつけ、ベストミックスで妥協するよう促し、自然エネルギー派と脱原発・反原発派との協調に分断を持ち込もうという政治的な思惑が見て取れる。二酸化炭素のようなネガのアウトプットを問題にするなら、原発の稼働に伴うネガのアウトプット（放射性廃棄物）の問題を取り上げないのは理屈にあわない。

このレポートは原発推進の財界や政権の経済至上主義の考え方を知る上でとてもわかりやすい「教科書」になっている。安全性をないがしろにしてきた結果が福島原発であるということ、そして、このレポートのような発想を受け入れるなら、必ず第二、第三の福島原発は避けられないだろうということも理解できるし、今現在の大きな被害もまたこのような「経済」の発想にたつならば、将来において十分な補償措置もとられずに放置されることも確実だろうということも理解できる。こうした「経済」に私たちの将来を託すことは、できないし、すべきではない。その確信を得るための反面教師としてこのレポートは勉強になるだろう。

参照サイト
日本エネルギー経済研究所
原子力発電の再稼動の有無に関する２０１２年度までの電力需給分析
http://eneken.ieej.or.jp/whatsnew_op/energynews.html

出典：『日刊ベリタ』２０１１年6月21日

オルタナティブの戦後——労働・消費・社会運動の意味

「戦後」の半世紀は、伝統的な変革の理論や、批判的な資本主義分析の枠組みでは対応できない諸問題を、露出させたものだったと言える。とりわけマルクス主義がその理論的な主軸としてきた労働の領域は、それ自体では成り立たないサブシステムになってしまった。消費領域（マルクス主義的に言えば「労働力再生産過程」）もまた、労働の領域とともに重要な人間活動の領域であるということが改めて明確になってきた。ここでいう「明確」とは、人々の意識が、仕事の領域だけでなく、トータルな生活へと拡張されてきたということである。そもそも賃金労働にたずさわってきた人々は、1日の半ばを職場で過ごすとはいえ、しかしやはり同時に残りの半日は私生活や消費領域に身を置いてきたのであり、この私的な領域と呼ばれてきた部分が、実は公的な権力や企業の隠された管理対象となっているということが、人々の意識に様々な形で自覚されてきたということである。だから労働者ではなく、消費者や市民などの役割に利害を見いだす人々が大量に登場することになる。これは、マスメディアや行政などがいう消費者や市民ではなく、これらの言葉に「運動」という言葉が結びつく内容を持つものである。

こうして、戦後の半世紀は、国家の概念をも、比較的単純な階級国家観から、階級的な支配を最終的には貫徹させるものでありつつも、それが被支配階級を排除し、あるいはそれを抑圧するものとしてではなく、むしろこの対立を様々な方法で統合と合意へと変換する装置としての国家へと、その国家観や支配の概念を大きく変化させていった。しかし、こうした合意のシステムが全面化されることはない。常に、システムのマージナルな部分にこの合意形成から逸脱する領域が形成されるからだ。マージナルな領域からの問題提起にとりわけ注目するのは、こうした領域が単なる抑圧された人々の領域だからではなく、そこには、支配的なシステムによる合意によっては見いだせない、創造的な可能性もまた含まれているからにほかならない。

こうして、反体制運動は、労働運動を基軸とする伝統的な大衆運動から、消費領域に含まれる多様な運動へと拡散していった。それは、相対的に労働運動の比重を低下させることになったが、他方で、資本主義の矛盾は社会化し、「新しい社会運動」と呼ばれるような多様な運動が形成されてきた。さらには運動の当事者自身も「左翼」としてのアイデンティティを持たないか、あるいは否定する、そうした左右のカテゴリーからはみ出す運動の主体も登場するようになる。

以下、戦後の社会運動を概観するが、労働と消費についての観点を踏まえて、主として運動のなかから語られた文章や、あるいはそれに近い文献を紹介することにした。しかもその際、60年代をひとつの分水嶺として、戦後日本の反体制運動は、大きな変貌を遂げたという観点から、主として60年代とそれ以降に焦点をあてる。

60年代は、労働運動を大衆運動の中核とし、革新政党や左翼政党が全国政治を担うという伝統的な左翼運動の構えが解体しはじめた時代である。労働運動に加えて、少数民族運動、女性解放運動、部落解放運動、障害者解放運動、反開発の農民運動など様々な運動が台頭し、さらには伝統的な「運動」概念からははみだす都市の様々な異議申し立てが次々に現れる。しかしそれは、必ずしも肯定的な意味で継承されるべき運動ばかりではなかった。暴力による党派闘争や爆弾闘争など、運動が鋭角化すればするほど、そこでは、問題意識が鮮明になる一方、大衆運動が後景に置き去りにされることになった。「全共闘」運動と総称されることが多いこの60年代末の自生的なラディカリズムは、新しい可能性を内包していただけでなく同時に負の遺産をもはらんでいた。

●

敗戦直後の大衆運動を特徴づけていたのは、敗戦を契機とした政治的、経済的、社会的な劇的変化を背景とした極めて戦闘的な労働運動の登場だった。とりわけ、生産管理闘争として知られる諸闘争は、イタリアの工場評議会やドイツのレーテ運動を想起させるような労働者の職場自主管理闘争として貴重な内容を含んでいた。「戦後」の安定した労使関係、あるいは高度成長期の労使関係の形成とは、この生産管理闘争が内包していた可能性をことごとく剥奪することを条件として成り立ったものであると言えるかもしれない。

多分、戦後の労働運動史のオーソドックスな概観を描くとすれば、生産管理闘争とその後の1947年の2・1ゼネストの敗北、レッドパージといった占領期労働運動の後退戦と、そのなかから形成された総評、そして総評内部の路線論争を経つつ、高度成長とともに春闘の確立をみる、という筋道をたどることになるだろう。同時にこの過程は、学校教科書やマスメディアによって、「豊かな社会」とその豊かさのパイの分け前を受け取る「勤労者」に象徴される貧困からの解放、消費物資に囲まれた「大衆」として描かれがちであった。

むしろ、ここで私は、この高度成長が極めて多くの犠牲の上に築かれたものであるということに光を当てておく必要があると思う。この犠牲は様々な観点から論ずることができる。労働運動との関わりでいえば、それは、まず高度成長とそれに伴う産業構造の転換がもたらした衰退産業の労働者の過酷な運命に見いだせるだろう。上野英信の『追われゆく坑夫たち』は、1960年に発行されている。上野は本書のモチーフを、衰退しつつある筑豊炭田の中小炭鉱の労働者の、「むなしく朽ちはててゆく坑夫たちの歯をくいしばった沈黙」「組織されずにたおれてゆく坑夫たちのにぎりしめた拳」(注1)を描くことにあったと述べている。上野がこのように述べる前提にある筑豊とは、「まことに近代日本の〈地下王国〉であった。そしてこの獰猛ないぶきにみちあふれた地下王国をささえてきたものは、日本の資本主義化と軍国主義化のいけにえとなった民衆の、飢餓と絶望であった。土地を追われ、職をうばわれ、地上で生きる権利と希望の一切をはぎとられた農漁民、労働者、部落民、囚人、朝鮮人、俘虜、海外からの引揚者や復員兵士、焼けだされた戦災市民、…それぞれの時代と社会の十字架を背負った者たちが、たえるまもなくこの筑豊になだれおちてきた」そうした場所であった。

石炭産業では、高度成長に突入する1950年代後半から、炭鉱数の減少、労働者数の減少が急激に進行する。炭鉱数は1955年の807から1960年の632に、そして1970年には102まで激減する。労働者数も、常用労働者で1955年の30万3000人から1960年の26万5000人、そして1970年には6万人にまで激減する。しかし、労働生産性はこの間一貫して上昇しているから、言わば生産性の低い炭鉱の閉山と、より過酷な労働ノルマの強制がこの間に進展したことを示している。これは、炭鉱労働者にすれば失業の恐怖と過酷な労働強化であり、去るも地獄、残るも地獄といった状況であった。上野は、こうした高度成長とともに、大都市部に生み出されつつあったサラリーマンや高学歴の勤労者層の影になって、棄民となりつつあった炭鉱労働者とその家族に光をあてたのだった。

高度成長と都市の「豊かさ」を支えたのは、多くの出稼ぎ労働者であり、また帰郷することなく都市に住みついた下層労働者たちだった。東京の山谷、大阪の釜ヶ崎など大都市部には建設、港湾労働に必要な流動的な過剰労働力をプールするための日雇い労働者の街が形成された。これらの地域は、労働者の簡易宿泊施設と路上での〈労働力〉の売買が一体化しているという特徴をもち、「寄せ場」と呼ばれてきた。寄せ場の歴史は近代以前まで遡れるが、現代の寄せ場の風景を決定づけたのは、先にも述べた高度成長に伴う大きな社会変化であった。青木秀男は次のように述べている。

「〈寄せ場〉労働者は、日本経済の高度成長のなかで、様々なルートをとおして析出された。彼らは、農業や石炭産業等の伝統的、低成長産業の衰退のなかで、過剰労働力として押し出された。農民、炭鉱労働者、零細自営業者、その従業員、集団就職者等が、転職、失業、出稼ぎなどの契機をとおして日雇い労働者になった。そして〈寄せ場〉へ流れた。〈寄せ場〉労働者になった一人一人の人生経歴は、無限に多様である。やむをえずなった者。いつの間にかなっていた者。自ら進んでなった者。しかし彼らは、共通の〈運命〉のもとに生きてきた(注2)」

しかし、高度成長がもたらした「1億総中流」の幻想のなかで寄せ場が持った意味は、マスメディアが常識的に流布させた、「人生の敗北者」とか「生活能力のない怠惰な者たち」といったステレオタイプのイメージでは規定でき

(注1)上野英信『追われゆく坑夫たち』まえがき、岩波書店、同時代ライブラリー版、iiiページ。
(注2)青木秀男「〈寄せ場〉研究の諸問題」『寄せ場』創刊号、日本寄せ場学会、現代書館、44ページ。

ない、よりポジティブな意味を持っていた。例えば、下田平裕身は、次のように述べている。

「高度成長という当時の社会背景として、日本列島に住む1億全員がなりふり構わぬ激しい経済・社会競争を展開しているという状況があったわけですよね。そのなかで、ほとんど全ての人が〈一般生活人〉〈平均的労働者〉として個性と主張を失い解体され、ステレオ・タイプ化していく。その代償は〈ゆたかになる〉〈中流になる〉〈ひとなみになる〉〈欧米風の生活をする〉ということであったわけですけれども・・・。そして、競争のなかでこうした〈平均的生活人〉の作り出す生活・労働スタイルの日常的循環は、自分たち自身をも束縛するような秩序を作り出すことになるわけです。寄せ場住民の供給源は、こういう競争のなかから形成される生活と労働の支配秩序そのものであった。脱落・脱出・ドロップアウトといった消極的形態ではあったが、そういう秩序への抵抗を表現していたと言えるのではないか(注3)」

従って、寄せ場は、むしろ競争社会のなかで、そこから逸脱せざるを得なかった人々が形成する、高度成長の支配的な社会と「対峙するような〈もう一つの社会〉〈オルタナティブな社会〉を表現している(注4)」と下田平は指摘し、こうした寄せ場労働者の存在は、主流と決別した分裂少数派の労働運動から生み出されてきた労働倫理に対抗する生き方と通底するものがあると見ていた。

60年代は、この寄せ場が何度も「暴動」を繰り返した時代でもあった。しかも、その「暴動」は60年代末の学生運動や反戦派労働運動などよりもかなり早い時期に、いわゆる労働組合運動や左翼運動の伝統からは自立して派生したものだった。松沢哲成の作成した年表によれば、60年代に山谷だけで13次に及ぶ暴動が発生し、釜ヶ崎でも61年、66年、67年に大きな暴動が発生している。山岡強一は「寄せ場とは何か(注5)」において、高度成長の中で、大量の〈労働力〉

が寄せ場に流れ込む一方で、手配師制度や飯場の暴力支配が確立し、「結局、既製の労働運動観」「既製の運動のやり方なり考え方だったら取り組めないまんま来て、60年代に入っていくということになります」と指摘している。そして、農村や炭鉱から新たに流入してきた人びとによって形成され、彼らが「暴動という形で自分を表現してきたというのが、60年代以降の問題であったと思います」と語っている。都市の寄せ場労働者の労働が炭鉱労働に比べて安全で、過酷でもないということであったかというと決してそうではない。例えば、新幹線の建設工事だけをみても、この工事での下請け労働者の死傷者数は、調べがつく限りでも驚くことに1万人以上を数えているのだ。

「暴動」は単なる暴力の発現ではなかった。その背景には、高度成長のなかで「豊かさ」を謳歌していると表向きは信じられてきたこの日本の社会が、マージナルな領域にその矛盾を集約させてきた結果でもあった。また、国内移民として寄せ場にやってきた人々がもちこんだ流動的で不定形なライフスタイルは、毎日決まった時間に出勤し、ルーティンワークのように消費生活を送る都市の「勤労者」たちの支配的な文化やライフスタイルと抵触した。こうした文化的な価値の差異は抑圧として作用する。「暴動」にはこうした異なる文化を容認しない日本の「豊かな社会」への異議申し立てという意味があるということを見いだす必要がある。この自立的で無定型な異議申し立てに対して、運動の側がようやくこの暴動という形態を踏まえて展開できるようになるのは67年以降である。この間の事情について、松沢は次のように述べている。

「こういった寄せ場反乱に対する運動の側での受け止めは、山谷では、裁判支援（山対協）のほか、文芸サーク

(注3) 下田平裕身「雇用変動時代のなかの寄せ場」同右『寄せ場』創刊号、83ページ。
(注4) 同右。
(注5) 山岡強一「寄せ場とは何か――戦後の下層労働者」、三多摩・山谷の会『寄せ場の歴史から未来を見通す』1984年。

ル『山谷同人』創立、セツルメント運動、文化運動、初めての労働者主体の炊き出しを行った山谷労働者協力会（1963年設立、68年に山谷地域労働組合に）など、多様であった。山労協からは、67年に日共系の諸要求貫徹連絡協議会が分岐している。キリスト者、学生、知識人など広汎な部分の参加を見ているが、自己を高い、エライものとしての救済主義か、悲惨さを売り物とする範囲を抜け出るものではなかった。だが67年には梶大介ほかが『さんや同人』を始めやがて山谷解放委員会を創り（山谷自立合同労組）、暴動によるプレッシャーで権力―資本から要求を勝ちとっていく方式を運動的に展開していった。／70年代初頭以降、釜共闘・現闘委はこういった部分の闘いを引き継ぎつつも、寄せ場と労働現場を貫く実力闘争を軸とすることによって、寄せ場労働者の怒りを意識的反乱へと編み上げていこうとするものとして、画期的であった（注6）」

●

60年代が「1億総中流化」の時代といわれながら、寄せ場の労働者の運動にみられるように、逆に「少数派」の存在が際だち、そしてまたそれは伝統的な左翼運動や社会運動に対してもまた、既存の支配的な社会への異議申し立てに対してと同様の、いくつかの鋭い批判的な問題を投げかけた。そうした少数派は、むしろ今現在では「マイノリティ」という横文字で呼ばれることが多くなったかもしれない在日外国人、障害者、被差別部落民、そして決して数的な意味では少数派ではないにもかかわらず、社会的な少数派とでも言える女性であった。そしてまた、少数派の「派」に込められた集団的な共同性の意味あいを最もよく体現していたのは、高度成長の支配的な労使関係から決別した分裂少数派の労働組合だった。渡辺勉の「組合規約第一条〈仲間を裏切らない（注7）〉」は、労働者の伝統的で封建的とも見える関係が資本に対する抵抗の土台となるケースを論じていた。また、鎌田慧の「失業者たちの日本列島（注8）」は、労働運動の枠の外に置かれた失業者に焦点を当てることによって、逆に労働運動の限界を如実に浮かび上がらせている。これらの指摘を通じて私は、基本的な観点として、少数派を支配的な価値観やライフスタイルから切断された創造的な可能性を秘めた存在として捉えたい。資本主義において、資本が生み出す「価値」に対して、こうした少数派はそれとは通約可能性を持たない「価値」創造の主体となりうる可能性をそこに見いだしたいのである。

ポスト高度成長のなかで、あるいはポストモダンのなかで、多様性や多元主義が言葉としては共通認識となりつつある。にもかかわらず、むしろそのために、この多様性や多元主義の見かけのなかに「マイノリティ」は言説として包摂されてしまいがちであり、語られる「マイノリティ」と日常生活を抱え込んだ生身のマイノリティとの間のギャップは逆に拡がっている。だがこのギャップそれ自体すら、当事者の実感に即した場合も含めて見いだしにくくなっており、支配的な「価値」からの切断をラディカルに示すということが、いったいどのようなことなのかを見いだせない、ある種の方向感覚の喪失状態に陥っているように思われる。

この意味で60年代から80年代にかけて提起された「少数派」としての問題提起をふまえることは、今一度現在の位置を確認し、方向感覚を復活させるために是非とも通らなければならない道筋だと言える。

在日外国人の観点からと女性の観点からの二つの事例によってこの国における「少数派」の問題提起をみておこう。「在日外国人」というテーマは、大きく分けて、戦前の日本の植民地支配や強制連行等と密接に関わる在日朝鮮人・中国人の問題と、とりわけ80年代に急増する外国人労働者の問題という、同列には扱えない二つの問題がある。前者については、戦前・戦中に発生した問題であるにもかかわらず、その問題としての自覚が「日本人」側に生み出されるのはやはり60年代以降である。少なくとも、１９６５年の日韓条約締結とそれに反対する闘争までは、日本の植民

（注６）松沢哲成「寄せ場の形成、機能、そして闘い」同右『寄せ場』創刊号、１９０ページ。
（注７）渡辺勉「組合規約第一条〈仲間を裏切らない〉」『思想の科学』１９７３年10月号。
（注８）鎌田慧「失業者たちの日本列島」『インパクション』48号、１９８７年。

地支配や日本の加害責任の問題は運動の主要な課題にはなっていなかった。日韓闘争の直後に発行された朴慶植の『朝鮮人強制連行の記録』(未来社)によって、初めてこの問題が自覚化されるようになったと言っていいだろう。この意味で本書は、その後の在日朝鮮人・中国人問題と日本の戦争責任、植民地支配責任を語る上で、画期的な意味を持つものと言えた。朴は、本書「まえがき」で、「日本帝国主義が朝鮮を植民地として支配した期間、どのように朝鮮人民を搾取し、圧迫を加えたかは、日本ではいまだほんの一部分しか明らかにされていない」ばかりでなく、逆に日本の植民地支配を美化したり正当化する「大東亜戦争肯定論」のような議論すらみられることに強い危惧の念を抱きながら、次のように述べている。

「わたくしたち朝鮮民族は過去、日本帝国主義支配のために苛酷なあらゆる圧迫と搾取を受けてきたが、まさにそれゆえに、帝国主義に対する憎しみは骨の髄にまで徹している。日本国民もまた過去の帝国主義侵略戦争に多くの犠牲が強いられ、また敗戦後、アメリカ帝国主義の支配政策の下での非民主主義的な政治的圧迫をうけた。現在日本国民は、生活と民主主義を守る闘いを一層強力に展開し、また〈韓日会談〉反対、アメリカ帝国主義のヴェトナム侵略反対の運動も広範に進められつつある。／しかし過去の日本帝国主義が朝鮮を植民地として支配したという歴史的事実のために、朝鮮、日本両民族の間には真に平等な国際的な連帯、友好親善を妨げるような何物かが介在していはしないかと思う。もちろんわれわれは前進のためには過去にこだわる必要はない。しかしわたくしは解放後20年間の日本での生活のなかで過去の支配と被支配の関係が禍して苦々しい経験を多く味わってきた。解放後一貫して日本政府は在日朝鮮人に対し不当な弾圧と差別政策を行ってきたためである(注9)」

植民地支配と600万人に及ぶ戦時動員のなかでの朝鮮人の経験は、民族的な経験として現在まで継承されてきたが、逆に日本人の側ではそうした植民地支配も、「慰安婦」や〈労働力〉のための強制連行や軍人・軍属としての徴用といった事実それ自体すら明らかにされることはなかった。その結果として、戦後の日本で生活することとなった60万人に及ぶ在日朝鮮人は、植民地支配からの「解放」が実現されながらも、さらに差別を強いられ続けてきた。支配民族と被支配民族が、経験を共有することはできない。しかし、少なくとも歴史的な事実認識の共有は可能なはずである。この事実の共有があってはじめて両者の連帯もまた可能になるはずだと朴は述べている。『朝鮮人強制連行の記録』はそのための作業であった。

60年代後半以降、在日朝鮮人・中国人問題に関わる様々な運動は、日本の加害責任を基本的な観点としてとることが共通の了解点となる。このことを「国籍」の問題として鮮明に問いかけたのが宋斗会の日本国籍確認訴訟だった。宋は日本で育ち、「日本人」として教育された在日朝鮮人である。国籍を通じて、日本人であるかどうかを認定する力をもっているのは日本の国家であり、「外国人」と認定された者は、常に将来的に安定した生活を保障されず、国家の慈悲によってこの国に居住を許されているに過ぎないといった日本の温情主義的な差別を彼は鋭く告発した。(注10) ここには、民族と国籍、あるいは国家と市民的な権利といった重要な問題が先駆的に現れている。

在日外国人のもうひとつの問題、外国人労働者問題として現れている問題も、実は日本政府の外国人対策という観点から見た場合には、植民地支配のもとでの朝鮮人や中国人に対してなされた扱いと本質的には変わらぬものがある。吉永長生の「在日外国人管理の歴史と現在」(注11) は、こうした戦後日本の外国人管理の歴史とその性格について、その歴史的な経緯とともに、「外に開かれた〈共に生きる〉社会の創出」を目指すという運動の課題を示すものになっ

(注9) 朴慶植『朝鮮人強制連行の記録』未来社、2～3ページ。
(注10) 宋斗会「日本と日本人を告発する」『序章』10号、1973年、参照。
(注11) 吉永長生「在日外国人管理の歴史と現在」、『世界から』35号、1989年。

ている。吉永の文章（正確には講演録である）は、日本の政府が歴代とってきた外国人政策は、「同化と追放という二正面戦略」であったと指摘している。日本に生活の基盤ができる前の外国人労働者に対しては主として追放の政策をとり、生活基盤ができてしまった人々に対しては、帰化を強制するという政策である。主に低賃金労働力として日本の資本にとっては必要不可欠であるために、「同化、帰化の道を歩ませることによって問題の成し崩しの解消をはかり、日本国家にとって好都合な外国人として囲い込み、日本に帰化させてしまう形で、当事者の精神を抹殺する形での解決の道を一つ設ける」というわけである。こうして、外国人管理の政策と制度は、日本の社会の中に多様な文化が共存する条件を否定するものとして機能し続けてきた。これは、植民地支配の時代の皇民化と本質的に何も変わらないものである。

在日外国人問題は、単なる生活条件や市民権における差別といった制度的な問題に回収できるものではない。むしろ問題の本質は、日本という国家の観念が、「日本人」というナショナリティとべったりくっついてしまっているという、国家と民族に関する「日本人」の側の問題がある。日系アメリカ人とか日系ブラジル人といった表現が成り立つのとは対照的に、朝鮮系日本人やフィリピン系日本人というカテゴリーは存在し得ない。存在し得ない理由は、近代国家日本が構築してきた「日本人」の概念とは、民族的な概念であると同時に日本という国家の国民概念でもあるという二重性を条件としており、従って純粋な契約概念としての国家を構成する主体としての市民の別称ではありえないものとされてきたからである。このことは、国家と社会の概念的な区別を成り立たせなくさせ、国家の支配的な強制力は、逆に、社会的な領域の隅々にまで行き渡り、公共性と私的領域の区別や、国民と区別される市民的権利の観念は成り立ちようがないものにされてきた。こうして、外国人はあらかじめ排除されたものであって、「日本人」と同等の権利を保障される根拠はないという観念が強固に形成され、そもそも排除されて当然の存在がその結果として経済的社会的な不利益を被ることについても、それを当然とみなす社会通念が「日本人」を支配してきた。このことは、沖縄における日本のナショナリズムの強引な押しつけの過程の中にも見事に示されている。知花昌一が、読谷村で行った日の丸掲揚への抗議行動が示したのは、まさに、人工的に形成されようとする「日本人」への帰属に対する断固とした拒否の意志だった。(注12)

吉永も指摘しているように、多様な人々との共存が重要な課題となるという場合、それは同時に、多様な文化の共存を保障する社会の構築という課題を避けるわけにはいかない。文化という観点から、とりわけ日本社会の画一性の強制という傾向を批判的に再検討しようとする動きが、ここ10年ほどの間にかなり強調されるようになってきたように思われる。欧米社会がポストモダニズムの思想による西欧中心主義批判にさらされるなかで、「多文化主義(multiculturism)という課題が提起されはじめたことや、エドワード・サイードの『オリエンタリズム』のように、西欧中心の歴史観が形成したステレオタイプの「東洋観」に対する批判の出現とも相呼応するかのように、日本でもこれらの議論とほぼ共通した問題意識に裏打ちされた考え方が提起されるようになってきた。

ダグラス・ラミスは「外国(例えばアメリカ)」(注13)において、日本人にとっての外国が常に「アメリカ」――アメリカとはそもそも南北アメリカ大陸を指すものだが、日本ではアメリカ=アメリカ合州国である――であるということによって、本来多様であるはずの外国の意識が、ステレオタイプの「アメリカ」のイメージによって支配されているということを鋭く指摘した。この日本の「アメリカ」観のなかには、日本的なオリエンタリズムと裏返しのナショナリズムが潜んでいることは間違いない。こうして、私たちは、民族的マイノリティの問題を考えるとき、同時に二つの課題を解決しなければならないことに気づく。ひとつは、欧米中心主義の価値意識の克服であり、もうひとつは、この克服が安直な日本=アジア主義に回帰することのない、非西欧的な価値意識の受容の方法という問題である。そ

（注12）知花昌一「『日の丸』焼き棄て裁判意見陳述」。
（注13）ダグラス・ラミス「外国（例えばアメリカ）」、『内なる外国 菊と刀』、時事通信社。

して、この課題は、日本の近代が生み出した「日本人」というフィクションを解体させる想像力へと結びついてゆかなければならない。

●

文字どおりの意味ではマイノリティではないにもかかわらず、マイノリティ問題に含めて議論されることが多いのが女性差別の問題である。数的にいって決して少数ではないにもかかわらず、あたかも「少数」であるかのように扱われるというのは、それなりの根拠がある。すなわち、女性の文化が支配的な文化的価値とはなっていないからであり、また、社会の支配的な意思決定権の大半を握る男性にとっては、常に「自分には属さない文化」であるが故に「他者の文化」であり、従って「見えない領域」であるということである。このことは、民族的な少数派が被る差別の構造とはまた別の、社会構造によるものである。

性差別の問題は、労働や所得など経済的な差別から、ポルノグラフィや性的なステレオタイプの強制といった問題までその幅は極めて広い。以下では、主として女性が生活する社会的な条件のなかで、常に議論の中心となってきた企業と家族、あるいは女性にとっての仕事の問題に焦点を当て紹介したい。

加納実紀代の「社縁社会からの総撤退を」は、女性の企業社会からの自立を実践的な問題意識から提起したものだ。加納は企業社会に巻き込まれる日常生活の人間関係を、「社縁社会」と表現した。加納の論文は、そのタイトルから、女性の社会進出そのものに反対し、家族への囲い込みを容認する議論のように誤解されることがあるが、それは加納の本意ではない。むしろ彼女は、労働、つまり「はたらく」とは「はたを楽にさせる」であることを本質とすべきであり、現代の男性と企業の労働にはそうした有意義な内実はないのであり、そうした男性並の労働に女性が参加することに、意義を見いだすことはできないという、支配的な労働観へのラディカルな異議申し立てが含意されていた。

企業でも家族でもない第三の生き方の模索という加納の問題意識は、企業社会が浸食し続ける企業外部の女性たちの生活領域を、女性たちがどのように単に防衛的な意味ではではなく、より創造的な営みとして再構築しうるか、という問題意識や、なによりも企業社会からの自由とはこの社会が強いる関係性からの切断の試みであるということ、という点において、ラディカルな問題意識に貫かれていると言っていいだろう。

80年代の女性を取り巻く状況認識については、『女と総合安保』(注14)や、吉清一江の『まっぴらごめん日本型福祉社会』(注15)に示されているように、フェミニズムの議論は、政治、企業、労働の問題を扱うときにも必然的に家族や消費生活の領域を視野に収めなければならなかった。このように、70年代以降のフェミニズムに代表される社会批判の理論的な枠組みは、伝統的なマルクス主義の生産的労働中心の社会観の枠組みから大きくはみだす様々な試みを繰り返し生み出すことになった。(注16)近代経済学者の塩沢由典は、『生活の再生産と経済学』のなかで、マルクスの史的唯物論における人間の生活の社会的生産という観点を「生活」と読み換え、この意味での生活には、生命の再生産、物的財の生産と再生産、生活様式の再生産、文化・知識・社会倫理の再生産という4つの相があると指摘した。塩沢のそもそもの問題意識には、マルクスの土台—上部構造論による社会認識が生産中心主義として理解され、従って、生活の生産というマルクスの観点を「生活が生活を生み出していく諸過程」として捉えられていなかったという批判を踏まえて、彼なりの新しい枠組みを提示しようというものだった。

塩沢は、マルクスの生産過程にかえて生活の再生産を最終審級とする枠組みを提示する。この観点から、再度資本主義社会の問題を見直す際に、具体的な事例として持ち出されているのが、原発や火力発電所などのエネルギーと地

(注14)「女・エロス」編集委員会「女と総合安保」、『女・エロス』17号、1982年。
(注15)吉清一江「まっぴらごめん日本型福祉社会」、『女・エロス』17号、1982年。
(注16)塩沢由典「生活の再生産と経済学」『思想の科学』1980年3月号。

域開発の問題であり、「女たちの運動」であった。とりわけ彼は後者について、「それは生命の再生産・生活様式・生活文化にふれている点で他にみられぬ根底性をもっている」と指摘している。しかし、塩沢がこの論文を書いた1980年には、いまだ理論的な意味で彼が評価しうるフェミニズムの側の業績はほとんど見あたらなかった。塩沢は、1960年の主婦論争を取り上げ、従来のマルクスの労働価値説では回答しえない問題に気づいた点を高く評価していた。こうした問題提起はその後のフェミニズムの理論の中で洗練されてゆくが、他方でマルクス経済学の側は、いまだに十分にその意義を受けとめているとはいえない。

●

大衆消費社会が日本で話題になりはじめたのは、高度成長以降のことだと言って言いだろう。例えば、大衆社会論について、富永健一は「全ての人々がある程度教育があり、ある程度金持ちで、政治的に平等、都市と農村の違いやホワイトカラーとブルーカラーの違いがほとんど消滅しており、マスコミを通じて同じ文化を享受しているような社会」だと定義して、さらに日本の場合について次のように説明している。

「今日、全ての先進諸国は大衆社会になっているが、日本における大衆社会の出現は、とりわけ戦後改革と高度経済成長という2大イベントの産物に帰せられる。すなわち、戦後改革は、国民主権を実現し、男女平等の普通選挙を実施し、地主と小作の区別を撤廃し、職員と工員の区別を消滅させ、旧制高校・旧制帝大のエリート教育システムを解体し、シャウプ税制による高度の累進課税を推進した。そのあとに高度経済成長が到来して、所得水準の均等的な上昇、農村人口の急激な激減と生活様式における都市化の進行、大量生産・大量消費の実現によるテレビその他の家電製品やマイカーの普及、食生活からスーツとジーンズ・Tシャツ・スタイルにいたるまでの消費パターンの均質化

などが進んだ」(注17)

私は、一般論に還元できない、大衆としても括ることのできない大衆内部の溝や差異について述べてきたつもりだから、右の文が文字どおり全ての人々に当てはまることはない、ということをあえてここで再び強調する必要はないだろう。しかし、右の文章は全く的外れなわけではない。戦後改革は国民主権を実現しはしたが、在日外国人には平等な権利を与えなかったし、男女平等の普通選挙は実施されても男女間の社会的経済的な平等は実現されず、地主と小作の区別は撤廃されたが、おしなべて農業は解体の憂き目にあい、職員と工員の区別や旧帝大の権威は文字どおりには消滅せず、強固な学歴社会は一貫して再生産され続けた。しかし、ある種の1億総中流という意識だけは蔓延した。実態はどうあれ、中流意識と日本は豊かであるという観念を支えてきたのは、まさにマスメディアであった。「マスコミを通じて同じ文化を享受しているような社会」は、マスメディアが「この社会の構成員は皆中流であり、豊かである」というメッセージを流布されることによってそうした観念にいろどられた文化が形成されてゆくということになる。

こうした「豊かさ」が、少数派となった下層の労働者大衆をより容易に切り捨てることになったのに対して、多分「公害」とか環境問題は、自覚されるか否かにかかわらず、「豊かさ」のただなかにいる人々の生活意識そのものを問い直すきっかけを与えたと言える。

公害に対する闘いのなかから、非常にすぐれた文章が数多く生み出されている。東大闘争の自主講座運動のなかから生まれた宇井純の『公害原論』(注18)、水俣病をテーマとした石牟礼道子の『苦海浄土』(注19)、火力発電所反対闘争を描いた松

(注17) 富永健一「大衆社会論」『戦後史大事典』改訂増補版、三省堂、1995年。

下竜一の『暗闇の思想』[注20]など数多い。例えば、小出裕章の論文「放射能汚染の中の反原発」[注21]は、チェルノブイリ原発事故以後の反原発運動の大きな広がりのなかで書かれたものである。原発事故は、全ての人々をある意味で被害者にする。しかし、被害者であるという意識だけに支えられた運動でよいのかどうかという問題を、とくに放射能汚染食品の輸入あるいは汚染の測定問題を取り上げて論じたものである。1986年にチェルノブイリ原発で事故が起き、その後、拡散した放射能汚染は、ヨーロッパ全土に拡がった。そして、ヨーロッパから輸入される食品にも残留放射能が検出されるようになった。問題は、そうした汚染食品を私たちは受け入れるべきかどうか、という問題である。生活協同組合など安全な食べ物にこだわってきた団体のなかには、こうした汚染食品を取り扱わないという方針を打ち出すところがでてきた。逆に、国の安全基準を下回っているのだからという理由で、何の注意もせずに供給し続けるところもあった。これに対して、小出は、「放射能で汚れた食べ物を私は食べたくない。日本の子ども達にも食べさせたくない。しかし、日本という国が少なくとも現在原子力を選択している限り、日本人は自らの目の前に汚染した食糧を上らせて、原子力を選択することの意味を十分に考えてみる責任がある」と主張した。汚染食品の規制強化は、それらの食品を規制の緩やかな飢餓国へ向かわせることになるということ、そうした差別を再生産させるような運動の方針をとるべきではないということをはっきりと述べている。ここから、さらに小出は、「唯一の被爆国」という誤った常識や朝鮮人被爆者への差別の問題など、日本の加害責任とナショナリズムに偏りがちな被害者意識に基づく運動のあり方に対して、告発や糾弾ではなく、運動の飛躍の期待をこめて議論をすすめている。

小出のこの問題提起は、いままでの反公害運動が到達した運動のひとつの重要な地平を示している。日本の原発の放射性廃棄物の、南太平洋への日本政府による投棄計画など、政府レベルでは邪魔者を国境の外に排除すれば事足りるという発想が強いが、逆に運動の中では、こうした問題についての理解はチェルノブイリ事故当時に比べてずっと深まっている。国際的な連帯運動もこうした理解を押し進める大きなきっかけとなっている。

小出の観点は、日常生活の問題を地球規模での人とモノの関わりとして見通すという想像力を地域運動や市民運動が不可欠の運動の条件としなければならないことを鋭く指摘したものだった。確かに、生活保守主義に基づく「消費者運動」のなかには、自分さえ安全であればよいという発想に基づく危機感によりかかる傾向が常にあった。しかしまた、70年代以降、運動が全国政治や既成革新政党に担われなくなるにつれて、逆に運動に参加する人々一人ひとりが自分の経験として、こうした排外主義の傾向を克服するという傾向もみられたのである。

●

高度成長のなかで一貫して解体されてきた農業について、以下では、むしろそのなかから新しい農業のあり方を模索する試みの例を取り上げて紹介する。それは、有機農業の実践と都市消費者とのオルタナティブな流通回路の形成の試みである。星寛治の「農とは何か――工業化・石油づけ農業をこえる道」(注22)は、従来の農民運動が追求してきたものが「賃金や物量に集約されてきた感がつよい」ために、「生活様式そのものが工業化社会と石油文明の所産であるという矛盾に、あまり思いをいたさなかったことはいなめない」と批判し、有機農業運動を実践していく経緯について論じたものだ。

星の問題意識は、逆に都市消費者の側でもそれに見合った生活の見直しとも対応している。従来の家計を支えるた

(注18) 宇井純『公害原論』、亜紀書房、1971年。
(注19) 石牟礼道子『苦海浄土』、講談社、1969年。
(注20) 松下竜一『暗闇の思想を――火電阻止運動の論理』、朝日新聞社、1974年。
(注21) 小出裕章「放射能汚染の中の反原発」、『技術と人間』1988年5月号。
(注22) 星寛治「農とは何か――工業化・石油づけ農業をこえる道」、『新地平』1982年8月号。

めの生活協同組合運動から、70年代以降、いわゆる産直や共同購入運動は、安全な食べ物と生産者と消費者のより密接なコミュニケーションによる食をめぐる生活様式の変革として展開されてきた。そうした対応のなかで、都市の消費者のライフスタイルも眼に見えないところで変化し、そうした変化が、環境やエコロジーを、場合によってはマスメディアも取り上げるような「流行現象」にまで押し上げる素地となっているとも言えるのである。エコロジーがこうした流行としての商品化の波にのまれるとき、エコロジーの市場は拡大し、それに伴って生産と流通も拡大する。しかし、そうした拡大は、それをライフスタイルの根底で支える生産者や消費者の実質に加えて、企業が利潤を目的として上乗せした言わば水増し部分によって支えられている。それは気分や投資のトレンドとしてのエコロジーである。もちろんこれらの担い手もまた都市の消費者であり、農村部の農業の担い手である。こうした流行が、流行である限り、別の流行に置きかわってしまったとき、この水増し部分は消え去るが、しかしそれ以上に、肥大化した市場とともに拡大した生産者の投資や消費者側の組織もまた大きな打撃を受けることになる。企業は新たな市場にむけてさっさと資金を引き上げ、撤退してしまうが、そもそも新しいライフスタイルを模索しようとしてきた消費者や生産者の非企業的な組織は、もろにこうした流行の盛衰の影響を受けることになる。それは、場合によっては、以前よりも深刻な経営上の危機をもたらすかもしれない。このとき、初発に抱いていたオルタナテイブなライフスタイルへの志は一度市場化の洗礼をうけるなかで、市場経済の論理にからめとられる方向で拡大せざるを得なかった規模を維持するという選択を強いられる。巨大化した生協をいまや誰も巨大化したスーパーと区別しないように。そこで扱われている食材等がややましになったとしても、そうした物の質を商品として提供するのではない別の使用価値へのこだわりは希薄化せざるを得ない。

　例えば、生活クラブ生協の創立者のひとり岩根邦雄は、「生活クラブをつくった目的は、日本の市民社会の中の確固たる政治闘争、あるいは社会運動の主体をつくっていく、ということであった[注23]」と回顧している。生活クラブが設立されたのは60年代半ばだが、岩根は、この60年代は労働運動が変革の主体の中心的な担い手であることをやめた時代だと指摘し、それにかわって「日常性に根ざし、しかし物事は本質的にとらえ徹底的に考える、思想的にはラディカルに、しかし実践的には日常性に根ざした運動が歴史的に要請されていた。それが私たちの前に出されていた課題だった。それに対して、私は生活クラブという組織を作ることによって応えようとしたのである」(注24)と述べて生活クラブはよく知られているように、共同購入運動を基盤に、生活者ネットという政治団体を形成し、自治体レベルでの選挙運動などいわゆる政治運動に関わってきた。しかしまた、岩根のような鮮明な問題意識が生活クラブの、個々のメンバーに共有されているとは思えない。そこには、埋められない溝がある。ただどのような溝があるにせよ、日常性に根ざし、あたかも政治とは無関係な大衆の生活のミクロなレベルでの実践が、結果的に政治的なものを引き寄せたということであり、現代の社会が、いかにミクロ・ポリティクスを構造化した社会であるかを如実に示しているということは言える。しかし、だからこそ、そこにポリティクスを持ち込むべきであるという主張と、だからこそ逆に、ポリティクスを排除したいという欲求との間の溝は大きいように思われてならない。これは、労働運動を体験するなかから労働者が政治化するということがありえたように、消費者もまたその運動を通じて政治化するということはありえるだろうが、しかし、政治化しない労働者たちによっても制度としての労働運動は再生産されてきたように(それは同時に、運動としての役割の歴史的な終焉をむかえるが)、政治化しない消費者たちによって消費者運動が再生産されるということもありうる。先の話の繰り返しになるが、こうしたケースが資本にとって最も「資源化」しやすい消費者なのである。

(注23)岩根邦雄『新しい社会運動の四半世紀――生活クラブ、代理人運動』協同図書サービス、20ページ。
(注24)同右、23ページ。

高度成長を経るなかで、人々の意識は確実に労働運動から拡散し、関心は多様化していった。そのなかで、階級意識もまたある種の解体を経験した。私たちはともすれば、そもそも日本の社会では階級意識などは成り立たなかったと考えがちである。確かにイギリスのような強固な階級意識は形成されなかった。しかし、労働組合への信頼や期待を抱き、なによりも大衆的な革新運動や左翼運動、そして社会主義の未来を漠然と予想する一定の無視できない階層は確実に存在した。それが社会党や共産党を支えてきた大衆の階層である。階級意識は、労働者階級が置かれている客観的経済的な条件によって必然的に形成されるものではなく、様々な闘いへの参加の経験のなかで再生産される。そして、この経験の共有を可能にするものが、支配者や資本とは異なる価値観の集団的形成である。これが一定の社会的な広がりを見せ、なおかつ支配的な価値観と明確な対立軸を形成しているとき、それは階級文化として機能する。なによりもこうした階級文化の形成によって、「大衆社会」が画一的な社会へと変質することが妨げられている。このことが、階級意識の再生産にとって不可欠な条件をなすと言って言いだろう。

こうした観点から戦後を見直したとき、高度成長とはこうした階級意識の条件となる階級的な文化構造を解体した時期であると言えた。歴史的に言えば、こうした階級的な社会分断的構造は、20世紀初頭の二つの世界大戦に代表されるように、戦争を契機に解体され、国家的な統合へと導かれることが多かった。国家は、労働者を戦争に動員することに成功しない限り、総力戦としての体制を形成することはできない。そのためには、階級利害を超越する国家的な利害における合意を形成し、国際主義的な連帯よりも国家間の対立の優位を強化しなければならない。

実は、高度成長はこれと同様の効果をもたらした。なによりも戦後復興を経て、いよいよ先進国に追いつきうるところにまでたどり着いた日本が、対欧米に関しては、追いつく目標として、またアジアに対しては経済的な覇権の確立という目標として、それぞれ意識されることによって、「日本」へのアイデンティティ形成の条件がつくられてきた。これを文化的に支えたのが、ひとつには東京オリンピックであり、もうひとつが1970年の万国博覧会であった。

こうした国家イベントは、それが国際的な規模になればなるほど、ナショナリズムを鼓舞する格好の舞台装置となる。スポーツと文化は、それ自体が一般に政治とは無関係なものとみなされ、人々の生活や感性に潤いを与えるものであるという建て前があるために、政治的なイベントとしての性質がいかに強烈であったとしても、そのことが直接に大衆的な反感を買うことが少ない。しかし、例えば、1964年の東京オリンピックでは、これを契機に首都圏の都市改造が大規模にすすめられ、国民運動推進連絡会議が総理府に設置され、戦後はじめてと言っていい国民総動員の体制づくりが展開された。首都高速道路の建設も新幹線の建設も全てこのオリンピックとむすびついていた。そして、国家元首として昭和天皇が開会宣言を行った。このようなイベントの仕掛けを通じて、ナショナリズムがある種の「雰囲気」として形成されてゆく。こうして、東京オリンピックは、国家イベントとしては、大きな反対もなく、高度成長のシンボル的な行事として歴史に刻まれた。

しかし、この東京オリンピックから6年後の1970年に開催された万国博覧会は、この博覧会に直接関わりがある建築家や文化関係者から大きな異論や批判がなげかけられた。万博もまた、国家動員型で6421万人の入場者を数えることになった。ちょうど全共闘運動やベトナム反戦運動が昂揚するなかで、万博に対する反対運動もまた展開された。万博は、70年の安保条約改定の年にあたったこともあり、大衆の意識をそらすためのものだという批判もあった。

万博のシンボルが岡本太郎の太陽の塔であったように、このイベントは、従来反権力とか反体制とみなされていたような前衛的なアーティストたちを大々的に起用し、伝統文化中心の文化政策が大きく転換するとともに、文化の領域における前衛の解体を促したイベントだった。しかし、宮内嘉久が「万国博——芸術の思想的責任」(注25)で指摘しているように、万博は文化の次元での知識人、芸術家の動員の開始だった。そしてまた当時の反対運動に関わった建築家たちは、万博を「おのれの内部からつきつけられた刃」、「日常の設計労働・研究活動それ自身が不断に抱えている矛盾の集約的な表現」として捉えた。(注26) ここには、全共闘運動が提示した自己否定の視点がはっきりと見てとれる。しかし闘争の終息とその後の脱工業化の進展のなかで、文化産業や情報産業の比重が高まり、それらの産業に提供されるソフトとしての文化生産を担う人々へのニーズも高まる中で、確実に先端的な文化的な表現から、制度を逸脱するエネルギーが希薄化していった。

これは、何も万博をめぐる状況に限らない。70年前後の時代がまたラディカルな文化運動の昂揚と敗北の時代でもあったという観点からみれば、これは文化状況全般に言えたことである。例えば、69年に新宿西口広場で始まったフォークゲリラや、当時のラジオの深夜放送のなかで歌われたプロテストソングは、時代の流行の衰退とともに、歌われなくなる。音楽のスタイルや歌詞としての表現方法は変わっても、反体制というスタンスは変わらないという若者文化の伝統は、日本ではほぼこの70年代で解体する。これは、70年代のパンクロック、80年代のラップ・ヒップホップというようにその担い手となる若者の集団は同じではないとしても、文化的な伝統として、反体制としてのカウンターカルチャーが持続した欧米とは大きな違いになっている。この対抗文化の解体の原因のひとつは、民衆による自立したメディアの欠如に求められるだろう。マスメディアの中に一時的に生み出された対抗文化の空間（深夜放送がその典型であるし、新宿西口広場もある種それに近い性質をもっていたといえそうだ）が、ことごとく解体されたときに、代替すべきメディアの不在は、多様に分散しつつある市民運動にとっては決定的な打撃だった。このことに気づかれるようになったのは、粉川哲夫らがメディア運動を提起して以降のことと言っていいかもしれない。

60年代末の運動が、それまでの反体制運動や左翼運動と決定的な違いをもったのは、「全共闘運動」と総称されるオートノモスな運動にあるということは、その評価の是非を別にしても、多分最も多くの人々に共有されている了解事項であると思われる。しかし、いざその内容について論ずるということになると、現段階ではまだ十分な歴史的な評価や総括が行われてきているとは言い難い。もちろん運動の渦中では、全共闘運動とは何かということが様々に問われてきたし、この運動が告発の対象とした教師の側からも、様々に真摯な応答や反論などが提起されていた。しかし、そうした当時の運動の中から、運動に即して提起されてきた諸問題や評価それ自体もまた、全共闘運動が解体するなかで、現在の時点ではほとんど運動としても思想としても直接的には継承されていないように見える。いやむしろ天野恵一が繰り返し指摘しているように、全共闘運動のなかには、継承すべきものばかりでなく、むしろ否定的な要素もまた含まれていた。

全共闘運動とは、いったい何だったのか。その名称にこだわれば、それは「全学共闘会議」の略称であり、自治会組織による学生運動に対する批判のなかから自生的に形成された大衆運動だった。そこには新左翼の諸党派も様々な形で関与し、それが「全共闘」を名乗る場合さえあったので、反日共系の新左翼運動として一括されてしまうことも多かったが、しかし、この運動はそうした新左翼も含めた組織としての左翼運動とは、様々な点で基本的に異なる性質を内包していたのではないかと思う。

（注25）宮内嘉久「万国博——芸術の思想的責任」、『現代の眼』1968年9月号。
（注26）建築家70行動委員会「万博反対運動の論理〈叛〉第一号」、宮内嘉久「〈ノン〉をいわない建築家」、いずれも針生一郎編『われわれにとって万国博とはなにか』田畑書店所収。

第一に、その運動の多くは、極めて個別的な課題にこだわり、その運動を普遍的な全国的な政治課題として再構築しようという方向にはなかなか向かわなかった。東大闘争にしても、日大闘争にしても、そこで闘われた課題は大学や教育の制度的な問題としては共通したものをもっていた。だから、支援や相互の交流は日常的にあった。しかし、組織として全体をたばねるという指向性は従来の左翼大衆運動に比べると極めて希薄だったのではないか。むしろ小規模な集団が幾重にもおりかさなるようにして、ある種の大衆的な闘争のエネルギーが形成されていたと言えるかもしれない。従って、「全共闘」というラベリングは、自称であったとしてもむしろ他者によって規定された集団への認知であったといったほうがいい。当事者に即せば、そう名乗ることはあっても、マスメディアなどが十把ひとからげに「ゼンキョウトウ」と呼称する集団とは違うものだ。一般性に乏しいそれぞれの「全共闘」が存在するのである。この点は、やはり当時の「べ平連（ベトナムに平和を市民連合）」にもあてはまるかもしれない。全国各地で展開されたべ平連もまた、その特徴をひとことで述べることは非常に難しい。そもそも共通の理念やイデオロギーなどは、「反体制」という漠然としたスタンスを除けば、存在しなかったからだ。もちろん、マルクスやレーニンは今に比べれば非常によく読まれたことは間違いない。しかし、同時に毛沢東もチェ・ゲバラもマルクーゼもバクーニンも読まれたし、これらのテキストはまた東映のやくざ映画や、白土三平の『カムイ伝』や、ちばてつやの『あしたのジョー』といったコミックの世界と同じ地平で享受されていた。

多分、運動が大きなエネルギーを放出し得る状況というのは、そこに参加している人々が共有する想像力もまた大きく膨らみ、逆に現実は相対的にみすぼらしく見るに値しないものへと後退し、現実そのものをこの想像力によって解体し得るのではないかという可能性に賭けるだけの意味が形成されているときである。「大学解体」も「自己否定」も、一定の距離をとってみれば、その文字どおりの貫徹は、極めて困難な課題である。しかし、にもかかわらず、その困難が困難とは感じられないだけの想像力を形成したのである。しかも、この想像力を形成したのは、何らかの特定できる組織や集団あるいは個人ではなかった。こうした想像力は大衆的な運動の高揚や持続のなかでしか維持できない。それが少数者の想像力に依拠するようになるとき、もはやそれは大衆の想像力を引き寄せられなくなったときである。

大学解体というスローガンは、不断の競争を通じた差別選別のヒエラルキーとしてある教育の頂点にたつものとして、この差別選別の構造そのものの否定としての意味を少なくとも理念的には有していた。教師と学生という関係も、管理するものとされるものの関係として、あるいは〈労働力〉商品を生産するものとこの商品の主体として自己形成するものとして、捉えられた。従って、現にあるシステムを肯定することは、その結果として資本主義的なシステムの維持に加担するということになる。もし、こうした資本主義のシステムが日々差別選別のシステムを再生産しているとすれば、このシステムを支えているのは、単に資本や管理者としての教師、大学当局などだけでなく、そのシステムに巻き込まれている学生自身もまたこのシステムの再生産に責任があるということになる。大学生であるということは、競争のなかで、他者を蹴落として、選別の勝利者となることなくしてはあり得ない。自分が選ばれるということは誰かが排除されるということであって、誰もが大学生になれるということではないからだ。

こうした問いかけは、根源的なものであり、従って、こうした差別選別のシステムのなかで、選別する側、あるいは管理する側にたつのか、それとも、こうしたシステムそのものを否定し、このシステムから降りるのか、という問いかけを伴うことになる。こうした問題意識が根底にあって、現象的には個別の管理問題や学費値上げ粉砕闘争などが闘われるということになるわけだから、例えば、ストライキにしても、それは個別の課題を具体的に解決する手段としてではなく、常に「無期限スト」が建て前として設定されなければならなくなる。逆に闘争は、常に現実の持つ重みとの闘争となる。闘いは、自らの解放のための闘いであるわけだが、そのためには現実のシステムが強いる抑圧を拒否できる主体の強靱さが試されることになる。このようにして、闘いは、敵との闘いである以前に、現実のシステムへの帰属（帰還）をめぐる葛藤として、自分自身との闘いとして内向してゆく。現実のシステムの側もまた拒否の態度を貫き続ければ敗北する以外にないと恫喝する。運動の問いが根源的であればあるほど、妥協は容易に敗北の意識に結びつき、倫理的な抑圧となり、闘争を支えた諸個人の想像力は、この抑圧のなかで急速に現実の世界によって呑み込まれてしまう。

70年代に入って、大衆運動としての全共闘運動が解体過程に入ったとき、それは、現実には機動隊の暴力の前に敗北を続けるという形で現れることになる。このときに、ゲバ棒と石と火炎瓶という戦闘スタイルから武装の高度化という発想が生まれてくる。同時に、新左翼党派の間での熾烈な党派闘争とその過程で命を失い、再起不能な状態に追い込まれた多くの犠牲者が生まれる。とりわけ、連合赤軍の浅間山荘での銃撃戦と、その後明らかになった同志殺しの経過は、その武装闘争の理念や同志に対する「総括」に示された自己否定的な倫理主義と、根源的な革命の理想主義のいずれをとってみても、当時の時代が有していた大衆的な想像力の否定的な側面を如実に示していた。ブルジョワ社会の中に生まれ育ったものである以上、革命的であるためには、より厳しい自己否定、自己変革と革命の理念に最も近い存在へと自らを高めることが要求された。これは、逆に、そうした徹底性に欠けるとみなされた者たちに対する激しい倫理的な糾弾を伴うことになる。後に獄中で自らの命を絶つことになる森恒夫は、同志にあてた書簡の中で、次のように述べている。

「政治、軍事、経済の独占のみならず、ぼくの個人的な人生観（ブルジョワ的）の党物神を行ったことから、全ての同志は自らの階級性、マルクス・レーニン主義―政治路線等を放棄するかどうかを問われていったのです。極左路線に疑問を持ったり反対した同志、この形而上学的〈銃―共産主義化〉論の非科学性、反マルクス・レーニン主義、プラグマティズムに対して疑問を持ったり、反対した同志、ぼくの独裁制に疑問を持ったり、反対した同志、こうした同志に対して〈総括〉を要求し、過去の闘争の評価等をも含めてぼくの価値観への完全な同化を強要して粛清を実現していったのです（注27）」

彼は、自らのプチブル性こそが、この粛清の本質であるとして、「どうしてもマルクス・レーニン主義の基礎から学習しないと駄目だと確信しています」と書いている。スターリン批判でも繰り返し主張された「真のマルクス主義」による粛清の克服という方法は、他方で支配的なイデオロギーからの攻撃が常にマルクス主義そのものに粛清を招く本質的な「狂気」が内在している、という批判であったことに対する応答でもあった。しかし、私は、粛清の問題にせよ、あるいは党派闘争における「内ゲバ」の問題にせよ、その原因も解決も、それぞれのイデオロギーに固有の原因に還元できるものではないと思う。どのようなイデオロギーであれ、あるいは宗教的信条であれ、そこにはこうした粛清に至る排除の指向性が内包されざるを得ないのであって、特定のイデオロギーだけの問題ではない。というのも、排除の論理を含まないどんなイデオロギーも教義もありえないからだ。では、それは致し方ないことなのか。そうではない。なぜなら、全てのマルクス主義者、全ての自由主義者、全ての全体主義者が粛清に加担するわけではないからだ。あるいは、ユートピア主義が暴力による他者の排除の根源にあるという主張もまた、真理の半面でしかない。なぜならば、やはり全てのユートピア主義者がそうした排除を肯定するわけではないからだ。粛清によって、せん滅の対象としての他者を文字どおり消滅させることはできない。むしろ、粛清は自らの豊穣な想像力を抑圧し、自己崩壊を招かざるを得ない。なぜならば、社会変革の運動は、活動家のための自己目的の運動ではなく、最終的には大衆的な合意を形成し、現にある社会よりもより多くの幸福をもたらしうる社会へと導くことであって、この目標は

（注27）森恒夫「坂東国男宛書簡」1973年1月1日。森恒夫『遺書』査証編集委員会編、17ページ。

既に運動の過程の中で運動の質として繰り返し現れるものだからだ。だから、党派闘争でテロを繰り返す党派や、過去のそうした誤りへの「加害責任」を明確にしえない組織には、新たな社会を建設するという課題を担う資格はないといわざるを得ない。しかし残念ながら、私たちもまた、この深刻な問題を解決する最終的な方法を獲得しえていない。未決の問題であるということを、まずは自覚することから出発するしかないのだ。

●

支配的なイデオロギーは、イデオロギーとして自覚されない場合が多い。従って、対立する少数者のイデオロギーに見いだされる粛清だけがきわだつ。こうして、脱イデオロギーが主張されたり、ユートピアへの拒絶が主張され、それは結果的に現状肯定という唯一の選択肢を導きよせてしまう。それは、戦争観や歴史観のなかに如実に現れる。例えば、アジア・太平洋戦争について、日本は自らの「戦没者」を特別に追悼する仕組みを持っている。靖国神社や毎年夏に行われる追悼式典、そして特別な年金制度などである。アジアからは明らかな植民地支配や侵略であった戦争が、日本ではそのように理解を促す教育を意図的に排除してきた。逆に広島・長崎の原爆は「唯一の被爆国」幻想を生み出し、大都市の空襲体験は、台湾・朝鮮の植民地支配を「大日本帝国」の繁栄と受けとめ、満州国の建国を大東亜共栄圏建設の必然的な道程として祝賀し、侵略の銃後を支え、真珠湾奇襲作戦の成功を歓喜の声で迎えた住民たちを、ことごとく被害者に仕立ててしまった。この戦争は、「総力戦」として戦われ、「総動員体制」がとられたこと、そしてたとえ戦場ではないとしても、内地もまた戦争遂行の重要な機能を担うものであるということを国家は徹底して宣伝・教育し、合意形成をうながしていった。加納実紀代らが『銃後史ノート』で行った詳細な「銃後」研究にみられるように、日本人にはその軽重に差はあれ、侵略戦争に対する責任意識が必要なのである。

東アジア反日武装戦線は、爆弾闘争によって、多数の死傷者を出した「テロリスト・グループ」という側面だけが強調されることが多いが、右に見たような問題意識を徹底的につきつめようとしたグループだった。連合赤軍とは違い、彼らは党としての組織化という意識は非常に希薄であり、また彼らは多くの場合、マルクス主義との関わりよりも、日本のアジア侵略に加担した日本帝国主義本国人としての加害責任意識に支えられていたと言っていいと思う。荒井まり子の「獄中記」は、東アジア反日武装戦線がたどった爆弾闘争の意味を、当時の時代の動きや彼女自身の心の動きとともに非常によく表現している。荒井は、爆弾闘争の計画、実行に加わっていなかったにもかかわらず、精神的無形的幇助として懲役8年の実刑判決を受けている。むしろ自らはえん罪と言っていい立場にありながら、彼女は死刑判決を受けた大道寺将司、益永利明の2人とともに、その闘いの誤りを教訓として、死刑という処刑によって全てを終わらせるのではない生き方と闘いを選びとってゆく。爆弾闘争のなかでの誤りは、闘いのなかでしか克服できない。何もしないことは、むしろ現にある不正を容認するにすぎないと荒井は考える。しかし、それは、闘いに犠牲はやむを得ないという自己正当化ではない。さらに彼女は次のように書いている。

「しかし、今の私は〈大義のためには小さな犠牲もやむを得ない〉として失敗や過ちを正当化してしまう論理の恐ろしさを思わずにはいられません。これまで革命の名においてどれほどの悲惨がつくり出されてきたかを真剣に考えるならば、自分たちこそが真理や正義の所有者だと思い、疑うこともしなかったとき、そこからは限りない自己合理化と抑圧を生み出してしまうと思うからです。そして、そのような自己合理化を避けるための回路――民衆からたえざる検証を受けること――を持たなければ、どんなにすぐれた戦士であろうとも真に自由と解放につながる道を歩み続けることは困難ではないかと思うのです。(注28)」

（注28）荒井まり子「獄中記」『辺境』第3次、1987年春号、104ページ。

東アジア反日武装戦線は、当時の機動隊や警察権力に対して物理的に敗北し続けることは、同時にこの日本帝国主義が過去から現在に至るまで行ってきた侵略者としての存在を否応なく肯定してしまうことになるのではないかという自問のなかで、天皇の御用列車爆破計画をはじめとする爆弾闘争という戦術を選択することになる。先にも述べたように、物理的な敗北を、大衆運動をたてなおすという方向で総括できなかったのは、彼らだけの責任ではないと思う。冷静な情勢認識が必要な後退戦の局面で、むしろある種の「玉砕」を鼓舞したり、言行不一致の「武装闘争」を主張する雰囲気があったことは間違いないからだ。自らは何ら手を下し得ないが、誰かがやってくれるかもしれない「武装闘争」を期待する雰囲気は、確実に当時の全共闘、新左翼運動の「雰囲気」として存在したからだ。

東アジア反日武装戦線の問題は、ジャーナリズムによって単なる爆弾テロリストたちという捉え方をされることが多い。しかし、獄中にあって彼らは、自分たちの行動を総括するという作業に加えて、死刑囚として死刑廃止運動を積極的に展開するようになる。荒井まり子の「獄中記」もその最後の部分は死刑廃止運動にあてられている。しかし、荒井は益永利明と大道寺将司のふたりの東アジア反日武装戦線の死刑囚の言葉を引用し、死刑問題つにいて重要な指摘をしている。荒井が引用している2人の文章のなかから、さらにわずかだがここに引用しておきたい。

「国家権力というものは、なぜ被告に反省を要求するのだろうか? 権力にとっては、人民に対する見せしめとなる限りで被告の『反省』が必要なのではないか。被告が犯罪の本質に迫るような反省を行い、国家の支配の秘密を透視してしまったとき、被告人の反省は権力の眼には、憎むべき反逆行為に映るであろう。しかし、それでも、ぼくがなすべき反省は、そのようなものでなければならないはずだ。／犯罪が、人間の共同性の喪失を意味するものだとすれば、ほんとうの反省とは、犯罪者が自分の犯罪の犠牲となった人に対する共感力を回復することであるはずだ。被害者の痛みを自分の痛みとして感じられる感受性をとりもどすこと。それが、ほんとうの反省の第一歩なのだと思う。それによって初めてぼくらは犯罪というものの本質を見ぬくことができるようになるだろう（益永利明）」

「償いは生きてこそできるものです。死をもっての償いという考えは、封建的道徳であり、権力側に都合の良いものです。処刑されることはいさぎよいことなどではなく、責任の放棄でしかありません。生きてこそ償いはできるのであることを肝に銘じたいと思います。／私は、三菱重工爆破の自己批判と反省の上に立って、右傾化、反動化の波に抗し、闘っていこうと決意しています。死刑制度を廃止させる闘いもその一環であり、全国の死刑囚仲間と力を合わせていこうと心しています（大道寺将司）[注29]」

●

闘争が長期化し、機動隊や警察権力がこの不定形な闘争のエネルギーに対応する暴力によって、弾圧と抑圧の手法をより巧妙に洗練させるにつれて、多くの参加者たちは、自らの想像力を解体させていった。しかし、全ての人々がそうだったわけではない。敗北の過程でも闘いを手放さなかった人もいるし、再び新たな場面で闘いを再開した人たちもいる。地域運動や反公害運動など、70年代以降のあまり組織だっているとはいえない様々な運動には、直接の継承関係があるかどうかとは別に、根源的な問いを内に秘めた、したたかな闘いが多く見られるようになった。既成の労働組合も政党もあてにしない運動という面や、その担い手に「全共闘」世代でもある団塊の世代が多く見いだされるという点で、確実に60年代末に運動の風景は変わったと言っていいだろう。しかし、こうしたいわゆる市民運動、地域運動、住民運動などと総称される様々な運動にも、世代の断絶が現れ始めているということも言われる。戦後に

（注29）同右、123ページ。

限ってみても、敗戦直後の労働運動や主として共産党に指導された非合法闘争、そして60年安保闘争、その後65年の日韓闘争を経て60年代後半の約10年近い闘争の時代まで、断続的ではあれ、学生や青年の階層が政治的社会的な主題に触れて、時代の支配的な趨勢を告発する役割を担ってきた。しかし、その後の4半世紀近くは、こうした意味での学生や青年の運動は見いだせない。

しかし、新しい運動への模索もまた見いだされるようになる。前田俊彦と津村喬の「自分の流儀で生きる」(注30)や花崎皋平と清水慎三の「対抗社会の形成をいかに展望するか」(注31)といったいずれも80年代にはいってから行われた対談がある。前者は、津村が主宰した『80年代』という雑誌に掲載されたが、この雑誌は、70年代前半までの叛乱や闘争という、非日常的な空間を形成するという闘いとは正反対のスタンスをとった。津村は「権力と対決することを回避しようというのじゃなくて、眼に見える権力機構とだけでなく、生活のしくみそのものの中で民衆の主権が失われていくことを問題にしようとよびかけている」と語っている。逆に前田は、そうした津村の『80年代』のスタンスには「叛乱がかけちょるような気がする」と批判するが、前田のいう「叛乱」とは「例えば、酒を自分で作る。これは直接に権力と衝突する」ということであり、いわゆる「叛乱」とは違う姿がそこには想像されている。

彼らの議論の主題としてたびたび三里塚が取り上げられるが、その取り上げられ方は、日常的に権力と闘争する三里塚ではない。多分、ここで議論されている三里塚にあたるものは、80年代を通じて、各地に自生的に出現した反原発運動や有機農産物の共同購入運動、地域開発から教育、福祉をめぐる様々な運動のなかで、運動の現場が創り出した空間のイメージに非常に近いものになっている。2人の言動には、三里塚を特権化することではなく、日常生活のレベルからもう一度捉え返すことを通じて、闘いの何が共有できるかを示そうとしているように見える。

もうひとつの花崎と清水による対談で、花崎は、運動の掲げるべき目標と理念を「アジア・第三世界の契機」と「広義のエコロジカルな諸契機」であると整理した上で、さらに第三の契機として、「〈差別〉という柱を考えてみたのですが、思いなおして個体としての個人の自由（ここでの〈個〉とは、〈公〉と〈私〉とがそこで統一されるべきものとしての意味を背負わせての〈個〉です）、とくに内面的自由の問題にした方がよいのではないかと思ったりして、ここがまだはっきりと定まらない」と述べている。とりわけ2人がこだわっているのは、マクロな社会変革のプロジェクトというよりもむしろシングル・イシューをいかに大切にして闘うか、あるいは多数派形成よりも少数派として闘うことの意味、変革の主体となりうる個人に焦点があてられている。これは既成の労働運動が、ナショナルセンターの構築と全国的な政治的影響力の形成へと向かう流れとは明らかに逆行した問題意識である。ここでも先の前田＝津村にみられたような日常生活のレベルや「個」のレベルでの主体性の再構築という課題がなによりも優先されている。例えば、ポーランドの「連帯」への共感も、そうしたオートノモスな労働者の運動としての評価がまずあり、それが全国レベルの政治的な状況に影響を及ぼしているというのは言わば結果論としての評価である。

こうした清水＝花崎の議論は、様々な反響を呼んだ。後に共著として『社会的左翼の可能性』としてまとめられたものを対象として、『新地平』誌は、「『社会的左翼の可能性』をめぐって」というタイトルで、4名の論者による書評を掲載した。そのなかで、例えば、白川真澄は、花崎＝清水のように「自立・自治の多様なネットワークの形成からはじめる」というのではなく、「国家の専横ぶりに対する民衆の危機感に根ざして、日本国家をトータルに批判できる新しい政治闘争と政治思想の獲得からはじめる」べきであると主張し、逆に宇井純は、「左翼はもっと局地というか地域というものを見つめるべきではないだろうか。左翼の指向というものはいつも全体的危機とか国家総体といったところから発想して、そこから局地を、地域をみようとするが、それでは失敗することが多い」と正反対の評価を下している。

（注30）前田俊彦、津村喬「自分の流儀で生きる」、『80年代』2号。
（注31）花崎皋平、清水慎三「対抗社会の形成をいかに展望するか」、『新地平』、1984年、6月号。

この戦後半世紀を左翼反体制運動の歩んだ歴史として振り返るとき、そこには、進歩とか発展といった概念では語り得ない、もっと別な運動の質的な転換がみられる。それは、一言でいってしまえば、運動の拡散であり、多元化である。この運動の拡散・多元化は、資本主義が労使の階級対立を制度化し、日常生活そのものを管理の対象とするいわゆる管理社会への移行と、失業者であれ女性であれ、誰もが一票を持つ普通選挙権の成立に伴って、政治的な利害調整の制度もまたこうした多様な「有権者」のニーズにあわせて拡散したということに対応するものであると言えた。もちろん階級構造は消滅したわけではない。しかしこの構造は、多くの人々の意識にのぼる必要のないバックグラウンドで機能するものになっただけである。ある人々にとっては、民族差別こそがまず第一の課題として現れ、また別の人々にとってそれは、性差別であり、また別の人々にとっては原発の問題であり、さらにまた別の人々にとっては教育の問題であり、ということなのだが、こうした諸問題はいずれも相互に関係をもっているとしても、しかし私たちは一度に全ての課題に取り組めるわけではない。一つでも手に余るのが実状だろう。従来、そうした多様な課題を統一した観点から整理して位置づけ、個別の取り組みを全体の見通しのなかに再構成してくれたのが政党であった。しかし、党があくまで、全体のなかに個別の課題を位置づけることによって運動を組織するのに対して、市民運動や地域運動は、個別の課題のなかに全体への見通しや、ある種の普遍的な課題を見いだすという観点を持つから、全体はあくまで運動の過程の中で、結果として得られるパースペクティブというだけである。運動の繋がり方も、目標としての全国的な組織ということはほとんど念頭にない。党が常に中心を形成せざるを得ないとすれば、こうした新しい社会運動は、リゾーム型の中心のないコミュニケーションの組織としてのみ、ある種の全国的な広がりを持つと言える。私は、こうした意味で、19世紀以来の党による組織化という運動の役割は終わったと思っている。同時に労働組合もまた、それが職場という限定した場を足場とする限りにおいて、その役目は終わったのではないかと思う。なぜならば、資本はもはや職場だけを組織化しているのではなく、日常生活の全体を組織化しようとしており、家族も学校もある種の企業社会のなかに包摂されているとも言えるからだ。労働組合が労働者の権利のための組織であるというのであるならば、こうした社会化した企業の支配領域に対応した社会的な労働運動を展開できれば、まだその存在意義はあるかもしれない。

ベルリンの壁の崩壊とソ連邦の解体に象徴される社会主義圏の崩壊の後、この日本では、あたかも社会主義や資本主義に代替する社会システムそのものが無効となり、資本主義の勝利が最終的に宣言されたかのような状況が生み出された。しかし、資本主義は、決して人々に十分な満足を与えているわけではなく、むしろ第三世界では今までと変わらない資本主義の抑圧が続いている。しかも姜尚中が「アジアとの断絶 歴史との断絶」で鋭く指摘しているように、冷戦の終結とアジアの民主化、そして何よりも民衆レベルでの対日認識の変化に対して、日本側が国家も国民もともに冷戦の思考を抜け切れていないとすれば、私たちは、まずこのような日本の国家のありようと対決しなければならないだろう。

70年代以降の多くの社会運動は、既に既存の社会主義に対する幻想とは無縁なところで自分たちの運動を組み立てていた。だから、社会主義圏の崩壊そのものが運動に質的な影響を与えるということは、見られなかったと言っていいだろう。しかし、運動を取り巻く大衆状況は大きく転換してしまった。それが伝統的な社会主義やマルクス主義と関わりがあるか否かにかかわらず、様々な異議申し立ての運動は、「そもそも今の社会の仕組みを批判すること自体が非現実的ではないか、現にあるシステムを受け入れざるを得ないのではないか」という、現にある社会への消極的肯定あるいは保守的な態度に、今まで以上に直面することになった。しかし、世界的な視野で見た場合、社会主義圏の崩壊とは無関係に、現にあるシステムに対する根底的な批判と抵抗の運動は決してなくなってはいない。

太田昌国が「壊れた壁、壊せぬ壁」(注32)で、日本の社会が敏感に反応したベルリンの壁の崩壊という歴史的事件の影になって、実は日本自身が作り出している「壁」を見落としているということを、北方領土問題とアイヌの問題などをテーマに指摘している。とくに、国家が意図的に作り出そうとしている国境に対して、民衆が下からそれをつき崩そうとする試みに着目しながら、しかしなお、「よその世界は変わるが、自らの世界は不変と信じて疑わぬ。倒れるべくして倒れたベルリンの壁に思うことは、私の場合、このような日本の現実を対象化することに尽きる」と語っている。まさに、これこそが現在の社会運動に問われた課題であり、21世紀に向けた私たちの課題でもあるはずだ。このことはまた、私たちが、支配的な世界観や世界情勢についての情報を覆し、私たちなりの固有の世界についての見え方を提示するという努力を必要とするということでもあるのだ。

世界情勢というのは、文字どおりのインターナショナルな情勢という意味ばかりではない。さらに、私たちを取り巻く日常世界の情勢でもある。こうした意味での情勢をどのように理解し、何が問題なのかを従来の伝統的な社会変革の教科書からではなく、人々の行動のなかから読みとることが必要なのだ。少なくとも、左翼の社会運動は、自らにとって切実な課題は、全ての人々にとってもまた切実であるべきだというふうには考えてきたが、逆に、自分にとっては切実ではない問題を受けとめることができないできた。例えば、エイズの問題は、単なる薬害の問題ではなく、文化の問題であり、セクシュアリティの問題でもある。同性愛の問題もそうだろう。あるいはハッカーのような「犯罪」や、カルトとみなされる宗教教団をめぐる人々の意識のなかに、私たちはこの世界が明らかに満足のいく社会とはなっていないということを直感できている。そして多分、これから登場してくる様々な社会運動は、従来の運動の概念や課題からもまた逸脱した、思いがけない問題をめぐって展開されるかもしれないという予感もある。だからこそ、そうした新しい課題を受けとめられるだけの思想的な枠組みがどれだけ再構築できるか、それが、多分いままで社会運動を担ってきた人々や世代に課せられており、同時にこのことは、新たな感性と問題意識をもった人々との有意義な討論が必要な時代になったのだということを示している。

（注32）太田昌国「壊れた壁、壊せぬ壁」、太田昌国『鏡の中の帝国』、現代企画室、１９９６年。

付記　コメンタール戦後『労働・消費・社会運動』では本文で言及したもののほか下記の文章を収録した。

加納実紀代「社縁社会からの総撤退を」、『新地平』１９８５年11月号。

天野恵一「戦後批判の運動と論理」、『流動』１９８０年４月号。

池田浩士「『大量虐殺糾弾』の頽廃について」、『インパクション』60号。

粉川哲夫「統合の場から出会いの場へ」、『思想の科学』１９８６年10号。

鶴見良行『バナナと日本人』、岩波新書。

姜尚中「アジアとの断絶、歴史との断絶」、『世界』１９９２年10月号。

出典：『労働・消費・社会運動』（コメンタール戦後50年、第６巻）社会評論社、１９９５年所収の解説。

ノイズと資本主義——貧者の錬金術

ヒーリングや音楽療法のような「音」を癒しの手段として用いることがある種の「流行」になって久しい。また「音」を都市の重要な環境とみなして、騒音＝公害を排除し、サウンドスケープのように都市生活の「癒し」の手段として「音」を用いることを通じて、快適な生活環境を構築しようという試みも注目されている。

確かに「騒音公害」とよびうる環境が市民生活を侵害する問題を指摘することはできるのだが、しかしここで私が考えようと思っているのは、快適な生活を演出するために「癒し」の手段として持ち出される音楽や音とはいったいいかなる意味で「癒し」なのだろうか？　という問題である。端的にその結論を言えば、騒音公害が市民的な生活を侵害し、同時に円滑な〈労働力〉再生産を阻害するのとちょうど表裏一体の関係として、「癒し」としての「音」は、〈労働力〉の良好な再生産を保障する仕組みとして機能する、ということである。癒された身体は、〈労働力〉として搾取されるのであり、このように資本にとって利用可能な身体の再生産を保障する限りにおいて「癒し」の環境が保障される。

本稿では、このような「癒し」としての音の政治経済学を論じるために、まず歴史的に音がどのような社会的な意味を担ってきたかを素描し、「癒し」につながる音の制度化と抗う音をめぐる対抗的な表現として「ノイズ」と呼ばれる音の表現行為を取り上げてみた。音楽ではなく通常は「雑音」に分類されるような「音」を意図的に生み出すアーティストたちの試みを通じて「癒し」に潜む政治性、権力支配を考えてみようというわけである。

副題にある「貧者の錬金術」について、本稿では特に何の説明も加えられていないので、一言だけ述べておく。ハイクオリティを不断に追求したがる音楽産業や音の環境テクノロジーは、アナログからデジタルへという展開の中で、レコードやテープのノイズを嫌い、ひたすら透明でクリーンな音を追求してきた。こうした音の嗜好(志向)は、スラムクリアランスを強制する都市環境のイデオロギーと共通する。こうしたクリアな都市環境は、資本の投資環境として多額の資金を引き寄せ、金持ちの観光客を引き寄せはするだろうが、人々が資本や市場の商品の価値から解き放たれたところで生み出す価値、アントニオ・ネグリのいうプロレタリアの自己価値創造を抑圧するだけのことだろう。デジタルの0と1には還元できない雑然とした曖昧さ、ハイビジョンではなくビルの谷間にノイズとともに送信される時代遅れの地上波のテレビ映像、微弱なFMラジオ電波、こうした環境のなかに、むしろ新しい創造性を見いだすことができるかもしれないと思っている。これが貧者の錬金術の意味である。インターネット依存症の私らしくない言い回しだって？　インターネットは決してハイテクではなく、むしろこうしたノイズを随伴するメディアであり、それをハイテクであるかのように粉飾せざるを得ないところに現代の資本主義の隘路があるのだが、これはまたもう一つの「ノイズと資本主義」のテーマとして後日の宿題としたい。では、そろそろ本論に入ろう。

●

音楽は、「たかが音楽」なのではない。多くの社会で、音楽が社会統合の儀礼や祭祀に用いられ、また、ある種の音楽がタブーとされたり演奏される場所を厳格に限定されたりするのは、それなりに理由がある。中でも、西洋知識人の価値規範を様々な意味で縛ってきたギリシアの哲学とキリスト教の倫理は音楽のタブーに深く関与した。例えば、プラトンの『国家』や『法律』では、国家の秩序に音楽の与える影響の大きいことが指摘され、厳格な伝統の遵守を強く主張している。『国家』にソクラテスの言葉として次のような記述がある。

「体育と音楽・文芸について、定められた本来の秩序に反する改変を行うことなく全力を尽くしてそれを守るように、彼らはあらゆる場合に警戒して見張っていなければならない。（略）われわれは、音楽・文芸の様式を新しいものに改変することを、全てにわたる危険をおかすことにほかならないと考えて、くれぐれも用心しなければならないのだからね。なぜなら、およそどのような場合にも、国家社会の最も重要な習わしや法にまで影響を与えることなしには、音楽・文芸の諸様式を変え動かすことはできないのだから」(注1)。

様式の逸脱が「全てにわたる危険」につながるというこのソクラテスの言い分は、言い換えれば、音楽には実際的な力があり、その力をコントロールすることを誤れば、社会的な秩序そのものが崩壊するかもしれないということが含意されている。こうした理解は、現代と比較してあまりにも違いすぎるように見える。現代では、音楽は、趣味や娯楽のジャンルに入れられるか、「芸術」の領域に属するものとされて、技術や経済、政治などと比べてその「様式」の逸脱などどんなら「危険」とはいえないように見えるからである。社会システムにおける維持、宗教儀礼や国家儀礼などの比重が現代——あるいは近代——以上におおきかったと想像される古代社会では、音楽の社会的機能もより実質的だったということなのだろうか。実はそうではない。むしろ、近代資本主義もまた別の方法で古代社会やアルカイックな社会と同様に音楽の管理をかなり厳格に行い、音楽の現実的な力を封じ込め、コントロールしようとした社会だということができるのである。

音楽が、実質的な「力」を持っていると信じられていた時代や社会は非常に多い。例えば、ギリシア神話にあるヘルメスから与えられた竪琴で石を動かしたアムピーオーンの話や「ピラミッドは歌や詠唱に動かされて空中浮揚によって建てられた」というエドガー・ケイシーの主張まで、労働が歌や音楽によってコントロールされるという話は非常に多くみられる。(注2) ファン・デル・レーウも『芸術と聖なるもの』のなかで、労働歌にせよ子守歌にせよ、歌や音楽は、人々の様々な力を発揮させるそれ自体がひとつの「力」なのだと指摘した。レーウによれば、ここで、大切なのは、歌の歌詞ではなく、むしろリズムや韻律にある。「言葉はリズムで固定され、制御され、集中されるある力を引き起こす」(注3)。ジョスリン・ゴドウィンも退屈な仕事にとって音楽が不可欠だったことは、ガレー船の労働の時代からミューザックの助けを必要とする近代的な工場まで一貫していると指摘している。いずれにせよ、歌は「仕事に必要な呪術的に強められる力」を引き出す。だから、労働歌は、「宗教的かつ呪術的手段」であり、従って「宗教的あるいは呪術的なものは、世俗的なものとは切り離せない」のである。そして、レーウは次のように述べている。

「このように、原始的な歌は決してわれわれが〈音楽的〉と称するものではない。仕事に、あるいは他の人間に、また時には神や聖霊に対する嘆願の方法に従って、エネルギーを移すために使われるのである。あるいは純粋に消極的には、過剰なエネルギーを発散するのに役立つのである。われわれは——その目的によって——第一の機能を宗教的、呪術的、あるいは実利的と称し、第二の機能を美学的と称する。だが、双方は相交わる。動きに加えられた力は、常に聖なる力である（注4）」。

音楽が持つ実利的な力は、そのために一方で厳格な管理のもとに置かれるか禁止されるかする扱いを受けてきた。音楽は、悪霊と闘う武器にもなったし、逆に死の歌は死をもたらすことにもなったのだ。そして、こうした音楽の持つ力は、人間の満たされない欲望やエネルギーを社会システムの解体へと向けさせないための手段として、多くの場合、祝祭に不可欠なものでもあった。

「音楽は力を束縛すると同様に、その解放を助けもする。ここではリズムばかりか、なかでもメロディと音色が重要な機能を持つ。ドラムはシャーマンを、横笛はバッカス神の巫女を恍惚境へと誘う。多くの原始人たちは、横笛は精霊の声で語ると信じ、また他の者は、ドラムは精霊達で満たされていると信じている。この楽器が力で満ちれば満

（注1）プラトン、『国家』、藤沢令夫訳、岩波文庫272ページ。
（注2）ジョスリン・ゴドウィン『星界の音楽』斉藤栄一訳、工作舎、第1章参照。
（注3）ファン・デル・レーウ『芸術と聖なるもの』小倉重夫訳、せりか書房、141ページ。
（注4）同上、141ページ。

ちるほど、それを奏する者と聞く者とは〈無我になる〉のである。荒々しい刺激的な音楽は、世界中至るところで人間の心を掴むのである」(注5)。

とりわけリズムは、集団の一体感を促す独特な効果を持っていることが様々なアルカイックな社会の儀礼などを通じて知られている。インドネシアのトラジャにおける儀礼ではトランス状態に入るためには、歌詞の内容よりも情緒的な一体感の方が重要だという報告がなされている(注6)。こうした音楽の持つ秩序や調和のための力は、ひとつ間違えば社会を解体させるエネルギーに転化する可能性を秘めるものでもあった。だから、祝祭のような巨大なエネルギーの爆発は厳重に制度化、儀礼化されてきた(注7)。ヨーロッパでは、近代の初期に、放浪する最下層の楽士と宮廷のお抱え楽士という階級分化がみられるようになる。徐々に祝祭は、近代の中心において、婚礼、戴冠式などを利用した「支配者による抽象的な権威の具体化」に変質し、「直接的な力強い表現力をもち、なおも象徴的な機能をあわせ持つ音の力は、色彩などの視覚表現とともに欠くべからざる要素」となった(注8)。

●

音は、その遮蔽が非常に困難なために、厳格な管理の必要な領域として扱われてきた。とりわけ、大きな音を出すテクノロジーや道具――それは、中世であれば、時を告げる鐘のように、教会や寺院が独占していたわけだが――が近代以降、遍在化しはじめ、また、20世紀になればエレクトロニクス機器や拡声器が誰でも扱えるものになったことによって、「音」をめぐる管理はより重要な大衆管理の意味あいを持つことになった。また、音楽が娯楽や「芸術」のように扱われ、社会的・政治的なシステムとは一見何の関係もないように扱われるのは、実はそこには社会的・政治的な統治と不可分な機能があり、その関係を悟られないためのシステムの防衛本能の仕業として「芸術」への囲い込みが行われているのではないかと思うのである。

とすれば、こうした制度化された支配的な音や音楽に対して、大衆文化がサブカルチャーの中で、またはある種の芸術運動の中で、意識的に実践してきた美しい音と対立するノイズの生成は、音をプラトン的なミメーシスと芸術のカテゴリーの牢獄から解き放ち、音楽という概念そのものを無に帰してやることにほかならない。

古典音楽が現代音楽と接し、工業化が本格化する20世紀はじめの時代に、ノイズの最初の試みがなされたのは興味深いことだ。つまり、ダダと未来派による音の実験である。ルイジ・ルッソロのノイズ機械「イントナルモーリ」による反音楽の試みは1910年代のことだ。彼の「リスヴェッリオ・デイ・ウナ・シッタ」（都市の覚醒）は全く音楽らしいところがない。(注9) 機械の音や都市の騒音は今まで人類が経験したことのない全く新しい音の経験であり、同時に、機関車や自動車といった高速の乗り物もまた馬よりも速い乗り物を知らなかった人類にとって全く未知の経験であったはずだ。ルッソロは、こうした新しい音、速度の音、機械の音を表現の素材としたわけだ。こうした音の系譜は、クラフト・ワークにもデヴィット・リンチの『イレイザー・ヘッド』のサウンド・トラックにも継承されてはいる。

（注5）同上、198ページ。
（注6）山下晋司『儀礼の政治学——インドネシア・トラジャの動態的民族誌』第6章参照。なお、トランスとは、意識喪失による「神々との合一状態」（252ページ）をさす。
（注7）「制度的原理の攪乱を思考する祝祭音楽への抑圧は、同時に政治権力自体が、常にその権威を誇示するための制度的音楽（「宮廷音楽」）の創造を必要としていたことと、実は表裏一体の関係にあった。従って、カーニヴァルのような祝祭は、常に政治権力の欲望と民衆的原理という二つの対立する文化的方向性が終わりなき戦いを演じる。文化的・政治的闘争の場としてあったのである」（今福龍太「カーニヴァルとカーニヴァレスク」中牧弘允編『陶酔する文化——中南米の宗教と社会』平凡社、121ページ）。
（注8）上尾信也『歴史としての音——ヨーロッパ中近世の音のコスモロジー』柏書房、2、4ページ。
（注9）オリジナルの音源は残っていないが、1977年のベネチア・ビエンナーレでマリオ・アバーテとピエトロ・ヴェラルドによってイントナルモーリのオリジナルに非常に近いものが製作されて演奏された。FUTURISM & DADA, REVIEWED, SUB ROSA, SUB CD012-19でこの音を聴くことができる。

しかしその反面、それから半世紀以上たつ現在、もはや彼らの未知の経験はむしろ私たちにとっては日常となり、逆に都市やマスメディアが発する音を遮断して「自然」の音を経験する事の方がずっとまれなことになってしまった。ノイズは、ある意味では自分の敵と味方を見分けるのが非常に困難な状態に立ち至った。

●

R・マリー・シェーファーは、『世界の調律――サウンド・スケープとはなにか』の冒頭で、ジョン・ケージの「音楽は音である」という発言をとりあげて音楽の定義は根本的な変化を遂げたと断言している。前世紀的な音楽の定義の方がむしろ受け入れられなくなってきているのだとして、そうした動向を次の点に求めている

「まず第一に、オーケストラにおいて打楽器群が大幅に拡大されたことがある。打楽器の多くは、特定の音高をもたず、波形に周期性のない音を出す。次に偶然性の手法の導入。ここでは、作品の構成音を合理的に組織しようとする全ての意図が、エントロピーの〈より高い〉原理に還元されてしまう。そして、われわれが作品とかコンサートホールとか呼んでいる音楽の時空間上の容器を開き、その外側の新しい音の世界全体を取り入れるようにしたこと（略）。さらに、ミュージック・コンクレートの実践。これは、周囲の環境のどのような音でもテープに採って作品に取り込む。そして最後に、電子音楽がある。これによってわれわれは音の全領域にわたる新たな種類の楽音を手に入れたのだが、その音の多くはおおむね世界の工業技術や電気工学に関連している」(注10)。

今や音楽は、その伝統的な枠組みを大きく逸脱しはじめている。そして、それが逸脱ではなく、まさに「音楽」の先進性、革新とみなされ、音楽の権威を引き立てることに貢献してしまっている。しかも、ここでシェーファーが述

べているような打楽器の強調、偶然性の手法、外部の音の取り込み、サンプリングと電子的な音の加工といった諸要素はそのまま全てノイズのアーティストの(注11)「道具建て」とぴったり重なってしまう。では、ノイズが試みようとしてきたあらゆる楽音の規範からの解放という実践は、主流の音楽の世界に取り込まれてしまったということなのだろうか。この点をもう少しシェーファーの議論に関わらせながら考えてみよう。

あらゆる楽音の規範からの解放とは、音楽の拡張、あるいは誰もが音楽家でありうるということを(注12)意味する。それは、シェーファーのノイズについての議論の一つの関心事である「聖なる騒音」と呼ばれるノイズと重なり合う観点を持っている。

「聖なる騒音」とは、その社会の支配的なイデオロギーによって正統化され、「検閲を受けずに最大の騒音を出せる権威をもっているということ」である。例えば、それは中世ヨーロッパであれば、教会の鐘の音、産業革命の時代であれば工場の機械、機関車の走る音であり、現代であれば、ミリオンセラーのポップミュージックであると著者は言う。これらの音は、明らかにその時代の支配的なシステムと結びついている。権力が聖職者達の手から資本家へと世俗化されるにつれて、〈聖なる音〉も世俗化した。そして、近代の資本主義は同時に、音の出力を大幅に増幅し、この支配的なノイズを伴って世界を征服した。西洋人（そのなかには、言うまでもなく日本人も含まれるが）の植民地化のなかで、列車、軍隊、飛行機、ラジオの出す騒音もまた世界中に広まった。音のパワーが高いということは、そ

（注10）『世界の調律』鳥越けい子、小川博司、庄野泰子、田中直子、若尾裕訳、24ページ、平凡社。
（注11）以下、ノイズ・アーティストという表現を用いるが、これは、いわゆるノイズを用いた「芸術家」を意味するものではない。意識的にノイズを作りだそうとする人々、とりわけサブバーシブなノイズの制作者を指す。だから、本当は、アーティストというよりはアルティザン（職人）とでも言った方が妥当なのだが、日本語になじまないので、アーティストとしておく。
（注12）これは、ヨーゼフ・ボイスの「芸術の拡張」にも通じるし、ジョン・ケージの音楽観にも通じる。ただし、日本では、ボイスやケージを素人が語ろうとすることに専門家はいい顔をしないようだ。

れだけ広い空間を音響的に支配できることを意味する。シェーファーはこうした「付近の人の聴覚的活動を阻止し、支配する力を持っている」音を生み出す力を「音の帝国主義」と呼んだ。(注13) さらに20世紀になると、音は、レコード、テープレコーダー、ラジオなど電気的な伝達装置の発達によって、元の音が電気的な信号に変換されて再生され、時間、空間を超えて伝播し、また、全く同じ音が繰り返しコピーされ、再生されるということが可能になる。シェーファーは、これを「音分裂症」的な状態と呼んでいる。

●

この「音分裂症」は、私の言い方で言えば資本主義の情報回路、パラマーケットの制度化の結果である。(注14) 音の環境（サウンドスケープ）が空間の環境（ランドスケープ）から分離されて、全く異なった空間と結びつけられてゆく。現在の私たちの音環境は、テレビ、ラジオの音声からレコードなどの複製音に至るまで、直に自分の身体の周囲の環境が発する音以外の音がむしろ支配的になっている。こうした遠隔地の音や複製された音もまた私たちを取り巻くオリジナルな音の地位を今や確立している。とりわけ音楽の場合は、音楽産業がこの音と空間の分離と再結合を組織化し、ラジオや電波のメディアがこの音楽産業の提供する音を遠隔地の空間に無差別に散布する。(注15) こうなると文化は表象としてしか伝達されず、全てがスタイルになってしまうか、逆にスタイルとスタイルの間の解決できない摩擦を生み出すという否定的な影響ももたらした。

しかし、情報のグローバリゼーションは、巨大な音楽産業やマスメディアによる「音」の支配をもたらしただけではない。逆に、ノイズ・アーティストたちも非常に活発なアンダーグラウンドのネットワークを形成してきた。それは、カセットテープというメディアのおかげだと言ってもいい。(注16) しかもここで大切なことは、カセット・メディアは、単に音を再生する装置であるだけでなく、録音する装置でもあるというところにある。最も普及していて最も安価で、誰もが再生だけでなく録音もできるこのメディアが、ノイズを独立したジャンルにしたと言ってもいいかもしれない。ハイファイではなく、ローファイの可能性、楽器にしても、ローランドやコルグでなくてもカシオで十分だし、楽器すらなくてもよく、4チャンネルのマルチトラックレコーダーがあればそれで十分なのだ。この暗黙の合意、そして楽器が弾けるかどうかとか楽譜が読めるかどうかといった音楽のリテラシーは必要条件とならず、これらの道具を自分なりに利用することによって生まれる「音」の創造性を大切にするという考え方、これが確実に、また大幅に人々の「音」のコミュニケーションを、受け身のそれから解放し、押し広げた。だからこのジャンルには、多分純粋な聴衆はいないと言っていい。聴衆もまたノイズのアーティストになることによって、近代社会が生み出した「聴衆」という受動的な存在、アーティストという特権的な存在という分断を乗り越える道が最初から準備されていて、むしろ聴衆をそうした方向に煽動しさえする。このことは、大多数の人々を「聴衆」にすることで成り立っている音楽産業の構造とはあいいれない要素だ。この意味でノイズとは、ジョン・ケージの理念とダダ、シチュアシオニスト、パンクの反社会性を「音」の世界総体に拡張するものだと言えるのである。

（注13）シェーファー、同上書、122ページ。
（注14）拙著『アシッド・キャピタリズム』青弓社、参照。
（注15）音楽産業はその成立当初から多国籍的であった。ビクター、コロンビア、デッカが今世紀初めにこぞってレコード化したのがハワイアンだったし、イギリスのEMIはインドでレコード産業の活動を開始し、ついでラテン・アメリカ、ニュージーランドで活動した。いずれも現地の音楽をレコード化した。この意味で、資本主義の音楽産業は最初から「ワールドミュージック」の商品化産業だったのだ。Deanna Campbell Robinson, Elizabeth B. Buck, Marlene Cuthbert and the International Communication and Youth Consortium, *MUSIC AT THE MARGINS-Popular Music and Gloval Cultural Diversity*, SAGE, 1991参照。
（注16）カセットについては、Robin James ed., *Cassette Mythos*, autonomedia,1992が自主制作カセットについて最も興味深いものだ。なお、CD版もある（CDというのが変なのだが）。

ノイズのコンピレーション・アルバムに最も象徴的に表れているのが、ノイズ・アーティストのノマド的な傾向である。国境を越えたネットワークがごく当たり前なのは、単にこのジャンルがマイナーだということではなく、ここでもカセットという媒体を積極的に利用することによって非常に活発な相互コミュニケーションが形成されたということが大きい。音楽のかつてのインディーズ・シーンの場合にも言えたことだが、こうしたコミュニケーションの自立した回路が形成されるということがシーン全体をラディカルにもするし、変化させもする。こうしたメディアそのものは「音」そのものではないが、実は、「音」はこうした媒体なしには意味を持たないのだ。この意味で、ノイズはまた、もう一つの自立したメディアの回路でもあると言える。そして、自立したメディアの回路であるということは、同時に、ノイズの作品にも様々な影響を与えてきたように思う。

地理的な環境を超越した音の環境は、逆にメディア・ノイズとでもいうべきノイズのジャンルを生み出した。メディア・ノイズには、コラージュやサンプリング、とりわけマス・メディアが流す情報をノイズとして「引用」する操作を含む。コンピュータによるサンプリングと加工もメディア・ノイズのひとつの形態だろう。サンプリングやコラージュは、オリジナルの特権や音の私有を拒否し、引用の積み重ねと組み合わせによって新たな意味や意味の逆転を試みるものだ。現代音楽のカールハインツ・シュトックハウゼン、ジョン・ケージからウィリアム・バロウズのカット・アップ、ジョン・ゾーンのネイキッド・シティの音の組立て方、そしてハウスやラップ、レゲエなどまでコラージュ(あるいはm・i x)の手法が様々に用いられるが、これらに対してノイズは、その素材と結果としての「作品」を「音楽」というジャンルに還元しえない点に特徴がある。

ノイズのコラージュには、デビット・シェアの音楽やテトルノーらによる3枚のレコードをそれぞれ3等分して1

枚に張り合わせたコラージュの作品などのように現代音楽と接点のある作品がある。また、ＡＭＫの「RAIL BLUES」（コンピレーション・アルバム『As Yet Untitled』（Realization Recordings, RZD-001, 1991）に収録）のような細かく裁断されたサンプリングの積み重ねは、「サンプリング」の意図を明確に示しながら、もはやオリジナルの特権を主張させないような音に仕上げる場合もみられる。

なかでもマス・メディアの音そのものにこだわった大友良英の一連の作品、特にサンプリング・ウィルス計画の第一弾として出されたアルバム、『THE NIGHT BEFORE THE DEATH OF THE SAMPLING VIRUS』（EXTREAM, XCD024,1993）はメディア・ノイズの重要な作品だ。湾岸戦争のニュースの冒頭部分のアナウンサーの声と日本のメディアに流れるコマーシャルなどが交互に現れる。これは、私たちが普段接するマスメディアの情報散布の様式となんら変わるところがないのだが、このようにアルバムとして提示されることによって、私たちの接する情報環境がいかに不可解で操作的なものかが自覚されてしまう。Stefan Tischlerの『Excess Of Free Speech』（Extreme, XCD 014, 1992）も趣きは異なるが、マス・メディアや電話からのサンプリングによる作品だ。「真昼のテレビ悪夢（Daytime TV Nightmare）」とか「情報娯楽（原語はInfotainment Tonight、インフォーメーションとエンターテインメントの合成語）の夜」「アメリカ人は眠りながら歩く（Americans Are Sleepwalking）」など情報化社会への批判がタイトルにも現れているし、「C・I・エイズ（C.I.AIDS）」のようにエイズをめぐる国家の策謀をテーマとしたものもある。

意図的に複数の言語を用いているShinjuku Thiefのファースト・アルバム、『Bloody Tourist』（Extreme, XCD 016, 1992）はノマド的ノイズとしてのメディア・ノイズの作品だと言えるだろう。多国籍的な、言わばブレードランナーの地上の雑踏の世界に触れたときに感じる感動に近いものがこのアルバムにはある。耳に慣れた音のように聞こえるにもかかわらず、核心をはぐらかす異質な音の介入によってコミュニケーションはディス・コミュニケーションとしてしか成り立たないといったメタ言語のラディカリズムが全編を貫いている。このバンドの名前にひきずられて、この作品の「音」も「新宿」に引き寄せられてしまう。このアルバムで聞こえる奇妙な言語が持つ「日本」への異化作用を私たちは経験することができる。

●

以上のような地理的な音の拡張は、他方で、より内面へ向かう音の拡張をも伴った。騒音公害対策や、労働能率の向上といった資本主義の効率性の要請に対応するものとして、ミューザックのように、オフィスにおけるホワイト・ノイズや環境音が商品化され、音の帝国主義は、単なる騒音の特権の主張からより内省的でマインド・コントロール志向の強い音の組織化、制度化に向かってゆく傾向もみられる。シェーファーは、こうしたミューザック的な音の環境形成は、音の帝国主義が生み出す「聖なる騒音」の根本的な問題を隠蔽するものにすぎないと見て必ずしも肯定的に評価しない。これは、正しいことだ。そして、このミューザック的な音の操作の方が、むき出しの工業化の騒音以上に人々の意識に対する操作性は高く、むしろメンタルな部分への危険性はずっと高い。ここでは、よい音楽の基準が「労働する身体」に照準を当てて設定されていることを忘れてはならない。気持ちの良い「音」がリラクゼーションの機能を果たすとしても、それは、ネクタイをゆるめてソファーに横たわる昼休みのサラリーマンの一時間にも満たない休息のための補助剤であるべきであって、トランス状態をもたらすリズムも労働のBGMには耐え得ないノイズもタブーなのだ。

ノイズの作品には、機械の音、タイプライターや電話の発信音、テレビなどのメディアの音をサンプリングすることによって、労働する身体が包囲されている音の環境を自覚的に異化する効果がある。例えば、パフォーマンス・アーティストの武井よしみちの「オフィス・タップ」で用いられているノイズは、ハードなノイズと武井の延々と繰り返されるタップにあわせて表示されるデジタルカウンターの数字、そしてゼロックスコピーの音によって、オフィスの耐え難さと労働の無意味を教えてくれる。これは、ノイズと資本主義の格好のテキストを構成している。あるいは、機械化の時代の音の特徴が、シェーファーが指摘するように、自然にはほとんどみられない「連続した平坦な線」にあるとすれば、ノイズのなかにもこうした傾向を持つ音は多い。コンピレーション・アルバム、『AS YET UNTITLED』に収録されているRandy Greif、PBK、HANDS、Thomas Dimuzioの作品は連続した機械音が重要なモチーフになっている。こうした機械音は、当然のことだが、現実に工場が排出する騒音の単なる「真似」であるならば、ほとんど意味のないものだ。ノイズとして機械音が表現されるときには、必ずと言っていいほどその音はネガティブなものだ。だから資本主義の搾取と環境破壊の象徴としての機械音は、20世紀初期によくみられた産業映画ではオーケストラのセンセーショナルで機械的なリズム音に置き換えられて、文字どおりの工場の騒音は消し去られた。(注17) 人工的な効果音が工場のイメージを躍動する進歩の象徴に作り替え、こうした音楽の使用が常に音の世界の主流をなしてきたということへの批判がサブバーシブなノイズにとっての重要な観点なのだ。

●

サウンド・スケープに関わる音楽家や研究者は、排除されるべき音という意味で、ノイズに関心を持つ。彼らは「聖なる騒音」あるいは「音の帝国主義」としてのノイズに対して、ノイズがクリエイティブであるという観点はとらないし、「聖なる騒音」に異議申し立てを試みるサブバーシブなノイズもやはりノイズである以上肯定的な評価を与えない。サウンド・スケープの考え方は決して保守主義ではないし、むしろ音環境の破壊をもたらした資本主義に対して批判的ですらある。だが、その批判の観点と、批判の彼方に見いだそうとしている世界は、ノイズ・アーティ

(注17) 例えば、CDROMのTO NEW HORIZONS: EPHE-MERAL FILMS 1931-1945, VOYGERに収録されているシボレーの宣伝映画MASTERHANDS(1936)にこうした音楽の典型を聴くことができる。

ストとは多くの点で対立せざるを得ないものを持っている。サウンド・スケープでシェーファーたちが目指しているのは、「聴覚環境の意識的計画」「どの音を残し、どの音を広め、どの音を増やしたいのか」についての総合的な理解、バウハウスがインダストリアルデザインに対して試みたことを音環境で試みること、つまり「サウンド・スケープ・デザイン」である。ここには、資本主義と工業化がもたらした騒音公害という「音の帝国主義」に対する批判の姿勢がはっきりと示されている。シェーファーのようなサウンド・スケープの考え方のバックグラウンドには、工業化以降の人工的に増幅された音への拒否と、自然そのものが発する音を基調音とするような音の環境形成に大きな関心がある。だから、シェーファーの『世界の調律』も最後は「沈黙」の主題で閉じられている。(注18)音の帝国主義への対抗の方法としての「沈黙」である。しかし、「沈黙」は支配的な音への敗北に過ぎないのではないか。私は逆に「音の帝国主義」への対抗は、音の再領有という実践なしにはありえないと思う。つまり、支配的な「音」あるいは「音楽」の規範から自立した創造＝想像力の獲得である。そのためには、サブバーシブなノイズは、不可欠な表現手段であり武器でもある。

このことは、「沈黙」の意義を否定しようということではない。しかし、「沈黙」は必ずしも、文字どおりの無音状態を表すとは限らない。むしろ、サウンドとしてのノイズは「沈黙」の表現であることがよくみられるからだ。例えば、灰野敬二のプロジェクト、滲有無の『悲翼紀』(P.S.F Records, PSFD-31, 1993) で聴ける音は「沈黙」を感じさせる場合がある。Asmus TietchensやMERZBOWやＭＢの場合も「沈黙」を聴くことがよくある。これは、文字どおりの「音の存在しない状態」としての沈黙ではなく、表現そのもののなかに深い他者（あるいは自己かもしれない）への絶望や懐疑が含まれており、ディスコミュニケーションの極限のなかで出会う沈黙であり、こうしたノイズがもたらす「沈黙」は、資本主義が制度化しようとするコミュニケーションや理解の枠組みをアーティストが無意識に保持している拒絶の力で破壊しようとする衝動による表現であり、この方がある意味では沈黙の欺瞞をうまく表現する場合があるのだ。

また、サウンド・スケープにみられるサウンド・エコロジーとでも言える傾向に対して、ノイズが出す答えもまた、かなり異なったものになるだろう。John Watermannの1993年のアルバム、『CULCUTTA GAS CHAMBER』(N D, NDCD 03, 1993)は、カルカッタで起こったガス爆発の跡を訪れたときの音を後にスタジオでミックスして制作されたものだが、ここで聴ける音は、非常に寒々とした孤独な音、あるいは「沈黙」の音である。ノイズはエコロジーについても現代社会が持つネガティブな性質を表現するという方法として非常に刺激的だ。前作のBABELで彼が取り上げたテーマがコミュニケーションにおける反エコロジー的な状況への批判だったとすれば、このCULCUTTA GAS CHAMBERは言語を排した対照的な方法をとったものだといえそうである。

●

いままでノイズをやや形式的に分類するようなことを試みてきたが、ノイズとはもともとが過剰な部分、分類不能な部分を指すものであり、それを分類するということは自己矛盾である。ノイズとして分類することすらそうだと言える。むしろノイズにはノイズであることすら拒否し、さらには「音」というカテゴリーすら越えてゆこうとする欲望がみられるはずなのだ。だからノイズのアーティストはノイズに安住できたためしはない。彼らの振る舞いそのものがノイズ化してしまうことを畏れつつ欲望するのがノイズ・アーティストの宿命とも言える。

しかし、ノイズは、この原稿の冒頭に触れたように、音楽そのものの規範が大きく変容しようとするなかで、やっ

(注18)「世界の音のデザインを改良したいと望んだとしても、それは　沈黙がわれわれの生活の中で積極的な状態として回復された後に　初めて実現されるものであろう。心の内なる雑音をしずめること——これがわれわれの最初の仕事だ。そうすれば、他の全ては時のたつうちに自然にすすんでいくだろう」同上、370ページ。

と社会的な認知を得られるようになったという側面と、そうした市民社会の仲間入りができることによって制度への牙を巧妙に鈍らされるというもう一つの側面、この両面に直面してその選択を迫られているように見える。もう一度、アンダーグラウンドへ赴くか、それとも「現代音楽」と融合してハイアートとなるか。私は、前者への魅力を捨て難い。いやむしろ、それなくしてはノイズの存在理由もあり得ないだろうと思う。ノイズ・アーティストのチョチョラックは、政治のラディカルズたちが結局のところ彼らが打倒しようとした敵とおなじ権力の虜になってしまったのとおなじようなことがオルタナティブな音楽のシーンにもおきつつあることを憂慮している。彼は、そうしたメジャーな世界への吸収を拒否する可能性が、商業的な成功に背を向けるカセットテープとカタログによるネットワークの世界にはあるとみている。(注19) 実際、支配的な文化や文化産業にとっての「資源」はオルタナティブとかカウンター・カルチャーと呼ばれるもののなかにしかなく、そうした外部の資源を探索し、抽出する(「抽出」も「搾取」も英語では。exploitationである)ことによってしか文化産業は生きられない。このことを理解するカウンター・カルチャーやアンダーグラウンドのアーティストにとって、これは切実な「搾取」問題でもある。だから例えば、カレン・エリオットは「ノー・モア・マスターピース・マニフェスト」のなかで、アーティストの固有名詞が持つ特権性を拒否し、盗用こそが創造を生み出すのだと宣言したし(注20) ハッキム・ベイはポエティック・テロリズム、アート・サボタージュといったアーティストによる介入を主張しながら、一時的に形成される自立的な空間のなかで音楽が果たすであろう役割に注目した。(注21) 彼らに共通しているのは、アンダー・グラウンドの世界は表現の資源の「搾取[抽出]」にさらされながらも枯渇・消滅することはなく、また、未知の世界は無限にあり、そしてこうした世界を探し求めること自体が、さらにもうひとつの反資本主義的な行為であるという確信を抱いている点だ。これに対して、「しかしいったいこの先どのようなアンダーグラウンドがありうるのか。ほとんど全ての地底の資源は掘尽くされてしまったのではないか」という反論が簡単にでてしまう国に私たちは残念ながら住んでいる。しかし、そんなことはないのだ。どの社会にもタブーはあり、タブーを維持することによって社会のシステムを守護する支配者たちが存在する以上、私たちが挑戦すべき領域は決してなくなりはしない。私たちは、あの昭和天皇の死をめぐって強制された「音」への抑圧を今一度想起しよう。「沈黙」やクラシック音楽の強制は明らかに、天皇のための「癒し」であった。まつろわぬ者たちがそこで試みた出来事は、「音」を武器とした異議申し立てであった。音のポリティクスはアルカイックな社会に固有なのではなく、私たちの社会にも通底しているのだ。この意味でノイズは永遠なのである。

（注19）Michael Chocholak, "Sonic Darwinism," in Robin James ed.,前掲書158〜159ページ。
（注20）Karen Eliot, "No More Masterpieces Maestoro," in Robin James ed 前掲書154〜155ページ。このカレン・エリオットという個人は存在しない。これは、複数のアーティストがアーティストの固有名詞にまつわる特権性を拒否する試みとして自由に使用できる名前として作り出した「記号」である。この試みは、アートストライキの一貫として行われたのだが、こうした匿名性はノイズ・アーティストがよくとる方法でもある。
（注21）Hakim Bey, *T.A.Z.*, autonomedia, 1985, 1991.［邦訳、インパクト出版会、1997年刊］参照。この本からの引用が、ビル・ラズウェルのプロジェクト、PRAXISのファースト・アルバムTRANSMUTATION, AXIOM 314-512 338-2のジャケットにライナーノーツ代わりに用いられている。

（付記）文中の一部のアーティスト名を、インターネットなどでの検索の便宜を考慮して、原語のままとした。

出典：『インパクション』123号、2001年

戦争と平和の「リアリズム」1946－1956年の美術

敗戦から1箇月あまりで早くも文部省と帝国芸術院は文展を復活させた。民心の慰労と進駐軍に日本美術を紹介するとの触れ込みであった。他方、1956年4月には「民主主義美術の創造と普及、美術の人民への解放、人民の美術的資質の昂揚、戦争画家の追及」を旗印に日本美術会が結成される。敗戦の年から翌年にかけて、二科、行動美術、院展、国展、春陽会、光風会、青竜会、独立、一水会、自由美術などが次々に復活、結成された。戦後、九州派の最年少作家として出発した菊畑茂久馬は、1981年に、こうした敗戦直後の日本の美術界を振り返って、「わずか1年余で完全に戦前の陣形が整えられた」として次のように述べた。

「ここに見るのは戦中美術の跳梁、民主革命美術の跋扈、自意識の身の丈を上まわる我執のエネルギー、自己保存―これだけの材料が既に50年代の前半に用意されていた。やがて立ち現れる〝政治なんか知らないよ〟といった今日のモダニズム芸術も、〈連合軍がその武力によって日本の民衆にもたらした政治及社会的自由は、我が国における民主主義革命の端緒を開いた〉（蔵原惟人『民主主義と文化革命の諸問題』―『新生』1946年1月号）というありがたい戦後解放の虚構性に実は思いもかけずその出自の源を持っているのである。全てはここから始まっているのである」（『戦後美術の原質』葦書房、1982年所収）

この菊畑の指摘は、あまりにも事態を単純化しすぎているきらいはあるが、しかし、的確にこの時代が生み出した戦後の出発点となる美術状況を描き出している。

●

戦時期の美術は、他の文化・芸術の領域と同様、様々な美術団体が次々に解散あるいは統合され、1943年には日本美術および工芸統制協会(美統)と日本美術報国会(美報)が結成される。そして、藤田嗣治、宮本三郎ら多くの美術家は、軍の求めに応じるなどしておびただしい数の戦争画を描き、当時さかんに開催された戦争美術展に出品した。

敗戦直後、戦争に協力してきた美術家たちが今度はこぞって進駐軍の慰安のための展覧会に協力するようになる。はやくも1945年10月4日から18日まで東京日本橋の三越本店で油絵と彫刻の展覧会が「進駐軍慰問、都民慰安のための展観」として毎日新聞社主催で開催される。この展覧会の斡旋者が戦時中に陸軍美術協会の中心的なメンバーだった藤田嗣治、猪熊弦一郎、鶴田吾郎らであった。戦時期は日本軍に、敗戦後はかつての敵であった米軍に協力する変わり身の早さに対して、宮田重雄が同年10月14日付の『朝日新聞』鉄筆欄で「美術家の節操」を寄稿する。宮田は、この文章で藤田らを名指しして、「陸軍美術協会を牛耳り、戦争中ファシズムに便乗した人たちであれば、今さらどの面下げて、進駐軍への日本美術紹介の労などがとれるのか」と厳しく糾弾した。これに対して同月25日付の『朝日新聞』の鉄筆欄で、鶴田吾郎と藤田嗣治が反論を寄稿し、さらに雑誌『美術』1945年11月号で伊原宇三郎が、藤田らの立場を擁護する文章を寄稿するなど、一定程度の広がりをみせた。これが戦争協力論争とか節操論争と呼ばれたもので、戦後の最も早い時期の戦争責任問題に関わる美術界での議論だった。

この宮田の批判に対して藤田は、「元来、画家は自由愛好者で軍国主義者であろうはずは断じてない」としながら、

「たまたま開戦の大詔が渙発されたから、国民の義務を遂行したまで」と反論した。

●

敗戦直後の時代は、こうした芸術家の戦争責任を問う声が一部で厳しく叫ばれはしたものの、むしろ社会的、政治的な問題意識を持つ芸術家たちが主として関心を抱いたのは、つかの間の「平和」の後に現れた新たな戦争への危機感だった。朝鮮戦争、中国をはじめとする社会主義圏の拡大と日に日に強まる東西対立のなかで、「平和」はひとつの重要なキーワードとなった。しかも、戦後の言論、表現の自由は無条件ではなかったのであって、原爆や米軍の戦争行為への批判は厳しく検閲され、1949年2月のレッドパージの開始、1950年6月の朝鮮戦争勃発によって占領政策は同時に露骨な思想と運動の弾圧の様相を呈した。

丸木（赤松）俊、丸木位里の「原爆の図」が描かれ始めたのはこうした時代だった。しかも原爆投下の記憶も生々しく、その被害者や経験者が多く生きていた時代である。しかも原爆という主題は占領軍にとってのある種のタブーであった。ヨシダ・ヨシエが『丸木位里・俊の時空』（青木書店）のなかで述べているように、当時大田洋子の『屍の街』や峠三吉『原爆詩集』が検閲され、丸木夫妻の絵本『ピカドン』は何度も占領軍による押収処分を受けるという時代だった。数年にわたる長いデッサンと構想を経て、1950年初めに第一部「幽霊」が完成し、この年2月の日本アンデパンダン展に出品され、夏には「火」「水」の三部までが完成する。

絵画という手法で、原爆という主題を扱うことが写真や映像表現とは異なるどのような表現を可能にするのかという問題は、社会的なテーマを扱うリアリズムの芸術が一般に問われてきたものでもあった。「原爆の図」を見る私たちは、明らかに原爆の被害を撮影した映像とは異なる印象を受け取っている。そこには確実に作家の手を経ることによるある種の抽象作用が働いている。描く対象は、凄惨なホロコーストによって倒れ傷ついた夥しい人間たちである。作家が一人一人の死体や傷ついた身体を描く作業は、いったいどのような思いに支えられたものなのか。美術や芸術では、おぞましいものや凄惨な場面すら作家の手によって見る価値のあるものへと変えられてしまう。

敗戦直後、「原爆の図」は、当時の社会主義リアリズムの運動や平和運動の文脈のなかで、原爆の悲惨を伝える記録性を備えた絵画であるとみなされて、運動のなかで受容され、展示されてきた。しかし、他方で当時から「原爆の図」のリアリズムについては異論もあったのである。

ヨシダは先の著作で「原爆の図」をめぐる自身の体験を語っている。ヨシダは、1950年代初めに、「原爆の図」の最初の三部作を藤沢の旅館で展示し、その後「虹」「少年少女」を加えた5部作を木箱に詰めて全国各地を巡回した。この彼自身の活動を回顧しながら、広島、長崎の展覧会場における意外な反応について書いている。つまり、被爆体験の記憶も新しい当時、「この作品では被爆の現実が描ききれていない」という批判を浴びたのである。実際に被爆者たちが自らのケロイドの傷跡を観客に曝しながら、作品への批判もなされたという。ヨシダは、こうした経験を踏まえて次のように書いている。

『原爆の図』には、描くことと描ききらないこととの、実は十重二十重の呪縛があるのです。百のリアリズム論議よりも、切実な想像力とリアリズムとのあいだの陥穽が待ちかまえていたはずなのです」

他方で、菊畑は、同時代の「原爆の図」の受容は「原爆を落とした者に対する日本人民の抗議の威力を示すものだ」といった賛美が大方の評価であったとしつつ、先の著作で次のように書いている。

「[原爆の図は]死者を冒涜し視姦した罪の意識は、誰よりも画家自身が背負っていたはずではなかったか。悲惨な情景描写にほくそ笑んだ筆、残忍な魔性の色に濡れた墨の汁、絵がさわってはいけない道を、一瞬、そこを通ったからこそ、ともあれあの『原爆の図』が普遍の海に人間社会の修羅の実像をうつしたのではないか」

社会的なテーマを持つ作品のある種の宿命として、作品の意味や価値がその時代の文脈に依存せざるを得ないということがある。戦中の戦争画はその典型であるが、「原爆の図」とてその例外というわけにはいかないのである。しかも、絵画という表現が、現実の生身の体験と同じ平面で拮抗しうるわけもないとすれば、悲惨な死を描いたはずの作品が、時代を経る中で全く逆に、美的な表現へと転倒されることもありうるのだ。では、「原爆の図」は美しい作品といってはいけないのか？　もし、美しいとすればそれは何が美しいのだろうか？　逆に美しさなど微塵もないとすれば、この作品を見る私たちが作品の何に引き寄せられるのだろうか？　ただ単に怖いもの見たさだけなのか？　つまり、作品の意味は決してそれ自体で自立することはできないのであって、常に社会的政治的な文脈に依存せざるを得ない。「原爆の図」が芸術としての普遍性を持つことだけを手放しで喜んでいいわけではない。「原爆の図」をはじめとする社会的政治的な主題を対象とする作品が、その社会的政治的な本来の意味を持ち続けるためには、この作品を受容する今現在の私たちの社会が原爆や戦争についてどのような立場をとっているのか、という問題と切り離せないのである。

●

「原爆の図」に限らず、リアリズムの問題は当時の芸術運動において重要な論争課題だった。というのは、当時の芸術表現の潮流では、一方で、抽象絵画とシュールレアリスムという20世紀前半の現代美術の大きな流れに対するものとしてのリアリズム芸術の意義と可能性が様々に模索され、議論されていたからである。例えば、１９４７年に始まった日本美術会主催の日本アンデパンダン展は、社会主義リアリズムの立場にたつ芸術家たちが多く出品した展覧会だったが、『美術批評』1952年3月号に掲載された第5回展の展覧会評（匿名）では、社会的なテーマを扱う作品が多くなっている反面「テーマに寄りかかり、テーマをみせるだけで安心するのはやはり形式主義である」とも批判された。しかし、他方で、社会性や政治性を持つ表現とは、単にそうした対象の世界を忠実に2次元のキャンヴァスに写し取ればよい、という水準をこえた様々な試みがみられるようになる。素朴な写実主義とはもはやなんらの共通性も持ち得ないような、芸術家による世界の解釈や批判が如実に示される作品が多く登場し、また高い評価を得たのもこの時代である。

例えば、鶴岡政男、利根山光人、池田龍雄、河原温などの作品は、リアリズムではあるが写実主義とはいえない系譜に属した。利根山の「いけにえ（ダムシリーズ）」は、実際に佐久間ダムを訪れ数十日にわたって労働者と生活をともにして現場でのデッサンを踏まえて作品化されたもので、ルポルタージュ絵画などとも称されたが、この作品は決して写実的ではなく、作品に接したダムで働く労働者たちからは、失望の声すら聞かれた。鶴岡の大きな手が肩と一体となって重荷のようにのしかかってうずくまり、必死で押しつぶされまいとして耐える身体像や、池田のデフォルメされた工場の機関やゲオルグ・グロッスの諷刺画のように描かれた人物像の主題は、鮮明なブルジョワ社会批判であり、描かれている対象の具体性ははっきりと示されながら、決して写実的とは言い難いリアリズムの作品である。

こうしたなかで、特に美術批評の世界では、花田清輝が提

鶴岡政男「重い手」1949年
東京都現代美術館所蔵

起した「内的レアリズム、外的レアリズム」論が注目された。『美術批評』が創刊されて間もない1952年3月号の座談会「近代絵画の問題」(末松正樹、花田清輝、土方定一、吉川逸治)で、花田は20世紀の前半はシュールレアリスムも抽象芸術も含めて、内的なレアリズムの時代であるとし、後半は、逆に「物質的な現実がもう一度問題になる」として次のように述べた。

「[内的なレアリスムは]現実との対決を避け、内部の世界に逃避するというふうに一般に言われているわけです。しかし僕はそこを飛び越してしまった大衆路線、啓蒙的な意味のレアリスム一本槍というやつには、やはり賛成できないわけなんです。どうしても、内的な20世紀芸術のプロセスを一応自家薬籠中のものにしてから始まるレアリスムが僕らにとって問題だと思う」

大衆に迎合する啓蒙的なレアリスムを批判する一方で、抽象絵画やシュールレアリスムをくぐったレアリスムを高く評価する。

花田のレアリスム論は、対象を主体の外部にある客観的な存在とみるのではなく、表現主体との関わりと不可分なものとしての外部を再構成、再解釈することの重要性を指摘したものだ。この認識は、当時の新しいレアリスム芸術を擁護する重要な立論となった。

●

1947年にパリのソルボンヌ大学で行われたトリスタン・ツァラの講演「シュールレアリスムと戦後」(江原順訳『美術批評』38号、1955年2月)は、19世紀以来の芸術の前衛運動を総括しながら、「一体この戦争がわれわれに残したのは何か」と問い、ファシズム批判にとどまらず、レジスタンスに背を向けてアメリカへ亡命したアンドレ・ブルトンやサルバドール・ダリらへの批判が率直に語られている。

ツァラは、第二次大戦前のダダからシュールレアリスムにいたる芸術家、知識人の運動を回顧する中で、その労働者階級やマルクス主義との結びつきを回顧する一方で、戦後のシュールレアリスムの運動にはこうした政治性が見いだせないと率直に批判した。この批判は、戦時期、とりわけナチスドイツによるフランスの占領期にシュールレアリスムの芸術家たちがとった態度と深く関わっている。ツァラは次のように言う。

「言うまでもなく占領はわれわれの反逆の仕方、現実の理解の仕方にふかく影響しました。この期間、シュールレアリスムが戦争とわれわれの心や行動とから逃避したことを、われわれは知っています。それなのに、どうしてそれを歴史的に正当化できるでしょうか。」

よく知られたように、アンドレ・ブルトンやサルバドール・ダリらは米国に亡命し、アラゴンやツァラらはレジスタンスに参加した。ツァラは、「ブルックリンの岸からは、いかなる場合にも、自由をまもるために必要な手段の調合を含む処方箋はやってきません」と亡命した芸術家たちを厳しく批判した。そして、シュールレアリスムは、理論的な役割をもはや終え「今日では、提起される諸問題になにひとつ必要な答えをあたえることはできない」とする一方で、広告や流行など、毒性のない美的な表現だけが生き残っているにすぎない、とその役割がもはや過去のものとなったことをはっきりと指摘した。さらに、彼は次のように問いかけた。

「ところが現在は？　戦争をひき起こした問題の解決はみつかったでしょうか？　戦争の終結はどこにあるのでしょう？　粉ごなにうちくだかれて、あらゆる個人のなかにひろがっている終結。新しい疑問、一時の解決、まにあわせの糊塗、おしかぶされた苦しみの堆積、破壊、いまだに疼く傷のふかさ。もう戦争はありません。けれども戦後もありません」

ツァラは、この講演の最後に「ファシズムは不審を抱かせない形で蘇えることがあります。それをみやぶることは知識人の任務です。詩人は自己の根底にある厭世によって、逃避を正当化して、自己を盲目としてはなりません」と指摘したのである。

当時戦後の美術批評の言説で、これほどはっきりと戦前、戦中、戦後のシュールレアリスムの運動をファシズムと戦争との関わりで総括した発言は、少なくとも日本の美術論壇においては見いだせないように思う。

●

ブルトンらのシュールレアリスムの非政治性あるいは商業的な表現への回収に対抗して、ヨーロッパでは新しいアヴァンギャルドの運動が起きる。ここでは、ダダ、シュールレアリスムを出自とするコブラの運動を紹介しておこう。コブラ（CoBrA）とは、コペンハーゲン、ブリュッセル、アムステルダムという三つの都市の頭文字をとったもので、これらの都市で活動していたアーティストたちの国際的な芸術運動である。1948年に、ベルギーの詩人、クリスチャン・ドートルモンとコペンハーゲンのアスガー・ヨルンが主導的な役割を演じて結成されたもので、同名の雑誌を3年ほど発行した。メンバーはこの他に、ブリュッセルのアレシンスキー、アムステルダムのカレル・アペルなどがいる。コブラは、一般に、シュールレアリスム、実存主義、フロイトの精神分析などの影響を強く受け、プロフェッショナルな絵画の手法を批判して、例えば子どもの絵画やポピュラー文化の通俗的な表現を意識的に取り入れようとしたと言われる。しかし、コブラを決定的に特徴づけているのは、むしろフランスのマルクス主義者、アンリ・ルフェーブルが１９４７年に出版した『日常生活批判』から多くの影響を受けていた点である。ブルトンと袂を分かって革命的シュールレアリストというグループをベルギーで立ち上げたばかりのドートルモンは、ルフェーブルに示唆されて、日常生活の実験的な変革と芸術的な表現をむすびつけようと試みはじめていたのである。

ジャン＝クラーレンス・ランバートがコブラについての詳細なモノグラフで指摘しているように、コブラの運動を支える理念には、過去に縛られ、真面目くさり、平凡で退屈な日常生活に対して、将来への多様な可能性、不謹慎さや異例性、祝祭的な行為や夢などを対抗させることによって、ブルジョワ的な日常性を覆すことを試みるラディカルな政治性が秘められていた。コブラは、その後のシチュアシオニストの運動から１９６８年のパリ5月革命へと至る20世紀半ばのヨーロッパの前衛文化運動に影響を与えた。ひるがえって日本の場合、この時期の岡本太郎の作品や彼の『今日の芸術』（光文社）といった著作で主張されている反権威主義、反アカデミズムと実験的な精神や非プロフェッショナルを擁護する表現のラディカリズムは、コブラの試みと実践的な平面では大きく重なり合うのだが、残念なことにこの試みを掬い取る思想的な支えは獲得し得なかったのである。こうした思想状況とその後の戦後日本の芸術の非政治性や表象のラディカリズムという「伝統」とは無関係とはいえないと思うのである。

［参照文献］
『美術批評』美術出版社、各号（東京都美術館、マイクロフィルム）。
岡本太郎『今日の芸術』、光文社、１９５４年。
花田清輝『アヴァンギャルド芸術』、未来社、１９５４年。
菊畑茂久馬『戦後美術の原質』、葦書房、１９８２年。
池田龍雄『夢・現・記、一画家の時代への証言』、現代企画室、１９９０年。
小沢節子『アヴァンギャルドの戦争体験』、青木書店、１９９４年。
ヨシダ・ヨシエ『丸木位里・俊の時空』、青木書店、１９９６年。

油井一八縄『戦後美術年表1945－50』、美術年鑑社、1996年。

瀬木慎一『戦後空白期の美術』、思潮社、1996年。

Jean-Clarence Lambert, *COBRA* ,Abbeville Press, New York, 1983.

出典：『20世紀の記憶 1946－1956年』毎日新聞社所収、2000年

監視社会とプライバシー――グローバル化のなかでの新たな危機

現在国会（2006年）では、「犯罪の国際化及び組織化並びに情報処理の高度化に対処するための刑法等の一部を改正する法律案」が審議中である。この法案には、共謀を犯罪化する新たな刑事立法と同時に、私がコンピュータ監視法案と呼ぶコンピュータ・データへの法執行機関によるアクセス権限の拡大を認める法案が含まれている。前者は、国連の越境（国際）組織犯罪条約の国内法整備であり、後者は欧州評議会のサイバー犯罪条約の国内法整備である。いずれも1990年代、冷戦後の国際関係の変化のなかで登場した。(注1)

法案の提出理由は、国内の立法事実に基づくものではなく、条約の批准を第一の目的としている。これは、刑事司法の分野においても経済分野同様、グローバル・スタンダードが要請される環境になりつつあることを示している。こうしたグローバル化や情報化への対処としての刑事司法における新たな立法が、条約という「外圧」に強いられることによって、国内の立法手続きにおける民主主義が大きな制約をうけるようになっているとともに、成立した法や

制度が、個人のプライバシー権や市民的自由の権利を侵害しかねない越境的な法執行権力の監視にさらされるという新たな人権状況が生み出されつつある。（注2）

●

グローバル化と呼ばれている現在の世界状況は、国民国家を単位とする国際関係という政治的法的経済的な構造によって形成されてきた近代の歴史的な地層の上に登場したものである。しかしまた同時に、冷戦以降の状況は、この地層に大きな地殻変動をもたらしつつある。国際関係論の分野においても、現実主義が支配的な学説の立場を堅持しているとはいえ、特に冷戦後、国民国家が相互にとり結ぶものとして観念されてきた国際関係が反省されて、非国家行為体への関心が高まった。（注3）なかでも、国際関係を政府、資本、「市民社会」という3極構造として理解すべきであるという理解が徐々に定説となりつつある。（注4）こうした3極構造を理論の枠組みとして採用するかどうかに関わりなく、リベラル派、批判理論派、マルクス主義派を問わず、グローバルな民主主義やグローバルなガバナンスへの関心が高まっており、主権国家の枠を超えて、政治的な意志決定主体を諸個人、市民、民衆といった集団性の基盤の上に位置

（注1）法案の提案理由は、内閣法制局の下記のウエッブを参照、http://www.clb.go.jp/bk_law/164/text/ho4.htm
（注2）本稿では、主に法執行機関によるプライバシー侵害の危険性を、グローバル化との関わりで論じることに限定している。グローバル化との関わりでは、多国籍クレジットカード会社による個人情報の国境を越えた管理など民間企業の問題も大きいが、これについては本稿の検討から全てはずした。
（注3）武者小路公秀『転換期の国際政治』、岩波書店、1996年、ロバート・コックス「社会勢力、国家、世界秩序」、坂本義和編『世界政治の構造変動』第2巻所収、岩波書店、1995年、参照。
（注4）例えば、下記を参照。比較的早い時期の考察として、ディヴィッド・ヘルド『民主政の諸類型』、中谷義和訳、お茶の水書房、1998年、特に第3部、参照。本稿では詳しく述べないが、私自身はこの3極構造論を採らない。小倉利丸「国家と資本に呑み込まれる『市民社会』」、『季刊・ピープルズ・プラン』、24号、2004年秋、参照。

づけなおす試みは珍しくなくなった。

言い換えれば、「非国家行為体」が資本主義国民国家を単位とする伝統的な国際関係と国家間のパワーポリティクスにとって大きな「争点」となってきたということである。越境組織犯罪防止条約もサイバー犯罪条約も、90年代のポスト冷戦体制のなかで浮上してきた4つの非国家行為体の動向に焦点をあてた条約制定と見ることができる。ひとつは、麻薬、銃器、人身売買等をめぐる国際的な犯罪組織である。もうひとつは（日本ではほとんど注目されていないが）いわゆる反グローバリズムの国境を越えた民衆の多様な社会運動である。そして3番目が、組織的であるとは必ずしも言えないが社会的大量現象として現れている地域の武力紛争や貧困を原因とする国境を越える難民、非正規の移民の存在であり、そして4番めに、インターネットなどの情報通信ネットワークを利用したコンピュータ・ネットワークが生み出すサイバー空間におけるいわゆる海賊版やP2Pなどを用いたファイル交換など著作権に抵触する行為、「ハッキング」行為やサイバー・シットインといった新しい異議申し立ての運動などである。こうした合法・非合法のグレーゾーンにあり、なおかつ民衆の権利と密接に関わる争点となる領域が大きく拡大している。右に挙げた4つの非国家行為体のあり方は、いずれも政府側にとっては「犯罪」や「テロ」というカテゴリーで取締りの対象としようとしてきたが、いずれの場合においても行為の犯罪化に対しては厳しい批判が存在してきた。(注5)

しかし、2001年の9・11同時多発テロをきっかけに、条約の意味も批准に必要な国内法整備の議論も右のような事情に加えてテロ対策という新たな意味付けが加わることになった。「テロとの戦争」は、国家とテロ・ネットワークとの間の「戦争」と位置づけられ、その結果、ここでも非国家行為体が焦点となる。(注6) こうして、テロは警察と軍隊がともに取り組むべき課題とされるだけでなく、国家安全保障と刑事司法の分野とが境界を越えて相互に重なりあい、軍隊の警察化、警察の軍隊化と呼ばれるれるような事態が生まれている。(注7)

半世紀に及ぶ冷戦体制の終焉によって表面化した国民国家間の関係だけを視野に入れた国際関係では理解しえない

新たな力学は、国際関係に固有の問題ではなく、近代社会が構築してきた権力の本質が大きな変容を余儀なくされているということのひとつの現れである。近代社会は、個人としての人間を主体として立て、この個人による自己の身体や内面の意思についての自己決定の権利を認めることを前提に、人間と人間の関係を組み立てる。同じように、国家と国家の間でも、主権が国家に帰属することを前提として、国際関係が理解されてきた。いずれの場合も、境界（border）は明確であって、個人はその身体の輪郭によって、国家はその国境によって、自他の間に線を引くことができると観念されてきた。こうした観念を前提にして、この境界の内側に排他的な自己の支配に帰属する空間が描かれたわけである。このことが、プライバシーの権利や内政不干渉の原則を支えてきた。

●

しかしこのように観念された境界を越えるものがある。それは、視線でありコミュニケーションである。見ること＝監視することの機能は、画像・映像の蓄積と情報処理の進歩によって、大幅に高まった。これまでは視覚情報から

（注5）例えば、人身売買の取締りに関しては、性産業で働く労働者からの批判がある。Darby Hickey, “Only Rights Fix Wrong, Sex workers and the Anti-trafficking Debate,” in *Left Turn*, no.17, Aug/Sept, 2005, Melissa Ditmore & Marie V, Network of Sexwork Projects, “Women on the Move: Sex work & Trafficking Issues at the U.N. Beijing + 10, “in *SPREAD*, Vol.1, issue 2, 2005. グローバリズムのなかでの知的所有権の再検討については、ローレンツ・レッシグ『CODE』、山形浩生訳、翔泳社、グローバル化と法執行機関については、小倉利丸編『グローバル化と監視警察国家への抵抗』、樹花舎、2005年参照。

（注6）米国防総省の2006年2月に出された報告書（Quadrennial Defense Review）が提起している”Long War”の戦略はその一例である。http://www.defenselink.mil/qdr/report/Report20060203.pdf参照。

（注7）警察庁『緊急治安対策プログラム』（2003年8月）http://www.npa.go.jp/seisaku/soumu2/program.htm参照。2006年に政府は、有事法制の制定なども踏まえて、国際組織犯罪対策本部を改組して国際組織犯罪等・国際テロ対策推進本部に改組した。同本部『テロの未然防止に関する行動計画』（2004年12月）http://www.kantei.go.jp/jp/singi/hanzai/dai4/4siryou2-5.pdf参照。

抽出することが困難だったプライバシーに関わるデータ・情報を手繰り寄せる様々なテクノロジーが開発され、その結果、プライバシーの境界それ自体が大きく揺らぎはじめた。また、インターネットに代表されるコミュニケーションのグローバルな多元多角的双方向的性格の発達によって、越境的なコミュニケーションが容易になった。従来、近代国民国家が無条件に前提してきた「国民」のコミュニケーション環境は、国家によって統制されやすいマスメディアが不特定多数の「国民」への情報発信を独占し、個人はその受け手である以外になかった。こうしたメディア環境を前提として、ナショナルなアイデンティティが再生産されてきた。こうして、従来の個人のコミュニケーション環境が持たざるを得なかったさまざまな制約と、この制約を国家がコミュニケーションの監視、統制、情報の操作に利用する。こうした環境が、「想像の共同体」[注8]としてのナショナルなアイデンティティを形成し、一定の「コミュニケーション的な行為」[注9]に基づく民主主義を支えてきた。基本的に国民国家に閉じられたコミュニケーションの環境を前提に、権力の正統性を組み立ててきた政府や法執行機関は、コミュニケーション環境の変化とともに、その権力作用の揺らぎに直面することになった。

ところが、インターネットは、個人レベルでグローバルに不特定の人々とのコミュニケーションを可能にした。ネットワークに接続されたパーソナル・コンピュータは、国境を越え、不特定の人々を結びつけるコミュニケーション装置となった。さらに、このネットワークに接続されたコンピュータは、一定の知識をもった者であれば誰であれ、自宅のパソコンをマスメディアや政府並の情報発信基地とし、政府のデータベースなどにもアクセス可能な「武器」にすることができる。情報コミュニケーション・テクノロジー（ICT）が政府の統治構造そのものに組み込まれれば組み込まれる程、政府にとって、ネットワークに接続された世界中のパーソナル・コンピュータは、個人のコミュニケーション力の急速な増大による政府の統治への脅威とみなされるようになった。共謀罪法案もコンピュータ監視法案も、ともにグローバル化のなかのコミュニケーションに関わる新たな犯罪化（従来は犯罪とされていない自由の領域を犯罪のカテゴリーに組み込むこと）の立法であって、政府が統制できなくなった個人のコミュニケーション力を抑え込むための監視権力の構築を意味している。言い換えれば、これらの立法は、コミュニケーション環境の変化がもたらした境界（border）の揺らぎに対して、個人への監視を強化し、自他の境界線を政府の権力を拡張する方向で引き直す刑事司法による対応と見ることができる。その結果、プライバシーの権利を始めとする個人の市民的な自由への配慮は大きく後退してしまった。

これまでも繰り返し議論になってきたコミュニケーションの発達に伴う個人のプライバシーの権利の脆弱化の問題については、ここでは詳細に立ち入らない。忘れてならないのは、これまでの個人のプライバシーの権利問題は、国境の内部の閉ざされた法秩序の空間を前提として論じられてきたということだ。（注10）個人は権利主体として、また主権者として、国家権力に対して自らの権利を主張できるものと考えられてきた。従って通信の秘密やプライバシーの権利関係は、この権利主体としての個人とこの個人の権利を保護する義務を負うと同時に、一定の条件のもとでは、その権利を制約しうる国家との関係として論じられてきた。しかし、グローバルなコミュニケーション環境と、ますますグローバル化する国家間の安全保障の枠組みのなかでは、個人は権利主体としては登場できなくなっている。国内の民主主義に基づく立法手続きに匹敵する国際法の制定手続きは不在であり、未だ十分な民主主義の制度を創造できていないのである。

このことはプライバシーの権利や自己情報コントロールの権利が、自国政府と国民という関係で全てが完結しなく

（注8）ベネディクト・アンダーソン『想像の共同体』、白石さや、白石隆訳、NTT出版、1997年参照。
（注9）ユルゲン・ハーバーマス『コミュニケーション的行為の理論』、河上倫逸他訳、未来社、1986年参照。
（注10）インターネットの普及に伴うプライバシーの権利や市民的自由の制約への危惧が各国で論議になった1990年代後半の議論はいずれも自国の法制度のみを念頭においていた。日本の盗聴法反対運動や批判の基調も同様の限界をもっていた。レッシグの『CODE』の議論の枠組みも米国の憲法に限定されている。

なっているということを意味している。近代の伝統的な国際関係では、武者小路公秀が指摘しているように「個人が国家のなかで認められているのと、まったく同じ約束ごとが、国家と国際社会との関係にも存在」した。(注11) 従って、「個人のプライヴァシーが尊重されるのと同様に、それぞれの国家は、内政について、外部から干渉や介入をいっさい受けない。また、個人が人権を持つのと同様、各国家には主権という、みずからを律する権利がある。(注12)」という建前が一応合意されていた。

このように、個人のプライバシーの権利の原理と主権国家の内政干渉を受けない権利の間には、共通した空間に対する権利の観念があった。個人も国家もその所有ないしは占有する空間に対する排他的な支配権がある、という考え方に基づいて、個人に関しては、この排他的な空間への支配――その最小単位が「私の身体」であるが――を法が権利として保護し、国家に関しては、国際法がこれを領土への権利として担保してきた。

プライバシーの権利が排他的な空間（身体）への支配に支えられているとすれば、この権利を確かなものとする前提条件は、自他の空間（身体）の間の境界が議論の余地のない共通の了解事項となっていることである。この自他の境界が自明と言えるかというと、必ずしもそうではない。身体を肉体とみなせば、自己の身体の外界との境界は自明のように見える。しかし、視覚、聴覚、触覚などの感覚器によって取り込まれる外部の環境と接触する私にとって、この外部環境とこれを認識している私を切り離すことはできず、境界は「線」として表現できるような鮮明な区別をもっては現れない。この外部の風景こそが、ここで議論の対象となるプライバシーと密接に関わる問題を含んでいる。見られたくない（聴かれたくない、触れられたくない）と思っているにもかかわらず見られる（聴かれる、触れられる）私は、自己の身体の境界を侵犯されると感じることになる。しかし他方で、自己とその内面は、他者や外部との相互関係のなかでしか形成し得ない。この不可分性を法は、形式的に空間や肉体としての身体の境界によって分離してプライバシーの権利を客観化しようという無理の上に成り立っている。

現在の個人のプライバシー権は、右のような空間／身体の排他的支配権を前提にできない環境にある。主権国家の権力が相対化されるのに伴って、個人のプライバシーの権利に対する一国レベルでの法の保護もまた相対的なものに留まるようになる。自国政府は個人のプライバシーを保護できないだけでなく、他国政府との外交関係のなかで積極的に自国民のプライバシーの権利を奪うような事態のなかに置かれている。(注13)

●

プライバシーの脆弱化がICTの発達とともにもたらされた事態であるとすれば、これは国際関係にとどまらない。以下では、ミクロな空間における監視の典型である監視カメラを取り上げて問題の所在を探ってみたい。

監視カメラの視線の問題は、カメラ装置を用いて防犯目的で監視する人間の意図の問題である。監視者は、被写体の振る舞いから、犯罪行為の可能性を読み取ろうという悪意をもって眺める。その限りで、監視者の視線は、監視される者の内面をその外形から読み取ろうとしているのであって、既にこの時点で監視者は、監視される者の内面の自由に干渉する意図を隠し持っているとも言える。(注14)

路上の身体を外部から眺めることを通じて、その振る舞いの意図を読み取ろうとする監視一般に見いだせる意図は、

(注11) 武者小路、前掲書、134ページ。

(注12) 同上。武者小路は、この近代の国際関係があくまで建前であって、内政不干渉や国家間の平等という理念が現実には覇権国家、植民地と帝国主義など、理念とかけはなれたものでしかなかったことを厳しく指摘している。

(注13) 例えば、サイバー犯罪条約における法執行機関の相互協力、外交ルートを通じることなく直接国外の捜査機関との連携をはかる日米捜査共助条約、国連の国際民間航空機関（ICAO）が定めているパスポートの個人情報や米国の国土安全保障省が導入した出入国管理システム、US－VISITによる外国人入国者のバイオメトリクス情報の取得など、政府間の取り決め等に基づく個人情報の外国政府との共有の制度は非常に多い。米国については、自由人権協会編著『アメリカ発、グローバル化時代の人権』、明石書店、2005年、第1部、木下ちがや「03年版愛国者法に反対運動が活発化」、『週刊金曜日』2003年9月5日号参照。

コンピュータのテクノロジーの助けを借りて、ある種の科学的客観的な装いのもとに全く新たな次元の問題をもたらしている。例えばバイオメトリクスの技術とコンピュータの通信ネットワークやデータベースの技術は、顔貌をコンピュータで解析してその人物の名前や履歴を割り出す技術として既にかなりの程度まで実用化が進んでいる。[注15] これは新しい技術ではあるが、この技術に込められた開発の動機は、人間の視線による監視そのものに内在していた監視される者の内面を探ろうとする意図なくしては発展しなかったであろうということを軽視してはならない。

　プライバシーとの関係でみた場合、個人に関するデータベースとネットワークでつながっているバイオメトリクスによる認証技術は、空間／身体の「所有」権に基づいて保護された個人データ・情報を、その空間／身体の境界線を侵犯することなく取得する技術である。人は、公共空間に顔を晒し身体を晒していても、そのことによって名前や住所などの個人のデータが未知の第三者に明らかになるとは考えていない。名前を明かすということは、名前を手がかりとして、多くの個人データ・情報を引き寄せうる可能性を持つ。名前は個人に付された識別子であるだけでなく、歴史的に蓄積された名前によって分類・整理されてきた様々なデータベースを参照可能にするものであって、個人に固有の名前を付すということそれ自体にはある種の権力作用があり、プライバシーの権利と密接に関わりを持つ。コンピュータによる情報技術が（否定的な意味も含めて）画期的であったのは、画像データもまた、名前同様に検索やインデックスに利用できるようにしたことである。こうして、私たちは、名前を明かさないとしても顔を晒して公共空間を歩くことは、名札をぶら下げて歩くのと同様、もはや匿名を意味しない。

　このように、バイオメトリクスによる顔認証技術や通信ネットワークと分散型データベースに基づく個人データ・管理の技術は、空間／身体を侵犯することなく、従ってプライバシーの権利侵害を回避しつつ外形から個人の匿名性を剥ぎ取る技術という側面を持っている。

　これに対して、プライバシーの権利を補完する自己情報コントロールの権利は、必須の権利ではあっても、必ずしも有効な歯止めにはならない。ここでの問題は、第一に、自己情報コントロールの権利だけでは、複数のデータベースから個人の人格を人工的に再構築するプロファイリング技術を効果的に阻止できない可能性があるという点、そして第二に、この複数のデータベースが国境を越えて相互参照されうるために、ミクロな空間の監視はグローバルな監視と不可分であり、一国の法制度では対応できないという点、第三に、こうした個人情報・データが国家安全保障によって開示を制約され「国家秘密」に分類される可能性が大きくなっているという点だ。自己情報が個々のデータベースにどのように蓄積されているのかを確認できたとしても、データベースAとデータベースBから各々抽出されたデータを用いて警察が再構成したプロファイリングの結果についてまで自己情報のコントロールの権利は及ばないのではないだろうか。

プライバシーを侵害するような最も重大な機能は、個々のデータベースがネットワークで結ばれ、必要に応じて相互に参照されながら、個人の人格を再構成することにある。言い換えれば、私という人間が何者であるのかは、もはや私によって一義的には決定されず、このネットワーク上に分散して存在するデータベースの相互参照から人工的な「人格」を組み立てる力を持つものの手に握られてしまっているである。つまり、自分自身の人格それ自体の自己決定権が奪われているのである。しかもこうした個人情報・データが国境を越えて政府間で共有され、非国家行為体を「テロとの戦争」における「敵」とみなす現状において、このような意味での「人格」判断によって、個人や少数の集団それ自体が監視下に置かれる。個人のアイデンティティへの権利は二重三重に奪われる。「私」とは何者かを説

(注14) 監視カメラの研究でも指摘されているように、監視する者は、様々な偏見にとらわれており、少数民族や若者をとりわけ疑惑の眼差しで見ようとしていることが報告されている。以下を参照。山口響「監視カメラ大国イギリスの今」、小倉利丸編『路上に自由を』、インパクト出版会、2003年。特に第3節参照。

(注15) バイオメトリクス技術については、以下を参照。瀬戸洋一編著『ユビキタス時代のバイオメトリクス・セキュリティ』、日本工業出版、2003年。

明できるのはもはや「私」ではないし、自国政府も「私」の権利を保護するどころか他国の政府とともに監視の包囲網に加担する。自己情報コントロール権だけでは、こうした意味での奪われた人格の決定権を奪い返すことはできない。匿名の権利や複数の人格（とりあえずは複数の名前）を持つ権利といった新たな考え方が必要になってくるだろうが、これらは今後の課題である。

●

個人であれ国家であれ、自他の境界を前提とした自己の空間への支配という観念が大きく揺らいでいるということによってもたらされる影響の範囲は極めて大きい。境界の揺らぎ＝排他的な空間支配の揺らぎは、主権国家の伝統的な存在理由そのものの揺らぎでもある。国家のアイデンティティが問われ始めたと言ってもいい。

個人についてもこの自他の境界の揺らぎと他者（とりわけ政府などの大きな権力）による自己の身体への監視と統制は、プライバシーの権利を支えてきたアイデンティティの自己決定権を揺るがす可能性（危険性）を持っている。こうして、国際関係から私的な生活世界に至るまで、広範囲に起きているこの境界の揺らぎあるいは解体現象と、これを導き寄せる監視社会は、境界によって支えられてきた法の正統性の揺らぎそのものであって、法治国家の危機の現れであることは間違いないのである。

出典：『法律時報』２００６年４月号

日本のデモに表現の自由はない

新宿のデモで12名もの逮捕者を出したが、(注) 多くの目撃者の証言にあるように、その責任はデモを警備していた警察側にある。警察の暴力も見過ごせない。警察の過剰警備は、この国の憲法が私たちに保証している表現の自由を大きく侵害していることは今更言うまでもないが、やはり声を大にして、表現の自由が第一であり、警察は介入するべきではない、ということを言い続けなければならない。ほとんどの国は、先進国であれ第三世界であれ、表現の自由を人々の基本的な権利として憲法で保証しているということは、これまたあえて言うまでもないことだが、日本のそれは、他の諸国と比べて、極端に自由度が小さい。もはや自由などという言葉は死語となったと宣言してもいいくらいだ。

ネットに拡散している各国のデモの風景を検索すれば容易に分かることだが、ニューヨークのマンハッタンのような交通渋滞の激しい都市部であれ、ソウルのように交通量が非常に多いアジアの人口密集地域であれ、デモ隊のために車道を全面的に開放している。日本のように、警察官がデモ隊の脇を並列して密着したり、歩道とデモの隊列の間を分断したり、デモ隊を細切れにして、梯団の間を数百メートルも開けさせるような介入はどこにもない。ましてや、デモの隊列の先頭に警察車両が陣取り、デモのシュプレヒコールを妨害する大音量の嫌がらせの警告演説（デモ

（注）2011年9月11日、新宿で開催された「9・11原発やめろデモ!!!!!」で、12名が逮捕された。

は警察の言論の場ではない！）によるデモへの威圧的な言動と通行人へのデモに対する敵意を煽るような言動などは、日本の警察に固有のことと言っていい。ここに掲げた二枚の写真を見比べてほしい。一枚は、２０１５年3月、チュニジアで開催された世界社会フォーラムでのデモの様子だ。チュニスのバルドー博物館でのテロ事件直後のデモだが警察の姿はほとんど見られなかった。もう一枚は、２０１５年9月、戦争法に反対する集会が連日国会前で開かれ、主催者が「これが民主主義だ」と叫んでいた時にいつも目にしていた光景だ。

こうした日本の現在のデモは、日本の伝統芸なのではなく、ある時期から急速に普及してきたものだ。１９６０年代末のデモ風景では、デモが道路全体を使用するのは当たり前だった。それは人数が多いからという問題ではなく、デモによる意思表示は、一般の交通に優先する憲法で保証された思想信条の自由のための権利行使だから当然のことだったのだ。このことは、ほぼどこの国でも共通認識だ。デモによって、公共交通に支障をきたすことや通行人や車の通行に支障があるとしても、そうであっても保証すべき重要な権利だという理解が、権力の側にもあるからだ。（少なくとも、日本の権力者と比べて、ということだが）

１９７０年代以降、警察は路上でのデモなどを徹底して弾圧し、デモをあたかも公共の福祉に反する行為であるかのような印象を人々に与え続けてきた。車道を歩きながら、自己の政治的社会的な主張を訴えるという表現手法が、文化としての基盤を奪われるにつれて、多くの人々にとって、デモは身近な表現手段からむしろ「自分たちがやら

ない特別な人たちの行為」といった印象に支配され、ますますデモを疎遠な事柄とみなす感情が常識のレベルにまで浸透してしまった。

しかし、冷静に世界の民主主義の目に見える表現としてのデモを見比べてみよう。ニューヨークやロンドンやソウルで人々が路上で行うことができる表現が日本では行えず、もし、同じような行為をしようとしても、警察はデモ申請に対して許可を出さないか、許可条件に反して路上を全面的に使用するようなデモを行えば、逮捕を覚悟しなければならないということは、いったいどのような論理によって、正当化しうるのだろうか?米国や韓国の人々が持っている自由をなぜ私たちは持つことができないのか?その理由は何なのか?理由などありはしない。それは、警察による秩序への有無を言わせない従属の要求でしかない。これは、法治国家の振る舞いでは断じてあり得ない。

私たちの権利は、憲法に書いてあるからといって、黙っていても保証されるわけではなく、権利を確保するためには権利のために不断の努力が必要だということは、憲法自身が明記している。とすれば、この半世紀のこの国の表現の自由の歴史は、私たちの努力の至らなさの歴史であるということだろう。

日本の警察は、代用監獄、密室での取調べ(ビデオ撮影も弁護士の同席も認めない)、長期の勾留など、他の国と比べても極端に大きな裁量権を持っている。逮捕勾留も、精神的な拷問とも言える取調べやガサ入れなどの手段として利用され、本来の法の趣旨を逸脱した権力の濫用が横行している。しかも、今年(2011年)の8月15日の反靖国デモの警備に端的にみられたような、故意とも言える怠慢な警備によって右翼の暴力を許容し、警備そのものがイデオロギー的なバイアスを露骨に持つようになっている。もちろん、外国の警察が褒められた存在ではないことは、先のロンドンでの暴動のきっかけとなった警察による人種差別や暴力、米国で頻発している警官の人種差別事件など、どこの国にも見られることではある。しかし、日本の警察は、こうした暴力も徐々に欧米流となってきただけでなく、そもそも表現の自由という基本的な権利そのものを「公共の福祉」への敵対的なこととみなし、こうした権利に露骨に介入することを当然としている点では、突出している。

私達は、少なくとも他の国で当然認められているレベルの路上への権利、かつてこの国でも当たり前にみられたデモの権利をまず回復しなければならないが、同時に、なぜ、これほどまでに警察が肥大化してしまったのか、この半世紀のこの国の権力の有り様を根本から問うことも必要なことである。警察の肥大化は、その裏面で、人々のある種の不安や権力への依存と不可分でもある。こうした人々の警察への依存やデモも含めた社会的政治的な異議申し立てを民主主義の必須条件とはみなさないような権威主義的なパーソナリティの醸成がいったい何によってどのように構築されてしまったのか、このことを解き明かすことも避けられない。

権力の不合理な抑圧を許しているのは、この国の主権者の責任である。これは民主主義国家である以上避けられない責任である。しかし、この意味での責任は、警察が過剰警備と不当な逮捕に直接の責任があるということとは違う。後者の責任は明らかに警察にある。私たちの責任とは、こうした警察の権力行使を抑制して、表現の自由や基本的人権を確保することに関わる政治的な責任である。

出典：ブログ２０１１年9月13日（掲載に際して加筆し、写真を入れ換えた）

ネットワーク支配と対抗運動

インターネットは、一般に、中央集権的なコミュニケーションシステムとは異なって、分散型のシステムであると言われてきた。確かに、マスメディアのように、ごく少数の発信者が不特定多数の受信者に向けて一方通行的な情報の散布を行うシステムと比較すれば、インターネットは分散的だろう。しかし、それは、インターネットをマクロのネットワーク概念としてみた場合である。個々のユーザーから見た場合、インターネットは、様々な監視と管理のシステムと不可分である。

一見すると分散的で「自由」――それは最近の政府やマスメディアの表現を借りれば「無法地帯」ということになる――なネットワークは、むしろ次のようないくつかの重要な制約や規制のなかにある。

第一に、末端のネットワークが、そのユーザーに対して課す参加の条件や規制は、そのままインターネットへのアクセスの条件になる、という点である。この個々のネットワークの管理者をスーパーユーザーと呼ぶが、彼／彼女は、パスワードなしでユーザーのメールを読むこともできるし、発行したアカウントを取り消すこともできる。ネットワークのスーパー・ユーザーは、一般のユーザーの意志とは無関係に、たいていのことができる。スーパーユーザーが一般ユーザーのプライバシーを保護するのか、それとも、逆に、ネットワークを所有する企業、学校、政府などの立場にたってユーザーを監視する立場に立つのか、それによってユーザーの置かれる立場も大きく変わってくる。しかし、現実問題としては、政府や企業に雇用されているスーパーユーザーが、自分のボスの意向に反してユーザーを擁護することは、決して容易ではない。

第二に、インターネットは政策の産物であるということである。インターネットの開発に関する基本的な政策は、政府の立法、予算や情報通信産業の投資によって左右される。例えば、合州国の場合であれば、ゴア副大統領を中心に、インターネットの教育利用が主張され、各学校がインターネットに接続された。それは同時に、インターネット上の情報のうち、学校教育に好ましくないと政府が判断したコンテンツについては、フィルターにかけて排除するという検閲システムの開発を促した。こうした検閲の傾向は、学校教育の現場からさらに公共図書館など、公的資金で運営されている端末に拡大される傾向にある。これは、合州国に限ったことではない。インターネットが国家の基幹的な情報インフラになればなるほど、その利用もまた国家的な政策による規制やコントロールをより強く受けるようになる。

第三に、政府や警察は、ネットワークの監視のためには、コンテンツが監視者に理解可能な状態で流通する必要があると主張しているということである。そのために、暗号によるコミュニケーションの規制や大幅な盗聴捜査の合法化などが次々にもくろまれている。キーリカバリーシステムを持たないPGPなどの暗号プログラムの使用に対する規制なども国によってはうちだされはじめている。ユーザーにとっては、遠距離でのコミュニケーションのプライバシーを守る唯一と言っていい手段が暗号による通信だ。暗号使用そのものが禁止されたり、違法とされることは、第三世界や人権に対して抑圧的な地域との通信が阻害されるだけでなく、自国政府、会社、学校などによるユーザーの監視をより容易にしてしまう。

第四に、ネットワークの私的所有制の進展がみられるということである。特に、著作権をめぐっては、既存の大手の情報産業が著作権を占有し、一般ユーザーによる使用を大幅に制限しつつある。音楽やアートの分野では、画像、音源、アーティストのテキストなどの使用に対して厳しい監視が行われはじめている。それに加えて、様々なデータがデジタル化されてデータベース化され、データベース会社やマスメディアがこれらデータに著作権を設定し、私的所有による情報の囲い込みが進んでいる。自由なサイバースペースは過去のものになりつつある。国際的に地域間の所得や物価水準が大きく違うなかで、単一の情報商品の市場が形成されることは、結果的に所得水準の低い地域にとって、情報アクセスに関して極めて致命的な格差を生み出す。先進国のユーザーにとっての1ドルとアフリカやアジアの低開発諸地域のユーザーにとっての1ドルは、その価値が全くちがうからだ。情報は安ければよい、というだけでは解決しない問題があるのだ。安いか高いかももちろん重要な問題だが、むしろ根本的には、有料か無料か、という問題なのである。これは、コンテンツに関してだけでなく電話料金やプロバイダーとの契約など通信インフラに要する費用にも言えることだ。

第五に、世界的なネットワークであるとしても、コミュニケーションは言語を媒介とする。インターネットは、その出自やコンピュータの言語環境などいくつかの条件から、英語をますます国際的な共通語の地位に押し上げてしまった。多くのユーザーが利用する言語がますます有利になり、少数者の言語がますます排除される。しかも、この支配的な言語が、特定の国民国家の言語と結びついているために、言語コミュニケーションの問題は、グローバルな政治・経済・文化の覇権構造と不可分な問題でもある。

●

今、世界規模で起きている情報通信の新たな展開は、コミュニケーション空間――とりわけコンピュータによるコミュニケーション、すなわちサイバースペース――における囲い込み運動とでも言いうる事態である。様々なデータがデジタル化されて蓄積されるにつれて、こうしたデータは、容易に企業、行政、マスメディアなどによって保有・加工されるようになる。電子化されたデータが次々にこれらの組織によって所有されることによって、サイバースペースの共有データが商品として囲い込まれ、情報ネットワーク資本の投資のフロンティアになる。フリーウェア、フリーなデータベース、誰もがアクセスできるネットワーク環境が、商品価値を持ち始め、著作権が設定され、アクセス制限されるにつれて、情報へのアクセスを阻止された多くのネットワークユーザーが生み出される。彼らは、重要な情報にアクセスする力をもたないサイバー・プロレタリアートとでもいうべき存在になる。大企業、マスメディア、政府などで働いていたり、コネクションをもっているかどうかといった身分上の差異が同時に情報へのアクセスの格差と連動する。情報資本主義化が進めば進むほどこうした情報に基づく不平等は深刻になるだろう。

合州国の場合、インターネットへと展開するコンピュータ・コミュニケーションの発達は、最初から二つの傾向をもっていた。ひとつは、DARPANETのような国防総省の軍事的なネットワークとして国家が戦略的に開発した側面であり、もう一つは、草の根のコンピュータ通信のネットワーク運動である。バックボーンとなる情報インフラには多額の国家資金が投入されているにもかかわらず、インターネットとして民間に開放されたことによって、草の根のネットワークが次々に接続されて、国際化し、国家の統制の枠を越えた。これは、中心をもたないネットワーク、あるいは国家の壁を越えるネットワークの基礎となるが、しかし他方で、このネットワークを新たなビジネスチャンスと捉えた資本が次々に参入し、市場のルールが徐々に浸透し始めた。今、ネットワークで起きているのは、資本によるサイバースペースの囲い込みと、この資本に連動する方向で国家が再度介入することを企図しているということだ。グローバル化した資本は、必ずしも一国単位での国家的な規制と利害が一致するわけではない。しかし、情報インフラの整備とサイバースペースの非経済的な秩序維持には国家的な介入が必要なことも確かなことなのだ。多国籍化した資本と、国家の国際的な連携がサイバースペースの地球規模での調整と規制を試みようとしている。EU、ASEANあるいはG7など、様々な国際的な政府間の調整組織が同時にネットワークに対するグローバルな監視を模索している。

ネットワークの民衆運動は、こうした国際的な国家と資本による囲い込み運動に対する対抗的な運動となっている。リアルワールドでの囲い込み運動で土地から追放された農民たちが容易に新たな秩序に呑み込まれはせず、長い抵抗の運動を起こしたように、サイバースペースのプロレタリアもネットワークの市場化や近代国家の秩序に容易には統合されないだろう。

このように書くと、なにか非常におおげさな運動を想定しているように見えるかもしれない。しかし、サイバースペースの運動は、リアルワールドにおける大衆運動のような展開が必ずしも適しているとはいえない。むしろ、端末のまえに座る私達一人ひとりが個人として何ができるか、ということが非常に重要になってくる。以下、最近私自身がかかわった二つの事例を紹介しておこう。

●

日本のインターネットのアクティビストたちにとって、この間の最も大きなテーマの一つは、政府や与党自民党による通信の監視と盗聴の制度化、法制化に対する反対運動だった。政府は、反対運動の結果、昨年（１９９７年）には成立させる予定だった盗聴法の成立を、98年末になっても達成できていない。（注）政府は、麻薬を初めとする組織犯罪の取締りに盗聴捜査が不可欠だと主張している。しかし、盗聴捜査の多くが、反体制運動や左翼政党の監視のために、非合法に行われてきたことは、よく知られている。通信回線がデジタル化され、インターネットをはじめとするデータ通信や携帯電話などの移動体通信が普及することによって、従来のような警察による非合法の監視体制に限界があり、盗聴捜査の合法化によって一挙に監視体制を拡張しようというのがその狙いだ。

実は電話の盗聴に比べて、コンピュータコミュニケーションの監視は、ある面では非常に容易であり、しかも効率的だ。テキストデータであれば検索が可能であり、時間当たりのデータ量も音声データに比べてずっと大きい。厖大な国家予算をつぎ込み、ネットワークのバックボーンの基幹部分で行えば、かなり効率的に行うことができる。日本の場合、通信の基本的な部分はＮＴＴが独占している。しかも、インターネットのバックボーンの基幹部分で盗聴や監視を行えば、政府機関が集中している永田町を経由しているから、合州国のＮＳＡ並の投資をすれば（それ自体容易な額ではないが）、既にインフラ面ではかなり容易に監視体制を実行できる条件は整っている。盗聴の法制化は、こうしたインフラを背景として、公然と政府予算を電子的な監視のために割当て、職員を配置することを可能にするものだ。

合州国での盗聴捜査でも繰り返し指摘されているように、盗聴は、犯罪捜査だけでなく、監視のための手段だ。犯罪と無関係な通信に対する盗聴が圧倒的に多く、しかも、厖大な国家の予算がつぎ込まれる。国によってはネットワークに接続されているサーバに秘密裏のバックドアを設けて、リモートコントロールでの盗聴すら実現されようとしている。ドイツでは、通信での盗聴にあきたらず、警察が個人宅をビデオカメラで監視することを合法化してしまった。日本の警察が考えていることは、こうした諸外国の事例を踏まえて、さらに警察にとって自由な監視ができる体制を作ることだ。現在国会で審議中の盗聴法案は、裁判所のチェックも事実上機能せず、令状なしでも盗聴ができる場合を認め、いったん盗聴装置が設置されたらいかなる通信も捕捉可能な抜け道が用意されているなど、従来の捜査のルールを逸脱する信じられない内容になっていることからも、このことは明らかだ。

盗聴法反対運動は、インターネットをフルに駆使しながら展開されてきた。特に、法務省の法制審議会での議事録や議会内部での討議についての内部資料をウェッブで公開するなど、得られた情報の積極的な公開では大きな力を発揮してきたと思う。そして、これら政府側の議論に対して逐一反論を展開してきた。また、様々な市民団体や法律家などの団体による反対声明、行動計画のスケジュールを公表することによって、いままで以上に相互の連携をとることがかなり活発になった。そして、こうしたネットワークでの連携を踏まえて、国会での抗議や議員会館での集会など、リアルワールドでのロビー活動や抗議行動などが組まれてきた。

●

もう一つの運動の事例をあげておこう。警察による盗聴と監視は、インターネットの普及による情報発信の拡散への対抗措置という側面がある。インターネットは、アンダー・グラウンドな文化に支配的な文化産業、情報産業と肩を並べて情報発信する力を与えた。日本の場合、このことが最も注目されたケースは、1996年暮れから1997年4月にかけて起きたペルーの日本大使公邸占拠事件だ。この事件では、政府は情報操作に明らかに失敗した。日本政府はマスメディアを利用して、占拠したゲリラ、トゥパクアマル解放運動（MRTA）に無節操で何をしでかすかわからないテロリストというレッテルを貼ろうとやっきになった。そして、ペルーのフジモリ政権を善玉に仕立て上げようとした。フジモリが日系人であることも手伝って、日本のマスメディアは、ナショナリズムを煽り立てた。彼らは、「日本人がペルーで悪い大統領であるはずがない」という根拠のない感情を促した。日本政府は、MRTAが大使公邸占拠に際して発表したコミュニケの原文を公開せず、日本政府やペルー政府に都合の悪い内容は伏せた。また、ペルー政府の強行突破の意向は隠され、逆にMRTAが人質を殺すに違いないという恐怖を煽った。しかし、インターネットではマスメディアや政府とは異なる動きがあった。

インターネットによるオルタナティブな情報の回路は、こうしたマスメディアと政府の情報操作をむしろ露見させる結果となった。日本国内では、ラテン・アメリカ研究者の山崎カヲルや、ネットワークの反検閲運動にたずさわってきた私などが、ペルー大使公邸占拠関連の情報を提供し始めた。MRTAのコミュニケ、欧州代表によるメッセージの全文の提供、ヒューマン・ライツ・ウォッチやアーム・ザ・スピリット、アムネスティ・インターナショナルなどからの情報を網羅した。他方、マスメディアや政府は、ペルーには極めて多数の政治犯が存在し、裁判も公正には行われず、刑務所で非人道的な扱いを受けていることを極力隠そうとする傾向がみられた。ペルーでの貧困問題の解決が先送りされ、ペルー政府は外国資本を優遇する政策をとり、その恩恵の多くを日本の企業が受けていることや、フジモリ政権のこうした人権抑圧的な政策を知りながら多額の援助を行ってきたのが日本政府であるということも当然まともに報道されなかった。

MRTAがまず第一に要求したのは、ペルーにおける経済的な貧困問題の解決のために、ネオリベラリズムの経済政策路線を変更することだった。しかし、マスメディアでは、ネオリベラリズムだの貧困問題だの、説明に時間を要する要求は数分間のニュースでは取り上げられず、人質の安否とかMRTAのテロリストぶりなどセンセーショナルな話題が優先された。

MRTAのイデオロギーやゲリラの運動を私が全面的に支持していたわけではない。むしろ、日本政府の情報操作によって、ペルーが抱えている貧困や経済的な搾取に日本がいかに深く関与しているか、また、フジモリ政権の人権抑圧政策をいかに側面から支持してきたかという点を明らかにすることにこそ意味があった。『夕刊フジ』は1997年2月23日、岡田登喜男のコラム「情報最前線」において私の行為に対して警察幹部は、「交通違反でもなんでもいいから、すぐ逮捕したい」と息巻いていると報じた。しかし、結局山崎のウェッブのページも私のページも阻止することはできなかった。だが、ペルーの事件そのものは、最終的にはMRTAの占拠メンバーは投降者も含めて全員射殺という虐殺の悲劇で終わった。ペルーにおける政治犯の状態も失業問題も改善したとはいえなかった。

確かに、インターネットによって私達はオルタナティブな情報の回路を獲得した。いままでにない情報を、多くの人々に提供できたことは事実である。この意味で、自由なメディア環境が私達の前にはある。しかし、それは、サイバースペースでのことに過ぎない。それだけでは、政治犯の解放も実現できないし、第三世界の搾取もなくならない。メキシコのサパティスタたちが試行錯誤しているように、サイバースペースを駆使しつつ、リアルワールドでの闘いを切り開かねばならないのだ。

●

このように、インターネットを用いた運動は、個人ベースでマスメディアと互角に情報を発信できることを通して、メディアと政府の情報コントロールに対するかなり有効な対抗的な道具としての可能性を秘めたものになっている。

しかし、事態は必ずしも楽観的とはいえない面ももっている。リアルワールドでは、こうしたコンピュータによる情報ネットワークやデータ処理が様々に、監視と管理のためにに導入されているからだ。電話に関しては、既に発信者番号通知のシステムが商用化され、またＰＨＳでは、発信者の場所探知も商用サービスとして提供されている。これらは、もし警察や政府が導入しようとすれば監視か盗聴として大きな問題になるはずのプライバシーに関わる問題だが、逆に、いたずら電話の撃退とか、相手の居場所の確認などで便利だというユーザーの利害にうまく働きかけて、まんまと商業化されてしまった。こうなると、従来裁判所の令状が必要だった電話番号逆探知や相手の居場所確認などが無令状でまかり通ってしまう。

日本のリアルワールドにおけるコミュニケーションは、ある種オーウェルが描いた『１９８４』の世界に近い。コンビニ、銀行、駅構内、地下街など到るところに監視カメラが当然のようにして設置されている。それだけではない。主要幹線道路には、通行車両のナンバーをチェックするためのシステム（通称Ｎシステム）が導入されている。このシステムは、通行する車のナンバープレートを自動的に読み取り、中央のコンピュータにそのデータを蓄積して、どの車がいつどこを走っていたかを確認できる厖大なデータベースを構築するシステムになっている。表向きはスピード違反などの道路交通違反の取締りに利用されると言われているが、このシステムの導入以降交通違反の検挙率が著しく上昇したというデータは存在しない。むしろ実際にはオウム真理教の事件の際に、このシステムが信者の自動車の移動を察知するシステムとして活躍したように、Ｎシステムは治安対策用の監視システムとして利用されている。自動車だけではなく、自転車もまた、ほとんど全てが警察に登録されており、盗難自転車は登録番号から瞬時に割り出せるシステムになっている。車検システムがゆきとどき、きれいな自動車しか走っておらず、自転車でも無燈火の夜間走行は摘発される。コミュニティ単位に設置された交番は、住民の家族構成、職業など、プライバシー情報を把握する警察の末端組織であり、「任意」の警察への協力が浸透している。これは、強制捜査の権限をもてなくなった行政警察が戦後編み出してきた住民による「自発的な」協力に基づく治安維持の技術である。

そもそもプライベートな空間に対する権利意識が確立しておらず、従って公共空間への権利もまた脆弱なままなのが日本の現状であり、多分多くの非欧米世界の現実かもしれない。スクウォッターの運動が成り立ちにくく、街路を居住空間とする野宿者に対する支援運動が困難を極めているのにも、それなりの社会的政治的な背景があるのだ。公共空間は、市民のものではなく国家や自治体の管理すべきものであり、公共住宅についても同様だとみなす考え方が根強い。他方で、野宿者は、社会的な脱落者、怠惰な浮浪者とみなされるにすぎない。彼らは、市場経済が効率的に機能するために不可欠な失業人口なのだともみなされないし、市場経済が強いる労働倫理や労働組織のルールからの逸脱者として、その生き方に新しい価値観を見いだそうとする態度は市民社会のなかにはほとんどみられない。

こうしたリアルワールドにおける管理と監視、政府や企業によるプライバシー侵害は、個人の医療情報の電子化、妊産婦の遺伝子レベルでのチェックのようにさらに個々人の身体のミクロレベルにまで到達している。個人の「自由」を建前として尊重しなければならない社会であるがゆえに、逆に、個人の自由を束縛することなく、その行動や人間関係、身体状況などを監視して選別する技術が非常に高度に発達してしまったとも言える。

木造住宅と高層ビル、細く曲がりくねった網の目のような路地と地下鉄や高速道路、西欧のモダニズムと「アジア的」な景観とが一見すると無秩序に共存する。住居表示は徹底しておらず、土地に不案内な部外者には非常に不親切な空間だ。全体を管理するプランナーが存在しないかのようにみえてしまうのだろう。しかし、他の諸国の大都市と比べて、街路のグラフィティやポスターはほとんどみられず、露天商も多くはない。その上、週末に実施されていた歩行者天国も次々に廃止されている。ニューヨークの地下鉄は最近きれいになったが、日本の地下鉄がグラフィティで飾られたことなど今までなかった。公共交通は深夜12時過ぎには止まってしまう。

映画の『ブレード・ランナー』やウィリアム・ギブスンのサイバー・パンクSFに登場する日本の都市は、モダニズムの西欧近代都市に対して、非西欧世界の無秩序でカオス的な雰囲気をはらんでいる。中東やインドの都市、あるいは上海など、ヨーロッパ列強や日本の帝国主義が植民地化した非西欧諸都市に対してイメージされるステレオタイプな都市のアナーキーが、SF仕立てで日本をベースに描かれる。多分、日本の都市を外から眺めると、このように見えるに違いない。だが、こうした日本の都市についての評価は明らかに誤っている。ところが、日本の都市の実情をよく知っているはずの日本の保守的なポストモダニストやネットワーク社会の無批判な礼賛者たちにも、こうしたサイバーパンクのフィクションの世界をトウキョウの現実と恣意的に取り違えたり、日本こそネットワーク型社会にふさわしいといった見当はずれの自画自賛がみられるのだ。カオス的な都市景観を実相とみなして、肯定したり、あるいはその無秩序をことさら誇張する傾向とは裏腹に、実際に今起きているのは、むしろこうしたカオスやネットワーク的な機構を巧みに利用した支配の構造が徐々に力を蓄えつつあるということなのである。不徹底な近代的な都市計画によって生み出されたカオス的な都市の外貌から家父長制的な戸籍等による個人管理、そして遺伝子レベルでの身体監視に至るまで、管理と監視がコンピュータによる高度なデータベースシステムと連動して再生産されていることを忘れてはならない。

こうして、監視と管理のためのコンピュータの情報処理は、戸籍や住民基本台帳による管理、子どもたちへの検閲、野宿者の自由な生活権侵害、警察やマスメディアによる人権侵害、遺伝子操作、障害者に対する差別と排除、自治体や企業による個人情報管理、政府・自治体の情報公開制度を逆用しての情報かくし、文化政策や通信政策における検閲などなど、多岐に渡る。これらを見ればわかるように、もはや私達が生身の身体を晒しているこの空間と、コミュニケーションや情報伝達のためのネットワークの世界とを別々の存在とみなすことはできない。リアルワールドの管理と監視がオンラインで結ばれたコンピュータネットワークの世界を経由して行われ、私達への管理が、居住、移動、身分証明から遺伝子情報まで、情報として国家のデータベースネットワーク上に展開し、リアルワールドとコンピュータネットワークのあいだにはシームレスな管理システムが出来上がっている。多分、国家の情報監視システムから見た場合、私達はこの情報システムの端末に位置するある種の感覚装置にすぎないのかもしれない。

●

日本の場合、自由な討議を保障するパブリック・フォーラムという概念が確立していないだけでなく、ネットワーク・ユーザーの多数はウェッブのブラウザで発信された情報をただテレビのように受けとるだけの場合が圧倒的に多い。従来よりも幅広い情報発信の機会が与えられているのだが、インターネットはあたかもテレビのように、情報を受信するシステムになろうとしている。キーボードもないウェッブの受信専用と言っていいようなテレビ共用端末の開発や商品化がさかんに宣伝されている。これは、テレビの前で情報を一方的に受け取ることに慣れているリアルワールドにおける環境がそのままサイバースペースにも反映しているということだ。ネットワークのユーザーを、受け身の受信者にしようとする圧力と、積極的な発信者の権利を獲得しようとする力との間で、ネットワークのある種の権力闘争が展開されているといってよい。

情報発信についても、従来のマスメディアによる発信をルールの基準とするような発想が強められつつある。特に、マスメディアは、普通のユーザーによる情報発信を「素人で情報発信のノウハウやエチケットに無知だ」と決めつけたがる。そして、ウェッブのデザインに凝り、普通のユーザーが仕事の合間に、テキストだけの本当に必要最小限の情報を発信するようなウェッブをクオリティの低いものとみなしがちだ。

画像のクオリティがあたかも内容のクオリティに比例するかのような幻想は、政府やマスメディアが日本の視聴者たちに植えつけた一つの幻想である。この幻想は、「放送局の設置には巨額な資金が必要である」というマスメディア時代を支配した幻想と無関係ではない。この結果、メディアの発信は金持や資本力のある企業、あるいは政府の仕事だという先入観が生まれた。インターネットの普及に伴って、受け身のユーザーが相対的に増えるにつれて、かつてのマスメディア型の情報コミュニケーションを再度確立しようとする既存のメディア産業からの圧力が強まっている。

その上、インターネットでは、他人になりすましたり、詐欺商法が横行し、匿名性を利用して嘘持つき放題だから、とりわけどこの誰だかわからない個人のホームページは信用できない、という印象をマスメディアは与えたがっているように見える。彼らは、マスメディアや政府、企業のサイトがあたかも信頼性が高いかのような宣伝を展開する。しかし、そんなことはない。政府は自分に都合のわるいサイトにはリンクを張らずに政権の主張を一方的に展開する。メディアも同様だ。

こうしたメディアや政府の態度は、いままで当たり前で、それが公正・中立な態度だとみなされてきた。しかし、ウエッブのハイパーテキストや、検索エンジンの利用を通じてユーザーたちは、どのサイトが信用でき、どのサイトが自分たちを故意に誘導しようとしているかを理解しはじめるようになっている。いやそれだけではなく、ネットワークのユーザーたちは多様な情報に接することによって、政府やマスメディアの情報提供がいかに一方的で、客観性に欠けるものであるか、またいかに不十分なものかに気付き始めている。つまり、受け身のままでいるユーザーの場合ですら、もはやマスメディアと政府による情報の一元的な管理は、かつてほど容易ではなくなっている。まして、情報発信を積極的におこなうユーザーたちを規制することは、いままでのマスメディア体制のなかでは想定されていなかった彼らにとっての「難問」である。だから、この民衆による情報発信を抑えつけようとする圧力が様々にかけられているのだ。

マスメディア支配の時代には、日本では、基本的な権利としての発信の自由は根付かなかった。自由ラジオは、少数の例外を除いてほとんど存在しなかったし、現在は壊滅状態だ。インターネットは確かにウエッブ、メール、ニューズ・グループなど情報発信の回路を拡大し、その結果発信する個人や小グループも飛躍的に増えた。しかし、それは、リアルワールドでの新しい情報の回路とオルタナティブな情報の提供をストレートに保障するということにはなっていない。リアルワールドが閉塞したまま、インターネットだけが自由を謳歌できると考えるのは間違っている。必ずインターネットは、リアルワールドの閉塞状況に追随することになる。

例えば、リンクを張る場合に、相手に了解を求めることが「ネチケットだ」と信じている人たちが急速に増えている。私も「あなたのホームページにリンクを張りたいので、許可して欲しい」というメールを受け取ることがある。いったい、誰がこんな不要なルールを広めたのか知らないが、これは百害あって一利なしだ。例えば、私は、インターネットの検閲に反対するホームページを作っているが、私のホームページは検閲を促進しようとしている政府機関などのページにもリンクしている。リンク先の許諾のルールは、対立するサイトからのリンクを嫌う者たちからの拒否を認めることによって多様なリンクを不可能にしてしまう。リンクの仕組みは、マスメディア体制のなかで、情報の遮断と世論の誘導＝洗脳によって情報操作を行うことに慣れている多くの政府機関などがとってきた方法と根底から異なる。対立する見解や情報にユーザーたちが積極的にアクセスすることを保障しながら、私たちの主張の正統性をはっきりさせるということだからだ。どのような見解を選択するかについての最終的な意思決定はアクセスした人たちの手に委ねる、ということである。

ウエッブのリンク機能やハイパーテキストと呼ばれる機能は、「読者」の主体性にも大きな変化をもたらした。しかし、リンクの許諾という不要な「ネチケット」が普及することによって、この傾向に歯止めがかかる可能性がでてきている。例えば、日本新聞協会は、インターネットに関するガイドラインのなかで、新聞社のホームページへのリンクには新聞社の許諾が必要だと主張している。これは、新聞社の記事を批判しているページとのリンクは認めない可能性があることを意味している。また、大手コミックのアーティストのホームページにファンがリンクをはる場合には、許諾が必要だとしているケースがある。それだけではない。日本国内では違法とされているコンテンツを持つ海外のサイトにリンクをはっただけで警察に摘発されるというケースまででてきた。

このようなリンクに対する規制は、マスメディア体制のなかで培われてきた「情報操作」の意図を浮かび上がらせている。情報の受け手が、どのようにメッセージを解釈し、また、どのようにそのメッセージを引用したり再利用するかというところについては、マスメディアの圧倒的な情報散布力の体制下では大きな問題ではなかったし、水面下に隠されていた。この水面下の部分がオルタナティブな情報の回路やカウンターカルチャーを形成することになった。これは、マスメディアと支配的な文化、イデオロギーの領域とカウンターカルチャーや対抗的なイデオロギーの領域のある種の棲み分け体制を形成してきた。この棲み分けを通じて、アンダーグラウンドな文化は、常にマスメディアや支配的な文化の養分となってきた。海賊放送局、ラジオ・キャロラインから登場したザ・ビートルズという60年代のスタイル、ペレストロイカのソ連における80年代の東欧ロック、クラブカルチャーからドラッグカルチャーを差し引いた（日本の）ヒットチャートに登場するダンス音楽などは、いずれも、巧みにカウンターカルチャーから新しい文化的な表現様式を搾取し、反社会的なコンセプトを社会批判的なコンセプトに修正して流通させてきた。

もう一つの規制は、ウェッブの内容を格付けして、アクセス規制をしようとするものだ。暴力、セックスなどいくつかの項目を設けて、ウェッブの発信側が「自主的」に格付けをしたり、格付け機関による格付けを行い、ユーザーのブラウザー側で、アクセスできる条件をあらかじめ設定しておくと、アクセス条件をクリアできないサイトへのアクセスが自動的に拒否されるという仕組みだ。フィルタリングソフトと呼ばれる選別ソフトは、学校などへの導入がかなり進んでいる。また、通産省の外郭団体の電子ネットワーク協議会は格付けの作業を行っているが、どのサイトをどのように格付けしているのかについての情報を提供していない。こうした格付けはコンピュータを利用した新たな検閲システムであるが、政府は、格付けをしても、それを利用するかどうかはユーザーの自主判断であって押しつけではないと主張している。しかし、他方で彼らは「子どもたちに見せたくない情報」を格付けし選別するとも主張している。これは、ユーザーである子どもたちに対して大人や教師などが検閲を行使していることになる。

もちろん、こうした検閲が黙って見過ごされているわけではない。ネットワークユーザーによって、運動も展開されている。電子ネットワーク協議会の格付けデータは、格付け・選別に反対するルユーザーによって、協議会の意図とは無関係に、公開されている。

●

インターネットは、新たな自由な空間を、仮想的ではあるが構築したし、コミュニケーションのレベルで言えば、文字通りの「表現の自由」の枠を拡大したが、右に見たように、政府は、こうしたインターネットの空間を無秩序であるとみなし、リアルワールドにおける管理と同等かそれ以上の管理のもとに置くことを画策している。

私たちは、サイバースペースでの自由を獲得するために、サイバースペース上での自由な発信を最大限に実行し続けなければならない。しかし、同時に、ウェッブサーバやメールサーバ、無数の電話回線、バックボーンとなる専用線などのハード、ドメインネームの管理、プロパイダー事業の許諾、ユーザー資格の許諾、インターネットに関する厖大なプロトコルの策定、通信におけるプライバシーの保護などは、リアルワールドにおけるポリティカルなテーマでもある。また、監獄にいる人々や野宿者たちにはインターネットは無縁の世界のままだ。コンピュータ・ネットワークが生活に必要最低限の条件になりつつあるとき、彼らのアクセスの権利を保障することがますます、必要になってきている。

中国のように、インターネットのユーザとなるためには軍への登録申込が必要であるとか、ビルマのようにモデム購入の際に登録が必要であるという国が実際にある。規制や検閲は、日本でも、プロバイダーレベルでは「自主規制」として様々に行われているし、ユーザー登録に際してはクレジット・カードが必要な場合が多く、カードをもてない未成年や失業者などは差別されかねない状況がある。しかも、たとえ会社や学校でＩＤを取得したとしても、スーパーユーザーが果たしてユーザーのプライバシーの保護について明確な権限があたえられているのかどうか、プライバシーの権利についてきちんとした理解をもっている人物かどうかはわからない。これらの制約や規制は、決してバーチャルなものではなく、現実の社会の中の制度が生み出しているものであって、これらと闘うためには、リアルワールドでのポリティカルな力を蓄えなければならない。私たちは、60年代のように、街頭のデモンストレーションに過大な期待を寄せられる時代にはいない。かといってサイバースペースでバーチャルな対抗権力を宣言しても、それだけでリアルワールドが変わるわけではない。私たちもまた、リアルワールドとサイバースペースの双方で闘う主体を再構築しなければならない。

しかし、インターネットをめぐる状況は悲観的なことばかりではない。少なくとも、インターネット・ヒステリー（これは、ウイリアム・バロウズがドラッグ・ヒステリーと表現したことの言い換えだが）とも言える状況は、近代国家が最大の危機に直面していることを示しているとも言える。20世紀の国家は、マスメディアと大衆民主主義という両輪によってナショナリズムを再生産してきた。大衆はマスメディアを通じて大量の情報を一方的に受け取る。そして、選挙というシステムでは、政治的な意思表示が数量化されて、多数決によって決定される。マイノリティは多数派の温情によってのみ、自らの権利を実現できるに過ぎない。このシステムの巧妙なところは、多くの人々が自分の個人的な見解を不特定多数に直接表明できない、というところにある。大衆の意志は数量化されて、情報の縮減が行われる。この過程で、「国民」的な「意志」が創造されるわけだ。階級、エスニシテイ、ジェンダーといった課題は、それが選挙に有利な課題となれば取り上げられるが、そうでなければ絶対にとりあげられない。日本で言えば、圧倒的多数が支持する天皇制については選挙の争点にはならない。原発、同性愛、障害者の解放といったテーマもそうだ。しかし、インターネットのようなグローバルな空間は、地域的なマイノリティを地域を越えて団結させることができる。地理的な国境は無意味となり、同じ利害や問題意識を持つ人たちが国境を越えて結びつく。その結果、ナショナルなアイデンティティは揺らぎ始めている。票という形で数量化されてしまう選挙よりも、個人としての意思表示が可能な双方向のメッセージの方が政治的な実践の道具としてはより開放的である。多数決という量化可能な政治に隠された欺瞞が暴露され始める。日本では、とくに若者の投票率は極端に低い。それは、こうしたオルタナティブな意思表示のシステムの普及と無関係ではない。彼らは決して非政治的になったのではなく、量化され、脱個人化された政治を拒否しているのだ。ここに、かつての同一的な集団性に基づく運動ではなく、個々の特異性をそのままにした新たな運動の生成の可能性をみることもできる。それは、単に、ネットワークやメディアの運動という枠を越えて、家父長制、あるいは集団への帰属を優先させるナショナリズムと排外主義を解体する契機になるかもしれないのだ。

（注）数度の廃案にもかかわらず1999年8月に、組織的犯罪対策3法に組み込まれて成立した。

［参考文献］

栗原幸夫、小倉利丸・編『市民運動のためのインターネット』、社会評論社、1996年。

民衆のメディア連絡会・編『市民メディア入門』、創風社出版、1996年。

岡部一明『インターネット市民革命』、御茶の水書房、1996年。

安田幸弘『市民インターネット入門』、岩波ブックレット、1997年。

JCAネット（国際的な民衆運動のネットワークAPC日本ノード）のホームページhttp://www.jca.apc.org/

出典：フォーラム90’s研究委員会・編著『20世紀の政治思想と社会運動』、社会評論社、1998年。収録にあたって参考文献の一部を削除した。

社会運動と人間の安全保障

2003年に国連人間の安全保障委員会（緒方貞子、アマルティア・セン共同議長）がコフィ・アナン事務総長（当時）に提出した報告書では、人間の安全保障の基本的な性格は、「恐怖からの自由」と「欠乏からの自由」の2点にあるとされた。この恐怖と欠乏からの自由は、その後、人間の安全保障の基本的な性格として一般に受け入れられてきた。しかし、特に国家安全保障との関係や政府および国連などの政府間組織との関わりをめぐって、人間の安全保障の基本的な性格付けには二つの典型的に対立する立場が存在してきた。ひとつは、市民社会を巻き込みながら、政府あるいは政府間組織が人間の安全保障の主導権を握るとともに、人間の安全保障を国家安全保障の補完的な位置に置く立場である。以下、このような立場の人間の安全保障については「政府主導の人間の安全保障」と呼ぶことにする。もうひとつの立場は、人間の安全保障は国家安全保障とはいくつかの重要な局面で両立しえない点こそが重要であると考えて、国家が人間の安全保障の分野の主要な担い手となるべきではないという立場である。以下で論じるように「民衆の安全保障」はこの立場をとる。

本稿では、政府主導の人間の安全保障への主な批判を紹介したあとで、二つの難問について検討する。ひとつは、国家安全保障における主要なテーマである武力あるいは暴力に関連する問題、もうひとつは、経済、とりわけ資本主義的な市場経済に関する問題である。

政府主導の人間の安全保障への疑問と批判は、以下で述べるように社会運動において早くから提起されていたが、同時に、アカデミズムのなかからの批判もある。国際政治の分野では、人間の安全保障が普遍的なヒューマニズムを掲げながら、現実には国民国家の枠組みを前提とした「国民」とそれ以外の「他者」(外国人、難民など)を差別する構造を維持せざるを得ないというジレンマを抱えているために、政府主導の人間の安全保障は「他者」の不安全という犠牲のもとに国民の安全を確保するにすぎないものとなる危険が指摘されたり(土佐、2003)、人間の安全保障をマイノリティの権利として明確化することの必要が主張されてきた(武者小路、2004)。他方で、社会学の分野においても、グローバル化が社会的経済的な不平等と社会的排除を促しており、こうした現状を変えることなく所得の再配分を実施しても、社会的排除の問題は解決しないとし、社会運動の「交渉力と闘争力」にこそ問題解決の鍵があるとする考え方が提起されている(Bhalla and Lapeyre,2004＝2005：238)。社会運動は、現にある政権や政治経済システムを前提とせず、むしろ政治経済の体制そのものを批判し、別の体制(オルタナティブ)の創造に重要な意義を見いだす。同時に、運動の主体は当事者であり、彼ら自らがその権利の獲得を目指して闘うことこそが重要であって、当事者を力なき受身の被害者とは見ない。これに対して、政府主導の人間の安全保障の考え方では、恐怖や欠乏からの自由を求める当事者を主体として政治経済システムの変革を見据える枠組みは曖昧にされる。

●

政府主導の人間の安全保障の考え方に対する批判は、NGOなどによる援助の現場からも提起されている。国家安全保障と人間の安全保障を相互補完的なものとする考え方は、軍隊による武力行使や治安維持活動と貧困救済、保健衛生、教育など非軍事的な支援活動を不可分一体のものと見る考え方に結びつく。こうした考え方では、NGOの活動を自国の国益に従属させるような考え方を生み出し、紛争地域でのNGOの活動をよりいっそう危険に晒す。危険が増せば増すほど、危険を口実とした軍事行動が正当化され、武力紛争が助長されてますます危険が増長されるという負の連鎖が生み出される。こうした負の連鎖は、紛争地域の人びととNGOなど支援グループの生命の危険をもたらし、「恐怖からの自由」とは正反対の結果をもたらすだろう。

国連はブロスト・ガリ総長時代に、「平和構築」「人道的介入」「テロとの戦争」などの「国際社会の公共性」が強調されるなかで、「軍隊が展開し、そこに国際機関や各国のODA、NGOが加わっていく構造ができあがって」（越田2006：94）おり、日本の平和協力もこうした枠組みのなかに位置付けられてきた。従って、政府主導の人間の安全保障である限り、上のような軍隊との関係を断ち切ることはできない。

現場からの批判の一例として、日本ボランティアセンターがアフガン復興支援における軍隊とNGOの役割を検証したブックレット『軍が平和をつくるんだって？』を紹介しよう。同書は、軍隊による人道支援や復興援助が本当に好ましいと言えるのかどうかという問いかけに焦点をあてて、政治情勢が不安定で治安が安定しないなかで、軍隊自体が人道支援に乗り込む弊害を、アフガニスタンの事例から明らかにしている。例えば、軍と文民がチームを組んで復興支援を行うアフガンの地域復興チーム（PRT）では、戦闘が終結しない段階から軍がNGOや民間団体を巻き込む。軍は人道支援の枠組みを利用して作戦に必要な情報収集を行ったり、人心掌握のために物資をばらまいたり、NGOの拠点を勝手に利用しようとする。その結果として、一般の人たちにとって軍隊と人道支援のNGOとの区別はつきにくくなり、NGOや民間ボランティアグループは「中立」性を保てなくなる。アフガンの反政府勢力からの武力攻撃も、非武装のNGOを標的にしがちになる。大国による軍事介入に批判的な先進国のNGOさえも、先進国の手先と見なされてしまう不幸な事態が生まれる。こうしてNGOなどがターゲットになればなるほど、治安悪化の証明と見なされて、ますます軍隊による武力行使が正当化されてしまう。

あるいは、越田清和が、東ティモール独立後のインドネシア軍などの武力行使による治安悪化と、国連の「人道的介入」としての多国籍軍派遣について指摘しているように、国連多国籍軍は、暴力の一方の当事者であるインドネシア軍と協力するものであり、国連PKOの復興プロセスも「誰が東ティモールを破壊したかを一切問わずに、国連機関や世界銀行が主導する『小さな政府』づくりだった」（越田、2006：104）と言うように、軍事と経済の不可分一体の関係も軽視できない。

軍隊が人道支援をすることに疑問を持たない人たちは、政治家やマスコミを含めて多数であるように見える。しかし、軍民一体となった人道支援や復興援助は戦争から平和への確実な道筋をつけるどころか、むしろ、NGOや民間ボランティアも含めた全ての人びとを危険に晒す結果をもたらすのが現実の姿である。

従って、国益にとらわれずに現地で活動しようとしてきたNGOやボランティアグループの活動は、軍隊の活動とは一線を画すことによって、「欠乏からの自由」「恐怖からの自由」の具体的な実践を可能にすることを考えるべきであろう。この意味で、現場の担い手から見えてくる軍隊の存在（国家安全保障の中核的な担い手）への疑問は、政府主導の人間の安全保障が有効には機能しないのではないか、という問題提起として捉えておく必要がある。

●

社会運動のなかからの代表的な問題提起として、以下では「民衆の安全保障」を紹介しよう。民衆の安全保障は、1994年国連開発計画（UNDP）の『人間開発報告書』が国家安全保障の不十分さを指摘して「人間の安全保障」を提起した直後から、この報告書への批判として提起されてきた。

その最も早い時期からの提起者の一人である武藤一羊は、UNDPの報告書の評価できる点として、領土や政府の安全ではなく「民衆を参照基準」にとり、持続可能な発展の一部として「個人的、経済的、社会的安全」を重視したことは、これらの分野を無視してきた国家安全保障からの「大きい前進」であると指摘した。その上で、その「決定的な弱点」を以下のように指摘した（武藤1998：112-133）。

第一に、「国家の軍事機構が、人々の安全に対する危険の源でありうるし、現に多くの場合主要な危険である」こと。特に、民衆による「自由、土地、労働者の権利、民主主義」などの要求をかかげた闘争に対して自国の軍隊が銃口を向ける歴史があるにもかかわらず、報告書はこの点を無視していること。

第二に、「米国の世界軍事警察としての役割を基軸とする世界的規模での暴力行使システム」を人間の安全保障の脅威とは見なしていないということ。「人道的介入」であれば武力行使は正当化できるのか、という問題がこれに深く関わる。

第三に、人間の安全保障の担い手は国家であるとされ、「民衆自身は、自身の安全を守る最も大事な行為者としては取り出されてはいない」ということ。

武藤は、上述のようなＵＮＤＰの人間の安全保障への疑問を踏まえて、「民衆の安全保障のコンセプト」を次のように提起している。

第一に、民衆の安全保障は、非軍事化を要求するものであること。「人間生活全体を包括するという点で『人間の安全保障』と共通点をもちつつ、しかし軍事の要素を排除する」ものである。とくに1995年に沖縄で起きた米兵による少女強姦事件や繰り返される米兵による女性への暴力に対する女性たちの運動のなかから生み出された非軍事化の要求をふまえながら、「軍隊に顕在、潜在する暴力は性差別を深く内包している」ことを強調する。

第二に、民衆の安全保障は、「民衆自身が自らの総合的な安全を、闘い、運動、イニシャチブを通して確かなものにするための主要な行為者であるという立場」をとるということ。ここでは、さらに主体としての民衆について、二つの観点が重視される。一つ目は、越境する民主主義の提起である。民衆が国境によって分断されている現状に対して、国境を越えて民衆がお互いに連合するような道筋をつけることが重要だと指摘される。「民衆のレベルで境を越えて結び合う努力は民主主義を推進することになるし、逆に民主主義は越境する連合のための条件を作ることになる」が、同時に、ナショナリズムや排外主義に陥りがちな民衆集団の憎悪のキャンペーンとの闘いが必要だ、と指摘する。二つ目は、民衆集団間の社会正義と平等の確立である。「民衆の安全の保障としての民衆の連合の形成は、不平等、ある集団による他の集団の支配、その他社会正義の障碍となる関係が、非暴力的な仕方で解決のプロセスに引き入れられる」ことが条件となる。

第三に、民衆の安全保障は、過去の植民地支配など不正義についての歴史を直視するものである。過去を国家の価値観によって歪曲したり、過去を無視して「未来志向」などという安直な対応をとるべきではなく、「不正義の歴史的な遺産、このプロセスは、とくに植民地化と戦争からひきつがれた不正義を正すことが、将来の関係の基礎として必要」であるということである。

この三つの視点は、国家安全保障を前提とした人間の安全保障とは明らかに両立しないだけでなく、さらに立ち入って国家安全保障を当然の前提とする考え方に対して、人間の安全保障の理念を追求すれば国家安全保障に対する根本的な疑問と否定に行き着くということを指摘したものと言える。武藤の主張は、非軍事化を要求する点で国家の軍事力を否定し、国境を越える民主主義を要求する点で国家主権の枠内での民主主義を不十分な民主主義と見なしており、さらに国民的アイデンティティを構築する上で欠かせないナショナリズムに基づく歴史意識を否定し、植民地支配の負の歴史を直視することによって、人びとが「国民意識」に支配される歴史観を拒否している。言い換えれば、国家だからといって軍隊や武力を持つことは正当化されてよいのか、国際関係を視野に入れたとき、国境によって区切られた国民を主権者とするにすぎない民主主義的な合意形成の手続きは、国家間戦争を阻止する有効な手立てとして機能するのか、国家と国家の間の支配の関係をそのまま両国に住む人びとの相互関係と見なしてよいのか、といった近代世界秩序の根本に関わる一連の問いかけが含まれている。

武藤同様、早くから政府主導の人間の安全保障への異論を提起してきた花崎皐平は「国境外の地域との交渉権を独占してきた排他的主体としての領域国家という観念」それ自体を再検討すべきであるとし、「国籍を問わず、国境内に在住する住民の人権、市民権の保障、多文化共生を原則とする諸制度など、諸個人に自由で安全なスペースを保障することを原則とするように国家のあり方を考え直すべき」（花崎、２００２：68）であり、「国境を越えて地域の民衆が相互に知り合い、助け合うネットワークを作ることだという非軍事、非暴力の民衆外交」（花崎、２００２：69）を提起した。

武藤らの問題提起は、２０００年に沖縄で開催された先進国首脳会議（沖縄サミット）の対抗フォーラムへと結実する（天野、２０００）。この対抗フォーラムの趣意書では「国家の軍隊は人びとの安全を守るどころか、あまりにも多くの民衆を殺し、傷つけ、暴力によってその生活を破壊してきた」こと、「『グローバリゼーション』の名のもとに大企業や投機家に無制限の自由が保証されるなかで、いたるところで貧富の格差が急激に広がり、社会的に弱い立場におかれた何十億の人びとが生きていけない状況におちいり、環境破壊が急速に進んでいます。そこから生じる社会的混乱と軋轢を、国家の軍事力による威圧と一方的な軍事介入、そして社会の軍事化によって押さえ込もうとする企てを私たちは「安全保障」と呼ぶことはできない」と批判した。これに対して「民衆の安全保障」を提起し、「人びとが、自分たちの生活、仕事、環境、自由を守り、飢餓や差別に苦しまず、殺されたり傷つけられたりレイプされたりしない生身の平和と安全を、非軍事化をつうじて、自身の力で創りだしていくことを意味」するとした。

さらにこの趣意書では、『『民衆の安全保障』の考えと行動が既に沖縄の民衆運動のなかに深く根ざしている」ことを具体的な事例を示しながら強調した。つまり、民衆の安全保障は、政府主導の人間の安全保障への批判として提起されたものではあるが、その考え方は決して新しいものではなく、むしろ民衆運動のなかで繰り返し指摘されてきた論点を民衆の安全保障という概念によって整理し直すことを通じて、恐怖と欠乏からの自由は、政府主導の政策枠組みでは実現しえないということを提起したのである。

●

人間の安全保障は、1990年代のいわゆるポスト冷戦の時代、旧ソ連・東欧の社会主義圏が資本主義に統合され、資本主義のグローバル化が現実のものとなった時期に、国連などの国際機関の議論として提起された。また、資本主義のグローバル化は、地域紛争や貧困・飢餓問題を解決するどころかより深刻かつ複雑なものにする一方で、国境を越え多様な課題を抱えると同時に、国境を越える社会運動がその規模も担い手も広範な様々な姿をとって登場してくる。従来の国際関係を国家間関係として理解する伝統的な国際政治の枠組みに対して、政府、民間資本（市場）、市民社会の三位一体によって国際関係を理解しようとする考え方がデイビッド・ヘルドらによって主張されてきたが(Held,1996＝1998)、なかでも社会運動は「市民社会」という西欧起源の概念では捉えきれない多様な主体を含んでいる。例えば第三世界の貧困な土地なし農民、都市スラムの住民、先進国に移住してきた未登録の移住労働者（日本では「不法滞在外国人」などと呼ばれる）など、むしろ「市民社会」からも排除された人びとが主体として多数含まれる。こうした人びとのルーツは近代の歴史の初めから存在していた。これには、黒人奴隷、先住民の伝統的な社会と地主制のはざまに生きる貧農、土地を追われて放浪を余儀なくされた人びと、都市で物乞いや売春で生計を支えたようなマルクスが「ルンペンプロレタリアート」と呼んだ人びとが含まれる。このような人びとがグローバル化のなかで、国家や資本に対抗する新たな多様な社会運動の担い手として登場する。

90年代以降のグローバルな資本主義が抱えた複雑さは、右で指摘したような、これまでマクロでみた世界規模の国際関係では見えてこなかった社会運動の担い手の姿が、国家と資本への異議申し立ての主体として、はっきりと見えるようになったことと密接に関わる。社会運動の重要性が増した理由として、次のような事情が挙げられる。

(1) 国際的な紛争が国家間の軍事・政治対立の枠におさまらなくなり、多様化したこと。紛争の原因の一端を国家とその軍隊が担い、国家や国際機関は、政府の軍隊や警察の武装力を維持する一方で、紛争地域における非政府組織や一般民衆に対して「テロリズム」などの名目で武装解除を進めた。その結果、軍隊や警察の武力行使が民衆にとって大きな恐怖の源泉となる事態は変わることなく繰り返される。こうした中で、社会運動は、既存の国家による民衆の不安全へのオルタナティブとしての役割を自覚するようになった。

(2) 国家や資本にとって脅威となる「敵」は、反政府武装勢力から犯罪組織まで多様であり、さらに反政府組織にもいわゆる「宗教原理主義」勢力もいれば世俗的な政治革命を目指す勢力もあり、その世界観はひとつではない。多様な社会運動は、それぞれこうした環境のなかで、グローバルな資本主義に対する対抗勢力ではあっても、その唯一のあり方ではない。社会変革の方向も多様化する結果として、現在の支配的な政治経済体制に対するオルタナティブを一言でいい表せるような、多くの人びとが共有できる概念はいまだに登場していない。このような模索状態が、逆に社会運動への強い関心を呼ぶ原因となっている。

(3) 先進国を中心とした諸国は、資本主義の政治経済体制を前提とした解決を求めており、グローバル資本主義が抱えている矛盾が棚上げにされる傾向を持つ。経済復興は、政府の規制緩和、外資の導入促進、先進国や国際機関による援助などを通じて、世界市場に開かれた市場経済の構築へと向かうことを促される。その結果として、世界経済の変動に支配されると同時に、ローカルコミュニティの自立的な経済が解体される。問題解決が現行の政治経済システムの根幹を維持したままでも可能なのか、それとも根本的な変革が必要なのかについて、いまだにコンセンサスが見いだせていないなかで、社会運動は、ローカルコミュニティ(草の根)の運動として、コミュニティの住民たち自身が主体となる運動としての性質を持つことになる。

政府主導の人間の安全保障は、現行の政治経済体制を前提とした政策的な対応であるために、グローバルな資本主義体制を維持するための手段としての役割を担わざるを得ない。この点で、政府や資本への批判を基本的なスタンスにする様々な社会運動は、人間の安全保障とは根本的に異なるものだ。

同時に、１９９０年代半ば以降のグローバルな社会運動が目に見える形で登場してきた時代と、国連で人間の安全保障が議論された時期は重なる。前者は、恐怖と欠乏に対する問題解決において、人間の安全保障の考え方とは異なる解決の方法と目標を掲げてきた。とくに、政府主導の人間の安全保障は、反政府運動の側面を持つ社会運動への対抗戦略という側面もあり、両者の関係は必ずしも共存可能とはいえない関係も含んでいる。

90年代の社会運動の出発点として最も注目すべき運動は、１９９４年のメキシコにおけるサパティスタ民族解放軍による北米自由貿易協定発効の日の蜂起だろう。サパティスタは、メキシコ南部の貧しいチアパス州の密林のゲリラでありながら、資本主義グローバリゼーションに抗議する行動を呼びかけ、インターネットを通じて世界規模での支援運動を巻き起こした。サパティスタの闘争は、資本主義のグローバル化に反対しただけでなく、メキシコ社会の家父長制やジェンダー差別、先住民差別の問題やゲリラ闘争と民主主義や市民社会との関わりに積極的で独自の問題提起を行い、国家権力の奪取を必ずしも目指さない闘争として自らの役割を位置付けるなど、多くの点でこれまでのラテンアメリカのゲリラ闘争には見られなかった新しい運動の理念を提起した（サパティスタ民族解放軍、1995; Hollowy,2002）。

その後、資本主義のグローバル化への批判は世界各地で続発する。例えば、１９９０年代後半に世界規模での広がりをみせた多国籍企業に大きな自由裁量権を認める多国間投資協定（ＭＡＩ）への反対運動（ＭＡＩはその結果破綻する）、そして１９９９年にアメリカ合州国、シアトルで開催された世界貿易機関（ＷＴＯ）閣僚会議に対する大規模なデモ（その結果として閣僚会議は中止に追い込まれた）は社会運動の歴史に残る大きな闘争となった。こうして90年代以降の社会運動は、資本主義のグローバル化に対する民衆の自然発生的な抵抗運動としての性格を持った（Yuen et al. eds.2001; Yuen et al. eds, 2004）。とりわけ2001年以降毎年開催されるようになった世界社会フォーラムは、こうした多様で自立的な社会運動をグローバルにネットワーク化する試みの中心的な存在となっている(Sen,2004＝2004; Sen et al. eds. 2007; Fisher, 2003＝2003; Polet et al. eds. 2004)。

また他方で、グローバルな社会運動は、ベトナム反戦運動以来最大規模と言われるイラク戦争反対運動を世界各地で展開してきた。アメリカをはじめとする主要国の軍隊による国際法上認められていない報復攻撃や先制攻撃、あるいは諜報機関による拘留、暗殺、拉致などの行為がこうした反戦運動のなかで厳しく糾弾されてきた。各国とも反戦運動を含む反政府活動を監視し、反対運動をテロリズムに分類して弾圧する傾向を強めたのである（小倉、2005）。経済の分野でも、1980年代以降、世界規模で強引に推進されてきたいわゆる新自由主義的な経済政策の結果として、第三世界の債務危機、貧困の深刻化、経済と社会基盤の崩壊、あるいは外国による資源支配を背景に、内戦や地域紛争の頻発、巨大開発による地域社会の破壊、工業化がもたらす汚染や事故による環境破壊など、多様で広範囲にわたる問題が、解決の糸口を見いだせないまま累積するようになる。特に80年代以降、社会運動は、国際通貨基金、世界銀行が推進してきた構造調整政策や国際貿易機関による自由貿易の押し付けを批判してきた。これらの政策が貧困国の債務問題を深刻化させ、貧困層の生存を支える保健医療、福祉・社会保障をことごとく崩壊させたことを、社会運動は厳しく批判してきた。自由貿易と民営化、多国籍資本による投資の自由、土地所有や資源の商品化、近代化を口実とした巨大開発によるコミュニティの破壊への抵抗は、世界中で、貧困国の農村から都市のスラムそして先進国の都市市民に至るまで、あらゆる階層が国境、民族、文化の違いを越えて共通して闘う課題としてきた。

このように、ポスト冷戦の時代は西側先進諸国の思惑とは逆に、資本主義の勝利（つまり、市場経済と議会制民主主義による国民国家体制）とはならなかった。貧困をもたらす市場経済と戦争を推進する法律や予算を通過させてきた議会での意思決定が批判にさらされてきたと言ってもいい。

社会運動が政府主導の人間の安全保障に抱く基本的な疑問は、政府の軍隊が政府の決定によって行った先制攻撃や捕虜虐待といった軍隊の暴力を果たして根本から解決できるのか、同様に、政府が支持してきた構造調整政策や規制緩和がもたらした貧困や飢餓について、その政府の責任を問う姿勢なしに「欠乏からの自由」を主張することは本当に可能なのか、ということである。政府や企業に責任がある問題なら、それらを政府や企業に委ねるのではなく、彼らの責任を問うことができるように取り組むことが必要となろう。こうして社会運動は政府に対して厳しい批判をなげかけ、必要であれば政権の打倒も辞さない反政府運動という側面を持つ。こうした側面は、政府主導の人間の安全保障の考え方と根本的に異なるものといえよう。

●

人間の安全保障が主題とする恐怖と欠乏からの自由は、歴史を遡ってみても、人びとの抑圧からの解放を求める闘争史に共通して見られる普遍的なテーマである。16世紀以降の近代世界に限ってみても、ヨーロッパ人によるアフリカ、南北アメリカ大陸、アジア諸地域の植民地化に伴って、世界各地で繰り返された先住民への虐殺・迫害と、それに対する植民地支配からの解放を求める闘いがあり、また、アフリカから南北アメリカ大陸に移送された黒人奴隷たちとその末裔による奴隷からの解放の闘争が、数世紀にわたって続いてきた。アジアにおいても、20世紀半ばまでの歴史は、植民地支配がもたらした恐怖と欠乏からの解放を求める闘争の歴史だった。日本も植民地主義の加害者として、近代化の過程で、北海道など北方のアイヌ先住民の土地を奪い、琉球を併合し、さらに朝鮮半島、台湾、中国大陸を植民地化し、東南アジアへと侵略を進めた。日本はこの侵略の過程で、16世紀以降のヨーロッパ諸国同様、被侵略地域の人びとに対して、虐殺や奴隷状態を強いるような暴力による支配と文化やイデオロギーの押し付けによる強制的な同化政策をとった。また、強制連行に見られるように、安価な労働力として被支配地域の人びとを利用するなど、被植民地地域の人びとに「恐怖と欠乏」が強いられる歴史であった。

民衆運動が近代世界の形成当初から数世紀にわたって繰り返し主張してきたのは、恐怖と欠乏からの「自由」というよりもむしろ恐怖と欠乏を地上からなくすこと、つまり恐怖と欠乏からの「解放」である。「恐怖と欠乏からの自由」は、恐怖や欠乏の存在そのものをなくすことよりも、むしろこれらが自分たちにおよばないように壁を作って防御したり、これらから逃れることに主眼がおかれる。これに対して、「恐怖と欠乏からの解放」は、民衆自らがこれらに立ち向かい、その存在自体をなくす闘いに立ち上がることが基本的な姿勢となる。欠乏からの解放では、単なる「自由」にとどまらず、経済的な平等への要求が重要な意義を持ってきた。恐怖からの解放では、政府が有する暴力装置（軍隊や警察の治安活動）をも恐怖の源泉と見なして、その廃棄を要求してきた。これらの点は後に論じるように市場経済と国民国家への根本的な疑問と体制を転換する社会運動の正当性に関わる重要な論点である。従って、社会運動では、単に恐怖と欠乏からの自由にとどまらず、当事者が闘いの主体となって「恐怖と欠乏からの解放」を勝ち取ることが必要だと考えられてきた。政府やNGOが当事者を代行することは、社会運動が究極において目指すものではなく、この点が政府主導の人間の安全保障とは根本から相容れない立場だといえよう。

社会運動による恐怖と欠乏からの解放を求める多くの歴史的な経緯に共通しているのは、政府自らが自国民であれ他国の人びとであれ、人びとの恐怖と欠乏の原因となる場合があり、そうした場合には民衆自らがこれに抵抗し、時には武力に訴えてでも新しい統治の仕組みを求めて立ち上がったという点である。こうした抵抗の歴史のなかで近代世界の形成と不可分な出来事が三つある。

ひとつは、カール・マルクスが本源的蓄積と呼んだ出来事である。本源的蓄積とは、村落の共有地を私有地として囲い込み、農民を土地から追い出し、都市の工業労働力として動員して、工業化に基づく近代資本主義体制を形成する数世紀にわたる過程である。このようにして生み出された土地を奪われた農民や都市の下層労働者層は、繰り返し抵抗を試みた。

もうひとつは、世界市場の形成に伴う西欧諸国（後には日本が加わる）による植民地形成や奴隷貿易である。南北アメリカにおける植民地の形成では、先住民が土地を追われ大量に虐殺される歴史が繰り返され、奴隷貿易ではアフリカ社会が解体されるとともに北米では奴隷制が資本主義経済の基盤となった。これに対して、数世紀にわたって先住民や奴隷とされた黒人たちによる抵抗の歴史が展開された。

そして3番目が、19世紀から20世紀にかけて、主としてアジアとアフリカの植民地をめぐる争奪戦として繰り広げられた帝国主義諸国の世界規模での戦争による暴力である。これに対しては、アジア・アフリカの植民地諸国の民衆による植民地からの解放、独立運動が起きる。

この三つの出来事を通して、民衆のなかには常に、資本主義という政治経済体制に代替する別の体制への要求があった。これを20世紀は、ロシア革命以降、社会主義体制として実現してきたが、しかし他方でこの社会主義体制それ自体が文字通りの意味での恐怖と欠乏からの解放を実現できたわけではなく、とりわけ市民的自由への過酷な抑圧があり、社会主義体制のなかでも民衆の社会運動は続いた。

ハリー・クリーヴァーが指摘しているように、社会主義圏内部の民衆運動は、国家目的に従属させられた労働の強制への抵抗だった。これは、市場と競争を通じて資本の利潤追求と国益に従属させられた労働に対して、資本主義内部の民衆が抵抗してきた内容と重なり合う。民衆の視点からすれば、「社会主義的開発は資本主義的開発の変種」(Cleaver,1992=1996:338) だった。国家の観点に立って理解された20世紀後半の国際関係は、資本主義対社会主義の二つのブロックの対立として描かれることが多いが、現在のグローバル資本主義に対する民衆の社会運動へと至る数世紀におよぶ近代世界に対する民衆の抵抗運動は、この二つの体制に対する異議申し立てとしての側面を常に持っており、世界史を動かしてきた第三の流れなのである。だからこそ社会主義圏の崩壊によっても民衆の抵抗運動はなくならず、資本主義が企図したようにはグローバルな覇権を確立できないのである。民衆の抵抗運動としての社会運動は、近代世界の本質的な矛盾に深く切り込んでいるからこそ、消滅することはない。

右に述べた三つの歴史的な出来事は、実は過去の出来事ではない。これら三つの出来事は、近代資本主義の世界における不断の資本蓄積（一般に「経済成長」と呼ばれるが）を維持するための資本と国家の暴力とそれらへの抵抗運動という点で、今現在の世界にも共通するものである。

本源的蓄積とは、資本が必要とする〈労働力〉を繰り返し生み出す過程であり、人びとをその生存の手段から引き離し、資本のもとで働かざるを得ないような境遇に追いやることである。ここでの労働には、奴隷労働、近代的な雇用契約で保護された賃金労働、家事労働のような支払われない労働（アンペイドワークあるいはシャドウワーク（Illich,1981＝2006）とも呼ばれる）が含まれるが、いずれの労働も資本の利潤形成のための手段（人的資源）と見なされる。特に、土地から追い出され土地なし農民となったり、都市のスラムでなかば失業状態で暮らさざるを得ない人びとの問題は、現在のグローバル化において世界規模で見いだされる貧困地域における「欠乏」に関わる問題であって、この意味で、マルクスが16世紀から18世紀にかけて本源的蓄積として論じた出来事は、実は今現在も進行し続けているのである。

植民地の形成は、20世紀後半になってほとんどの植民地が独立したことによって、過去の問題であるかのように見なされがちだ。しかし、植民地支配の根源にあるのは、資源と安価な〈労働力〉の確保、自国商品の販路であったり、競争相手国に対する軍事的な防波堤としての役割であった。植民地は、これらの目的を領土の政治的支配という手段を通じて達成するものだが、植民地の独立後も先進諸国は、こうした植民地の役割を独立後の諸国に継続して求め、多国籍企業の利害と自国の軍事的な覇権維持を「植民地なき帝国主義」（マグドフ、1981）として継続してきた。

2度の大戦を経た20世紀後半の冷戦は、先進国相互の帝国主義戦争から資本主義陣営対社会主義陣営の覇権争いへとその対立軸を移したが、資本主義陣営が社会主義陣営を敵視した最大の理由は、イデオロギーの違いだけでなく、世界市場の維持拡大にとって社会主義陣営が最大の障害として立ちはだかったからである。冷戦は、先進国によるテロリズムや非合法的な武力行使を蔓延させ、アジア、アフリカ、ラテンアメリカを武力紛争に巻き込んだ。1990年代以降のポスト冷戦期は、旧社会主義圏を資本主義市場経済に再統合するための過酷な本源的蓄積過程を伴い、その結果として旧社会主義圏は貧困と内戦に苦しむことになる。これは、グローバルな資本主義が脆弱な地域を資本主義に統合するための軍事力を伴う暴力的な過程だった。

社会運動の観点からすれば、近代国家が人びとに対する暴力の源泉にあったことは否定し難い歴史的な事実であり、しかもそれが上に見てきたように、不断の資本蓄積（経済成長）なくしては生き延びられないという資本主義の本質的な性格と不可分であるとすれば、国家安全保障は、国家の暴力行使を正当化するための理屈付けにはなっても、人びとを恐怖から解放する手段となることを保障するものではないということになろう。

しかし、他方で、民衆は常に正しい存在であったわけではない。民衆自らが主体となって新しい政府や政治体制を作り上げたが、その結果として新たな恐怖や欠乏を生み出した例も決して例外とはいえない。民衆自らが率先して国家の暴力を支持して戦争に加担することがなければ近代国家は総力戦を戦えなかったし、帝国主義諸国の侵略も不可能であったことも事実だからである。近代民主主義国家は、主権者としての国民を兵士として組織する「国民皆兵」とともに、ナショナリズムを教育やメディアを通じて繰り返し喚起して周辺諸国に対する敵対意識を醸成してきた。こうして国民としての民衆は、国家のために敵と戦うというイデオロギーを刷り込まれた兵士や銃後の守り手となる。前線に送り込まれる兵士層は、近代国家の成立当初から貧困層によって成り立ってきた。この意味で、民衆自らが不正義の戦争の加担者となってきた。「テロとの戦争」においても、国際法上疑問の余地を残すアメリカ合州国によるイラクへの先制攻撃は、アメリカ合州国国内の世論の支持があって可能になったことを軽視すべきではないだろう。このように、民衆は間違った選択をすることがあり、国家の誤りを正すことなくむしろこれに同調することがありうるのであって、この点を忘れてはならない。

しかし同時に、その間違いを正すことができるのは、民衆、とりわけ主権者である人びとの自覚と反省に基づく行動以外にないのである。社会運動とは、この意味で、民衆自らが犯した過ちを自己批判するとともに、社会的な正義を獲得する行動をとることを重要な課題としてきた。植民地支配や先住民族への迫害に対する批判は、社会運動のなかから、とりわけ植民地とされたり奴隷とされた人びと、先住民族自らによる批判に対して、支配した側の民衆による真摯な自己批判の過程を通じて、両者の間に恐怖と欠乏からの解放を目指す連帯を、時には国境を越えて生み出してきた。こうした連帯の形成は、政府主導の人間の安全保障には見られない社会運動の重要な役割である。

●

民衆による恐怖と欠乏からの解放の闘いは、時には暴力を伴うものだった。計画的組織的なものであれ、自然発生的なものであれ、民衆が力に訴えて圧制や搾取と闘うことはけっして珍しいことではない。そして、こうした民衆の暴力を伴う主要な歴史的出来事のいくつかは、圧制からの解放を実現するものとして高く評価されてきた。特に、植民地からの解放や奴隷制度の廃止、ファシズムに対するレジスタンス、南アフリカの反アパルトヘイトの闘い、パレスチナにおけるイスラエルの占領に対する抵抗運動は、暴力を伴う抵抗の闘いとして肯定的に評価されてきたのである。酒井隆史が指摘しているように「あからさまに暴力と名指しうる物理力の行使と非暴力と呼ばれるフィールドには、極めて広いグレーゾーンがあり、さらにそこに、良いか悪いか、正当化されるものかそうでないかという価値付与に関わる言説上のゲームが重なっている」(酒井、2004：9)。酒井が例示しているように、フランス、ラルザックの農民、ジョゼ・ボヴェは、アメリカの農業政策に抗議して建設中のマクドナルドの店舗の一部を壊した。警察はこれを暴力行為と見なして訴追した(Bove' 2000＝2001;2000＝2002)。ボヴェの行動は、店舗を損壊させる行為であり、その意味で「暴力」を伴うが、社会運動のなかでは肯定的に評価されてきた。しかし、反グローバル化運動のなかでもヨーロッパを中心に活動するブラック・ブロックと呼ばれる若者たちによる店舗などへの破壊行為の評価は賛否が分かれる。賛否の分かれる論争的なケースは、この他にも社会運動の歴史のなかでは繰り返し登場してきた。例えば、バスクのスペインからの分離独立運動や北アイルランドのイギリスからの分離独立運動での武装闘争、アメリカ合州国の黒人解放運動におけるブラックパンサー党などによる武装闘争、日本の新左翼が60年代から70年代にかけて採用した武装闘争などをめぐっては、その是非について評価が確立しているとはいえない。他方で、イラク占領に反対していわゆるイスラム原理主義のグループが実行してきた「自爆攻撃」や日本の70年代に続発した新左翼党派間の「内ゲバ」のような暴力について、これを肯定的に評価する主張はほとんど見いだせない。

それでは、恐怖と欠乏からの解放をもとめる民衆による力の行使を私たちはどのように評価すべきなのだろうか。酒井が指摘しているように力の行使(暴力)には様々な「グレーゾーン」が存在し、過去の事例への評価の問題だけでなく、現在から将来に向けて社会運動がとるべき運動の内容に民衆の力による解決という方法を、どのように位置付けるか、という重要な問題が含まれている。

民衆の力の行使＝暴力という問題を考える上で欠かせないのは、政府や軍隊の暴力の存在だ。ハワード・ジンは『民衆のアメリカ史』のなかで、奴隷制は「心理的かつ肉体的なものだった。奴隷は規律を教え込まれ、『自分の立場をわきまえ』黒さを服従のしるしとみなし、主人の力に畏怖の念をいだき、自らの個人的必要を犠牲にして、自分の利害と主人の利害を合致させるよう、彼ら自身が劣等であるという観念をくり返したたき込まれた」。他方で反抗する奴隷には「法の力と、むち打ち、火あぶり、手足の切断、死刑などの手段に訴える監督の直接的な暴力とが用いられた。身体の一部の切断は、1705年のヴァージニアの法令で規定された。メリーランドが、1723年に制定した法律には、白人をなぐった黒人の耳を切り取ること、また特定の重罪を犯した場合には、奴隷は絞首刑に処せられ、死体は4分され、晒しものにされることが規定された」(Jin,1980＝1982：上巻62)。

ジンによれば、残虐な刑罰の一方で奴隷たちの抵抗は、組織的なものもあったが、多くの場合「サボタージュや怠業や微妙なかたちでの抵抗」だったという。それでも奴隷主たちは、奴隷の反乱の恐怖に常におびえていた。こうした過酷な状況を前提として、奴隷たちの逃亡や怠業といった非暴力の抵抗は、果たしてバランスのとれる手段だったと言えるだろうか？ 過酷な刑罰に対して、より強い力による抵抗があってもそれは奴隷からの解放の正当な闘争と見なしうるのではないだろうか？ それとも、たとえ残虐な刑罰が合法化されているような理不尽な体制であっても、奴隷主を言論で説得し、民主的な立法の手続きに委ねるような平和的な手段をとるべきなのだろうか？ 現実の奴隷制度の廃止はどうだったのか。一般によく知られている出来事は、リンカーン大統領による奴隷制度廃止の宣言だが、もし、奴隷たちが従順であったとすれば、果して奴隷制度廃止という政策が採用されただろうか。むしろ政治を動かしたのは、力の行使を含めた奴隷たちの抵抗の運動であり、この抵抗なくして奴隷制度廃止は実現されなかったのではないか。

こうした事例は歴史のなかには数多く見いだせるが、ここではもうひとつだけ例を示しておこう。キューバ革命の指導者の一人であり、革命後ボリビアに渡りゲリラ活動を続けたエルネスト・チェ・ゲバラは、1961年に「キューバ・反植民地地主闘争における歴史的例外か前衛か？」のなかで次のように述べている。

「選挙によって権力を獲得することについて語る者がいる時、われわれの問いはいつも次のようなものである。ある国で、大衆の運動が広範になり、選挙で多数の票を得て自分たちの政府をつくったとしよう。その結果、勝利した綱領に基づいて社会的大変革が開始されるならば、この時、直ちにその国の反動階級との闘いに突入することになるのではないだろうか？　軍隊は常に反動階級の抑圧の道具ではなかったか？　そうだとするならば論理的には、この軍隊は、反動階級の命令を受けて新しく樹立された政府との闘争に入るだろう、と考えられる。」（ゲバラ、1982：40－41）

ゲバラは、民主的な手続きによる体制転換が可能であったとしても「軍隊が根本的な社会改革を喜んで受け入れ、ひとつの社会層（カースタ）としての存在の解消をおとなしく認めることはほとんどありえない」と考えている。この彼の予言は不幸なことに的中した。彼の死後、1970年にチリで初めて選挙による社会主義政権が誕生したが、73年に軍事クーデタで倒され、その後ピノチェット軍事独裁政権のもとで過酷な弾圧が続いた。これは例外ではなく、平和的な手段による民衆の変革が軍によって転覆させられる事態はその後も世界各地でみられることになる。

ゲバラのこの指摘は、民衆による力の行使をめぐる難しい選択問題を提起している。もし、政府や議会が民主的で人権に配慮する理想的な存在であれば、そもそも恐怖と欠乏からの解放運動は不要であって、政府や議会の民主的な討議を通じて解決される可能性が高いだろう。他方で、抑圧的で非民主的な政府であればあるほど、民衆が恐怖と欠乏にさらされる可能性は高い。植民地支配や先住民虐殺から航空機による無差別空爆（その最たるものが原爆の使用だった）に至るまで、政府の軍隊が圧倒的に大きな武力を保有しながら、時には自国の民衆に対しても暴力を行使してきた歴史がある。今なおそうした現実が続いている。このような暴力に訴える政府に、民主的な改革を期待して、民衆が力の行使を放棄することは合理的な選択だろうか。むしろ抑圧的な政府であるからこそ民衆は力の行使の選択を余儀なくされるのではないか。このように考えると、恐怖と欠乏からの解放という課題を達成するためには、民衆の力の行使という選択肢を残しておくことは必要なことなのである。酒井が指摘しているように、現実の社会運動の行動様式は、非暴力か暴力かとか合法活動か非合法活動か、といった二者択一のなかにあるのではないということを忘れてはならないだろう。

多くの社会運動は、人を傷つけるような暴力に対しては否定的であるが、財産に対する「暴力」には必ずしも否定的ではない場合がある。これは社会運動ばかりでなく、人々の権利実現のための行動として重要な論点である。19世紀以降、全く無権利だった労働者たちが、労働運動の長い歴史を通じて、団結権、ストライキや職場の封鎖（ピケット）などの行動の合法化を勝ち取ってきた。これは、企業に経済的な打撃を与えるとしても労働者の権利を優先させることを認めさせたものだ。同様に、都市機能を低減させたり麻痺させる街頭のデモンストレーションもまた市民的自由の権利として合法化されてきた。また、野宿者の空き家占拠、ダム、道路、空港、軍事基地、森林伐採などに反対して座り込むなどの阻止行動は、合法と違法のグレーゾーンにある場合が多く見られ、警察などが違法と見なして検挙などの行動をとるとしても、社会運動のなかではこうした警察の検挙は民衆の抵抗の権利の犯罪化であり、正当な非暴力直接行動であると解釈される場合が多く見いだされる。社会運動は、合法的で言論や議会の討議にだけ期待するような意味での「平和主義」ではない。しかし同時に、武装闘争を主要な闘争手段とする運動でもない。ジーン・シャープが論じているように、社会運動は、民衆が自らの「安全」をできる限り武装（暴力）に依存しないで、圧制や暴力的手段に訴えるような政府とどのようにして闘うのかという「非暴力行動」を自覚的に構築することが、運動のあり方として重要な課題となるような運動なのである（Sharp,1970＝1979）。

人間の安全保障論において、平和的な復興とともに社会再建のなかで重要な位置を占めるのが「欠乏からの自由」、すなわち、人びとの衣食住をいかにして充足するか、という貧困の解決である。人間の安全保障報告書（Commission on Human Security,2003＝2003）は貧困問題を市場経済における経済活動の自由の実現に基づいて解決できると主張する。報告書では、「自由があれば、低所得者や能力開発の機会をつかむことができない人々が危機を未然に回避することができる」（同上、138）。「市場は人々が選択し行動する能力を拡大する」、「市場と貿易は経済成長の礎であり、歴史上類を見ないような蓄財の源でもある」（同上、40）という考え方に立って、「市場を十二分に活用すること」（同上、140）が貧困解決に関する人間の安全保障の基本的な土台となる主張する。しかし、はたして現代のようなグローバルな資本主義の市場経済は「欠乏からの自由」に寄与できるのだろうか？

報告書の考え方は、市場経済が多様な選択肢を提供しながら、相互の競争を通じて効率的な経営を促し、その結果として一国経済単位で経済成長と所得増加を実現できると主張する。この成長と所得増加の成果がいずれは貧困層にも浸透するようになることによって、貧困の解決にも寄与できると考えるわけである。こうした意味での市場における自由は、馴染み深い主張（トリクルダウン説とも呼ばれる）だが、この市場の「自由」は、以下で述べるように、経済的な平等を実現するわけではなく、結局のところは、貧富の差を容認する議論となる。

市場の自由を享受するためには、人びとはまず貨幣所得を得ていなければならない。しかも、市場の自由は、100円持っている人と1万円持っている人では購入できる商品の選択の幅が違うように、貨幣所得の額に比例する。市場経済は、より多くの所得を得ることが欠乏から自由になることだ、という考え方を人びとに浸透させ、お互いを競争させる。この競争には終わりがないだけでなく、市場の競争からお互いが所得を平等に分け合う動機は生み出されず、互いがライバルとなってしまう。しかも、資本主義的な市場経済では、〈労働力〉も市場で取引されるので、失業者や労働能力を持たない人びとなど所得のない人たちを構造的に生み出す。所得のない人々は、そもそも市場の活動に参加する資格もないとみなされてしまう。

資本主義的市場経済では、利潤目的の資本の投資活動が経済活動の主要な原動力となる。地球の資源も人びとの〈労働力〉も資本の投資の対象となる。政府が市場の自由競争を妨げる制度や障害物を取り除くような経済政策をとることを自由主義と呼び、アダム・スミスなど18世紀の古典派経済学にまで遡る古くからある主張である。１９８０年代以降、この自由主義を先進諸国が採用するようになる。これを新自由主義と呼ぶ。例えば、公共サービスの民営化や関税・貿易障壁の撤廃政策をとるべきであるとする新自由主義グローバリゼーションは、国際通貨基金（ＩＭＦ）、世界銀行、世界貿易機関（ＷＴＯ）などの国際機関の基本的なイデオロギーとなり、急速に世界中に広がった。新自由主義政策は、対外債務に苦しむ貧困諸国にも、債務返済の手法として押し付けられた。国連の人間安全保障報告書は、こうした新自由主義的な経済政策が主流をなしている時期に出された。報告書の立場は、政府の市場経済を規制する機能や所得分配機能の強化を重視するケインズ主義に近い立場をとるとはいえ、新自由主義への明確な批判やその政策転換の必要性には言及されていない。

政府主導の人間の安全保障は、市場経済が人びとを貧困から解放する最も好ましい経済システムであるかどうかについて、真正面から検討することを避けており、代替的な経済システムの可能性を最初から排除している。とりわけ新自由主義を政策の中心にすえてきたアメリカ合州国、イギリス、日本などは、人間の安全保障と新自由主義政策の間の矛盾を覆い隠してきた。しかし、上に述べたように、新自由主義がもたらしてきた貧困や環境破壊の問題を、この政策理念を採用する政府や国際機関のもとで解決することが可能なのだろうか。

他方、資本主義のグローバル化を批判する社会運動（George,2004＝2004;Bello,2002＝2004）は、新自由主義を最大の問題のひとつとして取り上げ、これを明確に否定する点で政府主導の人間の安全保障とは基本的な立脚点が異なる。しかし、問題は新自由主義だけではない。たとえ政府による介入を重視したとしても、グローバル化し、小国の経済よりも大きな経済力を持つ多国籍企業が大きな支配力を持つ資本主義経済を十分にコントロールできるだろうか。失業や貧困は、労働力の市場取引を前提とする資本主義ではなくすことは不可能だ。だから、社会運動では、資本主義体制そのものを見直さない限り、根本的に貧困の問題は解決できないと考えて、資本主義経済に対するオルタナティブを模索することが重要な特徴のひとつとなってきた。

経済の基本的な役割は、人びとの衣食住を充足することにあるはずだ。しかし、現在のグローバルな資本主義では、生産、流通、消費から金融市場に至るまで一体化が進んでおり、グローバルに力の強い多国籍企業や先進諸国の影響が、貧困地域の農村で暮らす農民や都市スラムの子どもたちに対して、資本の利潤を優先する仕組みとして直接影響するような構造になっている。資本主義経済では、人びとの衣食住を最も最適な形で充足するときに資本の利潤が最大化する、と言うように調整される仕組みにはなっていない。だから奴隷貿易や現代の児童労働のような非人道的な経済が生まれてしまうのだ。こうした構造を断ち切って、経済をその本来の役割である人びとの衣食住を充足するための仕組みに組み換えることが、欠乏からの解放の闘いにとって不可欠となる。

政府主導の人間の安全保障では、こうした市場経済を根本から問い直して異なる土台の上で経済の制度設計を試みるようなことはできない。特に債務問題を抱える多くの貧困諸国は、人びとの経済活動を債務支払いのための外貨獲得につなげようとする。債務返済や利子支払いで財政が圧迫され、人びとの生活基盤を支える公共サービスが民営化され、その結果として貧困層は基本的な生存のための手段からも排除される。経済成長が可能となったとしても所得分配の構造は不平等なままだ。これに対して社会運動が要求するのは、政府主導の人間の安全保障のいう「欠乏からの自由」ではなく、欠乏それ自体を生み出す構造そのものの廃棄、欠乏からの解放である。そのために資本主義のオルタナティブを模索し、根本的な経済的な平等、言い換えれば経済分野における社会的正義と搾取の廃止をどのようにして実現するかが社会運動の大きな課題となっている。

20世紀の社会運動では、資本主義市場経済が本当に経済システムとして妥当なものかどうかという根本からの問いに対して、その答えを社会主義体制として描くことが支配的だった。社会主義が持っている富の平等な配分という理念は現在でも追求する価値のあるオルタナティブであるが、それを20世紀に実際に国家体制として成立させた社会主義が陥ったような市民的自由の抑圧という代償によって実現することについては、現在の社会運動の担い手の多くは否定的だ。グローバルな資本主義に対抗する試みとして、2001年にブラジルのポルトアレグレではじまった世界社会フォーラムは、そのスローガンとして「もうひとつの世界は可能だ」を掲げた。社会主義という言葉を使わないのは、20世紀社会主義の失敗についての反省があるからだが、18世紀以来様々に論じられてきた「社会主義」の理念を退けているわけではない。また、ケインズ主義的な「大きな政府」や福祉国家政策が当面の代替策として提起される場合でも、資本主義経済以外の選択肢を求めないと決めてかかっているわけではない。とはいえ、いまだ「もうひとつの世界」の具体的な姿が描けているわけでもない。

恐怖や欠乏からの解放は、国民国家と資本の体制と不可分な資本主義ではどうしても解決できない問題であることは、社会運動のなかではほぼ共通の理解が得られていると言える。先進国と途上国、あるいは大都市と農村の社会運動を国境を越えて繋ぐ「多様な運動からなる運動」は20世紀末にはじまったばかりだ。社会運動は、民衆の安全保障のような政府主導ではない人間の安全保障を運動のなかから生み出した。社会運動と民衆の安全保障に代表されるような人間の安全保障との間の共同作業が可能になるかどうかの試金石は、人間の安全保障が政府からいかにして自立できるかにかかっているといえよう。

文献

天野恵一、2000、『沖縄経験――〈民衆の安全保障〉へ』社会評論社。
小倉利丸編、1995、『労働・消費・社会運動』社会評論社。

小倉利丸、2005、『多様性の全体主義、民主主義の欺瞞』インパクト出版会。

勝俣誠編、2001、『グローバル化と人間の安全保障——行動する市民社会』日本経済評論社。

ゲバラ、エルネスト・チェ（世界革命運動情報網集部訳）、1982、「キューバ・反植民地地主闘争における歴史的例外か前衛か？」『国境を越える革命』レポルト社。

越田清一、2006、「市民の平和協力」ピープルズ・プラン研究所編『9条と民衆の安全保障——国家の譲理を超える平和主義』現代企画室。

酒井隆史、2004、『暴力の哲学』河出書房新社。

崎山政毅、2002、「『正義の暴力』雑考」『インパクション』132号。

佐藤誠・安藤次男編、2004、『人間の安全保障——世界危機への挑戦』東信堂。

サパティスタ民族解放軍（太田昌国・小林致広訳）、1995、『もう、たくさんだ！——メキシコ先住民蜂起の記録』現代企画室。

ダラ・コスタ、マリアローザ（伊田久美子・伊藤公雄訳）、1986、『家事労働に賃金を』インパクト出版会。

土佐弘之、2003、『安全保障という逆説』青土社。

日本ボランティアセンター、2007、『軍が平和をつくるんだって？アフガニスタンで起こっていること』、日本ボランティアセンター。

花崎皐平、2002、「民衆の安全保障。もうひとつの豊かさへ」『〈じゃなかしゃば〉の哲学』インパクト出版会。

ピープルズ・プラン研究所編、2006、『9条と民衆の安全保障——国家の論理を超える平和主義』現代企画室。

マグドフ、ハリー（大阪経済法科大学経済研究所訳）、1981、『帝国主義——植民地期から現在まで』大月書店。

武者小路公秀、2004、『人間安全保障論序説——グローバル・ファシズムに抗して』国際書院。

武藤一羊、1998、「平和、安全保障—私たちの再定義、彼らの再定義」『帝国の支配／民衆の連合』社会評論社。

Bhalla, A. S. and Lapeyre, Frédéric, 2004, *Poverty and Exclusion in a Global World*, 2nd edition, Palgrave MacMillan.（=2005. 福原宏幸仙監訳『グローバル化と社会的排除』昭和堂）

Bello, Walden, 2002, *Idea for a New World Economy*, Zed Books.（2004, 戸田清訳『脱グローバル化』明石書店）

Bové, José, 2000, *Le monde néest pas une marchandise*, La Découvert.（=2001・新谷淳一訳『地球は売り物じゃない！－ジャンクフードと闘う農民たち』（紀伊國屋書店）

Bové, José, Ariés, Paul, Terras, Christion, 2000, *José Bové: la révolte dùn paysan*, Gollas.（=2002・杉村昌昭訳『ジョゼ・ボヴェーあるフランス農民の反逆』柘植書房新社）

Chomsky, Noam, 1999, *The New Military Humanism*, Common Courage.（＝2002、増岡賢他訳『アメリカの「人道的」軍事主義』現代企画室）
Chomsky, Noam, 2002, *pirates and Emperors, Old and New*, Pluto Press.（＝2003,海輪由香子他訳『テロの帝国、アメリカ、海賊と帝王』明石書店）
Churchill,Ward, 2007, *Pacifism As Pathology*, AKPress.
Cleaver, Harry, 1992, "Socialism," , Wolfgang Sachs ed., *The Development Dictionary*, Zed Books,（＝1996・三浦清隆他訳「社会主義」ヴォルフガング・ザックス編『脱「開発」の時代』晶文社、pp.317-339）
Commission on Human security, 2003, *Human Security Now*.（＝2003、人間の安全保障委員会『安全保障の今日的課題——人間の安全保障委員会報告書』朝日新聞社）
Fanon, Franz, 1968, *Les damés de la terr*, François Maspero.（＝1969、鈴木道彦・浦野衣子訳「暴力」『地に呪われたる者』みすず書房）
Fisher, William F. and Ponniah, Thomas eds, 2003, *Another World is Possible*, Zed Books.（＝2003、加藤哲郎監修『もうひとつの世界は可能だ—世界社会フォーラムとグローバル化への民衆のオルタナテイブ』日本経済評論社）
George, Alexanander. ed., 1991,*Western State Terrorism*, Polity Press.（＝2003,古川久雄・大木昌訳『西側による国家テロ』勉誠社）
George, Susan, 2004,*Another World Is Possible if...*, Verso.（＝2004、杉村昌昭訳『オルター・グローバリゼーション宣言』作品社）
Hardt, Michael and Negri, Antonio, 2000,*Empire*, Harverd University Press.（＝水嶋一憲他訳、2003、『〈帝国〉』以文社）
Hardt, Michael and Negri, Antonio, 2004, *Multitude*, Penguin.（＝2005,幾島幸子訳『マルチチュード』（ＮＨＫブックス）
Held, David, 1996,*Models of Democracy*, 2nd ed., Polity Press.（＝1998、中谷義和訳『民主政の諸類型』御茶の水書房）
Hollowy, John, 2002,*Change the World without Taking Power*, Pluto Press.（＝2009、大窪一志他訳、『権力を取らずに世界を変える』同時代社）
Hudson, Michae1, 1972,*Super Imperialism: The Origin and Fundamentals of U.S. World Dominance*.（＝2002,広津倫子訳『超帝国主義アメリカの内幕』徳間書店）
Illich, Ivan, 1981,*Shadow Work*, Marion Boyars.（＝2006、玉野井芳郎、栗原彬訳『シャドウ・ワーク—生活のあり方を問う』岩波現代文庫）
Jin, Howard, 1980,*A People's History of the United States*, Haper & Row.（＝2005、猿谷要監修『民衆のアメリカ史』明石書店）
Klein, Naomi, 2000,*No Logo*, Knof Canada,（＝2001・松島聖子訳『ブランドなんかいらない』はまの出版）
Mies, Maria, Veronika Bennholdt-Thomsen, Claudia Von Werlhof, 1988.*The Last Colony*, Zed Books.（＝1995, 古田睦美・善本裕子訳『世界システムと女性』藤原書店）
Mies, Maria, ,1994,*Patriarchy and Accumulation on a World Scale*, Zed Books.（＝1997、奥田暁子訳『国際分業と女性』日本経済評論社）
Perkins, John, 2004,*Confessions of an Economic Hit Man*, Berrett-Koheler Publishers Inc.（＝2007、古草秀子訳『エコノミック・ヒットマン』

東洋経済新報社）
Polet, François and CETRI, eds., 2004, *Globalizing Resistande*, Pluto Press.（特にPart Two, The Dynamic of Convergence for Another WorldでＷＳＦに言及）
Sen, Jai, 2004, *World Social Forum: Challenging Empires*, Viveka Foundation.（＝2004、武藤一羊他監訳『帝国への挑戦——世界社会フォーラム』作品社）
Sen, Jai, et. al., eds., 2007, *Political Programme for the World Social Forum*, CACITM.
Sharp, Gene, 1970, *Exploring Nonviolent Alternatives*, Porter Sargent Publishers.（＝1979、小松茂夫訳『武器なき民衆の抵抗』れんが書房新社）
Wall, Derek, 2005, *Babylon and Beyond*, Pluto Press.
Yuenl, Eddie, George Katsiaficas, and Daniel Burton-Rose eds., 2001, *The Battle of Seatle, The New Challenge to Capitalist Globalizatio*, Soft Scall Press.
Yuen, Eddie, Daniel Burton-Rose and George Katsiaficas eds., 2004. *Confronting Capitalism*, Soft Scall Press.

出典：武者小路公秀編著『人間の安全保障』、ミネルヴァ書房、２００９年

欲望の再生産と貨幣の権力　交換をめぐる未決の問題

私たちは、日常生活の中でごく当たり前のようにして、市場での交換行為を行っている。この交換とは何なのかについては、うんざりするほど膨大な文献が存在するにもかかわらず、市場経済という特定のケースに限定したとしても、「定説」と言えるものが未だに確定しているとはいえない。交換行為にはまだ解明されなければならない謎が数

多く残されているのである。

従来、市場経済の交換に前提されているシチュエーションは、ほぼ次のようなものと言っていいだろう。すなわち、私的所有の制度と個人の観念が存在し、個人が自己の所有物を自由に処分できることを踏まえて、貨幣所有者が商品所有者の設定した価格を妥当な水準であると見なした場合、あるいは妥当ではないが必要に迫られてしぶしぶその価格を受け入れる場合など、いずれにせよ提示された価格に対して、最終的には「合意」が形成されて、交換が成立する、というものである。いままで経済学が取り組んできた主要な課題は、妥当な価格とはどのようにして形成されるのかという価格形成のメカニズムだった。

右の交換のシチュエーションは、商品の非所有者としての貨幣所有者と、貨幣の非所有者としての商品所有者の経済的なコミュニケーション行為である、と言い換えることができる。自分が所有していないがゆえに相手の所有する商品または貨幣を需要するのだ、ということになる。この一見ごく当たり前のことは、よくよく考えてみると、非常に奇妙な現象と言わざるを得ない。つまり、自分が所有していないモノというのは、自分がそのモノについて未経験であるということであって、ここにこそ、問われることがほとんどなかった問題が存在する。

そのモノを経験するとは、そのモノを所有し、自由に使用＝消費することに伴って初めて成り立つものだ。しかしこうした経験のためには、それに先だってそのものを所有しなければならない。しかし、私たちは、経験以前的な状態にありながら、そのモノを欲望できることに何の疑いももたない。しかし、経験する以前に、そのものを欲しいと思うのはなぜなのか、そして、そのモノによってこの欲望が充足されると信ずるに足る理由がどこにあるというのか。経済学はこの問いを問い以前の自明のこととして処理してしまった。そのために市場経済と欲望の生産という重要な問題もまた見落とされたのである。

欲望は常に将来の経験の先取り、言い換えれば現在の未経験という欠如感覚と、未だ経験せざるものを想像力において先取りするものとして成り立つ。欲望という感情が人間に普遍的であるとしても、それが商品や貨幣への欲望として表れる場合には、普遍的な感情は特殊な社会制度としての市場経済に固有の様相をもって表れるということを前提にしなければならない。いま、私たちが検討している課題に必要な限りでの欲望とは、この意味で、直接間接に商品と貨幣に結びつけられているという点で明らかに特殊な社会関係のなかで再生産される欲望である。言い換えれば、商品と貨幣それ自体だけではなく、これらについての想像力が関与する問題である。しかも、この意味での欲望は、思いの外その射程距離も長い。商品や貨幣が家族関係と密接な関係を持つ、といったら、多分大半の経済学者は首をかしげるに違いない。近代的な家族関係とセクシュアリティは、家族が伝統的な生産領域から徐々に排除され、〈労働力〉商品の再生産過程＝消費過程の制度に転換されるなかで形成されてきた。この過程で、子どもというカテゴリーが形成され、また恋愛や愛情による家族関係の形成がみられるようになる。フロイトがエディプスの三角形に込めた本源的な性的欲望の構造は、西欧近代の社会システムのなかで形成された限定的な欲望モデルであるとともに、それが市場経済の拡張に伴って世界的な広がりを見せてきたという意味では、それは市場経済が前提とする欲望の構造とも結びついている。この家族関係の欲望が男根中心主義として形成され、市場経済のそれが貨幣を中心に形成されたということは、無関係ではない。貨幣と男根は、欲望の相似形をなすからだ。こうして、商品や貨幣に関わる欲望は、市場経済の交換の場面を離れても、日常生活のなかで機能することによって、市場を非市場的な社会関係のなかに埋め込むのである。

●

欲望の質が市場経済の内部で市場経済に固有な質を持って形成されるのであるとすれば、交換の前提として欲望を所与とする考え方、例えばアダム・スミスの「交換性向」といった捉え方は再考を要するということになるし、マルクスのように価値と使用価値の弁証法における使用価値の理解も改めて再検討しておかねばならないということになる。

よく知られているように、『資本論』はその冒頭で次のように述べている。

資本主義的生産様式が支配的に行われている社会の富は、〈巨大な商品の集まり〉として現れ、一つ一つの商品は、富の基本形態として現れる。

ここに書かれていることは、ごく当たり前のことのように見える。というのも、資本主義経済の「富」は商品という姿をとる、ということは、私たちの日常生活の「実感」からも理解できるからだ。私たちの「実感」は、商品が店にあふれる大都市や先進国の方が、商品の種類も量も乏しい過疎地帯や低開発諸国、あるいは社会主義圏よりも「富んでいる」と見えるように組み立てられているからである。

しかし、実はこのマルクスの「商品」へのアプローチは、最初から限定された観点を導入している。それが「生産様式」という観点である。「生産様式」という表現が最初から登場していることからもわかるように、マルクスは、この「商品」論を手がかりに、資本主義経済の「生産」における特殊歴史的な社会関係を明らかにする方向をとる。「商品」やその後に検討される「貨幣」「資本」といった概念は、「生産」へと結びつく「流通」として位置づけられる。しかし、流通や交換という領域は生産という領域にのみ結びついているわけではない。もう一方に「消費」という領域がある。マルクスはこの「消費」の領域の存在を知りながら、それを切り捨ててよいと考えた。

しかし、「生産様式」があるように、資本主義的「消費様式」と呼びうるものがある。「消費生活」がどのようなものであるのかによって、需要される商品の種類や質も変化するはずであり、なによりもこの消費を通じて生産されるのが〈労働力〉である、ということ、そしてまた、〈労働力〉の担い手である労働者の生活様式と価値観を規定する物質的な基盤を構成するということである。つまり、資本主義イデオロギーの構造と密接に関わるのだ。だから、消費様式は「商品」論のもう一つの重要な柱になっていいものなのだ。そして、実はさらに「流通様式」という第三の「様式」も考慮しなければならない。

では、マルクスはなぜ消費様式を問題の枠外に置いたのだろうか。『資本論』ばかりでなく、19世紀に確立した古典的な経済学は、「消費生活」を重要な考察の対象にしなかった。なぜならば、労働者大衆の生活は、極めて単純であり、供給される生活手段の種類や質も限られており、消費生活は言わば「定数項」として扱いうるもの、あるいは賃金の額についての議論——労働市場論や労資関係論——をふまえるだけでよかった、と信じられていたからだ。もちろんこうした先入見は、当時の労働者の貧しい生活を観察していた外部の観察者たちのものであって、市場経済的な意味での物質的な貧しさにすぎない。たとえ貧しく単純に見えるかもしれない労働者階級の生活があるとしても、そこで形成されてきた労働者階級の「意識」もまた単純で貧しいものだというわけではないし、文字通りの単純な過程だというわけでもない。

20世紀にはいると「消費生活」の内部に立ち入った議論が見られるようになる。その最初の試みは、ソースタイン・ヴェブレンやヴェルナー・ゾンバルトによるものだと言っていいだろう。さらに、1960年代になると、アンリ・ルフェーブル、ジャン・ボードリヤールなど、特にフランスのマルクス主義やその影響を受けた人々が「日常生活」と資本主義の関わりを問題にし始める。例えば、ギ・ドゥボールが1967年に書いた『スペクタクルの社会』(木下誠訳、平凡社)では次のような書き出しで始められている。

近代的生産条件が支配的な社会では、生活全体が巨大なスペクタクルの集まりとして現れる。

ドゥボールは、『資本論』で「巨大な商品の集まり」と述べられていた部分を「巨大なスペクタクルの集まり」と言い直している。そして、「社会の富」のかわりに「生活全体」という表現が見られる。いつも何か「わくわくするもの」や「おもしろいもの」「刺激のあふれたもの」「めずらしいもの」「新しいもの」を求める私たちの日常生活をドゥボールは「スペクタクル」と呼んだのだ。これは、「消費様式」に焦点をあてて資本主義を見ようとした典型的な例であろう。こうして、多くの選択の幅をもち、大量の広告などによる消費生活情報が氾濫する現在では、むしろ「消費様式」は生産様式とならんで「富の基本形態」たる商品の性格を決定する要因となっている。

しかし、さらに本質的な問題がここにはある。それは、消費様式に組み込まれている欲望と交換の関係である。欲望は、交換行為以前に、交換行為を促す感情として将来の買い手の心に埋め合わせられるべき欠如として生起するものであるとすれば、こうした欲望の再生産は、経済学のいう消費過程においてなされることになる。交換行為もそれ以外の様々な経済行為だけでなく、非経済的な行為も分析対象からはずしてしまった伝統的な経済学のパラダイムは、商品の生産、流通、分配といった経済学本来の領域においても深刻な影響を被らざるを得ないのである。

●

市場経済では「ポテトチップスが欲しい」という需要者による欲望が交換の動力となり、ポテトチップスの供給者の提示する価格について合意が形成されれば、需要者は価格に見合う貨幣を手放し、自分の特定の欲望を充足するモノの所有権を手に入れることになる。

供給者もまた「お金が欲しい」という欲望を抱いており、そのことを需要者は知っているが、「お金が欲しいからポテトチップスを売ります」という売り方は一般的とはいえない。価格は表示されなければならないが、「お金が欲しい」という表示にはなっていない。むしろ売り手は、貨幣の取得を交換に提供する商品の正当な（あるいは買い手にとってはヨリ有利な）報酬であるかのような外観を作る。

この「ポテトチップスが欲しい」という例の場合、彼／彼女は、財布に150円も持っていれば、自分の欲望を満たすことができる。この自明のことのなかで説明を要することというのは、「なぜ彼／彼女はポテトチップスを欲しいと感じているのか」ということである。つまり、「ポテトチップスが欲しい」ということは、言い換えれば、需要者である彼／彼女はポテトチップスを持っていないということ、ポテトチップスの欠如の感情とポテトチップスについての想像力とを前提としているということだ。所有していないから所有したいという非所有－所有の関連は自明なものと見られているが、これは自明ではない。なぜならば、自分の所有していないものがどのように自分の欲望を満たすことができるのかを含めた日常生活のなかで、人々はモノの需要へと向かう欲望の想像力を形成する。そして、これは市場経済の交換に固有の性質でもあるのだ。

市場経済が、欲望を動力とする交換関係を取り結ぶということが、他のモノの流通様式に対してどれだけ際だっているかを確認しておこう。カール・ポランニーがモノの流通（分配）のシステムを、互酬、再分配、交換の三つに分類したことはよく知られている。互酬とは、例えば、マリノウスキーが詳細な民俗誌を記したトロブリアンド諸島のクラ交易のように、対価なしで財が流通するものだが、ここでは、財の受け渡しの相手は厳格に決められており、何を相手に贈与するかの決定権は、送り手の側にある。同様に、再分配の場合も――これは、古代エジプト王朝のような巨大文明に典型的に見られる王や支配者がその社会の構成員に財を分配するシステムであるが――分配される財を決定するのは財の供給側である。これらのシステムでは、一般に財の受け手の側に欲望の動機が存在しなくても、財は流通する。それは、欲望とは別の動機で財の流通・分配が制度化され、社会の経済もまたこれに連動しているからである。これは想像力に深く関わる問題であるという意味で、人びとが描く世界と自己の関係観念それ自体に大きく関わるものだ。

他方で市場経済は、財の需要者の側に商品への欲望が存在し、供給者の側に貨幣への欲望が存在しない限り、機能しない。欲望は埋め合わせを必要とする欠如の感覚と対象への想像力であるとすれば、商品の需要者は、その商品の欠如＝非所有が欲望を喚起する想像力の源泉となるわけだが、なぜその商品の非所有が欠如として実感され、そこに想像力が作用するのか。この実感の意味内容は多様で曖昧で気まぐれですらある。従ってアルカイックな社会におけるモノの流通や分配を理解するためには、親族構造や宗教儀礼などが欠かせないのと同様に、資本主義の市場経済においては、日常生活の欲望の構造を明らかにすることが欠かせない作業なのである。

そのモノについて、経験以前的状態にありながらなおかつ、そのモノを獲得し、「消費」すれば、自分の欲望は満たされるであろうと需要者が想像して、欲望が喚起される場合、当のモノそれ自体の経験によるのでないとすれば、何によってなのだろうか。所有によって現実化する欲望の充足が、経験以前的状態に先取りされるメカニズムはどのようなものなのか。このメカニズムは、一方で欲望そのものの性質に依存するとみていいのだが、他方で欲望充足を経験以前的状態のなかで先取りするメカニズムが市場経済の流通様式に組み込まれているということでもある。

では、この流通様式に組み込まれているメカニズムとは、どのようなものなのか。従来、商品に対してその所有者（売り手）は、商品の単なる人格的な担い手とみなされ、所有者に固有な機能が存在するとはみなされなかった。しかし経験以前的な状態において買い手に欲望を喚起する作業は、商品体それ自体では十分に果たせない。商品体それ自体に拘束されずに、自由にこの商品体を手段にして、買い手の欲望形成の活動を積極的に展開するのがその商品の所有者の行為である。ここで商品の売り手は、第一次的には、商品の記号的機能を形成する。記号化された商品は、情報として、その指し示すものから離脱して情報に固有の流通の回路——商品それ自身の流通に付随するものとして「パラマーケット」と呼んでおく——を通じて、買い手となるかもしれない大衆的消費者に伝達される。この記号化された商品は、その受け手によって記号として、つまり、言語化可能なものとして解釈されるのではなく、商品本体についてのイメージあるいは想像力として再生される。商品の使用が想像されうる必要があり、同時にこの過程で、現在の受け手のなかに欠如の感情を生起させなければならない。この受け手に伝達された段階で、記号化された商品は、ある場合には象徴的な機能を含む想像的な機能を発揮する。そして肝心なことは、大半の記号化された商品は、そのどちらも完全には果たせず、単なる記号として漂うだけで文字通りの欲望（つまり商品それ自体に内在したものとしての欲望）を喚起することはない。なぜなら、商品は未だに売り手の所有物であるからだ。

ポテトチップスがコンビニの棚でじっと買い手が現れるのを待っている間に、その所有者は、めまぐるしく動き回り、日々この商品を記号化し、パラマーケットにその記号化された情報を押し込んでゆく。もちろん、コンビニにたたずむポテトチップスとて黙って何も語らないのではない。このポテトチップスのために、その所有者はパッケージという記号機能を付加する。パッケージはポテトチップスではない。その記号化として、同じ棚にならぶ競争相手との間で、熾烈な象徴／想像作用を争うのである。

こうした資本による商品の記号化は、パラマーケットで機能するマスメディア資本などを巻き込み、さらには消費者をもその記号化の手先として組織しようと試みる。もし、こうした組織化の作業が成功すれば、この商品は社会的な欲望となる。それは、大衆的な消費者によって「流行」として受け取られるだろう。そしてさらにそのなかの一部は、日常生活の伝統として定着する。こうなるとこの商品の象徴的な機能はもはや商品の所有者＝資本には属さない。むしろ、この社会自体が再生産を担うことになる。こうして商品は生活必需品となるわけだ。しかし、売り手はこれに満足しない。なぜならば、資本主義的な市場経済において、モノの供給者は、こうした伝統――あるいはブルデューのいうハビトゥス――の維持が目的ではないからだ。彼らは、価値増殖を目的とするのであり、従って、このように定着した伝統、あるいは象徴的想像的な機能を彼ら自ら破壊しようとする。

こうして、私たちの欲望とは、具体的なあるモノに向かうにもかかわらず、欲望を構成するのは、そのモノについてのイメージでしかない。言い換えれば、モノについての情報から組み立てられたイメージに欲望するのだ。流通様式とは、モノや貨幣の流通と同時にこの情報から組み立てられたイメージ――それが分節化され制度化されると広告資本やマスメディア資本のようにそれ自体が一定の市場を構成することになる――の流通を伴うことによって、市場経済の生産と消費を媒介する機構となるのだ。後に述べるように需要者の欲望のイメージはこうした商品供給者や資本によって単に外部注入的に組み立てられるものではない。

右にみたのは、商品の供給者の側からの観点であった。これに対して、需要者の側にはこれとは対称性をもたない欲望形成の要因がある。

ひとつは、過去の経験である。「ポテトチップスを食べたことがあり、美味しかった」といった自らの過去の経験を有していれば、それが経験以前的な欲望として「もう一度あのポテトチップスを食べたい」という欲望を喚起することがあるのは日常的によくみられる事態であり、説明を要することはなにもないように見える。この場合、「経験以前的」とはいえず、むしろ経験を前提として再現される欲望のように見える。しかし、そうではない。なぜならば、ポテトチップスを食べて美味しかった経験があれば、常にこの欲望が喚起されるわけではないからである。美味しいものは他にもあり、なぜ今ここでクッキーでもなく柿の種でもなくポテトチップスを選択することになったのかということは、過去の経験だけでは説明できない行動であり、また過去の経験における欲望と現在の欲望が同じものであるということも言えないからだ。自己の経験は、他の何物にもまして選択の有力な根拠になるということも必ずしも言えない。なぜならば、以前に食べたポテトチップスではなくて、食べたことのないポテトチップスを選択することもあるからである。そうした未経験のモノとの比較において、自己の経験は絶対的ではない。しかも、経験として記憶にとどめられることばかりではなく（フロイトの無意識のように）、過去の経験が現在の記憶に持ち込まれる理由もまた説明を要することだ。具体的な個人のレベルに降りて、具体的な個々のケースに接近すればするほど、その経験とその記憶と、それらを背景として経験以前的な欲望が喚起される条件は多様である。こうして、過去の経験は現在の欲望の決定的な条件ではない。

もう一つ別のケースがある。例えば、友人がポテトチップスを美味しいと話題にする時のように、他者の経験を知る場合である。この場合、私たちは容易に彼／彼女の経験を共有できるように想像するが、それは一般論としては成り立たない。経験の共有を可能とする関係があらかじめ設定されていなければならない。例えば、ポテトチップスを食べたことがなくても、それがスナック菓子であり、おやつやビールなどのアルコール類のつまみとして食するカテゴリーに属するものであるというカテゴリー認識が必要なのである。さらに、間接的な経験の場合には、直接経験者との関係がどのようであるのか、親しい友人なのか、逆に嫌いな相手なのか、あるいは会社の上司であるとか他の家族のメンバーであるとか、その相手との様々な関係によっても左右される。

このように、ここでも経験は個別的であり、その実感はとりわけ多様である。にもかかわらず、自分の個人的な経験は、孤立したものであって他者には理解できないものと考えられることはまれである。特に、この経験が日常生活に埋め込まれたものとみなされれば、それだけいっそう経験の共有は当たり前のこととみなされる。欲望の生産を支えるのは、こうした経験の共通意識である。そして、この共通意識が形成されるのは様々なレベルでの文化であるとしかいいようのないものなのである。

この経験の個別性と多様性が、日常生活そのものであり、それが文化として構築される場面で、資本と大衆的消費者は、欲望をめぐるアリーナを構成する。ここで、往々にして、資本の意図したイメージの形成は裏切られる。若者文化のなかで使用される商品の多くは、そうした憂き目にあう。オートバイ、自動車、ロック音楽やファッションなどいずれも、送り手の意図を逸脱した使用を文化的な価値として有している。これは消費者の側による意図的な使用の逸脱であるが、逆に資本の側が意図的に日常生活から逸脱したイメージを構成することもある。例えば、多くのアルコールやタバコ、化粧品のコマーシャルは、日常生活におけるそれらの消費様式とはかけ離れている。住宅や家電製品にしてもそのＣＭのイメージは、どの日常生活の家庭の風景とも似ていない。こうした逸脱が可能なのも、欲望が商品それ自体によってではなく、その記号化―情報化―再イメージ化を様々な媒介者を通じて繰り返しながら構成されているからである。また、国際的な市場経済の拡張が文化帝国主義として第三世界から批判されることには根拠がある。こうして、モノの使用と欲望もまた、それが資本の意図と対立する要素をはらんでいるために、十分に資本主義の闘争の主題になりうるのである。

●

「大衆消費社会」という表現に示されているように、右に見た売り手による記号を象徴的想像的な欲望へと転換する行為は、ある種の消費労働である。つまり、買い手（となる可能性のある者）に働きかけて、彼／彼女の欲望を生成しようとする行為がここにはある。これは、商品の売り手に固有の行為であって、貨幣所有者は自らの貨幣についてこうした行為を行うことはない。しかも、資本主義的な市場経済では、この商品所有者（売り手）の行為は特定の人間や組織がもっぱら担う。抽象的な市場交換モデルが暗黙のうちに想定するような、商品の売り手は買い手となり、買い手は売り手となる、といった対称的な役割の交替関係は存在しない。資本主義では、商品の買い手が、商品の売り手になるのは非常に特殊なケースに限られ、社会の大多数は常に商品の買い手の役割を繰り返す。従って、この社会は「大衆消費社会」として現れるわけである。では、大衆的な消費者が、商品の買い手から商品の売り手となるのはどのような場合かというと、それは自ら〈労働力〉を商品として売る場合に限られる。こうして資本主義の大多数の人々は、多様な商品を買い入れ、それに伴う欲望に拘束され、他方で常にただ一つの商品、〈労働力〉だけを売り続けるのである。

この交換における非対称性が大衆的な消費者——他方では〈労働力〉の売り手であるか、あるいはこの〈労働力〉の売り手が取得する貨幣によって二次的に生活を支える家族の構成員であるわけだが——の意識に、資本とは異なってどのような意識を形成するか、という問題が論じられるべきなのだが、これまでこの問題はほとんど議論されてこなかった。

商品の記号化とさらには象徴作用や想像作用へと拡げられてゆく商品所有者に固有の機能は、大衆的消費者には奪われている。彼らはこれらの作用の受け手であることを強いられる。もちろん、それは一方的で受動的であるということでは決してない。パラマーケットが日常生活の末端に達すれば達するほどそこでは、資本の記号化とは別の様々な記号化の作用が働くし、そこでは、消費者は受動的であるとは限らないからだ。

他方で、〈労働力〉の売り手としては、今度は商品の売り手と同様の記号化の担い手となりうるのだろうか。ところが、ここでもまた〈労働力〉の記号化の主要な担い手は、〈労働力〉の買い手によって形成される。理想的な労働者像や、要求される労働者としての資質は、〈労働力〉の買い手は、資本の側に奪われていることが多い。このイメージをめぐって展開される相互の関係抜きには論じられない。〈労働力〉はその売り手の身体そのものに付着し、そこから離れて記号化されることが困難なものだ。これが、モノの商品化とは大きく異なる。こうして、大衆的消費者は、記号化から象徴作用－想像作用という領域で最初から割の合わない立場を強いられる。市場において、売り手と買い手は対等であるなどというのは、その非対称性からいって、資本主義が生み出したイデオロギーにすぎない。

●

ここでさらに重要な修正が加えられなければならない問題が「商品の物神崇拝的性格」の概念規定に生じる。マルクスが物神崇拝的性格を商品に見いだすというときには、モノに一定の交換力がそなわっているということ(例えば、ポテトチップスに150円という価格がついて、交換されうるという性質)がモノそのものの属性のようにみなされ、社会関係からそうした性質が形成されるということを指して定義されたものだった。従って、貨幣の場合のように、一般的等価物としての性格に特化したものの場合には、物神性もまた典型的に示され、貴金属が貨幣とされる社会的な関係によってはじめて金や銀が貨幣特有の機能を保障されるにもかかわらず、金や銀の物質的な属性それ自体が貨幣性を普遍的に有しているように錯認されるというわけである。

このように、社会関係によって形成された属性が、モノそれ自体の普遍的な属性として錯認されることを物神性というのであれば、右のような交換力のレベルでの物神性は、さらにその根底において、欲望をめぐる物神崇拝性に支えられているということをつけ加えておく必要があるだろう。すなわち、商品や貨幣それ自体に欲望を充足する性質があるとみなす観念のことを「物神崇拝的性質」、あるいは商品や貨幣の「フェティッシュな性質」ということができるということである。ただし、のちに貨幣についてみるように、物神性の意味は商品と貨幣とでは異なる。そして、商品はそれ自体では物神性を完璧には発揮できない。欲望に関わる物神性が商品の買い手に生ずるためには、買い手は、また貨幣の所有者であることを必要とするのだ。

私たちが経験以前的に抱く欲望は、商品として値札がつけられた当のモノそのものの欠如によって形成されたのではなく(当のモノの取得によってその欲望は充足されるのではなく)、この商品についてのイメージに対して抱かれるにすぎない。このイメージ化された情報の意味内容に対応するシニフィエは商品そのものではなく、この情報のマトリクスが生み出す商品に対するイメージとでもいうべきものの総体である。

私がここで繰り返し述べていることは、以下のように、様々なニュアンスの違いはあれ、多くの人たちが示唆してきたことでもある。例えば、ロラン・バルトは、『モードの体系』で、ファッション雑誌の言説分析を行っているが、そこでは、この雑誌が指示している当の衣服それ自体は登場しない。登場しなくても、意味作用はある種の完結した世界を構成できるということを彼は示した。ボードリヤールは『物の体系』で、広告はモノの生産や使用に関しては全く役にたたないが、しかし物の体系に入っているという場合、「広告はその機能がほとんど全て、二次的であり、広告のイメージと言説は大体がアレゴリー的であるために、広告は理想的な物になり、こういう物の体系をあらわに示す」と指摘した。広告が指し示すはずの物と広告とが、実は、その立場を逆転させ、広告が消費者にとっての全てであるというわけである。広告が「理想」だとしたら、当然広告の指示するモノは「理想」ではあり得ない。マルク・ギョームは『資本とその分身』において、もっと率直に次のように語っている。

「消費されるモノやサービスは、想像界の扉を開く。例えば今日のような車の利用方法や、車がかきたてる過激な行動と感情は、車の想像力を考慮に入れずしては理解できない。この想像力の原理とは何であるのか。日常の消費行動がそれを解きあかし、はるかに幅広い獲得物を連想させてくれる。この連想が物に映像を付与するのであるが、この物と映像のうち〈消費される〉のは、多くの場合映像だけなのである。この映像の生産が明らかになるのは、広告が介在して〈一級品のイメージ〉とか独自の様式とかブランドを創り出し、それらを称揚し、ありとあらゆる種類の象徴的意味表現でもって消費を飾りたてるときである。」

あるいは、ウィトゲンシュタインが言語とその対象の間に立てた問い、記号からその表示するものへの飛躍という問題に関わるということもできるだろう。さらにこれらに加えて、ブルデューやドゥルーズ＝ガタリが引き合いに出されてもよいだろう。しかし、本稿は、こうした様々な論者に対して詳細なサーベイと評価を行うことを目的としているわけではない。だが、一言これらの論者の主張に関して言っておくとすれば、彼らの議論を資本主義のポストモダニズムの文脈に押し込めてはならない、ということだ。確かに、ポストモダニズムの中で、あるいは商品がますますその実体から遊離した記号としての性格を如実に表すようになってから、右にみたような商品の欲望充足という物神的性格が明らかになったのだが、しかし、このことは、繰り返しになるが、そもそも市場の交換が欲望を不可欠の条件として成り立っているということに由来しているのであるから、市場経済の本質に属することなのであって、ポストモダニズム固有の特徴ではないということだ。

●

モノそれ自体、商品体そのものに欲望充足の性質があり、従ってそのモノの所有権を取得し消費することによってこの欲望を充足するのだという従来の理解には重大な疑問があるということについて、貨幣ではそれはどのように現れるのだろうか。一般の商品への欲望は、そのモノについての記号化を起源として、パラマーケットを通じて受け手によって組み立てられた欠如のイメージによって喚起されるが、貨幣の場合、この経験以前的な欲望とはどのような内容をなすのだろうか。

モノの場合、それがたとえサービスやデータのように無体物の場合であっても、ある具体的なイメージや感覚と結びついている。いったん記号化された商品は、受け手によって再び具体的なイメージにエンコードされねばならない。だから、「ポテトチップスが欲しい」ということと「柿の種が欲しい」ということは類似の欲望ではあっても同じではない。ところが、貨幣への欲望は、こうした対比が可能な多様性の文脈を否定された唯一者としての欲望である。少なくとも、国内市場ではそうである。従ってこうした多様性が排除されているために、貨幣は抽象的な富の記号として、量概念しか持たないものとして現れる。貨幣に関わる欲望の充足とは、商品所有者の側で生ずる貨幣の欠如感情だとしても、それは、具体的なイメージとしては結ばないし、そうしたイメージを結ぶ必要は必ずしもない抽象的な欲望なのだ。しかし、貨幣は純粋な量、商品経済的な富の抽象的な量を表現するだけだというのではない。「貨幣が欲しい」という欲望は、それを媒介として、個々の商品に配当されているその象徴的な機能や日常生活における文化的な価値を分配するための原資としての機能がある。貨幣が欲しいのは、その無限の富のある限定された量への欲望だけではなく、こうした文化的な価値のオーダーのなかでのより望ましい位置を獲得するという欲望とも結びついている。大衆的消費者の場合、貨幣それ自体を自己目的とすることにはかなりの制約がある。そんなことをしてもたかが知れているからである。従って、むしろ貨幣への欲望は、消費への欲望へと結びつかざるを得ないのだ。しかし、これは、変ではないだろうか。貨幣への欲望と消費への欲望はどうして両立するのだろうか。延期された商品への欲望充足の代償として利子が得られるということからの比較考量による、という説明ではこの問いに答えたことにはならない。

貨幣の場合、その取得においてあらかじめ支出が予定されている（何に支出されるかは不確定であるとしても、将来において取得した貨幣の過半は手放されることが見込まれている）。ということは、消費目的で取得された商品とは決定的に異なる意味を持つのだということである。とすれば、別れが運命づけられている恋のように、貨幣は人を魅了するということなのだろうか。それとも違う。恋愛の一回性とは違って、貨幣は日常生活のなかでうんざりするほどこの運命の別れを繰り返すからだ。そうではなくて、貨幣は、それを所有しているということ自体が、こうした将来の商品取得によって満たされると観念されている抽象的な欲望を最大化させているのである。こうして貨幣は欲望を巡る商品の物神的性格を確実なものにする。貨幣の抽象的な欲望は具体的な欲望の触媒となる。そして、このようにして商品の物神性を確実にすることのできる貨幣は、そのことによって自己否定の道を歩む。なぜならば、貨幣によってその所有者が商品への欲望を実感すればするほど、欲望は具体的なある特定の商品へと向かうように形成されるからである。そして、交換それ自体の行為、つまり売買契約の成立の時点では、貨幣への欲望を商品への欲望が凌駕し、逆転する。貨幣への抽象的な欲望は否定され、商品への具体的な欲望が選択される。こうして貨幣と商品は交換され、貨幣はその使命を終える。欲望のゲームは後にも先にも、この交換の瞬間に集中する。この時点を頂点として、当該商品への欲望は衰弱する。あれほど欲しいと思っていたのに、もう消費者は次に欲しいものを物色しはじめる。商品それ自体では彼／彼女が経験以前的に抱いた欲望を充足させることはできないからだ。だが、彼／彼女は何も手に入れなかったのか。そうではない。彼らは取得したモノによって、消費社会における文化的な価値の序列のある部分を手に入れたのだということを第三者に示すことができる。ヴェブレンのいう「街示的消費」である。しかし、この価値は日々劣化する。たいていは、モノの物理的寿命よりも早く劣化する。だから、彼らは、もはやそのモノに満足するわけにはいかないのである。

●

実は、貨幣が創出する貨幣に対する欲望は、経済学が伝統的に維持してきた流通の便宜以上のものであることは経験的に誰もが感じている。それは、より多くの貨幣を所有すれば、その貨幣で取得できる商品の量もまた増大するということだけではないし、商品経済的な富の象徴ということだけでもない。

例えば、高額の所得が得られる職業が「名誉」（最高裁判所の判事とか大学の学長など）や「犯罪」（麻薬の取引や政治家の汚職など）と結びつけられる場合、それは単にその職業が「名誉」や「犯罪」と結びつけられる以上の意味を「高額の」という付帯条件は与えている。ここでの高額所得の意味は、それらの職業によって得られる貨幣が代表する商品経済的な富の量を想像して与えられるわけではないし、またこうした高額所得に対して欲望が喚起されるというわけではない。そうした狭い意味での経済的な欲望や富の範疇では説明できない機能をここで貨幣は担っている。

例えば、資本主義の家族によく見いだせるケースとして、成人男性が主として家族の生活費を稼ぎ出す場合を考えてみよう。日本の伝統では、この貨幣を妻が管理するケースが多い。このとき、夫が妻に渡す貨幣は、どのような意味を持つのだろうか。ここでは、貨幣はどのような欲望を担っているのだろうか。妻は、家計の維持のために夫の貨幣への欲望を持つ。夫もまた家計を維持するために会社での労働の対価（実は〈労働力〉の対価だが）としての貨幣への欲望を持つ。しかし、この二つは同じ貨幣への欲望と見なすことはできない。貨幣の使用は、異なる文脈のなかでの異なる使用だからである。前者は交換手段としての貨幣であり、後者は支払い手段としての貨幣であるということを言いたいのではない。後者は、性別に基づく権力の象徴として貨幣が機能しているということである。そして前者は、この性的な権力を背景に持ちながらも、ここで発揮されているのは、社会的な欲望としての資本の象徴的な権力を体現するものとしての貨幣なのである。貨幣は、商品について指摘されるような差異の記号ではない。しかし、貨幣は、それによって他者を差異化させる記号になりうるし、その他者の差異化もまた商品のそれとは違って、極めて多様な文脈のなかで作用できる。しかし、どのような差異化の文脈を貨幣が形成するのかは、原初的には貨幣によっては決定されない。それは、日常生活の伝統であったり、政府の政策による意図的な誘導であったり、違法性の範囲を定めている法の構成であったりと様々である。しかし、ひとたび形成された差異化を再生産する機構の一部を貨幣は確実に担う。従って、貨幣は、ブルデューがいう「象徴権力」の一翼を担っている。マルクスの価値形態論が今後さらに意味あるものとして彫琢されうるとすれば、こうした象徴レベルの交換関係を組み込んだ論理を構築することにあるはずであり、そうすれば、欲望の物神性論について先に指摘した内容もまた生きるだけでなく、市場経済におけるイデオロギー論の基礎論ともなりうるはずである。

ひとつだけ補足しておきたいことがある。それは、貨幣と言語を比較可能なものとして捉えようとする考え方についてである。私は、こうした考え方をとらない。貨幣は、言語のコミュニケーション機能や象徴作用を応用できるものでもない。貨幣に固有の抽象的な欲望の量的な表象という性質に対応するものは言語には見いだせない。逆に、ブルデューにみられるように言語コミュニケーションに経済的なカテゴリーを過剰に適用することが、彼の問題意識を的確に展開する最善の方法とは思えない。むしろポール・リクールが象徴作用をディスクールの自由な創出としての隠喩と区別しながら「ことばにならないある要素」とか「力、効力、実力の次元に属するもの」と指摘したように、言語的要素を排除しないが、それ以外のものとしてあると捉えることが、差し当たり妥当な線ではないかと思う。例えば、制度的な側面からみても、市場経済を統合する貨幣の象徴権力は、言語のような意味で特定の文化に拘束されていては成り立たない。なぜならば、市場は複数の共同体を、従って文化を媒介するからである。(言うまでもなく、このことは、市場経済に参加する諸個人がいずれかの文化に所属するということや、いずれかの文化が覇権を握る関係と矛盾しない)国際的には、貨幣は市場経済のこうした性質のなかで、国民経済に対してメタレベルでの象徴的な権力の位置をとるのだ。かつてそれは、金本位制として、文字どおり複数の市場経済圏を金が媒介した。現在のように情報処理技術が高度化することによって、各国通貨の為替レートの組み合わせによる複雑な国際通貨の体制によってもそれが維持できるわけだが、これはテクニカルな機能によって支えられているだけではない。それは、形式的には貨幣はどのような意味を内包しようと、表象においては量でしかないという側面と、それが各国間では競争と協調のプロセスとして象徴的な権力作用を展開するという側面の折り合いの中で、国際的には統合された資本主義の世界秩序としてたち現れるのである。各国の通貨は、それぞれのナショナリズムの象徴的な権力を行使する。「日本の国際収支が黒字である」という表現は、単なる国際的な市場経済の取引における貨幣の動きを量的に表示した客観的なデータではないということは誰でも知っている。国際収支とかGDPといった数値は、単なる経済的な指標ではなく、政治的文化的なメタファでもあり、従って貨幣の象徴権力としての機能が作用している。しかし、こうした意味でのナショナリズムとしての通貨(貨幣)は、同時にインターナショナルなシステムに媒介され、常にインターナショナルな覇権を競うことで、ナショナリズムを発揮できるという逆説を含んでいる。この意味で、インターナショナルな機能を持ち得ることが前提にされているということだ。言語にはこうした構造を構築する能力はない。言語には、量化も価値増殖もありえないからだ。

●

この貨幣が持つ欲望の質を社会的な欲望として社会のモノの生産と流通の動力に媒介する組織が資本である。こうして、資本もまた「象徴権力」に接合する。この意味で資本は、単なる価値増殖体である以上の意味を付与されるが、このことを可能にするのは、価値増殖を体現し、同時に象徴的な権力の一翼をも担う貨幣である。このような資本は、日常生活の側から見上げた場合、市場経済という死神によって鞭打たれる青白い馬であるだけでなく、それは人生の一部となり、畏怖や軽蔑や羨望の対象となる。資本の機能は、商品や貨幣と違って組織体としての複雑な構造を持っている。資本が同時に近代の家父長制的な家族を生み出したように、それはまたセクシュアリティや道徳の領域と無関係ではない。この価値増殖の組織体が繰り出す貨幣の機能は、ここで私が論じた貨幣のそれでは尽くすことのできないものを含んでいる。それらについては、別の機会に論ずることにしたい。

最後に、以上のような商品・貨幣の性質をふまえた場合、資本主義に対する批判的な実践とは何を意味するものとなるかについて、ほんの一言だけ触れておきたい。もし、資本主義への批判や階級闘争が、目に見える制度への批判や否定にとどまるとすれば、それはこうした象徴的なレベルでの権力を脅かすものにはなり得ない。問題は、市場経済において交換が必然的に要求する欲望の生産をどのように扱うか、なのである。旧ソ連や社会主義圏のように、この欲望を国家的に統制して、交換における欲望を上から抑圧する方法は、逆にそれが失敗して市場の力に屈服させられたときに、歯止めのきかない欲望の奔流を生み出す。西側の資本主義が強固な国家組織を有しているのは、東側とは別の方法で巧妙にこの欲望をコントロールしなければならないからである。多分、市場経済それ自体を完全に廃棄して全く別の流通様式を構築することを考えない限り、この交換の欲望からは解放されない。しかし、それまで私たちは待つことはできないし、そうした状態が一夜にして実現できるわけではない。

少なくとも、私たちは、資本を市場の交換から切断し、同時に国家による欲望のコントロールからも自由になるという方法ならば既に手に入れている。差し当たりはこうした欲望のオートノミーが可能な空間を市場経済の中に埋め込むことと、情報の回路としてのパラマーケットを資本とそれに従属する欲望の回路から切断して、オルタナティブな回路につなぎ直すということは実践的な課題の射程のなかにはいりうるだろう。60年代の末に、シチュアシオニストが想像力の復権を主張し、70年代にイタリアのアウトノミストが拒否の戦略を提起したのは、こうした大衆的な消費者でもある労働者や学生が、この記号化と欲望の罠から自ら離脱するための解放の試みだったのだということを、もう一度思い起こすことが必要であり、サイバースペースが今現在、こうした意味での新たな階級闘争のアリーナになりつつあるということにはそれなりの根拠があるのである。

引用・参考文献

ソースティン・ヴェブレン、『有閑階級の理論』、小原敬士訳、岩波文庫、1961年。

小倉利丸、『アシッド・キャピタリズム』、青弓社、1992年。

同、「現代マネー論」、中村祥一編『現代的自己の社会学』所収、世界思想社、1991年〔本書所収〕。

マルク・ギョーム、『資本とその分身』、斉藤日出治訳、法政大学出版局、1987年。

アダム・スミス、『国富論』、水田洋訳、岩波文庫、2000年。

ギー・ドゥボール、『スペクタクルの社会』、木下誠訳、ちくま学芸文庫、2003年。

ロラン・バルト、『モードの体系』、佐藤信夫訳、晶文社、1972年。

ピエール・ブルデュー、『実践感覚』今村仁司他訳、Ⅰ、Ⅱ、みすず書房、2001年。

同、『構造と実践』石崎晴己訳 新評論社、1991年。

ジャン・ボードリヤール、『物の体系』、宇波彰訳、法政大学出版局、1980年。

カール・ポランニー、『経済の文明史』、玉野井芳郎他訳、日本経済新聞社、1975年（ちくま学芸文庫、2003年）。

カール・マルクス、『資本論』、マルクス・エンゲルス全集刊行会訳、大月書店版、1972年。

ポール・リクール、「ことばと象徴」、『解釈の革新』所収、久米博他編訳、白水社、1978年。

アンリ・ルフェーブル、『日常生活批判序説』、田中仁彦訳、現代思潮社、1978年。

V・A、『アンテルナシオナル・シチュァシオニスト・アンソロジーⅠ、Ⅱ』木下誠監訳、インパクト出版会、1994年。

出典：『現代思想』1995年9月号

〈労働力〉商品化と福祉政策

人類学者のクロード・レヴィ＝ストロースは、1977年の来日時におこなった「労働の表象」と題する講演のなかで、興味深い指摘をしている。彼は、西欧社会の「労働の観念」には、ユダヤ―キリスト教の伝統による「神の力によって人間に課せられた〈罰〉」という観念と、商業経済ないし資本主義の観点による「労働一般」という抽象的な観念の二つが共存していると指摘したのちに、こうした労働の観念は極めて特殊な西欧的な観念であって、決して普遍的なものとは言い難いのではないか、あるいはさらにニューブリテン島のマエンゲ族のように「travail［フランス語の労働］という語に訳しかえられることばは一語も存在しない」（レヴィ＝ストロース、91）といった社会もあることを指摘し、労働という概念を安易に普遍的な人間の本質に関わる公理のようにみなしてきたことに、根本的な反省が必要なことを強調していた。

16世紀の資本主義の成立以来、資本主義が人間を「労働する身体」へと変形してゆくために失敗を繰り返し、常に苦慮してきたという歴史があるわけであって、このこと自体のなかに、労働という概念が特殊近代の産物であることの証拠をみることができる。

初期の資本主義の時代から現代に至るまで、資本主義とはプロレタリアが資本主義的な「労働する身体」へと繰り返し強制されてきた時代だった。この点に関してだけは、資本主義のいかなる時代にも共通する本質と言えるものである。しかも、この「労働する身体」は、アダム・スミスのような市場原理の楽観主義者が主張するように、市場原理によって自動的に保証されるものではなかった。むしろ、労働市場それ自体の持つ制約や限界が非市場的な対応を常に不可欠としたのである。

このことは、〈労働力〉商品化という資本主義の本質が不可避に抱え込まざるを得ない矛盾である。市場機構は、需要と供給を価格を指標として調整するわけだが、こうした機構に最も適した商品は、有体物で耐久性をある程度保証できるもので、しかも需要の増加に対して速やかな供給増加を実現できるという性質を備えた商品である。耐久性は、在庫や販売期間、運輸期間に耐えるものであるほうが都合がいいからだ。〈労働力〉という商品はこの点で無理がある。

第一に、供給量の確保は、短期的には過剰人口を抱えることによってしかなしえないということ。しかも、この過剰人口――〈労働力〉在庫――も、雇用された労働者と同様に、労働能力を維持するために衣食住に必要な生活手段を確保しなければならない。しかし、市場機構では売れない商品に対して支払いをすることはありえないから、この過剰〈労働力〉部分は、何らかの別の手段によって生計を維持しなければならない。

第二に、一般商品であれば、再生産コストを下回るような価格でしか売れないことになれば、資本は投資を差し控えるとか、合理化投資を行うとか、あるいは逆に倒産に追いこまれるとかして供給調整が働き、資本の価値増殖装置を全体として防御するが、〈労働力〉の場合には、こうした調整は成り立たず、労働者は再生産コストを下回ろうとも〈労働力〉を売る以外に生存の手段をもたない。

こうした資本主義的市場機構の限界は、圧倒的にプロレタリアートに不利益に作用した。これは、プロレタリアートのなかに分断をもたらした。すなわち、労働のできる者とできない者とのあいだの分断である。ここでいう「できる」「できない」という表現は、身体的に、ないしは心理的に、労働が不可能／可能な者と、失業者のように労働市場で「売れ残った」部分の両方を曖昧に含んでいる。さらに労働市場自体も分節化され、不安定就業者層を形成することによって、賃金労働者内部に差別化を生み出した。労働市場の最底辺層をプロレタリアート／労働者のどの部分が担うかは、農村からの都市への流入〈労働力〉であったり、少数民族であったり、女性であったり、あるいは高齢者であったりと、社会や時代によって多様である。しかし、必ずこうした市場の変動に対応できる犠牲的部分を生み出すことなくして、資本主義は成り立たない。資本主義が〈労働力〉商品化と不可分な体制である以上、このことは動かし難いことである。

本稿で問題にしたいのは、こうした〈労働力〉商品化に伴う無理を資本主義はどのような非市場的な方法によって処理しようとしてきたのか、またそれに対してプロレタリアートはどのような対応をとってきたのかを仮説的に提示することによって、資本主義批判の基本に「労働する身体」を強制する社会への批判的な視座を据え、労働をめぐって旋回する搾取と差別と抑圧、あるいはその裏側に貼りつく労働をめぐる快楽、権威、倫理という罠を破砕することとはどういうことかについて、ごく簡単な問題提起をすることにある。その際、本稿では、主として歴史的なアプローチをとることとしたい。

初期の資本主義の時代が、それほど容易に〈労働力〉商品を生み出し得たわけではなかったということは、改めて指摘するまでもないことだが、しかし、封建制の解体と、都市化、マニュファクチャーから工業化へという時代の大きな転換は、同時にカテゴリーの混乱と再編の時代でもあったということは、往々にして軽視されがちである。あたかも〈労働力〉商品なるものがそもそもの成立の初めから自明なものであったかのようにみなされがちだが、むしろ〈労働力〉は資本の試行錯誤によって歴史的に構成されてきたものである。そして〈労働力〉とは何か、という概念の歴史的文化的な定着が、〈労働力〉／非〈労働力〉の二分法を社会的に再生産してゆくことになる。この二分法がなぜ重要かと言えば、市場機構に委ねざるを得ない部分を、市場だけにとどまらない資本主義の制度の内部に組み込む際の判断に関わるからである。

初期の資本主義は、労働者を公的扶助を必要とする「貧民」からカテゴリー的に独立させてゆく時期に当たる。言い換えれば、労働能力のあるものがそれ以外の者から区別されて独立したカテゴリーとして確立されるのは19世紀半ばだが、この時代は、同時に、資本主義の確立期と重なる。エリザベス救貧法の場合は、貧民を「〈働く貧民〉（the labouring poor）であり、生活無力者のみならず、むしろ一般低賃金労働者や失業のために身体強健であっても働きえない〈労働能力を有する貧民〉を含めた幅広い概念」で規定し、「一般的な意味での貧民と被救済貧民とは少なくとも1834年までには厳密に区分されていなかった」といってよく、従って「貧民と労働者とは同じ意味で用いられていた」と言える（樫原、6）。言い換えれば、労働者というカテゴリーの確立が資本主義の確立と不可分だったのだ。

初期の労働政策は様々な様相をおびながらも、一貫して、労働する者をそれ以外の者から区別するための分類政策の試行錯誤だった。よく知られているように、14世紀半ばの黒死病流行による人口激減による〈労働力〉不足と高賃金――それは労働倫理の弛緩をもたらしたと言われるが――に対する労働強制立法(「労働者規制法」)がいわゆる「血の立法」の嚆矢である(cf. F.M. Eden)。しかし、この立法は農業労働への定着をもくろむもので、未だに「農奴制に基礎を置く封建反動としての性格」(樫原、16)を持つものだった。

ヘンリー8世のときに成立した「乞食と浮浪に対する処罰に関する法律」(1531年法)と「働けるのに働かずに放浪する者や乞食をする者に対する処罰に関する法律」(1536年法)は、国家による「救貧」の基本的な態度を最初に資本主義的な基礎を形成する方向でうち立てた。31年法は、老齢者や労働不能者を調査し、登録し、乞食の免許を与える一方で、無登録者の乞食行為を厳しく処罰した。36年法は、エリザベス救貧法の萌芽ともいわれたものだが、ここではさらにいくつかの注目すべき規定が出現した。樫原は次のように説明している。

「この法律は31年法の無能力者などの調査・登録の規定に加えてニードに対する施与はいかなるものであるべきかを規定し、乞食を禁止し、それにかえて老人と無能力者に対する施与を慈善的拠出による資金の組織的募集・管理によるべきことを規定していた。さらに、法律は初めて成年者を〈働き得るもの〉と〈働き得ないもの〉の二つに区分し、前者に対しては自身の手で生計を立てさせるように継続的に就労せしめ、後者については〈施与が与えられ、援助され、救助される(be provided, holpen, and relieved)ことを規定していた」(樫原、19)

こうした労働可能な者とそうでない者、労働拒否者を分類分けしてゆくことが以後も繰り返されて行く。

また救貧行政は、どの地域でも一律に行われたわけではなく、都市における「貧民」「浮浪者」対策が先駆的な試みを行ってきた。例えばフランスのリヨンでは、既に16世紀の前半に救済制度の整備に乗りだす。当時のリヨンは金融、商業、工業の中心地として、周辺農村部ばかりかイタリア、フランドル、ドイツからも人口流入があり、1500年から1540年に人口が倍増するという状態にあり、しかも経済状態も常に流入人口を〈労働力〉として吸収できるとは限らず、街頭での物乞いが恒常的に存在した。

そして1529年の食糧暴動以降、毎年「貧民」の暴動が発生するようになり、従来のような教会や裕福な個人の慈善と施与にたよる救済も限界に達してしまった。こうして34年に、教会関係者、名士、商人が集まって救貧のための中央管理機関Aumône-Gênraleを設置し、救済を要する貧民の扶養を行うこととした。そして、そのために救済を必要とする人々の確定のために戸別調査を実施した。こうして非救済貧民とみなされた人々は、パンとお金の給付を受け、病人は無料で治療を受けられるようにする一方で、物乞いは厳しく禁止された。(cf. F.F.Piven=R.A.Cloward, 9)

このリヨンの救貧政策は、社会的危機に対する危機管理政策としての福祉という理念をはらんでおり、しかも福祉策の遂行のためのきめ細かな住民情報の管理を実行したという点で、「近代的な福祉の特徴の大半がみられた」(前掲、11)といってよいだろう。

救貧政策としても、また労働者のカテゴリー分化の確定という面でいっても、イギリスのなかではロンドンが先行していた。1553年にロンドンは体系的な救貧計画を策定しているが、既にこの段階で貧民を以下のような三つのカテゴリーに分類し、さらにそれを各々三つの下位のカテゴリーに再分類している(小山、10)。

Ⅰ　無能力貧民
　　児童
　　老人と障害者
　　病人

II　一時的貧民
傷病兵士
貧困な世帯主
大きな災厄にあった者

III　浪費的貧民
放蕩者（rioter）
放浪者（vagabond）
怠け者

実際にはロンドンの先駆的な救貧政策が功を奏したとは言い難いようだが、ここで注目しておきたいのは、こうした救貧政策が必ず「労働する身体」をめぐるカテゴリー分類、細分化を産みだし、個人情報の収集と管理、さらには個々人相互間の差別を構造化するということである。

●

この初期資本主義を扱うマルクスの構えは、この「労働する身体」を形成する資本主義の暴力をはっきり見据えている。『資本論』の「労働日」の章でマルクスは、「資本主義的生産様式の発展の結果、〈自由な〉労働者が、彼の習慣的な生活手段の価格で、彼の能動的な生活時間の全体を、じつに彼の労働能力そのものを売ることに（略）自由意志で同意するまでには、すなわち社会的にそれを強制されるまでには、数世紀の歳月が必要なのである」（マルクス、Ⅰ、357）と述べているのだが、この「数世紀」という表現には驚くべき重みが込められていることを、得てして見逃しがちである。マルクスはこの本源的蓄積期の「数世紀」を、分業の進展に伴う労働者の「奇形物」化、「精神的・肉体的不具化」であったとしている。マルクスの言うところを引用しておこう。

「単純な協業の場合と同様に、マニュファクチュアにあっても、機能している労働体は資本の一つの存在形態である。多数の個別的部分労働者から構成されている社会的生産機構は、資本家のものである。それだから、諸労働の結合から生ずる生産力は資本の生産力として現れるのである。本来のマニュファクチュアは、以前は独立していた労働者を資本の指揮と規律とに従わせるだけではなく、そのうえに、労働者たち自身のあいだにも一つの等級制約的編制をつくりだす。単純な協業はだいたいにおいて個々人の労働様式を変化させないが、マニュファクチュアはそれを根底から変革して、個人的労働力の根源をとらえる。それは労働者をゆがめて一つの奇形物にしてしまう。というのは、もろもろの生産的な本能と素質との一世界をなしている人間を抑圧することによって、労働者の細部的技能を温室的に助成するからである。（略）それぞれの特殊な部分労働が別々の個人のあいだに配分されるだけではなく、個人そのものが分割されて一つの部分労働の自動装置に転化され、こうして、メネニウムス・アグリッパの寓話、すなわち一人の人間をそれ自身の身体の単なる一断片だと言うばかげた寓話が現実のものにされるのである。元来は、労働者が自分の労働力を資本に売るのは、商品を生産するための物質的手段が自分にはないからであるが、今では彼の個人的労働力そのものが、資本に売られなければ用をなさないのである。その労働力は、それが売られた後にはじめて存在する関連のなかでしか、つまり資本家の作業上のなかでしか、機能しないのである」（マルクス、Ⅰ、472）

ここで注目すべきなのは、マルクスの問題としているところが、単なる生産手段からの労働者の「自由」でもなければ、領有法則の転回といった所有関係でもなく、労働者はもはや自らの生活に必要な全体を自立的に維持する能力を保持できなくなり、資本によって細分化され編成される生産の諸断片を担う「部分労働者」となる以外に生存の糧を得ることができなくなったということである。この「部分労働者」は、資本主義的な労働編成の内部にしか生きられず、そうした関係によってのみその存在を保つ――従って〈労働力〉商品である――のだという点で、資本―賃労働という階級関係と、労働者相互の関係がまさに「関係の第一次性」（廣松渉）として、〈労働力〉としての身体性を産出する制度、構造をなすことになる。従って、こうしたマニュファクチュア段階の性格をより高度に保持してゆく工業化、ポスト工業化資本主義を解体し、労働者を搾取と抑圧の範から解放するということも、こうした社会的分業と技術の体系にまとわりつく階級再生産の構造そのものを止揚することが不可避の課題となる。この点をマルクスは、精神労働と肉体労働の階級的分離として指摘したことはよく知られている。確認の意味も込めてマルクスの言うところをみておこう。

「未開人があらゆる戦争技術を個人の知能として用いるように、独立の農民や手工業者が小規模ながらも発揮する知識や分別や意志は、今ではもはやただ作業場全体のために必要なだけである。生産上の精神的な諸能力が一方の面ではその規模を拡大するが、それは、多くの面でそれらがなくなるからである。部分労働者たちが失うものは、彼等に対立して資本のうちに集積される。部分労働者たちに対して、物質的生産過程の精神的な諸能力を、他人の所有として、また彼等を支配する権力として、対立させるということは、マニュファクチュア的分業の一産物である。この分離過程は、個々の労働者たちに対して資本家が社会的労働体の統一性と意志を代表している単純な協業に始まる。この過程は、労働者を不具にして部分労働者にしてしまうマニュファクチュアにおいて発展する。この過程は、科学

を独立の生産能力として労働から切り離し、それに資本への奉仕を押しつける大工業において完了する」（マルクス、Ⅰ、473）

こうしたマルクスの言うところの労働者の「不具化」がなぜ引き起こされたのかということが、往々にして生産力の発展の不可避の代償であるように捉えられ、それ以外の発展経路はありえないかのようにみなされてきた。しかし、本源的蓄積期の資本と国家のジレンマを踏まえるならば、この機械化という方向は、十分な〈労働力〉化を実現し得なかった資本が価値増殖の基礎を獲得するために選択した方向であったことは疑い得ない。「マニュファクチュア時代の全体をつうじて、労働者の無規律についての苦情」、あるいは、16世紀から大工業の時代に至るまで資本はマニュファクチュア労働者の利用可能な全労働時間を自分のものにすることに成功していないとか、マニュファクチュアが短命で、労働者の出入りにつれて一国にある自分の本拠を棄てて他国にそれを築くとかいうような簡単な事実」（マルクス、Ⅰ、483）としてマルクスが示す事態を重要な契機としている。

つまり、資本の強制する労働規律に無定形な反抗をくりかえす労働者たち――往々にして彼らはまた「乞食」「浮浪者」であったり、「怠惰な」労働忌避者、「盗賊」などであったばかりでなく、また熟練労働者をも含んでいた――を、労働に駆り立てる技術こそが工業化のテクノロジーだった。しかし、この工業化も、18世紀末から19世紀初めの激動期を乗り超え、「新救貧法」の成立による〈労働力〉商品化の、機械制大工業への強制的適応の制度化という補完をまたねばならなかった。「アークライトは秩序を創造した」（アンドルー・ユア）というわけである。

●

マルクスが述べたような〈労働力〉から逸脱するプロレタリアートに対して、機械の付属品に仕立てあげることができない時代に、資本と国家はこの非効率的な部分を手をこまねいて甘受していたわけではなかった。「浮浪」を犯罪とみなして、労働できる身体を有するにもかかわらず「怠惰」である者に対して、鞭打ち、耳削ぎ、焼き印、さらには死刑という過酷な刑罰によって、暴力的な見せしめを行ってきたことは、ヘンリー8世からエリザベス救貧法まで変わりはないが、他方で労働可能な貧民の〈労働力〉を有効に活用しようという流れが、市民革命以降労役場の設置として具体化されてくる。これは、マッシュウ・ヘイルやジョサイア・チャイルドなどによる貧民労働の組織化、貧民労働を国富の源泉とみて労役場を設置する提案に象徴される。これらの提案ばかりでなく、実際に労役場の建設と運営も行われたが、経済効率的には失敗に終わっている。にもかかわらず、労役場は重要な意味を持つものだった。それは、失敗したとはいえ、労働倫理を強制する試みの最初の装置だったからだ。

このエリザベス救貧法のもとでの労役場の是非については、17世紀から18世紀初めにかけて論争があるが、労役場賛成派のジョン・ロックも反対派のダニエル・デフォーも、貧民の増大を個人の規律の弛緩と道徳の堕落によると見ている点では共通している。両者の違いは、「貧民の雇用」が国富の増大に寄与するのかどうかについての判断の相違だった。

世紀末から19世紀初めにかけての産業革命と労働者の反乱、エンクロージャーと凶作とナポレオン戦争といった様々な社会的な変動は、エリザベス救貧法の矛盾を露呈させてゆくことになる。とりわけ、労働の意志がありながらも窮乏状態にある、教区に定住する貧民の救済が重要な課題となった。スピーナムランド法による賃金補助は、ちょうどこの時期の「人道主義的な」試みと言われるのだが、これを、市場経済という言わば悪魔の挽き臼に〈労働力〉が引き込まれることに対する社会の健全な抵抗反応とみる（カール・ポランニー）か、逆に低賃金が固定化され、雇主への「補助金」となり、「労働者は稼ぎが少ないほど教区から余計に貰えるので、仕事をやろうとしなくなった」（小山、105）とみるか、見解の分れるところであるが、いずれにせよ〈労働力〉市場の成立が自動的に富の均衡的な配分をもたらすわけではないこと、また労働者にしてみれば賃労働はできればやりたくない行為であることは、やはりはっきりしていた。そして、労働市場に社会の大多数の人々が参入を強いられ、〈労働力〉を売ることなしには生活し得ない状況が一般的になるにつれて、救貧問題は貧民＝労働者という分類では捉えられなくなる。こうして新救貧法は、被救済貧民と賃労働者を識別するようになる。

ところで、マルクスの労働（者）観は、いま右で見たような「労働する身体」へと「奇形」「不具」化してゆくという文脈で解釈されるばかりでなく、別の解釈もなされうる内容を持っていた。つまり、機械制大工業は「労働者階級の不断の犠牲と労働力の無際限な乱費と社会的無政府の荒廃」をもたらすが、これは「消極面」であって、積極面が必然的に伴うという指摘である。つまり、「いろいろな労働の転換、従ってまた労働者のできるだけの多面性を一般的な社会的生産法則として承認し、この法則の正常な実現に諸関係を適合させること」「社会的細部機構の担い手でしかない部分個人の代わりに、いろいろな社会的機構を自分のいろいろな活動様式としてかわるがわる行うような全体的に発達した個人をもってくる」（マルクス、Ⅰ、634）のだという。これは、労働市場の成立が職業的身分によって一生拘束されるような封建制的な〈労働力〉処理の様式を解体し、その時々の労働需給のあり方によって、様々な分野の労働を渡り歩く「部分個人」が生み出されるということを指摘したものだ。そして、資本主義はこうした〈労働力〉形成のために、「工学および農学の学校」「職業学校」をつくりだし、工場法は「初等教育を工場労働」と結びつける端緒的な契機となっていると考えている。そして、マルクスは次のように述べている。

「（略）少しも疑う余地のないことは、労働者階級による不可避な政権獲得は理論的および実際的な技術教育のためにも労働者学校のなかにその席を取ってやるであろうということである。また同様に疑う余地のないことは、資本主義的生産形態とそれに対応する労働者の経済的諸関係はこのような変革の酵素と古い分業の廃棄というその目的とに真正面から矛盾するということである。とはいえ、一つの歴史的な生産形態の諸矛盾の発展は、その解体と新形成への唯一の歴史的な道である。〈靴屋は靴以外のことには手をだすな〉！この手工業的な知恵の頂点は、時計師ウォットが蒸気機関を、理髪師アークライトが縦糸織機を、宝石細工職人フルトンが汽船を発明した瞬間から、ばかげきった文句になったのである」（マルクス、I、637）

マルクスはこの本文に、ジョン・ベラーズの『産業専門学校設立提案』からの次のような文言を註として附記している。

「なまけながら学ぶということは、なまけることを学ぶことよりも、ほんのわずかしかましでない。…肉体労働、それは初めからの神のおきてである。…労働が身体の健康に適っているのは、食事がその生存に必要なのと同じことである。（以下略）」（ベラーズ、12・14・16）

実は、マルクスのなかにあるこうした労働観のほうが、マルクス主義のなかでは主流だった。従って、初期資本主義の「血の立法」の残忍さや労役場の悲惨さを事実として強調しながらも、「初期資本主義労働政策がマニュファクチュア生産の現実過程に於ける資本の労働に対する支配の不完全性に悩み、労働貧民の心理的―技術的初期性克服のために〈労役場〉や〈勤労学校〉の諸々の計画構想に熱中していた」ことを評価し、「教育と労働の結合という変革的酵母」（服部、42）に期待を寄せること、あるいは労役場が労働の陶冶に事実上有効な役割を果したという評価（河内、117）が繰り返されてきた。これは、資本主義が生み出した特殊歴史的な「労働」概念を、あたかも普遍的な人間本質として見誤り、この本質なるものを階級的な搾取の機構を通じて編成しているというこの媒介的制度さえ転覆できれば、人間本質なるものを無傷でより「全面的」に実現できるとみたところに限界がある。

ミッシェル・フーコーをひくまでもなく、資本主義が生み出した「教育」は、確かに労働との密接な繋がりを持って形成されるが、それは、細分化された労働と機械に適合的な身体を生み出すものであり、「規律、訓練こそが個々人を《造り出す》のであり、それは個々人を権力行使の客体ならびに道具として手に入れる、そうした権力の特定の技術」(フーコー、175)として監獄、病院などとともに権力の装置として生み出され、そのようにしか機能し得ないことは、いまや明らかなことである。

プロレタリアートは、こうした規律と訓練の権力装置から逸脱すること、すなわち「労働する身体」から逸脱すること、あるいは労働倫理との不断の闘争としての固有の文化的価値の形成によってこそよりラディカルな資本との敵対関係を形成してきたのである(ウィリス、1985)。

ところでこの世紀の転換期の持つもう一つの重要な意義は、「労働者階級」の形成にある。19世紀にはいってからだけでも、1811年から13年のラダイト、17年のペントリッジ蜂起、19年のピータールーの反乱、そして20年代の労働組合運動のひろがり、オーエン主義者の運動、ラジカル・ジャーナリズム、10時間労働運動、そして30年代初めの農業労働者の暴動といった、大きな労働者たちの反乱や抵抗が続く。

こうした労働者の反乱は、産業革命のなかのハイテックな部門の労働者から引き起こされたわけではなかった。綿紡績の成人男性労働者は少数派でしかなかった。ラダイトは小規模な工場の熟練労働者によるものだったし、実際の運動の中核となったのは、靴職人、織布工、馬具工、書籍商、建設労働者、零細商人、印刷工といった人々だった。運動の主体は、多様でひとまとめにできない要素を多く持っていたために、「労働者階級」という単数表示に疑問を呈し、「労働者諸階級」とすべきだという議論がみられるのだが、しかし、こうした多様性をふまえつつも単数としての「労働者階級」の形成がみられるとみてよい事情がある。E・P・トムスンは次のように述べている。

「慎重な検討を重ねれば、1790年から1830年の時期のきわだった事実とは、『労働者階級』の形成にあることがわかる。なによりもまず、このことは、階級意識の成長のなかにみることができる。すなわち、これら様ざまな労働する人々の諸集団全てのあいだに利害の共通性があり、それ以外の諸階級とは対立するという意識が形成されたということである。そして、第二に、これに対応する政治的産業的な組織諸形態が成長してきたことである。1832年までに、強力な基礎づけを持つ、自覚的な労働者階級の諸制度――例えば、労働組合、友愛組合、教育や宗教運動、政治諸組織、そして定期刊行物――、労働者階級の知的伝統、労働者階級のコミュニティの原型、そして、労働者階級の感性のあり様といったものが存在した」(トムスン、212)

そしてトムスンは、「労働者階級の形成は、経済的、歴史的であるとともにまた政治的、文化的な事実である。それは、工場制度によって自然発生的に生み出されるといったものではない」こと、とりわけ文化的なアイデンティティの形成が階級意識形成、つまりは階級形成そのものにとって重要な要因をなすばかりでなく、そのための多くの意識的な努力がなされたと指摘している点は重要である。

19世紀はじめの労働者の大半が読み書きのできない状態にあった中で、階級的なアイデンティティ形成をおこなう上で、バラッドシンガーや演説などのオーラルなメディアが重要な役割りを果たした。さらに日曜学校などの普及によって識字率が上昇するとともに、ラディカルな定期刊行物が次々に出されるようになる。コベットの2nd. Registerは1816年10月から17年の2月のあいだ、毎週4万部から6万部を発行していたし、The Black Dwarfは19年に1万2000部、ドーティのVoice of the PeopleとThe Pioneerが1万部、カーライルのGanntletが数千部でていた(cf. トムスン、789)。ロマン主義的ラディカリストとして知られるカーライルが出版法違反で計200年にのぼる判決を受けていたように、出版の自由が当然のものとしては認められていなかったから、出版の権利獲得自体が重要な闘いであった。（青年マルクスの最初の闘争は、検閲に反対する言論の自由の闘争だったことを想起しよう）こうしたなかで成立した改正救貧法の意義は、旧救貧法では貧民＝労働者と捉えられていたのに対して、被救済貧民と労働者を識別しはじめたところにある。そしてこの区別を自助と勤勉という労働倫理の有無にもとめ、前者を堕落した存在とみなすようになった。改正救貧法の制定の前提となった王立委員会の報告書では、次のように述べられている。

「［救済をうけている］労働者は現在の制度が一般に低賃金を与えてはいるが、常に彼に安易な仕事を与えていると感じている。それはまた彼に、奇妙に思われるかも知れないが、彼がそれ以上に評価するもの、すなわちある種の独立を与えているのである。彼は仕事を求めて努力をする必要がない。彼は主人の気に入るように努める必要がない。彼は自分の気持ちを抑える必要がない。彼は救済を恩恵として懇願する必要がない。彼は刑罰への責任なしに、奴隷のような全ての生存の保証をもっている」「全ての地域において、独立労働者の状態は、一般により少ない貨幣で維持されているにもかかわらず、貧民のそれとははっきり区別され、それよりもすぐれている」（小山、127より再引用）

貧しくとも自らの労働にたより、救済をもとめない存在を道徳的、倫理的に労働者の規範とする発想と、貧民であること自体の原因をその個人の資質であるとか能力に帰せしめる立場がより鮮明に示されるようになった。こうした理念を背景として、改正救貧法が「労働能力ある者に対する救済の拒否」とともに、「被保護者低位性の原則」をうちたて、労役場制度を再度活性化しようと試みたことは、資本主義的な労働倫理のイデオロギー装置という点で重要である。ここでいう被保護者低位原則というのは、労働能力のあるものが救済される条件というのは、「最低階級独立労働者の状態の実質的あるいは外見上均等な処遇をされてはならない」（チャドウィック執筆になる委員会報告書、樫原、143）ということであり、ベンサムの影響を強く受けたものといわれている。

この被保護者低位原則は、労働能力がありながら労働しない者に対してばかりか、資本主義の市場機構が生み出さざるを得ない過剰人口部分や機械のテンポに適合できない人々をも道徳的・倫理的に社会的不利益を受けて当然とするものであった。しかも、改正救貧法が実施した労役場とそこにおけるワークハウステストは、この低位原則の実施機関となった。

先の委員会報告では、労役場に収容する貧民を4つに分類している。すなわち、(1)老人と真に労働不能なもの、(2)児童、(3)労働可能な女性、(4)労働可能な男性、以上の4分類である。委員会の理念では、上記のカテゴリー別に労役場を設けるべきとされ、その上で労役場では、厳格な規則を設け、そこでの生活を耐え難いものとすることによって、労働能力のあるものの排除を行うはずであった。しかし、現実には、これらの4つのカテゴリーはひとまとめにされて、同じ労役場へ収容され、「その内部では家族は分離させられ、7歳以下の児童でさえ両親から引き離されることになった。それは実質上〈貧民のバスチーユ〉であり、貧困それ自体を処罰するための一般混合労役場であった」（小山、137）といわれている。

●

これ以上歴史を追う事は、ここではあきらめねばならない。初期資本主義の本源的蓄積期が、同時に「労働者」というカテゴリーをめぐる形成期であり、資本主義の確立をみたと言われる19世紀イギリスが同時に「労働者」を貧民や失業者から区別して固有のカテゴリーとした時代だった。このカテゴリーの形成は、商品経済の自立的な機構に基づく自動的な過程であるということはできず、こうした構造的な背景によって支えられつつも、資本と国家が機械制大工業に適合的な〈労働力〉の意図的な産出のための権力的な裏づけとしての救貧法と、これに基づく制度（労役場や救貧法庁など）を整備するなかで形成されてきたものだった。そしてまた、このカテゴリーの分化は、個々人がどのカテゴリーに属するかについての識別の技術を発達させることなしには実効性をもちえないから、常に識別のための管理と、このカテゴリーにうまくはまり込むような人間のパターン形成を促すこととなる。

先に見たように、既に16世紀の前半に福祉政策をかなりの程度まで実行に移そうとしたリヨンでは、戸別調査による住民の識別と管理が行われていた。またイギリスでも、改正救貧法の実施が１８３７年の戸籍法制定を促し、出生、死亡、婚姻を登録制として、この作業が改正救貧法の定める新教区連合の救済委員にゆだねられた。こうして、非市場的な回路による生活の救済は、市場機構の生み出す経済的貧困を貧民個人の資質や道徳観の責任に帰すイデオロギー装置を装備しつつ、徹底した管理と統制の対象とすることによって、彼らが〈労働力〉商品化からの逸脱を正当化する余地を持たないような配慮が常になされる。

福祉国家や資本主義的な福祉の理念は、本稿でみたような資本主義における非〈労働力〉管理の長い歴史を背景として、労働倫理の規範をくずすことなく、しかも〈労働力〉商品化が伴わざるを得ない非〈労働力〉部分の制度内処理／再生産を実現するための現代的な技術であった。16世紀以降の資本主義が無意識に試行錯誤してきた問題を、20世紀資本主義は顕在的に自己の存在理由として掲げはじめたのであって、それは通説のように手放しで評価し得るものではない。

従って、福祉と〈労働力〉商品化は表裏一体の関係にあり、労働運動がこのカテゴリーの線にそって運動する――つまり、失業と貧困に対して「労働する身体」を担保として、労働倫理と被保護者低位原則を受け入れ、生活様式の実質を資本と国家の手にゆだねるという選択をする――限りにおいて、資本と国家が〈労働力〉の再生産領域において掌握している支配の実質を打ち破ることはできない。

このことは、カテゴリーを再生産する権力の問題であるばかりでなく、プロレタリアートの分断による階級意識形成を繰り返し妨げる、支配的なイデオロギー、文化の諸装置の問題でもある。

［文献］

大河内一男『社会政策（総論）』、有斐閣、１９６３年。
樫原朗『イギリス社会保障の史的研究Ⅰ』、法律文化社、１９７３年。
小山路男『西洋社会事情史論』、光生館、１９７８年。
服部英太郎『賃金政策論の史的展開』、新地書房、１９４８年。
ポール・ウィリス『ハマータウンの野郎ども』熊沢誠他訳、筑摩書房、１９８５年。
ミッシェル・フーコー『監獄の誕生』田村俶訳、新潮社、１９７７年。
カール・ポランニー『大転換』吉沢英正他訳、東洋経済新報社、１９７５年。
カール・マルクス『資本論』、大月書店版。
クロード・レヴィーストロース『構造・神話・労働』みすず書房、１９７９年。
J. Bellers, *Proposals for raising a colledge of industry of all useful trades and industry*, 1696.
F.M. Eden, *The State of the Poor*, 1797.
F.F. Piven, R.A.Cloward, *Regulationg the Poor*, Vintage Books, 1971.
E.P. Thompson, *The Making of the English Working Class*, Penguin Books, 1968.

出典：『寄せ場』創刊号、日本寄せ場学会、１９８８年

商品——自明性の罠

マルクスの諸理論のなかでも、『資本論』の冒頭に位置する商品論ほど多くの論争と議論が繰り返された箇所はそう多くない。にもかかわらず、ここでさらに屋上屋を重ねる愚をおかそうというのは、ほかでもない、商品論が多くの議論を重ねた背景にあった論争の事情と、ポストモダニズムの資本主義においてマルクスの商品論が有するはずの意義と問題点との間には、いくつかの点で大きなずれがあるからである。

商品論が論争の主題となったのは、主としてそこで「論証」された労働価値説の是非をめぐるものだった。マルクスの労働価値説の論証方法は、交換関係の量的な均衡を決定するのは、商品の質的な側面ではないから、商品の使用価値の側面は捨象して構わない、という仮説に基づくものだった。従って、商品の交換関係において「等価」をなす要素は、交換される二つの商品に内在する量的に等しい「何か」によるはずであるという推論に基づいて展開されている。こうして、マルクスは社会的に必要な労働としての評価を与えられた抽象的人間労働の量的な大きさが商品価値の実体をなすと論じたのである。

こうしたマルクスの労働価値説に対して、ヴェーム・バヴェルクはこれを「蒸留法」と命名して批判したことは、なかでも有名なもののひとつだ。(注1) 交換関係の量的規定にとって不純な要素である使用価値を捨象するマルクスの方法

（注1）ベーム・バヴェルク『マルクス体系の終結』木本幸造訳、未来社。特に第4章参照。

は、水溶液を蒸留して不純物を取り除く方法と同じ発想だというわけである。バヴェルクは、この蒸留法が恣意的な方法であると批判した。つまり、重さや体積でも量的な比較は可能なのだから、量的な等価として労働量だけをとりだす必然性はないと批判したのだ。

あるいは、社会主義者たちの間でも、労働価値説は無条件に支持されていたわけではなかった。修正主義論争の一方の旗頭であったベルンシュタインやフェビアン社会主義のバーナード・ショーなどは効用価値説を主張した。[注2] さらに、労働価値説をおそった災難は、商品交換が等価労働量同士の交換であるとした場合、競争市場における均衡状態で諸資本が実現する平均利潤率と、この利潤率の下で成り立つ生産価格では、この等価労働量の交換が成り立たないという「難問」だ。「転形論争」として知られるこの論争は、1970年代以降、ポール・サミュエルソン、ジョーン・ロビンソン、森嶋通夫などの近代経済学者も取り上げる課題ともなり、19世紀末から1970年代まで、マルクス経済学の主要な論争の位置を占め続けてきた。

これらの論争のなかで、マルクスの商品論は、論理的な整合性をもって労働価値説を擁護しえる内容を持っていたとはいえない。それは、数学的なモデルによる方程式から導かれる様々な矛盾――スティードマンの言うような「負の剰余価値」など多くの論者が指摘する「総計二命題の二律背反」などの矛盾――のことではない。そもそも経済現象が方程式を立てて解を求めることにふさわしい社会現象なのかどうかという根本的な方法上の問題がここにはあるが、本稿の課題ではないので深くは立ち入らない。しかし、またそれは効用価値説の勝利ということでもなかったのだ。効用価値説は、効用を量的に評価するためにマルクスとは別の意味で無理な構造をもっているからである。実は、マルクス経済学、ミクロ経済学の価格理論を問わず、商品交換を規制する量的なシステムの問題は、現在でも合理的な説明の体系を築けていない分野なのである。

この労働価値説をめぐる論争は、マルクス経済学の内部でも、様々な議論を呼びおこすことになった。宇野弘蔵が労働価値説を商品論で論証する方法を否定して、生産論に移したことと、それに伴う「流通形態論」としての商品論、貨幣論、貨幣の資本への転化論の再構成である。宇野は、価値と使用価値を機械的に分離する方法を批判し、価値形態論や価値尺度論に新しい解釈を与えた。(注3) 宇野が50年代、60年代を通じて展開した新たなマルクス経済学の体系は、日本のマルクス経済学を活性化させた。しかし、宇野が使用価値と価値の不可分性を前提とした商品論を展開したとはいえ、論争の主要な関心は、宇野が商品論から排除した労働価値説をめぐって、その方法の是非、あるいは流通形態論という方法の是非にあった。

こうした論争のなかで、最も議論が希薄だったのが、商品の使用価値の領域である。価値と使用価値との不可分性を主張した宇野学派の場合、使用価値は常に価値論の分析の道具としての位置づけを与えられはした。とりわけその価値形態論に特徴的に示されているように、使用価値は価値表現の重要な素材として、決して捨象できるものではなかったし、価値形態の展開の動力が商品所有者の使用価値に対する欲望にあるとする捉え方は、使用価値の契機をそれまでのマルクス経済学と比べて極めて高い位置に据えたことは間違いない。しかし、こうした宇野の使用価値論は、使用価値そのものを疑問に付すものではなかった。使用価値は、自明なものであり、何の謎も含んでいなかった。むしろ、問題の焦点と方向性は、商品の価値、つまり交換を規制する量的なメカニズムや貨幣の性質、そして価値の構造的な分析として与えられる生産論の分析に向けられていた。従って、使用価値そのものを分析するという方向はとられなかったのである。

しかし、マルクスの商品論を手がかりにポストモダンの資本主義批判の方法を模索しようとする場合、使用価値を

(注2) ベルンシュタイン『社会民主主義の諸前提と社会民主主義の任務』、佐瀬昌盛訳、ダイヤモンド社、特に第3章参照。G. Bernard Shaw, 'Karl Marx and "Das Kapital",' *National Reformer*, 7, 14, 21, August 1887. 経済史学会編『『資本論』の成立』、岩波書店に抄訳あり。
(注3) 差し当たり、宇野弘蔵『経済学方法論』、東大出版会参照。

単なる価値の担い手として、自明なものとみなすことはできない。むしろマルクス経済学が自明としてきた使用価値をめぐって、消費社会論やポストモダニズムの理論家たちは、そこに大きな「謎」を見いだし、多くの議論を重ねてきた。ジャン・ボードリヤール、ピエール・ブルデュー、ルネ・ジラール、といったポストモダニズムのなかで最もよく引き合いに出される人々は、商品に象徴される高度な消費社会を、主としてその消費の様式に注目して議論し、使用価値に込められたイデオロギー生産の機能や〈労働力〉の再生産の様式を問題にしてきた。しかし、彼らの議論は、労働価値説とその前提となる抽象的人間労働を重視してきたマルクス経済学には受け入れられなかった。オーソドクスなマルクス経済学は、資本主義においては、使用価値は消極的な役割、つまり価値の物質的な担い手であるにすぎず、価値が支配的な条件となり、使用価値が抑圧された社会であるという理解がいまだに一般的にあり、「消費社会」という概念に優勢な使用価値を強調する社会理解には最初から批判的でもあった。ここから、使用価値を回復する社会観も主張されることになる。「消費社会論」に関わる議論がマルクス経済学にほとんど影響を及ぼさなかった責任の重要な部分は、確かにマルクス経済学の保守的な体質にあるということは間違いないが、もう一つの問題は、「消費社会論」が商品の使用価値を問題にしていながら、商品というカテゴリーが有する資本の価値増殖のシステムとの関わりにはあまり多くの関心を抱かず、消費生活により多くの関心を示したということにも関わる。つまり、多くの「消費社会論」は、使用価値一般の分析であっても、商品の使用価値、すなわち市場で売買され、価格を伴い、資本の循環のなかでは、商品資本であるという多様な性質をまとうものとしての商品の使用価値という側面にはむしろ大きな関心を払わなかった。だから、広告、メディア、商品の「本体」の区別なしに、いずれもが単純に「商品化」現象として理解されるという混乱もみられることになった。(注4)

だから、いずれの議論であっても、使用価値の問題が、マルクス主義が主要なテーマともしてきた階級意識の問題に深く関わるものであるという点への関心が不十分なままとなった。労働者階級の中流化、あるいは階級意識そのものの崩壊、それは剰余価値を生み出す階級構造が崩壊したわけでもなければ、文字どおり「中流」と呼びうる階級が支配的になったということでもない。(注5)問題は、明らかに階級構造の側だけにあるのではなく、人々の意識の側にもあることも明らかなことであり、この人々の意識を日々再生産する日常生活の様式そのものを重要な部分で支えているのが、商品の使用価値の側面であることは明らかだ。人々がどのような生活を理想と見なし、どのようなモノを欲しがり、どのような未来を夢見るのかは、抽象的な労働の量関係によってではなく、具体的有用労働が生み出す使用価値の側面である。しかし、この使用価値の側面は、その外観とは逆に必ずしも単純でも分りやすいものでもない。なぜならば、使用価値はあまりにも自明であるために、そこに秘められた「謎」そのものを見失いがちだからである。マルクスのひそみにならえば、むしろこの自明性こそがくせ者なのだ。

確かに、使用価値が資本主義的な特殊な様相を表す根底には、価値増殖という資本主義経済の動力となる要因が働いていることは間違いない。しかし、そのことは、使用価値それ自体の分析を価値の分析によって置き換えてしまっていいということを意味するものではない。むしろ、価値増殖の機構と不可分に使用価値も独自の性質を持ち、独自の機能を果たす。それは、剰余価値をめぐる搾取関係というよりは、人々の身体そのものを搾取する関係に属する問題として、軽視できない問題でもある。事実、60年代以降の左翼、反体制運動のなかで、政治的なイデオロギーに導かれたのではない自然発生的な大衆運動は、価値をめぐる叛乱というよりはむしろ使用価値をめぐる叛乱だった。シ

(注4) 本稿の直接の課題ではないが、例えば、女性の身体を広告の素材に用いることが「性の商品化」として批判されることがある。少なくとも、これは、「消費者」と広告の間には成り立たない。こうした広告によって、商品の「性化」が生ずるというのならば理解できる。従って、商品化と差別の問題は必ずしもイコールになるとはいえない。

(注5) ここでは、便宜的に通常よく用いられる「階級意識」という概念に近い用い方をしたが、厳密には階級を属人概念として用いることはできない。階級は剰余価値の形成に関わる構造概念であり、階級意識はこの構造が生み出す「意識」である。これは、資本主義の本質を説明できる唯一の社会観ではない。詳しくは拙著『搾取される身体性』青弓社、1998年参照。

チュアシオニストの都市計画、消費社会批判、(注6)アウトノミア運動における住宅占拠や「社会的工場」という概念、あるいはフェミニストによるパーソナル・イズ・ポリティカルというスローガン、そしてホームレスや失業者たちによる労働の権利要求とは切断された生存の権利要求、ヒッピー・ムーブメント以来のドラッグ・カルチャー、これらはいずれも、使用価値をめぐる拒否や叛乱として無視できないものだ。こうした傾向が、現在、使用価値の物質的な側面の縮小に伴って、メンタルな側面やメディア、コミュニケーションの側面に拡張されながら、その使用価値をめぐる「階級闘争」は継続している。

従って、使用価値を単なる価値の担い手と捉えるのではなく、資本主義的な社会関係を再生産する重要な機能をも有しているということを今一度見直しておく必要がある。商品の使用価値、とりわけそれが最終消費として「消費者」の日常生活に入り込む場合、使用価値は日常生活を構成する重要な要素となる。この日常生活の要素は、人々の本源的な生存欲求から生ずるような極限的な生の充足によって規定されるのではなく、資本主義社会の価値規範の序列に従って社会的に形成される欲望から成り立っている。これは、量化された経済的価値に焦点を当てる伝統的なマルクス経済学の方法ではうまく捉えきれない問題である。

こうした使用価値を後回しにしようとする傾向の責任の一端は『資本論』にもあることは認めねばなるまい。『資本論』の研究目的をマルクスは「資本主義的生産様式であり、これに対応する生産関係と交易関係である」(注7)(第一版序文)と述べている。そして、この課題を担った『資本論』の冒頭に置かれているのが「商品」の分析である。『資本論』冒頭の有名な一節を念のため引用してみよう。その書きだしは、次のように始められている。

「資本主義的生産様式が支配的に行われている社会の富は、一つの〈巨大な商品の集まり〉として現れ、一つ一つの商品は、その富の基本形態として現れる。それゆえ、われわれの研究は商品の分析から始まる」(注8)

この文章は、決して難しいものではないように見える。資本主義経済の「富」は商品という姿をとるということは、私たちの日常生活の「実感」からも理解できる。商品が店にあふれる大都市や先進国の方が、商品の種類も量も乏しい過疎地帯や低開発諸国、あるいは社会主義圏よりも「富んでいる」という外観、また、GNPなどの統計上に表れる「豊かさ」も、どれだけの商品売買が行われたかによってその「豊かさ」を測るということのなかにそれは現れている。この意味でも「商品」は「富」を最も端的に体現するものと言える。しかし、商品へのアプローチがここではっきりと「生産様式」という限定を与えられていることに注目しなければならない。「生産様式」という表現が最初から登場していることからもわかるように、マルクスは、この「商品」論を手がかりに、資本主義経済の「生産」における特殊歴史的な社会関係を明らかにする方向をとる。「商品」やその後に検討される「貨幣」「資本」といった概念は、「生産」へと結びつく「流通」として位置付けられる。

こうした方向から漏れる重要な領域に「消費」の領域がある。商品は、生産され、市場に供給されるが、市場の売買を通して買い手はこの商品を「消費」する。この買い手が、この商品を原料や機械などの生産手段として利用する場合には、この商品は「生産過程」に再び投入される。労働者が賃金で買い入れる場合には、生活のなかで「消費」されることになる。この意味での消費――私たちが普通の意味で「消費」と呼ぶ過程――は、実は『資本論』では考察の対象から外されている。しかし、「生産様式」、「生産関係」があるように、資本主義的「消費様式」、「消費関係」

(注6) シチュアシオニストについては、ギー・ドゥボール『スペクタクルの社会』木下誠訳、平凡社、が当事者によるテキストとして重要である。また、拙著『アシッド・キャピタリズム』青弓社、上野俊哉「いまシチュアシオニストをどう生かすか」『インパクション』第82号参照。
(注7) 『資本論』第1版序文。大月書店、マルクス・エンゲルス全集版。以下、ページはディーツ版の原書ページで指示する。
(注8) 『資本論』、同上、49ページ。

と呼びうるものがあるとはいえないだろうか。(注9) 事実、「消費生活」がどのようなものであるのかによって、需要される商品の種類や質も変化するはずだから、消費様式は「商品」論のもう一つの重要な柱なのである。そして、この柱を支える商品の要素は、価値ではなくむしろその使用価値の側面である。ちょうど資本の生産過程で、労働者が商品として購入された生産手段の使用価値の側面と向き合わねばならないように、消費過程のなかで、人々は商品として買い入れられた生活手段の使用価値の側面と向き合い、〈労働力〉の再生産としての労働を行っているのである。この消費過程においては、家族関係や公的な権力との関係など、生産関係として知られるものとは異なる複数の〈労働力〉再生産を支える社会関係が存在するばかりでなく、家父長制のように、消費過程のなかに基礎を置きつつ、それが生産過程における労働組織に浸透している人間関係も含まれている。この消費過程は、価値の構造レベルを欠くために、剰余価値の形成といった価値増殖の量的な関係に還元できないし、還元してしまえば、捨象されてしまう領域だ。身体搾取という概念は、この量的な還元を否定するなかから工夫されたものだ。

『資本論』ばかりでなく、19世紀に確立した古典的な経済学は、「消費生活」を重要な考察の対象にしなかった。なぜならば、労働者大衆の生活は、現代と比べて極めて単純であり、供給される生活手段の種類や質も限られており、消費生活は言わば「定数項」として扱いうるもの、あるいは賃金の額についての議論——労働市場論や労資関係論——をふまえるだけでよかったと見なされていたからである。

例えば、ジョン・バーネットは、1840年ころのイギリスの労働者の一週間の消費支出を、半熟練労働者、熟練労働者、最下級の労働者おのおのについてリストにして示しているが、これらのデータをもとにして角山栄は「大部分の都市労働者のふだんの食事はパンと馬鈴薯（それに地方によりオートミール）と紅茶、それに時折わずかの肉、という極めて簡素で単調なものであった」(注10)と指摘している。19世紀は、当時の先進国であるイギリスの工場労働者にとっても、決して「豊かな社会」ではありえなかったが、しかし彼らが消費する生活手段は単調で分かり切った物とは必ずしもいえなかった。19世紀の場合、消費という要素が言わば「定数」として扱われることになったのは、現実の労働者の生活の側にその原因があるというよりも、分析の方法の問題、分析者の問題意識、先入観、あるいは統計の手法の問題であったのだ。20世紀のいわゆる「大衆消費社会」と呼ばれる時代を経過した現代では、消費は明らかにひとつの重要な変数になった。それは、消費生活が豊かになり、多様になった結果なのだと断言できるだろうか。機械化と大量生産の時代を20世紀の特徴とみれば、むしろ画一的で単調であり、逆に商品市場の浸透が比較的にわずかであった19世紀の消費生活の方が多様で豊かであったとも言えるかもしれない。あるいは、生活水準の相対的な上昇や福祉国家体制を前提とすれば、消費生活はより多様なものになったとも言えるかもしれない。(注11) つまり、基本的には観点の問題なのだ。ただ明らかなことは、資本主義という社会システムは、システムの自己認識として、19世紀から20世紀へと至るにつれて、生産様式という変数に加えて、消費様式というもう一つの変数を抱え込まざるを得ず、この両者によって規定されるものになったということである。

19世紀の労働者たちや、彼らを「消費者」とする消費市場にはそれなりの「多様性」や差異化がみられたが、一般にこうした使用価値問題は、それほど難しい問題だとは考えられていなかった。マルクスも次のように注記している。

（注9）ここでは、「生産様式」という用語との対称関係をはっきりさせるために「消費様式」という表現を用いておくが、「消費様式」という概念で、消費生活を捉えてしまうと、消費生活のなかに隠された生産の問題が見えなくなってしまう。つまり、家事労働に典型的に示されるような〈労働力〉再生産のための労働が「消費生活」の中心を担っているという観点が見えなくなってしまうということである。この点について、拙著『搾取される身体性』青弓社、『支配の「経済学」』れんが書房新社、１９８５年参照。

（注10）角山栄『路地裏の大英帝国』平凡社、69ページ。

（注11）例えば、現代でも、最下層の生活を単調な虐げられたものであって、なんら得るところのないものとみなしがちだが、これは、明らかに支配的なイデオロギーによる偏見である。たとえば、アメリカ合州国における貧困層の運動、あるいはホームレスのコミュニティについては、次の文献を参照。Frances Fox Piven and Richard A. Cloward, *POOR PEOPLE'S MOVEMENT*, Vintage, 1979.

「ブルジョワ社会では、各人は商品の買い手として百科事典的な商品知識をもっているという擬制（fictio juris）が一般的である」

ここで注意すべきなのは、マルクスが消費者の百科事典的な商品知識を「擬制」であると指摘していることだ。これは、いわゆる完全競争市場の想定として近代経済学でも普通に見られる市場取引の前提条件であるが、マルクスは、ブルジョワ社会が買い手を百科事典的知識の保有者とみなしても実際の買い手はそうではない、だから、実際には買い手の知らない商品情報は存在し、買い手は売り手によってだまされることは十分にありうるという前提で物事を考察すべきである、と言っているのだ。マルクスは、商品論では、これ以上使用価値問題には立ち入っていない。しかし、『資本論』第8章「労働日」でこのブルジョワ社会の消費者の百科事典的知識という擬制をあばくような記述を行っている。それは、労働者階級の主食となる安価なパンに含まれる添加物問題である。

「聖書に精通しているイギリス人のことだから、人間は、神の恩寵で選ばれた資本家や地主や冗職牧師でない限り、額に汗してそのパンを食うべき運命を背負わされているということは知っていたが、そのイギリス人も、人間は、毎日そのパンとして、明礬や砂やその他のけっこうな鉱物性成分は別としても、腫れものの膿や蜘蛛の巣や油虫の死骸や腐ったドイツ酵母をまぜ込んだいくらかの量の人間の汗を食わなければならないということは知らなかった」(注12)

マルクスはこうした情報を「食料品の不純製造に関する下院委員会」の報告書や医師のアーサー・ハッスルが書いた「摘発された不純製品」、あるいはH・S・トリメンヒーアの報告書『製パン職人の苦情に関する報告書』（1862

年）などから得ていた。また、マルクスは、フランスの化学者シュヴァリエが商品のごまかし製造について書いたとされる論文の記述として、砂糖については6種類のごまかし法があり、オリーブ油で9種、バターで10種、食塩で12種、牛乳で19種、パンで20種、ブランデーで23種、小麦粉で24種、チョコレートで28種、ぶどう酒で30種、コーヒーで32種あるということを紹介している。シュバリエは食品の検査をしていた化学者のようで、600種類の食品検査をしていたという。(注13) しかし、マルクスはこの使用価値をめぐる虚偽的な状態を商品論の使用価値の理論的な分析に生かすことができなかった。実は、この600種類に及ぶ「偽物」が生み出す世界こそが、当時の大衆的な消費生活の風景を形成していたのである。そこには、既に、20世紀の大衆消費社会を予感させる欲望の喚起の構造が萌芽的に見いだせるのである。

マルクスは商品論で使用価値を次のように定義している。

「商品は、まず第一に、外的対象であり、その諸属性によって人間のなんらかの種類の欲望を満足させる物である。この欲望の性質は、それが例えば胃袋から生じようと空想から生じようと、少しも事柄を変えるものではない、ここではまた、物がどのようにして人間の欲望を満足させるか、直接に生活手段として、すなわち需要の対象としてか、それとも回り道をして、生産手段としてかということも、問題ではない」(注14)

（注12）『資本論』264ページ。
（注13）さらに、興味深いのは、こうした指摘に続いて、マルクスは「主なる神でさえもこの運命は免れない。ルアル・ド・カル『聖体の偽装について』パリ、1856年、を見よ」と書いている。ところが、このルアル・ド・カルという人物およびこの著者については巻末の文献リストには載っていない。
（注14）『資本論』同上49ページ。

ここでマルクスは「外的対象であり、その諸属性によって人間のなんらかの種類の欲望を満足させる物」と定義しているが、この「外的対象」という認識は狭すぎ、厳密な意味で捉えれば、物だけを指すものと理解できるし、事実、経済学が商品として主として念頭に置いているのは物としての商品であった。しかし、こうした「外的対象」だけが使用価値なのではない。またそれは、サービスのような非物的商品を想定すればよいということでもない。たとえ物的な商品であったとしても使用価値はまた、その供給者が意図的に込める欲望喚起の意味作用の媒体としての「外的対象」とは無関係なある種の記号論的な存在でもあるのだ。商品の使用価値についてのここでのマルクスの理解を「消費様式」という観点から見直したときには、「欲望の性質は、それが例えば胃袋から生じようと空想から生じようと、少しも事柄を変えるものではない」というふうに簡単には片付けられない。19世紀の消費生活も、即物的で、生理的要求の充足に限られた単純なもので、簡単に誰もが百科事典的な知識を持ち合わせているとは必ずしもいえず、この世紀が拡張した市場経済を基礎に、20世紀はさらにより一層商品の使用価値に多くの選択の幅をもたせ、大量の広告などによる消費生活情報を氾濫させたのである。こうして「消費様式」は生産様式とならんで「富の基本形態」たる商品の性格を決定する要因であると言っていいのである。

しかし「消費生活」の内部に立ち入った議論が見られるようになるのは、20世紀にはいってからである。その最初の試みは、ソースタイン・ヴェブレンによる『有閑階級の経済理論』だと言っていいだろう。さらに、1950年代になると、アンリ・ルフェーブルが、そして、60年代にはジャン・ボードリヤールなど特にフランスのマルクス主義やその影響を受けた人々が「日常生活」と資本主義の関わりを問題にし始める。例えば、ギー・ドゥボールが1967年に書いた『スペクタクルの社会』（木下誠訳、平凡社）は次のような書き出しで始められている。

「近代的生産条件が支配的な社会では、生活全体が巨大なスペクタクルの集まりとして現れる。(注15)」

ドゥボールは、『資本論』で「巨大な商品の集まり」と述べられていた部分を「巨大なスペクタクルの集まり」と言い直している。そして、「社会の富」のかわりに「生活全体」という表現が見られる。いつも何か「わくわくするもの」や「おもしろいもの」「刺激にあふれたもの」「めずらしいもの」「新しいもの」を求める資本に煽動された私たちの日常生活をドゥボールは「スペクタクル」と呼んだのだ。これは、「消費様式」に焦点をあてて資本主義を見ようとした典型的な例であろう。

●

使用価値の自明性は、商品本体を使用価値そのものとみなす前提にたってのことである。しかし、私たちは実の所何が使用価値なのかについて本当の所を知っているとはいえない。例えば、自動車を買おうとする「消費者」にとって、自動車という商品の使用価値は、自動車の本体にあるというのが経済学者の共通理解である。だが、自動車とはいったい何なのだろうか。「ガス主に揮発油・重油などを燃料とする発動機を装置し、その動力によって車輪を回転し、軌条によらずに道路上を走る車」これが『広辞苑』(初版)の定義であり、経済統計によれば、自動車とは「輸送機械」として分類されているものだが、誰もこんな言い回しを自動車についての的確な表現とは感じていない。むしろ「アウディは、誇示するためにある車ではない。」「その静かなる美しさが、アウディの血統です。」「クルマを愛する大人たちの夢、今年もお届けします」(マツダ)といった広告のコピーの方がずっと自動車の実感に近い意味を表現している。

(注15)ドゥボール『スペクタクルの社会』、前掲。

このことは、ひとつの非常に重要な観点を示している。それは、これらの広告のコピーは、自動車についての辞書的な意味に一切触れていないということである。説明するまでもなく、自動車は私たちの日常生活の「必需品」としての位置を占め、誰もが既にその辞書的な意味を知っているからである。それは私たちが「百科事典的な知識」を持っているということではない。自動車が自転車や飛行機とは異なる輸送機械であることを知っているというにすぎない。それが商品化されるということは、この辞書的な意味で自明のモノを、日常生活や人々の形にならない曖昧な欲望や世界についての経験と結びつけて、人々にそのモノの所有が他のモノの所有によっては得られないであろう（非経済的）価値を生み出すことになる。それは、差異化とか差別化と呼ばれることでもあるが、必ずしも商品の物的使用価値やサービスのメニューの細分化といった機能的な意味だけのことではない。

こうしたモノの使用価値についての性質は、経済学よりも記号学や社会学で多くの議論がなされてきた。ロラン・バルトは『モードの体系』で、モード雑誌におけるファッションについての記述を詳細に分析した。バルトは、ソシュールの言語学をふまえながら、衣服そのものと衣服についての記述を厳密に区別した。衣服は、言語で表現される場合と、写真などのイメージによって表現される場合がある。両者とも現実の衣服を導くものだが、「現実の衣服ははじめの二種類とはちがう、第三の構造をかたちづくっている」(注16)という点を分析の出発点に据えた。これは、ソシュール以降の言語学ではごく普通に行われている方法的な前提だが、経済学では商品本体と、書かれたりイメージされたものとを区別することは一般には行われてはいない。経済学は、書かれたもの、イメージされたものと商品本体とは同一のもの、前者は後者の単なる表現、反映としかみなされていない。従って、経済学が商品として指示する対象は、サービスも含めて主として「モノ」そのもの、言い換えれば所有権が設定されて、貨幣と引き替えに所有権の移転が生ずる「モノ」であった。

しかし、いうまでもないことだが、商品本体と書かれたものとは同じではない。例えば、現物の衣服は、実際に身体に着用することができ、外部の環境から身体を保護できるが、紙に書かれた「衣服」という文字にはそうした機能はない。しかし、書かれた「衣服」は現物の衣服を指し示すことによって、現物と同等の機能を観念的に体現するもののように観念される。こうした言語学上の区別が経済学が対象とする商品の性質を分析する上で意味があることなのだろうか。このことは、上で見たように所有権の移転をこうむる「モノ」ばかりでなく書かれたりイメージされた「モノ」もまた商品の不可欠なある「部分」を構成していると言えるのかどうかにかかっている。結論を先取りすれば、書かれた——あるいはイメージされた——商品なしに、商品本体だけを商品とすることは不可能であり、交換関係はこの書かれたり、イメージされた商品——情報化された商品と呼んでおく——なしには成り立たない構造を本質的に有している。このことは、商品という存在が、市場において果たす機能が、人間の欲望や価値観などに深く関わり、また、ラディカルな社会変革の自己否定的な要素をなすという側面とも関わるものなのである。

書かれた衣服、あるいは写真やビデオなどの映像としてイメージ化された情報化された商品を一切捨象した現物としての商品がそもそも存在できない、というのはどういうことなのだろうか。商品が商品である条件は、買い手という他者が予定されるということである。商品の売り手にとって、商品はまさに「現物」としてある。しかし、買い手にとって、商品は「現物」として自らのもとにあるのではない。ルフェーブルの表現をかりれば、「私の手の中では物であるが、ショウウインドウのなかでは記号である」(注17)と言うように、買い手が「欲しい」と感じている商品の有りようは、買い手のイメージとして存在するのであって、それを商品本体そのものとみなすわけにはいかないのである。しかも、商品の売買関係の実現が、買い手による購買行為によってしか最終的には実現できないとすれば、買い手にとっての「商品」のイメージこそが売り手にとっては非常に重要になってくる。このことは、売り手にとっては、

(注16) ロラン・バルト『モードの体系』佐藤信夫、みすず書房、15ページ。
(注17) アンリ・ルフェーブル「商品形態と言語表現」、『言語と社会』広田昌義訳、せりか書房所収、319ページ。

自分の売ろうとしている商品について、買い手に購買欲望を喚起するようなイメージをどのようにして買い手に伝達するか、という問題として現れる。つまり、まず、売り手と買い手の間で成り立つ関係は、現物としての商品そのものをめぐる関係ではなく、この現物に先だつ情報化された商品、イメージとしての商品をめぐる関係なのだと言っていいだろう。これは、人びとが日常生活の水準で暗黙のうちに資本主義のシステムを肯定する感性的な基盤をなすものである。

商品本体と情報化された商品存在とは物理的に不可分なわけではない。むしろ、物理的にはいくらでも切り離すことができるし、情報化された商品は商品本体とは全く無関係に見えたり正反対に見えるような「意味」を担うことすら可能である。しかし、例えば「衣服」とか「自動車」といった商品を指示する一般名詞や「アルマーニ」とか「ヴォルヴォ」といったブランド名は、現物が商品として存在する上で不可欠な条件である。そして、なによりもこれらの現物に付与された使用価値の名称が価格というもう一つの表示を伴うことによって、はじめて商品として買い手に認知されることになる。言い換えれば、市場で売り手と買い手が、コミュニケーションするために情報化された商品こそが必要なのであって、むしろ現物の衣服は必ずしも必要ではない。(注18)売り手は、自分が売ろうとしている商品が「衣服」と呼ばれるジャンルに属するものであることを知らなければ販売活動はできないし、買い手も自分が買おうと思っているものが「衣服」であることを知らなければ衣服の販売店に出向いたり、広告やパンフレットを集めたりすることはできない。こうして、商品論とは、実物としての商品のほかに、言葉やイメージによって表現された商品を欠くことができないのである。

この意味で、バルトの「モードの体系」は、商品の使用価値が情報化されているレベルにおいてどのような性質を担っているのかを検討する上でひとつの重要な観点を提供している。ここでは、バルトがどのような方法で現物とことばによる表現とを区別しているのか、また、その区別が現物との接点において有する社会的な意味、とりわけ文化的、イデオロギー的な機能について検討しておこうと思う。

バルトは「ことばが担っているものは決して現実の対象物の任意の集合ではなく、（少なくとも理念の上では）既に意味作用の体系として構成されているもの、すなわち衣服の特徴群なのだ」と言う。つまり、ことばで表現されたものと現物とをはっきりと区別するだけでなく、「現実の衣服の体系は、みずからの意味作用を構成するためにモードが必要とする自然の地平線［舞台］でしかない」と言うように、ことばが現実の衣服によって規定されているのではなく、逆に現実の衣服が私たちに「現実の衣服」として認識されるためには意味作用の体系としてのことばが不可欠であることを強調した。（注19）

さらに商品論としての観点からバルトの議論を検討する際に重要なことは、ことばによる意味作用が流行のように多様でうつろいやすい表現を多用する理由を「経済的」な事情、要するに「商業主義」に由来するものだと指摘している点である。売り手は消費者が合理的な、物の耐久性や技術的な要素――生産者が物の生産の際にコスト計算の基準とするような経済合理性――によって消費を行うのではなく、ことばによって生み出された意味作用に促されて消費するように消費者を方向付けようとする。（注20）

（注18）その最も極端なケースが通信販売である。極端であるが、しかし、決して例外的とはいえない普及をみせているのはいうまでもない。

（注19）同上、8ページ。

（注20）現物としての衣服には「工芸的」要素があり、これは生産者、あるいは供給者を規定する要因だが、イメージとしての衣服を「消費」するモード雑誌の読者としての消費者を規定するものとは言えない。「イメージとしての衣服と造形的構造や書かれた衣服の言語的構造に対して、現実の衣服の構造は工芸的［テクノロジック］であるといわなければならない。この構造をつくっている単位は、製作の行為が残す様々の跡であり、それらの行為達成の目的、物質化されたもろもろの目的にほかならない」（同上、16ページ）

「買い手の経済意識を煙に巻くために、対象［物］の前にイメージや理由や意味のベールをかけ、その周囲には食欲をそそるような間接的な実体をたくみに構築し、要するに現実の対象の擬似物を創り出す必要がある。そして消耗という鈍重な時間の代わりに、毎年恒例のお祭りさわぎによってみずから自由自在に消滅していくような高貴な時間を置き替える必要があるのだ。われわれの集団的な想像の世界（略）の源が商業的なものだということは、それゆえ誰の目にも覆い隠せるものではない。（注21）」

ここにみられる「現実の対象の擬似物を創り出す必要」という表現に端的に示されているように、もはや商品としての衣服とは、現物としての衣服によって定義づけられるものではなく、対象の擬似物こそがむしろ商品としての衣服の使用価値の「意味」を担うものなのである。そして、そうであるが故に、現物を取得し、それを実際に消費するという行為は鈍重な時間に変容し、もはや消費者の主要な関心にはならず、現物としての商品を獲得するまでの「お祭りさわぎ」こそが商品の使用価値に属する第一の機能となるのである。バルトはこうした状況を私たちの「集団的な想像の世界」であるとともに、この世界を生み出した根底にあるのが商業主義であることを指摘しているのである。

こうして、「欲望を起こさせるものは対象［物］そのものではなくて名前であり、人に物を売るのは夢ではなく意味のしわざなのだ（注22）」というラディカルな逆転を指摘する。このバルトの指摘でも先に引用したルフェーブルの指摘からも言えることだが、シミュレーショニズムや商品の記号化は高度な消費社会、あるいはポストモダンの資本主義に対して限定的に用いられるべきではなく、商品の性格一般に妥当するものとして拡張できるということなのである。

ところで、バルトがモードの分析で「ことば」にこだわったことによって、ことばが現物の衣服との関係でどのような機能を持つのかが非常にはっきりと示されることになった。バルトは、写真などの知覚イメージは、衣服をどのように読むかについて、見る側の選択の自由の幅をかなり許すために「イメージの意味は決して確定しない」のに対して、ことばは意味を確定する性質があるという。(注23)

「ことばはこの自由を、そしてまたこの不確実性をも、取り除いてしまう。ことばはあるひとつの選択を示し、それを押しつけ、このドレスの知覚［視線］が（こちらでもなく、あそこでもない）そこに止まることを命じ、ドレス読み取りのレベルを、その布地に、そのベルトに、飾りのついているアクセサリーに、固定する。どのことばもこのように、言わば目から代理を委任されて選択をおこなうという限りでは、権威の機能をほしいままにする。イメージは無限の可能性を造形し、ことばはただひとつの確実性を定着する」(注24)

つまり、「一般的にことばはイメージに《知識》をつけ加える」ものであり「ことばは、目に見えぬものを公開する技術なのだ」というのである。だから、衣服の流行とか流行遅れとかも、衣服そのものによってではなく、衣服を表現する「ことばの抽象体系」に依存する。ことばは現実の衣服が鮮明には表現し得ない「関数的な対立の体系（例えば《ファンタジー［変わり形］》／《クラシック》）を与えることができる。(注25)」というのである。端的に言えば、「記

(注21) 同上。
(注22) 同上、9ページ。
(注23) 本稿では、主として「ことば」を分析するバルトの議論に限定して検討している。周知のように広告の分析や商品のイメージの分析にはこれだけでは全く不十分である。しかし、本稿の課題は、こうした分析を行うことではなく、従来の経済学やマルクス主義が前提していた「実物」としての商品という捉え方の問題点を明らかにすることにある。その限りで、「ことば」だけに議論を限定したとしても、決してなんら問題をひきおこすことにはならない。
(注24) 同上、27ページ。
(注25) 同上、28ページ。

述された衣服とは断片的な衣服なのだ」(注26)と言う。

バルトは、《シェットランドのしなやかなドレスにバラの花をステッチしたベルトを高くしめて》という例を示しながら、ここで語られているドレスは、ドレスの部分にすぎないことを指摘しているが、ことばによって言及されている衣服の部分こそが衣服の価値なのである。

「雑誌がそのベルトは革でできていると語っているとすれば、それは、その革こそ絶対的な価値をもっている（そして、例えばその形は問題ではない）ということだ。雑誌がドレスの上に見えるバラの花について語っているならば、それはバラの花がドレスと同じほど価値をもっているということである。(注27)」

こうして、「衣服の体系は言語体系にめんどうをみてもらっている」(注28)と言える一方で、ことばが介在することによって、本体としての使用価値は、その統一性を失う。現物の使用価値は言語の線にそって分解され言語の命令によって「付属的なものと本質的なものとの区別裁定」が下される。(注29)あるいは、ことばは、構造づけの道具であり、写真などのビジュアルな表現に対して、それを見る者に、順路づけを与える。それは、単に対象の美的価値の賛美ではなく、「ディテールのただの集まりをまさに有機的に組織された集合として組み上げる様々の根拠を、分析的に、知性で理解できるようにしようという」「構造づけの道具」「イメージの知覚に方向を与えさせる」(注30)道具なのである。

このバルトの指摘は商品にも適応可能な議論である。つまり、商品もまた、そのモノ自体とは別に、ことばによって表現されることが避けられないということであるが、その際二つの重要な観点を提起していることになる。一つは、売り手は、商品という現物を抱え込みながら、この現物を言語的な方法で「断片化」しなければならないということである。しかし、第二に、この断片化は売り手が買い手に対して発するメッセージとして断片化されるのであって、断片化には、純粋にこの物の使用価値――純粋な使用価値なるものがあるとしての話だが――の契機を越えて、商品としての物が有する価格や買い手の欲望のあり方についての売り手の想像、操作、干渉が含まれているのである。

バルトは、衣服という記号表示部に対してその記号意味部が世界に関する用語の形で言い表されている陳述、例えば「レーシング・コースではプリントが全盛です」といった例を取り上げて、次のように分析してみせる。

「レーシング・コースでプリントを着るということが、新たな記号意味部すなわちモードに対して、それを意味する記号作用部となる。しかし、この［モードという］意味部は、世界と衣服の等値関係が《書かれ》ないかぎりは顕在化されないのだから、モードは記号意味部として持つ体系3において記号作用部となるのはまさにこの等値関係のノーティション［注目され、表記されたということ］そのものである。単に《表記された［ノートされた］という事実》によってモードは、プリントとレーシング・コースとの関連は、体系2のレベルでは単にデノートされているにすぎなかったものだ。この体系3（《プリント》＝《レーシング・コース》＝『モード』）のおかげで（略）社交的な陳述全てがモードを意味することになる」（注31）

（注26）同上、29ページ。
（注27）同上、29ページ。
（注28）同上、46ページ。
（注29）同上、29ページ。
（注30）同上、30ページ。

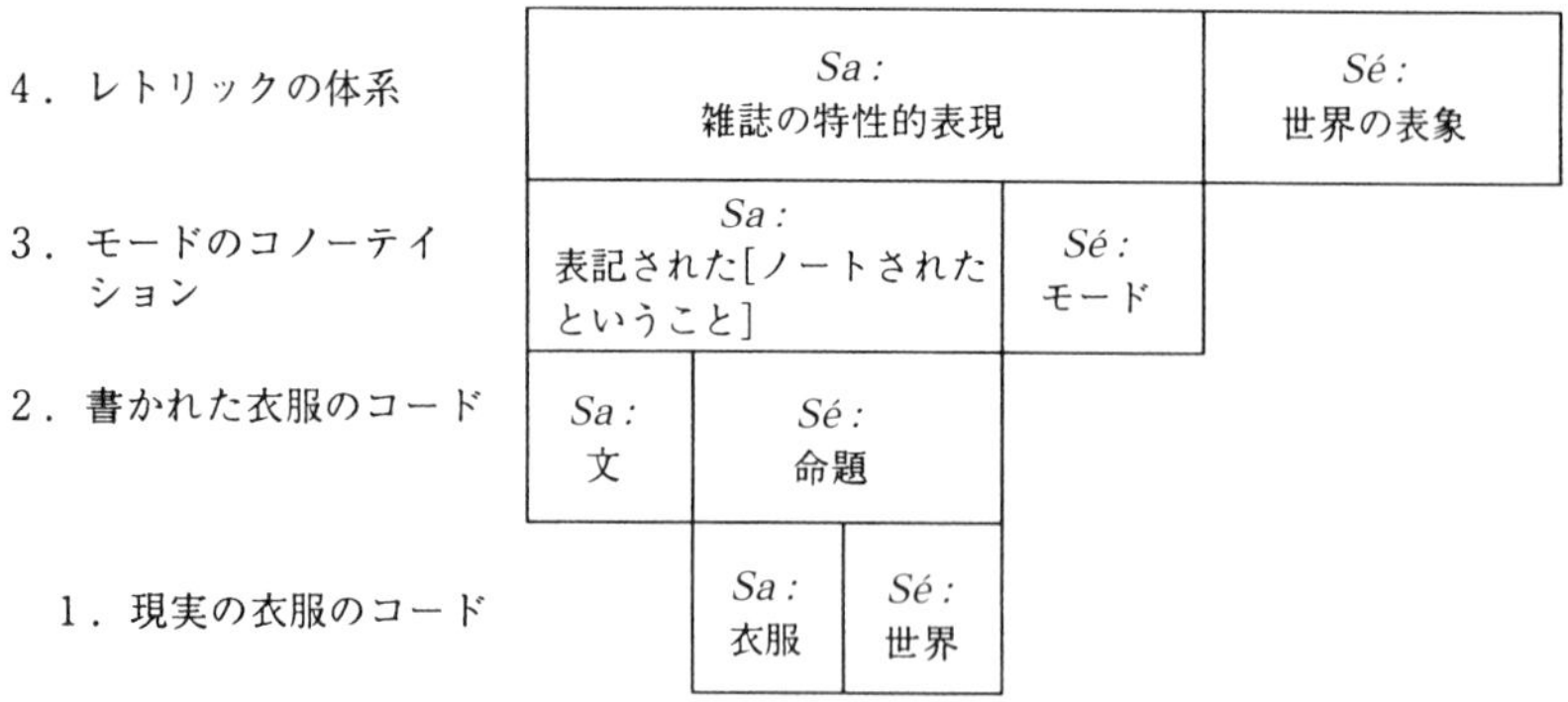

4．レトリックの体系	Sa: 雑誌の特性的表現			Sé: 世界の表象
3．モードのコノーテイション	Sa: 表記された[ノートされたということ]		Sé: モード	
2．書かれた衣服のコード	Sa: 文	Sé: 命題		
1．現実の衣服のコード		Sa: 衣服	Sé: 世界	

以上の説明は、図の現実の衣服のコード、書かれた衣服のコード、そしてモードのコノーティションの三つの説明である。しかし、これで完結するわけではなく、この三つの体系を総合する4番目の体系が存在する。それがレトリックの体系と呼ばれるものだ。

「記号作用部は完結した形としてのモードの陳述であり、それによって意味される記号意味部は、雑誌がみずからいだいていてしかも人々に与えようとしている世界とモードの表象なのだ。（略）雑誌の特性的表現［フレーオロジー］がコノーテイションのメッセージを構成し、それがある種の世界観を伝えることになる。だからこの第4の、最後の体系をレトリックの体系と呼ぶことにしよう。[注32]」

雑誌というメディアが与えようとしている「世界とモードの表象」は、「世界観を伝えること」つまり、イデオロギーの生成なのである。[注33] しかも、「コノーテイションとは一般に、〈自然な〉外観のもとに意味作用を覆い隠してしまうことなのだ」と言うように、このコノーティションは、「意味作用」という概念に込められがちな作意や意図を越えねばならない。コノーティションがコノーティションとして機能できるかどうかは、この点にかかっている。従って、バルトが差し当たり分析の対象としたモード雑誌の記事であれ、商品広告や商品をめぐることばであれ、このレトリックの体系の持つイデオロギー生成機能、あるいは世界観の提示機能は避けることができない。このレトリックの体系として結実する部分は、経済学的な商品の使用価値概念では捉えられない部分である。なぜならば、使用価値を支える労働は、具体的有用労働であり、この労働は、抽象的人間労働と一体となった労働の二重性の一方の側面を意味し、従って商品の実物としての使用価値の生産に付随する労働しか含まれないからである。

多分、バルトに代表される記号論に問題があるとすれば、レトリックの体系やそこで紡ぎ出される意味の問題が、その送り手——つまり、モード雑誌の側——に即してしか解釈されていないということにある。例えば次のようなバルトの記述に、このことがよく表れている。

「記号は（相対的に言えば）随意的である。記号は毎年、意図的につくり上げられるのだが、それをつくるのは使用者たち大衆（それはちょうど言語をつくり出す〈話し手である大衆〉に相当するものと言えるだろう）ではなく、《ファッション＝グループ》というほんの一部の連中の要望であり、さらには書かれたモードの場合なら雑誌類の編集部だといえなくもない。確かにモードの記号は、大衆文化と呼ばれるものの中に生まれ出る記号の例にもれず、個の（ないしは少数支配的な）発想と集団的イメージとの出会うところにある。つまり上から与えられるものであると同時に下から求められるものである。[注34]」

（注31）同上、56ページ。
（注32）同上、57ページ。
（注33）「衣服の記述におけるレトリックの記号意味部は、個人的な主題意識についてではなくいろいろな社会的モデルに基づいて構成された集団的なものの見方『世界観』を形づくっている」同上、315ページ。
（注34）同上、299ページ。

確かに記号は毎年、ファッション産業やモード雑誌によって意図的につくり上げられる。モードはこうしたファッショングループが一方的に生み出せるものとは言えず、「上から与えられるものであると同時に下から求められるもの」とバルトは指摘するが、この記号の発信者と受信者双方による弁証法をバルトの記号論は網羅できているだろうか。物のように、研究室で実験したり、開発できる場合とは異なって、表現に関わる部分は、モードに限らず、資本が一から生み出すことのできないものだ。この部分も、資本やメディアは常にその外部にある日常生活の中から見いだしてくるしかない。それは、記号の生産がコミュニケーションの領域に属し、資本や一部の支配的な少数者の自由にはならないからだ。資本やメディアがやれるのは、日常生活の中で埋もれている大衆の無意識の欲望に形を与えてやること、とりわけ商品の需要に適した形を与えてやることなのだ。しかし、こうして資本が生成する「形」は、それ自体が資本による大衆の欲望についての解釈である以外にないという意味で、解釈の妥当性は、大衆の側に資本の記号が投げ返されて、いかにしてこれを大衆が受容するのか、しないのか、によってしか判断できない。しかもこの過程は無限に往還する過程であるとともに、販売の実現による価格の実現が需給の変動のなかで総体として指示されるにすぎない。どこまでもこれは大衆の無意識それ自体でもなければ、大衆の欲望そのものの資本による商品を通じた実現それ自体でもありえないのである。

この意味で、バルトの記号論では、その記号の受け手、読者や使用者たちの位置づけが過小に評価されている。言い換えれば、バルトの記号論では、メッセージの送り手も受け手もともに同じレトリックの世界にたどり着くことを前提としている。だから、解釈をめぐる対立や摩擦、すれ違いといった日常的にごく普通に起っている事柄が誤差として切り捨てられる。しかし、むしろこの誤差に当たる部分が記号のレトリック部分の弁証法的なダイナミズムを生み出しているのである。従って、この点では、最初から相手を必要とする商品交換関係の分析に記号論のスタティックな枠組みはそのままでは応用できない。記号論が、市場経済との関わりで最もよく利用される分野が広告であるのも、このバルト的な記号論の問題を反映している。多くの広告分析は、その送り手のメッセージ分析にしかなっていないからだ。(注35) このことは、バルト自身の広告についての議論にも言えることであるから、何もその後継者たちに責任の全てを負わせることはできない。例えば、バルトは、「メッセージの言語的レベルだけにかぎるならば、広告の《良い》メッセージというのは、最も豊かな修辞［レトリック］をみずからのうちに凝縮し、人類の夢を表す大きなテーマを正確に(しばしばただの一語で)とらえ、かくして詩そのものを定義するあるイメージの一斉解放(またはイメージによる一斉解放)をおこなうメッセージである、といえよう」(注36)と述べている。ここには、一般論としての「良いメッセージ」に広告の「良いメッセージ」が解消されている。ここでバルトが言うようなイメージの一斉解放を実現できるメッセージは、広告としては、この広告とは別に存在する所有権を設定された「本体」としての商品が売れるということに結びつかなければならないということなのだ。これは、単にイメージの解放ということではすまされず、広告の受け手が、自分の所有する貨幣を手放すという購買行動を実践するということを含まなければならない。その際

（注35）例えば、ＡＤＳＥＣ編『ウシ、タコ、さっちゃん』（宣伝会議、１９８４年）では、広告記号論を応用した具体的な分析が試みられている。しかし、そこでは、商品に対して広告が一つの自立した記号領域を形成するものとして理解され、広告に込められている買い手と売り手による解釈の複合的な構造は議論の対象にされていない。本書に収録されている紺野登「〈動物広告〉の記号論」では、広告の発信側の「内容」と受信側の「シニフィエ」が必ずしも一致しないということを指摘してはいる。しかし、「広告」としての機能を特に問題とするとすれば、さらに、商品の価格との関係、そして最終的に受信側である買い手が購買行動に出るという「実践」と結びつくかどうかと言うところまでを論じなければならない。価格と購買の実践という二つの要素は、バルトたちによる文学や芸術の自立した表現についての記号論的な分析では直接議論されない部分であるが、むしろこの部分が広告を分析する場合には不可欠になる。記号論は、はたしてこうした複雑な条件をクリアできる道具立てと言えるかどうかがむしろ問題にされるべきだろう。

（注36）ロラン・バルト「広告のメッセージ」『記号学の冒険』花輪光訳、みすず書房所収、１９８８年、75ページ。

には、価格という多くの広告に必ず表示されるメッセージが――たとえいかに小さな表示であったとしても、あるいは全く広告から隠されていたとしても――重要な「意味」を持つことになる。バルトの分析にはこの「実践」の分析が最初から意図的に考慮されていないのである。

マルクス主義の場合、土台―上部構造論の伝統のせいで、経済学が対象とするような物の生産、流通、消費の分野は、文化やイデオロギーとは切り離された領域として扱われがちだった。言い換えれば、商品はイデオロギーや文化とどのように関わっているのかについてはマルクス経済学は議論してこなかったし、逆に哲学は商品論としてこの問題を論ずることはまれだった。こうして、経済学が、批判的な商品分析において、その表象分析を無視したとすれば、バルトや多くの記号論は商品の表象が「商品本体」と通底し、経済的な行為を媒介するという点をほとんど無視してしまった。従って、分析のレベルを商品交換を含意するコミュニケーションとしての記号、そしてそこにはらまれる誤解や、誤読、敵対やなれあいといった複雑な相互関係、さらには二次的、三次的な情報の伝播によるメッセージの変容、異文化間のコミュニケーションに伴うメッセージの変容、そしてこれらもろもろのコミュニケーションの過程が同時に実践的な過程でもあるということ、といったより現実的な条件を含めた場合、記号論がそれに対応できる方法を提供できるのかが改めて問われる必要がある。

こうして商品論としての記号論をもし試みるとすれば、コミュニケーション関係とイデオロギー形成の過程に伴う摩擦や調整を組み込むことが不可欠な条件となる。ここでの議論で言えば、衣服のモードの送り手と受け手とが各々形成する記号論的な構造とその両者の総合としての実際のモードの記号体系をコミュニケーションとイデオロギーの過程として議論する必要があるということである。それは、売り手にとっての使用価値と価格、買い手にとっての使用価値と価格をクロスさせるかなり複雑な構造を持つものになるに違いない。バルトの記号論は、現物としての衣服から出発するのではなく、ファッション雑誌のことばによる衣服から出発することによって、現物としての衣服をことばによって分節化された「断片」の集合に解体した。つまり、私たちが衣服として経験しているものが文字どおりの衣服としての全体性を物質としては保持していても、文化的な意味を担ったものとしての衣服はそうではないということを明らかにした。少なくともこの観点は非常に重要なものだ。こうした観点に立つことによって、バルトは、衣服の記号としての構造を分析し、レトリックの体系としての分析のなかで、イデオロギーと文化に触れることができたからだ。つまり、構造主義に特有のドライでスタティックな分析を衣服のコードの分析として積み重ねたその到達地点で、逆にイデオロギーや文化といった、ことばの社会関係に触れることになったのである。これは、なにもバルトに固有なことではない。例えば、ウンベルト・エーコの『記号論』でも結論部分は、イデオロギー論で締めくくられており、イデオロギーや文化の要素こそが記号の存立を支える、そしてまた商品の使用価値を支える最終的審級なのである。しかし、この地点で、表現されたものを越えることができず、実践へといたる過程との間になにかしら越え難い溝をつくってしまっているように見えるのだ。それは、見ようによっては、実践や「実物」などはありえないという結論を導くかもしれない立ち止まりなのだ。しかし、資本も消費者も立ち止まりはしない。資本は、投資し、欲望を煽り、人々は「消費」の渦に巻き込まれる。たとえ、それがただテレビを見るということ、退屈な毎日の繰り返しであってもそうなのだ。それが資本主義を支える「実践」であるとすれば、逆に私たちはこの「実践」に対置できる実践的な拒否を試みなければならない。これは、もはや「ことば」や表象に還元できない問題だ。

●

以上のように、商品分析にとってバルトの記号論的な方法は、幾つかの基本的な問題をはらみながらも、興味深い観点を提起していると言えた。だが、今までマルクスの商品論の持つもう一つの側面、労働との関連には触れてこなかった。その理由については、詳しくは別に論じなければならないが、ここでは二つの点だけを列挙しておく。一つは、商品論で労働に言及することにはそもそも疑問があるということである。それは、一つには、宇野理論の論ずる意味においてそうだという点と、もうひとつは、労働が持つ三つの位相――日常生活における「労働」の相、マルクスの言う意味での抽象的人間労働を含む「労働」の相、そして〈労働力〉再生産過程にくみこまれた労働の相――を明らかにするためには、商品論の枠組みでは不可能だからだ。商品という存在を、単にその本体だけではなく、バルトの言い方を借りれば「書かれた体系」として捉えるとすれば、商品は労働を隠蔽し、労働とは逆のベクトルを持つ表象として表れるという特徴がある。これは、労働の構造を隠されたものにするというだけでなく、日常生活において商品がイメージをめぐる「消費」や「欲望」と結びつくということとも関わっている。これは、クリステヴァのように「労働は後退して、労働の模像が表面を占める。意味（モード）は機能を確立するのであって、生産を確立するのではない」(注37)のだと捉えることもできる。しかし、労働というカテゴリーを再構築することを前提とした場合、逆にこうした記号の作用そのものをエーコのように「記号労働」(注38)とみなすことも私には魅力的なアプローチと思えるが、もしそうだとすれば、労働は、資本の循環過程の生産過程以外の領域にも大幅に拡張されることになる。ここでは流通過程、とりわけ流通費用に関わる論点にだけ簡単に触れておく。

ことばが付加する使用価値問題に経済学が最も接近するのは、多分『資本論』第二巻の資本の流通過程で論じられている流通費用論だろう。しかし、この部分はもっぱら流通に投資された費用が価値増殖とどのように関わるかという価値問題としてしか議論されてきていない。従って、この流通費用が分担するレトリックの体系の領域、あるいは商品のイデオロギー生産機能という方向にはほとんど議論が向いていない。流通費用が販売の促進のためのコストであるとすれば、それは、欲望生産のための投資だとも言える。広告、パッケージデザイン、店舗の設計などから商品本体をイメージや言葉に作り上げ、文字どおり「商品」として語りうるものにすること、そして買い手とのコミュニケーションの場を設定すること、これらが流通費用の内容である。この意味で、流通費用は資本がイデオロギーや文化と積極的に関与し、あるいは干渉し、あるいは作り出す機能を持つものであると言える。こうした観点から再度「商品」と呼ばれるものの「生産」をみると、それは、実物（サービスのような無体物でも構わない）としての商品本体の生産と表象としての——情報としての——商品の生産という二つの生産過程が存在することがわかる。

商品の生産とは、その物質的な諸要素の生産だけをいうのではない。それは同時に、イメージの生産であり、言語による表象の生産を伴ってはじめて「商品」になる。そして、商品本体と表象としての商品は別々の回路を通じて「消費者」と接触する。商品が買い手にまず登場するのは、広告やマスメディアの情報、口コミに代表されるように、一般に言語や写真などを通じてである。それらは、店舗で現物として確認されるが、店舗で出会う現物は、現物そのものというよりは、パッケージで包まれて内容物が直接確認できないもの（菓子類、ジュース、コーラ、シャンプーのような液体物、CDやビデオソフトのような情報商品など）もある。これらは、パッケージ情報に接することしかできないが、しかしこのパッケージそのものが既に商品の使用価値の一部をなしていると消費者が考える限りにおいて（そのように消費者が認識するのは、売り手によってそのように認識するように誘導された結果であるという場合が多いことはいうまでもない）、このパッケージは実物としての使用価値に転化するとも言える。しかし、チョコレートが欲しいというときに、そのパッケージを食べてもチョコレートを食べたことにはならないように、パッケージは本体としての使用価値にとって不可欠であるにもかかわらず、実物としての使用価値からは疎外されてもいる。だが、逆に、パッケージなしの「本体」の消費が、消費者の「ブランドの消費」という満足を妨げるとすれば、「本体」だけでもその使用価値からは疎外されているのである。

（注37）ジュリア・クリステヴァ『セミオティケ2、記号の生成論』第二巻、中沢新一訳、せりか書房、1984年、47ページ。

（注38）ウンベルト・エーコは、記号を伝達する行為、つまりなにかの目的で図を書いたり、身振りをしたり、なにかを伝達しようとする行為を「労働」と捉えている。エーコ『記号論』池上嘉彦訳、岩波書店、1980年（講談社学術文庫、2013年）。特に「3.記号生産の理論」参照。

自動車や衣服などはパッケージに包まれているわけではないという点で、商品本体が買い手の目の前に裸で登場する。しかし、自動車のショールームもブティックも、展示のために多くの工夫をこらす。それは、商品本体がおかれるべきある空間の理想的な状況を演出することによって、商品本体の使用価値に売り手が意図する特定の意味を持たせようとするからだ。商品本体は、既にイメージやことばをまとうことによって「商品」として認識される。この意味作用は、広告などの別の回路によってあらかじめ買い手に与えられている商品に対する意味作用と連動している。そして、現物としての商品は、この演出された空間との有機的な関連の中で、使用価値としての意味が形成される。従って、この場合には、パッケージは展示されている自動車を取り巻く空間であったり、ブティックの店舗の空間であったりする。パッケージは空間化されるとも言えるし、商品の使用価値が空間に浸透し、空間と商品が有機的な結合を生み出して特殊な意味作用をもたらすと言ってもいい。こうしたパッケージがパッケージとしての機能を果たすのは、その商品がこの空間化されたパッケージに包まれて資本の流通過程にある間だけである。そして、それは、広告などのような商品の本体とは時間的にも空間的にも離れた商品に関するメッセージと結びついて商品の使用価値を「世界」と結びつけるレトリックの体系を形成するのである。「消費者」はこのレトリックの体系とその流通回路であるパラマーケットが形成する欲望喚起の仕掛けに促されて、「需要」と呼ばれる欲望をかきたてられる。商品は欲望の充足を実現するものと信じられているが、実はこの欲望そのものは商品の実物によって喚起されるのではなく、商品をめぐるレトリックの体系が欲望喚起の根源なのである。従って、人々の欲望は、商品の所有と消費によっては満たされはしない。むしろ、欲望は商品を買い入れるその瞬間に最高潮に達するとともに、充足感もその時点を頂点として徐々に減衰する。商品の物神崇拝的性格と呼びうるものがあるとすれば、それは、物には本来備わっていない欲望喚起と充足という性格が、あたかもその物の本性のように感じ取られるところにあるということができるだろう。

さらに、この資本の流通過程は、最終消費財の売買関係に関しては、〈労働力〉の再生産領域と時間的にも空間的にも共存する多くのケースがあり、レトリックの体系はそのまま日常生活の体系と重なる。例えば、ショッピングという行動は、市場での消費者の行動であるが、同時に、それが気晴らしや家族関係の再生産をかねていれば、〈労働力〉再生産に直接関与する行為でもある。だから、この意味で文化やイデオロギーといった要素をここから排除することはできない。いやむしろ、より積極的に日常生活の文化過程に介入して欲望を商品の有効需要に媒介できるように鋳直す。先に述べたように、流通費用とはそのためのコストであるとも言いうるのである。

都市空間の多くは、消費者の行動する空間として、また、その消費者の欲望やイメージを水路づける様々な仕掛けが仕組まれているという意味で、資本の流通過程の展開の場であり、実物としての商品とイメージとしてのそれが交差する場という二面性を持つことになる。しかし、言うまでもなく、ここで言う「都市」とは地理空間としての「場所」ではなく、イメージとしての都市、情報化された都市、あるいはメディアが伝達する「都市」であり、それは数百人の小村落のなかにも存在するものだ。パラマーケットという情報の回路は、こうした都市空間の遍在化を促し、欲望の種子を散布する。だから、日常生活は、こうしたイメージを運ぶパラ・マーケットと物を運ぶマーケットが不可分に絡み合った、ただひとつの「世界」として存在する。欲望は「物」によって具体化され、限定された「物」は、無限のイメージによってその欲望充足機能を逓減させられて、新たな「物」に置き換えられる。(もちろん、この「物」は「サービス」に置き換えてもかまわない)資本の流通過程は、それが最終消費の場面と接する場合、それは、資本による日常生活をめぐる意味の生産過程となる。これは、「意味の剥奪」であり、身体の搾取の不可欠な過程でもあるのだ。こうして、イメージとしての商品、表象としての商品の生産、流通、消費を語るということは、同時に、この過程がもたらす身体搾取の総過程を視野に収め、改めて社会的工場の部分的なプロレタリアートの問題を浮上させる重要な領域となるのである。(注39)

このようにしてみると、資本の流通過程には、今までマルクス経済学では議論されてこなかった市場の構造とも資本の生産過程とも異なる領域と接合する多くの重要な性質があることがわかる。つまり、この資本の流通過程は、このレトリックの体系としての商品のメッセージを伝達する商品流通の回路とは相対的に区別できるパラ・マーケットと接合しているということである。パラ・マーケットとは、商品の流通、あるいは市場経済と不可分な情報コミュニケーション流通の回路である。市場経済は、モノの流通のシステムとしては非常に効率的で有効なものであるが、市場はそれ自体で自立したシステムであるわけではない。マルクスは市場が、共同体と共同体の間に発生したという表現を用いて、市場が本来的に外部にある共同体——本来的な人間集団の社会組織——に依存するものだったと述べるとき、市場が受け持ってきた機能が物的な生産物の交換のシステムであるということを意味していた。なぜならば、交換の前提には、物の所有権関係が成立していなければならないからだ。他者に対して物を譲渡したり、他者からの譲渡を約束したりできるのは、個人の概念が確立し、私的所有の制度が明確化されることが必要だったからだ。この前提があって、所有権の放棄、所有による排他的な使用と処分といった交換のための条件が成立する。しかし、市場における交換関係が可能となるためには、さらに、価格や商品の使用価値についての情報を買い手に伝達する仕組みを必要とする。商品や市場の情報がより多く人々の日常生活の回路に浸透すればするほど、人々は市場に足を向け、自分の必要とする物を市場から調達するようになる。この情報の回路は、それ自身をも商品化することは必ずしも容易ではない。なぜならば、情報の所有権ははっきりしないからだ。情報は物のように、ある限られた時間や空間の中に限定されて存在できるとはかぎらないからだ。例えば、会話や身ぶりのような場合がそうだ。また、たとえ文字や映像として存在する場合であったとしても、それらは容易にコピーされうる。だから、交換が所有権の交代、一方における使用の禁止と他方の排他的な使用を意味するとすれば、情報の伝播は、情報を伝達する側が情報を失うことなく、受けとる側に情報を伝達できるものだと言える。このことは、情報の伝播を非常に容易なものとし、逆に商品化を困難にする。そもそも貨幣の対価なしにはコミュニケーションを拒否するという関係が一般化されてしまうことは、その性質からいって不可能なことだということは言うまでもなかろう。コミュニケーションの商品化は部分的には可能であり、非常に重要な市場システムの一部をなしても、それは全面的には不可能なのだ。

マスメディアや多くの情報資本は、こうしたコミュニケーションや情報の性質を利用した資本である。それは、パラ・マーケットの回路を排他的に占有し、この回路の利用権を商品化する。テレビならば電波の周波数であり、新聞ならば、読者に至る流通の回路である。商品情報は、広告に典型的なように、こうしたメディアの回路に乗せられて、商品としてではなく、伝達される。こうした構造化されたパラ・マーケットの周囲を、日常生活のコミュニケーションの回路——口コミとか、ファッションや自動車のように結果的に「見せびらかし」の効果を持ってしまう場合とか——が取り巻くことによって情報は二次的、三次的に伝播を繰り返す。商品本体の流通は、こうしたパラ・マーケットによる情報の回路に支えられてはじめてその存在を認知され、その「意味」が形成されるのである。

●

商品批判は、マルクス主義に限らず、資本主義批判の基本的な観点だ。しかし、商品批判が「実物」としての商品批判と情報化された商品への批判を区別できないできたことも事実である。実物に先だって、まず情報化された商品が、伝播し、欲望の渇きを喚起する。既にこうした事態について、ボードリヤールが記号としての商品、シミュラークルとしての消費社会批判として論じていることはよく知られている。ボードリヤールの議論は、もはや「現実」を変えるという実践そのものが無意味だという結論と結びつくポストモダンのニヒリズムを根拠づけるものになったとよく言われる。「ことば」ばかりでなく、表象が生活世界の「実体」を支える準拠点であり、これなくして「実体」

（注39）身体搾取論、および部分的プロレタリアートという概念については、拙著『搾取される身体性』青弓社、および『支配の「経済学」』れんが書房新社参照。

もありえない、いや、実体などそもそもありえない、ということは、商品批判を言語批判や表象批判にすり替え、結局は現実ではなく表象の革命が全てであるという観念論に陥ることになるのだろうか。こうした危険性は大いにあるし、シチュアシオニストの運動に大きな影響を受けたボードリヤールやリオタールが結局陥った隘路がこの点にあるということは、ドゥボール自身が後に批判を投げかけたところのことであった。(注40)

だが、観念の世界、あるいはイメージの領域はもはや「現実」と峻別できる世界ではないとすれば、逆にイメージの世界そのものに、全てではないとしても「現実」を変えうる力が内在しているということもできる。商品はそのイメージとしての構築を妨げられ、消費の欲望を喚起できないものにされてしまえば、それは意識にものぼらないがらくた以外のなにものでもない。全てが、商品の需要として水路づけられる資本主義のパラマーケットは、「実物」としての商品の生産と流通に比べてずっと相手にしやすい領域でもある。商品化が難しい情報、コピーが容易で、大量に散布することも、逆に双方向のコミュニケーションも可能なこの領域は、投資の資金をほとんど持たない私たちが簡単に参入して、その水路を多様に分岐させたり塞いだりすることが可能な領域でもあるはずだ。そうしたパラマーケットのサブバーシブな戦略をどのように構築できるかが、ポストモダニズムを再びラディカリズムの時代に変えうる商品化批判の実践にとっての課題となる。

（注40）Debord, *Comments on the Society of Spectacle*, Verso参照。

出典：情況出版編集部編『マルクスを読む』１９９９年、情況出版。

ナショナリズムの終焉へ向けて――『大東亜戦争肯定論』批判

戦後50年の間に繰り返し登場してきた様々な「大東亜戦争」（以下、私はアジア・太平洋戦争と呼ぶ）の肯定的評価の主要な論点は、中央公論誌上に発表され、1964年から65年にかけて公刊された林房雄の『大東亜戦争肯定論』のなかに何らかの形で現れている。この意味で、「大東亜戦争」肯定派の作品で、本書を超える作品は現れていない。それは、文学者や批評家の場合ばかりでなく、歴史家や研究者でアジア・太平洋戦争を肯定する立場を取る者も含めてそう言うことができそうである。

例えば、1994年秋以降、日本を守る国民会議などが運動の中心となって展開した地方議会における「戦没者追悼決議」の全国運動のなかで、彼らが主張した大東亜戦争＝アジア植民地の解放戦争という戦争観は、本書で林が主張した論理を少しもこえるものではなかった。しかし、林の主張は、それだけ保守派の基本的な歴史観を代表するものとして根付いているとも言える。

林の『肯定論』は、必ずしも論理的に首尾一貫しているわけではない。史料の扱いに極めて恣意性が高く、問題が多いことも比較的容易に指摘できる。（この点は、後述する）しかし、こうした事実や論理による反論によって、『肯定論』を批判するのは、批判の方法としては必ずしも有効ではないかもしれない。なぜならば、本書に述べられている「大東亜戦争」観は論理以前的なところで多くの「日本人」が潜在的に抱いている戦争への評価を言い当てている側面があるからだ。もし、『肯定論』を批判するとすれば、こうした感性的なレベルで本書と同等の歴史観が生み出すかもしれない「共感」のようなものを、私たちがどのような地平で批判できるか、ということにかかっている。林は、社会科学者でもなければ政治家でもなく、文学者として本書を書いたということの重要な意味はここにある。

●

林は『肯定論』の論拠として「東亜百年戦争」の最終局面として「大東亜戦争」を位置づけるから、狭義の意味での「太平洋戦争」「15年戦争」だけをとりあげることではすまない。歴史の幅は、本居、平田学派の時期から戦後60年代までと極めて広い。しかも、この歴史の両端、国学の形成と、60年代の世界的なナショナリズムと日本の高度成長の時代は、むしろ本書の重要な問題意識の核をも形成している。『肯定論』は次のような基本的な観点によって組み立てられている。

・アジア・太平洋戦争は、江戸末期からの日本の近代化の過程全体と不可分である。
・日本の近代化は、欧米列強によるアジアの植民地化の圧力に対する防衛でもあった。
・日本の朝鮮併合や中国大陸、東南アジア侵略は、欧米諸国への対抗であり、アジア民族解放の契機を含んでいた。
・ナショナリズムは本来的に「牙」を持つものであり、国民国家の分立状態の中では、諸民族の対立とナショナリズムの高揚は避けられない。

こうした基本的な観点は、日本近代史についての次のようなマルクス主義的ないしは近代主義的な理解に対する批判を含んでいる。

・日本はアジアを侵略したのではなく、従ってレーニンの言う意味での帝国主義でもなかった
・日本の近代化の過程で、帝国主義的な侵略的性質に「変質」したのではなく、日本の近代化の百年は首尾一貫している。

・日本の天皇制はファシズムではなく、民俗的な基盤を持つものである。

ここでマルクス主義との関わりで重要なのは、ナショナリズムの問題である。『肯定論』の議論を支える根本にあるのは、林のナショナリズムについての強固な信念であるが、このナショナリズムについては、マルクス主義の側も徹底した対立の構図を描ききれないでいた。このことが、実は重要な問題をはらんでいたのだということである。

林のナショナリズムへの心情は、本書の中で随所にみられるが、例えば「どの国のナショナリズムもこの非情の一面を持つ。民族的エゴイズムとナショナル・インタレスト（国家的利益）をぬいてはナショナリズムは成立しない。その故にナショナリズムはまず自国の富強と自主とを望み、やがて膨張主義となる」[注1]といった攻撃的な論調は、彼のナショナリズムの頑固な一面をよく示している。このナショナリズムの非情さやエゴイズム、自国の富強と膨張主義を積極的に肯定するところに現れている。従って、彼は征韓論も、朝鮮併合も日本のナショナリズムにとっては当然の主張であるとして受け入れる。

「〈征韓論〉発生以来、日本が朝鮮に牙と爪をのばそうとしはじめていたことは事実である。が、その狙った的は〈西洋列強〉であり、〈アジアの自主と解放〉であった。〈文明開化〉の名によって西洋路線に従おうとする流れもあったが、日本をひきずったのはナショナリズムそのものであった。ナショナリズムは、民族エゴイズムの強烈な発露である。その直接の対象とされた朝鮮にとっては迷惑至極なものに相違ない。だが、明治6年の〈征韓論〉は性急な出撃策として、〈内治派〉の恐れたのは、朝鮮民族の反撃のみではなかった。当時、朝鮮を属領視していた清帝国の実力

（注1）林房雄『大東亜戦争肯定論』林房雄大人追悼出版刊行会刊、普及版、1976年版、189ページ。

とロシア帝国の南下政策、および間接にこの半島を狙っていた英、米、仏の圧力であった。[注2]」

ここに、林が本書で論じている東亜百年戦争における日本とアジアの関係についての基本的な立場がほぼ現れている。彼は、朝鮮併合の「現実」が決して朝鮮のナショナリズムにとっては許容しうるものではなかったことを率直に認め、ナショナリズムによる対立を認め、日本の国益を最優先にすることを当然のこととして認めている。

「私は朝鮮併合を弁護する気はない。その必要も認めない。朝鮮併合が日本の利益のために行われ、それが朝鮮民族に大きな被害を与えたことは誰も否定できない。ただ私は朝鮮併合もまた〈日本の反撃〉としての〈東亜百年戦争〉の一環であったことを、くりかえし強調する。[注3]」

しかし他方で、次のような文脈では、「変質」を指摘する。

「満州国もまた〈日韓合邦〉が〈朝鮮併合〉に変質したように変質せざるを得なかった。敢えて私は言うが、これも〈東亜百年戦争〉の進展過程に起こったやむを得ない変質であった。戦争は政治の延長であり、政治の集中的表現である。政治の中にも戦争の中にも〈王道〉はあり得ない。〈覇道〉があるばかりだ。[注4]」

「東亜百年戦争」の首尾一貫性を主張するのが林の基調ではあるが、どうしても一貫性を維持しきれない部分がでてくる。とりわけそれは、理想として彼が論ずる「日本のアジア解放」が事実においては、むしろアジア諸民族への抑圧や支配であったこと、その溝に自覚的にならざるを得ない局面になると、彼はこの「変質」と「覇道」を持ち出す。

この一見支離滅裂な主張は、次のような組み立てになっている。林の基本的な観点は、アジア諸国が次々と植民地化される帝国主義の時代にあって、日本の欧米列強による従属や植民地化を阻止することである。この課題は、日本が積極的に欧米列強に対抗して反撃することでなければならない。この反撃のなかで、日本が勝利するとすれば、それは同時に、日本という国家の理念の正統性を証明するものである。そして、この理念が欧米列強に優るものであるとすれば、それは、単に日本だけの理念ではなく、より普遍的な理念になりうる筈である。すなわち、日本の理念は、アジアに拡張することができるはずであり、それによって、植民地化からアジアを解放できるはずである。

こうして、日本の理念は、アジアの理念に、さらには世界の理念に拡張され、重ね合わせられてゆく。言い換えれば、これは、いち早く植民地化を免れ、近代化を実現し、欧米列強の仲間入りを果たした日本には、アジアにはない、欧米と対抗し、さらにはそれを乗りこえうる「何か」があるに違いないという観念である。こうした観念は、近代化のなかで、繰り返し論じられ、現在に至るまで「日本人の優秀さ」を指摘する際に顔をのぞかせる非常にポピュラーな自民族中心主義、排外主義的なナショナリズムの考え方である。

だから、『肯定論』への批判の照準はむしろ、こうした論理の中に見られる林のかたくななナショナリズムへの批判でなければならない。私には理屈の上でも感性的にも彼の激しいナショナルな感情を共有できないが、彼のナショナリズムは決して特別なものだとは思わない。とりわけ、欧米諸国に遅れて近代化の過程を歩み始めた諸国におい

（注2）同上、171ページ。
（注3）同上、166ページ。
（注4）同上、275ページ。

て、植民地化されたか否かにかかわらず、欧米諸国の脅威に晒され続けた国々に生きる人々が、「国民」としてのアイデンティティを模索するなかで、様々な形を取りながら彼のような心性を抱くことはむしろありうることと言っていいかもしれない。しかし、この林のナショナリズムにはごまかしがないのだろうか。林はどこかで自らの欺瞞を隠蔽してやしまいか。

日本の「東亜百年戦争」の歩みを林はさらに、戦後の植民地解放闘争と共通する理念を持ったものとして位置づける。例えば、東京オリンピックについて、林が次のように深い感慨を込めて述べている部分にそれは見いだせる。

「ここにひるがえった国旗は90余、その3分の1近くは〈大東亜戦争〉後の新興国であり、これに中共、インドネシア、北ベトナム、北鮮の国旗を加えて考えれば、私の言いたいことは理解していただけるであろう。／これらの新興国の全てを〈大東亜戦争〉の生んだ息子であるとは言わぬ。それは後進諸民族のおのずからなるナショナリズムの成果であり、ソ連共産主義の反植民地主義政策も大いにこれを助けたことであろう。ただ無用な自己卑下をすてて言えば、あの「民族の祭典」においておどろくべき増加を示した新国旗は帝国主義と植民地主義への弔旗であり、このことのために日本百年の苦闘が何物をも貢献しなかったとは、いやしくも歴史を読む者には言えないことだ。民族の文化と独立、その再綜合はさらにつづいてくりかえされるだろうが、この過程を通じてのみ、地球国家は徐々に形成されるのである。(注5)」

林にとって、戦後の植民地解放闘争も、合州国内部の黒人解放運動も、カストロのキューバも合州国の「白い太平洋」の野望を打ち砕くという一点において、共感しうる運動とみなされている。例えば、次のようだ。

「世界は激動している。アジアのほかにアフリカ諸国があり、中南米諸国の覚醒が始まっている。アメリカとソ連がそう簡単に手を握れるとは思えないし、また第三勢力をねらって中共を承認したドゴール・フランスの登場は世界情勢をさらにいっそう混乱させるにちがいない。アメリカ国内には黒人暴動が起こっているし、黒人の下層にはさらにプエルトリコ人がおり、そのすぐ隣にはカストロのキューバ島と中南米諸国がある。アメリカ全国民が再び「人喰い鬼」として世界の人類を食いつくすことを決意しないかぎり、今後の歴史はアメリカの注文どおりには動かないであろう。(注6)」

こうした林の問題意識をふまえたとき、日本のナショナリズムが西欧(この場合、北米やオーストラリアのような西欧の旧移住植民地地域を含めておく)の支配的な価値観や政治的経済的文化的な覇権に対して、非西欧の民族解放闘争とどこかで共有できるものがあるとみなす林の観点への批判が重要な意味を持つ。

林のナショナリズム論の骨格を形成しているのは、現実の日本の近代化がアジアに対してとった行動に基づいてはいない。先にも述べたようにその行動について、彼は弁解の余地のない過ちのあったことを認めている。しかし、その過ちを越えてなお、彼が肯定しようとしたのが、その理念である。この理念とは、直接的には東亜連盟の理念である。

「私自身は戦争中も現在も『東亜連盟論』の基本原則には賛成である。(略)『東亜連盟論』の中の不滅の要素は何であるか。それは世界の被圧迫民族の解放、植民地主義と帝国主義の終焉、人類せん滅兵器の出現による戦争の消滅

(注5) 同上、311ページ。
(注6) 同上、262ページ。

と、世界の統一による平和の到来を説いた部分である。(注7)」

林は、東亜連盟の思想を日本の近代化のなかの諸思想が最後に到達した地点とみる。つまりその総括的な位置に置く。彼が「東亜百年戦争」の全体を貫く理念史を支えているとみなす思想家や政治家たちとは、江戸期の佐藤信淵、平田篤胤、藤田藤湖、佐久間象山、吉田松陰、江戸末期から明治にかけての西郷隆盛、福沢諭吉、板垣退助、中江兆民、樽井藤吉、大井憲太郎、頭山満、内田良平、宮崎滔天、徳富蘇峰、岡倉天心、陸羯南、高山樗牛、与謝野鉄幹、二葉亭四迷らであり、そして「大東亜戦争」へとつらなる時期では、大川周明、北一輝、石原莞爾たちである。これらの近代日本の政治家や思想家が、果たして文字どおりの「世界の被圧迫民族の解放、植民地主義と帝国主義の終焉」を希求していたのかどうか。結論だけ言えば、侵略と解放の両義的な主張がいずれの場合にもみられ、この両義性が日本のナショナリズムとしてヌエ的に統合されていた。東亜連盟も含めて、文字どおりの被圧迫民族の解放の思想、植民地主義と帝国主義の終焉の思想などとは言い難いものだった。

●

『肯定論』が最初に『中央公論』に掲載された当時、相当な反響があった。そして、『中央公論』1965年7月号は、羽仁五郎の「『大東亜戦争肯定論』を批判する——全ての戦死者にささぐ」を掲載し、さらに9月号では特集「『大東亜戦争肯定論』批判」という大々的な特集を組んでいる。この特集では、井上清、星野芳郎、吉田満、小田実、細谷千博が批判の論文、エッセイを書き、川喜多二郎、武田泰淳、橋川文三、原田勝正が座談会を、また、伊藤隆、宇野俊一、鳥海靖、松沢哲成が共同執筆で文献サーベイの文章を寄せている。また、この年の1月号には会田雄次、加藤周一、堀田善衛、松村剛による座談会「ナショナリズムの日本的基盤」が掲載され、4月号では丸山静雄が「『大東亜共栄圏』の教訓」を執筆するなど、戦後30年という節目ということもあり、また明治100年を目前にひかえ、日本近代の歴史的な節目における戦争の位置づけをめぐって徐々に議論が活発化し始めた時期だった。ベトナム戦争が本格化しはじめ、再び日本が戦争と直接の関わりを持ち始めた年でもあった。そしてまた、日韓条約の締結と高度成長による国内消費市場の成熟を背景として、対外的な経済進出（経済侵略）が本格化し、日本帝国主義の復活のメルクマールとなる年でもあった。

当時の『肯定論』批判はどのようなものだったのか。批判のスタンスは大きく三つにわけることができるだろう。一つは、羽仁五郎、井上清ら、マルクス主義歴史学者による批判、第二に、吉田満や星野芳郎らの自らの体験に基づく批判、そして橋川文三らの思想史の文脈による批判である。（本稿では、紙数の関係から、第二の観点からの批判には言及しない）

羽仁や井上の基本的な批判のスタンスは、マルクス主義の人民史観を拒絶する林の『肯定論』に対して、そもそもその立脚点が異なるという立場からの批判である。マルクスの文字通りの階級闘争と土台―上部構造論から歴史を再構成することには様々な無理があるとはいえ、林が『肯定論』で歴史の原動力を、主として政治指導者、石原莞爾などの満州派の軍人イデオローグ、そして玄洋社などの民間右翼に求めるのに対して、明治維新であれ、自由民権運動であれ、歴史を動かす主体としての人民を対置することにはそれなりの意義はある。アジアの植民地解放も、日本による欧米列強との戦争によって解放されたのではなく、アジア人民の解放闘争、抗日運動によるという観点はないがしろにされるべきではない。

林の英雄史観では、『肯定論』に登場する英雄たちと彼らに体現されている理念が全てであって、無名の大衆が歴

（注7）同上、284ページ。

史の主体として登場することはない。林にはこうした大衆を描く方法がそもそもないのだ。この意味で、井上や羽仁の批判は有効であるが、しかし他方で、井上、羽仁らの人民史観は、あくまで支配階級と戦う正義を体現する人民が主体として想定されることになる。階級的にはブルジョアジーと対立するはずの日本の人民がなぜ植民地の領有から帝国主義戦争へと動員され、また翼賛的な体制を支えることになったのかについて、説得力のある議論を展開することはできていない。

●

伊藤隆ら若手の歴史学者による批判は、明治維新、日清・日露戦争、第一次世界大戦とナショナリズム、太平洋戦争に関して、林の主張を文献によりながら詳細に批判し、『肯定論』が「うっぷん晴しの性格を多分にもった著しく主情的な評論」だと批判している。この共同論文は、文献に基づく反論としては、現在でも有効なものだから、彼らによる史料批判のなかで、特に重要な点を紹介しておく。

(1)　明治維新について。

林は「東亜百年戦争」史観によって、維新の指導者たちの開国・攘夷論を常に欧米列強に対抗するナショナリズムとして描いた。しかし、共同論文で著者らは、橋本左内にしても吉田松陰にしても、「欧米との協調の下に朝鮮・満州・中国を征服する方針」(注8)をとっていたと指摘している。また、「明治9年、黒田清隆が全権使節となって軍艦を率いて朝鮮を訪れ、日鮮修好条規の調印に圧力をかけたやり方は、アメリカ公使館から借り受けたペリーの復命書によって、20余年前、彼が日本に対しておこなった砲艦外交をそのまま真似たもの」であり、欧米列強の武力による侵略という林の主張は、そのまま日本とアジアの関係にもあてはまることも指摘している。

従って、「東亜百年戦争」は、日本が戦っただけではなく、他のアジア諸国もまた戦った。例えば、太平天国の乱は、「民族的抵抗のあらわれ」であり、「かれらの百年戦争は、やがて単に欧米に対してばかりではなく、日本の『侵略』に対する『反撃』戦争ともなり、日本の敗北によって一応民族の独立を達成しえた」(注9)のだ。

(2) 日清戦争から日露戦争

林は、日清戦争を日本の防衛戦争であり、「聖戦」と位置づけている。「聖戦」観は、首相山形有朋が朝鮮を日本の「生命線」と把握するなど、「当時一般的に存在していた考え方」である。戦争を侵略や不正義の行為であると自己規定して、軍や国民を動員する国家はあり得ない。どのような場合であれ、犠牲を伴う戦争の正当化は、防衛のやむをえざる戦いであり、「敵」の不正義をあげつらうことは常套である。従って、林の定義をうけいれてしまうと、「恐らく世に〈防衛戦争〉あるいは〈聖戦〉ならざる戦争は存在しなかった」(注10)ことになる。

では、個々の戦争は、どのような意味で「聖戦」などとはいえないものであったのか。日清戦争は、不平等条約から解放された日本が、「列強と同じ資格を獲得するための戦争」だった。それは、福沢が「脱亜論」で「西洋の文明国と進退を共にし、その支那朝鮮に接するのも隣国なるが故にとて特別の会釈に及ばず、正に西洋人がこれに接するの風に従って処分すべきのみ」とした立場に鮮明に表れている。従って、遼東半島割譲という講和条約も、帝国主義列強の対立の構図の中では、当然ロシア、ドイツ、フランスの干渉を招く国際環境にあった。

林は、日本が「アジアの自主と解放」のために戦ったというが、義和団の乱(1900年)では、「日本は列国とともに出兵し、連合軍の半ばに達する兵力を提供した。この乱は、諸列強による中国分割競争の激化に触発されておこった中国民衆の抵抗であったが、わが国はこのアジア民衆の昂揚を鎮圧するために最も大きな役割を果たし

(注8) 伊藤隆、宇野俊一、鳥海靖、松沢哲成弓文献からみた『東亜百年戦争』」『中央公論』1965年9月号 201ページ。
(注9) 同上、202ページ。
(注10) 同上、203ページ。

たのである」[注11]日本が西欧列強と手を組んだのはこれに限らない。1902年の日英同盟もそのひとつである。日露戦争についても、「少なくとも日本が朝鮮あるいは満州を支配しようとする戦争」だった。また、朝鮮併合についても、日本主導の併合に反対した黒竜会の内田良平を高く評価している点についても、共同論文では「黒竜会の内田や杉山茂丸らが、山県・桂らと密接な連絡をとりながら、朝鮮合併策を実現したことは彼らの山県宛書翰によって明らかである」[注12]と反論している。また、ロシアとの関係では、1907年に日露協商を締結し、「満蒙地域を両国で独占的に分割するという基本方針を協定」し、ロシアという敵からの防衛としての「満蒙」が存在していたのではなく、逆に、ロシアとのパワーポリティクスのなかで、「満蒙」の植民地としての分割が常に日本の最終的な目標であった。ロシアが敵になるのは、この「満蒙」の植民地化に対する脅威であるからにほかならなかった。こうして「日清戦争から朝鮮併合に至るまでの日本の役割は、欧米諸列強の抑圧から『アジアの自主と解放』を実現することにあったのではなく、欧米諸列強とともに『アジアの抑圧』を行ったのであるという事実は何としても否定することはできない」[注13]。

(3) 第一次世界大戦とナショナリズム

共同論文は、林の「東亜百年戦争」論に大正期の記述がみられないことを指摘している。この時期日本は、第一次大戦参戦、シベリア出兵、中国への21ヶ条要求があり、中国では5・4運動、朝鮮では3・1運動、台湾ではやや遅れて霧社事件が起きている。むしろこうしたアジア民衆の闘争こそがアジアの反植民地闘争であって、「アジアの反撃」と言えるものだった。問題は、「こうした新しいナショナリズム＝「アジアの反撃」を、日本のナショナリストがどう認識したか、は極めて重大な問題」であるにもかかわらず、北一輝や大川周明に言及する際にも林はこうした観点に触れていない。林は、北の屈折したナショナリズム、中国の反日ナショナリズムを了解しながらも、「究極のところ中国ナショナリズムとの対決を是認するに至るプロセス」[注14]を明らかにしていないと指摘している。

(4) 太平洋戦争

とくに、満州事変と石原莞爾の「最終戦争論」、そして東亜連盟論に対する林の評価が太平洋戦争期では鍵を握ることになる。張作森の爆殺以後、「奉天政権は中央政府の構造的一部とされるに至り、満州事変直前において、中国にとって満州問題は今やまさに中国全土の問題になりつつあった。(注15)」これに対して、日本にとって満州は、ポーツマス条約や21ケ条要求、そして日清・日露戦争によって獲得された当然の権益とみなす国民感情をその内容とする「特殊権益」であるとみなされた。満州事変は、この対立のなかで生じたものだ。また、石原は、林の「理想主義者」という評価とは逆にむしろ「冷静な戦争哲学をあくまでも持したリアリスト」であるとして、共同論文では、満州についての石原の評価は次のようなものであったと指摘している。

「彼［石原莞爾］は満蒙問題については、9・18事件［関東軍による柳条溝の満鉄線路爆破、満州事変の勃発］前後においてこれが領有論を持し、朝鮮等と同様な総督政治を考えていたのであり、その石原構想にリードされて事変が惹起されたのだから、そもそもの最初から〈王道楽土主義〉による〈満州国〉建設コースが考えられていたとする林氏の考えは全く倒錯しており、読者を誤らしめるものでなければこれを混乱せしめようとするもの、と言わねばならない。(注16)」

（注11）同上、204ページ。
（注12）同上、205ページ。
（注13）同上、205ページ。
（注14）同上、208ページ。
（注15）同上、209ページ。

東亜連盟論も、中国における抗日運動の展開に対応して出された理念であり、林はこの点でも「時間的順序を無視してその前後を逆転」したものだ。日米開戦についても、三国同盟との関わりを無視した林の議論の無理を衝いている。ドイツが1940年5月に西部戦線で大勝利を収めた時期に、日本国内では、これに呼応するように南進論が一気に拡がった。当時の陸軍の資料でも、「南方発展ノ為、対外的ニハ独伊等新興国家群トノ政治的結束ヲ強化」(注17)すべきことを主張していたのであり、著者らは「かくて、欧米列強の一部と提携してアジアを侵略するという明治維新以来のコースが、ここでも採用された」(注18)と指摘する。

当時、まだ若手の歴史家であった伊藤隆らの詳細な批判は、以上のように現在でも十分その反論としての基本的な観点として有効である。ただし、彼らの批判には二つの問題がある。一つは、彼らの批判のなかで、天皇の位置づけ、その戦争責任に関わる問題に触れられていないということである。「文献に基づく批判」という制約があるため、まだ昭和天皇関係の資料も現在ほどは公表されていなかったから、無理からぬところもあったとは思うが、この点の欠落は、少なくとも現在の時点では落とすことができない。第二の問題としては、文献批判の限界の問題である。事実誤認の指摘によって林の主張を切り崩すことは、一面では極めて有効で決定的な場合もあるが(例えば、欧米列強との提携の事実など)、他方では、そうした事実によっては、林の主張の根幹をなしている信念としてのナショナリズムは揺るがないという問題がある。事実関係がどのようであったのかということとは相対的に区別されて、当事者としての歴史や事実の実感にどのようにきりこむことができるか、という問題である。つまり、なぜ林は、欧米列強によるアジアの植民地化とそれに対抗し、アジアを解放する理念を戴いた日本のアジア解放戦争という姿で、当時の日本を捉えたのか、そしてまた現在に至るまで、こうした観点から戦前の日本帝国主義を評価しようとする極めて根深い傾向が見られるのは何故なのか、という問題である。これは、イデオロギーとしてのナショナリズムの問題であり、事実や文献資料によっては覆せない問題である。

当時の林への批判は、強制連行事件や「従軍慰安婦」問題、捕虜の虐待、虐殺あるいはより日常生活のレベルで行使されてきた植民地支配、軍政下での抑圧や弾圧、日本人によるアジアの人々への偏見と差別といった問題全体に、よりたちいって明らかにすべきであるといった指向性はそれほど強くは感じられない。また、歴史学による批判でも、マルクス主義の人民史観や自らの戦争体験という強固なバックボーンへの確信によって、林のようにファナティックな右翼思想は容易に駆逐できるにちがいない、という自信が批判する側にはあるように見える。繰り返し「平和憲法」の風化が指摘されながらも、戦後の「平和教育」と「民主主義」に対する信頼がまだ存在していたように見える。

1995年の現在から見た場合、事態はある種のねじれ現象を示している。日本の戦争責任や戦後補償問題は、当時よりもよりたちいった議論がなされるようになっている。強制連行や「従軍慰安婦」問題は60年代当時は、マスメディアが注目したり、政府が対応に追われる課題にはなっておらず、わずかの人々が関心をよせる課題だった（日本共産党も当時は、日本の加害責任には積極的ではなかったはずだ）。この意味で、事態は大きく進展したと言える。しかし他方で、林の『肯定論』の論調は、むしろ様々な意匠をこらして、拡散し、大衆的な意識のなかに根強く再生産され続けてきた。『中央公論』はもはやマルクス主義知識人を登場させることはなく、論壇ジャーナリズムからいわゆる左翼知識人はほとんど姿を消した。この意味では、人民史観とマルクス主義は大幅な後退を経験した。また、

（注16）同上、210ページ。
（注17）「世界情勢ノ推移ニ伴ウ時局処理要綱」についての陸海軍協会における「提案理由（陸軍案）」1940年7月4日。同上、211ページより引用。
（注18）伊藤隆他、前掲論文、211ページ。

伊藤隆のように、その後の歴史家としての仕事は、むしろ戦前期の日本に対する見方をマルクス主義による歴史観から「解放」し、アカデミズムの側から――つまり、実証的に――日本の「帝国主義」や天皇制の役割についての肯定的な評価を下す道をとる研究者も登場してきている。(注19)

●

林は、意図してかどうかわからないが、昭和天皇が、林のいう「東亜百年戦争」あるいは「大東亜戦争」において、どのような位置をしめるのかという点について、全く言及していない。

天皇制は、林が首尾一貫しているとみなす「東亜百年戦争」の時代に同時に企図され、形成されてきたものである。明治期の近代国家形成に大久保利通や伊藤博文が大きな影響力をもったことはよく知られている。大久保は、近代国家創出に際して、君主の独裁制、「君民共治」の立憲君主制、そして共和制という三つの選択肢を示し、それらを逐次検討する中から、日本の近代国家としての政体を立憲君主制として設計した。大久保は、三つの選択肢のうち「君民共治」に近いシステムを構想するが、「民」にはナショナリズムの意識が希薄であり、「君」としての天皇もまた長期にわたって政治的には無力であった。従って、天皇の権威を構築すること、言い換えれば大衆的な下からの権威の正統化を図ることが明治初期の重要な課題となった。明治維新期に尊皇攘夷が主張されたといってもそれはごく限られた階層に関することだった。佐藤誠三郎は次のように述べている。

「政治的にアクティヴな狭い範囲の〈志士〉階層に対してのみであり、未だナショナルな視野を持ちえない民衆のレヴェルでは〈朝廷あるを知らざる強情の人質〉(略)が支配的であった。〈今日名分を以て少し有志の者は朝廷に尽くす事は当然と相心得可く候へども、未だ一般にはその通りに参りかね候場合之有り〉(略)しかも新政府の実質的中核をなしていた大久保等藩士出身朝臣でさえ、「雲上人」たる公卿層にさえぎられて、天皇と直結することが容易にできなかったのである。従ってかかる「上下隔絶」を打破し、天皇を藩士出身朝臣および民衆の双方に開放することが、天皇の権威を政治的資産として利用する前提条件であった。(注20)」

佐藤は、東京への遷都と地方巡幸は、「宮廷改革を断行するとともに民衆を「皇化」しようという意図によるもの」であり、また、天皇による閲兵式は封建的な領主に対する忠誠にかえて、近代国家の象徴的な権威への忠誠を確立するための政治的なイベントであったことを指摘している。T・フジタニも指摘しているように、近代国家は、同じ生活空間を共有している共同体的な人間関係を越えて、「想像の共同体」(ベネディクト・アンダーソン)を構築しなければならなかった。(注21)これもまた西欧列強の動向を敏感に反映したものであった。首都の権威的な外観の計画的な建設や王室儀礼、万国博覧会の開催などが西欧諸国で19世紀後半以降、活発になり、「伝統」が人工的に作り出されることになった。そうした西欧諸国の状況に重なる時期が日本の明治維新だった。封建的な政治権力が崩壊し、中央政府の権力基盤が確立するに至っていない明治初期の東京は、とうてい近代国家の権威を象徴できる都市とはなりえな

(注19) 伊藤隆は、「昭和史の研究を進展させるためには、まず第二次世界大戦の勝敗及びそれにまつわるイデオロギーから解放されることが必要」であり、戦前の日本を「ファシズム」と規定することは「ミスリード」につながると疑問をなげかけている。(伊藤隆「昭和政治史研究への一視角」『思想』1976年6月号、224ページ)また、伊藤編『日本近代史の再構築』(山川出版、1993年)では、よりはっきりとマルクス主義歴史学との対決姿勢を鮮明にしている。伊藤の歴史観は、林ほど主観的ではなく、史料に基づいた実証主義の立場から、堅実に林のイデオロギーを支える意義を持っている。この意味で伊藤の仕事の意味は林以上に大きいものがある。

(注20) 佐藤誠三郎による解説、橋川文三『支配者の思想』筑摩書房、44ページ。

(注21) T・フジタニ『天皇のページェント』NHKブックス、1994年。また、「想像の共同体」については、ベネディクト・アンダーソン『想像の共同体』リブロ参照。

かった。フジタニは、だからこそ天皇が必要であったのだと指摘している。明治初期の近代国家形成において、天皇はこうした権力のシステムの要請のなかで作り出された人工的な支配装置だった。明治維新期に限らず支配層には、「万世一系」の天皇を絶対視する立場はみられない。むしろ、大衆の政治意識や国家意識などをも勘案する支配者の冷徹な計算がみられる。

明治期の新たな国家体制の基盤が確立するにつれて、天皇主義イデオロギーの強化がはかられてくる。学校教育への国家介入の経過はこの過程の非常にみやすい例である。1886年（明治19年）に教科書検定条例が公布、1888年に紀元節歌を学校唱歌とし、1890年に教育勅語が全国の学校に配布される。明治中後期のこのイデオロギー装置の整備とその浸透は、大正期に一時足踏みする格好になる。これは、大正天皇が意志決定能力をもちえなかったことと全く無関係とはいえないだろう。しかし、逆に天皇の「聖」性を保護するより巧妙な防護システムが形成されるのもこの時期である。

往々にして、天皇と右翼は、一心同体であって、両者を区別することにはさほど大きな意味はないとみなされがちである。とりわけ左翼は、この点の評価が甘くなることがある。しかし、むしろ天皇制がイデオロギー的に右翼の国粋主義や排他的なナショナリズムにのみその基盤を持っているのであるとすれば、天皇制が近代国家の支配的なシステムとなることはできなかっただろう。天皇制が当時果たした機能は、なによりも国民的な動員の基盤であり、グラムシがヘゲモニーと呼んだ機能に最も近いものである。この点から、昭和天皇の昭和維新派の軍人や右翼らへの関わりをみたとき、明らかに、両者の間には状況認識のずれがある。

昭和天皇がとった態度が、軍部革新派とはズレがあることはいくつかの事実のなかで明らかになっている。例えば、田中義一内閣のもとで起きた張作森爆殺事件について、真相究明と軍法会議に犯人をかけることがいったん決定され、天皇にも上奏されながら、陸軍の強硬な反対にあって軽微な行政処分だけになったとき、天皇はこのことを厳しく叱責し、それがきっかけで田中内閣が崩壊する。また、2・26の皇道派将校のクーデタに対して天皇が「朕ガ股肱ノ老臣ヲ殺戮ス、此ノ如キ凶暴ノ将校等」となじり、彼らを鎮圧できないのなら「朕自ラ近衛師団ヲ率イ、此ガ鎮定ニ当ラン」と述べたこともよく知られている。1941年秋の日米開戦が決定される経緯の中で、天皇は開戦には必ずしも賛成ではなかったといわれている。例えば、同年9月6日の御前会議について、藤村道生は次のように述べている。

「6日の御前会議でも、原枢密院議長が外交交渉を主とするべきであると主張した。これに対し、海軍大臣だけが答弁して、統帥府が答えなかったため、天皇は慣例を破って、〈唯今の原の質問は最もである。統帥府は何故答えぬか〉と声を励まして問うたうえ、懐中から西方の海みなはらからと思ふ世になど波風のたちさわぐらむ〉という明治天皇の御製を読み上げ、〈余は恒にこの御製を拝誦して故大帝の平和愛好の御精神を紹述しようと努めているものである〉と付言した。[注22]」

昭和天皇のこうした立場は、戦後の「平和主義」的な天皇神話の形成と、戦争責任は、軍部の独走にあり、天皇には必ずしも正確な情報が伝わっていなかったとする言い訳の根拠として利用されることになった。確かに、昭和天皇のスタンスは、徹底した膨張主義ではないし、冒険主義でもない。その点で、革新派将校や大陸浪人、民間右翼のスタンスとははっきり一線を画すことができる。しかし、昭和天皇は非戦論者ではない。いやむしろ、自らに責任が及ばないということを見極めた上で、戦争への態度を決定するという極めて狡猾な「主戦論」者と言えるかもしれないのだ。

（注22）藤村道生『日本現代史』山川出版、136ページ。

通説では、昭和天皇は結果的には当時の軍部の動きを理解した上で追認した、とみられることが多いようだ。しかし、昭和天皇は決してこうした受け身の姿勢ではなかったことが徐々に明らかにされてきている。従来の天皇の政治との関わりに関しては、天皇を専制君主的に捉えるか、逆に天皇機関説的に捉え、天皇個人の意志が政治には関わらないとみるかのいずれかであったが、最近の吉田裕や中園裕らの研究では、天皇個人とその側近が政治の意思決定過程に具体的にどのように関与したのかについて、より立ち入った研究がなされるようになっている。

明治憲法では、天皇は補弼者を必要とし、補弼機関の一致のもとでの天皇の裁可によって政治的意思決定が行われる。大正天皇から昭和天皇への皇位継承にあたって、天皇の政治的な機能は大きく変化した。大正天皇には、意志決定の責任能力がなかったことはよく知られている。従って、天皇を補弼する制度がむしろ前面に出て、天皇個人の裁可はある種の象徴的な儀礼とならざるを得なかった。天皇個人の意志がストレートに政治と結びつきようがなかったからであるとともに、天皇に責任が及ばず、しかも「聖意」の政治的正統性を保障できる制度が必要だった。これに対して、昭和天皇は、この大正天皇体制を徐々に修正し、政治への積極的な関与が可能なシステムを形成しようとした。

昭和天皇は積極的に大権保持者としての政治への関与を試みるとともに、天皇制は、単なる「機関」以上の機能を持ち始めることになる。例えば、粟屋憲太郎は、昭和初期について、次のように述べている。

「昭和天皇は、天皇機関説的な「立憲君主」の域にとどまらず、大権保持者として自己の意思を国政に反映させることに執着した。この天皇の姿勢を宮中側近は基本的に支持した。ここに西園寺との齟齬が生じる原因があった。ともかく宮中の奥深く、即位とともに昭和天皇は政治的に活性化、能動化し、天皇制国家の中枢で、宮中側近の支援をえながら「政治的君主」の道を歩みはじめたのである。これ以降、天皇の政治的言動を無視しては、政治史は把握できない。天皇・側近は、天皇制国家の主要な政治主体として定置されたのである。(注23)」

張作霖爆殺事件についても、昭和天皇は事件そのものに不満を表明したものの結局は軽微な処分ですませたこと、若槻内閣に対して、1931年の満州事変の不拡大方針を指示したにもかかわらず、朝鮮軍の満州への越境進軍を容認し、関東軍による錦州爆撃についても「当然ノコトナラン」「関東軍目下ノ兵力ハ少ナクハナイカ」などと下問するなど、むしろ膨張主義に加担する言動もみられる。関東軍に対する勅語でも、「満州事変を自衛のためのものとし、『果断神速』の関東軍の行動を全面的に賞賛したものだった(注24)」と粟屋は指摘している。中園は、田中義一内閣期をとりあげて、「昭和天皇が〈聖意〉の政局反映と大権保持者としての存在を志向」していたことを詳細に跡づけている。(注25)中園はいくつかの興味深い論点を提示している。一つは、天皇が現実の政治過程に介入するような発言をすればするほど、現実の政治に対する責任をも問われざるを得ない立場に追い込まれ、これは明治憲法が「神聖不可侵」と規定した天皇の立場とは場合によっては抵触してしまう。天皇機関説はこの不可侵性を保持するためには有効なのだが、それは「聖意」を政局に反映させようとする昭和天皇の意向とは対立することになる。中園は、「昭和天皇の志向と立憲制の維持を両立させるためには、補弼者が全責任をもって〈聖意〉の実践を成し遂げる必要があった」と指摘する。宮中側近は、田中内閣にこうした意味での全責任を担った補弼者の立場を要求したのだが、逆に、田中内閣は元老の全面的な支援を得ていると新聞記者に述べるなど、責任が元老に転嫁されかねない言動をしたため、宮中側近は、「元老への責任転嫁が天皇へのそれに繋がる恐れがある」ことを危惧したと言われている。昭和天皇は、議会情

(注23)粟屋憲太郎『十五年戦争期の政治と社会』大月書店、55ページ。
(注24)粟屋、前掲書、84ページ。
(注25)中園裕「政党内閣期における昭和天皇及び側近の政治的行動と役割――田中内閣期を中心に」『日本史研究』1994年8月号。

報を宮中側近から詳しく入手し、「情報収集力は相当なもの」とみられている。こうした情報をもとに天皇は下問し、天皇の意向を汲みながらも、その全ての責任を天皇にではなく自らの全責任において遂行し、その責任が天皇に及ばないというシステムが、田中内閣期の天皇とその側近の内閣との主導権争いの果てに成立した。

中園は、ここから「宮中秘密主義」という興味深い論点を導き出している。天皇の言葉が不用意に外部にもれないよう、徹底した情報管理が行われるようになる。これは、「国体問題が政府のみならず野党などに、常に政争の原因として格好の材料とされてきたことを防ぐため」つまり「天皇不可侵を貫くため」だった。こうしたシステムによって昭和天皇の「聖意」の現実政治への反映の回路が政治システムとして組み込まれたのである。中園は、次のように述べている。

「天皇は自らが大権保持者であることに自覚と責任を有し、必要とあれば〈聖意〉を積極的に政局へ反映させるべく努めていたということができよう。また人事、議会運営、内政、外交のあらゆる問題に関心を持ち、各補弼機関からの情報を収集して常に政治情勢を監視していたことから、天皇は補弼者に政治の全てを委任してそれに黙従する〈機関説〉的な立憲君主ではなく、側近（特に「宮中側近」）を中心に下問、奉答を繰り返しながら、政局を〈聖意〉に則る方向に向けさせるよう努めていた君主だ。（略）側近の方は基本的には天皇の意向を支持する態度を取っていた。しかし彼らは天皇に盲従していたわけではなく、政治的状況如何で〈聖意〉の発揚を促進及び抑制・制止して〈聖意〉の調節を行っていた。そしてその中心的役割を担ったのが〈宮中側近〉であり、彼らは内大臣を中心に常に合議体制を敷いて事態に対処し、必要時や大事には彼らの合意の上にさらに元老の指示と協力を仰いで、元老との合意の下に事を処理していたのだった。(注26)」

この聖意のシステムと立憲政治のシステムが特殊な近代天皇制の構造を作りだした。田中内閣の崩壊を決定した「聖断」や「終戦」の「聖断」は、現実の日本の政治に対して具体的で明瞭な影響力を行使しながらも、それが天皇の正統性と不可侵性を維持しその政治的責任を回避できたのはこのシステムによる。

言うまでもなくこうした天皇制を支えたシステムの構造が「臣民」とか「国民」と呼ばれた大衆にとって自覚される透明なものであっては意味をなさない。大衆から見える部分は、全ての現実的な政策上の責任をとり、政治的な利害対立のなかで権力抗争を繰り返す政治家や軍部の姿であり、天皇は、「不可侵」のベールによってこうした現世的な利害から超越した位置にあるかのような外観が装われたのである。現実の政治システムのバックグラウンドで作動する天皇の機能は、「聖性」と「世俗性」を両立させるために、明治以降の近代国家形成の中で人工的に考案されたものだった。

この沈黙の統治システムが危機に瀕したことが一度だけある。それは、アジア太平洋戦争の敗戦によって、連合国から戦争責任が問われる可能性が出てきたときである。1946年1月19日に、連合国最高司令官は「極東国際軍事裁判所の設置に関する命令」を出す。極東裁判は、同年5月に開始される。これに対して日本側は、既に敗戦直後から「自主裁判構想」を打ち出し、陸軍軍法会議で「戦犯」の処罰を行おうと画策した。「民心ヲ安定シ国家秩序維持ニ必要ナル国民道義ヲ自主的ニ確立スルコトヲ目的トスル緊急勅令案」がこれである。この「勅令案」の第1条には次のようにある。

「本令ハ民心ヲ安定シ国家秩序維持ニ必要ナル国民道義ヲ自主的ニ確立ス為国体ノ順逆ヲ紊リテ天皇ノ輔翼ヲ謬り、

（注26）中園、前掲論文。

ソノ大平和精神ニ髄順セズシテ主戦的、侵略的軍国主義ヲ以テ政治行政及ビ国民ノ風潮ヲ指導シ、又ハ指導ヲ輔ケ、因リテ明治天皇ノ勅諭ニ背キテ、軍閥政治ヲ招来シ、朋党比周以テ之ニ与ミシ情ヲ識リテ之ヲ助長支援シ、以テ満州事変、支那事変、又ハ大東亜戦争ヲ挑発誘導シ、内外諸国民ノ生命財産ヲ破壊シ、且国体ヲ危殆ニ陥ラシメタル者、施設又ハ社会組織ニ付、之ヲ処断し除却シ、又ハ解消セシムルコトヲ以テ目的トス。(注27)」

この罪状に該当する者は、「反逆罪」として最高で死刑までが課せられるとしている。これは、幣原内閣期に考案されたものとみられているが、このなりふりかまわぬ「国体護持」の弁明は、天皇制の残酷さをむしろ如実に示している。東京裁判史観批判が保守派から繰り返し出されるが、むしろ、それ以上に保守派はこうした自己保身にしか関心のない「国体」そのものを批判すべきであろう。

この緊急勅令が正統性を持つためには、その前提として、昭和天皇が「大平和精神」の持ち主であり、満州事変以降の「侵略的軍国主義」を明確に否定しようとしていたことを具体的に示しておく必要がある。それがいわゆる昭和天皇の「独白録」である。この記録が取られた時期が1946年3月であるということは、昭和天皇の「独白録」が天皇への戦争責任の追及を免れるための証拠づくりという意図を持って、一定のシナリオに即して残されたものではないのかという疑いを抱かせるものだ。この「独白録」は、戦犯訴追という未曾有の事態に対応するために、宮中秘密主義の原則を大きく逸脱した希有な例と言えるかもしれないのだ。(注28)事実、46年1月22日にロンドンの連合国戦争犯罪委員会にオーストラリア代表が提出した戦犯リストには、昭和天皇もリストアップされており、中国、ソ連も天皇の訴追の方針を維持していた。(注29)この意味で、「独白録」は、文字どおりには理解できない。しかし、この天皇制の危機のなかで、「平和主義」の天皇像が創作されてくるわけであり、1946年という時点における天皇と側近による言説として、この「独白録」は史料としてと言う以上に社会学的心理学的分析対象として興味深い。

この「独白録」は、何を意味しているのだろうか。林の議論との関わりで言えば、もし、「独白録」にあるような存在が天皇の戦争への関与であったとすれば、そこには「アジアの解放」の理念もなければ「欧米帝国主義打倒」の精神もない。ただあるのは、戦争というゲームをいかにして勝つかだけに熱中している理念のかけらすらないパワー・ポリティシャンの姿だけだ、ということである。そして、もし、この記録が一定の情報操作のための昭和天皇による「芝居」であるとすれば、そうまでして自らの責任を回避しようとする天皇とその制度を「国体」と仰ぐ「日本」には正義などありようがない、ということである。いずれにせよ、この「独白録」は、林がありもしない幻影に一方的に片思いしていたという非情な現実を暴露することになっている。

昭和天皇は、文字どおりの独裁的な君主であったわけでもなければ単なる「機関」として、内閣や軍部の方針を無条件に受け入れ、形式的な裁可を与える存在でもなかった。天皇という制度は、様々な政治的軍事的な利害を調整するヘゲモニー権力だった。昭和天皇は、大衆的な合意が得られる状況を自ら作り出してきたナチス・ドイツやイタリアのファシズムとは異なる。このことは、事変の不拡大方針を支持するかと思えば、逆に積極的に関東軍の行動を賞賛してみせたりするなど、満州事変期の昭和天皇の混乱した判断によく示されている。彼は、議会や内閣の力関係、軍部の動向、世論などを勘案しながら、大衆的な合意がどのようなベクトルで成り立つのかを慎重に見極めるという一歩引いたところに位置しつつ意志決定に明確な影響力を行使していたのである。そして、敗戦という状況は、彼が考慮すべき補弼機関として、新たに占領軍司令部が加わったにすぎない。

(注27) 細谷千博、安藤仁介、大沼保昭編『東京裁判を問う』講談社学術文庫、132ページ。
(注28) 寺崎英成、マリコ・テラサキ・ミラー編著『昭和天皇独白録』文藝春秋、1991年。
(注29)「寺崎英成、御用掛日記」同上書所収、188ページ参照。

林は、帝国主義としての日本を一貫して否定する。「この百年間に、台湾と朝鮮半島とカラフトの南半と南洋の粟粒島のおこぼれを領有したからといって、どこが帝国主義であるか」(注30)と彼はいう。彼にとって帝国主義とは次のようなことを指す。

「歴史上の帝国主義とは、東洋では大唐帝国、ジンギスカンの大元帝国、大征服者乾隆皇帝の大清帝国、西洋ではシーザーとオーガスタス皇帝の大ローマ帝国、短命なナポレオンの帝国、ロマノフのロシア帝国、太陽の没することなき大英帝国、スターリン・フルシチョフの共産帝国など」であって、日本には「帝国主義国家の名に価する資格を持ち得たことはざんねんながら一度もない。(注31)」

これは、常識的な歴史上の「帝国」を取り出して「帝国主義」と名付け、恣意的に日本をそこから排除したにすぎない。林なりに真正面から「東亜百年戦争」の意義を論じようとする場合の姿勢と比べて、彼の「日本=帝国主義」論批判はあまりにも杜撰であり、全く魅力に欠ける。

ここでは、林の議論の筋道とはやや離れるかもしれないが、「東亜百年戦争」の時代を私達がどのようにみたらよいのかについて、「帝国主義」論の観点から整理してみたい。

林の『肯定論』では、戦前の日本資本主義の経済的な側面については、ほとんど言及がない。しかし、帝国主義としての日本という問題は、資本主義としての日本がどのような状況にあったのかという問題抜きに語れない。また、経済システムという側面から日本のアジア侵略を見た場合、林が『肯定論』で論じているような「アジアの解放」といった側面はほとんど見いだせないことがわかる。

例えば、「満州国」の建国や日本の「満蒙特殊権益」論について、林は東亜連盟の理念があたかも現実そのものであるかのように論じている場合が多い。特に林は、東亜連盟について、次のような『昭和維新論』からの引用によって、その理念を高く評価し、「満州国」もまたそうした理想の実現を目指し、志半ばに挫折し「変質」したとみている。

「日本は断じて領土的野心を持つべきでなく、独立せる諸国家の連盟加入も一にこの自発的意志によるべきである。東亜連盟の指導原理は王道主義であり、東亜諸国の道義的団結である。（略）日本の天皇が東亜連盟の盟主として仰がるるときは、即ち東亜連盟の基礎確立せる日である。しかし、東亜諸民族がこの信仰に到達すべき自然の心境を撹乱しているのは、日本民族の不当なる優越感であることを猛省し、速やかにこの大不忠の行為を改めねばならぬ。天皇の連盟の天皇と仰るるに至っても、日本国が盟主なりと自称することは固く慎まねばならない。（注32）」

林にせよ東亜連盟にせよ、天皇を仰ぐことをアジアの人々に強制しながら、盟主になることを慎むなどということが、成り立ちようがないことであるということを真剣には考えていない。これは、「日本人」向けのプロパガンダであり、決してアジアの人々を納得させる論理ではない。

林は、青年連盟や東亜連盟に「満州国」建国における「五族協和」の理想を信じた人達がいたが、逆に「満州国」

（注30）林、前掲書、117ページ。
（注31）同上。
（注32）東亜連盟編『昭和維新論』、林、前掲書、282～3ページより再引用。

の日系軍人はむしろ「五族協和」には否定的で「掃討と弾圧あるみ」といった態度をとったと指摘している。こうして、「満州国もまた〈日韓合邦〉が〈朝鮮併合〉に変質したように変質せざるを得なかった」「これも〈東亜百年戦争〉の進展過程に起こったやむを得ない変質であった」と言う。こうして、林は、「戦争は政治の延長であり、政治の集中的表現である。政治の中にも戦争の中にも〈王道〉はあり得ない。〈覇道〉があるばかりだ(注33)」と居直ってしまう。もし、政治であれ、戦争であれ「王道」なるものが成り立ちようがないのであるならば、「王道」を主張することは無意味というしかないだろう。

では、そもそも東亜連盟や青年連盟に、林が言うような理念があったのだろうか。確かに林が言うように、東亜連盟の提唱者、石原莞爾は「民族を超えての同志感に燃ゆるに至らねばならない」と述べ、「昭和維新」は「満州建国以来10カ年の間に、単に日本人のみならず、中国人・朝鮮人等、東亜の諸民族の共同生活の体験の上に造られたものであります(注34)」と述べている。ここには、日本民族の優位の主張はなにひとつない。しかし、東亜連盟の「道義政治」の主張、西欧の「覇道」に対してアジアの「王道」を主張するとき、そこには、天皇抜きには成り立たない理念が確固として存在していた。石原は次のように述べる。

「東亜の諸民族が東亜連盟運動即ち王道連盟の本業を正しく把握したならば、天皇を連盟の盟主と仰ぎ奉ることあまりにも自然であると信ずる。此事は今日日本人として声を大にして主張することは慎むべきだと考へながら、此根本問題に対する吾人の信念を東亜の同志に隠すこと、亦良心の許さぬ所であるから、敢えて之を発表するのである。／天皇が東亜連盟の盟主と仰がるるに至っても、日本国は盟主ではない。(注35)」

石原が構想したのは、国家連合の盟主としての天皇であって、日本国は覇権を唱えるべきではないというのだ。当然の事ながら、アジアからは、なぜ天皇を盟主としなければならないのかについての理解は得らなかった。事実、石原は、「我々は陛下の御稜威のもとに共同一致して、八紘一字のわが肇国の精神を少なくとも現在の段階においては東亜の諸民族に充分徹底させなければならないのであります。この事がなかなか解らないのであります(注36)」とその理念の浸透しないことを嘆いている。こうした嘆きは、他方で、「日本は道義東亜の再建、東亜諸民族の大同団結は道義に基づかんとするものであるが、これを阻害するものには、その東亜外と、東亜内とにかかわらず、その反省を促すために実力の行使をも躊躇するものではない(注37)」という発想に容易に結びついていった。これとは逆に、国内的には、東亜連盟は「王道主義」とは言っても「皇道主義」とは言わないではないかとか、国際連盟とどこが違うのか、西欧流の民主主義ではないかといった批判が皇道派から出される。これに対しては、結局の所、日本の覇権を主張する論理によって自己防衛を図っていった。こうして、東亜連盟は、その理念的な部分を見ても、決して文字通りのアジア主義などではあり得ない。結局東亜連盟とは、「東亜」を「日本」に還元する論理以上のものを生み出すことはできなかった。だから、それは松沢哲成が指摘しているように、「客観的にはデマゴギー」でしかなかったし、「理論的・思想的に一致協同あるいは提携すべき理由や条件などが確固として述べ切れなかったので、実践的な積み重ねといったもので埋め合わせようとした(注38)」といった域を出ることはできなかった。もちろん、そのつまずきの石は、天皇に体現された日本のナショナリズムであることは言うまでもないことである。

(注33) 林、前掲書、275ページ。
(注34) 石原莞爾「東亜連盟と興亜運動」『東亜連盟』1941年7月号、34ページ。
(注35) 石原莞爾「新体制と東亜連盟」『東亜連盟』1941年10月号、22ページ。
(注36) 石原「東亜連盟と興亜運動」、前掲、40ページ。
(注37) 阿子島俊治「東亜連盟の本質——連盟論に対する批判を中心に」『東亜連盟』1941年年9月号、29ページ。
(注38) 松沢哲成『日本ファシズムの対外侵略』三一書房、1982年、332ページ。

林が、東亜連盟とともに、アジア解放の理念を掲げたと指摘している満州青年連盟も同様である。青年連盟にはより明確な経済的な利害についての主張がある。満州青年連盟は、その規約によれば「満蒙ニ於ケル邦人青年ノ大同団結ヲ図リ満蒙諸問題ヲ研究シ民族的発展ヲ期スルヲ以テ目的トス」（第二条）とあるように、日本人の利害のみを代表する団体であることを明確にしていた。青年連盟が発行した『満蒙・問題と其真相』（1931年）では、満州の日本にとっての実利的意味がよりはっきりと論じられている。

「満州青年連盟は全日本国民に愬《うった》へる」で始まる「主文」の冒頭には、次のように満州がただ日本にってのみ意味のある地域であることが指摘されている。

「日本は今世界の何処に在るか。／維新の鴻業は国運を開拓して、克く明治の文明を渙発した。大正の一新は東西文明の再融合に努め、遂に日本をして対西欧の地位に躍進せしめた。欧州大戦後、日本は世界の3大強国の範に列したことは、偶々是れを証するものと看倣すべきか、惟ふに、日本は無批判に、日本国民は無批判に此の光栄に坐すことが久しい。／叢爾たる波上の日本を験討して、何処に強国らしき偉大さが在るか。／人口過剰、国土狭少、この悲痛なる二元的命題は、必然食糧難と産業資源難の基因を為してゐる。普天の下、率土の濱、生活難ならざるなく、就職難ならざるなき有様は、啻に世界的景況の如何と、国内経済界の順逆を問はず、須らく是等の範疇を超絶した難象である。この破局的国勢を支持するもの、産業統制か、非ず。国家の施政か、当たらず。伝来の家族制度か、或いは然らん。併もこの封建的形骸的家族制度にして、果たして何時まで是れに耐え得られることか。／破局的日本は何処へ行く。／何人も此の質問に晦渋せざるを得ない。吾人は確信す。日本の国難を抜本的に解決するものは、独り満蒙の開拓あるのみ。／謂ふところの満蒙とは如何、広袤7万5千方里の大自然の裡に、僅に3千万の希薄な人口を擁するに過ぎぬ。この大自然たるや、日本の工業資源をして、百年これに依拠せしめて尚尽きざるものである。吾国の食料問題を解決したる上に、さらに4千万の人口を容るふに足る。この広漠たる自然こそ、将来、発展的日本民族の優生地と為すべきである。(注39)」

ここに明確なように、満州の意味は、日本の過剰人口の吸収先であり、食糧と工業原料の供給基地以外の意味を持っていない。ここには、資本主義のシステムとしての「日本」が当時抱えていた問題の解決という視点しか見いだせない。この資源と人口流出先としての満州という位置づけは、「大東亜共栄圏」としてアジア全体に拡張されていった日本の自給自足の広域経済圏構想なるものが登場することによって、「日満支」がこの共栄圏の「コア」の部分を形成するものへと格上げされていった。

小林英夫によれば、20世紀初頭の東南アジアから極東にかけての地域の国際経済は、大きく二つの「経済圏」を構成していたとみられている。即ち、「大英帝国がマレー半島のゴムと錫を軸にタイ、仏印、蘭印を包み込んで形成した〈東南アジア域内交易圏〉であり、もうひとつが日本による〈東北アジア交易圏〉の形成である。後者は、日本による1895年の台湾領有、関東州、満鉄付属地、1905年の樺太領有、1910年の朝鮮併合とミクロネシア領有(1913年、委任統治)といった一連の植民地形成に伴うものだった。(注40)」

「東南アジア域内交易圏」は、貿易構造が多角的で、アメリカ合州国など域外との交易も重要な位置を占めていたのに対して、「東北アジア交易圏」は、次のように、日本と各地域との単線的な交易関係が中心であった。

(注39)満州青年連盟『全日本国民に愬ふ、満蒙問題と其真相』1931年、1~3ページ。
(注40)小林英夫「東アジアの経済圏」、岩波講座『近代日本と植民地』第1巻所収による。以下の記述も小林論文に負う。

「朝鮮からは米、台湾からは米と砂糖といった食糧が日本に移入され、関東州と満鉄付属地からは大豆や大豆粕などの農産物、農産物加工品、鉄鉱石や石炭などの工業原料、銑鉄など工業製品が移入された。樺太からは材木とパルプが、南洋群島と称されたミクロネシアからは海産物、燐鉱石、砂糖などが移入された。そして繊維や雑貨を中心とした軽工業製品が日本から植民地に移出された。確かに関東州、『満州』と朝鮮、台湾との間での交易はおこなわれていたが、対日移出量と比べればその量は多いものではなかった。(注41)」

そして、台湾銀行の支店網を足がかりに、日本は東南アジア交易圏への経済的な進出を展開してゆくことになる。朝鮮半島から「満州」への展開とこの南方への展開は、日本の資本主義としての工業化と、過剰人口の処理などと密接に関わった資本蓄積システムと労働力再生産システムによって当初から規定されていた。植民地政策は、こうした帝国主義としての日本の性質を極めてはっきり示している。例えば、以下に引用するように、韓国併合に関する閣議決定（1909年7月6日）では、のちの「大東亜戦争」期に主張されるようなイデオロギーは全く見いだせない。

「帝國ノ韓國ニ對スル政策ノ我實力ヲ該半島ニ確立シ之カ把握ヲ嚴密ナラシムルニ在ルハ言ヲ俟タス日露戰役開始以來韓國ニ對スル我權力ハ漸次其大ヲ加ヘ殊ニ一昨年日韓協約ノ締結ト共ニ同國ニ於ケル施設ハ大ニ其面目ヲ改メタリト雖同國ニ於ケル我勢力ハ尚未タ十分ニ充實スルニ至ラス同國官民ノ我ニ對スル關係モ亦未タ全ク滿足スヘカラサルモノアルヲ以テ帝國ハ今後益同國ニ於ケル實力ヲ增進シ其根底ヲ深クシ內外ニ對シ爭フヘカラサル勢力ヲ樹立スルニ努ムルコトヲ要ス而カシテ此目的ヲ達スルニハ此際帝國政府ニ於テ左ノ大方針ヲ確立シ之ニ基キ諸般ノ計畫ヲ實行スルコトヲ必要トス

第一、適當ノ時機ニ於テ韓國ノ併合ヲ斷行スルコト
韓國ヲ併合シ之ヲ帝國版圖ノ一部トナスハ半島ニ於ケル我實力ヲ確立スル爲最確實ナル方法タリ帝國カ内外ノ形勢ニ照ラシ適當ノ時機ニ於テ斷然併合ヲ實行シ半島ヲ名實共ニ我統治ノ下ニ置キ且韓國ト諸外國トノ條約關係ヲ消滅セシムルハ帝國百年ノ長計ナリトス」（以下、略）[(注42)]」

このように、朝鮮併合はもっぱら日本にとっては、「我実力を確立する為最確実なる方法」だというわけである。農業社会から急激な工業化へのテイク・オフを試みる後発資本主義の例にもれず、農村部に過剰な人口と、封建的な社会関係を清算することなく、経済的な基幹産業と資本主義的な労使関係を国家主導で形成していった日本の資本主義は、数次の戦争を繰り返す中で、国家主導の工業化と経済計画の必要とともに〈労働力〉政策にかんしても、計画的な発想を持ってきた。過剰人口は、こうした計画化――統制経済――にとって極めて不安定な要因だった。従って、世界大恐慌以後の失業問題の解決が「満州」への移民政策として立案され、逆にアジア・太平洋戦争の進展によって軍事動員によって、労働力人口が逼迫すれば、強制連行による植民地〈労働力〉の「再配置」が「計画」される。軍事力の秩序維持のために、性欲処理のための「慰安婦」という名の〈労働力〉配置が「計画」される。いずれも、「統制」（強制）による〈労働力〉配置の発想に他ならない。ここには、資源としての〈労働力〉という発想以上のものは何もない。この発想は、より「民主的」な手続きを伴って戦後の社会政策にも継承される。

また、国家計画経済は、自給自足的な経済圏の確立によって、計画の実効性を向上させようとする傾向を持ち、大東亜共栄圏構想も、経済システムレベルでいえば、こうした計画化としての日本資本主義の安定的な価値増殖機構と

（注41）小林、前掲論文34～35ページ。
（注42）安藤良雄編『近代日本経済史要覧』第二版、89ページ。

みることができる。ここには、域内の人々に対する平等な分配の計画もなければ、経済的な地域自立の計画もない。もっぱら日本の資本と国家のための広域経済圏の確立であり、その障害としての欧米列強との軍事的な対決だった。

日本の経済システムは、その軍事経済的な構造をべつにすれば、戦時動員体制がそのまま戦後復興の経済構造として維持されてきたことはよく知られている。むしろ、経済システムの転換期は、二つの世界大戦の間の時期にもとめられるのが通説だろう。この時期にケインズの一般理論やカレツキの「政治的景気循環」の理論が登場し、公共投資などによる完全雇用政策の可能性が論じられるようになる。また、フォーディズムにみられる大量生産と大衆消費、アメリカニズムによる労働者のイデオロギー統合といった戦後的な社会関係が萌芽的に形成される。また、この時期はロシア革命と社会主義の現実化によって、資本主義が対抗する体制との関わりの中で、自己の正統性を確立しなければならない時代の出発点ともなった。社会主義がかかげた貧困の解消、平等な権利と富の配分に対して、資本主義は体制内改革による貧困の解決と分配の公正を実現しなければならなかった。これらが、国家の経済と〈労働力〉再生産過程への介入を制度化したのである。このことは、戦前、戦後を通じて一貫しているといってよい。

もし、経済システムにおいて、断絶があるとすれば、植民地システムの崩壊に伴う経済ブロックの解体だろう。往々にして、帝国主義＝植民地領有と言うように狭く捉えられてしまうと、戦前の帝国主義のシステム全体が、あたかも戦後の植民地の解放と共に解体したとみなされることになるが、第三世界論や従属理論、あるいはウォーラステインの世界システム論が明らかにしているように、植民地という領土の領有問題だけがシステムの特徴を決定しているわけではない。剰余の国際的な移転や、多国籍企業の形成、ＩＭＦや世界銀行といった国際金融機関による第三世界の経済システムへの介入が、第三世界の経済システムと〈労働力〉再生産システムに対する経済的な支配権を握る非領土的な方法として、戦後の世界経済で構造化されている以上、そこに帝国主義の不存在を主張することは、むしろ困難といわざるを得ない。(注43)

こうして、経済的なシステムとして見た場合、そこにはアジアの経済的な自立を促す要因は全くない。全てが、日本の資本と日本の軍事的な支配を支えるためのシステム作りであったと言う以外にないだろう。この点で、林の論拠は全くその接点をもち得ない。ただし、林の議論と接触する部分があるとすれば、上記のような経済的な帝国主義の形成とそのための、植民地や資源と〈労働力〉の動員、配置の政策は、それ自体では大衆的な合意を形成できず、合意形成や動員のモチベーションのための意識操作が必要になるということである。林の議論は、まさにこの意識操作に乗ったものだと言える。

●

林のナショナリズム論には2面ある。ひとつは、好戦的で、自民族中心主義的な次のような主張である。

「帝国主義的と言えば、日本は明治維新の前に「西力東漸」を意識した時から、既に十分に帝国主義的であった。ただし、私の言うそれは、レーニン的意味の「帝国主義」とは違い、〈資本主義の最高段階〉とは関係ない。それはネールの言う意味の自主と解放を求める民族の活気としてのナショナリズムの発現であり成長である。成長したナショナリズムは膨張政策に転化し、牙と爪を発達させて、まず台湾、朝鮮がその被害をうけ、つづいて満州が狙われたという意味だ。佐藤信淵をはじめとする幕末の思想家たちの描いた予想国の中には、朝鮮、台湾、カラフト、シベリアのみか、東南亜諸国まで「日本の反撃」のための「侵略対象」として明記されている。[注44]」

（注43）帝国主義論の最近の研究については、高橋進「帝国主義の政治理論」前掲『近代日本と植民地』第1巻所収参照。
（注44）林、前掲書、220ページ。

これは、政治にも戦争にも王道などはなく、覇道あるのみ、という主張とも符合する側面がある。

これに対して、既に紹介したように、石原莞爾の東亜連盟論を支持する場合は、アジア民族の解放を論じ、たとえ皇室を戴くとしても、決して日本はアジアに覇権を主張せず、また、樽井藤吉の「大東合邦論」を支持するという別の側面がある。自民族中心主義と、アジアの諸民族の解放とがなぜ疑問もなくこのように一個の人格の中に共存できたのだろうか。天皇などという日本固有の神道の祭祀であり、民族的な統合の装置がなぜアジア全体をまとめる理念的な地位を獲得できると素朴にも信じられてしまったのか。しかも、こうした観念は、何もファナティックな右翼や皇道主義者に限られたわけではなく、政府の高官から京都学派の「世界史の哲学」に至るまで、こうした観念は様々なバリエーションを持ちながら共通した日本の将来像の土台を築いていた。

日本の場合、ナショナリズムということで何らかの座標軸の原点的な位置を占める要素を探すとすれば、「天皇」がその位置を占める。そして、この天皇との距離のなかに、ナショナリズムのマトリクスが描ける。言い換えれば、日本のナショナリズムは、近代の「天皇」と不可分なものだと言えるのだ。言うまでもなく、ここでの「天皇」とは、自覚化された存在ではなく、大衆の意識のバックグラウンドで作動する。それが、戦争や、国家的な行事、あるいは儀礼的な空間のなかであらわになる。

林のナショナリズムのアジア主義的側面は、『肯定論』のなかでも、批判者の側の批判の切っ先が鈍る部分である。それは、日本のアジア侵略への批判を共有する論者であっても、この侵略とともに形成された日本の思想には、西欧的な価値観の克服と独自の世界観や価値観の構築のための試行錯誤、あるいは欧米列強による植民地化に抵抗するアジアの側の抵抗の思想と論理の模索が見いだせるのではないか、ということが繰り返し指摘されてきたからである。『肯定論』でも、「かって〈進歩的文化人〉と呼ばれ、敗戦日本の〈頭脳と良心〉たることを自認していた青年学者たちのあいだにも、最近明治以来の〈右翼またはナショナリスト思想家〉たちの著作の原典研究が行われている」として、竹内好、吉本隆明、橋川文三、高橋和巳らの名前を挙げている。とりわけ竹内のナショナリズム論については、繰り返し肯定的に言及している。これは、丸山真男に対する徹底した批判とはきわだった対照を示している。

林の竹内評価には、私は賛成できない点が幾つかある。とくに、林が竹内を引き合いに出すとき、そこには、日本のアジアへの侵略に対するある種の弁解や肯定的な評価を竹内を借りて述べようとするところがあり、それは竹内への誤解につながりかねないと思うからだ。確かに、竹内には「侵略には、連帯感のゆがめられた表現という側面もある」とか「侵略を憎むあまり、侵略という形を通じてあらわされているアジア連帯感までを否定するのは、湯といっしょに赤ん坊まで流してしまわないかをおそれる」(注45)といった論じ方がある。しかし、竹内は、これによって日本の侵略を肯定しない。覇道を論じ、ナショナリズムの牙を肯定することはない。とりわけ、日本に関してはそう言うことができる。ここが、決定的に林とは違う点だ。だから、ナショナリズムという場合にも、竹内は次のような区別に自覚的だった。

「アジアの上に重くのしかかっている帝国主義の力を除くためには、みずから帝国主義を採用するか、それとも世界から帝国主義を根絶するか、この二つの道しかない。アジアの諸国の中で、日本は前者をえらび、中国をふくめて他の多くの国は、後者の方向をえらんだ。排他的ナショナリズムに代えるに弱者の連帯のナショナリズムをもってしたのである。(注46)」

竹内は、アジアのナショナリズムを欧米のそれと明確に区別している。欧米では、ナショナリズムが、資本主義的

(注45) 竹内好「日本人のアジア観」『日本とアジア』竹内好評論集第3巻所収、筑摩書房、84ページ。
(注46) 竹内好「アジアのナショナリズム」同上所収、112ページ。

な自由貿易とその帰結として膨張主義に伴うものであったのに対してアジアのナショナリズムは、こうした欧米の膨張主義と植民地主義への抵抗として形成されたとみる。従って、「抵抗」がナショナリズムのキーワードとなるわけであり、アジア諸国とは異なり、植民地化を免れ、資本主義化を比較的早期に実現した日本は、この「抵抗」という準拠枠から見た場合、ナショナリズムとしては評価し得ないということになる。

この観点から、アジア主義をみる竹内は、次のように言う。

「私の考えるアジア主義は、ある実質内容をそなえた、客観的に限定できる思想ではなくて、一つの傾向性ともいうべきものである。右翼なら右翼、左翼なら左翼のなかに、アジア主義的なものと非アジア主義的なものを類別できる、というだけである。そういう漠然とした定義をここでは暫定的に採用したい。(注47)」

このように、アジア主義という座標軸は、左右両翼を束ねるパラダイムとなりうる要素を持っていたというのである。とりわけ、林房雄その人も含め左翼やマルクス主義者が転向する過程は、このアジア主義の座標に沿っての左から右への移行であることをみたとき、アジア主義という座標軸ぬきには戦前日本のナショナリズムを論ずることはできないだろう。(注48)初期のナショナリズムには膨張主義も「抵抗」の契機も未分化に含まれており、国権も民権も明確な区別が不可能なものだった。だから、明治維新にせよ、自由民権運動にせよ、観点によっては、それは日本のナショナリズムの侵略的な性質の出発点にもなれば、人民による抵抗と民権運動の起源にもなりうるものであった。竹内は、こうしたあれかこれか、という二者択一の観点を否定する。

「発生的には、明治維新革命前後の膨張主義の中から、一つの結実としてアジア主義がうまれた、と考えられる。

しかも、膨張主義が直接にアジア主義を生んだのではなくて、膨張主義が国権論と民権論、または少し降って欧化と国粋という対立する風潮を生み出し、この双生児ともいうべき風潮の対立の中からアジア主義が生み出された、と考えたい。(注49)」

明治末期に、「北一輝が平民社と黒竜会の間で動揺していた時期」を境として、アジア主義の座標軸は大きく右旋回する。そして、大正半ばから昭和にかけての時期に、この未分化な状態がはっきりと左右の線にわかれ、アジア主義の右翼に対して、左翼はプロレタリア・インターナショナリズムを対置させるのだが、結局は「左翼からは、民族問題をネックにして脱落者が続出する」ことになる。そして、「その還帰する先が、多くはアジア主義であり、西郷である」(注50)ということになった。

左翼がなぜ民族問題でつまずいたのか、についての竹内の説明はさほど深いものではない。石母田正による説明、つまり、「日本の社会主義が黎明期において既にコスモポリタンの、直輸入型の傾向があった」という説明をそのまま紹介するにとどまっている。日本の近代国家の枠組みも、天皇制という創作品も、輸入された制度である。左翼の問題は、「直輸入」を根付かせられなかったということであるわけだが、特にその際に、問題になるのは、国境を越

（注47）竹内「日本のアジア主義」、前掲書所収、２６１ページ。
（注48）日本資本主義論争の論客であった平野義太郎の場合も、この典型と言える。戦時期のマルクス主義者の転向には、平野に表れているように時局のイデオロギーに積極的にコミットするケースと、実証的な研究に回避しつつマルクス主義やマルクス経済学を棚上げにするケース（宇野弘蔵など）に分けられる。この点については、拙稿「社会科学者の転向――平野義太郎と宇野弘蔵」『検証・昭和の思想２、転向』社会評論社所収（本書に収録）を参照。
（注49）竹内、前掲論文、２６１ページ。
（注50）同上、３０３ページ。

えた連帯というインターナショナリズムが具体的に、国家の枠組みの解体として構想できなかったところにある。それだけではなく、樽井藤吉の「大東合邦論」のような構想がマルクス主義や左翼の側からは提起しえないでいた、ということがある。同時に、民族問題が大衆意識やイデオロギーと関わる問題であることが早期に気づかれなかった。イデオロギー的な弾圧が厳しくなる一方で、戦前のマルクス主義は、日本資本主義論争に象徴的に表れているように、資本主義問題の基本を経済過程の問題に集約して論ずる傾向が多かった。天皇制についても、それは政治的な統治の制度や封建遺制として、批判の対象にされたとはいえ、そのイデオロギー的な側面やインターナショナリズムを妨げる排外主義的なナショナリズムの再生産装置の問題としては十分には理解されていなかった。(注51) ここに、当時のマルクス主義の決定的な限界があった。竹内の関心は、左翼やマルクス主義ではなく、むしろアジア主義が右翼によって独占され、結果的に侵略のイデオロギーとして機能してしまったという問題の方向にある。竹内は、平凡社の『アジア歴史事典』(1959~62年)の「大アジア主義」(野原四郎稿)を紹介し、植木枝盛、樽井藤吉、大井憲太郎らの民権派の「アジア連帯」と玄洋社の「大アジア主義」を区別する考え方を「やや機械的に過ぎる」として、次のように述べている。

「このように規定された〈大アジア主義〉が〈明治政府の大陸侵略政策を隠蔽〉したというのも、私の考えとはちがう。これは第二次大戦中の国策便乗の思想家たち(その一例として、後に述べる平野義太郎がある。)には当てはまる説明だが、玄洋社には当てはまらない。玄洋社は〈大陸侵略政策を隠蔽〉したのではなくて、先取りしたのであり、むしろ政府の〈隠蔽〉に反対したのである。そもそも〈侵略〉と〈連帯〉を具体的状況において区別できるかどうかが大問題である。(注52)」

玄洋社が大陸侵略政策を先取りしたというのは確かにその通りだろう。ではなぜ、それが、国策として跡づけられたのか。また、この国策はなぜ大衆の支持を（消極的な肯定も含めて）得ることが出来たのか。このことは、玄洋社そのものの経緯をみても理解できない問題である。これは、思想の問題ではなく、思想がシステムと接触するところで生ずるシステムの構造的な転換の問題である。

ちょうど明治維新期の支配者たちが、国学というイデオロギー的資源を開発し、それを近代天皇制として精製したように、アジア主義の民間のイデオロギー的資源もまた、統治のイデオロギーとして組み込まれた。右翼や大アジア主義者は、こうした国家のイデオロギー装置によるイデオロギー資源の簒奪と徹底して対決しなかった。それは、ソ連の支配的なイデオロギーとしてのマルクス主義がたどった運命と共通したものを感じる。もし、侵略や日本の覇権を主張するものではなかったというのであれば、そうした思想の簒奪と闘わなかったことに対する自己批判と、そうした簒奪を行使した国家への徹底した批判が視野に入らない限り、大アジア主義には何ら見るべき思想もないというしかない。多分、大アジア主義が、その名称とは裏腹に、日本の思想という個別性を越えられなかったところが、マルクス主義とは全く異なっている。マルクス主義は、国際主義の理論的な背景として、階級的な連帯を構想した。プロレタリアートとしての利害がナショナリズムの利害に優先する、あるいは優先するような対抗的な戦線を構築すべ

（注51）日本共産党やコミンテルンが掲げていた「天皇制打倒」の方針の内容は、この点で全く不十分である。コミンテルン32年テーゼでは、天皇制は「一方主としては地主なる寄生的・封建的階級に依拠し、他方には又急速に富みつつある貪欲なブルジョアジーに依拠して、これらの階級の上部と極めて緊密な永続的ブロックを結びかなりの柔軟性をもって両階級の利益を代表しながら、同時に又その独自の、相対的に大なる役割と、わずかに似非立憲的形態で軽く覆われているに過ぎぬ」（日本共産党編『コミンテルン、日本問題にかんする方針書、決議集』、五月書房、１９５５年、80〜81ページ）。22年テーゼ以来、一貫して、天皇制についての打倒の根拠はその政治的、経済的な側面である。コミンテルン書記局の「日本共産党当面の任務」（１９２８年）にごくわずか「〈神聖なる国体〉擁護にその主要目標を向けた社会民主主義者の暴露」（同上、40ページ）に言及されているにすぎない。

（注52）竹内「日本のアジア主義」前掲書所収、２６０ページ。

きであるということを主張した。アジア主義は、こうした意味での国境を越えられる思想的な内実がない。そこには、常に、日本のナショナリズムとその根幹にある「皇室の敬愛」というイデオロギーや心情を否定できない弱さがある。にもかかわらず、「アジア主義」を掲げるという矛盾を徹底して突き詰めなかったし、そうした批判を左翼も出し切れなかった。(注53)

私は、先に、ナショナリズムが大衆的な合意とどのような接点をもっていたのか、という問いを投げかけた。当時最も積極的にこの問題を論じようとしたのは、吉本隆明だろう。彼は、「〈大衆〉を依然として、常住的に〈話す〉から〈生活する〉(行為する)という過程にかえるものとしてかんがえる」として、次のように述べた。

「大衆のナショナルな体験と、大衆によって把握された日本の〈ナショナリズム〉は、再現不可能性のなかに実相があるものと見做される。このことは、大衆がそれ自体としては、全ての時代をつうじて歴史を動かす動因であったにもかかわらず、歴史そのもののなかに虚像として以外に登場しえない所以であるということができよう。しかし、ある程度これを実像として再現する道は、私たち自体のなかにある大衆としての生活体験と思想体験を、言わば〈内観〉することからはじめる以外にありえないのである。(注54)」

吉本のこの主張は、ある意味では正論である。大衆は不可知である。しかし、知識人として、この不可知な大衆を不可知なままに放置することはできない。そこで、吉本は、大衆の「原像」を、知識人の大衆論によって媒介されたものとして示すのではなく、当時の大衆が口ずさんだに違いない大衆歌曲を通じて論ずるという方法をとった。(注55)

吉本は、「戦友」を明治期の政治的ナショナリズムを論ずるためのひとつの範型としてとりあげ、三宮金次郎を「社会にむかう大衆の〈ナショナリズム〉」の表現として引用している。吉本は、この、明治期の政治的社会的な大衆のナショナリズム意識が、大正期にはその「主題を失った」という。「かなりや」「花嫁人形」「あの町この町」などの歌曲を引きながら次のように述べる。

「おそらくこのことは、支配層において、国権意識によって大衆を統合しうるという意識と、腕一本で支配層にもなりうるという資本制意識によって、大衆を統合しうることが、潜在的には、信じられなくなったことの象徴であり、おなじように、大衆にとってそれが信じられなくなったということを象徴している。(注56)」

(注53) 伊藤隆は、マルクス主義史学をかつての皇国史観と並べて、ソ連の崩壊と共にその「命脈を断たれかかっている」と述べている。(前掲、伊藤隆編『日本近代史の再構築』、山川出版「はじめに」より) 伊藤のここでのマルクス主義史観は、32年テーゼから一歩も出ないものだ。もし、現に今日本にあるマルクス主義史学もまた伊藤の言うように、32年テーゼの呪縛から解放されていないのであれば、それは命脈を断たれてもいっこうにおかしくはない。そして、その結果何ものこらないとすれば、それは、日本の「マルクス主義史学」の怠慢であって、マルクス主義とは何の関係もない。

(注54) 吉本隆明「日本のナショナリズム」、『現代日本思想体系4、ナショナリズム』1964年、『吉本隆明全著作集』第13巻所収、勁草書房、190ページ。

(注55) 吉本は、自らのナショナリズム論を提起する際に、何人かの論者を特に名前を挙げて批判している。そのなかに、プラグマティズムによるアプローチとして批判されている鶴見俊輔がいる。確かに『共同研究・転向』では、大衆の側からのアプローチという観点はなく、その意味では吉本の批判は当たっている。しかし、鶴見は後に転向研究を「やり直さなければならない」と自己批判する。つまり「転向論というのは、基本的には大衆の思想論なんだという感じを持ちます」と述べ、知識人に関しても「どういう理論の経路をとったかということよりも、いかなる態度をもって自分は人生を生きるか、のほうが重要だ」と指摘している。そして、西田幾太郎にしても田辺元にしても、その「虚無主義」をそのものとして受け取れない、「いざ戦争となると、そっくり天皇制の風呂敷で包み込まれてしまう」ということのなかで哲学の評価をしなければならないということを強調する。(竹内実との対談「戦争における民衆の転向」『季刊。現代史』創刊号、1972年)

(注56) 吉本、前掲論文、207ページ。

そして、昭和期に入ると、「大衆のナショナルな心情は、さらに農村、家、人間関係の別離、幼児記憶などに象徴される主題の核そのものを、〈概念化〉せざるを得なくなるところまで移行した」(注57)とみる。この大衆の側におけるナショナリズムの実感性の喪失が、他方で知識人によるナショナリズムの概念化からさらには「ウルトラ＝ナショナリズム」として「結晶化」する契機の「現実的な基盤」となったとみるわけである。このナショナリズムの実感の喪失と概念化を吉本は「おみやげ三つ」や「鞠と殿様」などによって象徴されると解釈する。

吉本が巧みなのは、この時代の変化を童謡や大衆歌謡をテキストとして論ずることによって、知識人が主として相手にしてきたアカデミズムの文献や政治史料、あるいは純文学などを大衆の原像に触れるものではないと峻拒する戦略にある。明治期から大正期、そして昭和期への変遷として彼が述べていることについては、新しいことは何もない。明治期の国家体制の構築と日清、日露の2度の戦争を通じて形成された政治的、社会的なナショナリズム、大正期の消費社会的モダニズムがもたらしたナショナリズムの相対的な後退、そして昭和期の天皇制の再政治化に伴うナショナリズムの再構築、これらは大衆歌謡を引用しなくても十分説明が可能な筋書きである。

吉本が見誤ったことがあるとすれば、大衆の原像、あるいはナショナリズムの基盤を農村と家族に求めようとした点だ。彼は、次のように昭和期のナショナリズムについて、述べている。

「ただここでは、大衆の〈ナショナリズム〉の心情的な基盤の喪失は、知識層が、〈ナショナリズム〉を思想としてウルトラ化するために必要な基盤であったことを指摘すれば足りる。支配層は、これに対し、経済社会的には大衆の〈ナショナリズム〉の最後の拠点である農村、家族に対する資本制的な圧迫と加工を加え、政治的には、大衆の〈ナショナリズム〉の〈概念化〉を逆立ちさせたウルトラ＝ナショナリズム（天皇主義）によってこれに吸引力を行使したのである。」(注58)

この点は、吉本が批判してやまないスターリニストの日本共産党が戦前から有していた天皇制の基盤についての理解と変わるものではない。ナショナリズムの最後の拠点は、果たして、農村と家族だったのだろうか。私は、そうは思わない。むしろ、資本主義化が同時に近代的なナショナリズムの形成過程でもあるということを見た場合、ナショナリズムの問題は、都市と工業化、あるいは進歩と繁栄というキーワードを欠くことは出来ないのだ。農村がナショナリズムの基盤になったのも、農本主義者にみられるように、それは、他面での都市化及び工業化と不可分な近代化＝西欧化の犠牲の側面としてなのだ。経済システムやテクノロジーとしては、近代化は西欧合理主義を受け入れなければならないし、これを受け入れることによって近代国家としての「日本」は国際競争力を獲得し、発展の経路をとることができる。この意味で近代化は日本のナショナリズムの基盤の一つであることに間違いない。しかし他方でこの近代化の結果として社会発展の周辺に追いやられた農村的な心性は、日本を西欧から差異化しうる拠点として、ナショナリズムのもう一方の基盤となった。こうして、日本の近代化に伴って形成されたナショナリズムにはこの相いれない二面が共存し、しかも相互に依存しあいながら存在し続けたのである。

農村は、農業部門としてだけではなく、マクロな〈労働力〉再生産のシステムを支え、過剰人口の供給と吸収にとって不可欠な場所であった。この都市と農村の人口の流動化、そしてマスメディアによる国家像の形成、朝鮮、満州、さらにはアジア大陸から南洋へと無際限に拡がる「日本」の文明化と進歩のイメージ、それらは決して実感のないものでもなければ、概念的なものでもない。確かに、農村と家族を基盤にはしていないかもしれない。そうした「土と血」を離れて、なおかつ実感できるナショナリティが工業化と近代化のなかで、とりわけ都市部に形成された。それ

（注57）同上、211ページ。
（注58）同上、212ページ。

が、大正期の消費社会化をバックグラウンドとする昭和初期という時代であった。これは、人口の多寡の問題とは相対的に無関係である。確かに戦前の日本の人口構成では農村人口が圧倒的に多く、その大衆像は重要である。しかし、この大衆の多数は、将来の自分や自分の子どもの世代をもまた「おなじこの土地で農業を営む大衆」として人生を過ごすことに最大の「夢」を託すことはなくなった。このことが資本主義の本源的蓄積がもたらす大衆意識の変容の非常に重要な部分である。

文学や大衆歌謡は、この過去、現在、未来の錯綜する大衆の願望や、哀惜、望郷、絶望などを様々に表現する。その表現がどの方向を向いていようと、大衆的な受容との関わりで見る場合には、都市化と工業化、その裏面としての農村と農業という対の社会関係を見落とすことは出来ない。ナショナリズムはこの全体の中で、国家のイメージとして醸成される。大衆が農村にいようが、都市にいようが、あるいは、農村にいて都市をあこがれようが、都市に絶望して農村を目指そうが、そのいずれの選択肢においても、彼らが自分の人生のゲームのルールの前提に「ナショナルな情念」を置き得るような、そうしたメタ意識としてナショナリズムは常に準備される。資本主義は、常に都市と農村の対立を内部に抱え込まざるを得ない以上、この対立に対応できる統合の「理念」を形成しなければならないからだ。それは、労働者階級と資本家階級という階級関係の場合にも言えることだ。言い換えれば、ナショナリズムとは国家の正統性と国民統合を最適化させるための関数に他ならない。都市も農村も、労働者も経営者も、この関数の従属変数として処理されることによって、「ナショナリズム」の枠組みのなかに回収される。近代化も近代の超克も、農本主義も大アジア主義も、こうした意味でのナショナリズムのイデオロギー的な生産物である。日本のナショナリズムは、このいい加減さによって滅びずに今まで再生産されてきたのだと言ってもいい。

ナショナリズムの問題について、竹内や吉本は、思想的な課題としてのナショナリズムを彼らの個人的な体験と切り離すことが出来ないものとして理解しようとした。それは、なによりも彼らが積極的に加担したか、あるいは否応なく巻き込まれたか、いずれにせよ彼らの人生のある部分を、とりわけ自らの生死に関わる観念としてナショナリズムを引き受けなければならなかったし、そのために人生の時間を費やさざるを得なかった、そうした自らの人生と無関係ではない。

そして、彼らの議論が同世代をはじめとして、一定程度の拡がりを持って多くの読者を獲得してきた背景には、共通の大衆的な実感とどこかで共鳴し得たからかも知れない。いや、より正確に言えば、共鳴しえるという「実感」あるいは「観念」が成り立ったからだ。こうした実感の頂点は、60年代の高度成長期であり、同時にこの時期を境にこうした個人的な体験に基盤を置くナショナリズムの議論は、直接的には共感の回路を閉じ始めた。

ナショナリズムの問題は、個人的な体験の問題ではなく、より制度的な問題として捉えかえされなければ議論しえないという情況になった。なぜならば、ナショナリズムの経験や歴史として、吉本が語った土台は、林の『肯定論』の土台と同一であった。その土台とは、「日本人」としての経験、歴史的な体験である。吉本も林も、彼らの思想や大衆の原像は、「日本」や「日本人」という枠組みの中に閉じられ、そこから出ることはほとんどあり得ない。それこそが大衆の原像の基盤であるかのように。これに対して、竹内は、常に中国を、とりわけ魯迅を自らにとっての他者として、参照点の原点に据えた。そのことによって、竹内のナショナリズムは一面で開かれている。しかし、それもまた、彼自身の個人的な経験に根ざすことによって、効果を発揮するものであった。

60年代以降、少なくとも、ナショナリズムを問題にするとき、こうした「日本人」という閉じられた共通の経験の基盤に依拠することは、不可能になった。なぜならば、「日本」という国家は、その国境の内部にも外部にも、様々な民族を抱え、同時に、とりわけアジアの諸民族に対する戦争責任も戦後責任もとることなく済ませてきたことが、自覚されてきたからだ。

竹内は、魯迅によって自らの「日本人」としての位置を相対化した。これに対して、60年代末以降の日本のナショナリズム批判は、同時代のアジアの無名の人々の戦争体験や、戦後の経験と常に向き合うことなしには、ナショナリズムの問題を論ずることができなくなった。朝鮮人強制連行も、「従軍慰安婦」問題も、入管体制の問題も、それらが運動化するなかで自覚化されてきたのは60年代後半以降のことであり、さらにそれは、70年代の過渡期を経て、80年代には、外国人労働者問題という新たなマイノリティ問題が具体化するなかで、決定的に「日本」と「日本人」の相対化という視座なしには論じられない状況となった。これは、日本だけのことではなく、合州国の公民権運動や、ブラック・パンサーの運動、ベトナム戦争や第三世界の民族解放闘争の影響があったことは間違いない。

この過程の中で、ナショナリズムの問題は、思想の問題ではなく、なによりもまず、マイノリティとして、あるいは被支配者としての大衆とのコミュニケーションの問題として視野に入ってきたのではないか。職業や賃金の差別、教育では日本語を強制され、日本的な文化とみなされてきた振る舞いや慣習を強制され、市民的権利の埒外に置かれ、プライベートな人間関係においても、「日本人」とは同等に扱われない現実がある。何よりも、ナショナリズムの問題は、こうしたマイノリティの置かれた現実とこの現実を構造化し、再生産できる歴史的な構造を抜きにしては論ずることが出来なくなった。吉本のように大衆の原像という場合の大衆を暗黙の内に「日本人としての大衆」という風には措定できず、また、竹内のように、異なる民族の知識人を通じて、アジアの意識を理解する方法が必ずしも普遍的なものとは受け取られなくなった。むしろ、民族的な差異は、日常生活のなかにごく当たり前の風景として入り込み、そして、大衆のイメージを「日本人」に集約することのできないだけのリアリティを持ち始めた。問題は、日常生活の差別であり、また、無名の大衆がかつての戦争の犠牲となってきたことが具体的に問題となり、私たちはこの問題と格闘することなしにはナショナリズムの問題を論じえないという地点に立っている。

吉本にも、竹内にもナショナリズムの問題が差別の問題としては提起されていない。このことに、時代の推転をみることができる。それは、「差別」を免罪符のように持ち出すということとは別のことである。大衆のナショナリズムは常に、排外主義的な差別の意識をもっていたということ、それは戦前も戦後も変わってはいない。この意味での差別という課題が吉本にも竹内にも切実ではなかったということである。「大衆の原像」なるものを、もし論ずるのであれば、そして、それをナショナリズムと関わらせようとするのであるならば、この差別という意識の問題を避けることができないはずなのだ。そのことに、60年代までの戦後の知識人は、戦前の知識人同様気づくことはなかった。

ナショナリズムも差別も、それが大衆の意識に上るときは、常に個別的な意識としてである。しかし、ナショナリズムも差別の問題も、構造的な問題である。この構造に対する批判こそが今現在求められている。19世紀はナショナリズムが欧米に形成された世紀であるとすれば、20世紀はこのナショナリズムが成熟した世紀とも言える。ナショナリズムが国民国家の形成と不可分であるとすれば、国民国家の枠組みの揺らぎは、同時にナショナリズムの揺らぎを招かざるを得ないだろう。

「民族解放」の運動は、植民地解放から自らの民族的な自立と自治を要求するようになることによって、権力の配分システムとしての国民国家ははっきりとその限界を示すようになった。何故ならば、国民国家のシステムは、一民族に一国家を割り当てることができないからだ。国家という枠組みによって、権力の配分を割り当てられなかった民族は、国家の枠組みを配当された民族に比べて、国際的にも国内的にも圧倒的に不利益な条件を強いられる。複数の民族が同一地域に共存している場合に、これら複数の民族に平等に「国家」という権力装置を民族の数だけ割り当てることは、そもそも領土的な拡がりを必要とする「国家」では不可能なことである。

国家内部で、少数民族としてとどまった民族は、議会制民主主義の数の論理のなかで、たとえ公民権を獲得出来たとしても、多数派となることはできない。経済的にも、少数の人口は、小規模な市場に結びつき、市場経済も民族的な伝統や文化の再生産を維持することに関して、多数派に比べて不利益な条件を強いる。ナショナリズムの問題は、むしろこうしたマイノリテイ問題を通して、支配的な民族に問われる問題という相貌をみせている。

●

林が対象とした近代日本の百年は、政治の側面、経済の側面、そしてイデオロギーの側面という異なる諸側面を総合する視座を持たない限り、一面的にならざるを得ない。林の『肯定論』は、このうちある種のイデオロギー的な姿をとって見いだせる日本の近代化についての自己肯定の論理（というよりも主張というべきだろう）である。これに対して、政治的経済的な日本の近代化の側面からの批判が有効ではないとは言わない。

経済的には、一つには、統治の物的再生産と資本の価値増殖として、対外関係は存在する。それは、日本の資本主義化、近代化である。もう一つの経済過程は、〈労働力〉の再生産である。それは、当時の状況でいえば、農業・農村問題であり、人口問題である。植民地を視野に入れれば、それは、日本資本による労使関係の問題であり、移民の問題であった。しかし、こうした〈労働力〉の総体としての再生産は、労働と日常生活現場における資本と国家への統合のイデオロギーなくしては機能しない。

政治的には、国民国家の体制をとり、議会制によってまがりなりにも大衆の政治参加を制限付きではあれ承認しながら、さらに、総動員体制の構築を通じて戦争に対処し、あるいはより積極的に戦争に参与しようとする体制をも確立しなければならない。従って、政治的経済的なシステムは、「国民」の動員を可能にするようなモチベーションを意図的に構築できる合意形成の制度を必要とする。言い換えれば、様々な集団的利害にかえて、「国民」的な利害を最優先にできる「国民的意識統合」の装置が必要になる。農村の小規模な共同体とは異なり、近代国家の構成員は、お互いに見ず知らずの人間でありながら、「国民」という観念によって、共通の意識を形成できるということは、決して容易なことではない。それを、明治期の支配者たちは、天皇主義イデオロギーとその制度化によって遂行した。

そして、これが近代日本のナショナリズム、つまり「日本人意識」のバックグラウンドをなすことになった。

このナショナリズムは、対外関係のなかでは、植民地統治の正統性と関わることになる。なぜ日本が台湾、朝鮮を統治しさらに中国大陸から南方へと拡大し、「大東亜共栄圏」なる構想の主人公とならねばならないのか、そのことを説明する論理が必要になる。

こうして、イデオロギーとしてのナショナリズムは当初から両義的だった。対内的には、日本の民族的優位の思想として、対外的には、「五族協和」や民族解放、欧米帝国主義打倒の思想として表れる。このイデオロギーの両義性は、政治的経済的なシステムとしては全くうまく機能しなかった。

戦前期のこの政治・経済・イデオロギーのシステムは、戦後もある側面ではそのまま再生産され、戦後のシステムのなかに組み込まれた。言い換えれば、戦後に「残存」したということではなく、戦後的なシステムの中で再生産が保証された。政治システムとしては、国民統合のイデオロギーとしての「日本人」ナショナリズムがそのまま再生産されうるシステムの位置を得た。その基盤には「日本国民統合の象徴」として、そのイデオロギー装置としての位置づけを明確に与えられた「天皇」の制度がある。これは、バックグラウンドで機能するから、必ずしも大衆の意識のなかで強制的に自覚される必要はない。そして、経済システムは、よく知られているように戦前・戦中の官僚主導の市場経済システムがそのまま維持され、それが半世紀をへて「規制緩和」問題としてようやく自覚化されはじめた。そして、イデオロギーとしては、日本人優位の意識と平和主義が継承された。日本人優位主義と結びついた平和主義は、形を変えた「五族協和」や「大東亜共栄圏」である。しかし、それだけでなく、「五族協和」が民族的な支配と抑圧を隠蔽したように、平和主義は日本の再軍備と日米安保体制において日本が占める軍事的機能を隠蔽した（知って知らぬ振りができる、という方が正しい）。

こうしてみると、『肯定論』を支える林の心性を大衆の意識からかけ離れた荒唐無稽な主張とみなすことはできない。「太平洋戦争」をいたしかたなかった戦争と見て、その戦争が結果において日本の侵略とみなされるとしても、その意図においては防衛戦争であり、欧米帝国主義からのアジアの解放戦争であるという主張は、民間の右翼から自民党、さらには社会党の一部にまで浸透しており、アカデミズムでも京都学派の思想的擁護は、晩年の廣松渉の例を挙げるまでもなく、現実から区別された思想それ自体の意義として評価しようとする試みが繰り返されている。この意味で、私たちは未だに『肯定論』の亡霊とも言える主張に繰り返し直面している。

『肯定論』で主張されていた「理念」と現実はあまりにもかけ離れていたことは、今現在から振り返れば、容易に理解できる。しかし、それであってもやはり『肯定論』を支持する日本の潜在的な世論は根強い。このことは、当時も現在も、戦争を支える社会システムは、単にその政治・経済的なシステムによるだけでなく、「イデオロギー装置」の果たす役割が極めて大きいということを示している。「リアルな戦争」は第二次世界大戦までであって、ベトナム戦争以降は、テレビメディアを媒介とした「ハイパー・リアル」な戦争となり、それが湾岸戦争では極めておぞましい形で、世界の世論を操作したということがよく言われた。しかし、戦争は何時の場合でも、「ハイパーリアル」な状況を生み出すための装置なくしては遂行できない。電子的なメディアが存在する以前は、それはもっぱら新聞や、雑誌、教育制度や、地域の大衆動員制度（町内会や体制翼賛会など）によって担われた。これらは、いずれも大衆のイメージを操作するのであるから、どちらがより高度なハイパーリアルであるかは優劣をつけることは難しいだろう。そして、ナショナリズムのヌエ的な性格というのも、実は、この戦争のハイパーリアルな側面とリアルな側面という二面と深く関わっていると言える。ただし、このハイパーリアルとリアルという区別は絶対的なものではない。常に相互に干渉しあう。敗北を重ねる戦争をそれでもなおかつ「勝利」といいつのることは、そう簡単なことではない。（ブラジルの「勝組」のように、それは不可能というわけではない。日本の「終戦」という公式用語の流布にも似た要素は見いだせる。）

林の『肯定論』の主張の根底には、ヌエ的なナショナリズムが潜んでいた。しかし、先にも述べたように、既に「日本」の現実はそうした「日本人」のナショナリズムに依拠して論ずべき対象ではない。私たちが、この「日本」において、支配的な民族として、国家に総括される権力の配分を優先的に与えられているという現状を何よりも批判のひとつの課題として据えなければならない。そして、そうした権力の配分システムをかえるべきであり、そうした観点からのみ、歴史の評価もなされるべきなのだ。言い換えれば、「国民国家」の形成にいちはやく成功したことを批判的に、否定的に捉えるべきなのだ。民族的な枠組みによる不平等な権力配分のシステムを変える手がかりをつかむことだ。それは、同時に、近代国家の形成と共に形成された「日本人」というナショナリズムの解体を伴うべきだろう。私たちがもはやどのような意味においても「日本人」というアイデンティティを相手にせず、そこに何の「意味」をも見いだせないという状況、「日本人」を解散する思想を模索しなければならないだろう。

これは少数の被支配的民族のナショナリズムの解体を主張することとは全く違う。なぜならば、問題は、権力配分の不平等にあるから、支配的な民族のナショナリズムのイデオロギーに対してなされるべきナショナリズム廃棄＝「日本人」を解散する思想の課題は、「支配的」であるが故に提起される課題なのだ。この課題の彼方に何が待ち受けているのかは、今の私にはわからない。しかし、言えることは、民族的な解放という主題が国民国家の枠組みを前提とした権力配分として論じられる限り、そこには解決への糸口はないということである。そして、この前提を変更するという課題は、言うまでもなく「支配的民族」に課された課題なのである。

出典：『ａａｌａ』98号、１９９５年

社会科学者の転向

周知のように、戦前の日本の社会科学に占めるマルクス主義の位置は極めて大きいものがあった。この日本のマルクス主義の成果は日本資本主義論争に集約されるとともに、この論争は権力の弾圧の中で不可能とされてしまう不幸な歴史とも重なっていた。後に労農派、講座派と呼ばれるようになった日本のマルクス主義の二つの流れの通称のもとになった雑誌『労農』の発刊が１９２７年、そして『日本資本主義発達史講座』の刊行開始が23年だった。しかし既に、この『講座』が完結した33年には日本共産党の中央委員だった佐野学と鍋山貞親が獄中転向を声明し、また、36年のコムアカデミー事件、37年、38年の第一次、第二次人民戦線事件で、マルクス主義学者や知識人およびその周辺に位置した人々が大量に検挙され、事実上この時期を境としてマルクス主義は理論的潮流としても実践的組織としても壊滅的な状態に追い込まれる。

このマルクス主義の壊滅的崩壊をもたらした時代は、単に思想の弾圧というばかりでなく、マルクス主義を自らの価値観、世界観としてきた人々が次々にマルクス主義を放棄したという意味で、マルクス主義がある種の内部崩壊をも経験した時代といってよい。本稿では、まず、予備的な考察として、経済学の研究動向の変化を統計的に跡付け、また、出版事情の動向をおさえることによって、差し当たりマクロな状況変化のなかに表れた転向現象を浮き彫りにし、次いで具体的な転向問題の検討のために、２人のマルクス（主義）学者、平野義太郎と宇野弘蔵の場合を取り上げる。ともに１８９７年生まれのマルクス（主義）学者が選び取った生き方は極めて対照的であり、この両者によって、戦中の転向の理念型を代表させることができると考えられるばかりでなく、戦後のマルクス主義との関わり方についてもそのマルクス（主義）への再転向の方法も含めて鮮やかな対照性を示している。これらの検討を通じて、第一に、この転向を戦前の日本のマルクス主義の質との関わりで検討すること、第二には、この転向の問題が決して過去の問題ではなく、すぐれて現代的な問題でもあることを提示すること、これがここでの主要な課題となる。

●

他の社会科学同様、経済学も時代の傾向に敏感に反応してきた。国家の必要を正確に反映して、経済領域の研究も時代の推移に伴って変化してきた。１９３５年から敗戦までについて主として『出版年鑑』（東京堂）によりながら数字によってこのことを簡単にみておこう。特に、戦争との関わりで、注目しなければならないのは、戦時経済や統制経済の研究動向と日本帝国主義の戦線拡大や戦争理念の展開に伴う研究領域の変化であろう。35年の場合、山田の『日本資本主義分析』が出版された翌年に当たり、日本資本主義論争の真只中にあり、『出版年鑑』の書籍分類項目にもマルクス経済学が独立の項目として扱われている。この年、経済学（経営、商業、金融も含む）全体４００点余りの中で、経済学の理論・学説、一般教養書は、59点で金融関係の書籍に次いで点数が多く、戦時経済、統制経済に関するものは、10点にすぎず、中国関係が15点、朝鮮関係が1点、アジア関係書はゼロだった。[注1] しかし、以後、年々戦時経済・統制経済関係書、中国関係書、そしてアジア・南方関係書（「大東亜共栄圏」、「広域経済」を含む）の出版点数が急増する。また、『出版年鑑』は、38年発行の版からマルクス経済学を独立の項目として挙げることを

（注1）本項で示した数字は、書籍のタイトルから著者が判断して算出したものであり、必ずしも正確とはいえない。大よその傾向として理解されたい。この数字には、政治、社会（社会政策を含む）などの分野は含まれていない。また、調査・研究機関等の発行している報告書などもこの数には含まれていない。これらを含めれば、関連出版物の数はこの何倍にもなるだろう。

やめる。ちなみに、この年には、長谷部訳の『資本論』が発行されたりする一方で、戦時経済・統制経済関係書が51点、中国関係書が27点と増加している。しかしまだアジア・南方関係書は3点にすぎない。戦時経済・統制経済関係書は、40年代にはいると毎年100点を超える発行点数となる。中国関係書は、絶対数としては以後も伸び続け、50点前後を維持するが、全体の出版点数に占める割合からいうと40年を境に徐々に低下してくる。逆に、この40年前後を境に急激な伸びを見せるのがアジア・南方関係書である。40年に11点にすぎなかったのが、41年に23点、42年に181点と異常な伸びをみせている。これは、15年戦争の展開と完全に対応した動きを示すものとなっている。37年に日中戦争が始まり、38年には徐州、広東占領、39年にはノモンハン事件勃発と30年代後半は中国大陸での侵略と戦争が中心をなしたのに対して、40年にはいり、第二次近衛内閣の成立とそこでの「基本国策要綱」で「皇国の国是は八紘を一字とする肇国の大精神」にあるとされ、「大東亜新秩序」の建設が宣言され、大本営政府連絡会議が南進政策を打ち出し、軍事情勢も南方中心に新たな侵略が展開された。この年の9月に北部仏印、翌年7月に南部仏印に進駐し、12月にマレー上陸と真珠湾攻撃で本格的な太平洋戦争に突入することになる。42年の前半は、マニラ、シンガポール、ラングーン、バターン半島、と占領地域を拡大するが、6月のミッドウェー海戦敗北を転機に戦局は一気に敗北戦へと転換して行くことになる。上記の経済関係書籍の傾向変化はこうした状況の変化をはっきり反映しているのである。

経済学が状況の分析に携わるものである以上、経済社会状況の変化を敏感に捉えること自体には何ら問題とすべきところがないように思われがちである。しかし、問題なのは、状況の変化をどのように捉え、どのような問題意識から現状分析に臨むのかという分析主体の位置である。少なくとも、数字の上だけで推測できることとして言えば、30年代後半には皆無に近かったアジア関係の書籍が12年の間にあっという間に100点を越す勢いになるという現象は、時流にのることによってのみ自らの専門性を延命させることに走った多くの経済学者や評論家がいたということを推測させるものである。もちろんアジア研究といってもその方法や問題意識は多様でありえるのだが、すぐ後で述べるように当時の出版事情から言って反体制的、マルクス主義的、あるいは自由主義的な立場の分析は公表しようがなかったのであり、その大半はいかに学術的な装いをもとうとも、近衛内閣の南進政策と「大東亜共栄圏」構想を直接的にか間接的にか前提条件とすることによってしか存在できないものであったといってよい。このことは戦争経済・統制経済に関しても同じようにあてはまることである。多くの経済学者にとって戦争や統制は分析のための与件であり、そのこと自体についての批判はもちろんのこと、評価、判断は留保される。このことは専門家が、現状についての判断を下すことにおいて決して素人以上の見識など持ちえるものではないということの証左と言える。つまり、専門家は、大状況についての判断やそこでの自身の身の処し方については専門外の人々と変わりない判断を下すか、体制に意識的に順応すると一般的には見ていい。

しかも、こうした動向は、単に個々の経済学者たちによってに担われたというよりは、彼らの師弟関係や人脈を媒介として、組織的な動員がなされ、その受け皿とされたのが膨大な数に上るアジア関係の調査研究機関だった。満鉄調査部や東亜研究所、そして後に詳しく述べるが平野義太郎が所属した太平洋協会のように、転向マルクス主義者やかつての進歩的知識人を結果的に戦争に動員する機関となったものが多数存在した。これらは、以前のアカデミズムやサークルの人間関係をそのままひきずっている側面がある。だから、転向は、個人的な事柄であるばかりでなく、人的な関係を通じて連鎖する現象であり、こうした調査研究機関は、アカデミズムを追われた人々の専門的な能力を効果的に戦争協力へと転向・吸収する制度的な装置として機能した。

マルクス主義をはじめとする左翼思想に対する弾圧は、著者たちへの直接的な逮捕、拘留、拷問投獄という弾圧と共に、出版そのものへの規制、出版社や書店への弾圧、そして出版業界そのものの再編と翼賛体制の形成を伴うものだった。1939年、ちょうど欧州で第二次世界大戦が始まり、日本でも国民精神総動員の体制が進められた年の11

月に左翼書の再版出版物への取締が強化されている。『出版年鑑』40年版に、39年11月の出来事として、次のような記述がある。

「戦時下左翼分子の一掃に万全を期している警視庁特高第一課では最近都下の書籍店、殊に神田、本郷、戸塚方面で従来主として左翼書籍類を取り扱っていた書店が再版または発売禁止となっていないのを理由に公然とマルクス、エンゲルス、レーニン等の古い左翼書籍を新しく再版、堂々と発売しているという事実を発見、予て課員を派遣し発行書店の数及び再版書籍の数に対して検閲課とも協力調査を進めていたが、愈々近く内務省図書課とも協議の上左翼思想一掃の抜本塞源的見地からこれ等合法的左翼書籍再版に対して断固取締の鉄槌を下すことになり、一方再版書籍店の責任者も近く逐次召喚の上再版の意図に対して取調べを行い、仮令合法的出版とはいえ、その再版意図如何によっては断固治維法に照らし強硬態度で臨む方針であると(注2)」。

また、40年7月の出来事として次のような記述がみられる。

「我が国体を毒し国民思想を紊る左翼書は当局の弾圧方針に依り殆ど其の影を潜めた。…7月10日出版書肆30余社の出版物130余種を発禁処分に付し、同時に出版元及び新古本店を全国一斉に検索し発禁書を押収した」(41年版『出版年鑑』)。

この40年の8月には東京出版協会、日本雑誌協会、中等教科書協会が解散し、雑誌、書籍、教科書等を全面的に統制する日本出版文化協会が新たに組織された。この改組は、内閣情報局、内務省の指導によるものだった。この日本出版文化協会は、情報局と商工省の指導監督のもと、出版企画の許認可、用紙の割当、配給指導を一手に引き受ける統制団体であった。しかし、この日本出版文化協会も、43年2月18日の出版事業令公布に基づいて解散し、3月に日本出版会に衣替えする。この日本出版会は、この2月段階で出版業界が3395、出版を行う公益団体が1356あり、これでは政府の意図する言論統制ができないために、企業の統合と出版物の統制強化を目的として、完全な官治統制団体として設立されたものであった。そして、出版分野の企業数を200にまで減らすことが目標とされ、実際、44年4月には200にまで減少させられた。同時に、小売書店の「整備」を進めると称して、全国1万6000の小売書店の35パーセントを減少させること、また、雑誌の統廃合を進めた。実は、雑誌メディアへの統制は既に以前から繰り返し行われてきたが、44年には総合雑誌は『中央公論』『現代』『公論』を残すのみとされ、他の雑誌は「部門雑誌」とされ、またこの年の1月には『中央公論』『改造』の編集者が検挙され、同年7月には両誌が廃刊に追い込まれることになる。『中央公論』『改造』は、ともに日本資本主義論争の渦中にあって、マルクス経済学者の論争に多くの誌面を割いたメディアだった。左翼への弾圧が強化されて以降、こうしたリベラルなメディアとしての面影はみられなくなるが、それとても当局にとっては満足の行くものではなかったのであろう。

30年代前半で共産党は組織的に壊滅状態に追い込まれ、38年までにおおむねアカデミズムの左翼排除が完成し、集会・結社の自由が事実上不可能な状況にあるとき、活字のメディアは、左翼にとって唯一と言える表現の手段だった。この活字のメディアが戦争の深刻化のなかで統制強化されるにつれて、研究者の成果を公表できる条件は、極めて限られた。こうしてこの時期、一般大衆の目に触れる雑誌メディアも含めて文章を発表できる人々は少なくとも戦時体制に協力的な人々に限られることになる。知識人が活字というメディアによって自己の存在理由を物質化する存

（注2）戦前文献の引用は全て現代かなづかいに直してある。

在であることを考えれば、こうした出版状況と、アカデミズムを排除された左翼知識人の受け皿として機能した諸々の民間調査機関とそこでの研究の組織化は、転向の客観条件をなしたと言ってよいだろう。こうした状況の中でなおかつ公然と左翼であることを表明するものは、獄中に捕われる以外になく、そうでなければ沈黙を余儀なくされることになる。何らかの形で表現行為を継続しえた知識人、研究者は様々な程度で転向を経験せざるを得なかったというしかない。では、この様々な程度の転向、あるいは様々な転向のありようを十把ひとからげに扱ってよいかと言えばそうは行かないだろう。そこで、次にこの点について、さらに立ち入った検討を加えてみたいと思う。

●

ごく簡単に、平野の経歴をまず紹介しておこう。平野は、1897年東京に生まれ、1921年に東京帝国大学法学部を卒業し、法学部助手、24年に助教授となり、『民法に於けるローマ思想とゲルマン思想』（有斐閣）を出版する。その後、マルクス主義を受容するようになる。27年から30年までフランス、ドイツに留学し、帰国直後に共産党への資金カンパの容疑で検挙され、東京帝大を辞職する。その後、山田盛太郎とともに『日本資本主義発達史講座』の編集に従事し、この『講座』に掲載した論文をまとめた著書『日本資本主義社会の機構』は、山田の『日本資本主義分析』とともに、いわゆる講座派の主要文献として、日本資本主義論争で中心的にとりあげられる。(注3) この論争の特に後半では、山田以上に講座派の論客として重要な活躍をしていたが、36年7月の「コム・アカデミー事件」によって、山田、小林良正とともに2度目の検挙を受けたのが契機となって、転向する。転向期の平野については後に詳述するのでここでは省略する。敗戦後、平野は再びマルクス主義者として復活する。46年には中国研究所長、政治経済研究所理事、48年には民主主義科学者協会東京支部長、民主主義擁護同盟議長、学術体制刷新委員長となり、翌年には日本学術会議会員、日中友好協会副会長を務めるまでになる。戦前の転向過程は極めて鮮やかであるが、戦後の再転向も急展開であり、唖然とするほどの変わり身の早さを示しているが、戦後の転向も一様でなく、竹内好の表現を借りれば「敗戦とともに一転して国民政府を賛美し、将介石の「中国の命運」の日本語訳に最大級のチョウチンをもった。そして国民政府が没落すると、再転、また三転して中共側の代弁者になった。そして、かつての大アジア主義は、平和主義とAA連帯に塗りかえられた（注4）」と手厳しく批判されても致し方のない揺れを伴っている。

●

「コム・アカデミー事件」をきっかけとした36年の転向以降から敗戦にかけての平野の仕事をもう少し詳しく見ておこう。彼は、この期間中に次のような著書、翻訳書（編書を含む）を出版している。これを年代順に挙げてみる。

38年　『馬城・大井憲太郎伝』（大井馬城編纂部）
　『普選・土地国有論の父、中村太八郎伝』（刀江書院）
　〈翻訳〉ヴィルヘルム・ヴント著『民族心理より見たる政治的社会』（日本評論社）
39年　〈翻訳〉ウィットフォーゲル著『支那社会の科学的研究』（岩波書店）
　〈翻訳〉ウィットフォーゲル著「東洋的社会の理論」（森谷克巳との共訳、日本評論社）
40年　〈翻訳〉方顧廷著『支那の民族産業』（岩波書店）
40〜1年〈翻訳〉ウィットフォーゲル著『解体過程にある支那の経済と社会』（中央公論社）

（注3）日本資本主義論争については、長岡新吉『日本資本主義論争の群像』（1984年、ミネルヴァ書房）参照。なお本稿執筆にあたって同書から多くの示唆をうけたことを明らかにしておきたい。」
（注4）「日本のアジア主義」、『日本とアジア』竹内好評論集第3巻、筑摩書房、1966年。

42年　『太平洋の民族＝政治学』（清野謙次との共著、日本評論社）

43年　『民族＝政治学の理論』（日本評論社）

〈翻訳〉H・スチューベル著『海南島民族誌――南支那民族研究への寄与――』（清水三男との共訳、畝房書房）

44年　『民族政治の基本問題』（小山書店）

『北支の村落社会』（東亜研究所）

45年　『大アジア主義の歴史的基礎』（河出書房）

この著作リストをみて分かるように、太平洋戦争時の平野の仕事の中心は、中国問題と民族問題に集中している。そして、この二つを中心として、「大東亜共栄圏」の熱烈な賛美者、イデオローグとして精力的な活動を展開する。平野の仕事は、すぐ後で述べるように、太平洋協会での仕事が中心になるが、それ以外に『法律時報』などの法律専門誌、東亜研究所の機関誌や『大陸』『現地報告』といった植民地関係の雑誌などにも寄稿しているし、『中央公論』『改造』などの一般雑誌でも精力的に活躍する。とくに、『中央公論』『改造』では、多くの座談会に参加している。その多くは、植民地問題――当時の表現を用いれば「大東亜共栄圏」「南方共栄圏」問題――だった。例えば、『改造』42年2月号以降「大東亜、新しき構想」「占領地経営の基本課題」などのテーマで、「大東亜戦争」開戦を踏まえて座談会を行っている。前者の座談会では板垣與一、佐藤弘、高宮晋、堅山利忠、後者では東畑精一、加田哲二、中村哲、信夫清三郎といったそうそうたる転向組と座談会を行っている。

平野は、40年に、彼の東京帝大法学部時代の恩師である末広厳太郎が委員長をつとめる東亜研究所中国農村慣行調査委員会のメンバーとして、中国の農村調査に従事した後、太平洋協会で太平洋地域の民族・政治問題の調査と研究に従事する。この中国での農村調査や、ウィットフォーゲルの翻訳をはじめとする平野の中国研究は、平野の「大アジア主義」を見る場合に抜かすことのできない重要なものだが、期間的に言えば太平洋協会での平野の仕事が戦時中の彼の翼賛体制同伴知識人としての仕事の中心をなし、42年以降の著作は全て、この太平洋協会での仕事をもとにしたものである。従って、平野の戦時中の転向を論ずるとき、この太平洋協会の存在を無視することはできない。

太平洋協会とは、鶴見祐輔が専務理事をつとめ、松岡洋右が初期の頃には副会長をつとめたこともある38年設立の財団法人である。「太平洋協会規約」の第二条と第三条には次のような事業目的と事業内容が規程されている。

「第二条　本会は東西両半球に跨る太平洋の諸問題を調査研究し、太平洋政策に関する国民の認識を深めて国論の基礎を固め具体的政策の確立に依り之を国策に実現するを以て目的とす。

第三条　本会は第二条の目的を達成する為め左の諸事業を行う。

一、太平洋問題に関する政治、外交、文化、国防、経済、通商、交通、産業、金融、資源、土地利用へ人種、社会状態等を調査し、之が対策を講ずること。

二、我国人口問題の解決、拓殖移民の方策、通商障害の排除、資源の公平なる分配、領土の平和的変更等に関して之が対策を講ずること。

三、太平洋諸国間の文化交換に必要なる方法を講ずること。

四、各種調査員の派遣、彼我諜報の交換国情闡明に関する諸種の事項を遂行すること。

五、雑誌、図書の発行、講演会の開催を行うこと。

六、必要に応じ使節の派遣を行うこと。

七、その他必要と認むる事項を行うこと。」

この太平洋協会には、総務部、東亜部、企画部、調査部、弘報部があるとされ、平野はこの協会のメンバーではなかったが企画部長だった。企画部の事業とは「太平洋国策の樹立に関し、その対内方策及び対外方策に就て、適切妥当なる案劃を建つると共に、調査班、親善使節、国民使節派遣等に関する事務を掌握する」とされている。

右に紹介したのは、太平洋協会の建前としての姿である。実相がどうであったのかを詳細にわたり知ることはできないが、平野に関わるところでは、幾つかのことが知られている。陸井三郎によれば、調査部に関わった人々の中には、赤羽寿（伊豆公大）、風早八十二、井上道人、古沢有造、逸見重雄らがいたという。太平洋協会はかなり自由な雰囲気があり、マルクス主義関係の本を自宅から持ってきて読んでいてもとがめられることもなかったようであり、そうした中でこの協会の資料室の常連として、宇佐見誠次郎、守屋典郎、信夫、風早などもいたという。平野は敗戦間近にこの協会内に「日華学芸懇話会」を設置する。「敗戦後の日本および日中関係にそなえるためだったことは、おそらくまちがいない」と陸井は言うが、実体がわからないので私にはそのようには判断できない。敗戦とともに、専務理事だった鶴見祐輔は、戦争責任をとって協会を辞め、また、協会も解散するが、その際、鶴見は協会財産を平野と山田文男に二分して委ね、「それぞれ自由、かつ適当に日本の再建に役立つよう使ってもらうことを申し渡した」（注5）という。この太平洋協会の財産がまた、平野の戦後の再転向の物質的基盤をなした。

ところで、平野はこの協会でどのような仕事をしていたのだろうか。平野はこの協会の機関誌『太平洋』（月刊）への精力的な寄稿者であり、その内容によってほぼ彼の戦争中の仕事を概観できる。そして、ここでの平野の仕事の一部が上記の著作に収録されている。この『太平洋』での平野の仕事の足跡はそのまま日本の侵略戦線の拡大とぴったり寄り添っている。いま、手元で参照できる同誌への平野の寄稿をリストアップしてみると次のようになる。（国会図書館にも『太平洋』は欠号が多く、富山大学所蔵分で若干補ったが、全部を参照できていない）。

1940年「アメリカに於ける支那研究」（6月）「故石本五雄少将を憶う」（11月）
41年「〈太平海〉と〈太平洋〉」（2月）「南支那海を横切って海南島へ」（4月）「南支那海に於ける海南島の地位」（5月）「南進拠点としての南洋群島─最近の南洋フィリッピン状況を視察して──」（8月）「仏印の米と華僑」（9月）
42年「太平洋制覇戦におけるハワイ・グァム・比島攻撃の意義──故加藤寛治大将を憶う──」（1月）「蘭印統治の基本政策」（2月）「南方圏の民族指導」（5月）「南方民族政策原理としての日の神思想」（7月）
43年「北東ニューギニアの航空基地と拠点」（3月）「ニューギニア敵の基地」（8月）45年「米英の〈国際安全保障機構案〉─国際平和の基礎たるべきは東洋の道義文化──」（3月）

●

右の執筆リストでもわかるように、中国大陸から海南（ハイナン）島へと日本軍の占領地域が拡がればそれにあわせて平野の調査も海南島に集中し、さらに南洋群島がアメリカのハワイ、グアム、フィリピンを結ぶ戦線に対する阻止線として、日本の南方戦線における重要な位置を占めるとなれば、南洋群島、フィリピンの調査へと向かう。しかも、平野は41年に2度にわたり南方視察にでかけており、『太平洋』のほか『改造』『法律時報』『大陸』『現地報告』に精力的に紀行文、現地報告のエッセイを寄せている。この頃のまだ太平洋戦争開戦前の紀行文では、日本の南方への侵略については、対アメリカ軍事戦略としての位置づけが前面に出ており、米英の軍事情勢についてどちらかといえば冷静な分析を加え、「大東亜共栄圏」形成についても実際の占領政策上の観点からストレートに問題が出されて

（注5）『平野義太郎──人と学問──』、同刊行委員会編、大月書店、1988年。

いる。例えば「南支那海に於ける海南島の地位」で平野は次のように述べていた。

「香港、シンガポール、ポート・ダーウィン、マニラの4軍港を結ぶ4辺形の南支那海、西南太平洋は、いま、日本と米英とが対峙している現勢において、彼我のあいだ、その制海権争奪の焦点となっている。(略)この4辺形地域の北半は、南支那である。支那大陸に接し台湾より南へ延びんとする日本の南方航路の向かう、南支那海において、大東亜共栄圏の確立を阻碍せんとする英米の東亜に進攻せんとする航路とが、ここでぶつかり合うのであるから、従って、この南支那海が彼我のあいだ、制海権の争奪の焦点となりつつあるのも、まことに必然である」。

ここには、帝国主義としてのイギリス、アメリカと日本がアジアの支配を巡って軍事的に対立する構図が、乾いた筆致で描かれている。ここでも、日本が「興亜の勢力」として東南アジアの平和を守るものであるという意義付けがみられはするものの、それは主要な問題ではなく、軍事的・経済的な観点から自給的な広域経済の確立、資源の確保という帝国主義の経済的な構造が、それを擁護する立場でストレートに提示されていた。しかし、太平洋戦争の開戦後の平野の分析は、戦争の正当性をイデオロギー的に支えようとする叙述に比重がおかれるようにかわってくる。つまり、もはや戦争は彼にとって単なる経済的な帝国主義の問題ではなくなる。言い換えれば、米英の帝国主義的なアジアへの侵略に対する日本を盟主とするアジア民族の植民地解放戦争だとされる。

42年に出版された『太平洋における民族=政治学』の序文で平野は、「大東亜戦争」を次のように位置づけた。

「われわれは今、大東亜共栄圏の建設に邁進しつつあるのであるが、この大東亜共栄圏の建設という政治活動は日本を盟主とし太平洋圏内の諸民族を積極的に協力せしめることにより、自給自足の広域経済を確立し、従来、米英帝国主義の壟断のためにさまたげられて来た諸資源を開発すると共に、米英の国際的侵冦に対しては、軍事的に共同防衛し、従来、米英等の搾取対象であった諸民族を米英等の支配から解放し、経済的には有無相通じ、又、地域的に近接するわれら兄弟諸民族が善隣友好し、精神的にも文化的にも相契合し、東亜を興隆せしめることを根本理念とする。

今われらが戦いつつある大東亜戦争は、特に太平洋の制覇戦であって、しかも環太平洋諸民族が軍事的に共同防衛しつつ大東亜共栄圏を建設し、この太平洋圏における諸資源を開発獲得・確保して資源の自給自足を最高度に整備すると共に、環太平洋諸民族をして米英等の支配より解放せしめ、日本民族が指導力となって大東亜そして現住民族の生産力をも発展せしめようとするものである」。

ここで平野が述べている「大東亜戦争」についての認識は基本的に、敗戦まで変わらず、この言説は繰り返し強調される。とはいえまだこれでも右の記述はイデオロギー的な色づけは濃くないのであって、後に見るように、戦争の敗北色が濃くなるにつれて、この記述の中のとりわけ「米英帝国主義」による「搾取」に対するアジア民族の解放という「大義」がむなしく叫ばれ続けることになる。

●

ところで、こうした平野の議論のなかから、米英を帝国主義、搾取者、支配者、民族差別者などとして批判する局面だけをとりだせばマルクス主義の帝国主義観を下敷きとした認識で差し当たりは理屈付けることが可能だが、そしてこの点がナショナルな心情を払拭しきれなかった日本のマルクス主義者が容易に転向を〝合理化〟しえた根拠をなしているとも言えるのだが、問題は、日本をこうした米英帝国主義から区別し、日本はそうした欧米の帝国主義とは本質的に異なるものであって、むしろアジアとの一体性を持つこと、そして帝国主義ではないものとして、アジアへの日本の支配が正当であることを根拠づけねばならないというところを、どのように正当化したのか、その正当化の道筋を明らかにすることにある。言い換えれば、日本の侵略を正当化するためには、多くのアジア民族が存在する中で、ほかならぬ日本がアジアの解放の盟主としての位置に置かれる必然性が説かれねばならないわけだが、平野はこれをどのように論じようとしたのか、という問題である。あるいは、単なる資源問題や経済的なアウタルキーの問題ではなく、ヨーロッパ的な近代とは本質的に区別可能なアジア的な近代の優越性を主張しつつ、アジアに対する統治の正当性をも主張するという問題である。平野は、この問題を日本における近代化の成功、欧米の植民地支配を被ることなく発展できた近代日本の特殊な社会構造の在り方の中に求める。そして、その要になるのが、彼の明治維新についての認識である。

このことが最もよく示されているのが敗戦の直前に発行された『大アジア主義の歴史的基礎』(以下、『大アジア主義』と略記)である。この400ページを超えた大部な著書は、「大アジア主義」と題されているが、主要には「支那」をめぐる「革命」と民族学的な研究が中心である。そして、この本の第一篇「日華連合による大アジア主義の経倫」第一章「大東亜諸民族における明治維新の画期的意義」第二章「明治維新と自主立憲運動とが東亜諸民族に及ぼしたる影響」などで明治維新の意義を天皇主義の脈絡によって正統化する。この点を当該書の「序」のなかで平野は次のように簡潔に要約している。

「根本において、われわれは明治天皇がお遺し遊ばれた東洋渾一の大きな軌道を有する。(略)この歴史的軌道を思想的に言い表しているものは、(一)五箇条の御誓文、教育勅語、軍人勅諭、欽定憲法及び告文、憲法発布勅語、(二)清国及び露国に対する宣戦並びに平和克復の詔勅である。(一)は、東洋精神の精髄に即して一般国民及び将兵に道徳規範として示され、又、統治原理を近代社会という歴史的発展段階に即する政治規範として定められ、（二）は八紘為字の精神が世界史の現段階において、いかに四隣に光被るべきかの軌道を示し、東洋諸民族をして各々その所を得しむる偉大な国家的悲願の具体的発顕である。従って、東洋永遠の平和を翼い、東亜の安定を保衛することこそ、既に一貫した日本国策の軌道だったのであって、それにこそ、日露戦争が東洋諸民族を拯い歓喜せしめ、アジア復興の希望を懐かしめた所以があり、大アジア建設の軌道も設定されたのである」。

このまさに皇国史観の手本のような理解から、平野は、明治維新と自由民権運動を次のようにひとつのものとして捉えた。

「〔明治維新の重要性は〕東亜諸民族間において始めて率先、大権一新と廃封立憲とを行い、民族的国民的統一を完成し、立憲政治、工業経済、市民社会の広般にわたり、あらゆる制度を近代化せんとし、人民の身分は、強制的な隷属、差別を廃止し、そうして、封建的土地制度を撤廃して、封建的束縛の為に瀕死しつつあった農民を更生せしめ、貴族的武士制を打破して、国民皆兵制を確立、立憲制度を完備するとともに中央集権の統一国家を完成し、そしてこの近代的市民社会のなかから高度に開展し得る工業立国の端緒をつくるとともに、皇道を以て四海に光被し大東亜の解放、東洋経倫、日本を指導力とする大東亜共栄圏を形成せんとすることである。この根本的革新を人民の側から自発的に翼賛しつつ発展せしめ、明治維新が切り拓いた日本の国是経倫と相併に、大亜細亜改良を相関的に実現しようとしたのが日本の自由民権運動であった」（同上書、第二章）。

かつて平野は、戦前講座派の基本文献とされた彼の『日本資本主義社会の機構』において、明治維新について次のように述べていた。上の叙述と比べれば、彼が基本的な日本資本主義の認識、言い換えればかつての講座派マルクス主義の基本的な認識をも根底から放棄していることが明らかである。

「明治維新が（は）決してブルジョア民主主義変革でもなければ、社会過程においても完全なブルジョア革命でもなく、外国資本主義が日本封建制の崩壊を強制した契機において、みづからの内的条件により、封建制の自己解体を余儀なくせられたのであるから、封建制の妥協的解消を内包しつつ、封建的領有の全国的統一が行われるにいたったことである。この契機において、古代アジア的体制が呼びおこされ、古き律令が模倣される（それも明治4年までであった）ことは、（略）そのこと自身、日本におけるブルジョア的生産諸力の未成熟・低度な発展の限度を示すものにほかならなかった。従って、それに照応して形成されてゆく明治維新政府も、西欧のこの段階における国家絶対主義のごとく、ブルジョア発展の胚子を既に内包する高度な商品生産に照応するものではなく、ただ反封建勢力の結集が、開港を機として、ブルジョア的発展に道を拓く方向に進み、その方向において形成された範囲においては、ブルジョア的発展の所産であり、またその方向に柔軟性を持つものであったが、同時に、この資本制の発展が、半隷農を土台としてのみ可能とされたかぎりにおいては、全国的規模における隷農制の継承者として、従って、ここにかの歴史的範疇としての絶対主義が形成されるにいたる。明治維新政府はまさにその発端であった」。

ここで「古代アジア的体制」「絶対主義」として表現されている天皇制は、『大アジア主義』で言われているような「統治原理を近代社会という歴史的発展段階に即する政治規範」であるどころかそれとは全く逆に、ブルジョア的生産諸力の未成熟の結果であると理解されていた。また、明治維新によってあたかも近代市民社会が成立し、人民の隷属と差別に終止符が打たれたかの認識は、明治維新によって成立した日本資本主義の「半封建的・寄生的地主的・軍事的資本主義」という講座派の基本認識を根底から放棄したものだと言う以外にない。こうした理論上の転向は、彼の講座派時代の日本資本主義認識にその根拠の一端を求めることができる。つまり、当時の日本のマルクス主義が進歩史観を共有しているという限りにおいて、近代は常に両義的であって、それが一方で凶暴な資本の搾取の体制であると同時に、封建制的な収奪からの解放という側面ももち、理念的には「市民社会」の成立とみなされるから、この積極面を前面に据えれば、「暗い資本主義」はいつでも「明るい資本主義」に転向可能なのである。そもそも講座派の曖昧模糊とした、日本資本主義観には、常にこの近代への明（工業化、生産力の発展とブルジョア革命への固執）と暗（資本の搾取）が不分明に癒着していた。そして、この明暗の曖昧な癒着にこそ講座派の一大特徴があると言えるのであって、近代の暗部を捨てることは、もちろんマルクス主義者であることをやめることではあっても、そこには理論的、思想的な変質の内的な連続性がある。つまり、そうした回路で転向することが理屈として追跡できる。しかし平野の転向はこれにとどまらなかった。ここが後に述べる宇野との本質的な違いとなる。つまり、平野の場合、近代化が明治天皇の「お遺し遊ばれた東洋渾一の大きな軌道」によるという認識がこれにからむ。もはやそれは平野の理論や思想の内的な変質の延長線にあるとは言えない。そこには明確な切断がある。平野は『機構』のなかで、明治維新を「天皇革命」とするような理解に対しては、全くナンセンスなものだと一蹴していた。しかし、いまや平野は、このナンセンスな立場に自ら身を置くことになったのである。かつて平野は、自由民権運動の評価にしても、明治政府の「中世紀的野蛮な抑圧に対して、（略）生産手段から駆逐された小農民、小商人、職人、小手工業者のブルジョア民主主義のための政治的運動」であったとみていたのであって、そこには明治政府の抑圧との厳しい対立があることを強調していた。その自由民権運動が、いまや下からの「翼賛」運動へと改竄されてしまった。こうした平野の思想の切断は、彼の理論の内在的な解釈では解き明かせないであろう。

平野の『大アジア主義』については、その孫文についての評価をはじめとして事実関係の歪曲が見られることを竹内好が厳しく批判していたし、(注6)その中国社会論が橘撲の新郷土主義をそっくり真似たものであるばかりか、そうであるがゆえに橘もろとも理論的にも破産してしまったことを長岡新吉が指摘していた。(注7)ここでは、この点に立ち入って平野の議論を吟味する余裕はない。しかし、ぜひともここで検討しておかねばならない問題として、右にみたように、日本がアジアの"盟主"となる根拠を明治維新に求めるとして、さらに、アジアとの一体観を平野はどこに求めたのか、そしてそれがどのような意味でヨーロッパの近代に対して優越的なものとみなされたのか、そして、この「アジア的」なものの文脈の中で、果たして工業化としての近代化がどのように正当化されているのか、ということである。

右に見たように、『太平洋における民族=政治学』あたりまでは、「大東亜共栄圏」なるものの基本的な性格が自給自足的な広域経済圏の確立、資源の開発といった経済問題を中心として、この観点から米英の帝国主義を批判するという組立てになっていた。しかし、既に敗北の途上にあった43年に出された『民族政治学の理論』になると、さらにイデオロギー的な色彩が前面に出る。この本の「序」は、「日本の大東亜共栄圏建設方針は、世界史における古代ローマ帝国、近世における英帝国の植民地統治とは根本的に異なっている画期的なものである」という書き出しで始められている。西洋の帝国主義が、植民地を「アングロサクソンの人種的優越感に基づいて支配領有し、しかも英本国のみの工業を中心として植民地を原料・販売・資本の市場とした」のに対して、「大東亜広域圏の形成は、アジア諸民族国家が軍事・経済・文化における基本的な共同・共通の有機的な構成体をつくり、その大東亜的一体基盤を構築する上にのみ可能である」と主張している。そして、この大東亜的一体基盤とは「東洋社会の郷土的基盤」「郷土文化」

だと言うのである。あるいはさらに、44年に出された『民族政治の基本問題』にみられるように、米英帝国主義は、「本来一なるべきアジアを四分五裂して、その安定を根底より覆さんとした」と言うように主張されるようになる。そして、ここで登場するのが「八紘為宇」の観念である。この「八紘為宇」は、「大東亜新秩序」とともに第二次近衛内閣の「基本国策要綱」にみられるものだから、「大東亜共栄圏」のイデオロギーの受容に比べてこのイデオロギーを受け入れるまでにはかなりの時間がかかっている。しかし、そのことは逆にまた、この観念の受容が熟慮の結果による決断によるものだとも推測できるのであり、ここに戦中の平野の転向が完成したとみてよいであろう。言い換えれば、この「八紘為宇」を受容することは、当然のことながら天皇制国家を全面的に自らの思想として受け入れることを意味するし、天皇制なくしてこの観念は成立しない。従って、この「八紘為宇」の受容によって、彼の理論と思想はそれ以前から根底的に切断される。そして、この「八紘為宇」によって、彼の「東洋社会の郷土的基盤」は、「家」の観念によって、統一的に把握され、西欧的な社会の理念から本質的な区別を獲得する。例えば平野は次のように述べている。

「アジア的経済構成の基礎の上に立っている東洋社会は、一般にその社会構成の基底が、家族制度・祖先崇拝を基礎とする農村郷土社会である。それがアジアの社会的本質たる共同体的性質を規定し、和敬の道徳を成立せしめた。そしてさらに郷土を侵犯する共同の敵に対しては一致団結、義勇公に奉ずる。

ギリシャ・ローマから近代に至る欧米の社会は、個人主義・自由競争と征服支配と対立・抗争とを特質とするに反して、アジアの社会的本質は、家長・本家を中心とする家族的秩序の生命的協同一体、親和・礼譲という点に尽きる。

(注6) 竹内、前掲論文参照。

(注7) 長岡、前掲書参照。

全体が個を支え活かし部分と全体とは融合しつつ長上を中心として統一せられ、征服支配ではなく王道が、対立抗争ではなく総親和が道徳的格率であって、本家を中心として分家・同家が家族的な親和を以て相結合団結し異系血統をも同系血統に化成して了う」。

西欧の帝国主義へのイデオロギー的批判が前面に出て、広域経済圏や資源の開発といった現実的、具体的な方針は影を潜める。これは、現実に不可能となった「大東亜共栄圏」なるものを現実に不可能であるがゆえにむしろイデオロギー的に支えようとするところからくる当然の帰結だった。西欧の国家観にかわって登場した家族国家観は、家父長制を当然のこととして前提にしている。私には、これは彼の学問的な思索の帰結とは思えない。むしろそれは、彼の実感、日常的な意識に基づく人間関係の基本として受け入れられたのではないか。この実感をベースとして、中国農村や民族学などの彼の研究上の蓄積が触媒となって、家族国家観が受容された、ということだろう。この実感がなければ、彼の中国での農村研究も民族学研究も「研究」からイデオロギーの支えへとは転換しえなかったと思う。そして、これは、推測としてしか言いようがないが、転向後の中国農村調査を東大時代からの恩師、末広厳太郎とともに行っていること、戦後の彼の中国との関わりが極めて権威に従属的であることを考慮すると、パーソナリティとして権威主義的であったと言えるかもしれない。

平野が、この天皇制家族国家観を受け入れ、あの荒唐無稽な皇国史観へ乗り移ることを思想的に〝合理化〟しうる無視しえない状況がふたつある。ひとつには長岡も指摘するように、橘撲であり、もうひとつには昭和研究会による「新日本の思想原理」をはじめとする東亜協同体論である。「郷土主義」をめぐる橘と平野の共通性については長岡の議論を参照していただくことにして、ここでは、直接平野と橘が議論した『中央公論』の座談会について簡単に見ておこう。座談会は、平野、橘、細川嘉六、尾崎秀実によって行われ、『中央公論』1940年7月号に掲載された。

この座談会で、橘は自らの中国研究の足跡を振り返り、今まで自分は「東洋諸民族に残存している彼らの発展を抑えて居るところの共同体的性格が、日本では過去数10年の努力によって大いに排除せられ、西洋風の集合的性格がそれに代った」と考えていた、だから日本と中国では同質性よりも異質性の方が大きいと考えていたが、この考えは「満州事変」を契機に反省されるようになり、日本でもやはり共同体的性格が強固に社会の基礎をなしているということを再認識するに至った、と述べている。そして、「私は東洋社会の本質を共同体と考え、それに対して、西洋社会の基礎的な社会紐帯は集合体だという結論に漸く落ち着いた」と語っている。ここで橘の言う「共同体」「集合体」というのは、テンニースのゲマインシャフト、ゲゼルシャフトと同義だという。こうして、橘は、マルクス主義の階級闘争史観は、西洋社会では史実的に正しいが、東洋では日本の封建社会成立過程を例外として、一般的にはあてはまらないと語っている。そうした上で、橘は、西洋と東洋を優劣としてみるのではなく「東洋の文化は東洋社会の一つの性格だということを主張の基礎にして、共同社会を唱えたい」とした。そして、とくに「日本というピラミッド型はそれ自体純粋に近い共同体なのである」として、次のような例を挙げている。

「明治15年かに賜った軍人勅諭だが、これは天下の名文で、あれをイデオロギーにして一つの国防軍組織ができておる。統帥権執行の組織だが、この組織こそ立派な共同体だろうと思う。（略）あれと同じものを、いろいろな職能に分け、消費団体に分け、文化団体というものに分ける、そんなにしてピラミッドを新しい組織内容に充実さしてしまう。かくして新たに創造された民族乃至国家の姿こそ、真に国体の名に値する存在であると信ずる。（略）民族は階級で分断されてしまわない限り、一つのゲマインシャフトである」。

これに対して、平野は次のように語っている。

「東亜協同体論で、超民族的大地域主義という思想も参考になる。この主義は帝国主義と異なる。帝国主義は、母国と植民地との対立があるが、超民族的大地域主義（スーパー・ナショナル・グレート・リージョナリズム）は、国防と財政と外交とを大地域単位にとりつつ、地域内の各民族の内政、経済、文化、伝統について自主独立を最高に確保する新しい政治原理である」。

多分この2人の議論の前提として意識されているのは、先に述べた昭和研究会の「新日本の思想原理」ではないかと思われる。というのは、橘が持ち出してきている「共同体」「集合体」という対比の議論はそのまま「新日本の思想原理」のなかで「西洋的ヒューマニズムがゲゼルシャフト的であるのに対して、東洋的ヒューマニズムはゲマインシャフト的であるという特徴が現れている」というふうに指摘されているということ、そしてここでの基調の一つに「東亜協同体」論が主張されているからである。(注8) ただし「東亜協同体論」そのものは当時、日満支経済ブロック論にみられる「満州」「支那大陸」を日本の植民地として従属させる発想に対する批判として宮崎正義『東亜連盟論』をはじめとして、加田哲二、新明正道などによって主張され、『中央公論』でも39年1月号に尾崎秀実が「〈東亜協同体〉の理念とその成立の客観的基礎」を寄稿していた。これは当時おおはやりの議論であって――この表面上は植民地主義批判の論調が、のちに「大東亜共栄圏」のイデオロギーとして日本的な植民地主義を支える役割を果たすのだが――なにも昭和研究会のオリジナルとは言えない。

この東亜協同体論は、欧米の帝国主義に対する日本帝国主義のイデオロギー装置として機能したが、それは当初は植民地支配の方策という具体的な役割をもって登場したものだが、「東洋的なるもの」「日本的なるもの」の独自性を主張するところにおいて、「国体の本義」や「臣民の道」といったファナチックな天皇主義と通底せざるを得ないものだった。

「東亜協同体」「大東亜共栄圏」「新体制」といった当時のイデオロギーは、いずれも欧米帝国主義からのアジアの解放という「大義」を掲げていた。「大東亜戦争」はこの意味で「聖戦」とされ、だから、表面上は常に「帝国主義批判」であり、場合によっては「資本主義批判」ですらあった。しかし、それは決して日本帝国主義批判ではありえないが故に、大きな矛盾を持つことになった。平野の議論も例外ではない。彼は、欧米帝国主義の搾取と植民地支配を厳しく批判する。その批判には、アジアの低開発化をもたらした欧米の植民地モノカルチャー化への批判、民族差別への批判、そして直接統治ではなくアジア諸民族の自立、独自性の回復を訴えるなどなど、一見すると尤もなように見える議論にあふれている。しかし、彼の議論は、この民族解放、アジアの解放に対する日本の位置を語るとき、「アジアの盟主」としての日本の支配の正統性が常に最優先される。こうして、日本の指導によるアジアの解放という家父長制が、転向前のソヴィエト・ロシアによるプロレタリアの解放という家父長制にとってかわることになる。平野は次のように書いている。

「東洋道義に基づく法秩序の構成原理は大東亜における善隣・隣組から来る親しみばかりでなく、親邦と子邦、宗家を中心とする分家の間柄を律する家族結合体の性格を持つから、その法秩序も亦家族法の如き親和・協力・指導・援助・責務・職分の観念の上に立つ。指導国は各家族的存在である諸民族諸国家に対して、これを民族的に統括し指導する宗家であり、構成各国民族は共栄圏という家全体のために協力し、一門の繁栄を計り、一家を安全にすべき責務を負い、指導国の指導に従う義理がある」(『民族政治の基本問題』第4篇第2章)。

(注8) 酒井三郎『昭和研究会――ある知識人集団の軌跡』TBSブリタニカ1979年所収の「資料」参照。

従って、共栄圏内の諸国の「主権の絶対性・自由・平等は規制され制約される」というわけである。旧民法の家長の権限を前提にすれば、家長としての日本の権力は絶対的なものと理解してよいはずだ。こうして、平野は時と場合に応じて、民族の解放、欧米帝国主義批判と日本の「家長」「盟主」としての絶対性を使い分け、時には諸民族の自主・自立と日本の絶対性の間で奇妙な自己矛盾に陥ることを繰り返す。

1945年3月、平野は『太平洋』誌に「米英の〈国際安全保障案〉」を載せる。これはサンフランシスコ会議と太西洋憲章を批判し、デッチ上げ的に作文された大東亜会議と大東亜宣言を持ち上げるものだった。既に敗北を重ねる日本帝国主義を平野は徹底して擁護し続ける。左にみるように、その米英帝国主義批判は常軌を逸した叫びとなっている。

「各国が恰かも一家同胞の如くに相親しみ和楽し、分に循って僭上干犯をしないために相敬し合う。殊に弱きを扶け強きを挫き傾くを済ひ、亡をなし絶を継ぐ武徳は、わが日本の武士道に発達した教条であるが、この済弱扶傾の精神こそはアジアの後迫民族の自主独立、その文化の創造的昂揚、延いては世界平和機構建設の根本思想たるものである」「天地の公道、人倫道義に逆う偽装平和は、必ず破れる。桑港会議で何をいくら議そうとも偽装平和は必ず敗破し、東洋文化の精髄たる天地の公道、人倫道義に基づく万邦共栄のための戦は必ず勝つ。それこそが、世界の真の平和秩序の根基だからである」

偽装平和は米英にも日本にも共に言えるはずだ。マルクス主義はそのことを平野に教えていたはずだが、その面影は全くない。（注9）

次に宇野弘蔵についてみてみよう。宇野弘蔵は、平野と同時代を生き、マルクスに深く影響されながら戦時中の生き方はある種の対照性を持つ。宇野は、1921年東京帝大経済学部を卒業し、大原社会問題研究所の助手になったあと22年から24年までドイツに留学し、帰国後東北帝大の助教授として経済政策論を担当した。38年、第二次労農派教授事件に連座して検挙、起訴されるが第一審、第二審とも無罪になる。無罪確定後大学を去り、41年から敗戦まで日本貿易研究所、三菱経済研究所で調査研究に従事した。戦後、宇野は東大の社会科学研究所、法政大学社会学部で主として『資本論』の研究に打ち込むことになる。

戦前に関する限り、宇野には平野のような華々しい活躍はない。同時代を生き、マルクスに学んだにもかかわらず、宇野は日本資本主義論争にも関与せず、実践的な活動にも関わらない純粋に研究者としての立場を貫いていた。だから、労農派教授グループとしての検挙に連座したときも一貫して自分は関係ないと考えていた。(注10)

周知のように、宇野のマルクス主義に占める位置は特異なものがある。彼は、『資本論』を真理の体系とみてその解釈のみを使命とするような「マルクス主義経済学」を否定し、『資本論』をはじめとしてマルクスのテキストを批判的に解釈し、納得の行かない部分は宇野自身の独自の解決を対置することを積極的に試みた。この意味で彼の姿勢は、教条主義とは無縁だった。もうひとつの宇野の方法的な特徴は、経済学的な研究をイデオロギーから分離し、純粋に「科学」としての論理整合性と体系性に研究の指針を求めたということである。従って、理論は実践的な活動や

(注9) 伊藤晃『天皇制と社会主義』(勁草書房、1988年)は、日本民族の優位性という確信が古くから日本のマルクス主義者にはあり、それが戦前の大量転向の大きな土壌をなしていると指摘している。とくに本書終章を参照。

(注10) 『資本論五十年』上巻、法政大学出版局、1981年参照。

方針の下僕ではないということ、そのことによって、とりわけ日本資本主義論争において露出したようなマルクス経済学者の党への従属がもたらした客観的で科学的な批判精神に対する抑圧から研究者の自由を保障しようとした。(注11)本稿では特に、科学とイデオロギーの分離、理論と実践の分離という宇野の方法が問題になる。それは、二つの点から問題とすることになる。一つは、この経済学の方法、あるいは知識人の在り方についての規範が、戦時中の彼の仕事ではどのように現れているのか、という点であり、第二に、実践的な運動が壊滅状態のときに宇野のような方法が一体どのような帰結をもたらしたのか、という問題である。

宇野が戦時中に勤めた日本貿易研究所について簡単に紹介しておこう。日本貿易研究所は、日本貿易振興協会の下部機関であった。日本貿易振興協会は男爵だった郷誠之助を会長として40年に設立された。その目的は「本邦貿易の振興発達を図るべき重要対策を調査研究すべき民間貿易中枢機関たると共に、併せて貿易計画の立案及び遂行に関し政府に対する協力機関たらんとす」とあり、この協会の調査研究部門として大阪に設立されたのが日本貿易研究所だった。この研究所の目的も「貿易に関する調査研究の中枢機関として政府機関と相俟ちて総合的調査研究を行いその結果を整備し実際的に活用の実を挙げんとす(注12)」というだけで具体的な内容は明らかでない。宇野はこの貿易研究所の東京事務所に所属するが、実はこの東京事務所は宇野の就職のために作られたものだという。(注13)このため、貿易研究所の東京での仕事に基づいて発行された書物は、発行者が宇野弘蔵になっているが、宇野が執筆したことがはっきりと確認できるものは多くはない。

宇野がこの貿易研究所から三菱経済研究所に移ったのは44年になってからである。三菱経済研究所はその名前のとおり、三菱財閥のシンクタンクであったが、宇野がこの研究所に移ったときにはほとんど実質的な機能を果たしていなかったようだ。宇野は、この三菱経済研究所では「ぼくのやることは何もないんですよ。座る場所もないんだ」と回顧し、だから「自分で勝手にナチスと植民地との関係について二三の本を読んでいた」と回想している。[注14] 実はこの時期に、宇野は一つの原稿を草稿として残している。「ナチス広域経済と植民地問題」[注15]と題されたこの原稿は、しかし、何もやることがなくてやった研究というだけではないようだ。降旗節雄によれば、「研究開始約半年後の1945年2月、研究所理事に対して、研究責任者として宇野博士が経過報告をすることになり、そのために作成された原稿がこの遺稿」だという。[注16] 私の知る限りでは、当時ナチス広域経済について、研究所の上からの指示で調査・研究が行われていたという事実はなく、宇野や彼の同僚がナチス経済についてまとまった研究をしていたということもなさそうであり、この宇野の原稿も理事への報告とはいえ、彼の個人的な研究の報告として行った性格のものとみてよいだろう。宇野がナチス広域経済に関心を持ったのは、後に述べる『糖業より見たる広域経済の研究』(『広域経済』と略記[注17])における彼の問題意識から当然考えられるものだった。

宇野は、マルクス主義者としてマルクスに向き合ったのではない、ということはよく言われることである。だから、宇野は自身の経済学をマルクス主義経済学ではなくマルクス経済学だということを繰り返し強調していた。しかし、にもかかわらず、宇野がマルクスの方法と歴史観を基本的に承認していたことは明らかであって、ヒルファーディングの貨幣論についての論文[注18]をはじめとする戦前の彼の仕事も当然のことながらマルクス抜きには語れない。問

(注11)『経済学方法論』、『宇野弘蔵著作集』第9巻、岩波書店、1974年。
(注12)東亜研究所『東亜調査関係団体要覧・昭和16年版』。
(注13)『資本論五十年』下巻、法政大学出版局、1981年参照。
(注14)同右。
(注15)この原稿は、降旗節雄の解説を付して、『クライシス』25号(1986年、社会評論社)にはじめて公表された。
(注16)『クライシス』25号の解説。降旗節雄『「昭和」マルクス理論・軌跡と弁証』社会評論社、1989年所収。
(注17)『宇野弘蔵著作集』第8巻、岩波書店、1974年所収。本書からの引用は全て『著作集』による。

題は、マルクス抜きには語れない彼の仕事が、戦時中どのような変質をとげたか、である。宇野の戦争中の仕事は平野のように華やかではないし、知られているものも多くはない。日本貿易研究所名で出版されたものとしては、『戦時貿易対策要覧』、『ブラシ工業』、『統制経済と対外貿易』、『広域経済』などがあり、そのほかに翻訳として、『ゴム』、『捕鯨』、『生糸』などがある。このうち、ここで特に取り上げるべきなのは、『広域経済』のうちの宇野の執筆になる「序論」である。そして、必要な限りで、先にも述べた草稿、86年になってはじめて『クライシス』25号誌上に公表された「ナチス広域経済と植民地問題」にもふれたい。

●

『広域経済』で宇野は、糖業という特定の産業を取り上げつつ、欧米帝国主義の植民地経済の持つ限界、矛盾を指摘するという内容になっている。彼は「序」で、糖業をとりあげる理由を次のように説明している。

「糖業は周知の如く元来植民地産業として発生し、19世紀中に欧州における甜菜糖業の発展によって単なる植民地特有の生産業とは言えないものとなったのであるが、19世紀末から20世紀始めにかけて現在甘蔗糖の主要生産地をなすキューバ、ジャワ、豪州、ブラジル、ハワイ、フィリッピン、プエルト・リコ、台湾等の内ハワイ、フィリッピン、プエルト・リコ、台湾が新しい政治区画に入り、特に米国はキューバとも特殊関係を結んで、世界糖業は非常な変化を受けることとなった。その後米、英両国の植民地政策とも関連して、前世界大戦後は各国共に自給政策を採用することとなり、既に20年代後半以後世界的に新たなる解決を求められる重大な問題を惹起して来たのである。とくに植民地産業としての糖業の処理は、費用のかかる国内産業としての甜菜糖業の国内統制と相対応して、世界経済再編制を縮図的に示すものと言えるのであった。植民地自身で消費せられない植民地生産物が生産制限をしなければならないということは、既に従来の植民地制度自体に対する深刻なる批判をなすものである。広域経済は先ずこの問題を解決するものでなければならない」。

当時、糖業は慢性的な過剰状態にあり、英米独ともに自国の砂糖需要の自給体制を確立しつつ、なおかつ国内の砂糖生産の過剰によって対外市場を必要としており、さらにこれに加えて植民地での砂糖生産の過剰が加わり、大きな問題となっていた。この糖業の問題は、農産物の帝国主義本国での自給化、工業原料としての一次産品を工業製品で代替することなどによって生ずるようになった帝国主義本国と植民地・低開発地域の経済的支配関係の変質を象徴的に示すものであると言えた。

宇野は「序論」のなかで、アメリカ、イギリス、ドイツでの砂糖自給とそれに対するオーストラリア、ジャワ、フィリピン、キューバの植民地糖業の動向を比較検討し、砂糖の過剰生産といっても帝国主義本国と植民地ではその意味が全く異なるということ、そして第一次世界大戦後の砂糖生産過剰に対する国際的な生産統制の試みとその失敗を跡付けつつ、糖業を通して明らかとなる従来の欧米帝国主義による自給化政策と植民地経済の問題を明らかにしている。つまり、自給化政策には、帝国主義本国の保護政策によって「自国の甜菜糖或は蔗糖の生産を確保」する方向を取るか、あるいは「植民地乃至半植民地の蔗糖によって自給化を実現せんとするもの」かのいずれかであるが、前者の場合には限られた国内市場の規模を越えてしまうような生産力の発展が過剰生産をもたらさないように「国内統制の強化」が必要となり、後者の場合、「非組織的なる自給方策を国際協定によって保証するという方法を採る」ことになるが、それは「産糖地自身の糖業問題を解決しようというのではない」。従って、いずれの場合も「各産糖地

（注18）「貨幣の必然性――ヒルファディングの貨幣理論再考察」『社会科学』（1930年）のち『宇野弘蔵著作集』第3巻、岩波書店、1973年所収。

の糖業発展の間に生ずべき問題は、これを将来に押しやったことになっている」と批判する。ここで注意しておく必要があるのは、植民地を含めて自給化するという場合でも、それが「非組織的」だとしている点である。これは、宇野の次のような「帝国主義批判」と「広域経済圏」についての意義付けと対応した理解になっている。

「従来のいわゆる帝国主義はこの問題〔国内消費需要をこえる生産力の処理問題〕を投資の如き自国と対外的関係を有するに過ぎない植民地によって解決しようとしたのであって、いわゆる世界経済の市場関係に一切を委ねる結果となる傾向を免れなかった。これに反して、広域経済は国民経済の統制を確保するために、生産と交易とに保証せられたる広汎なる地域を求め、これを内的問題として解決しようというのである。それは勿論抽象的なる理論的なる解決ではない、具体的なる現実的解決である」(注19)。

ここでわかるように、広域経済圏は、「生産と交易」を市場に委ねず「内的問題として解決」すること、即ち「生産と交易」の有機的な結合によってイメージされるものである。しかも、宇野は、広域経済の方向は、帝国主義本国の農業自給化と工業から全産業に波及しつつある統制経済という傾向を踏まえるとき必然的だとみていた。そして、日本のかかえる糖業の問題もこの「広域経済」の方向以外に解決の道はないというのが宇野の理解だった。こうして、宇野は「大東亜共栄圏はかくの如き世界的自給化傾向に取り残されたジャワ糖業と殆ど唯一の広大なる自由市場として残存せるシナとを包含しているのであって、糖業問題においても広域経済を具体的に実現すべき任務を有する」と言うように「大東亜共栄圏」の建設という立場に明確に立ったなかで、「共栄圏」のかかえる現実的問題としてこの糖業問題を位置づけた。

こうして、宇野にとって「大東亜共栄圏」としての広域経済は、欧米帝国主義、植民地支配の批判として論じられているとはいえ、しかし日本の帝国主義的な経済支配を正当化するものとして主張された、とみることができる。つまり、宇野は、欧米帝国主義の植民地が「本国の利益のためにのみ存するという外部的関係」の故に植民地経済の「跛行的生産」をもたらしたと批判し、これに対して「本国と植民地との経済的関係に国内関係にも準ずべき密接不可分の協同関係」を対置したのであって、こうした認識は、明らかに当時の日本帝国主義の建前上の戦略に合致する。例えば、宇野は、ジャワ、フィリピン、豪州について、「従来の植民地的経済を脱して新たなる経済的出発点を得るよりほかには、20年代以来の諸問題の解決を与えられるものではない」と述べるだけでなく、この解決は「これらの植民地が単に独立国として世界経済の中に組み入れられることによって与えられるものではない」として、植民地の独立を否定し、「寧ろ反対にこれらの植民地は無統制なる世界経済に対してその新たなる発展を擁護せられなければならない。広域経済は言わばその防衛線を画するものである」として、これら諸国が広域経済＝大東亜共栄圏に組み込まれることの〝合理性〟を主張したのである。

宇野の広域経済論は、植民地との「国内関係にも準ずべき密接不可分の協同関係」を主張するものである。しかしこれはあくまでも建前上の〝空語〟でしかない。というのは当時の常として宇野は他方で、この広域経済の維持のために中心国は、その生産力の最高の発展が保障されねばならず、この中心国は「統制経済の下に最高の生産力を発揮すべき資源を求めているのである。従来の如く世界市場の動揺によって支配される生産力ではなく、自主的に支配し統制し得る生産力としての資源である」と言うように、広域経済圏に包摂されるアジア諸国を日本の経済的利害に従属させることを当然のこととして正当化した。宇野が、日本を〝盟主〟とするアジアの広域経済の確立という政策を積極的に根拠づけようとしたことは動かし難い事実である。

（注19）『広域経済』序論。

ここでの基本的な宇野の理解は、草稿「ナチス経済と広域経済」でも受け継がれている。ここでも、左に引用したように、従来の植民地政策を批判し、広域経済の優位性を強調するものとなっている。すなわち、

「植民地を直接的に原料資源地として要求することは、統制経済を基準とする最近のいわゆる経済的国家主義に当然のことであるが、しかしそれと同時に統制経済と不可分の関係にある広域経済に於いて、従来世界市場のために過度の一面的発展をなした植民地に如何なる地位を与え得るかが問題になる。植民地を間接的に原料、食糧調達の手段として外貨獲得のために要求するということは、従来の世界市場への生産を多かれ少なかれ維持してこれを自国の経済的国家主義に利用せんとするものであるが、それは統制経済を基礎としながら、広域経済への発展を延滞することになる。困難なる広域経済完成の道を安易なる世界経済によって曖昧にするものである」。

確かに宇野の議論は、平野のようなファナチックなスタイルをとっていない。しかし、この宇野の議論も当時の大東亜共栄圏イデオロギーと全く無縁な、隠れマルクス経済学者としての現状分析だとはいえないものだった。それは、単に、植民地の独立を否定し、広域経済圏＝大東亜共栄圏への編入という基本線を容認しているということばかりでなく、次の点でもそれは言える。

それは、宇野が研究対象として糖業を取り上げたということである。これに先立って、宇野は内田穣吉を中心として『ブラシ工業』を3冊も出版したが、(注20)これは当時の戦時体制の中でそれほどの大きな意義を持つものではないブラシ工業に過大なエネルギーを注ぐという形で戦争協力の研究をはぐらかしたと言える側面を持つ。事実、本書の出版

計画について、宇野は研究所の上司と厳しいやりとりをしている。[注21] 他方で糖業についてはそうとはいえない性格がある。というのは、糖業は、ジャワ、フィリピンが日本軍の占領下におかれて以来、「大東亜共栄圏」の農業問題のなかの重要問題の一角を常に占めるようになったからである。当時、「大東亜共栄圏」は、農業資源の自給体制を確立する上で、二つの問題をかかえていた。一つは、不足資源問題であり、その中心にあったのが衣料の原料となる綿花と羊毛であり、もう一つが過剰資源問題であり、そこにこの砂糖がゴムとともに焦眉の課題となっていたのである。つまり、ジャワ、フィリピンが「大東亜共栄圏」に組み入れられた結果、年間約200万トンの過剰糖をかかえることになったのである。[注22] 当時の日本帝国主義の支配地域では台湾が圧倒的に大きな生産地域だった。従って、「共栄圏」内の過剰処理問題は、台湾での砂糖生産と南方でのそれとをどのように調整するか、という問題をはらむことになった。そして、42年頃の議論としては、台湾の糖業を米作へ転換すべきであるという議論と、南方の糖業の減産をはかるべきだという議論があり、台湾については総督府当局の転作反対もあり、政府としては「フィリピンの糖業地を綿作地などに還元せしめ、以て共栄圏内に不足する綿花を供給せしめるという風に変更せしめて行くべきだと思う」（1942年、第79議会、井野拓相の発言）という意見もあった。また、日本糖業連合会も「大東亜共栄圏糖業再編成方針」（42年1月）をだして、台湾糖業を主軸とすること、「共栄圏」内の糖業の運営の一元的な統制を行うことを打ち出していた。しかし、また、その後台湾産は食用に、ジャワ産とフィリピン産については、航空燃料の原料となるブタノール生産用とすることで過剰糖の処理を試みること、またフィリピンでは一部を綿花栽培に転換することなどが試みられるなど、過剰糖の処理が常に問題となっていた。[注23] しかし、こうした試みによっても過剰問題は解決され

（注20）『資本論五十年』では3冊とされているが国会図書館の文献カードでは、2冊となっている。
（注21）前掲『資本論五十年』下巻参照。
（注22）『朝日経済年史・昭和17～18年版』、朝日新聞社。

ない状態が続いたのである。

このように当時の「大東亜共栄圏」の経済問題では、必ずといってよいほどこの過剰農産物問題として糖業がとりあげられていたのである。従って、宇野がとりあげた糖業は、当時の日本帝国主義の経済問題の第一番に重要なものとは言えないにしても、解決が迫られている重要問題には違いなかった。とくに、フィリピンやジャワなどの新たな占領地域の経済問題であったわけで、この解決がうまくいかないということは、同時に、植民地支配を不安定なものにさせると考えられていたことは事実である。平野も糖業の過剰問題に関して発言しているが、(注24) 彼の場合は明らかに占領地域の経営問題として、その重要性を認識していた。こうして、糖業が当時の日本帝国主義にとってある種の重要性があるということを踏まえた場合、宇野の広域圏擁護は、明らかに「大東亜共栄圏」の方針に沿うものであるというしかないのである。

ところで宇野の戦時中の仕事は必ずしも時流に加担するものではない――あるいは宇野は〝転向〟していない――という有力な見解がみられる。例えば、降旗は、次のように宇野の『広域経済』を評価している。

「当時、ナチスのアウタルキーの主張と呼応して、日本でも大東亜共栄圏構想が叫ばれていた。博士は、この主張に対して、単に方法論やイデオロギーの次元においてでなく、厳密な統計的資料のうえにたった現状分析によって批判的究明を与えようとしたのである。そしてその手はじめとして、砂糖という代表的な植民地商品をとりあげ、ジャワ・フィリピン・オーストラリアという全く違った類型の三つの植民地との関わりにおいて、その貿易・生産構造の歴史的特性の解明を試みた。博士は、この『研究』の「結語」において、広域経済が従来の帝国主義的植民地支配の構造にかわって新しい経済的秩序を意図しつつも、実際には国民経済と世界経済、統制経済と市場経済などの矛盾を解決しえない点を、晦渋な表現をもってではあるが、結論づけることによって、みごとにファシズム経済批判を遂行したのである」(注25)。

この降旗の評価は幾つかの点で明らかな誤りを含んでいる。先に見たように、宇野はこの『広域経済』で「大東亜共栄圏」批判を間接的にであれ意図していたとは言い難いということである。降旗が、「従来の帝国主義的植民地支配の構造」への批判、「ファシズム批判」をただちに「大東亜共栄圏」批判であるかのように理解していたとすれば、それは当時の「大東亜共栄圏」に関する公式イデオロギーを考慮しないものであって、明らかに誤解である。米英の帝国主義は敵であり、その背景にある西洋的なるものは〝敵性文化〟であり、その批判は必ずしも日本帝国主義を批判することとは重ならない。つまり、「従来の帝国主義的植民地支配」への批判と「大東亜共栄圏」批判は、当時の日本の公式イデオロギーの文脈では同義ではなく、むしろ「大東亜共栄圏」こそが「従来の帝国主義的植民地支配」への批判のうえに構想されたものだ、ということになっているからである。このことは、当時のマス・メディアも含めて繰り返し喧伝されたイデオロギーであって、この点については既に平野について検討したところでも述べたことだ。日本が戦争を遂行するにあたって作り出した「従来の帝国主義」たる欧米批判と東洋文化の再評価というイデオロギーが、現実の日本の帝国主義的な侵略をどのように正当化したのか、という問題を軽視すると、昨今のはやりの議論のように「大東亜戦争」は、アジア民族の解放、植民地独立、アジアの国際協調など、その「理念」に関しては現代にも通用する積極面があるといった誤った理解に陥ってしまう。私達は、この理念、建前が現実には欧米帝国主

（注23）同右参照。
（注24）『改造』1942年2月号の座談会「大東亜、新しき構想」での発言。平野は「大東亜戦争を完遂すること、それ自体が建設です」として、「大東亜共栄圏」のかかえる重要問題として「過剰生産問題」を指摘し、その中で砂糖にもふれている。平野の過剰生産認識は、南方諸国が米英への依存を終えることに伴って生ずるとみている。
（注25）降旗、前掲「解説」。

義に勝るとも劣ることのないアジアの民衆に対する抑圧と殺戮を産み出したということを指摘するだけでなく、この「理念」そのもの、つまり「アジア民族の解放」という「理念」の内実をも批判できなければならない。その批判を可能にするものは、日本的な「協調」「共栄」が家父長制的な家族国家観に基づくこと、従ってそれは日本という家長、天皇という家長に絶対的な権力を付与することでしか成り立たないものであるということ、この点の批判をなによりも明確にしなければならない。そのことが明確にされることによってのみ、帝国主義批判は、欧米ばかりでなく日本のそれをも包含することになる。

第二に、宇野は大東亜共栄圏も「国民経済と世界経済、統制経済と市場経済などの矛盾を解決しえない」と主張したとは言えないということである。むしろこれらの矛盾を「大東亜共栄圏」として解決する方策をさぐろうとしたのである。既に見たように宇野の『広域経済』には、イデオロギー的な装いは見られない反面、それは「大東亜共栄圏」を理論的に根拠づけることを試みるものとなっている。このことは、論理展開の結果として導かれたのではなく、同書の当初からの目的として設定されていたのであって、それは「序」の次のような記述に明らかである。

「われわれは（略）従来の世界経済の発展推移の内に、現に構想せられ、具体的に実現せられつつある広域経済の新たなる貿易関係＝交易の経済的基礎を究明したいと考えている。また実際かかる究明があって始めて理論的構想も実際的方策もその堅実なる発展に対する確固たる方針を与えられるのである」。

ここで宇野ははっきりとこの研究の目的を広域経済についての「経済的基礎を究明」することに求め、その意義は、これによって広域経済についての「理論的構想」ばかりか、「実際的方策」についての「指針」となるという点にあるとされている。既に見たように、これは実際に本書において試みられていた。ここでの宇野の位置は、自らを実践活動から距離をおく研究者という立場であるという点では転向前後で大きな変化はないが、しかし彼の理論的な仕事が貢献すべき現実的な役割については、全く正反対の位置を採るものだった。宇野の戦後の発言だが、彼は「僕たちが科学的に正しく分析してゆけばゆくほど、科学的真理によって行動し、また科学的真理を実証し得る政党はこれを——といっても、しばしば述べてきたように直接技術的にいうのでなく行動の基準として——利用し得るはずだ」とし、また、こうした科学的な真理を実践的に利用し得る唯一の階級がプロレタリア階級であり、「科学的真理を実証し得る政党」とは、このプロレタリア階級の利害を代表する政党であるとしていた（『「資本論」と社会主義』）。多分こうした理解は、宇野の戦前からのものである。宇野は、自らの「科学的真理」が体制側にも利用可能なものとしたという点で、科学者としての転向を事実上も認めたと言える。この点で言っても、降旗のように『広域経済』を帝国主義批判の書と見ることには無理があることは明らかである。

●

宇野の場合、平野と違って、その転向は、極めて見えにくいものがある。平野が理論と実践の統一、科学とイデオロギーの統一をまさに転向後も地で行ったように、マルクス主義からの理論的イデオロギー的転向が同時に翼賛体制への積極的な参与と天皇主義イデオロギーの受容に結果したことと対照的に、宇野の場合は、理論的な転向が実践的、イデオロギー的な転向へと結びついているということが明瞭ではない。少なくとも、戦時中の宇野の行動は積極的でも精力的でもなく、最低限の自己保身に限定されていた。しかし、そうではあっても宇野は彼自身のマルクス経済学者としての「方法」をこの翼賛体制の中で放棄せざるを得なかったということは否定できない事実だ。

この宇野の立場は、確かに平野のような無節操な変節から研究者としての自己のアイデンティティを守ることにおいてはずっと成功しているし、研究者としての誠実性と自己限界もはっきりと見定めている。しかしこうした宇野の方法的立場が可能なのは、この研究者的な立場によって産み出された成果を「指針」として実践的な戦略、戦術を策定できるプロレタリアの「党」が存在することである。こうした理論と実践の分業が成立しえない場合、研究者の産み出す成果は何の意味も持ちえないことになる。そして、戦時期とはまさにそうした時代だった。

このことは、自らの理論的な作業を「指針」としうるような実践的な活動が不可能な情況になったとき、研究者の依って立つ基盤もまた失われることを意味している。こうした状況に直面したとき、宇野のような立場に立つ研究者の場合、それでもなお状況から超然たる位置をとることこそが研究者、科学者としての自己を確保する最善の方法と言えるのだろうか。実は、ここに宇野のような理論と実践を明確に区別する立場に立つ研究者の矛盾が露わになる。権力の弾圧が厳しくなり、社会主義、共産主義の実践運動が成り立たなくなるとき、理論と実践の分離を理由に、実践の危機を見過ごしてよいのか、むしろそれを黙って見過ごすことは、自らの理論研究を「指針」とする実践の不存在や弾圧を黙って受け入れることであり、これは理論研究の存在理由それ自体を否定することになるのではないか。しかしまた、こうした事態に対して、研究者が実践的な抵抗へと関与することになれば、研究者自らが実践を担うこととなり、理論と実践の分離という方法を否定することとなろう。宇野の方法は、こうした矛盾をかかえているにもかかわらず、果たして宇野自身はこの矛盾に自覚的であったのだろうか、はなはだ疑問と言わざるを得ない。

●

純粋な理論的研究者という宇野の自己限定をめぐるもうひとつの問題として、そうした研究者のあり方が果して客観的に可能なのか、ということがある。ミシェル・フーコーの言うように、近代的知を〝権力〟とみることとの関わりを今、問わないとしても、大学やアカデミズムそのものが、国家の教育、研究政策の機関としてある以上、そこにおける研究者もこうした意味での〝政治性〟を担わざるを得ないはずなのだ。宇野はこの点についても十分な掘り下げを行ったとはいえないのである。

マルクス主義者や社会主義者としての社会科学者の転向は、幾つかの例外はあるものの一般には公にされにくいし、冷静な批判と研究の対象とはされてこなかったといってよい。私的な会話や内輪のサークルで問題とされることはあっても、転向ということ自体についてのまとまった考察はほとんどなされていない。このことは、本稿でとりあげた平野と宇野の場合にもあてはまることである。平野についても宇野についても、戦時中の仕事についての冷静な評価は避けられるのが一般的である。例えば、『マルクス＝レーニン主義事典』（社会思想社）の平野義太郎、宇野弘蔵の項目でも戦時中の仕事については余り多くが語られていない。それは、転向が決して名誉なことではなく、公にすることがはばかられる事柄であるということで身内に対する保身的な姿勢、言い換えれば、シューレにおける〝家〟意識が根強いからだ。そしてまた、実はこうした項目の執筆者自身も戦時転向者であったりする場合もあり、従って他者の転向にふれることは自己の転向にもふれざるを得ないということとなり、それを回避しようとする心理が働いていることにもよるかもしれない。平野の場合、守屋典郎がこの役割を担った。『平野義太郎、人と学問』という追悼文集が編まれているが、ここに寄稿している人々の中で戦時中平野と接触があったり、一緒に仕事をした人々は、一様に転向の問題に触れようとしない。守屋典郎もそのひとりで、戦時中に平野は筆を折ったなどという嘘を平気でついている。また、宇佐見誠次郎のように、故意に戦時中の平野の業績に触れない場合や、戦時中の平野の仕事は、平野としても不本意だったにちがいないという根拠のない推測で転向問題を不問に付してしまうことが一般に通用してしまうことこそが問題である。また、宇野についても、『資本論五十年』という宇野の研究生活の回顧をインタヴュー形式で構成した大部の書物でも、肝心の転向問題については論じられていない。こうしてみると実は転向問題とは、転向の当事者個人の問題であるばかりでなく、彼らを取り巻く社会科学者総体の〝体質〟の問題でもあるのだ。社会科学者の転向を問題にする場合、彼らの研究を支えに公式・非公式な様々な制度や人間関係を視野におさめることが是非とも必要となる。

社会科学者の転向としてここでとりあげた平野と宇野は、極めて対照的な転向のあり方を示したが、しかし、また共通した側面を持つことをここで指摘しておきたい。彼らは、ともに、自らの理論的な考察、研究者としての良心に忠実であるが故に転向したのではない、ということである。『共同研究転向』でも指摘されているように、転向を促す要因として、家族関係や、職業、社会的地位への固執といった諸要因が重要な機能を果たすことはよく知られている。平野は「家」に躓き、宇野は実践的受け皿を失った「職業」に躓いたのではないか。あるいは「日本」という大きな物語の幻想に囚われたことでも共通する、といってよいかもしれない。このことは、科学者や専門家が、その専門性において転向するとは必ずしもいえないということを示している。そうした役割の外部にあって、彼らの人生を大きく拘束している諸々の関係が専門性やイデオロギーの動向の変容を促すのである。戦時中、知識人が転向したことの背景には、多分こうした、知識人の内部にある知識人ではない部分、科学者でない部分の機能があるように思われる。言い換えれば、知識人、科学者といっても、実際に彼らの専門性や"知"を生かしていたのは、前近代的な師弟関係や、人間関係あるいは、親や妻子といった家族であったのかもしれないのである。この知識人、科学者のアキレス腱を権力はよく知っていたのだ。

左翼のなかでは、「不屈の獄中非転向」が英雄的なこととして賛美され、転向を脱落者、敗北者として貶める空気が一般的にあるとき、転向を公然と議論の対象にすることは決して容易なことではない。しかし、社会科学にとって、転向は研究者のアイデンティティの問題をはじめとして、無視できない問題であるはずである。転向の問題は、隠されるべきではないし、転向の有無によって当の研究者に対する人格的な非難や称賛に終始すべきでもない。転向をもたらした理論的、思想的な問題を現在の時点で総括することによって、権力の抑圧や弾圧に対する社会科学者の抵抗の根拠を繰り返し強固なものとするための教訓として活かすことこそが必要なことなのである。にもかかわらず、この転向問題を社会科学の歴史からも抹殺し、あるいは暗殺するとすれば、こうした「非科学的な」態度自体が、社会科学者の転向を繰り返し生み出す土壌となろう。

出典：池田浩士、天野恵一編『検証昭和の思想II、転向と翼賛の思想』、社会評論社、1989年

逆説としての「芸術の自立」1957-1960年の美術

1950年代後半の美術を語る場合、「具体」に触れないわけにはいかない。美術の既成の概念からの逸脱を様々に試みた「具体」の表現行為は、80年代に再評価が試みられ[注1]、現在ではその戦後日本の現代美術に占める意義については、もはやゆるぎのないところとなっている。

●

「具体」とは、正式名称を具体美術協会といい、54年に、関西の美術家によって設立された団体である。吉原治良

（注1）80年代には下記のような回顧展が相次いだ。「現代美術の動向1 1950年代」（81年、東京都美術館）、「吉原治良と『具体』」（85年、芦屋市民センター）、「絵画の嵐・50年代」（85年、国立国際美術館）、「具体一行為と絵画展」（85—86年、スペイン国立現代美術館他）、「前衛芸術の日本1910-1970展」（86年、ポンピドーセンター）など。

が代表をつとめ、嶋本昭三、山崎つる子、吉原通雄、上前智祐、吉田稔郎、正延正俊、船井裕、辻村茂、吉原英雄、上田民子、岡田博、東貞美、関根美夫、伊勢谷圭、岡本一、藤川東一郎が設立当初の会員である。翌年から『具体』というタイトルの機関誌を14号（65年）まで発行した。

「具体」が現代美術で注目を集めたのは、57年9月に来日したフランスの美術批評家、ミシェル・タピエが絶賛したことが、きっかけであったというのが定説のようである。タピエは、「アンフォルメル」という概念を提唱し、絵画の伝統から切断された新しい絵画的創造を強く主張し、多くの若手の作家を発掘してきた批評家として知られていた。同時に、この「アンフォルメル」という概念は、当時の新しい現代美術の潮流として注目され始めていた、アメリカ合州国の「抽象表現主義」とも通底する傾向を示した。こうして「具体」は、日本の現代美術内部から登場した芸術運動だっただけではなく、国際的な芸術表現の動向と共通した傾向を持つものとして日本におけるアンフォルメル、あるいは抽象表現主義の流れとして意味付けられ、国際的にも、最も早くに注目された戦後日本の現代美術となった。

確かに絵画表現の傾向として具体の作家たちの間の作品とアンフォルメルや抽象表現主義の作家たちには共通性が見いだせる。それは、抽象表現を幾何学的な図形と色に還元したカンディンスキーやロシア構成主義のタトリンあるいはキュービズムの作家たちとは異なり、作家の身体性を感じさせる即興的で力強い力動的な表現が支配的であった点である。抽象表現主義の代表的な作家と言えるジャクソン・ポロックのアクションペインティングと呼ばれたキャンバスに直接絵の具をたらしたり、撒き散らして制作された作品やアンフォルメルの画家として知られるピエール・スーラージュの極太の筆による力強い筆致と、吉原治良や嶋本昭三の大胆な絵筆のタッチの間には、多分その制作の手法の共通性だけでなく、即興的な身体の行為が二次元のキャンバスに転写されたかのような印象を与えるという点でも、表現における共通性を指摘することは容易なように見える。

しかし、「具体」を抽象絵画との関係でのみ評価することはできない。絵画的表現は、「具体」が試みた表現のなかの一部にすぎないだけでなく、「具体」は最初から絵画という形式そのものを越える表現行為を追求していた。このことは、吉原治良が機関誌『具体』の意図について述べた次の文章に端的に表明されている。

「われわれはわれわれの精神が自由であるという証しを具体的に提示したいと念願しています。新鮮な感動をあらゆる造形の中に求めて止まないものです。われわれはこの冊子をそのために捧げたいと思っています。視覚芸術の全般にわたって例えば書、生花、工芸、建築等の分野にも友人を発見したいと思っています。今後専門の印刷所の手で次号からは漸次印刷する見通しもつきましたので各方面の協力を得て新しい美術を中心として児童美術や文学、音楽、舞踊、映画、演劇等現代芸術の各ジャンルとも密接に手を握って行きたいと思っています。(注2)」

「具体」が目指したものは、絵画に代表される伝統的な美術の表現の枠を大きく越えようという問題意識をはっきりともったものだったと言える。書や生け花のように当時前衛的な試みが始まり、注目を浴び始めたジャンルや、ヨーロッパの前衛芸術集団、コブラなどがプリミティブ・アートとして子どもの絵に注目し始めたことなど、当時の芸術をめぐる動向に敏感に反応している側面があるが、それにとどまらず、舞踊、映画、建築、音楽などその後の日本の現代美術にとって欠かせない関連領域への注目、関心が見られる点にこそ「具体」の面白さがあると言える。

特に注目すべきなのは、作品の一回性、作品の空間との関係性など、後にインスタレーションやハップニング、パフォーマンスと呼ばれるようになる身体表現に積極的に取り組んだことだろう。例えば、金山明が第一回具体展に出

（注2）『具体』1号、55年1月1日、渋谷区立松涛美術館『特別展〈具体〉未完の前衛集団』（90年）収録の「具体のことば」より引用。

品した「たま」という作品がある。これは、展示場いっぱいにふくらませられた巨大なバルーンと会場の隅に吊された直径60センチほどの小さな赤い光を放つ玉からなっている。現在の現代美術の状況からすれば、決して刺激的とも独創的とも言えないような印象を与える作品なのだが、嶋本昭三はこの作品について次のように語った。

「彼のこの作品に於て特筆すべき事は、会場に於ける作品の位置の再認識であり、従来より常識的に処理されていた自己の作品と会場との関係についての新しい試みとして提示した点にあると思います。つまり、彼の場合に於ては『たま』のみが作品なのではなく、会場という一つの空間に対するものとして発表されたわけです。(注3)」

これは明らかにインスタレーションと呼びうる作品のコンセプトそのものである。展示会場の空間の大きさとの関係においてのみこの「巨大」なバルーンの「意味」があるという点で、嶋本が指摘するように作品の外延は、バルーンを超えて会場の空間に拡大されており、従って会場に入る観客もまた作品を構成する重要な位置を占めることになる。インスタレーションが持つ関係としての作品について自覚的に取り組んだ最初の試みがこのように「具体」の活動のなかに見いだせる。

身体表現を大胆に取り入れたこともまた「具体」の重要な活動のひとつだった。白髪一雄の「超現代三番叟」や村上三郎の「紙破り」、田中敦子の「電気服」などは、文字通り現代の芸術表現と直接通底するパフォーマ

白髪一雄「超現代三番叟」1957年（1985年再制作）
兵庫県立近代美術館（山村コレクション）所蔵

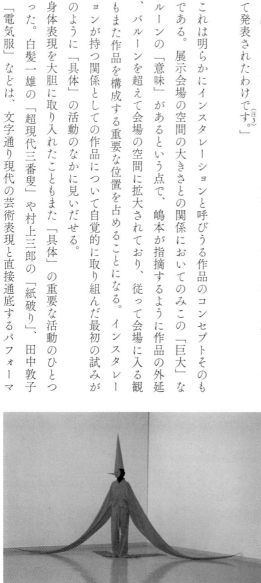

ンスであるということができる。村上三郎はこうしたパフォーマティブな表現を「額縁を棄て壁を飛び出し、動かない時間から生きた空間へ、新しい絵画を試みようとしている」(注4)と逆説的に「絵画」と呼び、伝統的な絵画のコンセプトに挑戦した。言い換えればパフォーマンスは絵画とは別のジャンルの表現なのではなく、むしろ絵画の脱構築なのだった。これはたいへん重要なことだと思う。つまり、村上のような観点に立ったとき、60年代以降、芸術的な表現を分類するのに都合のよい概念として、絵画、パフォーマンス、インスタレーションなどがある種の「平和共存」状態に追いやられたのであって、本来はむしろ相互に否定し合う厳しい緊張関係にある表現だったのではないか、ということに改めて気づかされるのである。

「具体」は絵画に収斂させることのできない内容をもったということは、これまでも繰り返し指摘されてきた。(注5)ということは、「具体」を抽象表現主義やアンフォルメルと並べて論じるだけでは十分ではない、ということである。芸術運動の同時代性として、「具体」に匹敵する「何か」を探すとすればそれはいったい何だろうか?私は、50年代にラトガーズ大学で美術史の教鞭をとっていたアラン・カプローの周辺に集まったアーティストたち、ジョージ・シーガル、ロイ・リキテンシュタイン、ロバート・ワッツ、ルーカス・サマラスといった人たちの実験的な試みこそ「具体」との同時代性においてとりあげられてよい運動だったのではないかと考えている。

●

ハップニングという表現行為は、カプローが1956年にニューヨークのダウンタウンのイーストヴィレッジにあ

(注3) 嶋本昭三「金山明氏の『たま』」『具体』4号、56年、前掲『特別展〈具体〉』。
(注4) 村上三郎「舞台を使用する具体美術」、前掲『特別展〈具体〉』。
(注5) 前掲『特別展〈具体〉』の千葉成夫、光田由里の解説参照。

るリューベン・ギャラリーで行った個展「6パートに分かれた18のハップニング」ではじめて公開された。[注6]ギャラリーを三つの半透明の仕切で区切り、オーディエンスはこの部屋のいずれかに入り、二つのパートからなるハップニングを経験し、次の部屋に移動する。各々の部屋では、レコードがかけられたり、パフォーマンスが演じられたり、脈絡のない語りがある一方で、ジョージ・シーガル、ロバート・ラウシェンバーグ、ジャスパー・ジョーンズらによって塗られた絵の具の臭いがキャンバスから発散し、絞られたオレンジの臭いが部屋に充満するなど、嗅覚までが動員される仕掛けになっていた。

ハップニングは、その言葉のニュアンスから何の計画性もみられない即興的な表現であるかのように誤解されがちだが、そうではなく、アーティストによって十分計算された状況のなかで、オーディエンスを巻き込んで行われる行為である。これはオーディエンスの側からすると、意表をついた表現や経験であるために、ある種の「ハップニング」的な効果をもたらすといっても間違いではないかもしれない。しかし、この意外性こそがカプローがアートの世界を日常生活へと拡張しようとする際に、取り組まねばならない一つの課題だったとも言えるのだ。

というのは、カプローが「ハップニング」という表現に込めた意味は、アートを伝統的な概念から解き放ち、日常生活の経験の側へと引き寄せようというはっきりとした問題意識に基づくものだったからだ。カプローは、過去2世紀の間の美術館や画廊の出現は、アートが社会から分離された結果であり、「アートは現実生活から切り離された夢の世界を意味し、間接的にしか人々の実存と関われなくなった」と捉えた。そして「こうした考えは、ギャラリーや美術館が『こらこら、さわっちゃダメだよ』と注意することに端的に表されている」[注7]と批判し、同時にこうした傾向が徐々に突き崩されてきている現状を捉えながら、アートを日常性の経験のなかに再度埋め込む試みとしてハップニングを捉えようというのである。ハップニングは、現実世界の音や光や臭いをギャラリーに持ち込むことによって、「生活の抽象的なコラージュ」[注8]として意味付けることができるかもしれない。

カプローらの試みと「具体」のそれとは、美術の伝統的な概念からの切断による新たな創造的な営みを、限られた絵画の平面に展開するのではなく、野外での展示など、作品の提示される時間と空間を押し拡げ、さらには、身体的な行為やインスタレーションによって、作品の一回性や一時性を強調することによって、絵画のような作品の「恒久性」とは対極の方法をとるなど、表現の方法において多くの共通性をもっていた。

しかし、この伝統からの切断が向かう方向は、必ずしも同じものとは言えなかった。既に述べたように、カプローの問題意識にはオーディエンスを作品に巻き込むと同時に、アートを日常生活へと引き戻すことに強い関心があった。だから、彼らのその後の方向は、一般にポップアートと呼ばれる方向性を持つことになる。

これに対して、「具体」にはこうした問題意識はほとんど見いだせない。例えば、吉原治良が機関誌『具体』の創刊号で「われわれにとって最も大切な事柄は現代の美術が厳しい現代を生きぬいて行く人々の最も解放された自由の場」であるべきだと述べたときに、この「われわれ」にはオーディエンスは想定されていたと言えるだろうか。たとえ想定されていたとしても、「解放された自由」は美術という世界の側で実現されるべきことであって、美術が現実の世界の自由へと関わろうとする問題意識は決して鮮明ではない。美術館やギャラリーという制度への構えも自ずと異なったものになる。

（注6）既にその前年にラトガーズ大学のダグラスカレッジのヴォーヒースチャペルを会場として学生たちをオーディエンスとして行われたイヴェントやサウス・ブルンズウィックのジョージ・シーガルの農場でのハンサ・ギャラリーのメンバーの『ピクニック』で行われたパフォーマンスは「ハップニング」という概念を前提として行われていた。Joan Marter ed., *OFF LIMITS, RUTGERS UNIVERSITY AND THE AVANT-GARDE, 1957-1963*, Newark Museum and Rutgers University Press, 1999参照。

（注7）Allan Kaprow, "Assemblages, Environments and Happenings".引用は下記から。Charles Harrison & Paul Wood eds., *ART in THEORY*, 1900-1999, Blackwell, Cambledge, 1992, p.704.

（注8）Joseph Jacobs, "Crashing New York a la John Cage," Joan Marter ed., ibid., p.83.

カプローらは、既に50年代初めに、ジョン・ケージらと実験的な芸術表現の試みを経験し、ラトガーズ大学を拠点として、前衛的な芸術を受け入れるアカデミズムやオルタナティブな空間への恵まれたアクセス環境を享受していた。こうしたなかで、伝統の枠組みが持つ狭さや現実からの乖離に目を向けるきっかけをつかんだ。逆に「具体」をはじめとする日本の現代美術の環境は、それ自体が極めて厳しいものであったがために、まずなによりもアーティスト自身の「自由」、しかも表現の方法における「自由」を獲得することで精一杯だった、とも言うことができるかもしれない。

本シリーズ『冷戦・第三次世界大戦1946－1956年』の美術（212－214ページ）【本書収録の「戦争と平和の「リアリズム」」】で紹介したように、戦後日本の現代美術が、リアリズムとしての芸術のあり方や社会と芸術との関わりに関して様々な議論を展開してきた時代状況を考えたとき、「具体」の持つ非政治性、非社会性は、いったい何に由来するのだろうか。光田由里は「吉原が文学性や政治性、意味や内容をかんじさせる要素を徹底的に嫌悪し、メンバーに厳しく禁じていたことが重要ではないだろうか」と指摘し、「その上に『絶対に人の真似をしない』という禁忌が加わって、具体は、純粋に視覚的な実験を繰り返していくことになったのである」(注9)と述べている。

私は吉原個人や「具体」がグループとしてどのような「禁忌」を持とうが、それは自由だと思う。むしろ、興味深いのは、こうした「具体」に体現された非政治性や非社会性と純粋な視覚芸術と模倣の排除という前衛芸術概念の外枠となる諸条件が、「具体」を越えて、この時期に日本の現代美術の支配的なコンセンサスとなったことである。それは「具体」が国際的に脚光を浴びたことによって、さらに促されたと言えるかもしれない。

アートにおける政治性や社会性、あるいは日常生活への関わりがこの時期に大きく変化し、前衛的であることの意味は、あくまでギャラリーや美術館という空間のなかでの自由な表現を意味するのにとどまることになる。これは、「具体」に責任があるという問題ではなく、むしろアートにおける政治や社会を問題にしようとしてきたアーティストや批評家たち、あるいは美術をふくめて文化運動を担ってきた人たちの限界に由来するものだというべきだろう。政治運動の手段となるのではない芸術における自立という当時様々に論じられた問題は、美術館やギャラリーなど、表現の制度やポリティックスの問題にまでその射程は及ばず、批評の観念的な世界での議論に回収されてしまった。こうして、その後の日本の現代美術は、非政治性、非社会性という極めて特異なアートによって支配されることになる。

（注9）「ラディカルな欠如」、前掲『特別展〈具体〉』。

出典：『20世紀の記憶1957-1960』、毎日新聞社所収、2000年

監視と自由

1998年1月19日、欧州議会の科学技術選択アセスメント（STOA）は「政治的コントロールのテクノロジーについての評価（中間報告）」を公表した。100ページのこの報告書は、イギリスのマンチェスターにあるオメガ財団のスティーヴ・ライトが執筆し、欧州議会が発行したもので、欧州議会のメンバーに対して近年の政治コントロール技術の発展について、ヨーロッパや世界の状況を調査し、こうした技術を議会としてどのように規制すべきか

についての政策提言を行ったものだ。

「政治的コントロールのテクノロジー」という概念は日本では耳慣れないが、イギリスでは70年代に英国・科学の社会的責任のための学会（BSSRS）が、北アイルランドの分離闘争を弾圧する目的で、様々な弾圧技術が開発されていることに警鐘を鳴らすなかで最初に用いられた。BSSRSによれば、政治的コントロールのテクノロジーとは次のように定義できる一連の「兵器」ということになる。

「[政治的コントロールのためのテクノロジーは]新たなタイプの兵器類であり（略）国内の敵を中立化するという問題のための科学技術の応用の産物である。このテクノロジーは、主として民間人に向けられるもので、殺戮を意図するものではない（ごく稀にそうしたものもあるが）。このテクノロジーは、人の身体同様、精神や心理をターゲットにする。（略）この新たな兵器類は、国内の反対派をモニターするような手段からデモをコントロールする装備に至るまで、また尋問のための新たなテクノロジーから囚人管理の様々な手法に至るまで幅広い（European Parlament, Scientific and Technological Options Assesment（STOA）, *An Appraisal of Technologies of Political Control*, 1998, p.1.以下STOA報告と略記）」

このBSSRSの定義には、いくつかの注目すべき特徴がある。第一に、一般の刑事事件の犯罪者、あるいは受刑者に対して用いられるであろうテクノロジーと政治的な「敵」に対するそれが区別されていないということ。そして第二に、これらの「兵器」に期待されている効果が敵を殺傷することではなく「中立化」することだ、ということである。一番目の特徴は、一般に警察が用いる犯罪捜査技術が、同時に治安維持や政治弾圧の手段としても利用されていることからも明らかである。これに対して、2番目の「中立化」テクノロジーとは、もっと複雑な内容を含んでいるが、非常におおざっぱな言い回しをすれば、逸脱行動をある一定のルールのもとに抑え込むものであって、スピード違反、麻薬の取引、都市の暴動に至るまで、政府が様々な問題をはらむと判断する社会環境に対して、これらの現象を政府が意図する好ましい秩序へと整序することを意味する。政治的コントロールのテクノロジーは、単に機械・装置などのハードウェアだけでなく、こうしたハードを動かすソフトにあたる様々な手順やスキルや、さらに人的な組織やネットワークなどをも含む概念なのである（STOA報告、ibid., p.1)。

「中立化」とは政治的な力学のゼロ地点であり、反体制的または反社会的な力の脱力化を意味している。デモ隊は一定の集団として密集して街路を行進することによって、政治的な圧力を象徴的に表明する「力」を発揮するが、機動隊の発射する催涙ガスは、この集団的な凝集性を掘り崩すことによって、この「力」を無力化することになる。ベトナム戦争では、米軍の北爆が多く一般民衆の流血を招き、それがマスメディアを通じて欧米諸国に報道され、反戦運動を高揚させたという米国政府の「反省」から、70年代以降の米国政府の戦争行為では、徹底した報道管制を敷く一方で、攻撃目標についての事前の情報収集を徹底化し、軍事行動の正当性を担保できる情報環境を構築するためのテクノロジーを大幅に昂進させてきた。これは、外国との戦争において最も重要な問題が「国内の敵（例えば、反戦活動家や人権団体など）を中立化すること」であることを示している。湾岸戦争以降の一連の欧米諸国の軍事行動では流血映像が抑えられてきた。偶然漏洩することになった病院などの民間施設の「誤爆」報道などは、不幸なアクシデント扱いされ、戦争に伴う必然的な犠牲であるとはみなされなくなりつつある。

このような中立化という意味での強制力が遂行するのは、既に行われた（「違法」と権力が認定する）行為の取締りなのではなく、むしろ将来の「犯罪」行為をあらかじめ察知し、対抗処置がとれるように現状を監視することである。これは、監視のターゲットについての情報を収集し分析する技術に依存することになるが、こうした技術を最もはやくから開発してきたのは、軍事的な優勢による征服地の統治である。この統治が要求する被征服民についての情報は、網羅的なものである。個人の性別や年齢、人種、家族、職業、交友関係、思想傾向などから、地域の歴史的な背景、民族学的・人類学的な分析、コミュニティの政治的な傾向、産業構造、地理的な情報など多岐にわたる情報を収集し分析し、軍事的な弾圧と政治的な懐柔や文化的イデオロギー的な統合を政策的に使い分ける。軍とその傘下にある諜報機関などがこうした情報収集と分析を担うとしても、こうした情報は同時に非軍事的な統治のための様々なセクションに共有されることになる。現代の国内統治のための政治的コントロールのテクノロジーは、軍によって担われた征服地統治のための情報収集を、より一般化したものだとも言えるが、こうした情報収集と監視がより高度化したのは言うまでもなく、コンピュータの導入によってである。コンピュータの導入は、大量の情報を収集しリアルタイムで解析することによって、従来では不可能だった将来予測をより確実に行うことが可能であるという一般に流布された信念に基づいている。例えば、古典的な物理学では、ある時点でのシステムの状態が完全に知られており、方程式として定立できれば、以後の状態は一義的に決定されるから、自由意思の入り込む余地は全くないことになる。現実の社会状態についても、言わばこうした古典的な物理学の数学的なモデルに影響されて、初期条件の把握が詳細で完全な状態に近づけば近づくほど、将来予測もまた的確になると考えられた。政治的なコントロールとはまさにこの初期条件にあたる変数の収集だった。しかし、よく知られているように、こうした古典的な将来予測は、実際には不可能である。

コンピュータの前身とも言えるチューリング・マシンは、数学上の問題を解決できる一般的な機械的な手続きの可能性を追求して構想された理論上のモデルだが、このチューリング・マシンには、ロジャー・ペンローズが指摘しているように、脳もまた含まれるとチューリングは考えていた（ロジャー・ペンローズ『皇帝の新しい心』、林一訳、みすず書房参照）。チューリング・マシンはコンピュータの代名詞となっただけでなく、コンピュータによって人間の脳を再現しようとするＡＩの志向を支えることになり、より精密な初期条件が与えられれば、人間の意思決定を計算可能で予測可能なものとすることができるという発想を支えてきた。ニュートン力学が自然現象を数学的にエレガントな方程式によって代替させ、これによって「自然」を理解できたと観念してきたのが近代の支配的な自然観だとすれば、チューリング・マシンはこれを、人間の脳や意識にまで拡張した窮極のモダニズムの思想だった。しかし他方で、初期条件の精密化を繰り返し要求し、初期状態を完璧に知ることはできず、「ランダムな要素が実際上、未来の振る舞いに導入されている」ことによって、いわゆるカオス的な振る舞いが生じ「予測不可能性」が避けられないことも明らかなのだが、むしろそうであればあるほど、予測可能性は断念されるのではなく、逆により精緻に、より微細に設定されるように促されることになった。これはコンピュータによる政治的なコントロールのテクノロジーの問題が、計算機にプログラムされたアルゴリズムを介してどのようにして人間の意識や思考をコントロールすることになるのかを考える上で重要な問題を提起している。ペンローズは、「われわれが関連する全ての事実、感官印象、記憶された経験、これらを互いに比較評価しながら、意識ある状態で絶えず――ときにはインスピレーションに満ちた判断さえも下しながら――下している判断」については たとえ十分なデータが存在したとしても「データの山から必要なものを抽出して適切な判断を形成する過程には、明確なアルゴリズム的過程は存在しない――あっても現実的ではない――かもしれない」（ペンローズ同上書、465ページ）と述べている。これは、ある問題を解くのに、掛け算をすればいいのか、割り算をすればいいのかという判断の問題を解決するのは非アルゴリズム的な過程である、ということである。ペンローズは、AI研究者が、人間の意識的な思考の回路が理解できればコンピュータにやらせることが可能だという考え方に反対する。むしろ人間の意識の過程には経験、直感、偏見、論理的な判断、常識、芸術的な評価など様々な要素が絡み合っており、「いかなるアルゴリズムによっても記述できないような仕方で進行する」（ペンローズ、同上書、463ページ）ことを強調する。

意識の過程をアルゴリズムで記述できないというこのペンローズの指摘は、逆に現在のコンピュータ技術を用いた政治的なコントロールの性格を鮮明に示している。天気予報の長期予報の不確実性の例は、ごく微細な予測不可能な事象が大きな不確定要素となるカオスの事例としてよく引き合いにだされるが、政治的なコントロールの技術は、こうした事例とのアナロジーで論じることはできない。多くの自然現象と異なって、政策決定、投票行動分析、対立する社会闘争状態でのある種の弁証法的な意思決定の過程などの社会現象の解析に用いるコンピュータに要求されるのは、不確定な将来予測を確定化させることではなく、むしろ現在の時点において最適であると判断されるように将来の社会環境が達成されるべく、現在の社会環境を調整する行動プログラムを提示することである。これは、個人レベルで言えば、ある将来時点においてその個人がとるべき最適環境を達成するために、現時点のその個人の環境＝初期条件を一定の枠組みの中に拘束する行動の選択肢を提示することである。ペンローズの仮定が正しいとすれば、権力はこの不確定な非アルゴリズムの過程をそのまま放置するのではなく、非アルゴリズムの過程である経験、道徳、善悪の価値観など、意思決定過程における不確定な要素に一定の枠をはめて予測可能な状態に押し込めようとする、ということになろう。この過程は高度にイデオロギー的であり、非アルゴリズム機械ともいうべきイデオロギー装置が機能する領域である。コンピュータによる情報収集や監視のシステムは、この非アルゴリズム機械と接合して、不確定な要素を事前に抽出して排除する。

ここには、シミュレーションに依存する社会が陥る明らかな転倒現象が見いだされる。まずはシミュレーションありき、となる。「テレビでみたのとそっくりな風景」だとか「CDとそっくりなライブの演奏」など、現実にその対象物が存在しないシミュレーションの構築物が現実を組み替えるための準拠枠となる。テレビの映像ほど感動的でない実際の風景は、テレビが嘘をついたのではなく、現実がテレビを再現できていないところで現実が間違っていると感じられる。CDと同じような演奏ができないミュージシャンは、下手なだけでなくそれ自身が虚偽の存在なのである。シミュレーションは判断のためのイデオロギー装置として機能することになり、そこでは、非アルゴリズム的な過程が排除できないにもかかわらず、あたかも排除されているかのような外観が作り出される。人々の意識の方がアルゴリズム的振る舞いを習い覚えるようになる。そして、このような行動をより的確にコントロールするために、監視のテクノロジーが動員されることになる。こうした過程は、コンピュータによるシミュレーションが存在しない時代にも存在した。判断や意思決定はいかにルーティン化したとしてもコンピュータ化以前においては、人間による合意形成の過程が大きな役割を担っていた。意思決定過程が、政治的コントロールにとっても最もやっかいな過程であることは、民主主義と官僚制という意思決定制度をめぐる長い論争を想起するだけで十分だろう。民主主義の意思決定は、形骸化されればされるほどアルゴリズム化に寄与する。だからこそ政治的コントロールのテクノロジーがコンピュータによるシミュレーションによって支配される現状を規制しうるような構成的な権力(A・ネグリ『構成的権力』、杉村昌昭他訳、松籟社参照)の重要性は高まる。逆に官僚制は、マックス・ウェーバーが指摘しているように、「純粋に即対象的な見地から行政における作業分割の原理を実行する最善の可能性を提供するもの」であるとすると、どうなるのか。ここで言う「即対象的」処理とは「計算可能な規則に従って〈人物のいかんを問うことなく〉処理することを意味する」(『支配の社会学』世良晃志郎訳、創文社、93ページ)だけでなく、官僚制においてはこれが「本来的に支配的な重要性をもっている」のであり、「官僚制が〈非人間化〉されればされるほど換言すれば官僚制の徳性として賞賛される特殊の性質――愛や憎しみおよびいっさいの個人的な感情的要素、一般に計算不可能なあらゆる非合理的な感情的要素を、職務から排除するということ――がより完全に達成されればされるほど官僚制は資本主義に好都合なその特殊な性質を、ますます完全に発達させることになる」(ウェーバー、同上書、93ページ)。人間から非合理性を排除したこの官僚制度をウェーバーは、複雑化し専門化した近代の文化を支える「外部装置」と表現したが、この外部装置は、さらに人間を排除してアルゴリズム可能なコンピュータに置き換える歴史を歩むことになったとしてもそれは意外なこととはいえないだろう。むしろ官僚制の帰結としての自己否定というべきだろう。意思決定から非アルゴリズムの過程（イデオロギー装置）を排除することはできないが、しかし、政治的なコントロールのテクノロジーはコンピュータの制御が導入されることによって、社会的なチューリング・マシンとでもいうべき機能を付加し始める。

政治活動に対する弾圧と一般の刑事事件の摘発との境界線は、民主主義的な政治体制をとる国であればあるほど逆に曖昧になる。多くの場合、政治活動の取締りは、この活動の是非をいったん一般的な刑法に照らして判断し、一般の刑事「犯罪」として摘発する。政治的な逸脱行為は、中立化させられ犯罪化されるわけで、日本を含むほとんどの欧米先進国には政治犯は存在しないという仕組みになっている。これは、政治的な自由を法的に保障することが憲法上の要請として不可欠とされた民主主義がもたらした逆説的な弾圧のためのテクノロジーである。しかし、弾圧とは暴力的な抑圧なのではなく、監視されデータベース化された個人が内面化する、あるべき将来の「私」へと向かって自己を抑制するプロセスなのである。こうした個人の内面化された抑制を実現するために、いったん個人情報は政治的なコントロールのテクノロジーによって処理されることになる。個人を監視する技術は、現にある個人の行動を収集、分類し、逸脱行動を摘出する。これは、単に個人を匿名のまま監視するのではなく、個人を識別して個人別に行動の履歴を作成し、データベース化し、様々な監視システムが蓄積したデータをネットワーク化する一連の動きを伴うことになる。19世紀の近代資本主義は匿名の個人が市場で契約を結ぶ経済システムとして出発したが、20世紀にはいると、市場の匿名性は信用取引の拡大のなかで次々に解体し、政治過程での労働者階級の大衆としての匿名性もまた社会保障や福祉政策による個人識別の制度化のなかで徐々にその固有性が認識されはじめ、コンピュータが軍事技術から民生用の情報処理技術へと大規模に転用されるにつれて、匿名の個人（大衆的な消費者や票として量化された有権者）は次々にその固有名を持つものとして識別され、管理されるようになった。

個人識別を伴う監視技術は、コンピュータの処理能力の向上とともに、その能力を高めてきたことはよく知られている。自動指紋識別、遺伝子、臭気、網膜の毛細管などによる識別、署名の筆跡鑑定など個人識別技術は細分化されている。先のSTOA報告では、ヨーロッパだけで109以上の企業がこうしたバイオメトリックシステムを提供しており、イギリスではDNAバンクが設置され、労働党は出生時のDNAテストを義務づける政策を96年当時に提案していたという。このような個人識別技術は、同時に、データベースによる対象監視（データベイランス）と接続することによって、相互に参照され、生体的な識別は社会階層や思想、宗教などの個人のイデオロギーの識別データと組み合わせてはじめて政治的コントロールのテクノロジーとして機能するようになる。コンピュータにジャーナリスト、学生、反政府活動の指導者、左翼活動家、政治家などの個人情報を蓄積し、国境や空港、警察署の端末でこれらのデータを利用できるようにするといった、データ・プロファイルは従来から多くの国で行われてきたが、さらに誰が誰に電話したかをモニターして、人間関係のマッピングを自動的に生成するシステム（ハーレクイン社）や、同時に700以上の写真やビデオなどの画像情報のデータベースを縦覧してデータプロファイルを拡張できるシステム（メメック社）などがヨーロッパでは企業によって開発されている。

また、監視のテクノロジーは、東西冷戦体制の崩壊に伴い、政府の軍事予算が、例えば、麻薬戦争であったり、いわゆるテロ防止活動などの国内治安維持へと向けられるにつれて、軍事的な監視と警察によるそれ、さらには軍・警察と民間の監視サービスの間の垣根がかなり低くなってきた。コンピュータ関連企業も、こうした政府の政策に対応して、新たな市場開拓を企図した製品開発に向かうことになった。例えば、プライバシーインターナショナルのディピッド・バニサールは次のように述べている。

「1980年代に始まった軍事契約削減に対抗するために、コンピュータやエレクトロニクスの企業は、軍事分野で開発した技術のノウハウを利用して、国内外で新たなマーケットを開拓し始めた。Eシステムズ社、ロス・ペローが設立したエレクトロニック・データ・システムズ社、テキサス・インスツルメント社は、法執行機関や国境警備、福祉政策のためにコンピュータの応用技術や監視技術を売り始めた」（STOA報告書、同上、16ページ）。

STOA報告は、このバニサールの指摘を踏まえて、特に行政が大きな関心を示しているのが個人の認証技術であると指摘している。つまり、指紋、IDカード、複数のデータベースを照合するデータマッチングなどであり、これらが最初は、福祉の受給者、移民、犯罪者などに適用され、ついで徐々にそのターゲットが拡張されて「社会経済的階層」へと適用されるようになる。このようにして、拡張された個人識別—監視技術は、いったん制度化され、データベースとして蓄積されて相互に参照されるネットワークに接続されるようになると、後戻りは極めて困難となる（日本については、斉藤貴男『プライバシー・クライシス』文春新書、1999年が最近の事例を紹介している）。

これらの技術が、純粋な軍事上の極秘技術ではなく、先にも述べたように、むしろ商用技術としても提供されていることにも注目する必要がある。1キロ先の会話を収集できるマイクロフォン、密閉された窓越しに室内の会話を傍受できる集音装置、数秒の間に数百枚の写真を撮影できるカメラ、そしてNシステムとしてよく知られている自動車のナンバープレートの識別装置などは、いずれも軍事、治安維持専用ではなく、様々な民生用の技術としても提供されている。例えば、中国に交通モニターシステムとして輸出されたジーメンス・プレッセイのカメラは、天安門事件でのデモ隊鎮圧に利用されたように、交通管理システムは、街路での群衆監視や反政府活動で移動する車などの監視システムに容易に転用されてきた。監視カメラを路上、店舗内、職場などに設置する場合の建前は、麻薬売買、窃盗や強盗などの犯罪の取締りということになっているが、自動車のトラフィック監視システム同様、これらの監視カメラは、治安維持システムとしての転用が可能なものである（監視ビデオの設置は、日本やイギリス、合州国などでは、ほとんど野放しで普及しているので、規制を免れた監視システムであると思われがちだが、デンマークのように原則禁止の国もある）。

監視のための技術は、社会的な摩擦や闘争状態を未然に阻止し、あたかも「平和」であるかのような外面を装うための技術でもある。従来、個人を識別して監視するためには膨大なコストと人員を必要とした。ＳＴＯＡ報告によれば旧東ドイツでは秘密の情報提供者を50万人雇い、そのうちの一万人が通信や会話の傍受に従事していたという。こうした個人単位の監視よりもマスメディアを通じてのプロパガンダの方がコスト的には圧倒的に安くすむ。ところが、一般民衆の行為を監視しコントロールするための技術とコストが急速に低下し、国際化するマスメディアの報道を完全にコントロールすることがますます難しくなるだけでなく、インターネットのような個人の情報発信がさらにこれに加わるといったメディア環境のなかで、メディアをプロパガンダの手段としてコントロールするために必要な技術とコストが相対的に上昇しはじめる。こうして、個人を直接ターゲットとした監視とコントロールのテクノロジーがますます要求されるようになった。マスメディアを介したコントロールの技術は、重要性を失ったわけではない。むしろマスメディアは、いまだに最も重要なシミュレーションの装置として、近代国家のアイデンティティというフィクションを再生産し続けるのに不可欠な存在であり続けている。

メディアの写し出す現実こそが唯一の現実である、という事態はそう変わってはいない。東チモールでは独立賛成が8割近くも存在するのに、併合派民兵がインドネシア国軍の後ろ盾によって殺戮と略奪を繰り返していると報じられている。しかし、死体を写し出す映像は極端に少ない。では、流血の事態は存在しないのだろうか。いや、むしろ殺戮の方法はますます巧妙になってきているとみるべきなのだ。例えば、デモなどの街頭闘争の鎮圧の技術は、スタイルとしては流血を避けて（これは何よりも残虐な権力行使を象徴し、メディアによる格好の対象にされる）より穏健に見えるような方法をとりつつも、内実としてはよりハードな鎮圧技術を採用するようになっている。例えば催涙ガスによる「暴徒」鎮圧は、流血という残酷なイメージを伴わないために警察が好んで用いる方法であるが、この催涙ガスの毒性は大幅に強められていることにはほとんど気が付かれていない。当初使用されていた1クロロアセトフェノンに比べて、その後に導入された2クロロベンジルディーンは5倍、オキサゼピンなどは30倍の効果を発揮する。オレオレシン・キャプシコムの場合には呼吸困難を引き起こし、視神経に即効的な効果を発揮するもので、上記の催涙ガスとの比較が困難なほどその威力は大きい。しかも無色である。

今まで述べてきた監視システムは、個人をターゲットにした国内の監視システムだが、軍事的な諜報システムに関して簡単に述べておきたい。国際的な軍事的監視システムが上記のようなミクロな監視システムと接合して機能しているからだ。最近特に注目を集めているのが、エシュロン（ECHELON）というコードネームで呼ばれる合州国の国家安全保障局（NSA）や英国、オーストラリア、ニュージーランド、カナダの諜報機関が合同で展開してきた国際的な盗聴システムである。ヨーロッパの場合については、STOA報告が指摘して大きな注目を集めることになった。ヨーロッパの場合、STOA報告によれば、EU地域の全ての電子メール、電話、ファックスの通信が定期的に盗聴され、ロンドンの戦略ハブを経由して、イギリスのノース・ヨーク・ムーアのメンウィズ・ヒルを経由して通信衛星を介してメリーランド州のフォートミード（NSA本部）に送られる。1996年にニュージーランドの平和運動の活動家でジャーナリストのミッキー・ヘイガーが独自の取材を通じてエシュロンの実体を明らかにした著書『シークレット・パワー』を発表して、このエシュロンシステムが、世界中の衛星携帯電話の大部分を仲介しているインテルサット衛星、インターネット、電子メールなどをターゲットとする世界的な規模での盗聴システムであることを明らかにした。エシュロンは、1940年12月に米国と英国の間で結ばれた電気・電子信号に関する諜報システムに関わる協定にまでその起源を遡ることができる。ちなみに、ジェフレイ・T・リッチェルソンによれば、通信の監視は、一般に諜報分野では、通信・信号諜報（Signal Inteligence, SIGINT）と呼ばれる領域に含まれる。SIGINTは、コミュニケーションの諜報（COMINT）やエレクトロニックス（ELINT）の諜報とともに諜報の主要な分野をなしている。(伝統的な人を介したスパイ活動はHUMINTと呼ばれる) 前者は通常の通信の傍受、盗聴として論じられる場合に中心的に取り上げられるものだが、後者のエレクトロニックス諜報とは、会話などではなく、軍事または民生用のハードウェアが発する非コミュニケーション信号を収集解析するものだ。合州国の場合NSAのプロジェクト、KILTINGのもとで全てのこうした信号が収集されているという (Jefrey T. Richelson, The US Intelligence Community, 4th edition, West View, 1999, p.182) 第二次大戦から冷戦期にかけて、このELINTは敵のレーダーの位置を解析するための情報収集に用いられた。現在でもイラン、北朝鮮などのレーダーがターゲットになっている。さらにこのほかに、ミサイルの試験発射が発する信号など様々な非コミュニケーション信号の解析が含まれる。ポール・ヴィリリオが戦争における偵察技術の発達は、情報の即時性を要求されるだけでなく、対象が物理的な物体から「生理学的な痕跡」へと移行し、「もののイメージよりもその振動、音、匂いに対して敏感に働くセンサー、輝度強度テレビカメラ、赤外線フラッシュ、物体を温度とその性質によって識別する熱線映像などの新たな方法装備が出現する」(『戦争と映画、知覚の兵站術』、石井直志他訳、平凡社、36ページ) と指摘しているように、私たちが通信の監視とか盗聴といった問題を考える場合に、対象となるのは人間の発する意味のあるメッセージだけではないのだ、ということを十分に自覚しておくことが必要である。

第二次大戦中に英米両国の諜報機関の協定は拡大され、1943年には英米通信諜報協定 (the British-US Communication Intelligence Agreement) が締結され、さらにカナダ、オーストラリア、ニュージーランドが加わることになる。戦後もこの枠組みは残り、1948年にUK-USA安全保障条約、いわゆる「秘密条約」が結ばれ、SIGINTの情報共有がなされることになる。この「秘密条約」で相互に情報交換する諜報組織は、米国の国家安全保障局 (NSA)、オーストラリアの国防通信理事会 (DSD)、英国の政府通信局 (GCHQ)、カナダの通信安全保障局 (CSE)、ニュージーランドの政府通信安全保障局 (GCSB) である。実はこの「秘密条約」の参加国はこれにとどまらない。このほかに、10ヶ国がある種のオブザーバーのような資格で参加するようになる。オーストリア、タイ、韓国、ノルウェイ、デンマーク、ドイツ、イタリア、ギリシャ、トルコそして日本である。

UK－USAと略称されることもあるこの国際的な通信・信号を主要なターゲットとした諜報ネットワークは、戦時中には英米の敵である枢軸国側をターゲットとしたが、逆に戦後の冷戦体制では、かつての敵国であったイタリア、ドイツ、日本を味方に加え、ターゲットはソ連、東欧、キューバや中国へとシフトする。後に加わった10ヶ国がこの秘密条約でどのような位置にあるのかはわからないが、英語圏の5ヶ国の地理的役割分担ははっきりしている。合州国はラテンアメリカ、大半のアジア、ロシア、中国北部を担当し、オーストラリアはインドネシアなどの隣接地域と中国南部、インドシナ諸国、イギリスはウラル以西の旧ソ連地域とアフリカ、カナダは極東ロシア、ニュージーランドは西太平洋地域を担当する。エシュロンというコードネームで呼ばれるものは、この情報通信の盗聴システムのうちコンピュータのネットワークを用いた盗聴と解析のシステムを指すもののようであり、従って、UK－USA秘密条約による国際的な諜報ネットワークの一部だから、全体としてのこの諜報ネットワークの実態はほとんど明らかになっていないと言っていい。

この諜報ネットワークは、冷戦期の軍事情報や左翼をターゲットとしたものから、ポスト冷戦の時代には、多様化したターゲットも拡散してきたようだ。産業スパイや競争相手国の産業経済情報の収集といった非軍事的なターゲットに対する無差別な盗聴も含まれるようになり、ヘイガーの著書でも、日米貿易摩擦で経済的な緊張が高まった90年代はじめに、日本の在外公館などが盗聴対象とされていたことが指摘されている。これは皮肉なことのように見えるが、むしろこのUK－USAのネットワークが明らかに米国の利害と国際的な軍事・安全保障の戦略のもとで展開されていることを如実に示すものであって、決して驚くことではない。むしろ、こうした秘密条約に加入していることについて経緯や内実が今まで日本ではほとんど明らかにされていないことの方が問題としては大きい。

エシュロンを含む上記の様々な監視システムが英語圏諸国による産業スパイシステムとして発動された場合には、日本は明らかに監視と情報収集のターゲットになるが、東西冷戦や極東アジアにおける日米の軍事同盟関係という観点では、日本は逆に米国の情報収集のためのインフラを提供する立場にたつ。なかでも青森県三沢基地は、極東の監視基地として重要な位置にある。リッチェルソンは、SIGINTの地上基地としての三沢基地の機能について次のように書いている。

「日本の三沢空軍基地の施設もまた［アンカレッジのエルメンドフ空軍基地とならんで］極東ロシアとおそらくは北朝鮮、中国をターゲットにしている。三沢の4マイル北西にある「丘」には、100フィートのAN／FLR－9アンテナが設置されている。（略）三沢は大きな基地で、4つ全ての暗号解読の部隊の代表を雇用している。空軍情報局（AIA）の第6920エレクトロニック・セキュリティ・グループから900名の分遣隊、海軍セキュリティグループの司令部（NSGC）から700名の分遣隊、陸軍の諜報セキュリティ司令部（INSCOM）から700名の代表、海兵隊支援歩兵大隊E中隊から80名の代表がいる。

三沢は、また、プロジェクトLADYLOVEのサイトでもある。このプロジェクトはモルニーヤ、ラドゥーガ、ゴリゾントを含む複数のロシアの衛星システムの通信傍受を行っている。」（Jefrey T. Richelson, ibid., p.198））

このLADYLOVEというプロジェクトには、エシュロンの中継基地でもある英国のメンウィズ・ヒルの基地も含まれており、三沢基地が日本のエシュロンの拠点になっているのではないかとみられている。

また、UK－USA条約の加盟国としての日本への情報提供について、リチェルソンは、1982年にワインバーガー国防長官が、偵察衛星の写真から、軍事利用が禁じられているはずの日本製のフローティング・ドックがソ連の空母ミンスクの修理に利用されていることを指摘するとともに、70年代以降、米国の海軍情報司令部は、CIA、NSA、国防情報局（DIA）と協議の上、ソ連、中国の海上活動についての情報交換を日本の海上自衛隊とのあいだでもおこなうことにした。加えてプロジェクトCOMETにおいて、日本が日本海で収集した外国に関する情報を米国に提供することになった。そして太平洋艦隊と海上自衛隊とのあいだの情報交換会議（CINCPACFLT-JMSDF Intelligence Exchange Conference）が設置されているとも書かれている。

私たちの情報環境はかなりいびつな形をとりながらグローバル化している。これは、マスメディアがそのように展開してきたからだし、経済システムもまた「国際化」してきたからだ。同時に、インターネットのような国境を無化するパーソナルなコミュニケーション・ツールが爆発的に普及していることにもよる。私たちの知覚や世界認識のための五感は少なくとも今世紀にはいってからは、こうしたメディア環境のターミナルとして位置づけられるようになってきた。上で述べた軍事的な監視のネットワークは私たちが今目の前にしている電話やパソコン、車のナビゲーションシステム、役所の住民管理のコンピュータと全く別の世界で機能しているわけでもなければ、これらと何の物理的な接続を持たない（つまりネットワークされていない）ものでもない。私たちの想像力がそこまで及ばないだけのことであって、私たちの身体がコミュニケーションの社会的なネットワークのターミナルになっている以上、私たちは常にこうした監視のシステムを断ち切ることのできない位置を強いられるのである。ウィリアム・ボガードは『監視ゲーム』（田端暁生訳、アスペクト）のなかで、こうした私たちの置かれた位置を、単に監視される対象としてではなく、むしろ監視するものとされるものという区別それ自体を無効にする関係であると指摘した。監視というシステムは、「監視されているかも知れないから、監視者の望むような行動をとろう」と言うように行動を自己規制し、監視を内面化させるときに最もよく機能するということは、フーコーが『監獄の誕生』で指摘したことでもあるが、ボガードはシミュレーションの社会とは、現実を監視するのではなく、現実を先取りするものだという点で、近代の監視社会とは決定的に異なると指摘した。確かにその通りなのだが、既に述べたように、監視とシミュレーションは相互依存的であって、現在の時点＝初期条件を精織化するための監視がシミュレーションに接合されるのである。しかも、この関係はたかが個人であってもその背後にある膨大なデータ・プロファイルシステムによって支えられている。こうしたなかでの監視は、自由とは矛盾しない。むしろ自由を保証されたサファリパークの動物のようなものだからだ、というのは今更言うまでもなかろう。私たちが監視を内面化しコンピュータのシミュレーションをも先取りして間違いのない選択肢を選びとる人生を送るのであれば、私たちには生涯の「幸福」が保障されているらしい。誰もそうした幸福を経験したことはないが、それを信じることの幸福はそれを信じないことによる苦痛を上回ることだけは確かだ。

しかし、こうした監視社会の持つ根源的な非抑圧的な抑圧は、多分最も非合理的な形で私たちの意識を転換させることになるかもしれない。アルゴリズムに縛られ、シミュレーションによってあらかじめ定められた運命に逆らえるのは、計算不可能な微細なカオスの領域である。テンポラリーな自立ゾーン（ハキム・ベイ『T. A. Z.』）がネットワークを簒奪する。世界的な規模のネットワークに接続された私たちの身体は、決して完璧なアルゴリズムの過程に還元できない。グローバルな巨大なネットワークにとっては微細な端末の一つに過ぎない私たち個人の「微力」は、むしろカオスの力を解放する可能性がないとは言い切れないのだ。19世紀的社会的集団性は解体したが、ネットワークは、全く別種の多様性による集合を可能にするかも知れない。そのときには、監視のネットワークはむしろ解放の力を伝達するネットワークとして転換され、シミュレーションはことごとく裏切られる。マルクスは、「収奪者が収奪される」と言ったが、21世紀の革命においてもこの言葉は廃れない。ただし、ここでの収奪は私的所有をめぐるものではなく、情報化した私たちの「データ」をめぐって展開されることになる。自由はこうした将来の世界のなかにあるのではなく、むしろ監視者のネットワークを簒奪する行為のなかにしかありえないのかもしれない。

出典：『現代思想』１９９９年10月号

「イレイザーヘッド」――ノイズの拡張

『イレイザーヘッド』の完全版と銘打ってディヴィッド・リンチの長編第一作が再び登場することになった。オリジナルと今回の完全版との最も大きな違いはドルビー・ステレオによる音の再編成、再編集である。映像についてはさほどの変更はないようだが、確かに音については、再処理の影響がはっきりと出ている。

この映画でほぼ全編効果音として用いられているのは、低音が強調されたノイズ音だが、今回の完全版では、ノイズの音域は広がりと深みを増し、より起伏の大きな音になっている。例えば、冒頭のシーンで窓際に座った男（「惑星の男」）が三つのレバーを引くシーンがある。このときのレバーがきしむ効果音は、オリジナル版ではバックに流れる低いノイズ音にややまぎれがちだったが、今回の完全版では鮮明になり、強調されている。あるいは、病気になった子どもがアップになるシーンで、突然音が大きくうなるが、ここでも音域は大きく、低音が強調され、同時に子どもの泣き声と背景のノイズとのコントラストもはっきりと立体的になっている。多分、ドルビー・ステレオ装置を完備した劇場で観れば、低音部はかなりの迫力で腹に響くのではないだろうか。

普通の映画のサウンド・トラックの場合には、映像の弱さをカバーするものとして、サウンドが用いられるが、

『イレイザーヘッド』はそうではないとリンチは再三強調している。最近のインタビューでも『イレイザーヘッド』においてサウンド・トラックは映画の一要素という捉え方では収まらない。聞き取れないほどの複雑なノイズを支えた音響効果は見るもののビジョンを押し広げる」(『ブルータス』9月15日号、飯田高誉のインタビュー)と語っている。同じシーンでも音は激しく変化し、映像を補完するというよりも、映像では表現できないもう一つの風景を描き出そうとするかのような力がある。

オリジナル版がほぼ完成したのが1977年。それ以降の15年の間に、映画の効果音ばかりでなく、音そのものについての受け止め方も大きな変化を受けてきた。70年代後半という時代は、音楽でいえばちょうどパンク・ロックが世界的な規模で爆発した時代であり、インダストリアル・ミュージックの誕生とかさなる時期でもある。特に、インダストリアル・ミュージックは、工業化社会を象徴する金属音、機械音、電気的なノイズなど様々な都市の音をそのまま音楽の世界に持ち込み、シンセサイザーを自然音や擬似的な楽器音源としてではなくノイズ発生器として利用した。

『イレイザーヘッド』はまさにそうしたノイズ・アーティストが音で表現しようとした世界を映像と音の両方を駆使して示した希有な作品であることは間違いない。ノイズ・アーティストは機械的、無機的な音に依拠する反面、彼らが常に深くとらわれていたのは、むしろ機械と対極の位置にたつものとしての人間だった。こうした意味での人間という存在にどのような「意味」を見いだすかに応じて、初期のノイズのアーティストは二つの方向に分けられる。一つは、スロビング・グリスルに代表されるような人間の身体を情報やメディアに解体する方向であり、もうひとつはSPKのように身体の有機的な生物体としての存在に徹底してこだわる方向である。スロビング・グリスルのジェネシス・P・オリッジは、後にサイキックTVを結成し現在に至るが、彼らは、人間の身体を情報環境のなかに融解させ、その残余としての身体(ピアシングやトランス状態など)を至高な存在として強調する。彼らがトランス・

ミュージックとしてのエレクトロ・ダンス・ミュージックに徐々に傾斜していったのもうなずけるのである。逆にSPKは、人間の身体を機械や数値データにアナロジーする方法を否定して、死体の解剖やホルマリン漬けの人体などをビデオ映像の素材に利用するなど、身体の有機体としての生々しさを強調した。リンチのノイズと映像の関係は、こうした初期のSPKの方法と近いものを感じさせる。『イレイザーヘッド』も、有機体の特徴である体液や粘液的な特徴と、生殖と死という生物体の再生産の特殊性が非常に強調される。冒頭のシーンから繰返し現れる胎児をイメージさせる物体、ヘンリーがメアリーの両親と一緒にとる食事でのチキンの丸焼きの尻の穴から流れる液体、ヘンリーの部屋にある植物状のものから流れる液体、胎児や子どもという特殊な再生産の様式、そしてラジエターの女に象徴される天国という観念――つまり、死や死後の観念――。そうしたことの一切をリンチは非常に粘液質のものとして示し、水や液体がこうした有機体のイメージを包み込むものとして常に登場する。

こうして見たとき、『イレイザーヘッド』で唯一、人間が機械と接点を持っているのは、ヘンリーの首が鉛筆工場に持ち込まれるシーンだけである。このシーンの前後は、この映画のなかで非常にユニークな位置にある。なぜならば、ヘンリーが日常生活とは無関係な第三者と接触する(もちろん首だけだが)のは唯一このシーンだけなのだ。このシーンは、首を拾う少年と、何か言いたげにそれを見るホームレスの老人などが登場し、明らかに人の住む気配のする町の明るい日中の出来事として描かれている。そして、効果音としてのノイズがほとんど強調されないのもこのシーンである。このシーンは最も日常の風景に近いのだが、他方で空から落ちてきたヘンリーの首を拾って脇にかかえる少年という異常な場面でもある。にもかかわらず、こうした状況設定に全く違和感がない。生首のはずなのに、生首らしくなく、鉛筆工場でヘンリーの脳味噌は鉛筆の頭につけられる消ゴムの原料にされる(これが映画のタイトル、イレイザーヘッドの由来だ)。ヘンリーの子どもの造形にあれだけの凝り様を示したことを思えば、マネキン然としたヘンリーの首は作為的に非人体的な造形を与えられたとみるべきだろう。他のシーンと比べて非常にドライなのだ。こうして、体液のどろどろねばねばした感触は全く強調されず、むしろ、消しゴムのカスに象徴されるような渇いた物質が支配する場として表現されている。

こうしてみると、この映画におけるノイズの意味は、このドライな鉛筆工場のシーンとの関わりで理解すべきだと言える。『イレイザーヘッド』は私たちが無意識に目をそむけようとする生物体としての身体の自由にならない世界をむしろメインに置くことによって、工業化され機械化された世界を逆説的に照らしだすことになっている。包帯にくるまれた子どもも、シーツのなかで身動きできず窮屈そうに寝返りをうつメアリーも、そのメアリーにベッドを占領されてやはり身動きのとれないヘンリーも、全く体を動かすことができずじっと座り続けるメアリーの祖母も、この祖母と付き合わざるを得ない家族達も、みな誕生から死へと至る身体の持つ生物体としての特異な性質に手を焼いているように見える。

しかし、リンチはそれを拒否すべき状況としてではなく、むしろそうした身体を抱え込む人々が、こうした状況のなかで、過剰な愛情欲求とその裏腹にある満たされない欲望の苛立ちのなかで辛うじて生きる姿に限りない愛情を抱いて描いているように見える。

だから、ヘンリーとメアリーの子どもはこの映画のなかで全く違和感のない存在として描かれ、むしろみているうちに可愛いとさえ思えてくるし、ヘンリーが生まれてきた子どもを愛していたことを私たちは感じとれるのだ。そして多分、この映画について感想を述べる多くの人々が、言葉としては「あの子どもは気持ち悪い」と言いながら、実のところ私たちは皆あの子どもに離れ難い愛着を感じてもいる筈なのだ。だから、その子どもを半ばその場の感情のままにヘンリーが殺してしまう所から逆に、ヘンリーは自らの首を失うはめになる。ヘンリーの死を暗示させる場所は、同時に夢からの覚醒の場所であり、それは、そのまま映画の終りとともに始まる私たちの世界、私たちの昼間の世界につながっている。これは、私たちの昼間の世界への果敢な挑戦とも言える。なぜなら、あのノイズに満ちた薄暗いヘンリーのアパートを私たちは本当は捨て難いと思ってしまっているのだから。

●『イレイザーヘッド完全版』は、1993年10月下旬より東京・シネマライズ渋谷でロードショー公開。

出典：『イメージフォーラム』1993年11月号

社会主義にとってフェミニズムとは何であったのか
――黎明期の「不幸」な出会いにおける「マルクス主義者」の責任

「被抑圧者」の解放に異論をとなえる者はいないはずである。しかし、「被抑圧者」とは誰のことか、ということになると異論は続出する。「異論」は具体的には、解放の戦略や運動が依拠する階級、階層、集団によって表現されるが、根本的には現にある社会の抑圧の有り様に対する基本認識そのものに関わっている。資本主義社会の抑圧的性格を最もトータルなかたちで批判的に描き出したマルクス主義に基づく社会主義は、その社会観がある種の全体性をもっているがゆえに、「被抑圧者」の解放のための基本的な社会認識を提供しうる最も有力な分析装置であり、かつ、戦略提起である。しかし、まさにこのマルクスとマルクス主義の全体性は、まさにそうであるが故に「異論」を繰り返し受けてもきた。しかも面倒なことは、マルクス主義が全体性を入れうる開放的な構造を持つものであるということと、現にあるマルクス主義がそのような柔軟性をもって自己再生産しうるものとなっているということとは決して同じことではありえないということ、しかも現にあるマルクス主義は、その内部に多様な潮流を内包しているが故に、全体性の認識自体に相互の対立を生むズレがみられ、しかも政治的実践領域ではこの対立は政治的対立とヘゲモニーの争奪戦に結びつく傾向があった。そして常にこの対立と矛盾のツケはプロレタリアートへまわされ、彼／彼女らは資本の支配の継続と、プロレタリアートの党を僭称する組織のイデオロギー支配という二重の支配をこうむってきた。

フェミニズムに対するマルクス主義の対応は、こうしたマルクス主義の負の歴史を十分に示している。この小論では社会主義とマルクス主義が、その生成期である19世紀から20世紀初頭にかけてのヨーロッパにおいて、女性に関する諸問題に対してどのような態度をとり、どのような認識を示したかについて、また、マルクス主義がフェミニズムの問題に対して持つ意義と限界を明らかにする端緒的試みとしたい。

●

19世紀は、イギリスにおいて資本主義が確立した時代だと言われている。と同時に、自由主義イデオロギーが支配的イデオロギーの地位を確立した世紀である、ということもできる。しかし、自由主義イデオロギーは言うまでもなく全ての社会の構成員に平等に享受・共有されうる理念ではなかった。個人主義、自由競争としての自由主義、法の下での平等といった価値観は、資本の利害を抽象的な人間にアナロジーさせて成り立つものであって、従って、資本の人格的表現である資本家や、それに準ずる者たち（地主、中産階級）の価値規範であるにすぎなかった。労働者階級にとっての自由主義イデオロギーとは、ネガティブな意味しかもっていなかった。労働者階級にとって個人主義は、団結権の禁止、孤立した〈労働力〉商品を意味し、自由競争は労働者相互の競争を意味し、法の下での平等は法の下に労働者階級が総体として「市民」的権利も義務も関係ないところで平等に社会的不平等を強制させられていることを意味したにすぎない。彼らには労働者社会はあっても市民社会など存在しえなかったのだ。

自由主義イデオロギーと無縁だという意味でいえば女性も同様だった。ビクトリア期の道徳律として女性に強制された「女らしさ」の範形といった非制度的な不自由に加えて、男性との法的な差別が厳然として存在していた。選挙権、参政権といった政治的権利だけでなく、私的所有に関わる私法上の権利についても男性との間に大きな差異がみられた。ベーベルの『婦人論』によれば、イギリスの場合、1870年まで、動産所有は夫のみにしか認められず、不動産所有も夫の監理権が認められていた。また、女性には遺言状の作成といった法的行為は認められず、「英国婦人は裁判官の前には一個の零であ」り、「夫の奴隷」(草間平作訳、岩波文庫)だった。女性womanとは人間manではないということが法的常識としてまかり通っていたのである。イギリスの場合、女性の独立した私的所有権が法認されたのは1882年である。つまり、資本主義の確立を19世紀イギリス資本主義に求めるという場合、――これが主流の見解だろうが――私的所有を一大特徴とする資本主義がその本質とみられる法的権利から女性を排除して成立していたことの意味は改めて追求されねばならない。一般に、商品経済が全面化する契機を掴んだとされるのは、イギリス革命による土地の私的所有の法認だと考えられている。このことと〈労働力〉商品化によって、私的所有を前提として成立する商品経済が全面化することになる。こうした歴史観からすっぽりと欠落させられてきた性差別を歴史の再構成のなかに組み込むことは、マルクス主義の主流によっては無視されてきたし、ベーベルやエンゲルスもそれに気付きながらも、このことを明確に資本主義の歴史認識としてパラダイム化し、実践的な課題として提起できるところへはたどりつくことができなかった。エンゲルスの『家族、私有財産、及び国家の起源』にはその端緒は示されていたのだが、これを実践的に発展させえなかったマルクス主義の1世紀にわたる怠惰が60年代末以降のラディカルフェミニズムの展開のなかで批判にさらされつつ、改めてテキストの読み直しが試みられてきたといってよいだろう。

自由主義の価値観範を現実のものとして享受する中産階級の男たちに対して、自由主義イデオロギーの埒外に置かれた女たちが何の矛盾も感じなかったと考える方が不自然だろう。この世紀転換期のフェミニズムの運動が中産階級の女性によって主として担われ、その課題が選挙権、参政権をめぐって展開されたのも右のような事情があったからである。それとともにフェミニズムの運動は、その階級的出自に半ば拘束されつつそれを越えようとする試行錯誤をも繰り返すことになる。ケネディー＝ティリーはこの時期を扱った論文「もう少しで手の届く所に……」(Marie Kennedy and Chris Tilly, "At Arm's Length: Feminism and Socialism in Europe, 1880-1920," in *Radical America*, 1985, no.4) のなかで幾つかの試みを紹介している。例えばイギリスの場合、全国女性参政権協会連合 (the National Union of Women's Suffurage Societies) には、少数とはいえ労働組合に組織されていた女性による幾つかの支部があった。フランスでは、世界で初めてフェミニストの日刊紙『ラ・フロンデ』を発行したマルガリーテ・デュランは、自分の雇っていた女性従業員のための御用組合を作るという「温情主義」を示し、女性の加盟を認めない印刷工組合に対して、女性労働者はスト破りをしてでも仕事をとるべきだと主張した。

リベラルフェミニズムと女性労働者の間にも対立が見られる。1900年にデュランらが主催した女性の状況と権利に関する国際会議でも労働をめぐって鮮明に現れた。ケネディー＝ティリーは次のように述べている。

「働く女性たちは、1週間のうちの1日を家事にあてることを提案する決議案を提出したのに対して、ブルジョワの女性たちは反対した。また、〔規制の法制化のための〕未成年の労働時間調査に対して中産階級の女性は〈もしあなた達が未成年を保護しようとするならば、いったい誰が彼女達を雇うというのでしょうか。結局多くの少女達は売春に走るでしょう〉と述べて、これに反対した。ブルジョワの代表は、労働者階級の女性のかかえている問題の根源が労働者階級の男性の飲酒、怠惰、不誠実にあると繰り返し主張した。」

リベラルフェミニストにとって、女性労働者が置かれている賃労働と家事労働の二重拘束は、実感できないものだったろう。イギリスの場合、ビクトリア期の高度成長のなかで、中産階級の男性の所得の増加は、家事の増加と召使の数の増加をもたらした（19世紀のイギリスがまれにみる召使社会であったことはよく知られている）。標準で3人の召使を雇っていたと言われる中産階級の家庭においては、女性は家庭のなかに閉じ込められ、妻として、母としての役割を強制されるにしても、家事労働に直接手を下す必要のない存在になりえた。当時のフェミニストの多くはこうした「少女や若い女性の軽佻浮薄さや家事を無視する傾向に批判的であ」り、「教育面の改善は、ミドルクラスの少女が将来もし独身でとどまったなら、彼女らによりよい仕事を提供してくれるだけでなく、結婚した場合には彼女をより良き妻および母親にするであろうと思われた」（バンクス夫妻、『ヴィクトリア時代の女性たち』、河村貞江訳、創文社）のである。売春の問題についても性道徳についての「二重の規準《ダブルスタンダード》」への批判という意味あいがあった。つまり、男性に対する性道徳が女性に対するそれに比べて法的にも社会通念的にも圧倒的に「寛容」であることに対して、女性に課されてきた伝統的な良妻賢母の価値観にそぐうような男性側の「禁欲的」な性道徳の確立を求めたのであって、こうした性道徳や女性観を根底から覆すものではなかった。中産階級のフェミニズムは、労働における接点を労働者階級と共有しえなかった反面、性と女性についての伝統的な価値観は、男性中心の社会主義運動の価値観と必ずしも抵触したとは思われない。しかし、社会主義のなかのフェミニズムには、こうした性と女性についての価値観自体の変革を求めるラディカリズムがあり、この立場からすれば、フェミニズムの主流とも社会主義の主流とも根本のところですれ違わざるを得なかった。

社会主義にとってフェミニズムとは何であったのかという問いは、区別して論ずべき幾つかの問いを含んでいる。すなわち、(1)マルクス主義にとってフェミニズムとは何であったのか、(2)非マルクス主義的社会主義にとってフェミニズムとは何であったのか、(3)女性の社会主義者にとってリベラルフェミニズムとは何であったのか、(4)そして、社会主義にとって、女性をめぐる諸問題とは理論的、思想的にどのように位置付けられうるものだったのか。ここでは(1)と(3)について簡単に見ておくこととし、他の課題は次節で検討することとしよう。

エンゲルスの『家族、私有財産、及び国家の起源』がマルクス主義の女性問題、家族問題の捉え方に与えた影響がいかに大きなものであったかは今更言うまでもなかろう。しかし、エンゲルスのテキストは、社会主義運動のなかで実践的な課題へと媒介されて解釈される場合の常として、既成の運動範疇に乗り切れない部分は実践的課題としては「無視」され、単に学問的な課題として注目されたにすぎない。エンゲルスは、「単婚家族」とそこにおける男性支配が「財産の保全と相続のためにこそつくりだされた」とみるから、無産者であるプロレタリアートの家族には男性支配もなければ「厳密な意味での単婚家族では〔も〕ない」と考えた。そして、こうした労働者階級内部の男女の利害の一致を前提にして次のように述べた。

「以前の社会状態から受けつがれた男女の法的不平等は、妻の経済的不平等の原因ではなくて結果である。多くの夫婦とその子ども達を包含した昔の共産制世帯では、女性にゆだねられた家計の管理は、男性による食料の調達と同様に、ひとつの公的な、社会的に必要な産業であった。家父長制家族の出現と共に、またそれにもまして単婚制個別家族の出現とともに、事情は変化した。家計の管理はその公的な性格を失った。それはもはや社会とは関わりをもたなかった。それはひとつの私的奉仕となった。妻は筆頭女中となり、社会的生産への参加から駆逐された。（中略）近代的個別家族は、妻の公然または隠然の家内奴隷制のうえに築かれており、そして近代社会は、個別家族だけをその構成分子とする一つの集団なのである。今日、少なくとも有産階級では、夫は大多数の場合稼ぎ手であり、家族の扶養者でなければならないが、このことが彼に支配者の地位を与えるのであって、これは法律上の特権を一つも必要としない。夫は家庭のなかでブルジョワであり、妻はプロレタリアートを代表する。（中略）近代的家族における夫の妻に対する支配の独特な性格や、夫婦の真の社会的平等を樹立する必要性ならびに方法も、夫婦が法律上で完全に同権となったときにはじめて、白日のもとに現れるであろう。その時には、女性の解放は、全女性が公的産業に復帰することを第一の前提条件とし、これはまた、社会の経済単位としての個別家族の属性を除去することを必要とする、ということがわかるであろう」（戸原四郎訳、岩波文庫）

ここでエンゲルスが念頭においている女性は、「有産階級」の女性であることは明らかである。従って、右の引用文から導かれる限りでのエンゲルスの解放の戦略は極めて単純明快である。すなわち、一方で所有の私的性格が、有産階級内の女性を含む全女性と労働者階級を「奴隷」状態に追いやっているということ、他方で資本主義を支える社会的生産の実質的な担い手は賃金労働者であるということ、こうした関係のなかで、所有の私的性格とそれに根源を持つ女性への抑圧の廃棄は、資本主義の基本的な生産関係である資本―賃労働のあいだの階級闘争によって労働者階級によって戦いとられるものであるから、女性がこの解放闘争の主体となるためには、「公的産業に復帰」し、社会的生産を担うことによって、賃金労働者総体との階級的利害を一致させさえすればよい。『起源』に先だって公刊されたベーベルの『婦人論』でも「階級支配は永遠に終わりを告げ、それと共に婦人に対する男子の支配もまた終わるであろう」という階級闘争への還元という立場をとっていた。彼等の後継者のマルクス主義者もこの視点だけははっきりと受け継いでいる。女性解放を含む階級闘争、あるいは男性―女性の関係をブルジョワ―プロレタリアの関係にアナロジーさせて、階級闘争一般に解消する発想からすれば、階級闘争には二つの戦場があることになる。一つは、文字どおりの男女両性を含む賃金労働者の資本に対する闘争であり、もうひとつは、プロレタリアである妻の、ブルジョワである中産階級の夫との闘争である。しかし、この二つの戦場は自己矛盾に陥らざるを得ないものだった。先のエンゲルスの論理に従えば、中産階級内プロレタリアートである妻がその夫と「法律上で完全に同権」になるということをもって男性支配の本質を鮮明化しようという法的平等の闘争は、それが中産階級内の男女平等を意味する限りにおいて、労働者階級との不平等はむしろ拡大すらしてしまうということである。このことは当時の政治課題に即していえば、選挙権の拡大をめぐるリベラル（ブルジョワ）フェミニズムと社会主義との対立にはっきりとみてとれる。フェミニズムの主流が、男女平等の選挙権の獲得を優先させたのに対して、社会主義の側はこうした制限のあるなかでの選挙権の拡大には必ずしも積極的にはなれなかった。イギリス労働党は、制限選挙のもとでの女性選挙権の法認は、女性票がブルジョワ代表に流れる恐れがあることから、女性選挙権を優先させることには反対していたし、ベルギーの社会主義者のようにまず、男性の普通選挙権の獲得を優先させるべきだという立場をとることもあった。フェミニズムの立場からすれば、男女平等の政治的権利こそが獲得目標であり、財産上の制限は、妥協の対象になりうるものだったが、階級闘争の立場からすれば、財産上の制限こそが撤廃されるべき第一の障害であり、労働者階級への選挙権拡大のためには女性の選挙権の制限は妥協の対象になりうるものだった。もちろん原則的な立場をつらぬければ、フェミニズムであれ社会主義であれ、男女平等の普通選挙権を要求すべきだということになろうが、政治的な力関係のなかで妥協を迫られる現実の政治過程においては、原則を最終的に実現するための妥協の回路のなかにこそ、その政治を担う主体の持つ社会認識が鮮明に浮き彫りにされる。フェミニズムとは異なって社会主義やマルクス主義は、少なくともトータルな社会変革を自認しているのであるから、妥協の回路の問題は極めて重要な問題である。階級的解放の視点と性の解放の視点とがどのように折り合うのかという問題をフェミニズムの運動から提起されたのに対して、マルクス主義は、エンゲルスのテキストを階級優先の戦略的根拠として政治的に解釈することによって、この問題提起を言わば門前払いにした、ということができる。

と同時に、現実の女性をめぐる政治的動きは、もっと錯綜したものだった。イギリスのマルクス主義政党、社会民主連合の指導者のひとり、ベルフォート・バックスは、「女嫌い」として有名であり、女性とは生物的にも知的にも、また道徳的発達においても子どもと大人の中間にあるとして、こうした差異を前提として男女平等を考えていたにすぎなかった。フランスでは、労働者階級に大きな影響力をもっていたプルードンが「プロレタリア的反フェミニズム」とでもいうべき立場をとっていたこともあって、フェミニズムと労働者の運動の折り合いは必ずしもよくなく、また、ルイズ・サモナーのような女性のマルクス主義者は、狭い階級的な立場を固持するがために、フェミニズムに対して、「私達の直接の敵はプロレタリア女性をブルジョワ階級の女性の援軍とするためにプロレタリアの女性を巻き込もうと願っている男女である」（ケネディー＝ティリー、前掲論文より）といった対立意識のほうが強かった。また、社会主義運動に最も多くの女性を動員しえたドイツの場合、ドイツ社会民主党の内部にツェトキンに代表される優れた女性指導者に恵まれたことがあるにしても、それは女性の利害を常に階級利害に従属させることによってのみ獲得された成果であって、党内において、女性解放について独自の課題を鮮明に打ちだすことも、公式のマルクス主義の教義を根底的に問うこともむしろ希薄であった。しかし、その分、女性の産業的労働への参加と社会主義の実現だけが女性解放の道だという思いには激しいものがあったわけで、ツェトキンやローザ・ルクセンブルグといった指導的な女性が党内左派の立場を堅持していたことのなかに、男性とは別に課されていた女性としての二重の解放への思いを見るべきなのかもしれない。従ってツェトキンの場合も女性解放の主体は、労働者階級内の女性労働者に限定され、ブルジョワ階級内の女性との連帯を求めず、労働者階級内の男女間の矛盾に対しては過小評価することになった。フェミニズムの側も、1902年になるまで女性の選挙権要求すら出さないといった状態であったからなおさら両者の接点はありえなかった。

こうして現実のマルクス主義的社会主義の運動の中では、エンゲルスに含意されていた女性をめぐる二つの戦場は、階級闘争の戦場に還元されてしまった。ベーベルやエンゲルスが女性、家族といった問題に注目し、マルクスもモルガン、コヴァレフスキー、バッハオーフェンについての膨大なノートを残しているといった理論的な関心の方向が、実践運動のなかに還流してゆかなかったのはなぜなのか、という運動史上の問題が問われねばならないだろう。

ケネディー＝ティリーは、ヨーロッパの社会主義における女性解放の視点についての限界と問題点を次のように指摘している。

「我々の見解からすれば、ヨーロッパ社会主義フェミニズムの欠落点で最も重要なのは、支配階級のイデオロギーの力への認識であった。第一に、〈建国の父〉たちが社会主義フェミニズムのビジョンに重大な限界を与えた。例えば、マルクスの資本主義分析は、一貫して男性労働者に焦点をあてており、家庭内外の女性の労働には注目しなかった。従ってマルクスは、ビクトリア期の性別役割についての考え方をそのまま受け入れ、またそうあるべきものとしても受け入れてしまった。第二に、ヨーロッパ社会主義運動の中心的な位置をしめた男性の労働組合主義者は、〈プロレタリア的反フェミニズム〉といわれるような態度をとる傾向があった。これは女性の役割について保守的な考え方を持つだけでなく、女性労働者との競争をおそれ、女性は家庭にとどまるべきであるという厳格な規定を生み出した。女性の労働組合主義者は、フランス、ドイツ、イギリスの労働運動の10分の1を担っていたにすぎず、こうした態度に反対できるほど強力ではなかった。

第三に、社会主義政党のイデオロギーが保守的で、女性解放を視野の外に置く考え方を推し進め、自らの墓穴を掘ることになってしまった。これが防衛されるべきイデオロギーになってしまったために、社会主義運動が、女性を含めて広がりながら、女性の問題に関する社会主義者の視点は、以前と同じ限界に画されたままであった。」

マルクス主義が女性解放運動という問題において抱え込んだ問題は、二つの側面から見る必要がある。ひとつは理論的な問題であり、もう一つは実践的な問題である。ケネディー＝ティリーの指摘をこのふたつの側面からさらに敷衍すれば、理論的な問題としては、家族とそこにおける性別役割分業、性交や男女の関係の在り方、子産みあるいは産児制限（避妊）といった、資本主義的な意味での社会的再生産の外部にあるとみなされている問題が、実は女性―男性という性を軸とした社会認識として見た場合にはむしろ資本主義的な性の構造を再生産する基軸にあるということ、このことをどのようにしてマルクス、エンゲルスの資本主義観のなかに接合しうるか、ということである。マルクス、エンゲルスのテキストの読まれ方は、実践的な運動の持つ組織内部の利害関係やその背景、組織の力量と客観的な情勢との対抗関係等を踏まえて政治的に読まれてきた。ケネディー＝ティリーの「建国の父」への批判は、彼等が明示的に誤解の余地のない方法で、理論的実践的に女性の問題をとりあげていないという意味でいえば当然のものだが、しかし、これらの諸問題を正当に位置付けて資本主義を批判的に解析し、解放の戦略をたてうる開放的な体系として読むことは決して不可能ではない。あらかじめ設定されていた実践運動における男性中心主義的な組織と戦略が、テキストの開放的な読み方を阻害し、それを打ち破れるだけの理論家の実践的努力に限界があったのだ。マルクス、エンゲルスの思想に対する解釈の正統性は、党や労働者の組織の支配的イデオロギーとなることによって獲得されるということ、とりわけ党に組織された大衆的労働者《プロレタリアート》への教育の権限を獲得しうるということ、このことがある限りにおいて、支配的イデオロギーの地位を目指すヘゲモニー争奪戦が生ずる余地を常にもっている。マルクス主義内の社会主義フェミニズムの理論と思想が、テキストの再創造化へ向かわずに、既存のテキスト解釈のなかで、限定された女性解放に収束したのは、実践的な自律性の獲得の困難と無関係ではなかった。

●

ではマルクス主義以外（以前）の社会主義のなかで、女性解放の問題はどのように捉えられていたのであろうか。社会主義とフェミニズムの「出会い」はマルクス主義のように「不幸」なすれ違いばかりとは限らなかった。サンシモン主義者、フーリエ、オーエンといったいわゆるユートピア社会主義者が、女性解放に大きな意義を与えていたことはよく知られている。フーリエが、「女の特権の伸長はあらゆる社会的進歩の一般的原則である」（『四運動の理論』、巖谷国士訳、現代思潮社）と述べたことは、後にエンゲルスが『空想から科学へ』で取り上げたことから有名になった。フーリエは、「社会進歩」の重要な指標として女性の「自由」や「特権」という要素を取り入れたことによって極めて特異な歴史観を展開することになる。

「哲学者からは大いにほめそやされているイギリス立法だが、性についてはおよそ恥さらしな権利を男に認めている。例えば妻の情夫から損害賠償金をとりたてる夫の権利がそれである。フランスではそれほど粗野な形ではないが、女の奴隷状態の根本はやはり同じである。」

「既に見たように、最良の国民とは、必ずや最高の自由を女にあたえている国民である。文明人におけると同様、野蛮人や未開においてもこのことが見られた。」（フーリエ、前掲書）

ここで問題なのは、フーリエの主張が実証に耐えうるものかどうかにあるのではなく、どのような意味において女性の「自由」が社会進歩の指標と考えられているのか、にある。フーリエの構想する世界は、独特の概念と極めて混沌（場合によっては混乱といってもよいかもしれない）とした叙述とによって容易にその全体像をイメージすることが困難である。『四運動の理論』では、8万年におよぶ人類の全歴史のなかで、最初の5000年を「幼年または上昇不統一」の時代と捉えて、彼の生きた時代は丁度この上昇不統一期から「生長または上昇結合」の3万5000年への移行期にあるとしている。この幼年期は、「不統一所帯に組織された5つの不幸期」、すなわち、未開、家長制、野蛮、文明、保証の5つの時期を含む全体として「不幸」な時期だと考えられている。これらの時期がいかなる意味において「不幸」なのか、その例として、女性に強制されている文明期における主婦役割をあげて次のように述べている。

「若い娘達の趣味を調べてわかるのは、よい主婦になりそうな娘は4分の1そこそこしかいないということである。あと4分の3はこの種の労働を少しも好まず、もっぱら衣裳とか色事とか消費とかに趣味をもっている」

文明期の女性の一般的な傾向と現実の女性に対する役割強制の矛盾をフーリエは、女性の責任に帰するのではなく、神の意志に反して全女性に主婦役割を強制する文明社会こそが批判されるべきだとして、「悪いのは社会機構の方なのだ」と主張した。従って、本来、主婦役割を好まぬ4分の3の女性を、主婦役割の強制から解放することを彼は考え、彼の想定する「統合秩序」の成立した社会では、「所帯仕事が組合のおかげで簡略化されるため、それには今日用いられている女の4分の1も必要でなくなる」と考えられている。そもそもの女性の「奴隷状態」の原因をフーリエは「不統一所帯」あるいは「孤立家族」と彼が呼ぶ現代の家族制度に求める。従って、これにかわる新たな生活の集団形成として、80名の主人と20名の召使――主人と召使の関係はある種の友人関係と考えられているが――からなる「累進所帯」あるいは「9集団部族」を構想する。この共同生活体では「家事を遊戯と心得る女」や「台所を受け持つ集団がいろいろと仕事を引き受け」る一方で、「台所係や家庭経済の仕事に生来不向きな男女は一切所帯のことに手を出さず、毎日自分の労働をし終えてからは、自分の部族や男女両性の近隣部族の夕食会とか親睦会とかに行き来して、もっぱら愉しみにふけることだけを考えていればよい」という。

個々人の欲求を無視した抑圧的な性別役割分業に対する解答がこれだとすると、男女の性愛も「累進所帯」のなかでは家族制度とは別の規範によって秩序づけられねばならないことになる。フーリエは、「文明においては、宿命的な縁組が成立したとたん、人は永久に一切の権利を手に入れ、偽善の果実を十分に堪能する。その結果ほとんどの夫婦は、結婚後数日してだまされたと嘆き、そのまま一生だまされたままなのである。」（前掲書）と考えていたから愛情を偽善の犠牲にしない性愛の規範と、共同体の維持に必要な世代の再生産を新たに構想しなければならなかった。

「ひとりの女は同時につぎのものをもつことができる。一、ひとりの夫、これは2人の子どもをもてるもの、二、ひとりの子持、これはひとりの子どももしかもてないもの、三、ふたりの馴染み、これは同棲してきた男で、〔相続に対する〕資格を保持しているもの（中略）女は懐妊してしまった相手の馴染みに対して、子持の資格を拒むことができる。彼女はまた不満のある場合には、このような相手の望む上位の資格を拒むことができる。男の方もいろいろな相手の女に対しておなじようにふるまう。」

フーリエのここでの規範形成は、二重の要素を含んでいる。一つは、関係と愛情の乖離を最小化することによって、偽善と不幸な性愛から女性を解放することであり、もうひとつには、その中に親子関係を組み込むことによって、個人の自由が共同体の再生産秩序と抵触しない方法を案出しようとしたことである。このことは、男女の性交が、意図するしないにかかわらず両者の間で閉じられずに、社会的な世代の再生産と接点を持つ場合が含まれざるを得ないということを、ユートピア社会であれ必ずなんらかの方法で解決しなければならないということを意味している。フーリエの構想そのものがこの意味で検討の価値あるものかどうかはどうでもよいことであって、ここでおさえておかねばならないのは、たとえユートピアであれ、それが一定の秩序をもった社会として構想されねばならない以上、一方で、行動の規範を設定しなければならず、他方で、諸個人の自由を最大限拡大しなければならない、ということである。とりわけ、性愛は、人間の根底的な欲求であり、しかもその欲求が他者との関係のなかで営まれ、なおかつ妊娠、出産を伴う可能性があるから、社会関係の根底に触れざるを得ない。だからこそ性愛をめぐる人間関係に対して、その社会がどのような行動規範を課しているかは、諸個人の自由、欲求充足の自由の尺度として重要なのであって、フーリエの、女性の自由を社会進歩の尺度とみる直感は決して荒唐無稽でも些末な議論でもなかったのである。

ロバート・オーエンの協同社会の構想もフーリエ同様、家族と性愛についての現代社会へのラディカルな批判に基づいて展開された。マリー・アン・クローソンは「自律と包括、19世紀におけるフェミニズム、イギリスのユートピアンとアメリカ社会主義」(Mary Ann Clawson, "Of Autonomy and Inclusion, Nineteenth Century Feminism, British Utopians and American Socialists," in *Radical America*, 1984, no.2-3) のなかで、オーエンの考え方について次のように述べている。

「宗教は〈競争社会〉の基礎にある迷信と個人主義をはびこらせる。個人的な富の形成によって、〈社会的権力の土台〉、即ち私的所有や所有欲があらゆる人間関係に入り込む。結婚は、女性を男性の所有物に転化し、核家族の確立をもたらすことによってかかる競争社会の感情的な土台を提供する。核家族は、小規模で内向的な集団としての精神的、物質的生活の組織であるが故に社会的不統一を促進する。」

オーエンは、「結婚、宗教、私有財産」（田村光三訳、『世界の名著』中央公論社、続8巻所収）のなかで、性交を乱交、自然な性交、不自然な性交の三つの類型に分け、乱交は「最も恐ろしい肉体的、精神的な混乱と嫉妬と口論と殺人を生み出すものであり、現今のイギリス社会全般にひろがっている悪徳と犯罪の全ては、全てこの種の性交に由来する」と述べ、現状における最もスタンダードな形態とみられる不自然な性交についても、「人間の自然の本能に逆らって案出されたものであり、多数の人びとを、小数者の特権と優位性のもとに、無知と服従の状態のもとにおく」としている。そしてこのいずれもが「僧侶によって、人類に対して加えられてきた桎梏の結果」であり「僧侶の人為的でしかも解消不可能な結婚がつくりあげたもの」と痛烈に宗教批判を展開している。しかもこうした不自然な性交は、人びとの仲を裂き、権力者の横暴の源泉である「私有財産制をつくり、かつそれを奨励するものであり、男と女を極めて複雑な欺瞞の体系におしこむこと」になると述べられており、自然な性交を保証しうる社会システムの構築が極めて重要な社会変革の課題として捉えられていたのである。

オーエン主義者達は、性や家族の問題を制度の問題、政治的な改革要求によって解決しうるものとは考えていなかった。だから民事婚や離婚の自由に対する制度改革要求は改良主義としかみなかった。彼等の実践のスタイルに一貫していたように、こうしたパーソナルな領域の問題に関しても自分達の手で可能な限り実行に移すことを試みた。例えば、マーガレット・チャペルスミスやエマ・マーティンのような女性のオーエン主義者は、大衆の前で聖職者と激しい論争を交わしたし、――チャーチズムの運動でも実現されなかったことだといわれているが――地方レベルでの組織では、女性も意思決定に参加し、男女別々が普通の時代に一緒に食事をとり、交際し、また、宗教儀式にのっとらない結婚式をおこなったりした。また集会場としてつくられた「ソーシャル・インスティチューションズ」は、伝統的なラディカリズムの拠点だった。パブの男性中心主義に対して、男女が協同して討論し活動できる拠点形成という画期的な意味をもっていた。

残念ながらこれまでに述べてきたようなユートピア社会主義の思想や社会批判は、マルクス主義へは正当なかたち――つまり、「科学的」な批判的摂取――では受け継がれなかった。その理由については後にみるとして、ここでは、こうした家族と性をめぐる解放のユートピアンの後継者とでもいうべき人物について簡単に触れることで、フェミニズムに関わる社会主義者の対応のひとつのポジティブな場合をみてみようと思う。こうした意味でユートピアンの後継者とでもいうべき人物を捜すとすれば、エドワード・カーペンター（１８４４～１９２９）をおいては他にいないだろう。カーペンターの著作は既に多くが戦前に翻訳紹介されているらしいが（残念ながら未見である）、戦後はほとんど忘れ去られており、60年代後半以降の欧米で、性の解放が課題になり始めるとともに再評価され始めたこととは対照的である。この意味では昨年暮れに出版された都築忠七による優れた伝記『エドワード・カーペンター伝』（晶文社）は、貴重な仕事と言える。ここでは主として都築の仕事に依拠しながらフェミニズムに関わるカーペンターの主張をみておくことにしたい。

カーペンターは中産階級の出身であるが、ケンブリッジの聖職のフェローであるという身分と特権をことごとく放棄して、労働者階級のなかに身を投じたという特異な個人史が、彼のユートピアンとしての社会主義思想を支えていた。都築は次のように述べている。

「カーペンターの社会主義は、ヴィクトリア期のイギリスの上品な社会の、個人的でもあり社会的でもある疎外の悲惨さを自覚したことから出発した。性的疎外も広がっており、彼の場合には同性愛によって、それがさらに増幅された。そして牧師補として彼が訓練を受けた、そのヴィクトリア期の教会の福音に、ホイットマンの福音がとって代わった。のちに告白しているように、〈まずまずの、とりすました、小さな奥さん〉に結婚していたら、最後に彼は僭正になっていたことだろう。そうせずに彼は、労働者といっしょに生活し、世捨て人として生涯を終えた。それにもかかわらず彼は、労働者の解放とならんで婦人の解放を信じ続けた。彼らはいずれも、商業文明の犠牲者だった」（都築、前掲書）

カーペンターは、アナルココミュニストとでもいうべき思想を持ちながら、同性愛者として、同性愛を含む性の解放の実践者であり、その生活と文明に対する態度は、十分にエコロジストといって差し支えないものであったし、医療や監獄、死刑といった近代の抑圧的な制度に対してもラディカルな批判をなげかけていた。彼は決して科学と文明に対して全幅の信頼を寄せる進歩主義者ではなかった。むしろ文明は「掠奪階級あり、寄生状態あり、調和の喪失あり」の「社会的病気」と捉え、「病気を治癒する望みは、〈社会のなかでコミュニティに向かう運動と内なる野蛮すなわち自然運動〉――この二つの運動を通じて調和を取りもどす努力」にあるとみていたし、社会主義的な道徳とは、「共同の生の実現」と「個人の愛情や表現の是認」にあり、「そのための方法はまず〈定式を捨てること〉だ」と考えていた。彼は全国的な社会主義運動の政治よりもシェフィールドという地域から社会主義を構想しようとした。この問題意識の拡がりは、彼の個人史が、階級、性、そして都市と農村を横断して営まれたということと無関係ではあるまい。

同性愛は、キリスト教社会では犯罪である。男性の同性愛は、イギリスの場合、1861年まで死刑の対象であった。しかし、それ以後も重大犯罪であったことは事実で、1885年の刑法改正では「売春婦の同意年齢が13歳から16歳に引き上げられたが、これにラブシェア修正条項が追加され、それによってはじめて、男性の同性愛行為が全て不法行為とみなされるようになった」（都築、前掲書）。こうした同性愛に対する敵視のなかで、彼は、性に関する4篇のパンフレットを1894年から1895年にかけて出版する。その4番目のパンフレット『同性の愛と自由社会における『その地位』のなかで、非常に慎重な表現で同性愛の擁護を展開している。

「一般に同性の愛が、俗に想像されるような極端な形をとると考えるのは、おおきな間違いであるといいたい。多数の事例がそうであるように、その関係は、抱擁や愛撫という意味では肉体的といえても、明確に性的でさえないのである。」

「〔同性愛は〕社会的またはヒロイックな営みにあり、肉体の子どもではないが精神の子どもの誕生、我々の生命や社会のそれを変えるような哲学的理念や理想の懐胎にある。」(都築、前掲書)

都築は、カーペンターがこのように述べる時に同性愛に対するある種のヒロイズムがあったと解釈しているが、必ずしもそうとは言えないように思える。彼の現実の同性愛者としての生活は、むしろそれとは反対に同性愛者であることが彼にとっての自然なセクシュアリティの発現であり、右に述べられていることは、そうした個人の自由に対する道徳的、制度的な抑圧への憤りの昇華された表現ととることができるのではなかろうか。だからここで主張されている同性愛の擁護は、あくまでも「ラブシェア修正条項」をにらんでの、愛といえば精神主義的な理屈付けをしなければ受け入れることのできない性的に保守的な異性愛者への煙幕であるとみるべきだろう。2番目に出された『女性――自由社会における女性の地位』のなかではもっと率直に、文明社会における女性の従属について次のように述べている。

「自由な世界から、彼女自身の好みの追求から、ますます彼女を締め出し、華麗な寝室かハーレムにひき篭もらせるか、さもなければ炉辺の苦役へ追いやるようになる。・・・次第に、生きるためのただひとつの選択を彼女に許すようになる。——自由な女になって性を奪われ、宿無しになって死ぬか、さもなければ結構な衣食と結構な名前とのために、自分を身も心も売って、御主人様に終身の隷属を誓う。——しかも悲しいことに、すぐにも嫌いになるような御主人様に」（都築、前掲書）

カーペンターは、こうした女性の解放のためには、「人間労働や人間愛を利益のために交換・販売することを含め、商業制度の全体が廃止される」ことが必要だと見ていた点は、他の社会主義者の見解と共通するが、しかし、決して階級闘争優先にはこだわらず、ブルジョワフェミニズムのラディカリズムを正当に評価しようとしていたし、家事労働からの解放が、生活の簡素化と不可分だと考えるところは、単に家事の社会化だけでは十分ではなく、文化革命とでもいうべき生活過程のトータルな自己変革の内容を伴わねばならないことを自覚していた。この意味で、ユートピア社会主義者と同様に、日常生活から政治過程までを含むトータルな社会革命を重層的なレベルで構想していた、と言える。しかし、彼が、パーソナルな領域で実践してきた性の解放は、政治過程における社会主義運動と必ずしも有機的に結びついていたわけではなかったし、彼の思想家、実践家としての資質が必ずしも社会変革のための「組織者」の資質にはなりえないものであったという点においては、彼のパーソナル・ポリティックスは孤立を避けえなかった。

カーペンターに早くから注目していた社会史家のシェイラ・ロウボタムは、「1880年代の社会主義のリバイバル以来、個人の生活様式と左翼のポリティックスの間の結びつきが繰り返し現れた。しかし、新たな生活を追求することと日々の実践的なアジテーションの間には常に緊張関係があったし、個人的な文化的転換をいかに政治的な戦略に関連づけるかについての明確な理念があったわけでもなかった」（Sheila Rowbowtham, *Hidden From History*, Vintage, New York）と的確な判断をくだしている。しかし他方で彼女は、ユートピア社会主義者の持っていた優れた側面についても指摘している。

「昔の社会主義者達は、富の再配分とか生産の所有権の変更とか、生産への労働者管理といったことに限らず、人間の諸関係総体の転換を追求していた。資本主義によって、カネでの結びつきを強いられながらも、彼等は自分達が望むことの全てが経済学に還元できないことを悟っていた。彼等は搾取に反対しただけではなく、搾取の結果である人間の創造的な能力の浪費に対しても反対した。従って彼等は、芸術的な試みを放棄しなかったし、公正を望むだけでなく美しさをも望んだのであった。社会主義とは全ての人びとの創造力と芸術的な営みの解放なのであった。それは、感情、身体、精神の間の断絶を治すことであった。」("In Search of Edward Carpenter," in *Radical America*, 1980, no.4)

ロウボタムは、こうしたユートピアンの考えかたが、戦略を欠いていたが故に、改良主義に回収される危険性を常にもっていた半面、現代のように資本主義がますます個人生活の領域に介入する度合いを強めている時代にあっては、こうしたユートピアンの理念は極めて重要な問題提起である、とみている。私もこの指摘には全く同感である。問題は、ロウボタムの指摘が、同時にある種のマルクス主義批判という側面を持っているのではないか、ということである。

●

エンゲルスが『空想から科学へ』のなかでユートピア社会主義を総括した視座というのは必ずしも上述したような視点を全く無視していたわけではなかった。むしろ、ユートピア社会主義の積極的な意義として正しく評価していた。さきにも述べたように、フーリエに関しては、「見事なのは、男女関係のブルジョワ的形式とブルジョワ社会における婦人の地位に対する彼の批判である。ある一つの社会における婦人解放の程度はその社会の一般的な解放の自然的尺度であるとは、彼がはじめて言い出したことばである」と述べられていたし、オーエンについても「彼の社会改良の道を塞じるように思われた大きい障碍が3つあった。私有財産、宗教、現在の婚姻形式、である。これそのものを改革するならば、どんな目にあわされるか、それを知らされた。それは、言うまでもなく、公的社会における、一般的追放、全社会的地位の喪失であった。けれども彼は断固としてこれらのものを改革することをやめなかった」（大内兵衛訳、岩波文庫）と述べていた。しかし、エンゲルスはこのユートピア社会主義を「現実の基盤のうえにすえなければならない」としてそれを「科学」へと転換しようと試みる段になると、その「地盤」はユートピアンの持っていた構想の幅よりもずっと狭いものしか提示しえなかった。

このことは、彼等が差し当たり獲得しえた「現実の地盤」が『資本論』に限られていた、ということを意味している。往々にしてこの現実の事態をマルクス、エンゲルスのユートピア社会主義への総括が『資本論』で完成されたかのごとくに解釈されるが、エンゲルスの『空想から科学へ』におけるユートピアンへの評価と彼自身による「現実の地盤」の展開の間のズレをみれば、彼等には「現実の地盤」として語り残した多くの領域があることは明らかである。マルクスの『古代社会ノート』やそれに基づいて書かれたエンゲルスの『起源』は、その後の人類学の成果からみて修正されねばならない点も多く、ケイト・ミレットが『性の政治学』で述べていたように当時の一般的な女性観から決して自由ではなかった面もあるが、それにもかかわらず「現実の地盤」を拡張しようとする試みのための一つの成果だった。しかしこうした成果や、マルクスがヘーゲルやドイツ古典哲学批判にこめた宗教批判は、経済学批判と内的・有機的に接合されずに、経済学批判だけが現実の運動を正当化する理論として切り取られてしまった。このことは、社会主義運動が運動の次元で、ユートピアンの日常生活変革の視座、労働運動、そして女性解放運動といった諸運動を包括しうる力量をもちえなかった、ということであろうし、総合を試みる理論家が現実の運動に必ずしも後世の歴史家が与えたほどの大きな影響力を持ちえていなかった、ということだろう。
マルクスは『資本論』の冒頭で、資本主義的富の「基本形態」が商品という形態をとると述べた。そしてまたエンゲルスは『起源』のなかで、一夫一妻制の家族形態が「文明社会の細胞形態」であると述べていた。この二つの指摘をひとつのものとしてトータルに掴む試みは、マルクス、エンゲルスに対する教条主義のなかにもなければ、彼等の仕事を否定することのなかにもありえないだろう。彼等がなしえなかった諸問題を明示的に含みこんで、マルクス主義を開いてゆくことは、可能なのであって、むしろこのことの中に、先にロウボタムも指摘していたようなパーソナルな領域の変革と社会変革を、そのいずれをも他方に従属させることなくひとつのものとして了解しうるパラダイムを築くことなのではないか、と思う。

出典：『クリティーク』3号1986年

開かれた批評の可能性

批評という行為が、言語による行為であるということが暗黙の前提になってきた。しかし、こうした前提を取り外して、批評という行為を非言語的な領域において、しかも表象や知の領域からも解放して、私たちの生きる世界そのものによって遂行するということを構想するとすれば、それはいったいどういうことなのだろうか。逆に、こうした実践的な批評行為に対して、私たちの社会はどのような防衛機制を働かせることになるのだろうか。

こうした問いが意味を持つようになったのは、ポストモダニズムのおかげであるとさし当たり言っておくことにする。例えば、フレデリック・ジェイムスンは、「ポストモダニズムと消費社会」(注1)において、モダニズム芸術は、新しいスタイルや世界を発明し尽くし、もはや残された可能性といえば限られた組み合わせだけであり、それがノスタルジーという新たなジャンルを生み出したのだと指摘していた。これが、モダニズムの芸術がポストモダニズムの時代に自らを晒している姿だとすれば、ポストモダニズムのアーティストたち――ジェイムスンは、ジョン・ケージ、アンディ・ウォーホル、フィリップ・ソレルスらを名指しているが――を彼は、ラカンのいう意味での分裂病的経験、「シニフィアン相互間の関係の破壊」のなかに新たな支配的な言語との摩擦の領域を発見した人びとだと位置づけた。一般に言語が過去・現在・未来といった時間の分節化や個人としての時間軸にそった自己同一性を支えるものとして機能しているのに対して、分裂病者にはこうした分節化は生じない。個人の同一性が解体し、論理的な筋道が分断される。これは、ロゴス中心主義と主体の死に対応する新しい拠り所であるというわけだ。

しかし、皮肉なことに、こうした分裂病的な経験なるものが摩擦的な関係を持ち得たのは、モダニズムの支配があったからだ。ポストモダニズムの支配的な関係に既にこのいわゆる分裂病的な関係が組み込まれてしまったとすれば、そしてそれが同時にモダニズムを排除せずに、それとの友好的な弁証法の上に位置づけられてしまったとすれば、ポストモダニズムは、あらゆる緊張関係を解除し、歴史を全て現在のなかで断片化させ、批判の可能性を奪うことになる。

しかし、ジェイムスンの分裂病のメタファーにみられるように、問題の領域をなぜ言語に限定しなければならない

（注1）フレデリック・ジェイムスン「ポストモダニズムと消費社会」ハル・フォスター編『反美学』所収、室井尚、吉岡洋訳、勁草書房。

のだろうか。私たちは言語によって分節化されているというのは正しいのだろうか。言語中心主義的なロゴス批判は、実は、モダニズムという参照点によって支えられているに過ぎないのではないだろうか。

言語がある種の普遍的なコミュニケーションの道具であるという理解は、往々にして、現に私たちが使用している言語――それが日本語であれ、英語であれ、中国語であれ何であっても構わないが――の普遍性と混同されるとき、言語はコミニケーションの道具であるだけでなく、コミュニケーションを介して構成される支配的な社会秩序の不可欠な要素となる。近代の国民国家の成立と、「国語」と言いうる標準的な国民言語（公用語）の成立とは相互に密接な関連があるということは、イリイチ、ブルデュー、田中克彦など様々な立場の論者から共通して指摘されてきたことである。多分、ラカン派に限らないが、言語に強い関心を持つ精神分析が見落としている視点があるとすると、この言語と国民国家の問題だろう。

ブルデューは、「公用言語によって統一され支配＝制御されたひとつの言語市場というものが構成されるための諸条件が生み出されるのは、国家の構成過程においてである」(注2)と述べ、公用語は、学校、官庁、政治制度などを通じて公式の場面や公的な空間で義務づけられることで、「あらゆる言語的実践＝慣習行動がそれに沿って客観的に測定されるような、理論的規範となる。」と指摘していた。(注3)

こうして言語共同体は、政治的な支配の産物であり、支配的言語を普遍的なものとして認知させる制度によって、この言語共同体は再生産される。しかしここでいう支配という概念は、強制や意識的な従属という関係とははっきりと異なる次元で人間の行動、思考、感性を枠づけるということ、つまりブルデューが「ハビトゥス」として表現する身ぶりや態度などの言語に限定されない慣習の構造に関わっている。

支配的な言語の機能は、こうしたハビトゥスとの関わりのなかでしか支配的な位置を維持できない。「あなたのファッションはみっともない」という表現が、学校の教師によって発せられたのか、仲間から発せられたのかでは全くその意味は異なる。しかし、いずれの場合でも、こうした言語による類別的な判断は、社会空間のなかでそのファッションがどのような位置にあるのかということのなかで作用しているのである。言い換えれば、TシャツとGパンはネクタイとスーツに対置され、さらにそれらは、社会生活における差異の識別記号の集合のなかの要素として、異なるライフスタイルによって構成される社会的な空間、つまり象徴的な空間を構成する。

しかし、Gパンは、それが60年代に意味していたような反体制的な意味を持つことはもはやない。象徴的な空間を構成する諸集合の輪郭は弾力的で曖昧であり、またその諸要素も置換可能であり、時間とともに変化する。ブルデューはこうした組み合わせの意味は、未来というものに左右され、「相対的に不安定」であって、それが「視点の多数性に基盤を呈」し、「正統的な世界像を産出し押しつける権力を巡っての象徴闘争のための基盤」(注4)となると指摘している。

ブルデューにとって、象徴闘争は、言語と非言語を横断する象徴的な空間に位置づけられている。従って言語的な表現の可能性は、その外部の世界に開かれている。それは、単なるテキストとして自閉しない。これは、例えば、ロラン・バルトの『モードの体系』におけるファッション雑誌の言語の表現を対象とした分析のような禁欲的な記号論的なアプローチとは対極にある。ブルデューの枠組みでは、例えばマルクスの『資本論』というテキストは、それが資本家の書斎にある場合と、労働運動の活動家のオフィスにある場合と、大学の講義テキストとして読まれる場合とでは同じテキストであるが異なるテキストだということになる。あるいは、ポストモダニズムの思想家たちが新たに開発した知的資源としての分裂病も、それを言語テキストのレベルに閉じこめることはできないということになる。

(注2) ピエール・ブルデュー『話すということ』稲賀繁美訳、藤原書店、38ページ。
(注3) 同右、45ページ参照。
(注4) ブルデュー「社会的空間と象徴権力」『構造と実践』石崎晴己訳、新評論、210ページ。

この点で、アートによる表現と批評の関係は興味深いものがある。ここで美術館は、ブルデューの言う「世界像の多数性」が象徴闘争に媒介されないような緩衝装置として機能している。美術館は「世界像の多数性」がその空間の内部で「世界像の多数性」を擬似的に構築するという意味で、それはディズニーランドと何一つ異なるところはないと言ってもいい。しかし、ブルデューが指摘しているように、美術館を訪れる観客は、「洗練された言語技量の所有者」、つまり社会階級としては上位に位置する人びとが多いということは、ここでもうひとつ重要な意味を持っている。つまり、こうした支配的な言語に長けた人びとは、この美術館で擬似的に構成される「世界像の多数性」を美術館の外部の世界と峻別し、それを「アート」というカテゴリーの中でフォルムに還元したり、他の言語テキスト――好みの哲学や美学のテキスト――と対比したりといった解釈作業の世界のなかに押し込めるのである。こうなると、アートの表現は、それがどのようなラディカルで新たな表現であっても、それが美術館という象徴空間の制度によってあらかじめアートとしての位置づけと意味を与えられてしまえば、それは決して創造的な意味を産出することはない。そして、美術館という制度は、アートをフォルムに集約された表現へ、批評家はこのフォルムとしての作品を言語に翻訳し、意味世界のなかのどこに位置づくのかを指示する。作品の側には、批評行為は要求されず、批評家による解釈を媒介しなければ鑑賞者の理解を促すことの出来ない作品ほど作品の質は高いということになる。もし、言語が象徴的な権力の最も支配的な道具であるとすれば、美術館による作品選定からマスメディアの展覧会評まで、批評行為のヘゲモニーを握る者たちがこのアートの分業関係を支配することになる。

ポール・リクールは、隠喩が「生きた隠喩」であるためには「隠喩的解釈は、自壊する字義通りの解釈を前提」としなければならず、「隠喩的解釈は、自壊する一つの矛盾を、意味作用をもつ矛盾に変化させるところに成り立つ」(注5)

と指摘した。この指摘は、現代美術の伝統的なあるいは古典的な芸術との関係にそのままあてはまる。隠喩が語のある種の歪曲・変形であり、意味の拡張であり、「字義通りの解釈ではまさしく意味をなさないところで、〈意味を作る〉ことができる」ものでなければならないのとまさに同じように、現代美術の「前衛」と呼ばれた試みは、確立された表象の意味作用に対する歪曲・変形・拡張あるいは意味の創出だった。ダダイズムがコラージュを好んだのも、また意味の記号としての文字の解体を試みたのも隠喩の方法によるものだということができる。

しかし、同時にリクールは、隠喩による意味論的な革新は、創造の瞬間にしか存在しないものであって、言語共同体によって受け容れられると、語の多義性の拡張と見分けがつかなくなると指摘している。言語共同体に受け入れられた隠喩は、辞書に登記され、繰り返し使用され、金属疲労を起こし、陳腐化し、「死んだ隠喩になる」。これはアートにも拡張できる議論だと言っていい。アートの「前衛」が支配的な様式に対抗してそれへの歪曲・変形、拡張を試みる作業は、常に死んだ隠喩を運命づけられている。美術館という制度は、この死んだ隠喩を脳死状態で生かし続ける制度である。「前衛」がこうした制度の内部に自足することによって、皮肉なことにそれはまた様式の革新を繰り返す格好の方法として、自動車や家電製品のモデルチェンジが消費財市場に与えたのと同じ機能を象徴市場で果たす結果となった。「前衛」が死んだのは、もはや新たな様式が発見できなくなったのではなく、こうした制度と脳死した隠喩の共犯関係があまりにも露骨になり、「新しい様式」という観点そのものがもはや新しくなくなり、従って批評はことばを失い、そこに文字どおりの新たな意味を読みとる受け手が存在出来なくなってしまったからに他ならない。新しいものは全て予定されていたことであり、新しくないのである。批評は、古典的な美学からニーチェ、ハイデガー、ヴィトゲンシュタイン、あるいはコミック批評やロック批評などの異分野まで動員し、延命装置の肥大化を

（注5）ポール・リクール『解釈の革新』久米博他編訳、白水社、118ページ。

促すという悪循環に陥る。美術館――あるいは図書館でもアカデミズムでも同様なのだが――が、知や表象の支配的な用法との擬似的な緊張関係のなかで戯れ、いっこうに日常生活の空間との緊張関係へと開かれていかないということが、こうした悪循環の原因である。

●

こうした制度化に伴う「死」はアーティストの死でもある。そのことに気づいたアーティストたちは、アーティストというアイデンティティを否定するか、アーティストであることを制度化された表現の空間からその外側へ、都市空間へと強引におし広げることによって、自らに装着された生命維持装置をはずすことを試み始めた。

レトリスト・インターナショナルのなかで確立され、後にシチュアシオニストに受け継がれた概念に「détournement」がある。転用は、「まえもって存在する芸術的諸要素を新しい単位のなかで再使用すること」によってオリジナルの自律的な要素を喪失させ、その最初の意味を無化することである。(注6)これは、例えばデュシャンがモナリザに髭をつけ加えたりといったパロディを意味するだけではない。むしろパロディに縛られた「転用」をよりシリアスでより具体的な生活空間に拡張しようと言うのだ。ギー・ドゥボールとジル・J・ボルマンの論文「転用の使用法」のなかで、彼らは次のように指摘している。

「真面目なパロディという段階、つまり、オリジナルの作品という観念を頼りに怒りや笑いを呼び起こそうとするのではなく、逆に、意味を奪われ、忘れられたオリジナルに対する無関心を強調し、転用された要素の積み重ねがある種の崇高さを表現にもたらすのに従事するような段階を構成しなければならない(注7)」

しかも、「転用」の例示は次のように広範囲である。蚤の市で買ってきた安物の絵画を描き換えるアスガー・ヨルンの「修正絵画」、既成の印刷物から構成されたドゥボールの「回想録」、風景やテレビコマーシャルなどから構成されたドゥボールの映画「比較的短い時間単位内の数人の人物の通過について」、そして日常生活に適用された転用としてガリッツィオの「工業絵画」、ヴィッカールの「オーケストラ計画」、そしてシチュアシオニストが提唱する資本主義的な都市計画に対する「転用」としての統一的都市計画。つまり、「転用」という概念は、既存のテキストを解釈し直すという意味で批評行為であるだけでなく、美術や表現の領域を横断して、具体的な世界そのものの「転用」を含むことによってそれは実践的な批評なのである。

シチュアシオニストのこうした傾向は、1968年パリの5月革命である種の実験が試みられ、さらには、70年代以降の反商業主義的なパンクや都市のグラフィティ文化、あるいはスクウォッターの運動などに拡散して受け継がれた。さらに、シチュアシオニストと自認しないアーティストたちが都市の「転用」を様々に試みはじめるわけだが、そこでは、都市が生み出した表現の装置、例えば電光掲示板や広告塔、テレビメディア、広場、モニュメントなどが「転用」され、都市固有の記号――交通標識、広告のコピーなど――が「転用」されるようになる。バーバラ・クルーガーやジェニー・ホルツァーが広告の手法をフェミニストのメッセージや支配的な文化的価値に対する告発のメッセージへと「転用」する作品を手がけてきたことはよく知られている。彼女たちの作品は、それが街頭に展示され、批評家の手を借りずに直接人びとの面前に、商業広告とともに提示されるとき、批評の行為は、アーティストと見る側の双方に配分される。同時に、アーティストは従来の意味でのアーティストというカテゴリーに収まることができ

（注6）「否定としての、また予兆としての転用」『状況の構築へ』アンテルナシオナル・シチュアシオニスト第1巻、木下誠監訳、インパクト出版会、195ページ以下参照。
（注7）ギー・ドゥボール、ジル・J・ボルマソ「転用の使用法」、同上書316ページ。

なくなり、作品のメッセージの受け手は、共感するにせよ嫌悪するにせよ、自分たちの感情の落としどころを自分で見いださねばならなくなる。慣習的な日常生活は微妙に揺らぎ始めるかも知れない。

彼女たちの作品は、美術館のように多義的な意味の世界を特定の空間の内部に限って許容するためにあらかじめしつらえられた場所では、その作品が本来喚起するはずの支配的な意味との摩擦が社会的な摩擦にまで引き上げられることなく鎮火させられてしまう。作品はそれが掲示される空間のコンテキストのなかで了解されるからである。

しかし、こうした都市の可能性もまた、制度化のなかに囲い込まれている。マスメディアが批評家の代理を果たし、ステレオタイプの解釈のなかに作品をはめ込み、人々の言語以前的な身体的な揺らぎを鎮める役割を果たしているからである。しかしまだある種のゲリラ的な批評の可能性は都市に残されてはいる。

●

電子化されたコミュニケーションのフロンテアが拡がるにつれて、サイバースペースという新たな象徴闘争の空間が登場した。多分この新たな電子的な空間ではますます言語と非言語の境界は曖昧になり、批評の可能性は、伝統的な分業を解体して、諸個人ひとりひとりに配分されるようになるかもしれない。例えば、インターネットのwww（ワールド・ワイド・ウェッブ）と呼ばれる画像、音声、文字テキスト混合の情報発信のスタイルが、何箇月もかけてマスターしなければならないプログラミング言語などを必要とせず、いくつかのごく簡単なハイパーテキストの言語さえ覚えれば容易に作成できるという技術的な環境が整い始めた。私たちは、「国語」を教育で主要科目として長時間学習させられるのに比して、音楽や美術はほとんど添え物程度の教育しか受けないし、これらの技術は特別な訓練が必要なものだと思いこまされてきたが、こうした既成のリテラシーの序列は早晩崩れざるを得ないだろう。

こうして、コンピュータ・テクノロジーによる非言語情報の処理技術の開発が進むにつれて、逆に文字を中心とする表現がある特定の技術的な水準と関わるコミュニケーションの技術にすぎないことがはっきりしてきた。つまり、画像や音声を処理することに比べてその操作性が相対的に容易であるという文字表現の比較優位が、徐々に崩れ始めたのだ。wwwの技術を用いれば、例えばこの私の文章で参照している幾つかのアーティストの作品の図版を直接私のテキストに組み込む必要はないかもしれない。これらのアーティストがwwwのホーム・ページを公開していれば、読者はハイパーテキストのリンク機能によって、彼らのオリジナルの作品に直接接することができるからだ。読者は、著者の引用を介することなく、他の著者やアーティストのテキストを参照することが可能になるから、批評における引用の機能は劇的な変化をこうむることになるだろう。しかも、読者は、自分の見解やコメントを直接著者に発信することも可能である。とすれば、ここでは、もはや読者は読者ではなく、ある種の著者として批評行為に参加することになる。読者と著者、アーティストと批評家、演奏家と聴衆といった範疇を崩壊させる技術的要素は既にサイバースペースには準備されている。

こうしたサイバースペースの技術的な特性が批評行為をどのように変容させていくのかは、まだ未知数である。だが、確実に言えることは、書籍や雑誌などの活字メディアが生み出してきた、ページの序列に拘束された解釈が徐々に解体し、文字の添え物としての図版でもなく、図版のキャプションとしての文字でもなく、その両者がますます対等で相互補完的な批評の手段として利用され、なおかつ、それらはリンク機能によって他者の作品と不可分に融合し、また逆に他者の作品に組み込まれていくといった、複雑な構造を持つようになるだろうということである。批評はもはやその対象と区別できないものになるだろう。こうした事態は私たちにとっては未知の世界である。しかも、こうしたサイバースペースにおける批評の革新が、今一度リアルワールドにおける実践的な「批評」あるいは「転用」にどのような新しい質をもたらすようになるか、そのことがさらにその先の課題として控えている。

出典：『現代詩手帖』1995年9月号

付記　本文中に「分裂病」という表記がある。現在では「統合失調症」とするのが一般的だが、再録にあたっては初出の通りとした。

身体／肉体は表現を超える

写真は、現実にある被写体をそのまま写しとるものだという理解は、もはや一般論としては成り立たない。写真家も批評家もこの事実性としての写真という理解に対して、様々な方法で闘ってきた。とはいえ、こうした事実性としての写真という「神話」は根強く残っている。広告、ファッション、報道、家族のアルバムなど日常生活の中のありふれた存在として写真は、その多くが事実性の証明に利用されている。私たちは、日常生活のなかでは事実になりかわって事実を伝えるものとして、写真を受け入れることに慣れているため、事実性を疑わせるような写真に出会うとき、ある種の戸惑いを覚えることになる。あのロラン・バルトですら母親の娘時代の写真を前にして、「〈写真〉が私に及ぼす効果は、（時間や距離によって）消滅したものを復元することではなく、私が現に見ているものが確実に存在したということを保証してくれる点にある」(注1)と語らざるを得なかった。だが、私たちが日常生活で出会う写真の「事実性」とは、本当に「事実」に属することなのだろうかという疑問は、逆に、アートとしての写真の意義を明らかにすることにもなる。

写真を見る私たちの側では、写真として提示された作品がまず最初にある。私たちにとっては、作品に先だって存在したはずの被写体そのものは、この作品を媒介にして、私たちの想像力によって再構築される以外にない。作家にとっては被写体の先行性、現前性あるいは事実性は揺るがないが、写真を見る私たちにとっての被写体は決してこのような存在ではない。

写真や映画といった映像は、私たちが日常生活において発揮する想像力や欲望の形を作るために用いられてきた。例えば、広告写真が伝えるメッセージによって消費者としての私たちは購買欲求を喚起される。（あるいは喚起されないかもしれない）消費者は、まだ自分のものにしたこともなければ手に取ったこともない「モノ」について、雑誌やカタログの写真を手がかりにその「モノ」についての物語を構築してしまう。「もし、この服を着たら、私はこの雑誌のモデルのように格好よく見えるに違いない」という想像は、服のデザインだけでなく、モデル、背景、キャプションの宣伝文句などと組みあわされて作り出されたファンタジーだ。「この服」を所有した「私」の日常生活が、「この服」を所有しない今のままの「私」の日常生活と比べて、何か全く新しい経験、新しい日常生活をもたらしてくれるかのように感じられる物語が、受け手の想像力によって喚起されれば、消費者は、広告の写真が喚起したに過ぎない欲望の根源を、この写真が指示する商品にあるかのようにみなすことになる。マルクスは、商品のフェティシズムを、商品の使用価値それ自体に交換価値（貨幣的な価値）を生み出す性質があるとみなされる点を捉えて論じたが、実は、商品にはもう一つのフェティシズムがある。つまり、商品は、その商品の取得に先行して広告などのメッセージから構築された欲望を充足することのできるものだという倒錯、あるいは取り違えである。ほとんどの消費者は、欲望は広告のメッセージによって喚起されたものであって、商品そのものによって形成されたわけではないとい

（注1）ロラン・バルト『明るい部屋』（花輪光訳）、みすず宙房、102ページ。

うことに気づかない。この取り違えは、私たちにとっては日常的であり、取得した商品が、広告からイメージされたモノとは違うという経験はごく当たり前になっている。欲しいものを手に入れたハズなのに、どこか満たされないものが気分の奥に澱のようにして沈殿する。この満たされなさが日増しに強くなる。だから、また再び私たちは広告のメッセージに心を奪われ、新しい欲望の物語に賭けることになる。資本主義の日常生活と欲望とはこの繰り返しにほかならず、写真や図像はこうした欲望の物語に欠かせない道具として機能してきた。私たちは、現実や事実を知っていると信じているが、しかし、私たちが文字通り知っているのは、私たちがメディアのメッセージから構築した「物語」なのであって写真の事実性とはこのようにひどく脆いものなのだ。

現代芸術が一貫して挑戦してきたのは、表象が現実とのあいだにつくりだす「物語」の定型を否定することだった。アーティストは、既にある世界を別の方法で忠実に再現する職人である必要はなくなり、その結果、この世界に存在しない表現の創造に専念することができた。これは、現実からの疎外や逃避といった否定的な傾向を生み出したが、他方で、アーティストが自身の価値観やスタンスを現にある世界の秩序やその秩序のイデオロギーと対決させる可能性を与えた。この創造的な行為は、今世紀初めのダダイズムやシュールレアリスムからポップ・アートに至るまで、その方法や表現領域を拡張してきた。こうした作品に接する私たちは、作品それ自体に向き合い、作品そのものから「何か」を感じ取り、あるいは読み取ろうとする。ここで発動される対象と私との間の関係は、商品広告やマスメディアのメッセージが私たちを唆す欲望の「物語」とは異なっている。欲望の「物語」はこの欲望の落とし所をもとめて対象と自分の日常生活の関係を調整しようとする。欲望はうまく発動されなかったり、断念されたり、あるいはより高められたりするだろうが、そこには、いかに倒錯した観念や思い違いであったとしても、対象となるモノや出来事という繋留点が必ずある。しかし、アートとしての作品にはこうした意味での繋留点はない。作品として表現されたもののなかから私たちは、その作品の「意味」を読み取る手かがりを探ろうとする。作品を前にしたこのような行為で、私たちは、価値観、道徳、美的な観念、芸術の知識などから私的な経験や個人史に至る様々な記憶が動員され、作品に接することによって生じた新たな経験をどこかに落ち着かせようとやっきになる。現代芸術の表現は、この葛藤のなかに私たちを追い込むことによって、私たちが今まで持ち続けてきた理解や感性にひそむ気付かれずにいる亀裂や矛盾、とりわけ「事実性」の虚構に気付かされることになる。

こうしてみると身体あるいは肉体を被写体とするアートとしての写真の歴史も「事実」との闘いだったと言っていいかもしれない。作品としての写真に接するとき、私たちがいだいている身体／肉体についての理解、判断、感情などと切り離して捉えることはできないが、他方で、私たちが疑問としなかったり気づかないできた身体／肉体についての理解や感情に働きかけ、違和感や嫌悪感、あるいは逆に深い同調の感情や性的な興奮など様々な感情が思いがけずに喚起されることがあるわけで、そうした自分の感情に対して、保守的に構えるのか、それとも新しい感情や理解へと一歩踏み出すか、そうした決断を迫られることがある。逆説めくが、これは「事実性」との闘いであると同時に、「事実性」の創造でもあるのだ。

●

アルフレッド・スティーグリッツ、ロバート・メイプルソープ、古屋誠一、この3人が撮るポートレートに共通するのは、笑わないパートナーである。笑顔のスナップショットが夫婦の写真の典型とすれば、長く愛情や信頼で結ばれたであろう相手の笑わないポートレートには、それなりの意味がある、と思う。

例えば、笑わないオキーフのポートレートは、毅然とした女性としてのオキーフの強さを象徴しているような印象を持つ。しかし、それだけではないとも思う。

スティーグリッツは街路の風景を好んで撮影した写真家であり、早い時期からハンドカメラを使用していたが、だからといって彼の作品は行きあたりばったりのスナップショットだったわけではなく、主題の選択やライティングを入念に検討し、何時間も「通り過ぎる人物たちを見つめ、全てが均衡のとれた状態になる瞬間、すなわち自分の目を満足させてくれるような瞬間が訪れるのを待つ」(注2)という忍耐の産物だった。この忍耐の結果として、彼の撮る風景は、それ自体がひとつの全体を構成する完結した作品となっている。

　こうした忍耐は、ポートレートの場合でも例外ではなかった。ローリー・ライルは、『ジョージア・オキーフ』のなかで、「明らかにオキーフは、彼女の師《メンター》、恋人、そして衣食住の供給者でもある彼のために、たまには自分が彫像にならなければならぬ義務があると感じていたのだろう」と語るとともに、こうした忍耐は「彼女の顔に苦痛の色を加え、スティーグリッツが求めていた表情を捉えるのに役立ったのである」(注3)と述べている。しかし、もちろんこうした忍耐や苦痛だけを被写体としての彼女が感じていたわけではなかった。明らかにオキーフは、スティーグリッツのポートレートを通じて自分自身を発見する感動を経験してもいたからこそ、繰り返しモデルとしてカメラの前に立ったのだろう。(注4)

　オキーフのポートレートがそれまでの『カメラ・ワーク』誌で発表されたスティーグリッツの作品と比べて決定的に異なるのは、手、腋、胸、首、足、背中、臀部といった身体／肉体の細部への偏愛が顕著な点である。このポートレートから私はスティーグリッツのフェティッシュな愛情を感じる。私の言う「フェティッシュ」には否定的な意味はない。深い愛情が、相手の身体／肉体の細部への偏愛を伴うことは決して珍しいことではないからだ。全体は部分の総和ではないし、むしろ部分が全体を凌ぐ意味を持つことだってある。オキーフの顔を知っている者にとって、彼女のトルソのヌードは、決して顔のない身体／肉体ではない。むしろ写しだされないことによって、オキーフの表情は見るものの自由な想像にゆだねられているとも言えるのだ。

　オキーフは、スティーグリッツの写真に触発された多くの絵を描いているが、スティーグリッツ本人をモデルにして作品を制作したことはなかった。ここに2人が互いに愛していた対象の違いを感じる。オキーフが本当に愛していたのは、偉大な写真家という限定つきのスティーグリッツ、あるいは彼の作品だったのかもしれない。これは決して2人にとって不幸な〈愛〉だったというわけではなく、これもまた一つの〈愛〉の形なのだというにすぎない。

スティーグリッツにとってのオキーフ同様、古屋誠一にとっての妻、クリスティーネもまた、撮っても撮っても捉えきれない、そうした存在として登場している。彼の写真集『クリスティーネ・フルヤ＝ゲッスラー、メモワール、1978－1985』(注5)は、1978年から85年にかけて古屋が撮ったクリスティーネの膨大な写真を時系列に配列した作品だ。恋愛と結婚、出産、仕事、離婚への迷い、妻の精神的な病、そして彼女の自殺という8年にわたる、古屋自身にとっての妻のポートレートだ。写真一枚一枚に付された古屋の短いコメントと写真を見比べながら、彼らが過ごした8年の歳月を読者は追体験することになる。スティーグリッツは夫としてよりも写真家としての自分が一貫して優位に立ち続けていたのに対して、古屋の場合は、むしろ、2人の関係が非常に重要な局面にある瞬間に、写真を捨てて夫としての自分を選び、写真を介さずにクリスティーネと向き合った。オキーフはスティーグリッツの撮った自分の写真から、新たな自分を発見したが、クリスティーネは古屋の撮った写真のプリントからは何も発見しなかったように見える。

「撮った写真をプリントして2人で見るということは、僕の覚えている限り一度もなかった」(注6)と古屋は書いている。

（注2）イアン・ジェフリー『写真の歴史』（伊藤俊治、石井康史訳）、岩波書店、129ページ。
（注3）ローリー・ライル『ジョージア・オキーフ』（道下匡子訳）、パルコ出版、111ページ。
（注4）ライル、同上書、112ページ、および笠原美智子「オキーフとスティーグリッツ」（『ヌードのポリティクス』筑摩書房、1998年所収）参照。
（注5）古屋誠一『Christine Furuya-Goessler, Memoires、1978-1985』光琳社、1997年。
（注6）古屋、同上書、ページ付けなし（写真番号A-1980/96に付されたコメント）。

クリスティーネにとって、多分自分の存在をどこか肯定できなかったために、自分の写真を見ることを快しとしなかったのかもしれないが、古屋もまた、妻に写真を見せる必然性を感じなかったのかもしれない。他方、古屋もまたクリスティーネの日記やノートを彼女の死後も読んでいないという。私はこうした古屋とクリスティーネの関係を冷たいとは思わない。写真を撮ることは古屋に属することであり、クリスティーネの関心は演劇にあった。カップルが別々の夢や職業を持つことは決してまれではないし、お互いの仕事の内容を全て共有する必要もないからだ。サラリーマンとOLの夫婦が日常的に抱えている仕事とプライヴェートな関係のずれと何ら変わらない。しかし、パートナーのポートレートとして作品化されると、私たちは何かもっと別の夫婦愛のようなものを期待してしまう。この期待のなかにそっと忍び込むのが、ロマンチック・ラヴの落とし穴なのだが、古屋の作品はそうした落とし穴をみごとにはぐらかしている。

メープルソープによるパティ・スミスのポートレートは、いままでの2人とはかなり違う。スミスとメイプルソープが出会ったのは1967年にニューヨークのブルックリンにあるプラット・インスティテュート・オブ・アートでのことだ。まだメイプルソープが19歳で、写真家ではなく画家の卵だった。彼らは学生時代から同棲をはじめ、スミスのポートレートも70年代前半から撮られているが、有名なものは70年代後半のものだ。スミスとメイプルソープの関係は、オキーフとスティーグリッツの関係のような師弟関係をひきずったものではなかった。スミスは、彫刻家を目指したが挫折し、詩人としてデビューした後に、70年代後半にはニューヨークのオルタナティヴ・ロック、パンク・ロック・シーンに欠かせない重要な存在となっていた。スミスが音楽シーンにデビューするきっかけを作ったのは、メイプルソープだ。彼のインディ・レーベル、Merレーベルから74年に『ピス・ファクトリー』をリリースする。これをメジャーのSireレコードが取り上げて全米でリリースする。そして、翌年、アリスタ・レコードと契約し、76年初めにジョン・ケールのプロデュースでアルバム『ホーセズ』をリリースする。このアルバムが全米47位につけるのだが、アルバムのカヴァーに使用されたスミスのポートレートを撮ったのがメイプルソープだった。ワイシャツと吊りズボン、ジャケットを肩にかけたラフないでたちのモノクロのポートレートは、決してアグレッシヴというわけではないが、「女性シンガー」というカテゴリーの枠を逸脱した内面的な強さがよく表れている。このジャケットのポートレートは、メイプルソープにとってもプロの写真家としての最初の成功と言っていいものだった。(注7)

メイプルソープのポートレートを独立した写真の作品として見るのか、それともアルバム『ホーセズ』のジャケット・ワークと見るのかで作品の意味が大きく違ってくる。被写体であるスミスは、写真家メープルソープにとって自由にしうる素材である一方で、このポートレートがスミスのアルバムに使用されることによって、スミスはこの写真の意味を再度取り戻す。マクルーハンが「メディアはメッセージ」と言ったように、この意味の領有と再領有のなかでポートレートはそのメッセージの内実を変える。2人はアーティストとして互いの才能を自分のために利用しあったと言っていいかもしれない。このような関係は、スティーグリッツ／オキーフ、古屋／クリスティーネには期待できないものだ。

●

メイプルソープのポートレートは、『ブラック・ブック』の黒人ヌードやリサ・ライオンのヌード、そしてハード・コアのSMや男性同士のフェラチオやフィスト・ファック、飲尿などのホモセクシュアルな性行為といくつかのカテゴリーに分けられるが、これらカテゴリー間には作家の被写体に対する姿勢のある種の違いがある。『ブラック・ブック』やリサ・ライオンのヌードは、肉体としての造形美が主題であって、固有名をもった被写体のパーソナリ

（注7）Deborah Frost, "Pati Smith," in Barbara O'Dair ed. *Trouble Girls: The Rolling Stone Book of Women in Rock*, Randam House, 1997, p.170参照。

ティは前面に出ない。特に『ブラック・ブック』に登場するモデルは、ボディビルで鍛えられた肉体が強調されている。こうした作品に対しては、黒人男性＝マッチョというステレオタイプに与するレイシズムであるという厳しい批判がある一方で、ローマ彫刻以来の古典的な造形美の伝統をふまえた構図を、白人ではなく黒人のモデルによって提示したことは、むしろ白人至上主義者からすれば自らの伝統の簒奪であり、支配的な文化に対する異化作用ではあっても、決してレイシズムという意味は読み取れない、とする評価もある。(注8) 私は、取り上げる作品によって、かなり評価は変わるし、作品を一点ずつ独立したものとしてみるのか、それとも一連の作品として捉えるのかでも違ってくるように思う。むしろ、メイプルソープの場合、彼が意図的にとりあげなかったと思われる被写体について考えてみることによって、彼の身体／肉体についてのある種の美学の限界をさぐることができるように思う。

メロディ・D・デーヴィスによれば、メイプルソープはジョージ・デュリューによる黒人メール・ヌードのポートレートの非常に熱心なコレクターであり、デュリューに大きく影響されたという。メイプルソープがデュリューのポートレートを収集し始めたのが1978年であり、彼が黒人をモデルとしたメール・ヌードを撮り始めるのはそれ以降のことだ。デーヴィスは、この2人の写真家の黒人ポートレートを仔細に比較しながら、デュリューのモデルは均整のとれた肉体の持ち主であるとしても、決してマッチョな印象を与えるものではなく、モノとしての肉体には還元しえない存在として表現されていると解釈している。多くの場合、こうしたモデルはデュリューの友人であるからだろうと彼女は推測している。メイプルソープの写真の場合でも、SMの写真には同様の親密さが読み取れるために、余計に『ブラック・ブック』の黒人ポートレートの冷ややかさが目立つというわけだ。

メイプルソープがデュリューのメール・ヌードに大きな影響を受けていた一方で、逆にデュリューからは受け取らなかった観点もまたはっきりしている。それは、デュリューによる黒人の障害者のメールヌードである。このモデルの選択の差異にこの2人の身体／肉体観の決定的な違いが示されているように思うのだ。デュリューは既に1977

年に〈ウィルバート・ハインズ〉を撮っている。左手が肘から切断された若い黒人男性が右手をサイドボードの角に置いて全裸で正面を向いて立っている姿を写した作品で、デュリューのよく知られている作品のひとつである。写真史のなかでは、フリークと総称される人たちを撮影したものは数多くあるが、デュリューの作品はそうした系譜にはない。だから被写体となっている人たちに対する視線は、健常者のモデルの場合と何ら変わるところがない。それは、ヒューマニズムというものでもないし、同情や哀れみなどではさらさらない。身体の一部が欠落していることへの興味ではなく、むしろ障害者と健常者という身体／肉体についての2分法を超えた身体／肉体観がそこにはある。しかし、多分、見る者にとって、身体／肉体の欠損した部分を含めてあからさまなヌードを見るということは、そんなにあることではなく、その意味で衝撃的な印象を与えられるとしても、それは最初だけだ。むしろモデルたちの自然な姿勢と視線に私達も同調するにつれて、彼らに対する印象は、健常者の間にある身体／肉体的な差異とさほど違わないものになってくる。

このような障害者で黒人のメール・ヌードを見るとき、デュリューとメイプルソープとでは被写体の身体／肉体的な美しさとか完全性についての理解が決定的に違うことがわかる。メイプルソープは、フレームに被写体をシンメトリーに配置し、全体のバランスに対して神経質なほどに気を配っている。多分、メイプルソープは、肉体の一部が欠落したモデルをフレームのなかに収める方法を持てなかったに違いない。メイプルソープが身体／肉体に対してある種のステレオタイプな美意識を持っていたとすれば、それはボディビルで作られた肉体を被写体にしたことと同時に、欠落した身体／肉体を被写体としえないところに示されているように思う。

（注8）前者の評価については、Emmanuel Cooper, *Fully Exposed: The Male Nude in Photography*, Rautledge, 1990, pp.183-210参照。後者の評価については、Melody D. Dabvis, *The Male Nude in Contemporary Photography*, Temple University Press, 1991, pp.67-107参照。

身体／肉体は普遍的というよりもむしろ社会的、政治的、文化的に構築された存在であるという理解は、今では共通の了解項になっている。思想的に言えば、こうした理解の普及に最も貢献したのは、ミシェル・フーコーだろうが、身体／肉体のアクチュアリティを提示したのは、フェミニズムの主張やゲイ、レズビアンなどの性的マイノリティたちの主張、そしてエイズをめぐるセクシュアリティの政治だった。

パフォーマンス・アーティストのメアリー・ダフィーの場合、彼女が障害者であるために、身体／肉体そのものの政治性と向き合わないわけにはいかなかった。ヌードのセルフ・ポートレートやパフォーマンスは、障害者を健常者と同等の被写体として扱うという以上に、より積極的に、障害者であることのアイデンティティを表現する試みであり、身体の政治性をはっきり自覚させるものになっている。ダフィーは「アーティストとしての私の作品は、文化的な規範に反対し、私の人生や障害を持つ人たちの人生、私たちの関わり、そして私たちの価値についての力強く活気に満ちた意思表示をすることである」(注9)と述べている。彼女は障害を持つことが悲劇であるといったマスメディアのイメージも拒否するし、哀れみも許容しない。だからといってダフィーの作品が美しくないというのではなく、彼女の言葉でいえば「障害を持つ女性としての私のアイデンティティは、強固で、官能的で、性的で、流麗で、柔軟で、そして政治的」なのである。(注10) こうしたダフィーの言葉を読んだとき、私は、友人の障害者が、自分たちにとっての障害者の解放には、自分の障害を醜いものとして隠したりするのではなく、障害を晒すことが不可欠なのだと語ったことを思い出した。障害者が施設に収容されたり、学校教育で養護学校に分離されたりすることは、「見てはいけないもの」というタブーを生み出す。これは、隠されたものに対する差別や偏見を再生産するだけである。身体／肉体を晒すという行為は、見られる者にとってだけでなく、見る者自身の囚われた視線を解放する力がある。

身体／肉体の政治性について、エイズに関しても同じようなことが言える。80年代に、エイズという病がマスメディアでセンセーショナルに取り上げられたとき、この病気がゲイの男性や不特定の相手と性交渉を行う人たちの病気であるといった社会的なイメージが形成された。同時に、エイズに象徴される病は、異性愛に基づく夫婦関係に対する脅威であり、基本的な社会道徳の崩壊の目に見える姿であるという印象を与え、隔離や排除によってタブーとされる傾向が見いだされた。スーザン・ソンタグが『エイズとその隠喩』のなかで指摘しているように、病気は個人ではなく集団に対する罰とみなされ、「タブーを犯す者、悪徳に染まった者を特定する」ために利用され、また「破壊的な疫病は道徳のたるみ、政治の衰退の目印」とみなされた。こうして、異性愛に基づく家族の価値を守れ、移民を排除せよ、売春婦を取締れ、といった「社会浄化」のキャンペーンは、同性愛を肯定したり、性欲や性的「倒錯」を喚起する音楽や映画、美術などの表現に対しても矛先が向けられた。冷戦期のマッカーシズムが共産主義者に与えた刻印と全く同様の排除の政治的な刻印が、ポスト冷戦時代にあってはセクシュアリティにおけるマイノリティに対して押しつけられた。(注11)

エイズについては非常に多くの写真家たちがテーマとして取り上げてきた。この展覧会の出品作家のなかでも、メイプルソープ、ピーター・フジャー、デヴィッド・ヴォイナロヴイッチの3人がエイズで命を落としている。エイズは、多くのアーティストにとって非常に身近な病だった。そして、この病に対してアーティストたちは、誤解をおそれず――大胆な割り切り方をしてしまえば――ふたつの態度をとった。ひとつは、その悲劇や悲惨さを表現すること

(注9) 作家提供の資料より。
(注10) リンダ・ニード『ヌードの反美学』(藤井麻利、藤井雅美訳)、青弓社、174ページ。なお、ダフィーについては同書173－179ページも参照。
(注11) スーザン・ソンタグ『隠喩としての病い、エイズとその隠喩』(富山太佳夫訳)、みすず書房、208ページ。

であり、もうひとつは、エイズに対する社会的な差別と闘うためにアグレッシヴに表現することである。例えば、前者に属すると言えるウィリアム・ヤングの《アラン》やリン・スローンの《フェイシズ・オブ・エイズ》のポートレートでは、エイズに罹った人たちの不安や悲しみが表れていて、非常にセンチメンタルな気分にさせられる。(注12) しかし、こうした哀悼につらなる表現によってエイズという病がもたらす問題は解決するのだろうか、という問いかけが後者の差別と闘うための表現にはある。アクト・アップ（ACT UP）の活動家で、60年代末の合州国におけるゲイ解放運動の大きなきっかけとなったストーンウォール暴動の世代に属するダグラス・クリンプは、1990年に、死者の哀悼に集まるゲイ・コミュニティの人々が必ずしも積極的な活動家として行動しない状況をどのように打開するか、という切実な課題に取り組んだエッセイを書いている。(注13) そのなかで、彼はジョー・ヒルの「悼むなかれ、組織せよ」という合言葉、あるいはそのニュー・エイジのバリエーション「悲しみを怒りに変えよ」というスローガンを肯定的に引用して静寂主義を厳しく批判した。アクト・アップの活動は、ゲイ・コミュニティを静寂主義にとどまらせず立ち上がらせ、異性愛の社会や女性達との連帯を模索する重要な役割をになった。例えば、アクト・アップに属するアーティスト集団が結成したグラン・フュリーは、1990年のヴェネツィア・ビエンナーレのインスタレーションで、ローマ法皇と勃起したペニスの写真を左右に配して、カトリックがコンドームの使用によるセーフセックスに批判的であることを痛烈に批判した作品を発表した（図版）。この作品は、既に80年代にグラン・フュリーがポスターとして制作して繰り返し主張してきた保守的なキリスト教への批判を、カトリックのおひざ元であるイタリアで展開したものだ。(注14) この作品のように、センセーショナリ

グラン・フュリー〈無題〉1990年
Gran Fury, Untitled,1990 Phot by Shigeo Anzai

ズムの危険を冒してでも徹底した異議申し立てをしなければならない切実な現実があったのだ。

本展に出品されているヴォイナロヴィッチもエイズ差別と闘うアクティヴなアーティストだった。彼は、90年前後に、《セックス・シリーズ》と題された8点の連作のフォトコラージュ作品、《パッド・ムーン》、アクト・アップのためのシルクスクリーンの作品など、エイズをテーマとした一連の作品を制作している。これらの作品を見るときに欠かせないのが、上に述べたような社会的背景である。彼の作品は、哀悼的なものでもなければ、政治的なメッセージをストレートに表現したポスターのカテゴリーにも含まれない。その両者を含みながら、エイズという病の隠喩を厳しく批判する作品なのである。《セックス・シリーズ》では、戦争や都市のイメージのなかに円形にくりぬかれたセックスシーンが何点かネガの状態で配置されている。全体の構図のなかで、この円形にくり抜かれたネガのセックス写真は、作品全体の基調を決定する重要な軸となっている。この写真は、支配的な社会の秩序にとってはネガティヴであるが、確実に存在するセクシユアリティの在り方としての同性愛の存在を示しているとも言えるし、セックスの快楽や愛する人との触れ合いが突然不安と恐怖に変わってしまったという意味で、ネガティヴな行為を表現しているとも言える。このネガの画像は、画面の大半をしめる20世紀の支配的な文化、政治、軍事の中心にあるアメリカ合州国のイメージに対して、断固としてその存在を主張し、残余の風景と拮抗している。

彼は、自分がエイズだとわかったときから、常にこの作品が最後のものになるかもしれないという思いで制作してきたという。彼のように子どもの頃から放浪生活を続け、学歴もなく、死と向かい合わせのような過酷な人生を送っ

（注12）ヤングとスローンについては、*Don't Leave Me This Way, Art in the Age of AIDS*, National Gallery of Australia, 1994参照。

（注13）ダグラス・クリンプ「哀悼と戦闘」（笹田直人訳）、Visual AIDS Tokyo Installation Staff編『CABARET FOR AIDS CATALOGUE』弘隆社、１９９２年所収。

（注14）Douglas Crimp with Adam Rolston, *AIDS DEMOGRAPHICS*, BayPress, １９９０参照。なお、日本に関しては、前掲「CABARET FOR AIDS CATALOGUE」を参照。

てきた者にとっても、エイズによる死の不安は大きかったに違いない。ヴォイナロヴィッチの《セックス・シリーズ》は、保守的で同性愛に対する排斥運動の中心的な存在でもあった米国家族連盟によって、ポルノだと決めつけられて攻撃にさらされた。エイズをめぐる政治的な反動がもろに彼を襲った。これに対してヴォイナロヴィッチは、裁判なども含めて断固として闘った。彼のアーティストとしての行為は、まさに「悲しみを怒りに変えよ」というスローガンの実践だったと言える。[注15]

●

「売春婦」と呼ばれてきた女性たち――彼女たちを含めてセックス産業ではたらく人たちをセックス・ワーカーとここでは呼ぶことにする――は、写真史において格好の被写体であり続けた。セックス・ワーカーとして働く女性たちを性的な対象、あるいは他者の肖像としてではなく、その人格も含めて写真に撮った最も早い時代の写真家が、E・J・ベロックだった。ベロックが撮影したセックス・ワーカーたちのポートレートについてのこうした評価は、スーザン・ソンタグがベロックの写真集に寄せたエッセイ[注16]をはじめとして、もはや揺るぎないものになっていると言っていいだろう。微笑んだり、リラックスしてカメラの前でポーズをとっていることからベロックと女性たちの間にはある種の信頼関係があることは、容易に推測できる。

　ところで、ベロックの写真について、常にこうした賛辞が寄せられるのは、ベロックが男性であり、被写体がセックス・ワーカーたちであって、セックスを売ることを商売とする女性たちに対して、一般に偏見や見下しがあるとすれば、そ

ユージン・リチャーズ1990年
Eugene Richards,1990, (c) Eugene Richards

れがこの作品には見いだせないという驚きによるものかもしれない。ベロックは長らくニューオーリンズのストーリーヴィルで暮らし、娼館の女性たちと個人的にも親しかったと言われているから、そうした日常的な親しみが、写真に表現されることは決して不自然ではない。むしろ、娼館をセックスのためにだけ訪れる客や外部の人間の目からすれば、ベロックの女性たちへの視線の位置がある種の驚きをもって見られるということにすぎない。

セックス・ワーカーたちをポルノグラフィのモデルとしてでもなければドキュメンタリーの被写体としてでもないある種のプライヴェートなポートレートとして撮影したものとしては、ベロックの作品は、今世紀初めというその時代の早さも含めて、特筆すべきものであることは間違いない。ベロックの作品との比較が必ずしも適当ではないかもしれないが、60年代から新宿で流しの写真屋をやってきた渡辺克巳が撮るセックス・ワーカーのポートレートを思い出す。(注17) 特に彼がヌードスタジオの女性やゲイバーのホステスたちの注文で撮ったポートレートには、ベロックの写真とある種似通った雰囲気を感じる場合がある。渡辺の写真は、彼あるいは彼女たちが自分たちのプライヴェートな使用のために撮った写真だ。田舎の親に送る写真もあれば、自分のためのお気に入りとして部屋に飾る写真もある。そこに映し出される顔は、客に見せる顔とは違う雰囲気を持っている。過剰なセックスを思わずにはいられない背景から過剰なエロティシズムがはぎ取られて、日常的な女性の姿がたち現れる奇妙なアンバランスが、ベロックの写真とどこか共通していると思わせるのかもしれない。

ベロックや渡辺の作品は、セックス・ワークに対する差別や偏見とは無縁であるが、彼らの被写体に対する親密さ

（注15）Davis Wojnalowicz, "Living Close To The Knives," in Barry Blinderman ed., *Tongue of Flame*, University Galleries of Illinois State University, 1990, p.103
（注16）*Bellocq: Photograph From Storyville, The Red-Light District Of New Orleans*, Random House, 1996.
（注17）渡辺克巳『新宿１９６５－97』新潮社、１９９７年。

には、やはりセックス・ワークに対するある種のロマンチシズムが抜けきれないように思う。それは、ベロックにとっても渡辺にとっても売春婦はセックス・ワーカーではなかったからかもしれない。これに対してケン・ミラーやユージン・リチャーズ（図版）、ドナ・フェラートなどセックス・ワーカーのポートレートを撮影する最近の写真家たちは、ロマンチシズムとは無縁で、むしろセックスという労働こそが表現されねばならないテーマとして理解されている。(注18)

しかし、実は私が最も関心を持ったのは、そのこと以上に、なぜセックス・ワーカーがモデルとなった場合にだけ彼女たちの職業がとりたてて話題になるのか、ということである。言い換えれば、セックス・ワーカーであるという情報を得ることによって、私たちは彼女または彼に対するある種のステレオタイプを思い浮かべ、そのステレオタイプを肯定することはないとしても、このステレオタイプを物差しとしながら、目の前の作品がいかにステレオタイプとのズレを示しているかについて、とりわけ関心を払ってしまう。神蔵美子の撮るポートレートは、こうしたズレを自覚させるものだ。最初に私が神蔵という名前を自覚してその作品を目にしたのは、雑誌『ブルータス』の1995年1月15日号に掲載されたヌードのポートレートだった。『ブルータス』では作品のモデルとなった女性の名前だけが記されている。そこには「風俗嬢」であることを明示するものはなにもない。入れ墨をした女性もいるし、上半身を縄で縛られて、バイブレーターが床に転がっているというポートレートもあるが、それらは決して職業の特性を示しているわけではない。だが、彼女たちが風俗産業で働いているということを知ることによって、否応なく彼女たちを見る目も変わる。それは、「風俗嬢」という言葉が喚起する想像力と無縁ではない。これは、セック

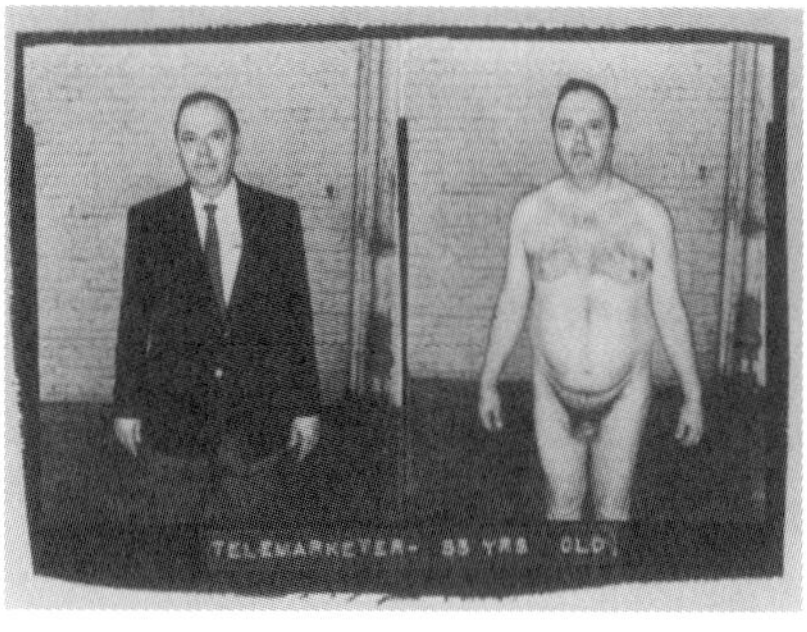

グレック・フリードラー〈テレマーケッター。55歳〉
Grec Fried1ee, Telemarketer, (c) GrecFriedler

ス・ワーカーに偏見や差別を持っているかどうかとは無関係に起きる変化だ。神蔵のポートレートは、スタジオで撮影され、背景が全くない分、むしろ見る者たちがあらかじめ持っている職業に対するイメージや価値観をストレートに彼女たちに投映する。ちょっとしたしぐさや視線に「風俗嬢」であることの特徴を読み取りたがったりするわけだ。

こうした先入見は、被写体がヌードだということからうまれるのではない。着衣とヌードを並べたグレック・フリードラーの『ネイキッド・ニューヨーク』(注19)（図版）は問題を考える上で格好の作品だ。フリードラーの作品は、ニューヨークで働く人たちをひとりずつスタジオに招いて、それぞれ着衣とヌードで正面から撮り、写真の下に職業と年齢だけを記したものだ。お針子、トラック運転手、投資銀行家、売春婦、大学教師など記載されている職業も性別（トランスジェンダーの人もいる）も年齢も全くばらばらだが、着衣とヌードの写真と職業、年齢のデータを見比べることによって、これらに関して私たちが持っているイメージが喚起されると同時に、そのステレオタイプも崩れてゆく。このステレオタイプを崩すのがヌードとなった身体／肉体である。ヌードは着衣と違って、職業的な境界とは一致しないし、年齢と身体／肉体の表情も実はそれほど一致しているとは思えない。

裸体は、顔の表情と同じくらい個性があり、一つとして同じ身体／肉体はない。例えば男性器の個性差は、顔の表情と比較できるくらい多様で、メール・ヌードの表現に果たすその役割は無視できない。被写体としてのペニスは、ポルノのように単に勃起してみせるだけが能ではなく、ペニスほどこっけいで多弁で多感な身体／肉体はほかには見当たらないということは、いくつかのメール・ヌードの作品をちょっと眺めただけでも得心が行くはずだ。(注20)むしろ、着衣こそがおしなべてこの多様なペニスの個性を覆い隠し、そのかわりにスーツが象徴する「男らしさ」の社会性とそこから導かれるステレオタイプなペニスの幻想を生み出す。だから家父長制のイデオロギーに囚われた男たちは、

（注18）Melissa Harris ed., *The Body in Question*, Apeture, New York, 1990,pp.30-35.
（注19）Grec Friedler, *Naked New York*, W.W.Norton & Company, NewYork, 1997.

メール・ヌードを嫌い、特に勃起していないペニスを不快に思い、タブーとして隠したがる。

ヌードは、身体／肉体を物として性的快楽の消費の対象とされると言われてきたし、それは一面では事実だが、しかし裸の身体／肉体以上に着衣であることが人間の存在を物象化することがあり、逆に裸体は、こうした社会的な物象化の文脈をうけつけないこともありうる。こうしてみると、ヌードや性的な欲望の視線が被写体を差別化する、というだけではなく、むしろ衣服などが生み出す社会性や職業的差異や差別があってはじめてヌードの差別化もまた生み出される、というべきだろう。

●

90年代には、ギリシア・ローマ時代から連綿として受け継がれてきた表現する価値のある身体／肉体についての美的な基準は、確実に相対化されたように思う。ハンナ・ウィルケやアン・ノグルのセルフポートレートはそうした作品だろう。また老いた肉体を被写体としたジョン・コプランズの《セルフ・ポートレート》、ベッキー・コーヘンの《スウィマー》、ミネット・レーマンのポートレート・シリーズからアンドレス・セラーノの《ア・ヒストリー・オブ・セックス》やジャン・ベントソンによる老いのセクシュアリティ、あるいは長島有里枝らの世代の写真家たちによるプライヴェートなヌード・ポートレートに至るまで、表現する価値のある身体／肉体は、もはや特定の年齢、体形に拘泥する必要がないということを積極的に主張するだけでなく、そうした伝統的な拘泥そのものを壊してきた。そして身体／肉体の多様性がますますあらわになるなかで、私たちが漠然といだいてきた「普通のからだ」とそこから逸脱する「からだ」との境界が、いかに社会的イデオロギー的に形成されたものであるかということに私たちは気づいてきた。

こうして実は「事実性」としての表現に対する闘いは、再度現実の生活世界の中で私たちが実際にであう人たちの身体／肉体に対する視線を問うという方向をとることになる。ダフィーが語っているように、私たちの身体／肉体に表明されたアイデンティティは、あらゆる支配的なカテゴリーを超えて「強固で、官能的で、性的で、流麗で、柔軟で、そして政治的」でありたいと思う。しかし、それを十全に実現できる世界は、表象の内部で完結しない。私たちが実際にこの表象をも含めて形作っている社会において獲得されなければならない。このような方向を示唆する写真は、「事実性」の証明ではなく、「事実性」の創造へ向けた表現となるだろう。

（注20）メール・ヌードにおけるペニスについては、宮迫千鶴「客体としての男根」、『ニュー・ヌード3』カメラ毎日別冊、毎日新聞社、1986年。Melody D. Davis、*The Male Nude in Contemporary Photography*参照。またメール・ヌード全般については、以下を参照。北折智子「エイズ時代におけるメイル・ヌードの系譜」、「NUDE－3」朝日出版社、1989年。同「マイナー・ホワイト、告解としてのメール・ヌード」、伊藤俊治編「NUDE4」朝日出版社、1991年所収。伊藤俊治「性と様式の衝突」、前掲伊藤編『NUDE4』所収。笠原美智子「男の裸、ジョン・コプランズの衝撃」、前掲『ヌードのポリティクス』所収。Naomi Salaman ed., *What She wants, Women Artists Look at Men*, Verso, London, 1994. Allen Ellenzweig, *The Homoerotic Photograph*, Columbia University Press, New York, 1992. David Leddick ed., *The Male Nude*, Taschen, Koern, 1998.

出典：『ラヴズボディ』（東京都写真美術館図録解説）1998年

「書かれたもの」と現にあるもの。あるいは「自衛」という張り紙が貼られた武器の山について

ジェセフ(ヨーゼフ)・コスースの有名なコンセプチュアル・アートの作品に「椅子」がある。現代美術の教科書にもよく引用される作品だ。辞書の「椅子」の説明、写真の「椅子」、そして「本物」の「椅子」、つまり実際に座ることのできる家具としての椅子が展示された作品だ。(631ページの図版参照)

この作品は、私たちが「椅子」と呼ぶものが何を意味しているのかを自覚化させる作用がある。辞書の椅子の説明を読み、写真の椅子を眺め、現物の椅子を体感する。では、椅子とはこの3者のどれを指すものなのだろうか?何が椅子なのだろうか?最も素朴で直感的な答えは、実際に座ることができる家具としての椅子こそが真の椅子であり、写真や文字による椅子は、この現物の(真の?)椅子を説明しているにすぎない、というものだろう。では、家具として座れる椅子は、なぜ「椅子」なのかといえば、この家具に「isu」という名前を与えて、机とか壁とかと区別されるべきものだという、言葉による物相互の区別によって椅子とされるのだ、ということだという考え方からすれば、現物の椅子は、言葉としての椅子と不可分であって、言葉なしには現物の椅子は「椅子」にはならない(椅子としては存在できない)、ということにもなる。写真の「椅子」もまた、そこに写されている物体をその周囲の印画紙の色彩などの濃淡から識別して、輪郭を認知して「椅子」だと認識できるためには「椅子」という言葉を持たなければならない。もし「椅子」という言葉を持たないとすれば、そこに写し出されたものを「何か」意味あるものとして分節化することはできないかもしれない。また、日本語で「椅子」といっても、英語ではchairやstool(背のない丸椅

子）のように何通りかの異なる言葉で区別するように、言語によって、その指し示す範囲は異なる場合は少なくない。

このように言葉とそれが指し示すある「物」の関係はかなりやっかいである。とりわけ、誰かが、机を指し示して、「これは椅子だ」と言うことがあるとすると、ますますやっかいなことになる。広辞苑では「椅子」とは「腰をかけて座るための家具」と説明されている。机に腰をかけることは可能なので、この広辞苑の解釈を拡大して机を椅子と呼ぶことは間違いなのかどうか。そこで人びとが「机」を前にして、これを「椅子」と呼ぶことはできるかどうか議論することになったとき、「机」や「椅子」という現実の家具の存在はそっちのけにして、ことばとして定義された「机」や「椅子」が定義として妥当かどうかを言い争うということが起きるかもしれない。そして、高名な国語学者たちが、机は椅子ではないという伝統的な解釈を支持する一方で、行儀の悪い王様は（机に座りたいがために）机も椅子だ、と言い張り、自分の意見をきかない学者たちを打ち首にするというようなことにでもなれば、そうした国では、多分「机」らしきものもまた「椅子」と呼ぶことになるだろう。

ここで肝心なことは、コスースの現代美術の作品をどのように解釈するかは、とりあえず鑑賞者の自由に委ねられているが、現実の物と概念の関係はこのように「民主的」ではなく、そこには概念を規定する力を持つ者と持たない者、そしてさらに、力を持つ者相互の間の概念についてのヘゲモニー争いが存在するのであって、それ自体が極めて政治的である、ということを理解することにある。言葉はあらかじめ決められたものとして受け入れられなければならない側面もあるが、他方で、言葉をめぐるルールが統治機構のなかで繰り返し再定義されうる側面もある。言語学者や文法学者の大方が想定するのとは多分違って、言語は政治的であり、政治的であるが故に、このルールを規定する力を誰が持つのかは、言語共同体のような所与の集団によってアプリオリに決まるようなものではない、という側面を軽視してはならない。とりわけそれが、政治の言語である場合は、このような法の政治学の観点が必要なのだ。

ここまで読まれた方は、おわかりと思う。今、「憲法」をめぐって起きていることは、上に述べたわがままな王様によって「椅子」について生じた寓話、あるいはコスースが示唆した言葉の定義と表象と「現物」の間の政治的な関係である。コスースの作品にならえば、壁に憲法9条の条文と自衛隊の戦車や戦艦の写真、そして、床には5兆円ほどで購入した現物の武器の山や兵士の部隊が置かれている、というような事態が今の日本で、既に起きていることである。戦争法案は、この写真に自衛隊が戦闘行為を行っている写真が加わり、現物の武器からは実際にミサイルなどが発射されているというような事態へと展示を変更するということを意味している。この命懸けの美術館で、人びとは、これまでの展示には何も問題はないが、9条の条文をそのままにして、この展示の変更をしても全体の「コンセプト」の整合性は維持されるかどうかを言い争っているというわけだ。ここで言い争っている人たちの大半は、これまでの展示は問題ないということを前提にしている。

しかし、今必要なことは、むしろ、これまでの70年近い「展示」そのものが矛盾だらけだということだ。展示されている戦車や武器を撤去し、武力を意味するようなあらゆる表現を撤去して、戦争を放棄していることが明示されるように展示換えすることこそが求められている。ところが、戦争法や集団的自衛権に反対するほとんど誰もが、現在の条文とイメージと現実の存在としての自衛隊の間には大きな齟齬があり、現状を維持すること自体が「おかしなこと」だとは言わないようになっているのではないか。

既存の権力が巧妙に行使するルールを支配する力の構造に対して、憲法の文言をありがたがりながら、現実の武器の山が持つ破壊力を「自衛」というお札で封印したつもりになるのは、オカルト映画のオマジナイ以下だろうと思う。そうではなくて、民衆はどうしたら、再度、自らルール（統治の規範）を構築する力を奪いとれるのか、ではないだろうか。その力を取り戻すこととは、ルールを再構築する力を民衆が持つということに他ならないし、それが本来の意味での政治の闘いを意味しているのではないか、ということを今改めて強調しておくことが必要だと思う。

憲法学者の大半は戦争法案を違憲と解釈している。私もそう思うが、同時に私は現に存在する自衛隊もまた違憲であると思うのだ。この点になるとどうも明確な議論があるとはいえない。これは、戦争法案の反対運動がつまらない国会の政治の駆け引きにひきずられて、原則を二の次にすることを意味してはいないだろうか？果して5兆円の武器の山をどのようにリアリティをもって受けとめているのだろうか？

だから、私には、現行の自衛隊の装備がなぜ合憲なのかさっぱり理解できないから、国会の議論でも、あたかも既存の自衛隊や防衛法制などは憲法の枠内であるかのようにして見逃した上で、戦争法案を問題視するというスタンスにどうしても違和感を感じざるを得ない。これまでのこの国の戦争は、自衛のための戦争を口実に、侵略戦争を繰り返してきた。戦後の世界中の戦争も、その当事国が公然と侵略戦争であることを認めたケースがあるだろうか。全ての戦争は自衛の戦争であり、戦争とは自衛戦争の短縮形でしかない。自衛と侵略もまた相反するものではなく、むしろ相互に依存しあうものでもある。この歴史の事実をふまえれば、自衛のための武力行使は9条の戦争放棄条項が禁じている武力行使であることは言うまでもない。本来、必要な議論は自衛隊をいかに縮小し廃止できるかであるはずであって、それこそが9条の意味を現実化することのはずだが、こうした議論は空論や妄想の類だというのだろう。

わかりきったことだが、腕力の強弱は正しさの指標にはならない。もし腕力の強い者が正しいのなら、DVの被害者は被害者なのではなくて、正しくないから腕力で負けているだけで、救済すべき存在ではない、ということになる。誰もが知っているこの理屈が国家のレベルになると簡単に見失われてしまうし、国際政治の世界では、現実の政治であれアカデミズムであれ、この取り違えを前提とした覇権争いが当然のこととされている。この意味で、外交というコミュニケーションは、国家の暴力に折り重なりながらも、暴力がいかに問題の解決にはならないかを考える上で重要なテーマだ。力を背景とした外交、武力行使とリンクした経済などといった「力」に依存する国際関係が国民国家の基本的な構造となっているなかで、戦争放棄という憲法の理念は、実は、これが指し示す対象も内容も、あるいはこれを表象として示せるものもこれまでに存在したことはない。再軍備を着実に重ねた戦後70年の日本を「平和」を体現するものと見なす発想があることは承知しているが、これは自衛隊や在日米軍を軽視し、アジアの諸々の戦争への日本の加担を軽視するものでしかない。とうてい「平和」の資格などない。概念や言葉は、その指し示す意味内容を伴わないとき、それは恣意的な使用によっていかようにでも歪曲が可能になる。武力の山を「積極的平和主義」の体現として平然としていられる安倍の言動を傲慢とか欺瞞と片付けるわけにはいかない。むしろ「平和」という概念を、その意味内容において実質となるものを構築できなかった戦後70年の平和運動の自己反省こそが必要なのではないか。

出典：ブログ：2015-7-13を改稿

現代マネー論

貨幣とはいったい何だろうか、という疑問に対して、経済学が与えてきた解答と社会学が与えてきた解答は、必ずしも共通のものとは言い難い。むしろ、幾つかの重要な点で視点の違いを見せている。本稿では、この両者の違いを念頭に置きながら、貨幣をめぐる多様な関心を導き出すことを試みてみたい。

さて、本稿のタイトルが「現代貨幣論」ではなくて、「現代マネー論」と題されているのは、貨幣とマネーの間にある微妙だけれども見逃すわけにはいかない重要な差異を念頭に置きながら議論を進めたいという意図があるからである。では、「貨幣」と「マネー」の間にはどのような差異があるというのか。この問題への解答は本稿の最後の節で述べることにして、まず最初に今まで貨幣がどのようなものとして認識されてきたのかについて、幾つかの議論を紹介することから始めたいと思う。貨幣についての議論は、幾つかの典型的な流れに分類できる。一つは、貨幣を何らかの意味でコミュニケーション手段のひとつと捉える考え方で、パーソンズなど、社会学のなかで特にこうした考え方が有力なものとして力を持ってきた。これに対して、貨幣をコミュニケーションの手段だということを否定しはしないもののそれにとどまらない特殊な性格を持つことに着目する考え方があり、本稿では、マルクスとフロイトを取り上げてこれらの議論を紹介したい。そして、これらの議論を踏まえた上で、現代社会のなかで貨幣の果たす機能について、大枠のところを論じるなかで、貨幣が「マネー」へと変貌するとでも言いうる事態について、私なりの考え方を問題提起として示すことにしたい。

●

古典派経済学の確立者アダム・スミスは、貨幣を「流通の大車輪」と名づけた。つまり、貨幣の基本的な機能は、商品流通を媒介するものだと捉えたわけである。この認識は後に述べるマルクスにも一面では受け継がれるが、こうした考え方が最も典型的に受け継がれたのは、社会学においてかもしれない。貨幣の商品交換媒介機能は、言語になぞらえられたりもする。ここでは、パーソンズ、ハーバーマス、ルーマンの議論を簡単に見ておくことにしたい。

タルコット・パーソンズは、社会的相互行為に作用する一般的なメカニズムとはどのようなものかを考察するなかで、言語的なコミュニケーションが社会的な相互行為の「原型」、「主要な準拠枠」だと指摘している。例えばパーソンズは、「犬に注意」という標識を例に取り上げて、この標識が犬そのものであるわけでもなければ、また噛みつくものでもないにもかかわらず、この標識を見たものは、犬に吠えられ噛みつかれる状況を想像できるのであり、言語は「〈象徴的〉体験を他者に提示する」典型例をなしていると述べている。記号などがある特定の意味を持つためには、この記号を意味と対応させるように組み合わせる約束、つまり規範（コード）を持たねばならない。言語の場合、この規範に当たるものが文法ということになる。言語は、この文法に基づいて特定の伝達内容（メッセージ）を伝える社会的相互行為ということになる。パーソンズは、この言語の持つコードとメッセージの関係が貨幣にもあてはまると考えている。彼は、貨幣を「規範の中で意味を与えられたシンボルの使用によるコミュニケーションの一般的媒体」（「影響力の概念について」『政治と社会構造』新明正道監訳、誠信書房、１９７４）であると定義している。つまり貨幣とはなによりも「〈交換媒体〉（メッセージの伝達）としての、第二に〈価値尺度〉（コード）としての二重の性質」を持つと捉えており、この点ではアダム・スミスに代表される古典派経済学の定義を受け入れている。ま た後に見るように、彼の価値概念はいわゆる近代経済学の効用価値説を受け入れている。こうしてパーソンズにとっては、貨幣とは「経済的価値または効用を測定し、これを表示するものであるが、それ自体は本来的な消費対象という意味での効用を持っていない――それは『使用価値』ではなく、『交換』価値、すなわち、効用のある事物を所有するための価値を持つにすぎないという点で、象徴的である」（「政治的権力の概念について」同上書所収）とも定義されている。パーソンズの貨幣論の特徴は、貨幣自体には価値はなく、貨幣は価値尺度や交換の媒体としての機能を果たしうるために、何よりも「象徴として制度化」されねばならず、正統性を付与されねばならない、とした点だろう。そして、実はこうしたパーソンズの貨幣論は、彼の権力論の分析の基礎的なモデルであるところにその最も大きな特徴があった。今ここでその内容に踏み込むことは本稿の対象外なので差し控えねばならないが、一言、後の議論との関連でいえば、貨幣同様、権力の場合にも、「服従を確保する能力が（略）一般化されねばなら」ず「それは単にその使用者が課すことのできる一つの、特殊な制裁的行為の機能ではなく、そこに用いられる媒体は〈象徴的〉でなければならｊず、権力それ自体としては、貨幣や言語同様、なんの価値も持たないと理解されており、従って権力は、この象徴を支えるための正統化が必要になるのだというわけである。パーソンズは、貨幣と権力を別々のものと見た上で両者の共通性に注目したわけだが、後に見るように、むしろ貨幣はある種の権力であるという視点が必要になってくる。

しかし、貨幣と権力のパーソンズ流のアナロジーには、根本的な難点があることも事実である。ドイツの社会学者、フランクフルト学派の中心的な存在であるユルゲン・ハーバーマスは、「コミュニケイション的行為の理論」（丸山高司他訳、未来社、１９８７、下巻第7章参照）のなかで、パーソンズを批判して、権力は貨幣のように単一のシンボルを持たないし、無制限に流通するものでなく、安全に貯蓄されることもなく、貨幣とは本質的に異なる信頼と正統性の基礎づけが必要だと批判した。とりわけ、権力が言語による合意形成への依存を不可欠の要件としているのに対して、貨幣はそれを必ずしも必要としていないという点に根本的な違いを見ている。しかし他方で、ハーバーマスは、貨幣が言語機能の特殊なものであることについては否定していない。従って、貨幣も言語同様にコードとメッセージによって機能し、それ自体は価値を持たないということになる。

これに対して、ニクラス・ルーマンの議論は、「所有の経済コードの場合、その単純な規則は、ある人の所有であることは同時にそのことと正確に対応して他の人の所有でないことである」（『権力』長岡克行訳、勁草書房、１９８６）という点を踏まえている。その上で、「貨幣コードは、所有者であるというチャンスを（それ自体は価値をもたない）貨幣シンボルによって二重化する。これによって、物の所有は運動を開始する。それは、貨幣所有と交換されるということによって、言わば人を取り替え、そしてこの取り替え可能性という点で価値を獲得する」（同上）と論じている。これは、貨幣と言語が必ずしも同じようなコミュニケーションの道具ではないということを指摘したものであって、これは重要な指摘である。言語と貨幣の決定的な違いは、後者の場合には、その運動が同時に物を移動させ、消費や生産という活動を促すことを通じて現実の世界を変える力を持つのであり、コミュニケーションの場合には、世界についてのイメージを作り変えたり、組み換えたり、新たに作り出したりするか、人間関係の場――協調的な場合も敵対的な場合もある――を形成する言語とは全く異なったものとなる。後に述べるように、こうした両者の違いは、言語を含む情報そのものが商品市場と分かち難く結びつけられている現代において、固有の困難な問題を引き起こすことになる。

パーソンズをはじめとしてハーバーマスもルーマンも、貨幣をコミュニケーション・メディアと見る点では共通した限界を持っている。貨幣は確かに価格表示機能を持ち、商品の需給の状態を価格の高低や変動によって表現するという点では、ある種のコミュニケーションの道具であるということはまちがいない。しかし、こうした捉え方をする限りでは、現実の資本主義の経済が利潤（つまり貨幣の取得）を自己目的として活動するということがなぜ生じるのか、また、一般に貨幣は単なる流通の便宜として用いられるのではなく、それ自身が欲望の対象となるのであって、こうした欲望につきうごかされて行動したり感じたりする人間の在り方をつかみきれないことになる。また貨幣は、物的な使用価値ないしは効用を持たないということは確かにその通りであるが、そのことをもって貨幣には価値がないと言えるかどうかには二つの点から問題を残す。一つは、貨幣には物的な使用価値性を持たないにしても社会通念的に「価値」があるという見方が一般的であって、そうした一般的な貨幣価値観がどうして成立しているのかが説明の対象から排除されてしまうという問題がある。実物としての貨幣は、単なる金属や紙であったり、あるいはコンピュータに記憶された数字でしかなかったりするが、しかしそれが「貨幣」と認知されて、何でも買えるという特殊な能力を持つ。ルーマンは、それ自体では価値を持たない貨幣が物の所有を移転することを可能にするところで「価値を獲得」すると述べているが、それは、貨幣を所有することによって、この貨幣を、その金額で購買できる自分の欲しい何らかの使用価値物にみたてるという観念操作によるものであって、貨幣は右に述べたように、こうした購買手段を超えてそれ自身が価値あるものとみなされてしまう資本主義に特殊な欲望がルーマンの理解では明確にならない。

もう一つの問題点は、言わば外在的な批判に関わる。それは、経済学的に言えば、価値を効用に基づいて定義するのは、いわゆる近代経済学に共通した認識であるとは言えても、マルクス経済学は労働価値説という全く異なった説明原理を持つということである。マルクスは古典派経済学の貨幣論を踏まえながら、貨幣は単なるコミュニケーション・メディアであるだけでなく、それ自体が特殊な資本主義的な「富」の象徴とみなされる仕組みを明らかにした。これは、彼の物神性論に特徴的に示されている。この物神性論は、右に見たコミュニケーション・メディアとしての貨幣論の限界を解除する重要な指摘を含んでいる。しかしまた、このマルクスの貨幣論に経済学的な分析としての意義を十分に認めるとしても、この貨幣をめぐって生み出される人間の欲望のありようや心理といった側面に対しては必ずしも十分な考察を加えてはいない。

●

マルクスの貨幣論は、一面で古典派経済学の貨幣論を踏まえつつも、それを根本的に書き換えた。マルクスは、ヘーゲル論理学の弁証法を用いながら、商品の性格を解き明かしつつ、商品の持つ価値と使用価値という二つの性格の内的な矛盾から論理的に貨幣の必然性を解こうとした。この貨幣の生成の論理は、「価値形態論」と呼ばれ、マルクスの「資本論」のなかの最も難解な部分をなす。いま、ここではこの価値形態論の論旨を紹介することが目的ではないので、マルクスの貨幣論が古典派との関係で持つ特徴を三つあげておくのにとどめておきたい。第一に、貨幣とは何よりも特殊な商品として（この点は古典派にも指摘がある）、商品経済的な富を代表し、それさえ所有していれば何でも獲得できるという「一般的等価物」と呼ばれる性格を持つ。第二に、貨幣には「価値尺度」と「貨幣としての貨幣」という、流通手段とは異なる機能が存在することを明確にし、これらの諸機能と言わば三位一体となったものを資本主義的な貨幣として性格づけた。価値尺度というのは、商品交換の背後にあって交換を規制する労働量関係を価格と結びつける機能を意味する。売り手が自由に価格を設定し、買い手が自分の主観的な判断で妥当と思う価格の商品を購買するという、一見私的なように見える売買関係が、価格というシグナルを通じて社会的な商品需給動向の表現形式になるとともに、商品生産の調整をもたらす機能も果たすことによって、流通を生産と労働に媒介する機能を果たす。これに対して、「貨幣としての貨幣」は、商品流通の外部や周辺で機能する貨幣の機能の総体を指す。あるいは、商品との関係のなかにあって商品獲得の手段として機能する貨幣ではなくて、貨幣がそれ自体として目的化されるなかで生じる機能を意味する。例えば、貯蓄対象としての貨幣、税金の支払や贈与の手段としての貨幣、債権債務の決済手段、国際貿易の決済手段などのように、富の一方的移転の手段であったり、貨幣がそれ自体として自己目的化されるところでの機能がここでは問題にされる。そしてこの貨幣としての貨幣の機能があってはじめて貨幣増殖を目的とする特殊な経済組織体としての資本が定義可能となる。こうして、貨幣は単なる流通手段に集約できない様々な機能の複合体として存在することになる。

こうした貨幣の諸機能を支える前提とされているのが「物神性」という考え方である。これが第三の特徴である。物神性あるいは呪物性というのは、「フェティシズム」の訳語であり、安田一郎によれば、これはもともとポルトガル語の「フェイティコ」（魅するもの）からきていると言われている。15世紀に西アフリカに旅行したポルトガル人が、木や石を神の宿るものとして崇拝する宗教を見て、こうした無生物崇拝を「フェティシズム」と呼んだ。従って、マルクスの議論のなかでも物神性は、宗教との比較によって述べられたりしている。また、後に見るように、この物神性という概念は、フロイトの精神分析にも現れてくる。ところで、マルクスの言う物神性は、商品交換において各々の商品価値があたかもその商品の物的な属性に基づくものであるかのようにみなされる、という意味で用いられる。つまり、商品に価値があるという私たちの日常意識は、私たちが取り結んでいる「人間自身の特定の社会的関係」によるのであって、物の普遍的な属性にあるのではない。しかも、商品の価値関係の成立によって、労働は単なるモノの具体的属性の形成活動にとどまらず、相互に比較、計量、加算が可能な抽象的な労働――マルクスはこれを「抽象的人間労働」と呼び、モノの使用価値を形成する具体的な労働と区別した――という性質を持つことにあると述べた。社会の経済的機能は、それが裸の状態であらわにされるとすれば、このような二つの側面を持つ労働が織りなすモノを生産し、消費するシステムとして記述することが可能なのだが、しかし、資本主義では、この労働による社会的な関係は隠され、あくまでも商品交換は、モノとモノとの関係としてしか現れない。とりわけこうした物神性は、商品交換が貨幣を媒介とする交換であることによって、完成する。しかも貨幣は特殊な人間の欲望の対象となることによって、貨幣というものを生み出したのが人間であるにもかかわらず、この人間関係が逆に貨幣関係によって左右され、支配されることがあたかも当然であるかのようにみなされ、「貨幣を疑う」ことなど論外の妄想とさえ考えられるようになる。つまり、貨幣が何とでも交換できるという力を持つものであるというマルクスのいう一般的等価物としての性格は、通常疑われることなく、なぜそのような特殊な性格が与えられているのかは日常生活では考慮の外に置かれる。そこでは、無条件に貨幣であるから貨幣なのだ、という無意味な同義反復が全てを支配してしまう。実は、資本主義とは、この貨幣物神に囚われることによってはじめて成り立つ世界なのであり、ここでは貨幣の物神性は、「当たり前」の世界となり、貨幣をめぐって人や物が動くことが「合理的」とみなされる（価格の高低によって需要が変動するといった経済主体の行動を「経済合理性」と呼ぶが、ここでは貨幣の物神性は疑う余地のないものとされている）ということになる。従って、ひとたび貨幣を疑い、「なぜこの紙切れにそんな途方もない力が宿っているのだろうか」という疑問が沸き起こるや、この資本主義という世界の孕むある種の虚構性が浮かび上がってくる。こうして、貨幣を疑い始めると利潤——言い換えれば、より多くの貨幣を獲得しようという欲望につき動かされて行われる経済活動の成果——を自己目的とする企業の存在理由や、社会の豊かさを貨幣で表示することに果たしてどれほどの実質的な意味があるのか、が同時に疑問に付されることとなる。実は、社会の側も貨幣の物神性のいかがわしさに薄々気づいており、だからこそ「金儲け」や「成金」は決して人々の尊敬を得ることはなく、企業も極力「金儲けのための組織」であることを隠し、最もらしい社会的な使命を宣伝するのである。つまり、貨幣は、資本主義的な社会では富の社会的な象徴であり、一般的等価物であり、経済的な権力なのだが、しかしまたそれは「裸の王様」なのであって、誰かが「あれはただの紙切れだ」とか「あれはただの記号だ」と言ってしまえば共同幻想は揺らぐことにもなる。マルクスの功績は、この経済の虚構性を明らかにし、私たちが当たり前と考えていた事柄が極めて奇妙な観念の構成物であるということを示したことにある。

●

お金にだらしがないとかお金にけちな人間だ、という言い回しには、単なる貨幣の利用法についての個人差を問題にする以上に、そうした人間の生活態度から精神性や性格までも含めて評価の対象とするニュアンスが含まれている。少なくとも資本主義社会のなかでは、貨幣は、人間の心理や意識に深く食い込むものであることは事実である。しかし、こうした人間のパーソナリティとの関わりで貨幣を捉えることについては、マルクスをはじめ、経済学者は軽視してきた。これに対して、精神分析の創始者であるジグムント・フロイトは、貨幣と物神性についてマルクスには見られない解釈を与えた。

フロイトが小児にも性欲が存在することを主張したことはよく知られている。フロイトによれば、小児の性欲は、口唇、肛門、そして性器領域へと発達するものだとされたが、小児期に肛門愛への固着——例えば排便を我慢したり、糞便を玩ぶことなどに快感を覚えるといったこと——が強いと、後に几帳面、倹約、わがままといった性格特徴を形成すると言われている。こうした考え方が出てきた背景には、糞便は子どもへの最初の贈り物であるという考え方がある。だから糞便への執着は、後の生活のなかで、大切なものへのこだわりに結びつき、貨幣への執着につながっていくと考えられたわけだ（この点についてのフロイトの議論については、「欲動転換、とくに肛門愛の欲動転換について」『フロイト著作集』第5巻、懸田克明、高橋義孝他訳、人文書院、1969年所収を参照のこと）。また、フロイトは、古代文化や神話、童謡、迷信などにも糞便と貨幣を同一視する物語が多く見られることを指摘している。例えば、フロイトは、悪魔が情婦に送った貨幣が、悪魔の立ち去った後で糞に変わってしまうとか、古代バビロニアの教義では、黄金は地獄の糞であるなどという例を示している。また、アラン・ダンデスの『鳥屋の梯子と人生はそも短くて糞まみれ』（新井皓士訳、平凡社、1988）では、金と糞を同一視する文化的な伝統がドイツではかなり一般的であり、こうした文化的な背景のなかで、商業的な活動に従事することの多かったユダヤ人が「汚物不浄物にひたっているという確信」が強められ、反ユダヤ的な差別感情を生み出す要因となっていると指摘している。ナチスの潔癖症的な傾向がユダヤ人差別を伴ったことについて、精神分析的な解釈からすれば、貨幣と糞便の同一視と肛門期固着という説明の枠組みによって一応説明が可能だ。こうなると、貨幣の問題は、かなり複雑な様相を帯びてくる。つまり、貨幣は一方で、あらゆる人々から富の象徴として求められつつ、他方でそれはまた不潔なもののメタファーを常に引きずることによって忌避されることになる。この二面性のなかで、一見して貨幣が近代社会の個人主義と自由・平等という観念を生み出す土台となる市場経済の要の機能を果たしつつも、その背後でこの同じ貨幣が差別をも持ち込んでいるという構図が浮かび上がってくる。

貨幣が差別の媒介者を果たすのは、なにも貨幣が糞便と同一視される局面だけに限られない。貨幣は、さらに男根《ファルス》と同一視される局面を持つことによって、性差別の媒介者としての機能も果たすことになる。フロイトの論理によれば、貨幣＝糞説は貨幣＝男根《ファルス》説と重なってくる。彼は「糞塊――あるいは患者の表現によれば〈糞柱〉は、言わば最初のペニス」であり前思春期まで肛門愛が強い場合「前性器期に空想と倒錯遊びによって、糞柱と腸管がペニスと膣を代理している性器に類似した機構のものを発達させたということは聞き知られている」（前掲論文）と述べている。しかも、フロイトは、「物神崇拝」という論文で、「物神は男根の代理である」と述べている。ただしここで言われている男根とは、男性器そのものを指すばかりでなく、「男児があると信じ、かつ断念しようとしない女性（母）の陰茎に対する代理物」でもあり、言わば象徴的な意味を持っている。こうしてフロイトの貨幣についての議論を追いかけていくと、貨幣＝糞＝男根＝物神という等式ができあがる。ただし、精神分析では、物神性（フェティシズム）は、マルクスのように貨幣や商品にのみ与えられた属性ではないので、貨幣であることは物神性を有することではあっても、物神性を有するものは必ずしも貨幣であるとは言えない。

この一見荒唐無稽に見えるフロイトの貨幣＝糞説は、その後もフロイト派の精神分析の流れのなかで継承されていくが、いちはやくこのフロイトの議論に注目した栗本慎一郎（「貨幣のシンポリズム―フロイト、ユング、エリアーデ」『現代思想』1977年10月号参照）も指摘しているように、必ずしもこの等式は納得のいく証明がなされているとは言い難く、仮説の域をでないが、しかし、全くの珍説として退けられるものでもないだろう。むしろ、こうしたフロイトの議論に接するとき、私たちは、貨幣に目の色を変え、貨幣のために人生の大半を犠牲（？）にし、他人に迷惑をかけ、人殺しすら辞さない近代社会の人間の在り方の異常さに気づかされるのであり、貨幣を糞便にみたてる心理のなかには、こうした貨幣の危険を察知する人間の無意識による規制が作用していると解釈することもできるのである。

ところで、このフロイトの貨幣＝糞説、マルクスの貨幣（商品）＝物神とは一見したところでは単なる偶然の一致にすぎず、全く何の関連もないかのように見える。フロイトが主として個人の意識やパーソナリティに目をむけ、マルクスが社会関係のなかでの人間の役割に注目する以上、認識のズレは、当然のことであるが、この両者は決して無関係ではない。それは、資本主義的な経済が、実は男性を中心とした家父長制的な社会関係によって取り結ばれているという事実を踏まえるとき、この性を指標とした差別が一方で貨幣と関わり、他方で男性を象徴する男根《ファルス》と関わることによって、マルクスとフロイトの貨幣論は、一つの焦点を結ぶことになる。この橋渡しを担ったのが、フェミニズムによるマルクスとフロイトに対する批判的な解釈と総合の試みであった。

●

男根《ファルス》を象徴的な意味において解釈し直すことを意識的に試みたのは、フランスの精神分析家のジャック・ラカンだったが、彼を批判的に捉え返しながら男根《ファルス》をさらに社会的な支配構造との関わりで説くことがフェミニズムの理論家たちによって試みられてきた。例えば、リュス・イリガライはフロイトの精神分析の枠組みでは――言い換えればその前提となっている資本主義的な人間関係のなかでは――「男根《ファルス》とは自己の諸特権に執着する神の現代的な姿」であり、「性的な真理と所有との原基準」であると指摘し、マルクスの価値形態論を「女の市場」という観点から読み替え、「商品間の最も単純な等価関係が生じて以来――女の交換が可能になって以来――貨幣形態の――男根機能の――謎の全てが萌芽する」（『ひとつではない女の性』棚沢直子・小野ゆり子・中嶋公子訳、勁草書房、1987）と述べた。山崎カヲルもイリガライの指摘を踏まえて「ファルス中心主義においては、単一尺度が絶対に支配しており、自らを基準として世界を通約します。商品世界における貨幣も、同様な役割をはたしています」（「ファロクラシーの彼方へ」社会主義理論フォーラム編『挑戦するフェミニズム』社会評論社、1986）と述べているように、貨幣は、少なくとも資本主義的な社会システムのなかでは男性支配の道具として、男根《ファルス》のメタファーとして現実に機能している。

このことは、現実の資本主義のシステムが性に基づいて振り分けた両性の社会的役割において、具体的に現れる。

つまり、貨幣を稼ぐものとしての男と、この男の〈労働力〉を再生産するものとしての女という役割である。もともと資本主義的な商品経済の初期においては、女性や子どもも、安価な〈労働力〉として男同様に賃労働の重要な担い手をなしていたが、19世紀半ば以降、工場労働者の劣悪な生活環境が母性の毀損と〈労働力〉の質の低下を招くことをおそれた支配層が、母性保護の名目の下に、女性の賃労働者化を制限し始め、また、男性労働者からも労働市場の有力な競争相手である女性の締め出しを図る動きが出てくる。こうしたなかで、いまや当たり前のようになっている「家族賃金制」が定着してくることになる。つまり、成人男性が家族全体の生計を維持するための所得をもたらし、女性は常に家事労働の主たる担い手となり、労働市場に参入するとしても、家計補助的な労働に限られるという家族関係が生み出されてくる。こうして、資本主義のように生活の基本的な手段が商品として供給される社会にあって、この商品へのアクセスの権利を男性が握ることによって、男性は同時に経済的な権力の保持者となる。家父長制は、封建的な社会関係に根を持つものであることは事実だろうが、それは、資本主義のもとでは、家族賃金制という特殊な制度的な枠組みによって、常に男性が貨幣的権力の保持者となることが保障される体制を築くことによって、資本主義的な再生産の仕掛けを持つことになる。

●

商品経済の浸透によって共同体が解体し、近代社会が形成されたというとき、この近代社会の理念である自由と平等を支えていたのは、市場の匿名性だった。つまり、商品売買の局面で、売り手と買い手の姓名、社会的な地位や身分は一切問われないというのが基本だった。この市場の取り引きを支えていたのが、貨幣という装置だった。貨幣は、商品経済の世界に生きる人間の側から見ると右に述べてきたような様々な性格を示すが、それを市場の機能という側面から見た場合、貨幣は売り手と買い手の様々な情報を価格という単一のファクターに還元して調整する機能を果たす。この貨幣のおかげで取り引きは、匿名のままで成り立つことができた。

この匿名性は、貨幣が商品取引を媒介しなくなるや解体し始める。信用制度がその良い例である。信用取引では、売り手は買い手の身元を確認し、支払能力のあるなしを判断することになる。信用調査の能力が限られていた時代には、この信用取引の制度は、経済活動を行う資本間の取引にしか用いられなかったし、消費者信用のような場合でも、得意先の客に限られていた。資本主義の情報化とコンピュータによる情報テクノロジーの急速な進歩は、この限界を解除した。このことは、特に、個人の消費生活やプライベートな生活に多くの資本が介入する余地を与えることになった。誰がどのような商品をいつどこで買ったのか、という情報はもとより、個人の職業、家族構成、収入、趣味に至るまで情報はつぎつぎと資本の側に蓄積されてゆくようになる。と同時に、信用取引を成り立たせるためには、社会的な身分や職業が重要な条件となる。こうして資本主義は、再び個人を固有名詞を持った存在として個別に認知しつつ、高度に管理することが可能な社会をつくりだす。

情報は大企業や行政のなかに蓄積され、少数のマス・メディアが画一的に情報を散布する構造がつくられてくる。テレビの報道やCMのように、ほとんど無料であったり新聞・雑誌の情報のようにコスト以下で情報が提供されることによって、情報は不特定多数に流通する回路を形成すると同時に、地位や階層などによって情報へのアクセスの権限に大きなへだたりが生じるようになった。商品広告から国家の公共投資・海外援助まで、貨幣流通は、これとは相対的に独立した情報流通の回路――これを「パラマーケット」と呼ぶ――なくしては一時も成り立たなくなってきた。

大衆消費社会が解体し、消費の差異化とか大衆から分衆へなどという情報産業の社会分析の背景をなしているのは、個人情報の処理テクノロジーの発達に伴う管理と操作のテクノロジーの発達であって、必ずしも、個性が重視されたり非画一化への傾向を示すものではない。もし、個性化や非画一化なるものがみられるとしても、それは、差別の構造化を伴うことになるだけである。こうして、貨幣がマネーへと変わる時代は、個人の消費生活を覆う市場の網の目に個人識別、監視センサーのようなものを組み込む時代であり、こうした仕掛けが経済に深く埋め込まれれば埋め込まれるほどその操作性と管理は高度化し、近代が理念として（そしてただ理念としてだけ）掲げてきた自由と平等は窒息し、いまや理念ですらなくなりつつある。

では、こうした信用制度の普及と情報テクノロジーの発達による個人情報の資本による蓄積は、「キャッシュレス社会」という言い回しにみられるように貨幣を不必要なものにしつつあるのだろうか。確かに、銀行券とか硬貨を持ち歩くかわりにクレジットカードやキャッシュカードを持ち歩くということは、現象的に言えば財布のなかから貨幣が消え、そのかわりにカードが貨幣の位置を占領したわけであるから、「キャッシュレス」と言える。しかし、このことは、逆に、私たちが、生身の貨幣によって「一般的富」を実感するという習慣にかわって、銀行の預金通帳やキャッシュディスペンサーから吐き出される預金残高を記載した紙切れの数字であっても十分に「富」を（いや、それ以上に貧乏を）感じられるようになったということであろう。このことは、貨幣物神がむしろ個人に内面化されたことを意味するものにほかならないのではなかろうか。かつて、キリスト教がプロテスタンティズムの成立と共に個人に内面化されてきたように、貨幣という物神は、資本主義の歩みと共に徐々に内面化されてきたと言える。当初、貨幣は金や銀のような貴金属そのものであることを要求された。ついで、信用制度の発達のなかで、銀行は、「銀行券」という便利なものを発明した。つまり、銀行券というのはもともとは、いつでも銀行に持って行けば額面に表示してある金貨との交換を保証する債務証書にすぎなかったのであり、厳密に言えば貨幣ではない。しかし、戦後の管理通貨制度のなかで、国内取引ではもはや銀行券は金貨幣との交換保証なしに、自由に流通するようになった。銀行券という紙切れは貨幣と区別のつかないものとなった。そして、いまやこの紙切れすらもが不要となり、銀行のコンピュータに記憶されている数字がこの紙切れにとってかわった。貨幣は、こうなることによって、逆に人間に内面化された。こうした現実は、貨幣を象形による表意文字としての漢字表記としてではなく、〝マネー〟というタームで表記した方がしっくりくる。この抽象的な数字と化した〝マネー〟は、財布を開けてキャッシュカードを見せることによって証明することができるわけでもなければ、通帳に記載された数字すらも、自動引き落としや入金のシステムで時々刻々変化するのであって、決して正確なものではない。極端な言い方をすれば、その個人の総体が支払可能な存在を証明するものへと転化せざるを得なくなる。プロテスタンティズムが神への信仰証明のために、労働倫理を打ち立て、そのことが意味の剥奪された労働に意味の幻影を植えつけ、人間を労働の虜にしたように、貨幣の内面化は、貨幣の幻影に人間をますます縛り付ける危険性を孕むことになる。

●

貨幣がマネーになったからといって貨幣の持った様々な性格は何一つ変化することはない。やはり、マネーは権力的であり、性差別的であり、糞便や男根のメタファーであることをやめないだろう。

では、貨幣《マネー》の廃棄こそが必要なことなのだろうか。社会主義、共産主義の歴史は、この貨幣《マネー》の廃棄を構想する歴史だった。しかし、それが、計画経済社会のような高度な情報化、管理化によって実現されようとする限り、むしろ極めて抑圧的な社会を生み出さざるを得ないことも明らかになっている。貨幣《マネー》の物神性から解き放たれ、貨幣《マネー》に仕組まれた権力や差別を否定するとすれば、やはり貨幣《マネー》のない社会というユートピアを放棄すべきではないだろう。しかし、今ほどユートピアを語り難い時代もない。とすれば、むしろ、徹底してディストピアの夢を語るなかでユートピアへの手掛かりをつかむのも一つの方法かもしれない。貨幣《マネー》を論じることは、ディストピアのなかにユートピアを見いだす格好の素材だとも言えるのである。

参考文献（本文でふれたものの他に、是非読んでほしいものを挙げておく）

K・ポランニー、吉沢英成他訳『大転換』東洋経済新報社、1975年。

G・ジンメル、居安正他訳『貨幣の哲学』（『ジンメル著作集』2巻、3巻）白水社、1978、1981年。

作田啓一『価値の社会学』岩波書店、1972年。

J・アタリ、金塚貞文訳『音楽／貨幣／雑音』みすず書房、1985年。

柏木博・小倉利丸編『イメージとしての〈帝国主義〉』青弓社、1990年。

出典：仲村祥一編『現代的自己の社会学』、世界思想社、1991年

日本人という謎——天皇制がしかけた伝統と近代

天皇のイメージや理解は、敗戦を契機に大きく変化したと言われる。戦前の天皇が軍事的政治的権力を一身に集め、また「現人神」という神格化された存在であったとすれば、戦後の天皇とは、政治的実権を持たず、憲法に制約された象徴としての天皇であり、神格化を否定された「人間としての天皇」であるとみなされた。この転換は非常に大きいように見えるし、実際非常に大きな転換として、戦後の日本社会を戦前の天皇制軍国主義の社会から区別する重要な要因と考えられた。この転換の大きさは、戦前の天皇制支配を経験してきた人々によって繰り返し強調されてきたことである。私のような戦後世代にとっては、そうした戦前の厳しさは人づてに、あるいは書物を通じてしか知ることはできず、それらは知識としてしか了解できない事柄に属してしまう。そして、常に座標軸の原点に戦前の

天皇制が位置し、それとの距離において戦後の象徴天皇制の功罪が語られるのが常であるように見える。しかしまた、その距離の取り方によって象徴天皇制批判のスタンスにもいろいろなニュアンスが込められることになる。しかし、どのような立場をとるにせよ、戦後の象徴天皇制は、戦前のそれとはある種の「断絶」によって結び付けられているということが大前提になっている。戦前の天皇は、政治的軍事的権力の頂点に立ち、現人神として神格を付与されたが、これらは少なくとも戦後の象徴天皇制の中では、否定されたことになっている。ここで、建前上の「断絶」が成り立ったことになる。しかし、戦前から戦後への天皇制の制度的変化にもかかわらず、この変化が裕仁という一人の人物によって担われたということは、非常に大きなことだと思う。これがわかりやすく天皇制の戦前・戦中から戦後への連続性を実感として表現してきたのだということである。「裕仁」を見るということから想起される「日本人」の記憶もまた、この連続性の枠の中に捉えられるだけでなく、戦後支配層がとったように、その連続性の肯定的な承認を伴うものであって、逆に、その否定にはそれ相当の抗う力を必要としてきたと言える。ではこの「肯定的な承認」という場合、誰がどのようなことを「承認」したのか。GHQが天皇制の存続を占領政策の戦略として選択したということからすれば、GHQによる連続性の「承認」は否定し難いが、さらにその背景にあるのは、「日本国民」による「承認」であることは繰り返し指摘されてきたことである。では、「承認」の内容とは何なのか。政治的軍事的な権力を放棄し、建前上は神格をも放棄するという「引算」のなかで戦後の天皇の性格規定がなされたということと同時に、そうした戦前型の天皇制の制度的な核心とみられたものが否定されてもなおかつ「天皇」であり続けたことを考えに入れたとき、「日本国民」が「天皇」を天皇として「承認」する核心にあるものは、右に指摘したような天皇の政治的な性格規定の残余部分なのであろうか。

「象徴」としての天皇の性格が、この残余に当たるものだという考え方ができるかもしれないが、天皇を「日本国民統合の象徴」と規定したのは戦後憲法であり、当時の圧倒的多数の人々は、客観的な歴史や時代の認識がどうあれ、主観的な、あるいは個人史的には「終戦」という大きな区切りを経験しつつも戦前から連続する「私」という人格を引き継いで今を生きている、ということであったのではないか。そうした連続と断絶のなかで彼ら／彼女らは天皇を理解していたのではないか。これに対して、私（たち）のような戦後の教育や世相のなかで育ったものは、主権は「国民」にあり、天皇はある種のお飾りのようなものだと教えられ、マス・メディアにみられる皇室の風景は、ちょっと優雅な芸能人であり、退屈なセレモニーの席に顔を出すだけで政治や権力とは無縁に見える「おまけ」のような存在だった。そしてさらに、こうした「おまけ」感覚はあったにせよ、それは次いでの折の文字どおりの「おまけ」のように記憶のなかから喚起されるのであって、日常的には天皇をほとんど意識しないままに10代の若い頃を過ごしてきた。こうして大人になった私のような人間が、天皇を特別なものとして意識するということは、戦時中に本気で天皇のために死んでもよいと考えた皇国少年だった人々とはかなり異なった質と回路をもっているのではないかと思う。もちろん戦後世代のなかにも天皇主義者はいる。そうした天皇主義者が戦後の天皇制を支えてきたというのであるならば、話は簡単である。むしろ、天皇制を支えてきたのは、そうした自覚的な天皇主義者ではなく、戦争体験も自覚的・自発的な「天皇のため、お国の為」の軍隊体験や銃後体験ではなく、時代の宿命として受け入れざるを得なかったものとしての経験であったであろう人々、あるいは天皇という位置を自分にとっては差し当たり無関係な関係でしかないものとして位置付けるであろう人々なのではなかろうか。ファナティックな天皇主義者であれ、無関心な消極的支持者であれ、人々が共通して持つ感覚は、多分「日本人」という感覚以外にない。とすれば、この「日本人」という感覚のなかに、もしかしたら天皇制を支える仕掛けを解き明かす鍵があるかもしれない。

天皇制を支える大衆のありようが、もし、右に述べたような消極的な支持にこそあり、さらに「日本人」という暗黙の共同性がそこに控えているとすれば、そこに天皇制の強靭さの根拠を見いだすことができるかもしれない。天皇制を批判し、否定するという意志は、それが消極的否定であれば「否定」という意志を貫くことが難しく、否定という現実を招き寄せることもできない。この意味で、消極的否定は「否定」の本来の意図と相入れない態度になりかねない。言い換えれば、天皇制の否定は、行動として表れるかどうかを別にしても、言説の上だけの話としても、多かれ少なかれ積極的な意志の表明であらざるを得ない。しかし、そうであるがゆえに、消極的な支持によって支えられている天皇制の基盤に見合った対応にはならなくなってしまう。それは、「なぜ、そんなに声高に天皇制反対を叫ばねばならないのか」「天皇制は、戦前の問題を別にすれば、現在のあり方からいえば目くじらを立てて否定するほどのものではないのではないか」といった「おまけ」感覚に基づく批判とはなかなかかみ合いにくいように思える。もちろん、グリコキャラメルから「おまけ」をとってしまえば、もはやグリコキャラメルの固有性がないように、実は「おまけ」は重要な意味を担っているのだが、それをあえて重要な（ここでいう「重要」とは、例えば天皇制は、三権分立という政治制度に加えて、第4番目の権力機構だというような意味だが）ものとみなさないその仕掛に象徴天皇制の巧妙さがある。

こうした見方が、象徴天皇制の舞台裏を知るものにとっては、かなり「甘い」評価であることは私もよくわかっているつもりである。天皇の葬式から即位の儀礼にかけての一連のイベントとそれへの政府やマスコミ、財界などの対応をみたとき、天皇制はそんな消極的な支持などというものではなく、もっと積極的に支持され、元首として過されれ、批判や風刺に対しては、他の政治家などとは比べものにならないほどの自主規制や検閲がなされ、反対運動への弾圧も厳しいのだが、しかし、にもかかわらず、それが文字どおりの厳しさや弾圧とは捉えられない。マスコミが天皇に対してだけ敬語を用い、人々もあらたまった座で天皇を話題にするときは一応敬語のような表現を使ってみたりする（「紀子さま」とか「子どもがお産まれになった」とか「ホウギョ」「ヘイカ」といった言葉遣い）。元号も、「平成」になり、意識して「昭和」と違う年号を用いなければならなくなったときも、様々な煩わしさを乗り越えて、あっという間に定着してしまった。私の職場でも会議となるとごく自然に「ヘイセイ4年度の概算要求」だのという言い回しを口にする人が圧倒的に多い。「昭和」「平成」という時代区分が天皇の生き死によって決められることの気持ち悪さを感じる以前に無関心であるか、我慢できる程度の不快感にすぎないということだろう。元号は、確かに合理的ではないとしても、元号を使うことによって人が死んだり、損をすることはないのであって、原発事故や湾岸戦争のような人の生死が関わったり、賃金のベースアップのように損得に関わる問題と比べれば明らかに「おまけ」なのだといえそうな事柄である。もちろん、前述したように、「おまけ」という位置は、文字通り「おまけ」としての機能しかもたないということを意味しない。むしろ、「おまけ」という位置をとることによって、その是非についての真剣な議論を回避し、真剣に否定する人々を疎外し少数におしとどめることに成功したのであり、また、無駄な金の支出やぜいたくな金の使い方も大目に見られてきたのだと言える。

天皇が「おまけ」になったのは、言うまでもなく、戦後のことである。この「おまけ」という言い方をもう少し格調高く言い換えるとすれば、「空虚な中心」などという表現がこれに近いかも知れない。天皇制を「空虚な中心」と言ったのは、ロラン・バルトだった。バルトは、西欧の都市の特徴が「いっさいの中心は真理の場であるとする西欧の形而上学の歩みそのものに適応して、私たちの都市の中心は常に《充実》している」と述べている。この充実した中心には、「社会の《真理》」が存在するというのである。これに対して、東京の場合は「貴重な逆説」を持っているとして、次のように述べている。

「《いかにもこの都市は中心をもっている。だが、その中心は空虚である。》という逆説を示してくれる。禁域であって、しかも同時にどうでもいい場所、緑に蔽われ、お濠によって防御されていて、文字通り誰からも見られることのない皇帝の住む御所、そのまわりをこの都市の全体がめぐっている。毎日毎日、鉄砲玉のように急速に精力的ですばやい運転で、タクシーはこの円環を迂回している。この円の低い頂点、不可視性の可視的な形、これは神聖なる《無》

をかくしている。現代の最も強大な二大都市の一つであるこの首都は、城壁と濠水と屋根と樹木との不透明な環のまわりにつくられているのだが、しかしその中心そのものは、なんらかの力を放射するためにそこにあるのではなく、都市の一切の動きに空虚な中心点を与えて、その動きの循環に永久の迂回を強制するために、そこにあるのである。このようにして、空虚な主体にそって、〔非現実的で〕想像的な世界が迂回してはまた方向を変えながら、循環しつつ広がっているわけなのである」(『表徴の帝国』宗左近訳、新潮社、45ページ)

バルトは、日本の文化的伝統のなかに、言語や意味に見切りをつける独特の様式を見いだしており、ここでの皇居についての記述もそうした彼の分析枠組みのなかで捉えられた事象の一つである。だから、この記述を彼の日本社会や日本文化理解の中心にあるものとみなすことはできない。そしてまた、バルトは、空虚な中心という興味深い逆説がどうして成り立っているのかについて解答を与えているわけではない。言い換えれば、真理が人々をひきつけ、真理を中心に物事が秩序だてられるという観念からすれば、空虚が中心になるということはありえないハズなのだが、どうしてそれが「日本」では可能なのかということに答えが与えられなければならないということである。

象徴天皇制というときの「象徴」が、その制定当時の経緯の中では西欧的な意味での「シンボル」を範型として与えられたということがあるかもしれないが、実はかなりその意味は違っているようにも思う。西欧的な意味における象徴は、象徴されるものとの関係が明確であり、明確な意味を担っている。例えば、十字架は、キリスト教の象徴であるが、そこには明確な教義としての意味がこめられている。象徴するものと象徴されるものの関係が「意味」によって担われ、従って「意味」をめぐる闘争がそこには成り立つ。これに対して、天皇が「日本国民統合の象徴」という場合、天皇はどのような「意味」によって「統合」を象徴しているのか、このことを明確に説明できるかどうかはかなりあやしい。言い換えれば、統合の「意味」を天皇によって説明できるのかどうかはかなり疑問だ、ということである。一般に、「日本国民統合の象徴」という場合、「日本国民」の実体――あるいは「意味」と言ってもいいが――があり、この実体と天皇の実体がイコールでつながると考えられているのではないか。

ここでは、「日本人」の実体が天皇だ、というストレートな「日本人」＝天皇という等式ではなく、両者に共通な第三の「実体」があると暗黙のうちに考えられているようにも思う。しかし、この第三の実体にあたる確固たるものがあるわけではない。私たちは、常識の中では、「日本人」という「民族」にはその民族的なアイデンティティを保証している何かがあるにちがいない、と思い込んでいるが、ある意味ではこうした根拠のない思い込みそれ自体がこの実体をなすとでもいう以外にないものである。「日本人」だから米を食べるとか、「日本人」だから箸を使うとかの表現は、欧米の生活慣習との比較だけが念頭におかれているに過ぎず、多くのアジアの人々も米を食べ、箸を使うことなど指摘されなければ気にもとめない、そういったたぐいの「日本人」論が実に多いような気がする。稲作農耕民は世界中にたくさんいる。にもかかわらず、天皇を「稲の王」などと言ってしまうところに実体を生み出しかねない危うさがひそんでいるのである。「日本人」という実体はない。あるのは、この観念を支える天皇がいるだけである。日本人と天皇は、相互依存的な観念であり、両者を支える実体はなく、両者は虚の支点に支えられた観念である。「空虚な中心」というバルトの指摘はこの意味で、半ば正しいが、半ばは、はずれている。空虚なのは、「中心」ばかりでなく、この中心を取り巻いている――あるいはこれを「統合の中心」と観念する――空虚な周辺もまた存在するからである。だから、この「日本人」と天皇の関係は、ドーナツと穴の関係なのではない。もし、どうしても何かにたとえろ、ということでいうならば、絵に描いたドーナツであって、真ん中であれ周辺であれ、食べられる実体を持たないものだとでもいったほうがいいかもしれない。もし、こうした見方が妥当だとすれば、天皇制批判という課題は、「日本人」というアイデンティティを解体するという課題と不可分だということになる。

こうした課題は、一面では、特殊「日本」的な課題かもしれないが、「日本」や「日本人」という観念の形成が近代国民国家としての「日本」の形成に伴うものだとすれば、他面では、国民国家が一般的に抱えこんだ近代における「民族」や「国民」という観念の形成にも相通じるものがあるということができるだろう。例えば、ベネディクト・アンダーソンは、『想像の共同体――ナショナリズムの起源と流行』（白石隆、白石さや訳、リブロポート）のなかで、「ナショナリズムは、国民の自意識の覚醒ではない。もともと存在していないところに国民を発明することだ」というゲルナーの言葉を引きながら、「国民とはイメージとして心に描かれた想像の政治共同体imaged political communityである――そしてそれは本来的に限定され かつ主権的なもの〔最高の意志決定主体〕として想像される」（17ページ）と述べている。アンダーソンは、宗教的思考様式が近代になって衰退し、宗教が保証してきた楽園、救済、あるいは宿命といった概念もまた揺らぎ、「そこで要請されたのは、運命性を連続性へ、偶然を有意味なものへと、世俗的に変換すること」であり、これを担ったのが「国民」というつくられた観念だった、と述べている。「偶然性を宿命に転じること、これがナショナリズムの魔術である」（27ページ）というのである。アンダーソンは、この国民という観念の形成に重要な役割を担ったものとして、通俗言語や出版言語であり、「出版資本主義」であるとみている。ラテン語のような聖職者や一部の知識人にしか理解されない国境を越えた言語ではなく、大衆が理解できる言語が印刷メディアとして大量に流通される構造が、「想像の共同体」とでもいうべきものを作り出すというのである。

「それはひそかに沈黙のうちに頭蓋骨の中で行われる。しかし、この沈黙の正餐式に参加する人々は、それぞれ、彼の行っているセレモニーが、数千（あるいは数百万）の人々、その存在については揺るぎない自信をもっていても、それでは一体それがどんな人々であるかについては全く知らない。そういう人々によって、同時に模写されていることをよく知っている。そしてさらに、このセレモニーは、毎日あるいは半日毎に、歴年を通して、ひっきりなしに繰り返される。世俗的な歴史時計で計られる想像の共同体を、これ以上に彷彿とさせる象徴として他になにがあろう。

と同時に、新聞の読者は、彼の新聞と寸分違わぬ複製が、地下鉄や、床屋や、隣近所で消費されるのを見て、想像世界が日常生活に目に見えるかたちで根ざしていることを絶えず保証される。」(同上、57ページ)

天皇制を説明する一つの方法としてこのアンダーソンの考え方は参考になるだろう。日本の近代化のなかで、「日本人」は「日本人」になったのであり、そうなるための核に天皇が据えられたのだ。こうした近代天皇制以前に「日本人」という国民概念などありえなかったはずだし、天皇はいたとしても、それは大衆の日常生活にとって重要な位置を占めることはなかったし、もちろん「おまけ」でもなかった。こうして成り立った国民概念のなかで、「日本人」は、自他の区別を認識しはじめたのではないか。「日本人」という概念が、単純な国籍概念でもないことがこのことを示している。日本国籍をもっていても明らかに外見から「外国人」と思われる人は、「外国人」である。また、日本生まれで、日本名を名乗り、日本語しか喋れない在日朝鮮人の二世、三世は、彼ら彼女らが「朝鮮人」だと知られたときから「朝鮮人」になる。ここでは、言語や肌の色、文化的なバックグラウンドが民族の差異を決定づける要素にはなっていない。日系アメリカ人が成り立つようにはアメリカ系日本人は成り立たない。「日本人」という観念は、政治的社会的な枠(そして場合によっては文化的な枠すら)を越える「想像の共同体」に関わっているように思える。それは、古代の村落共同体などに遡ることで理解されるものではなく、むしろ全くその逆に、この列島が近代国家として囲い込まれ、「日本」というまとまりを自覚したことにのみ関わるかなり新しい事柄ではないか。だからこそ、支配者たちは、連続性と伝統に固執することによってあたかも近代以前的な何かにつらなるという物語のなかにその正統性を見いだそうと躍起になったとみるべきではないか。

もし、天皇制というものが、近代国家の形成のなかで「発明」された「国民統合」の装置であるとすれば、近代以後=ポストモダンへの突入は、天皇制にとってもひとつの試練なのかも知れない。本当は、そんなに歴史も伝統もあるわけではない制度が「フリ」をする無理がいろいろなところで表れることはおおいに考えられる。それは、逆に、空虚な中心を維持するためのよりハードな壁を形成してゆくことにつながるという危険性も持つのであるが、また「日本人」という幻想の共同性をこわす様々な条件を獲得できる機会でもある。

出典：『インパクション』72号1991年

意識操作の権力技術　「世界―世間」に関する想像力

私たちが日常生活のなかで文字通り「世界」なるものについて直接、実感的な対面を強いられることはマレなことである。むしろ私たちが「世界」と称する多くの事柄は、「世間」と呼び換えることが可能であり、むしろ「世間」と呼んだ方が適切な事柄を、それこそが私たちの人生にとっての大半であり、かつ中心をなす意味であるが故に、「世界」と呼び慣わすのだ。

しかし、文字通りの「世界」と私たちは無縁ではない。「世間」と呼んだ方がよいような私たちの日常生活を構成している諸制度――家族、職場、地域社会の諸組織、ショッピングセンターなど――は、言うまでもなく私たちの日常的な実感を超越した領域に接合しており、マクロな資本の諸組織や権力の諸組織のターミナル（端末）を形成している。そして右の諸制度も含むメディアの装置は、重要な「世界」の意味産出装置をなしている。

私たちは、日常生活の〝実感〟から「世界」を感じとる。もちろん「世界」は静止していない。多様な相と多様な方向への「未来」の可能性をはらみ、また同時に、多様に解釈できる「過去」も持つから、私たちの〝実感〟も、こうした多様で曖昧な像と不可分なものとして形成される。本稿の課題は、この曖昧な〝実感〟を問題にすることにある。もっと言えば、確たるものとして証明することも出来ず、物的な証拠も存在するとは限らないにもかかわらず、論証や証明という論理的な説明の次元を超越して、〝実感〟としての何ものかにとらわれることによって、集合的な意識として私たちの「世間」に醸し出される或る雰囲気＝「空気」と、これらを形成する〝力〟を問題にしようということである。

日常生活の〝実感〟は、理性の支配の及ばない領域である。あるいは、日常生活に「なぜ」という疑問詞を持ち込んで生活することは不可能なことだ、というふうに言ってもよい。なぜベットではなく畳の上にふとんを敷くのか、なぜ男がスカートをはいてはならないのか、なぜ同期入社の同僚の出世が気になるのか、なぜ隣の家の夫婦仲の悪いことが気になるのか、なぜ母子家庭の子どもを「特別視」――かわいそうだとか、不良になるだとか、成績が悪くなるだとか、――したがるのか…などなど。

この「世間」にまつわる果てしのない「なぜ」に対して、実は答えを与える装置がある。それがメディアとしての諸装置である。ここでいうメディアとは、何も新聞や雑誌やテレビといったものばかりではない。先に挙げたマクロな「世界」のターミナルとしての諸制度も、行政の組織も、井戸端会議や立ち話という偶然による集団も、全てがメディアとしての装置を内在させている。そしてマスメディアのようにマクロな「世界」をカヴァーしながらも具体的な個々人ひとりひとりに固有な情報を必ずしもフォローしない解像度の低いメディアから、井戸端会議のように、フェイス・トゥ・フェイスで、具体的な固有名詞を持ち、しかも「世間」を共有する人々の間のミクロレベルの、解像度の高いメディアまで、多層的な構造をもっている。これは、一面では、マスメディアを頂点（あるいは、大半の情報産業や政府の情報・広報機関と考えてもよい）とし、井戸端会議や家族内の会話、知人、友人の噂話の類いを底辺とするメディアのヒエラルキーとみることも可能であるが、しかしそれはあくまでも一面であるにすぎない。情報の量とその影響力一般ということであれば上から下への情報の伝播は、外部注入的な色彩を帯びたものとして理解できるかもしれないが、こうした強制力は実際には必ずしも効果的な意識操作の技術とはいえない。むしろ各々の情報とメディアの装置が相対的に独自に（しかし他との関係によって日々修正を積み重ねる）情報産出と情報解読の「交換器」として機能する点こそ注目すべきかもしれないのだ。個人の身体には、明らかにこのマクロからミクロに至るメディアの装置が〝内臓化〟されている。往々にして想像されるようなマス（マクロ）メディアによる個人に対する意識操作は必ずしも決定的ではない。メディアの装置全体が、マス（マクロ）メディアの情報を繰り返し解読・加工してゆくなかで、情報は〝色〟を帯びる。マクロメディアのヘゲモニーが下位のミクロメディアに及ぶ程度によって、情報は意図された通りに個人の内部において意識化され、そうした諸個人のコミュニケーションが、「世間」の「空気」を形成する。こうして形成された「空気」は、「世間常識」「習慣」「みだしなみ」「礼儀」「建前」などといった日常生活上の個々人のふるまい（身体性の型）をつくりだす。まさに情報とはin-formationなのである。

本稿では、「世間」の「空気」がどのように形成され、それに対してメディアの装置がどのように作用しているのかを、全体として明らかにするものではない。その手掛りとして、私たちが容易に確認できるマクロメディアによる操作の技術をここではもっと具体的に考えてみたい。そこで、ここでは本書〔初出掲載書〕全体のテーマとも関連するものとして「スパイ」にまつわる例をとりあげてみたい。この全く私たちにとっては、別世界であるかに思われる存在を、メディアの装置は、私たちの生活する世界＝世間の問題として組み込もうと試みたことが幾度となくある。そして、現在もまたそうした時代に入りつつある。87年の東芝機械事件をはじめとする一連の「ココム違反」や大韓航空機爆破をめぐる「スパイ」事件とされているものはその格好の例である。しかし、ご多分にもれず、こうした最近の「事件」を、全体を見通せる様な風通しのよい位置に立って解析し、批判し、権力の意図を読み取ることは容易ではない。こうした現代の「事件」を解読するために、既に歴史のなかで、権力が実際に行使した意識操作のあり方をみておくことの方が、むしろ現在の権力による意図を理解する上で有効な視座を与えることになるように思う。そこで、本稿では、徹底した「スパイ」キャンペーンが行われた時代、1941年の「国防保安法」成立とあい前後する「防諜キャンペーン」の時期を取り上げてみたい。そうすることで、私たちは、「スパイ」をめぐるディスクールからメディアの装置の意識操作の技術問題を解いてみよう。

「スパイ」とは何か、という定義についてみても、つきつめれば非常に曖昧にしか定義できないものであり、有体物の「窃盗」と違って、情報の「不正・不法・不当」な「収集」行為というのは可視的な「事件」を構成しにくい。有体物と異なって、情報の移動によってその発信源が情報を喪失することはありえないし、情報の利用によって情報そのものが消耗したり磨滅することもなく、逆に情報は集積されることによって、幾何級数的に意味を産出し続ける。例えば、Aという情報とBという情報の集積によって、情報はABという新たな情報を産出する。これが仮にCというまとまった新たな意味を持つものだとすれば、AC、BC、ABCという組み合わせがさらに別の意味を産出することすらありうる。ここで注意すべきなのは、意味の産出や、組み合わせの方法（関係づけの解読格子）は社会の全ての構成員が平等に持つものではなく、メディアの装置が持つものだということである。

以上の点をおさえた上で、「スパイ」というカテゴリーが、メディアのヘゲモニーを握る主体による世界の了解構造のなかで、どのように生み出され位置づけられたのかをみておこう。「警察協会雑誌」の1940年6月号に、内務事務官緒方信一が「防諜」と題して、「スパイ」についてまとまった位置づけを与えている。緒方の議論は、当時の論調のなかで文字通り金太郎飴的に繰り返し語られた「世界」像と、それに関わる「スパイ」なるものの典型であろうと思われる。緒方はまず近代戦を総力戦として位置づけて冒頭で次の様に定義する。（以下、テキストの文体は

全て新かなづかいに直してある）

「近代戦の特質は所謂国家総力戦たる点に在る。即ち戦の勝敗を終局的に決定するものは単に武力でなく、国家の政治体制、経済的実力、又は国民思想の動向等国家総力の充実如何に存する。従って近代戦に於ては武力戦と並行し或は之に先行して外交戦、経済戦、思想戦が熾烈に展開されるのである。(略)斯る新しき形態の戦に於ては、諜報・謀略・宣伝等所謂秘密戦の価値が極めて重要になって来るのである」

このように、戦争の拡張された概念によって、ほとんど全ての社会領域を、戦争というカテゴリーと解読格子によって解釈するという大前提にたった上で、「重要」な諸戦線のひとつとして「秘密戦」を位置づける。とくに緒方は、第一次大戦で敗北したドイツが「深く敵国中に潜入して敵情の周匝《しゅうそう》精密なる探知と謀略宣伝に依る後方攪乱を任務とする、所謂「第5列」なる諜報謀略班が驚くべき活動を敢行」している点に注目し、「諸外国の対日諜報謀略策動は支那事変の発生と共に漸次巧妙且広汎となりつつあ」り、「対日策動に対し其の防遏《あつ》取締の完璧を期する、今日国家として最も喫緊の時勢といわねばならぬ」という現状判断を下す。私たちがこの緒方の言説を読むとき、忘れてはならないのは、日本もまた戦前・戦中に組織的な諜報活動や謀略活動を実施し、それが軍事の遂行と密接に関わるだけでなく、世論を欺く重要な活動でもあったということだ。1931年の関東軍による柳条湖爆破を中国軍によるものとしてでっちあげ、これがその後の日本による中国大陸侵略を正当化するような世論構築へと結びついたことや、1941～2年のゾルゲ事件にしても、治安維持法などで処刑されるような事実があったとはいえない事件が大々的なスパイ事件とされて、外国の脅威がことさら誇張されたことなどだ。

では「諜報」、すなわち「スパイ」とはいかなる活動をいうのか。緒方は次の様に定義する。

「(略)要するに隠密の間に相手国の軍事・外交・経済・国民思想・国民体位等凡そ国家総力の判定基準となるべき一切の資料を探知収集し、之を通報せんとする行為を指称するのである。」

総力戦という戦争概念からすれば、武力＝軍事は多様な戦線のなかの〝最終審〟とはいえ、ワン・オヴ・ゼムであることには変わりなく、全てが軍事として意味付けられ、この意味で、「課報」は「国民」生活の全般にわたるものと想定され、従って軍事／非軍事の境界も絶対的ではないし、そうした区分自体が成り立たなくなる。

緒方は、「課報」活動を「非合法手段」と「合法手段」に区別するが、「特に注意を要するのは寧ろ後者」であるとして、三つの「合法手段」を挙げている。第一にマスメディアの利用。「相手国に於て発行される新聞紙、雑誌其他の出版物を可及的多数蒐集して詳細熟読し、之を科学的組織的に分類又は集積して正確なる資料を得る方法」である。しかも、マスメディアのなかでも比較的検閲の目を逸れやすい地方紙誌の利用が課報活動上有効だとみている。第二は、観光、学術、観察等の名目で文書を照会したり合法的に調査する方法。「主として工場、港湾、交通、気象、各種資源、各種統計等に関する情報の収集に利用されることが多い」という。第三に、「社交戦術」。「相手国の政界、財界の知名人士との接触面を広くし、努めて之等人士と会談の機会を作り、其の会談の間に種々のヒントを得て正確なる情報を掴まんとする」ものだという。

緒方は以上の議論から、こうした合法手段による課報に対しては、「法令を適用して権力的に取締りを執行することは困難な場合が多く、又一面一般国民の側に於ては不知不識の間に之に利用せられ、乗ぜられる危険も少からず存する」と述べて、既存の防諜立法である軍機保護法、軍用資源秘密保護法等の軍事関連に限定された法令の不十分性を主張し、後に成立する国防保安法の必要性を強調する。

課報活動のこの二面性に対応するように「防諜」活動も「消極的防諜」と、権力的な取締りとしての「積極的防諜」に区別されている。ここでも「消極的防諜」と呼ばれる諸戦略は、「防諜思想の昂揚」、「自己防諜の徹底」、国家の指導による「官民一体の国家防衛」といったイデオロギー戦略が中心を占める。

緒方はこの論文の最後に、警察組織や警察官はこうした「課報」「防諜」活動にとって必ずしも有効な組織とはいえないと指摘している。警察は強制力を伴う取締りの組織でもあるために、「動もすると国民の側からすれば取締を受ける立場に立ち、之が為に正しい民情を警察官に対しては殊さらに隠蔽することもなしとしない」と指摘し、従って「官にも非ず、民にも非ざる立場に立って深く民情の把握上通の任に当るべき者の必要」を強調することになる。ここに大政翼賛会、壮年団、翼賛政治会の意義があると緒方はみる。翼賛組織の構成員は彼らの職業や人間関係によってヨリ微細な情報の提供者であると同時にまた、こうした「世間」の関係による〝偏り〟もまた有するが故に、警察官吏はこの情報を「真に国家的の立場に立って判断し観察」「是正」するものと位置づけられている。

さて、この緒方の言説は、権力の言説に特有な幾つかの特徴を示している。第一に、現状認識↓具体的な対応施策という形式上の叙述の流れが、具体的な事実としての現状認識とそれに対する対応という構図ではなく、あくまでも将来の予測とそれに至る予防策として展開されている、ということである。例えば、「東亜に於ける支那事変に加へ欧州戦局の拡大と共に、国際情勢は未曽有の混乱に陥らんとしている」、だから「諜報謀略戦が相錯綜し愈々激化すべきは論を俟たない」と言うように、あくまで推論に推論を重ねる方法をとる。この客観的な装いを持つ予測の言説には明らかに、国家による将来に対する主体的で戦略的な方向選択の願望が隠されている。

換言すれば、右の言説は単なる客観的な予測言説ではなく、あらかじめ設定されたシナリオに基づいて予測を呼びよせようという意志を伴うものだ、ということである。それは、ドイツの「第5列」を引きあいに出しつつ、いわゆる「秘密戦」の重要性を強調しているところからも明らかである。こうして、この客観的言説の装いは、国家による諜報謀略戦への意志に対する正当化の言説であり、こうした言説の物質化によって、国家は予測に関与するベクトルを具体的に現実世界に持ち込むことになる。換言すれば、客観的な言説の形式、現実世界から超越した位置から語るという言説の形式は、それによってその言説の産出する国家の現実世界における位置と方向性を全て正当化する。こうして、言説と読者との関係においては、全てが逆立ちさせられて、客観的にみても国家の採る政策や戦略は妥当だということが、当の国家によって産出された客観性の言説によって保障を与えられるという外観をとることになる。言い換えれば、予測がはずれれば、この客観的な言説の信頼性が崩れ、国家政策の正当性が疑問視される以上、予測は外れるべきではないのであり、従って、この予測のシナリオを自ら積極的に生み出すように、当の国家は政策を策定するのであって、この予測を含む現状認識は、あらかじめそれ以外のシナリオはありえないものとして設定される以外にない。

総力戦とそこにおける諜報—防諜という秘密戦（勿論秘密戦にはこれ以外に謀略も含まれ、現実には諜報と謀略の厳密な区別は難しい）がいったん設定されてしまえば、「世界」はこの秘密戦の戦場として構成され、「世界」の成員はこの戦場における人間的要素と位置づけられる。権力の言説が、こうした意味での成員の行動の規範を設定するとき、その言説は明らかに具体性を想像させるレベルに設定される。例えば、「スパイ」の情報収集の対象となるのが往々にして地方の「二流紙」「三流紙」といった検閲の目をくぐり抜けやすいものだ、という指摘は直ちに具体的に何を対象として防諜行動をとるべきかをイメージ可能なものにする。同様に工場等の見学者、視察者をチェックすることについても同断である。しかし最も重大な問題は、国家総力戦という戦場の設定においては、軍事ばかりでなく、政治、経済、地理、思想、国民体位等々の全ての領域が情報収集の対象になると想定されるが故に、個々人の行動規範に関わる具体的な規制の言説も、個々人の特定の行為や行動、あるいは特定の個人に関わるものという限定を越えた全面的な行動規範へと転化されざるを得なくなるという点である。労働現場、地域、家庭等々の全ての領域が、メディアの装置であることが、「味方」にとってそうであるのと同様「敵」にとってもそうである以上、その全ての領域において、具体的に個々の行動を逐一規制する規範の言説化は不可能に近い。こうして、諸個人を限りなく「防諜戦士」へと改造しようという国家の意志は、武力戦のように戦士の戦場における具体的な戦闘の戦術に関わるノウハウの教育（訓練）へと向かうわけにはゆかず、道徳や倫理、さらにはイデオロギーによる統御へと向かうことによって、具体的な行動規範を設定しようとする。こうした道徳やイデオロギーによる（もっと大ざっぱに言って戦時の"心構え"！）による統御に基づく行動規範の強制（強迫）は、限度のない細部へのこだわりと、イデオロギーの持つ「純粋性」に見合う行動の「純粋性」や透明性、あるいは全面的な帰依を強制する。99％の帰依では問題にならない。残る１％が、秘密戦の戦場において「敵」の橋頭堡となることを彼らは恐れる。

権力のメディアは、下部へおりてくるに従って、あるいは大衆との接点が拡がるに従って、その言説は極度な具体性と微細な部分への過度な執着を示しつつ、同時に極めて抽象的な理念が、あたかもこの微細な具体性のモザイクを繋ぐ接着剤であるかの如くに、言説の文脈に組み込まれる。この意味で、近代の「普遍主義」は権力の正当化のイデオロギーとなる。

●

戦前、内閣情報局が発行していた『週報』と呼ばれる小冊子がある。この小冊子は、『写真週報』とともに一般大衆を対象とした小冊子である。その１９４１年5月14日号では、国防保安法の制定をふまえた「防諜週間」へむけた防諜特集を組んでいる。ここでも総力戦の定義から秘密戦の実例へと、前にみた緒方の論文と同様の道筋をふんでいる。そしてここでもやはり、予測に基づく秘密戦の必然性が説かれる。ドイツの「第5列」を背景とするデンマーク、チェコスロバキア、オーストリアの「併合」の成功という「事実」をふまえつつ、「手近かに、我が国に働きかけられている秘密戦を振りかへって見よう」として次の様に述べている。

「前大戦後たびたび開かれた軍縮会議によって日本の軍備は次第に縮小されたが、これは日本を目標とする巧妙な秘密戦ではなかったろうか。伸びる日本の原動力である人口の増加を、移民法によって圧迫し、困った隙につけこんで産児制限を宣伝して、戦時下の今日人口問題の急を感ずるに至らしめたのは、日本人の人口増殖力に恐れを抱いた白人の秘密戦ではなかったろうか。

ソヴィエト連邦の赤化工作が、世界革命を目標とする秘密戦であることは、何等疑う余地はない。しかも今日の日本になお、赤化思想は根絶されたとはいえない。

さらに現在、既に5ヶ年に亙って戦い続けている支那事変も、東洋において日本と支那を戦わせ、両国がヘトヘトになったところで、自らは少しも武力を使わず東洋を征服しようという第三国の大規模な秘密戦でないと誰がいえよう」（傍点は引用者による）

このたたみかけるような反語的な修辞は、読者自身の内面における問いかけと応答というコミュニケーションを生み出す。「白人の秘密戦ではなかったろうか」という問いかけは、「そう言われれば確かにそうかもしれない」「もしそうだとすれば秘密戦とは大変な戦争だ」「その可能性を否定できない以上われわれも秘密戦のための準備を怠るわけにはいかない」等々の心理的な反応をひき出すためのレトリックである。しかも読者に与えられた情報は、ヨーロッパ戦線ではドイツが「第5列」を活用して勝利したという「事実」と、日本が秘密戦の攻撃をうけているかもしれないと思わせる推測だけである。第一次大戦を帝国主義戦争とみること、従って「支那事変」も日本の帝国主義としての侵略に他ならないことといった国家とは別の立場からの「世界」の解釈は、大部分の読者にはあらかじめ閉ざされていた。他方、「秘密戦」に関する大衆の通俗的な理解のあることも後にみるように『週報』はおさえている。大衆の意識からすれば、この戦争に負けることがあってはならないことと意識されていた以上、また、日本が中国大陸で「秘密戦」を繰り拡げていることは具体的な事実としてではなく当然のこととして感知していたとみてよいから、「世間」の「空気」は、あらかじめ「秘密戦」へのめり込む方向に流れていたと言える。しかし、国家が欲していたのは、単なる「空気」だけではなくそれを物質化＝身体化すること、制度化することであった。国防保安法は制度化の〝最終審〟における正当化であり、国家が第一に目指したのは言うまでもなく、ミクロな権力領域においてこの戦争を展開する〝場〟を設定することであった。こうして、諸個人の身体は、総力戦の一翼としての秘密戦のための身体として組み換えられてゆく。「空気」は可視的な関係、制度によって凝固する。ここで「身体」というのは、世間のなかに埋め込まれた「私たち」の皮膚感覚とでも表現するしかないような、合理的とはとうてい言いえないが、しかし、同時に戦争を前提とした目的と手段の道具的な因果関係が保持される五感を構成する「場所」であって、「日本人」とか「日本」という幻想のアイデンティティが再生産されて「意識」として構成される総体を意味している。文字通りの意味における客観的な根拠は一切欠如しているような敵意や猜疑心が、このようにナショナルなアイデンティティとして世間の構造の内部に組込まれた身体は、それ自体を理由のあるものとして理解してしまうのである。非合理的な事柄が合理性を獲得するのは、人々がその身体性において「感じ」ることを通じてであり、この「感じる」ことを支えるのは、視覚や聴覚を伴う広義の意味におけるコミュニケーションの世界である。

　ここに、先ほどの『警察協会雑誌』の緒方の言説とは異なる『週報』のレトリックの戦略的核心が据えられる。諸個人は、この秘密戦における監視する身体に、自己管理の身体として、見直される。換言すれば、ミクロメディアとして、身体の身振りやまなざしやコミュニケーションが、マクロメディアと権力体の戦略に沿って組み換えられてゆく。この組み換えが説得力をもって行われない限り、秘密戦のイデオロギーは、諸個人に〝内臓化〟できない。先にみた緒方の論文はこの点に関しては極めてイイ加減である。それは、彼の読者が警察官であることがあらかじめ想定できていたからだ。これに対して『週報』の言説は、個々人の行動の逐一を、いかなる「世界」に対するイメージに基づいて統御すべきかを一般的な妥当性を持つ具体例に即して説く。それは読者の側に極めて具体的な〝像〟としてイメージされるが、しかし、現実に、読者は「事実」としてそうした事柄を確認できないし、自らの体験としても接したことのないような〝例〟である。それはどういうことか。

まず、『週報』は、読者がイメージする「スパイ」像の修正、払拭を試みる。

「一般にスパイといえば、映画や小説に出て来るような、種々の方法で人を籠絡して秘密を盗み出す、或いは金庫をあけて重要書類を盗み出す影のような男、またはマタ・ハリのような女と思われているようである。こういうものもいるにはいるだろうが、しかし現在、日本はこういう諜者は余りいない。日本ではそんな危険なことをしなくても、白昼堂々と大手を振って仕事ができるからである。」

そして、「スパイの正体」とは「外国の合法的な組織の網」だという。例えば外国系の銀行、会社、商店、教会、学校、社交団体などであり、「これらの中に恐るべきスパイの網があることを銘記すべき」だという。こうした「スパイ」の情報収集の方法を『週報』は次の様な〝例〟で示している。

「仮りにそれを非常に重要な秘密兵器の設計図としよう。これに『軍極秘』の判を捺して金庫の中に蔵っておけば、先づ誰にも盗めないわけだが、金庫の中に蔵って置くだけでは紙屑同様のものに過ぎない。全体の設計図は金庫の中にあっても、部分々々の図面は必要な方面に配布され、部分品は職工の手によって作られている筈である。すなわち軍極秘の書類の内容は、金庫の外に出ているわけである。金庫の中の物をとるのは難しいが、外へ出ているものを、ひとつひとつは断片的なものでも、沢山集めれば金庫の中の本尊がわかるのである」

そして、外国の合法組織のネットワークを次の様に記述する。

「この組織の網がいかに広く、いかに濃密に張りめぐらされているかは、例えば会社が全国に百ヶ所以上の支店、出張所などを持っているとする。一つの出張所からさらに百の特約店を出しているとすると、全国に一万以上の第一段の網があるわけである。この特約店等に出入する人々を第二段の網とし、さらにこれらの人に接触する人の数を考えてみると、とても想像できない程の多数に上り、これだけの網があれば全国のことは何でも集まるわけである。」

高度な分業化社会のなかで、労働の具体性と意味は最終的に資本によって設定されてしまい、さらに総力戦という設定によって、戦争と軍事から免れる領域はありえないものと解釈される。

右に挙げた〝例〟が、生産や企業活動に関わる場合とすれば、地域におけるコミュニケーションがもうひとつの重要な〝戦場〟として設定される。

「例えばどこそこの誰が応召した、という話は、個々の事実としては大した価値はなさそうに見えるが、『どこの誰がどの師団に応召した』という話を日本全国からたくさん集めると、今日本ではどの師団とどの師団、計何ヶ師団を動員しているということが直ぐわかる。（略）即ちある土地での見聞では、局部的で大した価値のないことでも、広く日本全国に網を拡げている合法的な組織の網にひっかかり、そこで整理されると重大な情報となるのである。スパイは、何でもない話、断片的では決して法規にはひっかからない話を広い範囲から集め、整理して、重要な秘密事項を察知しているのだということを、国民はよく認識して、おしゃべりに注意していただきたい。でないと、スパイの片棒をかついだという結果になるのである。」

この他にも『週報』は多くの〝例〟を積みかさねてゆく。公刊されている新聞、雑誌、地図、絵葉書などの断片的情報を収集編集することによって、必要な情報を構成することを繰り返し強調する。しかしいずれの〝例〟も「事実」として生起した事柄によるものではないこと（唯一の例外は、日本軍が重慶を爆撃した際に、中国で出版された本のなかの鉄橋の写真が大いに役に立った、というものだけである。これも言うまでもなく真偽のほどは確認できない）は、前述した通りである。むしろこれらの〝例〟は、事実に即した〝例〟以上に、個々人が自らの生活や労働に即して具体的なイメージに仕上げることが容易なような一般性をもたせている点、つまり「思い当るフシがある」と思わせるようなイリュージョンを産出させている点が意識操作上重要なところである。

こうして『週報』は、「世界」を秘密戦の戦場として設定し直した上で、日本では、諸外国に比べて「防諜意識」が希薄であるということを繰り返し主張する。そしてこの「防諜意識」とは、法的強制力による取り締りをまつのではなく、個々人の「自覚」によるべきことを強調してゆく。ここで先にみた緒方の主張と同様、「法律を守っただけでは防諜はできない」という主張へとつながってゆく。

「次に防諜と法規の関係であるが、防諜は法律の禁止を守っただけでは、絶対に出来ないことを、明確に認識していただきたい。防諜に関する法律としては、軍機保護法、軍用資源秘密保護法、それに今度の国防保安法、その他要塞地帯法、軍港要港規則、陸軍輸送港域軍事取締法いろいろある。しかし法律というものは、最後の線だけを押さえたものであって、法律でい

けないということだけを守っていればいいかというと、それでは防諜は絶対に不可能である。

例えば軍機保護法で、東京横浜附近では、地上20メートル以上の高所からは、許可なく写真をとってはならないことになっている。では20メートル以下なら鉄橋をとろうと駅を撮ろうと差支えないことになるが、法律に触れていないというのでこんなものをどしどし出していると、とんでもないことになることは、前にあげた〔重慶の〕海鷲の鉄橋爆撃の例でおわかりのことと思う。従ってここに、官憲の行政指導が必要となってくる。法規にはなくても、防諜上必要と認める措置はどしどしとってゆかなくては、本当の防諜はできない」

こうして、右図の様な秘密戦の防衛陣地が描かれるわけである。この図は、国家が第一の目標に置いていると喧伝・・・・・していているのが「国民の自覚線」であることを明らかにしている。「自覚」とは、言い換えれば世界=世間の了解を組み換えることによって、世界=世間についての新たな像を産出することである。

〝見えなかったものが見える〟ようになったり〝なにげない風景に特別な意味を見い出す〟ことである。この秘密戦という設定は、例えば紡績工場の労働者に、〝自分の生産している糸が、最終的には軍服となるとすれば、どれだけの糸を生産しているかという情報は直ちに軍隊の規模に関連するだろう〟と「自覚」させるかもしれないし、花屋の店員に〝時局柄、葬式用の花は、戦死者の数と結びつくかもしれない。戦死者の数はスパイの知りたがる情報に違いない〟と「自覚」させるかもしれない。隣の「奥さん」との世間話は、情報交換でもあるという意味でいって、もしかしたらスパイ行為になるかもしれないのだ。「秘密戦」という想定は、大衆にこの種の屁理屈を強制するものに他ならない。権力者の屁理屈が大衆の理屈より強いということは、解釈の権力を彼らが握っていることからいって動かし難い事実である。屁理屈は、その可能性を全く否定できないから〝屁〟がついても〝理屈〟には変りはない。国家は、マクロ—ミクロのメディアを動員してこのありそうにない〝可能性〟を限りなく〝ありうるもの〟へと変容させてゆく。そしてこの「秘密戦」という設定は、あたかも全ての「民」が多かれ少なかれ国家秘密に関与せざるを得ないものとして〝世界＝世間〟の像を描いてみせることによって、情報の自己管理、隣人との相互監視、沈黙の強制をもたらしたのである。これは総力戦という認識からいって当然の帰結であった。社会の総体が戦場と想定され、「国民」を全て「軍隊」として組織する願望（高度国防国家！）が露骨に表明されていた。情報は直接人から人へ横に流れず、必ず国家の機関に媒介されること、こうすることによって「国民」の思想、信条、体位から日常生活の細部に至る情報を掌握することを国家は目指そうとしたということができる。少なくとも「国民」の個人情報を全て完全に掌握しきれば、スパイ問題は生じる余地はないはずだからだ。この意味で明らかにこの防諜キャンペーンと国防保安法の制定をめぐる動きは、情報操作、情報管理のための組織化の戦術とみることができる。

ところで、この国防保安法の制定をめぐっては、当時でも異論が提起されていた。ひとつには、帝国弁護士会による批判で、主として、被告人の弁護活動に関わって、正常で必要な弁護活動が出来ない、というものだった。つまり、被告が国防保安法に違反したかどうかを具体的に判断するためには、国家のいうところの「国家機密」なるものの性格や内容が公判廷で議論されねばならないが、こうした訴訟手続き上の必要不可欠な弁護活動を国防保安法は制限した。もうひとつの異論は、国防保安法は、「国民」の生活に過度に干渉する危険性があるのではないかという危惧に関わる。同じ『週報』の1941年2月5日号に、司法省の見解として「国防保安法について」という文章が掲載されているが、これには次の様な言い訳けが述べられている。

「本法のいわゆる国家機密は、（略）高度の自然秘であり、客観的に存在し、本条の規定する要件を具備することによってその範囲、限界は自ら一定しているのであるが、取扱の慎重を期するため、本法施行において、主務大臣は国家機密に属する各事項につきその取扱者、その他関係する者に秘密保持上とるべき措置、その他その取扱方に関し必要な指示をなすべきこと（略）等について規定を設けた。

要するに国家機密は国家の最高機密であって、これを知る者は特定の官吏その他の極めて少数の関係者に限られているばかりでなく、前述のように慎重な取扱方法を執るのであるから、善良な一般国民が知らず知らずの間にこの罪に陥るというようなことは絶無といっても過言ではなかろう」（傍点は引用者による）

ここでは、「国家機密」を知る者は限定された官吏だから「善良な一般国民」が罪に問われるようなことはないと説明しているが、前述のように、現実には政府はむしろ一般国民への取締りの手段として国防保安法を構想していたことを知る者にとって、右の司法省の見解は明らかに空々しい言い訳にしかすぎない。しかしこれを言い訳だとして済ますわけにはゆかない。なぜならば、右の見解は、国防保安法の帝国議会への上程中に述べられたものであり、世論の一部にある危惧を払拭しようとする世論操作の一環だからだ。先にみた『週報』の議論は、法案成立後のキャンペーンとして展開されたものであり、この3箇月足らずの時間の流れは決定的に重大である。国防保安法の制定に至る過程では、司法省の釈明は、議論を法解釈の土俵の上に限定して設定し、あくまでこの法案の文言に即してみた上での議論へと誘導していく。しかし、実際に法が制定されてしまえば、取締りと捜査を行うのは、警察であり、法を前提としたキャンペーンを行うのはマクロ―ミクロのメディア装置である。制定法あるいは成文法とは、解釈の権力によって物質化される法なのであり、法解釈をめぐる論争は、裁判というゲームのルールの場を除けば、全く無意味である。そして言うまでもなく裁判制度とは、国家が用意した解釈の権力装置である。

こうして、国家は「スパイ」という問題に関して、二つの戦術をとったことが明らかになる。ひとつは、国防保安法をめぐる法解釈の土俵を用意することである。国防保安法とは、制定法であり、その限りで問題は法解釈上の問題である、とすることによって、この法律を後盾にして展開される権力による「スパイ」キャンペーンや「国民」の動員、相互監視、警察の摘発といった具体的な権力の行使を一切隠蔽し、法の成立が、「国民」生活とは無関係な「高度な自然秘」に属することを繰り返し喧伝した。もうひとつは、「スパイ」とは法の問題に集約されないという立論によって、一切の法とは次元の異なる（法を逸脱した）ところで設定された権力行使の正当化である。前者に関しては、法律上の人権問題を云々したとしても、「善良な一般国民」が罪に問われることはまずない、という解釈の権力者による空手形を引き出すのがせいぜいのところであり、後者は、法ではなく道徳や愛国心の問題（「国民の自覚線」！）といったレベルにおける相互監視と規制として作用するために、もはや法は問題とはならないとして法治国家の縛りを迂回する。この両者の間隙にあって、捜査機関や情報のメディアは、この法のレベルと道徳のレベルを迂回する装置となる。警察は監視の機関として、メディアは情報とイデオロギー操作の機関として機能する。しかも、国防保安法制定以降実際に「スパイ事件」としてキャンペーンに利用されているのは、小説や映画のスパイ物語もどきのものばかりであるか、「スパイ」と言いうるかさえはっきりしないフレーム・アップに近いものばかりである。逆に現在ではこのことを捉えて、こうした防諜立法が「善良な国民」とは無関係なものである根拠の宣伝材料にされるが、実はそうではなく、明らかに法以前の――あるいは法とは位相を異にする――レベルで、「スパイ」をめぐる相互規範を成りたたせる権力の装置が作動していたというべきである。では、もしそうだとすれば、国防保安法などという法をあえて制定することは何の意味があるのだろうか。明らかに法の条文には意味（あるいは実質的な重み）は余りない。現行法の拡大解釈によってどれだけのことでも可能である。とすれば意味があるのは、この法をめぐる運動と、その運動によって形成される世界＝世間の意味変容であろう。国家にとって重要なのは、法として具体化されるまでの過程であり、法という形式による新たな〝世界〟の確認であり、法とはこの運動と〝世界〟のシンボルに他ならない。従って核心は法にあるのではなく法の残余にあるのだ。法の制定とはこうした一連の動きのための舞台回しとして、必要不可欠な仕掛けであったにすぎない。

さて、ではこの国防保安法制定へと形式上集約される防諜キャンペーンは、いったいどれほどの現実的効果を上げたのだろうか。前掲の図でいえば、この秘密戦なる戦闘でどれほどの「国民の自覚線」なる防衛線が形成できたのだろうか。このことを確証できるほどの材料を私は持ち合わせていない。防諜ポスターの作成、防諜映画の上映、新聞やラジオを通じての宣伝、そして町内会レベルでの防諜キャンペーンへの動員といったことが次々に企画されていたことは事実である。ポスター、映画、新聞、ラジオは、今でこそ時代遅れのメディアだが、当時でいえばニューメディアに近い。こうした外部注入によって、大衆の意識をどれほど変えたのか、大衆がどれほど「スパイ」なるものを腑に落ちるものとして納得したのかは確かめ難い。しかし、国家によるキャンペーンが繰り返されれば繰り返されるほど、そのことじたいが実は思うほど国家の意図に沿うようには事態は推移しなかったことを示しているようにも見える。「国民」が「一億防諜戦士」に変身したとは思われないが、国家が与えた新たな〝世界＝世間〟についての像を否定する別の世界を公然と口にすることが封殺されたという点では、国家はその作戦の半ば以上を達成したと言える。このことは、一年後に再び『週報』が「大東亜戦争下の防諜」と題した特集（42年7月1日号）を組んだ際に、問題の核心はもはや「秘密戦」としての防諜にはなく、新たな〝世界〟への意味付け＝思想戦にあるとして、イデオロギー教育へと展開してゆくなかにも読みとれる。

●

以上のようにみてくると、総力戦のなかでの秘密戦において、国家が想定した第一の敵とは、外国人や外国の合法組織などではなく、実は大衆の意識に存在すると思われる国家や戦争を「二の次」とするような〝世界＝世間〟認識であったということができるかもしれない。秘密戦とは、マクロ－ミクロのメディアの装置を利用して、大衆のイメージのなかで闘われたのだ。彼らは自らの行動や思考のひとつひとつに対して、自前の判断と国家の強制する判断の間を揺れる（つまりこの二つの判断を闘わせる）ことを強いられたのだ。

この半世紀も以前に起きた出来事は、果して、現在の私たちにどのような教訓を残しているのだろうか。

第一に、この防諜キャンペーンは、露骨なイデオロギーキャンペーンではないということである。つまり、本稿で取り上げた緒方論文も『週報』の論調も必ずしも天皇制＝国体護持を前面に押し出してはいない。成人相手に天皇主義イデオロギーは必ずしも実質的な意味で有効な統合軸ではなかった。実際には、もっと即物的で直接に身体性に訴えるレトリックが用いられている。それは端的にいって、「戦争に負けるわけにはいかない」という一点に集約されていると言える。戦争の勝ち負けを国体云々と関わらせるのは権力者の発想であることを何よりも彼ら自身が十分認識していた。大衆の敗北のイメージはもっと別のところにある。大衆は敗北が肉親や自らの死であったり、未知の異邦人による得体の知れぬ支配や暴力であることを直観する。少なくとも植民地の朝鮮や中国で支配者日本（人）が何をやり、彼らに対して日本人がどのような意識で接していたかを肌身で知る大衆が、支配される立場の民族となることが、いかにみじめなことかを自覚していたわけで、それを畏れていたことは言うまでもない。少なくとも、この時点ではそう言ってよいように思われる。この大衆の畏れに、国家は何よりも攻略の焦点を絞った。これはそのまま現在でも、ソ連脅威論や北海道占領幻想として生きている。

第二に、情報の組織化である。マクロ—ミクロのメディアを縦横に駆使し、言説のスタイルを変える手法は言うまでもなく当時も現在も変わるところはない。大韓航空機爆破事件なるものの場合でも、本稿で今までに述べた点をふまえれば、意識操作の典型であることがわかる。私たちは、マス・メディアから繰り返し日韓両国の捜査当局や政府の情報を与えられた。これらの情報は、ニュースソースを考慮すれば、「真実」として鵜呑み出来るものではない。マスメディアに言わせれば、「韓国の国家安全企画部によれば」とか「日本の外務省によれば」等々の情報源を明示しての報道であって、それを「真実」として報道しているわけではない、というかもしれない。しかし、マスメディアの情報は、文法通りには読まれるわけではない。見出しが読まれ、情報源に関わる枕詞や、「……と伝えられている」「……である可能性」などの推量的表現が一切読みとばされて、情報として固定化されていくのだ。しかも情報量の多寡はそのまま情報の価値の多寡に転化される、（記事の扱いが大々的なほど価値が大きいという先入見）から、朝鮮民主主義人民共和国は圧倒的に不利になる。

戦後の福祉国家体制とコンピュータ化は、個人情報の把握を当時より格段に容易にしてきた面があるが、他方で都市化と人口の流動化が地域の人的結びつきを稀薄にしてしまったために、とくに都市部ではミクロなメディアの装置が十分に機能しなくなったとも言える。マスメディアの情報供給量が飛躍的に拡大し、それがこのミクロなメディアの不備をカバーしていると言えるが、しかしこのマスメディアにはフィードバックの機構がない。世論調査と選挙はこの意味で極めて重要なフィードバック機構の位置を占めている。とりわけ前者は情報処理テクノロジーの「進歩」に伴ってその重要度と効果が大きくなっていること、また政府だけでなく民間の学術調査、情報機関を含めると、情報のフィードバック機構は徐々に整備されてきているとみることも可能である。同時に、企業内部の情報管理の問題が、まさに企業の〝自覚〟に基づいて行われたことは、例の東芝機械事件でも明らかなところである。

こうして、半世紀前の事態は、一面で現在にまで通底する。それは、戦後が、武力戦なき総力戦としての世界体制――武力戦という〝野蛮でダーティ〟な部面を〝南〟の世界に押しつけたのだが――であることと不可分であり、同時に、それは、資本主義のテクノロジーが一貫して個々人の身体性を――精神的にも肉体的にも――細部にわたって操作可能なものにしようと企んできたことによって維持されてきたものだとも言える。しかしまた言うまでもなく歴史は繰り返さないのであり、またそれほど国家は愚かでもない。〝国家秘密法の制定は戦前の暗黒時代への逆もどりを許す〟という批判は必ずしも当っていない。むしろ国家は、現段階で可能な限りの情報とメディアのテクノロジーを駆使して、世界＝世間を、国家が願望する未来へ向けてねじ曲げようとしているのであって、この未来へのねじ曲げを批判するのでなければ有効な批判にはならない。

権力者は歴史を後戻りさせるのではなく、歴史を総括（解釈）することによって、未来における支配を確かなものにしようとするのだ。

この国家による世界（の像）と未来の簒奪に対して、私たちが対抗しうる道は、戦後民主主義の防衛や護憲では決定的に不十分だろう。守りの戦いは、最も多くのエネルギーを消耗する最も困難な戦いであることは、軍事のイロハである。こう考えると、私たちは想像力や未来の問題に対して、極度に衰弱した力しか持ちえていないことに気づく。私たちに必要なのは、私たちなりに権力に抗う方向に未来をねじ曲げることであり、そのための力であり、メディアである。それは単なる想像力の問題を越えるだろう。情報とメディア、そしてイデオロギーをめぐる権力の問題でもあり、私たちの身体性をめぐる政治の問題でもあり、軍事や暴力の問題でもあるだろう。しかし、残念なことに私たちに欠落しているのは明らかにこうした素材を物質化する——勿論国家や資本によるそれとは非相似的で、彼らの解読格子をハミ出すものとして物質化する——に足る十分な力である。

出典：民衆の表現の自由を確立する会編『危険なデモクラシイ』インパクト出版会、1988年

1960年代　批評の分水嶺

戦後から1960年代にかけての日本の美術批評を考える上で、2人の対照的な批評家、瀧口修造と針生一郎は欠くことのできない大きな存在だった。一貫してシュールレアリスムの擁護者であり続けた瀧口と、芸術を政治や社会との関わりのなかで捉える強靭なラディカリズムを維持し続けた針生は、戦後日本の現代美術が描く楕円の二つの中心とも言えた。60年代は、この2人の批評の方法が臨界点に達すると同時に、美術の表現が大きな転回をとげるなかで彼らの批評の方法もまた一定の総括を迫られた、そんな時代だった。

瀧口のシュールレアリスムへの関心のありかは、戦前から60年代に至るまで基本的には変わっていない。瀧口は戦前、戦後を通じて見事に一貫性を貫いた希有な詩人であり、批評家だった。

瀧口は、1938年に三笠書房から『近代芸術』を出版する。この本は、近代以降の芸術を概観したものではなく、ダダ、シュールレアリスムに焦点をあてた極めてラディカルな内容をもった著書だった。事実本書は、戦後三回も再版される。49年に三笠書房の「唯物論全書」の一冊として出版され、51年に新書版として同じく三笠書房から再版される。そして62年に針生一郎の解説を付して美術出版社から「美術選書」の一冊として復刊された。

この解説のなかで針生一郎は、戦前の三笠全書版は35年から刊行された戦前版の「唯物論全書」の続編という位置づけで、戸坂潤の勧めで執筆されたものだと述べている。しかし瀧口は、唯物論全書版への序文で、本書の内容がいわゆる「唯物論」という範疇にはとうていおさまらない内容を含んでいることから、「唯物論全書」の一冊としての位置づけには抵抗があることを率直に述べている。

確かに、『近代芸術』を唯物論の範疇に含めることには、かなりの無理があるように見える。しかし、ではなぜ戸坂は戦前、「唯物論全書」の続編に瀧口の著作を企画したのだろうか。しかし、もし、戸坂がダダやシュールレアリスムの芸術運動と政治運動の関わりについて、なにがしかの知識を持っていたとすれば、唯物論の範疇に本書を組み込もうとする意図は、決して間違ってはいなかったのである。このことを日本の多くの読者が知ることができるようになるには、60年代に入ってブルトンの『シュールレアリスム宣言』の翻訳が出版されるまで待たねばならなかった。

シュールレアリスムは、芸術運動だったが、同時に、芸術という分野に限定することのできない運動でもあった。むしろ20世紀の芸術のなかで、ダダ、シュールレアリスム、未来派といった第一次世界大戦から第二次世界大戦にかけて登場してきた芸術運動は、いずれも政治や社会への関心を持つ運動だった。

よく知られているように、シュールレアリスムの創始者、アンドレ・ブルトンやポール・エリュアール、ルイ・アラゴンらは、27年に共産党に入党する。24年に出されたブルトンの『シュールレアリスム宣言』と比べて、29年に出された『シュールレアリスム第二宣言』は極めて政治性の強い内容を持っていた。しかし、33年には党を除名されることになるように、シュールレアリストの政治的な問題意識や芸術表現の方法は、当時の公式マルクス主義（スターリン主義）との軋轢や確執をはらんでいた。

瀧口の『近代芸術』がすぐれた同時代の芸術運動についての紹介であるとはいえ、シュールレアリスムの運動に欠くことのできない上記のような政治との関わりについては、極めて寡黙だ。『近代芸術』では、ブルトンらが共産党に入党したことには一切言及されていない。「第二宣言」についても「最も注目すべきことは、彼らが唯物論的な思想に視野を拡大し始めたこと」と指摘し、その結果「この運動の芸術的体験や主張の発展に客観性を与え、超現実の現実に対する固有の関係を一層緊張させ、白熱化させることに貢献した」という評価を与えているにとどまる。シュールレアリスムがいったいどのような意味の唯物論的な思想と触れたのか、芸術的体験の客観性とは何を指し、超現実と現実の間にどのような緊張があったのかという点については、実は明確な説明がない。しかし、ハーバート・リードもまた戦前の論文「シュールレアリズムと浪漫主義の原理」でシュールレアリスムを唯物弁証法の芸術への適用であると解釈しており、唯物論の文脈でシュールレアリスムを解釈する視点は、一定の共通理解となっていたとも言えるのだが、そこに立ち入れない言論環境が日本を支配していた。瀧口は、41年に福沢一郎とともに治安維持法によって検挙されることになる。瀧口が後に回顧しているように、『近代芸術』に納められた文章群は「急速に迫っていたファッシズム的統制に対して、これらの自由芸術擁護のほとんど最後の役割の一端をつとめたもの」（「再版の序」）というのは彼の正直な実感だっただろう。

しかし、戦後60年代の始めという時代のなかの本書の意義を、戦前と同様の文脈で評価できるかどうかということになると、やはり留保が必要になる。福沢一郎は後に「用意周到な瀧口君はシュールレアリスム紹介の場合、決してフランスシュールレアリストの社会政治活動には触れないのを常としていた」と回顧している（福沢一郎「デマを越えて」）。もし、そうだとすれば、戦後なぜ瀧口はシュールレアリスムと政治との関わりについて戦前同様言及しようとしなかったのだろうか。

60年代は、それまでのシュールレアリスムへの否定的な評価が一転して、再評価を迎えることになる。これは国際的な現象だったが、日本でもブルトンの三つのシュールレアリスム宣言を収めた『シュールレアリスム宣言』の翻訳が61年に出版されるなど、再評価のための土台が徐々に形成される。この『宣言』ではじめて「第二宣言」の全文が日本語で読めるようになった。

私からすると、瀧口が論じてきたシュールレアリスムと政治の関わりと「第二宣言」の観点とではかなり印象が違う。第二宣言は極めて挑発的である。「今なおシュールレアリスムが暴力以外のなにものにも期待をかけていない」とか「今や、家族とか祖国とか宗教とかいう観念をぶちこわすために、全てのことがなされつつあり、また全ての方法はその目的のために使われねばならないのだ」といった、ある種のアナキズムの感性を持ちながら、他方で「社会的にはマルクシズムの公式を断乎たる調子でとりいれてきた」とも述べている。ブルトンがフランス共産党に入党した経緯もこの宣言には詳細に語られているし、また共産党との確執も率直に語られている。しかし、シュールレアリスムの実践的な欲求は、公式マルクス主義や政治党派との関わりでのみ論じうるというものではない。ブルトンらが党から除名されたことをもってシュールレアリスムの政治的な実践の終焉とみるとすれば、政治的な行為を党の実践に矮小化することになってしまう。こうした矮小化は、シュールレアリスムが持っていた実践的な欲求が、そもそも党のイデオロギーの枠には収まりきらない過剰な部分を持っていたことや、戦時下のレジスタンスも理解できないことになるだろうし、ブルトンらの米国亡命グループは別にして、戦後のシュールレアリストたちが持ち続けた政治的な関心も、視野に収められなくなる。

瀧口のシュールレアリスム論のこうした限界は、瀧口を名指しすることはなかったが、徐々に60年代のシュールレアリスム再評価のなかで、自覚されるようになった。例えば、『シュールレアリスム宣言』の訳者、稲田三吉は解説のなかで、日本の受容において「シュールレアリスムの革命的・政治的局面がかなり等閑視されてきたことである」と指摘し「1930年代の人民戦線とファシズムとの次第に激化してゆく抗争の渦中に投げ込まれたフランスのインテリゲンチャがひとりのこらず当面させられた問題」について、日本の紹介者たちの問題関心の低さを指摘した。

ブルトンは66年に他界する。この年の『美術手帖』12月号に掲載された瀧口、針生、飯島耕一による追悼座談会のなかで、飯島は、ブルトンの死を知って、広島の原爆記念館へ出かけたと述べ、「シュールレアリスムと原爆とは無関係ではない」と発言した。ダダ、シュールレアリスムは「破壊」を肯定する運動だったが、他方で、原爆もナチズムも別の意味で「破壊」の思想であって、飯島は「破壊の二つの意味」を対置させることの重要性を強調し、シュールレアリスムに関して、技法にのみ関心をよせる従来の関心の持ち方に疑問を提起し、「世界観としてとらえるべきなんだ」と述べた。しかし残念ながら瀧口は、この飯島の挑発的な発言に正面から答えることはなかった。皮肉なことに、60年代末の芸術運動は、一方のベトナム戦争、他方の大衆運動による既成の秩序の徹底した破壊欲求という二つの破壊に直面することになった。

瀧口は、戦後、破防法反対運動がようやく美術家たちを動かし始めた時期に、非常に珍しく政治的な文章を書いている以外は、表現の場においても政治に禁欲的だったように見える。瀧口は、シュールレアリスムの紹介者としての先駆的な業績において、その評価を貶められるべきではないが、戦前のシュールレアリスム解釈をそのまま戦後にも維持した彼の観点が、政治や社会と芸術との関わりを嫌うその後の日本の芸術環境のある種の前例となってしまったとすれば、やはり功罪相半ばすると言わざるを得ない。

●

大戦間期の芸術運動を、政治運動の側から捉え返そうとした批評家が針生一郎である。『近代文学』と『新日本文学』の二つの雑誌上でたたかわされた政治と文学論争を学生時代に経験し、50年代には若手の批評家として『美術批評』で、主としてリアリズムをめぐって論争を展開してきた。言い換えれば、針生にとっては、瀧口とは異なって、芸術の問題は、プロレタリア文化運動と切り離せないものとして意識されてきた。

針生は、60年安保のうねりを目前にしながら、彼自身の芸術運動の理論的な総括とでもいうべき論文「マルクス主義芸術論」を書く。針生は、第二インターの芸術論争を振り返りながら、30年代初頭に確立された反映論的なマルクス主義芸術論が、単なる階級心理や世界観の受動的な反映ではないこと、「芸術の相対的な独立性、創作方法の能動的な役わり」の意義を認めた点などを評価する一方で、反映論のかかえる問題を次のように指摘した。

「この反映論は芸術的表現をあくまで客観的現実に内在する法則の反映とみる立場をふくみ、そこに芸術社会学から尾をひく客観主義を陰に陽にしのびこませる結果となった。それは芸術創造の過程における感動や想像力の役わりを軽視して、素朴なリアリズムの概念とむすびつき、また芸術の政治的効用を強調するためには、以前にもましてイデオロギーの党派性を教条的にふりかざすほかない。そして、『客観的現実』の概念がソヴィエト社会の現状に、イデオロギーが当面の政策的顧慮に、機械的に結びつけられたとき、芸術論がマルクス、エンゲルス、レーニン、スターリンの教条のスコラ的な解釈学に終始し、そこから一歩もでようとしない風潮が生じたのは当然である。」

そして、30年代以降のソヴィエトは、多様な芸術上の冒険をことごとく閉塞させ、体制順応の文化的保守主義に支配されてしまう。こうして針生は「社会主義リアリズムはスタイル、手法、ジャンルの多様性をみとめる、とくり返し説かれたにもかかわらず、実際にはどの分野でも形式の画一化と紋切り型の表現がめだった」と指摘した。そしてこうした教条主義は、36年以後の形式主義批判と芸術家の粛清、さらに戦後の「社会主義社会にはもはや理想と現実の矛盾、本質的な葛藤は存在しない」とする「無葛藤理論」へと受け継がれていくと厳しく批判した。こうした批判は、芸術におけるリアリズムを、教条的な社会主義リアリズムにとらわれることなく、表現における革命のなかで再解釈する針生の批評の視点を切り開くことになる。その一方で針生は、ソ連・東欧など社会主義圏や第三世界の芸術運動にことのほか大きな関心を持ち、積極的な日本への紹介者として活動し続けた。これは他の美術批評家にはみられない大きな貢献であった。

●

では、60年代の現代美術の世界的な動向を主導するようになったアメリカ合州国の場合はどうだったのだろうか。60年代に美術をめぐる批評の軸となったのは、多分（高級）芸術の大衆文化との接点で発生した「ポップ」と総称しうるような新しい表現の是非をめぐる議論だった。当時最も大きな影響力を美術界に持っていたクレメント・グリンバーグは、ポップアートやネオ・ダダ批判の急先鋒に立っていた。彼は、この新しい芸術がキュービズムや抽象表現主義によって成し遂げられた色彩やデザインの冒険を超えられず、新奇さはあってもオリジナリティに欠け、市場で成功したとしても将来にわたって高い評価を得ることはできない一過性の流行だと否定した。

グリンバーグは、作品の表現様式に徹底してこだわり、作家の構想力に高い価値を置きながら、作品の外に出ることはなかった。キュービズムや抽象表現主義を論じている限りは、作品の技法や様式の外に出る必要はなかったと言ってもいい。しかし、ポップアートはそうはいかなかった。それは、現にある工業製品のとりすました再現、複製だからということではない。その主題には、暴力やセックスのように支配的な道徳と抵触するものが含まれており、社会的な文脈から切り離すことができなかったからだ。

スーザン・ソンタグは、60年代のはじめに、芸術作品の批評の方法として、作品の様式に徹底的にこだわることを通じて、グリンバーグとは逆に、作品の社会的な文脈を取り込むことを模索した。

ソンタグが60年代半ばに書いたエッセイ「反解釈」や「様式について」のなかで、作品をその表現の形式ではなく、その内容に還元して評価する伝統的な解釈の方法を批判した。彼女は「われわれの仕事は、芸術作品のなかに最大限の内容を見つけだすこと」でもないし「そこにある以上の内容を作品からしぼり出すこと」でもなく「ものを見ることができるように、内容を切りつめること」だと述べた。「作品と経験の確かな実在感を薄めてしまってはならない。批評の機能は、作品がいかにしてそのものであるかを、いや作品がまさにそのものであることを、明らかにすることであって、作品が何を意味しているかを示すことではない」と主張したのである。

芸術作品は、その内容ではなくその表現の形式によって、支配的な道徳や倫理からの攻撃に晒されてきた。例えばジャン・ジュネの小説に表現されている残酷さ、裏切り、好色などは、まさにその表現の様式によって非難されたわけだが、これに対してソンタグは、作品を現実の行為と結びつけて批判する従来の批評の態度を批判し、「ジュネは芸術作品を創造している限り、何も提唱しているのではない。彼は経験を記録し、貪り食い、変形するのである。ジュネの作品のなかではたまたまこの過程そのものが明白な主題なのだ」と述べた。

芸術を特定の道徳的な態度に即して評価を下すということになると、この道徳から逸脱する芸術は、この道徳を侵害するものとみなされ、否定されることになる。こうなると審美的な観点と道徳的な観点という二重の基準が成り立ってしまう。ソンタグは「審美的なものと倫理的なものの二種類の独立した反応があって、われわれが芸術作品を経験するとき、われわれの忠誠心を二分して対峙し合うのをみとめることになる。これではまるで芸術的経験をするあいだに、一方では責任ある人間的な行動があり、他方には意識の快楽的な刺激があって、この二つからひとつを選択しなければならないみたいではないか！」と述べて、こうした二重基準を批判したのである。

こうして、作品の表現様式が道徳や倫理と関わらざるを得ないとすれば、芸術の自律性などと言われるような、外部の世界から作品を切り離した解釈では通俗的な道徳の側からの攻撃に反撃できないことになる。「われわれは世界に住んでいるのだし、芸術の対象がつくられ享受されるのは世界だ」とすれば、作品の解釈を通じて、私たちのこの「世界」に対する態度によって反撃を試みる以外にないということになる。

●

日本でも、60年代の芸術が伝統的な意味での政治的な表現よりも、むしろ性的暴力的表現をめぐって、多くのスキャンダルや検閲に直面した。例えば、戦後の現代美術の最先端の試みを提供してきた讀賣アンデパンダン展は、作品の様式へ

赤瀬川原平「復讐の形態学（殺す前に相手をよく見る）」
1963年　紙・パネル、インク　90.0×180.0cm　名古屋市美術館所蔵

の道徳や倫理からの批判に耐えきれず、60年代という時代を乗りきることなく幕を下ろした。ソンタグがこだわろうとした解釈の問題は、この国の現代美術とも深く関わりを持つものと言えたのである。

62年第14回讀賣アンデパンダン展で作品撤去の事件が起きる。風呂おけに本物の出刃包丁を手にした泥棒姿の人形を入れて出品した広川晴史の作品「そろそろ出かけようか」、糸井貫二の株券と無修整のヌード写真を並べた覗き箱の作品、吉岡康弘の女性の性器の写真、絵の具の袋の上を観客が歩くと袋が破れて絵の具が染み出る時間派の作品が撤去された。出刃包丁が危険である、猥褻である、会場が汚れるなどがその理由だった。（赤瀬川原平『いまやアクションあるのみ、〈讀賣アンデパンダン〉という現象』）。そしてその翌年、赤瀬川は畳一畳分もある千円札の模造を出品した（図版）。この年を最後に、讀賣アンデパンダン展は中止される。その後赤瀬川は、千円札の包み紙などを制作し、65年に通貨偽造の容疑で起訴される。60年代末には、赤瀬川は『朝日ジャーナル』や『ガロ』などを舞台にパロディ漫画を書く「漫画家」として知られるようになる。

60年代の日本の現代美術は、日本的なポップの新しい表現を生み出した。ハイアートとしての芸術と大衆文化の表象との境界は曖昧になるだけでなく、通俗的な文化の表現が芸術の不可欠な「資源」となった。鶴見俊輔がいわゆる芸術と大衆文化の境界にある新しい芸術のカテゴリーを「限界芸術」と命名したのは60年だったが、『限界芸術論』として出版されたのが67年である。そして、漫画、大衆雑誌の表紙絵など、キッチュな表現を批評の対象とした石子順造などが、逆に赤瀬川らの表現をこうした大衆的な表現の文脈のなかに位置づけなおすことで下からの「高級芸術」の解体が試みられていった。こうして、60年代は、「高級芸術」と大衆文化の境界が切り崩され、芸術の政治性は、党や階級闘争の側からではなく、性や暴力をめぐる生活世界の側からたち現れるようになった。美術批評が前提にしていた芸術の解体を解体した時代、それが60年代であった。

［参照文献］

瀧口修造『近代芸術』（美術出版社、1962）。

ハーバート・リード「シュールレアリスムと浪漫主義の原理」、『モダンアートの哲学』宇佐見英治、増野正衛訳（みすず書房、1955）。

福沢一郎「デマを越えて」、『美術批評』1952年5月号（美術出版社）。

アンドレ・ブルトン『シュールレアリスム宣言』稲田三吉訳（現代思潮社、1961）。

瀧口修造、針生一郎、飯島耕一「アンドレ・ブルトン永遠に封印された謎」『美術手帖』1966年12月号（美術出版社）。

『コレクション瀧口修造』第9巻（みすず書房、1992）。

針生一郎『マルクス主義芸術論』講座『現代芸術』第6巻（勁草書房、1960）。

クレメント・グリンバーグ「抽象表現主義以後」、川田都樹子、藤枝晃雄訳、『批評空間』臨時増刊（1995）。

スーザン、ソンタグ『反解釈』高橋康也他訳（竹内書店新社、1971、後にちくま学芸文庫）。

赤瀬川原平『いまやアクションあるのみ、〈讀賣アンデパンダン〉という現象』（筑摩書房、1985、後に『反芸術アンパン』として筑摩文庫）。

鶴見俊輔『限界芸術論』（勁草書房、1967、後に講談社学術文庫）。

石子順造『俗悪の思想——日本的庶民の美意識——』（太平出版社、1971）。

出典：『20世紀の記憶1961‐1967年』、毎日新聞社所収、2000年

サイバースペースにおける闘争と「主体」

生産現場や企業内の人間的な条件の制御と、市場の制御、これこそが20世紀の資本主義が取り組んできた技術進歩の方向性を決定する重要な要素だった。少なくともいわゆる民生用の技術が目指す技術の基本的な性格は、時間の効率性と結果の確定性の技術であり、この技術が主としてターゲットとしているのは、人間の非機械的な要素の排除、機械への組み込みである。サイバースペースは、こうした資本の一連の展開と無関係ではない。(注1) むしろ人間の非機械的な要素のなかの特に(広い意味での)言語的な要素、コミュニケーションの要素が主要なターゲットとなっている。コミュニケーションを機械的に制御することは従来の技術ではできなかった。しかし、コンピュータを媒介するコミュニケーションは、コミュニケーションの機械への代替を意図していると見なせる多くの兆候をもっている。言い換えれば、コミュニケーションは、かつての工場労働者が自らの肉体的身体をもって示した階級闘争の主体としての有り様と同様の階級的な対立の結節点となっているのである。これまで個体としての個別の労働者は大衆的な労働者としての集団性を工場や労働者街を構成する都市のなかで組織した。しかし、コミュニケーションにおける階級闘争を担う主体は、こうした意味での肉体的な身体、皮膚に覆われた肉体と脳を境界として設定することはできない。たとえ、殴られる私の痛みを感じるのは、ほかならぬ唯一無二の今ここにいる私だとしても、闘争する私もまた今ここにいる私であると限定することはできない。私と連なっている端末は、私と不可分であるし、その先に連なるデータの流れも私と「不可分」である。

現在、サイバースペースが巻き込まれているのは、市場の原理で言えば、結果の確定性の局面である。速度の問題が解決されたというわけではないし、ますます資本はどん欲な要求を出しているが、これに比べて結果の確定性問題はずっと立ち後れている。人間の意思決定を制御しきれていないからだ。コミュニケーションにおける摩擦と制御、

(注1) 資本主義の社会規範と技術が、時間の効率性と結果の確定性をめぐって展開されることについては、拙著『支配の「経済学」』れんが書房新社、『搾取される身体性』青弓社参照。

主体の後に登場するコミュニケーションの主体、そしてサイバースペースの階級闘争の主体がテーマとなる。

●

19世紀から20世紀にかけてのフレデリック・W・テイラーによる科学的管理法や、ヘンリー・フォードの大量生産システムが、古典的な帝国主義の時代における資本主義の人間＝労働者管理（操作）の基本的な実践イデオロギーであったとすれば、丁度これと同等の位置をしめる戦後冷戦期の人間観の方向性を決定づけたのは、ウィナーのサイバネティックスと言っていいだろう。ウィナーは反共的なヒューマニストとして、人間の非人間的な扱いを厳しく批判した。「ファシストや実業界や政界の有力者が抱いている社会理念」としてたびたび彼は、トップダウン型の指揮命令系統に組み込まれた人間関係に言及している。こうしたシステムは、人間をある高級な神経系を持つ有機体の単なる「行動器官」に引き下げるものであり「人間の非人間的な利用」だと批判した。(注2) こうした非人間的な人間の利用は、奴隷であれ工場の単純労働に従事する労働者であれ、同じように「人間に対する冒涜」だという。そして彼は、サイバネティックスは、フィードバック機構を組み込むことによって、一方的な指示・命令機構とは根本的に異なる人間関係を構築できると信じた。

ウィナーは、人間とは「自己の行動パターンを過去の経験に基づいて修正し、特異な反エントロピー的目的の達成に適合させる」(注3)のであって、予定調和的な行動をとるわけではないと見ていた。だから、「命令を下す管理者は、国家の場合であれ、大学や会社の場合であれ、上から下への命令の流れだけでなく、両方向的な通信の流れをつくっていかなければならない」(注4)こと、つまり「社会的フィードバック」の必要を強調したのである。

このフィードバックによって人間は学習を積み重ね、発展することができるのであって、それがアリの社会との違いだ、という。「多様性と可能性は人間精神に本来そなわったものであり、人間の最も高貴な飛躍の鍵をなすもの」

だという。（注5） 多様性と可能性という観点は私も共有するが、問題は、果たしてウィナーのような観点が文字通りの多様性や可能性を保障できるのだろうか、ということである。

例えば、フィードバックについてウィナーは、次のように述べる。

「フィードバックとは、あるシステムが既に遂行した仕事の結果をそのシステムに再投入することによって一つのシステムを制御する方法である。仕事の結果が、そのシステムのなす判断とその調整のための数値的データとしてのみ用いられているならば、それは制御技術者のいう単純なフィードバックである。しかし、仕事の結果から送り返される情報が仕事の一般方式と仕事遂行のパターンとを変更することができるものであるならば、その過程は学習と呼ぶのが当然である。（注6）」

フィードバックや学習は、双方向のコミュニケーションによる制御を可能にするということが前提となっている。しかし、こうしたフィードバックが可能なためには、双方向のコミュニケーションを成り立たせる場を、そこに参加する人たちが前提条件として了解し受け入れている場合である。この前提条件が共有される場合のみ、このフィードバックはシステムを制御し、ある種の安定的な条件を探し当てることができる可能性が高くなる。言い換えれば、サイバネティックスが想定できるフィードバックは、システムの自己解体を予定していない。資本主義的な市場経済の

（注2）ノーバート・ウィナー『人間機械論』鎮目恭夫、池原止戈夫訳、みすず書房、23ページ。
（注3）ウィナー、同上書、47ページ。
（注4）ウィナー、同上書、49ページ。
（注5）ウィナー、同上書、51ページ。
（注6）ウィナー、同上書、61ページ。

システムが与件とされた場合、このシステムが内部的に抱えた矛盾や摩擦が、フィードバックの回路を通じて「解決」されるとしても、それは与件とされた資本主義的な市場経済のシステムが解体される（つまり、システムダウンを通じて異なるシステムへと転位する）ことは想定されていない。この想定外の事態は、フィードバックのモデル自体の限界であるにもかかわらず、逆にこのようなシステムそれ自体の前提を覆す要求や摩擦は、システムに対する敵対として（これは認識として間違っていない）排除される。排除とは抑圧や犯罪化や政治的な弾圧を意味するのだが、フィードバックから排除されたこうした前提条件への異議申し立ては、このシステムからは見えてこない。

これは、資本主義か社会主義か、という体制選択の政治的な実践をあらかじめ封じ込め、所与のシステムがフィードバックの機構を組み込むことさえできれば、最大限の「満足」を保証するかのような見掛けが用意できるということだ。その意味で、サイバネティックスは、それが政策のなかで制度化されれば、明らかに一定の政治的な効果を発揮する。もちろんウィナーは、こうした政治的な効果を直接意図したわけではない。テイラーの科学的管理法が、彼個人の主観のなかでは労資がともに利益を分けあえる共存共栄のモデルだと信じながら、実際には資本の効率性原理に抵抗する労働者の集団性や移民労働者の文化と敵対し、その後のフォード主義的な機械化と労働者への管理に道をひらいたように、ウィナーのサイバネティックスは、その後の人間のコミュニケーションの「フォード主義」的な機械化と社会化された労働者への管理、すなわち資本と国家に制御されたコミュニケーション・ネットワークの機械化への道を開いたのである。

このことは、少し考えれば誰でも気づくことである。しかし、その後の高度な資本主義がこぞってこのフィードバックモデルを導入した背景には、これだけでは説明できない問題がある。それは、人々の日常行動を支える意識の短期的でミクロな選択と、長期的でマクロな選択の間にある亀裂を、このモデルは巧妙に利用しているということである。フィードバックモデルは、人々の日常的な行動や欲求に照準を合わせる。今ここで人々が抱く不満や要求を、今ここで解決できることへと人々を導くのだ。例えば、新しい装置の導入が労働組織を大きく変更するという場合、装置導入の是非という問題を棚上げにして、装置が導入されることを大前提として、導入に伴う労働者からの要求に応える（フィードバックの回路に組み込む）ことへと労働者の意識を促す。賃金の査定にあたって、労働の成果主義を導入する場合、賃金を生活賃金とみるのか労働の報酬とみるのかという賃金についての基本的な認識上の矛盾と対立は棚上げにされて、賃金は労働の成果に応じて支払われるという前提の下に、成果の客観的な評価基準をめぐる議論へと人々の要求を導くことによって、フィードバックのシステムを構築する。

労働者が日常的な労働のなかで感じる不満や要求は、現象的に見れば極めて個別的、個人的であったり、あるいは主観的なものだが、従来の大衆化された労働者とその組織は、こうした個別具体的な要求を階級的な平面で解釈する。すなわち個別具体性を搾取の構造へと媒介する現実を捉える解釈の装置を備えていた。この解釈の装置を通じて、組織された大衆的な労働者は、資本に対して拒否の力を行使する。この拒否の力は、同時に文化的な価値意識として、労働者の日常を構成することによって、拒否の否定性が創造的な具体性に媒介される。フィードバックによる労働者制御は、この解釈の装置が依拠する労働者の階級的な意識構造を、個別具体的な日常性のなかで解体する機能を果たす。言い換えれば、組織された抵抗の力を削ぐのだ。日々の微細な要求に資本は応じながら、制度的な解体を回避する。同時に、労働者の拒否の力を支える文化的な同一性の構造を破壊し、拒否を無駄な努力へと陥れる。この間隙をうめるのが、資本の用意する消費社会であり、消費者へと階級的な構成を解体する市場の力である。

しかし、大衆的な労働者の組織と文化を解体して、人々の社会的なアイデンティティを消費者へと転位させるこの試みは、逆に、消費領域（それは、同時に資本にとっての不確定性の領域でもある）のなかに隠された労働の領域＝〈労働力〉再生産領域を意識化させ、資本主義的な労働の構成が、賃労働の枠組みを大きく超えて社会化されている事実を自覚化させる契機にもなる。消費領域は、資本による確定性要求がうみだす不断の消費者への監視を通じた個人情報の蓄積と、国家による総資本の利害を代位する〈労働力〉再生産管理（主として家族、教育、医療、社会保障、そして警察）を促すことになる。ここで私が言いたいのは、福祉国家ではなく経済計画国家の側面である。この両者は概念的に区別されるべきものだ。本稿で詳しく述べる余裕がないが、福祉国家は、消費社会の枠組みから排除される部分を消費社会の枠組みに再編入させるのに対して、経済計画国家は、国家の総資本的な機能であり、インフラを整備するための公的な資本投資や総資本としての消費者制御のシステムである。消費生活を促す（消費を促したり貯蓄を促すなどの経済行動）から労働市場への〈労働力〉の参入と退出の制御（家族政策、とりわけ女性政策、移民労働者の規制、再賃労働化可能な失業者のトレーニング）まで、国家は人々の金の使い道やモデルとなる生活様式を「国民」的な枠組みで提示する。資本が労働現場だけでなく、消費生活の要求をフィードバックの機構へ組み込もうとすればするほど、資本はアリ地獄のように、人々の多様で微細な欲望を消費過程に、すなわち資本による商品の販売過程に接合し、データを収集し、生産過程にフィードバックさせ、同時に、フィードバック可能な範囲に人々の欲求を気づかれないように囲い込むことを余儀なくされる。

●

ウィナーの社会観を支えたもうひとつの観点が言語やコミュニケーションへの注目である。注目というのは正確ではないかも知れない。ウィナーは、人間の本質（さらには有機体の本質）はある種のメッセージであり、メッセージのパターンを維持するホメオスタシスこそが自己同一性の判定基準をなすという。現代的な言い回しをすれば、遺伝子情報こそが人間の自己同一性の本質だ、ということだろう。ウィナーは遺伝子を情報とみなすような理解が一般的になるよりもずっと以前に、こうした現代的な人間の情報への還元に言及していたわけである。

ウィナーは「われわれは持続的に存在する物ではなく、自己持続的に存在するパターンである」(注7)という観点から、人間もパターンである限り、それはメッセージであり、メッセージであるならば、それは伝達可能なはずだという。極端な話、人間の体の全てのパターンを通信でき受信できればどうなるか・・・。そうなれば「もとの肉体と頭で行われていた過程が継続するばかりか、継続に必要な全体的整合がホメオスタシスによって維持される」ということがありえるかも、という。(注8)

ここから、ウィナーは人間の境界を生物学的な身体の輪郭によって画されたものとみる見方を否定する。「一人の人間の言葉が伝わり、その力が届くところの地点にはその人の支配と、ある意味ではその肉体的存在が延長される」「全世界が見え、全世界に命令が伝わることは、あらゆる地点にいるのとほとんど同じことである。(注9)」

ウィナーが想像しているのは、SF小説のトランスポーテーションなどではなく、例えば、ヨーロッパの建築家がアメリカに設計図を送って建設する場合、現場にテレックスで指示が出せれば、「建築家の身体と彼の書類との物理的伝送を、通信による通信文伝送で置き換えることができ」るといった事態のことだ。(注10)情報通信は、「人間の感覚と行動能力との範囲を世界のすみずみにまで拡げる」のであり、「物質の輸送と通信文の輸送との区別は、理論的な意味ではけっして永久的なものではなく、橋渡しできないものではない(注11)」という。ウィナーが侮れないのは、こうした情報化を拡張する人間観、あるいは人間の情報化の観点をさらに個人という概念を再度捉え直す契機にまで突き詰めようとしたことだ。彼は次のように書く。

(注7)ウィナー、前掲書、100ページ。
(注8)ウィナー、同上書、100ページ。
(注9)ウィナー、同上書、101ページ。
(注10)ウィナー、同上書、102ページ。
(注11)ウィナー、同上書、102ページ。

「一個体の肉体的な自己同一性は、それを構成している物質に存するのではない。・・・一個の生物の生物学的個体性は、ある種の過程の連続性と、その生物のもつ自己の過去の発達の効果についての記憶とに存するように思われる。このことは、その生物個体の精神的な発達についてもあてはまるように思われる。計算機の言葉で言えば、一個の精神の個体性は、それの初期テーピング［プログラミング］と記憶の保有と、既に設計されている線にそってのそれの継続的発達とに存する。(注12)」

こうして「われわれが一個の人間のパターンをある場所から他所へ電信で送ることができないという事実は、恐らく技術的な困難による(注13)」という極論とすら思える議論を展開する。もし私たちが、「個人」の観念をこの皮膚で覆われた身体と、この身体の一部をなす脳が構成する自己意識（それにフロイトのいう無意識を加えても同じことだが）として想定するとすれば、このウィナーの記述はまるっきりのSF小説の範疇の話でしかない。しかし、「私」という個人は、そのようには社会的には存在していない。今この文章を読んでいるあなたは、この文章の著者である「私」をこの文章を通じて認識している（知っている／感じている）が、それは文字通りの「私」が有している自己意識とは異なるものだ。買い物でクレジットカードを差し出す「私」がいるとして、このクレジットカードを受け取り、認証作業をコンピュータの端末で処理する店員は、目の前にいる「私」を買い手として信用するわけではなく、クレジットカード会社が蓄積している「私」の信用情報の私を信用し、このデータ化された私こそが買い物の真実の相手なのだ。クレジットカードを所有している私は、ここでは見事に転倒されて、カードが主体となり、「私」は単なるカードの担い手になる。自動車免許証にしても、交通警察官が関心を持つのは免許証であり、「私」ではない。「私」は免許証に記載されたデータを「メートル原器」として尺度される。免許証は、公的機関が発行した個人識別のためのデータであり、公的権力による正当化を経ているが、「私」は公的機関が発行した身体ではない。常に疑いの眼差しは「私」に向けられる。バスや電車に乗る「私」はチケットでしかなく、学生の「私」は学生証や成績データベースに記載されたデータでしかない。

このように考えれば、私たちの日常生活はデータ化され、断片化された個体に取り囲まれた世界であり、むしろ生身の身体がそのまま登場し、それ自体として相互に関わること（あるいはそれに近い状態）の方が極めてマレであり、むしろそうした関わりは困難になっていることに気づくはずだ。こうした諸個人のデータ化は、決してコンピュータ化にはじまったことではない。コンピュータ化以前のデータ化されたシステムのなかで、近代社会を支配してきたのは、市場経済における価格情報と国家の官僚組織である。市場は諸個人相互の関係を価格として数量化することを通じて、個としての差異を量に還元した。こうすることによって、紙と鉛筆によって計算可能な量関係へと抽象化することができたわけだ。コンピュータによる情報処理の高度化が実現するまで、人類は、古代から近代まで、その計算に要する基本的な速度は変えることができなかった。だからこそ市場は、価格への還元を通じて最も効率的な情報処理のシステムとして機能し続けたわけだ。

逆に、コンピュータ化とは、こうした量への単純な還元を不要にした。個別性や差異をそのままデータ化して処理できるようになるとともに、市場経済は、価格＝交換価値への還元とは別の水準での市場支配を実現できるようになった。使用価値はもはや交換価値の敵ではないし、貨幣の物神性や交換価値により使用価値の支配は、問題にならなくなった。使用価値は交換価値の同伴者となって、人々を市場に従属させ、使用価値は使用価値それ自身で物神性の担い手となる。こうして、私たちは、（交換）価値からだけでなく使用価値からも解放されなければならなくなったし、同時に、社会に散逸している「私」を再度私の下に統合し、私の自立した管理のもとで再構成する作業にとり

（注12）ウィナー、同上書、105ページ。
（注13）ウィナー、同上書、107ページ。

かからなければならなくなった。

●

近代的な主体や個人の解体を思想家たちが気づいたのは、それよりもかなり前に、今世紀の後半に入り、コンピュータ科学が個人を情報化可能なデータとして解体しはじめるなかで模索されてきた人間観が、現実の社会関係のなかで自覚化されるようになったことによる。この意味でポストモダニズムの思想は、唯物論の手のひらで踊っていたにすぎない。

しかし、こうした主体の解体を自覚化させたのは、サイバネティックスやコンピュータ科学そのものであったのではなく、これらが対象とした制御可能な人間たちの外部に登場した招かれざる他者たちだった。この他者たちを経由して、フィードバック不可能な集団の存在が浮上し、主体の解体が自覚化されたわけである。

ジャック・デリダが差異や差延という概念によって論じようとしたのは、このフィードバックによる制御のシステムの外に出ることをテキストの解釈の領域で模索したものと言える。ハバーマスが目的合理性の行動に侵蝕されるコミュニケーション的な相互行為を目撃しながら、民主主義の合意形成のために格闘しているその同じ場面で、デリダは、むしろ目的合理性をターゲットに、その解体を情報伝達の基本的な公理それ自体にむけて仕掛けた。デリダがヘーゲルの弁証法における矛盾の第三項における止揚を、差異の自己の現前性への「監禁」だと批判した文脈は、形而上学への批判ではなく、そのようにして認識され、問題を解決しようとしてきた近代的な知と技術――彼はそれを主として言語とテキストに関して、また、人類学におけるエスノグラフィの技術について論じたわけだが――の問題として提起していた。デリダが『ポジシオン』のなかで、「脱構築の一般的な戦略」と呼んだものは二項対立の中性化を回避し、「諸対立の閉鎖的な分野のなかに、その分野を堅固ならしめつつ、ただ単に居住することをも避ける」

戦略としてであった。デリダは次のように言う。

「重層的な、位置のずれた、また位置をずらすようなエクリチュールによって、一方では、高位にあるものを引き下げる逆転、高位にあるものの昇華的ないし観念化的系譜を脱構築する逆転、他方では、ある新しい『概念』――もはや以前の体制のなかには含みこまれるままにはならないものの、かつて一度もそうされるままにならなかったものの概念――の侵入的浮上、この両者のあいだの隔たりを標記する必要があります（注14）」

この「隔たり」を標記できるのは「寄せ集め的」と彼が呼ぶテキストによってしか可能ではなく、これによって、一点を指定することを不可能にし、リニアなテキストを拒否することができると考えた。この考えの背景にあるのは決定不可能性の持つ可能性である。決定不可能であることによって、二項対立に「住み、それに抵抗し、それの秩序を混乱させる」「決してなんらかの第三項を構成せず、思弁的弁証法の形式におけるなんらかの解消を引き起こすものでは決しありません（注15）」という。こうした秩序の混乱因子、あるいは第三項の構成の拒否をデリダは、多様性というだけでは不十分であり（それは、弁証法の地平に回収されかねないからだが）、テキストを真理の名において固定する一切の試みを拒否できる別の「一般性を有する操作子」、「散種」を提起する。

「散種は、非―有限数の意味論的諸効果を産出するものなので、なんらかの単一な始源的な現前者に連れ戻されるままにならないし・・・なんらかの終末論的現前性にも連れ戻されるままになりません。散種はある解消不可能な、

（注14）ジャック・デリダ『ポジシオン』高橋允昭訳、青土社、61～62ページ。
（注15）デリダ、同上書、63ページ。

生産的な多様性を標記しているのです。ある種の欠如の代補と波瀾が当該のテキストの限界を打ち破り、そのテキストの網羅的かつ囲い込み的な形式化を、あるいは少なくともそのテキストの諸テーマの、所記の、意義作用の飽和化的な分類学を禁じるわけです(注16)」

このテキストが、人文学的な、あるいはアカデミズムの学問的な領域にあるのであれば、それは新しい可能性を具体的に引き起こす。その限りでは生産的な多様性を表記しているかもしれないが、実践的なテキストにおいてこのようなことはいったい可能なのだろうか。デリダは、彼の脱構築の方法がある種の思想の遊びとなり、現実が突きつける様々な決断を常に留保したり回避する(差延の反動的な解釈)現状維持のニヒリズムとして利用されることに警告を発している。例えば、彼は、正義における決断の問題をとりあげて、法の自己規定が含む決断、正義の決断に対する脱構築の態度を「決断不可能性」として示すが、これはイエスかノーか、という二者択一の分岐において立ち止まるのではなく、二つの決断のなかで揺れ動く緊張関係であるだけでなく、次のような経験を含むものだという。

「計算可能なものや規則の次元になじまず、それとは異質でありながらも、法／権利や規則を考慮にいれながら不可能な決断へとおのれを没頭させねばならないもの・・・の経験である。決断不可能なものの試練を経ることのない決断は、自由な決断ではないであろう。それは、ある計算可能な過程を、プログラムとして組み込むことができるようなかたちで適用すること、あるいは断絶させることなく繰り広げること、にすぎないであろう。そのような、決断は、多分合法的ではあるだろうが、正義にはかなっていないであろう(注17)」

不可能な決断は、立ち止まることではない。むしろ逆に不可能であるがゆえに常に動き続けなければならないのであり、この不可能性を通じてしか自由な意思は発揮できない。

これは、正義をめぐる真偽の前での二者択一の選択という閉じられた関係を想定してのことではない。デリダは常にその外部、他者を招き入れる。こうしてシステムは不可能な判断の前で不安定になるだけでなく、システムそれ自体を成り立たせる境界それ自体の解体を取り込もうとする。フランス人権宣言、奴隷解放宣言から現代の解放闘争までを念頭におきながら、「解放を掲げる古典的理想ほど、すたれずにいるものはほかにはない」と断言し、次のように語る。

「今日この理想の権威を失墜させようと試みることは、強引なやり方によるのであれ、手の込んだやり方によるのであれ、少なくともいささか軽率であり、様々な最悪の共謀関係をとり結ぶことになるのは避けられない。なるほど、支配からの解放《エマンシパシオン》、重荷からの解放《アフランシスマン》、拘束からの解放《リベラシオン》の各概念を捨て去ることではなく、それどころか、われわれが今記述している様々な奇妙な構造を考え合わせながら、これらの概念を練り直すことも必要である。しかし地＝政学の大きなものさしによって今日判別することのできる、法＝政治化されたもろもろのテリトリーを越えたところに、また自己利益優先で行われる横流しと臨検を全て越えたところに、それぞれの立場で特定の観点から国際法を自分に合うように捉え直そうとする作用を全て越えたところに、これとは別物である様々なゾーンが絶えず開かれねばならない。[注18]」

（注16）デリダ、同上書、67ページ。
（注17）デリダ『法の力』、堅田研一訳、法政大学出版局、59ページ。
（注18）デリダ、同上書、75ページ。

デリダが、ここで念頭に置いている「別物である様々なゾーン」とは、国境の外にある非西欧世界、国境のこちら側に生活する移民労働者、ジェンダーの規範を越えるゲイやレズビアンの解放運動、そしてさらには動物解放の主張までが含まれる。デリダはこの点で、脱構築を実践的な平面において模索するわけだ。デリダの誠実さはこれでよくわかる。しかし、だからどうだ、というのか。デリダは、ただ古典的な解放の理念は棄てるべきではない、選択の不可能性の前で立ち止まらず突撃せよ、常に他者の闘争と連帯せよ、と語ってるだけではないか。デリダは現にある闘争を、彼の脱構築、散種、差延などの解読格子の網にすくいとって、彼自身の思想の資源にしているだけなのではないか。デリダは実践に対して何を投げ返したのか。とりわけ新たなエクリチュールの空間としてのサイバースペースにおける闘争に、彼はどのような寄与をしたのか。

サイバネティックスのフィードバックであれ、プログラム言語であれ、制御を目的とする言語コミュニケーションは、二項対立の分岐のなかを流れる。プログラムにおけるアルゴリズムフローは、真偽判定とループ構文（つまりフィードバック）の組合わせであり、このプログラム全体が第三項を構成する。曖昧さは一切許されない。これに対してデリダが持ち込むこの全体の制御の流れへの切断の要求は、実践的には何を構想することになるのか、それはどのような戦略によって、単なる情報ネットワークを回流するデータの表層でしかないテキストにとどまることなく、ネットワークの物理層に到達する根元的な解体を企図できるのか。近代の思想は、こうした問いに真剣に応える必要のない環境で構築されてきた。デカルトのコギトは、私が今ここでアクセスしているコンピュータのチップのなかに埋め込まれたプログラムなどという思考の機械的補綴物を想定していないし、想定する必要もなかった。テキストの解釈の流れは、修道院や大学、あるいはアカデミズムのサークルなどの制度化された組織によって、何年もかかって構築されるものであり、機械はもっぱら物質的な生産と流通（紡績機械、蒸気機関、自動車、家庭電化製品）において結果の確定性と時間の効率性に寄与するものであり続けた。

しかし現代ではそうはいかない。二項対立のアルゴリズムフローによって制御されたプログラムの上でしか私たちはコミュニケーションができないのだ。しかもこの二項対立のアルゴリズムは私たちの意識から隠されている。フロイトの無意識と丁度同じように、私たちのコミュニケーションを背後で「検閲」するとも言えるかもしれないのだ。例えば、マーク・ポスターは『情報様式論』のなかのデリダに言及した章において、デリダの解読格子を次のようにコンピュータコミュニケーションに応用して解釈して見せる。

「コンピュータのメッセージ・サービスと共に、言語使用は根源的に伝記的同一性から分離されたのである。同一性はコミュニケーションの電子的ネットワークとコンピュータの記憶システムの中で散乱したのだ(注19)」

デリダの脱構築をこうしたレベルで捉えることは可能だが、これはコンピュータのネットワークが人間に理解可能な言語のレベルで処理しているコミュニケーションにしか着目していない。確かに、このレベルで人間は性別、人種、年齢などの伝記的な同一性から解放されているように見える。そう見えるのは、そのようにしかアクセス条件が設定されていないからだ。例えば、アクセスするユーザーを、組織が保有する個人情報(伝記的な同一性)によって認証してアクセスさせる組織内のコンピュータネットワークの場合、コミュニケーションの相手を騙すことは可能かも知れないが、ネットワークの管理者やコンピュータは騙せない。もっと大規模な、インターネットのようなネットワークの場合、複数のコンピュータが勝手にその記憶装置に個人のデータを断片的に蓄積し、何ら統一もとれておらず、しかもその真偽さえはっきりしない、そうした状況を想定したとしても、この状況をもって主体の同一性の解体

(注19) マーク・ポスター『情報様式論』、室井尚、吉岡洋訳、岩波書店、223ページ。

や散乱＝散種と言いうるほど楽観的ではいられない。コンピュータは、性別や年齢を識別する必要がないようにプログラムされていれば識別しないだけのことなのだ、と考えた方がいい。逆に識別を必要とすることについては、確実な識別を行使しようとする。メッセージのパケットに刻み込まれた配送経路のデータや、IPアドレス情報などというコンピュータによるコミュニケーションが存在しなかった時代には不要だった識別情報が必要になる。伝記的な同一性は、性転換が容易な時代には性別ではなくIPアドレスによって刻まれるという時代は、多分IPv6のような次世代のIPプロトコルが普及し、アドレス空間が飛躍的に拡大すれば間違いなく到来するだろう。

サイバースペース上を流れるテキストレベルのデータの分析ではなく、デリダがレヴィ＝ストロースとルソーに対して行ったのと同様の検証をサイバースペースにおけるコミュニティとプログラム言語に対して行ってみないことには、デリダの批判の射程と可能性は確定できない。だから、ある種の予言的な言い回しにならざるを得ないが、デリダの脱構築と差延の試みは、多分伝統的なコンピュータ科学の延長線上にある科学的な思考に対しては有効な批判の観点を築きえていると言えるが、しかし敵もまたこのことに気づいているということに、私たちは気づかなければならない、ということだ。カオスも複雑性も遺伝子工学も、こうした観点から見た場合に、差延の二項対立への還元の方法論である。差延が言わば素手で、散種という武器をもって闘うのに対して、二項対立への還元は、コンピュータで武装したロボットを差し向ける。散逸した主体は、敵のピンポイント攻撃を避けることができても、敵もまた同様に散逸し、脱構築の領域に攻撃のための布陣を敷く。真偽の秩序を転倒させたり、二項対立に回収されない根拠地を構築したり、ループの罠を突破したりしたとしても、そしてまんまとアルゴリズムフローの裏をかいたつもりでも、私たちの行動は即座に解析されて、二項対立の秩序のなかで「理解」されてしまう。差延と脱構築がこのレベルにとどまってしまえば、もはや創造的にはなり得ない。デリダの脱構築をサイバースペースのテキストや「主体」のレベルにとどめるのであれば、デリダのラディカリズムは改良主義か人文学の知的な遊技に終わるだろう。その間に、サイバースペースを経由する情報ネットワークは、「地域紛争」における「人道的介入」のための情報収集の機構として機能しながら、ミサイルの標的を特定することになるだろう。

●

サイバースペースが二項対立とフィードバックの弁証法を整備し、コミュニケーションの環境をますます機械化すればするほど、今まではごく当たり前に適合していたように見えるコミュニケーションの関係が、逆に、極めて粗雑で隙間だけの、従って脱構築やら差延やらといったシステムへの異分子の介入の余地のある不十分な関係にみえてくる。そうなればなるほど、コミュニケーションはますます機械化による目的合理性と結果の確定性＝二者択一のアルゴリズムフローのなかに押し込まれる。コンピュータのプログラムはその性格上、要求がありさえすればいくらでも条件分岐を微細に設定することが可能だ。

このことは、サイバースペースの閉じられたコミュニケーション空間の側からその外部環境をなす現実の空間を見渡したとき、その現実はかつて以上に、まるで無秩序で、目的合理性の水準を満たさない不満足な環境にしか見えないようになる。資本が要求する結果の確定性要求の水準がそれだけ高くなり、逆に現実の人間関係や社会空間はそれだけこの水準を満たしえないものへと格下げされることになる。これは、資本の情報解析の解像度がそれだけ高度化した反作用であり、同時に私たちもまたこの社会を構成する人々のなかに二項対立を逸脱する行為を見いだし、今まで は気づくことのなかった亀裂を発見できるようになったということでもあるのだ。リオタールが主体の解体を論じた時点で、彼がみていた「主体」は確かにある種の解体を遂げたとしても、その後に主体は不在となったのではなく、主体とは見なされなかった存在が主体としての存在を露わにし始めるのである。

デリダが、二項対立と第三項を立てる弁証法を拒否した問題意識は、その後のラディカリズムの基本的な合意事項となった。ドゥルーズ＝ガタリは、デリダが法＝政治化されたもろもろのテリトリーを越え、これらとは別物のゾーンに開かれるべきであると語ったのと同様のことを、例えば、社会的な「多数派」に対する「少数派」の存在のなかに見いだす。彼らは、少数派とは数の問題ではなく、「万人の生成変化であり、モデルからずれてしまう限り、潜在的な生成変化なのだ」(注20)という観点から捉える。誰もが「少数派」でありうる、というわけだ。しかし、少数派は変数であるが、いかなる変数であっても関数全体の枠を壊すことはできない。また、変数は決して定数にはならないし、定数になってしまえばそれは支配的な「多数派」に転成することでしかない。しかし、こうした少数派への生成変化は、そのなかに創造的な生成変化を含むことによって、その将来への可能性を開くのである。言い換えれば多数派が支配する価値のシステムそれ自体が廃棄されるための条件(妥協や改良ではなく、あくまで廃棄、切断、飛躍である)を準備するとすればこの「少数派」としての「生成変化」は手離してはならないものなのだ。(注21)

他方で、アントニオ・ネグリは、ドゥルーズ＝ガタリが「少数派」と呼んだ存在に「多数性」という呼称を与えた。ネグリが主としてイメージしている「多数性」の担い手は、移民労働者であり、第三世界の労働者たち、人口的には大量である。しかし、多数性は同時に特異性singularityでもある。特異性とは、「協調によって生産され、言語コミュニティによって表象され、ハイブリッド化の運動によって展開される現実性」である。「多数性は全ての人間は世界市場のグローバルな表面では交換可能であるというイデオロギー的な幻想を引っくり返すことによってその特異性を確たるものとする」(注22)、だから、この多数性はグローバル化した資本主義の〈帝国〉にとっての抵抗体となり、〈帝国〉はこの多数性として現れる人々を押さえ込む解決策を持ち得ない。

ドゥルーズ＝ガタリもネグリも、こうした新たな主体の現実態を女性や移民労働者として表現するが、しかし、それは近代的な個人の社会的な属性をジェンダーやエスニシティといったカテゴリーで再分類したといったものとは違う。例えば、ネグリは次のように述べる。

「バイオポリティカルな生産の諸局面全体を通じて、協調とコミュニケーションは新たな生産的な特異性を規定する。多数性は単に、諸民族を一緒にし、人々を無差別にいっしょくたにすればなりたつというものではない」「多数性の諸運動は新たな空間をデザインし、その旅は新たな居住を確立する。自律的な運動はこの多数性に適した場所を定義するものである。」「身体の生産的な流れとしての多数性を確立する新たな地理は、新しい川や港によって規定される。地球の都市は同時に、協調する人間性の偉大な保管庫となり、流通、一時的な居住、生きた人間性の大衆的な配分のネットワークのための機関車である。(注23)」

ネグリは、地球上を移動する移民たちの流れと、その係留地点としての都市に着目していることは間違いない。しかし、都市に流入する人々を、その〈労働力〉の側面だけで捉えれば、底辺の肉体労働、都市のサービス化、情報化に伴って新たに必要とされるようになるいわゆる縁辺〈労働力〉であって、その存在は、本質的にみて19世紀のロンドンのプロレタリアートと何ら異ならないように見えるかもしれない。しかし、そうではないのだ。彼らの集団性、新たな組織性を支える新たな集合的な意識がある。存在はやはり意識を規定している。多数性として、拡散=散種としての存在が規定する多数性の意識は、それ自体が、その順列組合わせによって、無限に増幅する。もはやかつての

(注20)ドゥルーズ=ガタリ『千のプラトー』、宇野邦一他訳、河出書房新社、125ページ。
(注21)「女性たちは、数がいくらであれ、状態あるいは部分集合として定義可能な少数派である。しかし彼女らは、生成変化を可能にすることによってのみ創造することができるのであり、その生成変化の所有権などをもっていない。彼女は生成変化のなかに入っていかなければならない」、ドゥルーズ=ガタリ、同上書、125ページ。
(注22)Antonio Negri and Michael Hirdt, _EMPIRE_, Harverd University Press, p.395.
(注23)Antonio Negri and Michael Hirdt, ibid., p.397.

ような「主体」には閉じ込めようがない。それは、ある局面では、古典的な解放の理念を原基として「グローバルな市民権」の意識を構成する。つまり、どこで生活しようと、どこで働こうと人々はグローバルな市民権を持つべきだという主張である。しかも、こうした多数性は、生産のために機械を用いるだけでなく、それ自身が機械そのものとなる、というのだ。「生産手段は徐々に多数性の精神と肉体に統合される。この文脈では、再領有は、知識、情報、コミュニケーション、そして情動への自由なアクセスを意味する――というのは、これらはバイオポリティカルな生産の本源的な手段だからである」(注24)というわけだ。多数性それ自身が機械となる、という認識は、ドゥルーズ＝ガタリの「器官なき身体」やダナ・ハラウェイのサイボーグとしての身体という認識につらなるものだということは容易に理解できる。(注25)皮膚に覆われた身体は、近代以前の社会においては、共同体の規範が基礎に置く親族関係が生まれながらにして人々を拘束した社会関係からの解放の拠点として、「個人」という観念を物質化するための戦略拠点だった。この時期に「個人」が社会的に生成したのである。しかし、こうして成立した個人は、近代においては逆に、「個人」のなかに社会性を追い込み、集団性や組織性、諸個人の相互関係を二次的なものに格下げして、分断化を図ろうとした。マルクスは、機械を資本の「死んだ労働」として工場労働者の身体に対する支配とみなした。人間の身体の延長としての道具や機械、その限りで、これらの延長された身体は、身体の人口補綴物であるが、しかしこの補綴物は労働者の側には属さず、資本が支配する。しかし機械のもう一方の側には労働者の身体が控えている。機械を媒介として工場は、労働者と資本の意思がぶつかりあう空間なのだ。階級闘争は、身体の抵抗や反乱を意味するだけでなく、自らの労働の補綴物である機械をこの過程に巻き込むプロセスであり、資本の側から見れば、機械に組み込まれた時間の効率性と結果の確定性の原理を労働者の身体に逆注入し、身体を機械化することである。

マルクスの機械論、労働論の最もダイナミックな側面は、工場のシステムが、個人主義的な人間観を自己否定する契機をはらんでいるという点にあった。世紀末の私たちは、この身体の補綴物が、肉体的な身体だけでなく精神的な身体に、そして従って、コミュニケーションする身体に拡張された世界を経験している。

ドゥルーズ＝ガタリのいう「器官なき身体」は、こうした近代社会が私たちを押し込めようとする身体がつくりだす「意味性と主体化の集合」という幻想、あるいは私たちが拘束されている有機体、意味性、主体化からの解放である。有機体とは、文字通りの「身体」であり、意味性とは、私とは「意味するもの、意味されるもの、解釈者であり、解釈される者」ということである。そして主体化とは、同時に「服従」を含むものなのだ。「きみは組織され、有機体となり、自分の体を分節しなければならない」「きみは主体であり、主体として固定され、言表の主語と重ね合わされる言表行為の主体でなければならない(注26)」という「主体」の抑圧、「主体」となることによる従属の拒否である。

ネグリの多数性も、多様で多方向に移動する移民の流れを捉えるものである以上、地理的にある地域や都市に集中した移民人口に依拠するものではないこと、グローバルな市民権の要求とは、メキシコのチアパス州のサパティスタとベルリンに暮らすトルコからの移民労働者が共有する「市民的な権利」の空間を前提としていること、従って、こうした空間的に拡散しながらもなおかつ集団性を確保できる条件に依存していることを踏まえている。これらの条件によって、地理的な分断は無効になり、グローバルな〈帝国〉を包囲するグローバルな闘争のサイクルが可能になる。こうした条件を用意したのは、グローバルなコミュニケーション環境であり、この環境に接合している多数性として現れるプロレタリアートである。かつて工場において労働者が機械を自らの身体の延長とし、社会化された生産過程のなかで、都市や家族に中に埋め込まれた労働力再生産過程の機械に社会化された労働者は自らの身体を接合したとすれば、サイバースペースは、身体それ自体を「情報化」することを通じて拡散させ、接合や延長ではなく、サ

（注24）Antonio Negri, ibid., p.407.
（注25）ダナ・ハラウェイ『猿と女とサイボーグ』高橋さきの訳、青土社、参照。
（注26）ドゥルーズ＝ガタリ、前掲書、138ページ。

イバースペースの中に散種することによってむすびつく。しかし、これはかつての資本の機械や都市の抑圧（快楽という名の抑圧）同様、資本主義が予定していた事態であって、それ自体では支配の裏をかいたことにもならないし、権力の新しい構成を示したことにもならない。しかし、このサイバースペースにおける主体の再構築は、明らかに資本主義に対して敵対的であり、地理的な空間の制約をこえて、少数派を多数者として登場させる力に根拠を与えている。この意味で、闘争の国際的なサイクルと噛み合っているのであり、だからこそサイバースペースのこうした自己価値創造的な転用は、資本主義に抵抗する闘争となるのである。

この闘争は、サイバースペースが言説の空間として現れるために、あたかも言説の空間によって闘うことに目がうばわれてしまう。しかし、先にポスターのデリダ論に言及した際に述べたように、闘争の次元は、この最もわかりやすく人目につく次元では決着しない。闘争の次元はこれ以外に二つある。一つは、ますます複雑性を増し、捉えどころがなくなりつつあるリアルワールドでの闘争である。各国政府や国際機関が政策的に打ち出すデジタル・デバイドの解消策は、リアルワールドの下層をサイバースペースに囲い込んで統治しようという意図と切り離して理解されるべきではなく、こうした統治に抵抗しながらグローバルなコミュニケーションの権利を勝ち取ることは重要な闘いの局面をなす。もうひとつは、サイバースペースのアーキテクチャーとの闘争である。これは言わばサイバースペースを背後で支える無意識を構成する部分との闘争である。人と人とのコミュニケーションの階層での問題ではなく、そもそもこうしたコミュニケーションを技術的に成り立たせているメタレベルでの問題、プログラムやネットワークを管理する技術と統治の意思決定の問題である。私たちは、この問題を経験科学の領域に占領させておくわけにはいかない。なぜならば、高度な技術的な知識が、同時に、サイバースペースの現実的な統治の問題として登場しているからだ。技術と法の問題を、理論的思想的政治的な課題の場面に据え直すことをしない限り、このサイバースペースの無意識の領域を破砕することはできない、ということを自覚した戦略を構想する必要があるだろう。

出典：『ポリロゴス』2号、2000年

即興と引用の反スペクタクルへ——A‐MUSIK論

日本のオルタナティブ音楽やアヴァンギャルド音楽の大半は、渋谷、原宿、六本木のしゃれたライブハウス、ハイカルチャー御用達の美術館や芸術施設によく似合う。ところがA‐MUSIKの音楽は一貫してこれらのスペースにどのように折り合いをつけようとも、全く似合わない。むしろ下町や地方の「××銀座」などと称される商店街とか、屋台の飲み屋が立ち並ぶ街路とかにしか似合わない。ある意味で決定的に場所を選ぶ希有な音楽性を持っている。

これは、このアルバム『生きているうちに見られなかった夢を』(http://am.jungle-jp.com/) の選曲とも深く関わっている。パレスチナ、アイルランド、トルコ、東チモールなどを経てカタルーニャまで、彼らは、ある種の流民として越境を繰り返していく。しかも、それはそれぞれの土地がまとう民衆の歴史の記憶を、次々と自らの音の内部に繰り込みながら。しかもまた、アイスラー／ブレヒトからの選曲に見られるように、それは歴史の記憶そのものを遡りつつ、同時に彼らの亡命者としての記憶を巧妙に現代の時代性のなかに組み込んでゆく。このアルバムに収録されている「レーニン」は、レーニンの追憶としてブレヒトが書いた詩にアイスラーが曲をつけたものだが、「ブレヒトは、レーニンの神格化を徹底して避けることに解決を見いだし、レーニンを言わば搾取に対する闘いという機能に還元」

したし、アイスラーの曲も「複雑な拍子が、生じかねない過去の宗教の回想を巧みに叩き伏せる」表現になっている、とアルブレヒト・ベッツはアイスラーの伝記のなかで述べている。(『ハンス・アイスラー、人と音楽』浅野利昭、野村美紀子訳、晶文社)言うまでもなく、この曲が今この時代に聴かれる意味は、レーニンの神格化に象徴される物神化された社会主義へのレクイエムであり、同時に、民衆の闘いを再び搾取に対する闘いとして再構築するという課題を手放さないということの宣言でもある。言い換えれば、A-MUSIKは記憶の媒体としての場所に介入し、音楽という形式を通じて封印された記憶を解き放つ、そうした意図的な音を発し続けているのだ。これは、商品化されたワールドミュージックが、オリジナルの音への執着からエキゾチズムやオリエンタリズムに陥る在り方と正に正反対である。彼らの音が課題としているのは、彼らが選び取った世界の音を参照点としつつ、この「日本」においてそれらを聴く私たちに聴くことの意味を問いかけるのだ。

●

記憶を媒介するのは、いわゆる地理的な場所ばかりではない。むしろ私たちが場所の記憶を喚起されるという場合も、多くの場合、様々なメディアを介しており、このメディアのバイアスにさらされながら私たちの記憶が構築されるということもごく当たり前の状況となっている。

レコードという媒体は、現在では音楽の媒体として知られているが、初期のレコードは必ずしもそれだけではなかった。尾崎行雄や大隈重信らが選挙運動のメディアとしてレコードを利用したように、音楽だけに特化した媒体ではなく記憶の外部化の装置のひとつだった。映画、ラジオ、さらにテレビといったメディアの多様化は、同時にメディア相互の棲み分けを促し、私たちが日常生活で経験している音、映像、言語が雑多に入り乱れた状態は媒体ごとにより分けられ、音楽はレコードやCD、映像は映画やテレビ、言語は新聞やラジオといった分節化がすすめられてきた。

こうした分節化とともに、音楽のジャンルでも芸術、流行歌、洋楽、邦楽といったカテゴリー分化が進む。日本の場合、こうしたカテゴリー形成は、必ずしも自然の成り行きでできあがったものではなく、文部省［文科省］が芸術レコード、娯楽レコードといった分類を持ち込んで、大衆文化への国家的な介入を試みたからでもあった。このようなカテゴリーへの囲い込みは、音楽の表現様式ばかりでなく、表現の内容そのものもまた、「音楽的なもの」へと特化させてゆく力が常に働くようになる。例えば、政治的、社会的な主題が前面に出ると、それが「音楽からの逸脱」のようにみなされたり、「政治的な利用」として忌避されることがこの国では極めて根強く残っている。従って、海外から輸入されるポップスや大衆音楽の場合でも、主としてその音楽の形式だけが受け入れられるのであって、その歌詞やその音楽が担っていた社会的政治的なルーツは多くの場合、伝達されない。

いやむしろ、形式的な側面だけを取れば、意味の伝達はされているのだ。国内盤であれば、訳詞や日本語のライナーノーツが付されるだろうし、音楽ジャーナリズムも、アーティストたちがいかに現にある社会のシステムや文化状況が我慢ならないものであるかを繰り返し伝えているインタビューを掲載し、大部のドキュメントや伝記なども次々に出版されもする。しかし、それらが音楽のカテゴリーの中で「消費」される限りにおいて、それらは社会的なインパクトを持ちえることは少い。何もこのことは、音楽に限ったことではなく、美術館のアートがいかにラディカルなスタイルを提示しても、それが「芸術」という枠組みの中で理解される限りにおいて、社会的政治的なシステムの側は安泰なままである。アカデミズムのなかのマルクス主義については言うまでもないだろう。いずれもこれらは表象の問題であって、現実の日常生活も政治的な実践も関わりのない領域であるという了解が成り立ってしまっているのだ。従って、まず最初に直面するのがこうした了解を解体し、音楽は単なる表象の問題ではなく、文化的実践として日常生活や政治的な実践のひとつの具体的な行為であるというところに再び触れられるような回路を再構築しなければならない。それは、伝統的な政治的プロパガンダの手段としての音楽でもなければ、音楽を放棄することでもない（音楽の放棄と音楽の拒否は全く別の事柄だということをおさえておくことが必要だ）。

音楽に限らず文化それ自体が政治的なサブシステムとして、イデオロギーの生産過程そのものであることは避け難い事実でもある。もちろんここで生産されるイデオロギーは、支配的なイデオロギーのストレートな表現であることは希であり、むしろ一般的には日常生活そのものの円滑な再生産を支えるような、ささやかな欲望の喚起と充足の繰り返しである。とはいえその日常生活は、決して一様なものではない。ジェンダー、民族、年齢、階級など様々な要素によって日常性の現れ方は異なっている。文化的な表現は、それらの社会的な諸要素を文化的なカテゴリーと組み合わせて制度化する。ジェンダーとアートの組み合わせはフェミニズム・アートを、民族と音楽の組み合わせはワールド・ミュージックというカテゴリーを生み出す。そして、いったんこうしたカテゴリーが形成されると、郵便局の自動仕分け装置のように、投入された文化表現の素材を、あれこれのカテゴリーに仕分けする文化的な配分システムができあがる。そして、これらのカテゴリー内部でさらに支配的な様式をめぐる「神々の争い」が繰り広げられる。流行や市場経済における資本の論理、マスメディアの介入といった複合的な要素を介して、文化的なヘゲモニーの構造と支配的な秩序が構築される。とりわけここで重要な点は、文化的な表現が同時に、商業的な回路を通じて伝達されなければ社会的な影響力そのものも発揮できないということである。

音楽に限ってみても、商品化の論理が音楽の表現に与える影響は、大きい。大量生産が可能になるためには流行現象に乗り、多数の聴衆が受け入れられるような音楽のスタイルが要求される。こうした商品化のバイアスを回避するか意図的に拒否することが、カウンターカルチャーとしての音楽の重要な課題なのだが、こうした音楽も私たちがライブ・パフォーマンスやCDなどに接することができるためには、それらがある意味で商品化されていなければならない、ということを意味しており、決定的に商品化の回路を拒否するということは事実上不可能になっている。

こうして、対抗的な音楽の運動は、音楽というカテゴリーをその内側から拒否するというその表現の様式上の問題と、その生産と流通のプロセスを市場のシステムに一部委ねつつも、資本による資源化（搾取）と商品化の罠に陥らない自立した聴衆とのコミュニケーション回路の構築という二つの課題をめぐって常に展開してきたと言っていいと思う。

●

A－MUSIKがその音楽表現上、最も大きな影響を受けてきたもののひとつに、ヘンリー・カウやロック・イン・オポジッションに属する諸グループを挙げることは的外れではないだろう。サックスなどのブラスセクションとキーボードが曲全体にしめる役割という点においても、ロックの持つ8ビートを基調としたグループ全体としての集団的なまとまりよりも、変拍子とインプロビゼーションによって個人としてのプレーヤーが集団から相対的に自立したなかで構成されるある種の緊張関係という点でも、共通した表現を見いだせる。

ヘンリー・カウの中心メンバーであり、理論的なバックボーンでもあったドラマーのクリス・カトラーは、彼の著書『ファイル・アンダー・ポピュラー』（Chris Cutler, *File Under Popular*, Autonomedia, 1985）のなかで、商業路線を拒否し、「ロック音楽の形式に固有の表現と美学のクオリティと社会的な価値をより一層展開することを試みてきた」が、こうした試みは「音楽の形式それ自体が深い意味内容を持つこと、つまりこの〈形式〉の表面的な〈商業的な〉搾取の成就を掘り崩すような内容であるということ」を目指すものだったと述べている。カトラーは自らの音楽的なルーツ、あるいは影響を受けたアーティストとしてジョン・コルトレーン、ピエール・ブーレーズ、キャプテン・ビーフハート、アルノルト・シェーンベルク、アイスラー、クルト・ワイル、ベルトルト・ブレヒト、サン・ラ、チャーリー・ミンガス、シド・バレーなどを挙げている。

1974年のヘンリー・カウのアルバム『アンレスト』(Henry Cow, Unrest, Virgin, V2011, 1974) は、ジャズともロックともつかないカテゴリー破壊的な魅力があった。晩年のコルトレーンやミンガス、あるいはサン・ラのアルバム『リフレクションズ・イン・ブルー』のようなインプロヴィゼーションと不協和音への傾斜は、ステレオタイプなコード進行とメロディ中心の主流のロックやジャズに対して、それらとは異なる表現様式を追求するなかから生まれだものだということは、音楽の形式の側面からだけでも理解可能なことだ。しかし、カトラーがここで強調しているのは、そうした様式における逸脱が同時にその内容における革新や既成の社会的な価値の転覆と結びつくことが必要だということなのだ。この両者は容易に分離可能であり、意味の革新を伴わない様式の革新は単なる新奇なファッションとして、音楽資本が求める格好の新たな音楽資源に回収されてしまうだろうし、逆に確立された音楽の様式に意味の革新——それは往々にして資本主義において社会主義を標榜するといった反体制的なイデオロギーや価値観の表明である場合が多いわけだが——が伴うと、この革新的な意味は容易に権威主義的なイデオロギーに転化してしまう。先に述べたアイスラーとブレヒトによるレーニンのレクイエムは、こうした形式と内容におけるエスタブリッシュメントを否定する明確な意図を持った作品であることによってのみ成功しえた、つまり、資本主義の支配的な価値からも社会主義のエスタブリッシュメントからも受け入れ難い作品であることによって成り立ったのだ。

エスタブリッシュメントとしての音楽、あるいは上流階級の娯楽や教養としての音楽に対して、民衆の音楽がとった位置とその戦略は、ある種の盗用と転用だったと言っていいだろう。リンゼイ・クーパーのアルバム『RAGS』(Arc Records, 1980) は、19世紀の産業革命期イギリスの都市の労働者階級の音楽を再現している。この時期は現代的な意味でのコンサートとプロの音楽家が誕生する一方で、街頭にも多数の楽士が存在し、彼らは当時のオペラやコンサート音楽、サロン音楽を巧みに利用しながら、社会批判を音楽にのせて演じていた。上記のアルバムに収録されている曲には、当時の大英博覧会を風刺したThe Exhibition of Fashionsやチャーチスト運動の歌などからお針子や売春婦の歌まで、大衆の生活と労働の同時代が即座に歌の形式で流布する有り様をよく伝えている。しかも、これらの歌詞もビラとして街頭で売られていた。こうした音楽の演奏の形式と内容は、レコード産業が登場するまでは世界的に見いだされた音楽の形式と言えることは、アフリカなど第三世界の街頭の音楽が市場経済にまきこまれるや、たちまちのうちにその日常生活とコミュニティの固有性を喪失していったという歴史に見いだせる。その日にあった身近な出来事を歌うという形式が廃れるのは、音楽が身体やコミュニティの生きた記憶から切り離されて、レコードとして対象化され、商品化されるようになってからだ。コミュニティの僅かな人々にしか通用せず、しかも日持ちのしない歌の内容では巨大な市場の需要を獲得できないからだ。こうして、音楽は商品化されるにつれて、それがもっていたある種のニュースメディア的な内容をはぎ取られてしまったのだ。

しかし、逆に複製技術としてのレコードによって閉じこめられた記憶が、異なるコミュニティに対しても、何らかの影響を与えるようになるということは、様々なコミュニティの固有性を超えて成り立つある種の普遍的な主題や、ある社会が他の社会に対して与えるより大きな政治的軍事的な支配といった問題を明るみに出す、ひとつの有力な手段ともなりえたということを意味していた。即興や不協和音が支配的な音楽に対して有するオルタナティブな世界性には根拠があるのだ。それは、西洋音楽が世界的な覇権を獲得してきたことのある種の裏返として、常にこの支配的な音楽がさらされなければならないある種の危機なのである。それは、ノイズとかインダストリアルといったジャンルのなかだけにあるのではない。例えば、私が書いているこの文章の文脈に即してみても、RIOに関わるバンド、例えばカシバールのアルバム『パーフェクト・ワールズ』(CASSIBER, PERFECT WORLDS, ReR, 0000CD)の「オルフェウス・ミラー」のハードコア・ノイズとその後にクリストフ・アンダースが静寂のなかで歌い上げる「アイ・トライ・トゥ・リーチ・ユー」の対照的な構成やアート・ベアーズの『ウィンター・ソングズ』(ART BEARS, WINTER SONGS/THE WORLD AS IT IS TODAY, ReR, abCD1)ようにダグマール・クラウゼのボイスとカトラーのノイズが延々と絡み合うなかにノイズとよびうるものを見いだすことは容易にできる。あるいはロシアのパーカッション・アヴァンギャルド系のバンド、ＺＧＡの『ズガモニウムス』（ZGA, ZGAMONIUMS, ReR, ZGACD）はアヴァンギャルドの展開としてはある種のガラパゴス島的なユニークさがある。ＺＧＡは１９８４年から活動しているわけで、ソ連体制下でのアヴァンギャルドの抑圧とその後の市場経済の下でのロックの商品化の流れのいずれにも与せずに展開されてきたと言える。例えば「理性」と名づけられた曲が表現している徹底した不条理な音塊の根拠を彼らの歴史的な固有性から語ることができるかもしれない。これに限らず、レコメンデッド・レーベルは、積極的にソ連・東欧のアヴァンギャルド・ロックのアーティストを紹介していた。

しかし、もはやレコーディングを前提とした音には、こうした地域と歴史の記憶の固有性は多くの条件の一つにしかならない。そこで繰り広げられている即興性は、19世紀のロンドンの労働者街区を流す楽士たちの即興が果たした役割とは決定的に異なる場面におかれている。それは、多様な解釈を聞き手にゆだねるという意味での普遍性を備えているのだ。それは、意味の普遍性ではない。そうではなくて、聞き手が、その音に触発されて、獲得できる固有の意味の創造なのである。即興やノイズはこの多様性を媒介として、緩やかに拡散していくある種の悪意のようなものである。しかも、レコードの即興性は、楽器によるライブの即興に加えて、レコードという記憶媒体そのものを即興の道具にするというメタレベルの即興性を発揮する。

ジョン・オズワルドがReRecords Quarterlyというレコード形式のジャーナルに寄せたサウンドコラージュ（ReR Quarterly Vol.1, No.2, 1985, Re010）や、フレッド・フリス、ボブ・オスターターグ、フィル・ミントンの中南米で闘う民衆に捧げられた『ボイス・オブ・アメリカ』、大友良英のサンプリング・ウィルス計画、そして最近Ｕ２との著作権問題で話題になったネガティブランドのアルバム『コピーライト・インフリンジメント』（NEGATIVE LAND, COPYRIGHT INFRINGEMENT, レコード番号なし、*FAIR USE: The Story of The Letter U and the Numeral 2.* Seelandの付録の

CD）にいたるまで、引用はオリジナルの転用であり、常にある種の悪意（言うまでもなく私はこれを好意的、肯定的な意味で用いているのだが）に満ちていることによって、その創造力を発揮できるのである。

私たちはもはや、19世紀の工業都市のような階級の風景を露骨に見いだすとは限らない社会にいる。もちろん、階級という構造はその分より巧妙な仕掛けによって覆われているのだが、この巧妙な仕掛けの中心に据えられているのが心地よい日常生活の風景である。そして、私たちは常にこの心地よさ、快楽を希求しながらも、即興として奏でられる音は常に不協和音であり、ノイズでしかないというこの逆説に注目してみる必要がある。私たちの身体も生活も圧倒的にノイズ生成的であって、それが逆に心地よさに特権を与えているのだ。即興やノイズがそうした私たちの日常性のスペクタクル（ギー・ドゥボール）を切断する実践的な行為として現れるとき、そして引用がこの快楽や心地よさを別の文脈に組み込んでそこに潜む悪意を露出させるとき、それらはこの社会が支配的に生み出す支配的なノイズや支配的な快楽の秩序に対抗できる文化的な力を獲得できるかも知れないのだ。

出典：http://am.jungle-jp.com/text01.html

スピノザにおける資本主義批判とは――『野生のアノマリー』と『神学政治論』の〈あいだ〉を読む

私にとって、ネグリとは、１９７０年代のアウトノミア運動のなかで、左右の権力支配（「左」とは、イタリア共産党のことだが）や政治弾圧と闘いながら、党の神話と労働イデオロギーに挑戦する異例な知識人であり活動家だった。「拒否の戦略」「社会化された工場」「社会化された労働者」「危機国家」「労働者による価値創造」といった刺激的なパラダイムとともに、労働者階級のオートノミー、つまり、資本蓄積と資本の文化から切断された労働者階級の集団的な創造性を打ち出したネグリの構想力は、教条主義とは無縁の刺激を与えてくれた。『野性のアノマリー』の存在を知ったのは、まだ『〈帝国〉』も『マルチチュード』も出版される前のことで、多分1990年代半ばころに英語版を手にしていたと思う。本書は、右のような私自身の問題関心からみたネグリとは幾分かけ離れた印象を持つ。なぜ、スピノザという異端ではあっても、17世紀の思想家にこだわったのか、私には気にかかることだった。

この問いのヒントとなるのは、『野生のアノマリー』第6章「野性の異形」のなかでネグリが「17世紀の思想は、デカルトからホッブスにいたるまで、直接間接を問わず、領有化という概念そのものを無化するような視点から、世界の情念的領有化というテーマ設定を展開してきたこと」に注目するなかで、スピノザを位置づけている点だ。この点に本稿ではこだわりながら、ネグリが光をあてようとしたスピノザの意義を私なりの観点から考えてみたい。

●

ネグリは『エチカ』から次の箇所を引用している。

「感情ならびに人間の生活法について記述したたいていのひとびとは、共通した自然の法則に従う自然物について論じているのではなくて、自然の外にあるものについて論じているように見える。実に彼らは自然の中の人間を国家の中の国家のごとく考えているように思われる。なぜなら彼らは、人間が自然の秩序に従うよりもむしろこれを乱し、また人間が自己の行動に対して絶対の能力を有して自分自身以外の何ものからも決定されない、と信じているからである。それから彼らは、人間の無能力および無常の原因を、共通の自然力には帰さないで、人間本性の欠陥――どんな欠陥のことか私は知らない――に帰している。だからかれらは、こうした人間本性を泣き・笑い・侮蔑し・あるいは――これが最もしばしば起こることであるが、――呪詛する。そして人間精神の無能力をより雄弁にあるいはより先鋭に非難することを心得ているひとは神のように思われている。(注1)」

感情や生活法（ライフスタイル）についての従来の支配的な論じられ方では、人間の感情やライフスタイルを人間もその中に含まれる自然法則一般にかなうものとしてではなく、自然とは別の存在とみなす一方で、人間は、自然の法則に従う必要はなく、人間は自らの行動を自ら決定できる「絶対の能力」を持つもの、言い換えれば、人間には自然を支配できる能力があるとして絶対視する。しかし、この人間による絶対的な自己決定能力がもたらす自然の秩序への撹乱に対して、天災のように人間の能力では対処できないような例外的な事柄が起きたとき、あるいは、感情的で非理性的な振る舞いを人間自らがコントロールできないような状態に陥ったとき、人間の絶対的な自己決定能力という前提は、逆に解決不可能な人間本性の欠陥とみなされ、人間の「無能力」を示すものになってしまう。こうして、人間がその絶対的な力を維持できず無能力をさらけだす時、これは人間本性の欠陥とみなされ、人間は自然に対して絶対的能力を持つはずの存在であるにもかかわらず、無能力な己れの存在を自嘲し呪詛する以外にないことになる。スピノザにとって、人間のあらゆる振る舞いは、自然の秩序にかなうものであるから、この前提からすると、人間の行為を自然の秩序を乱すものとみなすことそれ自体が、自然の名を僭称して、現にある「秩序」なるものを頑なに保守しようとするものであって、この秩序からの逸脱に含まれている可能性を削ぐものだということになる。従って、

（注1）『野生のアノマリー』、杉村昌昭、信友建志訳、作品社、306ページから再引用。

「神」を登場させて人間の自然への逸脱に対して非難することは正当化し得ない。これはスピノザからすれば「神」とは何の関係もないことであって、権力者による意図的な「神」の誤用であるということになる。こうしてスピノザにあっては、教会や聖職者たちが持ち出す「神」は否定される。この限りで、スピノザは無神論者である。

スピノザは、今ここにある社会制度（とりわけ政治体制）を与件とし、この社会制度からの逸脱をあたかも自然の秩序を乱す人間の無能力によるものであるかのようにみなして、社会の秩序を肯定する考え方を否定した。スピノザは人間が理性に従う存在としてよりも、むしろ理性では統御しえない感情を必然的に伴う存在であるという側面を重視する。国家の限界は、このように人々が理性を超える存在であることに求められている。契約であれ法であれ、人々が自らの権利を国家に委ねる社会契約では、人々の理性を超える欲望や非合理とみなされる感情などをも移譲することはできないからである。この理性では統御できない部分は、自然を乱す逸脱でもなければ人間本性の欠陥でもない。むしろそれこそが人間の自然的な本性の一部であり、それ自体が自然の秩序そのものでもあるというのがスピノザの観点である。

とはいえ情念、感情、あるいは欲望といった人間の非理性的な属性は、しかし、それ自体としては曖昧なものであって、普遍的な形を持つものとは言い難い。その曖昧さゆえに、こうした人間の属性は、社会の支配的な構造を脅かす要因とみなされ、社会的な統制の中心的な課題をなしてきた。超越的な「神」という観念も、ナショナリズムや商品の物神性という近代社会が生み出したある種の世俗的な「神」観念（普遍性と最高の力をその力の構成――憲法ないしは貨幣――において体現する存在としての国家ないしは資本）も、人々を集団として組織し統合する場合の中心的な課題は、この感情の要素であったことは間違いない。とりわけ資本主義は、この感情の部分を市場経済における商品の価値と使用価値がもたらす特異な欲望の構造を通じて、近代資本主義の支配を可能とする感情の「形」を形成してきた。これは、市場経済が支配的ではない社会には見いだせない極めて特殊な感情のあり方だと言える。(注2)

ネグリは、右の『エチカ』からの引用に続いて、彼特有のスピノザ解釈を展開するのだが、そのなかで、彼が読み込もうとしたことは、まさにこの資本主義的な感情の構築にまつわる問題だった。ネグリは、この問題を「領有化」という観点から捉えようとした。なぜなら、「スピノザは、自らの哲学の中心的・独占的テーマを領有化というテーマから作り出すことに固執し、自己中心的な利益という地平でそれを脱自然化することを拒否する」(注3) とみているからだ。先に引用した感情と生活についての既存の支配的な考え方へのスピノザの批判の文章に対して、ネグリは、まず次のように論評している。

「17世紀の哲学者は、概してこの領域を承認していた。自然の情念的領有化（これは資本主義市場と本源的蓄積のイデオロギー的メタファーである）は、社会や国家による価値の流れの組織化の必要性に服従せねばならない。こうした考えは哲学を世俗化するものだと主張されていたのだ。誰がそれを否定できよう。しかし同時に、そうした考えは、哲学者を権力の限定されたイメージのなかに引き込むことによって、この時点までに見いだされていた唯物論的な組織体が持つ創造性を否定してしまう。あるいは少なくとも、哲学の本質や影響について誤ったヴィジョンを与えてしまう。想像力、情念、そして領有化はブルジョア的な市場イデオロギーと実体をともにするものとなる。秩序に従う創造性、それは剰余価値に従う価値と同じようなものだろうか(注4)」。

「自然の情念的領有化」とは、それまでの社会とは大きく異なって、新しく登場した近代資本主義が自然を支配す

（注2）小倉利丸「商品――自明性の罠」、『情況』1994年5月号参照。〔本書所収〕
（注3）ネグリ、同上、323ページ。
（注4）同上、306〜7ページ。

る欲望に囚われてきたことを意味している。だから、デカルトからホッブスまで、この自然支配への欲望という新しい人間のあり方を正当化するための哲学＝世俗的な基礎を与えることに寄与したとネグリは理解したのである。つまり、神が背景に退き人間が主体となり、さらにこの人間が自然を目的意識的に支配しうる存在であるという考え方それ自体が極めて新しいのだが、さらにこの人間一般と自然との関係は、現実の近代資本主義の形成では、国家と資本の利害への従属として形成されてきたということだ。「価値の流れ」がそれまでの中世的な神観念と教会による世界観の支配から転換して、近代国家と資本による物質的な生産を支える方向に転換する。こうした流れを反映した哲学は確かに世俗化を意味するとはいえ、しかし、この世俗化としての哲学は同時に、資本と国家を、階級も性別も人種も捨象された「個人」としての「人間」というこの世のどこにも存在しない抽象的な「個体」に媒介させることによって、現にある統治とイデオロギーを巧妙に正当化するような価値の流れを支えた。階級、ジェンダー、エスニシティそして自然を捨象した哲学的人間類型の誕生である。こうした役割を担うことで、哲学は宗教に替わってその権威と正統性を支配的なイデオロギーの中で獲得する。ネグリは、こうした世俗化を「誤ったヴィジョン」を与えるものだとして否定するが、スピノザから受け取った重要な観点は、この誤ったヴィジョンとしての哲学の世俗化に内包されている「想像力、情念、そして領有化」という要素への注目である。なぜなら、これらの要素が「秩序に従う創造性」としての形を与えられるとき、これらは剰余価値に従属する（使用）価値となるからだ。言い換えれば、「想像力、情念、そして領有化」が秩序に抗ってその創造性を発揮するとき、そこには全く新しい可能性もまた拓かれるということである。「想像力、情念、そして領有化」が秩序の側に回収されるのか、それともこれに抗うものとなるのか、これがスピノザの主題であると同時に、ネグリがスピノザに着目した重要なモチーフの一つだったと言える。

市場経済における商品の使用価値は、欲望の特殊な形態をなす。人々がその欲望の充足を商品の取得を通じてのみ実現可能であると感じるとき——言い換えれば、市場こそが欲望を充足できる唯一の制度であると実感してしまうとき――資本主義は普遍性の神話を獲得する。満たされることのない欲望に呑み込まれながら、人々はこの欲望を、資本主義が構造的に生み出した特殊歴史的な性質のものであると理解することなく、逆に、人間の本性に由来するものであるという錯誤に陥る。この錯誤としての欲望は、商品の使用価値として具体的な形が与えられることによって現実的な根拠を与えられる。なぜなら、欲望の充足は、商品の使用価値を取得することによって実現されるからであり、また、欲望はこの商品の使用価値として供給可能な条件――資本に利潤をもたらすような生産物の供給条件――の範囲によってその輪郭が与えられ（その外部では欲望は充足され得ないものであるか、あるいはそもそも欲望すること自体が抑圧される）、また、この使用価値を獲得しうる唯一の条件が、一般的等価物としての貨幣の取得であることから、貨幣的な欲望によって条件づけられるからである。貨幣は、市場における富を抽象的な「量」に還元して体現するものとして、使用価値の質ではなく、この使用価値を規定する商品の（交換）価値に対する無限の欲望を人々の内面に形成する。より多くの貨幣を手にすることが、より多くの使用価値を獲得することであり、貨幣的な欲望には上限はなく、従って使用価値欲望も無限の拡大を促される。こうして生存のための経済は資本の価値増殖によって支配され、危うくされる。欲望の資本主義的特殊性と貨幣計算的な意味での合理的経済人（近代社会の理性主義）は、資本主義的市場経済における価値増殖を支える弁証法的な条件になる。価値を排除して使用価値を救い出そうという使用価値主義による資本主義的な価値批判（資本主義における価値による使用価値支配の単純な転倒図式、あるいは資本なき生産力主義）は、20世紀の支配的な「社会主義」イデオロギーにその典型例を見いだすことができるが、資本主義市場経済に固有の使用価値の問題を理解していない。使用価値は価値に従属しているのではない。使用価値は価値による支配の必要条件であり、資本主義に固有の欲望を具体化したものであって、資本主義の否定は当然のこととして使用価値の否定を要求するものにならざるを得ない。

自然同様、情念であれ想像力であれ、理性からの逸脱あるいはこれを超越する人間の属性に対して近代資本主義は、自らの制度を維持再生産できるような枠組みのなかに押さえ込む必要があった。もちろん、押さえ込みは完全には可能ではないから、現にある秩序への逸脱が繰り返されることになるのだが、この押さえ込みを担うのが、ネグリのいう資本主義的な「領有化」の役割ということになる。資本主義社会は――他のあらゆる社会と同様――社会を成り立たせるために必要な秩序の維持・再生産のために物事相互の間の価値の序列化を必要とし、人々の行動や価値観をこの序列化された枠組みの中に押さえ込んで再生産しようとする。まず、人間が自然の上位に立ち、人間のなかの感情的な要素に対して理性が上位に置かれ、理性に感情を支配する役目を負わせる。理性は国家によって具体化される（これは現実の国家の非理性的な本質――人間が非理性的である以上当然の帰結だが――を隠蔽するイデオロギーを構成するが）ことによって、こうした価値の序列化が諸個人に内面化され、自明視されることによって、この押さえ込みは、むしろ自発的で自然なものとして受け取られ、必ずしも自由を抑圧するものとは感じ取られるべきではない、とされるのである。「領有化」は、一般論としていえば、情念を現にある秩序へと媒介する役割を担うことによって、情念に一定の形を与えるものだが、これを資本主義的な「領有化」は、もっぱら資本のもとでの労働を通じた自然に対する支配と商品化＝私的所有という一連の（使用）価値の流れを通じて秩序化し、制度化する。こうして資本主義的な「領有化」が自然や人間の身体に及び、全てに超越する位置を獲得する。これは、近代社会もまた超越的なものの支配を免れないということを意味すると同時に、こうした意味での超越的なものを覆す契機もまた、この超越的なものの支配の綻びを生み出す人々の逸脱する――あるいは支配的な認識の限界を超える――情念や想像力なくしては成り立たないということを意味している。

「領有化」としての方法論によって、スピノザは哲学的な世界から距離を置き、ラディカルな一義的な存在の概念を、無神論と唯物論的な人間観に求めたというのがネグリのスピノザ解釈である。スピノザの唯物論、あるいは（異論があるだろうが）無神論を支えたのは、徹底した人間の「経験」への信頼である。反プラトン主義であり反キリスト教主義から「領有化の力能としての人間」という唯物論的な人間概念が生じるとみるネグリの読みは、スピノザを哲学の系譜のなかに位置づけようとするいかなる試みをも拒絶することにならざるを得ない。

ネグリがスピノザから導きだしたこの「領有化の力能としての人間」あるいは「領有化の活動としての人間」は、人間と自然との物質代謝過程を通じて自然から人間が必要とするものを獲得する行為＝労働の担い手としての人間をそのなかに含むものとみていい。「自然」なくしてはありえないこの過程において、労働する人間を「主体」として立て、自然を労働対象として受動的な位置に置くことによって、人間による自然の支配を正当化する労働に基づく社会観が形成されるわけだ。他方で、伝統的な共同体の世界観の多くに共通してみられるのは、人間は、人間と自然の物質代謝過程の主体の位置を独占することはなかった、ということだろう。共同体に基づく物質代謝過程の主体的な担い手の位置に「自然」を置くことすらまれではない。また、「領有化」それ自体には、労働の成果物が、その労働を担った個人としての労働者に帰属するといったことは何も規定されていない。むしろ労働は集団性抜きにはいかなる意味においても成り立たず、この集団性を前提としない個人もあり得ない。このことが個人の自由を大きく抑圧したことは言うまでもない。これらのことは、共同体的な経済においては自明の経験的事実だった。しかし、共同体の解体と資本の本源的蓄積過程を通じて、この自明の経験は、むしろ資本による労働の組織化と個としての労働力の商品化を通じて必ずしも自明とはいえなくなる。労働者はまずもって「個人」として、労働市場に参入し、資本によって集団的に組織化され、結合〈労働力〉となる。資本に媒介されてのみ労働はその集団的性格を経験の層において表すことになる。この共同体の解体から資本主義の立ち上げに至るわずかな歴史的間隙が、文字通りの意味における個人と領有化をめぐるある種の近代性のユートピアを生み出した。自己労働に基づく「所有」は、近代社会がその初期に抱いたユートピア、前近代社会の共同体の束縛からの解放のユートピアとして、近代的個人というオルタナティブとしての人間観に基づいて提示された理念型だが、これは、結果的には、資本によって個人の自由が救済されるという〈労働力〉商品化を促す資本のイデオロギー、資本のメシア思想に回収された。思想史的なアプローチでいえば、あるいは、哲学が垣間見たある種の「夢」に沿って歴史を再解釈するとすれば、このような自己労働に基づく所有は、資本による〈労働力〉の商品化を通じて横領されたという、マルクスのいうところの領有法則の転回に通じる解釈にも一定程度の妥当性があるように見える。しかし、これはあくまでもイデオロギーの世界での「歴史」でしかない。ネグリはこのことに半ば気づきつつも、しかし、近代初期にありえたかもしれないもう一つの近代内部におけるオルタナティブ―資本なき近代?―――の夢には肯定的だったといえそうだ。ネグリのオプティミズムは、「拒絶と抵抗の連続線」を求めて次のような問いを発している。

「現実の階級闘争の歴史、常に必然的な生産力の復活の動きを見てとり、(形而上学の枠内で)拒絶と逸脱の道を描き出すとともに瞞着を打破し、理論‐実践的オルタナティブの道をたどっていくことはできないのだろうか。人文主義的革命をもとに、領有化の人文主義的概念を中心に据えることで、革命の危機という観念を否定し、資本主義的利益や、個体化というイデオロギー的運動へと領有化を後退させることを拒むような思想は存在しないのだろうか。逆に、物質的、集合的、構成的な領有化の力能を再確認してくれるような思想は存在しないのだろうか」(注5)

言うまでもなく、この問いに対して支配的な哲学は応答不能であって、17世紀にあっては、スピノザだけが(差し当たりは)資本主義的なありとあらゆる前提(社会と国家の分離、ホッブス、ルソー、ヘーゲルに示される「ブルジョワ的欺瞞」)を打破し、「生産力を何らかの秩序へ、何よりもブルジョワ的秩序へ還元することの不可能さを明白に、明確に、明瞭に表明」(注6)し、「ブルジョワジーが自らの支配組織を隠すためにでっち上げた大いなるフィクション全てをはっきりと否定」(注7)する思想家として登場する。確かにスピノザは、理性から成り立つブルジョワ的秩序に生産力を還元できるとは考えていない。他方で支配的な哲学では、理性による社会の秩序化が可能であるかのようにして構築され、非理性的・情念的な人間の――大衆の、というべきか――欲望を敵視し、拒否する一方で、資本主義的市場経済による欲望の資本の価値増殖への媒介という仕掛け（ブルジョワジーによる「支配組織」）を支持してきた。スピノザの情念や欲望をめぐる議論がこうした枠組みと真っ向から対立するものだということを読み取ろうとしたネグリの観点は、スピノザの思惑を超えた資本主義批判の重要な論点として受け止める必要がある。

こうした観点は、他方でネグリが強調するもう一つのスピノザの意義、「スピノザの思想の基礎には、媒介という概念そのものの拒絶」[注8]、すなわち市民社会と国家の区別を「生産関係というイデオロギーに用いられる別の虚構」[注9]への否定と結びつけられている。しかし、ネグリのようにスピノザは領有化＝ブルジョワ的媒介を拒否したという解釈は、スピノザの唯物論的な再解釈を通じて、マキャベリからマルクスへと至る政治思想にスピノザを位置づける戦略的な〝読み〟であって、スピノザを唯物論の「土台」の領域に引き寄せたネグリ特有の解釈だ。こうした解釈の背後には、ネグリのある種の土台主義、あるいはオーソドクスとも言えるマルクス主義の隠された前提があるように思える。しかし、スピノザの異例性の意義は、こうした土台還元主義的な解釈に基づく必要は必ずしもない。

●

ネグリが強調するように、『神学政治論』、『エチカ』、そして晩年の未完成の作品『国家論』に一貫しているテー

（注5）同上、320ページ。
（注6）同上。
（注7）同上、322ページ。
（注8）同上。
（注9）同上、323ページ。

マは、まさに媒介の拒否である。ここでいう媒介とは、現実の政治の制度でいえば、王政や貴族政であり、イデオロギーの領域では教会と教会による聖書や神観念についての解釈支配であった。これに対して、スピノザが対置したのは、大衆自らによる統治としての民主政であり、一切の媒介的な制度や権威を伴わない神観念の獲得である。スピノザが自らの思想の前提においた人間の問題とはまさに理性によって完全に自己統制することができない人間存在と理性をめぐる確執という難問だった。端的に言って、スピノザにとっての人間とは、理性的に思考し行動する存在ではなく、むしろ迷信にとらわれる存在である。

「例えば彼らは恐怖の状態にある場合においては、何か過去の幸福あるいは不幸を思いださせるような事柄に遭遇するとそれを幸福なあるいは不幸な結果を暗示するものと考え、その故にそれを、——これまでそういうことで幾度も幾度も欺かれてきたにもかかわらず、——善きあるいは悪しき前兆と名づける。もしそれ、異常な、一見奇異な事柄でも起こると、彼等はそれを神々または最高神性の怒りを表示する異変と思い込み、迷信的で真の宗教を知らない彼等は、これを犠牲と誓願とによって償わなければならぬと考える。このようにして彼等は、実に色々なことを虚構し自然を種々の珍奇な方法で解釈する、あたかも全自然が彼らとともに狂いでもしたかのように。(注10)」

このような迷信にとらわれた民衆に対して、「君主政治の最大の関心事」とは次のようなものだと言う。

「もし、人間を誤謬のなかに留め置き、恐怖心を宗教の美名で彩って人間を抑制するのに利用し、かくて人々をして隷属のために戦うことと恰も福祉のために戦うごとくならしめ、且つ一人の人間の名誉心のために血と生命とを捨てることを恥としてでなくかえって最大の誉と思わしめるといったような、そうした事どもがもし君主政治の最高の秘訣であり、君主政治の最大の関心事であるとしたら、反対に、自由なる国家においては、これ以上不幸なことが考えられることもできないし、試みられることも出来ないのである。各人の自由なる判断を諸々の先入見によって籠絡したり、これを何らかの方法で制限したりするということは、一般的自由と全然矛盾するのであるから。(注11)」

スピノザは同時に、「人間の精神は一般に多種多様であって全ての人が均しく同じ思念の中に安住しているのではなく、むしろ種々の考えが色々違った風に人間を支配して(注12)」いること、「民衆から迷信を取り去ることは恐怖を取り去ることと同様に不可能であること」、「民衆はものを賞賛したり非難したりするのに理性によって導かれず衝動によって動かされること(注13)」、「大抵の人々は法の目的を把握することができないしまた大抵の人々は少しも理性によって生活しない」「全ての人間はなるほど自己の利益を求めはするが、しかしそれは決して健全な理性の指令に依ってではない。(注14)」こうしてスピノザが描く大衆像とは次のようなものとなる。

「大衆は理性に依ってではなく単に感情のみに依って操縦される。彼らは何でも向こう見ずにやり、貪欲や奢侈に極めて容易に蝕まれる。めいめい自分が何事をも心得ていると考え、全てを自分の意向通りに御したがり、物はそれが自分の利益あるいは損害になると判断する限りにおいてのみそれを公平あるいは不公平、正当あるいは不正当なものと評価する。虚栄心の故に自分と同等の者を軽蔑し、同等の者から指導されることを潔しとしない。また他人の名

(注10) スピノザ『神学政治論』、畠中尚志訳、岩波文庫、上巻、40ページ。
(注11) 同上、44ページ。
(注12) 同上、下巻、136ページ。
(注13) 同上、上巻、56ページ。
(注14) 同上、182ページ。

声や財産（これは決して誰も同等ではありえない）を妬んで他人の不幸を願い、他人の不幸を喜ぶ。(注15)」

これは「大衆」に固有な属性ではなく、むしろ人間の本性だというのがスピノザの基本的な人間観をなしている。(注16)スピノザは、人間の理性を逸脱する感情が犯罪へと駆り立てる一方で、「国家を人が犯罪を犯す余地がないような風に建てること」あるいは全ての人を私利よりも公益を重んじるように制度化することが必要であるとする一方で、その国家にとってすら、このような感情は「果たすべき困難な課題」だと言うのである。理性は感情を制御できるかもしれないが、このことを民衆が会得し、「理性そのものの教える道」は極めて「峻険なもの(注17)」という観点を強調している。

「事の必要に迫られて人々は多くのことを案出はした。しかし依然として国家の安全は外敵からと同様に国民から危うくされていたし、また統治権の把握者は外敵をと同様に国民を恐れざるを得ぬ状態にあったのである(注18)」

大衆とは、理性よりも感情に支配され、迷信から抜け出す事のできない存在であって、これは自然状態に限られるのではなく、むしろ社会契約が成り立ち、国家が形成された後にあっても残る問題である。スピノザは、こうした大衆に対して宗教（教会）と国家がとった支配のあり方を、前者については聖書に体現されている物語(注19)や奇跡、教会の祭式(注20)といった大衆の感性に訴える言説や仕掛けを通じたある種のイデオロギー操作の問題として捉え、後者については、法による強制の問題として捉えた。同時に、宗教であれ国家であれ、大衆の同調を獲得するためには、外形的な同調を超えて、内面的な同調の形成の必要を認識していた。しかし、国家も教会も、大衆をその内面から完全に自らの支配に服させることはできないというのがスピノザの強い確信でもあった。だからこそ、内面の自由を抑圧しようとする国家や教会の意図は実現されず、むしろ人々をその多様な存在や多様な価値観、考え方のままに自由にしておくことの方が好ましいと考えたのだ。

ネグリがスピノザの「大衆」から「マルチチュード」の概念を導いたと言われるが、しかし、ネグリのマルチチュードにはスピノザが目の当たりにしていた迷信や自己の欲望と利益にとらわれ、他人を妬んだり蔑んだりするような大衆のネガティブな側面はほとんど強調されていないように見える。この違いは決定的だ。スピノザは、こうしたネガティブな側面こそが国家と教会による支配の困難な課題を構成し、支配の基本的な性格を規定するものだと見るとともに、こうした大衆をまるごとそれ自体として受け入れる側に立つ。スピノザは大衆を無知や迷信に囚われた存在

(注15) 同上、下巻、１９４ページ。

(注16) こうした観点は『国家論』にも受け継がれている。「私は、人間的感情、例えば、愛・憎・怒・嫉妬・名誉心・同情心およびその他の心の様々の激情を人間の本性の過誤としてではなく、かえって人間の本性に属する諸性質として感じた」。「人間は必然的に諸感情に従属する。また人間の性情は、不幸な者を憐れみ、幸福な者をねたむようにできており、同情よりは復讐に傾くようになっている」。スピノザ『国家論』畠中尚志訳、岩波文庫、14ページ。

(注17) スピノザ『国家論』、同上。

(注18) 『神学政治論』、前掲、下巻、１９５ページ。

(注19) 「民衆はその心を服従と敬神とへ最も強く動かしてくれるような物語だけを知れば沢山なのである。然し民衆自身はそうした物語について判断する十分な能力をもたない。彼らは物語の中にある教えそのものよりも話の筋とか事件の珍しい思いがけない顛末とかに多く興味を引かれるからである。だから彼らは物語を読んだだけでは足りないのであって、その上彼らの精神の弱さを補ってくれる教会の牧師や役者たちを必要とする」しかし「史的物語への信憑（中略）は神の法と何の関わりもないこと、物語への信憑はそれ自身は人間を幸福ならしめ得ないこと、またそれは教えを説くに役立つ限りにおいてのみ有益性を持つ」同上、１９３ページ。

(注20) 「キリスト教徒たちの祭式――例えば洗礼、聖晩餐、諸祝日、外的祈祷、その他キリスト教全体に前から行われ今も行われている数々の事柄に関して言うに、それらがもしキリストあるいは使徒たちによって制定された（略）とするならば、それは教会一般の外的記号として制定されたのであって、福祉に何らかの寄与をなす事柄として、或はそれ自らに何らかの聖なるものを秘めている事柄として制定されたのではない」同上、１８７ページ。

としながらも、必ずしもこうした大衆を、理性のもとにある哲学者や知識人の高みに立って蔑み、否定することはなく、むしろ、理性を絶対視する哲学者や、こうした大衆の感情を統制し、自らの支配の手段にしようとする国家と教会に対して冷やかだ。だからこそ民主政とそのもとでの自由に期待するわけだ。ネグリと比べてスピノザの方がある意味で、大衆の非合理的な逸脱に期待しつつ、現に存在する国家と教会の重圧の前に立ちすくんでいたのかもしれない。

先にも指摘したように、ネグリはスピノザの形而上学をある種の土台還元主義的な方法論（唯物論と言い換えてもいいが）で再解釈しようとしたように思われる。しかし、むしろスピノザの核心にあるのは、イデオロギー装置批判であったというのが私の見方だ。近代初期に登場した国家と教会にとって、大衆への支配の核心にあるのは、理性による支配ではなく、非理性的なるものをめぐる支配の問題であって、まさにこの問題が近代の入り口において難問として突きつけられていることをスピノザは理解していた。欲望や情念といった感情の問題は、この近代の始まりの時期に、市場経済がもたらした新しい経済人の感性の中核をなすものであるが、ネグリのように、この問題を資本による領有化と生産力の問題へと繋げるよりも、むしろ構成された権力としての国家とイデオロギー装置としての教会（そして近代化の進展のなかで、この教会の位置に、まさに市場経済のイデオロギー、商品という新たな神がとってかわるのだが）が再構成しようとした人間の問題、つまり労働する身体としての人間の再構成の問題へと繋げることの方がより意義のある方法だったと思う。

とはいえ、国家と教会（宗教）に対する重大な疑義にとらわれたスピノザには、固有のジレンマがある。スピノザは国家の目的を次のように述べている。

「国家の究極の目的は支配することでなく、また人間を恐怖によって制御して他者の権利のもとに立たしめることでもなく、むしろ反対に、各人を恐怖から解放し、かくて各人が出来るだけ安全に生活できるようにすること、換言すれば存在と活動に対する彼の自然権を自己並びに他者を害することなしに最もよく保持するようにすることである。あえて言う、国家の目的は人間を理性的存在者から動物あるいは自動機械にすることではなく、むしろ反対に、人間の精神と身体が確実にその機能を果たし、彼ら自身が自由に理性を使用し、そして彼らが憎しみや怒りや詭計をもって争うことなく、また相互に悪意を抱き合うことのないようにすることである。故に国家の目的は畢竟自由に存するのである」(注21)

しかしこの国家の目的は完全に果たすことはできない。もろもろの感情を人間の本性とする以上、ここから逃れることはできないし、そうであれば、迷信からも解き放たれることはなく、従って、理性によって行動することを通じて獲得されるであろう自由を完全に我がものとすることもできない。こうして国家は、法による強制を避けられないのである。

同様に、宗教についても、スピノザは神の認識へと至る上で理性が果たす役割を不可欠なものと考え、理性によってのみ神についての完全な理解を獲得することができると考えていた。しかし、感情や迷信にとらわれざるを得ない人間は、神の観念を教会が与える物語や祭式によって実感するように促されるが、これらによって人間は神の本質に近づくことができるわけではない。スピノザにとって、職業的な聖職者は、神の認識を導く存在としてよりも、神について大衆の感情に訴え、諸々の「外的記号」を駆使して大衆による教会への同調を獲得し、大衆を迷妄のなかにおしとどめることによって、教会の権威を再生産するにすぎない存在でしかなく、彼らに依拠する限り、神の認識には

(注21) 同上、275ページ。

決して至ることがないのである。従って、教会は「無知蒙昧」な民衆を神の名によって自らの権威の下に組織化するためのイデオロギー装置に他ならない。他方で、非理性的な感情を人間の本性とする以上、こうした制度化された宗教の存在をなくすことも不可能となる。その内実がいかなるものであれ、理性ではなく感情によって支配される状態にあっては、神と名指されるいかがわしい存在を完全に払拭することは不可能となる。

こうして、スピノザにとって、抑圧装置としての国家、イデオロギー装置としての教会は、非理性的な存在としての人間を近代社会が統御する上で不可欠な社会的な条件とみなされることになる。しかしスピノザは、国家や教会の廃棄を模索するのではなく、これらをある種の宿命として受け入れつつ、最も抑圧の少ない、また最も真理に近づく道として、彼は自由の意義を主張したように思う。

資本主義は、この体制に固有の方法で非理性的な存在としての人間を統御しようとしてきた。スピノザが初期の資本主義に見いだした国家と教会の役割以上に、その後数世紀の歴史のなかで重要な位置をしめてきたのは、言うまでもなく市場経済（商品化された労働力に基づく資本による市場の組織化）の存在だ。既に述べたように、資本主義は人間の非理性的な側面としての欲望に商品の使用価値的な欲望という枠をはめる一方で、貨幣的な富への無限の欲望によって、欲望そのものを資本主義の制度の内部に押しとどめ、資本蓄積の原動力となるように動員する。社会が人間の組織であり、人間が理性の統御を逸脱しうる存在であることを前提として、資本主義は、この非理性的な要素を資本蓄積に媒介する仕掛けを用意したのである。こうして、欲望は、資本主義の制度的な檻のなかでその「自由」を与えられ、この意味での「自由」こそが真の「自由」であるとして自由の意味が横領される。

他方で、理性は市場経済を前提とした経済合理性と国家を前提とした法合理性に還元される。理性は資本主義的な欲望を正当化するものとなり、真理とは資本主義の正統性のなかにのみ見いだせるということを示唆するために動員される。この理性を司るのは、宗教や教会ではなく、世俗的な科学や学問、会社組織、官僚制、司法や立法の制度といったもろもろの合理主義的な人間組織である。これらの組織は、商品の使用価値と貨幣とともに、理性を動員して大衆の迷信を再生産し、大衆を迷妄のなかに押しとどめることになり、その限りにおいて、大衆の非理性的な側面は、社会の変化を促す要因となる以前に、資本主義を正当化するように仕組まれた理性に媒介されて、社会の秩序から逸脱しないように制御されてしまう。資本主義は、大衆の最も危険な側面が理性にではなく感情にあることを知っているからこそ、この非理性的な側面をターゲットとする支配の制度を構築してきたのだと言える。

もちろんこうした資本主義の大衆支配の仕掛けが完全にその目的を達成することはありえなかった。資本主義のなかで繰り返し現れる危機の歴史は、この仕掛けの矛盾と不十分さを証明している。では、なぜ資本主義は、人間の非理性的な側面の統御の技術を編み出し、しかも無限の欲望を市場の秩序に媒介する強力な制度を擁しながらも、その大衆支配を完全なものにできず、繰り返し危機にみまわれるのか。その理由のひとつは、市場も国家も人間の全てを覆い尽くすことのできる制度ではないことによる。これらの制度を超越する部分がもたらす攪乱要因（空間的に言えば、「第三世界」であり、構造的に言えば私的な領域としての〈労働力〉の再生産）を排除することは論理的に不可能だ。しかし、さらに根本的な限界がある。それは、資本主義が社会支配の前提として設定した人間観そのものに関わる。このことは本稿の課題を超えるので、ごく簡単に一点だけ指摘する。それは、スピノザが格闘した理性と感情という二分法に基づく近代の人間観そのものの妥当性という問題である。感情とは区別された理性という人間の側面は、実在のものと言えるのかどうか、逆に、理性とは区別された感情と呼ばれてきたものもまたその実在性を証明できるのか、という疑義である。むしろ、理性と感情は相互に分離可能な二つの要素ではないのではないか。もしこれらが不可分一体のものであるとすれば、これらをそれぞれ独立に取り出して論ずる方法そのものが間違っているし、理性と呼ばれているものの存在そのものも疑うべきであろうし、感情に属するもろもろの人間の側面もまた、それ自体としてはその存在を疑わなければならない。スピノザもネグリもこのことに半ば気づいているのだが、しかし、方法論として明確に両者の不可分性、あるいはそれらの概念の否定に基づいた人間と社会についての理解を示すところには至っていない。スピノザもネグリも人間の多様性を文字通り人間の本質的なものとして強調しつつ、集団性の意義を論じる。そうだとすれば、理性と感情の不可分一体性、あるいは理性とか感情として名づけるべきではない人間の属性こそが本源的な多様性の根源にあり、この多様性に基づく社会変化の可能態としての支配に抗する集団のダイナミズムを生み出すものであるということが明瞭となるのではないか。この観点は、もはや迷信にとらわれた無知蒙昧な大衆といった大衆に対する規定そのものを不要とするだけでなく、逆に、このように大衆を見る知識人の側の迷信や無知蒙昧をあからさまなものとする。迷信にとらわれてはいるが、多様性を保持しつつも社会変革の主体としては登場しえないスピノザ的な意味での大衆＝マルチチュードからネグリのいう大衆的前衛とでもいうべきマルチチュードを架橋しうる唯一の係留点は、理性と感情の二分法を成り立たせているこれら両者の存在そのものへの根底からの懐疑に基づいた「人間」観であろう。

この理性と感情という二分法による人間観の拒否に基づく新しい「人間観」を記述するためには新しいディスクールの方法論が要求される。これは、人文主義への回帰でもなければ、単純な科学主義の拒絶でもないが、他方で、言語や数学という限られた手段によって長年表現されてきた哲学・思想から科学に至る社会・自然認識の方法そのものの妥当性すら問わなければならないものだ。このことは、同時に、人間の実践的な行為をある種の表現に媒介・還元して今ある言説の秩序に回収することではなく、逆に実践性がもたらす社会変化それ自体の営みの側に言説を投げ入れることを意味するものかもしれない。ここでは、言説の実践からの分離に基づく自由、つまり、スピノザがあえて「自由」を言論の内部に限定したその限界を超えて進むべき問題が立ち現れることにならざるを得ない。

（付記）

私はネグリ研究者であろうとしたこともなければ、スピノザ研究の専門家でもないが、私の問題意識の射程からみて、率直に言って、本書の位置づけは大変難しいと感じている。本書の日本語版を改めて読んでみたが、その難しさの印象は変わっていない。本書は、多分、彼が後に出版することになる『構成的権力』につらなる著作として理解するのが最も自然な解釈のように思われる。しかし、『構成的権力』は、マキャベリからスピノザへとは向かわず、スピノザと同時代のジェームズ・ハリントンを経て米国の独立宣言へと至る近代市民革命の系譜にむしろ力点が移っているように思う。ハリントンの主著『オシアナ』が出版されたのは、17世紀半ばであり、スピノザの『神学・政治論』や『エチカ』などの主著に先立つ。スピノザは、当時のオランダとイギリスの戦争状態（ネグリは繰り返しスピノザの時代を「危機の時代」として描いている）と教会の権力と世俗的な近代国家の権力の相克のなかで、「神」をめぐる言説を再生産するイデオロギー装置としての教会への批判を展開しつつ、「自由」の問題を中心に据えて、オルタナティブとしての民主主義を模索した。そしてイギリスの植民地としての北米を視野に入れて、君主政よりも民主政を高く評価した。こうしてみると、スピノザの政治学と唯物論的な色彩の色濃い形而上学をマキャベリに対する有効なオルタナティブ権力論として位置付けることは可能であったように思う。しかし、『構成的権力』においては、スピノザは脇に追いやられ、ハリントンや米国のフェデラリストへの流れに注目し、同時に近代革命の系譜も、米国の独立戦争、フランス革命、パリコミューン、ロシア革命を――その敗北にまみれた未来形の「構成されるべき権力」を視野に収めてはいるものの――構成的権力論の中心に据えてしまった。とはいえ、マルチチュード（多数者）の概念をスピノザから見いだし、その後のネグリの展開にとって重要な意味を持つようになったことを私は軽視しているわけではない。そうだとしても、いや、そうであるからこそ、スピノザは何処へ行ってしまったのか、という思いもある。

出典：『別冊情況，68年のスピノザ、アントニオ・ネグリ』情況出版2009年7月

原発輸出と汚染瓦礫の処理――東京をゴミ捨て場に！

原発の国内新規建設が困難になりつつある中で、政府と原子力産業は、原発輸出に活路を見いだそうとしている。

野田首相も（2011年）9月22日の国連でのスピーチで、「日本は、原子力発電の安全性を世界最高水準に高めます」と述べ、安全性を高めての原発推進という立場を強調した。3・11以前、日本政府は世界最高水準の安全性を宣伝し、大事故を起こしたチェルノブイリ原発とは違うのだということを強調し、活断層があろうが、どのような地震・津波が来ようが、絶対安全と豪語してきたが、このような言葉は現実の原発が抱えざるを得ない危険をひたすら隠蔽するだけのデマゴギーでしかなかったことが、やっと多くのメディアと政府の主張を信じてきた人々にも自覚されはじめた。どの原発も数え切れないほどの事故がどこかの原発で毎月のように引き起こされてきたこと、福島の大事故はこうした些細な事故の必然的な帰結だったのであって、想定外の地震や津波がその唯一の原因だということはできないのである。

あたかも事故のない原発が可能であるかのような、不可能な「夢」を売ることは、政治家として、とりわけ政権の最高責任者として、責任あるスピーチとはとうてい言えない。さらに、このスピーチでは「日本は、原子力利用を模索する国々の関心に応えます。数年来、エネルギー安全保障や地球温暖化防止のため、新興諸国を始め、世界の多くの国々が原子力の利用を真剣に模索し、我が国は原子力安全の向上を含めた支援をしてきました。今後とも、これらの国々の我が国の取組みへの高い関心に、しっかりと応えていきます。」とも述べ、原発輸出への強い関心を示した。

しかし同時に、原発輸出への批判も高まっている。中国新聞は、（2011年）9月25日の社説で原発輸出は「安全性の確保という点から見ても見切り発車と言わざるを得ない。そもそも第三者機関『事故調査・検証委員会』による検証作業を終えなければ、原発の安全対策は確立できないはずだ。」と述べているように、マスメディアも疑問を提起しはじめている。脱／反原発運動だけでなくアジアにおける日本のODAや開発援助のあり方を批判してきたNGOなども共同で原発輸出を阻止する運動を展開しはじめている。（緊急国際署名「日本政府は原発輸出推進政策を即刻止め、世界の脱原発をリードしてください」）

環境破壊的な工場や廃棄物処理が国内でできなければ、海外で、という発想は、原発に限らない。日本政府と日本の企業がこれまでとってきた基本的なスタンスである。環境規制が厳しい、労働コストや労働法制の規制が厳しいなど、先進国国内の規制を嫌って、規制の緩い第三世界に資本を移動させる。結果として、第三世界には、環境の汚染や低賃金の労働が蔓延することになる。日本が国外、特にアジアに公害を輸出している問題が指摘されて久しい。例えば日弁連が「日本の公害輸出と環境破壊—東南アジアにおける企業進出とODA」のレポートを出したのは1991年である。こうした公害輸出の前科があるこの国が、自国の原発のゴミを国外で処理しようとする野望を持っていないと考える方が非現実的であろう。

私が危惧するのは、原発そのものの輸出だけでなく、原発事故で拡散した汚染された瓦礫や廃棄物の輸出もありうるのではないか、ということである。福島原発事故で汚染された瓦礫について環境省は4月上旬に岩手、宮城、福島、茨城と沖縄を除く42都道府県を通じ、全国の市町村に瓦礫受け入れを打診したと報じられている。しかし、その後、現在に至るまで受け入れはうまくいっていない。8月に環境省は「放射性セシウムの濃度が1キログラム当たり8000ベクレル以下は通常のごみ焼却灰と同様に埋め立て」とし、「1キログラム当たり8000ベクレル超10万ベクレル以下の場合は、セメントで固めて遮水シートなどで外部に放射性物質が漏れないようにすれば埋め立てが可能」と報じられた。（西日本新聞2011年9月25日）さらに、昨日（25日）になって、環境省は10万ベクレルを超える場合も同様のセメント処理で埋め立てる方針であると報じられている。（毎日9月26日）いったいどれだけの汚染瓦礫が存在するのか、確実な予想は難しいだろうが、それだけでなく、福島県内だけをとっても山林の汚染も深刻で栗やきのこ類の汚染が明らかになっている。近隣諸県やさらに日本列島全体が濃淡の差はあれ汚染を免れていない。

原発を輸出する論理は、国内で建設できないなら海外で、という資本の論理がはっきりとみてとれる。同様に、汚染された瓦礫もまた、国内での処理が不可能であれば、海外へということが言われかねない。膨大な瓦礫や汚染土壌などを国外に移送するなど不可能な話だとは思うが、そうした発想は「ない」とはいえない。事実、使用済み核燃料の最終処分場をモンゴルに建設する計画は具体化に進んでいる。日本、米国、モンゴル政府の間で、モンゴル産のウラン燃料を原発導入国に輸出し、使用済み核燃料はモンゴルが引き取る「包括的燃料サービス（CFS）」構想の原案が既に存在している。（共同通信7月18日）自国が出したゴミを他国に押し付けるこうした発想は、原発のゴミを出す国の「品格」に関わる発想だが、政府や保守派が好む「国の品格」といった言葉はこのような場合には使わないものらしい。

私は、利益だけ取り、リスクを取らないという態度は許されない、と原発の事故以降繰り返し主張してきた。汚染瓦礫の問題は、まさに福島第一原発の電力供給の受益者（消費者、とりわけ大量のエネルギーを消費する経済界）がそのリスクを負うべき問題として処理されるべきだと主張してきた。東電管内以外に汚染瓦礫を拡散させたり福島県内に溜め込むといったことは、受益者負担の原則に反する。電力消費の大きさに応じて、リスクも負ってもらうしかなく、そうとすれば、最大の瓦礫の引き受け手は東京や首都圏以外にありえないのではないか。大都市は原発の利益だけを享受し、この原発のリスクを地方に押し付けたのだが、廃棄物や汚染物質についても同様の態度を繰り返すことができるのだろうか。もちろん、第一に原発事故の責任は東電と政府が負うべきであるが、だからといって、日本中に汚染を拡散させることが最も理にかなった処理とは思えない。首都圏がまず第一にこの汚染というリスクを引き受けなければならない。

もし、そうでないなら、汚染は受益者以外の人々に負わされてもよいということになり、さらに、日本国内で引き受け手がいないなら、国外に、という発想を否定できないことになる。首都圏のような巨大な人口を持つ地域が汚染瓦礫などを引き受ければ、当然、この場所は住むに耐えない場所になるだろう。しかし、既に福島第一の周辺は住むことができていないのだ。福島第一周辺は住めなくてもよく、原発の受益者である東京は住み続けられる場所であるべきだ、というのはいったいどのような理由によるのだろうか?東京、あるいは首都圏は、別格なのだろうか?こうした特別視は、逆に地方への差別を内包させているのではないか。

言うまでもなく、上で述べたことは、福島第一だけでなく、他の全ての原発の廃棄物や使用済み燃料の処理についても言えることであって、モンゴルや六ヶ所村に押し付けるべきではなく、それぞれの原発が供給する電力によって利益を享受している地域がそのリスクを引き受けるべきである。利益だけを取り、リスクを取らない、そのような特権的な構造がこの国の地理的な空間には存在しているから、ゴミ処理を日本中の自治体に押し付けるという発想に疑問をもたず、「受益者負担」というネオリベラリストが大好きな手法をこうした場合にはおくびにも出さない。都市と地方、メガシティと農村、近代資本主義が生み出した空間の差別と搾取の構造は、変わりなく存在しているということである。東京に原発を!というスローガンがあるように、東京をゴミ捨て場に!というスローガンもまた叫ばなければならない。(東京は大阪と読み替えてもいいし、僕が住む富山もまた、北陸電力の本社が立地する場所として、免罪されえない場所である)

出典:ブログ2011年9月26日

ストリート文化の非犯罪化のために――所有権に抑圧される表現の自由

地域開発が進められるときには、様々な社会的排除や「浄化」が強引になされる。来年（2015年）4月の北陸新幹線の開通を控えて、都市部の環境浄化が進められている。報道によれば、富山市が市の中心部の「落書き」に対して、警察に告発状を提出したと報じられているが、「落書き」と呼ばれてあたかも重大な犯罪行為であるかのように扱われることに疑問を呈するような報道はまず見たことがない。東京オリンピックを控えて、ストリートの文化やストリートの自由は、さらに広範囲に規制と排除と浄化のターゲットになるだろう。野宿者は排除されデモや集会などの政治活動すらこれまで以上に規制されるだろうし、もともと非政治的な裾野を幅広く持つ（政治活動家の関心を惹くことが少ない）犯罪とされてきたグラフィティもまたより厳しい規制の対象になるだろう。ストリートを政治的社会的な表現の場とするアートアクティビストやメディア・アクティビストの層が薄い日本では、一方的な政府や警察、マスメディアによる「落書き」への規制だけが議論の余地すら与えられないままに先行する危険性が高いことを私は危惧する。

「落書き」は一般に、当事者たちによってグラフィティと呼ばれる表現なので、以下ではグラフィティと呼ぶが、これは、世界中ほとんどどこにでも見いだせる文字通りのグローバルなストリートの文化でもある。そして、同時に、どこの国でもグラフィティは「ヴァンダリズム（直訳すれば破壊行為）」とか「所有権の侵害行為」として犯罪化されて取締りの対象とされるのが現在の一般的傾向だろう。この一般的な傾向は、80年代半ば以降、ニューヨークの地下鉄のグラフィティ規制で主張されるようになったグラフィティを凶悪犯罪と結びつけて取り締る「ゼロトレランス」とか「割れ窓理論」などと呼ばれる軽微な犯罪が凶悪犯罪を誘発するから軽犯罪を徹底して取締るべき、という発想が支配的となり、貧困や資本による公共空間の支配の問題をなおざりにするなかで生まれてきたものだ。ストリートの表現の自由は日本でも一貫して不自由の側へとシフトしてきたことは、戦後の都市の景観のなかでの個人の表現の自由の場が次々に狭められてきたことを想起するだけでも十分理解可能だろう。人々が自由勝手にやっていた街路の張り紙やポスターが消え、露天や屋台も消え、貧乏人たちが日銭を稼ぐための場所は企業の広告と政府の宣伝と警察の監視の場所になってしまった。路上ミュージシャンが演奏できる場所もどんどん狭くなっている。同時に、猥雑で無秩序な場所を「汚い」とか「迷惑」とする感情が人々の中に根付いてしまった。

●

一方でグラフィティはどこにでもあり、他方で、グラフィティはどこでも犯罪化される、というこの構図を踏まえたとき、ここには、単に犯罪として取り締ればよいという問題以上の問題が存在しているということに気づく必要がある。つまり、グローバルな資本主義が先進国であれ途上国であれ（グラフィティは米国にも中国にも、イスラエルにもパレスチナにも、ラテンアメリカ諸国にも勿論ある）、都市の（実は田舎にもある）路上の表現として、支配的な都市空間の表現、つまり商業広告や政府のプロパガンダに対抗する表現の位置を占めているということだ。私はどの都市に行っても、その都市の自由度をグラフィティで計測する。清潔でグラフィティの目立たない場所は監視が厳しく自由度が低い。他方でグラフィティのある場所は、自由度が相対的に高い。

私が、訳者の一人として参加した、スティーヴ・ライトの『Banksy's Bristol』（鈴木沓子、毛利嘉孝との共訳、作品社、書評が『読売』2014年6月23日で読める。）を訳出しようと思ったのも、グラフィティをストリートの文化として、政治や社会との関わりを抜きにはできないものなのだということを、アピールしたいという思いがあったからだ。これは、一方で、地域の社会運動や市民運動の活動家が日頃目にしているグラフィティに無関心で、関心を寄せるときには「あれにはどのような政治的な意味があるのか？」という質問しかできない、裏を返していえば、政治的ではない表現はどうでもよい、という政治主義的な文化道具論の反応か、あるいは、「やっぱり汚いよね」という反応でしかなく、逮捕のリスクを負いながらなぜ描くのか、ということにすら想像力が及ばない彼らへの私なりの問題提起でもある。他方で、グラフィティのライターたち（彼らは、絵ではなく文字を描くので、一般にライターと呼ばれるが、バンクシーのように絵を描く場合もあり、グラフィティ・アーティストと呼んでも間違いではない）は、かっこいいとか面白いストリートの文化のスタイルに直感的あるいは感性的に惹かれて始めるのがその最初の動機だろうが、物書きとしての私は、それで満足して欲しくはないと言いたいのだ。こうした私の思いは、当事者にとってはやや傲慢な上から目線かもしれないが、犯罪化された表現に対して感性的な「思い」だけで自らの行動を支え、理論武装しないことは、むしろリスクを高めるだけだと思うからだ。ストリートにおける表現の自由は、無産者にとっての都市への権利なのだということを自覚するきっかけをこの本が与えてくれることも期待した。つまり、グラフィティがどのような意味を持つアクションなのかを、ライターたちの主観的な感覚や動機からだけではなく、ある意味では客観的に見据えることが必要だということを訴えたかった。というのも、都市の空間がなぜライターたちと敵対するのか、なぜ都市には表現の自由がないのか。商業広告やマスメディアの情報とグラフィティのような犯罪化された表現との間にある表現の自由の落差の根源を知ることは、ライターたちのアイデンティティにとって必須のことだからだ。つまり表現の意味を（警察や有力者が理解できるかどうかとは関わりなく）構築できなければ、ストリートの文化は単なる文化産業の金儲けの餌食になるか、警察のビジネスチャンスに貢献するだけになり、ストリートの文化として支配的な文化に楔をうがつことができない。このことは、ストリートの文化が世代的な再生産を獲得できず、時には、退屈な物真似か、絶対に許すことのできないヘイトスピーチや差別のプロパガンダに加担するといった堕落の罠に陥る。「若い頃はやったよね」という昔話を中年以上の元ライターから聞くことほど切ないことはない。(60年代末に全共闘の活動家だった連中が、その後転向して大企業の幹部や保守政治家になって悪事を働くことに比べたら、どうということはない話かもしれないが。勿論、私だって象牙の塔の住人だから、「転向」していないなどと大見得を切れる立場ではないことは自覚しているが)

グラフィティの本は沢山翻訳されているし、バンクシーはグラフィティの世界では最も成功したアーティストで、彼の生まれ故郷の英国ブリストルは、彼のグラフィティが最大の観光資源にすらなっている。本書の解説に書いたが、だからといってバンクシーが免罪されているわけではなく、観光資源として利用する一方でグラフィティの犯罪化という基本的なスタンスを市も警察も維持し続けている。バンクシーの特異なところは、彼の作品が持っている政治性だけにあるのではない。政治的なメッセージに長けたアーティストはいくらでもいる。むしろ彼は、支配的なアートや表現の制度がストリートの表現と接するところで必然的に生み出される境界に固有の支配の脆弱な地盤を読むことにおいて、天才的な感覚をもっているという点に、彼の行為と作品の全てがある。一般に、境界線は支配の制度にとって最も脆弱になりやすいリスクの場だ。国境はその見やすい例であり、だから出入国管理という厳格な監視と管理のシステムが露出するのだが、同種の境界は都市の中にも目に見えないとはいえ張り巡らされており、グラフィティのライターたちは、この境界を読み、制度の地盤沈下が可能な脆弱なポイントを探りあてることに長けていなければならない。グラフィティの存在自体が新たな境界線、あるいはストリートにおける資本と国家によって仕切られた表現への切り込みでもある。言い換えれば、ライターたちがどれだけこのことに自覚的になり、自らの行為を犯罪化しようとする制度の意思に対して自らの戦略を練ることができるのか、このことがライターたちの行動と作品に表出せざるを得ないのだ。だから、リーガルウォール(合法的なグラフィティ)はいくら洗練されて優れたアートであっても「違う」のだ。このことをストリートを行き交う人々は無意識のなかで受けとめざるを得ない。ジャック・ラカンが言うように、無意識がシニフィアンの織物であるというのであるならば、シニフィアンとしてのグラフィティがその一部となりうるのは当然であって、これは、市場経済と国家がもたらす所有と商品のシニフィアンの秩序への敵対の構造をなす潜勢力となると言っていい。ストリートに敵対的な弁証法を持ち込むということだ。私は、当事者のライターたちがこのようなことを考えるべきだとは思わないし、バンクシーがこうしたことを言っているわけでもない。しかし、彼らには彼らなりの自覚的な言説があって当然であり、それが、私的でかつ政治的な出来事（personal politics）として重要なのである。ストリートの文化の政治性は、それ自身が所有への「犯罪」としてのスティグマを押し付けられる以上、このスティグマこそが非犯罪化の力を形成しないわけにはいかないことも確かなことだと思う。

●

ストリートの文化は、二つの相矛盾する傾向を常にかかえ持つ宿命を負っている。一つは、ストリートそれ自体が、法的社会的な権利の観点からすれば、文化の担い手である無産者の若者たちを自らの生存の場でありながら疎外された場所とし、ストリートの公的な秩序への敵対者として排除するように制度化される。こうした無産者の若者達は、この制度の外に立つことを選択してしまえば、市場経済的な「価値」を享受できないから、制度の意思に従属することを半ば強制される。要するに、ストリートにおける表現行為を放棄するということだ。ストリートの無産者の文化は、貧困に根源を持つ文化であるが、もし当事者が目的意識的に抵抗しなければ、この文化はこうして根絶される道を歩むことになる。もう一つは、資本主義的な文化産業には、独自の文化的創造力を欠く一方で、商品化された文化の消費者たちは常に「新しい」スタイルをこの産業に期待する（こうした期待の心理を構築してきた原因は市場にあるのだが）。この期待を満たすために文化産業はストリートの文化を「文化資源」として採掘（英語では、exploitationだが、この言葉は同時に搾取をも意味する）し商品として精製する。だから、ストリートは「公共空間」ではないし、公共空間などという洒落た空間は資本主義のどこの社会にも存在しない。ストリートはあらかじめ所有権や占有権の網の目に覆われており、表現の自由は、この所有の網の目とこれを正当化する法の秩序と法執行権力によって合法的に規制された世界を承認する文化産業か国家あるいはこれらのお抱え「絵師」にのみ許された権利でしかない。ストリートの文化の担い手はこの秩序の網の目に亀裂や切断を持ち込むが、ここで生きる糧を得られるわけではなく、犯罪者としてのレッテルを貼られることはあっても正当な文化の創造者としての認知は得られない。ここに、金鉱探しの文化産業が介入する余地があるということになる。「売れる」作品が優れた作品であるとはいえないことは十分承知していても、自分の作品が「売れる」となると、「評価された」という錯覚に陥ってしまう。（勿論私もこうした錯覚を抱え込んでおり、その例外ではない）こうして無能な文化産業はストリートの可能性を商品化し自らの利潤の源泉にする。売れなくなれば捨てられるのは、第三世界のプランテーション農業が化学肥料の多投で地力低下すれば廃棄されるのと同じメカニズムだ。誰しもが自分の人間としての能力を〈労働力〉として資本に売り渡さなければ生きられないように、文化的な創造の担い手もまた、その能力を文化産業に売りわたすことができれば、貧困と犯罪者のスティグマから逃れられるかもしれないが、ストリートの自由は手放すことになる。ここには資本主義の宿命としての所有と自由の相克があり、ストリートを生きる無名の表現者たちは、この相克の中で身を引き裂かれながら生きることになる。

バンクシーは、ストリートのアーティストとして世界的に有名であり、その名声の故に、ストリートの無名のアーティストたちからは羨望と侮蔑の複雑な感情で語られることが多い。ストリートのサクセスストーリーの常として、グラフィティの世界でもサクセスストーリーが無産者のアーティストたちを、時には妬みと敵意の渦に巻き込んでしまうことがある。支配者たちは、成功者を大いに賞賛しつつ、この例外的な存在を利用して、大多数の無名の者たちを無能呼ばわりしたり、努力の足りない者とみなしたり、「自由競争」の社会では誰でも努力すれば彼／彼女のように成功できるのだ、という教訓のお手本にしたがる。黒人にとってのオバマ、女性にとってのサッチャーしかり、である。サクセスストリーは「成功」しない大多数の者たちを貧乏な境遇に置くことを正当化する支配のイデオロギーであるが、バンクシーももちろんこうした「罠」から完全に自由なわけではない。しかし、彼は匿名であること、ストリートでの活動をやめないことを通じて、ストリートの所有の網の目の亀裂を拡げ、文化産業と表現の制度に少なからぬ揺らぎをもたらしたことは確かだと思うし、少なくとも私の知る限りにおいて、彼はブリストルの無名時代の人間関係を決してないがしろにはしていないと思う。同じことは、ブリストルのストリートからでてきて成功したマッシヴ・アタックやトリッキーなどのミュージシャンたちにも言えることだろう。自分たちを育ててくれたストリートを忘れないことと、このストリートでの表現の犯罪化に抗うことを、こうした「成功した者たち」が示すことは大切なことだ。こうしたことが、日本のストリートの文化でも、とりわけ地方都市のような閉鎖的な場所におけるストリートの自由の条件として、絶対に必要なことだ。

●

近代における文化的創造は、市場経済と国民国家という大きな社会制度と無関係ではないが、他方で、これらの制度それ自身が、その内部に文化的創造の基盤を有していると言えるわけでもない。市場は、一般に、人々の感性を忠実に反映し、従って、彼らの需要（欲望）を充足するような商品の供給の効率的なメカニズムとして、他の様々な経済システムと比べて、優れた「経済性」を誇るというのが、市場原理主義者たちの言い分である。しかし、上でも述べたように、文化的な価値については市場の評価は一般的に的確なものとは言い難い。例えば、市場で最高の売上げを誇る音楽や映画などの作品が、同時に、最も質的に優れた作品であるというような相関関係は見いだし難い。流行という文脈のなかで、大衆によって一時的に強く支持されたことを証明することはできるとしても、それが文化的な価値評価として妥当かどうかを示すものだとはいえない。いかなる市場の商品も、経済的な価値だけでなく使用価値を有し、この使用価値には多かれ少なかれ文化的な価値が含まれることになるので、狭義の意味での文化的な商品(大衆音楽や娯楽としての映画など)ばかりでなく、自動車や食料品のような日常生活必需品についても、そのデザインは文化的な表象でもあり、またこれらのモノの消費はそれ自体がライフスタイルを構成するものとなり、大衆文化そのものを意味するから、このような大衆文化の価値の問題とも密接に関連することになる。

市場経済が文化において果す役割に関して、もうひとつ重要な問題がある。それは、文化的な生産に関わる問題である。マルクスの生産過程のモデルを前提にすれば、資本の生産過程は、生産手段と〈労働力〉を商品として購入し、これらを用いて新たな商品を生産して市場で販売する。ここでの投資と売上げの差額が利潤になる。こうしたメカニズムは、文化的な要因については、全面的にあてはまらないところがある。自動車のデザインを決定する要件は、物の製造に必要な技術的な条件とは同じではない。デザインは無数に可能であり、その可能性から一つのデザインを選択するデザイナーの創造力は、生産過程だけで実現できるものではなく、その外で、言わば日常生活の文化的な感性に依存しなければならない。そうでなければいかに機械的なメカニズムとして優れた「移動機械」であっても、消費者の購買欲求を満たすことはできないだろう。

このようなことは全ての商品に言えることであり、使用価値のデザインは市場だけで決定できない。むしろ市場の外部にあって、未だに商品化されないような潜在的な欲望の表出が市場の外部に見いだされるのであり、これをいちはやく商品のデザインとして取り込むことによって商品の使用価値の文化的な側面が形成される。市場は、こうした非市場的な使用価値を市場に媒介することを通じて、普及させ、時には「流行」として増幅させる機能を持つ。このような文化的な表象の増幅機能は、他方で、こうした増幅の結果として文化的な価値としての正当な評価を得られない表現との間に、不当とも言える価値の格差をもたらすことにもなる。市場における文化的価値は、商品化可能であるか、あるいは何らかの商品のデザインとして利用可能であるといった条件に制約される。こうした条件を満たさない表現や文化のスタイルは市場からは排除されることになる。逆に、このような条件を満たすものであれば、たとえその文化的な対象が、反社会的であっても反市場的にはならない場合がある。ドラッグや銃器などの取引きや児童労働や人身売買などは、違法な市場という市場経済のサブシステムのなかで商品化される。経済学者はこうしたアンダーグラウンドな市場を軽視しがちだが、これは、市場経済を善いものとして擁護したいという潜在的な動機が背後にあるだろう。しかし道徳的な好き嫌いとは別に存在するものの意味とその存在理由を批判する観点を持つべきであろう。グラフィティもまたこうした市場の文化との関係のなかで、資本の利潤目的の投資対象として格好の選択肢のひとつになる。その結果として、グラフィティの担い手は、大きな精神的なプレッシャーとコミュニティの軋轢や相互の「成り上がり」競争に巻き込まれて疲弊し、シーンからフェードアウトしてゆくことになる。

グラフィティが異なる文化を越えて広がることと、文化のグローバリゼーションを公式に支える文化産業や文化の商品化の過程とを同じこととして捉えることはできない。グラフィティのように、不法・違法行為としてどこの国でも犯罪とみなされていることと、ポピュラー音楽やハリウッド映画の「世界」性とは、それを支える構造に相似性はないからだ。しかし、適法・合法と不法・違法とを構成する統治と法の秩序は、同じ構造のの表と裏をなしているという意味では、文化の表層の背後にある文化を越える共通した構造が生み出す矛盾の表出である。この意味で、グラフィティは、場所の不法占拠とみなされるスクウォッター（公園にブルーシートで仮設の小屋を建てることや、通路にダンボールの小屋を建てることもスクウォッターのひとつの形である）やスラムの形成という、これまた世界中で見いだされる生活様式と、空間への権利という点で共通性を持つ。ただし、スクウォッターが居住の権利の側面としての空間への権利だとすれば、グラフィティはコミュニケーションの権利としての空間への権利であり、コミュニケーションである以上、そこにはメッセージと表現の手法が不可分なものとしてついてまわる。ヒップホップに起源を持つとされるグラフィティであれば、コミュニケーションとそこに込められたメッセージは、パーソナル・ポリティクス、あるいは直感的な世界への感情的な意思表示（だから、それは、人種的なアイデンティティの表現であったり、体験に根ざした警官への敵意であったり、愛国心の素朴な発露であったりもする）として表出される。他方で、バンクシーをその系譜にふくめてもいいだろう社会的政治的な抵抗の意思表示としてのグラフィティの場合には、商業広告や政府の宣伝の空間に対する意識的な異議申し立てと抵抗や抗議のためのメッセージのために、空間を奪い返す意図がはっきりと示されるものと言える。だが、政治的か私的な署名かという両者の違いは、その見かけとは逆に、空間の政治が、パーソナル・ポリティクスとして浸透する一方で大きな権力のシステムの物質化（私的所有と統治のための都市計画）であって、ともに、「政治」の二つの側面であることを踏まえれば、権力の二つの側面であって、グラフィティとして都市空間に表出する表現もこの二つの側面に対応している。政治的メッセージだけを意味のあるグラフィティとして救い出す観点は、権力の日常生活への浸透を見逃すことになる。

都市の空間は、あらかじめ私的所有と国家による管理の下におかれながら「公共空間」という擬制によって正当化されており、無産者大衆の「自由な空間」の余地はあらかじめ排除されている。多分、近代国家が民主主義に基づく統治を導入している限りにおいて、公共空間の民主主義的な統治の可能性は開かれてはいる。しかし、この民主主義が「多数決」という意思決定の形式的手続きと、納税者の権利という有産者の利害に左右されるという限界によって、公共空間は多数者＝多数民族と資本の利害を体現する空間となり、無産者にとっては、文字通りの「自由」な空間となることはないと言うように仕組まれている。公共空間の秩序維持はもっぱら警察の管轄となり、秩序規範の根底には、所有権を全ての権利のなかで最上位に置くという価値観が据えられる。しかし、なぜ所有の権利が表現の自由やコミュケーションの権利よりも優位に置かれなければならないのか、という問いには誰も答えない。所有権を侵害しない範囲で、表現の自由もコミュニケーションの権利も認められるのが当然のことだという立場が、全ての議論の前提に置かれる。そしてこの所有の権利を侵害する表現の自由やコミュニケーションを不法・違法として犯罪化することも当然のこととみなされ、再審に付そうなどとは考えられもしない。グラフィティもスクウォッティングも、「果たして所有が最優先か?」「なぜ、表現の自由やコミュニケーションの権利、あるいは居住の権利を侵害する所有の権利を罪としないのか?」という究極の問いを孕んでいる。しかも、たとえ私的所有をはなれた公共空間であったとしても、この空間が国家=政府の管理から離れることはない。国家が民主主義的に構成されていても、なおかつ、空間への人々=無産者の権利は保障されはしない。

人々の所有権を越えた空間への権利の不可能性には、この不可能性を可能なものへと転態させうる対立と矛盾が内在しており、この不可能性への抵抗と挑戦には、このシステムが根底に据えている所有の特権性の欺瞞を暴く潜勢力が備わっている。

資本主義的な自由は、文字通りの意味での表現の自由やコミュニケーションの自由とは何の関わりもない、市場取引の自由と領土としての統治の自由という限定的な自由に関わるのみである。ブリストルのバンクシーの話題からこのような大仰なテーマを引き出すのは牽強付会だろうか?しかし、バンクシーをめぐる議論や一連の神話を、狭いアートの世界や「カルチャー」のトピックに押しとどめて、その表象についてだけ論じることは間違ってはいないが、それだけでは私は満足したくない。当事者のライター/アーティストの主観的な動機や感情がどうあれ、その不法・違法性という制度が彼らの行為に与える「犯罪」というレッテルの背後にある大きな力の大きな物語を見失ってはならないし、この犯罪化の物語の正統性を覆す思想的な努力は必要なことだからだ。

グラフィティもスクウォッティングも所有の優位というこの制度が消滅すればそのアンダーグラウンドとしての性

格を失うから、これらが今私たちの問題意識を刺激するような政治性も文化的な価値も失うにちがいない。それでいいのだと思う。同時に、そうした世界を目指すことが必要なのだ。プルードンではないが、私たちが問題にしなければならないのは、所有の罪であって、表現やコミュニケーションの罪ではない。とりあえず、物事の善悪を転倒させることが必要だ。しかし、マルクスが指摘したように、ただの逆立ちであれば、土台を突き崩すことにはならない。逆立ちすら成り立ち得ない土台の解体のための力が必要なのである。

出典：ブログ２０１４年９月19日

新自由主義と格差問題

長期の不況のなかで、日本の社会は疲弊し始めている。戦後日本が獲得した先進国という「ステータス」が、アジアやラテンアメリカなどの「新興国」に脅かされるかのような不安が拡がり、「日本は、こんなはずではない」という焦燥感にかられる人びとが増えているように見える。安倍政権が打ち出した「アベノミクス」は、２０１２年暮れの総選挙においては、経済成長＝繁栄への夢を描いてみせることによって、人びとの焦燥感と願望を巧みに引きよせることに成功した。かつて高度成長を謳歌した１９６０年代や１９８０年代のバブル景気の記憶がまだ人びとにとって鮮明な経験としてあるのだろうか。そうであるがゆえに、なおさら、少子高齢化、莫大な財政赤字、過酷な国際競争環境、年金や社会保障の破綻、貧困層の増大と経済格差の拡大など、一朝一夕には解決できない構造的な摩擦と矛盾に直面している現在の日本への苛立ちが募っているように見える。政治家から経済の専門家に至るまで、「正しい」方策をとりさえすれば、景気が回復し、日本経済が国際的な競争力を回復し、世界で一位二位を争うようなトップクラスの経済帝国を再興できるに違いないと信じているかのようだ。本気で信じているのか、信じたがっているのか、私にはにわかに判断がつきかねるのだが、どこか諦念が先に立って、危機を直視せず、危機から目をそらしさえすれば、この危機も消えてなくなるかのようにでも考えているのか、とりあえずの「今」をしのぐことに終始しているように見える。

しかし、果して私たちは、世界の先進国としての生き残りを賭ける新自由主義グローバリゼーションの競争にエントリーし続けるべきなのだろうか。私は、かつての先進国としての地位の回復を夢見ることが「できない」から「できる」ようになるべきだ、と言いたいわけではない。「できる」「できない」ということ以前に、既に新自由主義を批判してきた国内外の多くの論者が口を揃えて主張してきたように、そもそもこのようなレース自体に意義を認めることはできないのではないか、ということである。この世界体制に加担することは、この体制が地球規模でもたらしてきた人間と自然の存続の危機（貧困、飢餓、武力紛争、環境破壊など）の加害者であり続けることだということを、反省する時なのである。言い換えれば、かつての先進国の仲間入りを目指したこの国の豊かさと繁栄の価値観と、この価値観を生み出してきた経済についての考え方そのものが根本的に間違っていた、ということを自覚すべきだということである。では、何が根本的に間違っていたというのか。

伝統的な近代以前の市場経済は、社会のなかで余剰となった物と不足する物とをお互いに交換しあう仕組みとして、歴史を越えて少なくとも数千年にわたって社会の経済の周辺に存在してきた。市場経済が社会の経済の中枢を担うようになるのは、16世紀以来の数世紀にわたるヨーロッパ諸国による世界の植民地化を経て、19世紀の産業革命以降の時代である。近代社会は、人間としての主体性を承認する一方で、不自由な奴隷とは異なって、形式上は、自発的な意志に基づいて、自らの労働能力を売る契約主体となる人びとを大量に生み出した。このような〈労働力〉を動員して利潤を目的として活動する資本が、これまでの人類史にはみられない社会の経済を支配する全く新しい「経済」のメカニズムを生み出した。詐欺のような話だが、自由を手に入れた人間は、自らの自由を自らの意志で資本に売り渡し、その対価で生活を支える。社会の大多数は、これ以外に生存の方法を持たないような境遇にあり、常に貧困と直面する過酷な生活を余儀なくされることになる。

一般に市場では「在庫」が必要なように、労働市場においても〈労働力〉の在庫、つまり失業者を抱えない限り市場としての機能は果せない。だから、労働市場の成立は失業者を大量に生み出すことになる。しかも失業者が多ければ多いほど、〈労働力〉の価格＝賃金は安くなり、資本の利潤は大きくなる。経済システムは人びとの生存を維持することに責任を負わなければならないのに、労働市場を抱えた市場経済は、逆に、生存のための所得を得られない人びとを大量に生み出すことになる。だから、市場は社会の経済としての責任をそもそも十分には果せないのである。

資本は相互に競争しながら、より効率的で収益があがる仕組みを次々に導入することによって、経済の規模を瞬く間に拡大するのだが、このプロセスは同時に、効率性を追求し、機械化によって労働者を排除し続けることになる。人間に比べて、格段に効率のよい機械を開発することが先端的な技術進歩を意味し、逆に、人間は非効率的で役に立たない存在のようにみなされる。資本主義は機械を手本に、サボらず主人の命令に従い、計画通りに事を運ぶ、そうした人間を誠実で勤勉な好ましい人間とみなすようになる。

メディアの報道でお馴染みのように、経済は年々「成長」すべきものだとみなされている。いったいどこまで成長したら、この経済は成長の必要のない「大人」になったということになるのだろうか？資本主義の特異なところは、成長の上限がない、ということだ。というのも、資本は拡大することなしには利潤を生み出せない宿命を背負っているからだ。資本主義のグローバリゼーションは、市場の無限の成長をもたらし、資本に利潤を確保させるには、もはや国民国家規模の市場では十分ではないだけでなく、地球規模の市場ですら、日々増殖を繰り返す資本の利潤欲望を満たすには不足になりつつある。１９８０年代に進行した政府部門、公的部門を民間に開放する民営化は、資本に新たな投資の機会を与えた。１９９０年代以降の東西冷戦の終焉は、ソ連、東欧の社会主義圏を資本主義に統合することを通じて、新たな市場を生み出した。しかし、それでもなお、先進国の資本の大半は成長を維持する十分な市場を獲得できなかった。中国やインドのような巨大な人口を擁する国々が次々に新興国としてグローバルな市場に統合されるようになったが、同時に、これら諸国の資本もまたグローバルな競争に参入し、欧米の資本はより一層熾烈な競争に直面し始めてしまった。しかも、労働節約的な技術が急速に普及することによって、膨大な人口を抱えた諸国は、近代化し工業化すればするほど機械化によって人びとは駆逐され、失業と貧困は一向に解決できないというジレンマに追い込まれることになっている。他方で、過剰な資本は、金融市場を投機的なマネーゲームの賭場に変貌させて、生存の経済を不安定化させてしまった。グローバリゼーションの行き詰まりは、地球規模の市場に対して資本が過剰であること、しかも、技術進歩は失業を生み出す一方で、人びとの生存はますます不安定にならざるを得ないところに行きついてしまったのである。

●

先に近代の自由が、皮肉なことに人びとの〈労働力〉を自由意志で資本に売り渡す契約を支えてしまったということを述べたが、このことを新自由主義グローバリゼーションという文脈でもう少し述べておこう。新自由主義グローバリゼーションは、国境を越えて世界規模の単一の市場を形成することができれば、資本、人、物、サービスが市場における自由な投資と移動を通じて、最も好ましい経済の成長と繁栄をもたらす、という考え方をとる。各国政府はお互いに、自国の国内市場を開放しあうことによって、最も効率的な成果が得られるはずだというのだ。

18世紀の末にアダム・スミスが『国富論』において、分業による生産の効率性を向上させ、市場で各人が自己の利益を追求する自由競争を通じて、市場は最適な経済状態を実現すると述べた。国家は市場に干渉すべきではなく、市場の取引は市場の自由に委ねるべきであるという考え方が「自由主義」でいうそもそもの「自由」という言葉の由来である。その後、19世紀のはじめに、デヴィッド・リカードが『経済学および課税の原理』において、自由貿易を通じて、各国が相対的に有利な生産物の生産に専念し、不利な部門から資本と労働を引き揚げて有利な部門にこれらを振り向けることによって、最も大きな利益が上げられるということを主張した。こうした考え方によれば、分業によって効率的な生産に特化して、市場を通じた取引によって、相互に必要なものを交換しあう関係が、豊かな社会へと至る最も好ましい道だということになる。

このスミスやリカードの考え方が2世紀を経た今もなお、最も有力な経済理論として君臨し、一般の人びとの常識のなかにすら知らず知らずのうちに根付いてきた。日本では米国よりも生産性の低い農業部門を切り捨てて、生産性の高い日本が得意とする分野に集中すべきだという発想は、こうした伝統的な経済学の考え方に基づいている。米国を中心とする環太平洋パートナーシップ（ＴＰＰ）も域内の自由貿易を確立しようとする自由貿易協定も、発想の根源は同じである。しかし、こうしたメカニズムは効率性によってコミュニティの自立性を解体し、支配的で優勢な国や産業への依存関係をもたらす一方で、競争力の乏しい部門はつぶされてしまう。

こうした市場の競争力を唯一の尺度とする考え方は、国際関係だけでなく国内の地域間の関係にも同様の不均衡で支配と従属の関係をもたらす。人びとは、競争に負ければこれまで長年働いていた仕事を奪われ、たとえ競争で生き残ったとしても、効率性競争の激化のなかで疲弊することになる。こうして市場の競争が、失業と生存の不安定に多くの人びとを晒す結果になる。これは、歴史上繰り返されてきたこととしてよく知られている。にもかかわらず、この市場の自由主義の考え方が根強いのは、多くの人びとが貧困にあえぐ一方で、国家単位でみれば裕福となるというパラドクスが成り立つからだ。そして、「競争」は人びとの能力評価と結びつけられることによって、失業や貧困を「敗者」の象徴とする差別感情が生み出され、敗者のレッテルを貼られまいとして、人びとはますます必死になってこの自由主義のレースに駆りたてられることになる。自由主義的な市場経済が、個々の人びとは別にして、国家単位での「繁栄」をもたらすために、人びとの生存を犠牲にして国益や資本の利益を優先させる政策が支配的になる。ナショナリズムは、こうした国家の繁栄に同調するような心情を形成する上で必須のイデオロギー的な条件であるから、新自由主義は必ずと言っていいほどナショナリズムの先鋭化をもたらし、このことが、国際関係を緊張状態に陥らせることになる。

資本主義の形成以来一貫して存在し続けている大都市と地方・農村部との格差は、こうした効率的な分業の考え方によって支えられてきた。だが、経済を生存の必要を充足するためのものであるという観点に立つとすると、効率性や競争力よりもコミュニティの自立的な存続可能性や、人びとの生活の意味ある活動の一環としての労働といった異なる価値判断の尺度がむしろ優先されるはずなのである。

さらに、自由主義的な競争と効率性の価値は、政治の分野にも影響を及ぼしてきた。政治の中心が東京に集中しているのは、権力の効率性の結果であり、これは国内の権力関係に格差をもたらしてきた。沖縄のように軍事インフラが集中している地域は、この軍事インフラの優位性を活かして、軍事基地に特化することが「効率的」であるということになる。原発施設についても同様に、集中立地による地域分業の効率性が成り立つ。これは、リスクを特定の地域に集中して負担させ、他の地域はこのリスクを回避しつつ利益だけを得るという非人道的なメカニズムだ。効率的なリスク管理のシステムによって、許容されるリスクの上限が引き上げられ、結果的により大きなリスクを押しつけられることになる。その結果として、リスクは軽減するどころか、むしろ逆にリスクを最大化してしまう。そして、こうしたリスクをもたらすような政策の意思決定者は、このリスクから最も遠い大都市に立地する政府であったり官僚組織であったりするから、地域間の深刻なリスク格差を構造化してしまう。こうした不均衡な条件のなかで、効率性をめぐる競争に人びとを巻き込み、その結果が再びまたこの不均衡を再生産するという、悪循環が生まれる。

自由主義に限らず市場経済に経済の中枢をまかせるようなモデルでは、全ての人びとに豊かさや繁栄を約束することはできない。競争は、そこに参加する人びとや組織の能力を公正に判定し、能力に応じて適切に富を配分しているのかと言えばそうではない。もし公正な富の配分が市場の競争を通じて実現できるのが資本主義社会の公正さの証であるとすると、日本の資本主義化のなかで、富が集中する東京が最も優れた人材の存在する場所だと言うことになろう。さらに世界規模でみれば米国こそが世界で最も優れた国であるということになる。これは言い方を換えれば、地方は劣った存在であり、途上国もまた劣った国々であるということになる。世界保健機関の２０１２年のデータによれば、国別の国民総所得で最高はルクセンブルクの約６万ドル、最低はコンゴ民主共和国の３２０ドルである。このような格差が人間の能力の優劣の指標になると考える者はよっぽどの人種差別主義者でもない限り、ありえない話だろう。

近代社会の別の価値観では、人間は生まれながらにして平等であるという。人種や性別、生まれた場所による優劣はない。しかし、現実の市場経済では、常に特定の国、地域、階級、人種、性別が勝利するように制度設計ができている。市場の競争は、この不平等な制度を前提としながら、優劣についての公正な評価メカニズムを持っているかのようにふるまう。市場の評価は的確に人間の能力を評価できないにもかかわらず、日常生活のレベルでは、所得の多寡によって人の能力を測るような価値観がまかり通るのはこの不平等な市場経済の制度設計を公正な制度だとみなすところに由来する。こうして市場は、自由と平等を謳いながら、差別と偏見を構造化する役割も担ってきたと言える。

経済的な困難を抱えた過疎地域では、地域の経済の活性化や経済発展の唯一の選択肢として、一般に、大都市部が回避したがるリスクをあえて引き受けることの代償として、経済的な見返りを得るという仕組みに組み込まれてきた。原発や産業廃棄物の処理、ダムの建設、膨大な地下水を消費する工場（自動化が進む工場はかつてほど雇用吸収力はない）など、環境汚染を引き受けることが、過疎地の「近代化」あるいは「地域振興」と呼ばれるが、これは上述したように、リスクを周辺部に押しつける巧妙なメカニズムによるものであって、このようなリスクを負うことによって、地方が繁栄の道を歩むことはあらかじめプログラムから排除されているのだ。

原発の事故は福島が最初ではない。１９７９年米国ペンシルバニア州、スリーマイル原発事故、１９８６年の旧ソ連（現在のウクライナ）、チェルノブイリ原発の事故は誰もが知っている大惨事である。日本国内でも大小の無数の事故やトラブルを繰り返してきた原発が、多くの人びとにとって身近なリスクとして感じられてこなかったのは、それが、過疎の地方に立地してきたからである。過疎地の高リスク施設は、重大事故があったとしても人的被害は少なくてすむ。少数の犠牲によって多数が利益を享受できるというわけだ。このような考え方を合理的とみなす発想が経済学者などによくみられるが、少数を犠牲にすることをよしとする価値観は事実上多数者による少数者に対する抑圧そのものであり、これは、本来の意味での民主主義に反する。しかし、政治の中枢を担ってきた人びとは、このようなことに関心を示してこなかった。そもそも、こうしたリスクの大きな施設を設置しなければならないようなエネルギー消費の経済構造そのものが妥当なのかどうかも一向に問われないままだった。問題はこれにとどまらない。もっと重要なことは、過疎地あるいは開発の「遅れた」農山漁村地域は、確かに人口は少ないのだが、同時に自然生態系に支えられた食糧の供給地域であって、都市部の人口を維持する上で欠かせない食糧などの供給を担っている。原発事故は、人間だけでなく、自然を汚染し、半永久的に農林水産業を営むには不適当な場所にしてしまう。強制的に住民を移住させ、彼らの仕事を奪うだけでなく、海や山林、田畑の除染という不可能に近い作業（この作業そのものが再び被ばく労働に頼らざるを得ないこととなる）が何10年（いやそれ以上だろう）もの間続けられることになる。原発立地の問題にはこの観点が全く欠落していたということだ。過疎地にリスクを押し付けるということは、自然生態系への深刻な被害を伴うということが一切考慮されてこなかった。これは悪しき人間中心主義、より正確に言えば、都市中心主義の発想である。福島原発事故は、例外的な大事故というよりもむしろ世界中で引き起こされている環境問題と共通する性質をもっており、新自由主義グローバリゼーションが世界中にもたらした人間と自然への取り返しのつかない悲劇を、日本において如実に示しただけのことだとも言えるのである。

新自由主義グローバリゼーションがもたらしてきた生存の不安定から人びとが解放される唯一の道は、過剰な規模にまで拡大した資本を抑えこみ、機械化＝省力化を進歩とみなし人件費をコストとみなしてその削減を当然と考える資本の文化に対する対抗的な文化的価値を創造することだ。このことは、原発に依存したり温暖化を招く化石燃料に依存する構造を選択肢から排除するような新しい価値観の創造を意味している。この作業は、世界観を大転換させるものでなければ意味をなさず、ルネサンスから啓蒙主義に至る近代西欧の文化的な支配がグローバル化を根底で支える価値観として未だに君臨している状態を覆す作業でなければならないのだから、これは壮大な挑戦を意味するのだが、そうであればこそ、私たちは全力でこの課題を引き受けることが必要なのだと思う。

出典：上村静編『国家の論理といのちの倫理』新教出版社所収、２０１４年

グローバル資本主義の金融危機と〈労働力〉支配

サブプライムローンの破綻は、2007年8月にフランスの大手銀行BNPパリバ傘下のファンドがサブプライムローンの影響で資産凍結となり、ドイツ、ザクセン州立銀行の経営不振（08年1月）、イギリスの住宅金融大手ノーザンロックが経営破綻し国有化される（同2月）、と言うように、欧州でまず発覚した。08年3月になって米国国内で破綻が表面化する。投資銀行第8位のベアスターンズが事実上破綻し、米国政府の290億ドル支援を得てJPモルガンが買収する。そして9月になって最大の危機が訪れる。住宅金融公社のファニー・メイとフレディ・マックが事実上破綻して米国政府管理下に置かれ、リーマンブラザーズも破綻する。さらに保険大手AIGも破綻の危機に見舞われ、政府が救済策をとる。証券第三位のメリルリンチはバンクオブアメリカに500億ドルで買収される。他方で、欧州各国は経営破綻する銀行が相次ぐなかで、政府による資本注入と破綻回避政策がとられた。このように、今回の危機は、当初からグローバル資本主義の金融システムを介して、元凶の米国を越えてグローバルな危機となって現れた。

金融危機は現実資本に波及した。危機波及は、信用不安を背景として、金融機関相互の資金融通が停滞し、その結果として現実資本への資金供給が停滞するという経路と、住宅や、自動車など消費者のローンに依存する商品が、ローン審査の厳格化と失業者の増加によって販売困難に陥り、過剰生産（販売不振）状態を招くという二つの経路を経て拡大した。もともと米国では住宅ローンや自動車ローンなどで所得を大幅に上回る借金を前提とした家計が長年続いてきた。こうして、ローンに過度に依存した過剰な消費がベースとなった消費市場が米国経済の基調を形成してしまった。この消費者のローンがサブプライムの破綻をきっかけに急速に収縮し、ローンを組むことができない層が急増することになった。同時に、米国の雇用情勢も急速に悪化し、08年11月の雇用は前月比53・3万人減となり、74年以来最大の落ち込みといわれている。個人消費の落ち込みは企業収益と輸入に影響し、これが米国向け輸出に依存している世界中の産業を停滞に追い込み、世界経済の縮小をもたらした。

とくに自動車産業は深刻な破綻の危機に瀕している。販売台数は一昨年の2割減と激減し、08年4～6月の純利益もビッグ・スリーがみな赤字になった。GMは、給与支払いの手持ち現金すら不足し、株価も大幅下落した。このビッグ・スリー破綻の危機は、公的資金による支援の是非をめぐって政治問題化した。米議会下院は12月10日に自動車大手3社に対する140億ドルの緊急融資を行う救済法案を可決し、ブッシュもこれを認めた。この法案は、「融資条件として、報酬や賃金、資材調達費、ディーラー網、債務負担を徹底的に減らす抜本的リストラを求め」ており「リストラが不十分なら緊急融資の返済を求め、追加融資も見送る罰則条項を設けた」(注1)というものだ。しかし、この法案は翌11日の上院で否決される。否決された理由は、共和党がビッグ・スリーの賃金水準を日本の在米自動車産業並に下げることを要求して、これが容れられなければ反対すると強硬な態度をとったためだ。(注2)しかし、最終的にブッシュ政権は金融救済法を流用して174億ドルの支援を行うことを決めた。これは資本主義的な回復への第一歩だが労働者階級にとっては決して喜ばしいことではない。

(注1)『朝日新聞』08年12月11日、ウエッブ版。

(注2)「南部の共和党議員たちが問題視したのが南北の賃金格差だ。労組との協約で退職者を含めた医療費や解雇者に対する失業期間中の賃金を負担してきた結果、ビッグスリーの平均人件費は外国メーカーより3割高い。／11日の上院協議では、コーカー氏らが全米自動車労組(UAW)に対して『トヨタ並みの人件費引き下げ』を迫ったが、これが協議決裂の原因になったとされる」。『サンケイ』08年12月13日、ウエッブ版。

恐慌から不況期にかけて資本は生き残りをかけた競争を展開する。生産性の低い資本が淘汰される一方で、失業人口の圧力を利用して賃金を抑え、技術革新によってリスクとなる労働力を排除し、機械に従属的な統制可能な労働力へと「合理化」する。マルクスはこれを資本の有機的構成の高度化と呼んだ。米国政府がビッグ・スリーに対してとった公的資金注入と引き換えの合理化は、まさに国家主導の有機的構成高度化である。政府主導の景気回復は、組合潰しとセットで実施され、強力な労働組合の交渉力を削ぎ、日本企業なみの賃金水準と労働条件に引き下げる。こうした傾向に労働者が抵抗できなければ、組合潰しとともに、米国の自動車産業は低賃金と技術革新を一挙に進めて——あるいは先進的な環境対策すら織り込んだ自動車の開発で主導権をとることもありうるだろう——再度国際競争力を回復して景気を先導する産業として蘇生する可能性がある。しかし、自動車産業の環境対策への技術革新は、二酸化炭素排出を抑制する効果はないだろう。排出を半分に減らす技術が導入されれば、これまでの倍の自動車を販売できるという計算が優先することは間違いのないところだ。そして、日系企業なみの賃下げ圧力は、日系企業のさらなる賃下げ圧力をもたらすか、あるいは海外に工場を移転させることになるだろう。

危機は第三世界と農業部門も直撃した。農業部門への影響は大きく分けて、二つある。一つは、農産物価格の大幅な下落である。これは、不況に伴う嗜好品の需要減少に伴う価格低下と、ゴムのような工業原料としての農産物が自動車などの生産落ち込みの影響で価格を低下させる場合とがある。スリランカでは紅茶価格が10月から2月にかけて40％下落し、[注3]東京工業品取引所のゴム価格も08年3月のキロ当たり280円台から11月の120円台へと暴落しているなどがこれに当たる。[注4]これに加えて、貿易業者が金融機関からの融資を受けにくい状況が生まれ、貿易取引が停滞し、その結果として農業の現場が打撃を受けるという問題が起きている。

他方で、価格高騰が予想される農産物もある。国連食糧機関（FAO）は、「もし経済危機に関連した低価格と信用収縮により農民が食料作付けを減らさざるを得なくなるとすると、来年はもう1回劇的な食料価格の暴騰がありうる」[注5]と指摘している。こうした可能性があれば、投機資金が流入して価格を人為的に押し上げる危険性もでてくる。また、種子の特許などを手段として流通を独占して価格支配力を持つアグリビジネスは強気だ。モンサントは穀物価格下落にあっても遺伝子組換え種子や除草剤「ラウンドアップ」の価格を引き上げた。モンサントのトウモロコシ種子1袋（8万粒）の価格は08年に前年比で45％上昇の320ドル（約3万円）となった。その結果、モンサントはブラジルと米国での売上高は29％増の26億5000万ドルと過去最高となり、純利益は5億5600万ドルと前年同期の2倍の利益を上げている。[注6]また、米国ではトラクターの燃料となるディーゼル油の価格も08年第3四半期に前年同期比で51％上昇した。[注7]しかし、他方で、ブラジル全国トウモロコシ生産者協会のエノリ・バルビエリ副会長によれば、ブラジルでは農家が肥料を購入する融資が受けられず生産高が20％以上減少する可能性があるという。[注8]

日本への影響も深刻になっている。詳しく述べる余裕はないが、09年3月までに非正規雇用中心に3万人超の雇用削減と昨年暮れに報じられていたが、この数字はもっと増えると思われる。自動車、電機など製造業の派遣労働者が約2万人の削減といわれている。自動車産業は労働者の3分の1が非正規雇用であり、昨年暮れ段階で、トヨタの8800人は3000人へ、三菱は1000人規模で削減が計画されている。今年になって、正規雇用の削減や賃金カットが広がっている。日系外国人労働者の雇い止めなど、外国人非正規雇用の労働者がターゲットになっている

（注3）「紅茶も価格維持へ減産、スリランカにも金融危機の波」『フジサンケイビジネスアイ』08年11月4日。ウエッブ版。
（注4）東京工業品取引所の月次統計資料。ウエッブ掲載の資料による。
（注5）国連食糧機関（FAO）プレスリリース「飢餓人口、9億6300万人に増加――食料価格上昇が原因、経済危機により問題悪化の可能性も」08年12月9日、FAOのウエッブより。
（注6）「米モンサント：9～11月期の純利益2倍超、トウモロコシ種子が好調」09年1月7日、ブルームズバーグのウエッブ記事。
（注7）「干上がる融資、穀物高騰――金融危機、農業生産に打撃」『フジサンケイビジネスアイ』08年10月30日、ウエッブ記事より。
（注8）注7に同じ。

が、非正規雇用を主体とする新しい労働運動も力をつけ始め、体制内化した既存の労働組合に取って代わりうる勢力を形成しつつある。

●

サブプライムローンの危機の原因を日本銀行は4点にわたって列挙した。(注9) 第一に、高リスクのサブプライム関連の証券化商品がリスク分散の仕組みを通じて逆にリスクの拡散をもたらしたこと。「リスクの適正な価格付けという市場の最も重要な機能が十分果たされていたかどうかについて強い懸念が生じ」て「投資家は、証券化商品全般について同様の問題が生じる懸念を強め、リスクの再評価」が進んだこと。第二に、証券化商品の損失評価額が拡大するにつれて「市場参加者の手元資産の投げ売りや新規投資の手控え」が拡がり「金融資産の市場流動性と投資家の資金流動性の相乗的な収縮をもたらし」、この流動性の収縮は、投資家による「リスクアペタイト」(リスクを積極的に取る態度)を減退させて、証券化商品市場から証券市場など金融市場全体に広がったこと。第三に、「銀行のバランスシートからいったん切り離されたリスク資産が、証券化市場の混乱の過程で、再び銀行のバランスシートに組み戻されたこと」。これは、銀行が連結決算の対象外に投機目的の会社(投資ビークル:SIV=Structural Investment Vehicleなど)を設置したが、これを再度銀行本体に統合せざるを得なくなった結果として、銀行自体の経営悪化が露呈したことを指している。これによって、銀行間の資金調達市場である短期資本市場が収縮することになった。最後に、「銀行の信用創造の抑制などによってマクロ経済に影響が及ぶのではないかという懸念」から米国経済全体への不信が生まれたこと。以上が日銀の分析だ。

右の日銀の分析は通説と言っていいだろうが、重要な問題を回避している。証券化商品など新たな金融の商品化やヘッジファンドやSIVといった新しい金融資本と、これらに資金を供給するような銀行も含む金融資本総体の責任問題に言及することを回避し、金融商品化の構造そのものの是非を問う姿勢をとっていない。そして、そもそも投機的な資金がなぜ存在するのか、という根本的な問題に触れていない。人びとの金融への態度は現実資本への投資を補完する資金融通の制度から金融システムそのもので高い収益を得ることが経済成長をもたらすという方向に誘導されて、多様な金融商品を合法化するような法制度の規制緩和がグローバルに進められた。なぜこうしたことが起きたのかを日銀の分析は示していない。現実資本から乖離した金融システムによるリスク回避とリスク分散の手法が「発がん性の貨幣連鎖」(注10)をもたらすということへの危惧は見いだせない。

このサブプライムローン問題は、国際通貨としてのドルを背景に、国外からの資本流入に支えられて、家計（消費者）、民間資本、政府がいずれも借金体質に陥っていることの帰結であるだけでなく、これを可能にした経済の金融化現象があった。「経済の金融化」とは、金融システムが現実資本の資金融通システムという役割から大きく変質して、金融システムそれ自体が、自己増殖を目的とする「自己言及」的な存在へと転化し、この目的を達成するために、金融が現実資本を支配するようになってしまったことを指す。物やサービスの生産と流通という人びとの生存維持に直接関与する資本――利潤動機が生存の必要より優先するために深刻な問題を抱えることになるとしても――は金融資本の利潤追求のための単なる手段となり、経済はますます生存の必要を充足するための機能からかけ離れた存在になる。

今回の危機を、資本主義の長期的な停滞に対する金融化した資本による延命策の破綻とみる見方がある。(注11) しかし、むしろ人類史全体を視野に入れて見たとき、資本主義は、過剰かつ極めて不均等な貨幣的な「成長」に一貫して囚わ

（注9）日本銀行『金融市場レポート、2007年後半の動き』要旨より。日銀のウエッブより。
（注10）J・マクマートリー（吉田成行訳）『病める資本主義』、シュプリンガー・フェアラーク東京、2001年、246ページ。
（注11）John Bellamy Foster, "The Financialization of Capital and the Crisis," *Montyly Review*, vol.59, no.11.

れた異常な社会だと見るべきだろう。資本主義は、利潤を目的に投資を繰り返す資本の活動を通じて、社会の経済的な必要を間接的に充足するシステムだ。投資は貨幣で行われるから、利潤が見込まれる投資機会がありながら、貨幣（他人の貨幣であってもいい）が手元になければ利潤の機会を逃すことになる。資本主義は伝統的な市場経済を継承して、金や銀といった貴金属を貨幣（投資手段）とした。金や銀を得るために15世紀以降、南米の先住民の虐殺が繰り返されたのも、これらが貨幣だからだ。19世紀の資本主義は、金を準備金として銀行券を発行することで準備金量を大幅に上回る信用創造のシステムを開発し、さらに国債や株式など現実資本や実体としての経済装置とは解離した「架空資本」（マルクス）による投資機会の拡大を考案する。同時に中央銀行制度によって、通貨発行を国家の規制下に置くことを通じて、金融秩序を維持する構造を確立した。[注12]

そして、20世紀にはいって、まず国内市場で金本位制を廃棄して、通貨発行量の金による制約を解除するが、世界経済秩序は金とドルの交換を維持しつつ国際通貨基金（ＩＭＦ）を中心としたドル体制を構築することによって、グローバルな投資手段としてドルの価値を保障する体制がとられた。70年代以降、世界市場からも金は追放され、ドルを事実上の世界貨幣とする体制が生み出され、投資に必要なマネーサプライを規制する物理的な存在はなくなる。唯一存在する規制要因は、国民国家による通貨管理であるが、マネタリズム＝新自由主義のもとでの金融自由化によって、大きく掘り崩されることになる。07年の世界の株式市場の規模は７２００兆円、債権市場が５５００兆円、金融派生商品（デリバティブ）は４京９３００兆円にのぼる。[注13]日本市場だけをみても、デリバティブだけで２６４０兆円ほどの取り引き残高がある。

経済的な危機の時期に資本は、必ずと言っていいほど投資手段への欠乏の強迫観念にかられ、投資可能な条件の拡大を要求してきた。そこでは、市場の拡大だけでなく、投資手段としての貨幣へのアクセスの拡大が要求される。その結果が、右に見たような通貨・金融システムの構造的な変化である。投機的な金融市場も投機的な資金の存在も資本主義の病理ではなく、資本主義の歴史的な展開が必然的に行きついたものであり、その意味で資本主義の本質に属するものだ。投機的な性質を通貨・金融システムから排除して持続可能な資本主義を再設計することは不可能な段階に達している。

●

この通貨・金融システムの歴史的な構造変化は、〈労働力〉に対する資本の支配と密接な関わりを持つ。この点は今回の金融危機でも軽視されがちな論点だ。

資本主義は、効率性と予測可能性（計画あるいは結果の確定性）を基準とした行動規範に導かれた価値増殖システムである。この二つが行動規範になるのは、最大限利潤を確保する必須条件だからだ。現実資本への投資よりも短期的に収益が得られる金融市場への投資が好まれるのは、効率性原理によるが、ハイリスク・ハイリターンを伴うという限界に対して、金融工学はリスク分散の手法を「開発」してローリスク・ハイリターンを実現しようとした。こうした傾向は資本のもうひとつの行動規範である予測可能性に基づくものだ。

他方で、資本主義は、人間の集団を商品化された〈労働力〉として組織しなければならない。同時に、機械と比較して、〈労働力〉は常に非効率性の側を代表し、抵抗や争議は予測不可能な行動として、搾取を阻害する資本に対する敵対的な要因とみなされてきた。資本による経済組織は、常に〈労働力〉の機械化への置き換えの動機を持つことになる。金融システムは、銀行制度や株式・債権の証券市場を形成するなど、機械化と産業構造の転換を促す資本の有機的構成高度化投資のための資金融通システムとしての役割を担ってきた。金融システムにとってのリスクは、単

（注12）伊藤博敏『金融偽装』、講談社、２００８年、16ページ。
（注13）日本銀行「デリバティブ取引に関する定例市場報告」08年6月末、日銀のウエッブより。

なる市場における株価、為替、利子率の変動だけではなく、経済そのものの変動要因、その最大の要因である不確実な〈労働力〉にあることを忘れてはならない。

こうした金融システムの〈労働力〉排除的な性質は、ケインズ主義にもマネタリズム＝新自由主義にも共通する特徴だ。ケインズ主義の主要な問題意識は、失業が社会主義への転換をもたらす最も大きなリスクにあるという認識から、財政政策による完全雇用政策を中心的な課題とした。金融制度は、消費生活の「豊かさ」を通じて〈労働力〉を資本の秩序に統合するために必要な資金調達機構として位置づけられた。これに対して、フリードマンなどの新自由主義は、労働運動と社会民主主義が資本にとっての〈労働力〉のリスクを高めるとみなして敵視し、労働市場の流動化を図る一方で、〈労働力〉再生産過程を担う教育、保健・医療や公共サービスなどを規制緩和し、民間資本のための投資市場のフロンティアとして開放させた。

第三世界諸国では、ＩＭＦの構造調整政策に端的に示されているように、融資は、それと引き換えに〈労働力〉への統制と労働運動の弾圧を強めるための手段となった。70年代のチリのアジェンデ政権をクーデタで倒して成立したピノチェト政権をシカゴ学派が新自由主義の実験場としたことはよく知られている。[注14] ラテンアメリカだけでなく、80年代にはアジアでも経済危機が大きな労働運動や民衆の反政府運動をもたらすが、こうした運動はむしろ危機に先立つブームのなかで既に醸成されてきた運動があってのことだ。危機をきっかけに資本は、一挙に労働者の力を削ぐ方向で資本を引きつける一方、構造調整を強制して、不況期の有機的構成高度化の投資を通じて〈労働力〉の資本への実質的な包摂を再建しようとする。これを可能にする投資の原資を国際的な金融システムが調達する。

金融による〈労働力〉支配はこれだけではない。先進国における金融を媒介とした〈労働力〉の管理の中心的な機能は、消費者信用の拡大を通じた資本への〈労働力〉としての民衆の従属だった。最底辺層は必死になって日銭をかせがないと日々の生活が維持できない状態に追いやられる一方で、それ以上の階層はローンの返済のための労働を強いられ、これらが労働市場の供給圧力を形成して全体として賃金コストを押し下げる。

このように、資金の循環をコントロールする資本主義の金融システムは、それがケインズ主義によるものであれ新自由主義によるものであれ、〈労働力〉の抵抗に対する管理・統制、あるいは〈労働力〉の資本への統合と排除の手段として、〈労働力〉とされた民衆を支配するための貨幣的な手段として機能してきたのだ。

●

サブプライムローンが膨大な額にふくれあがった背景に、債務に依存したライフスタイルと、このことを通じたライフスタイルに対する資本の支配の問題がある。そして、金融部門から現実資本へと波及した今回の危機が、住宅と自動車に集中的に現れたことに特別な意味を見いだす必要がある。

1兆3000億ドル（07年7月時点）という膨大なサブプライムローンに、私たちは、住宅の取得を夢見た多くの低所得増の人びと、ローン返済ができずに購入した住宅を手放さなければならなくなった人びとの姿を想像しなければならない。彼らは、サブプライムローンというマネーゲームの格好のターゲットになったのだ。危機にある資本主義にとって最気回復が最大の課題だとしても、このことは、住宅の夢を奪われた低所得層の住宅への権利回復を意味するわけではない。本来であれば、経済システムがまず実現しなければならないのは、この居住の権利を保障することをおいて他にないはずだが、商品化された土地と住宅はこれを実現できない。金融システムの防衛は、サブプライムローン問題の中心課題であるべきではないのだ。

サブプライムローン危機の根源には、資本主義における居住条件の商品化がある。土地の商品化は資本主義の基本

（注14）Naomi Klein, *Shock Doctorine: The Rise of Disaster Capitalism*, Pemguin Books, 2008. ジョン・パーキンス（古草秀子訳）『エコノミック・ヒットマン』、東洋経済新報社、2007年、参照。

条件として、〈労働力〉の商品化とともに当然のこととして前提にされてきた。しかし、土地や住居の取得を市場に委ねるということは、所得のない人びとには居住の権利を保障しないことを意味する。しかし居住が基本的な人権であるとすれば、所得のあるなしにかかわらず、全ての人びとに快適な住環境が保証されるべきだろう。サブプライムローン問題は、先進国であれ第三世界であれ、土地や住居にアクセスすることができずにいる膨大な数の貧困層を生み出している資本主義の土地問題の矛盾と通底する問題なのである。全ての人びとに、所得に関わりなく居住の権利を保障するとすれば、これを市場経済から切り離すのが一番好ましい。これは、第三世界の農村における土地なき農民の運動や都市スラム住民の運動、そして先進国都市部のスクウォッターの運動として多様な形で現れてきた土地や居住の権利運動が既に十分に問題提起してきたことである。

もうひとつの自動車産業の危機もまた、豊かさの象徴の危機である。自動車の取得は、基本的な権利に基づくものというよりも、むしろ資本が生み出した欲望の典型だ。自動車は、20世紀を通じて、商品として過剰な使用価値的な意味（豊かさ、力強さ、速さに価値を置く現代文明の象徴的な価値）を担ってきた。その結果、本来ならば公共交通によって実現可能な移動システムに替えて、自家用車が普及し、自動車産業が飛躍的に「成長」し、20世紀の資本主義がもたらした過剰な消費を下支えしてきた。これに対応して、自動車ローンは、自動車の普及を促す資金供給条件を提供してきた。

現在の経済危機からの回復と自動車産業の回復とは不可分であるということが、支配層の間では暗黙の大前提になっている。確かに自動車産業の回復は、関連産業も含めて雇用を確保し、経済危機からの資本主義的な脱却に寄与するに違いない。しかし、このことは資本主義的な不合理な消費文化の再建をもたらすだけのことだ。

この自動車（と道路）をめぐる問題や土地と住宅の商品化とのたたかいには多くの困難があることは事実だ。しかし、成長と環境破壊に反対する反資本主義、反グローバリズムの運動は、自動車への拒否を射程にいれたライフスタイルの革命という要素を少なからず内包してきた。こうした運動は、ライフスタイルの革命が党による文化革命としてではなく、多様な民衆のおおよそのコンセンサスによって自生的に立ち上がることが不可能な「ユートピア」ではなく、今ここにある「ユートピア」であることを示唆している。これは私たちにとって大きな希望である。

出典：『季刊ピープルズプラン』45号 2009年

大衆動員に使われた聖火——官僚の描いた日本地図の中心

オリンピックをはじめとする国際的なスポーツ競技は、なぜ国別に勝敗を争い、勝者の属する国家の国旗を掲揚し、国歌を演奏するという勝利の儀礼を行うのだろうか。このあまりにも当たり前になっているスポーツ競技の儀礼風景は、観衆に向けられたナショナル・アイデンティティ確認の儀礼であるといっても間違いではない。こうした視点で見ると、オリンピックはすぐれて観衆に向けて組み立てられた動員のイベントであると言える。オリンピックの競技それ自体は、選抜されたスポーツ選手による国家間の競争として展開されるわけで、競技に参加しない多くの人びとは、観衆として受動的な立場に置かれる。これに対して、オリンピック競技に付随する様々な行事の中では、観衆が主役の位置をしめる仕掛けが登場する。とりわけ、聖火をめぐる一連のイベントは、その規模と動員のあり方からみて、大衆動員のメインとも言えるものだ。

聖火が近代オリンピックに登場するのは、ナチスによるベルリン大会が最初だ。ナチス参謀本部は、聖火リレーコースを軍事侵略のためのルート調査として利用した。しかし、戦後、一時期廃止論も出たとはいえ、聖火リレーがもったこうした政治的軍事的な意図は無視され、逆に平和のシンボルのようにみなされて継続されていくことになる。例えば、62年当時の組織委員会事務総長の田畑政治はオリンピック東京大会の組織委員会の会報で、聖火について次のように述べている。

「当時はヒトラー全盛期で、国威宣揚を主眼にして、ドイツの財的・科学的・芸術的全てのものを投入したのがベルリン大会である。しかし実際運営したのはヒトラーでなくスポーツ哲学者のカール・ディームで、東京大会における私のような立場にあって、彼の考えが表現されたのである。彼の一番の功績は、始めてオリンピアの火をベルリンの競技場まで、地上を走って運んだことである。」（田畑政治「大会の象徴」『東京オリンピック』62年2月25日号）

ここには、政治とスポーツの関係についての月並みであるけれども、だからこそ半ば了解済みの政治とスポーツの間の暗黙の協調関係が表明されている。政治にとっての国威発揚になることを田畑は認めつつ、「しかし」という接続詞で形式的にはこの政治的な文脈をスポーツの文脈と切ってみせる。これはレトリックでしかない。言うまでもなくスポーツ競技としての最善の条件を整えるということと国家的な関与、政治的な調整、大衆的な動員は不可分だからだ。そのことは、聖火にはっきりと見てとれる。聖火それ自体はオリンピックのスポーツ競技とは何の関係もない。関係ないものがあたかも重要な意味を持つかのように意義づけられ、開会式・閉会式の儀式の中心を担い、オリンピックのシンボルとなる、そうした一連の物語に政治的な仕掛けが隠されている。

東京オリンピックの聖火はどのように準備されたのだろうか。当初、国外ルートは、ナチス大会の聖火ルートを考案したとされるカール・ディームがシルクロード説を唱えたりしたが、国際情勢から見て不可能と判断された。しかし、ルートについては、できれば陸路という希望が強かったようで、1961年から半年かけて「朝日新聞」が6名の踏査隊を組織して聖火の陸路コースを調査するといったことも行われたが、陸路の場合、「複雑な中近東、アジアの政治情勢や砂漠を越え、ジャングルを突破しなければならない等、相当の困難を覚悟しなければならない」(前掲)という判断がかなり早い時期に出され、空路ルートが有力と見なされるようになった。

では空路での聖火ルートがすんなり決ったのかというとそうではない。62年8月に聖火リレー特別委員会による大綱が組織委員会で決まる。この大綱によると、アテネから空路で19ヶ国23都市を回り、沖縄から本土へという案で予算総額1億3500万円を計上していた。そして、「使用飛行機は可能な限り国産機が望ましい」としてYS11が想定され、それが無理な場合には自衛隊のP2Vを使用することが計画された。このことを含めて、聖火の国外ルートに対する自衛隊の協力が当初の計画ではかなり積極的にうたわれたりしていた。かつてのナチスの聖火に込めた軍事的な意味を思い起こすとき、こうした自衛隊の利用は――組織委員会の意図はどうあれ――自衛隊固有の意味付けや、任務を導き寄せるものであると言える。しかし、この大綱は、62年12月27日に政府側からクレームがついて修正される。組織委員会会報に掲載されている会議録に次のように記載されている。

「聖火リレーの計画案を松沢事務次官、藤岡競技部長から説明があり、福永委員から、①経費がかかりすぎる、②リレーする国にイスラエル、北朝鮮が含まれていないが、もう少し国際情勢を考えるべきだ、と発言。徳安委員(総

務長官）からも政府にも計画を相談してもらいたいと発言があり、再検討することになった」（前掲、63年2月25日号）

結局、国外コースは、縮小して12カ国12都市を回ることになり、輸送機も日航のダグラスDC6をチャーターする計画に変更された。イスラエル、朝鮮民主主義人民共和国はともに国際政治上どのような扱いをするかが問題になる国だ。自衛隊機の利用や国産旅客機の利用を計画するということもオリンピックがどのような意味で国家的な威信を表明する場になっているかを明確に示している。

他方、国内ルートについても63年3月28日の組織委で、原案に対してJOCから異論が出てすんなりとは決っていない。異論の具体的な内容は会報の記事を見る限り分からないが、最終決定は、国内4コースに分けて全ての都道府県をまわるということに落ち着いている。国内ルートは、各ルートの起点への輸送を別にすれば全て陸路だから、どのようなコースを走るかによって通過する市町村、通過しない市町村という差がでてくる。

道路、鉄道建設と似たような誘致合戦が繰り広げられたということは想像に難くない。また、国内リレーでは、16歳から20歳の「日本人」によるとわざわざ「日本人」規定を入れている。こうした「日本人」規定は、国際スポーツが国籍や国家的な威信を背景としたナショナリズムを暗黙の前提としたイベントであるという性格を主催当事者が当然とみなしていた証拠と言える。聖火リレーは、そのルート上の各地の若者が受け継いでゆくという建前でいっても国籍条件は全く根拠のないものだ。逆に、「日本人」にだけリレーの権限を与えることによって、この列島を「日本人」という単一民族によって一色に塗り込め、国家イベントから外国籍の人びとを排除することを当然とする政策的意図が見える。こうした一見些細に見える規定によって、「単一民族」の神話が繰り返しすり込まれ、地域社会のなかに生活する外国籍の人びととの間に制度的な排除、区別、差別が形成されてゆくのであって、決して軽視できることではない。

この聖火の国内コース決定を踏まえて、オリンピック開催の前年に「聖火コース国土美化国民大行進」が聖火と同じコースを聖火そっくりのトーチをもってリレーするという文字通りの予行演習が行われている。これは、財団法人・新生活運動協会が中心となったもので、この大行進のスローガンは、「紙くずのない日本」「行列を守る日本人」「国民各層の市民性、公衆道徳を高める」といったもので、その記録集には「みんなが力をあわせればどんなすばらしいことができるか、という自信を持つことができた」といった自画自賛がみられる。こうした準備の中で、聖火をタイムスケジュール通りに運ぶ段取りが周到に準備され、また、「親子清掃活動」「母子花いっぱい運動」など動員のための組織が作られていくことになる。総参加者は600万人、各県でオリンピック前夜祭を行い、そのしめくくりとして3月2日に国立競技場で中央前夜祭を7万人を集めて行うという大々的なものだった。

この予行演習のとき、各地で神社が聖火の受け入れ拠点になっている点が一つの特徴だ(例えば、鹿児島照国神社、宮崎神宮が聖火の宿泊などの場所を提供している)。そして、全国各コースを回った「聖火」は、東京の明治神宮で集火された。オリンピック本番では、聖火の起源がギリシャと関わるということからか、これほど神社は全面に出ていない。逆にこの予行演習では、「聖火」の意味は、神社のかがり火に近いイメージがあるのかもしれないし、地方の草の根の組織の核をなす神社が重要な動員の役割を担ったという印象がある。

聖火リレーの本番は、どうだったのか。直接オリンピックの競技を見る機会のない地方にとって、聖火は唯一、オリンピックのイベントを直接身近に感じられる行事だった。その意味で、聖火の受け入れと動員、それをめぐる地方の盛り上がりをどのように組織するかが、オリンピックの全国的な盛り上がりの演出にとって重要な前提条件をなしたと言える。ここでは、地方の様子の一例として、私の住んでいる富山の場合について、地元新聞『北日本新聞』の記事を参考にしながらみておく。富山県への聖火は石川県から受け継がれ、小矢部市、高岡市、富山市、滑川市、黒部市、朝日町などを通過して新潟県へ抜けるコースをたどった。

石川県から聖火を受け入れた小矢部市では、県境に歓迎の横断幕を掲げ、中学校のブラスバンド、小中学生700人の動員、沿道の会社、商店、体協、婦人会など2万人が動員されている。「沿道の各民家、商店、会社とも国旗を掲げる」（64年10月2日）という町ぐるみの祝賀体制が組まれた。こうした歓迎体制が聖火の通過ルートの自治体でとられるわけだが、また、富山市では、この聖火の到着に合わせて中学連合運動会が開催され、会場に2万人を集め、聖火台を設けて聖火の分火を行い、オリンピックの開会式のまねごとが行われた。

また、県庁前広場にも2万人を動員して到着の儀式を行い、夜は富山市公会堂に3000人を集めて「聖火をむかえる県民の集い」を開催、翌日にも出発式なる儀式を行っている。聖火は1956人によってリレーされ、この2日間で42万人の人出であったとマスコミは報じている。メディアの報道は、オリンピック本番顔負けの派手さで、「沿道をうめる日の丸」などの見だしや、市町村ごとの細かな祝賀行事、沿道の風景、そして聖火ランナーになった人たちのエピソードなど、文字通り聖火一色に埋め尽された。聖火は、こうして、戦後の天皇の全国行脚に次いで、それ以上に大衆的な日の丸や君が代に接する機会を作り出したと言える。(注1)

●

先にも述べたように、聖火はまず、沖縄に上陸した。沖縄への聖火の誘致は62年に決定されており、まだアメリカ合州国の統治下にあった沖縄を日本の最初の聖火到着地とみなすことによって、沖縄返還への世論形成に利用しようという意図がかなりはっきりと読み取れる。

聖火が沖縄に与えた影響は、大きいものがあったのではないかと考えられる。聖火の沖縄でのルートは、ひめゆりの塔など南部の戦跡地巡りを一つのポイントとして打ち出すというものだった。聖火は「平和の火、戦跡地を行く」(『沖縄タイムズ』64年9月8日夕刊一面見いだし)という表現に見られるように、「平和」のシンボルに読み換えられてゆく。このことは、「日の丸」や「君が代」にもっと端的に表れている。聖火受け入れは、沖縄教職員会なども積極的に歓迎して「その日[聖火の沖縄入り]は各家庭とも国旗を掲揚し、全島を"日の丸"一色で塗りつぶそうとしているが、全琉小、中、高校でも、聖火が通る沿道を"日の丸"でかざろうとその準備もおおわらわ」(同上、64年9月4日)といった記事が写真入りで大きく掲載されている。そして、聖火到着の儀式が行われた奥武山競技場で君が代とともに日の丸が掲げられた。

新聞報道も「日本の玄関、那覇空港へ着いた」「感激の"君が代"吹奏で日の丸が掲揚されたが"君が代"を聞く観衆の中には感激の余り涙にむせぶ風景もあちこちでみられた」といった記事が続く。

ここには、沖縄が日本との関係で被った一切の犠牲、沖縄の独自の文化、そういったものは見事に消し去られている。「復帰後」の沖縄が「日の丸」「君が代」に対して率直な批判をなげかけてきたことを考えると、「日の丸」「君が代」へのこだわりを心の奥に押し隠さざるを得なかった人びとが数多くいたのではないか。こうして、沖縄におけるオリンピックの大衆動員は、聖火リレーとそれをめぐる無視すべきでない様々なこだわりや違和感を画一的なナ

(注1) 文部省は、高校生から社会人向けのパンフレット『オリンピック読本』(1963年)のなかで「オリンピックを迎える国民のあり方」として次のように「国旗」「国歌」尊重を掲げている。

「次にたいせつなことは、国旗や国歌を尊重することである。どこの国でも、ひとりひとりが、よく国旗の意義を理解して、国旗をあげる場合でも正しくあげ、また国旗をむやみに作ってそまつな取り扱いをすることのないような慎重な態度で望まなければならない」。

ここでは、あえて「日の丸」「君が代」という表現はなく、国旗、国歌一般という形で表現されているが、大多数の人びとがオリンピックを通じて最も頻繁に接する機会を持ったのが「日の丸」「君が代」であることを思えば、ここでの表現は実質的に「日の丸」「君が代」に対する「意義」「厳粛な態度」の強調と言える。

ショナリズムによって排除し、島ぐるみを演出し、複雑で深刻な心情を押し殺さざるを得ない巧妙な舞台装置となった。この意味でも、東京オリンピックをめぐる沖縄の大衆動員の問題はもっと掘り下げて検討すべき課題だろうと思う。(注2)

野毛の報告(注3)にもあったように、広島でも聖火は平和のシンボルとして演出された。こうして10月9日に全国を4コースに分かれてリレーされた聖火は東京に到着する。この4つの聖火は、皇居前で集火式を行って、一つにまとめられる。沖縄を出発点と位置付け、皇居を集約点として演出されたこの聖火コースに政治的な意図を読み取ることは容易だろう。当日の午後6時から後楽園球場で前夜祭が行われたわけだが、このことを念頭に置いたとき、集火式は後楽園球場でもよかったわけだ。それをわざわざ別に皇居前に設定したというところに、皇居前という場所に対する格別の「意味付け」が感じられる。

聖火のコースが、沖縄から皇居へという形で構成されたことには重要な意味がある。愛知文部大臣は、集火式で「この聖火はアジアにはじめてはいった歴史的な火であるとともに、沖縄の本土復帰の悲願が込められ」ていると挨拶しているように、この聖火リレーは、沖縄の「復帰運動」と巧妙に連動したものになっていた。しかし、こうした聖火のルートに込められた意味を政府も組織委員会も大衆にアピールすることには失敗したと言える。聖火が沖縄に到着したことや、沖縄現地での歓迎などの報道は、沖縄を除けばほとんど報道されなかったし、集火式の模様についても新聞の報道は地味なものだった。この意味で、聖火は、各地方での動員を媒介にして、ナショナルな一体感を形成したとはいえても、天皇や皇室——それらを象徴する皇居——を「日の丸」や「君が代」と結び付けて押しだし、国家儀礼と国家イベントの中心的な舞台回しとして積極的に位置付けるというところには至っていない。

こうしてみると、聖火は、オリンピックのなかで非常に重要な大衆動員の仕掛けとして機能したといえる。しかも、聖火は、単なる動員の道具であるだけでなく、オリンピックをめぐる「伝統」と「正統性」についてのフィクションを巧妙に生み出す格好の道具でもあった。聖火リレーの起源は、ナチスのベルリン大会に遡れるにすぎないものだ。しかし、聖火の火を太陽から採る古代ギリシャの様式を模した儀式は、あたかもこの聖火の儀礼が古代ギリシャのオリンピックの伝統を近代に受け継いでいるかのごとき錯覚を人びとに与えてきた。こうした「伝統」による正統性の物語形成は、オリンピックが時代を超越した普遍的な価値を持つものであるという装いをもたせるのに格好の方法だ。現実には政治と不可分の国家的な行事であるオリンピックは、こうした普遍性の物語をまとうことによって、国家の意志を巧妙にカモフラージュし、アマチュア・スポーツの最高の祭典という価値をまとうことになる。

そしてまた、聖火は同時に国際的な環境の中の日本の位置に正統性を与える役割を担うものでもあった。かつてのアジア侵略、植民地支配を行った国ぐにや第二次大戦で敵国となった国ぐにを通過することを通して、聖火は国際的な関係を象徴する道具として機能した。国際ルートの決定に当って、朝鮮民主主義人民共和国やイスラエルについて議論になったり、アジア諸国のどの国を通過するかという選択で論議が起きたのも外交が絡むからだ。

そして、リレーという様式は、継続、継承、連続を具体的に表現するものとして聖火のコースそのものがひとつの糸のように結びつけられ、オリンピックという物語に統合される、そうした物語を形作りやすい形式だと言える。そして、この物語の中心に東京、なかんずく皇居が位置し、そしてまた国立競技場の聖火台が位置することによって大

（注2）この聖火リレーの最中に、米兵による「日の丸」破損事件が起きた。こうした事件や、ある意味での「日の丸」フィーバーのなかで、当時米軍政による布告で制限を加えられていた「日の丸」掲揚の自由を求める運動が沖縄教職員会によって「抵抗としての“日の丸“掲揚」運動として提起される。（同上、64年9月22日号）

（注3）野毛一起「リニューアルされた日の丸・天皇」、『きみはオリンピックを見たか』１９９８年 社会評論社所収。

衆の意識をオリンピックという行事に集中させ、そこにおいて中心的な役割を担う「日本」との同一化を巧妙に演出した。このことが、少なくとも日本に住む多くの「日本国民」に「日本国民」という自覚を繰り返し喚起するための条件を作り出した。それは、上からの押し付けとしては意識されない形での、しかし国家によって巧妙に演出されたナショナリズムの喚起のためのイベントであったと言える。(注4)

また、ほとんどの競技がテレビメディアを媒体として「経験」されたのに対して、聖火は直接触れることの可能なオリンピック経験の装置であったという点でも、大きな特徴を持っている。この意味で、大衆動員を組織する絶好の仕掛けであると言えた。この聖火の経験、それに対する地域メディアの過熱報道、それが、なかなか盛り上がらなかったオリンピックを最後になって大きく盛り上げることになった。

しかしまた、こうした戦後の大衆動員の最後のイベントがこの東京オリンピックの聖火であった、ということも言えるのではないかと思う。東京オリンピック以後、様々な国家イベントが繰り返し行われてきたが、動員の形式は明らかに変化した。多くの人びとは、直接会場に足を運ぶという形で動員されることから、家庭の中に入り込んだマスメディアを媒介に動員されるようになった。東京オリンピックは、ちょうどマスメディア媒介型の動員と直接動員の転換点に位置したイベントだったと言える。(注5)

（注4）総理府内閣総理大臣官房広報室は「オリンピック東京大会に関する世論調査」を大会をはさんで前後3回（62年10月、64年3月、64年11月）実施している。このなかに、オリンピックは国や民族の力を示し合うものか、選手個人の技量などを競うものか、という質問があり、前者と回答したものが第1回調査で43・0%だったのが大会が近づいた第二回調査では48・9%に上昇している。また、大会後の第3回調査で日の丸に対する「感じ」がオリンピックで変ったかどうかをきいており、「変った」という回答が20%、「変らない」が72%だった。また、日本人としての認識を新たにしたことがあるかどうかという質問もあり、「ある」が34%、「ない」が35%で、「ある」の内容としては「日本の力を感じた」「愛国心を感じた」といった回答が寄せられている。これらの数字は、オリンピックという国家イベントがナショナリズムの形成にある程度の効果を持ったことを推測させるものだが、それ以上に興味深

いのは、オリンピックの世論調査にかこつけて、こうしたナショナリズムや愛国心についての露骨な質問項目に、当時の政府のオリンピックについての一つの隠された本音が表れている点であろう。

（注5）本文では、メディアそのものについて言及できなかったので、簡単な補足をしておく。マスメディアの機能と意義については日本放送協会放送世論調査所『東京オリンピック』が詳細なメディア研究と各種世論調査の分析を行っている。本書の結論部分で、「東京オリンピックは、マス・メディアの媒介によって、はじめて（ナショナル）な規模の反応をよびおこすことができた」として、32会場の競技を一つのブラウン管に集約し、ビデオを利用して現実の時間を再編集することが可能となり、こうして構成されたオリンピックが「大部分の日本人が接触することのできた、唯一のオリンピック大会であった」ということ、「マス・メディアとくにテレビは、それ独自のオリンピック像――大部分の人びとにとってはテレビ中継されたオリンピックだけが、彼らの認知と評価の対象であった――を作りあげることによって、オリンピックをまさにナショナル・イベントに仕立てあげたのである。そして24日の閉会式とともに、オリンピックがマス・メディアの素材ではなくなるのと同時に、人びと異常な興奪も急速に冷却した」と述べている。この分析は妥当なものだろう、こうしたメディアによる動員と現実の動員の関係をさらに検討しておくことが今後の課題として残されている。

出典：『きみはオリンピックを見たか』１９９８年 社会評論社

測定とミクロの権力――放射能汚染問題をめぐって

チェルノブイリ原発の大惨事以降、新たな反原発運動が高まりをみせているが、なかでも、以前から消費者運動や共同購入運動に関わっていた都市の〝消費者層〟、とりわけ「子どもを持つ母親たち」が、食品の放射能汚染問題を中心に反原発の「ニューウェーブ」の中核となりつつある。また、原発の事故、放射能漏れを行政の監視にまかせるのではなく、市民・住民自身の手でチェックしようという動きが、R－DAN運動などによって具体化している。

こうした運動は、反原発運動に新たな人々を招き寄せたが、他方で、運動が多様になり、拡がった分だけ、運動のあり方についても様々な考え方が示され、運動の方向性に賛否様々な見解が示されている。放射能汚染の測定問題はひとつの具体例である。この測定問題には、反原発運動が原則的に踏まえておかねばならない多くの基本的で重要な問題が含まれている。以下に見るように、既にこの問題については論争の積み重ねが見られ、しかも、議論そのものが〝生産的〟に展開しているという点で、見逃せないものとなっている。そこで、現時点での論争の整理、問題点の整理を行い、今後の議論のためのタタキ台としたい。

なおここで扱うのは以下の諸論文である。

［1］湯浅欽史「巨大技術・事故・測定行為」『クリティーク』14号、1986年7月
［2］家坂哲男「『共学舎』と自主管理労組と物理学者──放射能災害警報ネットワーク：R－DAN」『科学・社会・人間』20号、1987年4月
［3］荻野晃也「R－DANを考える──運動としての放射能測定を有効にするために」『科学・社会・人間』21号、1987年
［4］藤田祐幸「R－DAN運動はどこに向かおうとしているか──荻野氏の批判に答える」『科学・社会・人間』22号、1987年10月
［5］湯浅欽史「測定〔目的・対象・方法〕が表現する思想──R－DANへの荻野さんの提起をうけて」『科学・社会・人間』22号、1987年10月
［6］吉村功「R－DANをめぐるやりとりを読んで」『科学・社会・人間』23号、1988年1月
［7］大橋晴夫「空気のなくなる日」『科学・社会・人間』23号、1988年1月
［8］中南元「R－DAN論争を読んで──保身と差別をどう考えるか」『科学・社会・人間』24号、1988年4月
［9］森住明弘「住民運動と科学・技術者」『科学・社会・人間』24号、1988年4月
［10］小出裕章「放射能汚染の現実を超えて」『技術と人間』1987年10月
［11］小出裕章「放射能汚染の中での反原発」『技術と人間』1988年3月

以下、論文からの引用に際しては、湯浅［1］のように略記する。

家坂［2］を発端として、『科学・社会・人間』誌で、R－DANの是非をめぐって論争が現在まで続いている。

① 家坂［2］の要旨

R－DANとは放射能災害警報ネット（Radiation Disastor Alert Networking）の略である。「横浜緑区で有機農法にいそしむ学生たちが、1986年4月26日のチェルノブイリ事故直後（5月連休）に日本に降った放射能に憤激したことがきっかけで、学校協同組合「共学舎」が動き、物理学者と技術者を結んで、安くて（8万円）軽くて小さくて簡単な検知器をつくり、昨年［1986年］8月6日広島デーに旗揚げした。」（9ページ）検知器を製作したのは、自主管理労組・東芝アンペックス労組である。家坂はR－DAN運動の意義を次の様に述べている。

「生活に密着し、誰でもがやってみることのできる核放射能への対応ができないものか？　R－DAN運動は、そこがポイントで、放射線を眼でみて感じることが先決である。ガンマ線の通過を赤い点滅コロンで実感し、一年毎にその回数をデジタル数字で表示……できる検知器を普及することが何といっても大切である。」（9ページ）

そして、R－DANの検知器ネットワークを濃くしてゆくことによって、全国、全世界を比較し、情報交換を密にすることによって、「この市民の側の自己情報で、うんと金をかけた計測常設機関に、情報公開を迫る」（9ページ）ことや「万一の事故の場合、退避する方向も示唆することが市民の手で可能である。」（11ページ）。

家坂は、既に各地で利用されているR－DANについて実例を挙げて紹介しているが、後の論争との関わりで、次の二つの箇所だけ引用しておく。

「…R－DAN検知器は…いのちと暮しを守り平和をつくるために不可欠な手段となった。／生鮮・加工食品の放射能汚染量の正確な全含量は測定できないにしても、異常度が高ければ、平均カウントを超えて表示されるか

ら、これを高度な装置によって測定すれば結果は得られる。」（20ページ）

食品汚染については、輸入ロールレルの供給中止をした生活クラブの例が示されている。この供給中止にR－DAN検知器がどのように関わったかは明らかではないが、荻野［3］は、R－DANによるロールレルの測定で異常度が高かった→高度な装置を持つ都市アイソトープ総合研究所に検査依頼→供給中止という経緯ではないかと推測している。もうひとつの引用箇所は以下の通り。

「DNAを侵す人為的突然変異の要因が、農薬、添加物、合成洗剤の域をこえ、ますます人工放射能による比重が高まり、消費財の共同購入による汚染の比重が高まり、消費財の共同職入を軸とする生活共同組合を脅かし始めた。／利潤を追う一般企業の食品が野放しであることは、人びとにとって、とくに妊婦や乳飲児を抱える女性にとって全く危険と言わざるを得ない時代となった。」（10ページ）

この箇所は直接荻野らの批判の対象とはなっていないが、中南［8］が、放射能障害と差別に関して別の見解を示しているので、ここに引用しておく。

②　荻野の批判

荻野［3］の批判は、R－DANの測定器の構造に関する工学的な構造に関して立ち入った疑問を提示している。その具体的な内容については、R－DANの構造も荻野の専門的な提起についても私には正確に理解しうる材料も知識もないので、ここでは省略する。ただし、工学技術的な問題提起のなかで、私達も考慮すべき点が一点ある。それは、「R－DAN器で異常が検出されなくても危険な場合があることはよくよく心にとめておかなければならない。そうでないとR－DAN器は、〈安心〉器になってしまう」（24ページ）という点である。荻野がこう述べるのには理由がある。それは、家坂が広島と横浜の自然放射能をR－DAN器で測定したら、「ほぼ同程度であった」（家坂［2］11ページ）と指摘していたのに対して、荻野は「広島が原爆の影響でセシウム137が多く、全体に放射能レベルが高いことに胸を痛めてきた」(34ページ)ということがあるからだ。
荻野の疑問は、実はもっと根源的なものを含んでいる。彼は、次の様にR-DAN器などの「サーベイメータ」を、ムラサキツユクサと比較して疑問を提起する。
「巨大技術のシンボルである原発に対抗して、同じ技術の仲間であるサーベイメータによるという考え方に、私は何となく釈然としない。そこがムラサキツユクサとの違いでもある。我々が放射能を検出しようとしても大変なのに、ムラサキツユクサはキチッと突然変異を示してくれるのではないか。ムラサキツユクサよりずっと感度の悪い検知器で調べようとするのはなぜなのだろうか。水俣の〈毒水論〉と〈ppm論争〉のことも考えてしまう。」(22ページ)
荻野の議論を私なりに展開してみるとこうなる。R-DAN器の運動が捉えている原発反対の根拠は、放射能の危険性という部分にとどまっており、原発を含め、また原発を生み出した根源にある現代社会の生み出した巨大技術それ自体に対しては批判を留保しているのではないか、これが家坂への、R-DAN運動への疑問である。もしこの疑問が正当なものであるならば、(藤田[4]にみる様に、この疑問には正当とは言えない部分がある)R-DAN器運動は、原発/それ以外の技術というような技術の区分線を引くのに対して、荻野は、原発を含む巨大技術一般/ムラサキツユクサという技術の区分線を引く。この差は技術論において、また文明論においても根源的である。私は原則的には、荻野の批判は正当だと思うが、しかし、原則を直ちに運動の基本に据えることはできない。原則へ至るステップをどのように運動化・理論化してゆくかということである。例えば、原発には反対だが、自動車、ファクシミリ、電話、マスメディアに依存した運動や生活であることをどう問題にするか、ということである。ある種の自給的農耕共同体へ向かうというのはひとつの選択であるが、それは全ての人々がそうであるべき唯一絶対の道ではない。"全ての人々"を問題にせざるを得ない以上、"全ての人々"を巻き込んでいるこの巨大な文明社会をトータルにひっくり返すことをも考えねばならない、と思う。技術、人間関係、政治的権力、経済的権力、社会観、自然観をどうひっくり返せるか、これが問題なのだ。——とはいえ、抽象的な結論ばかりあせっても余り実りはないので、もう少し荻野の議論に即して問題点をみておこう。

もうひとつの荻野の批判は、R–DANの運動論に関わるものと言える。第一に、R–DAN器導入に先立って政府・自治体の警報体制を整備させるような運動がなされたのかどうか、また信用できない体制や科学者しかいないとして、信頼できるものを作り出そうとしてきたかを問う。この問いは、私には荻野の次の疑問とワンセットになっているように思う。

「〈原発災害は必ずくる〉〈その為に、自分達の独自のネットワークを〉と考えるのであれば、そこに限定して、具体的なこまかいことまで考えた体制を作らねばならないだろう。それにまた、〈自分達のことは自分達で守ろう〉という考えの延長上に核シェルターが出て来ては困る。」(25ページ)

R–DAN運動が限定されたネットワークによって展開されるにとどまるとすれば、それは、このネットワークに参加する人々のみの安全(?)を確保するものになる可能性がある。「核シェルター」と言われるゆえんである。社会の全ての構成員が平等に、放射能汚染の警報にアクセスできるためには、現実的には行政的な力をかりねばならない。荻野は、そうした努力が果してなされているのか、と問うているように私には読める。勿論R–DAN運動の推進者の人たちもこうしたことは百も承知の上で、なおかつ行政に対策を要求する方法をとらなかったのだと思う。しかし、それは、方法の順序の問題であって、究極的には社会の構成員が平等に安全と危険を分担せねばならるまい——企業や政府の社会的責任を踏まえても、〝原子力〟に関してはそうせざるを得ない〝性質〟を持ってしまう――。もし、現にある政府や行政が、こうした問題に関して信頼に足るものでないとすれば、それを変える努力が必要である。どうしてもここで私たちは、――多分に消耗な――政治の世界に関わらざるを得なくなる。しかし、実は「核シェルター」問題はこれにとどまらない。特定個人、特定集団の核シェルター化――他者の排除――が回避されたとしても、日本全国が核シェルター化されただけではやはり問題を国境の外に排除したにすぎない。〝核〟の問題が世界的、地球的規模の問題である以上、その解決も地球的にならざるを得ない。核シェルター的発想をまぬかれることは決して容易ではないのである。この点に関しては後にも言及することになろう。

③　藤田の反批判

藤田［4］は、まず反原発運動を三つの局面に分類して、R－DAN運動を反原発運動のなかに位置づけようとしている。これは、自分の関わっている運動を唯一絶対化しないためにも必要な手続きだ。藤田のいう三つの局面というのは次のようだ。

〈1〉原発を止める運動

〈2〉原発の事故に対処する運動。これには事故の察知と、汚染から身を守るということの二つの問題が含まれる。R―DANは前者に、藤田の行っている「放射能汚染食品測定室」運動は後者に関わるという。

〈3〉原発のない社会をどのように目指すかという運動。ここには産直、共同購入、有機農業運動などが含まれるという。

言うまでもなく、上記は、三つの局面であって、全く相互にバラバラなわけではない。

「R－DAN運動より先に器械ができてしまった」（32ページ）と言うように、R－DAN器を手にした人々は、「食品をこれに載せてみたり、核燃料輸送トラックを追ってみたりし始めた」が、やがてこの試行錯誤から「検知器の意味を知りたがり、私に様々な質問を浴びせるようになった」。だが「幸いにしてというべきか、私は放射線

計測についてはまるっきり素人であった。」（32ページ　傍点は引用者）

この「幸いにして」に、藤田の科学者と市民運動の関係についての具体的な認識が凝縮されている。つまり、従来の両者の関係は、教える者と教えられる者、指導する者と指導される者という関係になりがちであったことに対する藤田の反省がある。「運動に関わる科学者も先生として登場し、無知なる住民に自分の知識を教えたがるという傾向が強い」し、それが昂じて、住民たちは知識漬けとなり、「無知であることを恥じる住民たちは、結局自らの問題を再び専門家に任せてしまうという経過をたどる。」――藤田はこうした経過をたどる運動をいくつも見てきたという。R－DANの運動論はこうした問題を強く意識して組み立てられたという。それが、専門家主導でなく「理論を学ぶことなく実感として分かる」ことから徐々に理論を学ぶという方法論となった。

私はこの方法論が確かに専門家の独善を排除する優れた、地についたものだと思う反面、〝専門家の支配〟という問題の根源はもっと別のところにあるようにも思う。

専門家が専門家たるゆえんは、知識の独占にある。知識の解（開）放は専門性を解体させてゆく。従来の運動が常に〝先生〟主導であり続けたのは、〝先生〟がきちんと知織の解（開）放という役割を担っていないからだと思う。市民の実感や試行錯誤に委ねるのもひとつの方法だが、逆に最も効率的(！)に短期間に知識を共有してしまって、その後に〝先生〟も含めてさらに試行錯誤する方法もある。私は後者の方がずっと運動にとって効果的だし無駄も浪費も少ないと思う気持ちを否定できない。しかし、多くの運動がこうしたプラグマチックな促成栽培の方法をとることはマレである。理由が、藤田の言うような方法を自覚した上で、選択しないという意志決定がなされているのであるなら問題はないが、現実はそうではないのではないか、と思う。それは大層しんどいことだからだ。学校の勉強は嫌いだけれど、運動の研究会も馬耳東風、広瀬隆はオモシロイから読んでも『原子力白書』は読まない……ということで果して敵に勝てるか？自分が変わるか？とも思う。勿論こうした〝しんどさ〟が生み出される原因には、学校的な教授法をそのまま運動の学習場面に持ち込む〝先生〟の姿勢があることは言うまでもない。私はあえて言うが、専門家が指導者、支配者とならないために、市民の試行錯誤や実感に委ねるのは、下手すれば単なる〝楽なやり方〟に堕する危険があることを指摘しておきたい。こうした方法は見かけはいくらでも理由のつく〝自由〟な方法であるが、結局はアレコレやったあげくに、肝心のところで専門家先生のお出ましという関係は変えられない。それを変えるには、自らの「知識」を小出しにするのではなく、まとめて全てを効率的に運動に関わる全ての人々に伝える方法をあみ出す以外にない。全てはこの〝方法〟に関わると思う。住民たちが知識漬けになり、身動きできないという藤田の指摘は、確かにそうであることの現実は理解できるにしても、そうなってしまうのは知識を解（開）放する方法が、学校教育の方法から抜けられないからであって、〝知識〟そのものにその原因があるのではない。

こうしたことをくどくど書くのは、理論嫌いの実感への全幅の信頼という傾向が市民運動や住民運動にみられることへの、私なりの危惧があるからだ。経験科学としての自然科学の果す役割が大きくなったことと、「硬直したマルクス主義」の理論の不毛がこうした結果を生んだのかもしれないが、ここで全てを言い尽せないので、一言だけ言っておくと、実感も現にある社会が生み出したものに他ならず、原発を生み出した社会と切り離されてあるのではない以上、実感への過剰な信頼はどこかでブレーキがかけられる必要がある、ということである。自分の運動や自分の実感を冷静に客観化する余裕が是非必要だ。と同時に、実感は共感も呼ぶかわりに共感を呼ばないときには、感情的なスレ違いや冷たい関係しか生まないかもしれないということだ。実感を伝えるコトバは難しい。だからこそ、理論の果す役割は大きいと思う。実感のレベルでの対話が結果的に感情的な対立に終る場合があったとして、それが理論的な対話として成り立てば、別の結果になる可能性もある。勿論、ここでの〝理論〟の内実が大問題であり、唯一絶対の〝真理〟として〝理論〟が崇められてしまうと、逆に〝理論〟は実感以上に危険な〝権力"になる。

さて、政府や自治体が信用できるかどうかという問題だが、当然藤田は信用できないという立場をとる。「チェルノブイリ事故で我々が学んだのは、国家による情報の管理と統制ではなかったのか」「モニタリングポストがあるのだから事故を隠しおおせるわけもないだろうという声もあるが、たまたま誰かがその異常に気付いて、行動を開始しない限り、やはり通常時の千倍とか一万倍といったレベルに達するまで、事故が起ったことは公表されないだろうと考えるのが自然ではあるまいか」（33ページ）。この藤田の基本的な政府・行政不信があって、住民自身の手による検知器の全国ネットワークの必要性が訴えられることになる。出来る限り濃密なネットを形成し、異常検知の信頼性を高め、このデータをもとに「中央官庁や報道機関に対して事実の調査と情報の公表を迫り、大規模な避難行動の開始を要請する」（34ページ）。こうしたシナリオを藤田は考えている。これは確かにありうることだが、ここでのネックはやはり、住民の情報を中央官庁が受け入れるかどうかにある。避難行動を必要とするチェルノブイリ級の事故のみを想定するのであれば別だが、異常事態の数値がもっと微妙な場合、「客観的なデータ」だけで中央官庁は動くだろうか。安全性の基準設定認識のズレが問題になるだろう。伊方の出力調整実験反対署名が百万集まっても、実験は中止されず、水俣をはじめとする公害病患者の認定をめぐってもデータの力は限られている。行政や政治的な権力は、合理的科学的な判断で動かされるわけではないことを肝に銘じた上で、なおかつデータを積み重ね、説得する努力をしてゆかねばならない。そうした方法が通用しないならどうするか、政府が、電力会社があくまで非合理的な態度を貫くとき、住民は住民なりの政治的な判断と決断をせねばなるまい。

藤田は論文の最後で食品汚染問題に触れている。これは湯浅［1］、小出［10］［11］の議論とも絡み、R－DAN論争とともに重要である。藤田は、食品汚染については、測定器が高価なことでもあり、行政に測定器設置の運動を進める必要があることを認めた上で、行政のデータ隠し、ごまかしに対処するために市民自身でも測定器を確保すべきだという。『放射能汚染食品測定室・準備委員会』を設置し、住民運動団体や個人からのカンパでＮａＩシンチレーション・カウンターを購入し、とりあえず原子力資料情報室内に設置し、依頼に応じて測定する態勢を整えつつある。（略）この試みが成功すれば、どの程度の予算と、どの程度のノウハウがあれば測定可能であるかを、住民が知ることができる。そして、その程度のものならばやれそうだ、という消費者団体などが現れることを期待している。」（35ページ）

藤田は、食品汚染の測定問題についてはこれ以上のことは語っていない。

藤田は決してＲ－ＤＡＮ運動にせよ食品汚染の測定問題にせよ、何ひとつ問題がないなどとは考えていない。むしろ「外側からは、なんと稚拙な運動であることか、と呆れ顔で批判するのであろうが、内情は苦悩に満ちている。苦悩を表現することすらできていない状況がある」と述べている。この「苦悩」に関わることだろうが、例えばＲ－ＤＡＮ器を持っている人だけが逃げればよいということにならないとすれば、どうすればよいのか、避難の組織の方法、といった点について「だれも直面したことのない大問題に喘いでいる」（35ページ）という。この「大問題」へのひとつの回答がＲ－ＤＡＮ運動など測定の運動であるが、それが唯一の答えでないことが、「苦悩」につながっているのかもしれない。「苦悩を表現することすらできない状況」があるとしても、やはりそれを表現しないことには問題も解決してゆかない。問題が全ての人々に関わるのであればあるほど、問題解決も運動を越えて議論される必要がある。

④　湯浅の「測定」への疑問

湯浅は、チェルノブイリ事故直後のインタヴューのなかで、彼自身が関わっている牛乳プラントの放射能汚染問題に直面しつつ、次の様に語っていた。「私は4年余り〝小さな牛乳屋〟にたずさわってきました。飲みたい人たちが会員制で手作りのプラントを設置して保健所の許可をとり、６頭規模の、農家の原乳を殺菌しビン詰めして配達する「日量100リットル」の乳処理業です。雨水のヨウ素が千葉で1万ピコキュリーをこえ、会員からの問い合わせがあったところ、2度ほど牛乳の放射能を測ろうかという話がありました。」

結局、この測定を断る。その理由を彼は次の様に語る。

「パイプラインの体験〔湯浅は三里塚空港のパイプライン設置問題に関わってきた〕から、「ともかくデータをとる」「事実を知ることは善」という思考は支配する側の論理であり、支配される側に敵対することを痛感させられてきたからです（詳しくは拙著『自分史のなかの反技術』第3章）。ロングライフミルク反対運動を逆手にとって、事故以前の製造品ですからLLミルクは安全ですという宣伝を流しているのに対抗して、パス牛乳も安全ですと言い返すために測るのか。青草をやっていればおそらく高い値が出るはずで、そうなら、しばらくLLミルクを飲もうとでも言うのだろうか。あるいは、青草の給餌を見合わせたり、その間の牧草を廃棄する気なのか……といった実践上の決断なしに測ることはありえません。測定行為は、反原発の意志から生じるだけでなく、現状肯定生き残り〈シェルター開発・購入〉の発想からも出てきますし、従って、その両方の傾向を強めることになるでしょう。」（湯浅［1］98～99ページ）

ここには二つの論点がある。ひとつには、「事実」とは何かについての問題である。科学方法論や認識論の長い論争のなかで、唯一の〝真理〟としての「事実」などありえないのではないか、観察者の価値観や信念など、合理的な説明を越えたところで「事実」なるものが組み立てられていくのではないか、といったことが繰り返し議論されてきた。湯浅は、こうした視角からこの問題に触れているわけではないが、根源的には「事実」についての哲学論議を避けられないだろう。

もうひとつは、測定という行為を他の一連の諸運動や問題意識から切り離すべきではない、という問題提起である。このことは、藤田の場合も同じだが、どのような脈絡のなかで測定を位置づけるかについては大きな隔りがあるように見える。藤田が市民主導の監視ネットワークの形成を優先させるのに対して、汚染された食べ物の「処理」をどうするのかについての意志決定問題を優先的な解決課題と考えるのが湯浅である。私も、湯浅のいう問題提起への一定程度の解決ないし方針の策定抜きに測定を先行させることには疑問がある。この点で考え方の上では湯浅に近いが、しかし、湯浅の提起には実践的な見通しが含まれていない分、行動を促す説得力に欠ける。湯浅の問題提起は了解できたとして、では何をなすべきか…。

湯浅［5］ではもっと立ち入って測定問題についての根本問題を提起している。そこで湯浅は3点の問題点とひとつの補足（これについてはここでは触れない）を述べている。

〈第一点目〉彼は次のように言う。

「まず第一に、測定一般・データ一般への不信を私は出発点にしていることである。（中略）ある事実を知ることによってある行為をなし、それによって次の事実が知れるという連鎖（人間活動の経路ｐａｔｈ）は、十全な条件が与えられれば、複数の経路が同一の世界を構成すると言えるが、実はそうはならないのだ。」（38ページ）

一般的な常識によれば、科学的測定は誰がやっても——手続きにミスがなければ——同一の結果が得られるハズである、従ってこの測定値に基づく事実の積み重ねは、同じ「世界」を描くはずであると考えられる。湯浅は、反原発運動自体が——体制側の科学者などとともに——持つこうした科学観に異論を唱えているのだ。それは、彼の次の言葉を読むとき、私たちが繰り返し経験していることと大いに関わる問題であることに気づかされる。

「水俣病裁判の長い歴史や伊方原発裁判などで、”良心的“科学者が式や数値で体制のゴマカシを暴き、〈真理は一つ〉という風潮が運動のなかにも根強くある。事実これまでの住民運動からすれば、国や企業の科学データには必ずといってよいほど誤りやインチキが含まれているのだが、かといって、インチキさえなければ住民の主張が認められる構造にはなっていない。どうも問題の核心は、御用学者の能力や良心にあるのではなく、科学手法や専門性の本質にあるのではないかと考えている。」（36ページ）

「一言でいえば、測った数値それ自体に誤りがないとしても、何をどのように測るかは立場・思想で全く異なること、ある測定（計算と置き換えてもよい）は一つの立場の主張であること、そしてその結果はその思想を広め強固にしていくこと、である。」（37ページ）

事実を細部に至るまで積み重ね、一分のスキもないように論理を組み立てても、なおかつその事実の結果を「真実」として、体制側が受け容れない限り、それは「真実」としては公認されない。公害裁判ばかりでなく、冤罪を含むほとんど全ての〝裁判〟は、この「真実」についての権力による認定を制度化したものである。言い換えれば、「真実」とか「真理」というお墨付きを与えることのできるものが権力なのだ（これは、ミシェル・フーコーの受け売り）。前述した様に、究極的には、この真理認定の力を私たち自身が持つことなくしては、私たちは自ら組み立てた論理とその帰結を「真実」として正当化することができない。「真実」や「真理」、あるいは「事実認定」の問題というのは、必ずどこかで権力の陰をひきずらざるを得ず、権力問題、従って政治の問題と交差せざるを得ない。つまり、「真実」「事実」の問題——ここでは、測定の問題——は、科学の問題であると同時に権力／政治の問題である以外にないのである。最終的には、この「真理」を生み出す権力に対して、あるいは権力の不合理な決定に対して、私たちがどれほど民衆のレベルに即した不合理な力を発揮しうるかが問われる段階を迎えざるを得ない。

〈第二点目〉 次の湯浅による論点は、「測り方」の問題である。この問題は、測定問題についての重要な論点だが、少々議論が込み入っている。ここで湯浅は、「測定行為は〔目的・対象・方法〕が一体となっている」（38ページ）ことを強調する。それはもっと具体的に言えば――例えば牛乳の放射能汚染を測定するというばあい、その測定値があるレベル（このレベルの決定自体がまた問題になるが）を越えた場合にどのような対応をとるのか、LLミルクを飲むのか、子どもには飲ませないようにするのか、原乳をソ連大使館前へぶちまけるのか、等々の対応について具体的な判断なしには、測ることはありえない」という。「一つの思想を背景として〔目的・対象・方法〕が選ばれ、何が選ばれたかは一つの思想（世界観）を表現している」（38ページ）という。荻野の議論にある大気の放射能汚染の場合であれば、

A、核戦争シェルター用←→空気の電離度測定型
B、原発事故モニター用←→GM管型（R-DAN）
C、原発常時モニター←→シンチレーション型（自治体等のモニタリングポスト）

と言うように明確な、目的と技術の対応がある（湯浅［5］38ページ参照）。R-DANは、「定量」測定を狙ったもの、つまり「放射能に対処する行為を選択する」ための装置である、というのが湯浅の判断である。この行為選択に関わる問題が第三の論点になる。

〈第三点目〉「ある量をある方法で測った結果は、測った人の関心や行為を逆規定する」（40ページ）という問題。湯浅は、自分の飲む牛乳が高い汚染値を示しながら、その牛乳を飲み、なおかつ「全ての原発の廃絶に向けて次の行為を設定する」などというのは薄気味悪い話であって、「私なら飲まないで他の食品も測ってみたくなるだろう」（40ページ）という。そしてさらには彼は次のように述べる。

「そういったことの行き先は、測定結果が今の状況のなかで核シェルターの装備へと向かわせる仕組みを強めていくことになる。しかも、そもそもR－DAN器購入の動機の一部にあった〈受動的なサーバイバル〉の顕在化と云えないこともない。そのことはあながち非難されるべきことではなく、おそらく全ての市民運動の健康な出発点でもあり、問われているのは運動の展開され方や内部矛盾に自覚的であるかどうかなのだろう。」（40ページ）

この湯浅の提起は、もっと具体的に彼の指摘する例に即して言えば、〝測定すること〟が結果的に、高い汚染値を示した産直野菜の購入停止や、チェルノブイリ以前の無農薬茶を求めるという対応に結びついていくことへの批判である。これは、自分が（自分の属するグループが、でも同じこと）食べさえしなければ、その食べ物がどう処理されようと差し当りは関知しない、という立場に立つことへの批判である。自分たちは食べないという選択ができる。その選択を可能にしているのは、測定の装置をもち、測定結果の情報をもち、代替品を入手しうる手段を持つ、という位置にいるからである。――この〝位置〟は全ての人々に開かれているのか？情報はグループの壁を越えて自由に利用可能になっているのか？汚染食品が第三世界や低所得層に押しつけられてはいないだろうか？こうした諸々の問題を踏まえることなくして、測定が先行すれば必ず核シェルター的な発想へ陥る（後にみるように小出［10］［11］も同様の疑問を提示している）。

実はこの核シェルター指向は、運動論、人と人との繋がりの問題とも関わる重要な論点、運動する主体の思想（作風というべきか）に関わる。R－DAN運動を例にとれば、これは、測定器を持つグループがネットワークを形成し、情報を密にすること、そして全ての人たちがこの情報を共有できるメディアを作ることが目的意織的に目指されない限り、核シェルター指向に陥る。行政や電力会社を除けば、放射能汚染についての情報をもっているのはR－DAN運動の人びとだということの重大さが果してどれほど自覚化されているだろうか。仲間はずれが許されないのがこの運動である。だからこそ、情報を解（開）放するメディアの追求が何よりも求められなければならない。例えば日刊紙に毎日測定値を公表するといったことが必要なのである。と同時に、情報が開かれれば開かれるほど、いざ異常値が出た場合の対応も大変なものになる。それをどのように解決していくかを、各地域ごとに試行錯誤する覚悟が必要なのではないか。測って、データをネットワークだけに流せばいいという性質の問題ではない、ということである。

⑤　R－DANをめぐる二つの異論

吉村［6］、大橋［7］は、R－DANや測定運動についての端的な異論を提起している。吉村は、彼の関わりのある反原発運動がR－DANに対して高い関心を示さない理由として、「結果が自分らで使えそうもないこと」という点を挙げている。つまり、事故をいち早く知ったとして、だからどうできるのか、というところで立ちどまらざるを得ないということである。（立ちどまらないとすれば、私が前述したような情報の解（開）放と緊急時対応の組織化をする以外にない――軍隊や警察の力を借りずに、自警団的な発想も排して――）また、吉村は、R－DANのデータによって行政のデータのごまかしを衝くのであるならば、「測定器の精度、確度に対して厳しくなければならない」（27ページ）という。確かにその通りである。行政側のごまかしを明らかにするための必要条件として、最良なのは、行政と同一の測定器を持ち、行政も納得する専門スタッフが測定するということだろう。勿論それですら行政は自らの否を認めるかどうかわからない。繰り返すが、「真実」や「事実」の決定権、認定権は残念ながら私たちにではなく、彼らにあるのだ。だからこそ彼らは行政権力の担い手たりえているのだ。

しかし、行政と同様の測定器とスタッフを持つという方向は、当然、運動論の原則、研究者と一般市民の分業の廃棄に対する逆行を覚悟せねばなるまい。原則を捨ててまでこうした方向を採る価値があるかは、慎重に考えるべきものである。吉村はこの点について、端的に次の様にいう。

「運動における分業の止揚は、追求すべき課題であるが、測定器による測定というのは、そういう課題にそぐわない。だから〝イラストはあいつを中心に〟、〝測定は彼を中心に〟、そして〝デモはみんなで手を組んで〟という形になるのはやむを得ないことだと思う。」（27ページ）

大橋［7］は短いエッセーだが、重要な論点に触れている。コメントはいらないと思う。引用だけしておく。

「ひまがあり、金があり、知識のあるひとびとによってなされる運動では、〈汚れている。食べるしかない〉という運動は無理であったということである。このことについては湯浅欽史氏が本『サーキュラー』22号40ページに書いている。個人的レベルで行うべきことと社会的レベルで行うべきことを取り違えた運動は、自転車のチューブを買おう、核シェルターを作ろう、という運動になってしまう危険があるようだ。」（21～2ページ）

⑥　ひとつの総括的地点、中南［8］について

中南の議論は、今までに紹介してきた論争を整理しつつ、新しい視点をも取り入れている。中南は、「自分の食べ物の測定は必ず保身に向かうか?」「障害者差別にいかに対処するか」「科学者と市民運動」の三つの論点を提示している。

〈自分の食べ物の測定は必ず保身に向かうか?〉荻野や湯浅の測定——核シェルターへの危惧に対して中南は「あまりにも一面的な見方であると思う」（18ページ）と批判している。中南は除草剤CNPによる水汚染測定に関わってきた経験を踏まえて、次の様に述べている。

「CNPに限らず残留農薬の危険性を強調する時、無農薬栽培の産物を血眼になってあさる人達を作り出したに違いない。それらの人達の中には、自分の子どもの結婚の相手も無農薬の産物で育てられた人でなければならないなどという、度し難い人達もいると聞く。／だがそれだけであろうか？〈状況を固定して身を守る〉ことにしか関心のないこのような傾向が強まる一方で、状況そのものを変えようとする動きも強まる。」（18ページ）

後者の様な状況を変える動きとして関西におけるMO（CNPを含む市販製剤）の防除暦からの削除、秋田県大潟村でのCNPの使用中止などを挙げている。特に後者に関しては、村民の飲料水からは全くCNPは検出されなかったが八郎潟の魚からCNPの高汚染が見つかり、「ひとに迷惑をかけてはいけないという思い」（19ページ）からのものであり、その代償は同村産タマネギの暴落という大変なものであった。

こうして中南は、現実の事態は好ましい反応と好ましくない反応が「ぶつかり合いきしみ合う中でしか、事態は発展しない」（19ページ）と指摘する。中南の議論はCNPに関しては無理のない結論であるし、地域の住民の自立した判断や決定によって直ちに実効のある行動をとることのできる問題である。しかし、原発など巨大技術による地域開発は、関わりあう人々の数が多い分、利害の調整は難しい。MOを使わない、使わせないという運動と原発を建てない、稼動させない、といった運動を比較することはできないのではないだろうか。原発を止めさせるためには、100万人の署名を集めても不可能なほどの大きな〝力〟を必要とする。一人の人間に出来ることの微力さ、無力さと、電力資本や国家の余りの巨大な力の間で、〝自分一人だけでも〟という発想へと流れていくことは、反MOなどとは比べものにならない位大きいのではないだろうか。

こう言ったからといって、中南と湯浅に一致点がないわけではない。先の湯浅論文の紹介の際に引用しなかったところでもあるので、両者から引用しておく。まず湯浅論文から。

「帝国主義本国の市民が立つ物質基盤は核戦略・エネルギー浪費・工業的効率・第三世界の収奪をセットとして成り立っている。それへの自覚に至らない反原発のスローガンはどうしても「状況固定」の保身へと向かうことになる。」（40ページ）

中南はこれに答えて次の様に言う。

「自覚のない運動が保身に堕するというのは、それはそうだと思う。だが反原発を徹底して闘う限り、エネルギー消費、核戦略、工業的効率等々の自己のよって立つ基盤を、見つめ直さずにはおれないはずである……最も、貧乏人は輸入食糧を食え、私らは国内の有機農業の産物を食べる、という立場があることはある。だが全ての運動がそうだとは思えないし、思いたくもない。少しでも自覚のある人達が、保身に堕することなく、また負けたくもなければ、自分の与えられた生活を問い直す以外に道はない。」（19ページ）

中南論文中の傍点は私が付したものだ。闘いは、必ず「徹底した闘い」へと向かうとは限らず、「自分の生活を問い直す」ことが「自分の生活だけを問い直す」ことへと向かう可能性も否定できない。資本主義が、公私の二つの領域を生み出し、〝生活〟を私的な領域へと囲い込んだこと――勿論これは、そうした〝外観〟を生み出してきたということであって、〝生活〟が資本主義という大きなシステムにしっかり組み込まれ、またこの大きなシステムもこの私的領域で生み出される〈労働力〉なしには機能しえないのだが――、このことの認識なしに生活の問い直しは、核シェルター指向をまねきかねない。私は決して悲観論者ではないが、「徹底して闘う」とはどういうことか？また果してそれは大衆運動としてどれほどまで成り立たせられるだろうか？という点で、悲観的にならざるを得ない。

〈障害者差別にいかに対処するか〉

これは、中南によって、この論争ではじめて本格的に問われた論点である。ある物質が先天異常を起こすと警告することが障害者差別につながりかねないという問題をどう考えるか、という重大な問題である。中南は、「自分では有害物質のはんらんに対する警告のつもりであるが、先天異常に対する恐怖心をつのらせ差別を助長するという好ましくない一面を持っていることも否定できない。もっと意地の悪い見方をするならば、私達の運動は恐怖心によりかかった運動だと言えないこともない。」（20ページ）

恐怖心は、それを引き起こす対象を排除したいという欲求や、それから逃がれたいという欲求を生み出す。だから恐怖心の対象が障害の発生に向けられるとき、容易に障害者への差別を生み出す。ではどうすべきか。中南は、こうした警告をやめれば問題の解決になるとは考えない。むしろ「催奇形性物質や変異原物質が野放しになる一方、恐怖心と差別は、つのらされないが温存される」（20ページ）と考える。中南は、写真を用いて先天異常を説明するといった方法をとらないなどの具体策を示しつつも、「先天異常への警告が恐怖心を強めるのを完全に避けるのは難しい」（20ページ）ことも認める。

障害者差別の問題は、農薬、食品添加物に関しても言えるという意味で、「消費者」運動についてまわる根本問題である。今、ここで全てを論ずる余裕はないが、「なぜ恐怖なのか？」を突き詰めてゆくことのなかに解決の糸口があるように思う。それは突き詰めれば、障害者を差別する社会、あるいは障害者というカテゴリーを生み出すことを強いる社会の問題にぶつかるはずである。

障害者差別との関わりで、もう一点付け加えておきたい。去る5月5日、富山でR－DANや放射能による食品汚染をめぐって、ささやかな討論会を開催した際に、参加した障害者の人たちから事故に際しての緊急避難にしても、〝安全な食べ物〟の選択についても、いずれにせよ、〝安全なもの(場所)を選択できる〟という大前提にたった運動でしかないのではないか、そうした運動には選択できない者の立場が果してどれほど考慮されているのか、という疑問が出された。事故があっても「健常者」の様に避難できず、介護なしには食事ができないとすれば食べ物を選択することもできない、こうした彼らの問いに直ちに応えられないにしても、運動はこうした問題を無視すべきでない。

〈科学者と市民運動〉

中南は、科学者が指導したがったり、知らない側を操作する関係を批判した藤田、湯浅に対して、「最もなこと」としながらも「何かしっくりしない」とも言う。中南は、科学・技術が企業と行政に独占されている状況を変えるためには「市民の科学技術面でのレベルアップはどうしても必要」であり「この点で科学者は市民のお手伝いをすることができるし、しなければならない」(21ページ)という。このお手伝いのなかで、専門家と市民との落差を縮めるのか、温存するのか、が本質的に問われるべきことだと彼は言う。私もこの点全く同感である。藤田や湯浅の科学者批判の方法が、具体的に、専門家と非専門家のカキネを取り払うことになるかどうか、私には疑問だ、ということを既に述べているので、ここではこの点を繰り返さない。

この他、中南は専門家の固定観念を市民が突き崩してゆくこともありうるなどの経験を述べながら、科学者が一方で専門領域で発揮すべき能力への自負を持つべきであると同時に、それが自信過剰に陥るべきでないことをも強調する。

さて、ここで、少し脇道にそれるが、私にとって重要な論点を述べておく。その手掛かりに、中南の次の文章をまず引いておきたい。

「データに基づいて何をどのように主張するかは科学の領域の外の問題であり、価値観の領域の問題になる。この面では市民が主役にならなければならない。」（21ページ）

運動のなかでも、専門家は専門家、科学者は科学者なのか、それとも非専門家とともに「市民」として平等に価値判断に加わるべきなのか?というのがここでの第一の問題。第二の問題は、社会科学の場合には、価値観抜きに〝科学者〟を演じられないという問題である。

第一の問題は大変難しい。各々の運動体がどのような問題を抱え、どのように解決しているかといった経験の交流のなかで、最良の道を見いだされればなるまい。運動の意志決定から専門家を――専門家であるが故に――排除するのは、当該者が運動のメンバーであるとすれば民主的でない。しかし、その専門家も建前としては〝一市民〟であっても、データの生産者として、彼の発言は他のメンバー以上に重視されてしまうだろう。とすれば実質的な専門家による〝操作〟がなされないとも限らない。

第二の問題は、社会科学者や哲学者、文学者といった――好きな表現ではないが――「知識人」は、価値観に対して重要な役割を果す、ということだ。「帝国主義本国の市民が立つ物質的基盤」とはどのようなものなのか、なぜ巨大技術や原発が開発されたのか、なぜそうした不合理が正当化されるのか、といった問いに答えるための素材を社会科学者は提供しなければならない。しかし、現実には「マルクス主義者」の状態を見ればわかるように、こうした問いに正面から応える分析はマルクス主義によってはなされていない。むしろブルジョア科学として批判されてきた近代経済学者が優れた仕事をしてきた。このことの問題を私は、自分自身の問題としても、またマルクス主義者やマルクス経済学者に問いたいと思うが、しかし逆に、社会科学者が市民の価値観の一切を操作することになるものとすればそれも絶対に反対である。だがさらにまた、既述のように市民の生活実感を素朴に信ずることの危険性も社会科学の専門家としては大いに主張しておきたい。この『サーキュラー』で展開されたような論争はこの点で、実は社会科学者にも切実に求められているのだ。

⑦　森住のコメントについて。

森住［9］は、研究者の関わり方の問題点を、簡潔に提起しているが、なかでも社会科学者の関わりについて論じている点は注目すべきところだ。公害問題がモノの安全に関わる技術論争に集約され、「社会科学的分野に属する制度・経済面の分析がおろそかにな」ったとして、ゴミ問題を例として次のように述べている。

「ゴミ問題で言えば、排煙の拡散の問題は十分論じられましたが、家庭ゴミと事業系ゴミの処理責任のあり方や、市職員による直営収集と業者による収集のかかえる問題などにはメスが入れられませんでした。そのためゴミの問題は環境問題に関心を持つ人には拡がりましたが、例えば解放運動にかかわっている人との接点は不十分です。ゴミ収集・処理の作業はこれらの人の重要ななりわいなのです。又、ゴミ収集も民間委託が強化されつつありますが、これに反対する自治労も国労と同じような論点を多く抱え、（略）労働運動を専門にする社会科学者等との接点もできていません。」（23～24ページ）

これはひとえに社会科学者の側の責任であり、問題意識の欠如に関わる。全く同様のことは原発問題にも言える。次に、この点をふくめ、結論的な議論をしておきたい。

チェルノブイリ原発事故以降の新しい反原発運動が、原発立地の地元住民による立地点での運動から、さらに都市部の市民による運動へとその担い手の幅を拡げたことは繰り返し指摘されてきたところである。特に、この新たな反原発運動の担い手の中心として、従来から有機無農薬野菜の共同購入や食品添加物問題など、食べ物の安全性に大きな関心を寄せて個人生活のレベルで新たな暮らし方を模索してきた市民層の存在を指摘することができる。チェルノブイリの事故によって、広島の原爆の800発から1200発にも相当するセシウム137が一挙に放出され、その放射能による食品汚染が深刻な事態を招いていることに対して、いち早く敏感に対応したのがこうした都市部の人びとであった。放射能汚染は地球上全体に広がっていったから日本も例外なく汚染されたが、特に、ヨーロッパやソ連からの輸入食糧の汚染度が高いことが知られていたから、輸入食品に対する監視や規制が共同購入運動のなかで不可欠の課題となるようになった。

小出［10］［11］は、食品の放射能汚染が発癌率を高めるなど重大な問題であることを踏まえつつも、往々にして汚染食品に対する警告と批判が、運動としては、国に対して既存の輸入規制値370ベクレルよりも厳しいものを設定させることによって「安全な食べ物」を確保しようという形を取ることになったり、自分たちだけの安全を守る運動になったりする傾向に対して、次のような原則的な批判を展開している。

「私は、もちろん放射能で汚れた食べ物を食べたくない。また、日本の子どもたちにも食べさせたくない。日本が輸入食品の規制強化を行えば、それに応じて私たち日本人の被ばく量を下げられることも、また間違いない。しかし、日本が輸入拒否して、汚染食糧が日本国内に入ってこないということと、汚染食糧がこの世から無くなるということは、当然のことながら等しくない。日本が拒否した食糧は、他の誰かが食べさせられるだけである。（略）即ち、これまで原子力を利用してこなかった国々、それ故に汚染を検査することすらできない国々、貧しく食糧に事欠いている国々が汚染食糧を負わされるのである。」（小出［10］51ページ）

小出は、「反原発運動の原則とはいったい何であったのか」と問い、「力の弱いものを踏み台にしてはならないという点こそが、最も大切な原則であろうと思うし、自分だけは汚染を拒否するが、あとはそれぞれの国で運動すればよいなどというのでは、今後の反原発運動の展望は決して切り開けない」（同上）と結論する。

小出は、食品の放射能汚染の測定をすべきでない、と言っているのでは決してない。彼は、汚染測定を直ちに汚染食品の輸入規制へと結び付ける運動論を批判し、測定に関してはむしろその体制を強化し、情報を完全にオープンにしてゆくことが必要だという。その理由を彼は次のように述べる。

「国の意図は日本人に、彼らの食卓には放射能汚染食品が上がってこないと錯覚させたいのである。何故なら、もし多くの日本人が放射能汚染を日常的なものと感じ、それが原発事故からもたらされたものであることを知ってしまうなら、現在日本の国が強引に進めている原子力開発そのものが成り立たなくなるからである。大衆の意識からできる限り早く、チェルノブイリ原発事故を忘れさせ、放射能汚染を忘れさせることが、彼らにはどうしても必要なことなのである。」（同上、49ページ）

小出の原則的な問題提起には、実は、放射能汚染問題に限らず、「安全な食べ物」を志向する運動全体に対する、運動の理念へ向けられた根本的な問題提起が含まれている。日生協型の生協運動に対して70年代に出現した共同購入運動は、食品添加物や農薬、化学肥料に対する安全性への疑問を背景に、より安全な食べ物を求める運動としての性格を強く打ち出すものと言える。添加物や農薬による「発癌性」、「催奇形性」に対する厳しい批判の目がこの運動の中で蓄積されてきた。放射能による食品汚染問題もこの点では、従来の運動の感覚の延長線上に位置付け得るものである。こうした「安全な食べ物」を求める運動は、有機無農薬栽培の生産者の開拓や、独自の製品の開発などによって、市場経済の効率性にとらわれないオルタナティブな回路を作り出してきた。しかし、こうした「安全な食べ物」への関心が広まるにつれて、農産物の製品差別化が商品化可能な需要規模を持ちはじめるや、資本による価値増殖領域へと接合されてきた。共同購入運動の中心が中産階級のいわゆる「専業主婦」であらざるを得ない(組織論上そうならざるを得ない)のに対して、資本が「自然食品・健康食品」売り込みのターゲットにしたのは、都市の比較的所得の高い階層で共同することよりも「個人」として金を出して「安全」が買えればよいとする部分、シングル、共働きの世帯、そして高齢者であったのではないか。共同購入運動がその運動形態からみて浸透しにくい部分のうち、「食べ物」に金を振り向けられる部分が資本のターゲットとなったといってよいだろう。そして、このいずれからも排除されているのが、都市最下層部分と、実は農村地帯なのではないか。私は、資本主義というシステムを所与とする限り、運動の量的な拡大が「自然食・健康食品」産業を成り立たせてしまうことは、左翼出版社や左翼政党が経営的に成り立つのと同様に、当然の成り行きであり、不可避のことと考えている。こうした市場の成立は、場合によっては買手の個人的解決志向と「核シェルター」的な発想を生み出す土壌となる。つまり、買うか買わないかは自分ひとりの判断であり、差し当たり自分や家族の「健康」「安全」を守ることに自足する水準を越え出ることはない。「安全な食べ物」がひとつの商品市場として成立してしまうと、共同購入運動も「安全な食べ物」という自然科学的な使用価値のみによって容易に運動を拡大してゆけるかわりに、運動自体が市場原理に巻き込まれたところでの競争に陥る危険に直面する。生産者との関係や都市生活を見直すこと、高度な資本主義的な「発達」を支えた労働を問い直すこと、支配的な社会諸システムから自立した組織を形成すること、こうした事柄が脇に追いやられるか建て前に終わって、供給される財の自然科学的・医学的な「安全性」へと全てが切り縮められてゆく。

実はこのことは、この間の反原発運動で言われる「いのち」という言葉にも感じる危惧と関わっている。「いのち」が、放射能汚染による「発癌」性や「身体障害」に対抗する概念として持ち出される時、それは生物学的な身体と言い換え得る内容にしかなっていないような印象を覚えてしまう。だから、意図せざる結果として、優生思想的発想を〝実感〟として表出してしまう。言い換えれば「心」や「意識」が被っているある種の「汚染」について私達ははっきりとした運動上の確認を持ち得ていないということである。

またこの「意識」の問題は、一方で実感への信頼があるとはいえ、逆に実感し得ない人々への説得の言葉をどれほど持ち得ているかという問題にも関わる。「意識」の問題は自然科学的な立証ができないために問題として提起することの固有の難しさがつきまとう。私達が例えば電力会社に抗議に行く時、心に鎧をつけたような対応をする社員達の態度や、警備の警察官たちの心の閉ざしようにぶつかることや、街頭でデモ・ビラまきに無関心な人々に出会うといった当たり前の風景のなかに、この問題が表現されている。果して「真実」なるものを訴えれば彼等の態度は変わるのだろうか。そうした努力を惜しむべきではないが、前述したような真実と権力の親和関係を思い起こす時、私達の言葉は私達が発する限り彼等にとってはア・プリオリに「真実」ではありえないのであって、従って問題はこの社会の「真実」を生み出す仕組みに関わるところ、言い換えれば人々の意識に作用する権力やミクロな政治の仕掛けにあるのではないかと思う。こうした意味での「意識」を変えることは、ミクロな政治運動であるということもできるし、文化の問題であると言ってもよい。反原発の運動がなぜなかなか男達に広がらないのか。なぜ原発を設計し開発する技術者や科学者がいるのか。なぜ原発建設に従事する労働者がいるのか。なぜ被ばくしてまでも炉心で労働することを選ぶ下請け労働者がいるのか。彼等の全てが諸手をあげて原発大賛成であるわけではないであろう。こうした状況は、言わば「意識の搾取」とでもいうべきものであって、これは医学的な「いのち」の問題というよりは、むしろ社会学的な「いのち」の問題である。

小出の議論からずれて、やや結論めいた話にそれてしまったが、最後に小出［11］が論じている点で重要だと思われるところを紹介しておきたい。この論文では、以前の論点に加えて、放射能汚染問題は、国境を境界とする内側の「安全」と外側への「危険」の排除という問題だけではなく、同様の構造が国内にも恒常的に成り立っているということを指摘している。すなわち、原発で日常的に被ばくを強いられる下請労働者や「金持ちだけが汚染の低いものを買い取ることができ、貧乏人は汚染を承知でもそれを子ども達に与えなければならないという事態」である。こうした事態が運動の進展とともに解決されるであろうということに対して、小出は必ずしも楽観的ではない。それは、日本の反核運動が長いこと「唯一の被爆国」という誤った認識をスローガンとし、強制連行された朝鮮人、中国人被ばく者の問題を埒外におき、被害者意識に安住した運動という側面から抜け出られていない、という指摘のなかに示されている。

小出は二つの論文を通じて、実践的な提起としては汚染測定を徹底させ、その情報を正確に全ての人々に伝えることを主張し、汚染食品の規制に対してはむしろ消極的である。彼の主張は「測ってなおかつ食べる」ということになるが、この点は測ってしまえば規制を求める方向にゆかざるを得ないのではないかという湯浅の主張と対立することになろう。問題は測るということの位置付けだろう。測定が数値として示される以上、その数値に何らかの「意味」を読み取ろうとするのは自然の成行きである。一般に「意味」付与は、分類による自他の区別とカテゴリー化をもたらすから、数値にしてもそれを「意味」あるものとして読もうとする限り、このカテゴリー化は避けられないだろう。放射能の値に絶対的な安全の線を引けないとしても、よくみられるように炉心からの距離で安全の目安をつけるように、安全の「程度」を求めて線引きが行われるだろう。逆に、数値に対して一切の意味付与を放棄した場合、国が設定した基準や自然放射能をめぐる電力資本の宣伝が放置される限りで、事態はむしろ現状是認となってしまうのではないか。小出も指摘しているように、日生協のような国の安全基準を鵜呑みにしたりすることがまかりとおるだろうという危惧はおさえきれない。数値に対して被害者として向きあう限り、こうした罠から逃れられないのではないか。

果して、私達はチェルノブイリ被害者か。確かにそうであるが、36基の原発を抱え、南アのアパルトヘイト体制やアメリカの原住民の被ばくという代償によって生産されたウランに頼り、原発立地の共同体をめちゃくちゃに破壊して成り立っている原発によるエネルギー生産に対して、なおかつ私達は被害者面をすることはできない。もちろん反原発運動のなかで「こどもの未来のために」という自らの加害者性を含む表現がみられる。しかし、この表現が母親(まれには父親)が自分の子どもに対して思う親の気持ちという水準で語られているのであるとすれば、いずれは親ばなれする子どもに裏切られるか、うっとうしがられるだけである。だが、また、加害者性を倫理的な問い詰めとして設定することにも反対である。

長々と述べたことは、実践的に役に立たず、むしろ運動に水を差すだけだという批判を受けるかもしれないし、議論のための議論でしかないという批判を受けるかもしれない。自然科学者の議論が、極めて直接的に実践的な有効性に結びつくことに比べて、社会科学や思想的な論議は必ずしもそうした即効性はない。しかし、私達は世界を漫然と見ているわけではなく、また、何物にも影響されない「裸の私」として世界を理解しているのでもない。マスメディアから井戸端会議、運動の中での議論に至るまで、世界との関わりの中で私達は生きている以上、批判的な社会認識はそれ固有の意義がある。そうした認識は実験によって確認できない以上、実践と論争がそれに取って代わる以外にない。この未整理なエッセイがそのための叩き台になれば、差し当たり私の目的は達せられたと思う。

出典：『クリティーク』12号、1988年

（ブログに掲載した際の付記、2011年3月21日）

昨日、今日と東電前で抗議行動が行われ、明日も行われる。私は、富山にいて東京にはいないが、Ｕｓｔｒｅａｍのライブを見ていた。見るという受動的な行為からさらに直接の行動へという呼びかけが、ネットを見て参加した人たちから訴えられていた。行動を呼びかけた園良太さんのアピールは、これまで聞いたアピールのなかでも最もまっとうなものだと思う。

運動のこれまでの基調が、首都圏ですら、どちらかというと危険から逃げることに関心が集まってきたように思うが、そうした首都圏の運動を私は、違和感をもって傍観してきたのだが、東電前の抗議行動にはそうしたスタンスはない。園さんや、多くの発言者は、東京こそが福島原発の悲劇の加害者であることを自覚している。このことが、運動の出発点におかれることに私は深く共感する。多くの人たちが原発現地から避難するのは当然として、さらに首都圏からも金と時間のある人たちが退避しはじめているなかで、活動家の使命は、今の状況を踏まえればむしろ福島との距離を縮めることだろう。

１９８８年、今から20年以上前に、私が『クリティーク』（青弓社）という雑誌の編集に携わっていたとき、「反原発、その射程」という特集を金塚貞文さんの協力で作ったことがあった。この特集に私は「測定とミクロ権力」という文章を寄稿した。当時、チェルノブイリ原発事故と伊方原発出力調整実験をめぐって、原発の危険性が実感としても多くの人々に感じられ、反原発運動もこの危険に対してどのように運動の基本的なスタンスを作るかをめぐって、多くの議論がなされた。放射能汚染の危険のなかで、危険から逃げることが必要だが、その危険な状態は五感ではわからない。だから放射能汚染を測定し、危険からの避難を運動化しなければならないという切実な実感が運動のなかにもあった。しかし、果してそのような運動でいいのだろうか？という疑問が当時議論された。この疑問を巡って私が当時考えていたことを文章化したものだ。チェルノブイリ原発の被害が、日本では直接、緊急の生命の危険には繋らなかったが、しかし、それでも「危険」への敏感な反応が運動の多くに拡がった。それは、一面では正しいが、他方で、全ての人たちが逃れられるわけではないことを前提した場合、測定という問題は、価値判断と行動をめぐるかなり深い判断が問われる問題を含んでいる。専門家ではないが、専門家への批判的な判断力を持たなければならない。私も含めてある種の活動家あるいは市民運動の担い手である者が持つべき観点と責任は、一般の市民と同じだということにはならないと思う。政府は、安全基準の数値を次々に反故にして安全の枠を広げ、「正しい情報」はマスメディアや官邸からもたらされるという宣伝に対して、実感ではなく論理と思想に基づいて批判することは、物理学者などの仕事ではなく、「素人」の役割である。それが、政治の意思決定の基本を民主主義とする社会が持つべき本質である。（日本は到底こうした意味でも民主主

義社会とは言えない）専門家に委ねず、自らの実感を素朴に信じることもしてはならない（実感はこの社会が私たちの身体に植え付けるものでもあるからだ）。しかし、確信も持たなければならない。これは、ある意味で困難な問いであるが、同時に答えを見いださなければならない思想的な問いであり、世界観に関わる問いである。科学はこの問いへの答えの一部を構成するだけであり、政治の力学はこの問いを、現状を肯定するイデオロギーによって押さえつけようとするものだということを自覚することが必要だと思う。私たち誰もが、判断の主体である。誰にも判断を委ねてはならない。

福島原発の問題は、当時とは異なるより切迫した状況をもたらしているが、そうであればこそ、測定し逃げることを運動化する前に、まだやれることは多くあるのではないか。とりわけ、東京電力の本社と中央政府がある首都圏の運動の活動家であれば、踏みとどまることが今必要だと思う。退避を運動化するのであれば、原発現地を最優先に、現地の退避を支援する運動こそが、そしてまた国境を越える被害への深慮が求められていると思う。

芸術そのものへの根源的否定　1968年の美術

東西冷戦の真っただ中であったにもかかわらず、1968年という年は、むしろポスト冷戦、あるいはポスト・モダンと呼ばれる現代を先取りするかのようにして、戦後という時代に大きなくさびを打ち込んだ年だった。

芸術の世界においても、「68年」を準備した60年代後半以降からこの年の経験を経た69年、70年あたりまでの時期を境として、戦後の枠組みが大きな「異議申し立て」にみまわれた。それまでの戦後の現代芸術の主流をなしてきたのは、抽象表現主義と総称される美術に関する考え方である。絵の具をキャンバスに滴らせるジャクソン・ポロック、身体を極度に抽象化するウィレム・デクーニング、抽象的な面を強調した巨大な壁画のマーク・ロスコなど、抽象表現主義の作品は、多様な姿をとっている。しかし、クレメント・グリーンバークが定義したように、抽象表現主義には、解放的な素早い描き方、もしくはそのように見える描き方、はっきりと描かれた形態ではなくて、にじんで溶解したようなマッス、大まかで顕著なリズム、激しい色彩、絵の具のむらのあるしみ込みや濃度、はっきり示されたハケ、ナイフ、指、布きれの跡、といった特徴があり、彼はこれを「絵画的であること」と呼んだ。このように抽象表現主義には、作家と作品の個性の優位性を強調する考え方が基調にあった。

60年代を境に登場した新たな芸術運動は、この作家と作品の固有性あるいは「絵画的なるもの」という範疇に対する様々な疑義、批判だった。作家の固有名、作品の唯一性、絵画という仕切られた平面などの芸術を支えてきた枠組みに対する疑問だけでなく、さらには芸術という固有の領域それ自体に対する疑問が当時の政治や日常生活に対する批判と共鳴しあいながら登場し、芸術という範疇それ自体への否定をはらむラディカルな拒否の態度が生み出された。

●

ポップアートは、抽象表現主義に対する最も明確な異議申し立てとして登場した。ロイ・リキテンシュタインの「ブラッシュストロークス」(1967年)は、「絵画的なるもの」の特徴と言われる躍動的な筆づかいを、コミックタッチのシルクスクリーンに仕立て上げた。「絵画的なるもの」それ自体の理念が、ここでは批評の対象として描かれることになる。筆の跡、鮮明な色彩、激しいリズムが表現されてはいるものの、抽象表現主義に共通する「絵画的なるもの」と言えるものはことごとく否定された。ウォーホルは、写真を利用したシルクスクリーンによって、やはり「絵画的なるもの」を徹底して拒否した。彼の作品を生み出したファクトリーと呼ばれた仕事場はウォーホルの強烈な個性抜きには語れないにもかかわらず、彼ただ一人のものとは言えない、奇妙な集団性に支えられていた。

ウォーホルは、絵画とは異なって分業システムが確立し、複製が容易な版画という技法を好んで用いた。また、68年前後のウォーホルの美術の制作は、「美術」というカテゴリーで切り取る事のできない広がりをもっている。例えば、ニューヨークのアヴァンギャルド・ロック、あるいはパンク・ロックの先駆とも言えるヴェルベット・アンダーグラウンドのファーストアルバム（1967年）のプロデュース、映画「ロンサム・カウボーイ」（1968年）の撮影、『a』（1968年）の出版など、様々な芸術領域を横断する活動の部分として美術の作品も存在したのだ。

しかしなによりも68年という年は、ウォーホルにとっては、この年6月に起きた、ヴァレリー・ソラナスによるウォーホル襲撃事件の年だった。ソラナスは、ファクトリーの常連だったが、それだけでなく、「SCUMマニフェスト」を出版し、男性の性支配を徹底して拒絶するラディカルなフェミニストだった。この襲撃事件が引き起こされた直接の原因には謎の部分が多い。しかし、この事件をソラナスの私的な動機に還元したり、偶然の出来事やスキャンダラスなエピソードのひとつにすることはできないように思う。ファクトリーにおけるセクシュアリティは、異性愛を強制する社会のなかにあって、ゲイやバイ・セクシュアルをタブーとしない場だったことをウォーホルは誇りに思っていた。しかし、まさにその場所でこの事件が起きたわけであり、60年代末の「性革命」と呼ばれる文化状況には、まだまだ多くの困難と矛盾がはらまれていたということをこの事件は象徴していた。

●

言うまでもなく、ベトナム戦争を抜きにして68年という時代を語ることはできない。アートの世界でも、戦争というテーマが重要な位置を占めた。ポップアートは、写真や文字を作品に積極的に持ち込み、シルクスクリーンやリトグラフといった版画による複製作品の製作に新しい可能性を見いだしたが、こうした素材の多様性と、複製技術の利用は、社会的な主題の展開をより積極的に推し進めた。例えば、星条旗をモチーフとしたジャスパー・ジョーンズの「モラトリアム」（1969年）、ナパーム弾で負傷した少年を描いたルドルフ・バラニックの「アングリー・アーツ」（1967年）、戦争の記念碑と家具などの日常生活を組み合わせたエドワード・キーンホルツの「ポータブル・ウォー・メモリアル1968」（1970）、米軍によるベトナムのソンミ村での虐殺を扱ったアート・ワーカーズ・コアリションの「Q. アンド・ベイビーズ？ A. アンド・ベイビーズ」（1970）などがある。これらの作品に共通するのは、反戦という主題が、誰もが自明とみなす平和という概念や正義という概念によって語ることがもはやできないのではないか、という深い懐疑である。

ベトナム反戦運動のなかで登場したすぐれた作品は、単純明快なプロパガンダ・アートではなく、これらの作品を見る者たちに対して、作品への主体的な解釈と行動を促す政治的社会的メッセージの新しい表現を切り開くものだった。また、ナンシー・スペイロのように、ベトナム戦争における暴力の主題をその後女性への暴力というテーマへとさらに展開させることによって、戦争というカテゴリーを私達の日常生活のなかに根差す暴力のテーマへと拡張し、戦争、強姦、セクシュアリティにおける抑圧という絡み合うテーマを切り離すことなく展開するアーティストが登場し始める。

●

1968年のパリ5月革命に深く影響を与えた思想の一つに、シチュアシオニスト（状況主義者）と呼ばれるユニークな運動があった。この

アート・ワーカーズ・コアリション「Q. アンド・ベイビーズ？ A. アンド・ベイビーズ」（1970年）
フォトリトグラフ　63.5×93.5cm　オーストラリア国立美術館蔵

運動の中心的な活動家の一人、ギー・ドゥボールの主著『スペクタクルの社会』（邦訳、平凡社刊）が発行されたのが67年、そして68年のパリ5月革命に少なからぬ影響を与えたのもまた本書やシチュアシオニストたちの運動だったと言われている。ドゥボールは、近代社会の生活全体がスペクタクルの巨大な蓄積として現れるという観点に着目することによって、工場や生産の現場を中心に組み立てられてきた労働運動や反体制運動に対して、日常生活、消費生活、都市空間における新しい異議申し立てに見通しを与えた。

ドゥボールやシチュアシオニストたちは、芸術におけるアヴァンギャルド運動と政治的な変革の運動を統合しようと試みた。その主要メンバーの中には、アスガー・ヨルンのようにコブラ、レトリストといったヨーロッパの戦後前衛芸術運動の担い手としての経歴を持ち、この点では明らかに、「高級芸術（ハイアート）」の理念や方法を経験していた人も含まれていた。しかし、68年当時、彼らが用いた表現方法は、むしろスペクタクル化した日常生活を支配している資本主義的なセンセーショナリズムの転用、あるいは脱構築だった。コミックを政治宣伝に利用したり、テレビや映画の映像をカットアップの手法で再構成したり、ポスターという表現媒体を利用するなど、マスメディアや大衆文化の表現手段を積極的に利用した。また、消費や労働の日常生活の支配空間としての都市に着目した。想像力の復権とか都市における民衆叛乱など、この時代を特徴づけた多くの兆候をシチュアシオニストたちは、芸術運動と政治運動の両方を橋渡しするなかで、先取りした。

シチュアシオニストの運動は68年を頂点としてその後まもなく衰退し、70年代に入るとともに集団としても解体する。しかし、実は、シチュアシオニストの影響はこの集団の外部にその後も、多様な形で継承されることになる。マスメディアの表現媒体を利用したアーティストによる政治的社会的なメッセージの表現は、ビルボードや電光掲示板などを用いるアーティスト、例えば、バーバラ・クルーガーやジェニー・ホルツィアーらに見いだせる一方で、マスメディアが支配する大衆消費社会への拒否を指向する70年代の若者のカウンターカルチャーのなかにも、シチュアシオニストの影響が継承される。特に、パンクロックのムーブメント、スクウォッター（空き家占拠）運動など、都市の反体制的な若者の運動のなかにドゥボールらの問題意識は大きな影響を持ち続けることになる。

●

コンセプチュアル・アートと呼ばれる新しい芸術概念が登場するのもちょうどこの時期である。例えば、65年に、ヨーゼフ・コスースは、金槌や椅子などを、写真、現物、そして辞書の定義という三つの方法で展示した。ここには、物や物の表現に先だつ物に関する概念こそがアーティストが提示する「作品」の核心にあるのだという考え方がある。また、ダニエル・ビュランは、工業製品として大量に生産されるストライプ模様を、作家の署名もなしにそのまま使用した作品を制作し始め、この試みは現在まで続けられている。ここにも、作品の物質性それ自体に作品としての意味や価値があるのではなく、都市の街路や建物の壁面などにストライプの紙や布を貼ったり吊したりするアーティストの行為、あるいは展示空間との関係に関するアーティストの概念それ自体を通じてのみ作品としての価値が生成されるということを示してみせた。

68年にはソル・レヴィットが書いた「コンセプチュアル・アートに関するパラグラフ」とルーシー・リッパード及びジョン・チャンドラーの「アートの脱物質化」という二つの重要な文章が登場し、

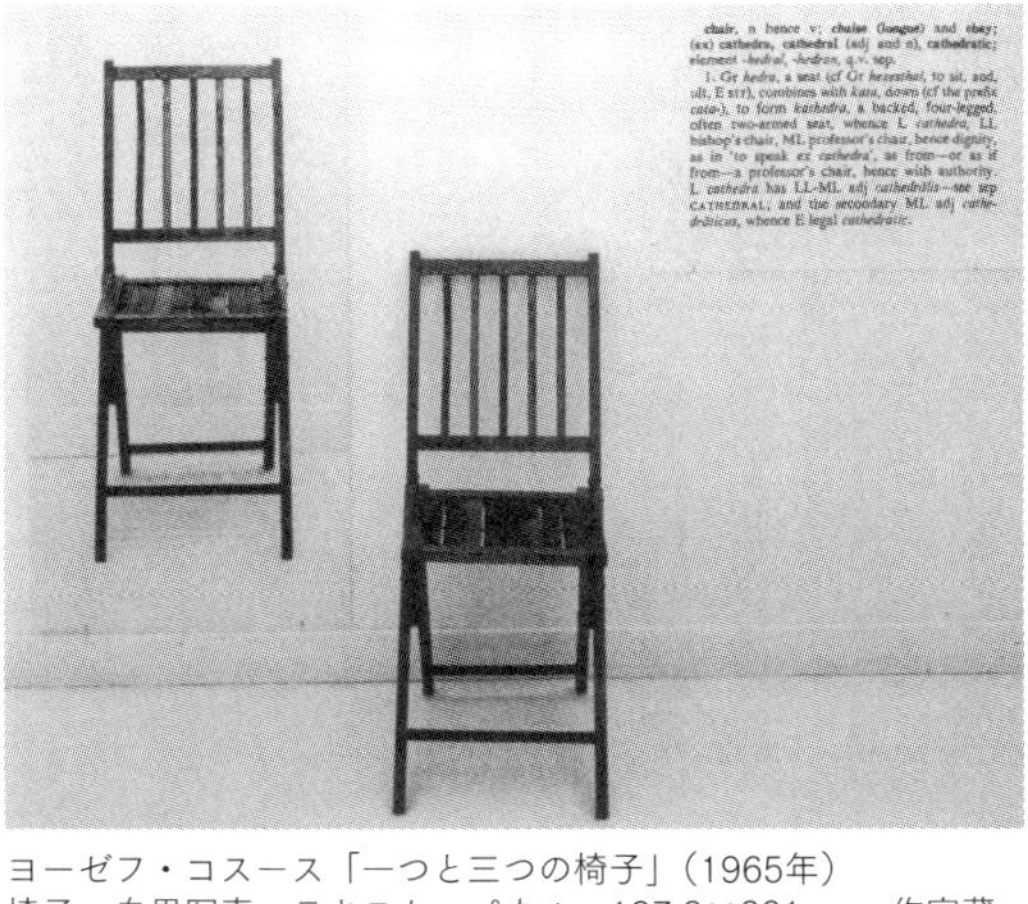

ヨーゼフ・コスース「一つと三つの椅子」（1965年）
椅子、白黒写真、テキスト・パネル　137.2×221cm　作家蔵

コンセプチュアル・アートは、シチュアシオニストや政治的なポップアートのように、作品の価値をその素材ではなく概念に与えようという試みには、物質としての作品に価値があるとすることから生じる作品の商品化から作品を解放しようという意図がある。この点で、シチュアシオニストの問題意識と共通する反資本主義、反市場経済というラディカルな反体制的な意図が鮮明な立場だった。また、リッパードやロバート・モリスらは、1969年にアートワーカーズ・コアリッションを結成して、ベトナム反戦、女性や黒人アーティストの問題、美術館運営におけるアーティストの権利問題などに対して積極的な運動を展開する。これらの動きは、パフォーマンス、インスタレーション、ランド・アートなどアートの様々な表現方法のその後の展開を準備する重要な意義を持つことになる。

●

日本の68年もまた、異議申し立ての時代だった。全共闘運動が自己の社会的な役割への根底的な懐疑を「自己否定の論理」として打ちだしたように、若いアーティストたちもまた「自己否定の論理」をアーティストとしての自己に対する厳しい問いかけとして提起した。当時美大生だった堀浩哉、彦坂尚嘉らによる美共闘の運動は、当時の若いアーティストたちの運動として無視できない。彼らは、「美術家」という自己限定によってテクニックや瑣末な改良主義に陥ることを否定しつつ、美術家であるというアイデンティティをラディカルに再構築することを模索した。まさに美術家というアイデンティティそのものを「戦場」に据えようとしたのである。

美共闘が制度化された美術家というアイデンティティをめぐる闘いだったとすれば、作品をめぐる重要な闘いがこの年をはさんで展開されていた。赤瀬川原平によるいわゆる「千円札事件」である。赤瀬川は、1963年に千円札の精巧な模造を印刷し、これを小包の包装紙にして友人などに郵送するなど、貨幣の意味を転換する試みを行った。65年にこの千円札の模造が、通貨及び証券模造法違反で摘発され、以後裁判に持ち込まれる。この裁判では、赤瀬川支援のために大きな運動が起きた。一審有罪判決直後の67年8月には、千円札事件懇談会主催で「表現の不自由展」(村松画廊)が開催された。裁判資料の展示や裁判という現実世界の法手続きの問題そのものを作品として提示する試みがなされた。大きな支援運動にもかかわらず、この裁判は、68年に2審でも有罪、69年に最高裁が上告棄却の決定を下して有罪が確定する。この千円札事件は、芸術の表現が、現実の制度や法と抵触するとみなされた場合、いかに「表現の自由」が脆くも躓かざるを得ないかを示すひとつの事例となった。とはいえ、他方で、アーティストはその表現を守るためには、闘うことが必要であるということを示したという意味でも、画期的な裁判だった。

●

こうした騒々しい日常世界との交錯のなかで営まれた芸術の運動とは一線を画するかのようにして、芸術の創造的な行為に新しい問題を投げかけたのが「もの派」だった。一般に、もの派に属する作家としては、李禹煥、吉田克朗、菅木志雄、成田克彦らが挙げられる。その先駆けとも言われる作品に、関根伸夫の「位相―大地」(1968年)がある。関根の作品は、須磨離宮の屋外に、直径2・2メートル、深さ2・7メートルの穴と同型の土の円柱を構築したものだ。このように、もの派は、土、紙、木、炭、石、鉄といった素材をそのまま提示するインスタレーションの方法をとった。もの派についてはコンセプチュアル・アートとの共通性を指摘し、現代美術におけるポストモダニズムの先駆とする評価がある一方で、これらの作品に作家の創造的な主体性を否定する態度を見るとともに、西欧モダニズムへの懐疑が、日本的なものへのアイデンティティの模索へと安易に結びつけられることの多いその思想的な位置づけに対する批判もある。確かに、スタイルとしての作品は、コンセプチュアル・アートと共通するようにも見られる。しかし、コンセプチュアル・アートの作家たちが工業化を象徴するような素材を好んだのに対して、もの派は自然素材を好む傾向にあることや、コンセプチュアル・アートに見られるアートの商品化への拒否、資本主義への批判的な姿勢といった思想的政治的な態度は見られないなど、その差異は大きい。コンセプチュアル・アートももの派もそのなかにポストモダニズムとの繋がりを見いだせるが、前者はラディカルで批判的なポストモダニズムに、後者はむしろ保守的なポストモダニズムに結びついているように思う。この意味で、もの派は、「68年」を象徴するアートの運動とは一線を画するものだったと言える。

68年という時代状況は、アートが政治や社会とどのように関わることができるのか、表現の空間としての美術館という制度をどのように変革してゆくことが必要なのかといった様々な問題をアートの世界になげかけた。この時代を境に、欧米でハイアートのカテゴリーもその表現方法も大きく拡張されたと言っていいのだが、日本ではむしろこうした革新は「スタイルの革新」に回収され、芸術という概念は政治や社会とは関わりのないものという旧態依然たるモダニズムの枠組みのまま生き延びてしまったように私には思える。この意味で、「68年」という時代が世界的におこなった問いかけは、日本のアヴァンギャルド芸術においては、今なおはっきりとした答えを出しきれないまま残されていると言えそうである。

出典:『20世紀の記憶1968年』、毎日新聞社所収、1998年

監視社会と不安のポリティクス

秘密保護法、盗聴法の改悪への動き、ウィルス作成罪、繰り返し廃案に追い込まれながら再度上程されようとしている共謀罪など、これまで大きな議論を巻き起こしてきた立法に加えて、さらに今国会ではサイバーセキュリティ基本法案が衆議院で可決され参議院で審議中である。また、「犯罪による収益の移転防止に関する法律の一部を改正する法律案」や「国際連合安全保障理事会決議第千二百六十七号等を踏まえ我が国が実施する国際的なテロリズムに関係する者の財産凍結等に関する特別措置法案」が来週にも上程されようとしている。

こうした監視立法に加えて、エボラ出血熱問題に関わっての出入国管理の強化や、いわゆる「危険ドラッグ」キャンペーンに伴う街頭や盛り場の監視、「振り込め詐欺」防止のための銀行の送金チェックや身元確認の強化、子どもの誘拐などが起きるたびに強化される見回り活動への住民参加要請など、私たちの日常生活に密接に関わる事件や出来事が起きると「安全」確保を口実とした政府や警察による日常生活への介入もまた強化され、いったん強化された仕組みは容易には緩められることはない。

これらの「事件」や出来事ばかりではなく、今や日常生活のなかに制度として組み込まれて恒常化される監視の制度もまた増殖し続けている。制度化された監視は、もはや「当たり前」の環境として問題視されることなく受け入れられてしまう。大きな議論を呼んだ監視カメラや職場や学校での労働者や学生に対する監視システムは、今ではほとんど議論すらなく導入され、住宅産業や警備業はホームセキュリティを売り物にし、パソコンや携帯から銀行のATM、出入国審査にまで「生体認証技術」が普及して「指紋」情報の取得への抵抗感は大幅に薄れている。

他方で、「国家安全保障」の文脈では、セキュリティはよりきな臭い様相を帯びる。防衛省は、武力攻撃の一環としてサイバー攻撃を位置づけ、自衛権発動の対象になりうるとの見解をとっている。（防衛省「防衛省・自衛隊によるサイバー空間の安定的・効果的な利用に向けて」）「サイバー攻撃」などサイバースペースにおける軍事・安全保障問題については憲法9条では想定されていなかった事態だが、この点への平和運動の側の対応が遅れており、その結果として、ほとんど十分な議論や批判にさらされることなく政府や防衛省の思うがままの状態になっている。「サイバー戦争の放棄」問題は真剣に取り組むべき反戦平和運動の課題であることを今一度確認する必要がある。

●

このような監視と呼ばれる「視線」をどのように認知するのかは、私たちが監視する者や監視の対象に対してどのような位置にあるのかによって決まる。何よりも私たちは、まず第一に自分自身に対する監視者である。自分の表情、態度、発言など、「他者に向けられる私」をどのように演じるのかを「私」は常に監視している。私を監視する私は、良心とか正義の価値観から自分の行為を決定しようとしたり、道徳や倫理や礼儀作法のような文化のコード（ルールや規範）を参照しながら、自分の行為を定めようとするかもしれない。あるいは、違法な行為が引き起すかもしれない処罰への怖れから法規範を遵守するように自分の行動を規制しようとするかもしれないし、信頼関係のある親密な友人や家族に嫌われたくないという感情から自分の態度や行為に制限を与えようとするのかもしれない。これらの監視のコードは首尾一貫しているとは限らず、関係のなかで自己の利益に基づいて揺れる。

これは、複数の感情や規範を人間が持っており、そのなかの何を選択して表出するのかを決めるメカニズムが常に不安定であることを示している。私のなかにある何が「本音」あるいは「真実」であり、何が「建前」あるいは「嘘」なのかは、私にすら容易には判断できないし、「本音」と「建前」は容易に入れ替わりうるものでもある。しかし、次のことはほぼ一般論として言いうることではないかと思う。すなわち、社会関係の支配的な規範を受け入れて同調するような態度を選択するのか、それともあえてこうした支配的な規範に背く態度をとるのかという観点からみた場合、人間は、基本的に、社会の支配的な規範を受け入れるように育てられ教育されることによって、従属の態度を学ぶということである。家族も学校もこうした従属の心理を人々が学習する場である。言い換えれば、このような従属的な同調に抵触するような行為や態度を社会関係のなかでは自ら抑圧することができるようなパーソナリティが形成されるということである。パーソナリティは、喜怒哀楽や愛憎、不安や恐怖といった感情や理性的な判断とこれらの感情との相関関係のとりかたに関わるために、世界との関わり方（世界の感じ方であり自己を含む他者への認識と関わり方）を規定する。社会の形式的な法や規範の秩序の側からすれば、秩序に対する従属と同調がパーソナリティの基本的に好ましいあり方であるが、政府や企業などの支配的な権力にとっては、「社会」が是認する意味よりもより狭い意味での従属と同調を要求する。学校教育は「民主主義」やその前提となる討議と合意形成の必要は教えるが、政治的な反対意見をどのように持ちどのように行使すべきかは教えず、むしろ政治的無感動（アパシー）や市場経済的な道徳（高い所得への憧憬と企業に奉仕する勤労の価値観）へと導こうとする。暗黙に政治的思考を排除し企業に奉仕する人生観を肯定するような環境を構築する。

監視社会とは、以上のような私たちが生れてから死ぬまで、避けることのできない人間関係そのもののなかにある「監視」を制度として構造化することによって、資本と国家による監視を私による監視に転移させるものだと言える。

●

しかし、ここで強調しておきたいのは、こうしたパーソナリティが完璧に実現されることはない、という点である。社会それ自体は、労働運動と資本、社会運動と政府の間にある対立や、複数の政党が存在する民主主義の意思決定や、相容れない宗教的世界観の併存など、様々な矛盾を抱えており、人間のパーソナリティもこうした矛盾を引き受けざるを得ない。同時に、こうした矛盾を抱え込みながら、私が私であることの「軸」となるような拠り所を誰もが持とうとする。私は、政府や銀行が取得しているような私の個人情報の集合体なのではなく、「私とはこういう人間なのだ」ということを示しうるような他者と差異化された私に固有の「何か」を持とうとする。アイデンティティと呼ばれるのはこのような固有性への志向によるものであるが、この私の固有性が個としての私ではなく何らかの集団に帰属するものとしての私の固有性であることは、私という観念が（堅苦しく「主体」と呼んでもさしつかえない）社会関係の産物であるから、避けることができない。このアイデンティティという軸を中心にして私のパーソナリティもまた日常的に再構成される。

これまで「私」という言葉で表現してきた「私」は、一個の自立した個人というよりも、社会関係のなかで他者との関わりを通じて自己のパーソナリティを構築する以外にないものとしての自分のことであって、既に「私」の中には、私を取り巻く社会関係が多かれ少なかれ構造化されている。私による私への監視は、この内面化された社会関係が私という主体を媒介として私を監視することに他ならない。

社会それ自体は矛盾した構造を持つから、こうした従属的同調は首尾一貫しない。労働運動や社会運動の担い手は、こうした運動の文脈のなかで選択する同調的な行為規範と会社の社員として仕事をしたり市民社会の一員として社会が要求する行為規範との間には齟齬がある。こうした矛盾のなかで常に私による私への監視が作動する。

●

私たちは「監視されること」にも慣れ、同時に「個人情報の提供」にも抵抗感が徐々に薄れてきている。プライバシーの権利よりも危険から身を守ってくれる存在（警察、学校、企業など何であれ）に自ら率先して個人情報を提供する。監視と保護とは相互依存関係にある。保護の権利は監視を要求することから逃れることはできない。自立できない乳幼児は親や大人の保護を必要とするだけでなく、養育の義務を負う者は乳幼児の生存に責任を持ち、そのために必要な保護を与えるために、いつどのような保護が必要になるのかを「監視」しなければならない。この場合、親は権力者であり、親の「監視」は、ここでは「見守ること」であり、視線や言葉や触れ合うことなどを通じて乳幼児の「安心」を維持することを意味する。ここには敵意や敵対の関係は一般には想定されておらず、むしろ「愛情」とか「慈しみ」などの感情が支配的となる。しかし、このような誰もが当然のこととして是認する「監視」の必要こそ私たちが真剣に検討しなければならない監視社会化をもたらす兆候であり、ここに監視社会の問題点の全てが内在している。上で述べたことは、あたかも普遍的で逃れようのないことのように見えるが、そうではなく、親子関係であれ家族関係であれ、これらの人間関係は近代社会が生み出した親族関係であって、普遍的な生物学的な種の再生産とは異なるものだ。（ジェンダーがセックスとは異なるように）

自らの安全を十分に維持できない小さな子どもが保護を求めるであろうというのは、大人の子どもに対する「思い」であって、子ども自身が自覚的に大人に対して要求する権利に基づいているわけではない。大人が子どもの「安全」を考えるということは、子どもにとっての「危険」を経験や知識によって想定し、こうした危険を回避するために必要な手段をあらかじめ講じようとすることである。安全とか危険といった概念は、当事者である子どもの側にあるのではなく、大人の側が構築する安全と危険についての観念に基づいている。この大人の観念を大人たちは、子どもの態度や行動や表情などに「読む」のだが、実は子どもに見いだしている事態は、大人の認識のなかにある安全とは何か、危険とは何か、という判断である。ここには、安全な環境や安全に行動する子どもについての「理想的な姿」（このような理想は決して実現されることのないものでしかないにもかかわらず）が判断の「基準」として暗黙のうちに想定されている。この理想状態は、子どもが完全に安全であるような状態を意味するが、これは、子どもが危険な行動を起こさないということだけでなく、子どもを取り巻く環境から危険を招くような因子を可能な限り除去された環境こそが、理想的な環境であるという意味を含んでいる。つまりリスクの内生的外生的な全ての要素を除去することが、子どもの「安全」な環境の実現であるということである。このような観念が現実性を持つような社会意識は、近代の監視社会に固有のことである。

これまで私は、「子ども」を見守るということは、監視ではあっても、敵を監視することとは正反対の監視なので、こうした子どもへの監視のような善意の監視の場合を敵意ある監視と区別してきたが、この区別は間違いではないかと思いはじめている。

善意の監視の裏側には必ず敵意の監視が付随する。善意と悪意は切り離すことができない監視の二面性である。この敵意は表面に表れないこともあるが、子どもにとって危険な要因となるものを排除したり遠ざけたりしようとするときに、この危険な要因に対しては敵意ある監視をおこなっているということになる。この敵意ある監視は、監視対象が実際に危険な行為や危険な状態を現実のものとしないように抑止するか、危険の原因を除去したりすることになり、危険が現実のものになることは監視の失敗を意味する。監視とは、この意味で「何も起きないこと」が前提だが、しかし他方で、敵意ある監視は、危険な要因を除去したり排除するという行動を伴うという意味においては、「何かが起きている」。何も起きないように何かを起こすということが、敵意ある監視の性格だが、このことが同時に善意の監視によって正当化されるのである。

●

監視社会への人々の合意形成を獲得するために利用される感情のなかで、最も有効なものが「不安」の感情だ。私たちが抱く「不安」感情の多くの部分は、実は、「私たちの」というよりもむしろ権力(政治権力としての政府、経済権力としての資本と市場)の不安を私たちが内面化することによって、あたかも自分の実感であるかのように感じるところに生じているものだ。

人は様々な感情を抱き、感情に左右されて物事を判断し、行動する。喜怒哀楽や危険への感情は、多くの場合、こうした感情を喚起することになった原因や対象が明確であり、この対象との関係のなかで「解決」が可能なものである場合が多い。これに対して不安の感情は、未だ現実にはなっていない将来に対して、自己が置かれるであろう不確実な状況（「かもしれない」という不確実な危険などについての想像力が形成するネガティブなイメージ）への畏れに由来するものであり、合理的な判断によって退けることが極めて困難な感情だ。不安感情は怒りや悲しみの感情に比べて持続性があり精神的な負荷が大きい。不安からの解放は、人々に、解放を約束する者に対する根拠のない依存を生みやすい。経済生活への不安は、根拠に乏しい「アベノミクス」の「夢」へと人々の感情を動員することに成功した。（過去形ではあるが）原発への不安も同様であって、政府と財界が必死になって大衆の「不安」感情に対応しようとする態度のなかに見いだせるように、政治的な課題なのである。

不安の感情は、政治的な大衆意識の動員の基本でもある。不安は何も具体的な出来事が起きていなくても、また、根拠がなくても喚起することが可能であり、また、逆に、現実に差し迫った危険や危機が存在するとしても、これを不安の感情の形成を通じて個人の心理に内面化させる回路を遮断することによって、危険や危機への認識をそらすこともできる。同時に、不安の感情を抱いた人間は、この感情を自らの意思で払拭することが困難な場合が多い。とくに、不安感情を惹起する対象が曖昧であったり、具体的に実在する事柄ではない場合は、そうだ。例えば、「犯罪が起きる可能性がある」とか「テロの危険性がある」などという言説がもたらす不安感情の場合、犯罪もテロもまだ起きていないどころか、犯罪者やテロリストが具体的な誰かとして特定すらされておらず、漠然とした予測や予断の域を出ていないにもかかわらず、こうした言説が人々に不安感情を引き起すことがありうる。要するに「得体の知れないもの」とか自分の知りえない世界や自分とは価値観の異る世界のように、その実態を知らないということが不安を惹起するきっかけを作りやすい。「得体の知れなさ」は、様々であり、自分とは異なる人種や民族であったり世代であったり、学歴や職業であったり、出身であったり、趣味や嗜好の違いであったり、「自分とは違う何者か」に、何かのきっかけで突然不安を抱くことがありうる。多くの場合、こうした不安のきっかけは、この不安に感情移入しやすいような誰かから受けとる。それは、信憑性の高いと信じられているマスメディアや政府の言説である場合もあるが、むしろこれらの情報をそのまま自分の感情として表出させる身近にいて信頼でき、かつ価値観を共有する誰かからもたらされる場合、不安は内面化されやすい。こうしてネガティブな共感が不安感情として構築されると、これは偏見として価値観に組み込まれ、時には不安神経症とさえ呼ぶことができるような集団的な心理にまで成長してしまうこともありうる。

このような不安感情が抱かれると、自分の努力でこの不安を払拭することは必ずしも容易ではない。不安の原因は、犯罪者やテロリストではなく、このような「言説」が流布する環境そのものであり、この環境のなかには、この不安を共有する知人や友人、家族など自分が信頼する人たちもまた含まれていることが少なくないからだ。

集団的な不安感情から人々が自己防衛のためにとる手段は、限られており、不安感情を生み出すとされる漠然とした対象が犯罪であれば警察が、テロリズムや国家安全保障であれば防衛省が、雇用や経済の不安であれば厚労省や経産省が、要するに政府がこうした不安に対処しうる唯一の力を持ちうるものであるかのようにして登場する。なぜならば、政府は社会における最大の権力であり、これ以上の力を持つものは存在しないからだ。そして、「国際社会」(という虚構の社会)においては、米国のような超大国がこの役割を率先して担おうとする。

イソップの「狼少年」の寓話や「悪魔」の存在によって神への信仰を広めようとする宗教の手法のように、不安感情をコントロールすることによって人々を従属させようとすることが繰り返し行われてきた。この意味で監視社会は、このような伝統的な大衆心理に根拠を持つということができる。しかし、同時に、嘘は長続きせず、世俗的で民主主義的な政治体制を前提として人々の合意形成を獲得することによって正統性が維持される近代国家では、この不安感情は、それなりの合理的だと思われる根拠を持つことが必要とされる。ここで、科学的な手法が人々の偏見や根拠のない感情に裏付けを与える役割をはたす。科学のなかで最大の効果を発揮するのは、実証主義あるいは「事実」

に基づく「物語」の構築である。詳細にデータを収集し、このデータに基づいて不安を抱くことが「正しい」感情であることを裏づけ、これに対して警察や軍隊、あるいは様々な政府の政策対応が唯一の不安を払拭する方法であるということを主張する。政府こそが不安から人々を守ることのできる唯一の「保護者」であることを宣言し、そのように振る舞う。無力な「私たち」と、この「私たち」を保護し守る政府という構図は、私たちが幼いころから慣れ親しんだ「保護」の構図とよく似ている。これは、裏返せば、データをもとにして、不安感情を払拭させる方向で作用する場合もある。放射線被ばくの人体への影響への政府や電力業界サイドの医学者たちの態度はこの典型例だ。いかに客観的で科学的な事象であろうとも、その事象が文字通りの意味で客観性や科学性を権力から自立して獲得することはあり得ない。不安と安心のしきい値は、権力の意図によって操作可能な値とする技術が客観性や科学性のメタレベルで必ず作用する。人間は理性の動物ではなく、科学的に説明することができない領域を、世界を理解する上で欠かせないものとして持つ存在だからだ。権力はこの領域を、あるときは科学に、あるときは宗教や伝統などによって正当化する。「不安」感情はまさにこの領域に関わるものだと言える。

私たちの不安感情が全て虚偽の感情であり操作された感情なのだというわけではない。権力にとって不安感情を増幅することが好ましいと判断されれば過剰な不安への刺激が強化されるだろうし、逆に不安感情が権力にとって好ましくないと判断されれば、不安の根源を隠蔽したり過小評価するような言説を繰り出すだろう。原発や米軍基地あるいは憲法9条の形骸化への大衆的な不安は、後者の例になる。後者の場合、不安感情を抱き、この感情を流布しようとする人々の言動に対して政府は監視を強化しようとする。「不安を煽る」ことがあたかも犯罪であるかのようにすらみなされ、こうした言動を排除しようとする。

政府にとって私たち自身が不安の源泉である。政府＝統治の権力は、何かを決定し実行に移す力を持つ一方で、何かを実行するということには何かを実行しない（実行することを否定する）という決定と表裏をなし、常に排除の決定を伴う。他方で、社会の一部には、この実行しないという決定を不服に思ったり批判する人々が必ず存在する。これは、どのような平等な社会であっても必ず生じる権力のジレンマであり、このジレンマをコントロールし、異論を持つ者達が権力の決定に抵抗しないような消極的な合意を維持することが、権力の存在理由である。近代国民国家の民主主義の場合、権力の基盤は多数の有権者の意思に基づくが、この「意思」は選挙によって権力の法的な正統性として確定されるように制度化される。

これが民主主義に基づく権力の脆弱な点であり、同時に権力が力を行使するときの準拠枠となる。私たちが政府に対して明確な批判と異議申し立ての態度を持てば持つほど、政府の不安は募るだろう。政府が不安から解放されるのは、私たちが、政府への批判を撤回し政府を熱烈に支持する存在になるときだけである。このようなことが可能になることはありえないから、政府の不安が解決されることもあり得ない。政府は自らの不安を解決しようとして、不安の原因である私たちへの監視を強化することになる。私たちが何者なのか、どのようにすれば私たちの権力への抵抗を無化できるのか、私たちの弱点は何なのかを探ろうとする。この意味で、私たちの行動や存在そのものは、政府をよりいっそう不安に陥れるかもしれないような正統性の危機と無関係ではない。ここで「私たち」と呼んだ者たちは必ずしも政治的な異議申し立て者ばかりではない。それが誰なのかは、私たちが決めることではなく、彼らが決めることである。彼らが「敵」であるとみなす者たちのなかのある部分に私たちも含まれるだろう。たとえ非政治的であっても。

権力の不安が監視社会を招きよせるのであるとすれば、こうした不安を内面化させない回路を構築することが必要になる。彼らの不安は私たちの不安ではない、という断固とした意識における不連続性は、9条改憲や原発、「慰安婦」問題などの政治的な課題においてはかなりの程度まで明確だが、他方で、少子高齢化や貧困問題や犯罪などの社会的な「不安」に関しては、権力との不安の共有が生み出されやすい。しかし、私たちがこれらに不安を感じるのは、生存への不安であるのに対して、権力の不安は、そうではなくて、権力の正統性への不安であって、実は全く異なる不安なのだ。にもかかわらず、人びとは権力の不安に感情移入してしまう。

●

監視社会が不安感情によって高度化されるのであるとすれば、私たちの不安感情（権力への感情移入に基づくものだが）を解決して「安心」を実感するために、私たちの不安を権力によって解決されるべきものであると言う主張のように、権力による解決を要求することは、ほとんど問題の解決にはならないどころか、それこそが権力が不安感情を利用して人々の権力への同意をとりつけるために仕組んだ罠でもある。むしろ私たちは、権力の不安を自らの不安であるかのように感情移入するような心理的な依存と従属から脱却することが必要になる。権力の不安を引き受けるのではなく、私たちの不安を権力のそれと明確に区別して、私たちの不安についての問題を権力に委ねないことを闘いのなかに置くことである。原発への不安を私たちは政府に委ねてはいない。しかし、原発に依存しない社会経済がエネルギーの高コストであるとか電力不足であるといった問題として語り直されることによって、日本経済の国際競争力が低下し、ひいては経済の活性化が達成できず、所得が伸びないばかりか雇用不安すら招くという「3段論法」によって、日常生活の不安と結びつけて物語が構築されるとき、人々が問題を身近な生活の不安としてイメージすることになれば、不安は内面化されやすくなる。あるいは、福島第一原発近隣の市町村については、早期の帰還を実現させるために、高線量地域であっても「安全」であるという判断を流布させることで、不安を軽減するような政策がとられる。避難するかしないかの判断を政府に委ねない人びとが、強制的に政府の判断への従属を強いられる。

あるいは、ナショナリスムの心情にも同様のことが言える。「日本」という概念に端的に示されるような虚構の「集団性」を日常生活の具体的な生存とあたかも不可分なものであるかのように実感してしまうことによって、固定的な観念になって私たちの感情を縛る。これに対して私たちは、自分たちの日常的な生存と国家や市場の破綻を明確に区別し、国家や市場の破綻は私たちの日常の破綻ではないし、日常生活は国家が破綻しようと市場が機能麻痺しようと維持しうるものなのだという確信を獲得する必要がある。このような確信を得るために、私たちは、私たちの生活の実態を政府や資本に「情報」として委ねる必要はない。

他方で、私たちが権力に対して抱く不安は、彼らが私たちの権利を侵害するような強制力を行使する潜在的な力を持っており、この力が私たちの異議申し立てを無視して私たちの服従を強い、私たちの自由を奪うのではないかという可能性に基づいている限り、この不安には根拠がある。不安の根源との闘いは容易ではない。これは、感情に起因するからだが、この感情を左右するものとしての権力に対して、どのような統治機構や生存の経済を対置すればよいのかという根本問題について、私たち自身が確信をもてていないことにもその原因がある。これは、社会運動が現在直面している大きな課題である。この課題を念頭に置くことは、日常的な反監視のための政策的あるいは個別の運動としてのたたかいにとっても決して無駄なこととはいえないと思う。

付記：本稿は、２０１４年10月27日に横浜市で開催された「秘密法に反対する10・27集会」のための講演原稿に加筆したものである。

出典：『インパクション』１９７号２０１４年

エコロジー社会と被ばく労働

福島原発事故は、ほぼ永久に収束することは不可能である。地球規模で拡散した放射性物質を回収することはできず、その一部は、生物に取り込まれ、場合によっては深刻な医学生物学上の影響を及ぼす。また、事故で破壊された原発の廃炉の処理についても、高濃度の放射性廃棄物の処理の技術的な見通しは立っていない。

原発の危険性問題の特異性は、放射性物質による被ばくの危険性問題にあるのだから、被ばくは、民生用か軍事用かに関わりなく、「核」である限り必然的にその生産から消費に至るまで、危険性がついてまわる。一般に、「常識」的理解では、核兵器は実際に戦争で使用されない限り被害は現実のものにならないとか、核の平和利用においても事故さえ起こさなければ安全である、とみなされがちだが、被ばくの問題は、ウランの採掘の現場から製造、管理、廃棄物処理に至るまでついてまわる。しかし、こうした日常的に避けられない被ばくの現実は、隠蔽されるか、軽視されてきた。核を保有する以上、事故と戦争がなくても、被ばくという問題は避けられないとすれば、誰が被ばくするのか、将来、エコロジーに基づく社会が実現するとして、この未来のエコロジー社会では、こうした被ばく労働から解放されることになるのか、といった問題は重要なテーマでもある。結論を先回りして述べれば、将来、たとえエコロジー的な社会システムが実現し、核が全て廃棄されたとしても、廃棄物としての核の管理は、数10万年にわたって必須だ。従って、エコロジー社会システムが維持され、文字通り、地球の生態系との共生が可能な人類の社会システムを維持するとすれば、そのためには、自然と社会から放射性物質の影響を徹底して遮断するための労働は不可欠なのである。言い換えれば、エコロジー社会を支えるために、最も「エコ」とはほど遠い労働を担う労働者は不可欠になる。

こうしたSF小説のような話は、言うまでもなく、現在の被ばく労働と直接関わりあう問題でもある。誰がどこで被ばくをするのか。しかも、事故のような偶然の「不幸」としてではなく、社会が組織的、計画的に被ばくさせるような労働を、である。現に行われている被ばく労働の実態は、それが除染の労働であれ、原発のプラントの定検であれ、福島第一の廃炉処理であれ、その労働の需給構造は、これまでの建設現場の日雇い労働者のそれとほぼ重なり、ヤクザの介入や、何重もの下請けによるピンはね構造、劣悪な労働条件と賃金の伝統を引き継ぐ側面を持っている。被ばく労働が、社会的な差別と排除に直面しているという意味で、こうした労働の担い手が、新たな社会の下層を構成し始めているとも言える。

●

震災で発生した被災地の放射性物質によって汚染された瓦礫を、被災現地を越えて、広域処理すべきかどうかをめぐる賛否両論の議論は、廃棄物全般の処理問題にどのような原則的な態度をとるべきなのか、というより一般的な問題への態度と不可分である。

かつて「瓦礫論」〔本書所収〕を書いたとき、その中での私の主張はいたってシンプルな原則に基づくものだった。瓦礫の広域処理に反対する運動では、汚染された瓦礫は被災地で処理すべきで汚染の拡散をすべきでない、という主張が多くみられた。しかし、福島原発事故で拡散された放射性物質によって汚染された震災・津波被害地域の瓦礫などを、被災地が放射性物質によるリスクを負ってまで処分を引き受けるべきなのはなぜなのかについての倫理・道義上の問題、あるいは責任の問題は十分には議論されずに、医学上の観点からのみ「拡散」すべきではない、言い換えれば、被ばくの被害を最小化するためには、被災地が放射性物質によって汚染の被害を蒙るとしてもそれは仕方がない、という判断に立っているように見える。しかし、汚染の危険性があるのであれば、被災地であれそれ以外の地域であれ、その危険性に変わりはない。行政が「仕方がない」を口実にするならいざしらず、市民運動、住民運動が、リスクを誰が負うべきなのか、という点について曖昧なままにして、自分の安全だけを最優先にするような主張をすることは、私にとっては受け入れ難い考え方である。むしろ、汚染瓦礫のリスクは誰が負うべきなのか、誰にリスクを負わせているのかについての原則的な理解をきちんと立てることが必要なのだと私は考えてきた。

私は、汚染瓦礫も含めて、放射性廃棄物処理について、原発の電力供給によって収益を上げた電力会社と、この電力の消費者として便益を享受してきた地域がその処分の責任を負うべきであると主張してきた。つまり、瓦礫であれ福島原発の廃炉から生じる廃棄物であれ、これらのゴミは、東京電力の管内で処理すべきである、ということであり、福井にある関西電力の原発から出る廃棄物は、六ヶ所村ではなく、関西電力の管内で最終処分すべきだ、ということだ。一般的に言えば、廃棄物の受益者負担の原則を明確にすべきだ、と主張しているだけなのだ。

福島原発だけではなく、どこの原発についても、その使用済み核燃料であれ廃炉によって生み出される廃棄物であれ、いずれも各電力会社の管内で処分すべきだという原則は、さらにもっと一般的に言えば、社会の経済活動が生み出した廃棄物は、この経済活動による「利益」(お金の意味だけでなく、便益、あるいは実質的な有用性という意味での利益)を享受する人と場所が、同時に、その「不利益」やリスクとも言える廃棄物の処理をも引き受けるべきであるということを一般原則にすべきだ、ということだ。こうした原則は、人びとが本当の意味での生産活動における「成果」とは何なのか、その「成果」にはどのような負の「成果」が伴っているのかを理解する際の前提とすべきものだ。これは、社会の経済がどのようであるべきなのかを民主主義の手続きで決定する上でも重要な前提であると思う。原発がもたらす電力というエネルギーの恩恵だけを受け、その負の生産物とも言える廃棄物や被ばくについては、自分たちの「外部」に押しつけることができるという場合と、こうした負の成果もまた恩恵とともに受け入れなければならないという場合とでは、人びとの意思決定は大きく変化するだろう。

●

電力会社は、発電所で電力を生産してこれを消費者に販売して収益を上げる資本だと考えられている。これは生産活動全体の一部をあたかも「全体」であるかのように取り違えた理解だ。一般に「生産」活動の目的は、人間が必要とする様々な物やサービスを生み出す活動ではあるが、この活動によって同時に、ゴミもまた生み出されるにもかかわらず、このことは自覚化されないような暗黙のメカニズムができあがっている。

例えば、コンビニ弁当は便利だろうが、便利なのは弁当の容器などのゴミの処理は、「ゴミの日」に出すことで済ませることができるためだ。ゴミ処理の負担は不可視化されてしまっているために、その処理のやっかいな問題は実感化されない。もちろん弁当の代金には容器のコストも含まれているし、支払う消費税のなかには、巡り巡ってゴミ処理に必要な公的な経費になる部分があるかもしれないということは、理屈の上では言えるが、こうした貨幣化された負のコスト概念では、決して問題は解決できない。金さえ出せば誰かがゴミを処理してくれる、ということ以上の関心は持たれないからである。金がある者は、便利さだけを享受し、リスクもまた金を出せば回避できる、ということにしかならず、逆に、このリスクや不利を一方的に受け入れ、あるいはこのリスクを処理するための労働を社会の誰か、外部の社会の誰かが担わされることになる。ゴミはこの世の中から消えてなくなってしまうわけではないのだが、金持ちたちの生活圏からはきれいさっぱりと消し去ることができる。これが資本主義の「豊かさ」という幻想を支えてきた。

原発の供給する電力も理屈は同じである。電力の消費によって得られる便利さだけを消費者が享受し、その便利さを生み出すために「生産」される廃棄物の処理を引き受ける必要はない、というシステムのために、主として大量の電力消費地は、その利益しか念頭になく、電力生産がもたらす負の生産物への関心は、自らがリスクや不利益にでも直面しない限り、自分の問題として真剣に考えようとしない。もし、使用済み核燃料を六ヶ所村で処理するなどということではなく、東京電力は関東地方で、関西電力は関西のどこかで処理しなければならないということになれば、原発の建設について、その受益者が同時にその廃棄物処理や放射性物質のリスクを外部に押しつけることができず、自ら引き受けざるを得ない責任を持つということを前提としたら、あるいは、原発が供給する電力の消費の割合に応じて、各消費者がその放射性廃棄物の処理を引き受けるとしたらどうだろうか？毎月の電気代の請求書と一緒に核のゴミが宅配便で配達されるようなことを誰が歓迎できるだろうか？確実にこうした廃棄物はこの世界に存在し、誰かがどこかでその処分のために被ばくのリスクを負っているという事実が存在するにもかかわらず、現在の仕組みでは、都市に住み電力エネルギーの恩恵を受けている大企業や多くの人びとの視野からは容易に決し去られ、不可視化をもたらすようなメカニズムが構造化されてもいる。

●

被ばく労働は、核社会が必然的に負わなければならない労働として、固有の意味を持つ社会的必要労働である。誤解を恐れずに言い換えれば、被ばく労働とは、負の社会的必要労働なのである。除染であれ事故後の廃炉処理であれ、これらの作業はあたかも「がんばれ日本」を象徴するかのような、国策としての労働となっているにもかかわらず、その労働条件や環境は劣悪であり、リスクを負う環境は決して改善していない。一日もはやく、復旧、復興を実現し、住民が安心して住めるような地域の回復のために、除染や汚染物の処理が必要であるという理由によって、劣悪な労働環境が容認されてよいはずがない。むしろ、こうした国策であるが故に、その労働をゴリ押しする一方で、復興景気を演出して、巨額の利権と政治的な利益を獲得しようとするような政府や資本に対して、原発がもたらした負の生産物への責任問題を本来責任をとるべき者にとらせるためにも、本来責任をとるべき者に被ばく労働と「負の生産物」を担わせることは必要なことでもある。

被ばく労働がエコロジー社会においてすら不可避な必要労働として将来にまで残らざるを得ない宿命があるということを前提したとき、被ばく労働というリスクを引き受けることの意味は、このリスクの責任を負うべき者が誰なのか、という責任問題を明確にすることなしであってはならないことをも意味する。責任を負う必要もない人びとの被ばく労働を労働市場を利用して調達するメカニズムが、果して、社会の公正なあり方と言えるのかどうか。ここでも、金さえ払えば（あるいは、払ったポーズさえとれば）リスクは他人に押し付けられる、という資本主義のシステムの本質的な問題が露呈している。

被ばく労働者が、その労働条件やリスクを回避するために労働を拒否することはあるべき労働者の権利だ。そのためには、被ばく労働者が労働者の権利を確立できるような組織を獲得できなければならない。いかに低線量であっても、被ばくのリスクはゼロにはならない、つまり、しきい値はない、という観点に立てば、被ばくしない権利は絶対的な権利である。このことを踏まえた上で、リスクを引き受けることで成り立つのが被ばく労働だとすると、そのような労働を労働市場による「自由な」需給関係のなかで調達する仕組みであってよいのだろうか、とも思う。被ばくしない権利を一部留保することは、基本的人権を一部棚上げにすることだ。そうしなければ放射能汚染の問題に対処できないという事実を「仕方がない」といった言いまわしで合理化できるわけがない。この意味で、被ばく労働における労働を拒否する論理と倫理には、政治的な意味と意義がある。労働とは何なのか、労働者の権利とは何なのか、資本主義と近代工業化のなかで、様々な産業で生命や健康を破壊されながら労働を余儀なくされてきた歴史が、被ばく労働では集約的かつ絶対的な形で体現されている。被ばく労働は、資本主義であれ20世紀の社会主義であれ、近代が生み出した「労働」における負の宿命を私たちに突きつけている。働かない権利と核の後始末との間にある絶対的とも言える二律背反のなかで、私たちはもがき苦しまなければならない。だからこそ、核はこれ以上持つべきではないし、核の知識と技術すら永遠に忘却のかなたに廃棄すべきなのだ。いったん獲得した知識や技術をどのようにしたら永遠に忘れることができるのか、歴史における「記憶」の問題が、主として忘却への抵抗として論じられてきたとすれば、核については、廃棄物処理の技術を高度化させ、悲劇の記憶を持続させる一方で、いかにして核の知識と技術を単に捨てるだけでなく、記憶からも消し去ることが可能になりうるのか、を模索しなければならない。こうした観点なしに、資本主義を前提としないエコロジー社会の創造もありえないと思う。

出典：『鯛ベックス』パンフ原稿　2014年

ラカン「無意識の位置」『エクリ』メモ

無意識の概念をめぐる混乱の根源には、「意識」の定義をまず与えた上で、その定義にあてはまらないものを無意識に配当するという考え方そのものにある、というところからジャック・ラカンの「無意識の位置」は語り始められている。ラカンは、「黒色」という色の定義を例にして、「黒色」の定義を与え、この定義から外れる色を「黒ではない色」と定義するという方法の問題を指摘する。言うまでもなく、黒色が定義できたとして（レヴィ＝ストロースが指摘しているように、色の概念は、文化によって異なるから、「黒色」一般の定義を、文化を越えて与えることは必ずしも容易なこととはいえないのだが）、そのことによって、黒から排除された黒ではない「何か」の存在を暗示することはできるとしても、「黒ではない何か」が何であるのかを説明したことにはならない。同様に、「意識」を定義できたとして、この定義から外れる精神作用を「無意識」と呼ぶことは無意識とは何なのかをめぐる議論に貢献できることは何もない。日本語の「意識」に関連して意識に含まれない概念を考えるとすれば、「無意識」以外にも、「前意識」のようにフロイトによって定義されているものだけでなく、「未意識」「非意識」「否意識」「被意識」「共意識」などなど様々な意識をめぐる「造語」がありうる。これらの造語には言葉遊びとして捨ててよいとはいえない興味深いものがある。フロイトの無意識は、その内容からすれば、「無」よりも「非」とすべきものであろう。他方で「精神」という概念についても「意識」同様に、「無精神」とか「非精神」といった概念を成り立たせうるようなことがあるかどうか、これもまた検討に値いすることではある。しかし、こうした概念の再定義と再構成はここでは立ち入らない。

ここでラカンが批判の対象として念頭に置いているのは、デカルトやヘーゲルの「精神」や「意識」の理解、科学あるいは心理学が前提にする意識や精神の定義である。ラカンはデカルトのコギトに言及した後で、「科学にとっては、コギトは、反対に、直観によって条件づけられるあらゆる確かさを放棄する」と述べている。デカルトは「われわれの感覚がわれわれの心をときには欺くゆえに、私は、感覚がわれわれの心に描かせるようなものは何ものも存在しない、と想定」し、「ほんのわずかでも疑いでもかけうるものは全て、絶対に偽なるものとして投げ捨て、そうした上で、全く疑いえない何ものか」として「私は一つの実体であって、その本質あるいは本性はただ、考えること以外の何ものもない」ということを導き、この意味での精神が自己を自己たらしめるとした。しかし、ここでいう精神から、「私の精神に入りきたった全てのものは、私の夢の幻想と同様に、真ならぬもの」は除外され、感覚とももども

「偽なるものとして投げ捨て」られる。(デカルト『方法序説』、野田又男訳、中央公論社、世界の名著、188ページ)

しかし、ラカンは、デカルトやヘーゲルが理想とした人間の意識のありようとは逆に、精神の現実のなかで意識の配分のされかたは、本来あるべきだと思われるようなレベルとは異なるレベルに見いだせたり(異所性)、一貫性が見いだせなかったりすることが当たり前のことであることを重視する。こうしたまとまりのなさのなかで、唯一まとまりがあるかに見えるのが「自我」だが、このような一貫性としての「自我」もまた、鏡を通して得られたイメージによって捉えられた錯認にすぎない。

心理学が果している機能は、この現実にある意識の一貫性のなさ、あるいは異所性こそが意識のありようそのものであるのに対して、このようにして存在する「私」が抱えこむ精神的な問題を、同質的で一貫性をもっているかのように「意識」させることを通じて、「私」なるものを現実に適応させるものだ。

このような心理学が果している役割を支えているのは、市場の原理(ビジネス)あるいは消費主義的な意識に寄与するような人格の再構築であり、これを可能にしているのがアカデミズムの権威であるとラカンは指摘している。だから心理学的な「無意識」の概念はイデオロギーにしかならず、むしろ無意識をめぐる根源的な思想的な営為に敵対するものだとみる。

支配的な心理学は、このようにして、偽なるものとして打ち捨てられたあれやこれやのがらくたが、心理学が想定する正しい精神を攪乱し偽の罠に陥れるという暗黙の前提を置いている。これがラカンが批判してやまない心理学の本質的な限界だということになる。

ラカンにおいては、フロイトを継承して、「精神分析家は無意識の概念の部分であり、その一画をなす」のだが、その理由は、無意識は、分析主体が分析家に差し向ける言葉から構成される以外にないからだ。分析主体の無意識には、分析家と分析主体との間のディスクールを含まざるを得ないし、このようなディスクールなしには無意識が「無意識」と呼びうるものとしてその存在を自覚化される（分析家によって、そして多分、分析主体によって、しかしこの両者が了解する無意識の意味するところが同じであるとは限らない）ことはないからだ。

●

言語を欠いた動物に本能はあっても無意識はない。無意識は言語活動と不可分である。分析経験のなかで語ることは影響を受けるが、隠喩と換喩がもたらす効果によって、明確にことがらを表明することが回避される。分析経験を通じて表出した言葉を介して、無意識が構成されたものとなる。もし、そうだとすれば、このようにして無意識が言葉となって語られる（隠喩や換喩による曖昧で不明確な内容として）ということは、それ自体が言語あるいは発話の影響あるいは結果ということなのか。このような言語的な契機の背後に、言語を捨象しても存在する無意識と呼びうる何ものかが存在しうるのだろうか。ラカンは、こうした言語を捨象してなおそこに存在するような何ものか（無意識）はないと考えている。

ソシュールを踏まえて、言語の効果は、共時態と通時態によって構成される主体に基礎づけを与えることになるとすれば、このことは、主体と大文字の他者との間の分離が形成されるのがまさに、このような言語効果の場であるということでもある。言語は無意識をそれ自体として指し示すことはできないが、無意識は、言語なしにはその存在を私たち（分析者）に示すこともない。同時に、私が語ること、私に語られることとは、他者との分離であり、他者を通して主体が構築されるかのように「私」には了解される過程でもある。これは、とりあえず「私」と呼びうるアイデンティティを形成するが、だからといって、曖昧模糊としてとりとめのない首尾一貫しない説明のしようのない何ものかとしての性質が「私」として統一され凝固した自我を形成することになるわけではない。いや、そのような自我を直観することはありうるし、それこそが、ほとんど多くの「正常」な人々が実感する「私」であるのだろうが、ラカンは、そのような「私」が擬制でしかないということを、虚偽意識だとか騙しだとか錯認だとかということではなく、批判に晒そうとしている。支配的な心理学や精神医学は、むしろ、統一された自我を理想的かつ可能な人間のあり方として設定し、このような自我を再構築することを目指すとすれば、そのような「科学」こそがむしろ欺瞞であり、不可解で理解を越えるところにある人間を拒否するものだとみている。

無意識に関するもうひとつの重要な問題は、欲望の問題である。

「この第二の偽証教唆は主体のトポロジーを投影することによって第一の効果をつかの間のファンタジーに閉じこめる。つまり、欲望の主体が発話の結果を実現することを許さずに、封印する。言い換えれば、彼がどのような存在なのか他者の欲望を別にして実現することを許さず、これを封印するのである。

これが、なぜ、いかなるディスコースも、ディスコースそのものとしてはその結果に責任を負わないと考えるのかの理由なのである。いかなるディスコースも、教師が精神分析家に語りかける場合を別にして、そうなのである。」

言葉は、欲望をファンタジーのなかに閉じこめる。主体が持つ欲望がどのようなものなのかは、それ自体として明らかではないが、「どのような欲望を持つべきか」「どのような欲望は持つべきではないのか」という欲望をめぐる倫理は、主体によってではなく、分析者とのディスクールのなかで、言葉を介して、主体のなかで構築される。この意味で、主体の欲望は分析者の欲望と不可分である。しかし、こうした欲望は、隠喩と換喩のなかで、はぐらかされ曖昧で不明瞭であったり断片的であったりするものとしてしか語られないかもしれない。このようなディスクールから分析者は、主体の欲望を構築するとも言える。この意味で、主体の無意識の欲望は、分析者を媒介にして、分析者による介入を通じて、言語的な自覚のレベルを獲得するが、このことは、あらかじめ存在するが自覚化されない欲望の自覚化ではなく、言語化されることと同時にそこにおいて生成される欲望である。

もしそうであるとすれば、このような他者と自己の欲望を超越して、唯一、分析者こそが、この両者を己れの認識の下に統御できる存在なのだろうか。多分そうではなくて、分析者はまた、主体によって、主体化され、主体はこの意味で分析者なのである。これは、主体と分析者のディスクールの現場で入れ替え可能なものとして成立しないが、これは例外であって、一般的に、いかなる非対称的なディスクールにおいても、常に、「私」は他者の欲望としてあり、「私」の無意識もそのようなものとしてしか存在しない。（だから、「私」は無意識を無意識として認識できない）

言語なしには哲学は成り立たない。対話であれ書かれて伝達される言語であれ、言語によってのみ哲学であれ何であれ学知と呼ばれるものが成り立たざるを得ないということを一体どのように考えたらよいのか。現実の世界は言語を含み言語によって認識されうるものとなるとしても、あるいは、無意識もまた、言語そのものではなく、言語によって、構築されるとしても、しかし、言語は無意識に到達することはできない。そればかりでなく、現実の世界は、言語を大きく越え、逸脱する。ここに学問の決定的な限界があるように見える。学問を入口にして、世界を、あるいは人間を理解することは、明らかに間違った方法であろう。それが実践的な学としてあたかもその理論が実践的に適応可能であると見える場合であっても、そうである。医学や工学の分野はこの罠に完全に陥っており、社会科学はこの罠をめぐってそれ自体が分裂の歴史を歩んできたが、精神医学や精神分析あるいは心理学は、言わばこの罠の縁にあって、危ういところを歩んできたように見える。しかし、いかに批判的であっても、言語の世界から解き放たれた学の世界は見いだされてはいないように見える。他方で、「芸術」と呼ばれる別の真理の世界もまた、言語の罠を逃れているわけではない。作品は言語の支配をどこまで免れていると言えるのか。

現実の人々が構築する世界は、たとえ言語によって取り囲まれているとしても、言語に還元できない世界を生きている。現実の世界は、説明のしようのない混乱（錯乱）のなかにあるにもかかわらず、人々は、この世界に秩序を見ること、あるいは、自己の行動を説明可能なものとみなすことを当然のように行っており、なにひとつ説明可能なことなどありえないような混沌のなかに生きているということを自覚することは、ほとんどない。

真理を説くことができるという考え方は、フロイト以降、根源的な疑義に晒されてきたし、ラカンのパラダイムもこのような疑義を前提として、それでもなお、真理への問いを追求しようとするものだと言える。

欲望を充足することと、右で述べた、言語行為との関係はどのようなことなのか。語ることによって、欲望は充足されるのではなく、ファンタジーの中に閉じこめられ、欲望の充足の道はむしろ閉ざされる。あるいは欲望はファンタジーとして固定されて、その中で充足されるように促される。欲望の主体は、これを欲望の充足そのものと取り違えることで、ある種の安定を得る（与えられる）。ディスクールとは、このような欲望の特異な充足（の装いのもとに欲望が巧妙に抑圧されることでしかないのだが）である。このディスクールで私が差し出すのは、他者の欲望なのだが、しかし、この他者の欲望はこのディスクールで充足されることはない。それは「ことば」であって欲望が指し示すことがらそのものではないから。

●

閉じることが可能なためには、それが入口であるということが前提されていなければならない。入口であるということは、そこから中へ入ることが予想され、あるいはそこから出ることが予想されるような場所でもあるということだが、同時に、そのような場所は、閉じられること（あるいはその逆に開かれること）も可能性として直観されるような、そのような場所でもある。

ここで閉じることと入口であることは分離しているのではなく結合様式を有する二つの領域であり、この二つの領域とは主体と他者である。この両者は、無意識によってのみ現実化されうる。「デカルトの言う主体はこの無意識によって前提されていることである」。言い換えれば、主体が無意識の前提なのではなく、無意識が主体の前提なのだということである。そして、このような主体は同時に他者を伴い、他者と主体との結合様式（開かれることと入口、あるいは閉じることと出口）と不可分でもある。「他者は、発話が事実を真実として認める、そういった意味での事実によって必要とされる次元」であり、無意識は主体と他者の間にあり、行為において「カット」された部分である。行為の側から主体と他者を見るとしても無意識はそこには見いだせず、行為には現れえないものなのだが、しかし、主体と他者をこのような現れえないものとして結合する必須の条件をなしている。

ここでラカンが言う「カット」とは、疎外と分離である。「疎外は主体そのものの構成要素である。対象の領域において、シニフィアンとの関係と切り離されて疎外を生み出すような関係は考えられない。議論の出発点として、いかなる主体はいかなる理由があろうとも、もし現実のなかで語る存在でないのであれば、現実に存在し得ない。」主体が世界にあるのは、記号表現＝シニフィアンが存在する限りでのことであるが、このシニフィアンは、「それ自体では何も意味しないけれども解釈されねばならないものとしてである。」「主体に対するシニフィアンの優位性を保証しているのは、（中略）機知においてシニフィアンが主体を驚かすかもしれないようなところにまで至って、主体がそのことに気付く前にシニフィアンが演じかつ勝利を収めることによる。」これが「主体の彼自身からの分離」であり、疎外である。このような分離は、シニフィアンの働きそのものから生まれる。ここで重要なことは、シニフィアンが隠喩や換喩の働きを有することにある。これは動物にもありうる記号表現にはない人間に固有の働きである。言い換えれば、人間の言語活動がその出発点から有する隠喩と換喩という働きによって、人間は、主体と他者の結合様式とそこに生じる無意識において疎外を抱え込むのである。

ラカンにとって、このような意味での「疎外」は、普遍的あるいは本質的なものであって、歴史的なものではない。しかし、他方で、心理学や哲学へのラカンの批判は、これらがある歴史的な文脈のなかで支配的な力を持つようになったこと、そしてまた、欲望や言語の社会性、歴史性を前提にすれば、無意識も疎外も、主体も他者も、歴史性の次元を免れないように思う。これは政治的な問いであるが、同時に、精神分析が分析主体にとっていかなる意味で、その主体を解放する技術となりうるのかという問いとも無関係ではないと思う。

もうひとつの「分離」は、フロイトが男根的な分裂のうちに位置づけた主体の分裂（対象の分裂）を意味する。ここでは主体は、他者の欲望のなかに、「主体の無意識の主体としてあるものの等価性を見いだす」。これは主体は喪失を通じて自己を実現するが、「フロイトの言う死の欲動に従って、他者のなかに生み出す欠如をとおして、無意識として沸き立たせる」ことになる。

この分離は、記号論理学でいう共通集合によってもたらされる「弁証法的に変形を加えられた論理形式」である。ここでは、主体の側には他者にとっての欠如が含まれ、主体の欠如が他者に含まれるのだが、これら双方の欠如の残余が共通集合をなすが、これは、主体と他者の共通集合が欠如によって支えられているということを意味する。しかし、ラカンは、この記号論理学でいう共通集合が誰からみたものなのかについては明言を避けているように見える。そもそも、集合概念は、線による自他の境界の明確化が前提されているが、精神分析における境界は、このような線的なものと言えるのかどうか。むしろ境界は、譬えていえば、紙の上に水に浸した筆で描かれたような筆跡あるいは、統計学でいう離散状態のような性質のものであり、なおかつ主体の側と他者の側のそれぞれに生じる共通集合と欠如についての図形が、相互に一致するかどうかを確証する手立てはないが、しかし、主体が文字通りの意味での他者に出会うとき、双方における図式のずれが、ハレーションを引き起こす。ラカンのこの共通集合と欠如の図式はあくまで、分析者によるものであって、そこには、社会関係のなかで主体が不断に経験する疎外や分離とは異なる事柄であるようにも思う。

それはともかくとして、この基本的な構図のなかで、ラカンは「分離」にまつわるフロイトの議論を、クラインの議論を念頭に置きつつ、母あるいは乳房との分離と結合、男根と去勢の弁証法として、エディプスコンプレクスを論じているとも言える。性欲あるいは死の欲動は、こうした主体と他者との欠如をめぐる弁証法によって駆動されるものであるが、ここに主体が囚われること、ここにおいて主体が対象を主体の外にありつつ自身の内部に捉えるメカニズムを配置する。これは、世界との関わりが、理性ではなく欲動に深く根差すということでもある。しかし、同時にこれら全てのことは、私たちには、言葉のなかで、言葉によって、言葉としてしか捉えることができないものであり もし、主体と他者がこのようなものであるとすれば、無意識はこうした配置のどこかに存在するようなものではなく、これらの配置、あるいは弁証法的な構造がその支えとするようなものそのものだが、それは指し示すことのできる「何か」であるということではない「何か」である。

●

この講演のタイトル「無意識の位置」とは、空間的な意味での「位置」なのではなく、上記のような構造が「位置」を私たちに言語を通じて理解しうるものへと押し出す。位置はあらかじめ或る場所を占めているような座標軸上の配置を意味するのではなく、むしろこのような座標軸そのものである。これは、伝統的な哲学や近代の心理学が、追求してきた意識をめぐる諸問題とはそもそもその位相も問題意識も異なるものだと言わなければならない。言い換えれば、哲学であれ医学であれ、これらが解決しようとして解決できなかった「人間」をめぐる謎を、近代という時代がもたらした理解を越える隠喩と換喩によってはぐらかされた意味不明の世界、あるいは主体の喪失の謎に迫るとりあえずの挑戦であるとみることができるかもしれない。

出典：2014年5月11日ブログ

10万年を見すえた運動の民主主義――瓦礫問題再論

政府の瓦礫拡散政策が進んでいる。この拡散に対して、瓦礫受け入れを表明した自治体では、住民たちによる受け入れ反対の運動も拡がりをみせている。特に脱原発運動を担ってきた人たちが同時に瓦礫受け入れ反対運動を積極的に担っているように思う。しかし他方で瓦礫受け入れの是非をめぐっては、脱／反原発運動のなかにも多様な考え方があり、意見の収束をみているとは思えないところもある。放射性物質で汚染された瓦礫の問題について、受け入れに反対する場合、その結論を導く論理、ややおおげさに言えば、思想が問われるような問題である。

被災地の瓦礫、特に放射性物質に汚染されている瓦礫を日本全国の自治体で広域処理させようという政府の方針、とりわけ、汚染された瓦礫の安全性の基準については、脱／反原発運動の担い手たちの間で妥当だとする考え方をとる者はまずいないだろう。

野田総理大臣は2012年3月11日の会見で次のように述べた。

「瓦礫広域処理は、国は一歩も二歩も前に出ていかなければなりません。震災時に助け合った日本人の気高い精神を世界が称賛をいたしました。日本人の国民性が再び試されていると思います。瓦礫広域処理は、その象徴的な課題であります。既に表明済みの受け入れ自治体への支援策、すなわち処分場での放射能の測定、処分場の建設、拡充費用の支援に加えまして、新たに三つの取り組みを進めたいと思います。

まず、第一は、法律に基づき都道府県に被災地の瓦礫受け入れを文書で正式に要請するとともに、受け入れ基準や処理方法を定めることであります。

二つ目は、瓦礫を焼却したり、原材料として活用できる民間企業、例えばセメントや製紙などでありますが、こうした企業に対して協力拡大を要請してまいります。

第三に、今週、関係閣僚会議を設置し、政府一丸となって取り組む体制を整備したいと考えております。」


上の発言に端的に示されているように、瓦礫受け入れ問題は「日本人の気高い精神」「日本人の国民性」を試す「象徴的な課題」だというのである。瓦礫の処理になぜ「気高い精神」や「日本人の国民性」が関係するのか、私には全く理解できない。そもそも原発事故がもたらした深刻な放射能汚染の事実を隠蔽して、多くの福島県の人々を被ばくさせた政権には「助け合う精神」などどこにもなかった。むしろ、権力の安全のために民衆の安全を見捨てた冷酷さしか見いだすことができなかった。その政府が「気高い精神」を口にして広域処理の必要を訴えるのは、被災地の窮状の政治的利用以外のなにものでもなかろう。

瓦礫の理にかなった処理は、精神や国民性の問題ではなく、どの「国民」であれ同じ状況であれば同じ答えになって当然の問題なのではなかろうか。にもかかわらず「気高い精神」や「国民性」が登場するということは、広域処理には合理的な解決とは関わりのない別の要素が絡んでいることを暗示していると言える。危機に際して理屈抜きに心情によって人々を人々の生存の危機ではなく国家的危機への対処のために動員するやり方は、私には、この国のファシズムの歴史を想起させる。理屈を後回しにし、討議に基づく合意形成を経ることなく、心情に訴えることで人々の自発的同調を強制する。これは仕組まれた踏絵である。被災地の窮状を見捨てるのかどうか、という問いが、瓦礫を受け入れるかどうか、という問いにすり換えられ、瓦礫受け入れに反対することは同時に被災地を見捨てることを意味するのだ、というある種の権力による恫喝が作用するように仕掛けられてしまっている。この踏絵＝罠に運動が嵌りこんではならないだろう。

●

瓦礫受け入れ反対運動の基調は、瓦礫に含まれる放射性物質がもたらす人体への悪影響への危惧を根拠として、放射性物質の拡散に反対するという主張が前面に出ている場合が目立ち、結果としては政府の情緒的動員への批判にはなっていても、政府の思惑を的確に批判するものになっているかどうかは一概には何とも言えない。瓦礫を被災地から外に出すべきではないという「拡散」反対の主張は、瓦礫を被災地で処分すること、つまり、瓦礫が元々あった場所での処分か、あるいは、福島原発付近の高濃度の汚染地域での処分を要求することを意味することになる。これは感情的な動員への即自的な拒否ではあっても他者（この場合は被災地の人々を指すが）への配慮はどれほどのものがあると言えるか。

もし、瓦礫が人体に悪影響を及ぼすのであれば、被災地であれ他の場所であれ、人体への悪影響には変ることがない。だから被災地での瓦礫処理は、非被災地の人々の人体への影響を回避するかわりに、被災地の人々に対しては、逆に、人体への悪影響を強いることになる。だが、汚染された瓦礫を既に居住にふさわしくない原発立地近隣の高汚染地域に移送するのであれば、これら地域がさらに居住不可能な場所となるとしても、新たな人体への被害は最小限に食い止められる。これは、現実的な選択のように思われる。多分、多くの汚染瓦礫の拡散反対運動では、福島原発の敷地およびその周辺への汚染瓦礫の集積を代替案として要求する主張が最も有力な考え方になりつつあるのではないかと思う。

しかし、住民運動であれ市民運動であれ、運動が瓦礫の拡散反対＝汚染瓦礫の福島原発近隣地域での処分を要求をする場合、私は二つの重要な前提条件が必要だと考えている。

第一に、このような要求が、避難を余儀なくされている福島原発近隣住民の合意なしに主張されるべきではない、ということである。第二に、汚染瓦礫を原発近隣住民が受け入れなければならない責任を負うものではないこともまた明確にすべきであって、責任を負うべきではない人々に犠牲を強いる主張であるということに関して謙虚であるべきだ、ということである。言い換えれば、自己の要求が責任を負ういわれのない者たちに不利益を負わせる結果になるような要求を本来であればすべきでないにもかかわらず、そうした要求をせざるを得ないということに対する運動側の自覚が不可欠だということである。

運動がどのような名前で呼ばれようと、利益共同体を越えてある種の民衆的普遍性とでも呼びうるような内実を持つことができないならば、そうした運動は独善に陥る危険性を持つ。だから、瓦礫拡散反対の運動が被災地の人々、とりわけ被災地での運動を担っている人々にとっても了解可能な論理を内包しているかどうか、このことの検証を欠かすことはできない。

●

私は、社会正義に照らして、本来リスクを誰が負うのが妥当なのかという責任問題の根本を回避すべきではないと考えている。ふたつの例を出してみよう。

沖縄の米軍基地問題と今回の瓦礫問題の政府による対応策の間には非常に共通した点が多いことはこれまでも指摘されてきた。沖縄への米軍基地の偏在を解決する方法として、県外移設があるが、これはリスクの拡散である。沖縄の世論にも沖縄以外の日本のどこかが引き受けるべきだという主張は決して小さくはない。しかし、本土の反基地運動は米軍基地の本土拡散にははっきりと反対してきた。だが、かつて橋下元大阪府知事は基地の受け入れをいちはやく表明したことがあった。これはリスクを引き受ける「勇気」を表明することによって強い政治指導者を演出するポピュリズムの典型的な態度だったと言える。もちろん彼が個人的に米軍のリスクに日々さらされることになるわけではない。暴力、騒音、事故、「敵」からの攻撃、化学物質による汚染などの被害は基地周辺住民が被ることになるのであって橋下が負うわけではない。

沖縄でもなく本土でもない場所への米軍基地移転として、グアムを有力視する声は随分前からあった。しかし、グアムでも先住民をはじめとして米軍基地反対闘争があり、受け入れ反対の声がある。グアムも沖縄同様、米軍が強制的に土地を取り上げて基地を建設した歴史があるからだ。日本の反基地運動がグアムの反基地運動の人々と交流するようになってから、日本の反基地運動のなかでグアムへの移転を要求する声は徐々にトーンダウンしてきたと思う。米軍基地は沖縄にも本土にもグアムにも、そして世界中どこにもいらないという主張がコンセンサスとなり、米軍基地は移転や移設ではなく廃止が原則的な要求になってきたと思う。このコンセンサスは、国境を越える反基地運動の連帯と共同作業のなかで、相互の意見交換や議論を通じて徐々に形成されてきたものだと思う。

●

鎌田慧は『原発列島を行く』（集英社新書）のなかで六ヶ所村に放射性廃棄物の処理を押し付けようとする政府、電力資本、財界の思惑に対して、「『NO』の声を、六ヶ所村だけにあげ上げさせるのではなく、地域に原発を受け入れたひとびとが、あたかもツケを他人に押しつけるように、廃棄物を六ヶ所村に運ぶ政策を拒否できるかどうか。それが原発の増殖を断つ、最も明快な態度の表明である」と述べている。

ここで鎌田が指摘しているように、運動は「ツケを他人に押しつける」ようであってはならない。これは当たり前のようでいて容易ではない。「他人」の顔が見えない時には尚更である。

放射性廃棄物処理をめぐる問題について、原発立地現地は六ヶ所村での処理に賛成してきたわけではない。廃棄物を六ヶ所村に運ぶ政策を拒否する運動が原発立地現地でも取り組まれてきたし、重要な課題だと認識されてきたと思う。以下にやや長い引用をするが、これは能登原発（志賀原発）差し止め訴訟原告団のニュースの記事である。

「抜き打ちで使用済み核燃料を搬出！

専用輸送船六栄丸が泊原発にも寄港ー

北電(北陸電力)は、一号機の冷却プールに貯蔵されている使用済み核燃料302体のうち84体を7〜9月中に六ヶ所村へ搬出するとしていた。このため6月30日、豪雨のなか羽咋郡市勤労協連合会と七尾鹿島平和センターの200名が原発周辺をデモ行進し『青森に押しつけるな!』と訴えた。

その直後の7月2日早朝専用輸送船『六栄丸』が入港して搬出典を強行し、昼過ぎに出港した。県平和運動センターは緊急声明を行うとともに、現地行動はとれなかったが同日、金沢で350名、松任で200名の掃禁行進者が、抜き打ち搬出に抗議する決議を行いデモ行進した。

六栄丸は4日朝、泊原発に寄港。使用済み核燃料輸送容器二基を積込み、6日に六ヶ所に入った。今回北電は極めて姑息かつ秘密主義のやり方で強行した。北海道平和センターの話でも、刈羽村の住民投票以後、逆に情報隠しが強まり、直前まで日時がわからない、という。

10月、新燃料搬入反対行動へ

北電は8月末日、10~12月中に9×9新燃料92体を搬入すると県に通知した。(来年1月からの定検で交換)冬季ひかえ10月中に搬入される見通しが高い。これに備え、搬入反対行動の準備を今からはじめよう。

昨年12月から始まった『使用済み核燃料』の本格搬入は、毎月1回搬入され続け、7月6日には北海道電力臼原発から11トンと北陸電力志賀原発から11トン、日本原電敦賀原発から4トンが搬入された。この結果、総受け入れ量は約27トンにも達した。

青森県反核実行委員会は、7月3日に知事と日本原燃㈱に対して中止を申し入れるとともに、6日当日は現地六ヶ所港で宣伝カーによる抗議行動と、県庁前での昼休み抗議集会を行った。

(中　略)

『核のゴミ』押しつけないで!青森現地の訴え

使用済み核燃料は再処理するな!

六ヶ所再処理工場は、2005年の稼働を目指して急ピッチで建設が進められているが、電力会社や推進派の学者からも『再処理をせず、中間貯蔵を』という声が多くなっている。当初建設を手がけた日本原燃サービス㈱の豊田正敏元社長や鈴木篤之東大教授らも『旧式で採算がとれない』として、中間貯蔵を提言している。推進派もここまで追い込まれている。核のゴミを出し続ける原発を廃止すれば全部が止まる。元からつぶす活動をさらに大きくしよう。」

(『能登原発とめよう原告団ニュース』60号、2001年9月12日)

志賀原発反対運動は「核のゴミ、作るな、運ぶな、押し付けるな」をスローガンに掲げた。運動は核のゴミを生み出している現地でもゴミの受け入れを押しつけられる側でも連動して展開された。

しかし運動のなかで核のゴミをどこでどのように処分することが妥当なのかという点についての代替案が提起され

ていたわけではないが、運動は明らかに、ゴミを送る側でも受ける側でも問題意識の共有があったのだ。

●

今回の瓦礫処理問題で私が瓦礫受け入れ反対運動に対して抱く一つの危惧は、運動のなかでの合意形成に関わる事柄である。瓦礫受け入れ反対と瓦礫搬出反対が共鳴しあう関係のなかで運動が成り立っているとはいえず、被災地の運動と非被災地の運動の相互のコミュニケーションが見えない。言い換えれば運動の民主主義が成り立っていないのである。原発事故がもたらした未曾有の放射能汚染に対する解決の方途を見いだすことは容易ではない。脱／反原発運動にとっても簡単に合意に達することのできる問題でもない。だからこそ瓦礫の問題にどのように取り組むべきなのかを、受け入れを強いられる側の住民や運動だけで決めるべきではないのではないかと私は考える。脱／反原発運動という共通の問題意識を持つ人々が、場所を越えたコミュニケーションとコンセンサスのとれない状態のままであるべきではないだろう。

このことを強く感じたのは、3月10日、11日に郡山市で開催された3・11の1周年目の集会に参加したときである。瓦礫問題はほとんど議論のテーマになっていなかった。日常的な被ばくにさらされ、除染は一刻の猶予もない大問題であるにもかかわらず、福島県や多くの県内自治体はリスクを過少に見積もり経済復興を優先させようとしている。強制避難区域の住民たちの不安定な生活が身近にあるなかで、この避難区域をゴミ捨て場にするような合意がありえようはずもない。広範囲に汚染された物質に囲まれている経験を踏まえれば、そのような経験を非汚染地域の住民に押しつけることを福島の運動が課題にできるだろうか。福島が、あるいは原発が立地している近隣地域が瓦礫を引き受けることは、あまりにも理不尽な仕打ちだと感じているのではないかと思う。このようなときに、瓦礫は原発立地現地で集中して処理すべきだという主張は、運動が持つべき社会正義といったいどうやって折り合いがつくというのか。誰もが納得できるように解決する道筋をつけることが困難な問題であればあるほど、当事者の間の議論は欠かせないのではないか。福島や被災地を「他者」として討議主体から外してしまいがちな非被災地の都市部の運動は、運動が持つべき民主主義の条件を満たしていないのではないか。とりわけ自己のリスクと他者のリスクがトレードオフの関係にある場合（押しつけあいの関係になる場合ということだが）、他者の安全を犠牲にして自己の安全を確保する運動は必ず「他者」とされた人々との間に深刻な摩擦や確執をもたらすだけでなく、運動の分断をもたらす。運動の民主主義が向かうべき方向はこれとは真逆であるはずだ。

他方で政府や行政は被災地とその他の自治体相互の調整を着々と進めてしまった。政府・自治体は原発政策について、廃炉はおろか再稼動についても態度を曖昧なままにして、被災地の窮状を利用しながら「合意形成」の形式的な手続をすすめるだろう。この「合意形成」が実質を伴わない捏造された合意であるということを唯一、白日のもとに晒すことができるのは運動の民主主義だけである。

このブログで、私はこれまでも運動が「仕方がない」を口に出すべきではないと述べてきた。何よりもはっきりさせるべきは、筋を通して考えるとすれば、どのように考えなければならないのか、である。瓦礫の問題であれば、その責任の所在を明確にし、責任あるものに責任を取らせるということである。被災地や福島原発の強制避難区域に住む人々に責任があるのではないことは明らかであろう。そうであるなら、彼らが瓦礫のリスクを負ういわれもないはずである。私は、リスクは原発のエネルギー供給によって利益を得たものが負うべきであるから、東電管内で処理すべきだとさえ主張した。この考えを支持する人達は少ない。しかも、石原都知事や関東地方の首長たちが瓦礫受け入れを表明するに至って、小倉の主張も石原の主張も理由はともあれ結論において一致しているのであれば、結果として政府や石原を利するだけではないか、という当然の批判がある。右回りであれ左回りであれ着地点が同じというのは気持ちのいいものではない。しかし実は着地点は全く違う。私は福島原発の最もリスクの大きい汚染された瓦礫をも引き受けるべきだと言っているのだ。このことは首都圏全体を人の住むことのできない場所にする可能性のある主張でもある。しかし、それだけの危険性をはらんだ施設を東電は福島に建設したのである。メガシティ東京の「豊かさ」が誰の犠牲によって享受しえてきたのか、その犠牲の大きさに愕然とすべきなのだ。

東電管内で瓦礫を引き受けるべきだという私の主張は非現実的だ、という反論をこれまでも受けてきた。しかし、10万年もの間安全に保管しなければならないような放射性廃棄物を生み出し続ける原発が現実に存在することを非現実的とは言わないとすれば、10万年という物差しの現実性を前提すれば、福島が汚染された瓦礫から解放される可能性は十分にあると思う。地震学者たちは数百年を単位に原発の危険性を論じているように、脱／反原発運動の側も、その時間と空間の尺度を大きく変えなければならない。分単位で問題にされなければならない原子炉内部の高濃度の放射能汚染による労働者の被ばくから気の遠くなるプルトニウムの半減期の時間まで、また、ほんの数ミクロンの放射性物質が問題になる内部被ばくから地球を何周もするような大気汚染に至るまで、運動がリアリティをもって獲得すべき時間と空間の座標軸を大きく変更しなければならない。敵が非現実極まりないものを現実のなかにねじ込み、時間と空間を大きく歪ませてきたのだから、運動の側がこの非現実的な現実を越える想像力を持てなくて、どうしてこの怪物に打ち勝つことができるというのだろうか。

このように考えたとき、原発の問題は、政府や極右の自治体首長たちが国益や「日本人の精神性」といったスタンスで乗り越えようとする時間と空間の幅がいかに狭いものであるかは容易に理解できるはずだ。10万年という時間、地球規模の空間的拡がりを考えれば、原発の問題は国家も民族も越えるところでしか解決しない。このことはほぼ確実なことである。運動の民主主義は10万年の民主主義を内包しなければならないし、国家も民族もありえないであろうような未来に負債を負っていることを自覚すべき問題なのではないだろうか。目前の喫緊の課題でもある瓦礫の問題をこのような迂遠な議論で煙に巻くのは議論のすり替えだろうか。そうとは思わない。埋めようが燃やそうが10万年の問題は消えてなくなるわけではないからだ。

出典：ブログ2012年4月1日

不法占拠者たちの闘い——世紀末アンダーグラウンドが目覚めた時

パンクが産業化しはじめたロックへの拒否の欲望を表したものであるとすれば、グリール・マーカスが『リップ・スティック・トレーシーズ』で論じたように、それは、芸術におけるダダの試み、都市に対するシチュアシオニストの実践など、20世紀アンダーグラウンドの文脈に位置づけることができる。しかし、また、70年代後半という時代の色彩を色濃くまとっていたことによって、パンクは世紀末アンダーグラウンドに直接連なる源流ともなりえたのだ。

70年代は、アメリカのベトナム戦争での敗北や石油危機と失業、第三世界からの大量の移民によって幕を開けた。60年代の先進国の「豊かさ」を支えていた世界的な枠組みが崩れた時代だった。60年代末の学生運動が、知識人や学生による異議申し立てであったとすれば、70年代のパンクムーブメントは、知識人の顔をしかめさせる労働者階級の新しいカウンター・カルチャーだった。

「ギターが難しいなんていう奴の気が知れない。コードを押さえられれば、音は出るんだから」というシド・ヴィシャスの発言に象徴されるように、パンクの特徴はそのテクノロジーの「低さ」にある。誰もが簡単に覚えられるコードを利用して、単純なリズムとメロディーラインをフルスピードで演奏する。

この単純さと速度は、機械化された工場の単純労働を運命づけられた労働者達に最も親しみやすい退屈な「労働」や日常生活の相似形だということもできる。しかし、パンクが試みたこの「誰にでもできるロックンロール」のスタイルは、誰もが単調な労働の中でそれに抵抗できるとは限らないように、実は誰にでもできるものではなかった。

パンクスが好んで取り上げるテーマの一つに「ボアダム（退屈）」がある。バズコックスにはそのものずばり『ボアダム』という曲があるし、クラッシュには『アイ・ム・ソー・ボアード・ウィズ・ジ・USA』、アドバーツにも『ボアード・ティーンエージャー』という曲がある。アメリカニズムとジャンク・フードに取り囲まれた退屈な日常への嫌悪だ。単純な肉体労働よりも熟練の必要な知的労働なるものに価値を置く社会のなかで、パンクは、この価値の上下関係を拒否して、「単純さ」「退屈さ」を手放すことなく、しかしこの単調さのなかに五線譜に還元できないノイズを徹底的にたたき込むことによって見事にそれをひっくり返してみせた。音楽の世界でエスタブリッシュメントになることを意図的に拒否するパンクの行為は、サウンドのサボタージュ（英語では「破壊行為」を意味する）と言える行為だ。このサウンドのサボタージュは、当時のイギリスの自動車工場の労働者たちがラインの機械に工具を噛ませてストップさせたり、新車の車内に放尿したりといったサボタージュをやっていたことと無関係ではない。自分たちが抱いている欲望をはっきりと自覚して、それを表出できるエネルギーは、既にこうしたカウンターカルチャーの中に根付いていたのだ。

パンクスたちはこのカウンターカルチャーの環境のなかからその音楽を生み出した。ジョニー・ロットンも、ジョー・ストラマーも、ストラングラーズのヒュー・コーンウェルも皆スクウォッター（空き家の不法占拠者）だったことは象徴的だ。彼らは、都市のノマドでもあったのだ。

ピストルズとは対照的なパンクバンド、クラスの場合、サウンドのサボタージュにしても都市のノマドというライフスタイルにしても、もっと自覚的な戦略をもっていた。彼らのアルバム『ペニス・エンヴィー』は発売直後ナショナル・チャートの上位につけたが、メジャー・レーベルのチャート買収ですぐにトップ100から姿を消された。EMIは系列のレコード店からクラス関係のグッズを排除した。しかし彼らは、反対にオルタナティブなメディアを生み出していった。自分たちのレーベルを設立し、イギリスで最初に計画的なスプレーによるストリート・グラフィティを展開した。日本でもお馴染みの丸にAのアナーキストのロゴも彼らが広めたものだ。また、映像、パンフレット、バンドのロゴと旗などとレコードを組み合わせるマルチメディア戦略を最初に展開したのもクラスだった。機能停止状態だったCND（核廃絶キャンペーン）を復活させ、フォークランド戦争に反対し、フェミニズムのアルバムを出し、ロキシーで出演停止となり、不敬罪裁判を抱え、ギグでは右翼のナショナル・フロントの襲撃を受ける存在だった。彼らは、CBSは金儲けのためにクラッシュを売り出し、パンクはファッションになったと歌い、ピストルズ、パティ・スミスを批判し、「パンクは死んだ」と宣言してブームとしてのパンクを拒否した。彼らにとってパンクは、「アナーキー・アンド・ピース」の実践と闘いだったのだ。多分、パンクが影響力を発揮するためには、マスメディアに罠を仕掛けるピストルズとオルタナティブなメディアの回路を都市空間に展開するクラス、という二つの極が必要だった。こうして、パンクは商業主義に完全には呑み込まれず、マスメディアと音楽産業が支配する情報の回路＝パラマーケットにカウンターカルチャーの回路を組込むのに成功したと言える。

70年代後半は、パンクだけの時代ではなかった。ジャマイカからの移民たちを中心にブリティッシュ・レゲエが定着しはじめるのもこのころだ。「アイ・ショット・ザ・シェリフ」「バーニン・アンド・ルーティン」「ゲッタップ・スタンダップ」が歌われ、ボブ・マーリーの過酷なイギリスツアーが行われ、アスワド、マトゥンビ、UB40といったブリティッシュ・レゲエのバンドが結成され、キング・タビーたちのダブがイギリスに輸入されるのもパンクの時代とほぼ重なる。81年のブリクストン大暴動に至る社会問題が蓄積されたのもこの時代だ。こうした背景があって、クラッシュの『ロンドン・コーリング』のレゲエ・サウンドや、エイドリアン・シャーウッドのダブもありえたのだ。

またピストルズが結成された75年は、スロビング・グリッスル（TG）が結成されインダストリアル・ミュージックにとっても画期的な年だった。ピストルズの『アナーキー・イン・ザ・UK』が放送禁止になった翌年にはTGの『プロスティチュート』も発禁になる。さらにクラフトワークの『トランス・ヨーロッパ・イクスプレス』が77年に発表され、78年にはキャバレー・ヴォルテールがデビューし、SPKがオーストラリアからイギリスに渡る。パンクの時代はまた、ノイズの創成期であり、70年代末には『ヴァーグ』のようなパンク、シチュアニスト、ノイズのメディアがロンドンに登場するようになる。

こうして、70年代後半は、現在のイギリスのクラブ・シーンを支える全ての要素を生み出した時代でもあったわけだ。誰もが弾けるギターから、誰もが操作できるコンピュータに道具は変わったものの、コピーライトを無視するサンプリングの精神、政治的なメッセージとノイズとリズムの融合、マイナーレーベルの活動は、この70年代後半の都市のノマドたちによるサウンドのサボタージュの時代なくしては存在できなかったことだけは確かなことである。

パンクは、70年代の怒れる若者文化のノスタルジーでもなければ、サブカルチャーの「伝統文化」でもない。むしろ、パンクは現代のアンダーグラウンド・シーンの源流であり続け、またその様々なスタイルの背後にある「集合的無意識」とでもいうべき部分を確実に形作っているのである。

出典：『スタジオヴォイス』220号、1994年

「成長」とナショナリズム――不可能性としてのアベノミクス

安倍政権は、民主主義的合意形成が必要とする討議の時間を「非効率性」とみなして嫌い、「強いリーダーシップ」を前面に押し出すことによって、着々と極右路線の定着を図ろうとしている。（第1次安倍政権が成立した際に、その教育政策などについては既に書いたことがある。(注1)）

２０１３年7月の参議院選挙を睨んで、政権発足早々に補正予算は13兆円あまり、事業規模全体で20兆円を越える「日本経済再生に向けた緊急経済対策」を組んだ。原発の再稼動や気候変動への無責任な対応など、環境より資本の利益を最優先し、景気回復を最重要課題として即効性を印象づけた。震災復興をからめた公共投資を中心とした大規模な財政支出、円安・株価高といったわかりやすい景気指標、労組を出し抜き一部の大手資本とタッグを組んだ賃上げの演出、こうしたパフォーマンスをマス＝ソーシャル・メディアを駆使して増幅することによって、大衆の実感レベルでの景気回復感に繋げることで支持率を巧妙に獲得している。安倍政権にとって参議院選挙の圧倒的勝利＝長期安定政権の確立は至上命題である。従って、これらの政策は、そのためだけの（と言ってもいい）戦術的な対応でしかないともいえ、長期的にみれば構造的危機はむしろ深刻化することになるだろう。

安倍政権は昨年（２０１２年）12月24日に発表した「基本方針」で経済の再生、外交・安全保障の再生、教育の再

（注1）小倉利丸「出口のない危機管理型右翼政権」『つぶて』53号、２００７年。

生、暮らしの再生、という4つの柱を立てた。そして「経済の再生」については「大胆な金融政策、機動的な財政政策、民間投資を喚起する成長戦略」を「3本の矢」と呼んで最重要の改革に位置づけた。極右政権がイデオロギーよりも経済を優先させたことに私はとりわけ注目したい。これまで伝統的に日本の極右イデオロギーが、親米ナショナリズムという特異なナショナリズムを核に、アジア、とりわけ中国や韓国など東アジア諸国を敵視する価値観にその存在理由を見いだしてきたことを踏まえると、これは大きな転換である。イデオロギー上の「仮想敵」である中国との領土を巡る摩擦が深刻化するなかでの総選挙で、安倍は、対中強硬路線を扇動する発言を繰り返したが、政権について以降、過激な言説とは裏腹に具体的な外交・安全保障の行動では控え目となり、むしろ経済再生が政府の行動の中心となった。

「日本民族」の優越性をイデオロギーとして構築する際に、日本近代のナショナリズムはもっぱら経済を民族的優位、とりわけアジアにおける「先進国」としての証明として利用してきた。帝国主義は、軍事・外交上の優位を経済的優位とリンクする植民地主義によってその実質を担保する体制だが、戦後の日本は経済ナショナリズムをもっぱら経済帝国主義として構築するところに集中せざるを得なかった。しかし、この体制が80年代以降のグローバル資本主義への日本資本主義の統合のなかで、徐々に揺らいできた。長期の停滞と国際競争力の低下、とりわけGDPで世界第二位の地位を中国に譲ったことが、日本のナショナリズムそのものの危機をもたらした。安倍政権は、この揺らぎの根底にある規制緩和あるいは日本的改革開放政策に手をつけることなく、逆に、より一層の規制緩和を通じて経済的優位の復権を目指す戦略を選択した。この選択は、経済的優位性を基盤とすることで成り立ってきた日本のナショナリズムにとって唯一の選択肢だろう。安倍政権は、経済ナショナリズムの再建なくして、文字通りの意味でのイデオロギーとしてのナショナリズム(排外主義的な民族主義、9条改憲に代表される軍事安全保障、天皇の元首化など)の再構築もありえないとみていることは間違いない。

安倍は所信表明演説で「デフレと円高の泥沼から抜け出せず、50兆円とも言われる莫大な国民の所得と産業の競争力が失われ、どれだけ真面目に働いても暮らしが良くならない、日本経済の危機」を指摘し、こうした現状に対する基本的な対応を次のように端的に述べた。

「政府がどれだけ所得の分配を繰り返しても、持続的な経済成長を通じて富を生み出すことができなければ、経済全体のパイは縮んでいってしまいます。そうなれば、一人ひとりがどんなに頑張ってみても、個人の手元に残る所得は減っていくばかりです。私たちの安心を支える社会保障の基盤も揺らぎかねません。(注2)」

貧困、失業と所得格差の原因を経済成長の停滞に求め、その解決をより一層の経済成長による経済全体の富の増大を通じて解決するという発想は「トリクルダウン」として知られるものだ。こうした政策が成功するための条件は、何よりも国際的な競争に勝利し、目標とする成長を達成すると同時に、この成長の果実を貧困や失業を解決するように所得の再分配を再調整すること、特に高齢化する日本の場合、経済成長の基盤とはならない不生産的な高齢者人口の生存保障に所得を再配分できなければならない。しかし、経済成長を最優先にするとすれば、このような不生産的な所得再配分よりも資本蓄積に直接寄与する財政政策を重視し続けなければならない。グローバルな新自由主義的規制緩和の圧力のなかで、国内資本が不利益にならないような財政的下支えが、さらに成長戦略重視の財政政策を制度化・構造化することになり、所得不平等が構造化され、貧困、失業、格差の拡大を解消することはますます困難にな

(注2)首相所信表明演説、経済再生本部など政府関連のデータはいずれもインターネット上の政府のサイトからの引用である。煩雑を避けるためにいちいちURLを明記しないが、「電子政府」のウエッブから本文中のデータ名で検索すれば容易に原文にアクセスできる。電子政府のURLは、http://www.e-gov.go.jp/

る可能性が高い。福祉・社会保障への所得再配分は、市場経済の自動調整メカニズムによって実現できるわけではなく、政治による市場経済への介入なしには実現できない。しかも資本はこうした所得再分配を阻止しようとし、資本の利害を体現する政府もまたより一層の成長を確実にするために、所得再配分に消極的になる。トリクルダウンは政治宣伝として効果を発揮するが、それが現実に所得の再分配を約束することにはならない。政府が成長の果実を「国民」に平等に配分することを本気で取り組むのであれば、成長の果実を資本が総取りするような市場のメカニズムを規制して、資本に不利な所得再配分の制度化に着手すべきだろうが、このようなことは、貧困と闘う民衆の社会運動の抵抗力にかかっており、成長戦略最優先を採用する安倍政権に期待することはできない。

●

そもそも安倍政権が打ち出した成長戦略に成功の見込みはあるのだろうか。これが成功しなければ、安倍政権の全ての経済再生政策は総崩れとなるが、以下に述べるように、私は成功の見込みはほとんどないと判断している。その理由は、日本の国内的な事情というよりも、グローバル資本主義の中枢にある先進国に共通する危機にあり、日本一国が解決できる問題ではないからである。

公約に基づいて設置された日本経済再生本部が公表した「日本経済再生に向けた緊急経済対策」の冒頭部分で、現状の危機的な経済状況への認識とこれに対する基本的な「対策」を次のように述べている。

「我が国の経済は、円高・デフレ不況が長引き、名目GDPは3年前の水準とほぼ同程度にとどまっている。製造業の競争力は低下し、貿易赤字は拡大している。足下では過度な円高の動きは修正されつつあるものの、国内の成長機会や若年雇用の縮小、復興の遅延など、閉塞感を払拭できない状況も継続している。さらに、昨年後半からは、景気の底割れが懸念されている。
こうした状況から今こそ脱却し、日本経済を大胆に再生させなければならない。このため、東日本大震災からの復興を目に見える形で大きく前進させる。また、政策の基本哲学をこれまでの言わば『縮小均衡の分配政策』から、『成長と富の創出の好循環』へと転換させ、『強い経済』を取り戻すことに全力で取り組む。まずは景気の底割れを回避し、民間投資を喚起し持続的成長を生み出す成長戦略につなげていく。」

政治的な文書は単刀直入に物事を語らないので、ある種の推測は避けられないが、ここで言われていることの核心は「縮小均衡の分配政策」という言葉に集約されているように思う。これは言い換えれば、従来の経済政策では、経済成長を支える資本の投資を促すように財政支出がなされずに、福祉や社会保障などの非生産的な分野に財政支出が偏重しているということを意味している。成長戦略とは、日本経済のなかで国際競争力を維持している分野に国家資金を集中的に投入し、成長を刺激することを最優先の課題としつつ、将来的には、こうした分野を拡大しつつ、劣位の分野を切り捨てる準備をする、ということを意味している。次の指摘はこのことをより端的に表明している。

「財政、税制、規制改革、金融政策などのツールを駆使し、先端設備投資や革新的研究開発などの民間投資を喚起し持続的な成長を通じて富を創出するため、『世界で一番企業が活動しやすい国』、『個人の可能性が最大限発揮され雇用と所得が拡大する国』を目指すと同時に、海外投資収益の国内還元を日本の成長に結びつける国際戦略を進め、『貿易立国』と『産業投資立国』の双発型エンジンが互いに相乗効果を発揮する『ハイブリッド経済立国』を目指す。」

「世界で一番企業が活動しやすい国」とは自由貿易の推進と同時に国内最大の規制要因である〈労働力〉規制の緩

和を含意している。このことは、政権発足と同時に相次いで設置された産業競争力会議、経済財政諮問会議、規制改革会議などで、正規雇用労働者の解雇条件の規制緩和要求が次々と出されてきたことに具体的に示されている。例えば、経済財政諮問会議のメンバー4名が「雇用と所得の増大に向けて」と題するレポートを提出し、よりいっそうの雇用の流動性を提言した。このレポートの提出者の一人、日本総合研究所理事長の高橋進は会議の席上、このレポートを説明する際に「事業や産業の構造転換に伴って労働移動が起きる、これを円滑に進めていくためには、退職に関連するマネジメントの在り方もタブーなく見直していくべきではないか。」と発言した。そして、高齢者を中心とする現行の社会保障制度を「現役世代に対する支援」へとシフトさせることを提言した。要するに、産業競争力の強化のために、資本による労働者の解雇をしやすい制度化とそのために生じる社会的な摩擦費用を国家財政によって支えるべきだ、というのである。こうした成長戦略にとって阻害要因でしかなくもはや〈労働力〉としては役にたたない高齢人口を社会保障からも切り捨てるべきだ、というのである。経済財政会議には、社会保障や福祉、あるいは労働側の利害代表は一人も参加しておらず、極端に偏ったメンバー構成であり、高橋らの主張が今後主導権を握ることは間違いない。政府が直接主張しづらい「タブー」に触れる論点を民間のメンバーに代弁させるのは、政府の常套手段ではある。

主流派の経済学者にとって、経済学の教科書通りの経済成長が達成できない最大の要因の一つは、労働市場の流動化が制度的に規制されていたり、労働者の権利が保護される反面資本の自由が損われている現実に原因があり、教科書が間違っているとは考えない。「世界で一番企業が活動しやすい国」とは、企業にとって最も扱いにくい人的資源としての〈労働力〉を文字通りの「物」と同様に自由にできる国にするということだ。資本主義的な市場経済を維持する限り、どのような政策をとろうとも、労働者や民衆の権利と資本の自由との間の対立を避けることはできない。(注3)

以上の安倍政権の経済再生戦略をもう少し広い文脈のなかで見ておきたい。安倍政権への高い支持率を支えているのは、内政では経済の回復への期待であり、外交では中国を主要なターゲットとする釣魚=尖閣をめぐる「領土」問題に対する強硬な対応への期待である。しかし、日本の経済回復にとって、中国市場の獲得は必須の条件であり、領土問題での強硬な態度は中国市場へのビジネスチャンスをみすみす放棄し、韓国などの新興国や欧米の資本に漁夫の利を奪われることを意味する。言い換えれば、経済ナショナリズムと領土ナショナリズム（軍事・安全保障ナショナリズム）の間に抜き差しならないジレンマを抱え込んでいる。

領土問題は、偶発的な物理的衝突をきっかけとした武力衝突のエスカレートを招く可能性のある非常にセンシティブな外交・安全保障上の問題である。「偶発的」であっても日中双方の世論は決して「偶発的」であることに納得しないだろうし、いったん武力衝突となれば、問題は深刻化する一方で、和解の可能性は何10年も困難になりかねない。

しかし日本の世論は、武力衝突がいったいどのような国家間の危機をもたらすのかについて十分冷静な判断力を持っているようには見えない。あたかもスポーツの国際試合の勝負のようなノリで、戦争を煽りたてているようにすら見える。しかも、議会制民主主義が世論によって左右されるために、維新の会など極右野党勢力の好戦的な世論に

（注3）上記のような労働市場の規制緩和、つまり正規と非正規の境界を曖昧化させつつ雇用構造の基本が非正規雇用へと転換することが、既に不安定就業を余儀なくされている非正規労働者にとって深刻な労働問題にはなるわけではない。逆に正規雇用の労働者がこの規制緩和に抵抗する運動を通じて、非正規労働者をますます排除して自らの「既得権」擁護に走るとすれば、正規と非正規の労働者の間の確執は大きくなりかねない。

引きずられて、自民党が7月の参議院選挙でその支持を獲得しようとして焦り、かつての野田内閣が言論の枠を越えて、島の国有化といった権力行使に陥ったのと同様の、あるいはそれ以上の行動に追い込まれる可能性がないとはいえない。逆に中国では戦争への危機感はよりリアリティを持って受け取られているように見え、それだけに回避の重要性への認識も高いように見える。これは、逆説的な言い回しになるが、戦争放棄条項を憲法に持つ日本が自衛隊の行動を軽く見ている（憲法9条に縛られているのだから自衛隊は軍隊のような行動はとれないだろうという見方）のに対して、中国は正規軍を持ち、軍を動かすことの位置づけが政治過程のなかに明確に位置づいているために、軍の政治への影響力も大きいと言えるので、その分武力行使への危機感は強いとも言えるかもしれない。

日本が大きく中国の経済を引き離していた時代とは違って、中国が日本の資本にとって強力な競争相手となりつつあるなかで、日本の経済ナショナリズムは、圧倒的な経済的優位（優越感）に裏づけられた高度成長からバブルに至る時期のそれから、バブル崩壊以降、優位性への危機意識とルサンチマンを伴うように徐々に変化しているように見える。生産の国際分業が進展するなかで、自動車から電子・電気製品に至るまで、日中の資本の提携が進んでいることは、国際政治における国家間の対立の状況と対照的である。こうした資本の提携が政治的な摩擦の緩和要因となっていることは疑い得ない。しかし、中国の技術革新が進み日本の技術への依存度が減るであろうこと、中国にとって提携先は日本以外の他の諸国であっても構わないということなど、将来的に日中の相互依存的な国際分業が維持されるという保証はない。しかし、日本の資本にとって中国の市場は必須の要件である。この非対称性もまた、日本の経済ナショナリズムの刺激要因になっている。

1980年代の半ばに、米国の巨額な対日貿易赤字と日本車の輸入急増による米国自動車産業の壊滅的な打撃などを背景に、米国では「ジャパンバッシング」と呼ばれるような日本に対する批判が噴出したことがあった。当時、米国が追い込まれた立場に近い立場に、今度は日本が中国との関係で追い込まれつつあるとも言えるかもしれない。しかし、日米経済摩擦の深刻な危機がありながら、日米同盟と日本の親米ナショナリズムがこの経済摩擦を中和するように作用した。その結果、1985年プラザ合意、89年日米構造協議といった米国の政治力の優位を利用した日本の経済競争力の抑えこみと、日本国内の市場開放と規制緩和といった新自由主義的な経済政策が一挙に進展した。この時期以降、日本は「ジャパン・アズ・ナンバーワン」と呼ばれさえした日本的経営や日本の経済システムの固有性を自ら放棄し、米国流の「グローバル・スタンダード」を導入することになった。

しかし、親中ナショナリズムや日中同盟などというものが存在しない以上、日中の間では、かつての日米貿易摩擦のように、経済危機を政治的に「解決」することはまず不可能である。この意味で、領土ナショナリズムと経済ナショナリズムのジレンマは、日中の経済競争が熾烈になり、経済関係が経済摩擦となる可能性が高まれば高まるほど、領土ナショナリズムを刺激する方向で決着がつけられる危険性がある。この危険性は、日本が国際競争力を復活させるような「産業競争力」を強化する政策を取れば取るほど、そしてまた、この競争に負ければ負けるほど、潜在的に大きくなる。低成長から経済の衰退(市場経済の指標による価値判断にすぎないが)によって日本の経済が大きく後退すればするほど、日本の経済ナショナリズムはかつての栄光の記憶に引き寄せられてルサンチマンを募らせ、政治的な力を借りようとする、という風に言い換えてもよいかもしれない。こうなれば、また、領土ナショナリズムや安全保障ナショナリズムが主導権を取り、日中間の摩擦と対立を煽る危険性がある。言い換えれば、安倍政権の経済再生=経済ナショナリズムの復興は、日本の国際競争における勝利(とりわけ中国に対する優位)を獲得できない限り、安全保障ナショナリズムへと容易にリンクする危険性をはらむものなのだ。(注4)

日本の経済規模は、名目GDPで中国に抜かれたとはいえ世界第3位である。一人あたりのGDPのランクはさらに下がるとはいえ、世界の平均を大きく上回っている。世界でもトップクラスの経済力を有しながら、それでもなお、経済危機が深刻であるというのは一体なぜなのだろうか？言い換えれば、いったいどうなれば日本経済という怪物は、その欲望を満足させるというのだろうか？日本の債務残高は、GDPの2倍以上もあり、先進国のなかでも突出していることも「危機」の証拠として示されるが、貧困国ならいざしらず、世界トップクラスの経済力を持ちながら、なぜ財政赤字を抱えこまなければならないのか？実はこうした問いはほぼ全ての先進国にあてはまる。日本に限らず、先進国と呼ばれる諸国はおしなべて赤字財政にあえいでいる。米国は「財政の崖」を事実上転落しつつあり、EUの「優等生」と言われるドイツですら財政の収支は毎年赤字である。経済の規模からすれば、世界全体のなかで、圧倒的に優位にあり富を一人占めしている「先進国」が、その「富」をもってしても国家と「国民」を十分に維持することができないような状況は、「先進国」と多国籍企業による構造的な搾取によって貧困と債務を構造化させている貧困国のそれと政治経済的には対極にある。こうした中で、日本経済だけが他の先進国とは異なって危機から脱却できるとみることがどうしてできるのだろうか？むしろ日本経済もまた他の先進国同様の共通した危機を深層に有しながらそれが固有の現象を通じて現れたものというべきではないか。もしそうであるとすれば、現在のグローバル資本主義が抱える共通の土台そのものの危機とみるべきではないだろうか。

もし、このグローバル資本主義に共通する危機があるとすれば、それはいったい何なのだろうか？それは二つの側面から指摘できるように思われる。一つは、資本による国家に対するサボタージュであり、もう一つは、グローバルな資本過剰である。資本による国家に対するサボタージュは、タックスヘヴンに端的に示されるような国家財政への資本の負担回避の傾向が顕著になっているということである。これはケインズ主義からマネタリズムを経て新自由主義へと転換した支配層内部のイデオロギーの転換と密接に関わる。ケインズ主義は階級統合と景気変動のコストを資本が支払うとしても、その結果としての階級統合（宥和）が資本の価値増殖の収支にとってプラスに働くという判断に支えられてきた。この判断を支えた外的な要因は、階級闘争と社会主義の脅威であった。冷戦末期の80年代以降、社会主義が具体的な脅威とはならなくなるにつれて、右のような意味でのコストは資本にとってはむしろ負担でしかないものとなった。他方で、「物」づくりから情報サービス化へと資本蓄積の基軸の転換は、サービス資本のマネジメントの公共部門への転用が可能となり「パブリックマネジメント」という考え方を促した。国家による教育や福祉・社会保障から電気や水道、交通・通信などの「公共サービス」部門や通貨・金融の管理部門、統治機構の情報ネットワークが資本にとっての新たなビジネスチャンスとなってきた。市場の効率性原理が政府組織にも導入され、非効率な部門が批判される一方で、効率性が向上し「収益」が見込まれるようになると民営化の圧力が高まるようになる。公共部門の効率性と民営化や税制、金融システムの国際化などを通じて、資本は徹底して税回避の手段をとるようになる。

80年代の新自由主義以降に成立してきたグローバル資本主義は、各国の公共部門を市場に統合し、さらにソ連東欧をも市場統合し、そして中国、ベトナムなどの社会主義国までグローバルな市場に統合することを事実上実現してきた。しかし、それでもなお、グローバルな総資本にとってグローバルな市場規模は十分とはいえないようだ。金融市場の投機市場化は市場規模に比べて明らかに資本が過剰であることをなによりも証明している。資本は期待しうる利潤を現実の市場に見いだせなくなっている。

マルクスは資本過剰を、過剰生産、過小消費、そして〈労働力〉の供給に対する資本過剰という三つの観点で述べ

（注4）ここで日中関係について述べたことは、多かれ少なかれ日韓関係やその他の日本の国際関係一般にもあてはまる。また、80年代の冷戦末期からその崩壊は、単に、ソ連・東欧の資本主義への統合を意味した時代ではない。日本であれラテンアメリカ諸国であれ、各国に固有の資本主義をグローバルな資本主義のルールに従わせ、グローバル資本主義を形成することになった時代でもあった。

たが、現在の資本過剰はこれら三つが複合的に現れている。一国の過剰生産は、国際競争力の低下や国内市場開放圧力による市場喪失によって生み出されるし、過小消費は失業、貧困、飢餓として現象し、〈労働力〉に対する資本過剰は労働者の資本への抵抗と相関関係を持つように、その現れは一つではなく、場所と時間によって多様な様相を示す。しかし、いずれも、全体としてのグローバル資本主義の機能不全に帰結する。国際競争と市場開放で勝利するのは一部の資本だけであり、貧困は低賃金の要因として資本に有利に作用する反面、労働者や民衆の抵抗を生むから、資本にとって利益とリスクの損益分岐点は、政治的に決定される不確定な要因である。しかし、どの資本にとっても貧困が社会的な摩擦に結びつかないのであれば、それは利益に繋るという計算がはたらくことは間違いない。この計算は市場社会主義においてすら貫徹している。だから資本主義であれ社会主義であれ、労働者の権利を抑圧する「独裁」が好まれるのである。この条件を前提にして、グローバルな資本による椅子取りゲームが行われる。

本稿で詳しく論じることはできないが、グローバルな資本過剰を構造化したもうひとつの重要な原因に国際的な通貨制度がある。いかなる意味においても金本位制の規制を受けることのなくなった国際金融システムは、市場経済のメカニズムよりもむしろ各国の国内景気政策や財政・金融政策などの政治的なメカニズムに大きく左右されるようになっている。もし、民衆の抵抗運動が不在であるとすれば、こうしたシナリオがグローバル資本主義における最も「合理的」な答えになるだろうが、全世界の民衆にとっては決して望まれることのない選択肢である。

●

資本主義のシステムは、統治の制度設計において国民国家を越えるイノベーションを達成したことは一度もないし、そのようなことが企図されたこともない。EUですら、そう言っていい。独裁であれ民主主義であれ、王政であれ共和政であれ、キリスト教であれイスラム教であれ、国民国家という統治機構とこの機構にビルトインされた歴史の記憶と場所の限定性が政治的な権力の本質となっている。市場と資本の時間と空間の規模との関わりでいえば、統治機構と権力の構成に関して多様な選択肢があるにもかかわらず、これらのいかなる選択肢も明らかな制約条件となる以外にない。政治権力の市場経済化＝商品化（政治領域の市場化、あるいは政治の資本化）は、社会主義（社会民主主義）的な企業システムや「民営化」、あるいは権利の商品化(注5)という手法が限界であって、統治機構そのものを市場経済のルールで処理することはできない。また、人口の資本による再生産の不可能性という二つの決定的な限界が、資本による国家の廃棄を不可能にもしている。

市場経済が破綻し、言説の正統性が揺らぎ、「外交」もまた機能不全に陥ると、逆に、国家の権力装置、とりわけ軍事部門は、内外の危機に対応できる唯一の力として権力を独占する傾向を持つ。経済と軍事安全保障のねじれは、戦後の日米関係の解決不可能な問題であり続けた。米国にとって日本の地政学的な位置は、米国の国家安全保障上の重要性にあり、米国の日本に関する最大の利害は、軍事基地としての役割、つまり米国主導の協調的同盟にあり、市場経済の分野では市場競争的同盟であって、前述した日米貿易摩擦にみられるように、米国にとって、日本の経済的な繁栄は、親米政権の権力の安定と米国資本の利益に寄与する限りで容認しうるにすぎない。つまり、軍事同盟と経済同盟は、必ずある種の矛盾を孕み、それ自体が将来の不安定化の要因になるということだ。米国は、財政危機のもとでの国防予算の削減を余儀なくされており、在日米軍維持経費の日本政府による財政負担増の圧力をますます高めることになるだろう。米国の財政危機による軍事予算の大幅削減は、産軍複合体体制の脆弱化とグローバルな米国の軍事的な覇権の揺らぎをもたらし、これまで米軍が担ってきたグローバルな軍事力の展開の一部を、これまで以上に自衛隊に負担させる方向に作用するのではないか。

（注5）権利の商品化については以下の拙稿を参照。小倉利丸「グローバル資本主義の次にくるもの」『インパクション』186号、2012年。〔本書所収〕

このような仮説を前提とすると、安倍政権の親米と「押しつけ憲法」改憲の間にある一見矛盾するような態度には、実は一貫性があることがわかる。改憲の主要な目標のひとつは、9条の拘束を解くことにあるが、これは、日米同盟を前提とする限りにおいて、米国の利益に合致することだ。自主憲法制定路線の自民党が一貫して米国との同盟を率先してきたという辻褄の合わなさも、国内の政治的なプロパガンダの言説である限りにおいて、問題にはされなかったように、改憲の国内世論形成にとって必須のナショナリズム喚起に潜在する戦前・戦中回帰（反米ナショナリズム）のリスクよりも、改憲による日米同盟の利益の方が大きいという米国のリアリズムあるいはオポチュニズムがある。米国の外交にとって、国益とはグローバルな米国資本の権益の拡大にある。政治の調整サイクルに比べて資本蓄積のサイクルは極めて短期的であり、米国の外交も短期的な対応に傾きがちであって、米国の国益のためには、軍事独裁政権であれ「宗教原理主義」であれ「テロリスト」であれ「ゲリラ」であれ、何でも政治の道具として利用してきた。言うまでもなく、日本では、天皇制がその道具となってきたことは周知のところだ。米国の理念（自由と民主主義）はハリウッド映画などの大衆文化のプロパガンダ効果とあいまって、こうした現実に「自由と民主主義」の表象を与えるために必要な舞台上の書き割りにすぎない。歴史の教訓からすれば、9条改憲が当面、日米同盟に寄与するとしても、中長期的にみた場合、日本の軍事力が米国の思惑を越えることは大いにありうることだ。誰も50年後どころか10年後すらわからないからだ。私たちにとって最大の問題は、親米であれ反米であれ、日本の軍事力は、日本の国益に沿って展開されるだろうということ、このことは、世界の米軍が米国資本とグローバル資本主義のための市場の確保・維持と不可分なように、日本の軍事力もまた、凋落しつつある「日本経済」を下支えするインフラになるように再編されざるを得ないということだ。明らかなことは、こうした日本の軍事力は、日本の民衆にとっても世界の民衆にとっても、「民衆の安全保障」のための抵抗の力と真っ向から対立することになるだろうということだ。

日本国内の経済危機がギリシアやスペインあるいは北アフリカ諸国のような体制の不安定化を招く場合、経済危機を経済のメカニズムを通じて解決できるのであればいざしらず、経済危機からの脱却がほぼ不可能であるとした場合、危機は政治的な解決に委ねられることにならざるを得ないだろう。貧困と失業人口の増大、資本蓄積の停滞を成長へと反転させられないとすれば、こうした危機を抱え込みながら、これが資本主義の体制的危機へと転化しないような政治的歯止めをかけるということになるだろう。はたして民主主義的な合意形成は、経済的危機の政治的解決を保障するだろうか。民主主義は経済的な危機を解決する機能を内包していない。民主主義は単なる意思決定の手続きにすぎないからだ。右に述べたような軍事政権化あるいはそれに類する抑圧的な独裁政権化が促される危険性すら念頭に置かなければならないのではないか。経済的に破綻に瀕した国家が、議会制民主主義の機能不全に陥り、民衆の抵抗と異議申し立て運動が高揚するなかで、軍事的な独裁政権として延命するケースは決してまれとは言えない。大国の利害が絡めばなおさらである。日本の政治経済情勢は、徐々にこうした状況を整えつつあるように見える。こうした悲観論は、民衆の社会運動の潜勢力と逆相関の関係にあることは言うまでもないし、こうした運動に私は希望を見いだすことをあきらめているわけでもない。

アベノミクスと呼ばれる「経済」政策は経済学の文脈からも政治学の文脈からも見通すことは難しい。政治経済学はあっても経済政治学が不在であることに象徴されているように、国家と資本への批判の枠組みに決定的に欠落しているのは、市場経済の政治学、あるいは市場の権力分析である。この欠落そのものが支配的な経済学と政治学そのものがもたらしたものでもある。そしてこの欠落を埋める作業とオルタナティブを模索する社会運動の混迷からの脱出とは無関係ではない。権力は常に一歩前を行き、私たちがこの権力の行方を後ろから追い駆けるというのは批判と抵抗の側にとっての宿命というわけではない。もし、そうなら、権力の行く手を阻むことは不可能と言うしかないことになる。むしろ私たちには、権力には見いだせない私たちだけに可能な未来の選択肢があるはずである。この選択肢を断念してはならない。

出典：『インパクション』189号2013年

自己の喪失としての労働——剰余労働＝搾取論を超えて

労働を了解するということは容易なことではない。ここで「了解」というのは、人々が個人として、自らの行為の意味を単に理性的にだけでなく感覚や主観も含めて、自覚的に理解することを意味している。自分だけでなく、周囲の人々も含めて、自分が帰属する社会のなかで慣習的に「労働」と呼ばれてきた行為を、自分の生のその他の多様な行為との関わりのなかで位置づけることが可能なこととして、生の一部をなすこととして、受け入れる自己のあり方には固有の困難がある。了解の難しさとは、誰に対しても（ということは自己に対しても、ということを含むが）あれやこれやの「労働」ではなく、この労働を行う者としての私が今ここにいることについて、了解に基づく説明を成り立たせることが容易ではないからだ。従って、労働を了解するという作業は、決して徹底されることはなく、あるレベルで突き詰めることが断念されて、宿命であるとか当然のことであるとか、直感的な好き嫌いの感情を挿入して

「この労働」を選択した理由の弁解にするか、あるいは、権威、貨幣的な富との相関関係といった、いずれにせよ「この労働」がその内容として有している実体とは無関係な何か別の非経済的な価値尺度(注1)によって、了解は宙吊りにされる。(注2)

これまでマルクスの労働論や価値論をめぐる議論は、価値の実体としての抽象的人間労働に焦点をあててきた。労働が抱えている理論的な意義と争点がここにあることは確かだ。しかし他方で、労働者の主観と経験に即せば、労働はいかに単純な行為であっても、具体性を剥ぎ取ることなどできない。労働者は自己の労働を具体的な労働としてしか感じとることはできず、だからこそ、その具体性に躓き、苦悩し、苦痛を感じたり、時には喜びや生きがいを見いだすのである。しかし、マルクスは、こうした意味での労働の非経済的な価値に連なる側面をあえて切り捨てて、むしろ抽象的な労働を見いだすことを通じて、資本の価値増殖の根源に迫ることができた。主観や経験には現れない抽象的人間労働と労働力の価値規定から、剰余価値を導く一連の労働の量的構造が資本の利潤の背後で作用し、労働者も資本家もそれとしては経験的にも感覚的にも自覚しえない構造をなしている。ここから資本の価値構成(不変資本、可変資本、剰余価値)の定式がひとたび導かれれば、資本蓄積の社会的な条件もまた定式化しうることになり、剰余労働の剰余価値としての搾取と、これを利潤として資本相互が分配する構造もまた明らかになる。

一般に、労働者に対する資本の搾取が問題にされるのは、この抽象的人間労働の側面であり、とりわけ必要労働を超えて労働者が資本によって合法的に(市場経済の契約関係に違反することなく、〈労働力〉がその価値通りに売買

(注1) 価値という概念は、経済学で用いられる概念であるが、経済学でいう意味以外の「価値」を指す場合には非経済的という限定を明記する。

(注2) マルクスの価値論の基礎にある抽象的人間労働も労働者の主観や経験によって直感的に把握できるものではない。この抽象的人間労働にまつわる固有の労働の諸問題は本稿では扱わない。本稿でも労働の抽象化を論じるが、これは、あくまでも具体的有用労働自体の抽象化であり、抽象的人間労働とは異なる。

されるとしても資本にとって可能となるのだが）剰余労働を資本が取得する構造であった。しかし、私が本稿で論じようとするのは、この意味での剰余労働の搾取の問題ではない。労働者となる以外に生きる手段を持たない人間が、人生の大半を費やす労働という行為そのものを資本による生の搾取として捉えて、搾取の概念を剰余労働から労働全般へと拡張することを論じるための一つの手がかりを提起したいと考えている。

　マルクスの搾取論の枠組みは、労働をめぐる一連の謎のなかの重要な一部をなすが、しかしその全てを論じ尽くしているわけではない。剰余労働論は、古典派から近代経済学へと至る資本の利潤を正当化し、利潤の根拠としての労働を否定する主流の経済学に対する有効な批判を構成してきた。しかし、問題は、右に述べたように、剰余に関わる労働だけでなく、労働と呼ばれる行為そのものなのである。マルクスが必ずしも十分な関心を払ってこなかった具体的有用労働全体を覆う問題として、搾取の概念を再定義し直したい。この課題を、初期のマルクスが疎外された労働に依拠して論じたような主観的経験的な苦痛の問題に還元するのではなく、労働が苦痛であろうと「生きがい」であろうと、いずれであっても、労働の具体性が資本主義において労働者の生を搾取することでしかないという点を明らかにすること、言い換えれば、搾取論の核心は、剰余労働論にあるのではなく、労働の総体に、あえて言えば必要労働そのものにこそある、ということを明らかにすることである。搾取論の問題は、資本の利潤だけでなく、資本による社会的再生産そのもの、資本が生み出す、使用価値と価値と労働の三位一体の構造そのものが総体として、人間と自然の創造力に敵対的な構造を持つということである。(注3)

　剰余労働を剰余価値として資本が取得する労働の量的な側面に対して与えられた概念から搾取概念を拡張するとき、私は、この拡張された搾取概念を、その端緒においては、人間が労働者となることによる「自己の喪失」あるいは自己の「現実性剥奪」として定義しようと思う。「自己の喪失」「現実性剥奪」という言い回しは、若いマルクスが『経済学哲学手稿』のなかで用いた表現であって、疎外論のニュアンスが強いのだが、私は単純に疎外論の復権を主張するつもりはない。(注4) むしろ重要なことは、自己の喪失はそのまま放置されることはなく、労働者による社会環境に適合的な自己の再形成が試みられる過程でもあり、時には、そのこと自体が幸福や自己実現となるという反転感覚を伴うものだということが含意されている。このような喪失の補償は完全に成功することはない。そのために、常に労働をめぐる了解には飛躍と断念と労働への反復的な補償行為が伴う。このことが冒頭で述べた「了解」の困難と関わることになる。

本稿では、労働を扱うので、あえて労働について、このように問いを立てているが、実は、人間の行為は一般に、このような意味における了解ということについては、極めて曖昧であって、その曖昧さを理性や理論が覆い隠す傾向がある。行為とは説明も解釈もしえないことがらを含むものだから曖昧さを本質的に持つものだ。私の身体がこの空間のなかで、ある一定の態度や動作をとり、その態度や動作には、知覚作用や無意識のレベルでの肉体の生理的な反応の他に、言語、思考、感情といったもろもろの行為とその表現が伴うということを私は感じており、知ってもいる。しかし、私は自分の行為を知り尽くしてもいなければ了解しているとも言えない。〈他者〉が、この私の行為を

(注3) 本稿では十分に立ち入れていないが、資本主義社会が「労働」として一般に呼び慣わすように導いてきた行為類型の外にある「労働」もまた、その具体的な有用労働の側面を含めて、搾取の問題として明確に視野にいれておくべき課題である。その場合には、ジェンダーの視点や家族やセクシュアリティの問題が欠かせない。

(注4) 「疎外がそれをつうじて起こる仲介が、それ自身一つの実践的な仲介なのである。従って、疎外された労働によって、彼が生産の対象および行為に対して疎遠なそして彼に敵対的な力に対してするようにふるまう関係を生み出すばかりでなく、彼はまた、彼の生産と彼の生産物に対して他の人間たちが立っている関係をも、そして、彼がこれらの他の人間たちに対して立っている関係ををも、生み出すのである。彼は、彼自身の生産を彼の現実性剥奪、彼の刑罰にしてしまい、彼自身の生産物を彼の喪失、彼に属さない生産物にしてしまうように、同様に、彼は、生産しない者のこの生産および生産物に対する支配を生み出す。彼は、彼自身の活動を自己から疎外させるように、同様に彼は、その疎遠な者にその者自身のでない活動を我がものとしてやるのである」(Marx[1955]:112-3)

「理解」できるものとして私に何らかのメッセージを寄こすことによって、私は自己の行為の「意味」を獲得する。意味は私の内部からはやってはこない。常に行為の意味は私の外から私に向けて訪れるものだ。では、その〈他者〉とは誰か。本稿の文脈で言えば、それは、生産手段という「物」であり、その「物」に象徴される資本の人格的な表現を担う人間である。労働者としての私は、マルクスの言う意味での他者の器官となることによって、私の行為＝労働の意味を獲得する。このことが自己の喪失としての労働に関する内実である。

行為の曖昧さが「労働」としての輪郭を与えられることを通じて、人々は、自らの行為を労働として認知できるようになる。しかし、それだけではない、人々は労働を他の様々な行為のなかでもとりわけ経済的な価値に還元できない貨幣的価値を超越した至高の行為の一つであるとみなそうとする。人生において最も重要な事柄のひとつとして労働を位置づけ、何が労働に該当し、何がそうではないのか、自分はこの労働と呼ばれる行為とどのように関わっているのかを、〈他者〉を介して理解することを通じて、人々の生は労働に支配されるようになる。このような経済的な価値を超越した価値を伴う労働という行為の輪郭は、どのようにして社会的に形成され、どのように人々の理解と「納得」を生み出すことに成功あるいは失敗しているのだろうか。経済学が批判的経済学である限りにおいて、最も重要な課題は、資本主義が人々を労働する身体として構成するメカニズムと、その結果としてもたらされる人間性への搾取（自己の喪失）に対する批判である。剰余労働もまた自己の喪失の一部をなすが、それは全てではない。「自己の喪失」は、まず「自己」なるものがあり、これが喪失されたことによってもたらされる事態を意味しているわけではない。むしろ、自己とは自己の喪失においてしか定立しえないものなのだ。なぜなら、自己という観念は、近代資本主義によって構築された人間の特殊歴史的な存在様式であり、自己の喪失もまた近代資本主義の産物だからだ。この観念は、今ここにはなく、奪われたものであって回復されるべきありうべき自己としてか感じとられなかったり、逆に人生全体を賭して獲得されるべき「何か」として感じとられる自己、こうした意味での自己の喪失のなかに置かれた者が、この喪失を自覚したときに同時に獲得する感情である。自己の喪失からの自己の解放は、あらかじめ存在するであろう自己を回復することを意味するものではなく、むしろ、「自己」という観念そのものの根源的な転換を意味するものであって、このような解放の帰結は、もはや自己という観念をも消し去ることになるかもしれないようなものなのだ。

近代資本主義における労働は、身分的宿命として自らの生に先だってあらかじめ与えられたものとしては登場しないし、その労働が自らの生を具体的な生産物として支えることもない。直ちに理解できることは、個別具体的な労働と呼ばれる行為が労働時間に象徴される抽象的な時間量に還元され、この労働時間が貨幣との連関を通じて量化され、具体的だが抽象的な「労働」となる構造を獲得することを通じて、人々は、労働のあれやこれやの具体性に固着するのではなく、具体性としての意味を限りなく希釈して、自己の具体的な欲望とは切り離された抽象的な労働を生きる構造にはめ込まれるということである。誰でも労働者であれば、自分がどのように具体的に身体を労働のために動員しているかを知っている（この意味で行為の具体性は維持される）が、この労働の具体性が彼／彼女の生において具体的に持つ意味についてはほとんど何も知ることがない。労働の意味は、労働者の外から、資本によって、象徴的な意味として与えられる。

資本主義的市場経済では、〈労働力〉以外に売るべき商品を持たない労働者が、自らの生を維持するためには貨幣を得なければならないという、選択の余地のない生存条件が決定的な影響を与えているにもかかわらず、市場経済の側からこの生存の必須条件は多様な選択肢が保証された自由な生存という転倒した姿で現れる。この意味で、資本主義的な労働は、その表象においてイデオロギーとしての資格を十分に持っている。従って、労働を論じる上で、イデオロギーの問題を避けて通ることはできない。マルクスは、労働のイデオロギー的な表象にはほとんど関心を寄せなかった。マルクスがイデオロギーを意識する場合、その批判の中心にあるのは、キリスト教批判としての宗教批判だった。しかしマルクスは、神への批判を語りながら、その批判のロジックには神＝資本への批判を暗示する眼差しがあり、労働の表象をめぐるイデオロギー批判にあと一歩まで接近している。人間の世紀となった19世紀以降の新たな神とは資本であり、人々は無意識に資本の言葉や振る舞いを身体化するようになった。これは、資本による労働のイデオロギー的表象が人々の関係を支配していることを示しており、資本が労働という行為を認定する権力を握っていることが示されている。そして、こうした社会的な文脈のなかで、人々は労働者となることによって、自己を喪失するのである。

しかし、問題はこの先にある。このような構造を、階級横断的に人々が受け入れることがなぜ可能なのか、このような構造がもたらすであろう人々のパーソナリティや人と人との関係への無視できない影響はどのようなことなのか。そして、どのような行為を労働とみなすのか、という問いは、同時に、どのような行為が労働ではありえないものとして理解されているのか、という労働以外の諸々の行為のカテゴリーの社会的形成と不可分であり、労働とはみされない行為のなかに労働の真理が含まれているものとして、社会が労働を位置づける。資本の内部の労働過程にありながら、労働者は時には労働効率をペースダウンしたり、管理者の目を盗んで労働から逃避したりするが、それを労働者の裁量の範囲として許容するのか（従って労働時間に含めるのか）、それとも規律違反として処罰するのかは、労働者と資本家との闘争に依存するだろう。だから、私は、労働の潜勢力としての〈労働力〉を、定数的な概念としてではなく、資本との関係の中で労働者がそのつど発揮する可変的な潜勢力とみなす。〈労働力〉はあくまでも可能態であり現実態ではない。しかも、必ず将来において現実態になることが確定しているわけでもない。言い換えれば、労働者が彼／彼女の能力を100パーセント発揮することはむしろ稀であって、100パーセントの労働力を仮定することは明らかに間違った方法である。だからこそ資本は100パーセントの発揮を実現するために労働者を動機付け、労働者の欲望を喚起し、労働者に今ここでの労働への強制や自発的同調を促す手法の開発に一定の投資を行うことになる。(注5)あるいは、資本の外部にある労働、例えば、家事労働は、労働とはみなされない長い歴史を近代資本主義のなかで持たされてきたが、このような労働から排除された労働が、労働としての権利を徐々に獲得してきた。これは、女性解放運動なくしてはありえなかった概念の転換だ。このように労働としてのカテゴリーを再構築する不断の闘争的過程が示しているのは、労働というカテゴリーが普遍的でもなければ、あらかじめ決められたある具体的な行為群なのではなく、資本の価値増殖を取り巻く行為のカテゴリーとして資本が支配的な決定力を持ちながらも、労働者の不断の抵抗を断ち切れないままに社会的に、従って社会関係が内包させている社会内部の諸矛盾や対立に基づく闘争を含み込む形で、形成されるものだということである。資本主義において労働は、明確な輪郭を持った行為カテゴリーの確立を目指すが、しかし、同時に、労働をめぐる曖昧さを払拭することはできない。人間は、生まれながらにして労働者であるわけではなく、資本主義のなかで、労働者となることを強いられると同時に、このことが自己の喪失でもあるという本質的な困難を抱え込んでいるのである。

人々は、労働との関わりをめぐって、人生の大半の時間と思考と感情を消費する。労働することだけではなく、労働していないかあるいは労働から排除されている時間においても、人々は労働と関わる人生を生きることを強いられている。人々は労働への身体的拘束（肉体的だけでなく心理的精神的な拘束を含む）のもとで人生を組み立てるように仕向けられている。人々がこのことを意識する場合もあれば、全く意識しない場合もあるが、そのいずれにあっても「労働」は人々の社会的な存在がそうであるものとして現前するあり方そのものである。言うまでもなく、このことは、労働に人間の本質を見いだすとか、あらゆる人間の行為のなかで労働こそが社会を構成する人間の行為の必須の要件である、という価値観を構成してはいても、それによって労働が了解の枠組みを与えられているということに

（注5）潜勢力としての〈労働力〉は、アガンベン[2009]がいう潜勢力とは違って未来への出口は閉ざされている。〈労働力〉である限り人間の潜勢力は、負の潜勢力、言い換えれば資本の潜勢力でしかない。

はならない。

●

以下ではマルクスの労働の定義が、過剰な抽象に依存し、資本主義的な労働と普遍的な労働の定義の間にある両立し難い矛盾について述べることから、本稿の主題へとアプローチしてゆくことにしたい。

マルクスは『資本論』の労働過程論において、労働を「人間と自然とのあいだの一過程」[注6]であり、人類の普遍的で共通に見いだせる行為と定義し、欲望と行為の不可分性、構想と実行の不可分性を本質とするとした。しかし、労働過程論で与えられたこの定義は、『資本論』のその後の展開の中で、事実上否定されてしまう。つまり、資本主義的な労働過程にあっては、欲望と行為は分離し、構想は資本家に、実行行為のみが労働者に割り当てられる。以下でやや詳しく述べるように、この定義と資本主義的労働の矛盾は、定義が過剰な抽象によって与えられた結果であって、定義そのものの再考が必要だというのが私の見解だ。マルクスが『資本論』の「協業、分業、機械制大工業」において具体的に記述した労働こそがむしろ労働の本質であって、労働を近代資本主義に固有の人間の行為類型であるということを徹底させることこそが、資本主義批判の重要な課題なのである。[注7]

マルクスの定義によれば、労働過程とは、使用価値を生み出す「合目的活動」、「人間の欲望を満足させるための自然的なものの取得」としての「人間と自然とのあいだの物質代謝の一般的な条件」であって、「人間生活の永久的な自然条件であり、従って、この生活のどの形態にも関わりなく、むしろ人間生活のあらゆる社会形態に等しく共通なもの」である。欲望を満足させるための「自然的なものの取得」行為というのは、直感的に理解しやすい説明である。空腹を満たすために食事を作る。食事を可能にするための食料を調達する。欲望と行為の因果関係は、直接的であれば直感的に理解されるが、間接的であればあるほど感覚的に因果関係を把握することは難しくなる。直感や経験が作用しにくくなればなるほど、欲望と行為との結びつきは、行為当事者の主観に即してみると実感から遠くなる。そして、地球規模に分業を展開する資本主義では、客観的な因果関係や市場の需要として現れる集合的な欲望といった市場経済的な表象を介した複雑な回路は、欲望と行為の直感的経験的な連関よりも、むしろ両者を分離するように作用する。同時に、欲望と行為の結びつきを媒介するものとして貨幣が位置づく。行為の具体性がどのようであれ、そのいずれの行為も貨幣への欲望に結びつけられることによって、欲望と行為の因果関係の直接性は抽象的な「富」の観念に取って代えられる。労働者の側では賃金が、資本の側では利潤が、こうした機能を担うことになる。これが資本主義的な近代における無限の「成長」と無限の「豊かさ」の観念を支える物質的な土台となる。

マルクスは、「使用価値を作るための合目的的活動」と「人間の欲望を満足させるための自然的なものの取得」とを同じ事柄の別の表現として等置している。使用価値を作るための合目的的活動とは、ある種の技術的な連関さえ確保されれば可能であるが、そのことが当事者の欲望を満たすかどうかと直接関わることとは言えない。これに対して、「人間の欲望を満足させるための自然的なものの取得」は、作られる使用価値が人間の欲望を満たすものであるということが前提となっている。空腹を満たすために食事を作る行為では、作られる料理の使用価値と欲望とが直接に関わりを持つ。従って欲望の充足と行為との直接性が明確だ。しかし、「人間の欲望を満足させるための」というときの欲望の主体としての「人間」を労働の当事者主体とは別の他者であると考えることも不可能ではない。料理を自分のためではなく他者の欲望充足のために作るという場合、他者の欲望と自己の行為との関わりもまた、このマル

（注6）K.I.S. 192

（注7）マルクスの労働過程論は、過剰な抽象によって与えられたものであって、労働過程論における労働の定義は、商品論において使用価値を捨象して価値を抽出する「蒸留法」と同様、捨象すべきではない相互依存関係にある一方の要素を思考操作として排除するという方法論的な誤りを犯しているという問題点については、既に小倉[1998]で指摘したところである。

クスのいう「合目的的活動」や欲望を満たす「自然的なものの取得」に含まれると言いうるためには媒介項が必要になる。他者の欲望を充足するための行為をなぜ私が行うのか、という自己と他者の関係がここで成り立つのはなぜなのか、という問題、あるいは他者の欲望充足のために自己の行為を差し向ける動機がどこにあるのか、ということがここでは明らかにされなければならない。(注8)

あるいは、以下のような場合はどうであろうか。空腹を満たすために食事を作るという場合、食材となる動植物そのものを栽培したり飼育するとか、調理に必要な道具や食事に用いられる食器もまた必要であって、これらを作ることは空腹という欲望を充足することと間接的には関わりのある行為である。これもまた、欲望を満足させるための自然的なものの取得と解釈すべきなのだろうか?

私は以前の著作で、(注9)労働過程における「人間」を個人としての人間と解釈して、マルクスを批判した。しかし、ここでの人間をある種の集合的な存在として解釈することも不可能ではない。もし、ここでいう人間が社会を構成する全ての人間の意味だと捉えれば、社会の労働全体がその社会の構成員の欲望を充足する行為であると解釈することになる。この場合、鍋や釜を作るという行為を料理と結びつけ、さらに調理する人と料理を食べる空腹な個人と結びつける一連の社会的な行為の連関、協業や分業といった複数の個人の相互の行為の繋がりの総体を「人間」として抽象し、空腹の充足が達成されるとみなすことになろう。こうした諸個人の有機的な労働連関を抽象して与えられた「人間」を、後にマルクスは、全体労働者と呼び、個々の労働者を部分労働者と呼ぶことになる。このような抽象化の理論的な作業を踏まえた場合、マルクスの欲望と行為の不可分性という労働の定義は、一見すると資本主義的な労働に妥当するように見える。だが、この場合に決定的な問題は、そうであってもなお、この総体としての欲望充足のための自然との物質代謝を担う個々の人々の主観的な動機の問題は、むしろ未解決なまま残されることになるという点だ。「私は満腹なのに、なぜあなたの空腹を満たすための料理を作らなければならないのか?」という問いであり、

「私の作る鍋で料理を作って空腹を満たす人を具体的にイメージすることなどできはしない」という主観的な実感の問題、労働者たちは、そうであっても料理を作り、鍋を作るのである。こうしたことが可能なのはなぜなのか、という問題は、貨幣的な動機に還元しきれない行為の具体性に関わる「何か」――それは具体的だが抽象的であらざるを得ない労働なのだが――という問題として答えられないままに残される。この問いは、労働する主体の行為の動機をその主体の内発的な欲望との関係だけでは論ずるべきではなく、欲望する他者との関係のなかでしか論じえないという問題を提起する。この欲望する他者とは、資本主義的な労働過程にあっては、資本の人格的体現者であり、その欲望は、空腹を満たすといった特定の有限性をもった具体的な欲望ではなく、貨幣的な価値で評価される無限性をその本質とする価値増殖という特異な量的欲望である。

貨幣的欲望について若干付言しよう。資本主義的な労働では、労働者の欲望は使用価値へのそれではなく貨幣的な欲望に取って代わられており、従って、賃労働が貨幣を得るための行為であるという側面に即せば、資本主義的な労働も欲望（貨幣の獲得）を充足するための行為ということになると解釈して、資本主義においても欲望とその充足のための行為は成り立つのだ、と解釈することは可能だろう。しかし、労働者はどのような使用価値形成労働（具体的

（注8）私の解釈では、マルクスの労働の定義には、このような厄介な他者の欲望を充足するための自己の自然との物質代謝行為は想定されていない。マルクスが労働過程で「人間」として表現している主体は、それ自体が欲望の主体であり、同時にこの欲望を充足するために行動する主体でもあるものとして想定されている。これは、労働についての最も単純で普遍的な定義を明確にするという彼のここでの目的に最も適している。しかし、このことが労働論の限界と矛盾をもたらしてしまったのだ。私の解釈では、マルクスの労働の定義にはこのような厄介な他者の欲望を充足するための自己の自然との物質代謝行為は想定されていない。マルクスが労働過程で「人間」として表現している主体は、それ自体が欲望の主体であり、同時にこの欲望を充足するために行動する主体でもあるものとして想定されている、と考えることで彼の言いたい労働についての最も単純で普遍的な定義を明確にするという使命に最も適している。しかし、このことが労働論の限界と矛盾をもたらしてしまった。

（注9）小倉［1999］参照。

有用労働）であってもそれに無頓着であって、一定の時間、自らの労働能力を資本のために発揮して、貨幣を得たいという欲望を充足することになる、というような存在ではない。人間は自己の身体を動かすための意志を持っており、この意志を持つためには、行為の意味を彼／彼女が理解しなければならない。貨幣的欲望とその充足としての行為という因果関係を認めたとしても、行為の具体性についての意味がこの場合どのように彼／彼女のなかで処理されているのか、という問題はより複雑なものとして残される。自らの行為の意味を理解すること、了解すること、資本の指示監督のもとで、行為への意志を自ら醸成する労働の主体となることは要求される。いかなる単純労働であっても、労働は具体的な身体の行動を伴う。賃金のために働くことが、生活を維持する手段となるわけだが、逆に、労働者が日々おこなう具体的な労働との内的連関は見えにくくなってしまう。こうして、資本主義は、貨幣的な欲望に労働者を縛り付ける一方で、使用価値欲望から解除された労働を資本の意図に沿って発揮させるための特殊な労働をめぐる意味形成を必要とするようになる。(注10)

問題は、こうした資本主義的な労働過程における欲望と行為の分離のなかで、そうであってもなお、労働者が労働へと向かう動機付けを、貨幣的な要因以外に求めることは可能なのかどうか、という点にある。貨幣所得（賃金）のために働くということは、労働の動機の必要条件であっても、十分条件ではない。個々の労働者の主観的な経験において感じ取られている「労働」への意志の形成が、彼／彼女の具体的な欲望や貨幣的な動機以外に形成されないとすれば、〈労働力〉は十分に資本のために発揮されない。他者への自己の身体の投企は、貨幣的な欲望を非経済的な価値に媒介し、行為を意味付ける象徴的な枠組みが必要になる。このことに失敗した資本は、労働者の自己の喪失を露出させ、階級対立に直面し、喪失した自己を資本のベクトルとは対立する方向で再構築しようとする闘争のなかで、資本としてのアイデンティティの危機に直面する。

マルクスの労働論が想定しているもう一つの労働の普遍的な性格は、構想と行為の不可分性である。労働過程論の下記の部分は、人間の労働を動物の行為と区別し、従って、人間の本質をなすものとして有名な箇所である。

「われわれは、ただ人間だけにそなわるものとしての形態にある労働を想定する。蜘蛛は、織匠の作業にも似た作業をするし、蜜蜂はその蜜房の構造によって多くの人間の建築師を赤面させる。しかし、もともと、最悪の建築師でさえ最良の蜜蜂にまさっているというのは、建築師は蜜房を蝋で築く前に既に頭の中で築いているからである。労働過程の終わりには、その始めに既に労働者の心像のなかには存在していた。つまり観念的には既に存在していた結果が出てくるのである。労働者は、自然的なものの形態変化を引き起こすだけではない。彼は、自然的なもののうちに、同時に彼の目的を実現するのである。その目的は、彼が知っているものであり、法則として彼の行動の仕方を規定するものであって、彼は自分の意志をこれに従わせなければならないのである」(注11)

ここで「建築師は蜜房を蝋で築く前に既に頭の中で築いている」ということを私は「構想」という言葉で言い換えた。欲望と行為の不可分性との関わりでいえば、欲望を充足するために、彼/彼女は、どのような行為を通じて自己

(注10) どのような社会であっても、行為の意味は、単純な生理的な欲望とその充足をそのまま表出する形では構成されない。空腹を満たす食事や料理は、社会によって大きく異なる文化的な形式や意味を持つ。生存にとって必須な食料摂取が、地球上の様々な人間集団にあって、歴史的にも地理的にも、なぜかくも多様なのか、という問題は、労働に普遍的な定義を与えることの困難を示唆している。

(注11) K.I,S. 193. K.I,S. 193.

の欲望を充足可能かを予測して、行為のための段取りをあらかじめ決定するということになろう。欲望を充足するために取るべき手段をめぐる労働主体の意識と行為の関係がここで規定されている。満たされるべき自らの欲望に対して、構想は、手段と目的の道具的な行為連関として差し挟まれる。言い換えれば、構想に基づく行為とは、欲望と行為の不可分性として先に述べた「行為」を手段―目的関係として位置づけなおし、この欲望を充足するための行為には、肉体を動かすわけではないが、「構想」というマルクスが言う「観念」の作業が含まれるということが含意されている。

労働に先立って彼／彼女の労働の結果がどのようなものになるのかを労働者があらかじめ理解していなければ、労働という行為は成り立たないということは、資本主義における労働過程においても妥当するのだが、しかし、蜜蜂と対比して示された、建築師が建築されるであろう最終生産物としての建築物を「観念的」に知っているという例と、機械制大工業の下での単純労働の担い手が理解している彼の労働の成果についてのあらかじめの「観念」とを同等のものとみなすことはできない。マルクスは、『経済学哲学手稿』など初期の著作においても、分業に深い関心を抱いていた。例えば、マルクスは、『経哲手稿』で次のように述べていた。

「資本の集積は分業を増進させ、分業は労働者の数を増加させる。逆に、労働者の数は分業を増進させ、また、分業は資本の集積を増加させる。一方ではこの分業と、他方では資本の集積とにつれて、労働者はますますただ労働だけに、しかも、ある特定の、一面的な、機械のような労働に、依存するようになる。こうして、彼は精神的および肉体的に機械にまで押し下げられ、ひとりの人間から、一個の抽象的活動と一個の胃袋になると、彼はまたますます市場価格のあらゆる動揺、資本の充用、富者の気まぐれに依存するようにもなる。同様に、ただ労働するだけの人間の階級の増加によって、労働者たちの競争が高められ、こうして、彼らの価格は低められる。労働者のこの立場は、工

場制度においてその頂点に達する」(注12)

分業に対するこの徹底した批判の基本にあるのは、特定の一面的な機械のような労働に人々が特化することに対する批判である。しかもこうした労働を「抽象的活動」と呼んでいることからもわかるように、このような機械化に伴う単純労働の側面は、後に抽象的人間労働と呼ばれるようになった労働の側面に着目する際のヒントとなったものだ。抽象的な労働への批判とは、分業による細分化と機械への従属全般への批判だとみていい。このことは、二つのことを示唆している。一つは、機械（力学の経済への応用）とは資本主義に固有の技術観に基づくものなのか、という問いを示唆しており、もう一つは、機械それ自体あるいは機械によって具体化されている技術そのものへの批判は、機械化に基づく文明の総体を、つまり、資本主義だけでなくその後の社会が機械化に基づく分業による人間の抽象化や一面化をもたらすものであってはならない、という将来の社会への批判的なビジョンになっているということを示唆している。

また、『哲学の貧困』の第二章第二節「分業と機械」では、社会的分業と工場内分業の違いと相互関係に注目しながら、アダム・スミスが分業の例として挙げたピン工場の例に対して、同じ分業とはいっても、機械制大工業は手工業における分業とは本質的に異なる性質を持つものだということを指摘する。手工業的分業は、各作業の間の労働者の自由な入れ替えは必ずしも容易ではなく、多かれ少なかれ単純化はされつつも一部に熟練を残す。ピンの針金を切る作業とピンの頭を作る作業とでは、後者の方が熟練を要することをマルクスは指摘している。(注13)「自動装置工場」は子どもの労働を蔓延させ「鞭でもって労働を強いられた」のであり、「機械の導入によって、社会内部の分業は増大

（注12）マルクス［1962］：34。
（注13）マルクス［1970］：158。

し、工場内部の労働者の仕事は簡単となり、資本は集められ、人間はいよいよ多く寸断されるに至った」(注14)のであり、「自動装置工場における分業の特徴は、そこでは労働が総ての専門的性質をうしなっていることである」(注15)というわけだ。

機械に基づく分業では、建築師の労働に本質的な意味においても匹敵するような「観念」を労働者(子どもの場合をまずもって想定すべきだろう)が持つことはないし、持つ必要もない、いや、持つこと自体を資本によって奪われ、労働者の労働は抽象化しており寸断される。もし、具体的労働が抽象化しているとすれば、この抽象化された具体的労働から、どのようにして生産物の使用価値として結実する自らの身体行為を主観的に理解しうるのだろうか。

資本が労働における構想を労働者に依存するということは、労働過程の一連の段取りを労働者に委ね、資本はそれを形式的に包摂するという以上の支配を実現することはできない。資本の生産過程への関わりのなかで、資本が生産過程を形式的包摂から実質的包摂へと深化させてゆくことはマルクスが指摘している通りであって、労働の単純化と細分化から労働のマニュアル化へ(テーラーの科学的管理法)、労働の機械への置き換えと機械への労働の従属という一連の流れは、資本主義に一般的に見いだせる過程だ。これを社会の進歩と見ることは、資本主義社会が社会の進歩を労働者の人間としての「衰退」とともに達成するものだということを示している。資本は労働者の構想力を奪うだけでなく、資本による構想を労働者に「理解」させ、労働者の「観念」を資本の構想に即して再構築する。これはイデオロギーの過程でもあるが、同時に労働者の労働の「質」に関わり、労働市場で販売可能な〈労働力〉の使用価値そのものとなる。資本の構想力から派生する細分化され寸断された単純労働を受け入れること、この単純化された労働に労働者は行為の「意味」を見いだすことができる必要がある。その「意味」は「生活に必要な賃金のための労働」という抽象化された労働でなければならないのは、この意味での労働の必要条件でしかない。

資本主義の労働では、構想は労働者にとっては、目前の自己の身体を統御する上で必要最低限の道具的な因果関係に制限される。抽象化された具体的労働の担い手として、労働者は資本に依存することなしに構想の担い手であることはできない。構想と行為の不可分性は解体されるが、同時に資本の有機的な器官となった労働者は、資本の構想の下位に位置づけられるにすぎない。構想と行為は資本において不可分となり、労働者にとっては分離される。構想を奪われながら行為を強いられる労働者は、行為の意味をこの限りで奪われるのであって、自己の喪失に帰結する。

　これは、単なる理論的抽象の産物ではない。〈労働力〉が商品として売買されることによって、労働者は、労働の目的を使用価値の生産から賃金の獲得へと転換させる。これが必要条件だ。労働の具体性ではなく、労働の対価としての賃金の大きさが主要な関心となる。その結果、労働市場は流動化し、〈労働力〉の需要の変動（資本による労働組織の再編成）に対応できる労働者の柔軟な〈労働力〉の移動こそが労働市場の資本蓄積に対して果たさなければならない役割である。個々の労働者は何らかの具体的な身体行為を行い、何らかの使用価値の形成の一部を担っていることは間違いない事実だが、彼／彼女にとっての行為の意味が失われ、労働の抽象化が主観的にも経験的にも実感される。この具体的労働の抽象化は、商品の価値構造（社会的必要労働として商品交換の量的関係を規制する一連のメカニズム）のなかで労働の主体としての労働者の意識の表層に近いレイヤをなす。この労働の抽象化は、構想という人間にとっての未来を指し示す潜勢力の剥奪の結果である。〈労働力〉という資本の潜勢力、過去の（死んだ労働）と現在の資本の下での生きた労働に固着し、未来を閉ざされた負の潜勢力としての〈労働力〉として、徹底されればされるほど、この構造を逃れることはできない。

　しかし、ここで強調しておくべきことは、労働の抽象化はそのままで労働者には受け入れられないということだ。個人としての労働者は、いかに単純で相互に入れ替え可能な労働の担い手であっても（従って労働の抽象化がいかに

（注14）マルクス［１９７０］：１５６－７。
（注15）マルクス［１９７０］：１６１。

著しいものであっても）、個々の労働者に即せば、固有名詞をもち、個々の生活の事情をもち、他の労働者とは取り替え可能とは言えない私生活（〈労働力〉再生産過程でもあるわけだが）の担い手であるという面でいえば、彼／彼女の固有性は奪えない。しかし、この固有性を労働の抽象化のもとに抑え込むことができなければ、資本は〈労働力〉を自らの自由にすることはできない。このためには、この固有性と抽象的な労働との間を繋ぐ意味生成、資本による象徴作用が必要になる。言い換えれば、抽象化することで労働市場の流動化と単純労働化と機械化が社会的な合意として成り立つ一方で、こうした労働の抽象的な性質こそが具体的な労働であり、それこそが労働の普遍的な本質であるだけでなく、こうした労働こそが人間の本質であるという断固たる解釈を確立する社会的な枠組みが、資本の利害に即して構築されていなければ、労働は資本の支配のもとで能動的な行為として現れない。労働者は、自らの労働能力を常に100パーセント発揮するわけではなく、無意識に労働を忌避したり、あるいは意図的に労働を拒否する可能性を持つものだから、労働という概念の輪郭は、常に明瞭なものとして受け取られるとは限らない。抽象的な労働に意味を与える具体化＝象徴化の作用が必要になるのである。(注16) このような具体化＝象徴化作用にとって不可欠な役割を担うのが、文化の枠組みである。文化は、自己の喪失としての労働に資本主義的な自己の再構築を可能にするように作用する。しかしこのことは、資本主義においては、決して容易に達成できるものではない。労働者となった人々は、常に自らの行為の意味の喪失と直面し、この喪失を埋め合わせうるような意味に飢える。この飢えは、貨幣によっても愛や神や家族や親密な私的な人間関係によっても十分に満たし得ない。この自己の喪失は、マルクスの言うところの「死んだ労働」による「生きた労働」の支配をめぐる資本の弁証法と無関係ではない。死んだ労働、それは自己の喪失の物質的な現実態として、生きた労働を支配するわけだが、この死んだ労働と生きた労働の弁証法は、レトリックではない。まさに資本主義的な労働をめぐる死による生の支配の現実、言い換えれば死の唯物論である。

労働者は、労働者として客観的に存在するというのが、経済学の基本的な枠組みの前提的な方法論であり、マルクスの労働についての普遍的な定義もこの方法に沿っている。しかし、労働者が労働者としてあるのは、資本との依存関係において以外にはあり得ない。そして、労働者としてあるということは、資本にとって、資本のためにそこに存在するということである。この関係をも捨象して、労働者という存在があるということはできない。これが、人間が労働者となるときの自意識の根本にある。この問題をマルクスから離れて、少し考えてみたい。

木村敏は、一般に、自我意識について、「自分の人間的価値であったり、自分の能力であったり、あるいは自分の気分状態であったり健康状態であったりする」ことだと述べた。この定義を踏まえるとすると、労働者となるということは、〈労働力〉としての価値、労働者としての能力、労働するときの気分や働くことができるような健康状態ということになろう。木村は次のように書いている。

「従って、普通に『自我意識』といわれているものの内容は、けっして自我そのもの、自分自身ではなくて『自分の・・・』と言われるような、言わば『自我』の『属性』なのである。だからそれは、正確にいうと自分ではないもの、自分以外のものであり、仮に自分と世界、内と外という区別を設けて言うならば、外部の世界に属すものなのである。それはいわゆる外部知覚の対象のように狭義の物理的意味での外界には属していないけれども、様々な記憶作用や想像作用などにおける表象像と同様に、心理的な意味での外界に属している」(注17)

（注16）ここでいう「象徴作用」は、概念装置と象徴装置のフィードバック機構を論じたスペルベル［1979］参照。
（注17）木村［1980］：36。

自我一般が右のような自分以外のもの、心理的な外界に属するものであるという定義を受け入れるとして、労働者としての自我は、この外界として、彼／彼女を労働者として雇いれた資本であり、この資本に「心理的」に属するということになる場合と、この外界が同じ労働現場で働く他の労働者との間に形成される集団としての外界である場合と、さらに、このような労働者集団を介して資本に心理的に属する場合と、これらの重層的な外界の複合的な構成からなる場合があり、これは、労働者の階級意識が、自動的に労働者の自我意識となるというものではないことを意味している。

後に木村敏は、「個人や状況に依存する主観的なクオリティの感じのことをクオリア」[注18]と呼ぶようになる。クオリアは客観的に計測可能なリアリティではなく「個人と世界とのあいだにそのつど新たに成立するアクチュアリティ」であって、「そのつどの場の関数」、つまり「そのつどの対人的な場」を意味する。[注19]労働者という限られた役割のなかで、労働者としてのクオリアもまた、労働世界との間にそのつど成立するアクチュアリティであり、労働過程を構成する、他の労働者との関係、資本との関係の場の関数である。このような意味での場そのものが、階級構造を横断して成り立っている以上、労働者としてのクオリアはそもそもが相互に背反する自意識のぶつかり合い、言い換えれば「労働者とはかくあるものだ」という事柄をめぐる複数の自我の衝突、あるいはこの衝突の抑圧的な規制を伴う。

木村はクオリアを説明する際に、楽器の合奏をする個々の演奏者や会話に参加する個々の人々を例として次のように述べている。

「ある種の緊密な対人的な場においては、場全体のクオリアから切り離された自分一人の自己のクオリアというものは、そもそも成立しにくい。私があるパートを受け持っている合奏がスムーズに進行している最中には、私は私自身の指から生み出している音楽だけでなく、他の演奏者から出ている音楽も、全て自己クオリアをおびたアクチュアリティとして経験している。何人かで話がはずんでいて、その場のアクチュアリティが十分に強い場合には、『場違い』な発言は出てきにくい。会話に参加している当事者としての私の自己は会話状況全体の場のクオリアと融合して、それ以外の場面での私の自己と完全に違ったクオリアでできている。(注20)」

対人的な場に規定されたクオリアと単独のクオリアの二層が「相互隠蔽的に交替」しているということを労働の場でいえば、資本、他の同僚労働者、そしてこれらの組み合わせが生み出す「場」との関係であり、この「場」が合奏による曲の演奏のように、一つのまとまりへと収束するとは限らない。資本が意図する労働現場の労働統制に溶け込んでいるクオリアと、資本の意図から心理的に隔たりを感じて労働現場から相対的に独立するようなクオリアの二層構造を考えた場合、働く生きがいを主観的に感じている労働者は、職場の仲間の仕事や、経営者の態度がもたらす場のアクチュアリティを「自己クオリアをおびたアクチュアリティとして経験」する。木村はこれを「自分が演奏しているかのような錯覚を抱きながら生々しく経験している」というが、労働者が、資本家ではないのに、あたかも資本家であるかのように自己を錯覚して労働にいそしむ、といった「経験」に当てはまる。ここには、マルクスが言う意味での疎外された労働は隠蔽され、『資本論』が基本的に前提としている〈労働力〉の自己意識に近いものになる。こうなると、集団は、「演奏者全員を一つの目標へ向けて行動させる強い『意志』を持っているといってよい」といったことになる。だが、同時に、木村は「しかし言うまでもなく、個々の演奏者がそのために個人としての意志を失う

(注18) 木村［2005］：89。
(注19) 木村［2005］：89。
(注20) 木村［2005］：92。

ということはありえない」という。

「[各演奏者は]一面で合奏全体の『意志』に全面的に規制されながら、その反面でやはり完全に個人の自由意志によって合奏に参加している。そしてこの二つの『意志』は、音楽の進行のそれぞれの局面で、常に交互に前景に立ったり背景に退いたりしながらせめぎ合っている。だからこの二つの『意志』は、互いに相補的で相互隠蔽的な交替を示しうるような、それぞれ別個の次元に属しているといわなくてはならない」(注21)

木村がここで主張しようとしているのは、個人の主体性とその集合としての集団ということではなくて、右のプロセスを通じて、個人の主体性と独立した「集団全体の主体性」が——たとえ「錯覚」であるとはいえ——存在するということである。このことは、集団のあり方(合奏の流れ)に違和感を感じて、集団から距離を置く場合に感じる「居心地の悪さ」に個人の主体性とは独立した集団の主体性を見いだす。

この木村の「自我」「自己意識」の概念と私が「自己の喪失」に含意させている「自己」とは同じものではない。木村にとって自我も自己意識もそれ自体の実在性を前提しているが、私の言う「自己」は「自己の喪失」においてしか定立しえない「自己」である。あるいは、木村がオーケストラのあるパートを担う「自己」を対象としているのに対して、私が対象にしているのは、そもそも「なぜ私はオーケストラでバイオリンを弾いているのか」というバイオリンを弾く「私」とは何者なのかを問うていると言ってもいい。誤解を畏れずに言えば、場全体のクオリアはいかにして潜在的な可能性としての私の疎外とでも言いうる状況を回避するように作用するのか、ということである。木村は、暗黙のうちにオーケストラの協調的な人間関係を理論モデルの前提としているように見える。これに対して私は、集団の前提に潜在的な摩擦や対立の可能性を排除できないと考え、だからこそこの摩擦に対して集団とそこに属する個人がどのように振る舞うのかが個人にとっても集団にとっても重要になり、それ自体がクオアリの構造に関わると考える。

こうした基本的な違いはあるにしても、木村の自己についての議論を労働者と資本の下での労働組織を念頭において組み換え直すことは、疎外論と〈労働力〉商品化論とを架橋しつつ、労働者を抵抗の主体の潜勢力とすることと資本の潜勢力とすることとの間の矛盾する構造を持つ資本主義的な労働者となる人間の自我構造と、その物質的土台としての労働過程（場としての労働過程）を視野に入れることを可能にするように思う。しかし、木村の理論的な枠組みの限界もある。特にここで問題なのは、労働者であるということと資本家であるということが、資本主義において等価の社会的属性にはなっておらず、多くの例外があることは承知の上でのことだが、労働者は資本家になりたいという欲望を潜在的に持つ（持たされている、あるいはそうした願望を持ってほしいと資本は願っている）という、心理における非対称性が労働者に与える心的外傷である。19世紀の工場労働者であれ、現代のパートやアルバイトなどの非正規の労働者であれ、彼らは「貧困」を象徴し（ときには犯罪や罪の象徴にすらなるのだが）、そのことが自己否定をもたらす。労働者の生は、生涯を通じた労働との闘いである。それは健康に対する「病い」と極めて似通った関係にあるといっても過言ではない。ここで私は、あえて「労働者は資本家になりたいという欲望を潜在的に持つ」と述べたことは、マルクスが想定したような階級闘争の主体としての労働者像とは反するように見える。もちろん階級闘争は、意識的組織的なそれであろうとなかろうと、至るところに伏在するが、これが社会の主流をなすのは、闘争が社会的な危機をおびきよせるだけの高揚を迎える場合であって、むしろ、労働者は資本家になりたいという欲望を潜在的に持つ側面が支配的であるからこそ、資本主義が歴史的な時代として存在してきた。この歴史的な事実を批判

（注21）木村［２００５］：95。

的に「なぜ」そうなのか、なぜ革命の到来はかくも困難を極め、敗北を繰り返すのか、しかし、そうであってもなぜ資本主義は歴史的な時代でしかなく、私たちは自らの手で、この歴史に終止符を打つべきだと強く確信するのかを論ずる上でも、労働者は資本家になりたいという欲望を潜在的に持つ、という想定を避けることはできない。

「労働者としての自己」という問題は、労働者の主体性を、従って資本との闘争の主体の問題となる。マルクスは、『経済学哲学手稿』において疎外された労働、あるいは労働の外化という比較的単純な自己の喪失を論じたが、『資本論』では、疎外論に顕著であった労働者の主観性の観点を抑えて、むしろ〈労働力〉を個人としての労働者の問題としてではなく、むしろ集団性として論じるようになる。例えば、協業において労働の結合が生じ、「結合労働者または全体労働者が前にも後ろにも目と手をもっており或る程度まで全面性をもっている」[注22]、マニュファクチュアでは「一面的部分労働者だけから成っている」「結合全体労働者」[注23]を生み出し、機械制のもとでは労働者は「部分機械の自己意識ある付属物」[注24]になる。こうして、「人間をその諸器官とする一つの生産機構」[注25]「自分の全身をこの作業の自動的な一面的な器官に転化させ」[注26]る、「全体機構の一つの特殊器官」[注27]といった労働の器官化とともに、資本の指揮監督が論じられることになる。

「多数の賃金労働者の協業が発展するにつれて、資本の指揮は、労働過程そのものの遂行のために必要条件に、ひとつの現実の生産条件に、発展してくる」[注28]「全ての比較的大規模な直接に社会的または共同的な労働は、多かれ少なかれ一つの指図を必要とするのであって、これによって個別的諸活動の調和が媒介され、生産体の独立な諸器官の運動とは違った生産体全体の運動から生ずる一般的な諸機能が果たされるのである。単独のバイオリン演奏者は自分を指揮するが、一つのオーケストラは指揮者を必要とする。この指揮や監督の媒介の機能は、資本に従属する労働が協業的になれば、資本の機能になる。資本の独自な機能として、指揮の機能は独自な性格を持つことになるのである」[注29]

この資本による独自な指揮の目的は、資本の動機である価値増殖、〈労働力〉の搾取であり、同時に労働者の抵抗を抑圧する資本の圧力を伴い、生産手段の管理を担う。労働者の労働の相互連関は、労働者の意志に基づくのではなく「資本家の計画として、実際的には資本家の権威」としてあり、労働者の労働を資本の目的に従属させようとする労働者にとっては「他人の意志の力」として労働者に相対するものとなる。音楽の合奏と決定的に異なるのは、指揮者の目的と労働者の労働の目的が明らかに異なっていること、しかし、この明らかな違いがあるにもかかわらず、これがある種の集団性をもって生産過程を構成し、商品生産物へと収束するということ、ここには資本の意志に集約されるような何らかの「集団的な主体」が、たとえ擬制であるとしても、形成されていると言えるのかもしれない。

西インド諸島マルチニック出身の黒人で精神科医でもあるフランツ・ファノンは、植民地の黒人について次のように述べた。

「ニグロとは比較である。つまり、ニグロは自己の価値づけと自我の理想を絶えず念頭に置いている。他者と接するたびに、価値とか値打ちとかが競われる。アンティル人は固有の価値を持たない。彼らは常に〈他者〉の出現に依

（注22）K.I,S. 346.
（注23）K.I,S. 356.
（注24）K.I,S. 508.
（注25）K.I,S. 358.
（注26）K.I,S. 259.
（注27）K.I,S. 357.
（注28）K.I,S. 350.
（注29）K.I,S. 350.

存している。常に問題になるのは私より頭が良くないとか、私より黒いとか、私より優れていないとかである。一切の自己措定、一切の自己係留は他者の崩壊と依存関係を維持している。(注30)」

あるいは次のようにも言う。

「人間は自分を他の人間に認知させるために、みずからを他者に強制しようとする、その限りにおいてのみ人間的である。他者によって実際に認知されない間は、この他者が彼の行動のテーマであり続ける。彼の人間的価値と現実はこの他者による認知に依存している。彼の生の意味はこの他者のうちに凝縮している(注31)」

植民地の黒人と先進資本主義の労働者を同じ解釈枠組みで同一視すべきでないことは言うまでもないのだが、しかし、労働者もまた他の労働者と自己を資本家の目で比較しようとしたり、自分の存在を認知させようと必死になり、その結果、過剰な他者依存に陥るか、自我の崩壊の危機を招く。資本がもたらす非経済的な価値の秩序支配は、こうした労働者の心理の震源地であるとともに、このような厄介な労働者を心理なき器官に、つまり機械に置き換えることで「解決」を図る。ファノンが「他人が私の周囲にでっち上げたこの不条理なドラマを飛び越え、共に受け入れ難い双極を斥け、特殊的人間を通じて普遍を目指すことだ(注32)」と述べたことは労働者にもあてはまる目指すべき普遍と言えるが、そのためには、資本主義的な不条理劇の仕掛け、不条理を条理のうちに隠しているその構造を露わにすることが求められている。(注33)とりわけ、この課題は、物的生産が資本の生産過程の基本となっていた19世紀の資本主義から、人を労働対象とするコミュニケーション的労働が資本の下での労働の基本モデルとなっている20世紀後半の先進諸国の労働では、より深刻な課題となる。(注34)〈労働力〉は、それ自身が資本の精神性を自己のものとすることがまさに〈労働力〉商品の質として求められるからだ。そうであるがゆえに、現代の労働者は、ますます自己の喪失という危機を無意識に、あるいは潜在的に抱え込むことになる。資本との闘争が唯一のこの精神性の危機からの解放の「療法」であるというのが、私の考え方だが、これはクリニックという閉鎖された空間のなかで、現実の資本との依存関係を棚上げにしたところではなしえないということを意味してもいる。

●

人間と自然の物質代謝が普遍的な労働行為は労働手段に媒介されるのが人間社会の基本的なあり方であり、道具を用いた人間の行為こそが人間を動物から区別する性質であるとする理解がマルクス（よりエンゲルスに顕著だが）に見いだされる。

「労働手段とは、労働者にとって彼と労働対象とのあいだに入れられてこの対象への彼の働きかけの導体として彼

（注30）ファノン［2009］：227。
（注31）ファノン［2009］：235。
（注32）ファノン［2009］：213。
（注33）労働と労働者の問題を扱う上で、精神医学、精神分析、心理学が個人と集団、個人と社会の関係を解明しようとしてきた業績に注目することは、社会科学の責務であろう。木村は、クオリアの説明に、合奏の場面を例としたが、社会科学であれば、人々が日常生活で繰り返す場面、会社や学校、家族、知人や友人の関係、消費者として市場で公道する場面、さらにはマスメディアやインターネットのような情報コミュニケーションテクノロジーが介在したコミュニケーションの「場」を具体的に想定した議論が必要だろう。
（注34）重要な論点だが、本稿では、この点には詳しく立ち入らない。小倉利丸「コミュニケーションと労働力商品化」、『アソシエ』6号、2001年、お茶の水書房、参照。〔本書所収〕

のために役立つ物またはいろいろな物の複合体である。労働者は、いろいろな物の機械的、物理的、科学的な性質を利用して、それらのものを、彼の目的に応じて、ほかのいろいろな物に対する力手段として作用させる。労働者が直接に支配する対象は（略）労働対象ではなく、労働手段である。こうして、自然的なものがそれ自身彼の活動の器官になる。その器官を彼は、聖書の言葉にもかかわらず、彼自身の肉体器官につけ加えて、彼の自然の姿を引き伸ばすのである（注35）」

ここでは、労働者と労働手段をめぐる関係は、労働手段が労働者に帰属することを前提し、一個の主体として労働者と労働手段を結びつけ一つの器官とする労働の意思が、歴史的限定性なしに前提されている。しかし、資本主義的な労働過程では、この両者を繋ぐ労働の意思は少なくとも単一の主体によって担われることはできない。マルクスが他の箇所で、初期の「草稿」の時代から晩年に至るまで一貫して重大な関心を抱いてきた「所有」の問題がここには横たわっている。資本家が所有する労働手段が労働者と敵対的な関係をとる。しかし、この敵対をはらみながら労働者は労働手段を自らの身体の一部として器官化しなければならない。労働手段に端的に示される技術は、資本の価値増殖という条件によって支配されて資本によって開発され、選択された技術に基づくものであって、だからこそ労働手段は「経済的時代を区別する」「社会的諸関係の表示器」となる。しかし他方で、『哲学の貧困』のプルードンへの批判のなかでマルクスは次のように述べている。

「自動装置工場における分業の特徴は、そこでは労働が全ての専門的性質を失っていることである。しかしあらゆる専門的発達がやむや否や、普遍性の必要が、個人の欠けるところなき発達への傾向が、感じられ始める。自動装置工場は専門家と職業の白痴とを消失させる（注36）」

また『経済学批判要綱』では、資本主義における「自動装置」は「多数の機械的器官と知的器官とから成っているので、労働者自身は、ただこの自動装置の意識ある手足として想定されているに過ぎない[注37]」これは道具を用いた労働では「労働者が、器官としてのこれに、自分自身の熟練と活動とをもって魂を吹き込むのであり、だからまた、それの取扱いが彼の名人芸に依存する[注38]」というあり方とはっきりと対照されている。

資本主義のもとでの機械の発達は労働時間の節約をもたらすが、この節約は自由な時間の増大ではなく、剰余労働時間へと転化され、結果として自由時間は奪われる。しかし、マルクスは、「労働時間の節約は、自由な時間の増大、つまり個人に完全な発達のための時間の増大に等しく、またこの発展はそれ自身がこれまた最大の生産力として、労働の生産力に反作用を及ぼす[注39]」という観点をとることによって、労働の生産力が資本の生産力として簒奪される生産関係を解体して、労働者が自動装置に基づく自由な時間を個人の完全な発達のための時間とするような転換の物質的歴史的な基礎とみなす観点を導入した。

『要綱』のこの有名な自由時間論は、資本が取得する剰余労働時間の技術的な前提となっている自動機械がもたらす時間の節約＝自由時間をあたかも実在の時間であるかのように想定して、これを資本が剰余労働時間として取得しているとみなしている。しかし、資本主義において、自動機械がもたらす労働の節約は剰余労働の取得と不可分であって、自由時間は実在の時間として存在するわけではなく、資本なき自動機械が自由な時間を労働者にもたらすと

（注35）K.I.S. 194.
（注36）マルクス［1970］：161。
（注37）マルクス［1993］：475。
（注38）同上。
（注39）同上。

いうことは、ただちに論理的に導くことができるわけではない。

より根本的な問題は、「資本主義における自動装置」は「多数の機械的器官と知的器官とから成っているので、労働者自身は、ただこの自動装置の意識ある手足として想定されているに過ぎない」という自動機械の性質は、資本の下での性質であって、労働者が自動機械を所有するような関係になれば、労働者は自動機械の単なる手足となることから解放される、とはいえないという点にある。自動機械は、労働者の資本への敵対的な関係を制御し、資本が労働過程を支配するという生産過程における階級関係の具体的な物質化であって、それ自身が階級的な性質を帯びている。たとえ自由時間を労働者が獲得可能な社会が到来したとしても、自動機械が資本主義的な遺制として、労働者を手足とする機械との関係を廃棄することは可能とは言えない。

マルクスは労働に関わる生産の技術的な側面について、それを普遍的であり、歴史的な社会を超越しうるもの（普遍科学の具体的な成果）とみなす一方で、分業に基づく機械制大工業が資本主義という特殊歴史的な社会構成体において成立したことの意義を重視して、その歴史拘束性を強調する傾向もあり、この両者の間で大きく揺らいでいる。この揺らぎを技術の持つ矛盾として、弁証法的に理解して両者の間にある種の妥協の線を引くことはできないわけではない。しかし、それは、技術を生産手段に即して論じる場合に限られるのであって、一旦これを労働者に即して見た場合、弁証法はむしろ労働者に対して抑圧的な効果しかもたらさない。

技術、あるいは機械をめぐる根本問題は、労働者としての身体性の問題、あるいは、この身体に不可分なものとして統合される労働手段という器官と労働者の意識との関わりの問題である。技術はいかなるものであれ、社会的分業と組織内分業の条件を前提として、ある特定の時代や社会のなかで開発され、一定の社会的な認知を得て普及し社会に共通の技術となる。この意味で、技術は歴史拘束的だが、この技術は同時に他の社会や時代に持ち越すことができないわけではないし、廃棄することもできる。それは、その社会の選択に委ねられる。マルクスが強調しているように、労働者と労働手段との関係は、労働者と資本との関係の物質的な表現にすぎず、技術は、むしろ社会関係と不可分である。労働手段の向こう側に、労働手段の所有者としての資本家が存在するという場合と、労働手段の向こう側に、こちらにいる労働者とともにこの労働手段を共有するもう一人の労働者がいるという場合とでは、労働手段と労働者の関係は明らかに異なるのだが、しかし、ここで労働手段の技術的な構成の形は不変なままで、これをあたかもジグゾーパズルの一片のように、別の絵柄のなかにはめ込むことができるものと想定してよいのだろうか。むしろ労働者（人間）の社会関係が変化したときに、既存の技術は所与とはならず、廃棄と再構築の間で議論の対象とされるべきものだ。資本主義的な技術をそのままにして、そこに潜在する「自由時間」に将来社会の可能性を見ることでは、労働者となることを強いられた人間を解放できない。このような「自由」は、労働者となることを強いられながら労働者となることを物理的にも心理的にも拒否された結果としての閉塞的な自由の可能性でしかない。死の唯物論は、自由時間を覆い、労働者と人間の間で、他者に認知されることによって得られる自我の欺瞞と無意識に抗う多くの人々を生み出す。医学も社会科学も、資本という神への信仰による救済を布教する新たな宗教によって支配されているが、それは「労働」の可能性を否定しきれないからに他ならない。現代の無神論が資本の否定であるとすれば、資本との依存性のなかで与えられる労働者という自己意識を支える構造そのものに対して、剰余労働＝搾取論は、問題の一部を指し示したものに他ならないのであって、問題の全体を論じるものとはいえない。この意味で剰余労働＝搾取論は労働に対して妥協的な理論となる余地を残す。そして、このような妥協的な理論は、資本のイデオロギーとなる罠を避けることもできないだろう。労働そのものを再審に付すということは過酷な問いではあるが、この問いを突き詰めること、諸個人を相異なる諸個人として認め、ただ労働者として、同じ尺度のもとで評価することを前提して考察するのではなく、資本への依存性のなかで生きる以外の選択肢を持ちえないことによってもたらされる自己の喪失からの解放の道筋として、労働者以外の彼らの資質を考慮しうる批判的社会科学の再構築が求められているので

ある。(注40)

(注40)「権利とはその性質上、同じ尺度を適用する場合にのみなりたちうる。ところが不平等な諸個人(彼らが不平等でないとしたら、彼らはなにも相異なる個人ではないことになる)も同じ尺度をあてれば測れるのであるが、それはただ、彼らを同じ視点のもとに連れてきて、ある特定の一面からだけとらえる限りにおいてである。例えば、以上の場合では、諸個人はただ労働者としてだけ考察され、労働者として以外の彼らの資質はいっさい認められず、ほかの全てが無視される限りにおいてである。」(マルクス[1975]:37)

付記:引用にあたっては、強調(傍点)を省略したり、一部表記を改めた場合がある。

文献

アガンベン、ジョルジョ[2009]、『思考の潜勢力』、高桑和巳訳、月曜社。

小倉利丸[1998]、『搾取される身体性』、青弓社。

小倉利丸[2001]、「コミュニケーションと労働力商品化」、『アソシエ』6号、お茶の水書房。

木村敏[1980]、「自己の存在の否定」、『自覚の精神病理』所収、紀伊國屋書店。

木村敏[2005]、「自分であるとはどのようなことか」、『関係としての自己』所収、みすず書房。

スペルベル、ダン[1979]、『象徴表現とは何か、一般象徴表現論の試み』、菅野盾樹訳、紀伊國屋書店。

ファノン,フランツ[2009]、『黒い皮膚、白い仮面』、海老坂武、加藤晴久訳、みすずライブラリー版。

マルクス、カール[1970]、『哲学の貧困』、山村喬訳、岩波書店。

マルクス、カール[1972]、『資本論』、岡崎次郎訳、大月書店。

マルクス、カール[1975]、『ゴータ綱領批判』、望月清司訳、岩波文庫版。

マルクス,カール[1979]、『経済学・哲学手稿』、藤野渉訳、国民文庫版。

マルクス、カール[1993]、『経済学批判要綱』、資本論草稿翻訳委員会訳、大月書店。

出典:『経済理論』47巻3号、2010年、桜井書店。

共同主観性と「東亜の新秩序」——廣松渉の「近代の超克」

廣松渉は、今年［1994年］3月16日付けの『朝日新聞』文化欄に「東北アジアが歴史の主役に——欧米中心の世界観は崩壊へ、日中を軸に「東亜」の新体制を」（以下「新体制論」と略記する）という見い出しのつけられたエッセイを発表した。このエッセイは彼が生前発表した最後の文章になった。

この文章は、新聞紙上に掲載されたこともあり、必ずしも本誌読者の皆さんの目にとまっているとは限らないので、その内容に即してやや詳しく廣松の現状認識を整理しつつ、そこにみられる「近代の超克」の「質」を改めて問題として取り上げ、彼のマルクス主義の問題点との関連を論ずることにしたい。その際、彼の現状認識を検討する上で是非とも比較検討の遡上に乗せねばならないのが戦前の京都学派による「近代の超克」論、とりわけ西田哲学である。従って、これらへも必要な限り言及することになろう。

●

「新体制論」はおおよそ次のような展開をとっている。

まず冒頭で、哲学屋の書生談義との謙遜をまじえながら「東北アジアが歴史の主役になる」という予想について以下で論ずるという前置きに続いて、廣松にとって幾つかの予想を越える出来事が生じていると述べる。この「出来事」として列挙されているのは、ソ連・東欧の「大崩壊」、日本における好景気、55年体制の崩壊、米大統領による「日米経済戦争」発言、そしてECヨーロッパも同様に「様子が変わってきている」といった点である。これらの事態を踏まえて、「ヨーロッパ中心の産業主義の時代がもはや終焉しつつあるのではないか?もちろん一体化した世界の分断はあり得ない。しかし、欧米中心の時代は永久に去りつつある。」という判断が示される。

同時に、「新しい世界観、新しい価値観」もまた求められている。これらは、欧米知識人が先駆的に準備したのだが、「所詮彼らはヨーロッパ的な限界を免れていない」と批判し、「新しい世界観や価値観は結局のところアジアから生まれ、それが世界を席巻することになろう。日本の哲学屋としてこのことは断言してもよいと思う」とかなりな自信をもって断定している。

では、アジアの世界観、価値観とは何か。アジアの世界観として廣松が指摘するのは、「〈実体主義〉に代わって〈関係主義〉が基調になる」ものであり、言わば廣松哲学のエッセンスの部分であると言い換えてよいものだ。やや長いが「新体制論」から引用しておこう。

「実体主義と言っても、質量実体主義もあれば形相実体主義もあり、アトム(原子)実体主義もあるし、社会とは名目のみで実体は諸個人だけとする社会唯名論もあれば、社会こそが実体で諸個人は肢節にすぎないという社会有機体論もある。が、実体こそが真に存在するので、関係はたかだか第二次的な存在にすぎないと見做す点で共通している。

これに対して、現代数学や現代物理学によって準備され、構造論的発想で主流になってきた関係主義では、関係こそを第一次的存在とみなすようになってきている。しかしながら、主観的なものと客観的なものを分断した上で、客観の側における関係の第一次性を主張する域をいくばくも出ていない。さらに一歩を進めて、主観と客観との分断を止揚しなければなるまい。
私としては、そのことを〈意識対象—意識内容—意識作用〉の3項図式の克服と〈事的世界観〉と呼んでいるのだが、私の言い方の当否は別として、物的世界像から事的世界観への推転が世紀末の大きな流れであることは確かだと思われる。(これがマルクスの物象化論を私なりに拡充したものとどう関係するかはおくことにしよう)」

これに対して、アジアの価値観については、「屈折しており、一口には言いにくい」と断りながら「物質的福祉中心主義からエコロジカルな価値を中心に据える価値観への転換と言えば、当座のコミュニケーションはつくであろうか」と述べるにとどまっている。

これらの世界観、価値観の変革に対応する「500年つづいたヨーロッパ中心の産業主義」を根本的に問い直す社会体制の変革が最後に示唆される。そこで登場するのが東北アジアを主役とする近未来像である。「アメリカが、ドルタレ流しと裏腹に世界のアブソーバー(需要吸収者)としての役を演じる時代は去りつつある。日本経済は軸足をアジアにかけざるを得ない」というわけだ。ここには、日本経済が現状では「アメリカ」に依存しているということを前提としつつも、将来的には日本経済の軸をアジアへとシフトさせるべきであるという含意がある。言い換えれば、日本は脱米入亜すべきであるというわけだ。こうして、廣松は次のように述べる。このエッセイで最も議論を呼んだ部分である。

「東亜共栄圏の思想はかつては右翼の専売特許であった。日本の帝国主義はそのままにして、欧米との対立のみが強調された。だが、今では歴史の舞台が大きく回転している。
日中を軸とした東亜の新体制を!それを前提にした世界の新秩序を!これが今では、日本資本主義そのものの抜本的な問い直しを含むかたちで、反体制左翼のスローガンになってもよい時期であろう。」

そして、エッセイの最後で、「反体制左翼」のとるべき立場として商品経済の自由奔放な発達に歯止めをかけること、社会主義的または少なくとも修正資本主義的な統御が必要であること、同時に官僚主義的な圧制と腐敗と硬直化を防ぐこと、そしてエコロジカルな危機と南北格差への対応もまた「喫緊の課題」であり、こうした課題を「21世紀の世界は人民主権のもとに」試みねばならないという。

●

いくつか「新体制論」の問題点を指摘しておく。まず、ヨーロッパ中心の産業主義の終焉という理解について。「ヨーロッパ」として廣松が念頭に置いているのは、西ヨーロッパおよびアメリカ合州国のいわゆる「欧米」であろう。産業主義とはインダストリアリズムの訳語とすれば工業主義と同義であろう。確かに、欧米の産業主義は、ある意味では終焉を迎えている。しかし、それは、直ちに「東亜の新体制」を予想させるような意味での終焉ではない。終焉を迎えたのは、欧米本国に生産拠点を持つ製造業に代表される第二次産業を中心とする産業構造あるいは経済構造である。製造業はむしろ多国籍化を伴って、アジアやラテンアメリカへと生産過程を国際化させ、結果的にNIESに象徴されるような新たな工業国家が生まれることになった。それは、「近代化」の新たな展開とも言えるが、しかし、同時に欧米諸国はもはや工業化社会としての時代を終え、ポスト工業化、すなわち情報化としての資本主義の時代に入っている。生産拠点を第三世界に移転させ、多数の子会社や関連会社を配置しつつ、資本の「頭脳」部分は欧米本国に置く体制は、国際収支や経済における金の流れだけで、それぞれの国家の経済力の盛衰を判断できる時代は終わったということを示している。この情報資本主義の観点から見た場合、欧米を中心とする世界システムは崩れていない。むしろ合州国を基軸とする強力な情報化のインフラストラクチャーの構築に対して、むしろ日本や中国のような2バイト圏は圧倒的に遅れている。パーソナル・コンピュータのOS、ソフトウェアの著作権、技術貿易の国際収支のいずれをとっても日本は圧倒的な対米貿易赤字国である。同時に、情報化のネットワークによって構築されたサイバー・スペースは、地理的な地球の区分を相対的に無意味なものにしつつある。だがしかし、サイバー・スペースのヘゲモニーは明らかに合州国が握っている。従って、「欧米」そのものが世界システムの基軸から後退したという単純な話ではない。とりわけ、それは、日本との関係ではそう言える。だが、他のアジア諸国やラテンアメリカ諸国との関係でも同様のことが言えるかどうかは、即答できない。なぜならば、日本が欧米に対して、優位にあれば、同時にそれが日本のアジア諸国に対する優位を自動的に証明するといった構図は必ずしも成り立たないからだ。むしろ情報化の幾つかの分野では東南アジアの方がある種の先端的な試みも行っているからだ。

もう一点、問題点を簡単に指摘しておく。それは、「東亜共栄圏の思想はかつては右翼の専売特許であった」と述べている点である。「かつて」が示しているのは戦後ではなく「東亜共栄圏」が積極的に主張された戦時期を指すと見るのが自然であろう。当時の「東亜共栄圏」は右翼の専売特許ではなかった。むしろそれは転向マルクス主義者やリベラリストも共有した「正義」の具体的なプロジェクトだった。廣松は、マルクス主義者と右翼が共有したものとしての「東亜共栄圏」を問題にしそこねた。

●

日本資本主義の動向を脱欧（米）入亜として見ようとすることは決して珍しくはないし、日本の反体制運動のなかでも、アジアとの連帯を第一に掲げる運動は戦後一貫して存在し続けてきたし、廣松の問題提起をこのレベルで見る限り「何を今更」と言うしかない。もし、何かあるとすれば、再度先進国革命の是非とか先進国革命と第三世界の解放をポスト冷戦体制のなかで検証するといった課題があるかもしれない。あるいは、戦後補償問題などともかかわって、旧植民地諸国の人々との連帯や運動の共有という課題を廣松の問題提起に重ねることも可能である。

しかし、廣松の問題提起は、こうした従来のアジアとの連帯運動に対して新たな問題提起をなすというようなものではない。むしろ、「新たな」ということでいえば、それは「東亜の新体制」という言い回しに象徴されるような戦時期の「近代の超克」や「世界史の哲学」あるいは「大東亜共栄圏」のイデオロギーを彷彿とさせるその語感である。しかも、廣松はこの語感の共通性をむしろ狙いとしてこの言葉を選択しているとはっきり語っている。とすれば、この廣松の問題提起に新しいものがあるとすれば、戦時期「近代の超克」論を何らかの方法、観点を経由しつつ現在の反体制運動に結びつけるということに積極的な意味があるという点しかない。

従って、戦時期「近代の超克」論の何が廣松にとってそれほど意味のある議論であったのかを私たちなりに検証してみることが避けられない課題となろう。

廣松は、1989年に上梓した『〈近代の超克〉論』の講談社文庫版の「序」のなかで、本書のテーマがますますアクチュアリティを持つようになったと述べ、「所謂〈近代〉の超克」の意義を次のように指摘している。

「所謂〈近代〉の超克ということは、世界文化史的にグローバルな課題なのであって、それ自体としては、何も〈西洋の没落〉とか〈東洋の興起〉といった〝趨勢〟と直接の関係はない。だが、惟えば、昭和10年代における、つまり、第二次世界大戦の直前と最中の時期における往時の〈近代の超克〉論は、まさに、日本を〝盟主〟とする東亜が欧米に勝利して世界に覇を唱えるようになるという〝見込み的構想〟と相即するものであった。それは、しかも、英米に主導された資本主義の社会体制と政治理念、ならびに、ソ連に領導された社会主義の経済組織と革命理念、これら双方を〝超克〟する新体制・新理念として思念されていた」

グローバルな課題としての近代の超克が、廣松の理解するところによる「産業主義の終焉」とともに、具体的な世界経済の動向が「〈西洋の没落〉とか〈東洋の興起〉といった〝趨勢〟」を招き寄せており、「東亜が欧米に勝利して世界に覇を唱えるようになるという〝見込み的構想〟」がますます現実味を帯びつつあるということからすれば、5年前に述べられていることの延長線上に「新体制論」の議論があることは確実である。しかも、かつての「近代の超克」論がその「超克」の対象としようとしたソ連は自壊し、超克の対象にすらなりえなくなった。

従って廣松は、戦時期の「近代の超克」論が「日本帝国主義の戦争イデオロギーとして告発され、歴史の古文庫に収納」されるような戦後の事態には納得していない。大東亜戦争肯定論やジャパン・アズ・ナンバー・ワン論などにひきよせられたかたちでの「近代の超克論」の復活には批判的であるが、同時に「戦後の反省においては聊か矮小化して〝始末〟された憾がある」という。

「その［戦前・戦時の日本思潮の］実態を知れば、しかし、本書での引証を通じて読者自ら認識されるであろうように、それは存外と莫迦には出来ぬ内実を具えたものである。〈欧米の没落〉〈東亜の興隆〉〈民族国家を超えるブロック的再編〉が現実化の趨向を呈し、〈コミンテルン・マルクス主義の破綻〉〈平成新体制〉が云為される昨今の情況と昭和10年代の情況とを思い合わせるとき、往時の〈近代の超克〉論、就中〈世界史の哲学〉〈五族協和〉〈協同主義の哲学〉が粧を新たにして再唱され、それが俗耳に入る条件の存することは紛れもない。」

こうして廣松は、だからこそ「〈近代の超克〉論の内実を具に見極め、それと対決する作業が今日的一課題をなす所以である」というのである。

「新体制論」において、左翼は「東亜共栄圏」をタブー視すべきではなく、むしろ日中を基軸とする世界体制を構想すべきとする発想の思想的なバックグラウンドは、廣松の戦時期「近代の超克」論の再評価と密接に関わっているのである。

戦時期「近代の超克」論をポストモダニズムの時代状況のなかで再検討する場合、二つの対極的な立場が考えられる。一つは、戦時期「近代の超克」論を否定的な尺度として引き合いに出すという立場である。この場合、例えば、現在のポストモダニズムと呼ばれる諸思想をかつての「近代の超克」論と比較させつつ、現在のポストモダニズムに潜在する戦時期「近代の超克」と通底するファシズム的性格を摘出するというようなやり方が考えられる。もう一つは、戦時期「近代の超克」論のなかに、時代の制約を超えるある種の普遍性を見いだし、現在のポストモダニズムの先駆として位置づけるという立場である。前者の場合は、時代の状況や支配的なイデオロギーと当該思想の核心部分を不可分なものと見ることになる。この場合、戦時期「近代の超克論」はどのような意味であれ、肯定的な評価の対象にはなり得ない。後者の場合は、両者の相対的な分離が可能だと言うことを前提している。もし、一定の切り離しが可能であれば、たとえ日本帝国主義のイデオロギーとして「利用」されたとはいえ、それはあくまで国家権力が勝手に利用したにすぎず、思想家や思想それ自体の責任を全面的に咎めることは酷であるという考え方も成り立ちうる。廣松は、後者の立場をとっているわけで、戦時期「近代の超克」論を、当時の日本帝国主義の具体的な行動と相対的に切り離して、その思想的な意義を救い出せるとする立場であると言っていいだろう。

さらに、問題はもう一つある。それは、状況へのアクチュアルな発言と思想家あるいは哲学者あるいは研究者としての「学問的」な発言の関係である。「近代の超克」や「世界史の哲学」として当時の文壇や論壇で論じられた議論を前者とすれば、いわゆる西田哲学として知られる内容は後者に属する。社会科学や哲学において繰り返し問われている「理論と実践」の問題として捉えても構わないような問題がここにはある。とりわけ、ここで興味の中心となるのは、戦時期「近代の超克」論や「世界史の哲学」の思想的なバックボーンとなっていた西田幾多郎の場合であろう。西田については、実は廣松は先の『〈近代の超克〉論』でも多くを述べていない。だから、西田最晩年の敗戦直前に執筆された『日本文化の問題』について、廣松がどのような是非の判断を持っていたかについて詳しいことはわからない。ただし、言いうることとしては、西田哲学への廣松の極めて高い評価は間違いない、ということである。多分、廣松が日本の哲学者として最も意識したのは、西田なのではないか。だからこそ、彼は『〈近代の超克〉論』でも、西田への言及を最小限に抑えたのではないか。

廣松の戦時期「近代の超克」論への評価が妥当かどうかについて、西欧哲学の批判を主客二分法の批判として提起した西田の哲学的な理論とその状況への発言の関係をみることは無駄なことではない。もし、西田の西欧哲学批判と大東亜共栄圏を志向する現状認識の間に、不可分の関係が見いだせるとすれば、主客図式の批判を一貫して追求してきた廣松が、同時に、「東亜の新体制」を主張する立場をとったこととの間にも、ある種の不可分な関係があるとしても意外とはいえまい。言い換えれば、西田の晩年を解析することは、同時に廣松の晩年の解析のための鏡となるかもしれないのだ。もちろんそうは言っても大きな違いがある。それは、天皇制の「重し」の違い、ソ連社会主義の存在、そして戦時体制である。これらは重要な違いとして、考慮しなければならないが、しかし同時に、ここでの検討に際して、決定的な要因とは言えない。というのは、天皇制の問題は、西田にとっては国家の問題とほぼ同義であり、廣松は天皇制を持ち出さないとしても「日本」という国家の枠組み（もちろん現在のような資本主義国家としてのそれか人民主権の国家としてのそれかという違いはあるとしても「日本」という国家の枠組み――あるいは〝生活共同体〟――は大前提とされている）を前提としている。もちろん西田の状況認識を分析する際には、「皇室」の位置づけを抜きには出来ないのだが、少なくとも、国家に収斂されるような権力観が前提にされているという点で捉えれば、差し当たり、本質的な差異をそこに見る必要はない。ソ連社会主義についても、廣松にとってはそれが文字通りの真正な社会主義としての評価が与えられてはいない。西田にとっては、ソ連の存在、あるいはマルクス主義の意義については当面の文脈でみる限り大きな意義を持ってはいない。この意味で、両者ともにこの要素は消極的な要因として排除できる。最後に、戦争であるが、ここで検討しているのが戦争の正当性をめぐる是非であれば別だが、そうではなく、基本的に「日本」がとるべき方向についての認識であるから、戦争状態にあるかどうかも大きな意味は持たない。以上の点に加えて、さらに大きな違いとして、マルクス主義との関係がある。この点は、別に議論することにしたいが、結論を先取りしていえば、マルクス主義の枠組みが国家の権力へと収斂するポリティクスとして現れ、同時にそれが現にある支配的な世界体制に対する対抗的な世界秩序への要求として出現する場合、反帝国主義も反植民地主義も反西欧も反産業主義も「日本」のファシズムや「日本」の現にあるアジアへの支配を許容してしまうレトリックに呑み込まれる可能性が大いにあるということだ。とりわけ廣松の哲学にはその可能性が潜在している。戦時期の日本のマルクス主義者は、マルクス主義のマクロな世界認識をそのままにして、反帝国主義、反植民地主義としての「大東亜共栄圏」のイデオローグとなった例は少なくない。マルクス主義がこうした罠に陥らないための唯一の方法は、国家の権力や世界システムの制度的な枠とは切断された自立的な権力と運動の主体を模索する場合だけである。廣松に欠落していたのは、こうしたミクロポリティクスにおけるアクチュアリティである。

●

1940年に岩波新書として出版された『日本文化の問題』は、戦後西田哲学の「戦争責任」を問う批判の中心に据えられたものであった。西田の考え方は、言うまでもなく京都学派の「世界史の哲学」の背景をなすものであり、京都学派の思想を見る上で、西田の哲学を欠かすわけには行かない。

京都学派は、蓑田胸喜などの皇道哲学派によって戦時中に厳しい批判の矢面に立たされたことは良く知られている。西田哲学や京都学派の思想は、当時の支配的なイデオロギーと国策の一類型をなし、天皇制を支える一つの知識人の型であったことは確かである。多くの学徒兵たちが、自らの行為の正当性の支えとしたのは、必ずしもファナティックな皇道哲学などではなく、むしろ京都学派や西田の哲学であったのではないか。この意味では、西田の責任は天皇主義者よりも重いとも言えるのだ。廣松はむしろ西田哲学すら弾圧の対象となった点への留意を促す（『情況』92年9月号、清水太郎との対談「西欧近代主義批判の逆説」参照）が、むしろ戦時期知識人の戦争への翼賛の問題は、侵略の正当性の思想という観点から見なければならない。皇道哲学は、敗戦とともにその影響力は潰え去ったのに対して、京都学派や西田哲学は、戦争を支えるイデオロギーでありつつも、ファナティックな天皇主義の被害者でもあるというその両義性にも助けられて、永田広志や林直道などの正統派マルクス主義による批判を別にすれば、戦後の評価はほぼ次のようなところに落ちついているのではないか。すなわち、京都学派や西田の位置は、彼らの主観的な意図としては、当時の日本の軍部による戦争と侵略に対してギリギリのところで試みられた抵抗の一形態であったが、結果的には彼らの主観的な意図が客観的には天皇主義イデオロギーの補完物となってしまったのであり、その意味では批判されるべきものとはいえ情状酌量の余地がある、というものである。しかも、西田の哲学的な成果、専門領域での仕事は戦前、戦中、戦後を通じて一貫して高いものがあり、ある種の「普遍性」を獲得しているように見られてきた。しかし、そうした学問上の評価は、多くの場合、戦時期の時事的発言や状況分析とは区別されるのが常であった。先にも述べたように、そうした分離が可能かどうかをここではみておく必要がある。

西田の哲学的な問題意識は、主観と客観、観念論と唯物論という西洋近代哲学の対立図式を意識しつつ、そのいずれにも与しない第三の方法の模索にある。初期の『善の研究』（1911年）から30年代へと彼の考え方は、徐々に西洋哲学の枠組みから抜け出る方向に歩を進めてゆく。

『善の研究』では「考究の出立点」として、「因果律によりてはたして意識外の存在を推すことができるかどうか、これがまず究明すべき課題である」と立てられている。そして、「さらば疑うにも疑いようのない直接の知識とは何であるか。それはただわれわれの直覚的経験の事実すなわち意識現象についての知識あるのみである。現前の意識現象とこれを意識するということとは直ちに同一であって、その間に主観と客観とを分つこともできない」と、主客二分法に疑問を提起している。西田はこの「直覚的経験」を「純粋経験」とよぶわけだが、主客の二分法への疑問はさらに次のよう論じられる。

「われわれは主観客観の区別を根本的であると考えるところから、知識の中にのみ客観的要素を含み、情意はまったくわれわれの個人的主観的出来事であると考えている。この考えは既にその根本的の仮定において誤っている。」「情意がまったく個人的であるというのは誤りである。われわれの情意はたがいに相通じ相感ずることができる。すなわち超個人的要素を含んでいるのである。（略）人が情意を有するのではなく、情意が個人を作るのである。情意は直接経験の事実である。万象の擬人的説明ということは太古人間の説明法であ［り］（略）、また実在の真実なる説明法である。」（『善の研究』中央公論社版）

西田は、この主客二分法を前提とした認識論への疑義から出発し、さらに能動―受動、意識―無意識の二分法への疑問を提起することになる。こうした二分法の発想は、対象をその構成諸要素に分解して各要素を独立して機能する単位とみなす原子論的な認識論と共通した方法論と言える。従って、西田の批判は、この要素の独立性――後の彼の用語で言えば個物の独立性、あるいは個物の自由――にも及ぶことになる。「今ここに何かひとつの元子があるならば、それは必ず何らかの性質または作用をもったものでなければならぬ、まったく性質または作用なきものは無と同一である。しかるに一つの物が働くということは必ず他の物に対して働くのである」といった理解が随所に見られるようになるわけである。

こうして、西田の方法には、その初期から一貫して徹底した関係主義の立場への志向が明瞭に示されており、これこそが西田哲学の大きな特徴をなすものであった。しかし『善の研究』では、主客二分法批判は徹底されず、相矛盾するものの背後にそれらを統一する「第三者」を想定しようとする立場を払拭しきれていない。そして「意識現象が唯一の実在であ」り、同時に「宇宙にはただ一つの実在のみ存在する」のであり、この「独立自全なる無限の活動」を「神」と名づけるのだという立場をとることによって、主客二分法をある種のヘーゲル主義的な論法で決着をつけてしまう。ヘーゲルとの違いがあるとすれば、西田の場合は「神はまったく無である」という理解だろうが、彼のユニークな「無」についての展開はまだ十分ではない。

西田の西欧哲学における主客二分法への疑義は、主体としての人間、個人としての人間、すなわち近代の個人主義への疑義と関わらざるを得ない。言い換えれば、西欧の二分法への批判は、同時に西欧近代が前提としている個人の自由という近代的自由の理念をも批判の俎上に乗せ、自由の拘束を擁護することになるのではないかという問題である。個人主義、自由主義という立場と歴史的社会的な関係に拘束される存在としての個人との間にどのような折り合いをつけるか。前者を優先させるべきか、後者の拘束を厳しく捉え、自由の制約を肯定するのか。こうした問題が西田の問題意識に鮮明にみられる時期がある。この点を、例えば1938年の信濃哲学会の講演「現実の世界と論理的構造」に即してみてみよう。

西田は、従来の哲学が「我」を「知的自己」とみたのに対して、「我」とは「現実において働くもの」「行為的自我」でなければならないとして、次のように「自己」について述べている。

「〔自己とは〕単にindividualということではなくして、われわれの自己は働くもの、この客観界というものを転じ変えてゆき、そのかわりまた同時に自分が客観界から変えられる。私はすぐ机を動かすことができる、――何でも机に限らず――押されれば倒れなければならない、そういうそこにわれわれの自己というものがあるのであって、そういう自己の立場から見ると、単に世界というものはわれわれに対して対立しているものではなくして、われわれが同時にある関係をもっている。すなわちわれわれの世界を変ずる（略）現実世界を変ずる、また私も現実世界から変化される。」

西田にとっては、デカルトやカントの自己理解は主語中心主義、客観主義であり、精神現象を物質現象や客観現象に還元する実体主義だということになる。そうなると「人間の自由というものはあのなかにはいってこない、すなわちわれわれの本当に働く自己というものはあの中へははいらないのです」ということになる。これに対して「自己は働くものだ」ということは、自己が主語にとどまらない関係態であり、しかも外部への働きかけの「主体」であると同時に、外部から働きかけられ、変化を被る「客体」でもあり、実際にはそのどちらもが同時に作用するわけだから、ここで便宜的に「主体」「外部」といった区別を設けたこと自体も正確ではなく、まさに「働くもの」としかいいようのない事態ということになる。西欧の認識論は、西田の文脈に沿っていえば、動かしようのない客観現象を一方に立てることによって、他方にこの客観現象の外部に立つ「主体」としての人間を設定できた。近代の個人としての人間の自由とはこうした意味での自由でしかなく、従って、もし人間がこの客観現象を自分のものにしたいのであれば、この客観現象を「法則」として把握することを通じて、世界の（歴史の）必然を理解するということ以上のものではありえないということになる。

西田は、とくにヘーゲルの「絶対精神」のなかに個人の自由への抑圧の問題を見いだす。

「絶対精神というものになってくるとやはりわれわれのindividualなfreeな自我というものは出所がない。やはり消されてしまわなければならない。（略）ヘーゲルの自由というものはどうも本当にわれわれが働いている行動的の自由というものの自由ではないのであって、やはり何か絶対的なるものの自由であってわれわれの個人的自由というものはやはり消されてしまうような自由だ。そうするとやはり私の言う本当の現実の世界、われわれがそれから生まれて、それにおいて働き、それにおいて死ぬ、というような現実の世界というものを入れる論理ではありえない」（前掲「現実の世界の論理的構造」）

こうして『善の研究』において想定された矛盾しあう二者を含む第三者の想定は否定される。絶対的なものの自由よりも彼は、「われわれの個人的自由」を優先させたのだ。この個人主義的であるとはいえ「自由」という問題を「絶対的なるもの」を排除して説こうとした西田の問題意識は、リベラリストとしての最良の部分を代表していると言える。このことは、さらに、自己の概念を「絶対無限というような意味をもったものでなければならぬ」とし、「われわれにfree、自由人格というようなものが考えられておって、それはまったく世界というものを否定するというような意味をもっておらなくてはならぬ」とまで主張するところに行き着く。この時期の西田にとって、関係主義的な世界観は、この自己の自由を根拠として、「われわれは一々のものが絶対独立であるということがすなわちたがいに結びつくという意味をもっている」という所で成り立たせられている。ここにヘーゲルの哲学的な難点があるばかりでなく、同時に西欧の認識論と西田の決定的な差異があるというのである。このように、この時期の西田は、個人の基本を「絶対無限」「自由人格」「絶対独立」に置き、それこそが「多」の基本であるとした。この「多」を「一」の方向でまとめることを拒否するという方向に彼が最も大きく傾いていた時代であった。

廣松を論ずるべき本論において、あまりにも西田に拘泥しすぎただろうか。いや、そのようなことはない。西田には後に再び登場してもらうことになる。ここで、以上のような主客二分法を批判する西田の構えと廣松の問題意識とを簡単にすり合わせておきたい。

ポストモダニズムという概念すらこの国に存在しなかった1972年に、廣松は『世界の共同主観的存在構造』において、「今日」の事態が、古代ギリシャ的世界観の終息、中世ヨーロッパ的世界観の崩壊期と類比可能な「近代的世界観の全面的な解体期に逢着している」と指摘していた。それは、「認識論的な場面に即していえば、近代的〈主観—客観〉図式そのものの超克が必要」であるという課題として提起された。この主観—客観図式のなかに廣松は、意識作用の核としての「私の意識」、「認識主観に対して直接的に与えられる〈意識内容〉が客体そのものから区別され、対象認識は〈意識作用—意識内容—客体自体〉という3項図式で了解される」ということ、そしてこの3項図式を前提とすると、客体は常に意識内容を媒介として間接的にしか知り得ないということ、以上の三つの「再検討さるべき問題構制」を指摘する。これに対して、廣松が提起したのが「共同主観性」という観点であったこともまたよく知られている。人々の思考方法や知覚の方法自体が「社会的に共同主観化」されているということを「与件」としなければならない、という立場である。とりわけ、「一定の歴史的社会的な関わり合いにある者」「共同現存在」としての他者の介在が認識の極めて核心的な部分に関与すると見ることによって、次のような議論が展開されることになる。

「かかる他人たちの介在が、discursiveな思考の方式はおろか、ものの感じかた、知覚の仕方まで規制し、いうなれば意識作用のはたらきかたを規制するのであるから、〈私が考える〉cogitoということは〈我々が考える〉cogitamusという性格を本源的にそなえていると云うことができよう。意識主体は、生まれつき同型的なのではなく、社会的交通、社会的協働を通じて共同主観的になるのであり、かかる共同主観的なコギタームスの主体I as We, We as Iとして自己形成をとげることにおいてはじめて、人は認識の主体となる。われわれとしては、意識の各自性Jemeinigkeitというドグマを放棄するだけでなく、意識のJeunsligkeitないしはPersonligkeitを積極的に権利づけねばならない。ここにおいて、意識の社会的歴史的被制約性、その本源的な共同主観性はいかにして可能的であるか、これの論定が課題となる」(前掲書)

廣松が主観―客観図式批判の対象として想定したのは、多分西欧近代の個人主義に連なる系譜である。他者を排除した「私」という想定が右に見るようになによりも否定されるべきものであった。逆に「意識の社会的歴史的被制約性」という枠がはめられる。だから当然のこととして、「私」の自由もまた大きな制約を与えられることになる。西田との比較で問題を立てるとすれば、廣松は、こうした「意識の社会的歴史的被制約性」の下におかれた諸個人がより自由となる方向を何らかの意味で希求しようとしたのか、それとも、そもそも個人主義的な認識を否定するのであるから、こうした個人の自由などという発想そのものをはなから問題にはしないという立場を取ろうとしたのか。廣松は、リベラリストの時代の西田とは逆に後者の道をとる。ここで、その分かれ目となるのが、ヘーゲルの絶対精神に対する評価であろう。

西田の思索は、ヘーゲルの絶対精神を否定する議論の中で、絶対独立の自由人格なるものに行き着いたのだった。これに対して、廣松はむしろ絶対精神をギリシャ哲学以来の西欧哲学の流れの中に位置づけながら、必ずしも否定的とはいえない意義をそこに見いだす。

「（略）ヘーゲルの絶対精神というのは、近代哲学的な主観―客観図式、そこにおける主観としての人間を絶対的な主観にまで押上げたもの、そういう性格のものであるということであります。ヘーゲルは、主観を絶対的精神に押挙げることによって、客観自体―意識内容―精神作用という3項図式を内部から突き崩した――つまり、人間的主観は意識内容の世界に関しては構成的・能動的に関わるが、客観自体に関してはたかだか感性的・受動的にしか関わりえないとする近代合理主義的な世界了解に対して、客観自体にまで射程の及ぶ主体的精神作用を顕揚し、そのことによって、ロギズムとエンピリシズムのバイメタルとなって現れる近代合理主義の構えを排却する構図を打ち出したということ――マルクス主義的弁証法との関連を視野に収めるとき、これは是非とも銘記さるべき論点だと考えます」（『マルクス主義の理路』）

もちろん、ヘーゲルの絶対精神、あるいは絶対的観念論には前近代的な神的存在が混入しているという難点を廣松は指摘するが、それをもって絶対精神の全てを否定すべきではなく、逆にヘーゲルが「半無意識的に捉えていた事態」を積極的に取り出すこと、絶対精神として論じられているものの「原事象」とは何なのかを追求することこそが必要だという。ここで、廣松は絶対精神には「意識の共同主観性、そして人間的世界の共同主観的存在構造がそこにはイデオローギッシュに投影されているということ」を指摘するのである。ヘーゲルは、「共同主観的に形成された“先験的“な意識主体を、絶対精神というかたちで実体化」してしまったという限界を、マルクスはまずもって人間の類的存在という視座から唯物論的転倒を試みたのだという筋書きが書かれることになる。

この唯物論的転倒の持つ疎外論的限界をマルクスは、物象化論として克服したとする廣松の議論をここでさらに後づける余裕はない。むしろ、マルクスの物象化論に内在しつつ、しかし共同主観性の論理がヘーゲルの絶対精神の尻尾をひきずっているということの意味を、廣松の実践論との関わりで見ておく方がいいだろう。

廣松の実践論の基本的な哲学的構図は、他者との関係と不可分な役割行為論として描かれる。『新哲学入門』（岩波新書）では、ほぼ次のような議論が展開されている。人生を舞台裏や私生活のない「人生劇場」と見て、様々な「役柄」を纏うことそのものに人間の本質を見る。同じ役柄でありながら個体差がある一方で、「規定的な役柄行動」の埒に収まる。とすれば、諸個人の自由意思と思われているものは果してどこまで文字どおりの「自由」と言えるのか。この問いに対して、諸個人の行動を支える価値判断に作用する共同主観的な同化メカニズムが、「歴史的・社会的・文化的に〝単位〟的な或る生活共同体の内部」に作用しているということ、このことが行為の規範を形成するとともに、物象化されたかたちで行為の正当性や不当性が共同体の諸個人に自覚化される。人々の行動は、子どもの教育や躾などによって制度的に仕込まれてゆく。こうして廣松の場合、主体の「自発的能動性」や「自由」にはほとんどその意義を与えられない。それは、自然現象に見いだせる不確定性や非決定性にもたとえられ得るものに過ぎず、個体差として現れる諸個人の行為の差異と言えるようなものに過ぎない。

では、この既存の共同主観的な構造の揺らぎはどこに見いだせるのか。またこの揺らぎと諸個人の行為との関わりはどのようなものなのか。『新哲学入門』の最後に置かれた正義論において、廣松はこの点に触れている。生活共同体相互の間では社会的歴史的文化的な環境の相違によって「〝協演的協働態勢〟の現実的編制が相違」する結果として、共同主観性の内実も相還し、軋轢や摩擦を生ずる。また共同体それ自体も「錯構造」であるとして、次のように述べる。

「とりわけ分業的協働の編制が既成化、固定化しているところでは、生業の基幹的部面をなす活動の場面で幕場的情況と役柄を〝共有〟する成員群への分節化がおのずと成立します。そこで、職能的・身分的・階層的・階級的等々の下位的分節体が形成される次第でして、各分節体内部での共通性し各分節体相互の差別性が、全体としての共同体の大枠にあいつつも、錯構造を呈するに及びます。ここに、揺動・軋轢・桔抗といった事態がしかるべくして胚胎せずにはおきません」（前掲書）

こうした錯構造体のなかで、人々が取りうる行動においてとりわけ主要な課題となるのが、「正義」それも現に共同主観的に承認されている「通用的正義」ではなく、これからその合意を獲得しなければならない、さしあたっては、少数者が掲げる「妥当的正義」に基づく行為である。こうして次のような社会変革の実践の必要が説かれることになる。

「〈通用的〉価値体系、〈通用的〉正義が何故何如にして存立しているかを考えれば、それは現行の〝協演的協働態勢〟のもたらす共同主観的相同化と相即するものであって、現行の〝協演的協働態勢〟そのものを変革することなくしては妥当的〝正義〟を通用的〈正義〉たらしめることはとうてい不可能です。／〝協演的協働態勢〟を変革するためには、それの編制機軸をなす舞台的場面、とりわけ役柄編制の物象化されたいわゆる社会的制度機構、これの革命的変革が要件をなします。」（前掲書）

廣松のマルクス主義は、この哲学的な土台の上で「役柄編制の物象化されたいわゆる社会的制度機構」を暴き、さらには実践的な指針を提起するという位置づけが与えられることになる。

通用的正義に対する妥当的正義の主張といっても、それが妥当的正義であるのかどうかという証明は誰にもなし得ないはずである。複数の妥当的正義の主張——神々の争い——もまた廣松は認めるが、しかし彼には神々の中の神となりうる唯一の妥当的正義への暗黙の確信がある。廣松には、妥当的正義として彼が念頭に置いている「何か」に対する絶対的な確信があるのだ。

しかし、廣松の論理では、妥当的正義、あるいは妥当的真理は、それ自体としては証明できない。妥当的正義が普遍的な真理であるかどうかを立証できるのは、その主張の論理的な整合性でもなければ体系的な完結性でもない。唯一、生活共同体においてそれが共同主観性を獲得し、「通用的正義」へと転化する場合だけである。実践を媒介として、通用的正義、通用的真理の位置を獲得したときだけである。歴史は、常にこの繰り返しであり、また、幾多の妥当的正義が生活共同体における共同主観性を獲得できずに敗退した歴史でもあった。こうした歴史は、無限に繰り返されるのだろうか。そうではない。もし、廣松にとっての妥当的正義の内実が、共同主観性を獲得し、それが同時に通用的正義でもある共同体の実現がなされたとしたらどうだろうか。それは、廣松にとっての世界の完結であり、その目的を遂げたことになる。こうした立場を獲得した廣松には、自らにとっての妥当的即通用的正義、妥当的即通用的真理の物象化は見抜きようがない。とすれば、廣松にとって、自らに与しないものは全て物象化的錯誤に陥った者ということになりはしないか。しかも、こうした究極の目的が実現されてしまえば、その目的のためにとられた手段が問われることもない。

例えば、スターリンにとっての妥当的正義が、反対派にとっては抑圧的な通用的正義にすぎないとしても、スターリンに則せばそれこそが妥当的正義であるがゆえに共同主観性を一時期であれ、歴史的に獲得できたということになる。廣松の実践論や正義論の構えからみたばあい、スターリン主義の論理的誤り、その通用的正義とその帰結としての粛清は批判できても、粛清という権力行使それ自体は批判できない。なぜならば、もし廣松が権力を握ったとして、彼が自らの妥当的即通用的正義に照らして正当とみなせば、反対派を粛清することを妨げる論理はでてこないからだ。

廣松がマルクス主義に拘泥するのは、その社会理論に匹敵するものがいまだに存在しないということを別にすれば、共産主義運動の歴史的な蓄積のなかで形成されてきた前衛党の役割にあると思われる。妥当的正義と妥当的真理を少数者の内部で差し当たり実現し、この社会内部の下位組織においてまず共同主観性が擬似的に確立されること。これを足がかりに、「揺動・軋轢・桔抗といった事態」を出現させ、社会変革を促すことといった筋書きは容易に読みとれる。いやむしろ、前衛党の正当性を証明するためにこそ彼の正義論、真理論があるといったほうがいいかもしれない。

右の議論が、社会的歴史的文化的な環境が相違する生活共同体相互の間に生ずる共同主観性の内実の相違と、その結果としての軋轢や摩擦という問題に応用されたとき、ここではもはや妥当的正義の体現者たる少数者は「前衛党」としては現れない。ここでは、あくまで生活共同体相互の摩擦、軋轢でしかない。この生活共同体は、近代資本主義においては、国家の形態で総括される。従って、それは、国家間の対立として最も典型的にたち現れるものとなる。多分、廣松はそうした事態を念頭においているはずであり、「新体制論」もこうした枠組みにおいて、日中を軸とする東亜の新体制なのである。こうなってしまうと、妥当的正義の体現者は差し当たり国家によって総括される以外にない。通用的正義と通用的真理が、西欧諸国と西欧のモダニズム、産業主義にあるとすれば、妥当的正義と妥当的真理は、それとの対比で登場する日本なり中国なりといったアジア国家として現れる可能性を秘めているというわけだ。この可能性を現実のものとするためには、日本の社会変革がもちろん必要となるが、それは近代の超克をこうした意味で実現するものでなければならないということになる。いや、いかに日本が変革を遂げようとも、日本が体現するであろう正義が、アジア諸国にもまた妥当する正義であると主張することに変わりはない。侵略と戦争は常に正義の名の下に行われてきたことを忘れてはならない。廣松の論理には、こうした正義の抑圧を否定する根拠がないのだ。

従ってこれは、アジアとの国際的な連帯の思想ではないし、多様なポストモダニズムの変革思想との共存を試みるものでもない。資本が多国籍化し、国民国家が多様な民族的な「錯構造体」を抱え込んでいるにもかかわらず、やはり国民国家のモダニズムの枠組みによって総括しようとする将来像は、近代国家によって近代の超克を構想した戦時期「近代の超克」論と非常に高い親和性をもっている。こうした廣松の言説は、むしろ「日本人」の左翼に隠されたエスノセントリズムに働きかけて、その優位に正当性を与える言い回しだ。かつての日本の新左翼が、日本の新左翼こそが世界革命の理論的思想的前衛であると自惚れていた井の中の蛙的な認識とさほどの違いもない。

●

さて、もう一度西田にもどろう。西田の「多」を基本とする自由な個人の重視という考え方は、単純な個人主義ではないことは言うまでもない。諸個人が歴史的社会的な世界を構成する以上、同時にこの「多」は「一」に関わることになる。しかし、個を全体に解消することも、全体を個に解消することもできないわけで、彼はそれを「一即多、多即一」と表現した。個人主義を優位においた時代の西田は、こうした「一即多、多即一」の認識においても、なお「個物」からの発想を基本に据えていた。そして、個物から他者との関係を捉え、全体を見据えようとした。

「例えばPerson（人格）というものを本当の個物と考えれば、私というものは必ず汝に対して、汝は私に対して、成り立つのである。個物が個物に対して成り立つ。何もそこにアルゲマイネといっても個物から離れたアルゲマイネでなしに、個物が個物をたがいに限定するというところにすぐにアルゲマイネというものがなくてはならぬ」（前掲「現実の世界の論理的構造」）

従って現実の世界は、「一」と「多」という「絶対相反するものの自己同一」の上に成り立つという。この「絶対相反するものの自己同一」が「絶対無」と呼ばれるものである。「無」であることによって、この現実世界の矛盾を存立させているとする西田の発想は、切実な世界についての問い、「われわれの存在とは何か」「われわれは何のために生きているのか」「社会は何に向っているのか」「歴史の目標は何か」「われわれにとっての理想とは何か」といったモダニズムの問いかけを全て無意味なものにしてしまう。西田の論理では、諸個人の絶対自由が説かれつつも、絶対自由であるがゆえに、あらかじめ定められたある目標や意味を設定することもできず（そうすることは自由に反するからだ）、世界は矛盾の無限の運動の成り行きにまかされることになる。

しかも、この絶対自由としての個人は、現実の社会のなかでの諸個人の実態に照らして捉え返された場合、果してどれほどの説得力を持てるのだろうか。西田の描く世界において、個人はむしろ自由と引き替えに、のっぴきならない不安を抱え込むことになりはしないか。この不安は、同時に西田自身の不安を反映してはいないだろうか。西田は、自由の問題を、より立ち入って、個人の自由とは現実においてどのように擁護されるべきなのか、あるいは獲得されねばならないのか、言い換えれば、現実の諸個人が置かれている自由の抑圧、制約という問題を一切問うことなくやり過してしまった。だから、個人の自由と不可分なものとしての「多」の認識は、後になって容易に個人の自由を切り捨て、「一」に優先権を与える従属的な「多」へと変質させられてゆく。人類の歴史が予め定められたある一定の目標へと向かって「進歩」するという観念を否定する西田の立場を、私も共有するものだが、しかしだからと言って、現実の社会が何の目標も方向性も持たない場当たり的なものであるということもできない。そこには、特定の個人に限られないにしても、様々な個人や集団の利害や意志、願望や欲求、陰謀や扇動が込められ、様々な力が作用していることは事実であり、まさにそれこそが世界に対して働くものとしての自己であり、また働かれるものとしての自己の現実世界である。西田は、個人にとってはどうしようもない現実に対して、個人の自由を最大限に解放する重要性を30年代初頭には意識していた。しかし、この西田のリベラリズムは現実の力によって敗北させられた。

既に西田は、先の信濃哲学会の講演に先だって、『哲学の根本問題続編』（１９３４年）の序文で、それまでの自分の発想が「自己から世界を見るという立場が主になっていたと思う」と述べ「従って客観的限定というものを明らかにするのが不十分であった。吾々の個人的自己というのは自己自身を限定する世界の個物的限定に即して考えられるものに過ぎない」と自己批判していた。リベラリズムと全体性の優先の間の葛藤の時期を経て、晩年のファシズム的言説へと転回していったわけだが、西田の思想と大東亜共栄圏を正当化する主張は、どこでどのようにつながっているのか。それは、例えば、『日本文化の問題』における次のような関係主義的な認識のなかに見いだせる。

「物と物とが相働くと云うのは、物と物とが何処までも相対立し相否定し合うことと考えられる。甲が乙を変じ乙が甲を変ずることが考えられる。併し右に云った如く、二つのものが相相関するには、両者に共通なものがなければならない。甲が乙を否定するとか、変ずるとか云うことは、甲が乙と共通なる場所を自己となすことによって、即ち自己が一般者となることによって、乙を自己となすと云うことでなければならない。甲自身が世界となるということでなければならない。而してそれは多が一となることであって、甲が甲自身を否定することでなければならない。故に物と物とが相対立し相否定する、相変ずると云うことは、両者が共に自己自身を否定して一となることでなければならない。その限り、両者は一つのものの変化と考えられねばならない、一つの世界の自己限定と考えられねばならない」

ここでいう甲の位置に「日本」を、乙の位置に大東亜共栄圏に属すると想定されたアジア諸国を代入すれば、そのまま彼の時局認識になる。そして、この世界性をはらむ「甲」なる位置に日本がつくことが可能な理由として、西田が指摘するのは、二つである。一つは、政治的権力主体の変容を貫いて存在してきた「皇室」の超越性、もうひとつは島国であることによる自己完結的な歴史に内包されている世界性である。この「日本」の世界性を文字どおりの世界へと投射すること、それが当時の「日本」の侵略に正当性を与えるものとなったのである。この単純な論理を西田は「全体的一と個別的多との矛盾的自己同一」とか歴史における「時間的」と「空間的」といった独特の概念によって構成しただけのことである。しかも、「甲が乙と共通なる場所を自己となす」という認識は、実は廣松のいう共同主観性とほとんどかわらない。

こうして、西欧近代の主客二分法への批判という問題意識と、関係主義的な認識論、そして国民国家を単位とする世界関係への日本の関わりといった幾つかの要素のなかで、西田と廣松は多くの点で共有する問題意識を抱いていていたと言える。

●

以上のように、廣松の共同主観性の論理は、実践論に媒介されたとき、それは権力闘争に全ての決着が委ねられ、狭い意味での政治的な行為に優先権が与えられてしまうものだった。しかも、常に大きな権力を志向し、「全世界を獲得するために」自らがその中心的な役柄を担うことを自らの哲学者としての任務とする姿勢が廣松にはある。従って哲学者としての廣松の行為もまた、この共同主観性獲得の実践として理解しなければならないのかもしれない。自らの哲学の「妥当的真理」を主張する際に、この妥当的真理を哲学的共同体内部における共同主観性としての地位に押し上げるためには、アカデミズムへの制度的介入と権力闘争が不可欠になる。こうした側面から廣松の行動に光を当てたとき、大学闘争を経て一度野に下った廣松がなぜ東大という職場を選んだのかという彼の場所の選択と、『情況』の復刊、シューレの形成、『存在と意味』を岩波書店から出版した意図という一連の彼の行動の全てに説明がつくように見えてしまう。

私は、なにも共同主観性の獲得の欲求を否定せよ、と言っているのではない。物書きであれば、大抵の場合、そうした欲求を背景として文章を書く。哲学にせよ、あるいは社会科学にせよ芸術にせよ、それらが共同主観性の実践というきれい事では済まされない行為と不可分であるということを示した廣松の意義は極めて大きい。しかし、多様な少数者の併存を目指すことと、そうした多様性の神々の争いのなかから自らが全ての中心になろうと欲望することとでは全く実践的な関心が異なる。この点については、知識社会学者の格好の研究材料にはなろうが、差し当たりここでこれ以上述べる意味はない。

「新体制論」は、決して彼の理論的な構えと無関係ではなかった。また、彼が「東亜の新体制」と表現し、戦時期「近代の超克」論や世界史の哲学への再評価を示唆したのも、深い根拠があった。しかし、そこに何か新しい可能性を見いだすことはできない。彼が晩年、マルクス主義の擁護のために、多分誰よりも多くの文章と著作をしたためたその情熱には深い敬意を表しはするが、しかしそれはかつての物象化論の提示が巻き起こしたような衝撃はなく、ひたすら啓蒙的な姿勢に徹したものだった。『存在と意味』の執筆の過程で期待された新しいマルクス主義的な実践論はついに姿を見せなかった。もし、新たなマルクス主義の理論的な試みがなされるとすれば、それは大幅な原マルクスの理論への解体―構築を伴うはずである。哲学者としての廣松にはその用意があったかもしれないが、マルクス主義者としての廣松にはその決断がつかなかったのではないか。

廣松が「新体制論」を書いて以降、このエッセイの反響は大きかった。そして、何人かの論者ははっきりと廣松のこの議論に異論を提起した。しかし、他方で、廣松の「新体制論」への批判を暗に押し止めようとする「空気」があったことも確かだ。あの短いエッセイだけで批判を展開するのは性急であるという意見もあれば、廣松シューレに遠慮する編集者の「自主規制」もあったと聞く。こうした出来事自体が廣松哲学がある種の共同主観性を獲得しつつある証左であろう。しかし、かつてのマルクス主義者やリベラリストの転向は、その理論的な構えを捨てることなく実行されたことを決して忘れてはならない。平野義太郎はアングロサクソンのアジア支配から隷属アジアを解放する反帝国主義として「大東亜戦争」を位置づけ、三木清もまた英米帝国主義に対する「新秩序の戦争」を反植民地主義の「世界史的立場」から主張した。廣松の「新体制論」は、直ちにそうした転向の宣言とはいえない。しかし、長い目で見たとき、また廣松の理論的な構えにその淵源があるということを踏まえたとき、それが日本のマルクス主義知識人に与える影響を軽視することはできない。今後廣松の哲学を論ずるときに、「新体制論」を廣松の思想的な営為のなかから排除し、あたかも「なかった」かのごとくに扱い続けるとすれば、それは、ある種の転向の予兆と受け取ってよいだろう。「新体制論」への批判を含めてどれほどのことが日本のマルクス主義者によってなしうるかが日本のマルクス主義の重要な課題となろう。

★本稿は、情況編集部の依頼で執筆したものだが、掲載を断られたものである。情況編集部に渡した原稿のままであるが、私のケアレスミスによる間違いとして、「廣松」の名前が全て「廣末」に変換されてしまっていたのを訂正し、その他気づいたミスタッチ、文法の誤りを訂正した。内容的な修正は加えていない。是非ご意見、ご批判等いただきたいと思います。

なお西田からの引用は全て現代かな使いになおした。

出典：『インパクション』88号、１９９４年

ナショナリズムの何が難問なのか？

「ナショナリズム」は難問である。私がこれまで書いてきたナショナリズムについての議論で、何らかの核心を突いた論点を提起できたという自信は全くない。日本のナショナリズムの問題は天皇制の問題と不可分とはいえ、天皇制の問題に還元することはできない。かつて竹内好が、天皇制は「一木一草に宿る」と語ったとき、「天皇」や「日本」とか「日本人」といった言葉が明示的に語られない、人々のなにげない日常生活場面での態度、感情表現、価値観に表出する「日本人」としての大衆の無意識が、天皇制を論じる上で避けることのできない論点であるということを強調したかったのだろう。しかし他方で、政治家や知識人による意識的にナショナリズムを鼓舞する態度や発言が大衆の無意識に働きかけて、ある種のナショナリズムを醸成し、これを一つの社会・政治的な勢力へと形成する要因をなすことも軽視すべきでないだろう。だから、ほとんどあらゆる事柄にナショナリズムの兆候を暗示的あるいは明示的に見いだすことは、難しくないにもかかわらず、ある意味では奇妙なことなのだが、長年肯定的にも否定的にも論じられてきたナショナリズムという言葉そのものが指し示す対象が、いったい何なのかは、常にどこかに曖昧さを残してきた。ナショナリズムについて論じても、論じた内容から漏れる何ごとかが残り、この残余にこそナショナリズムの核心に関わるなにごとかが含まれているに違いないという直感を、私は否定できない。

私は、日本における「日本人」としてのアイデンティティを持つ人々のナショナリズムとは、天皇との「近しさ」を心情によって測ることができるような精神性だ、ということをこれまでも何度か述べてきた。プラスの目盛が刻まれた心情の座標軸をそもそも持たない人々にとっては、この天皇との距離は測りようがなく、「日本人」としてのアイデンティティを持つことも困難であるに違いない、ということだ。この心情の座標からなるこの国のナショナリズムは、「日本人」の日常生活の慣習の背後にある無意識に仕込まれたジャイロスコープのような存在であって、その行動や方向を直感や実感といった理性的な判断とは別の回路を通じて、人々の大衆意識を構築してゆくように思う。

他方で一般論としてナショナリズムを論ずるという場合、あるいは、世界の共通する主題の一つとしてナショナリズムを射程に入れて考えた場合、日本のナショナリズムを天皇制との関わりだけを念頭に置いて、そこから何か普遍的な定義に通じるものを論じるというだけでは十分ではないようにも思う。この短かいエッセイはもっぱらこの国のナショナリズムについて語るのが精一杯であるとはいえ、ナショナリズムは世界的な現象でもあるわけであるから、ある種の近代に普遍的なこととして捉えつつ、この国の固有性と周辺諸国にもあるナショナリズムとの差異を軽視したり見過すこともなく、これら両面を捉えてナショナリズムそのものを批判的に論じることが必要最低限の作業となるだろう。

●

野田首相は［2012年］11月16日の記者会見で「ナショナリズム」という言葉を口にしている。首相が「ナショナリズム」に言及するケースは稀なことだ。

「強いことを言えばいい、強い言葉で外交・安全保障を語る、そういう風潮が残念ながら私は強まってきたように思えてなりません。極論の先には真の解決策はありません。健全なナショナリズムは必要です。でも、極端に走れば、それは排外主義につながります。そうした空気に影響される外交・安全保障政策では日本が危ういと私は思います。」

野田が言う「健全な」ナショナリズムと「極端な」ナショナリズム、あるいは「排外主義」との間にいかなる区別を設けているのかについて、真面目に詮索することは無駄なことである。誰であれ、ナショナリズムを肯定的な文脈で語る場合には、それがいかに「極端」であっても、それこそが「健全」だというレトリックを伴わないわけにはいかない。「尖閣」の国有化は、極右の石原慎太郎に引きずられた「極端」なナショナリズム、排外主義であるというのが私の判断だが、「極端」に走らない「健全な」ナショナリズムや「排外主義」を伴わないナショナリズムがあるわけでもない。

ナショナリズムは、「日本」や「日本人」という括りを前提として、そこに自他の区別の境界を設けようとする意識と切り離せないということが、野田の発言では端的に表現されている。ナショナリズムの心情は、日本や日本人とそれ以外との間に区別（差別）を設ける「主義」であるということを肯定するもので、一国の首相が公言したことの意味は重大だ。私がここで言う「それ以外」とは、この発言に触れた「日本人」は誰もが直感的に理解するように、もっぱら中国、台湾、南北朝鮮を指し、米国や西欧諸国を指すわけではない。これが戦後の「日本」及び「日本人」と他者との間に引かれる暗黙の境界の特異なところでもある。そして、この自他の区別（差別）において、「日本」と「日本人」という存在の側に立つという意志の表明がナショナリズムである。このことは、戦後のこの国のナショナリズムの最終的な係留点が、虚偽意識としての民族や宗教の感情を動員しながらも、戦後的近代国家の正統性を再生産する精神と心情、つまり「国民」としての感情体系にあるということを示している。

戦後日本のナショナリズムは、民族主義とも国粋主義とも異なり、「国民主義」としてのナショナリズムに焦点があるというところが一つの特徴と言っていいのかもしれない。しかしこの「国民主義」は、ナショナリズムの一般的な定義としては妥当しないだろう。日本近代の歴史全体を通じてすら、日本のナショナリズムを「国民主義」として、つまり、ネイションを「国民」と読み換えるようなことでは収まりきらない部分があるからだ。とりわけ、植民地を抱え「帝国」の体裁をとっていた時期の日本のナショナリズムを、戦後日本の「国民主義」のフィルターを通して解釈してしまうと、侵略を正当化する多くの重要なイデオロギーの側面が見落されるに違いないからだ。つまり、実態としての植民地主義をイデオロギーの側面から支えた諸々の「アジア主義」という拡がりが軽視されることになる。アジア主義は、「国民主義」という枠組みに還元することのできない「帝国」の「帝国」としてのフィクションの作法だからだ。

近代の西欧が世界規模の帝国を目指すなかで構築しようとしてきた世界観が、普遍主義であったように、「アジア主義」もまた、領土への欲望の拡がりによって規定された意識の産物であった。これに対して戦後の日本は、敵であるはずの米国に寝返えり、「五族協和」の「同胞」を道義的にもイデオロギー的にも裏切ることを積極的に肯定することで構築された特異なナショナリズムを、その核として成立してきた。敵に魂を売ったこの国のナショナリストであるから、この国の最大の領土問題である米軍基地に何一つ非難の言葉すら投げつけることもせず、〈島〉の領有をめぐる問題にあらん限りの罵倒を浴せる姿は、戦後親米ナショナリズムへと無自覚に転向したこの国の近代を通底する「アジア主義」も含むナショナリズムの欺瞞の病理が、如実に現れている。

●

いかに堕落し腐りきった存在を晒していようとも、いまここにある国家や国民なるものに自己を同一化させるべきことを宣言する態度がナショナリズムには必ずつきまとう。今は堕落や腐敗の側にあるとしても、こうした現実に対して、本来の（「真の」とか「伝統の」とか様々に形容されるが）国家や国民はそうではない高邁で誇れる存在であったし、そのような歴史を有していたのだから、将来においてこれを回復させられるはずだ、という物語によって、堕落と腐敗の側に立つことの正当性を主張する。誇れる歴史は、神話や宗教的な倫理、戦争の英雄譚といった「物語」によって再構成される。民族、宗教、革命を含む国家と国民創成の記憶が時にはナショナリズムの必須の要件として繰り返し再生産される。

戦後の堕落に対して戦前戦中の「アジア主義」が果しているイデオロギー上の効果は、高度成長期であれば、追いつくべき欧米先進国との競争を背景とした「近代の超克」であり、低成長から冷戦後の世界にあっては、ポストモダンやアジアの世紀における「近代の超克」の物語として、「日本」の思想的文化的特異性＝優位性を模索してきた知識人の格闘の物語としてリサイクルされてきた。〈島〉の領有といった問題が起きる直前まで、この国のナショナリズムは、もろもろの「東アジア共同体」のような構想を通じて「帝国」の夢を見ようとやっきになっていたが、この夢はあっけなくひっくり返された。近隣諸国の反日感情の高揚に動揺し、この国の親米ナショナリストは、むしろ近隣諸国への敵意によってしか自らのアイデンティティを維持できないというところにまで追いこまれたのではないか。このエッセイの冒頭で述べた天皇との「近しさ」の心情の座標軸は、一見すると敵意に満ちた排外主義と無縁であるかのように見える。しかし、この座標軸が近代日本のナショナリズムに一貫して通底するアジアとの距離を測る尺度にもなっていることを、見落とさないとすれば、この沈黙する無意識こそが、敵意と激情にエネルギーを備給する根源をなすものだということも理解できるはずだと思う。

出典：反天皇制運動連絡会『反天皇制運動モンスター』35号 2012年12月

反芸術の試行 1969〜1975年の美術

70年代前半という時代は、60年代の「総括」の時代だった。このことは、文化、芸術の分野にもあてはまる。20世紀初頭に登場した現代美術や多様な前衛的・実験的な試みが次々と日常生活との境界を解体し、それが一つの極限にまで達したのが60年代だった。これを受けた70年代前半は、支配的な文化や制度との確執、軋轢、懐柔も激しさを増し、異端と正統の相対立し合うベクトルが激しくつばぜり合いを演じはじめた時代でもあった。芸術の既存のカテゴリーを解体して日常生活の行為や事物を芸術のカテゴリーに繰り込むことを通じて、芸術の持つ特権性に対して批判的な態度を取ろうとする傾向が顕著になる一方で、こうした行為を芸術と認知する美術館、展覧会が相次ぐことによって、芸術はますます拡張し続けることになった。

反芸術の主張は、否定すべき芸術なるものが権威として存在していることによって存在意義を持ち得た主張であったから、こうした自己否定的な芸術それ自体が芸術としての権威や正統性を獲得し始めてしまうと、〝反芸術という芸術〟というパラドックスに陥ってしまうことになる。

こうして60年代を経て70年代の芸術は、制度から逸脱する表現が果たして可能なのか、そもそも芸術を廃棄することなどできるのか、という芸術に内在的な問いへと向かう一方で、芸術を支える制度を作品によって乗り越えるのではなく、作品が成り立つ展覧会のあり方やスポンサーとの関わりを批判するアーティストたちによるアクティブな政治的な活動として現れた。

後者の問題は、68年、69年の国際的な学生運動の急進化とともに、権威主義的な美術、芸術の制度としての展覧会、あるいは国別展示にみられるような国家的な権威の手段としての芸術のあり方が問われた。ベネチアビエンナーレ、パリ青年ビエンナーレ、カンヌ映画祭などが次々と異議申し立ての矢面に立たされた。日本国内でも69年にデザイン界の権威ある展覧会として知られる日本宣伝美術展がデザイン系の学生たちの異議申し立てに直面して、作品選考が阻止され、展覧会が中止に追いやられ、翌70年6月には日本宣伝美術会自体が解散する。

なかでも70年の大阪万国博覧会への作家たちの関わりをめぐっては大きな論争を巻き起こした。この万博では、60年代の日本の芸術、文化のかなり先端的な部分を大々的に動員したという点で、一つの画期をなしたと言っていいだろう。岡本太郎がテーマ館のプロデューサーに抜擢され、万博のシンボルとなる太陽の塔を制作しただけでなく、建築では、丹下健三、菊竹清訓、磯崎新、黒川紀章、彫刻・造形ではイサム・野口、伊原通夫、映像では勅使河原宏、松本俊夫、音楽では一柳慧、秋山邦晴、武満徹、デザインでは粟津潔、杉浦康平、福田繁雄、横尾忠則などが参加した。こうした作家たちは企業などのパビリオンや屋外の造形などを手がけた。さらに万博美術館では、古代から現代にいたる「美術」作品が展示され、現代美術だけでもデュシャンからウォーホル、オルデンバーグといった同時代の作家たちまで250点あまりが展示された。

これに対して、万博への批判も様々な立場から出された。宮内嘉久らの建築関係者たちは建築家'70行動委員会を結成して68年から「万博粉砕!建築家総決起集会」などの抗議行動を展開した。また、反戦のための万国博協会(代表、山田宗睦)の活動や、針生一郎、多木浩二らの批評家からの批判的な批評、言論も活発化し、『SD』『デザイン批評』『美術手帖』などの専門誌だけでなく『現代の眼』『朝日ジャーナル』などの一般誌も万博の是非をめぐる議論を取り上げた。

上記の反対派の言論に共通するのは、ニュアンスの違いはあるが、万博という「お祭り」が、70年安保という重要な政治的課題から大衆の関心をそらす作用を持つことは必然であり、作家たちは自分の芸術表現が成り立つ空間の政治的な機能に無関心であってはならない、という問題意識だった。

しかしまた万博への異議申し立ては、政治と芸術との関わりへの問題意識からだけではなかった。加藤好弘が主宰する裸体のハップニング集団、ゼロ次元商会は、万博という場において表現される芸術の意味それ自体を否定すること、その「精神的な破壊」を意図した。ゼロ次元は、セックスや裸体の反体制性、西洋的な造形や身体表現への異化作用ともいうべきキッチュでお祭り騒ぎのような無秩序な集団性を街頭などで展開した。ゼロ次元は69年に反万博九州実行団主催の「万博破壊九州大会」を始めとして、京都大学全共闘とともに反万博の行動をとるなど精力的に行動した。

万博は、お祭りなどと言われながら、ハイテクのメディアアート、ミニマリズム、もの派の抽象的な作品が数多く出品され、「前衛」表現を呑み込んだが、対照的に、猥雑で通俗的な身体は、表現の場から駆逐された印象が強い。

万博とともに「概念芸術《コンセプチュアルアート》」の評価をめぐって、70年代前半に引き起こされた論争は、4半世紀が過ぎる現在においても示唆に富む内容を含んでいた。60年代に拡張を続け、日常生活の通俗的な物や行為を芸術のカテゴリーと接合する様々な試みがなされた。

金坂健二「万博粉砕キャラバン（京大バリケード内にて）/69年6月8日－11日」
美術出版社発行『美術手帖』1972年２月号に掲載

例えば、万博と同じ70年に開催された東京ビエンナーレは、こうした芸術の新たな流れを象徴する展覧会だった。この展覧会では、次のような作品が展示された。黒い紙を山積みにしたライナー・ルッテンベック、のこぎりで切った石を山積にした小池一誠、1・4mほどの炭の柱を16本持ち込んだ成田克彦、波打ち際に板を4枚並べて須磨海岸での潮の干満を記録した河口龍夫、様々な切り込みを入れた16個の丸太を並べた高松次郎、拾った石を郵送した堀川紀夫、巨大な鉄の円盤を屋外の地面に埋め、木を一本植えたリチャード・セラ、そして、前年ローマのギャラリーで数頭の馬をそのまま展示して話題になったヤニス・クネリスは、ギャラリーの入り口に鉄の棒を一本立てかけただけの作品を出品した。アトリエの窓から外を10分おきに写した34枚の写真を展示したヤン・ディベッツ。これらの作品は、日常的なものや行為を美術館に持ち込んだり、逆に、美術、芸術の制作という行為をあえて、日常的な行為に扮装させるものばかりだ。

日常のなかでなにげなく行われたり、用いられれば芸術とは無関係なものを、アーティストが「これはアートだ」と言ったり、展覧会に展示されることによって、それらの行為や物が「アート」になる。こうしたアートの方法は、デュシャンの便器やレディメイドの作品にその起源を見いだせるとすれば、現代美術にとって欠かすことのできない表現の方法であると言えた。そして東京ビエンナーレに出品した作家たちはこうした方向を極めて鮮明にした作家たちだった。しかし、作品の制作が作家の熟達した手業から離れて、日常性やレディメイドに依拠するようになればなるほど、作品とされた対象物の選択それ自体の「意味」が厳しく問われることになる。

●

70年代はこの「概念芸術」への批判と総括をめぐる論争の時代でもあった。李禹煥は「変革の風化――芸術はこれでいいのか」(『美術手帖』71年3月)のなかで、コンセプチュアル・アートについて次のように書いた。

「あるものがなにも語らぬ（語るとは世界の自己開示、観ること、出会うことである）対象的事実の提示にとどまってしまったとき、作家はイメージがどうの発想がどうのと、自らあるいは批評家の口を借りて、おのれの観念を語ろうとする。全てを観念的次元に委ねようとする姿勢は、だから世界が世界を語るように解放せず〈世界を無機化して無表情にし、そこにおいて感知し合う自然性、歴史性を断ち切り、その有機的な存在の生命を奪おうとするものだ。世界を、なにも感じられず観えないように閉ざしておいて、〈人間〉の勝手な観念を、情報を通用させおおい被せようとする、それはまさしく〈人間〉（それは誰か）さまの支配思想でなくてなんであろう。主が語るから、対象どもは黙れ！というスローガンは思想史的意味で、まぎれもない統治者のエゴ、植民地政策のそれであることをまさか弁解するつもりではないだろう」

こうした作家の態度は「世界を、感知し合う出会いの関係でなしに、無表情な対象的事実として眼前化させようとする魂胆の裏には、世界を認めず、自分の存在のみの現存性を全面化しようとするファッショ的な企てが秘められている」というのである。

李は、作家が作品を介さないで語ることよりも、作品を介することによって、作家の問題意識の提示の力が解放され、自然性や歴史性を備え、感知しあう出会いの関係が確立されるとみる。観念（あるいは概念）が先行する作品は、作家や批評家が作品の意味をあらかじめ示し、作品の見方を一方的に示すことになる、というわけである。こうなってしまうと、作品の物質性が持つ固有性や唯一性はどうでもよくなる。それは単なる作家の観念のための手段であるだけだ、ということになる。

逆に、東野芳明は「現代美術の効用は、『誰かがあるものを芸術だといえばそれが芸術になる』（ドナルド・ジャッド）と言われるように、『芸術』という摩訶不思議なレッテルを乱発することによって、日常の世界のヒエラルキーをつきくずし続ける点にあるだろう」（「美術季評」『季刊芸術』71年冬号）と述べ、中原祐介も作家が出す絵葉書（これは河原温の作品を指していると思われる）がそれ以外の絵葉書とは違う存在であるということが感知できる、ということを踏まえた上で「芸術と生活的なできごととの境界が曖昧になったが、しかし、それによって芸術という"概念"は死滅したのではなく、逆に、美術という純粋概念として、あるいは、対応を失って自立した概念（ことば）として分離凝縮していった」（「眼にみえない芸術」『芸術手帖』71年5月号）のだと述べ、むしろ概念としての作品の提示は、日常性の持つ歴史性や社会性を意識化させる作用があるはずだと反論した。

この時代のコンセプチュアル・アートを論ずる場合に、必ずと言っていいほど言及される作家に松沢宥がいる。彼は、「物質は迷妄なり、物質は消滅する」といった物質への極端な拒否意識に支えられた作家だ。彼は寺山修司のインタビューに答えて次の様に語ったことがある。

「美術の物質的な部分を消してしまえということですね。それまでは実際に色や形を使ってタブローとしていたのを、そういった物質を消してしまうということですね。紙に文字を書くという・・・さらに言葉だけで伝えることもできるわけで、つまり、こういった物質的痕跡がなくてもできる。徹底するとそこまでいくわけです。物を媒介にしないでやれ、と。結局、一点崇拝のピカソの絵は高くて人類全員が所有できないわけですけど、ぼくの絵は、ぼくの考え方を理解し感じてくれれば所有してもらえたことになり、そういう原則によると〈全人類が所有できる絵〉です」（『芸術倶楽部』8号、1974年）

言語で表現できない部分にこそ美術表現の存在意義があったのではないか。それを逆に言語で伝達可能であるとしてしまうと、結局のところは美術をロゴス中心主義へと引き戻すことになりはしないか。むしろ私はこの松沢の発言は、言語表現への挑発であると思う。あるいは、作品―批評という関係によって作品が言語化される美術の解釈世界に既に内包されている批評の優位性を異化し、批評の特権性を解体しようとする試みであると読むべきかもしれない。

●

物質性への懐疑あるいは身体性への懐疑、それらへの拒否の意識、これがコンセプチュアル・アートに顕著だったとすれば、これとは全く対極にある表現の動向が全く同じ時代に大きな注目を集め始めていた。それは、舞踏という身体表現と写真における肉体性の志向である。

現代美術のなかで行われてきたパフォーマンスやハプニングともモダンダンスとも決定的に異なる身体表現としての舞踏は、1959年の土方巽による「禁色」を嚆矢とするものだといわれている。舞踏は、土方の「暗黒舞踏」なくしては語れないと同時に、そこには徹底した西欧モダニズムの身体観への拒否があり、「東北秋田の厳しい自然と権力からたえず抑圧されてきた民とそのカラダが、彼の新しい芸術のための財産であった」（中村文昭「舞踏のおしえ、大野一雄と舞踏史」、立木鷹志編著『天人戯楽、大野一雄の世界』青弓社）。機械化された身体や西欧の舞踊のセオリーとは異なる「形」へむかう土方の身体表現は、68年の「土方巽と日本人、肉体の叛乱」を画期として、それ以降、土方に続く多くの表現者を輩出した。麿赤児の大駱駝艦、笠井叡の天使館などが注目を集め、舞踊ともハプニングとも異なるBUTOHが広く知られるようになった時代であった。

同様の傾向は、写真にも見いだされる。写真は、この時代に大きな変貌を遂げたと言われる。68年、多木浩二、中平卓馬、高梨豊、岡田隆彦が『プロヴォーク』を創刊（後に森山大道が参加）、69年には桑原甲子雄編集の『季刊写真映像』が創刊されるなど、写真が時代の思想や表現に対して積極的に発言し始めた。写真家の中平卓馬が、ベトナム戦争のソンミ村虐殺の報道写真を殺す側の視点であり、東大安田講堂の攻防戦の報道写真が機動隊の視点でしか撮られていないと批判したことに象徴的に表れているように、写真家の主体が、とりわけ問題の中心を占めるようになった。作家は作品の背後に隠れるというよりはむしろ作品の前面に立ち現れることによって、写真がもたされてきた事実性や客観性をことごとく再審に付すことになった。後に多木は当時を回顧して、既存の写其家たちの権威主義への批判、新左翼的な思想、言語と映像との関係への関心が『プロヴォーク』に共通していたと指摘している（『déjà-vu』no.14、1994年、シンポジウム「現代写真の位相」より）。

この時期大きな注目を浴びることになった作家に森山大道がいる。彼の作品は、都市の空間を正確に余すところなく写し出すものとしての写真というよりはむしろざらついた不鮮明で焦点のずれた写真（「ブレボケ」と呼ばれた）を積極的な表現の方法として提示した。写真家の大島洋は、「ブレボケ」という方法について「この時代を身体が受け止める気分だとか、思想とか、国家と権力と風景だとか、写真表現の保守性の破壊といったものの全部を、ブレボケが示していた」と指摘している（同上シンポジウムより）。写真では、そこに写し出されている対象がそのまま写真家の対象との関係、その位置、あるいは政治的な立場や権力関係をも表現してしまう。「ブレボケ」は作家の身体や手の動きを意識させることによって、写真の客観性神話を突き崩す実践的な試みであるとも言えた。

この時代の芸術における模索のなかのあるものは、制度の壁の前に挫折し、あるものは答えの見いだせないまま今現在まで試行錯誤が続いている。展覧会、美術館の制度的な問題、スポンサーと制作、表現の自由という問題は、その後の政府・自治体、企業による現代美術の取り込みのなかで曖昧にされ、一連の問題提起は、いつのまにか多くの人たちの記憶にすら残らないか、あるいは政治の季節のエピソードとして「歴史」化されてしまったように見える。センセーショナリズムと伝統的な現代美術の制作は、様々な形でその後も表現の場を与えられてきたがコンセプチュアル・アートが内在させていた政治的・社会的な問題意識は徐々に希薄化し、哲学や思想のラディカリズムとの繋がりがかろうじて残された。この時期以降の日本の現代美術は、60年代末から70年代前半に問われた問題を十分消化して展開されたとは言い難い。むしろ当時の問題提起は4半世紀を経た現在でもなお未決のまま残されている。

出典：『20世紀の記憶 1969-1975年』毎日新聞社所収、1999年

サイバー・スペースの階級闘争

マルチメディアから移動体通信まで、あるいはパソコン通信からインターネット・ブームまで、かつてのハイテク産業、先端産業ブームや産業・企業のコンピュータ化ブームが日常生活の目に見える分野で、とりわけコミュニケーションの分野で大きな影響を見せ始めている。マルチメディアなどは一過性の流行に過ぎないというシニカルな見方から、今この分野に参入しなければ競争に取り残されるという危機感を抱く企業まで、確かに企業の経営者たちの間ではちょっとしたブームではある。こうした企業社会のブーム現象は、コンピュータ・コミュニケーションの領域が金儲けのための新たなマーケットとなりつつあることを示しており、結果的には企業による投資や政府の公的資金の投入に結びつくことによって、新たなインフラストラクチャーを形成することになるものの、金も力もない個人は、コミュニケーションという基本的人間関係の分野における自由をますます奪われる危険と直面することになるだろ

う。しかしそれは、抑圧的な不自由ということではなく、個人としての消費者が大衆消費社会の日常生活の中で獲得した自由――ジャンクフードを食べる自由やセンセーショナルなイベントの快楽によって日々の日常生活の退屈をごまかす自由――と同じように、私たちはコンピュータによるコミュニケーション・メディアの急速な発達の中で、私たちの感性や判断力そのものを、この快楽の権力に委ねることになるという意味での自由の拘束なのである。

社会運動や左翼の運動ではコンピュータ・コミュニケーション・メディアに対して懐疑的な態度が一貫してとられてきた。10年前であれば、コンピュータ・テクノロジーは工場の自動化やオフィスオートメーションによる合理化あるいは労働強化といった労働問題、行政・企業による個人情報の集中と管理によるオーウェルの『1984年』的状況への危機感などに代表されるように、管理社会の情報支配の装置であるという評価が圧倒的に多かった。

私は、こうした新たなメディアへの危機感と問題意識は間違っていないと考えている。企業がコンピュータや新たな情報テクノロジーを導入する際の基本的なモチーフは、コストの削減と競争力の強化であり、扱いにくい人的要素よりも黙々と仕事をこなすロボットやコンピュータを選好するという資本の価値増殖の論理に基づいていることは言うまでもない。また、福祉国家化であれ、財政の効率的な支出であれ、あるいは企業による消費者ニーズの把握であれ、情報の管理は諸個人の心の内部に様々な方法で入り込み、意識操作を試みようとする意図と無関係とはいえない。ただし「操作」とは、もっぱら受け身でリモートコントロールのように操作する側の意図が操作される側へ一方的に伝達され、その意図が貫徹されるといった単純なものではない。むしろ、諸個人は操作されるとは限らないしたたかな多様性や個性も発揮する。だからこそ、操作を試みる側はより巧妙な操作のテクノロジーを開発しようと努力してきたのだということができる。

これは、意図的であるかどうかにかかわらず、こうした操作対象となることを拒否してきた人々の行動や欲望――それが自覚的な集団的な行動として表現された場合に「階級闘争」と呼ばれることがあるわけだが――とのある種の弁証法的な相互作用によると捉えることもできる。

コンピュータそのものの発明と開発は、人間を操作可能な対象とすることを試み続けてきた近代資本主義のテクノロジーの発達のひとつの帰結である。では、それはどのような意味で「操作」的なのだろうか。機械化が人間の肉体的な機能を機械へと外部化し、自動化によってさらに労働者によるコントロールから切り離し、資本の直接管理へと包摂することによって、労働現場の資本による実質的包摂を実現した。大衆消費社会は、物的消費財とマスメディアを通じて、日常生活そのものを資本の価値増殖に包摂することになった。それは、〈労働力〉再生産過程の資本の下への包摂であり、社会的工場（セルジオ・ボローニャ、トニー・ネグリ）の成立でもあった。これは、生活過程における諸決定が生活者の身体から外部化される過程でもあった。出産と死、教育、医療から衣食住の基本的な条件、セックスの方法やライフスタイルのモデルに至るまで、人々の身体感覚として蓄積されてきた身体制御の知識は切り離され、資本と国家の手にますます委ねられるようになる。

70年代以降の4半世紀は、さらに私たちの精神的な領域そのものが直接的に外部化され、資本と国家によって包摂される時代となった。マスメディアは、私たちの精神的な領域を私たちの身体に残しながら、そこへと注入される装置だったが、コンピュータによるコミュニケーション・システムは逆に、私たちの身体に属していた情報処理の能力が機械化され、外部化されるということ、従って、それはマスメディアのように何らかの支配的なイデオロギーとか文化が外部から私たちの意識や無意識の過程に注入されるのではなく、逆に私たちが外部化された機械を媒介として、外部の情報処理のシステムに結びつき、私たちの意識や無意識の情報が外部の情報と交流し――インタラクティブなどと呼ばれるわけだが――私たちは次第に「私」という観念を喪失し、ネットワーク上に拡散し、同時に「批判」という作業がその根拠地としてきた外部と区別された自己意識の崩壊をもたらすことになる。これは、ポストモダニズムにおける「主体の解体」と呼ばれてきた出来事だが、それは決してモダニズム以上に好ましい状況だとはいえない。むしろ現状のままそれが究極的に実現された社会となれば、それはおぞましき幸福な社会にしかならない。多分、現在の多くの人々は決してそれを望むことはないであろうと思われる「幸福」な状態、ジャンキーの幸福とでも言うしかない状態になるだけだろう。

ポストモダニズムを以上のような観点から捉え返したとき、人間主義への否定、自我の崩壊はコミュニケーション・システムへの溶解に帰結し、ノマド的な自由のかわりにインタラクティブなノマド的権力の生成と結びつく危険性の方が大きいかもしれないのだ。少なくとも、サイバー・スペースにおける対抗的な文化運動を構想するという場合には、こうした危機をふまえる必要がある。

●

メディアが私たちの世界にどのような意味と機能を果たしているのか、そしてサイバー・スペースというここ10年ほどの間に新たに急速に開けてきたフロンティアは、従来のマスメディアと対抗メディアの諸運動に対して、どのような新たな意味を持つものなのか。それをインディペンデントな左翼の立場から論じてみることがここでの私の主題である。左翼という立場は、19世紀的な古くささの印象を拭い去れないものかもしれない。しかし、今、私たちに必要なのは、明確なイデオロギーや価値観の表明であり、とりわけ支配的な価値観に対するはっきりとした批判や拒否の意思表明、イデオロギー上のマイノリティの表明である。左翼という言葉で私は、資本主義の価値増殖システムと(多様な意味を持つ)プロレタリアートに対する搾取を肯定しない立場を指している。だが、もう少しこの点について、私の考え方を述べておいた方がよいだろう。

既に、60年代にダニエル・ベルは、イデオロギーの終焉を主張していたが、80年代の東西の冷戦体制の終結は、さらに社会主義やコミュニズムの主張を冷戦時代の「遺物」と見る常識を確立し、フランシス・フクヤマの「歴史の終焉」のように、資本主義の高度な発達を遂げた先進国の体制を超克しうる体制の展望を否定するシニシズムもまた支配的な価値観の位置を獲得した。もはや多くの人々にとって社会主義は代替的な選択肢の有力な一つとはみなされなくなった。むしろ社会主義は資本主義よりも遅れたシステム、従って「社会主義諸国」は資本主義に転化すべきものであるということが暗黙の合意として成り立っている。従って、サイバー・スペースが新たなフロンティアとして開発されつつある時代とちょうど重なり合う時代の価値観が、上のような意味での現状肯定型のポストモダニズムと呼ばれるものであるということになる。

こうした一連のポストモダニズムのなかにみられる現状の追認は、ラディカルなモダニズムからの切断を試みる名付けようのないモダニズム以降の社会意識を志向するコミュニスト的なポストモダニズム（例えば、アントニオ・ネグリやドゥルーズ＝ガタリなど）とは区別されなければならない。そして、もしこのようにポストモダニズムそのものを見てみるとすれば、それはスラヴォイ・ジジェクも指摘しているように、新たなイデオロギーの時代なのであり、イデオロギーは階級闘争の新たな主題となりうるものでもあるのだ。

しかし、イデオロギーが伝統的な左翼が「党」という組織によって担わせようとした類いのものであるとすれば、それを私は断固として拒否する。既に、70年代の初めにイタリアのアウトノミアの運動がはっきりと示していたように、党という組織によるプロレタリアートの解放という方法には何の意味もない。それは、プロレタリアートが自らの情報処理と意志決定を資本の機械へと外部化させるかわりに党の官僚機械に外部化するだけのことである。党が教えたマルクスの読み方も、資本主義の崩壊の論理も、投票行動の組織化も、それは党の物神性の再生産以外のなにものでもない。

私たちがプロレタリアートとして、少なくともポストモダニズムの時代にあって、資本主義の唯一性が支配的な時代にあって、思想的なマイノリティとして生き延びようとするのであるならば、私たちはまず個人の能力を最大限に拡張しなければならない。共生や共同よりも分子的なランダムな結合、あるいはノマド的な権力に対抗できるノマド的な闘争の「主体」の生成でなければならないだろう。ここでいう「主体」とは、言うまでもなく有機体としての身体に集約されない「主体」である。テキストと呼ばれるものに担わされてきた分散した主体ですらない。パーソナルなメディアの発達には、むしろ情報の分散を可能にし、情報の縮減ではなく、情報の錯綜による市場システムと資本の価値増殖とそして国家の官僚システムのいずれをも機能不全に陥れられるだけの潜勢力が秘められている。この潜勢力を顕在化しうるような、名付けようのない(もしかしたら名付けてはいけないのかもしれない)拡散した「主体」のような何か、「私」の解体の後に訪れる「私」の創出といった何か……。

ポストモダンの資本主義における階級闘争の主要なアリーナとしてのサイバー・スペースは、かつての第三世界が帝国主義にとって人的、物的資源の収奪のための植民地とされたように、意識の領域を植民地化し、新たに資本の価値増殖のための資源とするために開発された「空間」である。第三世界では現在も続いている土地や資源そして〈労働力〉への収奪と搾取は、先進資本主義諸国における人々の記憶や歴史の不断の書き換えと意識の搾取と相互補完関係にある。ベトナム戦争の時代に多くの人々が実感したベトナムとの距離と湾岸戦争や日本のカンボジアPKOへの自衛隊派兵における実感的な距離を比べたとき、メディアのスピードが格段に高速化したのとは逆に、むしろその心理的距離はますます遠くなっていった。台湾における戒厳令解除前後の激しい大衆運動も高度成長下のラディカルな韓国の労働運動も、メキシコ先住民の反乱も、ボスニアやモザンビークの内戦も、それらを私たちの日常生活に媒介できる実感レベルでの意識の回路がますます衰え、民主化、開発、貧困、構造調整、民族紛争といった幾つかの陳腐化されたキーワードで処理され矮小化され、メディアのスペクタクル効果によって消費可能な情報となるか、さもなければそうした意味での価値すらないものとして切り捨てられてきた。これに対して、ソ連・東欧、中国の民主化運動やメキシコ先住民の反乱などでは、FAXやパソコンなどが新たな対抗的なネットワークの道具として活用され、湾岸戦争でもオルタナティブなテレビメディアやビデオメディアが利用され始めた。60年代に出現し、70年代にはイタリアのアウトノミア運動の不可欠なメディアとなった海賊ラジオが対抗文化に果たした役割を見ても分るように、メディアの運動はそれ自体が社会を変える運動そのものになっているのである。メディアは、党や組織の道具から、メディア・アクティビスト達に担われる自立した運動領域になった。

これは、単にテクノロジーのオルタナティブな活用を意味しているのではなく、支配的な文化やイデオロギーが日々形成し再生産する日常生活から世界規模の資本主義システムに至る世界についての時間的空間的な記憶と意味をめぐる闘争、言い換えれば情報とコミュニケーションの支配と被支配をめぐる闘争が、現実の生活様式そのものを変革する闘争ともはや区別をつけることができない状況にあることを示しているのである。19世紀のプロレタリアートは私有財産において「無産者」であったが、現代のプロレタリアートはガラクタのような大量消費財に囲まれながら、彼らの記憶や歴史、アイデンティティや意味といった「主体」を構成する諸要素をことごとく奪い去られたという意味での新たな「無産者」となっている。ハッカーが抱く情報への飢餓感も社会保障の受給者が直面する個人情報データの官僚組織による統制も、それらは情報を制御する能力を剥奪されたことと関わっており、情報を媒介とした身体——器官なき身体！——に対する搾取の現実なのである。この意味で、情報の領域は階級闘争の新たなアリーナなのである。

19世紀的な資本主義像からすれば「上部構造」に属するような諸要素が徐々に「経済的土台」へと繰り入れられ、資本主義的な価値増殖の不可欠な条件となりつつあるということに対して、私たちは情報プロレタリアとしての闘いを挑まねばならない。これは、拡散した主体による階級意識そのものをめぐる闘いでもある。快楽を操作し、支配の基礎に置く現代の資本主義は、階級意識という主題を容易に無化することができる。いったん無化された階級意識を再び取り戻すということは、快楽による日常世界の支配——消費のジャンキーとして、刹那的な快楽の再生産に身を委ねることを通じて、商品―貨幣のサイクルから逃れられなくなっており、既に物と労働の領域においては階級意識は解体させられてしまった――のなかでは容易なことではない。このサイバー・スペースの階級闘争は、もしかしたらポストモダン左翼の最後の闘争場となるかもしれないのだ。

●

1万年以上前に遡ることのできるホモ・サピエンスの登場からグーテンベルクの15世紀まで、人類史の大半において、人々の記憶は多くの場合、語られる言葉を直接人間の脳の記憶素子にインプットすることで成り立っていた。もちろん15世紀以前にも文字は存在していたし、支配の道具として重要な意味を持っていたが、それは民衆の道具ではなかった。印刷技術が普及し、識字率が上昇することによって、人々の記憶は徐々に外部化し始める。人々は、自分の記憶よりも書籍などの書かれた記録をあてにするようになる。記録への依存がますます深まるにつれて、人々の記憶への信憑性はますます低下するようになる。

共同体の歴史は、その構成員が記憶として蓄積する「歴史」に基づいているが、しかしそれは共同体を支えていた親族関係や年齢、性別あるいは宗教上の諸集団によって網状に構造化された人格的な依存関係によって共同的に蓄積された歴史に基づいていた。例えば、囲炉裏の火を囲んで年長者が語る語りの場は、語り手と聞き手の間のコミュニケーションの組織化の場だった。記憶の共同性は、人々の共同体へのアイデンティティの基礎をなし、人々の現在の位置(役割や義務)を確認させた。語りによる組織化は、直接接触できる人々の範囲でまず第一次的なサークルが構成される。

こうした語りのコミュニケーションは、同時に同一の空間と時間の共有によって成り立つコミュニケーションであることから、語りは、語る者の身振りや表情、微妙な声の抑揚やリズム、あるいは語り手の服装、語る時間や季節などと切り離すことができない。いやむしろそうした非言語的な表現や諸現象のなかに埋め込まれていると言ってい い。それは、本源的にマルチメディア的である。聞き手の記憶からこうした様々な非言語的な条件をはぎ取ってしまえば、聞き手は記憶を疎外されるに違いない。聞き手はその語りのリズムや韻の踏み方などとともにその内容を記憶するのであって、文字として書かれたものを暗唱するというのとは全く違ったものというべきなのだ。

記憶の外部化は、こうした共同体の内部からは生じない。むしろ市場経済と同様に共同体と共同体の間から、記憶の外部化が生み出される。例えば、ヨーロッパであれば、キリスト教の普遍的な教義を管理する教会はこうした意味での外部記憶装置だった。金や銀といった貴金属が国際的な市場経済の「世界貨幣」だったように、ラテン語がこの世界の「世界貨幣」＝共通言語の位置を占めた。教会のシステムは、共同体を越え、人々の直接的な経験を越え――それは「超越」とか「普遍」という概念に転換され、さらにそれは「神」という概念に転換されるわけだが――記憶を文字の「記録」に従属させ、この「記録」を管理することによって、多様な歴史を唯一の歴史に置き換える歴史生成の装置になった。

これは、記憶の管理であり、支配でもあるわけだが、ウォルター・オングが『声の文化、文字の文化』で、またマクルーハンが『グローバルビレッジ』などで指摘しているように、こうした書き言葉による記録は、語りによる記憶の蓄積と比べて、社会変動に新たな要素を持ち込むことになる。しゃべっている人の語りを遮り、彼／彼女の語ったはずの事柄に異論を唱えることはできないことではないが、本を読んでいて批判や異論を余白にメモすることに比べて数段も厄介なことは言うまでもないことだ。言い換えれば、記憶の外部化は、記録の普遍性に道を開く一方で、多様な批判の記録（記述・解釈）への道をも開いたのである。このことが逆に、歴史の正統性をめぐる複数の言説による権力闘争を生み出すことになる。こうした記憶と記録・解釈をめぐる批判と正当化という観点から見た場合、近代国家は、歴史意識や記憶・解釈のヘゲモニー権力であることによって、その国家としての幻想の共同性を再生産できるのだということができる。それは、「新大陸」を「発見する」という歴史を造りだし、オリエンタリズムや大東亜共栄圏を生み出し、文明と野蛮を生み出し、民族と国家の普遍性の観念を編みだし、侵略に正義や平和という言葉を当てることを通用させられる「力」として、ポストモダンの現代にまで引き継がれることになる。

しかし、こうした諸個人の有機的な身体に組み込まれた記憶に先行する記録をめぐる権力構造に関して、19世紀までの古典的な資本主義の時代と20世紀に入ってからとでは、幾つかの点で決定的な違いが生じている。それは、コミュニケーションの構造の違いというよりも、記憶のヘゲモニー権力の前提となる「個人」の変容と大きく関わっている。

19世紀の政治はある種の衆愚政治として成り立っていた。それは、中世の民衆に対する支配者の認識の遺制でもあるし、18世紀の啓蒙主義もまた衆愚としての民衆観のモダニズム的なバリエーションだった。政治的な支配がこうした民衆観を前提にしえたのは、大多数の大衆が政治的な権利行使を制約され、市民社会の外部にあって支配階級と対立するという構図にあったからだ。階級闘争とは、市民社会内部の闘争ではなく、市民社会から国家へと媒介される社会の総体的な構造の外部からのこの社会への介入であり、解体のための闘争であった。だから、それは最初から資本との切断を前提とした自律的な闘争（プロレタリアのオートノミー）として表れたのだ。

こうした状況のなかで、プロレタリアートは、自らの記憶を自らの新たな歴史の記述として蓄積し、「記録・解釈」することを試みた。それは、支配階級の世界観とは決定的に敵対するものだった。マルクスが主張した階級闘争としての歴史観は、こうした支配的な歴史への挑戦、とりわけキリスト教と聖書による世界生成の物語の拒否の宣言とプロレタリアートによる物語の創造とみるべきなのだ。フーリエの壮大な人類のプロジェクトもまた、こうした記憶の創造と支配的な歴史意識の転用の試みなのである。19世紀の階級闘争は、家族―市民社会―国家のトリアーデの外部に排除されたプロレタリアートによるこのモダニズムのピラミッドを解体する闘いだったのであり、それはモダニズムのフィクションとしての「進歩の歴史」とは全く無関係なものであった。この時代に、コミュニケーションのメディアもまた市民社会の内部と外部に重層的に分極化し、アンダーグラウンドとしてのプロレタリアのコミュニケーションの世界は、非文字的なコミュニケーションの世界――それは支配層からみれば根も葉もない虚偽やほら話、扇動のための危険な言説、反道徳的で猥褻なポルノグラフィーの世界――と接合される一方で、印刷工の手によって植字された鉛の活字が、市民社会のコミュニケーション回路を撹乱するメディアとして、膨大なパンフレット――その多くが、匿名だったり、偽名であったりするわけだが――や新聞の類いとして生産された。従って、啓蒙というモダニズムの大衆に対する籠絡の手法は、教育と階級の上昇的な移動のための知的な枠組みとして、近代的な官僚制度と知識人層の形成にとっては十分に意味のある課題だったが、大衆のシステム的な統合にはほとんど無関係だった。

大衆のシステムへの統合はむしろ非合理的な欲望や快楽の統合であり、非言語的な、有機的な身体の動員だった。それは、市民社会の内部に労働者階級が組み込まれつつあった19世紀のヨーロッパや日本を見れば明らかなことだ。階級的な移動は一部のエリートに限られ、大多数の大衆を動員する体制は、博覧会や王室儀礼、日本で言えば天皇制による象徴的な儀礼の行使であり、首都のシンボル的な建築様式と都市計画の実践だった(日本についてはT・フジタニ『天皇のページェント』、NHK出版、欧米についてはウィリアム・ジョンストン『記念祭／記念日カルト』小池和子訳、現代書館、ボブズボーム、レンジャー『創られた伝統』前川啓治他訳、紀伊國屋書店、参照)。これが本格化し全面化したのが20世紀という世紀なのである。記憶のヘゲモニー権力が前提とする「個人」は、理性的な「個人」などではないし、理性的な個人の形成を本気で目指そうとしたことなどは、少なくとも大衆レベルではありえなかった。

20世紀が試みてきたのは、常に、非合理的な大衆を非合理的な情報によって統合することだった。そのためには、徹底した合理性と対象に対する操作可能性を実現できるテクノロジーが必要だった。ナチスドイツのシンボル闘争や日本帝国主義の総動員体制から現代の米国大統領選挙まで、動員の基本的な方法は啓蒙ではなく心理的統合、神話の活用である。ここで、主題をなすのは、情緒的で非合理的でセンセーショナルな情報である。反体制運動は、この情報に対抗する方法を対抗的なシンボル闘争や対抗的なセンセーショナリズムとしてしか提示できなかった。この非合理的な統合、センセーショナリズムの利用の中心をなしたテクノロジーがメディアとコミュニケーションのテクノロジーであり、精神科学の発達だった。

●

情報は、アンダーグラウンドであれ、市民社会の制度であれ、資本主義のシステムの中では、商品化のメカニズムと特殊な接合関係を作りだす。資本主義は資本によって商品の生産と流通を組織し、資本は剰余価値の生産と分配によって自らの価値増殖を維持する。労働者としての人間はそのための「資源」に他ならない。情報は、この資本の価値増殖システムにとって「商品」として存在するとは限らない。むしろ、それは市場の秩序あるいは無秩序を形成する資本の活動にとっての与件であり、また同時に、結果でもある。市場は、交換を価格という量化された情報に基づいて機能することは早くから知られており、経済学者はその点をめぐって2世紀以上にわたって論争を繰り広げてきた。しかし、経済学者が価格を、市場を成り立たせている多くの情報のうちの一つの要素という観点で理解しようとし始めたのは、ごく最近のことである。貨幣を情報の一つの具体的な体現物とみて、その特殊な流通と制度を「金融制度」として分化させてきたことは、経済学者にも直ちに理解された。しかし、市場の情報は、パラ・マーケットを必要とするように、価格に集約されることにはならず、モノの「意味」のレベルでもまた情報が市場のシステムと接合し、同時に、モノそれ自体から遊離した独自の流通の回路を持つということ——それを差し当たり市場に付随した情報回路という意味で「パラ・マーケット」と呼んでおく——の重要性にはあまり気がつかれなかった。

しかし、市場のシステムは、市民社会の秩序だけで成り立っているのではなく、市民社会から排除されたプロレタリアの日常生活や、非ヨーロッパ世界の「野蛮」な「民族」と接触し、それらを「文明化」するという外部への接続をその存続の不可欠な条件としていることを踏まえたとき、このパラ・マーケットは日常生活と市場を意味論のレベルで接合し、モノの象徴作用や物語作用を担う資本の重要な第三の手綱だとみることができる（ちなみに、第一の手綱とは貨幣であり、第二の手綱とは文字どおりの商品そのものである）。プロレタリアートの階級闘争は、日常生活のレベルで言えば、資本による象徴作用と物語作用に抵抗する闘いだった。既に述べたように、こうした意味での階級闘争は、同時に歴史と記憶をめぐる闘争でもあった。機械の支配に対するラダイトの反乱、近代文明の勝利宣言に対する窮乏化の言説、そして資本主義に対してコミュニズムを対置する2世紀に及ぶ闘争は、しかし、日常生活が市場経済に包摂され、〈労働力〉を商品として恒常的に再生産せざるを得なくなるにつれて、新たな段階を迎えた。つまり、多くのプロレタリアートが資本と同じ夢を見始めたのだ。いや、正確には、同じ夢を見ることができるようなシステムを構築することによって――もちろんこのシステムは常に完璧には作動しないから、摩擦や軋轢と表裏の関係にあるわけだが――かつての悪夢は、今や至福の極楽世界となり、辛い労働の背後に黄金の世界を見いだすようになったのだ。こうして、プロレタリアートの資本からの切断や自律を前提とした闘争は、大きな困難に直面することになる。

とりわけ、19世紀末から20世紀初頭にかけて、労働者階級と呼ばれてきた人々は、市民的な諸権利を次々に獲得ないしは上から与えられることになる。普通選挙権（ただし、女性の選挙権はさらに遅れる）、ストライキ権や団結権といった労働基本権、さらには社会保障や社会福祉による国家の保護。これらは、市民社会の外部にあったプロレタリアートの多くの部分を市民社会の内部に組み込み、大衆民主主義のシステムのなかで利害対立を調整できるようなシステムの形成だった。しかも、2回の世界的な戦争の過程で、国内の階級構造を横断して「国民」としての統合を可能にするような新たなパラ・マーケットが形成されるようになる。不特定の大衆を対象にすると称するマスメディアの成立である。この時期、コミュニケーションのテクノロジーは、単に大量の情報を散布するテクノロジーとして発達したわけではなかった。もう一つ別の側面として、マスメディアが大衆に対していかなる実質的な効果を持ちうるのか、言い換えれば大衆操作の効用がどれほどあるものなのかについて、古典的な調査や研究がこの時期に多く試みられていることだ。

例えば、ハロルド・ラスウェルは、非理性的な指導者によるシンボル操作の影響に注目して、マスメディアによる大衆的なプロパガンダを「皮下注射」にたとえて、その直接的な意識操作の効果を強調した。これに対して、ラザースフェルドの投票行動の調査などの大規模なマスメディアの受け手の調査では、メディアそれ自体が直接的な効果を持つというよりもむしろ、メディアの情報を大衆に媒介する二次的な媒介者の存在が、メディアの情報の有効性を左右するということを強調した。つまり、新聞などの情報は、身近にいてリーダーシップをとる人物による同意や否定を媒介として、大衆に受け入れられたり拒絶されるのであって、個々の大衆が直接にメディアの情報を一方的に受け身で受け取るわけでもなければ、主体的に判断するわけでもない。そして、さらにカール・J・フリードリッヒやカール・ボブランドらによる戦時下の心理戦争の研究では、敵のデマを批判するよりも味方による真実の操作の方がいかに大衆心理を効果的に操作できるかを論じ、騙されやすい性格の分析や多様な選択肢を与えながら誘導した方が、一面的な主張の繰り返しよりもより効果的に人々を説得できる、といった戦後の大衆消費社会のなかでマスメディアや広告が基本的な説得の方法として取り入れている手法を開発してきた。

●

こうしたメディア研究者は、メディアの影響を個人に対する個々のメディアによる心理操作の可能性といった点に関心を集めていたが、ベンヤミン、アドルノ、エンツェンスベルガーといった批判的マルクス主義による人々は、社会システムやイデオロギーや文化の生産システムとしてメディアを問題にした。

ベンヤミンは映画などの複製技術による芸術を絵画などの一点ものの作品と比較して、複製芸術が「アウラ」を喪失し、芸術としての物神性からの解放の手がかりとなることを指摘した。これは、ブルジョワイデオロギーとその物質的な表象としての文化から大衆による文化への可能性を新たなテクノロジーに見いだそうとしたものに他ならない。つまり、芸術作品の受け手が大衆となったことによって、「量が質に転化」したのだとみるわけである。ベンヤミンは1936年に次のように述べている。

「芸術作品の複製技術は、芸術に対する大衆の関係を変化させる。例えばピカソに対して極めて保守的な態度を示す大衆が、例えばチャップリンに対しては、極めて進歩的な態度をとる。その場合、進歩的な反応の特色は、作品を見て味わうよろこびが、専門的な批評家としての態度と直接かつ密接に結びついているところにみられる。……映画館のなかでは、観客の批判的態度と享受的態度とは、完全にひとつに融けあっている。この場合、個人個人の反応の総和が観客全体の反応を形成するわけであるが、映画館以上に、個人の反応が、その結果であるはずの集団の反応によって、あらかじめつよく制約されているところはない。映画館内における観客の反応の表明は、そのまま観客のセルフ・コントロールでもあるのだ」(「複製技術の時代における芸術作品」高木久雄、高原宏平訳、晶文社34～35ページ)。

ここでベンヤミンがいう大衆を、私たちの時代に映画館に見いだす大衆と同様の存在であるとみることはできない。ベンヤミンが大衆の集団的な同一性を強固に認識し、しかもその同一性の背後にある種の「進歩的な態度」を見いだしているのは、大衆に階級的な同一性を見いだし得たからである。しかし、ベンヤミンに見いだせたものを支配層が見落としたなどということはできまい。支配層もまた、映画の観客のこの階級的な批判意識、「量から質への転化」に対する対抗的な戦略をとるはずである。この点からみて、スペクタクルとしてのハリウッド映画が果たした機能については、言うまでもなかろう。

ベンヤミンが見落としたのは、アウラがモノに付着するのではなく、人々の意識に形成されるものだということである。たとえ複製芸術であったとしても、その芸術を受け取る側は、常にその作品を唯一性を持つものとして受け取るのだ。映画には複数のプリントがあり、同時に多数の映画館で上映されていたとしても、現に今ここで見ているこの映画こそが「私」にとっての唯一性を構成する。この唯一性は、美術館で作品を前にして感じる唯一性となんら変わるところがない。しかし、こうした唯一性が多数存在することが可能となり、複製の数に比例して唯一性に基づくアウラもまた増殖してしまうのだ。

ベンヤミンがこうした事情を考慮に入れなかったのは、複製芸術にアクセスできる人口の増加は同時に、大衆の芸術へのアクセスの発展でもあり、20世紀初頭の映画や写真の受容側の事情を考慮に入れた場合に、こうした大衆は労働者階級としての大衆であると想定することには問題はなく、このことがアウラの喪失と密接に関わっているということが想定されていたのだ。アウラの喪失は複製技術を必要条件とはするものの、また大衆が階級的な意識として支配的な文化意識から相対的に分離しうる条件もまた備わっているということが必要であったのだ。だが、前に述べたように、1917年のロシア革命、それに続くドイツとイタリアの未完の革命とスペイン戦争、そして二つの世界大戦に直面したこの時代は、階級意識が「対自化」される契機をつかんだ時代であると共に、またこの階級意識を国民や大衆といった脱階級的な意識に再統合しようと試みられた時代でもあった。この意識をめぐる争奪戦のなかで、メディアのテクノロジーもまた開発されてきた。写真にせよ映画にせよ、それが資本や国家への階級の統合として利用されようと、労働者階級の文化的な武器として利用されようと、「階級」という闘争線に沿ったメディアの機能をそこに見いだすことができた。こうして、アドルノ、ホルクハイマー、エンツェンスベルガーは、問題の焦点は、文化産業や意識産業といった大衆心理の操作と階級意識に対抗する意識形成の土台をなす諸産業が果たす社会的な機能に注目するようになったのだ。例えば、エンツェンスベルガーは、複製化のプロセスそのものがむしろ問題だとして次のように述べた。

「意識産業にとっては、生産的なものは決して重要ではなく、問題になるのは、常に、その媒介、その2次的・3次的な誘導、浸透作用——つまり幾倍にも拡大して、ひとに押しつけられるものの代替可能な側面だけなのだから。こうして、意識産業の手にかかると、歌曲［リート］はヒットソングに、カール・マルクスのような人物の思想も、空っぽのスローガンになりかわる」（エンツェンスベルガー『意識産業』石黒英男訳、晶文社10ページ）。

つまり、哲学、音楽、美術、文学などをダシにして文化産業は生きているが、「まさにそれを意識産業は無理やり強奪して〈娯楽欄〉に押し込め、特別指定居留地を割り当て、そこで保護拘禁するのである」というわけである。ここには、批判的な高級文化——それはある種の文化的イデオロギー的前衛と言ってもいいかもしれない——が娯楽へと拘禁されるシステムとしての意識産業の働きへの批判がある。エンツェンスベルガーは、この娯楽と呼ばれる気晴らしや快楽の消費に対して、歌曲を歌曲の本来の位置へ、カール・マルクスを彼本来の位置へと回復すること以上の戦略を立てきれないでいるし、逆に、こうした娯楽化された「意識」の生産物をつかまされる大衆は、ある種の粗悪な偽物の商品をつかまされた消費者同様の疎外された意識をまとうことにならざるを得ないと見ているように思われる。しかし、逆にこの娯楽のなかで大衆の大衆としての意識が形成され、また快楽生産装置として娯楽やマスメディアは快楽という檻に大衆を幽閉することになる。それが疎外と決定的に違うのは、この檻の環境を積極的に肯定したいという意識を生み出す能力がここにはあるということである。

● ハーバーマスは、マスメディアやコミュニケーションの問題をマクロな資本主義社会全体のなかに位置づけなおそうと試みたという意味で、アドルノ＝ホルクハイマーらの議論をより体系化させたということができる。彼は20世紀後半の資本主義を経済と国家からなる「システム」の領域と私的領域と公共性からなる「生活世界」から構成され、こうした枠組みのなかで、被雇用者と消費者、公共の官僚制とクライアントと公民といった役割関係が出来上がるとみる。こうした枠組みから見た場合、マルクスの工場労働モデルは「伝統的な生活世界の解体とポスト伝統的な生活世界の破壊とが区別されていない。さらにまた、生活世界の物質的再生産に関わる窮乏化と、生活世界のシンボル的再生産の停滞、つまり外的危機と内的危機の問題も区別されていない」（『コミュニケイション行為の理論』下巻、丸山高司・丸山徳次訳、未来社、350ページ）ということになる。

こうして、ハーバーマスは、マルクス主義が伝統的に保持してきた生産的労働者主義に疑問を提起した。そして、国家と経済という二つのサブシステムが貨幣と官僚制を媒介として生活世界のシンボル的再生産に介入する事態を「生活世界の植民地化」と呼んだ。こうした事態は、労働者階級としての階級意識とそれに基づく階級対立を制度化し、解体するとともに、疎外された労働の代償としての消費者の役割、疎外された共同決定の代償としての福祉国家のクライアントとしての役割という二つの役割の回路の部分に「晩期資本主義社会での新たな闘争の可能性が集中している」（同上、351ページ）と見る。階級闘争の制度化は、抵抗の潜勢力の沈静化を意味するのではなく抵抗は「別の抗争のラインで、もし生活世界の植民地化というテーゼが正しいとすれば、そこでは今日でも、抵抗運動は起こりうる」のであり、こうした意味での新たな抗争とは文化的再生産や社会的統合、社会化の領域で生じており、それらはいずれも議会外の闘争形式をとり、「貨幣と権力という媒体では処理できない、あのコミュニケーション構造をとった行為領域の物象化が反映している」（同上、412ページ）というのがハーバーマスの判断だった。ここでハーバーマスが具体的に指摘している抵抗運動とは、（西ドイツの場合と断りながら）反核・環境保護運動、南北問題と平和運動、スクウォッターやコミューンなどのオルタナティブの運動、高齢者・同性愛者・障害者などの少数者の運動、宗教的原理主義、税制批判運動、学校批判運動、近代主義的改革に抵抗する運動、女性解放運動、地域的・言語的・文化的な分権主義の運動などである。これらの運動は、システムと生活世界の接点で発生し、労働者、消費者、クライアントといった制度化された役割に対する拒否や異議申し立てという特徴をもっている。

「アルタナティーヴェたちが実践の矛先を向けているのは、儲けに依存した職業労働の道具化、市場に依存した労働力の現金化であり、競争や成績による締め付けが小学校にまで及んでいる事態である。矛先はさらに、奉仕活動や関係や時間までもが金銭で計られており、消費優先の立場から私的生活領域や個人の生活スタイルの定義まで変えられている事態にも向けられている」（同上、417ページ）。

そして、システムが強制する消費者、被雇用者、クライアントといった社会的役割の枠組みを緩和すれば、次のような生活世界の植民地化に抵抗する新たな「反制度」が構想できるとみる。

「経済的なそして政治的・行政的な行為システム固有の力学に制限を加えるために、生活世界が自らの内から生み出す反制度への道が開け」「こうした反制度によって一方では、経済システムのなかから、第二の領域、つまりもはや利潤は志向しないインフォーマルな領域を確保し、もう一方では政党システムに対して、草の根民主主義的であると同時に表自的な新しい形式の「一人称の政治」を対置させるべきだ……近代社会において労働と意思形成の過程は媒体に制御される相互行為につなぎ留められているが、それを押し進めるシステムの抽象化と中性化の働きを食い止めることができるのは、まさにこのような反制度であろう」（同上、417～418ページ）。

ハーバーマスは、メディアによって制御されるような相互行為への転換を阻止し、生活世界に根ざした「コミュニケーション的行為の徹底したしたたかさ」への依拠を差し当たりの抵抗の拠点とすることを考えている。彼は別の論文で次のように述べている。

「コミュニケーション行為もまた生活世界に組み込まれており、この生活世界がリスクを吸収しながら確固とした背景的合意を背面援護する機能を調達する、と想定してみたい。コミュニケーション的に行為する者の明示的な了解の働きは、疑問視されることのない共通の確信という地平のなかで働いている。広大で揺らぐことなく、深所から聳え立つ岩盤のように見える合意された解釈範型や忠誠や熟達につき当たれば、経験や批判が惹き起こす動揺はおのずと砕け散るものである」（「行為・発話行為・言語に媒介された相互行為・生活世界」『ポスト形而上学の思想』所収、藤津賢一郎・忽那敬三訳、未来社、108ページ）。

ハーバーマスのこの確信はいったいどこからくるのだろうか。この確信を支えるような人々が新しい社会運動の担い手のなかに見いだせるとでもいうのだろうか。これは、彼の確信というよりもむしろそのように自ら言い聞かせることによってしか、もはやコミュニケーション的行為の反制度化的な役割も維持できないという地点に追い込まれているからではないか。彼のこのコミュニケーション的行為を支える「共通の確信という地平」がかろうじてゲルマン的な共同性と区別されるのは、彼が理性的で合理的な、つまりある意味では資本主義のシステム合理性がもたらした近代主義的な合理性を肯定し、非合理的で非和解的な非言語的コミュニケーションを考慮の対象外にしてきたことだけかもしれない。

このことは、彼のマスメディアへのアンビヴァレントな評価にも表れている。彼は、アドルノやホルクハイマーが文化産業批判で示したような制度化され、媒体によって制御されたコミュニケーションの全面拒否の立場はとらない。マスメディアは競争関係やジャーナリズムの責任もあり、また単に大衆迎合的であることもできず、批判的なメッセージを含みうるものであり、イデオロギー的なメッセージが必ずしも受け手に届くとは限らず「コミュニケーション的な日常実践の持つしたたかさは、一方的に操作されたマスメディアの介入に対して抵抗する」（『コミュニケーション的行為の理論』前掲、410〜411ページ）ことも強調する。ハーバーマスは「一方のシステム命令と執拗でしたたかなコミュニケーション的構造とが真正面からぶつかり合っている合理化された生活世界」（同上、412ページ）に焦点を絞って論じようとしているという意味で、周到な分析の組立ては問題の核心をかなりの程度まで明確にしてくれている。

しかし、彼のコミュニケーション的行為の基礎にあるのは、「理想的発話状況」として表現されるように、もっぱら話し言葉に基づくものだ。マーク・ポスターは、ハーバーマスやギデンスを談話派、デリダを書き言葉派と皮肉混じりに分類しながら、「20世紀に発達した社会を特徴づけるものとは、正確に言って、話し言葉や書き言葉の変数には簡単にはならない、電子メディアのような新しい言語経験の出現であった」と批判する。とりわけ談話派によって強調される話し言葉の有する「自由で理性的な個人によって創造され構成される解放的社会を可能にする条件」については次のような疑問を提示した。

「ギデンス／ハーバーマスの立場がおそらく言語と社会の関係という物語の一部であるとして、それは緊急で一般的に広まっている言語状況から注意を逸している。発展した社会を特徴づけるものは正義や真理や共感などの対立というよりも、共存し、コンテキストによって自己監視する談話や理想的発話状況のそれとは異なった形で制御する言語状況である」（『情報様式論』室井尚・吉岡洋訳、岩波書店154ページ）。

「共存し、コンテキストによって自己監視する談話」という指摘は、私たちの発話の場を的確に表現している。インタラクティブなメディアは、一方通行のメディアよりも非抑圧的とはいえない。テレビメディアは、一方的な切断を私たちの判断で行うことができる。インタラクティブなメディアは、——電話によって日々経験しているように——自分の都合で回線をオフするにはオフの合意形成が必要になるというパラドクスを抱え込み、結局オンであれオフであれ、その回路は私たちに意識されねばならないものとして私たちの意識に食い込んでしまうのだ。

イギリスの労働者階級の談話空間を構成してきたパブやパリ・コミューンからパリの5月革命に至る都市の街頭、それらはいずれも発話の革命性を支えてきた。ポスターは、こうした空間と発話が全て無意味になったとは断定しないが、しかし「言語実践が古い論争の対立に従属する時代は終わったのだ」という。

「密集している貧乏な労働者のいる工場地帯は、もはや様々な理由で、革命的談話の機会を与えてくれるものではない。もし論争的な言葉が現在出現すべきだとしたら、それはテレビCMやデータベース、コンピュータ、通信衛星などのコンテキストにおいてであって、共存する談話や、共感的な議論などの文化においてではないのである」（同上、155ページ）。

しかし、一体テレビCM、データベース、コンピュータ、通信衛星などのコンテキストのどこに「革命的談話」があるというのだろうか？そもそもポスターの言う「革命的談話」が、「危険な階級」としての労働者階級による文字通りの「革命」の一環をなすものとして構築された「談話」と同質な論争空間を意味しているのかどうか。

●

ポスターにしても、彼がコンピュータのエクリチュールを問題にする場合には、文字あるいは言葉の電子化を問題にしているに過ぎないという側面は否定できない。言語への限定は、生活世界の深層に根拠を置くにしてもあまりにも恣意的な限定とはいえないだろうか。先にも述べたように、発話という行為は、発声としての言葉に還元できない。それはメディアに媒介されない限り時間的空間的な同一性のなかで、つまり話し手や聞き手の姿や振る舞いを目の前にしながら行われる行為である。言い換えれば、非言語的なコミュニケーションを話し言葉から切り離すことは本来できないはずのことなのだ。にもかかわらず、あたかも話し言葉の自立が当たり前とされたのは、言語分析の理論が言語によって論じられるということ、つまりアカデミズムにおける言語支配とも言える状態と無関係ではあり得ない。映像や非言語的な分析道具がよりいっそう容易に利用できるようなマルチメディアの条件が整えば、分析の方法と条件は大きく変化するはずである。書き言葉に関しても同様である。

ロラン・バルトは『モードの体系』で、ファッション雑誌の言説分析に限定した際に、言語の機能とビジュアルな表現の機能の差異を明確に自覚し、言語が対象の意味を規定するのに対して、ビジュアルな表現は言語の定義では満たせない表現——形や色の持つニュアンス、曖昧さの持つ包摂力——を担ってることを指摘した。広告における非言語表現と言語表現の組合せの分析は、この組合せを分離したり解体してしまっては理解できないのだ。私たちのコミュニケーションは、言葉の意味と表現や雰囲気などの非言語的な状況の全体のなかで成り立っている。ハーバーマスのコミュニケーション行為は、こうした日常生活の状況をあまりにも言語的に切断し過ぎていると言わなければならない。

しかも、複数の文化と民族が共存し、複数の言語環境がますます日常生活のレベルでごく当たり前になる一方で、「国民的な言語」の支配的で抑圧的な位置と英語のような国際化された言語の影響力の増大に挟み撃ちされて、マイノリティの言語とコミュニケーション環境はますます相互行為そのものを不可能にするような状況に追い込まれているという状況を、私たちはもはや無視すべきではない社会に生きている。このことを最もよく理解していたのもアメリカニズムとしての資本主義だった。非言語的なコミュニケーションが急速に発達したのは、非英語圏からの移民を大量に抱えたアメリカ資本主義のシステムが開発したシステム合理性のテクノロジーにほかならない。それは、英語を頂点とする言語のヒエラルキーと、それに対応するアメリカンドリームを頂点とする生活様式の欲望のヒエラルキーを形成した。こうした資本主義の日常生活環境を視野に収められない限り、言語のモデルはほとんど意味をなさないと断言してもよい。

この言語のヒエラルキーの形成とともに、テレビや映画、コミックやジャンクフード、ファミコンなどのゲームといった非言語的な情報や娯楽がマイノリティの文化の解体と支配的な文化の浸透をもたらしている。これは、ディスコミュニケーションを意味しない。そうではなく、これ自体が既にコミュニケーション的な相互行為の支配的な文化とメディアによる対抗的な対応なのである。

例えば、テレビを映画のように注視して視聴する時代が過ぎ去り、テレビは朝から晩までつけっぱなしにされるにつれて、テレビは生活環境の中の自然な条件として組み込まれ、テレビメディアが供給する情報の大半がある意味では無駄に放出されることになる一方で、テレビメディアとの内的なコミュニケーションはより一層進行する。例えば、映画が映画館という区切られた空間の中に、限定された日常生活とは区別された物語の空間によって成り立っているために、逆に映画館の外部と内部という境界の自覚を伴わざるを得なかったのに対して、この内部と外部の境界が限りなく曖昧となった環境がつけっぱなしのテレビ環境なのだということである。こうなったからといって、私たちはテレビという一方通行のメディアとの間で相互のコミュニケーションが形成されるわけではない。そうではなく、こうした環境化したテレビの存在なくして私たちは他者とのコミュニケーションが成り立たなくなるということなのだ。

こうしてテレビメディアは、日常生活のコミュニケーションを成り立たせる環境それ自体の条件となるのである。外部と内部の境界が曖昧になればなるほど、メディアの情報は二次的な環境などとは言えなくなる。それは、一次的な生活環境そのものになる。同時に環境化したメディアは、食品添加物のように、その摂取が意識されることは少なく、しかし同時に、私たちの精神的な健康状態に作用する。感覚をコントロールし、私たちの世界に対する嗜好に介入し、制御する。とりわけ苦痛を柔らげ、快楽を投与する甘味剤の役割を果たす。環境化されたメディアに接するとき「生活の諸問題は後景に退き、一時的にリアルな出来事のように見えるものに注意がそらされる」。これが、スペクタクルであり、電子的な劇場、あるいはヴァーチャル・リアリティの商品化の機能である。(Taylor Stoehr, "Media Trance-Televolic Media for Virtual Living," *Alternative Press Review*, Fall 1994)

コンピュータ・ゲームのロールプレイングゲームにせよ、CD-ROMソフトなどにみられるインタラクティブ・ムービーにせよ、それらはコミュニケーション的な相互行為を新たなテクノロジーシステムや支配的な文化的コンテキストに媒介する形へと変換することが試みられているのである。パラ・マーケットは、市場のシステムの中枢から日常生活の末端に至るにつれて、その回路の制度的な分節化は不分明となるわけだが、コミュニケーションテクノロジーの発展は、この末端の回路を新たに制度的に分節化する。ハーバーマスのシステム世界と生活世界という分節化や、さらには国家と市場というサブシステム、公共性と私的領域という生活世界の二つの主要な領域の区別は、私たちが複数の役割行為を時には同時に実践しつつ、さらにそうした私たちの存在そのものがパラマーケットの情報の回路を通じて他律的に拡散しているという、私たちの置かれている社会全体の複雑さを必ずしも明確にはできないでいる。とりわけ、そうしたなかで、データ化された複数の「私」が極限までシステム合理性の様相を帯びながら、他方でまた、コンピュータによる星占いや相性テストからオカルト的な超合理主義的な感性への欲望の喚起を促されているように見えるという、その裏面を見落としがちになる。もはや問題は言語ではないのではないか。

●

それでは、ポストモダニズムの資本主義という社会システムは、資本の価値増殖システムにどのような新しい状況と条件を付加することになったのだろうか。モダニズムの指標とも言われた主体の解体状況は、単なる思想的な「思いつき」ではない。むしろ、社会システムの内部で、主体として問題化されてきた「人間」の観念が、分節化し拡散したことに対応しているのである。物を媒介として人を管理し操作する社会として始まった近代社会が、上述したように、人間の感性や欲望そのものを情報化し管理する社会へと展開するにつれて、人間の固有性は肉体としての身体を基準とした存在をますます希薄化させていった。「私」という観念も、「私」にまつわる物語として描くことができた時代から、出生年月日、性別、人種、国籍、学歴、住所、職業、病歴、家族関係、預金残高、クレジット負債高などのデータベースの集合としての方が私自身の「証言」や身なりよりもずっと信用性の高い情報として「私」を構成し始めたのである。

例えば、男装した私が心理的にも「男」として振る舞うことを選択したとしても、医学的なデータとしての「女」の方が正しい「性」であり、現在の「私」の男性性は虚偽だということになる。職務質問する警察官は、私の口頭の返事よりも免許証や身分証明書を信用するし、クレジットカードで買い物をする「私」は、店員の目の前にいる「私」

ではなくコンピュータ回線を通じてクレジット会社のデータベースに登録されている「私」なのだ。それは、匿名の貨幣という伝統的な情報の媒体とは決定的に異なる。私は、コンピュータネットワーク上では、性別も国籍も年齢や職業もリアルワールドにおけるそれとは別のものに「なりすます」ことができる。

実際、障害をもった女性に何年間も「なりすまして」サイバー・スペース上で多くの人々の人生相談に乗っていた男性がいた。もちろん彼女が彼であることがばれない限りにおいて、多くの人々は人生の救いを見いだしたが、同時に「真実」が明らかになったとき、救われた筈の人々は逆に裏切りのどん底に突き落とされたという出来事があった（アルケール・ロザンヌ・ストーン「ヴァーチャル文化の境界物語」『サイバースペース』マイケル・ベネディクト編、鈴木圭介・山田和子訳、NTT出版参照）。これは、裏切りなのだろうか。リアルワールドでも「私」は労働者であったり、消費者であったり、あるいは親であったり子どもであったりという様々な役割を演じ、各々の役割のなかで場合によっては他の役割に嘘をつくことがしょっちゅうある（「嘘をついてはいけない」と子どもを躾る親はたいてい嘘つきである、環境破壊企業の労働者であり同時に環境保護運動のボランティアでもあるという嘘つきなど）。

しかし、こうした内面の倫理は、情報化された「私」にとってはどうでもよいことなのだ。各々の役割に応じて、その役割を情報化するデータとしてその存在が規定され、そのデータが相互に矛盾しなければ彼／彼女は嘘つきではない、というだけなのだ。データに忠実な嘘つき、それが現に可能な「私」の姿だ。

こうしたデータベース化された「私」とは、「私」でありながらその情報を「私」が管理し、操作することはできない「私」でもある。しかも、情報化された「私」は電子的なネットワーク上で無数に存在し、無数の情報端末から様々な人々が呼び出し、私のデータによって「私」の像をイメージとして結ぶ。取引先の銀行にとっては、「私」とは預金残高やローンの債務者としての意味を最上位に据えられた貨幣情報のデータでしかないだろうし、地方自治体にとっては、納税者であり住民登録データであり、場合によっては福祉や社会保障の給付対象とすべきデータのマトリクスにしかすぎない。しかも、こうしたデータは日々書き換えられ、日々変更を加えられ確定した姿をとることはできない。私自身は「私とは何者か」を証明できない一方で、「私」についてのデータを管理し、処理できるシステム的な権力には、「私とは何者か」を証明しうる力がある、と誰もが信じる社会ができあがっている。このような信念の体系が、情報インフラという物質的基礎をもって構造化された社会では、「個人」という主体はますます分裂と矛盾を抱え込み、「個人」への信頼を前提とする近代民主主義は、容易に欺瞞、虚偽、欺き、虚飾、陰謀などに正統性を与えるシステムに変質してしまう。

確かに、大衆消費社会のなかで、マスメディアと資本によって操作される均質な「大衆」の存在が指摘され、管理社会あるいは一次元的な人間として、こうした社会の疎外状況が厳しく批判されてきた。マスメディアによる情報操作や国家による情報管理がもたらす抑圧的な状況については、既に当時から繰り返し指摘されてきた。とすれば、情報資本主義と呼ばれる時代に入って、改めてこうした観点からの批判を繰り返すことには何ら新しい問題はないように見える。では、新たな点とは何なのだろうか。

大衆消費社会では、なによりも情報管理の対象は具体的で固有名をもった個人というよりもむしろ「大衆」として括られた抽象的な個人だった。マスメディアも資本も不特定多数の受け手や買い手を「マス」として捉えることによって、情報化したのだ。経済学的に言えば、それは消費関数や無差別曲線として抽象化することに問題のない量化可能なデータである。他方で、政府機関などでは具体的なデータも蓄積されはするものの、その具体的なデータは紙の上に記録され、「原簿」と複製の区別が明確にされていた。ここでは、データ化された「私」の場合にも、オリジナルのありかは、ある特定の場所に保管されることを必要としたのだ。

これは、消費者や視聴者として量化され、データ化される一方で、あくまでも「私」という肉体的な存在、有機的な身体に収斂する身体的な拠点があったということだ。常に、この身体的な固有性は、データ化された抽象的な

「量」への還元を免れうる存在として理解された。人権やプライバシーが有効な抵抗の根拠となりえたのもこのためである。これは、社会システムそのものの性質というよりも、むしろ情報処理テクノロジーの限界に関わる問題である。消費者としての私を固有名詞を持つ個別のデータとして処理する能力がない以上、「私」は不特定多数の消費者の一人としてカウントされ、そうした意味での消費者としての行動をとるように促される。「私」の欲望や生活意識は、その個性の側面よりも、他者との見分けのつかない欲望として表明されるように促された。それは、マスメディアによる画一的な情報の流通とも親和的なあり方だった。

ちょうどコンピュータ・テクノロジーが生産現場からオフィスに浸透しつつあった80年代の前半に、大衆の解体現象と呼ばれる事態に注目が集まったことがあった。「超大衆」「分衆」「少衆」などという造語が生み出され、大衆の時代の終焉が論じられもした。これは、従来大衆としてしか情報処理を行いえなかったものが、固有名を持つ多様な存在として情報処理可能になったということを意味するものだった。こうして、同一性に代えて、「差異」を前面に押し出す社会が徐々に姿を現わしはじめた。これは、フォーディズムや大量生産体制からフレキシブルなポスト・フォーディズムと呼ばれる生産体制への転換でもあるとみなされた。

このことは、一見すると個人の復権であり、疎外された画一的で一方的な管理システムの終焉のように見えた。しかし、それは、諸個人を画一的な欲望の鋳型に押し込める無理に代えて、諸個人の欲望の多様性を柔軟に受けとめつつ、これを資本の価値増殖と資本主義の社会的システムの正統性認知のシステムへと接合するより柔軟な支配システムの形成を意味したのである。画一化に対する違和感や抵抗は、反画一化へ、そして画一化を強制する資本主義の社会システムへの拒否へと結びつくことになったが、柔軟な多様性のシステムは、差し当たりの選択肢の中では、どのような位置を占めようとも、このシステムの外部を志向することにはならない。情報処理システムは、この多様性の網の目に諸個人をマッピングし、そこからさらに逸脱する傾向をいち早く見いだして、システムの内部に再度組み込む動きをするようになったのだ。

なによりもこうした「私」を取り巻く情報環境が、「私」を解体させたのである。それは、大衆消費社会のなかで大量に物質的な富を消費する抽象的な大衆の一人としての「私」とは決定的に異なり、具体性をもった「私」がデータ化し、電子的なネットワーク上に拡散したのである。

●

コンピュータのエクリチュールの問題を言語に限定することができないのは、以上のような文脈によるだけではない。コンピュータをエクリチュールとの関わりで論じようとする場合、最も注目しなければならないのは、コンピュータのプログラム機能である。プログラマーの手で書かれたプログラムという特殊なエクリチュールは、コンピュータに搭載されることによって、プログラマーの手を離れる。それは、機械を設計した機械技師の手を離れて機械が作動するのとは根本的に違う意味を持っている。ドーキンスは、『利己的な遺伝子』のなかで、こうした機械と技師の関係を操り人形と人形師の関係にたとえ、プログラム作成者とコンピュータの関係をチェスを教える父親と教えられる息子の関係にたとえた。このたとえ話は秀逸だ（これに限らず彼のたとえ話の秀逸さが彼の議論をより説得力のあるものにすることに大いに寄与したようにも思える）。「プログラム作成者にできることは、あらかじめ、特殊な知識のリストと戦略や技術のヒントをバランスよく打ち込んで、コンピュータの体勢をできるだけよい状態にしておくこと」（日高敏隆・岸由二・羽田節子訳、紀伊國屋書店88ページ）だけである。チェスの対局プログラムのように、勝ち手と負け手を学習して、より勝ちやすい手にシフトさせたり、辞書に学習能力をもたせることなどのある種の「進化」も可能だ。機械技師の設計図は機械をほぼ100パーセント制御する。しかし、コンピュータのプログラマーはコンピュータを間接的にしか制御しない。

プログラムのエクリチュールによって、言語であれ非言語的表現であれ、自然現象であれ人間の身体構造であれ、それらがオリジナルの作者から自立し、このプログラムが組み込まれたコンピュータの数だけのオリジナルが可能となる。これはもはやオリジナルの概念に反することは言うまでもない。このことを踏まえたときは、ポスターがコンピュータ化の進展に伴う「主体に対する脱中心化の効果」を産業革命による輸送システムのスピードアップから「複数の同一性と戯れる好機を与えてくれる」状況への展開を急進化したと指摘し、次のように述べていることについては再考を要すると言わねばならない。

「コンピュータのエクリチュールはまさしくポストモダンの言語的行為の神髄である。主体の非─線的な空間─時間性の中への散乱、その非─物質性、その安定した同一性の粉砕などによって、コンピュータのエクリチュールはポストモダン的主体性の工場を設立し、非─同一的な主体を構成する機械を作りだし、西洋文化にとっての他者を西洋文化が最も大事にしてきた考え方の中へ書き込むのである。それをわれわれは一つの怪物と呼ぶことができるだろう」（同上244〜245ページ）。

ここでは、コンピュータのエクリチュールを支えるポストモダン的主体、非同一的主体の「実在」がまだ信じられている。それは、工場や機械のメタファーを許すような身体感を伴っている。しかし、コンピュータがモダニズムの主体に対して究極的に行使してきた主体の解体の戦略は、主体の徹底した情報化、プログラム制御による主体の解体であった。このことは、既にいち早く生物学の世界で始まっていた。ジェームズ・ワトソンとフランシス・クリックが遺伝物質のDNAが自己複製機能を持つ二重らせん構造であることを示したのは1950年代である。そしてほぼ同時期に、物理学者のガモフがDNAの遺伝情報とは、タンパク質のアミノ酸配列を決定するものであるという遺伝子暗号の原型とも言える仮説を提示した。そして現在では「生命は細胞膜をもち、外界から自己を維持するのに必要な素材やエネルギーを取り込み、DNAの遺伝情報に従ってタンパク質を合成し、その触媒作用によって種々の構成成分を合成、分解することができる進化する分子機械である」（柳川弘志『生命の起源を探る』岩波新書、27ページ）という定義がごく当たり前のものになった。

生物を遺伝子情報のプログラムによって制御された「生物機械」であると論じたのは、リチャード・ドーキンスだった。ドーキンスの遺伝子理解は、コンピュータ・プログラムによる制御システムと市場経済のオーソドクスで功利主義的な新古典派風のエコノミック・マンの行動パターンをバックグラウンドにしていると思えてならない。

「複雑な世界を予言することはリスクを伴う仕事である。生存機械が下す決定は全て賭けである。そして、平均してうまくいく決定をくだすように脳にあらかじめプログラムしておくのが、遺伝子の仕事である」

「なるべく正しい賭けのできる脳を遺伝子が作ってくれた個体が、その直接の結果としてよりよく生きのこり、従ってその同じ遺伝子を増やして行くだろうと考えればよいのだ」

「私は、利他的であるにせよ利己的であるにせよ、動物の行動が、単に間接的であるというだけで実はひじょうに強力な意味における遺伝子の制御下にあるという見解を確立しようとしている。生存機械と神経系を組み立てる方法を指令することによって、遺伝子は行動に基本的な力をふるっている。しかし、次に何をするかを一瞬一瞬決定してゆくのは、神経系である。遺伝子は方針決定者であり、脳は実施者である。だが、脳はさらに高度に発達するにつれて、しだいに実際の方針決定をも引き受けるようになり、その際、学習やシミュレーションのような策略を用いるようになった」（ドーキンス、前掲書、99ページ）。

ドーキンスの主張は、生物の基本的な性質をコンピュータによる情報処理に最も適した方法に還元して見せた。ドーキンスのこの主張が魅力的に見えるのは、遺伝子という新たな「実体」を提示し、対象の操作可能性を最大限に追求してきたモダニズムの科学と理性（という名の権力）に最終的な武器を与えたことである。オールマイティとしての遺伝子の獲得、それは包摂されるべき最後のフロンティア、人間の意識や感情の最後のフロンティアの別名にほかならないと判断されたのである。

しかし、ドーキンスは遺伝子決定論者ではない。とりわけ人間の文化的な行動や文化的な変化、その多様性に関しては、遺伝子決定論では全く歯が立たないことを理解していた。そこで、彼は「ミーム」という文化伝達子を仮説として立てる。遺伝子は自己複製子として、寿命、多産性、複製の正確さを有するというのがドーキンスの考えだが、ミームもまた多かれ少なかれ、この三つの機能を有する自己複製子であるとみなされている。ただここで伝達されるのが、遺伝的要素ではなく文化であるということが違うだけだというわけである。

ドーキンスの議論は、ダーウィニストとして、ある種の運命論的な響きがある。私たちがどのようにあがこうともそれは利己的な遺伝子にあらかじめプログラムされた制御範囲を越え出ることはできない。とすれば、私たちが、もがいたり余計な苦痛に身を委ねることは無意味だということになる。

では、私たちに遺伝子のプログラムを出し抜き、遺伝子情報の管理を遂行しようとする国家や資本の下心に対抗できる手だてはあるのだろうか。それは、多分、私たちの行動がドーキンスが考えているほど功利的でもなければ合理的でもないという部分に関わっている。先にも指摘したように、20世紀の資本主義は大衆の非合理性を最大限に組織化してきた。それでもなおかつ資本主義は人間という要素を制御しきれなかった。人間に対する制御のテクノロジーが最後にたどり着いたのが遺伝子情報とその操作だったわけだ。このことは、システム合理性と科学の合理主義的な認識の枠組みは、結局非合理的な諸要素を合理的な認識の枠組みに変換してしか解読できなかったことを示している。

ドーキンスが利己的な遺伝子として記述しようとした遺伝子の特性が、社会科学のなかではとっくに疑問視されてきた功利主義的なエコノミック・マンの行動をそのまま受け入れているということは奇妙なパラドクスだ。ミームの仮説は彼の利己的な遺伝子の仮説の無理を証明しているように見える。そしてまた、それは、環境を操作することによるのか、それとも遺伝情報を操作するのかという違いがあるにしても、究極的には人間の全面的な制御可能性を目指そうとした近代科学の欲望に忠実であるという意味で、ルイセンコ学説の資本主義的な変種と言えるかもしれない。

もはや合理主義と理性への全面的な信頼が選択肢からはずされてしまったとすれば、では、非合理的にみえなおかつ非権威的で非支配的な存在の条件のなかにしか解放の条件は見いだせないのだろうか。それは「器官なき身体」か、遺伝子情報のハッカーか、あるいはサイバー・スペースのオカルティズムか、それとも……。

●

コンピュータの時代は、20世紀が徐々に切り開いてきた人間のメンタルな領域への介入を全面的でインタラクティブな、従って一方的な強制ではなく合意のコミュニケーションという様式を取り入れつつ、私たちの情報とコミュニケーションの環境を、従って私たちの神経身体組織の全体を組み替えようとしている。

大衆消費社会が「大衆」という括り方をされたのは、最初にまず「大衆」として人々が登場したことによるのではない。むしろ市民社会に次々に組み込まれた人々を情報化する際に、固有名詞や個性を無視して彼らを数量化して単純化しなければ把握できなかったという情報処理能力の限界と関わっていたのである。個性や固有性は、誤差の側に組み込まれていたのである。しかし、情報処理能力の「向上」は個性や固有性を誤差の中から救い出し、情報処理可能な有意な情報の側に組み込み始めた。こうして大衆は解体したのである。

コンピュータがもっぱら試みてきたのは、こうした微細な差異の有意化であった。それが現在では遺伝子レベルにまで到達したということなのだ。そして、こうした微細な差異の有意化を前提としたコミュニケーションのなかでは、人々の行動は、その差異に意味が付着し、また、大量現象としての流行や投票行動よりも、差異のなかにみられる多様で相互に微妙に食い違ったりあるいは敵対しあう少数者の諸集団相互を調整する権力構造の中でコントロールされるようになる。こうして、人々はあたかもノマドのような存在として認識できるようになったのである。だがこのことは、人々が文字どおりノマドとしての行動へと向かっているのかどうかとは差し当たり関係がない。それは「あなたは、10年前の生活と比べてよりノマド的になりましたか」という質問にどれだけの人が明瞭に「はい」と回答できるかにかかっている。私は、多分「はい」と回答する人の割合はそれほど多くはないと思う。しかし、もしこの問いを「あなたは10年前の生活感覚と比べてよりノマド的な気分になっていますか」と変えてみた場合に、人々が「はい」と回答する割合は確実に増加していると思う。問題は気分なのだ。気分はノマド！

さて、では、このノマド的な気分は何を意味しているのだろうか。その大部分は残念ながら、ドゥルーズ＝ガタリが期待するようなラディカルな志向によるものではない。ノマドがノマドとして認識されるようになるや、それは再び秩序の側に組み込まれる。カオスやフラクタルと呼ばれる現象が「混沌からの秩序」（プリゴジン―スタンジェール）として理解可能な枠組みのなかに囲い込まれるようになるにつれて、カオスの秩序もまた解明の対象とされるようになった。秩序の領域はますます拡張し、いままで「曖昧」であったり非合理的で理解不能であった領域が次々に説明可能な領域へと組み込まれ、同時にこの「曖昧さ」と見られていた領域、モダニズムの支配的な観念では歯が立たなかった領域が次々に消化されてきた。カオスも秩序に奉仕させられてきた。

ノマドとは、権力にとって（従って知識人にとっても）不可知な民衆の移動そのものを象徴していた。それは、遊牧民としての伝統的な生活様式を現在でも維持する人々ばかりでなく、労働市場の成立と共に生み出された過剰人口の不確定な地理的な移動と新たな階級構成――ホーボーと呼ばれる北米大陸を移動する下層民、第三世界の移民、先進諸国内部の都市への人口移動などから資本主義的な倫理を拒否するアウトノミアやシチュアシオニスト、ヒッピーやパンクといったカウンターカルチャーの担い手たちまで――に対して与えられた名称である。それは、定住的な大衆を対象に構築された高度な管理システムの網の目をくぐる存在であった。

ノマドとしての民衆の運動は、とりわけ60年代以降特有の力を発揮しはじめた。シチュアシオニストは、資本主義的な都市計画に反対し、「漂流」という特有の抵抗のスタイルを提唱した。また、ドゥボールはスペクタクルによる消費のサイクルへの大衆的な統合と疎外された日常生活の隠蔽という新たな事態に対して、現代ならアート・アクティビズムと呼ばれるであろうような生活と労働におけるライフスタイルの抵抗を提唱した。こうして資本主義への抵抗の運動におけるメディアの果たす役割の重要性が意識されるようになった。このメディアの民衆による獲得という目標は、実はもうひとつの重要な意味を持っていた。それは、従来の反体制運動の主要な担い手とみられてきた左翼政党や労働組合をも批判の対象にすえたのである。官僚制的な統制、画一的なイデオロギー教育、組織の情報回路に仕組まれた市場経済ほどは巧妙とは言い難い大衆操作の装置。それらは、むしろノマド的な権力が生成しつつあるという深刻な問題なのである。

●

メデイアが支配的な社会によって抱え込まれる非合理的な要素に関しては、アドルノやハーバーマスなどの批判的マルクス主義の方法とは別の方向からアプローチする方がいいだろう。例えば、ガレス・ブラニューンが「サイバー・カルチャー」という論文で論じた方法は、肯定的な意味でも、批判的な意味でもここで取り上げる価値のあるものだ。彼は、20世紀初頭から60年代までの流れを現代のポストモダニズム状況に次のような観点で結びつけた。

「1910年代、イタリアの未来派が宗教的と言えるほどに機械を礼賛した一方で、1920年代のダダイズムは機械化や疎外を嘲笑した。ラウール・ハウスマン、フランシス・ピカビアによる機械ポートレートの作品にそのことは如実に表れている。また1950年〜60年代、主に活動を行ったフランスのシチュアシオニストは、商品崇拝に駆り立てられたメディアが及ぼす夢遊病的な影響について広範囲な著述を残している。彼らは、現実のものがシミュレーションに置き換えられるという、現在のポストモダン状況の特徴を予見していた」（カール・E・ロフラー編『ヴァーチャル・リアリティーズ』所収、安木正美・福富忠和訳、技術評論社、156〜157ページ）

ブラニューンは、未来派、ダダイズムからシチュアシオニストへとアヴァンギャルドの流れを描いてみせる自分の手法が、スチュアート・ホームの『ザ・アサールト・オン・カルチャー』やグリール・マークスの『リップスティック・トレーシーズ』を手本としており、決して新しいものではないことを正直に語っている。しかし、ホームもマークスも、ダダやシチュアシオニストの運動をさらにコンピュータをベースとするパーソナル・メディアの対抗文化的な可能性と新たな身体観——ハキム・ベイの一時的自律ゾーンやダナ・ハラウェイのサイボーグ・フェミニズム——へと結びつけてゆく観点はまだなかった。

ブラニューンは、このコンピュータをベースとするカウンターカルチャーの転換点を、スチュワート・ホームにならって80年代のDTP革命によって急激に膨張しはじめた西側世界のサミズダートに求めている。ZINEと呼ばれるこの世界は、アナキズム、シチュアシオニストやダダイスト、パンクなどの影響を受けながら、膨大なミニコミ群として現れ、それがパソコン通信サービスのネットワークやインターネット、ビットネットといった世界的なネットワーク網に入り込みはじめたのである。そして、彼は、ベイの一時的自律ゾーン（Temporary Autonomous Zone; T・A・

Z）にサイバー・スペースの新たな可能性を次のように見いだす。

「一時的自律ゾーン――世界中のテクノスフィアから流動的で自由に浮かび上がってきて、一時的に活動する『島』。この概念はおそらく、サイバースペースの提供する不可視性、一時性、遍在性の中で十分に実現可能であろう。ネットワークで接続された人々がしばらくの間、特定のプロジェクトを目的に集まる。終了するとそれぞれネットワークの裏側へ消えて、またどこか別の場所に現れる。今後このようなダイナミックな政治形態が、ある種の組織化、教育、抗議、反乱にとって優勢になってくるだろう。ベイは、一種のサイキックな放浪生活のようなものを将来あり得る生活様式の一つとして考えているのだ」（同上、169ページ）

ブラニューンのこの論文全体の基調がサイバー・スペースへのかなり楽観的な見通しによって貫かれているため、ベイもまたそうした立場にあると誤解されかねない。ベイはブラニューンに比べてずっとサイバー・スペースの可能性に関しては慎重だ。むしろその慎重さの中から一時的自律ゾーンの意義が浮かび上がってくる。

ベイは、情報とコミュニケーションの伝達装置をネットと総称する。このネットには、情報エリートしかアクセスできないヒエラルキーもあれば電話、郵便、公共的なデータバンクのように水平的な誰もがアクセス可能なネットもある。このネットの中に、シャドウネットとも言うべき対抗的なネットが自生し始める。これをネットと区別して彼はウェッブと呼びその概念を（インターネットでしばしば用いられるウェッブとは何の関係もない）「情報交換のオルタナティブな水平的で開放的な構造、非ヒエラルキー的なネットワークであり、実際にデータを侵害したり様々な形でネットから情報を吸い上げることを含む秘密の非合法の反逆的なウェッブの利用を示すようなカウンター・ネット」（Hakim Bay, *T.A.Z.*, Autonomedia, p.108, 邦訳はインパクト出版会、箕輪裕訳）と規定している。

ベイは、マージナルなミニコミ（ジーン）、BBSのネットワーク、海賊ソフト、ハッキング、電話フリーク、海賊ラジオなど、現在のウエッブの状況はまだプリミティブな状態であるという。コンピュータによるウエッブももちろんこれらに加えられてよいのだが、彼は、流動的でつかみ所のない政治的社会的反体制の拠点としての一時的自律ゾーンの中心をこうした情報の領域に求めているわけではない。むしろ人々がリアルワールドで顔と顔をつきあわせられる時間と空間のなかで形成される自律的な領域の形成を重視し、サイバー・カルチャーのなかに存在するある種の制度化されたサブカルチャー幻想に対しては徹底的に批判的である。例えば、多くのアナキストやリバタリアンがパソコンを自己解放の武器とみなすことにはむしろ懐疑的だ。パソコンによるデータ処理やプログラム作成は、大企業や官僚向けの多数のガレージ企業を生み出し、このガレージ企業はさらに新たなルンペンプロレタリアートならざる「ルンペンヤッピアート」を生み出す。そして、家庭がこうした企業システムに組み込まれることによって、家庭の主婦は電子的搾取工場にとりこまれることになるとみる。ここではコンピュータネットワークがボスをつとめる労働専制政治が形成される。

よく知られているように、アップルのパソコンがカリフォルニアのヒッピー・ムーブメントのなかから軍事用のIBMコンピュータへの批判と「コンピュータを人民の手に」のスローガンとともに生まれたという創世の神話は、未だに多くの人々に小規模零細なベンチャービジネスへの幻想を信じ込ませる役割を果たしている。しかし、現実のコンピュータ産業やネットは、こうした情報労働の搾取システムによって成り立っている。一時的自律ゾーンがネットの内部で、カウンターネットとしてのウェッブの形成に関与するとすれば、こうした現実のネットの抑圧を解体できるものでなければならない。ベイはそのことをはっきりと意識している。むしろこうしたネットへの対抗的な根拠地としてT．A．Zが機能しない限りそれは無意味だとすら彼は主張している。ベイが「テンポラリー」という概念を用いているのでかなり誤解を生みやすいのだが（とりわけ日本では、「うたかた」やら「混沌」が支配的なイデオロギーとしての伝統をもっているのでなおさらである)、これはある種の打ち上げ花火的なものではない。そうではなく、時間的な継続性と空間的な固定性によって特徴づけられている根拠地という概念ではなく、時間的、空間的なノマドをサイバースペースの側から見たときに見いだしうる状況を指摘したものにほかならない。つまりサイバースペースにおける機動戦であって、ネットからみれば神出鬼没であり、偶然的で自然発性的にしか見えないもの。しかしそれは、明確にカウンターネットの性質を持つ遍在的な何ものかなのである。ここにおいて、問われるのはやはりある種の身体性である。それがもはや「私」として現在感じられるなにものかではないとしても。

●

私が、拡散した主体性とか主体性の解体と言いながら、なおかつ「私」へのこだわりを捨てきれないのは、日本のヌエ的なポストモダニズムの保守主義が暗黙のうちに私たちを誘惑する手口のひとつに「私」の放棄があるからだ。「私」を放棄することも、ナショナルな幻想に支えられたイエ意識にとらわれることも否定したときに、拡散し、ますます制御不能となった「私」を抱えながらも、「私」の身体と最後まで同伴してみることが必要だと感じるからだ。これは、明らかに曖昧な選択ではあるが。

そこで、やはり最後に例の器官なき身体の話題を取り上げておく必要があるだろう。サイバー・スペースの器官なき身体を。

ドゥルーズ—ガタリが『アンチ・オイディプス』において、器官なき身体という概念を提示したのは1972年のことである。ここで彼らは、アントナン・アルトーにならって、繰り返し器官なき身体とは、有機体に対立する多様性としての存在であることを強調していた。

「器官なき身体は、実は、ひとつの全体として、しかし種々の部分の傍にあるひとつの全体として生み出されるのだ。この全体は、これらの諸部分を統一化することもなければ、全体化することもない。この全体は、実際に区別されるひとつの新しい部分として、これらの諸部分に付け加わることになるのだ。……器官なき身体が種々の器官を拒絶するときには、この身体は、種々の器官そのものが形成する純粋多様性の外在的極限を示すことになる。この場合の種々の器官そのものは、有機的でもなければ、有機的に組織されてもいない多様性として存在しているわけなのである」(『アンチ・オイディプス』市倉宏祐訳、河出書房新社、387ページ)

アルトーの演劇的身体、デュシャンの独身機械そしてフロイトのオイディプスの三角形、これらが下敷きとなって構成された「器官なき身体」は、見事に主体化され有機的な身体に閉じこめられた身体の解放への欲求を描いて見せたが、しかしそれは情報化の戦略の中で、多様性も器官なき身体もまた再びそれ自体では反資本主義の拠点にはならなくなった。なぜならば、有機体としての身体に執着しなければならない条件が徐々に喪失し、資本主義はその搾取の基本的な条件である剰余労働を伝統的な生産的労働の領域からさらに流通へ、そして情報の領域へと拡張し、それにつれて有機体としての身体に換えて多様性と情報化されデータ化された身体が肥大化してきたからである。言い換えれば、器官なき身体は、抵抗の拠点でもあると同時に、支配の新たな拠点ともなりつつあるのだ。ただし、「拠点」という概念につきまとう空間的な支配の概念よりもむしろここでは時間の概念が基本になる。

こうして、ノマド的ということそれ自体が反権力的とか反官僚的、反国家的を意味するという時代も終わりを告げた。ノマドそれ自体が権力の重要な場所となり、従って反権力の場所でもあるのだ。ハキム・ベイのT.A.Zの提起はこのことを前提として、ノマドの領域、あるいは分散化された工場システムを闘争の領域として指定していたと言える。クリティカル・アート・アンサンブル(CAE)という匿名集団によるパンフレット『エレクトロニック・ディスターバンス』では、情報資本主義の権力の存在形態を「液状」とか「境界のない曖昧な領域」として表現し、器官なき身体とはまさにサイバー・スペースにおいてその究極の姿を見いだすと論じている。既に、ポスト・フォーディズムと呼ばれるジャスト・イン・タイムのフレキシブルな生産体制や国際分業システムといったリアルワールドに出現してきた状況は、ノマド的生産体制と呼びうるものである。従って、権力闘争の領域もこの曖昧な液状の領域に設定されねばならない。この領域が電子的に形成された領域を指すことは言うまでもない。こうした権力の様式は、不可視で拡散的であることを特徴とする。「現代のエリートは都市中心部から脱中心化され、脱属領化されたサイバー・スペースにシフトして」おり「サイバー・エリートは想像することしかできない超越的な全体である」(Critical Art Ensemble, *The Electronic Disturbance*, Autonomedia, p.17) という。現代のアヴァンギャルドの運動が未だに物理的な空間を変革の中心的なターゲットとしているのは明らかに状況判断を見誤っていると指摘する。「ポスター、パンフ、街頭劇、パブリック・アートが有益だったのは過去のこと。多くの人々は日常の何時間もの時間をテレビを見て過ごす。公衆は電子的に結びつけられているように見える」(同上、27ページ)

かつての変革の土壌としての都市の空間は確かにますます脱制度化されてしまっている。インナーシティは失業者やホームレス、犯罪と麻薬の空間としてイメージされている。このイメージが現にそこで生活している人々を棄民とし、市民社会から排除しようとしていることは明らかである。と同時に、権力の中枢はもはやこうした都市にはないことも確かだ。ノマドの権力、サイバー・エリートはむしろ人々を情報に還元し、人々がどのような現実の生活様式をとろうとも、それを情報のレベルで管理し処理できるシステムを構築しようとしている。CAEは権力構造がノマド的な様相を取りながらも支配的なイデオロギーがまだこうした状況に追いついておらず、また、人々の情報化も完全には遂行できていないのであり、文化的労働者の任務はサイバー・エリートによる情報の独占を阻止することだと指摘している。また、ウイリアム・ギブスンの『ヴァーチャル・ライト』では、サイバー・スペースそれ自体よりも、こうしたリアルワールドとサイバー・スペースの間のある種の階級闘争とでも言いうるような状況が描かれている。こうして、サイバー・スペースの夢物語の時代は終りを告げつつあるのだ。

最後に残った課題は、サイバー・スペースとリアルワールドを繋ぐことだ。というよりも、この両者を区別できるように論じてきた論じ方を自己批判しておくことだ。私の曖昧な言い回しでもある程度は伝わったのではないかと思うが、この両者を区別する根拠はない。サイバー・スペースでは想像が困難かもしれないから、テキストの世界と現実の世界という場合をまず考えてみよう。この両者を隔てているのは、言語である。しかし、言語によって現実を表現し直すだけが現実の表象ではないことは、例えば映像や音楽などの手段を考慮に入れれば言うまでもないことである。例えば、映画スタジオに再現された町並みや室内の風景は、現実をより現実に近い形で再現しようとする方法だ。もっと現実そのものに近づくためには、現実の街頭でロケをすればいい。インスタレーションは非言語的な方法を伴ってアーティストの解釈が介入する別のケースだ。しかし、これらは言語という境界を排除した分だけ、現実と構成されたものとの境界は曖昧である。そして、街頭に貼られたポスターや、街路の演劇は、それを現実の空間から切り取って、フィクションだなどと断定することはますます困難になる。あの器官なき身体の創始者、アントナン・アルトーがペストに刺激されて論じた演劇とはこうした意味での虚構の解体だったのではないか。

「もし本質的な演劇が、ペストのようだとしたら、それは、演劇も伝染性をもっているからだけではなく、それが、ペストと同じように、啓示であり、前進であり、一個人、あるいは一国民に巣喰った精神の邪悪な可能性の全てをかくしている潜在的な残酷性の根元を外に向かって押し出すからである」(『演劇とその形而上学』安堂信也訳、白水社、48-49ページ)

映画は、映画というカテゴリーによって、インスタレーションは美術館やギャラリーという空間によって、街頭劇は演ずるものと観る者の間で「フィクション」という合意を形成することによって、それらは「現実」と区別されるものとして私たちを取り巻く世界のなかにマッピングされる。こうしたカテゴリー化と空間のパーティション、そして合意形成のルールを一度全てご破算にしてみれば、事態は、よりはっきりする。つまり、リアルワールドと呼ばれるもののその外部との境界線は決して明瞭なものではないということだ。資本主義というシステムは、このリアルワールドと虚構の世界をパラマーケットがぐるぐる巻きにとりまき、この両者を資本主義のシステムの再生産に都合のよいように配分しているのだ。湾岸戦争で破壊されたバグダッドは虚構へ、イスラムの原理主義者のテロはリアルワールドへ、それぞれ配分されるのだ。

サイバー・スペースの形成は、こうした資本主義のシステム再生産の仕組みを変更するわけではない。ただし、大きな変化があるとすれば、サイバー・スペースの形成はこの資本主義的なリアルワールドと虚構の配分システムをより効率的に、リアルタイムに、さらには記憶や歴史の領域にも踏み込んでより一層普遍的な装いをもって遂行できるようになり、権力は、19世紀以来の都市の象徴的な空間をダミーとして利用しながら、リアルワールドと虚構の間を臨機応変に行き来するノマド的な権力となるというだけである。

このことは、私たちに戦線の拡大を要請することになる。今までもリアルワールドと虚構の両方で繰り返されてきたカテゴリー解体の文化的闘争——労働の拒否からアートの解体まで——は、サイバー・スペースでも繰り返されねばならず、それは再びリアルワールドへと反響する。これは、タイムマシンで過去に手を加えることにも似た作業だ。虚構は虚構ではなく、虚構というカテゴリーに収められたリアルワールドであり、リアルワールドはこの虚構のなかに収められたテキストを通じてしか解釈できない。

リアルワールドとサイバー・スペースの間の関係を、一方を「現実」、他方を「虚構」と見るのではなく、むしろサイバー・スペースそのものが生み出している私たちの身体の情報への還元を深刻な新たな身体への搾取として見なければならない。私たちは、日常生活の物質的な条件の大半を資本の消費システムに委ね、私たちの快楽や欲望という感性もまたそうした物質的な生活様式に組み込まれ、生活環境化したマスメディアに世界の理解を委ねるという具合に、私たちの「私」を構成してきた様々な諸要素を次々に外部化し、その制御を放棄させられてきた。そして、それは遺伝子情報のレベルにまで到達し、同時に、ノマドとしての解放の戦略すらもがノマド的権力とサイバー・エリートの形成の中で、抑圧の新たな空間に変容させられようとしている。

ポストモダニズムの主体の解体は、こうした権力の性格の転換に伴う反革命的な側面をも持っていることにむしろ警戒すべきである。もちろん私たちは外部化された「私」を再獲得できるわけではない。私たちの「主体」は否応なくさらに拡散してゆくことだろう。ここでこうしてこのテキストを書いている「私」がいつまで「私」でいられるのかは、全くわからない。そうしたエレクトロニックス的な「死」に直面して、ここからカウンターカルチャーの実践を試みる模索は始まったばかりである。

右に見たように、新たな問題提起はいずれも不十分である。どれをとっても新しさに欠けたり、不満足で限界が露呈しているようにみえてしまうものばかりかもしれない。しかし、それは、明らかに私たちの実践の欠如に由来するものだ。この欠如を埋めるための時間はもしかしたらあまりないかもしれない。しかし、私たちがリアルワールドに対するのと同様に、サイバー・スペースへの違和感を見失わず、外部化されて、制御へのアクセスすら拒絶されつつある「私」の情報化を拒否しようとする欲求がある限り、サイバー・スペースは権力の専制の空間とはならないだろう。いや、そうしてはならない。そしてまた、このサイバー・スペースが生み出す新たな階級闘争が、ノマド的権力が放棄したリアルワールドの都市空間と結びつくとき（そうした徴候は随所にみられるようになっている）、闘争は遍在化し、精神的にも物質的にも自由な新たな空間を見いだすこともできるはずなのだ。これは決して楽観論ではない。それは、このやや長いエッセイを読んでくれた読者の皆さんにはわかっていると思うが、この楽観論を支えているのは私がここで繰り返し指摘した多くの困難の克服への意志と欲望なのである。

文献・情報リスト

以下に、このエッセイで直接言及した文献及び言及してはいないが参考にした文献、本文では紹介できなかったいくつかのカウンターカルチャーのための情報を挙げておく。

【マルクス主義、アウトノミア、シチュアシオニスト】

ドゥボール、ギー『スペクタクルの社会』木下誠訳、平凡社。言うまでもなく、シチュアシオニストの中心人物、ドゥボールによる最も影響力をもったテキスト。

『アンテルナシオナル・シチュアシオニスト』全6巻、インパクト出版会。

Home, Stewart, *The Assault on Culture*, London, Aporia Books, 1998. シュールレアリズムからシチュアシオニスト、パンク、そしてネオイストやアートストライキまでを概観したカウンターカルチャーの「ある種の」通史。

Anlonio Negri, *Politics of Subversion*,Polity Press, 1989.小倉利丸訳、現代企画室「労働は全社会に拡散しはじめた。これは、労働が工場内部と外部の両方に波及するからである。再構成の回路は工場や長期的な生産戦略のなかの社会的総合体に貢献する工場以外の部分を含むはずである。生産の規模はぼう洋たるものになり、様々な労働　過程が以前にも増してより複雑に統合されるようになる」(本書第3章より)。これは、サイバースペースにも言えることだ。

Greil Marcus,*Lipstic Traces*, Boston, Harvard, University Press, 1989

【メディア、コミュニケーション、文化産業】

バラン、デビス『コミュニケーションの空間』山中正剛他訳、松頼社。マスコミュニケーション研究の概説書。

ウォルター・オング『声の文化、文字の文化』桜井直文他訳、藤原書店。

小倉利丸『アシッド・キャピタリズム』青弓社。パラマーケット論の詳細は本書を参照。

ウオルター・ベンヤミン「複製技術の時代における芸術作品」、ベンヤミン著作集2『複製技術時代の芸術』所収、高木久雄・高原宏平訳、晶文社。

エンツェンスベルガー『意識産業』石黒英男訳、晶文社。

アドルノ、ホルクハイマー『啓蒙の弁証法』徳永恂訳、岩波書店。特にⅣ章「文化産業――大衆欺瞞としての啓蒙」参照。

ユルゲン・ハーバーマス『コミュニケイション行為の理論』藤沢賢一郎他訳、未来社。

同、「行為・発話行為・言語に媒介された相互行為・生活世界」『ポスト形而上学の思想』所収、藤沢賢一郎他訳、未来社。

マーク・ポスター『情報様式論』室井尚他訳、岩波書店。

ロラン・バルト『モードの体系』佐藤信夫訳、みすず書房。

Taylor Stoehr, "Media Trance…Televolic Media for Virtual Living…," *Alternative Press Review*, Fall, 1994

【大衆統合と文化装置】

以下の諸文献は、サイバー・スペースとは直接関係ない。しかし、権力のシステムや天皇制といった文化的な統合のシステムがマスメディアと密接な関わりをもってきたことを理解しておくとは、サイバー・スペースの将来を権力のシステムに（今以上に）しないために重要なことだと思われる。
T、フジタニ『天皇のページェント』NHKブックス。
ホブズボーム、レンジャー編『創られた伝統』前川啓治他訳、紀伊國屋書店。

ウィリアム・ジョンストン『記念祭／記念日カルト』小池和子訳、現代書館。

ゲオルゲ・モッセ『大衆の国民化』佐藤卓己、佐藤八寿子訳、柏書房。

佐藤卓己『大衆宣伝の神話』弘文堂。ワイマールからナチスに至る時代のラジオメディアに注目している点で類書がない。

柏木博『欲望の図像学』未来社。

同『肖像の中の権力』三省堂。

野毛一起他『国家と儀礼』作品社。戦後の天皇制と儀礼の関係。


【サイバー・スペースにおけるカウンターカルチャー】

ロフラー、カール・E編『ヴァーチャル・リアリティーズ』安木正美、福富忠和訳、技術評論社。

とりわけ以下の文章。ハワード・ラインゴールド「VRエシックス――VRテクノロジーが投げかける倫理的問題」、ジョン・ペリー・バーロウ「物質界を離れて」、ガレス・ブラニューン「サイバーカルチャー」、ロバート・マクファーデン「5つの田園詩について」、ローレンス・ポール「ランド／スピリット／パワー」、キャサリン・リチャーズ／ネル・テンハーフ「生物装置」。

Bey, Hakim, *T.A.Z.*, NewYork, Autonomedia,1991. 本文参照。ベイの近著としては、*Imediatism*, AKPress, 1994がある。

アルケール・ロザンヌ・ストーン「ヴァーチャル文化の境界物語」『サイバースペース』マイケル・ベネディクト編、鈴木圭介・山田和子訳、ＮＴＴ出版。

MONDO2000, *USER's GUIDE TO THE NEW EDGE*, Harper Perenial, 1992. サイバースペースのサブカルチャー雑誌として最も有名なもののひとつに合州国で発行されているMOND2000がある。本書は言わばその書籍版。媚薬（aphrodisiacs）からミニコミ（zincs）まで、アルファベット順に項目が配置されている。

リチャード・ドーキンス『利己的な遺伝子』日高敏隆他訳、紀伊國屋書店。

柳川弘志『生命の起源を探る』岩波新書。

Douglas Rushkoff, *CYBERIA*, Flamingo, 1994 とくに4章で、合州国や英国のカウンターカルチャーのアーティストたち、バロウズやジェネシス・P・オリッジ、ブライアン・イーノらとサイバーカルチャーとの関わりに言及。

ダナ・ハラウェイ『サイボーグ・フェミニズム』巽孝之編訳、トレヴィル。「私たちは、生物学のような形式的言説においても集積回路内のホームワーク・エコノミーのような日常的活動においても自己認識するけれども、まさにそのとき、自分たちがサイボーグでありハイブリッドでありモザイクでありキメラであることを思い知る。生物体はいまや生体組織に、すなわち情報伝達装置になった」（１０２ページ）。

【ＺＩＮＥの世界】

いわゆるミニコミである。ＤＴＰの発達によって、急激にミニコミの世界が膨張し始めている。そして、この活字メディアの情報がパソコン通信やインターネットなどの通信網に流され、逆にこうした通信網の情報がミニコミとして流通する。さらにこれに加えて、自由ラジオやパブリック・ブロード・キャスティングと総称される非商業ラジオ局の番組が組合わさって、報流通がますます多様化しつつある。これらは、新たな対抗的なパラマーケットを構成しつつあると言える。

Mike Gunderloy & Cari Goldberg Janice eds.,*The World of Zines, a guide to the independent magazine revolution*, Penguin Books, 1992.

日本のミニコミの情報は「模索舎通信」がほぼ唯一と言っていいものだろう。非常に充実している。問い合わせ先、東京都新宿区新宿２－４－９、電話０３－３３５２－３５５７。店舗もある。

（付記）その後生まれた新たなインフォショップとして以下がある。

I.R.A（Irregular Rhythm Asylum）１６０－００２２ 東京都新宿区新宿１－30－12－３０２

【ノマド】

ドゥルーズ、ガタリ『アンチ・オイディプス』市倉宏祐訳、河出書房新社。
同『千のプラトー―資本主義の分裂症』宇野邦一他訳、河出書房新社。
Critical Art Ensemble, *The Electronic Disturbance*, Autonomedia, 1994.
ウィリアム・ギブスン『ヴァーチャル・ライト』朝倉久志訳、角川書店。

【インターネット】

日本におけるインターネットの現状と問題点については、以下が参考になる。
粉川哲夫「インターネットの怪」(上、中、下)『インパクション』86、87、88号、インパクト出版会。インターネットが一部の特権的な人々によって囲い込まれている日本の現状について、体験を踏まえたレポート。

【ハッカー】

ブルース・スターリング『ハッカーを追え!』今岡清訳、アスキー出版。
The Knightmare, *Secret of a Supper Hacker*, Loompanics Unlimited,1994 ハッカーの入門書。
Serious Crumb ed., *Forbidden Secrcts of The Legion of Doom Hackers.*

特に後者は、伝説的なハッカーグループが発行していた機関誌の復刻版で、プログラムも含めて貴重な記録が収められている。版元不明の「地下出版」風だが、サブカルチャー系の通販業者から入手できる。

【コンピュータ・ウィルス】

Mark A. Ludwicg, *Computer Viruses, Artificial Life and Evolution*, American Eagle Publications Inc. 1993.

がおもしろい。生物としてのウイルスとコンピュータ・ウイルスのIIIには本質的な違いはないと主張する。ウイルスのプログラムも記載されており、別に注文すればウイルス入りのディスクも送ってくれる。ウイルスのプログラムを公開することについては、例えば日本のテレビでもウイルスプログラムを画面上に出す場合にはモザイクがかけられるように秘匿されるが、著者はむしろ、私達の情報環境にウイルスなしにはすまないという現状を見据える必要があり、むしろその情報を公開すべきだと言う。

(以上の記述は、1994年末段階のものなので、インターネットのウェッブサイトのアドレスなどは変更があるかもしれない)

出典:金田善裕編『サイバー・レボリューション』第三書館、1995年

なお再録にあたって、一部の文献等を省略した。掲載した文献は、一部改訳や新訳、あるいは文庫などによる再版があるが、初出のままである。

抽象化に抗う都市生活者たち

新宿西口の地下通路で生活していた人たちが、東京都の職員と警察によって強制的に排除されたという事件が、(1996年)正月早々報道された。段ボールで街路を占拠し、居住空間とするということが、青島都知事によれば、周辺の商店や通行人にとって迷惑であり、道路管理者として放置できないということ、そして排除後には13億円という巨費を投じて動く歩道を設置するということだった。この問題は、現在私がこの原稿を書いている2月初旬にも実はまだ解決されてはいない。段ボールは撤去されたとはいえ、野宿者たちの果敢な抵抗は今でも続いている。

多くの情緒的な都市観によれば、東京のような都市を、その盛り場に象徴させてある種のカオティックなエネルギーの集積空間と捉えたり、多様な情報が集中・発信される多元的な空間とみなしがちだ。しかし、実は、こうした都市の表象は、実に巧妙な秩序の制度によって支えられており、情報の多元性もまた、情報の過剰な散布の別言に他ならない。マスメディアではあまり注目されていないが、東京の山谷、大阪の釜ヶ崎などの日雇い労働者たちの町では日常的に繰り返されてきた「スラムクリアランス」が、今回の新宿の「事件」ではより露骨で暴力的な排除として現れた。

60年代のフランス5月革命を始めとする都市の反乱に、思想的に大きな影響を与えたアンリ・ルフェーブルは、ナチスの強制収容所について言及しながら都市について、次のように語っている。

「強制収容所が他の意味を持っていたとか、ヒトラーのサディズムを満足させたとか、潜在的な人質として何100万もの人々を集めたとか、そういうこともあったであろう。しかしながら、最も重要で根本的な意味は、ファシズムが資本主義の極限を表し、強制収容所が近代都市、工業都市の、極度な病的形態、極限を表しているということであるような気がする。／われわれの都市と強制収容所の中間項は多数ある。坑夫町、労働者の仮設やバラック集団住宅、植民地労働者の緊落など・・・いずれも収容所と何らかの繋がりを持っているのではないか。」（田中仁彦訳『日常生活批判』現代思潮社、254ページ）

強制収容所は、近代都市の例外的に極端な形態だとルフェーブルは言っているのではなく、近代都市の持つ機械化や資本主義的な工場制度の純粋な空間を、強制収容所に見たのだ。クロード・ランズマンの映画『ショア』は、アウシュビッツがいかにして膨大な数のユダヤ人を「処理」していたのかを当事者の詳細な証言で再現して見せたが、事実が細部にわたればわたるほど、ナチスの担当者たちにとって、ユダヤ人とは具体的な固有名詞と日常生活を営んできた人間ではなく、単なる統計上の「数字」「原料」なのだということが浮き彫りにされていった。

ここには、管理者たちとそこで処理される人々との間には一切のコミュニケーションもなければ、共有できる未来もない。しかし、そこには同時に極めて濃密な情報の空間が創出されていた。それは、この空間を再生産するために駆使される「生産機械」のためのデータとしての情報である。毎日到着する貨車に積み込まれているユダヤ人の数量、その数に対する処理に必要なガス室と焼却炉の生産性、このホロコースト・システムの稼働に必要な労働力とその配置、収容者の身の回り品や衣類の処分に必要な設備と労働力、これらが文字通り経済統計の投入産出分析のように精緻に計画化されていた。同時に、これは、富の分配システムとしても管理者に一切の富が帰属し、逆にそこで労働力として働かされるユダヤ人達や虐殺される人々には、富の配分はゼロへという極めて鮮明な階級的な配分構造と重なっている。

私たちはこうした計画化された空間とその情報回路に目を奪われる限り、それは、ナチスの管理者のオフィスに掲げられた地図や帳簿の数値を通してこの空間をイメージするという制約から逃れられない。しかし、他方で、貨車に積み込まれ、理由もわからぬままシャワー室だと騙されてガス室へと送られていった多くのユダヤ人たち一人一人の具体性に即したとき、この空間のあらゆる精緻な計画は全く何の意味も持たず、それらはただ唯一、暴力としてしか立ち現れないということを実感することができる。計画的な理性と暴力は、こうして都市という空間を支える共犯関係にあるのだ。

ルフェーブルが言及したナチスの強制収容所の計画理性は、当時の日本が採用していた強制連行や労働配置の政策から現代の東京や世界各地のホームレスや住宅占拠者たちへの排除の力のなかに継承されている。

ユダヤ人たちがその歴史的な差別とアーリア神話によって構築されたナチスの理念にとって排除のシンボルとして位置づけられたように、野宿者たちは、東京という都市空間が理念として抱く計画の構図のどこにも位置し得ない存在である。他方で、西口のオフィスに勤めるサラリーマンや都庁の職員といった〈労働力〉の生存のための空間は十分にその余地を与えられる。奇妙なことに、私たちの周辺に最もよく見かけるこれらの都市の通行人たちを、私たちは、具体的にどのような生活を営む人なのか、想像することすらほとんどできない。これが都市の抽象化作用なのだ。逆に、野宿者達の存在は、極めて具体的であり、リアリティに富んでいる。

都市の抽象化に注目したのもルフェーブルだった。彼は『空間論』（英訳版ブラックウェル社）のなかで、資本主義化が労働を抽象的な社会的労働とするのに対応して、空間の抽象化が生ずるとして、次のように指摘している。

「抽象的な空間は客体的壁、つまり一連の物／記号とそれらの形として現れた諸関係――ガラス、石、コンクリートと鉄、角度と曲線と空虚――として機能する。形と量によって、年齢、性、エスニシティといった身体に起源を有するような自然や（歴史的）時間とともに差異が消される。」

都庁の建造物は文字どおり都市の抽象化、客体化を体現しているのに対して、その地下街では逆に身体の具体性を手放すことを拒否した人びとの具体的な生活が営まれている。新宿西口の地下から地上へと重層化された空間は、同時に都市における身体の具体性と抽象化へ向かう権力との闘争の空間的な表現でもあるのだ。行政権力は何よりもこの具体性を畏れたに違いない。だから、彼らはまともに野宿者たちとの会話も拒否し、あくまで200名の路上占拠者として統計的なデータとして処理しようとしたのだ。

ルフェーブルは、差異の消去を文字通りの同質性の強制というよりも、抽象的な人工のシンボリックな形態の強制と捉えていた。つまり、ステレオタイプによる差異の制度化である。このことは、西口のダンボールの列を、みすぼらしいとか、悲惨だといったステレオタイプに押し込めることによって、プレハブの収容施設の方がましであるという言説を正当化するものにほかならない。野宿者たちの闘いは、こうしたステレオタイプを打ち砕いた。マスメディアは彼らが都市空間に対する断固とした権利を主張する姿を僅かとはいえ伝えた。メディアの秩序もまた、都市の流動化のなかで揺らぐのである。

出典：『現代詩手帖』1996年3月号

一夫多妻制としての資本主義家族とラカンの『家族コンプレックス』

ラカンの「家族」についての議論では、家族一般ではなく、家族の特殊歴史的な近代家族が対象とされている。生物学的な意味における種の世代的再生産に必須の条件は、オスとメスの性交↓妊娠↓出産↓育児を保障する何らかの人間集団の存在であるが、この人間集団のパターンは一つではない。成人の人間が生存可能な条件と自立的な生存が不可能な乳幼児の生存条件は、異なる二つの構造が接合する形でひとつの社会構造に組み込まれる。

ラカンや精神分析の歴史において、しばしば言及されるアルカイックな社会は、文字通りの「原始的な」社会というよりも、人間が言語と象徴的な次元を獲得して社会構造の安定を欠きはじめた時代と重なるように思われる。しかし、この時代は、人類史の文字通りの端緒を意味していない。個体発生が系統発生を繰り返すという仮説を受け入れるとすれば、まずもって念頭に置かれなければならないのは、人類が人類となるギリギリの端緒の時代にまで遡ることが必要だろう。しかしまた、個体発生が文字通りの意味で系統発生を繰り返すかどうかは、疑問の余地の多い仮説であるように思われる。新生児や乳幼児を太古の人間と重ね合わせうるという発想は、もし、そうだとすると、アルカイックな社会の人間の個体発生はどのように系統発生を繰り返すことになるのか、アルカイックな社会の人間が成人として生存の自立を獲得していることは確実なことであり、乳幼児の生物学的に自立しえない状態との差異は、無視できないほど大きいように思われる。フロイトはしばしば、心的な状態に関しては、この両者の間に共通するものがあるとみなし、乳幼児の心的装置あるいは性的な欲動の特異な構造の根拠を、アルカイックな時代に重ね合わせることで人類の普遍的な特性としての性の秩序の形成（その中核をなすのが乳幼児の多型的な性の欲動からエディプス・コンプレックスと抑圧を経て異性愛へと収斂させる過程）を指摘しようとした。ラカンの初期のテキスト「家族コンプレックス」もまた、こうした観点を前提としている。ラカンはその後、アルカイックな社会にはあまり言及しなくなり、同時に「イマーゴ」の概念も用いなくなる。家族コンプレックスをはじめとして多様なコンプレックスの概念が捨てられ、エディプス・コンプレックスだけが残されたように思う。加えて、鏡像概念が（その内容の変遷は別にしても）この初期のテキストの重要な論点をなしている。従って、こうしたラカンのその後の展開を念頭に、以下の私のコメントも、アルカイックな社会における人間の心的装置と現代のそれとの関係には深く立ち入ってはいないし、この観点からラカンの家族コンプレックスの是非を論じようとはしていない。他方で、精神分析に限らず、「精神」を対象とする科学や社会科学一般にみられる「家族」という観念を再審に付すことを念頭に置きながら、ラカンの初期のテキストの意義を明確にしてみたい。

というのも、私の資本主義的な家族の概念は、いかなる意味においても通説とは異なっており、家父長制的な一夫一妻制を前提とするほとんどの精神分析、精神医学、心理学から社会学や哲学に至る議論の土台を与件とすることができないからだ。私の場合、資本主義的な家族は一夫一妻制と一夫多妻制の二重の構造を有するものだと考えており、男にとっての家族構造と女にとってのそれは一致しないと考えている。これは主観的な家族を唯一の家族とみなすのではなく、家族を生から死へと至る欲動の構造を「市場」の特異な欲望生産過程と不可分なものとすることによってのみ成り立つ（つまり性の市場）とみなすからである。ここには、エディプス・コンプレックスによって抑制された想像的なロマンチックラブを象徴化する構造とともに、多型倒錯の欲望を超自我の検閲から解除する想像的な性の離散的な欲動を象徴化する構造が輻輳するところで、家族コンプレックスが成り立つと考えているからだ。ここには心的な犠牲の構造があり、その最大の犠牲を担うのは、家族コンプレックスの周縁に排除されるセックスワーカーである。このことは、精神疾患の現実の課題にも関わることであるから、思想の課題であると同時に実践的な解放の課題でもある。いずれにせよ、二重の家族構造からなる資本主義的家父長制家族という前提を置くことは、それ自体が理論的にも困難を抱え込むことではある。無視できない重要な理論的な成果(ラカンもそのひとつであることは疑いえない)をこの複雑なパラダイムへと移植するという作業を引き受けなければならないからだ。

●

マーシャル・サーリンズが『石器時代の経済学』(山内昶訳、法政大学出版局)で述べたことが正しいとすれば、200万年近くの人類史全体のなかで、その大半を占めるのが最も安定した「豊かな社会」としての旧石器時代だった。この時代の人類がどのような自我の構造を持っていたのかは考古学的な研究でも不明なところが多いが、根本的なところで言えば、この最も繁栄した豊かな社会の時代を終えて、文明化の過程に進んで以降の人類の歴史は、「発展」や「進歩」の歴史ではなく、むしろ社会構造の不安定が恒常化した時代、言い換えれば、人類の衰退の可能性を秘めた歴史であるということである。この意味で、精神分析が「太古」へと遡及可能なものとしてのイマーゴの仮説がこの旧石器時代にまで包含するのであるとすれば、支持できないように思われる。むしろイマーゴと呼びうるものが、かつて旧石器時代にも存在したものにその原型があるとしても、それは、文明化の過程のなかで、破壊され、その痕跡を残す何かがあるとしても、それは人間の意識や感情、あるいは精神分析が対象とする人間の心的装置に実質的な役割を担うことはありえないほどに退化しているのではないか。

歴史の概念は、時系列に沿った社会変化の概念である。従って、この意味での社会変化が生じるようになって初めて社会における歴史が記述(あるいは口述)可能になる。これは、神話であってもある種の「現実」の記憶であってもどちらでも同じである。定常的で変化を自覚あるいは記憶しない場合、今ここに生きる現実以外の現実は存在しないから、これをあえて記録（記憶）する意味はない。もし歴史が変化を本質とするのであるとすれば、変化の意味をどのように理解すべきなのだろうか。変化には三つのベクトルがある。進歩か衰退か混乱か、である。しかし、このいずれのベクトルであっても、歴史の時代は、社会構造の恒常的不安定の時代であり、だからこそ時間軸に沿った「変化」を余儀なくされ、弁証法的な過程を辿るのだが、この不安定性は、種の安定した再生産の回復へのあがきでもあって、これは歴史に進歩を期待し理想の社会へと向かうことを一義的には意味せず、逆に、より混沌とした崩壊へと向かう可能性も秘めている場合があるということを軽視すべきではないだろう。この意味で、人類は、文明化以降、危機を生きざるを得なかったのであり、この危機は、出口が不明であるが故に、人類は不安感情を基礎に置くある種の神経症的な心的状態を「正常」とみなすことによって、この変化を強いる「歴史」的な現在を正当化した。つまり、文明的な人間の本質は不安を抱えこみ、これが時には暴力の生成に帰結し、この変化には混沌や衰退の潜在性がありながら、こうした変化を「進歩」と言い換えることによって、この混乱を正当化して、肯定的に受け入れるべきものとしてきた。

百数十万年に及ぶ定常状態から歴史と呼ばれる変化の時代へと移行したときに、人類は、大きく自然の環境から逸脱しはじめ、固有の心的装置を形成することによって、生理学的生物学的な適応に必要な心的な適応を模索し始めたのではないだろうか。いわゆる本能や欲動の始原的な部分は、変容と抑圧を必要とされ、多分、無意識はこの時点で、数万年の長い世代的な変化を通じて徐々に形成されてきたのではないか。無意識は、文明化以降の異常をきたした心的装置が、混沌と危機の歴史のなかを生きる上で適応・形成されてきたものだと位置づけることができる。言い換えれば、文明化以前の（旧石器時代の定常状態を百数十万年にわたって生きた時代）人類は無意識を必要とはしなかったと思われる。人類は、自己自身を含む自然的世界への適応を、象徴的な次元を介在さることによってかろうじて維持させたのであり、無意識は、混沌、危機、あるいは衰退の過程に伴う混乱のなかで、心的装置が編み出した適応の産物だと思われる。同時に言語の次元が肥大化し、言語が果す役割が他のコミュニケーションの手段に比べて極度に過剰な機能を負わせられる状況が、文明化以降の時代に特徴的なこととなり、これらと無意識は不可分な構造として心的装置を構成してきた。

このように、無意識の構造を含む心的装置（そこには同時に言語の次元が含まれるのだが）は、歴史的な構築物であり、歴史の変化（衰退や混沌への適応のための試行錯誤、あるいは悪あがき）に対応して、その構造もまた変容するはずのものである。そうでなければ心的装置は十分にその機能を発揮できず、それが機能不全へと至れば人類の存続も不可能になるが、しかしまた、心的装置の世界への完全な適応もまたありえず、社会の変化との弁証法的な過程をとらざるを得ない。

●

200万年近い人類史全体のなかから、ほんの数世紀の歴史しかもたない近代という時代だけを抽出するのは無意味なことだろうか。そうは思わない。むしろ、この数世紀の歴史の意味こそが私たちにとって最大の課題であり、現代という「瞬間」の意味を問うことを諦念させるような、気の遠くなるような時間の大海のなかの一滴なのではない。むしろ現代の「一滴」を問題とするために大海を見ることが必要なのである。宿命論とは無縁であるべきであり、いかに膨大な時間を射程にいれようとも、私たちの数10年の一人一人の人生が果しうる事柄は、決して小さいわけではない。

19世紀末から20世紀にかけてフロイト（たち）が無意識を発見したのは、この時代に無意識が露呈せざるを得ないほどにまで心的装置が追い詰められ、時代への適応を迫られた時代だったからだろう。こうした心的装置の再編を人類は何度か経験していると思われる。それはトーテミズムであったり、古代ギリシアの形而上学の創案であったり、諸々の神話や神観念であったり、あるいは理性と科学による世界認識であったりというところに表れており、これらは無意識の再編の意識的な次元での表出であるのだが、一見すると知の進化（深化）のようにみなされ、こうした変化を経験していない多くのアルカイックな社会を、文明化された社会からは、哲学も科学も不在の野蛮な社会として見下してきた。しかし、果してどちらが通俗的な意味で「野蛮」なのだろうか？あるいは、「野蛮」は文明よりも野蛮だと言えるのだろうか？

19世紀末になるまで、こうした無意識の再編の歴史が無意識を無意識として見いだすことはなかったが、19世紀は無意識すら自覚化させざるを得ないほどにまでの危機を経験した時代だったと言える。無意識の露呈は、無意識の危機であり、この危機は、変動する社会への人間の適応の限界を意味しているとすれば、19世紀を通じて、無意識への抑圧によって調整されることができないような心的装置の不具合が、資本主義社会の中枢を襲ったということである。この時期に無意識の再編が行われたはずであり、ここには欲動と「神」をめぐる問題が伏在しているのではないかと思うが、この点には今ここではこれ以上言及できない。この無意識の再編は、主体が他者との間に（ということは主体が、ということと同義だが）特異な社会構造を介在させざるを得なくなったことを意味している。この特異な社会構造は、直接的には「家族」（資本主義的家父長制家族）であり、商品関係の浸透に伴う特異な欲望の生成、性と所有の秩序による全く新たな「抑圧」の構造である。19世紀を通じて、正常と異常の境界が再編を迫られ、ここに無意識を自覚化させる契機が生じた。フーコーやクレペリンが論じた「狂気」は、むしろこの時代の「正常」にこそ問われねばならない問題の根本があることを示唆した。20世紀は、この新たな事態、即ち、無意識を自覚化する方向と無意識をなきものにしようとする方向との闘争の時代であった。この闘争は現在まで継続している心的装置をめぐる弁証法的な過程であるが、同時に、これは個人としての主体の問題ではなく、混乱と混沌の衰退過程を正当化する支配的な文化＝イデオロギーを支える無意識の再編をめぐる問題でもある。現実世界は混沌としており、混乱した断片の集合であって、そこに一貫した秩序は存在しない（王様は裸だ！）が、他方で秩序を構築しようとする力も作用するために、この両者の間の矛盾が「歴史」と呼ばれる変化をもたらす。だから、裸の王様を見る者たちをことごとく、異常な者とする力は、政治的な力なのである。

●

ラカンは「文化は社会的現実そして心的生活において新しい次元を導入する。この次元が、人間の家族を、そしてさらに、人間における全ての社会的現象を、特徴づけている」と述べている。また、「父性の感情の発達をしるしづけた精神的公準にこの感情が依存しているものについて考えるだけで、この分野では文化的審級が自然的なものを支配しているということが理解できる。」とも指摘し、家族は自然的なものというよりも、文化的な審級によって特徴づけられるとした。これには完全に同意できる。

それでは「文化」は、人類の時間的空間的な拡がりにおいて、普遍的な現象なのか、それとも、複数の多様な文化を普遍的な文化に還元することができない固有の特徴を持つものとみるべきなのか。少なくとも、これまでの知見をもとにすれば、普遍的な文化一般の定義は見い出しえていないと思われる。この点は、「太古性」として指摘されている事柄に関わる。つまり、「太古性」が現代にまで維持されるような側面があり、精神病はこの側面を示すものだというラカンの解釈が妥当であるとすれば、「太古性」は歴史を超越する文化的な要素だということになるのだろうか。

「人間の家族の文化的構造は観察と分析という具体的心理学の方法によって完全に解明できるのであろうか。確かに、このような方法は家族の階層的構造のような本質的特性を解明するのに十分であろうし、また、家族において、子どもに対する大人のあの強制の特権的機構を認めるに十分であろう。人間は、この強制に、自らの道徳的形成の太古的基盤と根源的段階を負っているのだ。」

とくに、「離乳コンプレックス」については「心的機制のなかで、授乳関係を人間の乳児期の欲求が要求する寄生的様式のもとに固定し、母親的イマーゴの本源的形態を表す。従って、それは個人を家族に結びつける最も太古的で最も安定した感情の基礎となる」のであり、しかもこれが「心的発達の最も原始的なコンプレックス、以後の全てのコンプレックスと共に成立するコンプレックス」ということになれば、ここに文化の普遍的側面を見いだしうるようにも解釈できる。しかし、そうだろうか？問題は、授乳―離乳の生物学的な過程ではなく、この過程を実現する家族コンプレックスとこの家族コンプレックスを可能にしている「物質的基礎」にある。ここでの家族コンプレックスは一義的には決まらない。授乳―離乳における〈母〉役割は、伝統的な社会では生物学的な母か「乳母」といった現実の人間だが、近代化以降（資本主義化以降）の工業化のなかで、「人口栄養」に代替できるようになった。つまり「解剖学的に分化した器官によって行使されるひとつの生物学的機能」が外部化されることになった。このことが、従来の心理学の俗説（母乳神話）とは逆に、母乳による授乳から離乳段階での心理的な危機に影響を及ぼすことは理論的には考えにくい。なぜなら、乳幼児にとっての最大の関心は、授乳による欲求の満足であり、それが誰（何）によって達成されようと問題にはなりようがない（問題にしうるような主体、あるいは自我の形成に至っていない）からである。むしろこの離乳における危機は、母役割の側に、ある種の不安として生起する可能性がある。分娩時の不安こそがむしろ問題であり、離乳は母子関係の転換を意味し、その意味を母役割を担う女性は体感するので、自覚と実行行為との関係の危機を意識せざるを得ないからだ。精神分析は、この分娩から授乳へと至る母役割の女性が直面する生存の危機（分娩による「外傷」から新生児の生殺与奪の力を自覚せざるを得ないように作用する「家族」的責任の強制に伴う不安）の問題を軽視し、逆に新生児の生存の危機に着目してきたのは私には理解に苦しむことだ。危機は二重に存在していることが重要なことであると思う。

そもそも、妊娠の段階から、親子関係は、純粋な生物学的な関係ではなく、病院によって媒介される社会的な過程のなかに統合されている。これは制度としての統合であるだけでなく意識の上でもそうである。家族は閉鎖的な親密空間ではなく、制度が深く関与する。「家族に介入する社会」（ジャック・ドンズロ）はどの社会にも言えることだが、近代社会の場合、家族は、より大きな制度、国家と市場に接合される。妊娠の段階から、産むか産まないかの選択に始まり、出産後の授乳を母乳にするのか人工栄養にするのかという選択、人工栄養の場合はどの人工栄養を選択するのか（商品選択行動）が意思決定に影響する。この全体が、出産・育児の文化と家族をめぐる文化のなかで、男と女に非対称的に配分された家父長制権力を背景に遂行されるのである。

こうして出産段階から、近代家族は特殊歴史的な環境のなかで親子関係を構築する。ここでいう「特殊歴史的」とは、一方で、親子関係を規定する法制度など国家の制度あるいは家族という私的な関係に介入するあり方であり、もう一つは、市場が供給する商品の使用価値が親の欲望にもたらす固有の機能である。この近代家族の意識の根源には、排他的な「所有」の観念があり、これがエディプス・コンプレックスの形成に影響する。そもそも伝統的な家族は、世代的再生産と共同体の生産単位を統合的に担い、この機能を前提として主体を構築していたが、近代社会はこの家族の機能を市場（資本）の側に奪い取ることによって新たな物質的な生産の余地を市場の内部に取り込みながら近代家族を形成してきた。従って、近代的な主体（個人）は、近代以前のそれとは連続性はない。この近代的な家族の形成に伴って、近代に固有の心的装置が形成され、無意識の構造もまた、固有のものとなる。ここで排他的な所有は重要な位置を占める。母は誰のものか、父のものであれば〈私〉のものではありえない、という父あるいは夫の所有の観念は、市場経済に固有のものである。父が〈私〉とともに母を共有するという選択可能性を排除する理由は、所有の概念を介在させなければ説明できない。後述するように、この排他的な所有は、市場において逆転されて、性産業における所有を通じて、共有を達成するのだが。

●

こうしてエディプス・コンプレックスもまた、市場と国家に接合された家族を前提に理解されるべきものである。乳幼児期の多型倒錯的な性欲は、思春期まで抑圧されるが、思春期以降親以外の異性へと向かうような調整も、この市場と国家の接合という特異な構造を前提とすると、全く異なる「解決」のメカニズムが存在することがわかる。とりわけ、市場が性的欲望に介入するあり方は、資本主義が制度的な一夫一妻制に収斂せず、特異な一夫多妻制の構造を持つことを明らかにする。つまり、性的な欲望は、家族関係の内部で完結せず（人工栄養のそれ同様）市場の介入を通じて選択的に調整される。つまり、性産業の介入である。性産業は、原初的な性的欲望を引き受ける装置として機能するということである。

近代家族における夫婦関係は、ロマンチックラブの幻想を支えとして、制度として世代の再生産を担うが、ここにはそもそも根本的な矛盾がある。近代社会では伝統的な社会のような婚姻規則は衰退し、カップリングの基本は、個人の自由な契約に委ねられる。他方で、市場は個人の欲望を最大化し、自由とは「選択の自由」であり、選択肢の多様性を保障することが自由の意味であるとする市場が生成する欲望は、ロマンチックラブから婚姻へというプロセスと矛盾する。多様で選択の自由を最大化するような性的欲望は家族関係の内部では抑圧されるが、同時に、市場がこの抑圧を解除する役割を引き受けるのである。この解除の機能を性産業が担い、所得の大きさに応じて、この性産業における「自由」を享受することが可能になるから、性産業の需要者は主として男性ということになる。労働＝生産機能を大幅に資本に奪われた近代家族において妻役割の重要な機能のひとつが、世代の再生産と相対的に切り離された男性の性的な欲望の充足（ここでは資本が供給する避妊のテクノロジーが重要な意味を持つ）という性労働にあるが、この機能の一部もまた市場に外部化される。男性は、性産業を通じて、妻役割の一部を獲得するのであるから、これは、特異な一夫多妻制なのである。（これは、性産業に固有なことではなく、あらゆる家事サービスの外部化や機械化もまた一夫多妻制の構造として理解できる）

こうして家族は二重化するのだが、最大の特徴は、市場による無意識の代替機能にある。幼児期の多型倒錯的な性欲は、そのほとんどが性産業によって代替される。反復可能なロマンチッククラブからオーラルセックス、アナルセックス、同性愛、サドマゾヒズム、近親相姦のロールプレイ、窃視行為などなどまで、ほとんどの欲望のリストがここには見いだせる。市場がこうした性欲の充足機能を果しうることによって、エディプス・コンプレックスは、資本主義においては、市場では「一夫多妻制」による抑圧を回避し、原生的な欲望を解除しつつ、他方で、「一夫一妻制」としてエディプス・コンプレクスを愛と世代的再生産の家族制度として確保するという、特異な家族コンプレックスのシステムを男女の間に非対称的に、配置する構造を持つものだとみるべきであろう。この非対称性は、もっぱら所得に依存するので、理論的には一夫多妻制は、自由に処分可能な所得を女性が獲得すれば、一妻多夫にも多夫多妻にもなりうるが、これは資本主義ではほぼ実現不可能であろう。こうして、男性の心的装置における無意識は、家族コンプレックスと市場の性産業とでは、その範囲も内容も異なるものとなる。無意識に抑圧された欲動は、選択的に意識化される。超自我は選択的に機能し、自我理想もまたその姿を家族コンプレックスと市場とでは異なる相貌を呈する。市場はタブーを意識化して抑圧から解除する機能を担い、家族の聖性と共存することができるのも、こうした超自我と自我理想の選択的な機能を有する家族コンプレックスによる。こうした選択的な機能は、無意識が男性の心的装置であるだけでなく、これを社会構造の内部で処理する機構があるからではないか。他方で、女性は男性とは異なる家族コンプレックスの構造を持つ。性産業のなかで多型倒錯的な妻役割を担うセックスワーカーは、資本主義的な家族の二重構造がもたらす断層によって主体の解体の危機を常に引き受けざるを得ない位置に置かれることによって、一夫一妻制の聖性を支える役割を担わされることになる。これは、特殊資本主義的な家族の構造が死の欲動を性の局面において表出させる特殊なあり方である。構造としての妻機能と主観的な妻役割と制度的な妻役割が分断されながら奇妙な主体に結実する。この点で、セックスワーカーが直面する精神的な問題は、この重層的な家族の構造を視野に入れなければ、精神分析の主体として位置づけることもできないだろう。

もし資本主義が一夫多妻制という隠された構造を家族コンプレックスに持つのだとすれば、ラカンの次の指摘をどのように理解したらいいだろうか。

「精神分析家の研究の対象になるのは、確かに、近代人の心理と一夫一婦制家族との関係である。このような人間が、まさしく分析家がみずからの実践のもとに置く唯一の対象である。分析家がこの人間に人間の最も根源的な諸条件の心的反映を見いだすとしても、この人間を彼に最高の要求を課する文明のなかで理解することなしに、そして同じく、この人間を前にして科学的態度の限界における分析家自身の立場を理解せずに、彼を心的諸問題から開放すると主張できるのだろうか。」

ラカンは一夫一妻制を前提とした家族について論じており、市場と国家に接合された資本主義的な一夫多妻制を前提としていない。近代家族のなかの〈私〉は、閉鎖的な空間としての家族ではなく、社会的な外延を持つ家族のなかで、かろうじてちぐはぐな統合を維持するに過ぎず、これは〈父〉であれ〈母〉であれ〈夫〉であれ〈妻〉であれ変らない。〈父〉等はある個体に付与されるものではなく、ある種の記号として複数の個体に拡散して配分されながら、個人の自我理想（あるいはイマーゴというべきか）を通じて自覚される場合には、特定の個人のなかで擬制的に統合された像を形成するが、これは構造的な観点からすれば現実の父等々を意味するわけではない。付言すれば、家父長制とは父の支配のことだが、父とは誰だろうか?·誰にとっての「父」だろうか?·妻が呼ぶ「お父さん」、愛人が呼ぶ「パパ」はいずれも「父」の構造をもっている。こうした構造が意識に表出する文化とそうではない文化の違いは無視すべきではないとしても、家族は人々の常識や道徳からなされるパロールの世界からは見えない構造を持つのであり、これこそが、生から死へと至る欲動の構造を担う心的装置が前提しなければならない構造だということなのである。

●

ラカンは次のように述べている。

「家族コンプレックスは精神病において形式的機能を果たしており、家族的主題は、精神病が自我と現実において構成する停滞に応じて妄想のなかで優位を占めている。神経症においてこのコンプレックスは原因的機能をはたす。つまり、家族に起きた出来事や家族の構成が、症状と構造を決定するのである。これらの症状と構造に従って神経症は人格を分裂させ、内向化もしくは反転させる。」

あるいは神経症に関連して次のように述べている。

「家族の役割はエディプス・コンプレックスの二重の役割からきている。つまり、ナルシシズム的発達におけるその偶発的な影響によって自我の構造的完成に関わり、この構造にエディプス・コンプレックスが導入するイメージによって、現実のある種の情動的な活性の原因となる。これらの効果を調整する役割は、われわれの文化における社会的協調の形態が合理化するに従って——コンプレックスが自我理想を人間化して相互的に決定する合理化であるが——、コンプレックスのなかに集中する。他方、創造的活力と一貫性に関してこの文化そのものが自我に出すますます増大する要求のために、これらの効果は変調をきたすようになる。ところで、こうした調整の偶然と不安定さ、同じ社会的進歩が家族を一夫一婦的形態に変え、より個人的な変動にまかせるにつれ増大していく。」

精神病や神経症が「家族状況の異常さの相関関係」であるということは、一夫一妻制を前提とする場合と私のように資本主義に固有な一夫多妻制を家族コンプレックスに組込むとするのかで、どのような違いをもたらすのかは今後の検討課題である。家族的状況の制度的な閉鎖性と矛盾する外部との接合のなかで、資本主義に固有のメカニズムによってリビドーを処理するのだとすれば、精神病・神経症についての理解にどのような修正が必要になるのか。多分、資本主義に固有の自己調整機能が市場と家族の間で成り立ってきたのだとすれば、それは常に完全に成功するわけではない不完全で矛盾を孕んだものでしかないのだから、この過程の分析はかなり複雑なものにならざるを得ないだろう。

しかしラカンは、動物恐怖症に関連して次のような示唆的なことも述べている。

「それは、大きな動物は妊娠する者としての母親、威嚇する者としての父親、侵入者としての弟を直接表す限りで、凋落したエディプスの代用的形態にすぎない。しかしそれには注目すべき点がひとつある。なぜなら、個人はそこで不安に対する防衛として、自我理想の形態そのものを再び見いだすからである。われわれはトーテムにおいてこの形態を認めたが、それによって未開社会は主体により安定し余裕のある性的形成を保証するのである。とはいえ、神経症者はいかなる「遺伝的記憶」の痕跡に従うわけでもなく、ただ、人間が自然的関係のモデルとして動物について抱く――深い理由がないわけではないのだが――直接の感情に従うだけである。」

近代社会ではこのトーテムに代替する機能を果すものは何なのか?実はこれこそが論じられるべきことではないだろうか。それは、性産業における多様な(従って倒錯した)欲望の選択、貨幣(所得=富)による「女の交換」、自然的関係ではなく社会的自然状態としての市場(共同体にとっての外部)を伴うのが近代の家族コンプレックスであるとはいえないか。トーテムは、市場の「性的秩序」と同一の構造を持つとはいえないだろうか。もし、このように、市場の機能をトーテムがアルカイックな社会で果していた機能と共通なものの何かであるとすれば、ここから市場を家族に媒介しつつ家族コンプレックスを意識のレベルでの〈父〉等々ではなく、構造のレベルでのそれとして再定義し、個人ではなく、機能によって近代的個人が主体として不完全かつ矛盾を内包させつつ統合される動態的な存在であることも理解可能になるかもしれない。

このことは、近代社会が、文明化以降の混沌とした衰退を「進歩」や「発達」として正当化する矛盾の特殊歴史的な現れの一端に関わり、ラカンが正当にも指摘した家父長制的な家族的な紐帯に批判的な態度がいかなる解放の射程を持ちうるのかについても、新たな解釈を可能にするかもしれない。しかも、ラカンの基本的な枠組みは、家族構造が二重性を持つとしても、基本的には有効な側面を持つと思う。なぜならば、ラカンの枠組みは、今回引き合いに出した初期のテキストでは、その来歴の制約(百科事典の「家族」の項目のために執筆された)から家族という枠組みに縛られているが、その後のラカンの関心は、必ずしも家族にはなく、むしろ個人としての主体の問題へと展開されていったからである。ラカンの「父」の概念はフロイトのそれとは根本的に異なる次元を有している。これは、精神をめぐる近代社会の人間の危機を「家族」に還元するのではない方向を持つものだと思う。この点は別に論じなければならないだろう。

付記：本稿は、２０１４年8月31日に「ラカン読書会」（駒沢大学）で報告した内容に加筆したものである。なお、私のラカンへの言及については以下も参照。

ラカン「無意識の位置」『エクリ』メモ（２０１４年5月20日、宇波彰現代哲学研究所）

http://uicp.blog123.fc2.com/blog-category-21.html〔本書に収録〕

ラカンからの引用は「個人の形成における家族コンプレックス、心理学的一機能の分析試論、１９３８年に『フランス百科事典』の項目として発表」、向井雅明訳、東京精神分析サークルのウェッブ。http://psychanalyse.jp/information.html

参考文献（ラカンを除く）

マーシャル・サーリンズ『石器時代の経済学』、山内昶訳、法政大学出版局、２０１２年。

小倉利丸「売買春と資本主義的一夫多妻制」田崎英明編『売る身体／買う身体セックスワーク論の射程』、青弓社、１９９７年所収。〔本書に収録〕

小倉利丸「性の商品化」、近藤和子編『性幻想を語る』、三一書房、１９９８年所収。〔本書に収録〕

小倉利丸、人間の安全保障・人身売買・搾取的移住研究会報告、２００６年。

出典：ブログ２０１４年9月4日

権力の性欲には同調しない

私は、ろくでなし子の一連の作品が、まんこ(注)のシンボリックな表現であって、3Dプリンターで制作された作品も本物のまんこのリアルな再現とはいえないという印象をもっていた。だから、私は、検察がろくでなし子を本気で有罪にできると考えているとは思えない、と高を括っていた。しかし、起訴されたことで、私は自分の判断が「甘かった」と悟った。そこでこの事件をもういちど考え直してみた。

警察・検察は、刑法175条にいう「猥褻」の定義については一貫した態度をとっている。過剰な性的興奮、普通人の正常な性的羞恥心の侵害、善良な性的道義観念を害することが猥褻3要件とされ、これらは科学的に立証される必要のない「規範」であり「社会通念」がその判断基準になる、というものだ。『愛のコリーダ』裁判の弁護人の内

(注) 本稿で「まんこ」という表記を用いたのは、ろくでなし子の作品のコンセプトに関わる中心的な概念だからだ。一般の社会通念では、「まんこ」は口に出すことがはばかられる女性器についての口語表現であり、公共の場で、この言葉が口に出されることはほとんどない。これは、男社会にあっては「まんこ」は、女性器の猥褻性の記号として機能していることの証左でもある。ろくでなし子は、自分の身体の一部でもある性器を猥褻なものとして秘匿すべきものとする観念のなかに、女性への差別意識を読み取り、「まんこ」を公然と口に出し、自身の性器をモチーフとした作品を、ファンシーグッズや「かわいいもの」などとして提出することによって、性欲とも猥褻とも無関係な表象へと転態させる試みを作品化してきた。このことが、逆に、捜査当局によって公然猥褻とみなされて摘発の対象ともなった。本稿の初出は、ろくでなし子『ワイセツって何ですか?』への寄稿であり、こうした「まんこ」という表記についての意味と意義について、あえて私の文章で言及する必要がなかったが、本書に収録するに際して、この点を付言しておく。なお、ろくでなし子の主張については、前掲『ワイセツって何ですか?』を参照されたい。

田剛弘は権力のスタンスを次のように説明している。

「猥褻性の判断基準たる一般社会における社会通念とは、規範的概念であり、一定時期における、一般人の猥褻性に関する意識を統計的に集積調査して、数量的に得られたもの自体とは異なる」(『愛のコリーダ裁判・全記録』、上巻、社会評論社)

つまり、権力が「これは猥褻だ」と言えば猥褻になるのだ、ということである。そして、刑法に明記されていないにもかかわらず性器そのものの表現の猥褻性は疑問の余地のないものとされ、こうした規範に私たちの感情が同調を強いられてきたのだ。

1950年代のチャタレー裁判では、芸術か猥褻か、という二者択一の議論の枠組みから、芸術であれば猥褻であるはずはないという観点によって『チャタレー夫人の恋人』を文学作品として擁護し、春本などのポルノから区別しようとした。つまり、摘発された側にもポルノであれば刑法175条が適用されてもよいという点では、警察と本質的に共通の土台に立つものだった。その後権力側は、芸術と猥褻は両立するという立場を取ることによって、芸術であっても刑法175条が適用可能だと主張し、芸術=無罪論を突き崩してきた。

60年代から70年代にかけて、いわゆる「芸術作品」と「ポルノ」を区別する観点では権力の弾圧に抗することができないような一連の「猥褻」取締りが続く。映画『黒い雪』(1965年)に続いて、1972年には、小説『四畳半襖の下張り』、日活ロマンポルノ作品摘発、小説「ふたりのラブジューズ」摘発が立て続けに起きる。この年に何度も検挙されたストリッパー、一条さゆりが引退する。また、1976年には奥崎謙三の天皇ポルノビラへの摘発も起きる。権力は、映倫の自主規制体制にも介入して映倫審査委員も起訴するなどなりふりかまわぬ強権発動を繰り返した。これに対して、摘発される側は、一連の猥褻裁判を経て、1977年に大島渚の『愛のコリーダ』裁判で、「猥褻なぜ悪い」というスローガンをもって反撃することになる。これは、小沢昭一や竹中労などが大衆芸能における性表現の再評価から、近代日本が法制度として「猥褻」というタガを嵌めること自体を問いはじめたことと無関係ではない。

大島は、被告側裁判の意見陳述書で次のように述べる。

「私は過去の刑法175条に関わる裁判に多く見られたような『芸術か、わいせつか』という観点を一切拒否します。すなわち、『これは芸術であるからわいせつではない』という主張は一切しないということです。私の考えでは、もともと『わいせつ』なるものは存在しません。『わいせつ』が存在するとすれば、それは『わいせつ』を取締ろうとする警察官・検察官の心の中にのみあるのです。」

そして、「スローガン的に言えば、『わいせつ、なぜ悪い』というのが、この裁判にのぞむ私の基本的な態度であります。」と裁判に臨む基本的な立場を明らかにした。以後、現在に至るまで、猥褻の取締りに反対する側は、芸術性とか文学性といった議論を持ち出すことはほとんどなくなったと言っていい。

版元の三一書房は、この警察・検察による弾圧に対して、萎縮するどころかむしろ逆に攻勢に打って出て、『愛のコリーダ』起訴記念出版と銘打って、『愛のコリーダ』起訴に抗議する会編『猥褻の研究』なる本を出版して全面的に闘う姿勢をみせた。『愛のコリーダ』の被告で、著者の大島も三一書房の竹村も芸術だから猥褻とは無関係だという立場をとらず、むしろ、大衆文化のなかで受容されてきた性風俗の側に立つことによって、高踏な芸術の特権性に背を向けた。この『猥褻の研究』には、ポルノ肯定派のフェミニズムの主張やゲイ・レズビアンなど性的マイノリティの性表現の問題を除けば、現在でも通用する猥褻をめぐるほとんどの論点が網羅されており、私があえてこの本に書かれていること以上の何かをここで書き加えることはほとんどないようにすら思う。

80年代以降、ポルノコミック（いわゆる「有害コミック」）やアダルトビデオから児童ポルノに至るまで、芸術作品よりも猥褻3要件を備えた対象を取り締まることそれ自体の是非が議論の中心をなしてきた。しかし、他方で、美術館などでは法的な争いにならない「自主規制」による作品の選定や展示が定着してしまい、そもそも警察が摘発する前の段階で問題になりそうな作品を締め出すことが一般化した。この国の美術館や映画館は、性表現の制約と闘うことなくこれを受け入れてきた。戦時期の体制翼賛的な芸術の体制と大差ない権力との馴れ合いが、戦後は性の領域で継承されたというべきかもしれない。この馴れ合いの副作用として、ますます性器（ちんことまんこ）に対して過剰な「猥褻」感覚が定着し、これが「社会通念」とされて、刑法175条の発動を正当化するという弾圧のスパイラルを招いてきた。

いわゆる「猥褻」な作品や表現に対しては、権力だけでなくいわゆる戦後革新勢力の主流からも一貫して批判されてきた。日活ロマンポルノ裁判では、途中から労組が支援を撤回したし、共産党も旧社会党も伝統的な芸術か猥褻か、という二項対立の枠組みに縛られ、性表現の自由という問題については保守的な人々と本質的にかわらない立場をとってきた。だから、大島渚は著書『愛のコリーダ』のなかで、かなりのページを割いて共産党批判を展開した。

現代であれば、フェミニズムのなかにある「性の商品化」をめぐる論争がこれに加わる。男性の性欲を満たすためのセックスワークやポルノを是認すべきでないという主張が多分フェミニズムの中の多数意見だろうが、こうした観点ではろくでなし子への権力の弾圧に十分な反論をなしえないと思う。他方で、セックスワーカーによる労働者としての権利の主張や禁欲主義を批判してポルノを擁護する少数派のフェミニストが存在してきたことは、ろくでなし子の裁判の闘いにとって重要な意義を持つものだと思う。

今回のろくでなし子逮捕・起訴には、これまでの取締りの論理を踏まえながらも、従来にはない、表現の自由を抑圧しようとする権力の新たな傾向も伏在している。問題のポイントは3Dプリンターの「再現性」に着目して立件したという点である。私の推測だが、3Dプリンターはまだ開発途上の技術であるが、近い将来、より精巧に現物を複製できるようなものが開発されるだろうと思われる。警察・検察はこうした将来を見越して、ろくでなし子の今回の作品を合法としてしまうと、将来可能になるであろうより精巧な作品もまた合法とされることを危惧したのではないか。3Dプリンターによる拳銃の複製同様、性器の複製も全部ダメだということを「社会通念」にしたかったのではないか、ということである。さらに検察は、それ自体は人間が直感的に認知できないコンピュータのデータやプログラムであっても、それがコンピュータによって再現されたものが違法性のあるものであれば、そのプログラムも違法だという論理を、個別のケースではなく一般論として確立したがっている。つまり「社会通念」化したがっていると思う。この理屈がろくでなし子の場合にも杓子定規に適用されたということになる。

問題の核心は、自分の思うようにコントロールできない人間の性＝生的な感情に権力の弱点があるということであり、だからこそ権力は頑なに弾圧を繰り返さざるを得ないという点だ。

ろくでなし子が、権力の「あらゆるまんこは猥褻である」という主張に対して、自分のまんこは猥褻物ではない、と主張したことは、今回の裁判の重要な争点になるべきものだと思う。警察・検察も裁判所も男の通俗的な観念を「社会通念」だと言いはるだろう。しかし、権力がその感性を絶対化して、いわゆる「性器」がそもそも猥褻かどうかを決定し刑事罰を与えるような権限を持つことに断固として反対すると反撃することには大きな意義があると思う。まんこを猥褻ではないという主張は、先に紹介した大島渚の発言以外にも既に中山千夏が主張し、小沢昭一がストリッパー一条さゆりの起訴に際しても、ストリップであっても猥褻ではない、と主張してきた歴史がある。「猥褻なぜわるい」という主張と「猥褻ではない」とい主張は、実は同じことの主張であって、まんことちんこが「何」なのかを権力が決めることを私たちは拒否する、ということだ。権力が定義する猥褻に自分の性＝生的な感情が強制的に同調させられることへの拒否である。

出典：ろくでなし子『ワイセツって何ですか?』、金曜日、2015年

大浦信行監督作品『靖国・地霊・天皇』によせて

大浦の映画は、主題としての外的対象を大浦が抱え込む映画であり、針生一郎のような個性的な人物ですら、針生に「あれは僕じゃない」と言わせるほどに、対象は監督の主体そのものであった。本作品もまた、その対象は、大浦という主体をなすものとして現われている。「靖国」は、彼が映像作品を制作し始めた当初から一貫して意識せざるを得ない対象であり続けてきた。これまでの一連の映画は、彼の連作版画「遠近を抱えて」に対して、右翼あるいは天皇主義者から地方自治体の官僚や政治的であることを嫌う美術関係者に至るまで、戦後象徴天皇制の時間と空間を再生産してきたシステムの意志の断片たちが投げつけた「不敬」というレッテルに対する応答の試みであり続けており、本作品もこの系譜を確実に継承している。

かつて大浦は、本作について私に、この映画が「中立的な立場」から「靖国」を扱った映画である、といった趣旨のことを話したことがある。私は、やや意外な気分になるとともに、大浦が、文字通りの意味で「中立」などという

欺瞞的な立場を信じてその位置に立つ（大手マスメディアの「報道」のように）ことを選択できるとも思わなかった。映画は、確かに「靖国」をめぐる賛否をめぐる裁判についての原告、被告双方の弁護人への長いインタビューが一つの中心となっている。しかし、賛成と反対を公平に扱うという意味での中立というよりも、むしろ、玄界灘の真只中に立つような、そのような意味での対象との緊張感のある距離の取り方である。玄界灘に立つ彼の視線は、「日本」を意識しながら、この国に背を向けている。このことを私は、ほぼ確信している。あるいは、このように言い換えてもいいだろう。「靖国」の肯定と否定の境界に立つということは、境界一般がはらむ最もリスクの大きな場に立つということでもある、ということだ。境界には必ずといっていいほど、この境界の内と外を分つ権力の空白を生み出し、それ自体が、この境界の内と外そのものにとって脅威であり、境界の上に立つ者は、そのどちらにとっても、敵になりうる存在である。ここで、重要なことは、境界に立つ者の視線である。彼／彼女はどちらを見るのか、どちらに背を向けるのか。そして多分、この境界そのものを消失させる力を持つのは、この境界に立つ者以外にいないとも思う。

本作で大浦が、主題の入口に据えたのは、植民地出身の戦死者を、その遺族の合意なしに靖国神社に祀ることに対する遺族による訴訟を取り上げながら、靖国に「祀る」ことの正統性とはどのようなことなのか、というこれまでも繰りかえし議論されてきた問題である。この裁判に限らず、「靖国」にまつわる訴訟において、裁判所は、靖国に神は存在するのか、という神の存在証明そのものへの問いを回避し、むしろ神の存在を前提しているように見える。この点に、信教の自由を定めた憲法の限界が露呈しているのだが、「靖国」は、私のような無神論者にとっては、擬制あるいは虚構が現実的な政治的あるいは外交的な力を構成するという、虚構と現実の転倒が、転倒とすら意識されずに、ナショナリズムの物質的な力の基底をなしてきた問題であるから、こうした裁判所の態度は到底容認できない。

当たり前のことだが、「靖国」の神を信じる者にのみこの神は存在し、この神を信じない者にとっては、この神は存在しないだけでなく、神を騙るものでしかない。裁判という場が、この神の存在証明を要求しないということは、それ自体が、近代の訴訟制度にあっては異例なことでありながら、多分、どこの国の訴訟であっても、この例外は容認されてさえいるのではないか。例えば、ありもしない借金を背負わされて、借金の返済を迫るといった詐欺事件では、そもそも争点となった借金それ自体が存在するものかどうかが争点になる。借金の有無は、証拠によって証明されるべき事柄であることは明らかなことだ。もし、裁判所が、金銭の貸借関係それ自体の存在に踏みこまず、借金をしたことを証拠に基づかずに前提にして、この借金を返済すべきか否かだけを争うところに訴訟の場を設定するとすれば、すでにこの段階で、裁判は、詐欺師たちの土俵に乗ることを意味している。これでは公正な裁判にはなり得ないことは明らかだ。こうした世俗社会の常識が、神にまつわる訴訟では通用しない。

「靖国」を巡る裁判は、むしろ「靖国」の神の存在を前提した上でしか成り立たないのはなぜなのか。存在しない「神」を存在するかのように偽装することが、その被害者たちに与えた精神的な苦痛の問題と、戦死者が「神」とされること自体が事実だと前提した上で、この「神」にされたことを不当なこととするのでは、本質的に問題の捉え方が違う。私は、いかなる意味においても戦死者が「神」になることはないと考える。なぜならば、神は存在しないからだ。ニーチェは「神は死んだ」と言ったが、徹底した無神論者、ギュンター・アンダースは、神は死んだのではない、もともと存在しないのだから死ぬこともない、とニーチェの中途半端な無神論を批判した。アンダースの言う通りだ。神は存在したことはないのだから、死ぬこともない。昭和天皇は、その人間宣言で、現御神を架空の観念と否定したが、戦後も昭和天皇は「靖国」の文脈においては神であり続けている。この二重基準のなかで戦後の日本が再構築されてきた。裁判の場での「靖国」が、この人間宣言のレベルにすら達っしていないのには、それなりの根拠があるわけだ。天皇が神であったことはない（神を偽装したにすぎない）と人間宣言が後出しジャンケンよろしく宣言したとしても、人間であるにもかかわらず神を演じたこと、このような擬制の上に、近代国家の法制度（憲法）すらもが構築されたということ、このことに「国民」とか「日本人」と呼ばれ自らもそのようなアイデンティティを持つ者たちが、いかなる意味においても知らなかったのではなく、知らない振りをしたのであって、このような擬制として認識しながら、己の理性をもってこれに加担したのである。この国においても、他の国家同様、神の否定を徹底して突き詰めれば、それは、民族と国家の虚構を打ち崩すことに必ず行き着かざるを得ないから、これは、日本に固有の問題ではなく、近代国家に普遍的な問題の特殊日本的な現れだといえる。

「神」はいかなる意味においても存在せず、「神」という言葉のみが、その指し示す意味の曖昧さとともに存在するに過ぎない。だから、逆に、この言葉に意味を与えるのは誰なのかをめぐる争いは、暴力を引き寄せ、意味の問題を力の問題へとすり替える詐術がまかり通ることになる。この言葉を巡って構築される諸々の言葉の集合と暴力の制度は、それによって虚構の神を実体化させることができるわけではないが、虚像としての神を人びとの観念のなかに生み出すことはできるし、この言葉の連鎖が、「法」や「制度」として、時には、「靖国神社」という物質的現実を支えさえしてきた。

「靖国」の神々や、この神々の上に君臨する神をめぐる言説が、「日本」や「日本人」あるいは国家や民族といった擬制の装置として、歴史の記憶を支配しようとする意思として強制力を持つことに抗うことは、隠喩と換喩によって歴史を転態させようとするイデオロギーに抗うことに他ならない。しかし、同時に、このような抗いは、歴史の記憶の問題に還元してよいものでもない。むしろ歴史の無意識に抑圧された現実を「靖国」とか「日本」とか「日本人」といった物語として記憶にまつわる言葉の網によって変形して表出させる力に対して、いかにしてこの歴史の無意識を権力の検閲から解放するか、という問いへの答えが私たちに課されている。

大浦の映画は、ドキュメンタリーという手法を常に逸脱することによって、この無意識の縁にある暗い洞穴の入口をこじ開けようとする試みでもある。この意味で、物語の文脈を切断するようにして挿入される物語の構造（劇団

「態変」の金満里、水の流れ、爆破されるドラムカン）にこそ現実があるということになる。ここでは、ドキュメンタリーの平面が虚構に、虚構の平面が現実に、転倒される。これは、「靖国」という象徴的な言説支配への切り込み（リストカットのような意味で）なのだが、こうした挑戦が可能なのは、それが映画という表現の手法であるからだということも確かなことだ。問題は、この問いを現実の世界にどのように再挿入するのか、であるが、この課題は、エンドロールの後に、劇場の客電が点灯されて現実を再び抱えこむことになる私たち、観客なる者たちに委ねられることになる。私たちもまた、大浦に唆されて、例の危うい境界の上で、どちらに背を向けるのか、その決断を問われることになるが、これは決意の問題でもなければ、歴史の記憶の問題でもなく、言うならば、死の欲動を権力から奪回しうる想像力の再構築を闘うということなのだと思う。

出典：大浦信行監督作品『靖国・地霊・天皇』パンフレット、２０１４年

石油から原子力へ――危機の転移とグローバル資本主義の「宿命」に抗って…

近代史上未曾有の資源価格の高騰をもたらした石油危機が、今から40年前、１９７３年から74年にかけて起きたのは偶然ではない。市場経済の需給メカニズムの不均衡といった経済に内在的な出来事でもない。むしろ、それまでの近代世界を支えてきた構造の地殻変動が、いわゆる先進国において、「危機」として受け止められたのである。同様

に、2011年の福島原発事故もまた、偶然とは言い難い。地震・津波の自然災害が事故を引き起こしたのではなく、原発の存在それ自体が、つまり、原発をそこに存在させた社会経済的なエネルギーへの貪欲な欲望を生み出し続けてきた「経済成長」や「生産力」への信仰が事故を招きよせたのだ、というのが正しい認識だ。「石油危機」という言い回しには、誰にとっての「危機」なのかが端的に示されている。近代の出発点から資本主義中枢による資源価格抑え込みは構造化されてきた。中枢の外部にあって歴史的には中枢の支配下に置かれるべきものとされてきたのが、植民地としての産油国だった。この産油国が中枢による政治的な支配のみならず経済的支配からの解放を要求する力として顕在化したからこそ、中枢の周辺への支配の揺らぎ＝危機と捉えられた。同様に、福島原発事故では、既存のエネルギー消費構造の維持・拡大を前提にする観点に立って、地震・津波といった自然がこの構造への脅威として捉えられる一方で、原発の存在そのものが（人間をその一部に含む）自然環境に対する脅威だとは理解されなかった。

エネルギー危機は、供給の不足に対する消費の節約と「省エネ」技術の開発、そして代替エネルギーの開発を促すが、これは、経済成長への志向を内在させている限り、いわゆる「エコ」とは本質的に何の関りもない。支配層の暗黙の合意は、エネルギー危機をエネルギー生産性の向上と資本の競争力強化に転化する好機として利用しうるとみるものだ。ここでいう「好機」とは、「豊かさ」へのチャンスであり、新たな成長の基盤、つまり、資本蓄積の基盤を構築することである。地政学上の支配の揺らぎであれ「自然災害」であれ、これらがもたらすエネルギーの危機は、大衆が獲得してきた「豊かさ」に対する「外部」あるいは「他者」がその脅威として登場しているのだという、大衆的な心情に訴えることによって、危機から成長と豊かさの神話を防衛しようとする。

1999年に、国連人間開発報告書がこの2世紀の世界経済の成長と貧困あるいは格差についての簡単なデータを示した。（UNDP, *Human Development Report 1999*, p.39）このデータによれば、19世紀から20世紀にかけて、一人当りのGDPでトップの5ヶ国と最下位の5ヶ国の格差は急激に拡がっていることがわかる。最富裕国と最貧国の顔ぶれはこの2世紀の間に入れ替りがあるが、最下位の5ヶ国のGDPはこの2世紀ほどの間、ほとんど上昇の傾向にない一方で、最富裕国は急速にその所得を増加させた。その結果、1820年代には、最富裕国と最貧国の所得格差は、およそ3対1だったのが1992年には72対1にまで拡大した。長期統計の正確さやGDPという指標それ自体の問題、あるいは国内の貧富の差を無視していることなど、諸々の問題を差し引くとしても、ここに示された格差を根底から覆すようなことにはなりえないだろう。言うまでもなく、19世紀初頭の格差が好ましいものであるわけでもない。また、この統計が出て以降、国連の「ミレニアム開発目標」（2000年）の策定など貧困対策への取り組みが拡がりをみせ、この格差の拡大が当時から現在までの20年間に是正されてきたとする楽観論を受け入れるとしても、この格差が1820年代のレベルにまで縮小されるような劇的な効果を実現したという評価はみられない。

近代化と資本主義体制の確立とそのグローバルな展開が、なぜ格差を縮小するのではなく拡大してきたのか、どのようにすればこの格差の拡大を阻止し、格差を解消する方向へとグローバルな社会システムを転換することができるのか。平等の意味すべきところは、世界のどこで生まれても、性別、人種に関りなく、人びとが相互に平等と感じることのできる日常生活の基盤を実現するということである。GDPはこのような「平等」の指標としては満足のいくものではないが、この指標を前提にして経済成長や「豊かさ」を測る支配的な経済観の土俵に乗って、将来のシナリオを考えてみることは無駄なことではない。

UNDPが指摘した70倍を越える現在のグローバルな格差を、将来解消するための「成長」のシナリオは大きくわけると二つしかない。一つは、中枢部の成長を維持しながら、周辺部を中枢部のレベルまで富裕化させるか、あるいは、中枢部は成長を断念し、周辺部の貧困水準まで自らを貧困化させるか、の二つである。この二つの選択肢の間にはいくつかの中間的な選択肢があるが、中枢部にとっては豊かさを抑制することになる。現在の地球の人口は70億人弱だが、21世紀半ばには90億人を越えるだろう。この地球上の全人口が、現在の中枢部の中産階級の生活水準を享受しうるだけの資源的な余裕があり、これを資本主義の経済システムの下で実現できるのであれば、問題は、単に分配の不公正の是正という政策的な問題になる。しかし、周辺部の膨大な人口を切り捨てて、限られた中枢部の人口に特権的な資源消費を割り当てるメカニズムは、資本主義（あるいは近代という時代）が、16世紀以来歴史的に周辺部の資源を搾取する構造として構築してきたものなので、資本主義の本質といえるものであって、分配の公正性を実現することは、資本主義の制度設計には組み込まれていない。「豊かさ」は国民国家を単位とする国際競争のなかで、他を周辺へと追いやり、自らが中枢部のポジションを獲得する椅子取りゲームなのである。この椅子取りゲームは、国内の都市と農山漁村といった中枢と周辺の間でも繰り返される。この本質は、工業化から脱工業化＝情報化へと転換しても変らない。だからこそこの2世紀の間に格差は拡大し続けた。そして、福島やチェルノブイリで起きたことがモスクワや東京で起きないのは、偶然ではなく、構造的な必然なのだ。

また、経済成長とエネルギー消費の間には正の相関関係がある。電気事業連合会の『原子力・エネルギー図面集』によれば、２０１０年の一人あたりの一次エネルギー消費量は、石油換算で、カナダや米国では7トンを越え、日本は3・9トン、主要な欧州諸国は3トン台から4トン台にあるが、世界の平均は1・9トンにとどまる。世界中の人びとが富裕国並の生活を享受するとすれば、世界の平均を1・9トンから4トン台へと倍増させなければならないことになる。現時点での技術とライフスタイルを前提としてのことだから、将来の予測を立てるとすれば、このエネルギー消費の水準はさらに増加するものにならざるをえない。日本のエネルギー消費は、世界平均の2倍であるという観点からすれば、エネルギー消費は「過剰」だ。この過剰な消費（ここにはこの国の資本が消費するエネルギーも含まれる）を維持しようとして原発であれ化石燃料であれ水力であれ、既存のエネルギー生産に固執し、さらに、より低コストでの生産（国際競争力の確保）を目的としたエネルギー生産の増大が繰り返し企図されても、気候変動における京都議定書をめぐる紛糾をみれば明らかなように、エネルギー消費を絶対水準で減らすことには、中枢部であれ周辺部であれ、強い抵抗が作用する。だから、「豊かさ」のレベルをGDPの尺度で低下させ、資源と環境の持続性を前提とした生存の安定を獲得するシナリオは、中枢部の中産階級の「豊かさ」を内面化させてきたグローバルな大衆の「夢」を再生産するメカニズムそのものの根源を断つことなしには反故にすることはできない。

私がここで述べていることは、持続可能な成長や新自由主義が吹聴する「トリクルダウン」幻想に対して、分配の正義を対置することでは問題の根本的な解決にはならないし、様々なエコなライフスタイルや連帯経済のオルタナティブを構想することだけでは、圧倒的多数の大衆の「夢」をリセットすることにはならない、ということである。問題は、中産階級のライフスタイルが、地球上のどこであれ、圧倒的多数の大衆にとって、できることならば実現したいライフスタイルの目標とみなされているという点にある。ここでの重要なことは、同じ「豊かさ」の「夢」が国境を超え、文化を超えて大衆の共通する「夢」となっているに違いないというところにある。大衆の側にとっては、この「豊かさ」が獲得されるべき「夢」となってしまえば、この「夢」を誰がどのような手段で実現するかは二の次になる。社会主義であれ、軍事独裁政権であれ、市場原理主義であれ、いわゆる「イスラム原理主義」であれ、そして近代化の過程で日本が経験してきた天皇制資本主義であれ、そのいずれであっても、自由や民主主義や人権がどのように扱われようと、「豊かさ」が日常生活で実現できるという「夢」に囚われてしまうのであれば、あれやこれやの人権の制約は許容しうるという価値判断が、大衆の共通した政治的な合意形成の基層をなしてしまう。たぶん、独裁や権威主義的な政治だけでなく、民主主義もまたこうした構造のなかでは自由・平等や人権にとって有利な制度にはならない。国際的であれ国内的であれ近代における「政治」と呼ばれる領域を構成している合意形成の構造には、このやっかいな難問——生活(生存)を人質に、自由・平等を放棄させることで権力の安定を図る構図——が横たわっている。

●

1970年代の石油危機の時代は、資本主義が大きな限界に直面しながら、この限界を突破する模索の時代へと入る転換点となった。原油価格の高騰は、先進国の多国籍石油資本が価格支配力を喪失したことを意味するが、主たる原油輸入国だった先進諸国は、対抗策として、省エネ技術革新と原子力へのエネルギーの転換を図る。しかし、これは石油に代替することを意図していただけでなく、省エネの技術革新によってもたらされる資本の有機的構成の高度化と原発の国策化による開発と立地コストの国家財政への転嫁を通じて、エネルギー1単位当たりの産出量の向上をも意図したものだった。だから、石油から原子力へとエネルギーが転換されたのではなく、石油も原子力も（そして脱硫技術の革新によって石炭も）というエネルギー供給構造の加算的な構造がもたらされた。このことが70年代以降現在に至る産油地域の地政学に深く影響を及ぼしてきた。だから、現在米国で起きているシェールガス革命なるものも、石油に代替するのではなく、石油、石炭、原子力に加算される新たなエネルギー源としてシェールガスが位置づけられるようになるに違いない。

石油危機の時代は、同時に資源ナショナリズムの時代でもあった。資源ナショナリズムが原油価格の高騰をもたらした背景にある。このナショナリズムの根源にあるのは、植民地から独立した産油国が、政治的独立にもかかわらず、自国資源に対する多国籍企業の支配を払拭できないという経済的な植民地主義状況が60年代を通じて継続し、これに対して資源に対する主権確立を産油国など資源産出国が主張してきたことによる。

当時の文脈でいえば、資源ナショナリズムは、多国籍石油資本による資源支配に終止符を打つものとして、様々な問題はあるにしても、よりマシな方向へと向かうものだというのが大方の評価だった。しかし、80年代以降の資本主義の動向を知っている私たちからすれば、このような楽観論はほとんど裏切られ、資源ナショナリズムは、資本主義中枢による新たな手法による周辺の再編となった。原油価格高騰の問題は、資源問題という狭い枠を外れて、金融を通じた中枢による周辺に対する支配の問題へと転移した。原油価格の高騰によって莫大なオイルマネーが産油国に流入したが、このマネーが国際金融資本に還流する。この過剰なドルが、非産油国の周辺部諸国に貸し付けられた。これが後に、周辺部諸国の深刻な債務危機を引き起こすことになる。この金融システムにIMFや世界銀行が関与することによって、このグローバルな債務システムは、同時に、中枢の多国籍資本と政府による周辺部に対する構造的な経済支配と貸し付けた資金以上の額を利子収入として中枢が獲得するメカニズムになる。これは、高利貸が庶民から金を巻き上げる手法と何ら変るところはない。同時に、原油価格の高騰は、米国にとってマイナスではなく、中東の原油に依存しなければならない日本のような強力な競争相手を追い落す上で格好の機会となった。

産油国の資源ナショナリズムは、自国資源を国家主権の下に置くことを意味しても、国内の階級的な搾取や貧富の差の問題をそれ自体で解決できるわけではない。どこの産油国にも（例外はあるにせよ）、多かれ少なかれ、労働運動や左翼政党による政治運動が階級的な課題を解決する主体として存在した。冷戦体制は、こうした階級闘争を押し上げたことは間違いない。68年「革命」の既成左翼批判にもかかわらず、現実の政治過程では、ソ連の影響力は無視しえない力を維持し、どこの地域も、自立的な階級闘争を既存の社会主義の欺瞞から自立して十分に組織化することはできなかった。このことは、冷戦の崩壊とともにはっきりするのだが、その前兆は、イラン革命にあった。腐敗した権力に対して民衆はプロレタリアの旗の下に決起することを選ばなかった。米国とソ連という二つの悪魔に対して第三の革命がありうるということを示すものだった。これは、大衆とはプロレタリアの「夢」を必然的に見ることになるに違いないといった、左翼にとって好都合な存在ではないということを、思い知らされた出来事でもある。

70年代の石油危機は、資源ナショナリズムを梃子に、多国籍企業による第三世界の資源支配を抑制しつつ富の配分構造に変更を加えたが、このことは、中枢―周辺の構造を変えたのではなく、この構造を構成する地域と国家の組み合わせを変えたに過ぎなかった。先進国のエネルギー過剰消費の体質もまた、石油から原子力へとエネルギー供給の構造を変え、産業構造の脱工業化＝情報・サービス化への転換を促すことで成長と繁栄への経路の維持が図られた。中枢―周辺の構造も成長のイデオロギーも維持されたのである。

ポスト冷戦の時代は、資本主義の勝利を意味したが、このことは上記で指摘した中枢―周辺の構造を内包的にも外延的にも拡大・深化させ、成長と繁栄のイデオロギーをますます市場の無謬性神話の周りに構築し続けた。内包的とは、冷戦末期の80年代以降顕著になった公共サービスの民営化である。公的部門あるいは国家の統治機構が市場と資本に開放された。この開放を可能にしたのは、情報コミュニケーション・テクノロジーが資本の下に置かれ、官僚制がコンピュータのネットワークによって急速な有機的構成の高度化を実現したことによる。しかし別の面から見れば、資本の飽和状態は、公共部門を新たな投資対象とすることなしには資本過剰を解決できないところにまで進行していた、ということでもある。この結果として、中枢―周辺の構造は、福祉国家という鎧を剥がされ、先進国内部にこれまで以上に深刻な貧困層の蓄積が進み、第三世界の都市部に新たな富裕層が形成され、中枢―周辺の構造は、地理的な概念から階級、ジェンダー、エスニシティといった社会構造に沿って再構築されるようになる。外延的とは、社会主義圏の資本主義への統合である。東欧とソ連が西側の市場経済に統合され、中国やベトナムなどの社会主義諸国もまた市場の開放を余儀なくされた。この統合は、20世紀社会主義が生産力競争で資本主義に破れ、資本主義的な商品文化に基づく繁栄と豊かさのイデオロギーを受け入れたことを意味している。こうして、増殖し続ける資本は、公共部門と旧社会主義圏という二つ新たな市場を見いだした。こうして、狭義の意味でのグローバル資本主義はポスト冷戦時代に成立することになる。

周知のように、冷戦における資本主義の勝利は、資本主義の根本的な矛盾を解決したわけではない。しかし同時に、既成の社会主義政党や左翼の枠組みは、もはやこの矛盾を解決する受け皿とはみなされなくなる。民衆の運動は、常に局所的であるが、その運動の固有性と特異性は、地理的な空間に制約されるよりも、むしろ、国境を越えて散在する共通する問題として理解されるようになる。剥き出しの資本の利害に即したグローバルな「標準化」メカニズム（その象徴がＮＡＦＴＡでありＷＴＯである）を伴なうグローバル資本主義に対抗する反グローバリゼーションの運動をもたらした。

70年代以降の政治的軍事的経済的な変動は、資本主義としての一貫した構造の上に起きてきたことだ。この一貫性の構造は、二つある、一つは、資本主義の創成期以来、資本主義は常に中枢による周辺の収奪という構造に支えられてきた、ということだ。中枢は常に周辺を生み出すことで中枢としての位置を獲得することができるわけだが、近代の世界は、その理念とは裏腹に、世界をフラットな中枢の世界に吸収し尽すことはなく、常に、周辺を創りだしてきた。この中枢―周辺の構造は、重層的でもあり、世界規模でも地域や国家の内部でも繰り返される。ヨーロッパとその植民地、世界の工場と原料・資源供給の農業国、南北問題、文明の衝突など、時代によって人口に膾炙する言い回しは様々だが、そこには、世界史の中枢をなすものと従属するものとの構造が、暗黙のうちに前提されている。このような構造が、資本と近代国家という二つの統治機構に支えられた同心円的な構造をもって重層的に構築される世界は、近代以降にしか存在しない。

もうひとつの一貫する構造は、イデオロギーの一貫性である。このイデオロギーとしての一貫性は、自由や平等といったイデオロギーではなくて、貨幣的な富に収斂する「成長」あるいは「生産力の上昇」を与件とする「繁栄」あるいは「豊かさ」のイデオロギーである。このイデオロギーは確実に自由や平等よりも優位に置かれてきた。軍事独裁やファシズムが資本主義と相容れないなどということはないし、一党独裁が国家主義的生産力主義（20世紀の社会主義）と相容れないということもない。この成長のイデオロギーの最大の効果は、人間の欲望は無限であり、消費生活の欲望を充足する唯一の道が経済成長であるという実感を大衆に与えたことだろう。周辺部の大衆の夢は中枢の大衆の生活であり、中枢の大衆の夢は、資本と国家の経済成長がもたらすであろう資本家的な生活様式を我がものにすること、あるいは生産力の解放による自由時間の獲得と搾取の終焉だった。いずれにせよ、成長なくして大衆の幸福はありえないという「実感」が、中枢と周辺を横断して構築されてきた。

時代によってその看板は次々に掛け替えられてきても、資本主義近代における中枢―周辺の構造と成長のイデオロギーの二つの構造は、その外観を変えながら維持されてきた。なぜこれらは維持されなければならないのか。中枢―周辺の構造は、中枢それ自体に自己維持の機能が欠如しているということによる。この欠如の根源にあるのは、地理的な中枢―周辺の構造そのものではなく、社会を構成する人間そのものにその根拠がある。資本主義は本質的に人間を周辺化することによってのみ成り立ってきた社会システムだからだ。

マルクスは商品経済（市場経済）が共同体と共同体の間に生まれるシステム、つまり、人間の社会構成体の外部にあって、他の社会構成体との間を媒介する機能だと指摘したが、この市場経済の出自に由来する性質は、共同体が解体され社会の経済を市場が乗っ取った資本主義においても維持されてきた。社会体制としての資本主義が社会を構成する人間を周辺化するということは、それ自体が自己矛盾だが、この自己矛盾は、資本が〈労働力〉を排除して機械に置き換え、〈労働力〉再生産のシステムを資本の内部に持つことができずに家族に寄生し、資本のコスト計算と生存に必要な所得との内的な関連性を切断し、失業者を排出することに痛みを感じることのない振る舞いをその本性として常に持ってきたことに表出されている。にもかかわらず、社会体制として維持されてきたのは、社会の支配機構が資本の富に依存する構造に組み込まれているからだ。

資本にとって成長は価値増殖のための必須の条件であり、この成長の欲望を個人に内面化させるメカニズムが市場経済には備わっている。資本の成長への欲望は、個人の意識にあっては「豊かさ」への欲望として表れる。「豊かさ」という言葉は、様々な意味を込めて用いられ、時には「心の豊かさは金では買えない」といった類いの節欲の道徳にすら利用されるが、現実には低賃金と貧困、あるいは戦争のための耐乏生活を正当化するために、資本と国家によって巧妙に利用されてきたものだ。「豊かさ」は、その言葉としては観念でしかなく、この言葉に具体性を与えるのは、大衆の日常生活を構成する個々のモノや、人と人との関係の具体性そのものに基づく具体的な経験が織り成す感情である。「豊かさ」が何を指し示すのかは、資本と個人としての大衆の共同作業で構築されるが、その現実的な基盤を与えるのは、市場で生活手段を供給する力を独占する資本の側にあり、大衆は、この市場のモノを生活を通じて観念的に内面化する。こうした生活では、例えば、供給されるエネルギーが、その生産の現場でどのように労働者を搾取しているのかよりも、快適な生活を保証するインフラとして必須のものであるという広告の宣伝文句によって意味が構成される。問題の深刻さは、これにとどまらず、その生産現場で働く労働者もまた、多かれ少なかれ同種の「豊かさ」の夢を見て働くのである。

この意味で「豊かさ」はイデオロギー抜きには成り立たないとも言えるが、このイデオロギーを近代の市場経済は、商品化されるモノを通じて形成する。国家もイデオロギー装置としての機能を持つが、日常生活の感情的な基盤は、日常生活の「消費生活」のほとんど大半を占める市場で調達されたモノと〈労働力〉として供給される大衆の資本に統合される自己の主体性の断片にある。大衆は二重の意味で資本の欲望を内面化する。ひとつには、市場から調達するモノや国家が体現するナショナルなアイデンティティを内面化することによって、もうひとつは、自己を資本と国家に同調させることのできる国民的な〈労働力〉として労働倫理を内面化することによって。植民地主義や帝国主義の侵略は、こうした大衆の意識からすれば、自己の「豊かさ」を実現するものとして肯定される。都市（資本の中枢）の中産階級の「豊かさ」を支え、これに従属すべき場所がその外部に形成される。この「外部」は、植民地や第三世界の民衆の生活空間から中枢の都市スラムや下層の生活空間まで、現実空間によって色分けできるものというよりも、むしろ、資本の価値増殖過程に沿って形成される構造的な外部なのだが、こうした外部は、中枢にとっては自己を維持する上で必須の廃棄物処理場であり、物的人的な「資源」の調達場所であり、「豊かさ」のイデオロギーに抵触しかねないリスクを排出する上で必要な場所である。中枢は地理的あるいは実空間的な概念ではなく、中枢には資本の神殿が聳え立つばかりで、文字通りの意味での人間が住めるわけではない。人間はこの中枢と周辺の境界にあって、中枢の夢を見るのである。

マルクスの商品化批判は、「豊かさ」という観念に囚われる近代の大衆意識を問題にする場合に避けて通ることのできないものだが、マルクスに決定的に欠けているのは、価値・価格と使用価値の分析に、売り手と買い手のコミュニケーション関係がもたらす意味生成の場としての側面への関心である。これは、身体性搾取論（小倉利丸『搾取される身体性』、青弓社、参照）にとっては重要な意味を持つのだが、マルクスは剰余価値＝剰余労働に焦点を当てて階級関係の生成の論理を市場の売買を通じて実現される消費過程の問題へと媒介しそこねたことと関わる。

商品の使用価値は、モノの使用価値に還元することのできない機能を担う。この機能のうち、マルクスが注目したのは、交換価値（価値）の担い手としての機能だった。労働が価値の実体としての機能を持つのは、この労働が抽象的人間労働としての属性を与えられるからだが、このことは具体的有用労働なしには実現されない。労働は、それがいかに無意味な労働であるとしても、具体性を伴わない労働はありえない。このような使用価値の価値に対する関係のなかで使用価値の機能を論じるという観点は、価値形態論でも徹底されている。

しかし、他方で、使用価値そのもの、しかも商品に固有の使用価値そのものへの関心は大きくはなかった。使用価値は、商品では「他人のための使用価値」という新たな属性を付与されることで根本的な意味の転換をもたらされるとはいえ、商品になろうとなるまいとモノに固有の性質であると考えられていたと思う。しかし、市場経済の拡大と、日常生活の市場経済への統合が進むにつれて、使用価値の問題はかなり複雑な様相をとるようになってきた。

資本主義は、人間という概念を創造し、これに「個体」としての観念を与え、個人という人間のそれ以上に分割しえない基礎単位をあてがった。しかし、現実の人間はこうした抽象的な個人ではなく、固有名を持ち、他者と区別された自己という観念なしには、この抽象的な個人意識（社会の人間が共通して有する自己認識）も成り立たない。ここには、本質的な矛盾がある。個人とは、抽象的であらゆる人間に共通する一般的あるいは普遍的な人間属性の存在を前提する一方で、個々の人間には、他者にはない個人としての固有性（個性とか性格などから容姿に至るまで）があり、人間における普遍的なものと個別的なものとの境界あるいは相互の関係は、常に一定しない。普遍性に従属する個別性という側面もあれば、個別性を媒介しなければ発揮できない普遍性もある。しかし、いずれについても、これらの普遍と個別の個人への配分は、個人が自由に決定できるものではなく、むしろ「社会」が個人に割り当てることになる。この配当を通じて、社会は個人の再生産を行う。資本主義であれば、それは、資本と国家が個人に対して配当の力を発揮するということを意味している。

労働者が消費者として商品を消費する場合に、資本と制度が関心を持つのは、労働者が階級意識を抑圧して無意識のなかに抑え込むように消費過程を機能させることであり、その結果として階級意識は無意識へと抑圧される。他方で〈労働力〉商品の消費（資本のもとでの労働）は全く別の機能を資本にもたらす。〈労働力〉の消費過程は、労働者の服従の過程でもあるが、これが服従や抵抗の自覚的な意識を伴う場合もあれば、逆に同意と同調を通じた資本の意識の内面化（自己の喪失過程）となる場合もあるのだが、後者の場合には、自己の喪失としては自覚されずに、この喪失そのものが忘却されて無意識へと抑え込まれ、資本への抵抗だけがタブーとされる。前者であれば、自己の喪失への自己による防御の機構が作用するが、その作用の方向は一つではない。服従する側から支配する側へと移行することによって自己の喪失を回復しようとすることもあれば、自己の喪失を別の「自己」によって代替しようとするある種の換喩的な遷移（その典型が、犯罪として表出する場合や国家主義や民族主義的なアイデンティティへの傾倒だろう）もあれば、構造への抵抗運動として社会化されて新たな社会構築への契機を担うことになる場合もある。

しかし、他方で、こうした資本主義的な意識の形成が完全に成功を収めることはありえず、人間は、個人としても集団としても、社会との間で様々な摩擦やズレを持つ。ここからさらに、ここではこれ以上言及することができない重要な幾つもの問いが生まれる。この社会と自己との距離、あるいは疎隔の感情は、どのようにして生れることになるのだろうか。なぜ人間は社会的な動物でありながら、社会そのものと一体となることができないのか。社会から完全に隔絶し孤立した存在になることは、個人としての人間にとっては死活の問題である（人間はたった一人で生きることはほぼ不可能である）が、一定の規模の集団が、その帰属していた社会から離脱あるいは分離して、新たな社会を構築することは通常よく見られることでもある。こうした、離脱や分離は、なぜ起きるのだろうか。

市場経済は、この離脱と分離に対して、特有の機能を発揮するように見える。市場が供給する商品は、資本主義のように社会の経済に支配的な領域を覆うだけの範囲と深度を持つようになってから、その消費は、同時に、生活の内実を構成するものとなり、そのことが、人びとの物質的な生活、自己の身体の在り方、自己が関わる人間関係の具体的な構成、「生活」と呼ばれる領域の再生産、そして自己の世界との関わりを規定する世界についての理解や感情など、あらゆる面での、「自己」「私」と呼ばれる人間の存在そのものの形成と再生産に深く関与することになる。

資本主義に生きる「人間」の問題は、物質的な貧困の問題に還元できない。貧困は深刻な問題であるが、同時に、このシステムが与える「豊かさ」の観念は、「人間」としての存在理由の解体、自己の喪失とでもいうべき状態を遍在化させる。このような自己の喪失は、一方で個人主義やニューマニズムと共存し、他方で、物質的（貨幣的）豊かさとも共存する。そして、大半の人びとにとって、この自己の喪失は、自覚されずに、それこそが自己の当然の在り方であると思いこむ。自己の喪失がもたらす矛盾や混乱は、無意識の領野に抑えこまれるのだが、しかし、この問題は、間歇的にことあるごとに、意識の領野に浸出して、意識の混乱を招く。しかし他方で、自己の喪失は、市場経済に固有の「合理性」を構築する。市場経済は、それ自体が全面的に、固有の「神話」のシステムである。市場にいる誰もが、そのメカニズムや市場における意思決定、感情の表出、コミュニケーションを普遍的で合理的なものとして信じている。ここに「豊かさ」が巣喰う。モノが商品になることによって纏う固有の意味、そこで行われる固有のコミュニケーションと相互理解あるいは相互の誤解、そして、市場に固有のモノの秩序や価値規範、これらは、マルクスが価値と使用価値として分析した商品の分析からは導くことができない多くの側面を持っている。つまり批判の試みは道半ばなのだ。

誤解を避けるために一言補足すれば、右でいう「自己の喪失」は、あるべき「自己」とか喪失を被らない「自己」をあらかじめ前提していない。自己とは「自己の喪失」においてしか実存しないものだからだ。「自己の喪失」からの解放の過程は、あるべき「自己」を回復する過程ではない。むしろこのような意味での「自己」は、その解放の闘争の過程で、これまでにないものとして創出されるものだろうと思う。そのようにして創出された「自己」を自己と呼ぶことが妥当かどうかもまた、この過程に規定される。この意味で、自己とは「自己の喪失」と同義である。また、「喪失」という概念が、ある種の欠如や疎外を印象づけることになるのは、この概念の意義でもあり欠点でもある。というのも多くの場合「喪失」は意識されないからだ。この「喪失」を自覚化させる過程は啓蒙ではない。それは、より身体的な過程であって、誰か他者が、指摘するようなことではないからだ。私が自己の喪失と言うとき、それはあなたが自覚できていない「自己の喪失」を傲慢に指摘するようなことを意味してはいない。この概念は常に反省的なものとして、私に関わるものだからだ。私は誰か他者と呼びうる人びとに関わるなかで、私の「自己の喪失」と向き合い、これを自覚し、この自覚を通じて、行為へと自らを促すことができるだけだともいえる。

まだ物心がついたかつかないか位の幼い頃、子どもたちは様々な事柄に対して素朴な疑問を抱き「なぜ」を連発して大人を困らせる。この子どもの「なぜ」には「人間」が世界を了解する在り方についての非常に重要な問題が隠されている。大人になる過程で子どもたちが学習するのは、合理的な判断だけでなく非合理的な了解を身体と言葉を通じて学習する。重要なことは、この非合理性を合理的な理解と表裏一体のものとして学ぶということだ。私たちの生活を冷静に見つめてみるとき、いったい私たちの生活のどこに自己の確信によって支えられた事柄の繫りを見いだせるのだろうか。私たちの行為や言葉のひとつひとつを「なぜ」と問うとき、そのひとつひとつの些細な問いに私たちはどれほど説得力のある答えを返すことができるだろうか。もし、私たちが、買物ひとつするにしても「なぜこの商品を選び、あれやこれやの別の商品を選ばなかったのか」とか「なぜこの商品を欲しいという感情に捕われたのか」とか市場の買い手としての自己の感情のひとつひとつを問い詰めるとしたら、私たちは日常生活そのものを維持できなくなるに違いない。むしろこうした些細だが根源的な問いを棚上げにすることでしか生存ができないのだ。そして、この棚上げの代償として私たちは、「科学」と呼ばれる理論的な解釈の体系を与えられ、この科学の世界のなかでの説明によって、現実の世界そのものについて棚上げされた事柄についての「真理」を得たつもりになる。この「真理」に「豊かさ」の実感が寄り添うのだとすれば、グローバル資本主義の「宿命」に抗うことは、絶望的なことであるというよりも、むしろ人生の悦楽そのものである。

出典：『インパクション』193号、2014年

社会正義のために経済の「破綻」を恐れてはならない——原発事故から学ぶべきこと——

福島第一原子力発電所のメルトダウン事故は、これまで国政レベルではほとんど論争にすらならなかった原発の安全性をめぐる論争を、やっとのことで喚起させるきっかけとなった。1960年代以来、建設現地の住民たちによる反対運動はどこの原発でも見られたし、今でもそうである。しかし、こうした地域の反対運動や不安感情に対して、歴代政府がとってきたのは、過疎地帯の雇用と財政難につけこんだ原発誘致による補助金という名の買収システムであり、反対する住民へのありとあらゆる嫌がらせや暗黙の抑圧、言論の封殺だった。地元のマスコミでは、大スポンサーである電力会社に批判的な記事を載せることへの自主規制が働き、反対運動の報道は軽視され続けてきた。しかし、どこの地域でも、地元の人びとの原発への不安と原発への反対の声が消えることはなかった。

原発推進の「世論」の根強さは、草の根の異論を封殺することにはじまり、国家レベルの「国策」としての仕掛けによって、日本中を覆った。政府、議会や電力業界だけでなく、研究者もマスコミも労働組合も、みな原発推進の一翼を担う仕組みのなかに統合されてきた。原発の稼働が不可避的に生み出してきた被曝労働の現実は隠されてしまった。こうした推進の力の背景にあるのは、平和利用のイデオロギーと金の力だ。

チェルノブイリ事故とその後の伊方原発での出力調整実験をきっかけとして起きた、歴史的に最も大きな反原発、脱原発運動は、特筆すべきだが、それとても、国政レベルでの原発の是非にまで至ることはできなかったのではないか。こうした国策としての原発推進と世論の作られた傾向を背景に、各地で闘われた原発差止め訴訟でも、裁判所は原告の主張をことごとく退けた。例外は、志賀原発差し止め訴訟一審判決のみだ。しかし、繰り返された裁判敗訴にもかかわらず、それでもなお原発差し止め訴訟が各地で継続されてきたこと、そこには原告たちの敗北に屈しない強い闘志を支えた意志と問題意識の重さを私は強調したい。他方で、核の平和利用への幻想は、この国の反核運動をも巻き込んできた。核兵器廃絶の運動は原発反対運動と結びつくことはまれだった。歴史に「もし」を持ち込むことは禁句だが、あえて言えば、もし反核運動とこの運動をになってきた革新諸政党がその当初から広島・長崎への原爆投下やその後の核開発競争と核の平和利用との間にある切り離し得ない関係を見据えて、平和利用の欺瞞を運動のなかで明確に批判していれば、この国にこれほど多くの原発が建設されるようなことはなかったのではないか。反原発、脱原発を視野にいれた反核平和運動への転換の契機は、何度もあったはずだ。

●

原発をめぐる課題は複雑な外観を持つが、取り組まなければならない課題は決して複雑ではない。福島第一原発が引き起こした事故を終息させること、避難を余儀なくされた人びとや放射性物質の汚染による被害に対する補償を行うこと、遠い将来まで見通して汚染による人と環境への影響を徹底して阻止すること、そして、膨大な放射性廃棄物の処理を適切に実施すること、これらのことは、原発の是非がどうあれ、必ず実施しなければならない大事業である。この大事業への責任は、国策として原発を推進した国と電力会社にあるだけでなく、原発から利益を得た受益者の責任でもある。電力会社だけではなく、企業も私たち市民もある種の「受益者」であることを免れない。そうであるとすれば、受益者もまたこの大きな被害に対して応分の負担をする義務があるのではないか。また、国策として原発を推進してきた政権を選んだ有権者にも応分の責任がある。

原発は火力、水力、その他の再生可能エネルギーと比べてランニングコストが小さいというのは、重大な事故や廃棄物処理などのリスクに関わるコストを除外するなど、見かけのコストを低く見積もることができるような会計上のテクニックのためである。全ての原発は、今回の福島第一原発で起きたような事故の可能性を踏まえて、事故のリスクを回避できなかった場合の修復措置に必要と見込まれるコストを電気料金に加算すれば、原発＝安価な発電という等式は成り立たない。事故当初、枝野官房長官は「ただちに健康に害はない」という発言を繰り返したが、これは「ただちに健康に被害がないから今何かあっても補償はしないし、将来何かあったとしても補償しない」という意味だと私は解釈した。低線量被曝から汚染された食料や土壌にいたるまで、政府の甘い基準設定は、科学の体裁をとっているが、財政上のコストや将来の訴訟を意識してのことであって、人びとの健康を配慮してのこととは到底言えない。

私が言いたいのは、制御が究極的には不可能な原発技術を目先の利益のために選択し、実際にその利益を得てきた受益者や有権者は、その利益だけを取るべきではなく、リスクに対する責任も負わなければならないということだ。利益は取るが、リスクが現実のものとなったときには「リスクの責任は自分にはない」と逃げることがなぜ許されるか？現在の財界の基本的な姿勢は「原発による低コストの発電の利益をよこせ、しかしリスクへの責任は東電と国にあり、われわれはその責任をとる必要はないし、リスクに伴うコストは支払わない」というものだ。もちろん財界はこうした本音をそのまま表明することはない。彼らは、たいてい次のように言う。原発による電力の安定的で安価な供給が滞れば、エネルギーコストの増加や生産活動に支障をきたし、国際競争力を失い、日本経済の成長に支障をきたす。経済成長を阻害することになれば、雇用状況は悪化し、税収は減る。原発を動かさなければ日本はもっと貧乏になるし、東日本震災や原発事故の復旧に必要な財源も確保できなくなる、それでもいいのか？という恫喝である。私たちの答えは「それでもいい」でなければならない。しかし、こうした財界の「豊かさ」と愛国心に訴えるかのような恫喝は、現実の資本の行動と一致していない。増税や労働コストの上昇、環境規制の強化などがあれば、かれらはさっさと海外に移転するし、国内の原発建設が困難になれば原発輸出で稼ぐことをためらわない。このような「経済」の道理に私たちは付き合うべきではない。有権者として、都市の「受益者」として、とるべき責任とは、原発を廃炉にするための政治選択と生存を犠牲にする経済への断固とした拒否だ。

もし、受益者も有権者もその責任を目に見える形で負うことを回避するとすれば、原発の犠牲を強いられた福島や近隣諸県の人びとや、原発の現場で被曝労働を余儀なくされている下請けの労働者たちが、そのすべてのコストを自ら支払うことにならざるをえない。そうなれば、被害の最大の当事者たちの経済的精神的身体的損害は「ない」ことにされてしまう。このようなことは、これまでの多くの公害、労災などの経験が教えてくれていることである。これは、最悪の選択肢だ。被害者がリスクとコストを負うことと、電力会社、政府、電力消費者、有権者がリスクとコストを負うこととの間には明らかなトレードオフがある。今、福島原発事故問題は、このリスクとコストを被害者に押し付ける醜悪な力学に陥りつつあるように見える。

原発現地の住民や福島県の県民もまた「受益者」ではないか、政権を選んだ有権者ではないか、そうであればかれらにも責任があるのではないか、という反論があるに違いない。しかし負わされるリスクと犠牲の大きさは、その責任と明らかに不釣り合いであるということを自覚する必要がある。

●

私たちには、経済成長とエネルギー消費の受益者としての既得権を保持したまま、被害者を救済したり、何百年、いや何千年、何万年も続く核廃棄物の処理もするのだ、といった都合のよい選択肢はありえない、と自覚する必要がある。既存の経済や「豊かさ」を断念して全力で犠牲者の救済と事後処理に取り組むことを選択するかどうかが問われているのである。もしこの選択肢をとらないのであれば、今現在の犠牲者ばかりでなく、将来の犠牲者をも見棄てる選択肢をとることになるのだということを、肝に銘じなければならない。

戦後日本の経済成長は、このような残酷な結果をもたらす危険性と背中合わせだったのだ、ということを今こそはっきりと自覚する必要がある。言い換えれば、将来にわたり日本は、先進国であろうとしたり、企業の利益と国際競争力のために人びとの生存を犠牲にするような社会から訣別することが必要なのだ。こうなれば、経済はますます「成長」から程遠くなるに違いないし、福祉や社会保障はさらに崩壊し、多くの人びとは路頭に迷い、過酷な避難所生活が日本中に蔓延するかもしれない。そうであっても、あらゆる資源を原発の被害からの復興のために傾注する努力をおろそかにすれば、責任転嫁のモラルハザードが蔓延し、社会そのものを根本から崩壊させることになる。こうした事態を阻止することの方が人びとの生存に寄与すると私は考える。

社会的正義のために敢えて既存経済の破綻の道を選ぶという過酷な選択だけが、生存のための経済へと転換する唯一の手がかりである。このことがもたらす経済的な損失は、人びとの生存の損失を意味するとは限らない。経済を資本の利益に焦点をあわせたり、国家利益に従属させるのではない「経済」がありうる。また、いかに「日本経済」なるものが破綻しても、コミュニティの力が人びとの生存を維持させ続けることはありうる。こうした新たな経済の再設計にチャレンジする強い創造力を持つことが、私たちに問われている。事実、「国民経済」が破綻しても民衆レベルの自立的自治的な経済がむしろ生存の経済として機能する例は決してすくなくない。破綻したアルゼンチン経済、パレスチナの難民キャンプの経済、第三世界のスラムの経済、先進国の都市下層の経済は、国家と資本から自立していればいるほど自己統治の潜勢力を保持できたと言える。

人類200万年に及ぶ歴史から私たちは学ぶことがたくさんあるはずだ。資本と国家の経済や私たちの豊かさの時代を特権視すべきではなく、この長い歴史のなかの一瞬にすぎないことを肝に銘じるべきだ。この「豊かさ」の悪夢から目を覚まさなければならない。この一瞬の「豊かさ」のために、数10万年におよぶ取り返しのつかない自然と人間への罪を犯したことを反省すべきである。私たちの社会を人類史のあるべき軌道へと修正する潜勢力を私たちは獲得できるはずだという希望を捨てるべきではない。それは、私たちが享受してきた「豊かさ」から自由になることから始まる。このことは間違いないことであって、その覚悟をすべき時なのである。

出典：(『月刊社会民主』2011年9月号を改稿)

「社会正義のために経済の「破綻」を恐れてはならない」をめぐるQ&A

――ブログにあなたが書いた議論は、かなり乱暴な話ですね、原発事故対処を最優先にするなら、経済の破綻を恐れるな、と言うけど、そもそも原発を止めたからといって、経済が破綻するの?事実、今年の夏も電力不足が政府や電力会社から言われて、原発の速やかな稼動という方向に世論を誘導しようとしたけど、失敗した。あなたの議論は、ラディカルなようにみえて、実は推進派の危機感を煽る戦術に嵌っているんじゃないか?

■でも、既存の経済温存じゃあ、ダメなんですね。円高と財政危機のなかで、原発対策は全体の経済や財政の動向、あるいは電力会社の経営との兼ね合いのなかで、つまり、金とのバランスのなかでなんとかしよう、こういう発想がそもそも間違っている。原発の対策、福島原発の事故処理と廃炉に必要な費用は、未だに算定不可能な莫大なレベル。だって、そうでしょ?海洋と河川汚染、土壌汚染、地下水の汚染、農林水産業に関連して、食料となる部分についてすら網羅的な検査ができていないが、さらに工業用原料となるものはどれほど調査されているのだろうか？肝心の人間についてもそう。どれだけの健康上の被害があるのか、調査も不十分で不明なんです。いくら金があっても足りない状態ではないですか？これらに十分な資金を投じれば、財政は当然のこと経済のこれまでの基本的な枠組みは壊れる。壊れざるをえない、いや崩してでもなんとかしないといけない、と思うんです。崩壊するのは、既存の枠組みです。資本主義経済には、制度化された公式の経済と人びとがコミュニティレベルで（サイバースペースのコミュニティも含みますが）関わる経済がある。壊れるのは前者です。日本の近代化の記憶でも、明治期の自由民権運動、米騒動、敗戦後の闇市、京都のウトロ、山谷や釜ケ崎、三里塚など自然発生的な対抗的なコミュニティの潜勢力が顕在化した例は決して少なくない。家事労働とかのシャドウワークや地下経済もそうだ。スクウォッタやレント・ストライキとかも必要になるかもしれない。汚染への不安や危機に政府が対応できないから、みな自己防衛を始めてますよね。他方で、地下経済のプロでもあるやくざとか、シャドウワークを国策に転用するボランティアの心理的強制とかの搾取と闘うことなしには、僕が言うような意味のコミュニティの自治は成り立たない。またコミュニティっていうのは町内会自治とか、他者を歓待できない身内の排外主義的でナショナリズム的な自衛とも闘わないといけないから、容易じゃない。このことは、今年の夏も電力不足にならなかった、という議論とは別のレベルです。

――でもね、公式の経済が崩壊したら、ますます事故の処理とか復興とかは困難になるでしょ？

●さあねえ。それもある種の巧妙な恫喝だよね。なにはなくても経済復興とか日本経済の復活とか言われるけど、それって、言い換えれば、なにはなくても資本がまず儲けなきゃ話のことだろ。資本の儲けがあって、次にそれを復興とか事故処理に分配しようっていうことでしょ？でも、儲けを分配する段になると分配を渋るっていうことになるんじゃないか。逆に分配のルールを先に作る（要するに増税とか企業に不利な財政政策）っていうのは、資本との合意ができない。政府も財界もトリクルダウンの発想を持ち出すのだが、これって金持ちが儲かるところでそれ以上には、利益は下流には流れていかない仕組みのことだ。多重下請けのピンハネと同じだ。ねずみ講とどっちもどっちだ。増税はだれもが嫌う。資本が嫌うのは、儲けが減り、財政の仕組みを通じて税金が貧乏人に再分配されて資本を支援するインフラ投資に回らない仕組みだ。人のことはどーでもいいからコンクリートに金を回わせということだ。人を犠牲にしたコンクリートのための復興でしかない。でも、日本のすべての企業がその儲けをすべて原発事故対処のためにつぎ込まないと、間に合わないんじゃないか。企業の社会的責任っていうけど、利益を何のために使うか、ということが問われている。これまで原発を推進してきた財界だから、ぼくは、懐疑的だけどね。本気で事故対策に取り組むとは思えない。だとしたら、そうした経済は破綻したほうがいい。

ぼくらが増税を嫌うのは、とられた税金の使い方に皆納得できないからだし、課税が不公平だからだ。政府や日銀が保有する米国債を売っ払ってでも金を工面するっていうことが本当は必要だと思うけど、日米同盟や米国財政を支える方が福島原発の犠牲に対処するより大切なんだろうな、とつい思ってしまう。日本政府保有の米国債を復興資金に回すとかになれば、グローバルな経済は大きく破綻の方向に向かうかもしれないね。制度化された経済は、ある種の機械だからいつかは壊れる。そういう時期にきている。ところが、政府も財界も発想は真逆で、復興需要で壊れかけの機械＝経済を浮揚させようという。これって他人の不幸で儲けるっていう発想だろ？

――どうしてそうネガティブになれるんですかねえ。だから左翼は暗いって言われるのだと思うが。

■おまえの方が暗いだろ。原発とその事故処理に前向きになろうって言ってるんだぜ。それを迂回して、ともかく日本経済の競争力を復興させるのが先、っていうのは「罠」だよ。アトミックサンシャインなダークな罠。

——あともう一つ、疑問っていうか、あなたって貧困の文化みたいなものをどこかで素晴らしいものみたいに思ってません？実際にギリギリで暮らしている人たちにとってはとんでもない辛い状況だと思う。経済が上向いて雇用も増える、社会保障や福祉にも金が回るような状況を忌み嫌うというのは、インテリの観念論でしょ。しかも論理もテキトーで破綻しているのはあなたの考えの方だと思うが。

■ぼくのことをインテリって言う奴に出会ったのは久しぶりだ。論理は破綻しないといけないんだ。でも、論理が破綻するのは、経済の破綻同様、そうしないと新しいものは生まれないってことだ。ぼくはインテリではないが、あえて言えば、ダダイストの経済学者って言われたい。ぼくの議論は、観念論ではない、唯物論者に向かって観念論というのは、喧嘩売ってるようなもんなんだぜ。僕のは唯物論的な妄想だよ。お行儀のよい理屈は、かならず公式の制度の枠組みに縛られて結果として危機を支配的な制度の強化に利用するような結論にしか達しないんだ。・・・言い訳がましいかな（呟く）。前にも言ったけど、原発が引き起こした被害は計算も予測も不能なほど莫大だということを知るべきだ。誰も正確な数字を出せていないというだけではない、政府も財界も正直な数字を出したがっていない。出したら最後、今ある経済の枠組みを根底から再構築しないといけないだろうし、企業の既存の価値観やシステムもリセット必至だろう。これは、数字や金だけの問題ではない、政治も文化も関わる社会全体のリセットという問題だ。原発がなくても電力は足りているからそれでいいっていう発想が、原発を容認してきた文化や経済や政治を反省しないまま、つまり今あるシステムの延長で議論されるのには我慢ならない。前にこのブログで書いたけど、グローバルな視点でみれば、電力は足りていないし。60数億の人たちがみな日本や先進国並に電力やエネルギーを消費するような贅沢をすればね。その上で、貧困層の苦境をぼくは知らないわけではないと思っている。しかし、そうであっても、なおかつ彼らの中にしかこの社会の可能性は残されていないんだ。セレブなライフスタイルにどんな可能性があるっていうんだよ。おまえ本当はセレブに憧れてんのか?理論は破綻してるっていう話からそれたな・・・

インタビューア:ＤＪｄａＲａ　場所:Ｔ市某所　２０１１年8月20日

危機の中の天皇制とナショナリズム

反天皇制運動連絡会のニュースにも最近「危機の中のナショナリズム」(『反天皇制運動あにまる』27号、２００９年3月号)のタイトルで書いたこととも関連する話をしたいと思う。

昨日(２００９年8月14日)、文京区民センターで「ヘイトスピーチを許さない集会」が行われ、私も途中まで参加した。「ヘイトスピーチ」というのは、この間の「在日特権を許さない市民の会」(在特会)を始めとする、最近の「右翼市民運動」の言動を指している。彼らは東京近辺だけでなく、私がいる富山でも、かなりしつこい集会への妨害行動などを繰り返している。そうした動きに対する打ち返しを、どういうふうにやっていったらいいかということが、かなり熱心に議論された。

「在特会」に象徴されているように、「市民運動」であれ、カウンターカルチャーとかサブカルチャー、ストリートカルチャーとか呼ばれている文化についても、いまや、それだけで反体制左翼だとか、あるいはアナーキーな傾向を持っているというふうに、はなから決めつけることのできない状況がある。むしろ、「右翼カウンターカルチャー」といった文化状況が、若者の間に蔓延しつつあるように見える。私自身、自分の個人的な経験も含めて、そうしたことを実感するような状況になっていると思う。

人びとの価値観とか、考え方というものはそれぞれの時代のなかで作られてきている。だから、今のような時代状況の中で、10代、20代の若者たちが、世の中の動きの中に身をまかせながらも、自分なりの疑問を持ち、政治的な関心を持った時に、そうした関心や疑問から、例えば今ここにいる私たちと問題意識を共有し、そして私たちの運動の流れのなかに合流してくるかといえば、決してそうはならない。「決して」というのが言い過ぎであれば、そのようになることはかなり難しい。逆に、そうした若者たちが、何らかのきっかけで自ら行動を起こしていく時、私たちの運動と出会うことよりも、在特会のようなネットを使った右翼的な運動や活動に、どこかで引っかかってしまうということの方が可能性としては非常に高いと言うことだ。今、そういう状況になってしまっているということに、私自身はとても悔しい思いがある。

私は「団塊の世代」の最後に位置するが、今の50代から60代にかけての世代が、60年代、70年代にやってきた日本の中の様々な社会運動が、その後に続く世代に継承できるような形で、うまく運動を作ってこれなかったということが、こういう結果を招いてしまっている。それは、極めて「特殊日本的」と言わざるをえない状況でもある。ヨーロッパやアジア各地の様々な社会運動を見ると、もちろん右に揺れたり様々なブレはあるにしても、若い世代が新しい運動を大衆的な運動として作り上げていくということが、70年代から80年代にも持続してきた。最近の反グローバリズム運動でも同様だ。ところが日本では、そういう運動の持続がなく、また、今の20代や30代の人たちに、うまく運動を継承することもできてこなかった。そのことの反省を、どうしてもせざるをえないという状況だと思う。

●

このことを踏まえて、現在の明仁天皇制をどのように捉えたらいいのかを話したい。

天皇制それ自体は、言うまでもなく、廃絶する以外にないと私は思っている。それは、憲法に規定されるような国家の基本的な制度として天皇制を残しておくことに、合理的な理由はなく、存続させることに何らかの好ましい条件があるとも思わないからだ。逆に、統治の制度としてはきちんと廃絶することが必要だろうと思う。要するに、国家の制度、統治の制度の中に天皇制というものを一切残さないほうが、——私は「国民国家」というもの自体にも疑問がある、これもまた廃棄すべきだという立場だが——国民国家的な制度としても好ましいものになると思うからだ。それすら日本のリベラリストは追求してこなかった。

象徴天皇制の在り方は、この間大きく変わった。戦後憲法が今もなお存続しているが、これまで暗黙のうちに繰り返し使われてきた「戦後象徴天皇制」という論じ方を変えたいと思う。ある意味で言うと「戦後象徴天皇制」と言われていたものは、「終わった」と言わざるをえないということだ。

『インパクション』170号の特集「反天皇制というレジスタンス」（2009年8月）の中で天野恵一が、吉見俊哉のエッセイ「大衆天皇制の終わり」（『中央公論』2009年4月号）に批判的なコメントをしている。私は吉見のように「大衆天皇制」という括り方をしないで、むしろ「戦後象徴天皇制」として問題を立てたいのだが、戦後から現在まで、制度としての天皇制の一貫した繋がりはあるが、それがいま大きく、質的に変わらざるをえないところに来ているということを掴んでおいたほうがいいだろうと思う。

戦後象徴天皇制が果たしてきた役割の最も大きなものの一つは、周知のように、「国家イベント」を通じた、目に見える形での「国民統合」という役割であった。戦後直後、帝国憲法が廃止されて以降、戦後の象徴天皇制は実権のない単なるお飾りであるというような議論がかなり長く続いてきた。しかし、現在、このように言う人は、運動の世界ではほとんどいないだろうと思う。むしろ象徴であることによって、天皇制はある種のイデオロギー的な機能を果たしてきたことの方が重視されていると思う。これは、反天皇制運動や反靖国運動の成果でもある。天皇が不可欠な役割を果たす国家イベントを通じて、日本の国家が、戦前戦中戦後に犯してきた様々な過ちを隠蔽することができ、「日本人」という虚構のナショナリズムを再生産することを可能にしてきた。歴史を隠蔽したりナショナリズムを煽動するような戦後の天皇制の機能は、今現在も継続している。

戦後の天皇制が果たしてきた「国民統合」や国家儀礼を支える中心的なポイントは、戦後の日本を、再度経済的な意味で「豊かな国」として再興しようという、ある種の「豊かさ」を括弧付きの「日本人」全てに与えるという幻想を、実際に人びとに実感させる装置であったという点にあると思う。

これは「内向き」な象徴天皇制と言っていいと思う。つまり、日本人であることの幸せとか、日本人で良かったという言われ方を支えてきたのは、多分、1950年代から60年代にかけての「高度成長」と、その中で「豊かさ」を実現し、70年代に入って「一億総中流」と呼ばれるような、一丸となって豊かさを享受する「日本人」としての大衆像の成立である。そして、こうした戦後の経験を「記憶」として再生産する具体的な存在としての天皇とその「お言葉」がある。こうした戦後の「豊かさ」は、マスメディアや学校教科書による戦後賛美と不可分なかたちで構築された「日本人」にしか通用しない身勝手な実感だ。戦後ナショナリズムのグランドデザインを支えたのは、こうした経済的な「豊かさ」である、その端的なイデオロギー装置として戦後象徴天皇制が機能してきたと私は考えている。その「豊かさ」というものは、言うまでもなく、様々な豊かさから排除された人びとの存在を、マジョリティである「日本人大衆」の目から覆い隠し、無視して心が痛まないような感性を培う役割を果たしてきたということは、強調しておかなければならない。戦後日本社会のなかで生活してきた在日コリアンや在日中国人などの人びとが、日本国籍を持つ日本人と同じような豊かさを享受できるような条件にあったか。また、戦後の「高度成長」の中で、炭坑の閉山によって都市部に追いやられていった元炭鉱労働者が、流動的下層労働者として、日雇い労働者として、都市における建設の現場労働力の担い手になってきた。こういった問題は、この「豊かさ」の神話によってほとんど語られるべき価値もないこととして無視されてきた。天皇のメッセージやイメージは、このような戦後の大衆的な「日本人」の「豊かさ」の実感を目に見える形で支持してきた。

対外的に見ても、日本の豊かさは、朝鮮戦争やベトナム戦争のような2度にわたる戦争を支えた日米同盟と「特需」であった。さらに1960年代後半以降、日本の資本それ自体が国際化し、アジア市場を取り込むことで成長し、そこで得られた果実を日本の豊かさの原資にしてきた。アジアでは「第二の侵略」とすら呼ばれるような様々な問題も引き起こされてきたわけだが、そのことが隠されていく中で、日本の豊かさが、日本人の優秀さの証であるかのように宣伝されて、経済ナショナリズムが謳歌されてきた。

●

天皇が繰り返す様々な儀礼での「お言葉」、あるいは天皇一家を目にみえるビジュアルな存在として、いわば「豊かさの象徴」として多くの日本人が享受する。このような仕掛けを通じて、戦後の象徴天皇制は、「豊かさ」を一つのキーワードにしながら、日本人としてのナショナリズムとアイデンティティを繰り返し再生産してきた。

しかし、それが80年代を通じて、また、冷戦崩壊以降の世界の出現で、大きく変化する。特に日本が、グローバルな資本主義の中に取り込まれて、もはや「日本人」＝「一億総中流」といった幻想をそのまま維持することができなくなってしまった。貧困と格差の拡大という現実を、受け入れざるをえない。つまり、「日本人」と呼ばれる人たちの中に、階級的な分断を持ち込まざるを得なくなっているということだ。そこではもはや、「日本人」という大衆的なナショナリズムを、全面に押し出すことはできない。「日本人」と呼ばれる一つの幻想を支える「豊かさ」の根拠や枠組みが失われてきてしまっているからだ。こうして、戦後の象徴天皇制が果たしてきた、「豊かさを軸にしたナショナリズム」は、明らかに機能不全に陥らざるをえなくなっていると思う。

いまや「豊かさ」を一つの収斂点に置くような形での戦後ナショナリズムは、そうではないナショナリズムへと変わらなければならないところにきている。しかしどのようなナショナリズムへと変わっていくのか。この大きな変化のなかで戦後天皇制の機能をどのように再構築するのか、このことに関して、実は、自民党も政権についた民主党も含めて模索中という状況だろうと思う。つまり「豊かさ」に代替する新しいナショナリズムの核、あるいはナショナリズムとしての国民統合の軸になるものが見いだせていない。彼らは、それをどこに求めようと模索しているのか。現代の天皇制は、この意味で、戦後天皇制の延長上に位置づけることはできないと思うのだ。

国内的な国民統合の軸が「豊かさ」としては獲得できない以上、やはり対外的な側面で国民統合の柱になるものを見いださざるをえない、そうなれば当然登場してくるのが、北朝鮮を日本にとっての脅威とみなし、さらにその背後にいる中国を脅威とみなすような、極めて旧態然たる冷戦的な発想の中で、日本のナショナリズムの再構築をしていくという、安直な選択肢以外ないのではないか。「保守層」はそういう方向だと思うが、「リベラル」についてみても、外交・安全保障については本質的に異る価値観は持っていないのではないか。保守であれリベラルであれ、日本のナショナリズム、あるいは日本国民としてのアイデンティティの擬制を疑っておらず、天皇制それ自体を疑問の対象にはしていないからだ。

この問題との関連で、日本の戦後象徴天皇制が「終わった」と私は言うのだ。「終わった」としても、それに代わる新しい象徴天皇制が再構築しきれていないということが、天皇制にとっては大きな問題としてある。象徴天皇制が

「豊かさ」に代わる新たな何かの象徴を表現できるものになっていない中で、国民統合のためのイデオロギー機能を担い続けなければならないという過渡期にあって、かつてほど十分にその統合としての機能を果たしえていないということは、ある種の天皇制の危機ではあるが、それは急激に解決を迫られている危機というものではない。放っておけば、それ自体、完全な機能不全に陥るということは決してない。そうならない理由は、現行憲法の中に象徴天皇制の規定が明文規定として位置づけられており、この象徴天皇制を支えるための国家の制度が存在し、いまある制度の下で、象徴天皇制を有効に活性化させていくことが官僚制機構の本質の一部になっているからでもある。鳩山政権の仕分け作業でも、宮内庁予算や皇居という膨大な都心の土地の有効利用には一切手をつけていない。緩やかな危機の中を、象徴天皇制が「漂流」せざるをえない局面で、どこかに、なんらかの繋留点を模索しているということだろう。そこに、在位20年などを通じて、今の支配層が象徴天皇制に梃子入れをしていくということがあるだろうと思う。それは、単なる皇族とか、明仁の家族をどうするという問題だけではなく、今の天皇をめぐる様々な「物語」や制度を、日本のナショナリズムの再構築のためにどのように制度設計し直していくのか、ということになっていくだろう。こういう観点でいえば、これは狭い意味での皇室や皇族の問題ではなく、日本の官僚制も含めた国家体制全体の問題となる。それは、国家がナショナリズム=国民統合の軸をどのように再構築し、国民という形での動員体制を再度つくり直していくのか、そこでどういうふうに今までと違う形で天皇が持ち出されてくるのかという方向に展開していくのだろうと思われる。リベラルですら共和制を構想できないこの国に、天皇制なき日本はイメージすらできていない。

● もう一つ、象徴天皇制の抱えている問題として、「グローバリゼーションの中における日本資本主義」という問題がある。グローバル化のなかで、日本の企業も資本も、明らかに多国籍化している。そして、グローバルな資本競争のなかで、欧米や新興国の資本とも競争し、勝ち抜いていかなければいけないという、過酷なグローバル化のプロセスに投げ込まれている。その中で、明仁は繰り返し「皇室外交」で海外に出かけている。そして現地の日本人社会や日系人に対して、「日本」との繋がりを改めて想起させるような「物語」を作っているように見える。しかしそれは、あくまでグローバルな資本の展開と、その中で生きている日本の資本、そこで働く「日本人」という在り方が前提になっている。グローバル化しなければ日本の資本は生き延びることができないのだが、この資本の現実とは必ずしも合致しないのが「在特会」も含む日本の右翼の「自民族中心主義」「排外主義」ではないかと思う。

極端な差別・排外主義は、日本のグローバル資本にとっては、厄介な存在でしかない。むしろ中国や韓国やアジア諸国との政治的な友好関係や、文化的にも摩擦のない環境のなかで、市場の取り込みと統合を果たし（流行の言い方をすれば「東アジア共同体」的発想）、投資環境を整えて資本としての儲けを最大限に上げていく、これが資本の基本路線だろう。もちろん、そうした日本の資本の対外進出を支えているメンタリティーは、日本の資本、日本の企業、つまり主役としての日本人ということだ。こうしたアイデンティティの在り方が、微妙な形でもって排外主義やレイシズムや民族的な偏見を繰り返し再生産するという側面があり、ナショナリズムの幅も在特会のような排外主義から「共生」を隠れ蓑にしたより巧妙なそれまで、内部の矛盾もはらみながら一枚岩ではない構造を持っている。こうしたなかに天皇制が置かれているということだ。

この点は、欧米の資本に比べて日本のナショナリズムと国民国家が抱えた固有の困難かもしれない。もともとの欧米の資本は、そもそもの国民国家の形成の経緯と同様、「多民族性」を前提にしている部分がある。しかし、日本はそうではない。といっても、「単一民族」ということに根拠があるわけでもなく、日本人＝日本民族＝日本国籍を当然だとする「単一民族国家」幻想が近代日本におけるナショナリズムのアイデンティティの基層に根強く存在してきた。この幻想の根源にあるのは、言うまでもなく近代天皇制というイデオロギー装置それ自体が本質的に与え続けてきた「日本人」という虚構の境界線である。これは現実のこの国に居住する人びとの多様性とは全くずれているにもかかわらず、そうした幻想や偏見が、実は多くの日本人たちの底流に未だに存在し続けている。そのことが逆に、資本のグローバルな展開の中で、一つのネックになっているという側面もある。

したがって「在特会」のような形で、「市民運動」の形をとりながら、排外主義的な民族差別を煽るような運動が前面に出て来たとき、それが日本のグローバル資本にとって利益になることはないだろう。むしろグローバリズムの中で生き残るための方策としては、いま行政がしきりに口にし始めているような「多文化共生」とか、「多民族共生」とか呼ばれるような概念を、何らかの形で制度の中に取り込まなければならないということになる。ビジネスのことを念頭においた支配層は、ナショナリズムの排外主義をいかにして「多文化共生」といったオブラートで糊塗するかを考えていると思う。このことと、伝統的な右翼や在特会などが感性的な「好き嫌い」の感情のレベルで、「朝鮮人出て行け」というような憎悪を剥き出しにするということの間には、多分大きな溝がありうる。

●

日本が戦後、旧植民地支配や戦争責任などに対して謝罪をしていないということが、ドイツの戦後と比較されて語られることがある。そしてドイツの、ホロコーストや戦争犯罪に対する謝罪のプロセスを非常に高く評価する向きがある。私ももちろんそれに異論はない。しかし、戦後のドイツがなぜ日本と違って戦争に向き合ったのかという場合、そこには明らかに資本の論理が存在していたということは見落とされがちだ。

つまりそこには倫理的・道義的、あるいは人間としての真摯な戦争犯罪に対する謝罪のみがあったとは、私には考えられない。それでは何があったのかといえば、やはりドイツ——ここでは旧西ドイツを念頭に置いているが——

が、フランスやイギリスと対抗して、戦後資本主義として復興する時に、ヨーロッパにおけるドイツ資本主義の主導的な位置を何が何でも再度獲得しなければならない、という至上命題があった。つまり、フランスやイギリス、さらにはアメリカとの関係の中で、ドイツの資本主義は復興しなければならなかったということだ。その時に、戦後ドイツの復興にとって、戦時期にナチスドイツがユダヤ人に行った取り返しのつかない大量虐殺行為への「謝罪」や周辺諸国への侵略といった戦争犯罪を不問に付したままにしておくということは、資本の損得勘定から言っても、選択しえないことだったのではないか。つまり、謝罪と戦争犯罪への対処と不可分一体のものとしての戦後処理なくして、ドイツの戦後資本主義としての復興はありえなかったというのが、戦後ヨーロッパにおけるドイツの地政学的な位置だったということでもある。そこにはある種の資本の論理が入っていた。だからこそ、戦後ドイツの戦争責任の問題は、日本に比べればかなりのところまでやったとは思うが、実は曖昧にしたところがあった。戦後半世紀以上たってなお、ドイツもまた移民排斥の「国民感情」やネオナチの台頭、さらには極右の議会政治や地方政府への浸透といったバックラッシュを阻止できなかったということの背景には、こうした資本の論理を見ておかなければいけないのではないか。

ドイツと比較していうと、戦後の日本資本主義の復興にとっては周辺の地域、例えば朝鮮半島や中国は、ドイツにおけるヨーロッパとは全く違う環境だった。朝鮮半島はいち早く戦争状態になって分断される。中国は社会主義となって独立の道を歩む。従って、日本資本主義が資本主義としての戦後復興を遂げていくために、植民地支配や戦争責任の問題と向き合って問題を解決しない限り戦後の日本資本主義としての復興はあり得ない、というような条件はなかった。ユダヤ人の経済界での影響力に比較できる中国人、朝鮮人の国際的なコミュニティはなかったといった問題を抜きにしてもだ。むしろ日米安保体制の中で、朝鮮戦争、ベトナム戦争の特需で利益を上げつつ、日本の国内での豊かさをまず第一に達成して内外の共産主義を封じ込めつつ、再度東南アジアに向けて日本の資本の進出を実現していく。このような冷戦が熱戦に転化しかねないプロセスの中にあった朝鮮半島や中国は、むしろ日本にとってみれば逆に日本のプレゼンスを高め、日本のヘゲモニーを東アジアで確立していく上で、ナショナリズム問題や天皇制問題を不問に付す上で非常に好ましい状況だった。そうしたことも含めて、戦後日本の「豊かさ」があったということを、再確認しておく必要がある。

戦前も戦中も戦後も、日本は資本主義として資本の論理の中で市場を獲得し、そして植民地（ポスト植民地）の人びとを搾取する構造においてアジアにおける経済的覇権を構築し、一貫して同じ資本主義というシステムを取り続けてきた。確かに戦前と戦後では、政治のプロセスでは大きな違いがあるかもしれない。しかし、天皇制もまた近代日本に一貫したイデオロギー装置であり続けた。戦後は象徴天皇制という形でもって、戦前の天皇制を継承してイデオロギーとしての継続性を維持してきたと考える必要がある。こうした一貫性がある一方で、戦後の豊かさが、今現在のナショナリズムの動員装置としては無理をきたし、そして新しいナショナリズムの在り方が模索されているというところに行き着かざるをえない、今の状況に、天皇制のイデオロギー装置としての機能が未だ十分な適応の戦略を見出せていない、ということである。

●

この流れの中でもう一つ話をしておきたいことがある。最初に言及した、吉見俊哉の「大衆象徴天皇制は終わった」という議論に関わって、吉見は、この「大衆」と呼ばれてきた人びとが変容し、その結果として「大衆天皇制」もまた終わったという議論をしている。しかし、私は、彼が言う時期よりも以前の、もっと早い時期に「大衆」と呼ばれている存在は、もはや見えなくなっていたのだと考えている。

1970年代を境にして「大衆」と呼ばれる存在が徐々に見えなくなってきたと思う。そしてそれに伴って、マスメディアが「大衆」という形で人びとを動員する力もかなり低下してくる。１９６０年代には東京オリンピックがあり、70年には万国博があり、多くの人びとが、マスメディアを中心に動員されるた。しかし、こうしたマスメディアによる大衆動員は、それ以降、衰退する。この意味で、70年代が「大衆」の解体期だともいえる。これは、第二次産業を中心とした工場労働者を大衆とする時代の終焉とも重なり、それ以降のサービス化と情報化による都市の「大衆」は、むしろ「大衆」と呼ぶには多様な存在であって、こうした存在を、徐々に高度な情報解析能力を持つコンピュータが捕捉し始めるにつれて、資本は「大衆」としてではなく、固有名を持つ個人を個別に把握できるだけの力を持つようになった。こうした時代が80年代には成立することになる。この情報インフラを支えたのがインターネットである。インターネットが商用利用に開放されて以降、グローバル資本主義は、このインターネットに接続した個人を前提とした戦略をとることになる。

最近でいえばインターネットの普及によって、政府のサイトを見ても、明仁20年の奉祝行事に関連して、明仁のこれまでの歩みや結婚50年など、夫婦の歩みをネットで動画配信するまでになっている。

これは、インターネットを利用して情報発信するということが、マスメディアでの情報発信以上に、政府にとって力を入れざるを得ないメディアの戦略となっていることを示している。そうした時に、政府がインターネットを介して「大衆的な国民」を作り出すことを目指せるのかと言えば、そうはならないだろう。ネット配信で多くの人たちが動画を見るとしても、それは従来のような、新聞やテレビを利用しての大衆動員の構造には直接には繋がっていかないからだ。ネットが持っている個人的なメディアとしての性格は、動員のメディアとしては必ずしも充分な機能は果たしえないというのが私の予測だ。

いや、在特会などはむしろネット右翼といわれて、YouTubeなどを使って動員しているではないかと思われるかもしれない。しかし、むしろ、在特会自身のネットを使ったキャンペーンというのは非常に情緒的で、センセーショナリズムで終わっている。映像やメッセージで人びとを動かせるという場面もあるが、それが繰り返し長期に渡って人びとを動かすことが可能かどうか。運動の組織化はネットだけでは無理であり、そこに現実の世界のなかの組織を構築し、組織的な動員をしていくという仕掛けとリンクしないと政治の力としてはうまくはいかないだろう。ここでは、情緒だけでなく、ナショナリズムを支える「論理」がモノを言う。思想も論理も希薄な偽装的な「下から」の右翼市民運動という形だけでは、今後の方向としては、それほど大きな展開は望めないのではないか。あるいは逆に、市民運動ではなくて暴力的に突出する方向をとりかねない。とりわけ在特会のように、あからさまな民族差別、罵詈雑言、不快を超えて醜悪な言動を多く繰り返すというようなスタイルが、保守的なナショナリズムの市民運動的な動員やアジア主義右翼とのリンケージを難しくするということもあるかもしれない。

この限りでいえば、それほど悲観的になる必要はないと私は思っている。ただそうであっても、人びとのなかにもある民族差別や心情的な排外主義的発想がなくなるわけではない。プライベートな空間の中で、人びとが偏見を持ち続けているからこそ、それがネットを通じて流れ出し、市民運動として公然と出てきた問題でもあることを軽視すべきではない。ネットが今後、動員の機能をうまく果せなくなったとしても、人びとの偏見はそのまま残る、そしてネットを通じないところでも、身近な人たちの間では、相変らず差別的な言論が囁かれる状況は変わらない。この日本の社会の中にある差別を支える潜在的な排外主義の心理に対して、私たち自身が、対抗的なメッセージを出していく努力は、従来と同様の方法では十分ではない。十分ではなかったからこそ、排外主義とヘイトスピーチがはびこってしまった、という反省が私たちの側には必要なことだ。

マスメディアももちろんあてにならない。ネットも何となく右翼に占領されている気分になってしまっている。どういう方法で自分たちの言葉を多くの人たちに伝えることができるのか。こういう部分に関しては、メディア運動としても、今後私たちは、大きな課題として取り組まなければいけないことだと思う。このことは、実は日本の運動のなかでは大きなネックになり続けてきた。60年代、70年代にあった日本の運動が、その後社会運動としての大衆性や広がりを持つことができないままに、次の世代にうまく引き継ぐことができなかった原因の一つに、メディア運動自体が自立しなかったということがあったのではないか、というのが私なりの一つの総括の軸である。メディア環境が資本と国家にほぼ独占されて閉鎖的になっており、コンテンツを作ることはできても、それを流通させる回路を閉ざされているような環境のなかに人々が置かれている国というのは非常にまれだ、というふうに思わないといけない。

私たちがこれまで主張してきたことや、天皇制廃絶という主張も含めて、それが荒唐無稽で論理的にも破綻しており、何らの説得力もないものかといえば、そうではない。むしろそうした考え方それ自体を知らない人があまりにも多い。共和主義の考え方すらほとんど議論になっていないこと自体が異様なことだ。

そうしたオルタナティブな歴史観や価値観自体をそもそも知りえない状況が、今の日本の中に蔓延してしまっているのは、知るために必要な回路が得られていないからだ。その回路は、誰かが作ってくれるのではなくて、必要としている人たちが作る以外にない。それはメディアだけではなく、街頭や都市の空間それ自体をみてもそうである。今日はこの後デモもあるが、これだけ都市の空間の中で、表現の自由が抑制されている国というのは、民主国家と呼ばれるような国にはほとんど見られないことだ。それだけやはり状況は非常に閉塞してしまっている。それをこじ開ける努力は絶対に必要だと思う。

もちろん天皇制廃絶が容易にマジョリティの意見になるとは思わないが、マイノリティの価値観なり主張なりが人びとに伝わるような回路、そのことを通じて今の社会や国家や支配的なイデオロギーに対して自由にノーと言えるような、そういう環境を作っていかなければならない。「戦後の象徴天皇制はもう終わった」と言ったが、これは実はもっと議論すべきことだろう。私が一方的に話してすむような簡単な話ではない。少なくとも「考える自由」ぐらいはまだあるわけだから、こうした天皇制への認識についての議論から天皇制廃絶をどのように考えるかといったことを考えるとともに、それを行動の自由へと移していけるような社会を作っていきたいと考えている。

出典：２００９年年8月15日、文京区・全水道会館における講演

ナショナリズムを根源から拒否しうる価値の創造へ――尖閣＝釣魚諸島をめぐる問題が示すもの

尖閣＝釣魚諸島における海上保安庁警備艇への中国漁船衝突事件は、両国の排外主義的なナショナリズムを刺激してしまった。在日特権を許さない市民の会（在特会）のような右派「市民運動」が急速に動員力を高め、その動員力が圧倒的に私たちのそれを上回っている。11月に横浜で開催されたＡＰＥＣ首脳会合に対するデモは、メディアでは9団体4０００人と報じられたが、そのうち最大の動員は、右派系市民運動の２７００人だった。私たち、「いらない！ＡＰＥＣ」横浜民衆フォーラムが５００名だから、動員力では大きな差がついてしまったというのが現実だ。この右派系市民運動の動員は、ここ数年の在特会の外国人排斥運動と尖閣＝釣魚諸島問題におけるマスメディアと国会の与野党揃っての中国非難や菅政権に対する弱腰外交批判キャンペーンの相乗効果の結果だ。逆に私たちの側は、排外主義的なナショナリズムに対して的確な批判をもって反論しきれておらず、日中どちらの主張が正しいのか、という二者択一の罠を避けきれていない。したがって、ナショナリズムに代わる新たな民衆的なアイデンティティの創造に失敗してきたという、私たちの側にある問題にも目を向けなければならないと思う。

私は、かつて、在特会のようなインターネットを利用した右翼の外国人排斥運動は、見た目ほど大きな動員力はもたないのではないかと楽観視していたが、こうした私の予想は外れたと感じている。右派「市民運動」は、伝統的な街宣車右翼とは違って、大衆動員を念頭においた組織作りのなかで、市民運動としてのスタイルをとっており、その量的な拡がりを無視できなくなったマスメディアが、彼らの運動を市民運動として取り上げるようになったことで、ある種の市民権を得始めた。乳母車を押して右派のデモに参加する若い母親などの写真がニュースで報じられていることに端的に示されているように、メディアが一定の肯定的な評価を与え始めてもいるように見える。学生運動や労働運動を自らの経験としてきたことのない若いメディアの記者たちが増えている一方で、ポスト団塊の世代がマスメディアの支配層を形成して、新自由主義の急先鋒となっている。メディア・ナショナリズムは拉致問題の報道以降顕著になってきたことで今に始まったことではないとはいえ、ここ最近の状況は、個別の拉致問題を超えてあらゆる分野において、ナショナリズムに優越的な地位を与えるような傾向が顕著になってきた。

同時に、いわゆる批判的な「知識人」もまたその姿が見えなくなっている。大学の教員や研究者が社会運動や市民運動に登場したり、一緒に運動の担い手として関わるケースは減り続けているのではないか。確かに、NGOやNPOに関わる「大学人」は少なくないが、その多くは政策提言の域を出ることなく、研究者や専門家としての協力や第三者的な関与であって、市民として、あるいは一個人としての関わり、言い換えれば、アカデミズムにおける知の評価基準にとらわれることのない価値判断に基づいた政治への積極的な発言や参加が、目立たなくなってきたように思う。体制そのものを根本的に否定するラディカルな思想もまた、現実の運動との接点を失い、行き場を見失っているようにみえる。国策と産学官連携に大きく傾斜したアカデミック・ナショナリズムとでも言いうるような象牙の塔は、研究業績のグローバルスタンダード化のなかで、左派やリベラルな研究者の参入を巧みに排除してきた。小中高校の学校現場が右傾化し、管理強化が進んできた流れが大学にも見られるようになった。書店から左派的な雑誌や書籍が姿を消し、ネットの言論も排外主義的で感情的な心情に支配され、私たちの情報コミュニケーション環境そのものが、左派的な存在を不可視化してしまった。

排外主義的なナショナリズムに次第に多くの「普通の」市民が実感として共感しはじめているのは、なぜなのだろうか。戦後の日本のナショナリズムを支えてきたのは、経済ナショナリズムだった。戦後復興から先進国へと登りつめるサクセスストーリーは、アジアの「経済大国」の実現を通じてアジアで最初の先進国となることで、「日本人」としてのアイデンティティを再構築した。かつての植民地は独立したとはいえ、経済的には日本に従属する位置につくことによって、「日本人」の民族的優越心が満たされてきた。「日本経済」の優位性は「日本人」の優位性の証しとみなす言説がごく当たり前のように語られてきたが、こうした言説には、特にアジアへの優越意識と蔑視が言外に込められており、その裏返しとして欧米先進国への抜き難い劣等感が見られ、このことが、先進国化への異常なほどの執着という「国民的」な集団心理を生み出してきた。

今世紀に入って、中国、韓国、インドといったアジアの新興国が日本経済を追い上げ、日本の戦後ナショナリズムの中核を占めてきた経済的な優位は大きく損なわれ、戦後のナショナリズムが大きな危機に直面し始めた。最近の排外主義的ナショナリズムは、この戦後ナショナリズムの危機の表出であり、大衆の苛立ちの表れともいえる。強い日本への不可能な欲望にとらえられたナショナリズムは、その強さの証しとして、日本で暮らす移住者たちをターゲットにして攻撃するという無定見な代償行為に陥る一方で、政府に対しては、力の行使による解決——このような手段で解決されることはありえないにもかかわらず——の圧力を強めているように見える。大衆の排外主義的で人種差別的な熱狂に政治家たちが選挙目当てに迎合している様は、ファシズムと一体どこが違うのだろうか。

尖閣＝釣魚をめぐる問題は、軍事的な解決という自殺行為の選択をしないとすれば、これまで同様、ある種の宙吊り状態を継続する以外にない。しかし、そうであっても、二つの点で、政府は、今回の事件を契機に安全保障の質的転換に繋げようという、転んでもタダでは起きない事態が伏在していることに注目したい。一つは、日米同盟の強化である。アジアにおける経済的な覇権を握るだけの力量を持ち始めた中国を封じ込めつつ、中国市場の開放を求める点で、日米同盟の強化に今回の事件をフルに利用するだろう。とりわけ米国は、尖閣＝釣魚問題における日本の世論の反中国感情を利用して、民主党内部の慎重派を押さえ込み、在日米軍への日本政府の支持を自民党政権以上に強固なものにする口実として利用するだろうし、民主党はこれに抵抗できないだろう。もう一つの、より重要な問題は、尖閣＝釣魚諸島が属するとされている沖縄におけるナショナリズムへの影響である。本土の世論に比べて、沖縄のメディアの報道はまだ冷静な傾向を維持しているようにみえるが、沖縄の漁船の漁業活動保護の必要から、沖縄が日本に安全保障においてこれまで以上の依存を余儀なくされるようになっている。このことは、沖縄の米軍基地の必要性を肯定する世論形成に拍車をかけるだけでなく、ヤマトとの差異としての沖縄のアイデンティティよりも、「日本の沖縄」というアイデンティティ感情をより一層浸透させるイデオロギー効果を発揮するかもしれない。歴史的に見れば、日中関係の中で翻弄されてきた沖縄の中でかろうじて生きてきた、日本のナショナリズムを相対化するようなアイデンティティが、今また、中国の脅威から日本への依存を深めるなかで、大きく掘り崩されるかもしれないし、このことを日本の政府が密かに望んでもいるだろうことは想像に難くない。

言うまでもなく、私たちの喫緊の課題は、排外主義的なナショナリズムの大衆的な心情そのものを無化しうるような民衆のアイデンティティの創造である。ナショナリズムが国民国家が必然とする国境や資本の利益から自由ではありえないとすれば、根源からナショナリズムを拒否しうる価値の創造に挑戦するという課題を避けてはならないだろうと思う。

出典：『季刊ピープルズプラン』52号 ２０１１年

「文化戦争」の時代 １９７６〜１９８８年の美術

１９７０年代後半から80年代は、現代美術が大きな制度的な壁にぶつかった時代だった。戦後現代美術の世界的な動向を左右する位置にあったアメリカ合州国の現代美術にとって、この時代は一つの分水嶺となった。

それは二つの意味でそう言えるものだった。一つは、現代美術がもはや美術、芸術の傍流ではなく、それこそが芸術の主流となり、その結果、より深く市場の論理に巻き込まれるようになったということである。かつてはサブカルチャーだったポップアートが格好の商品となり、ウォーホルやリキテンシュタインなどが高値で取引されるようになる。もうひとつは、現代美術が試みてきた様々な表現や、主題の拡張が、徐々に、社会の保守的で支配的な価値観と抵触し始め、議会や政府の表現への検閲があらわになったということである。市場と政治に挟み撃ちにされるなかで、あらためて芸術表現の持つ社会的な意味や、市場価値に還元できない芸術的な価値が真剣に問われたのがこの時代だった。

80年代のいわゆるレーガン、サッチャーによる新自由主義は、大きな政府を求めた20世紀前半の福祉国家やケインズ主義的な国家観を反省して、政府の介入を抑制する時代であるとみなされている。しかしこれは、あくまでも市場経済に関することであって、むしろ道徳的な価値観への政府や公的機関の介入は、様々な圧力団体の運動とも連動じて逆に強化される傾向にあった。

70年代以降の合州国をはじめとする欧米の現代美術は、社会的な主題を積極的に取り入れるようになる。60年代に公民権運動とベトナム反戦運動が美術の表現に大きな影響を与えたとすれば、その後の美術が取り上げた社会的な主題は、エスニシティ、ジェンダー、都市環境などへと拡張され、同時にエイズや同性愛などをめぐるアクチュアルな政治的な問題にも積極的に関わるようになる。こうして、様々な場面で、美術は支配的な価値観、道徳観、あるいは行政上の管理システムと対立し始める。特に、欧米の場合、伝統的なキリスト教道徳と抵触する作品や、民族的マイノリティなどの表現への白人保守派の反発が、これらの作品の制作、発表をサポートする公的支援制度への批判として噴出し始める。アメリカ家族連盟などの保守的な圧力団体やジェシー・ヘルムズ上院議員などの政治家たちが、キリスト教道徳の擁護、同性愛や中絶などへの批判を繰り返し、文化芸術の公的資金援助団体の全米芸術基金（NEA）の補助金支出がこうした作品、アーティストに支給されないよう大々的なキャンペーンをはった。この保守派による批判は、芸術表現への介入であり、検閲を肯定する行為であるとしてアーティストたちから厳しい反撃を受け、80年代末から90年代初頭にかけて「文化戦争」とさえ言われるような大きな対立となった。以下、この「文化戦争」のなかで保守派からやり玉にあげられたいくつかの作品を中心に、80年代のアートシーンにみられる「芸術と政治」の新しい課題を考えてみたい。

●

80年代から90年代にかけて、最も大きな議論になった作品のひとつに、アンドレス・セラーノによるキリスト像を素材とした一連の作品がある。なかでも「ピス・クライスト」（1987年）は、十字架のキリスト像を自分の尿に浸して撮影した写真作品として賛否の議論を巻き起こした。全体が赤と黄色の美しい色あいをもち、細かな水泡からこの作品が液体に浸されていることがわかる。このセラーノの「ピス・クライスト」の美しさは、タイトルにある小便にキリスト像という涜神のイメージを表現において裏切ることによって、多義的な表現をまとう。キリスト教へのステレオタイプな信仰は相対化される。しかし、セラーノの作品に無神論を見ることはできない。

この作品は、ノースカロライナ州のサウス・イースタン・センター・フォー・コンテンポラリー・アート（SECCA）が1万5000ドルの補助金を出して制作されたものだ。この作品の制作資金の一部はSECCAを通じてNEA（全米芸術基金）が拠出していたために、公的な資金が非道徳的な作品に利用されたとして繰り返し批判された。例えば、89年にはアルフォンス・ダマート上院議員が連邦議会の建物で、「ピス・クライスト」の複製写真を破って見せるといったセンセーショナルなパフォーマンスで、世論を煽るといったことまで行われた。

セラーノは、ホンジュラスとアフロ・キューバン系の両親を持つ米国生まれのアーティストである。セラーノや中南米に出自を持つヒスパニック系のアーティストのキリスト教理解は、合州国の白人中産階級のプロテスタントが描くキリスト教観やイコンへの態度とはかなり異なる。ヒスパニック系のアーティストたちは、コロンブス以前の土着の宗教との関わり、キリスト教徒による異教徒の虐殺などの歴史の記憶と、他方で徐々に受容されたキリスト教信仰というアンビバレンツな立場を意識せざるを得ない。彼らが宗教的なアイデンティティや信仰の態度を作品に表現する場合に、こうしたアンビバレントな感情が見いだされるのはごく自然なことなのである。そして、セラーノに限らず、「多文化主義」が注目され始めたこの時期には、多くのヒスパニックや黒人アーティストによるキリスト教文化の多様な表現が試みられ始めた時代でもあった。こうした表現は、無神論や反キリスト教というよりも、むしろ、キリスト教の脱構築とも言うべき表現であって、まさにポストモダンの宗教的な表現を提示した。キリスト教文化圏がその内部から多元主義の受容を試された時代だったといってもいい。

セラーノはこの作品だけでなく、他にも血液や精液など、体液を用いた作品を多数制作している。血液を用いた最も初期の作品の一つに「天国と地獄」（1984年）がある。手を縛られて血にまみれて吊された裸の女性と、無表情にたたずむ深紅の枢機卿の男性を左右に配置した作品である。女性は顔がわからないが、男性はアーティストのレオン・ゴラブが演じている。この匿名性のヌードの女性と固有名を持つ男性という対比それ自体が明らかにポルノイメージの戦略的な転用だといえた。

彼はその後も、「ミルク、血」（1986年）、「血流」（1987年）など、血液を素材とした作品を発表する。「血」という素材は、キリスト教にとっては重要な宗教上のシンボル作用がある。ベル・フックスは、これら一連の作品について、次のように述べている。

「セラーノは、宗教的なイメージを、組織され、制度化された宗教、とりわけカトリック教会にみられる矛盾をあらわにするために用いている。彼の作品は、精神性の魅惑的で神秘的な次元を称賛しさえするが、家父長的なキリスト教信仰をきびしく疑問に付す」

セラーノの作品の「血」の意味は、時代のなかで様々に付与されるだろう。例えば「血の十字架」「ミルクの十字架」とよばれる作品では血液が満たされた赤い十字架と牛乳を満たした白い十字架が並べられている。この作品は、キリスト教の受苦と残忍な歴史を象徴する「血」と、宗教の持つ純粋性を象徴する「白」を対比させることによって、十字架の意味を多義的なものとして提示したと解釈することが可能だ。しかし、それだけでなく、エイズが社会的に大きな注目を浴びるなかで、「血」の意味もまた大きく変わり、作品の持つ意味も変わった。「血」を作品の素材に用いることはそれ自体がかつては想定されなかったような「危険」性を作品に与える。精液を用いた作品も同様に新たな社会的な意味を作品に与えることになる。

合州国における検閲は、様々な芸術分野で執拗に繰り返された。ゲイのアーティストが高い評価を得はじめ、同性愛の性的なイメージが芸術的な表現として認知されるようになるにつれて、逆に、こうした表現への非難もあからさまになり始める。例えば、日本でもリサ・ライオンのヌード写真などでよく知られたロバート・メープルソープは、セラーノとならんでこの時期の合州国における保守派からの最も厳しい攻撃目標にされた。彼の作品には黒人男性のヌードや、ハードコアのSMや男性同性愛をテーマとした数多くの作品があり、これらの作品制作にNEAなど公的資金が使われていることに、非難が集中したわけである。理不尽な非難に屈して、89年にはワシントンのコーコラン・ギャラリーは、予定していたメイプルソープの回顧展の中止を決めるまでに至った。

他方で、様々な政治的、社会的な主題を扱うアート作品の評価が高まるにつれて、これらの作品への風当たりも強くなった。例えば、サンディエゴのアーティスト、デヴィッド・アヴァロス、ルイス・ホック、エリザベス・シスコが路線バスの広告スペースを借りて、「ようこそ！アメリカ最高の観光植民地へ」というキャプションをつけて、観光産業が「不法滞在」の労働者の搾取の上に成り立っている現状を批判したのに対して、市当局が作品の撤去を要求する事件が起きた。この事件も、作品制作に公的資金援助がなされていたことが問題視された。

このほかにも星条旗を用いた作品や、レーガン大統領をモチーフにした作品などが保守派から攻撃されたり、公的な資金援助を拒否されるなどの出来事が相次いだ。こうした事態は美術に限ったことではなかった。80年代は、ゴダールの『マリア』（1984）やスコセッシの『最後の誘惑』（1988年）といった劇映画、さらにはコミックのマイティ・マウスの花を嗅ぐしぐさがコカインを嗅ぐしぐさに似ているとして全米家族連盟がやり玉にあげるなど、大衆文化全体が大きな反動の波にさらされた。先に述べたように、こうした攻撃は、「文化戦争」と言われるほどの大きな論争となり、多くの美術家やジャーナリストなどが積極的に問題に関与し、発言した。

なかでもエイズや同性愛へのあからさまな批判に対して、アクト・アップが行った闘いは、80年代の特筆すべき出来事といえる。80年代後半に全米各地で設立されたアクト・アップは、エイズ問題に対してアーティストたちがアートの表現を武器としながら、積極的にアクティビストとして行動することで大きな力を発揮できた運動だった。アーティストの集団、グラン・フィーリは「アートだけではだめだ、エイズ危機を終わらせるために集団的な直接行動を取ろう」とアーティストたちによびかけるポスターを作成し、多くのアティストが街頭デモなどの行動に参加した。

現実に解決しなければならない問題を、表象の領域でどんなに表現したとしても何一つ解決にはならない。エイズの問題はこの表象の限界をつきつけ、アクト・アップは、具体的な行動にアーティストとしての表現行為を持ち込むことで、この限界を克服しようとした重要な運動だった。言い換えれば、アクト・アップは、表現の自由から現実社会を変革する自由へとアートを拡張するひとつの試みだったといえる。

●

合州国の芸術家たちが宗教や国家的なイコンを

Silence=Death,1986,Silence=Death Project.

めぐって保守的な圧力団体や政治家たちから理不尽な攻撃にさらされていた頃、日本でも同じような問題が起きていた。富山県立近代美術館で起きた「遠近を抱えて」非公開（後に売却）事件は最も大きな戦後の検閲事件となった。

１９８６年の春、富山県立近代美術館は「'86富山の美術」展を開催した。富山にゆかりのある現代美術作家を30名招待して開催されたこの展覧会に、富山出身で東京在住の作家、大浦信行は「遠近を抱えて」（１９８２－１９８５年）と題された連作版画14点のうちから10点を出品した。この作品は、大浦がニューヨークに滞在中に日本人としてのアイデンティティをテーマに、自分から最も遠い存在でありながら、日本人のアイデンティティを表現する上で欠かせない素材として昭和天皇の肖像を取り上げて制作したリトグラフ（一部シルクスクリーンと手描き）の作品である。この作品は、昭和天皇の他に、古典的な「名画」の一部や、女性のヌード、解剖図、入れ墨をした人体などを取り入れて組み合わせたコラージュである。

展覧会は、何の支障もなく閉会したにもかかわらず、その後同年6月になって、突然、富山県議会で当時の自民党、社会党議員から批判が出された。「天皇陛下の写真に女性の裸体や人間の内臓図、骸骨などを組み合わせたもので、何ともわけがわからず不快感を覚えた」「我々は、現在の天皇陛下を国民の本当の象徴として親しみ、尊敬をしている。素朴な県民感情として、閲覧した県民には不快感が残ったのではないか」など、もっぱら議員個人の主観に基づく根拠のない批判だった。しかし、地元マスコミがこの議会でのやりとりを「天皇ちゃかし不快感」などという見いだしで大々的に、センセーショナルに報じたため、地元をはじめとする全国の右翼団体が抗議に動き出した。

これに対して、富山県立近代美術館の小川正隆館長（当時）は、議会での批判から一週間後に作品の非公開を決めてしまう。その理由は、上記の議員の批判をそのまま受け入れたもので、「一般県民の感情からいって好ましくない」というものだった。そして、さらに所蔵していた10点の作品のうち美術館の要請で作家が寄贈した6点をこの年の夏に返却し、4点のみを所蔵するにとどまった。

しかも、問題は作品だけにとどまらなかった。展覧会の図録も、当該作品が掲載されているという理由で販売を停止し、さらに県立図書館に所蔵されていた図録も閲覧禁止措置がとられ、教育委員会が参考に保管していた図録も、当該ページが切り取られた。

この事件は、その後、非公開への批判が高まる中、90年に図書館のカタログが公開されることになったものの、県内の神職がこの図録を破るという事件が起きる。破られた図録の代りの図録を図書館は手当てすることを拒否し、逆に神職の刑事裁判の終結とともに、図書館はこの図録の所有権を放棄してしまう。

非公開当時から、県内外のアーティストや市民が繰り返し公開を求めて運動を展開し、美術館との度重なる交渉、署名運動や集会などが数年にわたって繰り返された。しかし、93年になって、所蔵作品4点が匿名の個人に売却され、保管されていた図録も全てが焼却されるという思いもよらない出来事が起きる。これらの処分に際して県は、当初の非公開時点からさらに立ち入って作品が天皇のプライバシーを侵害する恐れがあること、保管を続けることで、館の管理運営上障害が生ずるといった理由を示した。

これに対して、翌年、作家本人や県内外の美術関係者や市民が集団で、作品の買い戻し、カタログの再版そして損害賠償をもとめて裁判に訴えた。一審判決では、県側の主張する天皇のプライバシー侵害や管理運営上の障害などの処分理由を退け、一部原告に賠償支払いを命ずる一部勝訴の判決が出されたが、二審判決では、天皇のプライバシー侵害という被告の主張は退けられたものの、原告側が全面敗訴となり、2000年春から最高裁での審理が開始され、最高裁は上告棄却の判決を出し、原告敗訴が確定した。

この事件は、日本の美術館の検閲的な体質を改めて明るみに出した。「遠近を抱えて」は、県側が言うような天皇をちゃかしたり批判したりする意図を持つ作品とは到底言えないというのが、大方の美術関係者や鑑賞者の評価だと思う。問題は、こうした極めて穏健な、政治的にも限りなくニュートラルに近いと言っても過言ではない作品ですら、不当な批判や政治家の圧力に屈してそのカタログまで焼却するという徹底した排除が行われたということである。その背景には、戦後半世紀を経てもなお日本社会には根強い天皇タブーがあり、それを打破できるような文化的な運動が展開できなかったことにある。

日本ではバブル経済とともに、表向きは美術館建設が積極的に進み、企業による文化支援（メセナ）などが盛んに言われるようになるが、同時に、文化が新たに地域や国家の戦略的な取り組み対象となるにつれて、自主規制や隠された検閲による摩擦もまた避けられないものとなった。現代美術が美術館や既存の文化的な制度と抗いながら、逆にこれらに呑み込まれた結果として80年代は、現代美術が一つの歴史的な使命を終えた時代としてとらえることができるかもしれない。これにつづく90年代はさらに、美術館が文化を記憶する制度としてその政治性やイデオロギーがさらに問われる時代となる。

［参照文献］

Andres Serano, *Body and Soul*,Takarashima Books, New York,1992.
Bell Hooks "The Radiance of Red: Blood Work," in *Andres Serrano, Body and Soul*, ibid.
Richard Bolten, *CULTURAL WARS*, (New Pres, New York, 1992.
Douglas Crimp with Adam Rolson, *AIDS DEMOGRAPHICS*, Bay Press, 1990.
小倉利丸『アシッド・キャピタリズム』（青弓社・１９９２）
小倉利丸『カルチャー・クラッシュ』（社会評論社・１９９４）
富山県立近代美術館問題を考える会『公立美術館と天皇表現』（桂書房・１９９４）

出典：『二〇世紀の記憶１９７６〜１９８８年』、毎日新聞社、２０００年
付記：一部初出時以降に確認された事項について加筆した。

権力に抵抗する民衆情報ネットワークの構築

近代国民国家の形成から20世紀の半ばに至る数世紀までの間に、コミュニケーションは「近代以前」的なものから「近代的」なものへと変貌をとげた。コミュニケーションの「近代性」は次のようないくつかの特徴を有している。即ち、

・近代国民国家に直接・間接的に収斂するようなローカル＝ナショナルなアイデンティティの持続的な再生産
・資本主義的な市場経済の取り引きを支える情報環境
・人口の再生産に不可欠な「婚姻・家族制度（カップリング）」のための機能

これらの三つの機能は、近代社会が本質的に有している構造的な矛盾を体現しており、相互に関連しあうが、本稿では第一と第二の側面を念頭に置いて、インターネットがもたらした新たな情報コミュニケーション環境の問題に焦点を絞って論じておく。

国民国家におけるアイデンティティの問題は、イデオロギーの問題であると同時に、このイデオロギーを支える物質的な条件に関わる問題でもある。国民国家は、「国民」として人口を管理するわけだが、このことは、誰が「国民」と呼びうる資格を持ち、誰がその資格を持たないのかを特定する作業を踏まえて、この「国民」として特定された人

びとに「国民」としての意識を形成するための様々なイデオロギー上の手だてを講じることになる。前者は、「国民」を基礎とする統治機構の構築を意味する。国籍の管理（出生の届け出）、有権者の管理、出入国管理、徴兵制、様々な社会政策と福祉・社会保障の受給者の特定など、様々な領域にわたる。後者は、教育政策やマスメディアへの介入・検閲などである。

ローカル＝ナショナルなアイデンティティは、時代と地域によってその基本的な問題の表れ方に重要な違いが見いだせる。例えば、植民地主義と帝国主義の時代には、植民地の独立＝ナショナル・アイデンティティの確立が重要な政治課題となった。植民地独立後の時代には、ローカル＝ナショナルなアイデンティティの構築は、このアイデンティティに組み込まれない（あるいは組み込み得ない）人種、民族、宗教などのマイノリティによる多様なアイデンティティの要求に対する国民国家のイデオロギー的なヘゲモニーの問題が大きな課題となる。外国人や少数民族などローカル＝ナショナルなアイデンティティから排除される「他者」は、彼らのアイデンティティ・ポリティクスに基づく対抗的なコミュニケーションの空間を構築しようとする。

資本主義的な市場経済は、その階級的な側面を最も端的に体現する。労働運動が資本家の搾取に抵抗する大衆的な運動を組織する場合のように、資本主義経済は、資本家と労働者の各々の利害に沿ったコミュニケーション空間を構築する。この労働と職場を基軸とした対抗軸に対して、もうひとつの対抗軸が消費生活をめぐる領域で展開される。資本の消費主義、広告・宣伝の生活世界への浸透とこれに対する「消費者」の生活者としての抵抗は、エコロジストの運動の重要な特徴をなす。

近代国民国家におけるアイデンティティの問題や、階級と生活をめぐる諸問題は、これまでも繰り返し論じられてきた領域であるが、人口の再生産に不可欠な「カップリング」のための機能は、これまで十分に光を当てられてこなかった領域かもしれない。この領域は、他の二つとも重なりあいながら、近代における「性の秩序」をめぐる闘争領域を形成してきた。近代社会は、伝統社会のように人口の再生産を共同体や親族集団への個人の従属（そもそも「個人」という概念が成立しない）に基づいて制度化されてはいない。個人主義、流動化し移動する人口、匿名性の高い都市人口の集積は、共同体的な紐帯を解体あるいは弛緩させる。その結果、近代社会は、個人主義と匿名の都市人口を前提とする極めて特異な人口（世代）再生産の仕組みを生み出した。これは、恋愛結婚を基礎とする核家族の形成である。このシステムは、性的な欲望と婚姻のシステムを結びつける特異な制度であって、このシステムは、ロマンティック・ラブのイデオロギーを生み出すことになる。これが近代社会における家父長制の特徴である。このロマンティック・ラブに基づく家父長制は、他方で、この性の秩序から排除される人びとを生み出す。ひとつは、ゲイ・レズビアンやトランスジェンダーといった人びとであり、もうひとつは、性産業で働らくセックスワーカーである。両者ともに人口（世代）の再生産に寄与しないために、社会的に排除されると同時に、性の秩序に対する撹乱要因として(伝統社会や支配的な宗教の倫理を動員して)反道徳的なものとして、場合によっては犯罪化される。インターネットにおける「性」の問題は、こうした人口の再生産と性産業の構造とどのような関わりがあるのか、どのような新たな性の秩序への権力作用があるのかは、それ自体が重要な検討課題だが、本稿ではこの側面は扱わない。

●

インターネットの基本的な技術は1960年代にまで遡ることができる。この意味でいえばインターネットは「ハイテク」というわけではない。しかし、パーソナル・コンピュータが大衆化したことと、90年代以降のインターネットの商用利用への開放という社会環境の大きな変化が、このコンピュータ通信技術に画期的な社会的意味を付与した。

いかなる時代も民衆の社会運動は、同時に、権力のよる監視と弾圧に抵抗しながら民衆が相互に自立したコミュニケーション環境を構築するメディア運動と不可分だった。このことは、インターネットの時代にあっても事情は変わらない。それでは、インターネットの時代に民衆の運動は、この新たなメディアの道具をどのように活用しようとしてきたのか。他方で、反権力、反体制の道具となることを支配者側はどのようにして阻止し、インターネットを現状の制度の強化の道具にしようとしてきたのか。

インターネットは、個人の情報発信力の飛躍的な増大をもたらし、国家や資本と個人との情報発信力の格差が大幅に縮まる結果、インターネット普及の初期は、国家や資本は情報統制の力を相対的に弱めざるを得ない結果をもたらしたが、現在の状況は、国家による新たな統制手法の開発や資本によるインターネットを介したあらたなビジネスモデルの開発を通じて、国家と資本によるサイバースペースの囲い込みが進展している状況にあるといっていいだろう。

コンピュータはコミユニケーション分野だけでなく、ほとんど全ての分野を横断する汎用的なテクノロジーである。その結果、コンピュータ科学は、諸々の科学の上に君臨する「諸科学の科学」という位置を占めるに至っている。プラデイップ・トマスはこうしたコンピュータ科学を「収斂科学」と呼び、これまでの近代社会がもたらした様々な技術革新と根本的に異なる性格を持っていることを指摘した。とりわけ、重要なことは、生物学のような分野においても、遺伝子を情報として解析する方法が支配的になったり、人間の行動分析に関しても、コンピュータを用いたシミュレーションによって、社会の将来像をサイバネティックスのフィードバック機構に押し込めるなど、自然や人間のような不確実な要素のコントロールへの傾向を、非常に強く持っているということである。

情報処理の高度化は、三つの大きな変化をもたらした。一つは、時間の縮減であり、もう一つは、個人を基礎とする統合と排除、そして最後に、伝統の「科学化」である。これらはいずれも近代社会にとって代わるものというよりも、近代社会の基本的な価値観――効率性と計画性――を最大限に引き出そうとする傾向の帰結だと見ることができよう。時間の縮減とはリアルタイムへのあくなき追求を意味する。個人を基礎とする統合と排除とは、情報処理の能力が飛躍的に増大することによって、これまでは不可能だったデータの収集と処理が可能になり、その結果として、個人を個別に識別しつつシステムに組み込んだり排除することがますます進行するということを意味している。最後の、伝統の「科学化」とは、社会がその正統性の基礎に近代以前の様々な偏見や宗教的な信条などを動員する際に、これらにある種の科学的な客観性を装わせるということである。インターネットを用いた布教、コンピュータゲームにみられる中世的な世界を舞台にしたRPG、ヒトゲノム解析などを通じての遺伝と人種的な偏見の復活といった傾向はこの例といっていい。コンピュータサイエンスはこの意味で、社会のイデオロギーの再生産構造と密接に関わるのである。

インターネットは近代の時空間構造を大きく変えた。近代社会は、都市空間を産業と消費の構造に合わせて再構築してきた。都市計画は、市場経済の自由競争と共同体の紐帯から「解放」された個人を管理する空間的な技法として、官僚制的な統治機構と対をなすものといえる。都市は、人口を分類し、統合と排除の枠組みに組み入れるメカニズムを可視的に空間のなかで実現する。こうしたことを通じて、近代都市は、人びとの行動をコントロールしてきた。コミュニティとゲットー、刑務所と議会、病院と学校、公共の広場と金持のサロン、要塞都市とスラムなどがこのことを示してきた。

インターネットをはじめとする情報コミュニケーションは、この都市の空間を二つの側面から変えてきた。一つは、サイバースペースとよばれる擬似的な空間の形成によって、現実の都市空間は、サイバースペースを媒介として再定義されるという新たな意味付けが加わった。ヤフーやグーグルなどによる都市情報の提供は、印刷された地図とは異なり、頻繁に情報が更新され、都市をリアルタイムに近いスピードでビジネスや消費の空間として再構成しようとする。同様のことは、自治体などが運営する公式の都市ポータルサイトにもいえる。どのような都市もインターネットでは「観光都市」化してしまう。

しかし、こうした情報ポータルサイトには、都市のスラムについての情報、野宿者やデモの情報はない。情報は選択され、ある種の情報は排除される。こうした選択と排除は、インターネットの特徴ではなく、支配的な社会システムにとって情報環境のコントロールが必須の条件である以上、どのような情報環境においても避けられない傾向である。インターネットの特徴は、この選択と排除を頻繁に更新する点と、多数・多様なオルタナティブな選択と排除が併存するという点にある。これに対して、都市の社会運動は、都市の問題を選択的に提起する。都市の支配的な権力やツーリズムが隠蔽しようとする都市の現実(野宿者、高級ホテルを支える低賃金の移住労働者やセックスワーカー、車優先の都市計画などなど)をサイバースペースの社会運動は暴露する。サイバースペースは、都市の光と影の両面を提起することになる。このことは、サイバースペースが価値中立的であるということではなく、価値的には弁証法的な構造を持っているということだ。

インターネットをはじめとする情報コミュニケーションが都市空間にもたらしたもう一つの側面は、空間としての都市の消滅と情報集積である。都市は人口集積に伴う様々な物質的な基盤を伴う。いかなる情報通信技術も人や物を運ぶことはできないから、これらは交通(物流)システムに委ねられなければならず、この側面では空間的な距離は時間のコストを伴わざるをえない。しかし、金融取り引きや本社から工場へ送られる製品の図面などのデータは、時間のコストをかけずに空間を超えて行き来する。東京の企業がサンフランシスコにサーバを置いたり、コールセンターを賃金の安価なインドに設置するなどという場合がよく見られる。同様に、消費生活においても、SNS、出会い系サイト、ネットを介したゲームは、人と人との出会いを空間を超えて擬似的に構築する。このことは、空間的な距離が絶対的な条件とはならなくなっていることを意味しており、この意味で、近代都市が果たしてきた人口集積の機能は大きく転換している。
これは、ネットワークが分散型の社会をもたらすのではなく、むしろ特定の都市に情報が集積されればされるほど、こうした都市にさらに多くの情報が集積される集中化を生む。情報の双方向性は、必ずしもフラットな相互性を意味するのではなく、むしろ車輪とスポークのような中心と周辺の構造のなかでの双方向性をとることになる。都市は、こうした情報流通のノードとなるが、先進国の大都市や一部のアジアの都市（シンガポール、ソウル、香港など）は、グローバルな情報流通をコントロールする力を集積することを通じて、世界への主導権を握るグローバル都市の方向を取り始めている。グーバル都市が持っているこうした経済的なインフラに関わる部分が、現代資本主義の重要なバックボーンをなしている。

情報通信テクノロジーに支えられたグローバルな金融市場に流れ込む資金の大半は、実体経済と関わりのないマネーゲームへの資金である。このようなマネーゲームへの資金の流入は、他方で、資金を必要とする第三世界の貧困や都市の下層民に再分配される回路を持たない。いわゆる「トービン税」はこうしたインターネットがもたらしているマネーゲームへのオルタナティブの提起である。トービン税を主張するＡＴＴＡＣは国際的な緩やかな反グローバリズムのネットワークだが、金融グローバル化に対する課税という課題の達成のためには、各国の税制改正が必要となっている。貨幣が情報化することで国民国家の規制を超える力を得る一方で、法は容易には国民国家を超えられない。

サイバースペースは、いわゆる言論、表現の空間に還元することはできない。原稿に文章を書く自由は、書かれたものが読者に伝達される上で必要な条件を満たすことによって初めてその実質が実現されたと言えるように、どのような言論、表現の場も、表現主体と表現空間の関係にはこの関係を支える物質的な基礎が必要になる。
伝統的な印刷媒体の場合ですら、この言論・表現の自由を担保する現実世界の物質的な基礎の問題は容易ではない。出版であれば、書籍として印刷・製本されて取り次ぎを通して書店に配本される一連の流通過程が言論・表現の自由に見合っているかどうかが問題になる。ここでは、狭義の意味での検閲(国家権力による事前審査)だけでなく、出版と流通が市場を構成する以上、商業出版の採算にみあうかどうか、流通独占(寡占)による市場を通じた統制の有無、読者がアクセスできるような書店の店舗展開があるか、出版情報が読者に提供できる回路があるか、図書館の整備状況、書籍の価格と所得階層構造、少数言語の権利が確保されているかなど、多様で多岐にわたる条件を網羅的に検討する必要がある。

いわゆる表現の自由が権利として保障されている国における言論統制は、伝統的な検閲ではなく、市場原理を駆使する方法と財政的な資金の配分や公共施設の使用基準などを用いる巧妙な方法に変わってきた。しかし、言論・表現空間の統制や管理を誰がやっているのかについては、ほぼ一義的に確認することが可能であった。

情報コミュニケーション・テクノロジー（ICT）は、この点でもっと複雑な構造を持っている。例えば、フィルタリングソフトによる閲覧制限は、プログラムを作成するベンダー、このソフトをインストールした者、このソフトの設定を行った者など利害関係者が多岐にわたる。さらに、実際の統制がこうしたソフトによるのか、プロキシサーバなどによるのか、さらにはもっと基幹的なネットワークのバックボーンで行われている別の監視によるものかは直ちには判別できない。

インターネットは反グローバリズム運動の道具として重要な役割を果たしてきたが、この運動を支えてきたインターネットのインフラへの関心は必ずしも高くない。その結果、反体制運動や反政府運動にインターネットが利用され、それが具体的に現実の政治権力を揺がすだけの効果を上げれば上げるほど、現に権力を握っている側は、インターネットによる言論・表現活動を抑え込もうとする。この抑え込みは、新聞や出版のように版元を摘発するということでは不可能であるから、情報の流通の経路それ自体をコントロール下に置くような方法がとられる。言い換えれば、ICTは監視に組み込まれる方向でそのテクノロジーの発展が促される危険性があるということである。とりわけ911「同時多発テロ」以降、こうした傾向は非常に顕著になっている。

●

前述したように、インターネットは社会運動に大きな影響をもたらした。この影響は軽視すべきでない。インターネットの双方向性と越境性は、社会運動の組織と意志決定、運動組織相互の連携に大きな変化をもたらした。この影響は、端的にいえば、組織はよりいっそうフラットになるとともに、非中心的で不定型なリゾーム型となったといっていい。伝統的な政治組織の官僚制に基づく意志決定と参加者統制は相対的に後退し、むしろ参加者一人一人の意志決定への参加と組織統制よりも個人の意志決定を優先させる行動様式が支配的となった。このことは、組織それ自体の性質を変えた。運動への参加意思を持つ人びとを情報の回路を使って統制することはできず、人びとは様々な回路を用いて、自らのネットワークを構築し、様々な情報を自分なりに総合しながら参加すべき運動を主体的に決定する。ブログの普及によって、組織全体の意志決定とは別に、それぞれが自由に自らの意思を表示するスタイルが定着した。

多様な言論が社会運動を下から支える重要な原動力となっているのは、この多様な運動がある種の「ラフコンセンサス」によって緩やかに結び付いているからだ。反グローバリズム運動の場合、このラフコンセンサスにあたるものは「新自由主義反対」「もうひとつの世界は可能だ」「私たちの生活は売り物ではない」「イラク戦争反対」といった合意可能な一連のスローガンに集約される。これらスローガンは、どこかの組織が自らの組織のアイデンティティとして占有しているものではない点が重要だ。これらのスローガンが何を意味するのかは、それぞれの個人や組織によって様々であり、この多様性の全体像はだれも把握できないだろう。論理やアプローチの方法、取組みの具体的な課題は様々であっても、社会運動がこれらのスローガンに帰結することによって、広範なネットワークを構成してきた。

同時に、インターネットは、運動圏を支配してきた従来の運動におけるヘゲモニーの構造にも変化をもたらした。運動への注目は、規模ではなくメッセージの内容やスタイルによって大きく左右されるようになる。非常に小規模な運動であっても、それが大きな影響を持ちうることは、1994年のメキシコのサパティスタが証明して見せたことだったし、イラク戦争の悲劇を最も生々しく伝えたのはCNNではなく、イラクの若者のブログだったように、個人は世界の人びとを動かす力を持ちうるようになった。

このことは、サイバースペースに拠点をおく、新たなメディア運動の性格にもよくあらわれている。1990年代末の反グローバリズムの運動のなかで大きな影響力をもったIndyMediaは、世界各地に自立的な拠点を持ちながら相互にネットワークされたニュースサイトである。活動家が同時に記者でもあるという、今ではごく当たり前に見られるようになったインターネットのニュースサイトを，既に1999年のシアトルWTO闘争の段階から実現していた。

こうしたインターネットにおける新たな民衆のジャーナリズムは，単にインターネットだけで完結しているわけではなく、それ以前の様々なメディア運動との有機的な継承関係があることにも注目すべきだろう。例えば、1991年の湾岸戦争では、インターネットはなかったが、衛星放送を利用して、湾岸戦争反対の番組を制作したDeep Dish TVの試みは、米国に限らず日本の反戦運動にも影響を与えた。こうしたビデオアクティビストの運動はインターネットがウエッブによるマルチメディアの発信媒体となることによって、有機的な繋りを深めたといっていい。ニューヨークに拠点をおくDemocracy Nowは、インターネットのストリーミングと衛星放送、さらには各地のパブリックラジオ局をネットワークする形で毎日1時間のニュースを配信している。米国を訪問したベネズエラのチャベス大統領と最初にインタビューしたのはこのDemocracy Nowのエイミー・グッドマンだった。インターネットは、こうしたニュースサイトを国境を超えてアクセス可能なものとすることによって、世界規模での社会運動のラフコンセンサス形成の重要な条件をつくり出すことに寄与している。日本においてもも、レイバーネットは、インデペンデントなビデオアクティビストの運動とインターネットのアクティビストが相互に協力して展開されてきた例といえる。

1999年のWTOシアトル閣僚会議を破綻させた反グローバリズム運動は、その直後にブラジルのポルトアレグレで世界社会フォーラムを立ち上げる。世界社会フォーラムは、世界経済フォーラム（ダボス会議）を「南」から逆包囲するという大胆な試みだが、インターネットによるコミュニケーション環境なくしては成り立たなかったに違いない。世界社会フォーラムでは、インターネットという通信手段がありながら、毎年10万人規模で人びとが集まり、直接顔を合わせての会合を開く。これは、いかにバーチャルな会議の空間がネットを駆使して可能になっても、顔を合わせての会合でしか実現しえない合意形成の「質」があるということを示している。世界社会フォーラムは、このほかに、大陸別、地域別、国別、都市別の社会フォーラムを自生的に次々に生み出し、さらには、これらの社会フォーラムに対して異論を唱える人びともまた社会フォーラムと並行して自分達の集会を持ち始めた。インターネットの情報が国境を超える様に、人びともまた国境を越えて移動し頻繁に会合や行動をとるようになる。こうしてインターネットは、ネットに人びとを吸収するだけではなく、むしろこのサイバースペースを媒介して現実世界の空間へとその姿を表し、具体的な現実の空間への権利を主張するようになった。レクライム・ザ・ストリート（RTS）やストリート・パーティ、国際会議会場や現実の都市空間を、肉体をもった人間が包囲することのリアリティは、むしろ高まった。人びとは、現実空間とサイバースペースを取り違えたり、サイバースペースの自由が現実の不自由や抑圧の代償となるなどということには納得しなかった。

サイバースペース＝インターネットは、グローバルな社会運動に積極的な役割を果してきたが、しかし、このサイバースペースは国家の統制や資本の投資行動から自由な文字通り民衆一人一人の情報発信を保障する画期的なコミュニケーション・ツールとなったわけではない。むしろ、インターネットは、コミュニケーションをめぐる基本的な権利に深刻な新たな危機をもたらす潜在的な条件を持っている。この危機が現実のものとなるのか、それともそれを潜在的なままで封印されるのかは、この危機と立ち向かうコミュニケーションの権利運動と既存の政治経済権力の間の力関係に大きく左右されるといっていい。

コミュニケーションは、遠距離であったり機械が介在することによって、プライバシーの権利を侵害する傾向にあることは、電話の時代から繰り返し問題化されてきた。インターネットも例外ではない。同一の空間にいる人達がお互いに顔を会わせて行うコミュニケーションは空間の占有による空間のコントロールを通して、コミュニケーションの権利を確保し、そのプライバシーを守ることができる。しかし、遠距離の場合は、空間的な条件を欠き、多く第三者が技術的なレベルで関与し、そしてコミュニケーションの当事者の管理下にない多くの通信設備に依存する。このこと自体が、コミュニケーションを阻害し、あるいは容易に監視対象に置くことになる。

インターネットはその初期段階から、市民的自由をインターネットで確立しようとする運動と政府との闘争の歴史でもあった。特に米国の電子フロンティア財団（ＥＦＦ）、電子プライバシー情報センター（ＥＰＩＣ）、米国自由人権協会（ＡＣＬＵ）などが積極的に市民的自由の擁護と検閲に反対する運動を展開した。「サイバースペース独立宣言」のように、既存の国民国家の法秩序からサイバースペースを切り離そうとする主張すら、一定程度のリアリティと大衆的な支持を獲得できた時代が、１９９０年代半ばくらいまでは存在した。しかし、その後商用利用が可能になるのに伴なって、インターネット環境は、急速に資本主義の営利主義と政府の統制にさらされるようになる。

インターネットそのものに関わる問題は、インターネットを流通するコンテンツをめぐる問題と、インターネットのガバナンス（管理）に関わる問題に大きく分けられる。コンテンツ問題は、当初からいわゆる公序良俗に反するとされるコンテンツ（ポルノはその典型とされた）の発信あるいはアクセスの自由をめぐって繰り返し論争が起きた。特に、インターネットが国家の情報通信の基盤となり、学校などへの普及が国策として採用されるなどの政策（米国のクリントン政権下でも副大統領ゴアが提唱した「情報スーパーハイウェイ政策」はその典型だろう）に伴って、子どもに好ましくないコンテンツの排除が繰り返し提起された。米国の通信品位法はその一例だが、これに対しては、世界規模での反対運動が（ブルーリボンをウエッブに貼る、ウエッブを真っ黒にして抗議の意志表示をするなど）展開された。

もう一つの大きな争点は、暗号規制だった。米国政府は、暗号による通信が警察など法執行機関の、合法的な盗聴捜査の妨げになると考え、暗号に使用する復号鍵を政府に寄託させたり、政府がマスターキーを持てる暗号ソフトのみを合法化するなどの暗号通信規制をし、提案し、暗号の普及を規制しようとした。しかし、この規制も大きな抵抗に直面した。特に、インターネットを支えてきた技術者のコミュニティからの反発が非常に大きかった。結局、政府による暗号規制は成功せず、商用利用の普及に伴う電子商取引など、むしろ暗号とセキュリティが重視される状況が支配するようになった。しかし他方で暗号技術と密接に関わる個人認証は、インターネットのコミュニティが当初から提起していた個人的な人間関係を基礎とした相互認証が徐々に駆逐されて、政府などが個人を認証する公的認証のシステムが支配的となった。

インターネットの急速な普及は、情報通信環境を電話からインターネットへと転換させることになったが、その結果として、法執行機関がこれまで主として電話を対象に行ってきた盗聴捜査をインターネットへと拡張する動きをみせ始める。１９９０年代後半に、米国やＥＵ諸国が次々に盗聴関連法規の改正を実施し、この時期に日本でも盗聴法が新たに導入された。

インターネット盗聴は、電話盗聴と異なって、盗聴の技術的な制約から、通信事業者の全面的な協力が必要であることや、盗聴装置がコンピュータで稼働するために、そのプラグラムの内容次第では違法な盗聴捜査が可能になるなど、従来の通信への法執行機関の介入には見られなかった様々な技術的な問題を背景に、プライバシーの権利への公権力による侵害が大きな関心を呼んだ。特に日本では、憲法に通信の秘密の遵守が明記されていることから、盗聴捜査の合憲性をめぐって国会や法曹界では大きな論争となった。

もうひとつの争点は、フィルタリングソフトの導入問題である。米国での通信品位法のような包括的な情報発信の規制に失敗して以降、表現の自由や違法な検閲という批判を回避する手法として、好ましくないサイトへのアクセスを規制するフィルタリング・ソフトの導入が進む。学校などに導入されたフィルタリングソフトが、ゲイ・レズビアンのサイトや性教育サイトを選択的にブロックするなど、フイルタリングそのものの不正確さや、何をもって「好ましくない」とみなすかの基準が十分に議論されることなく、業者や政府、学校の教師などに規制の権限を委ね、その結果としてこどもたちのアクセスの権利が大きく損なわれるという事態が危惧された。

インターネットが大衆化するにつれて、情報発信力を持ち始めた大衆が表現に対して抱いている理解と、既存の表現をめぐる法秩序との間の齟齬が目立ち始めた。その典型的な事例が著作権をめぐる対立である。個人ユーザが商業メディア報道の転載や引用などを許諾なしで行う一方で、メデイアや文化資本側では、こうした個人ユーザの動きを規制し始める。音楽、映画、キャラクターグッズ、アニメやまんが、アイドルの写真などが軒並著作権を盾にホームページでの使用が禁止された。それだけでなく、大手のデータベース会社は、自社のデータ使用に課金することでデータの囲い込みが進む。これに対して、著作権のオルタナテイブの議論が大衆化しはじめる。インターネット草創期からあったGNUやフリーウェアという考え方に加えて、コンテンツの共有を進める反著作権（anti-copyright, copyleftなどからcreative commonsのようなより穏健な運動まで）がIT技術者、法律家、アーティスト、ジャーナリストなど様々な分野を横断して登場し、既存の著作権体制へのオルタナティブが大きく普及した。特にＬＩＮＵＸなどのオープンソースが普及し始め、マイクロソフト社とは異なる著作権設定を提起したことや、反グローバリズム運動のなかで知的所有権や遺伝子組み替えなどの議論が農業分野における多国籍企業支配として批判される流れなど、一見するとまったく接点のないような分野が「知の商品化」という動きのなかで、共通のプラットフォームを見いだし始めた。

このように普及期には、政府など既存の権力がインターネットを現行の権力秩序に統合するために様々な制度、法の整備を進めようと試みたのに対して、市民的自由によるインターネットの運動は、この攻勢からインターネットの既得権としての自由を防衛する立場をとることになった。

この普及期に登場したもうひとつの大きな課題がインターネットのガバナンス問題である。グローバルな人、物やサービス、資金の動きを規制する枠組みは、出入国管理やＩＣＡＯ、ＷＴＯ、ＩＭＦ、世界銀行といった国際機関が従来から存在したが、情報流通の国際的なコントロールを統括する国際機関が何なのかはあまり知られていない。インターネットのグローバルなガバナンス組織の中心にあるのは、ＩＣＡＮＮである。ＩＣＡＮＮは、米国の非営利民間会社という体裁をとっており、政府の関与よりもインターネットの様々なコミュニティや民間企業の影響が大きい特異な意志決定組織体である。このＩＣＡＮＮをめぐっては、２０００年前後の時期に、一般ユーザを意志決定に関与させるべきだというインターネットガバナンスの民主化運動が起き、すべてのインターネットユーザを対象とする選挙による理事の選出といった仕組みまで実現する。しかし、その後２００１年の「同時多発テロ」をきっかけに、ガバナンスがセキュリティ重視に傾くなかで、ユーザ参加による意志決定の公開と民主化は頓挫する。

このインターネットのガバナンス民主化運動は、先進国対途上国というグローバリゼーションでありがちな対立図式には収まらない問題意識を持った。何よりも途上国政府が言論・表現規制の当事者であり多くのジャーナリストが投獄されるなど、途上国の言論状況は決して好ましいとは言えず、他方で先進国は別の思惑でインターネットの規制を画策してきた。２００1年までは、こうした政府に比べて、政府に縛られたくないプライバシーに配慮する多国籍企業の方がましだ、という意見すらみられた。しかし、２００1年以降、政府も企業もセキュリティ重視のなかで市民的自由の擁護者とはなりえなくなっている。インターネットのガバナンスを国連に移行させようとする考え方もあるが、米国政府はインターネットへの支配力を手放そうとはせず、途上国政府の検閲を危惧するＮＧＯも国連の関与には懐疑的である。従来の国連の枠組や国際的な経済機関が国家代表を利害代表の権利主体としてきた枠組みにインターネットは、いずれにしても収まりきらないという点で、グローバルなコミュニケーションを支えるインフラをどのような統治機構によって維持すべきなのかという、国際法がこれまで問われたことのなかった問題が未解決のまま残されている。

インターネットの普及に伴って、ますますインターネットが生活必需品になる一方で、インターネットへのアクセスが困難な環境にいる人びとが、ますます不利益を被る環境も生まれてくる。グローバル化が貧困と地域格差を生み出しただけでなく、デジタル・デバイドと呼ばれるアクセス格差を生み出した。特に、この格差は、所得、学歴、ジェンダー、年齢の格差と連動し、社会的な格差を反映している。したがって、デジタル・デバイドをソーシャル・デバイドから切り離して、ＩＴ教育や情報リテラシーによって解決することは必ずしも有効とは言えないだろう。

他方で、デジタル・デバイドの困難性は、言語問題とも密接に関わるために、さらに解決が難しい問題を提起している。「英語帝国主義」という表現があるように、インターネットは少数言語を駆逐し、英語支配を強化した。その結果英語圏の発言力が強まる結果を招いた。また、英語を母語として話せる諸国（地域）とそれ以外の地域の格差や、非英語圏で英語教育を受けられる階層とそうではない階層といった言語能力の差が、そのままインターネットのコミュニケーション環境という場における発言力に跳ね返り、同時に、民主主義的な合意形成の前提となる討議それ自体への参加に際立って大きな格差をもたらしている。しかも労働市場がコミュニケーション重視にシフトすることによって、英語を話せるかどうか（あるいは先進諸国の言語や言語人口で優位な言語を話せるかどうか）が雇用にも深く影響するようになっている。このことが国際的な意志決定の民主主義にも大きな影響を与えている。インターネットが普及し、国際会議が頻繁に開催されるようになればなるほど、国際的なコミュニケーションの能力を持つ者と持たざる者の差は拡がり続けている。

●

冷戦の終結とともに、社会主義は過去の遺物となり、資本主義を唯一の体制とする体制選択なき時代に入ったと思われたその時期に、資本主義のグローバル化に対する抵抗運動が世界各地で発生し、インターネットを駆使して緩やかなネットワークを構築してきた。

こうした国境を越える反グローバリズム運動の盛り上がりに対して、政府側は、これらの運動の犯罪化と中心をもたないネットワークに対する監視強化を打ち出してきた。G8サミットでは、90年代半ばから協議され、国連を舞台に起草された越境組織犯罪防止条約は、表向き麻薬や銃器売買や人身売買を取締る国際条約という建前を取りつつも、国境を越えて移動する人びとを監視する意図も持つ治安維持的な性格の強い条約である。もうひとつが欧州評議会で起草されたサイバー犯罪条約である。これは、ハッカー行為、ウィルス作成、著作権侵害、児童ポルノなどを重大犯罪と位置づけ、さらにコンピュータデータの保全や通信ログの盗聴、国境をこえた捜査機関の相互協力など、多くの新たな捜査手法を合法化する目的を持っている。

右のような動きは2000年前後に具体化し始めるが、2001年の「同時多発テロ」によって、これらの条約はテロ対策という新たな意味付けを付与されて、他の一連のICTによる監視テクノロジーの導入とともに、市民的自由かセキュリティかという大きな論争を巻き起こしてきた。米国は、市民的自由を大幅に規制する愛国者法を成立させ、通信ログの網羅的な収集や諜報機関による自国民への監視が合法化され、「テロとの戦争」というグローバルな戦時体制が強化された。

国際法の整備やパスポートへのバイオメトリクスの導入などの出入国管理の強化、国民総背番号制ともいえるICチップを組み込んだ身分証明書の発行など、人びとの移動を監視するための手法が次々に導入されてきた。人びとのコミュニケーションだけでなく行動・移動や人間関係などを網羅的に監視し、様々な個人データをもとに個人の行動を予測し、行動の自由すら抑制しようとする予防主義が支配的になりつつある。

こうした監視社会と総称されるような動きは、政府の官僚組織のICTに基づく大幅な構造転換（電子政府化）とセキュリティ産業の急成長によって加速化されてきた。日本における共謀罪法案反対運動や英国のIDカード反対運動、米国の愛国者法反対運動など各国の監視・治安立法反対運動に共通していえることは、これらの運動で無視できない影響力を発揮しているのがネットワークの活動家や運動体であるということだ。コミュニケーション分野の運動が報道・言論の自由という、言わばコンテンツの自由を中心に組み立てられてきた時代と違って、現代のコミュニケーション運動は、コミュニケーションのインフラにあたる部分への注目が非常に重要になってきている。同時に、法が規制できない技術的な領域がコミュニケーションの自由にとって大きなリスクになっていることにも注目が集まっている。コンピュータは、法ではなくコードによって規制され、このコードは法によって規制することが困難だからだ。このことは、コードをめぐる表現の自由の主題であると同時に、その裏面として、国家によるコンピュータを用いた野放図な監視システムの構築をも可能にしており、ICTをめぐる闘争のアリーナそのものをなしている。現代の多くの監視技術は、巧みにプライバシーの権利を侵害しない手法を用いて、事実上はプライバシー領域に入り込むような手法を取っている。こうしたコミュニケーションのテクノロジーに関わる領域において、どのようにして、このテクノロジーに対する民衆のコントロールの権利を確立できるかが重要な課題になっている。こうしたコミュニケーションネットワークの社会的な基盤部分に関わるテクノロジーやその統治機構への注目は、右に見たように、電子政府など政治権力の基幹部分にも密接に関わる。

●

「権力に対抗する民衆の情報ネットワーク」というテーマは、従来の意味での民衆が情報発信することで成り立つメディアの概念を大きく越えた課題を担う必要がある。インターネットは、人が理解できるコミュニケーションを支えるためにコンピュータ相互が取り結ぶ様々な通信によってコントロールされている。このようなレベルのコミュニケーション――アレクザンダー・ギャロウェイが「プロトコル」とよび、ローレンス・レッシグが「コード」と呼ぶような領域――がコンピュータのヒューマン・インターフェースの背後で、メディアの自由をコントロールする技術的な条件をなしている。しかも、それが国境を超えてグローバルな拡がりを持っている。権力に対抗する民衆の情報ネットワークという課題は、こうしたテクノロジーについてもまた民衆がどれほどのコントロールをもちうるか、言い換えれば技術選択や技術開発を国益や企業利益から解放し、民衆の権利に据え直すという課題も含むものでなければならないだろう。

このように考えるとき、権力と民衆の情報ネットワークの対立の構図は、グローバルな情報ネットワークのガバナンスや電子政府による民衆監視と言った問題や、ＩＣＴの産業構造や市場構造と切り離すことのできない領域であるという理解が必要になる。この意味で、民衆の情報ネットワーク問題は、従来の意味での言論・表現の自由やコンテンツの枠組みを大きくはみ出す。ここでは、民衆自らが、どのようにネットワークそれ自体のガバナンスやテクノロジーを構想するか、という問題が民衆の情報発信のコンテンツ同様重要な意義を持つことになる。

かつて米国の大手企業などは、政府の規制を嫌って、インターネットの市民的自由に強い支持を与えた時代があった。しかし、テロとの戦争から派生した「サイバー戦争」のなかで、政府資金が大量に情報通信産業に投入されるようになり、また政府の統制の厳しいアジア諸国市場が重要なビジネスチャンスになるにつれて、産業界の市民的自由へのシンパシーは急速に衰えたように見える。電子政府やセキュリティ産業の拡大のなかで、インターネットが将来にわたっても民衆の反権力的なネットワークとして維持され続けるかどうかは、予断を許さないというのが現実だろう。特に日本では著作権やハッキングなどへの強い遵法意識が、市民的自由や市民的不服従の権利を妨げている側面が強い。インターネットが民衆の反権力の道具となるためには、既存の権力秩序があらかじめ線をひく合法・非合法の境界を所与のものとせず、市民的な自由の権利の根源にたちかえって、再度コミュニケーションの権利確立をめざした法秩序のラディカルな再構成が目指される必要があるだろう。

参考文献

小倉利丸の関連文献

Toshimaru Ogura, "Electronic government and surveillance-Oriented society," in David Lyon ed., *Theorizing Surveillance*, Willan Publishing, pp.270-295.

「監視社会を支える秘密警察・思想警察とコンピュータ監視法案」、樹花社編集部編『やっぱり危ないぞ！共謀罪』、樹花社、73－97ページ。

「監視社会とプライバシー」、『法律時報』2006年4月号、日本評論社、33－37ページ。

「対テロ戦争下のコンピュータ監視・取締り法制」、小倉利丸・海渡雄一編著『危ないぞ！共謀罪』、樹花社、73－133ページ。

「『安心・安全』脅かす共謀罪――監視社会からの解放は可能か」、国連憲法研究会、連続講座報告集38集、2006年7月1－16ページ。（講演）

「排除もできず包摂もできず――監視社会がかかえる体制的限界」、『季刊・ピープルズ・プラン』、2005年春号、43－53ページ。

「戦時電子政府と監視社会」、小倉利丸編『グローバル化と監視警察国家への抵抗』、樹花社、261－472ページ。

『多様性の全体主義、民主主義の残酷』（著書）、インパクト出版会。

「争点としての『もうひとつの世界』」、『季刊・ピープルズ・プラン』、２００４年春号、68－75ページ。

「国家と資本に呑み込まれる『市民社会』」、『季刊・ピープルズ・プラン』、２００４年 秋号、６－15ページ。

「監視カメラと街頭監視のポリティクス―ターゲットにされる低所得層とエスニック・マイノリティ」、小倉利丸編、『路上に自由を』、インパクト出版会、４－47ページ。

「日本型監視社会に対抗するために」、白石孝、小倉利丸、板垣竜太編著『世界のプライバシー権運動と監視社会』、明石書店、13－49ページ。

「対論・監視する社会」、小倉利丸・橋爪大三郎、『朝日新聞』8月29日（対談）。

「盗聴法反対からみえてきた住基法の問題」、やぶれっ！住民基本台帳ネットワーク市民行動編『私を番号で呼ばないで――「国民総背番号」管理はイヤだ』、社会評論社、１８３－１９４ページ。（シンポジウム報告）。

「エシュロンと日本の接点」、小倉利丸編『エシュロン、欧州議会報告書の深層』、七つ森書館、26－45ページ。

「グローバルガバナンスと『ＩＴ』をめぐる政治経済学批判」、『現代思想』、２００１年1月号。

「ノマドの権力と主体の再構成」、『情況』、２０００年１－２月号。

「サイバースペースにおける闘争と主体」、『ポリロゴス』２号、２０００年。

「ネットワーク支配と対抗運動」、フォーラム90ｓ編『20世紀の政治思想と社会運動』、社会評論社、１９９８年。

「電脳技術時代の身体の複製と編集について」『季刊ａａｌａ』第１００号、１９９５年冬。

「メディア時代における労働――、情報資本主義における土台の変容」、『情況』、１９９１年11月号。

その他文献

Roger Burbach, *Globalization and Postmodern Politics*, Pluto Press, 2001.
Alexander R, Galloway, *Protocol*, MITPress.
Gary Marx, *Under Cover*, A Twenty Century Fund Book, 1988.
David Solnit ed., *Global Liberation*, City Lights, 2004.
Wim Van de Donk et al., eds, *Cyberprotest*, Routledge, 2004.
Derek Wall,*Babylon and Beyond*, Pluto Press, 2005.
Mick Dyer-Whiteford, *Cyber-Marx*, University of Illinois Press, 1999.

Eliza Zueik and Mark B. Salter eds, *Global Surveillance and Policing*, Willan Publishing, 2005.
自由人権協会編『アメリカ発グローバル化時代の人権』、明石書店、２００５年。

出典：同志社大学「情報とメディアが開く公共世界」２００６年11月報告原稿

ハイブリッドな太鼓たち――都市民俗の「音」

民俗音楽というジャンルに限ってみても、私たちは、その音を聴くことによって何かその音のルーツのようなものを想像したり、想像できるという思いに駆られる。往々にしてこうしたルーツ探しは、何かしらルーツと呼べそうなものを見いだすことで安心するという心理を伴っている。ルーツがあるということは、起源があることの証明であり、起源のはっきりしているものは、身元が保障されている、という暗黙の発想がここにはある。しかし、実はこれはフィクションに過ぎないことなのである。

音楽は、こうしたルーツ指向とは本質的に矛盾する要素を持つものなのである。あえて言えば、音楽のルーツは、過去のある時代や地球上のどこか別の場所で発見できるようなものではなく、今ここで演奏され、聴かれているところで日々生み出されるというしかないのである。和太鼓の林英哲が「日本の太鼓全部に共通する〈メソッド〉に相当するものは、はっきり言って、ありません」（『あしたの太鼓打ちへ』、晶文社）と断言しているが、ビートルズやジャズに影響されて育った日本の若者にも共通する雑種的な文化意識に自覚的で肯定的だから、彼の太鼓が「伝統芸能」にならない新鮮さを保っているのである。ルーツを求めたくなる聴き手には、多分に自分が聴いている「音」についての正統性の証明とでもいったものが欲しいという、ある種の権威への寄りかかりがある。この権威主義は、とりわけ民俗音楽の場合には、民族的な権威主義と重ねあわされて、ナショナリズムの文化的な背景となりかねないものだ。

民俗音楽というジャンルに括られがちな太鼓の音楽も、それが純粋な民俗音楽として扱われ、まるで博物館の陳列台に置かれて、触れることすればばかられるようにして保存されるといった風な「伝統芸能」になってしまうと、私には余り魅力を感じなくなる。むしろ、都市化された現代社会の中で、都市が持つ脱ルール的な要素や余所者の需要といったハイブリッドな文化が太鼓の音楽に常に新しい魅力を付け加えてきたように思うからだ。

大衆音楽のなかでも、とりわけジャズは、早くからこうした多様な文化を取り入れることに貪欲な姿勢を見せてきたように思う。60年代の早い時期から、ジャズのミュージシャンたちは、アフリカの音楽に関心を寄せていた。60年代は、アフリカン・アメリカン（アフリカ系アメリカ人）たちによる公民権運動の盛り上がりに繋がる時期でもあった。ジャズのレーベルにブルーノートという有名なレーベルがある。このレーベルから1960年代の前半に出されたアルバムでトーキング・ドラムを演奏しているソロモン・イロリの『アフリカン・ハイ・ライフ』（BLUE NOTE BN-4136）（図1）がある。すでに50年代に彼の母国ナイジェリアで高い評価を得ていたイロリは、50年代の終りに合州国に移住し、アート・ブレーキーらと共演しながら、アフリカの音楽を合州国のブラック・ミュージックと融合させる試みをした。『アフリカン・ハイ・ライフ』はそうした彼の最初のリーダー・アルバムである。アルバムのタイトルにある「ハイ・ライフ」は、ガーナ発祥の音楽のスタイルだが、それが西アフリカにも広がったと言われており、ナイジェリア出身のイロリにとって、ハイ・ライフという音楽のスタイルそれ自体が、そもそも文化を超えてナイジェリアに受容されたトランス・アフリカな音楽でもあった。その後、多くの合州国のジャズ・ミュージシャンは、アフリカを意識した——つまり、自分流のルーツを意識した——音を作り初める。ジョン・コルトレーン、アーチー・シェップなど60年代のモダン・ジャズの前衛たちが急速にアフリカに回帰する傾向は、回帰すべきアフリカあるいは自分達のアイデンティティをアフリカン・アメリカンの歴史的な起源であるアフリカに求められるはずだという、ある種の希望のようなものがあった。これは、現実のアフリカとは違うし、合州国にいながらアフリカへの回帰を現実のものとすることができるわけでもない。現実にはＷＡＳＰ（アングロサクソン系で新教徒の白人を指す）の価値観が支配的な合州国でアフリカン・アメリカンにとっては自分達独自のルーツを提示することは、人種差別の現実に対する異議申し立ての表現だった。

ルーツや純粋さを求めるのとは逆に、むしろ積極的な異種交配作業を繰り返すことを通じて、支配的な文化とは異なるものを創りだそうという試みが70年代以降現われてくる。そのなかでドラマーやパーカッショニストが積極的な役割を果した例が幾つかある。

その一つに、合州国のヒッピー・ムーブメントのなかから生まれたともいえるロックバンド、グレイトフル・デッドのドラマー、ミッキー・ハートが70年代以降、様々な非西欧音楽の演奏家たちと組んで試みてきた

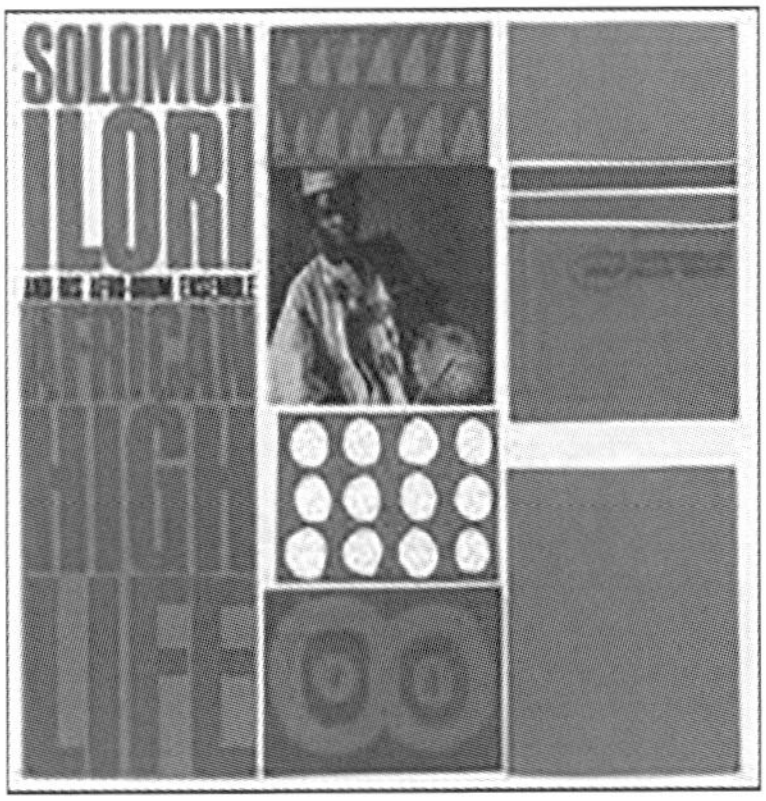

図１

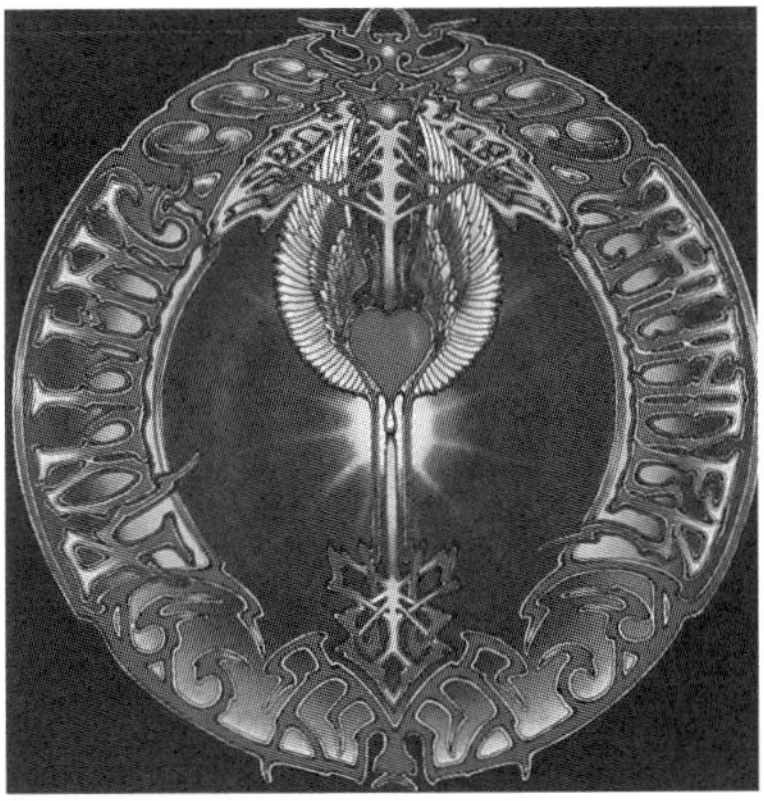
図２

一連のプロジェクトを挙げることができるだろう。ハートは72年に出したソロ・アルバム『ローリング・サンダー』(GREATFUL DEAD, GDCD9.006470)【図2】で、インドのタブラ奏者、ザキール・フセインと共演している。このアルバムにおいてフセインは非常に重要な役割を担っている。彼が参加している「グランマズ・クッキー」といった曲では、ギターのエフェクト効果を含めてかなり前衛的な音作りのなかで、彼は、インド音楽とロックの結合というとすぐに思い出してしまうジョージ・ハリスンとラヴィ・シャンカールの組み合わせが作り出したある種のステレオタイプ的なイメージには収まりきらない個性の強い音を繰り出している。しかし、『ローリング・サンダー』ではフセインはまだゲストの位置以上には出ていなかった。

フセインは、サンフランシスコで1973年にタール・ヴァディヤ・リズム・バンドを結成し、75年にはハートもこれに参加し、ディガ・リズム・バンドと名称を変える。総勢11人からなるこのバンドは、タブラ、トーキング・ドラム、コンガ、マリンバなど、様々な打楽器によるユニークなプロジェクトだった。【図3・メンバーなどの写真】彼らのアルバム『ディガ・リズム・バンド、サンフランシスコのインド音楽』(RYKO, RCD10101)は、ハートがそれ以降、最近出したアルバム『プラネット・ドラム』に至る基本的な方向と表現を最初に示したものだといえる。デイガ・リズム・バンド以降、ハートのプロジェクトでは、ドラム、パーカッションを中心に据えて、既成のロックのセオリーにとらわれない方向を打ちだし、そのことが結果として、ハイブリッドな大衆音楽の面白さを引き出すことに成功してきたように思う。

ハートがプロデュースし、自らも参加したアルバムとして、もうひと

図3

つ重要なものとして、ババトゥンデ・オラトゥンジと組んで制作された『ドラムズ・オヴ・パッション：ザ・ビート』（RUKO, RCD10107）【図4】『ドラムズ・オヴ・パッション：ザ・インヴォケーション』（RUKO, RCD10102）【図5】がある。オラトゥンジは、ナイジェリアのヨルバ族出身のパーカショニストで、この二つのアルバムともにリード・ヴォーカルとリード・ドラムを担当している。この2枚のアルバムは、オラトゥンジの音楽が関わる聖俗両面を代表するものになっている。前者は、イギリスから独立した後のナイジェリアの指導者の歌「ロイン・ロイン（蜜蜂のこと）」とかナイジェリアに初めて鉄道が敷かれた時代の伝説的な車掌の話「アキウォウォ（車掌の名前）」や愛についての歌「セ・エニ・ア・フェ・ラモ」（あなたが誰を愛しているかはあなたが知っている）などだ。これに対して、後者のアルバムは、むしろ非常に宗教的な内容が濃厚なものになっており、オリサという預言者、あるいは神の使いとでもいうべき者についての曲が中心になっている。しかし、これも純粋な民俗音楽なのではない。むしろ、ヨルバ族の音や歌詞を中心にしながらも、参加ミュージシャンはハートの他にもブラジル出身のアイアート・モレイラや何人かの非アフリカン・アメリカンと思われるミュージシャンが参加している。歌詞の解説を読むことで上に述べたような内容を知ることになるのだが、参加しているミュージッシャンの構成からみても、当然オリジナルな音と

図4

図5

は違うものであるはずだ。どちらのアルバムも20人以上の人びとが、様々なドラムの演奏者として参加しており、アフリカのドラムの持つ多様なリズムは、ひとつにまとまった集団としての厚みというよりは、個々の自立した音が結果として生み出す共鳴作用のような効果を生み出している。私は歌詞がわからなくても、その「音」の面白さや迫力に惹きつけられてしまうわけで、これはナイジェリアのヨルバの人びとの聴き方とは本質的に違うものでもあるだろう。こうした聴き方に、民俗音楽について考えなければならないひとつの重要なヒントがある。

プロデューサーであるミッキー・ハートの制作したレコードは、どれもがハイブリッドな構成で、よくありがちなアフリカ現地録音とかといった方法とは正反対で、幾つかの異なった音楽的な経験やバックグラウンドをもった人達との共同作業を非常に重視する。『プラネット・ドラム』【図6】はこうした彼の一連のプロジェクトの集大成といえるものだろう。ここで、彼は、ザキール・フセイン、ババトゥンデ・オラトゥンジに加えてさらにアイアート・モレイラを共同プロデューサーに迎えた。このアルバムでは、アジア、アフリカ、南アメリカのドラマー、パーカッショニストが共同して一つのアルバムを制作することになった。この『プラネット・ドラム』で聴けるモレイラやフセインの演奏は、彼らのソロアルバムの持つフュージョン的なサウンドとはかなり異なった印象を与える。私の好みでいえば、かなりはっきりとしたドラム奏者としての位置が見えるという点で『プラネット・ドラム』の方が好きである。

ミッキー・ハートのこうした試みは、ポップな大衆音楽志向というよりもむしろ、「ルーツ」を意識したアカデミックとさえいえる音作りでありながら、様々な民俗音楽につらなるミュージシャンを結び合わせた、あく

図6

までも新しい民俗音楽的な音を目指したものだ。この意味で、彼のプロデュースしたアルバムは、多様な文化によって成り立ってきた米国の都市民俗の音楽なのである。しかし、こうした彼のプロジェクトがアカデミックなスタイルをとっているために、逆に彼がグレートフル・デッドとして活動してきたなかで展開してきた、米国の大衆文化におけるサブカルチャーの様々な要素——ライブとツアーを中心とし、ヒッピー・ムーブメントとマリファナによって形成された非合理主義の価値観——はここでは見えにくい。

　これに対して、都市民俗の音としてミッキー・ハートとは別の方向をとったユニークなミュージシャンに、マルーガ・ブッカーがいる。ブッカーは、民俗音楽としてのドラムに大きな影響を受けながら、全く新しいドラム、ナダ・ドラムを作り出してしまったドラマーであるが、彼はミッキー・ハートとは逆に、徹底した大衆性を追求する。彼が作り出したナダ・ドラムというのは、アフリカのトーキング・ドラムと中東のジャール・ドラムをかけ合わせたようなもので、ステージでトークング・ドラム的な音を演奏するには非常に効果的だと言われている。（マルーガ・ブッカーがリーダーをつとめるマルーガUFMのアルバム『ロック・ザ・プラネット』（P-VINE, PCD2487）の解説による）【図7】マルーガは、白人のドラマーだが、P－ファンク系のアーティストと組んで、パンク、ファンク、ハード・ロックあるいはラップ、ハウスなど様々なジャンルを取り入れたいわゆるミクスチャー・ロックなどと呼ばれる音楽を作り出している一人である。こうしたハイブリッドなロックにとって、ブッカーのナダ・ドラムのような出自不明というかマージナルなドラムが最もよくその力を発揮する。例えば、ジョージ・クリントンとP－ファンク・オールスターズの『テスティン

図7

グ・ポジティヴ・4・ザ・ファンク』(P-VINE, PCD2414)【図8】に収録されているマルーガ&ザ・ソーダ・ジャークスの「スーパースター・マッドネス」で聴くことが出来るナダ・ドラムのユニークさは、かなり突出している。ファンク系のバンドでは、ベースは単にリズムを刻むというよりもむしろトーキング・ドラムに近い弾み方をしながら、リズムセクションとバック・コーラスの両方の役割を担うことが多いが、ナダ・ドラムは、このベースが担当する部分をカバーしてしまっているといっていいかもしれない。

さて、都市民俗の太鼓のケースとして、最後にかなり違ったものをとりあげよう。楽器という日本語は「楽」というやや固定したイメージをもたれやすい漢字が当てはめられているが、英語でいえば楽器はインストゥルメント、つまり道具である。打楽器には、とりわけこうした道具的な性質との境界を曖昧にできる性質がそもそもそなわっている。叩くという行為は、人間が行う自然な振る舞いの基本の一つであり、弦楽器のような弾く行為に比べてずっと日常的である。工業化以降の都市が、それ以前の社会や農山漁村と比べて持っている特有の音があるとすれば、それは、工業化と結びついた音であろう。

インダストリアル・ミュージックとかインダストリアル・ノイズと呼ばれるジャンルは、文字通りこうした工業化された都市に発生した音である。それは、工業化社会の副産物としての騒音に起源を持ち、ディス・コミュニケーションの象徴であり、疎外された個人の表現であるといえる。Z'evは、こうした意味での鉄を叩く代表的なパーカッショニストだ。【図9】かれは、カリフォルニア・インスティチュート・オブ・アーツでアフリカ、バリ、東イ

図8

ンドの民族音楽を専攻した経歴の持ち主だが、ほとんどかれの音にはそうした影響はなく、曲りくねった鉄や金属製の容器などを縦横に駆使して、ただひたすら叩き続ける。（『1968－1990，ONE FOOT IN THE GRAVE』Touch, TO:13-1, 13-2で初期から最近までのパフォーマンスが聴ける）その製鉄労働者のようなたくましい肉体自体が、すでに工業化された都市のスタイルだといっていいかもしれない。彼は、戦後の欧米や日本の有名な前衛芸術運動であったフルクサスのメンバーとも共演するし、イギリスのカルト的なノイズ・インダストリアルなアーティストであるジェネシス・P・オリッジとも共演するなど幅広いが、彼のモチーフは、あくまでも先進国の都市の「音」としてのパーカッションやドラムである。

あるいは、アインストゥルツェンデ・ノウバウテンのように、チェーンソーやドリル、鉄板、スーパーマーケットにあるスチールの買物カートなど、音がでる様々なものを巧妙に組み合わせたり、太い鋼鉄のパイプのようなものでオリジナルの打楽器を作ったりしながら、それを純粋なノイズではなく、「曲」にしてしまうというグループもある。こうしたインダストリアル・ミュージックには当然ルーツと呼べるものはない。しかしそれもまた別の意味で民俗音楽だといっていいかもしれない。ノイバウテンの音は、壁に囲まれたベルリンという風土のなかでしか生まれなかっ

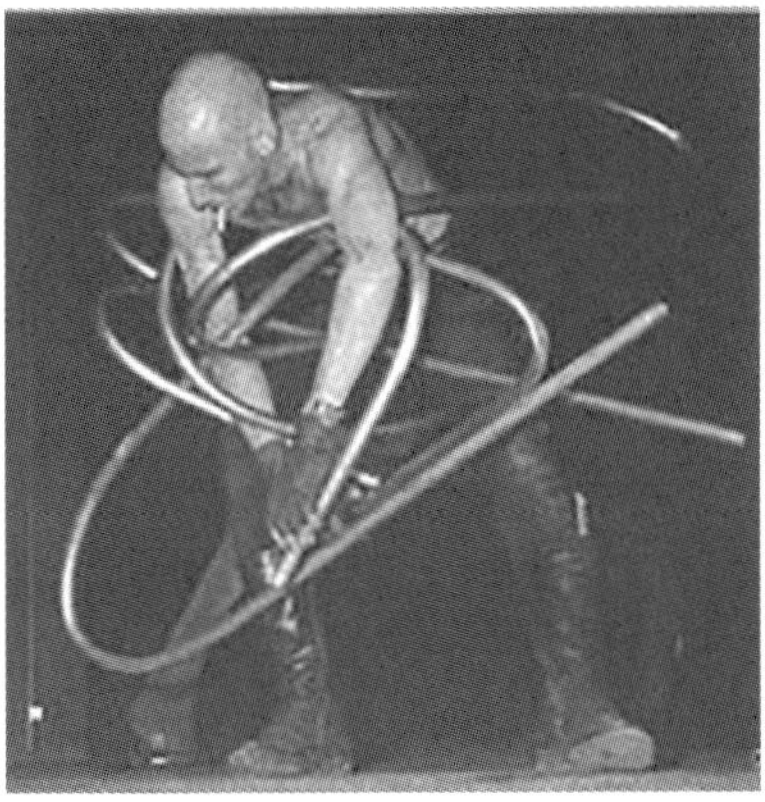
図9

図10

ただろうし、だからこそ、壁の崩壊とともに、彼らの音もまた大きく変化せざるをえなかった。都市で生まれ、都市文化を生きてきた人びとにとって、それこそが自分達のルーツといえばルーツなのだから。

最近出されたパーカッションのコンピレーション・アルバムに『ARRYHYTHMIA...A Collection of percussion and rhythm』(Charnel House Productions, CHCD-1) がある。【図10】非民族音楽系のバンドばかりを集めたものだが、ドラム・マシンやサンプリングなどコンピュータによって加工されたパーカッションが主流をなしている。ムスリムガウゼのようにアラブ、イスラムの音を素材とする場合ですら民族的なルーツに遡るというよりも、逆に、民族音楽をハイテックなサウンドシステムのなかで構築しなおそうという主張がはっきりしている。太鼓を含むパーカッションというジャンルは、伝統的な楽器と伝統的な演奏方法を踏まえる方向と、伝統を持たない工業化以後の素材と「音」をモチーフとする方法に、ある種の2極分解をとげてきた歴史がつい最近まであったが、逆にこの間の動きは、前者の脱ルーツ化と、後者の系譜にあるアーティストによる伝統的な民俗音楽の非伝統的な使用に伴う両者の融合が、新しいパーカッションの世界を創り出しつつあると言えるかもしれない。

ウォルター・オングは『声の文化、文字の文化』(桜井直文・林正寛・糟谷啓介訳、藤原書店)の中で、映写機を止めても一コマだけを映像として示すことはできるが、音は止めてしまえば沈黙しかないと述べて、「制止し、固定化することにこのように全面的に抵抗する感覚領域はほかにはない」と人間の感覚のなかで音が持つ特徴を指摘している。オングは、文字を持たない文化と近代以降の文字を支配的とする文化とでは、想像以上に人間の認識や記憶や世界観に違いをもたらしていることを強調している。これは、音楽にも言えることである。楽譜に頼ることが少ない民族音楽とロックやジャズなどの大衆音楽は、「声の文化」の特徴を現代の「文字の文化」のなかに色濃く持ち続けているものとも言える。こうした音楽が多くの場合、支配的な文化の様式になるのではなく、むしろサブカルチャーとして位置づけられるのもこうした「声の文化」の現代文化における従属的な位置とどこかで関わりあっているかもしれない。

だから、リズムと記憶の関係が密接な時代と、記憶が書かれた文字(楽譜でも同じことだが)に依存するようになった時代とでは、リズムとこのリズムを主として生み出す道具が果す機能にも大きな変化があったといえるだろう。トーキング・ドラムにしてもタブラにしても、非常に複雑なリズムを持つのは、それ自体がある種の言葉であったからだろう。リズムに要求されたのは、メトロノームのような機械的なリズムの正確な表現ではなく、コミュニケーションの「内容」であり、ドラムはそれだけで完結したコミュニケーションの道具だったのではないか。時計が発明され、1日を正確に24等分し、さらにその1時間を60等分するという時間の感覚と、一定の音の持続時間を4等分したり、8等分したりする音楽演奏の発想との間には、共通した機械的な時間のテンポを基準にする考え方がある。つまり、それらはいずれも、近代社会とともに生み出された観念であるといえる。都市音楽はこうした機械的なリズムによって支配された大衆音楽を生み出す一方で、こうしたリズムを自由なリズムに対する拘束とみなして、より身体言語のリズムに即した五線譜に還元できない方向へと向かう、少数だが重要な表現への挑戦も生み出した。インダストリアル・ミュージックが、そうした機械のリズムの側面ではなく、ノイズの側面に注目し、徹底して五線譜に還元できない音にこだわったことには根拠があるのだ。

音楽が宗教や労働と切り離されて、独立したジャンルになるのも近代社会になってからのことだ、ということをここで思い出しておく必要がある。この音楽の自立は、様々な音楽が元々持っていた文化的な文脈から音楽の音の様式を切り離して、異なる文化のなかに持ち込むことを可能にした。こうした文化的な文脈の切り離しは、市場経済が得意とする文化伝播の方法である。固有の文化的な価値が、市場システムでは第一に重要な要素とはならなくなる。だから、元々の社会での使われ方とは無関係に、物が世界中を流通することになる。音楽や芸術の伝播も市場のなかでは同様である。宗教や労働と結びついていた音楽も、市場を通じると、宗教の意義や労働の組織とは関係なく伝播する。しかし同時に、近代の市場経済は、人びとをコミュニティの束縛を越えて移動させるものでもあった。近代の資本主義は、大量の労働力を奴隷としてアフリカやアジアから南北アメリカにもたらし、都市化と大規模の工場建設は、農村部からの激しい人口移動を引き起こした。20世紀になっても、ヨーロッパからアメリカ合州国へという移民の大きな波があったし、1970年代以降は、中近東からヨーロッパへ、東欧から西欧へ、そして中南米から北米へという大きな人口移動があり、近代の日本もその例外ではなかった。

こうした人の移動は、同時に文化の移動でもある。市場システムを仲立ちとした文化の伝播と違って、人びとが直接持ち込む文化は、単なる様式だけのものではない。文化的な価値を伴う文化の伝播である。現代の都市で見いだされる民俗音楽は、この市場システムを仲立ちとした様式だけの民俗音楽と、移民が持ち込む文化的な価値を付随させた民俗音楽の両方が、さらにそれぞれの都市が以前から持っている支配的な民族による文化価値とぶつかりあいながら、新しい文化的な組み合わせや混淆を生み出す。だから、人の移動とともに移動し伝播する音楽には、宗教やルーツとなる社会の文化的な価値が音楽の表現の中に濃厚に見いだされる。とはいえ、それがどんな場合にも可能であるというのではなく、アフリカとトーキング・ドラムが本来持っていたような言語的な機能を機械化された都市のなかでも持ち続けることはほとんど不可能である。文字があり、機械的なコミュニケーションの道具がある場所では、トーキング・ドラムは「音楽」として生き残る以外にない。言い換えれば、音楽になることによって、民俗音楽は、その様式を維持するが、しかし、それはもはやかつてのものと同じではないだろう。とりわけ、都市に持ち込まれ、ラジオなどのマスメディアによって、本来のコミュニティを越えて伝播した音楽は、ある意味では純粋に「音」としての面白さや、斬新さによって受け入れられることのほうが多いだろう。音楽になるということは、言語と違って、勝手な解釈が可能な表現になるということなのである。ここには、失なわれるものと創造されてゆくものの複雑な絡み合いがある。支配的な文化のなかに呑み込まれて博物館の資料のように伝統芸能化したり、音楽産業の場当たり的な商品化の対象にされないためには、コミュニティレベルでの創造的な出会いが必要なのである。ジャズやロックといった大衆音楽が単に音楽産業の金儲けのためにだけ存在する音楽であるとは言い切れないのは、それらがどこかで、都市のコミュニティで生活する人びとの欲求と文化的に結び付いているからである。こうした都市の大衆音楽のなかでは、アフリカやアジアにルーツを持つとはいえ民俗音楽はその様式を伝統から受け継ぎながらも、その文化的な価値はむしろ新たに築き上げられてきた都市のコミュニティに暮す人びとによって日々創りあげられているものに根差している。

複数の文化が共存する都市のなかで、このことは、決して摩擦なしでは成り立たない。コミュニティの間の対立は音楽に反映する。60年代のジャズと黒人解放運動、70年代のパンクと若者の失業者たち、80年代のソ連・東欧のロックと民主化運動、そして最近のロス暴動とラップ音楽、ネオ・ナチとスキンヘッズのロックバンドの関係まで、音楽は複数の文化の関係そのものなのである。都市の民俗音楽はこうして都市の現実のなかで文化的な価値を形成してゆくことになるが、その形成の主体となるのは、誰か見知らぬ他人なのではなく、日々の生活のなかで、ラジオから流れる音楽に耳を傾けたり、レコードを聴いたり、コンサートやライブに出かけたりする私たちなのである。

出典：『たいころじー』9号 1993年11月

性の商品化

性の商品化というテーマは、大きくわけて二つの異なる領域を含んでいる。一つは、性に基づく身体そのものが商品化に直接巻き込まれる場合である。最も典型的なのは、売春の場合だろう。もう一つは、性の表象が商品化される場合である。この場合の典型は、ポルノグラフィー（以下ポルノと略記する）であろう。

しかし、実際には様々な境界領域があるし、身体そのものの商品化とその表象の商品化の間にも相互に関係がある。

性の商品化という場合には、この両者を含むものとし、売春などについては性的身体の商品化とよび、ポルノなどについては性的表象の商品化と呼ぶことにする。

さらに性の商品化という問題群は、市場経済の場に限定して論じればすむ問題ではない。むしろ市場において商品として売買される場で成り立つ関係を支えているのは、市場の外部にある。つまり、商品が使用価値として消費される現場や、商品として需要する買い手の欲望の形成の構造と深く関わる私的な生活領域や労働の現場が、性の商品化を論じる場合に無視できない。

本稿では、これらの点を踏まえつつ、さらに問題を捉える観点として、女性の性的身体やその表象を消費する買い手――その多くが現実には男性なのだが――の行動と、その欲望の生産と消費の問題として捉えてみたい。なぜ男性が主として性的商品の買い手となるのか、そうした男性の欲望がどのように作られるのか、という問題がここでの中心的なテーマとなる。女性のセクシュァリティや売り手の性の商品化は重要なテーマだが、本稿ではほとんど触れていない。これは、私自身が異性愛の男性であるということとも関わって、なによりも男性のセクシュァリティと性の商品化の関わりを明らかにすることを第一の課題としたいという、私の問題意織の制約による。本稿で扱えなかった点がもたらすかもしれない様々な問題点その他へのアプローチについては今後の別の機会を期したいと思う。

以下、次のような順で検討を進めることにする。まず、性の商品化についての最近の議論を手掛りに、問題の所在を整理する。そのうえで、右に指摘したような性的身体と性的表象の商品化が近代社会の中でどのように制度化されて形成されたのか、その歴史的な概観を見る。端的に言えば、私たちの性的な欲望は、労働する身体として再構築されてきた近代的な身体と不可分なものであり、近代初期の本源的蓄積が生み出したのは、プロレタリアートとしての労働する身体だけではなく、この身体を再生産する日常的・世代的な仕組みと関わる性的な身体とその表象であった、と言うことである。(注1)

この欲望の特殊歴史性を明確にするという課題にとって、家族制度や結婚制度と性の商品化との関わりが重要である。この点を踏まえて本稿では、資本主義は、恋愛結婚制度と買売春を含む特殊な一夫多妻制という二律背反のなかで、セクシュアリティに対して統一した態度をとることができない矛盾を最初から抱え込んでいる、ということを示すことになろう。次に、性的表象の商品化を商品の消費者の欲望の生産と消費の問題として捉えなおしてみる。特にポルノに代表される性的表象の商品化は、オナニーの問題と不可分である。オナニーのために喚起される想像の世界における性的な欲望に対する権力の規制という問題を論じる事になるだろう。

（注1）セクシユァリティの特殊歴史性や、後に見るように恋愛の特殊歴史性は、最近多くの論者によって繰り返し論じられるテーマとなっている。上野千鶴子『セクシュアリティの社会学』（岩波書店、１９９６）の「セクシユアリティの社会学・序説」による詳細な文献紹介を参照。

日本での売買春の議論のなかで、特に性の商品化の観点から売買春について分析する議論が活発になったのは、江原由美子編『フェミニズムの主張』(注2)に収められている諸論文、とりわけ橋爪大三郎と瀬地山角による性の商品化に対するある種の肯定論の問題提起(注3)からではないかと思われる。

橋爪大三郎の「売春のどこがわるい」は、道徳論による売春批判を退けて、市場経済の論理に内在して、売買春の是非を論じたものとして重要な論文である。この論文で特に重要と思われるのは次の三点である。

第一に、売春をはじめとする性の商品化を、女性の身体を人間として扱わずに「物」として扱っているとする批判に対する次のような橋爪の反論である。

「関係が物化することは、近代にとって、そして、商品関係にとって、最も基本的なことだ。だから、女性(の身体)を物的にみるぐらいのことで、すこしも人権のシステムが侵害されたことにはならない。むしろ売春は、人称的な持続的性愛関係からの遁走の一形態なのだ。売春は、性的サーヴィスの売買であって、人権システムと両立する(矛盾しない)(注4)」

確かに、近代の商品経済のなかで人格的な依存関係が解体し、いわゆる物象化が成立するようになる。この限りでは、橋爪の言う通り、女性の身体のみを特に「物」として特別に差別しているということは言い難い。おしなべて労働する身体は〈労働力〉商品として、自由な意志を抑圧され、その買い手の意志に従うことを余儀なくされるからだ。言うまでもなく、人間が文字どおり物化するわけではなく、あたかも物のように扱われるわけだが、ここで「あたかも」とか「のように」という言い回しに込められた物化の度合いこそが、むしろ、物化の基本的な問題発生の場である。橋爪は、売春も他の商品関係も、この物化に基本的な差はないということを前提として議論を組み立てている。これに対して、商品経済全体ではなく、特に売春を否定する立場をとる場合には、他の〈労働力〉の商品化と比較して、売春の方が決定的なところで他の〈労働力〉商品化よりも物化の度合いが大きい、という理解がその前提にある。

瀬地山も橋爪同様、性の商品化とその他の〈労働力〉の商品化との間に本質的な区別を設けることは難しいとしながらも、それにもかかわらず、人びとが売春に対して抵抗感を持つ理由として、身体接触の有無、性器挿入の有無を指摘している。(注5) 確かにこの点は決定的に大きい違いであるが、しかし、なぜ性的な身体接触や性器挿入に抵抗感が持たれるのだろうか。また、そうした接触の度合いが相対的に少ないストリップショー、テレホンセックス、ブルセラなどに対しても、あるいはポルノのような完全に表象としての性的身体に対しても、同様に、物化の観点からの批判がなされるのは何故なのか、これらの点に対しての答えとして、橋爪、瀬地山の立論は十分ではないように思われる。

第二に、性的な産業を家族関係との関わりで論じている点である。ラブホテル現象を捉えて橋爪は、「家庭の中では満たされず、しりぞけるしかないような関係がおびただしく存在し、有効需要をかたちづくっている」とし、その原因は「家庭がある種の監禁と排除と抑圧のメカニズムである」(注6) ということとちょうど対応する現象なのだと指摘し

（注2）勁草書房、1993刊。
（注3）橋爪大三郎「売春のどこがわるい」、瀬地山角「よりよい性の商品化へ向けて」ともに江原編『フェミニズムの主張』（勁草書房、1992）所収。
（注4）同前、18ページ。
（注5）瀬地山角「よりよい性の商品化へ向けて」江原編、前掲書所収、64ページ。

ている。商品化された性の形が、家族という市場の外部の関係を視野に入れなければその意義を明らかにできないとした観点は重要である。ただし、橋爪はここからさらに進んで、なぜ家庭では満たされず退けられるような「関係」が市場を形成するほど大規模に存在するのか、については立ち入った検討を加えていない。

第三に、売春が反道徳的なものとされる理由について論じている点である。橋爪は、売春が悪であるが故に排除されるのではなく、「排除されるからこそ、はじめて、売春は邪悪なものだったことになる」と理解すべきだという。その理由を彼は、人は家庭に生まれ、家庭の性モラルを身につけながら成長し、このモラルが順次外部の対象に拡張されるというように、その道徳観の形成に関係すると見ている。こうした道徳観から見た場合、売春はその延長線上にはない。「それは市民的な身体秩序のなかに確かに位置するが、平均的な性モラル（家庭）の側から出発する限り、その地点へは達しえない」[注7]というのである。

しかし、一般論としてこのように論ずることはできないのではないかと思う。というのも、この売春の排斥観は、男性と女性では決定的に異なっているのではないかと、私には思えるからである。買春をおこなう男性は、この排斥された存在との性的な接触を欲望する。男性にとっての排斥とは、触れたくない対象だから排除するという感情を伴わない。家庭のモラルの影響を受けながら成長するという点では男性も女性も変りはない。にもかかわらず、なぜ男性だけが買春を肯定する意識を形成するのだろうか。この点を明らかにするためには、家庭のモラルという観点だけでは十分ではないように思われる。

また、この売春を不浄とする道徳観の根源を橋爪は、「共同社会が育んだ人倫に基づくゆえの、先入観であり偏見」であって「合理的な根拠はない」という。確かにこうした前近代社会の道徳観が近代社会に残滓として存続することは事実として確認できる。しかしまた売春は、資本主義が成熟の域に達したといっていい諸社会においても、決して道徳的な非難から免れるような位置を獲得することはなかった。とすれば、不浄や排除の道徳は、前近代的な偏見だけでなく、資本主義社会そのものが生み出す価値観でもあると言えないだろうか。

橋爪が売春を排斥する道徳を根拠のないものとしたのに対して、永田えり子は、それとは逆に、性の商品化を否定する性道徳が現に存在するのであり、存在するのにはそれなりの根拠があるのだ、という観点を重視した。(注8)この性道徳の基本を、公然性をもって性を露出させることの否定に求めており、男性も女性もこの点は共有するものとみなしている。確かに、性道徳の共有部分はある。しかし、それにもかかわらず、性の商品化はこの性道徳によって抑制されることなく、男性に対して一定の無視できない市場を形成しているのは何故なのだろうか。永田はこの点には立ち入っていない。家庭内部では男性も女性も同一の道徳観に基づいた行動をとるが、家庭の外部では必ずしも同一の道徳が作用しているとは言えないのではないか。むしろ、日常生活のサイクルのなかで、男性は女性とは異なる消費市場との接触を繰り返し、家庭のモラルとは異なるモラルを男性の友人や職場の人間関係などのなかで構築する。こうした女性とは異なる男性の日常性と関わりのなかで性道徳と性の商品化を位置づける必要があるのではないかと思われる。

多くの場合、女性は、性的欲望を充足する「手段」の立場に置かれている。市場における性的欲望の充足を日常生活の一部に組み込んでいる男性と違って、女性の場合には、こうした性的な欲望の充足を理解するフレームが存在しない。性産業で労働する女性を除いて、女性にとっての性的な欲望充足の日常的な枠組みは、性的な欲望を充足しあえる相互の関係だろう。この相互性の関係は、それを恋愛、結婚、家族形成の方向に引っ張ってゆけば、保守的なロマンチック・ラブ・イデオロギーと重なるし、逆にそうした方向への縛りを否定すれば、より「解放」された関係の

（注6）橋爪、前掲論文、同前、15ページ。
（注7）同前、26ページ。
（注8）永田えり子「〈性の商品化〉は道徳的か」江原編『性の商品化』（勁草書房、1995）所収。

方向に導かれるだろう。女性の場合、この全く正反対のベクトルの合力によって実際の性的欲望を充足する規範が規制されると言えそうだ。

ところが男性側は違う条件を持っている。つまり、性的な市場で一方的に性的な欲望を充足できる仕組みを持っている。どのようなサービス産業でも、顧客とは、一方的にサービスを享受してなんらかの欲望を充足することを期待する存在であるから、性的サービスでも顧客の男性が一方的に性的な快楽を享受することには何の問題もないはずだ、という反論があるかもしれない。しかし、ここで問題にすべきなのは、性的なサービスが主として男性対象としてのみ市場化され、女性は多くの場合、この産業の労働者であるか、さもなければその市場のサービスからは排除されているという、性的な市場における極端な非対称性なのである。

この非対称性は、男性と女性の日常的な性生活のサイクルに大きな変化をもたらしているように思われる。言い換えれば、男性からみた性的な欲望の充足のための女性との関わり方と、女性から見たそれとでは本質的に異なる光景が繰り広げられる。これは、近代以前の共同体における未婚の男女が夜這いとか若者宿など、様々な制度とルールのもとで享受していた性的な欲望にまつわるコミュニケーションとも決定的に異なるものだ。近代以降に登場した男性と女性の間のこの違いは、資本主義における男性と女性のセクシュアリティの差異となって表れているだけでなく、セクシュアリティにおける抑圧と権力の問題となって現れることにもなっている。

●

性の商品化は、同時に、近代資本主義における家族制度の形成と密接に関わりながら、一定の制度化と規制の枠組みを与えられてきた。だから、時代と社会によって、売春と婚姻関係における夫と妻の関係はかなり多様であり、売春婦と妻とを一般論として概念的に区別することは困難である。むしろ制度上、両者の区別が必要とされるのであっ

て、その区別の線引きを近代社会はそれに固有の方法で実現してきた。(注9)

ここでは、近代以前と以後とでは家族におけるセクシュアリティの意義が決定的に異なる点を強調しているエドワード・ショーターの『近代家族の形成』(注10)を素材として、ヨーロッパにおける近代化、資本主義化がどのようにセクシュアリティの在り方の変容を促したのかについて、整理しておこう。ショーターは、資本主義以降の家族では愛情が強調され、また、婚姻に至る過程での恋愛が重要な役割を担っていたのに対して、伝統社会では、こうした感情が持たれることはほとんどなかったと指摘する。(注11)その原因は、伝統社会では、家族が生産的な役割を担うために、家族形成の基本的な動機が何よりも生産単位としての家族の再生産と維持にあり、その共同体への貢献あるいは責任が、

(注9)「売春婦」と妻とは制度上明確に区別することはできるが、一般論として両者を区別するということになると、様々な困難が伴う。例えば、最も一般的な「売春婦」の定義は、貨幣による対価をともない、不特定の男性と性交渉を行う者という規定だろう。しかし、男性から見た場合の「買春」は、この定義では充たされない。なぜならば、男性にとっては相手が不特定の男性と性交渉を持っているかどうかということよりも、貨幣の対価によって契約された期間については、自分が相手の身体を性的に占有できるということが満たされることが必要条件だからだ。長期にわたって特定の男性がこの占有時間を取得する場合、性的な交渉そのものに費やされる時間よりも、食事をするなどのそれに付随するその他の時間の方が大きくなるだろう。こうした非性的なコミュニケーションが増えれば増えるほどその関係は「妻」との関係と近いものになる。したがって、通説のように「売春婦」と妻との違いを女性の側による男性との性交渉の在り方に求めるだけでは十分ではない。

(注10)田中俊宏、岩橋誠一、見崎恵子、作道潤訳、昭和堂。

(注11)「当時の人びとが記すところでは、農民の間にはロマンチック・ラヴ――これが出現するのはもっとあとのことである――は存在すべくもなかったし、都市の中流階級の家庭にはすでにこの頃にみられた夫婦間の特別な親密さ――これはのちに「家庭愛」となる――も存在しなかった。農民の夫と妻は、それぞれの殻に閉じこもり、冷ややかに対立し合ったままいっしょに暮らしていたのである」(58ページ)。「社会の各層、または多分、都市と農村によって微妙な差異は認められたとしても、夫婦間の冷淡さは、1800年以前の夫婦生活の基本的特徴であり、どこでもそう大きな違いはなかった。中流階級の上層や知識人をべつにすれば、この〈伝統的な〉行動パターンがほとんどすべての人びとの間で一般的であったのは間違いない」(61～62ページ)。

個人の感情に優先したからである。
したがって、伝統社会における夫婦間のセックスは、子産みのためのセックスは当然としても、快楽のためのセックスや、たとえ子産みのためとはいえ、そこに性的な快楽を伴うことについてはほとんど高い価値を与えられなかった。ショーターは、「セックスも出産も女性の仕事にふくまれていた。すなわち、求めにおうじて夫とベッドをともにすること、および共同体が要求する数の子どもを産むことである」(注12)と割り切り、一般に夫婦間のセックスは「おざなり」であり、妻とは相続人としての男の子を産む「機械」でしかなく、病気になっても家畜ほどにも顧みられなかったと指摘している。(注13)
こうした冷たい関係から恋愛結婚に基づく家族関係の形成へと転換するのは18世紀後半である。この工業化の入口の時代に財産や親の意向よりも、内的な感情を重視するという最初の「性革命」が発生する。そして、さらにその1世紀後の1950〜60年代にはより一層「性的な本能」をあからさまにする第二の「性革命」が登場する。
特に18世紀末の非嫡出子の劇的増加という変化は、前近代社会からの大きな性行動の変化としてショーターは重視した。つまり、性行動が極めて活発になったのはこの時期以降だというのである。
ショーターによる「愛情生活」に関する伝統社会からの近代のラディカルな断絶の主張は、平均結婚年齢が20歳代後半と晩婚であった伝統社会において、思春期から結婚までのかなり長期の期間、どのようにして性欲の処理が行われていたのかという疑問を提起することになる。例えば、フランドランは、この長期の未婚時代の性欲は、マスターベーション、ホモセクシュアル、獣姦などによって充足されていたと指摘し、ジャック・ソレも旧制度下の庶民の若者たちの一部には性的な自由が見いだせると指摘している。(注14)
しかし、ショーターは、伝統社会では非嫡出子の割合は3%程度であるから、婚外交渉が頻繁にみられたわけではないと述べて、こうした仮説には反対し「1750年以前の大部分の若者の生活にはエロティックな要素はなく、伝統社会では、独身者の性衝動は完全に抑圧（昇華と言い換えてもいいが）されていた」（注15）と解釈している。

歴史の専門家ではない私は、こうした論争のどちらが正しいか判断する資格を持ち合わせていないが、ショーターのような極端な性欲抑圧説にせよ、逆にソレのような性的な自由を強調する説であれ、両者に共通しているのは、この近代の初期――あるいは中世末期ルネサンス期啓蒙主義、重商主義の時代等々、様々に言い表すことができるが――において、セクシュアリティの自由と抑圧は、近代社会の家族と欲望の形に合わせて暴力的に作り替えられようとした、という点ではその認識は一致しているのである。大衆の日常生活にどこまで浸透したか、農村と都市とではどのようにその秩序形成に違いがあったかなど、多くの議論すべき論点があるとしても、恋愛結婚に伴う性的な欲望は徐々に肯定される一方で、オナニーや同性愛などは犯罪化されることになるのである。

近代社会で生じた男女間の感情の変化は、愛情が結婚の基準となったこと、つまりロマンチック・ラヴの発生である。たとえ財産などの伝統的な条件に従う場合でも、ロマンチック・ラヴは必要な条件となる。伝統社会の冷ややかな夫婦関係から一転して、両者は相互に共感しあえる感情的な結びつきを不可欠とすることになる。ショーターは次のように指摘している。

（注12）同前、77ページ。
（注13）「農民たちや小ブルジョワは、かれらの妻を子どもを産む機械とみなし、またそのように妻を扱った。すなわち、愛情を持つことなく、妻と機械的に接したのである。女の性は、標準化された商品――この場合は道具のように物ではなく相続人となる男の子ども――の生産にだけの意味しかなかった」同前、77ページ。
（注14）「晩婚と性生活」『性と歴史』宮原信訳、新評論、所収、およびジャック・ソレ『性愛の社会史』西川長夫他訳、人文書院、1985参照。
（注15）ショーター、前掲書、102ページ。

「これは、ロマンティック・ラヴと共同体と統制との間の関係が大きく変わったことを意味している。というのも、ロマンスという場合、自発性と感情移入が問題になるからである。自発性と感情移入、それは優しさや愛情を自分なりに表現する能力、および相手の気持ちになれる能力である。ロマンティック・ラヴの二つの側面は、伝統とはまったく相入れない。（略）感情移入は、男性の生活と情動を女性のそれと慣習的にわけへだててきた性的役割、すなわち、性的分業をあいまいなものにする（注16）」

なぜ、近代化とともに、こうした感情の大きな変化が生まれたのか。ショーターはこの原因を市場経済の発達による伝統社会の共同体的な拘束が解体され、これによって個人としての人格が形成されるようになったことに求めている。この近代化は大量のプロレタリアートを生み出した。彼らは、農地などの生産手段を持たず、従って生産組織としての家族の機能を奪われただけでなく相続すべき財産も持たない。こうした人びとが結婚によって形成する家族は、もはや生産的な組織としてその結びつきを維持する必要のないものとなる。同時に、市場経済は個人の利己主義を育てることになる。

「この自己中心の経済的心性が、18世紀に市場に巻き込まれた一般大衆の様々な非経済的生活領域のなかにも浸透し、ことに個人と共同体とを結ぶ絆を弱めたということである。市場において習得された自己中心主義は、共同体さらには家族およびリネージとの関係、そこでの義務や価値規範——要するに、家族や男女の行為を規制する社会の文化的規範すべて——にまで入り込んだのであった（注17）」

しかも、女性がこうした自己中心主義的な市場経済に巻き込まれたことは、両親や共同体の束縛からの理念的な解放にとどまらず、性的な自由の形成の条件を整えることになり、また、実際に解放に必要な経済的な自立を実現する

●手がかり——賃金の獲得——を得たということになるとショーターは言う。

ショーターの基本的な筋書きは、要約すれば、次のようになる。伝統社会では性的な欲望は抑圧されている。近代化は、市場経済による共同体の解体とともに、この性的な抑圧を解除するが、同時に、近代社会における性の秩序に沿う形で解除する。だから、ロマンチック・ラヴや結婚に結びつく性行為や性的快楽は許容される一方で、オナニーなどは抑圧される。

ショーターが対象とする16世紀以降の時代は、伝統社会が解体する中世末期であるが、同時に近代初期と位置づけられる時代だ。この時期をマルクスは「本源的蓄積」の時代と呼び、資本主義的な市場経済が共同体を解体し、土地を奪われ追放された農民たちがプロレタリアートとして形成された時代として描いた。しかし、このプロレタリアートが「工場労働者」と呼び得るような社会的な階級として自らの経済的な基盤を市場経済の内部に確立して、社会的な存在意義を認知されるまでには、数世紀の時間がかかった。土地を追われた農民たちは、浮浪者として放浪し、労働しない怠惰な者達は犯罪者として厳しく処罰された。

例えば、1530年、ヘンリー8世の時代には、老齢で労働能力のない乞食には乞食免許が与えられるが、強健な浮浪人には鞭打ちと拘禁の処罰が加えられた。「彼らは荷車のうしろにつながれて、からだから血が出るまで鞭打たれ、それから宣誓をして、自分の出生地か最近3年の居住地に帰って〈仕事につく〉(to put himself to labour) ようにしなければならない」(注18)とされた。そして、その後この罰則は強化され、「再度浮浪罪で逮捕されれば鞭打ちが繰り返

(注16) 同前、156ページ。
(注17) 同前、273ページ。

されて耳を半分切り取られるが、累犯3回目には、その当人は、重罪犯人であり公共の敵であるとして死刑に処せられることになる」[注19]。マルクスは、こうした処罰を「暴力的に土地を収奪され追い払われ浮浪人にされた農村民」に対する「賃労働の制度に必要な訓練」であったとみている。こうした過程は数世紀に及ぶが、その結果としてようやく市場という制度を自明とする労働者階級が形成されるようになる[注20]。

こうした刑罰は何を意味していたのだろうか。農業社会のなかで家族を生産組織として労働してきた人びとにとって、雇用されて貨幣取得を目的として、他人の指図を受けながら働くという行為は、伝統的な日常生活様式とは本質的に異なるものだ。ただ単に生産手段を奪われ、賃金を取得するような仕事につかなければ生活が困難になる、という「兵糧攻め」のような条件だけでは、人びとは賃労働に意味を見いだせないということである。だから、新たに形成された絶対王政の権力は、労働を強制し怠惰を処罰する立法を繰り返し制定し、さらにプロテスタンティズムは勤労を新たにキリスト教による救済のプログラムに組み込んだ。プロレタリアートは、こうした法的イデオロギー的な強制と訓育のなかで、多くの犠牲を強いられながら、労働する身体として作り上げられていった。

マルクスは、労働する身体の新たな構築には多大な関心を払ったが、同時に進行した性的な身体の構築にはほとんど気づかなかった。しかし、この労働する身体の形成の時期とぴったり重なり合うようにして、性的な身体の新たな作り直しが進む。労働する身体が被った過酷な経験は、そのまま性的な身体にも当てはまるのである。

ジャック・ソレは、『性愛の社会史』のなかで、15世紀から18世紀にかけてのこの過酷な性的身体の再構築を描いて見せた。ソレは、中世においては、王権やキリスト教の教会などの公共的な権威は民衆の日常生活を操作できるような技術を持てず、「不法な性行為は、公教会によって事実上野放しにされていた」と言う。これに対して、「1500年から1800年にかけて、官僚国家、軍隊、税制を発明し、納税者に、納税の義務を守らせると同様に性的規律を守らせたのが近代国家であ」り、「この規律の内容は、教会と家族の伝統的な道徳の、性についての教えにかなっていた。だが決定的に新しいのは、この道徳が以後国による裁判権という特別の手段で強制されたことである」[注21]と指摘している。魔女狩り、売春の禁止、公衆浴場の廃止、好色文学の検閲といった大規模な抑圧現象がこの時期に展開される。

例えば、16世紀のイタリアでは姦通、人妻に対する接吻は死罪とされた。フランスでは、婚外妊娠に対する届けが義務づけられたが、これは、嬰児殺しの抑制だけでなく、不法な性行為への監視であった。2度目の妻の娘を強姦した老人が火刑、使用人の子を身ごもった女が終身刑にされるなどという処罰が行われた。[注22] 17～18世紀のフランスの施療院では、貧民、病人、精神異常者とともに、娼婦、無信仰者、男色家、不身持者が収容された。こうした抑圧は18世紀にはさらに顕著になる。ソレは、「この抑圧はもっぱら、警察によって家族を保護し、法律と裁判所か牢獄によって、許容された快楽の秩序を保護しようとするものだった」[注23]と述べ、さらに次のように指摘している。

（注18）カール・マルクス『資本論』第1巻、マルクス・エンゲルス全集刊行会訳、大月書店、762ページ。
（注19）同前、763ページ。
（注20）「一方の極に労働条件が資本として現われ、他方の極に自分の労働力のほかに売るものがないという人間が現われることだけでは、まだ十分ではない。このような人間が自発的に自分を売らざるをえないようにすることだけでも、まだ十分ではない。資本主義的生産が進むにつれて、教育や伝統や慣習によってこの生産様式の諸要素を自明な自然法則として認める労働者階級が発展してくる。完成した資本主義的生産過程の組織はいっさいの抵抗をくじき、相対的過剰人口の不断の生産は労働の需要供給の法則を、したがってまた労賃を、資本の増殖欲求に適合する軌道内に保ち、経済的諸関係の無言の強制は労働者に対する資本家の支配を確定する。（略）事態が普通に進行するかぎり、労働者は〈生産の自然法則〉に任されたままでよい。すなわち、生産条件そのものから生じてそれによって保証され永久化されているところの資本への労働者の従属に任されたままでよい。資本主義的生産の創成期にはそうではなかった。興起しつつあるブルジョアジー〔資本家階級〕は、労賃を〈調節する〉ために、すなわち利殖に好都合な枠のなかに労賃を押し込んでおくために、労働日を延長して労働者自身を正常な従属度に維持するために、国家権力を必要とし、利用する。これこそは、いわゆる本源的蓄積の一つの本質的な契機なのである」マルクス、前掲書、963～4ページ。
（注21）ジャック・ソレ『性愛の社会史』前掲、124ページ。
（注22）同前、126ページ。

「西欧近代を特徴づける性的抑圧の風潮は、世論の自発的な運動とそれに歩調を合わせた公権力の活動の両方に由来している。真剣かどうかは別として、これらの権力は広範な改革の企てに関わっており、この企ては、権力の新しい力を利用しつつそれらを越えていった。キリスト教の様々な宗派に存在したこの努力は、むろん重商主義の国家の新しい関心とも結びついていた。啓蒙主義の世紀は、他の多くの悪夢のなかでも、孤独な快楽には致命的な危険がひそむという学問的作り話をつけ加えるにいたった（注24）」

魔女狩りなどを含むこうした抑圧は、中世社会が引き起こしたというよりは、むしろ近代社会がその萌芽の時代に引き起こしたものというべきであり、近代的な性的身体の構築の一環とみるべきではないだろうか。性的な身体の秩序は、こうして、労働する身体とそれを日常的・世代的に支える関係に見合うものとして作り替えられたのである。近代社会における性的な欲望の在り方は、決して普遍的な人間の本能に起源を持つような欲望に基づくものではない。むしろ性的な欲望は、近代の社会が開発した特殊な感情なのではないかと思われる。それはなぜか。この問題は、性的な領域の問題というよりも、欲望一般の問題と大きく関わりがある。近代社会、とりわけその市場経済の仕組みは、人びとの欲望に依拠した日常生活を生み出した。このことが、性的な結びつきの分野にも見いだせるのである。そこで、まず近代資本主義における欲望の役割について簡単に述べておこう（注25）。

●

ごくありふれた会話として「今日の晩御飯は何が食べたい？」と家族に質問したり、あるいは質問されるということがある。あるいは、会社に着ていく服を何にするか、何にしたいのかをクローゼットの前で迷うということもよくあることだ。

このように私たちの日常生活では、常に自分の選択に委ねられている事柄が様々あり、しかもその決定には、私が食べたい食事、私が着たい衣服等々に対する欲望が関与している。

こうした日常生活の在り方は、豊かな社会の証明であるかのようにみなされることがある。確かにその通りだ。この豊かさとは、私たちの欲望に基づく選択の自由のある社会のことを指している。こうした社会を生み出したのは、実は市場経済が必要とする特殊な欲望の役割によるものなのだ。

資本主義経済では、モノは「商品」という特殊な性質をまとう。このことを資本主義的生産様式の中心に据えて批判的な分析を試みたのがマルクスだったことはよく知られている。(注26) マルクスは、商品化されたモノは、そうではないモノと比べて、交換価値に支配されるという特徴を指摘した。交換価値に支配されたモノは、その使用価値が貨幣との交換のための手段とされてしまう。しかしそれだけではなくマルクスは、使用価値は、単なるモノの自然科学的な

(注23) 同前、127ページ。
(注24) 同前、135〜6ページ。
(注25) 以下の記述に関連して、小倉利丸「売買春と資本主義的一夫多妻制」、田崎英明編『売る身体／買う身体』(青弓社、1997)〔本書所収〕も参照。
(注26) 非マルクス派は、商品経済現象の量的な側面についての分析では洗練を重ねてきたが、逆に社会関係としての商品関係という視点は持てないままだった。フェミニストによる資本主義経済分析では、主としてマルクス経済学の枠組みを批判的に継承するという方法がとられることには、根拠があるのだ。しかし、1960年代までのマルクス派の分析枠組みは、性に基づく理論の枠組みを持っていないし、家事労働などの非商品経済領域に対しても、ほとんど考慮されていなかった。フェミニズムによる社会批判のなかで、マルクスの理論、特に搾取理論や商品経済の物象化的な性質(または初期マルクスに依拠すれば疎外労働論)、相対的過剰人口や失業と貧困の問題、本源的蓄積の理論などは、女性という社会集団をプロレタリアートとともに明示的にとり上げることによって、理論的な拡張を試みてきた。いわゆる社会主義フェミニズム、唯物論的フェミニズム、オートノミスト・フェミニズムの流れがこれにあたる。

属性ではなく、歴史的に発見されるものでもあることを強調した。

確かに、売れないモノは社会的に意味のないモノとみなされるから、商品として売れるように使用価値を構築する新たなモチベーションが生み出される。つまり、市場のシステムが存在しなければ存在しなかったであろう需要を前提として、使用価値を形成するのである。

では、市場システムを前提することによって生み出される使用価値とは、いったいどのような使用価値なのだろうか。

「経済」という切り口でモノを捉えるということは、生産、流通、分配、消費といった諸側面に即してモノと人、人と人の関係を浮き彫りにするということを意味している。市場経済であれ、それ以外の経済であれ、この点は観察者の目から見れば同じだ。しかし、市場経済には、この「経済」を構造化する上でそれ以外の経済と本質的に異なる重要な性質がある。市場経済がモノと人を動かす力は、商品の需要者、つまり買い手の意思決定に委ねられる。買い手は、貨幣という何とでも交換できる一般的等価物の所有者として、売買の主導権を握るからだ。１１０円出せば、好きな缶ジュースを買うことができるが、同じ１１０円の缶ジュースを持っていても自分の好きな１１０円のものは買えない。

他方で売り手の資本は、販売の実現のために、様々な仕掛けを市場にほどこす。資本にできることは、広告や情報操作によって欲望の操作を試みること、市場を独占し、この（特定の）商品を買わねば生活できないような環境を作り出すことなど、間接的に買い手＝消費者の行動に影響を与えようとすることであり、強制的に買わせることはできない。買い手の意思決定者としての主体性の存在や売り手相互の競争は、こうした資本による操作的な意志の貫徹を常に不十分なものにしてしまう。だから逆に、売り手はますます消費者の欲望を喚起し、いかに自分の商品が買い手の欲求充足に最適な使用価値を持っているかを、繰り返しアピールする必要があるのだ。

モノの需要者側が、自分の欲望に応じて選択するという仕組みは、市場経済に固有の現象である。これは、貨幣という一般的等価物を買い手が所有することから生じる買い手のイニシアチブによってもたらされた仕組みだが、このような交換の決定権をモノの受け手が独占するようなシステムは、非市場経済ではほとんど想定することが難しい。カール・ポランニーが指摘しているように、モノの流通・分配の形式は、商品交換の他に、互酬と再分配がある。(注27)互酬も再分配もモノの供給側に決定権がある。需要側が自分の欲しいものを自由に選択する余地は非常に限られている。言い換えれば、市場経済が発達すればするほど、モノへの欲望はその自由度を増すようになり、この欲望を満たすことのできる商品こそが社会が求めているモノである、という認知の仕組みが出来上がることになる。

この市場における欲望の多様性とその充足は、先に資本―労働関係と性的身体の本源的蓄積について述べたところからも分るように、労働と非労働という日常生活を支配する大きな分割線と対応する。労働者たちは、契約によって定められた一定の時間に限って「労働」とよばれる行為を行う。その対価として得た貨幣という欲望充足のオールマイティな手段によって、私生活の領域で多様な欲望を満たそうとする。こうして貨幣を媒介とする市場経済は、買い手の欲望という動力に過剰な機能を負わせるシステムであり、社会の経済的な富の「豊かさ」とはこの欲望を多様に開発し、それを一時的に充足させることによって成り立つ。欲望の多様性が充たされる条件が整備されればされるほど、逆に、労働における拘束と不自由は、「疎外」という感情と結びつくようになる。この「疎外」がさらにまた私生活における欲望の喚起を促す。労働はあらかじめ疎外された労働としてあったのではない。むしろ資本主義的な市場経済が、私生活に浸透し、欲望の多様性をそそのかす副作用として、構築されたものだと言ってもいい。

しかし市場経済は、決して消費者の欲望を満たすことはない。消費者の欲望を喚起するのは、商品に対して買い手

（注27）カール・ポランニー『大転換』吉沢英成訳、東洋経済新報社、1975、参照。

が抱いたイメージによるのに対して、消費者が実際に手に入れる商品は、このイメージされた商品を完全に実現することは決してないからだ。売り手は、売り込もうとしている商品が、いかに買い手の欲望を満たすのに最適な性質を備えているかを、様々に宣伝する。あるいは、買い手が気づいていない新しい欲望の形を提示して、商品と消費者をめぐるファンタジーを組み立てることによって、買い手に新しい欲望の形を与えようとする。多くの売り手が様々に与えるモノのイメージから、買い手は買い手なりのモノに対する物語を、独自に構築する。商品の買い手は、自分がまだ入手していないモノが自分に保障してくれるかもしれない欲望の充足を夢見て、このモノへの欲求を募らせる。この物語こそが欲望を喚起するのであって、モノ自体がこの欲望を充足できるという保証はまったくない。マルクスは商品のフェティシズムをこの商品の使用価値そのものに価値性格があたかも内在するかのようにみなす意識であると指摘したが、同時に商品の使用価値には、欲望充足の性質があるかのようにみなされるという、別種のフェティッシュな性質も組み込まれているのである。だから、買い手は、決して購入した商品に満足することはない。商品のイメージによって喚起された欲望が、商品そのものによって満たされることはないからだ。こうして、再び自分の欲望を満たしてくれるモノの取得へと駆り立てられてゆく。

私たちの身体は、このように市場経済の中で、欲望を巡る物語をモノの取得によって一時的に満たしつつも、決定的には充足されないまま、新たな欲望にとらわれるということの繰り返しのなかに投げ込まれている。

こうした市場経済による欲望の再構成は、セクシュアリティに関しても影響を与えないわけにはいかなかった。商品化された性もまた、需要者側の欲望に即して多様化し、この多様化によって需要者側の欲望の多様性もまた促されたと言える。言うまでもなく、こうした多様性は貨幣を持つ者たちの「特権」である。従って、性的な多様性は、資本主義の家父長制的な性質を反映して、男性の需要者をターゲットとした市場の特徴をもつことになったと推測することができる。

市場経済に日常生活が巻き込まれるということは、その一部を構成するセクシュアリティもまた、市場経済の特殊な欲望喚起の構造に、組み込まれるということを意味した。とりわけ、都市化によって労働と非労働（私生活）が明確に分割された生活時間のなかで、日常生活を営む多数の未婚の男女にとって、前近代社会とは違って、結婚とは労働のカテゴリーと結び付くものではなく、非労働のカテゴリーに配置される事象となった。この私生活が、同時に、欲望の充足の領域であることによって、資本主義は、性的な欲望による両性の結びつきを、恋愛結婚、あるいはロマンチック・ラブとして制度化することに成功した。

結婚制度とは、マクロな社会システムから眺めた場合、人口再生産のシステムであるから、性交と出産、育児をその社会のどのようなシステムがどのようなルールで遂行するのかということは、個々人の意図とは相対的に独立して機能する。親族組織などの伝統的な共同体の絆から切り離された個人が、膨大な人口を集中させている都市社会で、どのようにして結婚相手を見つけ出すのか。この問題を資本主義は、非労働の領域で、社会的なシステムとして解決しなければならない。ここで動員されたのが、個人の性的な欲望である。あるいはこの欲望を背景とするカップリングのための仕組み、即ち恋愛結婚である。

この恋愛結婚は、家族とセクシュアリティに関して新しい状況を生み出した。第一に、結婚と家族の形成が、恋愛に象徴される親密な愛情に基づく関係でなければならないということになった。第二に、恋愛期を過ごす男女の私生活上の空間が、都市の中に分節化され始める。つまり、恋人たちのデートを支える市場の形成である。第三に、性的な欲望が近代的な「自由」な関係のなかで保障される一方で、「もてない男」の性欲＝性的な需要に対して、性的な市場が対応し始めるということである。そして最後に、最も厄介な問題がここで生じることになる。つまり、恋愛では、相手を唯一の存在としてお互いに承認することが基本となるために、市場経済が喚起してきたセクシュアリティの多様性を抑圧する傾向があるということである。もちろん同時複数恋愛は不可能ではないし、現実にも存在するが、それはシステムの意図するところではない。最終的には、ただ一人の異性の相手と結ばれることをシステムは必要とし、要求しているからだ。

恋愛における唯一性と、市場が喚起してきた欲望の多様性に基づくセクシュアリティにおける多様性という二律背反は、どのように折り合いをつけることができるのだろうか。伝統的な解決方法は、次のようなものであった。すなわち、貨幣所得を潤沢に分配される男性に対しては、市場においてこの多様性を実現できる仕組みを提供する。すなわち、売買春の市場である。他方で、女性に対しては、性的な欲望そのものの喚起を抑圧し、純潔イデオロギーを付与する。この女性に対する対処は、言うまでもなく男性側もまた自分の結婚相手の条件として受け入れる。市場で買う女と結婚相手の女を区別する発想を男性側もまた構築することによって、この女性への要求は社会の要求として避け難いものになる。

男性と女性とでは、セクシュアリティに対して要求される条件が異なるのは、男性が主たる貨幣所得者であるからというだけではない。もう一つの重要な理由は、女性が子産みの機能を担っているからである。資本主義というシステムが女性に期待するのは、相対的過剰人口の一翼をも担う〈労働力〉としての機能と同時に、子産み、人口の再生産という機能である。共同体が管理していた人口は、近代社会では国民国家が管理するようになる。女性のセクシュアリティに対する抑圧を理解するためには、この人口管理の観点を無視することはできない。18世紀の権力技術の新たな様相の一つに、人口問題があったことはよく知られている。フーコーは、『性の歴史』のなかでこの点について指摘し、「人口をめぐる経済的、政治的問題の核心に、性があった」として、次のように述べている。（注28）

「出生率や結婚年齢を、正当なあるいは不倫に基づく出生を、性的交渉の早熟さや頻度、それを多産にしたり不毛にしたりするやり方、独身生活や禁忌の作用、避妊法の影響（略）。確かに久しい以前から、国が富み強大であろうとするなら、その人口は多くなければならないということは言われ続けてきた。しかし、少なくとも恒常的に一つの社会が、その社会の未来と運命とは、単に市民の数や美徳、結婚のきまりや家族の構成の仕方だけではなく、各人が己が性《セックス》を用いるその用い方にむすびつけられていると言い出したのは、この時が初めてだ（注29）」

この人口の管理技術と性に対する権力技術はその後の数世紀を通じて一貫して国家が関わる領域であり続けている。

マクロの観点からは、確かに人口の再生産の問題なのだが、個々の男性と女性にとってはこうした制度の意志は隠され、必ずしも自覚化される必要のないものでもある。同時に、彼らが過ごす日常生活の違いは、セクシュアリティに対して異なるパースペクティブをもたらし、男性から見える性的な日常生活と、女性から見えるそれとの間にも大きな違いが生ずることになる。

ジェンダー／セクシュアリティによって日常生活をややステレオタイプに切り取るとすると、上掲のような表になる。職場や家庭では、男性と女性とでは、決して平等ではなく、その役割は対照的であったり相互依存的であったりする。しかし、性に関わる市場になると、男性と女性とではまったく異なった次元あるいは視点に立つことになる。

性的サービス市場について、買春そのものを想定するだけではなく、職場や家庭といった他の領域との接点を念頭において考えてみよう。例えば、性交渉は直接ないとしても、女性によるサービスを不可欠とし、女性のセクシュア

（注28）ミシェル・フーコー『性の歴史』第1巻、渡辺守章訳、35ページ以下参照。
（注29）同前、35～6ページ。

	男性からの眺め	共通項	女性からの眺め
職場	自分の支配する空間	目的としての賃金	男性の支配する空間
家族	非労働の時間・空間	〈労働力〉再生産	家事・育児という労働の時間・空間
性的サービス市場	会社の接待 買春、ポルノの商品市場	なし	性産業労働者として参入するための市場

リティが明確に商品化される領域に、バーやクラブなどいわゆる「水商売」がある。直接的な性産業ではないが、いわゆる「水商売」として形成されたきた日本のこの種のサービス業は、男性が顧客であるということを前提としたサービスの仕組みを作り上げてきている。しかも、その顧客は、単なるプライベートでの娯楽のためにやってくる男性客だけが相手なのではなく、その無視できない重要な部分は、会社の経費によってまかなわれる「接待」とよばれる行動で占められている。この仕組みは、実は労働現場におけるジェンダー間の差別構造を反映している。根回しや大切な顧客との交渉やもてなし、インフォーマルな情報交換、事実上の重要な事項についての意志決定の現場が、女性が排除される「水商売」の市場を借りて展開されてきた。(注30)

もうひとつの男性固有の行動が、買春やポルノなど性産業そのものとの接触である。男性は、ここで多様な性的な欲望を充足する手段を手に入れる。ここで重要なのは、性産業が単なる男性の性的な欲望充足の市場として存在するのではなく、性的欲望の多様性に対応する市場であるということなのだ。言い換えれば、買春の市場もポルノの市場も、特定のパートナーを見いだすまでの性欲の充足のための制度ではなく、それとは相対的に独立した多様な性的欲望を供給する制度なのである。だから、既婚者もまたこうした性産業の重要な顧客である。こうして、男性は恋愛という唯一性に対して市場の回路を通じて欲望の多様性を手に入れる。

この性的市場を視野に入れた場合、男性の日常生活の行動における女性との性的な接触は、夫婦あるいは恋人との唯一性に基づく関係、「水商売」の女性との（非性器的な接触ではあるが）性的なメタファを伴うコミュニケーション、そして買春による多様性に基づく直接的な性関係というかなり幅広い領域を含むことになる。マクロな制度的な要請としては、妻には人口の再生産の役割が配分されるが、同時に恋愛結婚によって性的な欲望の充足という役割もまた配分される。この性的な欲望の充足は、世代的な〈労働力〉再生産ではなく、気晴らしや欲求充足という意味での日常的な〈労働力〉再生産の重要な部分を担うものだ。そして、この〈労働力〉再生産の重要な部分としての性的欲望による結びつきについては、実は多くの男性は妻として認知される女性だけでなく、性的市場を通じて不特定の女性の労働とも結びついている。(注31) この結びつきは、特定の男性と女性に着目すれば極めてテンポラリーなものだが、男性に女性を配分するシステムとしては構造的なものである。近代家族における夫婦関係の無視できない条件としての性的な欲望とその充足、あるいは愛情の関係があるということ、そしてまたこうした性愛の欲望充足によって日々の〈労働力〉の再生産を実現することが期待されているると見た場合、性的市場での買春は、性欲の多様性を補完し、「水商売」におけるサービスは、疑似的な恋愛やロマンチック・ラブの多様性を補完しているとも言えるのであり、資本主義の家族制度は、その一部に、性的な市場と接合した一夫多妻制なのだということができるのである。

近代家族は、恋愛結婚と愛情による結びつきであり、それは何らかの意味で、性的な欲望の喚起と充足の関係が夫婦の間で期待されるという、極めて特異な関係性を持っている。だからこそ、この性的な欲望に着目した性的な社会関係に即して、日常生活を切り出すことに意味があるのである。言い換えれば、例えば、家族のなかで妻が主として

（注30）日本のサラリーマンの接待行動についての詳細なフィールドワークとして、次のものを参照。Ann Alison, *Nightwork, sexuality,pleasure and corporate masculinity in a Tokyo hostess club*, University of Chicago Press, 1994

（注31）本稿では、売春を労働と位置づけている。この観点から近代の売春について検討したものとして、タン・ダム・トゥルン『売春――性労働の社会構造と国際経済』田中紀子、山下明子訳、明石書店。日本については田崎英明編『売る身体／買う身体』（青弓社、1997）参照。

食事の支度を担っているからといって、消費市場のレストランのウェイトレスからサービスを受けることをもって、ウェイトレスと男性の間にも一夫多妻制の構造が切り出せるなどということにはならないのはこのためである。

紙幅の関係もあるので、ごく簡単に日本の場合について補足しておく。日本の場合も、近代以前から近代への転換のなかで、婚姻のシステムも様々な変化を遂げた。ここでもはっきり言えるのは、労働する身体の形成に伴って、恋愛結婚と売買春が同時並行的に制度化されたということだ。ただし、日本の前近代の共同体におけるセクシュアリティの管理は、夜這いや若者宿などにみられるように、西欧のそれとはかなり異なっている。だが、どのようなシステムであれ、最終的には共同体の人口の維持と再生産へと結びつくようなルールが敷かれていたし、現在の私たちが感じる恋愛感情や性的な欲望と同質のものがあるとは言えない。日本の近代化は、共同体の絆が弛緩・解体するにつれて、共同体の人口の再生産の束縛から若者のセクシュアリティが解放されるとともに、その欲望を恋愛と市場における売買春が吸収していった歴史だった。見合い結婚は、近代化以降の日本に長く残るが、これは日本の近代化が、十分な共同体や親族組織の解体を伴わないで進行し、その結果として、伝統的な社会のシステムを資本主義が横領して統合したものであって、これがまた近代日本資本主義の社会経済構造の特徴をもなすことになるのだが、この特異な構造の一部に婚姻制度を位置づけることができる。そして、同時にこの近代化のなかで、女性に対する純潔イデオロギーもまた強化されることになったのである。(注32)

日本でも売買春は、近代以前からみられる現象であるとはいえ、それぞれの時代状況に規定された売春の制度がみられる。例えば、市場が神社境内に置かれることが多かった近代以前の時代には、売春と神社との繋がりが深く、また、戦国時代のように、戦争にでかける武士による買春需要を、敗戦国の女性による売春の供給が支えるという仕組みや、一般に売春は一夜限りの契約だが、男性側の職業によってはより長期にわたる場合もあるなど、売買春の場だけでは理解できない、より広い社会的な構造との密接な関わりの中で、売買春も位置づけられる必要がある。(注33)民衆の慣習や宗教的なバックグラウンドが大きく異なる西欧と日本だが、資本主義化に伴う家族の機能変化と近代的な身体＝労働する身体への転換に伴う性的な身体の変容という点では、ほぼ共通した変化が生じているといえるのである。

●

ポルノについての議論もまた、売買春同様、性の商品化の範疇で議論できるが、特に中心となってきたのは、ポルノもまた売買春同様、女性の身体を物化して捉えているのではないか、という批判をめぐる議論と、この物化と関わって、ポルノが実際に女性に対する性的な犯罪や性暴力の原因になっているのではないか、という批判をめぐる議論である。特に後者については、ポルノと性犯罪の間に因果関係があるという立場の論者からは、ポルノに対する法的な規制が要求され、こうした要求の是非をめぐってフェミニストたちの間でも論争が続いている。(注34)

(注32)日本の場合、女性の純潔イデオロギーが形成されるのは1920年頃とみられている。この点については、川村邦光『セクシュアリティの近代』(講談社、1996)、同『オトメの祈り』(紀伊國屋書店、1993)、同『オトメの身体』(紀伊國屋書店、1994)参照。妻をセックスワーカーと位置づけて日本の近代における結婚と売春について考察したものとして菅野聡美「快楽と生殖のはざまで揺れるセックスワーク」、および日本における売春と近代家族を考察したものとして千本秀樹「労働としての売春と近代家族の行方」、いずれも田崎編、前掲書所収、を参照のこと。

(注33)従来の日本における通史的な「遊女」研究の伝統を批判して、森栗茂一は、「中古の遊女と近世以降の売春婦とは明らかに異なった歴史構造にあり、不連続は否定できない。売買春という行為は、歴史的事実であり、それぞれの時代状況の社会経済構造のなかで、もっと位置づけられる必要があったのではなかろうか」(『夜這いと近代売春』明石書店、1995、82ページ)と批判し、近世中期以降の売買春と近代の売買春の間に連続性を見るべきであるとしている。この観点は、西欧における家族史と売買春の歴史にもいえることである。なお日本の売買春の歴史については、中山太郎『売笑三千年史』春陽堂、1927年、復刻版、パルトス社、1984年、佐伯順子『遊女の文化史』中央公論社、1987年、参照。

(注34)本稿では残念ながらこれらの議論を群しく紹介する紙幅がない。差し当たり、赤川学『性への自由／性からの自由』(青弓社、1997)、参照。

他方で、男性からのポルノへのアプローチは、こうしたフェミニストや女性の論者による観点を踏まえつつも、やや異なる問題意識を持っているように見える。なかでも、ポルノとオナニーというテーマには重要な幾つかの論点が含まれている。ポルノの効用は、性的な刺激を喚起することにある。ポルノを眺める（読む）男性の私は、一般の文学や写真集を読むようにこの対象に対して自分の身体を対峙させるわけではない。このポルノの性的な表象に刺激された私は、自分の性器を刺激するように促される。いやむしろそうした刺激を促す手段としてポルノは需要される。とはいえオナニーの問題とポルノの問題とは完全に一致するわけではない。むしろオナニーをめぐる問題の一部としてポルノの問題が含まれると言った方がいいかもしれない。そこでまず、オナニーをめぐる問題について従来の議論をみてみよう。

歴史的に言えば、近代社会は、性的な欲望を解放する一方で、オナニーについてはかなり長い間異常な性欲の一種、あるいは病的な現象として排斥してきた。

ソレは『性愛の歴史』のなかで、かなり詳細にオナニーについて記述している。ソレによれば、17世紀前半（ルイ13世治政下）までは、フランスではオナニーは「宗教的にも医学的にも呪われるべき最悪のものというわけではなかった」が「18世紀にこうした事態が一変し、周知のごとく、自慰の持つ致命的危険という科学的な神話が発明された」[注35]という。ショーターは、こうした神話の代表的な論客がルソーだと指摘しているが、ルソーが特別だったわけではない。金塚貞文は『オナニスムの秩序』の冒頭で、カントを引き合いに出して、カントがオナニーに対して、種族の維持という自然目的に反するだけでなく、動物とは区別された人間としての完成を目指す人間の義務にも反するものであり、「このような悪徳をその固有の名称でよぶことすら不道徳と看なされるまでに、これについて考えることからひとの身を背けさせるほどである」と嫌悪感をあらわにしていることを紹介している。[注36]

こうして啓蒙主義の時代に、オナニーは「暴力的な矯風運動の場と化した」[注37]のだが、それは快楽を敵視して労苦に耐える内面を強調する近代のキリスト教倫理に支えられただけでなく、科学がこうした倫理に根拠を与える役割を果たした。オナニーは極度な精力減退を招き、勤労意欲に敵対するという学説が出される。最もよく知られた学説は、スイスの医師、ティソーによるものである。ティソーは、荒淫の症例や個人の観察などから、その主張を「科学的」に組み立てた。ティソーによれば過度なオナニーは性的不能症、癲癇、失明、リウマチ、淋病、腫瘍、痔、ヒステリー、眩暈、黄疸などの症状を引き起こし、末期症状としては、やせこけて悪臭を放ち、寝たきりとなり、精液と汚物を垂れ流すことになるというのだ。(注38)

なぜオナニーはこれほどまでに嫌悪され、罪深いものとみなされることになったのだろうか。ソレによれば、プロテスタンティズムと復興カトリシズムの発展のなかで、性的な事象は恥ずかしい出来事として抑圧され、「呪われた部分」に押し込められ、この文明化の過程は、貞淑ぶってとり澄ますことを義務と心得る新しい人間像を創り出したと述べている。ブルジョワ・イデオロギーは、性的な身体を嫌悪する一方で、恋愛と家族愛のなかにこの忌しい事象を抑圧した。「欲望を隠し義務の犠牲にすることは、言葉には表されなかったが、全体の掟になった。この戒律は、外部からの強制と道徳的な内面化によって抑圧の体制を強化するとともに、性的禁忌の広範な流布なしには考えられないエロチシズムを生んだ。そういう状態の中から、近代の人間が存在の最も肝心な部分をもぎとられて現れ出たのである」(注39)

オナニーに対する排斥は決して前近代的な迷妄ではなく、むしろ近代社会がその最先端の思想と科学を駆使して排

(注35) ソレ、前掲書、139ページ。
(注36) 金塚貞文『オナニスムの秩序』8ページ以下参照。カントからの引用は本書による。
(注37) ソレ、前掲書、140ページ。
(注38) 金塚、前掲書、189ページ。
(注39) ソレ、前掲書、144ページ。

斥しようとしたものだった。プロテスタンティズム、啓蒙主義、公教育制度、近代医学、これらがこぞってオナニーを排斥したのだ。(注40)他方でこれらの新らしいブルジョワ的な価値観が擁護しようとしたものには、労働と家族愛、女性に対する純潔イデオロギーであった。(注41)言い換えれば、近代的な身体とは、労働する身体の再生産として構築されたのである。そして労働者としての個人は、男女別々に制度化された〈労働力〉の再生産と消費のサイクルのなかで、自らの身体と世代的な身体の更新を行う。性的な欲望は、生産単位から〈労働力〉の再生産組織へと社会的な機能が大きく転換した家族の形成に不可欠であるという限りにおいて、その自由を与えられ、また都市化社会と親族組織の解体のなかでカップリングを可能にする仕掛けとして配置された。一見自由にみえる性的な欲望の表出も、その自由を媒介として、制度が実現しなければならない労働する身体の秩序を再生産するように機能している。男性と女性とでは全く異なった規範に縛られ、さらに家庭の内部と外部、学校の教室と放課後の時間、フォーマルな支配的文化と若者のサブカルチャーなどで、一見すると互いに抵触しあう規範が外見ほどには摩擦を起こすことなく、むしろ全体としては性的な権力作用を再生産しているのである。

オナニーもまたこうした様々な性的な規範が実行される場に応じて多様な規範に従属する。親子の間、学校の性教育、同性の友だち、異性の友だち、サブカルチャーを支える性文化産業の言説などは、オナニーに対して同一のまなざしを持っているわけではないし、時代によって大きな変化を伴うものでもあった。

時代が下がるにつれて、オナニーを罪悪視、不道徳視してきたブルジョワ・イデオロギーも徐々に後退し、それを正常な性的な現象へと位置づけ直すことが徐々に強いられるようになる。ショーターが指摘しているように、20世紀半ばにはこの現象は病的で健康に害のあるものから、そうとはいえない正常な性欲現象のひとつにまで格上げされるようになる。ちょうどティソーが18世紀に試みたオナニーの医学的な排斥を裏返しにしたような性医学によるデータがマスターズ＝ジョンソンによって示されたのもこの頃である。(注42)ショーターもソレも、なぜこのようにオナニーに対する評価が変化したのか、その理由について説明できていない。これに対して、金塚貞文は、ティソーらのオナニー害悪説がもっぱら経済的な用語を身体現象に当てはめるように用いられていることに着目して、近代初期には勤勉、節約の経済倫理が身体に適用され「オナニー＝浪費という〈寓話〉が形作られた」[注43]と指摘し、したがって経済倫理の変化によって、この節約倫理に基づくオナニー有害論も変化するようになったという仮説を提示している。いわゆる大衆消費社会現象が顕著になる20世紀半ばには「市民階級の経済倫理は、もはや、勤勉と節約ではなく、快楽追求と、そのための消費に他ならない」ものになると、個人の身体は、消費の主体となり、欲望は抑圧されるべきものではなく、むしろ開発されるべきものとなり「オナニーが私的な性的快楽の追求として、さらには、それが商品への需要を喚起するものとして、一つの規範的行為と見做されるようになる」[注44]というわけである。すでに述べたように、市

（注40）「公けの禁欲主義が一致してしつこく追いつめたあの官能の歓びをいくらかでも充足させるというかぎり、自慰はタブーとなった。これによって啓蒙主義の時代は、性の最大限の抑圧の始まりを画したのである。宗教と食物、住居と睡眠、衣服と職業、監視と学校のことごとくがおのおのの組織をあげて、肉体に迷い込む悪習に目を光らせていた」ソレ、同前、147ページ。

（注41）ロジェ＝アンリ・ゲランも反マスターベーションの風潮を「啓蒙の世紀」に生まれた「権力に渇えたブルジョワジーによってねつ造された新しい〈価値〉である」とし、その背景には、サドに象徴される貴族の頽廃を嫌い、倹約を価値とする彼らの倫理観とおおいに関わりがあったことを指摘している。ロジェ＝アンリ・ゲラン、「マスターベーション糾弾！」ジョルジュ・デュピー他『愛とセクシュアリティの歴史』新曜社所収、1988年。

（注42）日本でも、ちょうど60年代が若者の性に対する態度の大きな変化をもたらした時代だといえる。マスターズ＝ジョンソンの研究が奈良林祥によって「平凡パンチ」に紹介されるのが1966年である。『平凡パンチ』が若者の男性の性文化に与えた影響については、マガジンハウス編『平凡パンチの時代』マガジンハウス、1996年参照。

（注43）金塚貞文『快楽（オナニー）する身体と資本主義』、アクロス編集室編『気持ちいい身体』PARCO、1996、所収、75ページ。また、次のようにも述べている。「身体は、体液やエネルギーの生産と消費の場として、個体としての自立性を獲得し、自然的生理作用を営む個体となり、その個体の自然的生理作用の一つとしてセックスが位置づけられ、そこに本能なり性的欲望といった衝動が設定され、そうした欲求の充足の過程の中に生殖もまた取り込まれてゆくのである。性的快楽が、身体の生理的欲求の充足の問題として独自に立てられ、宗教的、と道徳的規範から離れ、新たに独自の生理学的規範を獲得したというわけだ」同前、73ページ。

場経済は買い手の欲望を喚起することを通じて消費を促す以外に販売の実現はできない。19世紀から20世紀半ばにかけての長期の階級闘争は、労働する身体を睡眠に次ぐ支配的な時間から、次第に短縮され二次的な位置へとシフトさせ、逆に「余暇」が拡大され始めた。これは〈労働力〉再生産に、より長期の時間とコストがかかるようになったといってもいいのだが、そのなかで、とりわけ欲望の開発が重要な位置を占めるようになったことは確かだ。こうした観点からすれば、金塚が言うように、オナニーが無害化されたのは、「身体が、〈消費する主体＝快楽の器〉となったことの必然的帰結に他ならないのだ」(注45)というのは決して間違ってはいないように思う。しかし、それでもなお、男性であれ女性であれ、私たちには、自分がオナニーをするという経験について公然とは語り難いところが残る。後ろめたさがつきまとうのである。

●

ショーターによると、近代初頭においてオナニーの社会的な分布には、地域差と階級差が明確に見てとれるという。つまり、農村よりは都市部に、下層階級よりは中産階級に、また高等教育をうけたものほどオナニーの普及率は高いと言うのである。中産階級の若者がポルノ小説に読み耽っている時に、下層階級の若者はむしろ買春行動を取っていたという。(注46)こうした差異はどうして生まれたのか。赤川学は、個室という居住空間の成立と、黙読を主とする近代小説の形成にその原因を求めて、次のように述べている。

「ポルノグラフィを受容する主体の登場は、大量安価で黙読を要求する近代小説の成立と、個室空間においてひとりで黙読するという実践様式の編成という二つの線分が交錯する場所において誕生した。それは同時にポルノグラフィを使ってオナニーをする実践の場所、すなわち〈オナニーの補助道具としてのポルノグラフィ〉という私たちが定義する意味でのポルノグラフィの誕生でもあった。それは大人たちに不安を引き起こし、その不安は〈オナニー有害〉論や〈ポルノグラフィ有害〉論のような言説を通して表明されたのであった(注47)」

個室の普及と識字率の上昇に伴って、ポルノとオナニーは男性の性文化全般に見いだされるごく普通の出来事になっていった。小説を中心とする19世紀のポルノは、20世紀に入ってさらに写真や映画、ビデオとその媒体を多様化させるようになる。こうしてみると、オナニーとは、単なる自分の性器に対する刺激による快感の昂進という現象ではなく、より本質的には、小説やビジュアルな図像によって与えられる性的なファンタジーを自から作り出そうとする意欲こそがその根源にあるといってよさそうだ。これは、男性にとって、現に存在する女性の代替物なのではなく、むしろ現に存在する女性の性欲や性的接触とは本質的に異なる行為なのである。

こうした性欲の表象、それも赤川が定義するように、オナニーの補助手段として利用されることにその唯一と言っていい使用価値があるポルノは、男性の性的な欲望にどのような形を与えているのだろうか。フェミニズムからの批判にあるように、女性の身体を単なる性欲充足のための「モノ」とみなす価値観を促す、という機能をポルノが果たしていると言えないわけではないが、しかし、性的な欲望の発現は、もう少し錯綜した仕組みを備えているように見える。ポルノもまた商品の使用価値のフェティッシュな性格から逃れることはできない。つまり、他の一般商品と同様、消費者が求める性欲の物語を、ポルノという商品は肝心なところで満たしてくれないのだ。

(注44) 同前、77ページ。
(注45) 同前。
(注46) ショーター、前掲書、105ページ参照。また、赤川学、前掲書、第5章参照。
(注47) 赤川、前掲書、95ページ。

赤川は、ポルノビデオを素材として、「アダルトビデオの愛好者は、演じている女優が本当に〈本番〉をしているのか、エクスタシーを感じているのかといったことに神経症的なまでの興味を示す」と指摘する。(注48)つまり、男優はペニスの勃起と射精によってその興奮を明示的に示せるのに対して、「女性の快楽の視覚的証拠は、男性の快楽以上に確認しにくい」のだ。だからこそポルノビデオは、この証明不可能な女性の快楽の真実性を、あの手この手で表現してみせようと悪戦苦闘するわけである。しかし、それは常に満足のいく回答として画面上には現れない。画面上に登場する女性に同一化できない受け手の男性に対して、「自己を、女性には同一化不可能な他者、すなわち男性として再認させること」、これこそがポルノの「基本的戦略」だと赤川は指摘している。

ポルノに端的に示されているその使用価値のフェティシズムは、商品の使用価値一般が有するそれと同一の仕組みを持っている。ポルノビデオを前にして、今度こそ自分の欲望を完全に満たしてくれるモノに出会うに違いないと想像する。しかし、そうした想像は、ポルノビデオのパッケージや広告が作品とは相対的に別のものとして、受け手を唆すために発信しているメッセージを根拠に、受け手が勝手に構築する物語のなかでのことである。画面上に展開されるセックスの情景と自分が想像したそれとの間には、決して完全な一致はありえないからだ。(注49)というのも、商品への欲望は、常にその商品のイメージが作り出す欲望の物語に即して喚起された欲望に導かれるために、決して一致することはないからなのだ。この欲求不満が性産業の需要を支えている。それは、その他の多くの商品の需要を支える構造とほぼ同じ仕掛けである。

商品に対する欲望の構造が、このようにポルノであれ他の商品であれ、一般に同じであったとしても、なぜポルノに対しては道徳的あるいは倫理的な規制がより強く作用するのだろうか。確かにオナニーは、悪徳でもなければ病気でもない、健全な性欲現象と言われている。事実、学校教育における教師の性教育の指導書などを見ても、オナニーを禁止するような記述はなく、むしろ正常な性欲の発現であることを生徒達に指導することが求められている。

だが、オナニーはもはや何の問題もない性行動となったというわけではない。実は、語られ難い事柄がまだあるのだ。それは、オナニーが促す想像力の問題である。ポルノがオナニーの補助手段であるという赤川の定義を踏まえるとすると、男性がオナニーをするときに頭の中で何を想像しながら自分の性器を刺激しているのか、そのイメージの内容こそがポルノを反道徳的とする根源にあるように思う。多くの場合、ポルノが描く性行為のシチュエーションは、日常生活において通常ありうるとはいえないケースである。ＯＬ、女子大生、女子高生、スチュワーデス、看護婦、女教師、婦人警官、主婦などの職業を背景に、夫婦、恋人といった関係よりも、ゆきずりの他人、隣室の覗き、恋人の友だち、上司と部下、教師と生徒、患者と看護婦、親子、兄妹、姉弟などの物語が設定される。多分、オナニーとポルノが問題になるのは、この多様な欲望の物語がはらんでいる、現実においては犯罪であったり、タブーであるような内容に対して性的な欲望を喚起されるという性欲の在り方に対してなのではないだろうか。性教育の指導書にはオナニーは禁じられてはないが、実際にオナニーする男の子が、自分が気に入っている学校の教師を想像したり、隣に座っている女の子のことを考えたり、あるいは自分の姉妹や母親を想像してオナニーすることはいけないことなのかどうか、実際には犯罪となる強姦をイメージして性欲が喚起されることはいけないのかどうかという具体的な問題に対して、「それは想像上のことだから自由に自分の気持ちいいようにイメージしてよいのだ」と言い切るよ

（注48）しかし、これはもしかしたら日本のポルノビデオに特徴的な現象かもしれない。数量的なデータによって判断できないので、印象批評の域をでないが、欧米のポルノビデオでは、むしろ女性の性的な態度がいかに男性の性欲を喚起して「イカせる」ことになるかが主題になっているような構成が多いように思われるからだ。ポルノピデオは、万国共通のものではなく、性行為における文化的な差異を正直に反映している。この点の分析は今後の課題だろう。

（注49）小説などの文字のメディアと写真、ビデオなどの映像のメディアとではおなじポルノでもその受け手の想像力に作用する在り方からみたときに、様々な無視できない違いがある。文字よりは写真、写真よりはビデオや映画の方が与えられたイメージへの拘束力は大きい。それが受け手にとって「好ましい」ことといえるのかどうか、セクシュアリティにとってどのような影響があるのかについてはさらに検討を必要とするだろう。

うな形では答えを出せないでいる。ポルノが女性の身体をモノ化しているという場合も、批判が表象としてのポルノに向けられている限りは、問題の核心には触れていない。問題の核心は、対象を自由にもて遊びながら、自分の性的な欲望を喚起し、性器を勃起させて射精する男性の内面に展開される物語の反道徳的で自分勝手な物語の構築をも批判すべき対象とみなすか、それともそれは、個人の想像の領域であって、外面に表出されることがなければ免罪されるものなのか、そこのところをはっきりさせる必要があるというところにあるように思う。

ポルノを規制する権力は、近代における個人の自由や内面の自由という理念と折り合いをつけながら、こうした個人の想像の物語における道徳性を問う仕掛けを模索してきた。医学的な害悪であれ性犯罪の原因説であれ、抑圧の対象はポルノではなく、ポルノに象徴される個人の想像力の「反道徳性」なのである。しかし、何を考えているのか、何を想像しているのか、ということを確認する手立てはない。商品化されたポルノや性的な表象は、いわばこの内面の想像力を推測する状況証拠とみなされるのだ。男性が買春することに比べて、それ以上に表現物としてのポルノ＝猥褻物への取締が厳しいのは、このポルノが構築する想像力の世界の「なんでもあり」が権力のタブー意識、観念としてであれ支配的なイデオロギーが想定する性愛の理想的なモデルに抵触するからなのだろう。表象としての性器が、現実の性器以上に忌避されるのは、表象の方が内面の想像力を喚起する力が大きいからだと考える以外に、その理由を見いだすことは難しい。

現実には例外的にしかありえない性的なシチュエーションに対して欲望が喚起され、しかもこの欲望が、多くの場合は、オナニーという形で自足して、現実の他者との関係へと転化されないのは、近代社会が生み出した特有の欲望と行為の構造と関わりがある。高度に細分化された分業と貨幣を媒介とした市場経済の浸透によって、私たちの行為は多くの場合、私たちの欲望とは無関係に発動する。空腹を満たすために狩をして獲物を捕らえるという、単純な人間と自然の物質代謝や欲望と行為の連関は、ありえない。空腹を満たすために私たちは、自分の日常生活と全く無関係に、オフィスで書類を書いたり、自動車を売りさばいたり、知識を伝達したりといった「仕事」をして貨幣を稼ぎ、そして商品としての食料を買い込むのである。この構想と実行の分離は、欲望をめぐる発動にも影響を及ぼしているといえる。現代の労働者達は、会社で仕事しながら、それとは無関係な想像を頭の中で働かせることができる。子どもの頃から、私たちは学校の教室で、授業中に空想にふけることで退屈な時間をやりすごす訓練を積んできたからだ。

しかし、多分、ポルノが他の表象と比べて、より一層排斥の対象となるのは、この空想の世界が、頭の中にとどまらず、この空想に耽る人は性器をまさぐり、刺激するという性的な行為に促されるという点で、自己の身体に対するある種の実践を伴ってしまうからなのではないだろうか。[注50]

道徳や倫理とは内面の精神の持ち方なのか、それとも行為として表出されたその結果によって判断されるべきものなのか。欲望と行為を切断した近代社会は、一見すると内面の自由を解放したように見える。事実、法が個人の自由を人権として立てる場合、法の強制力が内面の自由に干渉することを厳しく制限している思想信条の自由は、このようして保護されているわけだが、しかし猥褻な表現を違法とすることにみられるように、性的な欲望の喚起についてだけは多くの場合、例外を構成してきた。この分野に関しては、まだ内面の自由は保障されていない。ポルノがオナ

（注50）カントはこのような現実にはない対象を人間が勝手に作りあげ、そして情欲にかりたてられることを自然の目的に反する悪徳であると批判した近代初期の思想家の一人である。「肉欲によって作り出される悪徳は、淫乱といわれるが、この感性的衝動に関する徳は、貞淑とよばれ、それはいまやここでは人間の自己自身に対する義務として考えられなくてはならないものである。情欲が不自然だといわれるのは、人間が現実の対象によってではなく、対象を想像することによって、それゆえ目的に反して自ら対象を創りあげることによって、それへと駆りたてられるという場合においてである。というのは、この場合には、情欲は、自然の目的――しかも生命への愛をも凌ぐ重要な目的、なぜなら、前者の目的はたんに個体の保持を目指すものにすぎないが、後者の目的は種族全体の保存を目ざすものからである――に反する欲望を惹きおこすからである」カント『人倫の形而上学』、金塚前掲書11ページより再引用。

ニーのための補助的な手段であり、同時にポルノは違法な猥褻物の中心をなす表現物であるということから、近代社会はオナニーとして表出される性的な欲望への抑圧の意図を放棄していない、ということが分かる。この抑圧は、家族にしろ学校にしろ、この多様で倒錯的ですらある性的な想像力に対して、対応できる言説を持ちえていないからにほかならない。逆にポルノの市場経済は冗舌であり、多様な性的欲望の表象を繰り返し供給する。このいずれにおいても、性的な欲望は抑圧され、煽動され、その挙句に、一向に性的な充足は保証されることもない。

●

性の商品化は、それだけを独立して廃棄できるというようなものではない。近代社会の家族制度や性的な想像力の行使なども含む性的な身体の秩序と深く関わっている。だから、家族の価値を一方で維持しつつ、他方で性の商品化を批判することはできないし、そうした立場にたつ国家の法もまた、解決のための手段としては役に立たないどころか、むしろ性産業で働く多くの女性達をますます差別と抑圧のなかに排除するだけであろう。

性産業が男性を購買層とする市場を構築してきた長い歴史は、同時に男による「女の交換」としての結婚制度と対をなすものだった。そしてまた、表象としての性の市場ともいえるポルノは、現実の性的な関係とは区別された多様で倒錯した性的な欲望の想像力を喚起するがゆえに、そしてまたその想像力の世界が男性のオナニーという性行為に結びつくがゆえに、単なる表象の世界のなかで完結するものとは言えなかった。これらはいずれも、男性を消費者とする市場として発達してきたのであって、男性の性的な欲望は近代社会のなかでどのように構築されてきたのか、という視点からの議論を欠くことができない分野なのである。そして、男性のセクシュアリティについての隠された仕組みを明らかにすることによって、逆に権力の秩序を支えてきたジェンダーの深層構造もまた明らかにされるはずである。

引用・参照文献

・赤川学『性への自由／性からの自由』、背弓社、１９９６。
・赤川学「オナニーの歴史社会学」、『セクシュアリティの社会学』所収、１９９６。
・アクロス編集部『気持ちいい身体』、ＰＡＲＣＯ、１９９６。
・上野千鶴子『女という快楽』、勁草書房、１９８６。
・上野千鶴子・他『セクシュアリティの社会学』、岩波書店、１９９６。
・江原由美子・編『性の商品化』、勁草書房、１９９５。
・江原由美子・編『フェミニズムの主張』、勁草書房、１９９２。
・金塚貞文「快楽（オナニー）する身体と資本主義」、前掲『気持ちいい身体』所収。
・金塚貞文『オナニスムの秩序』、みすず書房、１９８２。
・川村邦光『セクシュアリティの近代』、講談社、１９９６。
・川村邦光『オトメの祈り』、紀伊國屋書店、１９９３。
・川村邦光『オトメの身体』、紀伊國屋書店、１９９４。
・佐伯順子『遊女の文化史』、中央公論社、１９８７。
・佐伯順子「『恋愛』の前近代・近代・脱近代」、前掲『セクシュアリティの社会学』所収。
・ショーター、エドワード『近代家族の形成』、田中俊宏・岩橋誠一・見崎恵子・作道潤訳、昭和堂、１９８７。
・瀬地山角「よりよい性の商品化へ向けて」、前掲『フェミニズムの主張』所収。
・ソレ、ジャック『性愛の社会史』、西川長夫訳、人文書院、１９８５。
・田崎英明・編『売る身体／買う身体』、青弓社、１９９７。
・ダブリアム、Ｊ．Ｆ．ホルスタイン、Ｊ．Ａ．『家族とは何か』、新曜社、１９９７。
・デュピー、ジョルジュ他『愛とセクシュアリテの歴史』、新曜社、１９８８。
・永田えり子「〈性の商品化〉は道徳的か」、前掲『性の商品化』所収。
・中山太郎『売笑三千年史』、復刻版、パルトス社、１９８４。
・橋爪大三郎「売春のどこがわるい」、前掲『フェミニズムの主張』所収。
・フーコー、ミシェル『性の歴史』、渡辺守章訳、新潮社、１９８６。
・フランドラン、ジャン＝ルイ「晩婚と性生活」、『性と歴史』宮原信訳、新評論所収、１９８７所収。

・マガジンハウス・編『平凡パンチの時代』、マガジンハウス、１９９６。
・マルクス、カール『資本論』、第1巻、マルクス・エンゲルス全集刊行会訳、大月書店。
・森栗茂一『夜通いと近代売春』、明石書店、１９９５。
・Ann Alison, *Nightwork, sexuality,pleasure and corporate masculinity in a Tokyo hostess club*, University of Chicago Press, 1994.

出典：近藤和子編『性幻想を語る』三一書房、１９９８年

運動の想像力について――「東京をゴミ捨て場に」再論

運動の想像力ということを最近よく考える。想像力は創造力と書き換えてもよい。３・11以降、この想像／創造力が現実として実感される磁場に引き寄せられて、うまく跳躍できていないような不全感に囚われることがしばしばある。

原発の事故を何処にいて、どのような立場にあってこの事故と向き合っているのか、という問題が想像／創造力の可能性を押しとどめて、今ある生活の「安全」にだけ向かうとき、他者（とは誰かという根源的な問いを不問に付すべきではないが）への配慮と責任はどこかで後回しにされかねない。そうなってしまったときには、自らの「安全」のために他者を犠牲にする自閉的な「安全」へと退行しかねないのではないか、と思う。

放射性物質を含んだ農産物や瓦礫、表土、山林の樹木などの処理をどうすべきか、をめぐって、反（脱）原発運動

のなかで、明確な合意が得られていないように見える。福島の瓦礫は受け入れたくない＝拡散反対という主張は、暗黙のうちに汚染物質は福島で処理すべきだ、ということが含意されている。とりわけ、このことは福島から離れれば離れるほど、言い換えれば、汚染地図の汚染の濃度と反比例する形で、汚染の拡散への抵抗と自己防御が大きくなる。これは、一面では「当然」の心情ではあろうが、他面では、「それでは福島や汚染の深刻な地域についてはどう考えるべきなのか？」という問いに対しては、福島第一原発とその周辺が汚染物質の集積場になるのはやむを得ないのではないか、という反応が多分今現在の最も多く聞かれる「答え」だろうと思う。だから、原発に反対でなおかつ汚染瓦礫の引き受けも反対と明確に言われる場合、その答えにはある種の躊躇や曖昧さが伴うようにも見える。問題は、自己の「安全」を防御することのなかに、他者への想像力が果たしてどれほど織り込まれてると言えるのか、だと思う。

社会的な事件や事故に関して「やむを得ない」や「仕方がない」という答えほど私たちが熟慮し、警戒しなければならない言い回しはない。本当にやむを得ないのか？本当に仕方がないのか？汚染にどのように向き合うのかという問題で、私たちが原則を踏まえて「どうあるべきか」という観点を抜きにして、目前のリスクを回避することにしか想像力が向かわない結果として、「やむを得ない」「仕方ない」だけが議論の中心に据えられてしまってはいないか。反（脱）原発へ向かう大衆的な意識、とりわけ避難が必要な深刻な地域から離れた場所に住む人々が、今ある「安全」を脅かす可能性のあるリスクの受け入れに否定的になる感情を私は否定しないが、しかし、こうした感情を減殺するような「どうあるべきなのか」という事態への理解についての原則を立てられないままになっているように見える。原則論として福島が汚染物質を受け入れるべき（受け入れる責任がある）というのであればいざしらず、そうでないとするならば、誰がその責任を負うべきなのか？責任を負うということは同時に汚染された膨大な物質を自ら受け入れるということを伴うことになるから、どこで受け入れるべきなのか、という問いと切り離せない。

「東京をゴミ捨て場に」といういささか挑発的なブログのエッセイ（本書収録）を書いたのは、上で述べた原則論を念頭においていた。このエッセイに対する反応には賛否両論あり、評判は相対的によくないと思う。極論であり暴論だという印象を読者に与えたのだと思う。誰もが東電と政府に責任があることは認めても、東京の住人全てをリスクに晒すのはおかしいのでは？あるいは、実際に瓦礫とかを運んで東京のどこに捨てるのか？非現実的ではないか？ともかく汚染の拡散は絶対に認められない、などなど、異論は様々だ。私はこれらの異論の全てをひっくるめたとしても、だからといって福島が汚染を引き受ける「べき」だという結論を導くには、これらの反論だけでは説得力を欠くと思っている。もちろん、「現実」論として議論するとすれば、多くの困難や不可能な事柄が横たわっていることは、私のような妄想に偏る者であっても理解はできる。とりあえずそれほど愚かではないつもりだ。その上で、敢えて東京をゴミ捨て場にすべきだ、と書いたのである。しかも、親族や友人の大半は東京に住んでいる。東京だけでなく東電管内の電力需要者が原発によって生産された電力の受益者であることは間違いない事実であり、利益を得るならリスクも負うべきだ、という当然のことを書いたまでだ。もし、議論すべきであるとすれば、東電管内でどのように主として誰がそのリスクを負うべきなのか、として議論されるべきであって、福島が引き受けるという結論を導くことはありえない、と思う。汚染物質の処理については、議論の時間はないとも言えるし、十分にあるとも言える。日々の除染の必要を前提にすれば今日、明日を争う問題であるが、廃炉と原発内部と周辺に飛散したプルトニウムのように半減期2万4000年の猛毒核物質の処分を念頭にいれれば、もっと長い議論の時間がありうるかもしれない。

核の最終処分まで視野に入れれば、10年単位どころか100年、1000年単位で原則論を立てるという展望を持つ必要がある。この間に、全く収益に結びつかないが放射性廃棄物処理の飛躍的な技術革新は必須だろう。50年、100年という単位で、福島を原状に戻すといった時間の尺度で物事を構想することも必要だ。50年で農業や漁業ができるようになるか、廃炉の処分が終わるか、かなり難しいが。それなら100年を視野に入れてもよい。世界中で、土地を追われた人々が100年の単位で闘うことは珍しくないことを思い起こしたい。先住民の植民地主義との闘いは500年に及ぶ。

●

福島からの自主避難も含めて、避難の権利を確立することは重要だが、このことが、福島を瓦礫置き場にすることに結びつけられることを私は危惧している。避難の権利は重要だが、同時に帰還の権利も何百年たとうと保証しなければいけないからだ。

南相馬の詩人、若松丈太郎は『原発難民』という言葉を用いたが、難民のそもそもの定義は「人種、宗教、国籍、政治的意見やまたは特定の社会集団に属するなどの理由で、自国にいると迫害を受けるかあるいは迫害を受ける恐れがあるために他国に逃れた」人々であるが、紛争などによって住み慣れた家を追われたが、国内にとどまっているかあるいは国境を越えずに避難生活を送っている「国内避難民」も難民と同様の扱いを受けるべき者というのが国連難民高等弁務官事務所（UNHCR）の見解だ。1948年、国連はパレスチナ難民の帰還の権利と帰還しない難民への補償を決議している。帰還権は基本的人権である。原発事故で故郷を追われた人々を難民と呼ぶのは、大げさかどうか、過大評価かどうか、この点については議論があってもいいが、議論する意味のないことではいえないのではないか。原発事故はUNHCRの考慮外だっただろうが、今後第三世界に原発に建設が進めば、将来はわからない。原発事故に由来する国内避難民であっても、この決議は参考にすべきではないか。言い換えれば、難民＝避難民を生み出した責任ある者たちは、難民の帰還の権利を何年たとうが保障すべき義務を負うと考えなければならない。同時に難民を受け入れることも義務であろう。もちろん、東京がゴミ捨て場になれば膨大な避難民を生み出すかもしれない。そのことも念頭に置いておく必要はあるが、それだけでは済まない。

今回の汚染の処理問題は、福島第一原発に限らない。今後次々に原発は老朽化し、その経年劣化につれて事故の可能性は大きくなる。今後50年の間に、原発の深刻な事故がこの国で起きないと考えるほうが非現実的だろう。事故の最小化のためには原発の稼働停止が最低条件だが、それで問題が解決するわけではない。廃炉と放射性廃棄物の処分問題は日本全国の過疎地を次々に核のゴミ捨て場にする可能性を秘めている。もし、大消費地がこのリスクを引き受けないならば。福島原発由来の放射性廃棄物を東電管内以外に拡散させることに私は反対だが、いずれ沖縄を除く全ての都道府県は、この全国の過疎地に散在する原発の廃棄物の処理問題に直面する。深刻な事故が起きる可能性もありうるから、この処分問題の深刻度はより大きくなり、リスクはもっと大きくなる。福井県が大阪のために核のゴミ捨て場になる。新潟県も東京のための核のゴミ捨て場になる。既に敷地内には膨大な使用済み核燃料が溜め込まれているのだが。

原則論を押しのけて、「仕方がない」という発想だけが一人歩きすると、「日本には処分に適した場所がないから海外で処分するのは仕方がない」という発想に結びつきはしないか？そもそも原発の立地そのものがエネルギー需要を満たすためには過疎地が犠牲になるのは「仕方がない」ものとして推進されてきたのではないだろうか？だからこそ、誰が責任とリスクを負うべきかというある種の規範意識が非常に重要になる。

●

農産物問題では、古くて新しい問題が原発事故でも再燃したように見える。6月に福島の南相馬の津波被害に遇った地区を訪れた。そこでは既に地元の農家の人たちが瓦礫を片付け、「来年には絶対に農業を再開する」と語っていた。ほとんどの人が家族のうちの何人かを津波の犠牲で失っている。そうであればあるほどその土地を離れ難いであろうことは痛いほどよくわかった。「県も東電も頑張っている」と強い期待も語ってくれた。彼らがそれから半年たって、今どうしているか。

農民たちにとって農業が彼らのアイデンティティであるから、放射能による汚染について非常に重大な関心を抱きながらも、「安全」についての楽観論や政府自治体のお墨付きを「信じたい」気持ちになるだろうということは、理解できる。他方で、都市の消費者は、政府も東電も信用できないなかで、できる限り食べ物のリスクを減らしたいと考えるから、汚染に対しても厳しい判断を支持するだろうということも理解できる。農民たちからは、政府の暫定基準を受け入れず厳しい判断を下す都市の消費者の主張によって「風評被害」を受けていると感じられ、他方で都市の消費者からは、農民たちは汚染を拡散させる者とみなされがちだ。都市の消費者の間でも、福島の農業を支えたいと考える人たちと、福島の農産物をとりあえず避けたいと考える人たちの間に見解の対立があり、ときには感情的な対立すらみられる。

この問題は、原発由来の問題だけではないかなり根深い都市と農村の問題を内包している。農業が 地域を越えた全国レベルの市場経済に統合されるなかで（さらにそれがグローバルな市場経済に再統合されようとしてるのだが）、商品化された農産物の使用価値が利潤のために（それも流通や大手小売業や外食産業の販売戦略の影響が大きいと思うが）大きく損なうようになるのは、当然のことであり、そのなかで農民たちの労働もまた農薬や化学肥料による被害を被り、遺伝子組換え作物や食の生産現場の工業化が進んできた。こうした食の商品化の長い歴史的な経緯を見ておくことが必要だろう。今回の原発事故は、この商品化された食の商品化にまつわる問題が端的に突出した形で究極の問題として登場したとも言える。汚染食品の流通は、市場経済が全国的な市場に統合され、安価な農産物を全国から（国境を越えて）調達するような構造になければ、これほどの広がりはなかったのではないか。都市が農産物を需要するために構築してきた都市の食のための全国規模の市場流通そのものが、果たして食の市場として妥当なものなのか、という問いが今回の汚染の拡がりの背景にあることを忘れてはならない。言い換えれば、地域の自給的な市場を解体した大都市と大流通資本中心のメガマーケットそのものが、汚染の拡散を助長したのではないか。その責を生産者である農民に帰すことはできないのではないか、と私は思う。もしこうした観点を踏まえたとき、都市の消費者はそのライフスタイルを再考することもまた問われるのではないか、とも思う。

汚染された農産物問題の元凶は原発であり、その事後処理のずさんさにあるにもかかわらず、対立軸が農民と都市消費者の間に引かれているように思えてならない。この対立から利益を得ているのは誰だろうか？農民と都市の消費者は本当に利害が対立するのだろうか？実は農民と都市の住民との間の対話が決定的に不足していると思う。多くの都市の消費者にとって食料はスーパーに陳列されている商品としてしか見えない。「農」の具体的な現場とそこでの労働は見えにくい。だからアイデンティティの問題が十分に理解できない。しかし、商品化された食の現実への批判的な視点を持ち、これまでのライフスタイルへの懐疑という観点を持ったとき、そこには、食をめぐる別の視点も獲得できるのではないか。農民たちにとっても、風評被害なのか文字通りの被害なのかという問題は、被ばくという問題と密接に関わり、実は、自分たちの労働の場である農地の汚染や家族の被ばくに関わる問題でもあるはずなのだ。そうであるなら、農民が直面している問題は、実は都市の消費者以上に深刻なのではないか？そうであるにもかかわらず、なおかつ今この場での農業にこだわることの意味を私のような都市の住民は想像力をもって「理解」できなければならないと思う。この理解は、肯定とか否定という問題を越えたところで設定される問題である。

汚染をめぐる問題について、両者の間で合意を形成することは不可能とは思わない。農民としての生存の権利（職業選択の自由と居住の自由は憲法が保障している）も都市消費者の生存の権利も原発という主要な敵をめぐる生存権の問題として、１００年を単位とした両者の対話のなかで必ず合意できる一致点が見いだせると思う。この合意点は原発の拒否という観点によって構想できると思う。

●

想像力の問題は、すぐれて他者への想像力の問題である。つまり、自身の身近な者たちや見知った者たちを越えた、今ここで生きている他者への想像力であり、同時に、未だ出会う機会はなかったが、将来出会うかもしれない（世代を越えた）他者への想像力の問題である。こうした想像力が運動の潜勢力となることは決して不可能ではないが、そうした努力を怠れば、人々の不安は、他者を排除する核シェルターもどきの自己保身だけを生み出し、ますます核の文化が支配の力を増すだけだろうと思う。

（付記）放射能汚染された瓦礫の広域処理に反対した各地の運動は急速に収束した。他方で、除染で出たゴミは福島県内を中心に、フレコンバッグに詰めこまれて野積みされ、福島県内各地に新設された焼却場などで処理されようとしている。焼却場の建設や放射性廃棄物の処分場の建設に福島の地元では大きな反対運動が起きているが、他方で、福島県外の瓦礫受け入れ反対運動はこの事態に対してほとんど沈黙したままのように思える。とすれば、自分たちの「安全」さえ守ることができれば、差し当たりそれでよし、ということだったのだろうか。加害と被害の問題は、原発というエネルギーの需要と供給の構造の問題と切り離せないし、都市と地方（農村・漁村）の問題であると同時に、それ自体が、富の不平等な配分、地域格差の問題でもあるというマクロな社会批判の想像力を持つことができないのであれば、この国の反／脱原発運動は排外主義やナショナリズムの罠を避けることもできず、結果として、原発を必要とするこの国の構造を支えることになると思う。（２０１５年７月）

出典：ブログ２０１１年12月5日

メイヨー・トンプソンとポップの革新

70年代に、テキサス・サイケデリック・ロックと呼ばれる特異なロック・シーンを13thフロアーエレベーターズなどと共に築き上げたレッド・クレオラが昨年（1994年）初来日した。久しぶりのニューアルバムの発表を機会に来日したものだ。

この来日にあわせて東京、新宿のP3を会場にして東京アート・スピークが主催したイベントが催された。秋田昌美らのトゥルー・ロマンス、大友良英、灰野敬二のライブの後で、レッド・クレオラのリーダー、メイヨー・トンプソンのレクチャーがあり、最後にトンプソンも交えて、佐々木敦の司会で、大友、平井玄、小倉らが参加してのシンポジウムがあるという超山盛りの企画で深夜1時過ぎまで行われた。このなかで、レッド・クレオラのリーダーのメイヨー・トンプソンは、ポップミュージックの世界が抱えている問題を、彼自身の体験も踏まえて「生産と分配」の問題という視点で重要な問題提起を語った。

トンプソンは、ポップスの世界の中でも、異端派の一人として極めて重要な位置を占めてきた。レッド・クレオラの音楽がサイケデリックに分類されるというのは、最初期の頃のことで、むしろセカンドアルバムから現在に至る音楽の特徴は、ロックにおけるアヴァンギャルドをパンク流のセンセーショナリズムでもなく、ヒッピー文化のナチュラリズムでもない、平場のストリートの多様な文化として表現しようとするところにあるといったほうがいいようなスタイルと言える。シンポジウムでも私との会話の中でメイヨー・トンプソンは繰り返しパンクのセンセーショナリズムへの批判を口にしていた。発売禁止になるような音楽を制作することによって、逆に商品価値を持たせて売ってしまうというやり方は、たとえそれが湾岸戦争反対といったテーマであったとしても、結果的には市場経済の論理に巻き込まれるだけだと、彼は否定的だった。ポップミュージックである以上、売れることは不可欠なのだが、市場に操作されるのではなく、アーティストが市場への操作の力を持てるような方法を一貫して模索してきたと言える。アーティストに必要なことは、音楽の制作だけでなく、その流通の決定権を自ら持つことだ、ということを彼は強調していた。それは、彼が関わったインディーズ・レーベル、ラフ・トレードが当初目指し、結局は資本の論理の前に躓いたという経験を踏まえての発言だった。

多くのストリートのミュージシャンに共通することかもしれないが、彼は言葉を非常に重視している。それは、多くの共演した日本のバンドが言葉よりも叫びを選びとったのと対照的な印象をもった。言葉としての明確なコンセプトとして結晶する以前のカオス的な状態のなかで模索する状況を日本のバンドがストレートに「叫び」として表現したのに対して、レッド・クレオラは明確なメッセージを提示することを選んだ。このことは、今回のツアーで試みられた「アート・アンド・ランゲージ」（これもアヴァンギャルド芸術運動のひとつだが）のためのオペラが一部上演されたことにも見られる。それは、トンプソンが論理的であることや、自分のイデオロギー的な立場を社会主義者として語ること、ソ連東欧の崩壊と社会主義の理念は別の事柄だとはっきり断定したり、シチュアシオニストの問題提起を積極的に受けとめようとしたりという姿勢には、躊躇がみられない。

ジャック・アタリが騒音と音楽のジャンル分けが確立してきたのが近代であると述べていたが、トンプソンが目指す音は、言わばその境界の揺らぎを意図的に生み出すことにあると言えそうだ。今までも、ペル・ウブとの共演やレインコーツのアルバムのプロデュースなどで彼が示してきた姿勢にもそうした意図的な逸脱の戦略が見いだせた。彼がシカゴのドラッグ・シティ・レコーズに所属しているのも、このレーベルがいわゆる「ローファイ」ブームのなかで多くのストリート感覚のアルバムをリリースしていることとも関係があるだろうし、今回のレッド・クレオラのアルバムには、いわゆるノイズ系のアーティストとして注目されているジム・オルークが参加しているなど、彼の脱境界的な試みがよくわかる。

彼は、無職で、「住所不定」、家はない、スーツケースがあるだけだ、と言う。シンポジウムでも日本の大衆文化が対抗的な文化としての力をもちうるためには、「自分たちの文化を極力相対化する」ことをもっと押し進めなければならないと述べているのも、決して押しつけではなく、彼の日常的なノマド的なライフスタイルを選択してきたという今までの経験からでた発言だったと言える。日本のポップスの世界が徐々に欧米一辺倒から解放されつつある現在、ポップスのアジア志向が「アジア主義」にならないためにも、アジアを文化資源とする日本の音楽産業の搾取への批判を怠らないためにも、トンプソンの発言は貴重だった。

なお、シンポジウムについては、参加していた聴衆の人達の中には、ファンとしてトンプソンの話を聞きたかった人がいた一方で、平井や私はかなり硬い話をあえてしたために、聴衆からの批判があり、コミュニケーション以前に険悪な雰囲気になってしまった。また、灰野敬二からはパネラーに対して、全くつまらない話ばかりだという辛らつな批判が投げかけられた。トンプソンのレクチャーもその後のシンポジウムも、ポップスにおける対抗文化やポリティックスの可能性、または制度化されるアートへの否定の契機をどのように模索するかといった問題が中心だったわけだが、議論がうまくかみあっていたとはいえなかった。これは、私のような左翼の批評家の問題でもあるし、日本におけるポップスの「聴かれ方」の問題でもあり、アーティストと批評家の「言語」の問題でもある。これらは、いずれも私自身の大きな宿題になっている。また、聴衆の批判に対して喧嘩腰になった平井玄の対応にも問題がある(しゃべることを封じ込められた聴衆の欲求不満があったわけで、マイクを独占できるパネラーとは対等とはいえない関係があるからなのだが)と思う一方で、ポップスの問題をポリティックスの問題として議論することをあらかじめ拒否するような音楽至上主義の「聴き方の文化」への批判をやはり避けることはできないというのが私の率直な感想だった。（なお当日のシンポジウムについては、大友良英が『未来』１９９４年12月号で重要な問題提起をおこなっている）

出典：『インパクション』90号、１９９５年

グローバルガバナンスと「ＩＴ」をめぐる経済政治学批判のために

近年論じられ始めた資本のグローバリゼーションを歴史的に遡るとすれば、一方でのソ連東欧の「社会主義」圏の危機・崩壊と他方での世界銀行やＩＭＦによるいわゆる構造調整政策（ＳＡＰ）による低開発諸国の急激で暴力的な市場経済化が開始された時期に求めることができるだろう。そしていわゆる西側先進国でいえば、レーガン、サッチャーによる新自由主義と国内の規制緩和、政府部門の縮小と民営化による国内市場の人工的な拡大の時期が転換点だと言える。つまり、グローバリゼーションの近年の動向の出発点は80年代にあるとみていいということになるだろう。

このことは、次のことを意味している。すなわち、インターネットに代表される情報通信の現在の展開は、インターネットそれ自体の歴史は60年代にまで遡れるにもかかわらず、その商用利用と基幹ネットワークとしての政策的

な位置づけという点からみた場合、80年代以降のグローバリゼーションのなかでは、遅れて展開されてきたものと言える。インターネットとグローバリゼーションの歴史的な発生の前後関係という点だけからみれば、明らかに資本のグローバリゼーションにインターネットが後追い的に展開してきたということである。

この問題を考える上で、資本にとってのコミュニケーション・テクノロジーの理論的な枠組みを押さえておく必要があるだろう。インターネットはよく知られるように、その出自からすれば、商用のコミュニケーション技術として開発されたわけでもなければ、市場を目指して発展してきたものではなかった。むしろ軍事・政府部門や学術研究のネットワークとして商用利用を排除して展開してきた。それが、ある時期からむしろインターネットの商用利用を可能にする流れが強まり、インターネットが形成してきたサイバースペースがまさに市場によって囲い込まれ市場のための空間へと変質してきた。このインターネットの変質の意味がここでは見逃せない重要な意味を持つ。端的に言えば、コンピュータによるグローバルなコミュニケーション環境が、市場に従属し、市場に支配されるようになったということ、私が従来から用いてきた概念でいえば、サイバースペースがパラマーケットとして市場に統合されるようになったということである。こうなって以降、資本のグローバリゼーションは、それまでの流れを一気に加速化できたのである。

このコミュニケーション領域のグローバル化に伴って、その秩序を国民国家と市場経済の枠組みの中で再編しようというのが日本政府のいう「ＩＴ」革命である。しかし、これは明らかに、インターネットがその出発点に萌芽的に持ち、また現在も根強くその傾向を持ち続けているグローバルなコミュニケーションにおける市民的な権利要求を押さえ込む反革命にほかならない。

こうした状況を踏まえて、本稿では、次の点について検討してみたい。第一に、インターネットをめぐるガバナンスと呼ばれてきた問題とはどのようなことか。第二に、このインターネットのガバナンスが資本主義におけるコミュニケーション過程のガバナンスのなかでどのような位置を占めるのか、第三に、情報とコミュニケーションをめぐる市民的な権利と階級闘争との関わりとはどのようなことか。これらを通じて、今文字通りの危機にあるのは、大衆的な開放されたコミュニケーションのシステムが、再び閉じられ、資本の市場となり国民国家の新たな領土分割の対象となり、市民的な意味においても階級的な意味においても自由が逼塞しはじめているということである。サイバースペースの闘争は、自由な新たな空間への権利闘争の重要な課題となっていることを改めて論じておきたい。

●

インターネットは、現在では個人から政府や多国籍企業までが利用する通信環境の不可欠な環境になりつつある。他方で、個人や世界の地域的な格差によって、インターネットを十分利用できない人たちや地域が多く存在する。また、アクセス可能な場合であっても、その条件は様々であり、職場や学校で、通信コストを気にせず自由に使える人もいれば、ダイヤルアップで従量制課金と通信時間を気にしながらアクセスする人たちもいる。さらに最近では、パソコンを持たず、もっぱら携帯電話を端末としてメールのやりとりに利用する人たちが増えている。

個々のエンドユーザーから見えるインターネットの環境は、自分の端末にインストールされているアプリケーションを通じて、ウエッブやメールのデータをやりとりする既知または未知のユーザーたちとの間で構成されるコミュニケーションの関係だろう。この環境は、物理的には自分の手元にある端末、電話などの通信回線、回線の先につながっているであろうプロバイダーのモデム、ルーター、サーバーといった機器、そしてさらにその先にも縦横に通信回線が張り巡らされていることによって成り立っているわけだが、こうした物理的な通信インフラを、手近な電話回線の先に至るところまで自覚することは、ほとんどないと言っていいだろう。

さらに、こうした物理的な通信インフラを用いて、多様なＯＳで動く端末のコンピュータ相互が通信を成り立たせられるために必要な通信プロトコルに関わる多くの技術的な手続きや取り決めについて、エンドユーザーが自覚することも多くはないに違いない。

むしろ、エンドユーザーにとっては、インターネットが提供する環境は、遠隔地の人々とリアルタイムで、しかも場合によっては不特定の人々ともコミュニケーションを可能にするものという実感を伴う。バーチャルなコミュニティやサイバースペースという概念には、単に地理的な空間を越えた新たな人間関係の形成を意味するだけでなく、さらに地理的現実的な空間のなかでの人間関係に比べてより自由で、より拘束の少ない関係を実現できるものというニュアンスが含まれてもいる。

インターネットがこうした相対的に自由なコミュニケーション関係を実現してきたことは事実である。少なくとも、個人や経済的な力のない集団が、政府、マスメディア、大企業と互角の情報発信能力を持ち得たのはこのインターネットの普及によるまではあり得ないことだった。これは、インターネットが米国政府と密接な関わりをもって誕生した通信ネットワークであったとはいえ、その管理や運営、さらにはそのネットワークとしての拡がりに関して、米国政府が全面的に管理する体制をとって展開してきたとはいえず、草の根のコンピュータ通信のネットワークやこうしたBBSを利用してきたメディアアクティビストたちの活動とも関わりながら、発展してきた側面があるからだ。

こうしたインタネットの成り立ちは、インターネットの自由なコミュニケーション環境を実現する重要な条件を作り出し、同時に、インターネットが従来型のコミュニケーションの秩序を基準として見た場合、多くの逸脱やあるいは「無法地帯」であるかのようにみなされる原因にもなった。

例えば、サイバーリバタリアンとでもいうべき主張を展開したジョン・ペリー・バローによる「サイバースペース独立宣言」は、インターネットの自由を個人としてのエンド・ユーザーによる情報発信の自由を基礎におく議論だった。バローや多くのサイバーリバタリアンが想定する政府の規制から解放された自由なコミュニケーション空間は、いくつかの批判にさらされた。一つは、インターネットそれ自体が物理的な通信インフラによって支えられている以上、こうした通信インフラへの投資とその意思決定の問題をリバタリアンたちは軽視しているのではないか、という批判である。確かに、インターネットをはじめとする通信インフラへの投資は、政府や企業による一定の政策的な判断によって行われ、また逆に行われないということであるから、コミュニケーションを成り立たせるそもそもの物理的な環境自体が整わないとすれば、自由なコミュニケーション環境も実現できないということになる。

しかし、他方で、こうしたインフラ投資が政府や企業の意思決定に左右されるからと言って、インフラそのものがそれに依存する通信の内容を一方的に決定すると言うわけではないだろう。政府が建設した道路は親政府的な車両や人しか通行できないと言うわけではなく、反政府運動のデモにも利用できるが、しかし、どの程度利用可能かという問題は、相対立する集団相互の力関係によっても大きく左右されるだろう。言い換えれば、サイバーリバタリアンの主張するような政府なきオートノミーがもたらすであろう個人の自由という価値を、通信インフラの物質的な基礎から一方的に否定する必要はないだろということである。しかし、同時に、リバタリアンが想定するように、一旦インターネットにアクセスできる環境さえあれば、国家や企業を超えた自由なコミュニケーションが手に入るというほどに、インターネットが自由なコミュニケーションを本質的に保障できるものだとは言えない。

●

戦後の資本主義は、国民国家の枠組みをベースとした領土分割と、国連、ＩＭＦ、世界銀行といった政治と経済の国際組織によって国家間の調整が図られてきた。これらの組織では、当初から国民国家が当事者、権利行使の主体であって、冷戦以後は、これらの組織のなかでもＩＭＦや世界銀行、そしてガットを引き継いだＷＴＯが西側先進諸国の多国籍資本や銀行資本の利害を事実上体現して第三世界の市場開放を強引に押し進める役割を果してきた。グローバルな資本の投資活動とそれを支える国際組織に関して、グローバルガバナンスという表現によってその問題が指摘される場合、上記のような国際組織が、利害当事者を排除し、もっぱら各国政府と多国籍企業の利害しか体現しない意思決定組織となっていることが、民主主義的な意思決定の基本的な原則を満たしていないという批判と密接に関わっている。

インターネットの場合、国境に拘束されない地球規模の情報通信ネットワークであるだけでなく、その成り立ちはＩＭＦや世界銀行のように、主要先進国がトップダウンでその組織のあり方を決定してきたと言うことではなく、むしろ国家的な事業としてのコンピュータ通信ネットワークの構築と草の根の非政府組織によるネットワーク構築の試みが相互に融合し合いながら成長してきた側面がある。国際的な通信網が旧来型の電話やテレックスや通信衛星を主流としていた時代には、インターネットの管理問題は国家的な課題ではなかったから、同時に国際的な調整課題にもなりえなかった。従って、インターネットにおけるガバナンスの問題もまた、従来型の組織とは異なって、国民国家が意思決定主体を独占すると言うことにはならず、多様な意思決定主体の集合体という様相を呈してきた。しかし、現実の国際的な権力構造が情報通信部門と金融や開発投資部門とでは全く異なると言うわけではない。言い換えれば、インターネットがグローバルな情報通信ネットワークの基幹の位置を占めるにつれて、インターネットのガバナンスもまた現実の国際的な権力構造を反映して、国民国家が意思決定の主体の位置を得ようとするであろうし、情報通信の市場での主導権をねらって、多国籍資本もまたその影響力行使の戦略を練ることになるだろう。こうして、インターネットは、国家や市場の影響力が相対的に少ない状況の中で形成されながら、グローバル化のなかで逆に国家と資本による支配へ、旧来型の国際組織の枠組みと共通した統治構造への転換圧力が強まっている領域だと言える。インターネットのガバナンスは、コミュニケーションの「統治」に関わるので、露骨な規制や権力的な統制は表には現れない。むしろ、表現の自由を基本的な人権と認める先進国が行ってきた検閲と監視のシステムが導入されている。つまり、コミュニケーションの統制は、その回路をコントロールすることと、資本主義の基本的な権利である財産権（すなわち、知的所有権）をベースに、市場の仕組みを通じてコントロールするというやり方である。

例えば、放送の場合、電波の割り当てを免許制にすることによって、発信者を選別し、出版の場合は流通経路を資本がコントロールすることによって、市場の需給が選別機能を代替する。著作権や所有権は、所有者に意思決定権を与えるわけであり、他者に伝えたくない情報は所有することによって廃棄してしまうこともできるし、人為的に希少性を生み出して、市場価値を付与することで収益を上げたり、情報の受け手を選別できる。これらは、「表現の自由」という基本的な市民権を認めた国家が、自ら編み出してきた検閲と監視のシステムである。採用されているテクノロジーの違いによって、その現れ方や実際の運用の手続きには違いがあるものの、インターネットのガバナンスも基本的にこうした従来から行われてきたコミュニケーションのコントロール様式を踏まえている。言い換えれば、インターネットは新たな情報通信の可能性を秘めてはいるが、同時に、現に存在する国家と国際関係の権力機構と不可分である以上、その統治の機構もまたこれら現実の権力関係を無視しては成り立たないということである。

●

インターネットは中心的な管理組織のない文字通りのネットワークであるというのは、インターネットを流通するコンテンツを国際的に規制する組織がないということであり、インターネットの事実上の標準技術がデファクトスタンダードとしてＲＦＣのような文書によって定められるといったことからみれば正しいが、しかしドメインやＩＰアドレスの割り当てとその技術的な条件からみた場合、インターネットは明確なヒエラルキー構造を持っている。これはドメイン名管理がツリー構造をとり、ルートネームサーバが集中管理されざるを得ないという現状の技術に規定されている。逆に、この技術の部分における意思決定に関与できるということは、インターネット全体をドメイン名やIPアドレス管理を通じてコントロールできるということでもある。だから、インターネットのガバナンス問題は、具体的には、ICANN（Internet Corporation for Assigned Names and Numbers, 米国カリフォルニア州に本部を置く非営利の民間の会社組織）のようなインターネット上の資源を管理する組織をめぐって論じられるのが一般的な論じ方である。(注1) ICANNはインターネット上のドメイン名を管理する組織と言われることが多いし、現状では確かにドメイン名管理が主要な機能だが、その組織形態からみて将来的にはより多くの権限がICANNに集中する可能性を持っている。ICANNの組織構成はかなり複雑だ。最高意思決定機関の理事会はアドレス支援組織（ASO）、ドメイン名支援組織（DNSO）、プロトコル支援組織（PSO）そして、一般のインターネットユーザーからなる「一般会員」から選出される。そして政府機関は政府助言委員会（GAC）を構成して理事会に助言を与えるという構成をとっており、ドメイン名管理という枠には収まらない、より包括的なインターネットの資源管理組織である。(注2) インターネット上の情報は、このIPアドレスを手がかりに配送ルートがコントロールされる。IPアドレスの割り当てがなければインターネットにはアクセスできないし、ドメイン名についても、トップレベルドメインとして使用可能なものは限られている。例えば、企業は.comや.bizといったドメインを利用して企業であることを明示できるが、労働組合は.unionといったドメイン名は使用できないし、エコロジストが.eco といったドメインを使用することもできない。(注3)

例えば、ドメイン名に最も深い関わりのあるICANNの支援組織、DNSOの場合、ICANNの理事会に3名の理事を出す。そしてDNSO自体は、国別ドメイン名管理組織、関連企業、学術団体などの非営利組織、大手プロバイダー、ドメイン名受付・登録機関、知的所有権関係の弁護士事務所といった構成母体からなる。DNSOの意思決定機関である評議会（Names Councile）はこれらの構成母体から選出された評議員で構成される。こうした構成のなかに、企業や知的所有権に利害のある弁護士や業界団体とは別の利害を持つ人たちや組織が参加できる枠組みはほとんど用意されていない。かろうじて２０００年の夏から秋にかけて実施された一般ユーザーを母体とする理事選挙による理事選出によって、理事会の構成員の一部を直接インターネットのユーザーが選ぶ道ができたが、これもアジア地区の選挙で日本政府がとった政府主導で企業ぐるみで行われた日本の理事を当選させる露骨なトップダウン選挙に象徴されるように、個人としての有権者ユーザーもまた国別の色分けのなかに囲い込まれかねない危うさを持っている。

インターネットのガバナンスの問題は、コミュニケーションのコンテンツに関わるのではなく、インターネットへのアクセスと情報の配送経路の管理を市場経済と国民国家の枠組みのなかで調整しようとする方向に向かう傾向がある。インターネットが各国の情報インフラの基幹をなすようになればなるほど各国政府はインターネットへのコントロールを強めようと試みるだろうし、企業は、インターネットによるコミュニケーションの空間を市場の空間につくり変えることによって、この各国政府の思惑を資本の利益と結び付けようとするだろう。こうした資本主義的な空間にグローバルなコミュニケーションの空間が転換するとき、市場経済それ自身が持つコンテンツ規制機能が一方で働くだろうし（従って、収益の上がらない所得の少ない階層や地域は相対的な排除を被るだろう）、ＩＰアドレスやド

（注１）例えば、『インターネット白書』（日本インターネット協会）や『通信白書』（郵政省）などがインターネットのガバナンスという項目で扱うのは主としてＩＣＡＮＮや関連するインターネット組織である。

（注２）インターネットの資源と呼ばれるものは、ドメイン名とＩＰアドレスである。ＩＰアドレスはインターネットに接続されたコンピュータを識別するドット付オクテット表記（０から２５５までの数字をドットで区切って4つ並べたもの）であり、ドメイン名はこれをアルファベット表記に置きかえたものである。なお、ＩＣＡＮＮの組織についての記述は、本稿執筆時点のものである。最新の情報は、以下を参照のこと。日本ネットワークインフォーメーションセンター（ＪＰＮＩＣ）https://www.nic.ad.jp/ja/icann/about/organization.html, ＩＣＡＮＮ https://www.icann.org/

（注３）ドメイン名のリストは上記ＪＰＮＩＣのウエッブを参照。

メイン名管理が、アクセスの権利や流通する情報に対する監視の技術として転用されるように変質する可能性を否定できないだろう。実際に、IPアドレスやドメイン名は、企業や学校、あるいは政府機関がフィルタリングやレーティングソフトを導入して、ユーザーからのアクセス規制をかける際の手がかりを提供している。ICANNはIPアドレスやドメインのこうした検閲と監視の目的での使用について一切沈黙している。

現在急速進んでいる個人による専用線接続や固定IPアドレス、ドメイン名取得という傾向は、従来のようにプロバイダー経由で動的にIPアドレスが割り当てられる状況とは違って、個人のインターネットアクセスを監視する側にとっては都合のよい状況になっている。IPアドレスの割り当ての拒否が政府や民間の管理組織によって法的な制裁の手段として用いられたり、次世代のIPv6のように潤沢なIPアドレス資源をベースに、国民一人一人に出生時に強制的にIPアドレスを割り当てて、コミュニケーションを管理するということも可能性として十分ありうることだということも十分に視野に入れておく必要がある。インターネットをはじめとするグローバルなコミュニケーションに今まで以上に多くの人々がアクセスできるようになればなるほど、同時に、政府や企業にとってはこの空間がより重要なコミュニケーションの環境となり、現在までにマスメディアが果たしてきたような自らの権力の正統性の承認と深く関わるものになるだろうし、個人にとっても生活に不可欠な条件になるだろう。また逆に、政府や企業にとっては好ましくないコミュニケーションも増えるだろうから、こうしたコミュニケーションを規制するテクノロジーもまた開発が進むとともに、アクセスができない状態が個人にとって打撃になればなるほど、アクセス規制やアクセス権の剥奪は権力が新たにもちうる制裁の手段になるし、既に企業批判を目的としたサイトやドメインへの規制は現実のものになっている。インターネットは、グローバルに国境を自由に越えられるコミュニケーションとして発達しながら、同時に、むしろこのグローバリゼーションに平行してナショナルな利害が強化されるという「逆コース」を歩んでもいる。

既に述べたように、インターネットがサイバースペースという新たな「空間」を生成したとはいえ、この空間もまた現実の世界の権力構造と不可分であるとすれば、再度現実の世界におけるガバナンスの問題を踏まえておく必要があるだろう。言い換えれば、ポストモダンの時代においてコミュニケーションはどのように管理され、統治の対象となってきたのか、そしてそこではどのような社会的な摩擦や抵抗が存在するのか、こうした資本主義の原理的な構造との関わりを再度検証の俎上に載せておく必要がある。

冷戦以後のグローバル化は資本の勝利ではなく、市場への欲望を満たし得ないほどに肥大化した資本による強引な「本源的蓄積」の結果である。資本は、自然と人間を再生産できない宿命的な限界を持っている。国家は人口管理を通じてこの資本の限界を補完してきた。資本の国際的な貿易や投資は、国民国家による地理的な世界の分割を前提としており、必要な〈労働力〉はこの資本の必要との関わりの中で流動化する。移民や奴隷貿易のように人口が移動する場合もあれば、逆に資本が〈労働力〉を求めて移動する場合もある。

こうした国際的な資本主義の体制は、資本のための市場を〈労働力〉、通貨、物・サービスの国境を越えた流通を管理するシステムを通じて徐々に確立された。コンピュータに媒介された情報コミュニケーションは、上記に加えて大衆的なコミュニケーションの国境を超える交通を可能にした。コンピュータによるコミュニケーションは、政府や軍事組織がいち早く導入し、その後商用利用が加速化したが、明らかに金、物、人の移動に立ち後れた。その理由は、コミュニケーションの秩序が、国民国家の領土を前提としてマスメディアによるトップダウンの情報散布様式と、一対一の電話のような通信システムに分けられて、大衆的なコミュニケーションは後者に押し込められることで成り立ってきたからである。いわゆる放送と通信を区別して管理してきたわけである。コミュニケーションの秩序

（言い換えれば、コミュニケーションをめぐって構成された権力関係、統治の構造）は、「国民」として大衆を組織し、代議制民主主義の枠組みに政治意識を収束させるための不可欠な条件として位置づけられてきたわけである。

このようにグローバルな構造を持つ資本主義が国民国家の枠組みを必要とするという事情は、かなり複雑だ。なぜ、市場の機構だけで「社会」を構成できないのか、という資本主義の原理問題と関わるからだ。資本は、国家を必要とする。同時にまた、国家を必要としない。これは、資本主義が市場経済を土台として、〈労働力〉（社会の人口）を不可欠の価値増殖資源として包摂しなければならないという二律背反と関わっている。忘れられがちなことなのだが、資本主義は封建制の制度の内部に局地的に形成された市場圏の自立的な発展によって形成されたわけではない。こうした事例が見られないわけではないが、それは資本主義形成の例外である。これは、現在の資本主義に巻き込まれている人口の大半が、市場経済を外部からの非自生的な力に押されて巻き込まれてきたことからも明らかである。こうした事情は、マルクスが指摘しているように、商品経済自体が共同体と共同体の間に発生するものであって、共同体（社会、あるいは人口再生産の機構）の外部から共同体の内部に浸透して共同体を解体する性格を本質的に持っているということと関わっている。こうした外部としての市場経済には、異なる社会関係の間を媒介できる交通（交易）のプロトコルがそもそも備わっている。この限りで、資本主義は国家という権力を必ずしも要求しない。しかし他方で、共同体の外部の交通様式である市場経済に立脚する資本は、たとえ社会の労働生産過程を商品生産へと転化できても、人口の再生産機構をもたない。これは資本が自立的な経済のシステムとして支配的となった資本主義がその出発点から不可避的に抱え込んだ最大の難点だった。16世紀以降拡大する世界貿易とその富の西ヨーロッパへの集中が、他方で奴隷貿易という形で、外部から〈労働力〉を強制的に調達することになったのは、資本が人口の自己再生産能力をもちえないからだ。

この人口再生産能力を本質的に欠いた、共同体の外部の交通から生まれた資本が、労働の組織を包摂し、人口の再生産を消費手段の市場を通じての提供という回り道を通して確保してきたのが、資本主義である。この資本主義は人口の再生産（あるいは人口管理）の制度として国家を必要としたのである。言うまでもなく、〈労働力〉として資本に包摂される過程は、同時に〈労働力〉としての身体性をめぐって、生産手段を奪われ、封建的な身分関係から自由となったプロレタリアートとの闘争という抜き差しならない対立を伴う。浮浪するプロレタリアート、怠惰なプロレタリアートたちが刑罰の対象とされ、資本のための〈労働力〉としての身体が数世代を通じて社会的に形成されてきた。こうして近代の個人は、同時に〈労働力〉の所有者として、契約の主体となり、労働における責任と義務を負わせられることになる。しかし資本は、この〈労働力〉を消費することはできても再生産することはできず、また世代的に再生産することもできない。労働市場の相対的過剰人口を常に必要としながら、同時にこの過剰人口を扶養するシステムを資本の価値増殖運動は排除する。国家はこのような資本の難点を補完する。この意味で国家がその構成員に対して及ぼす権力は、資本主義の経済の側面からすれば、〈労働力〉としての身体の再生産であり、資本と市場の外部におけるその管理ということになる。労働する身体からの逸脱を規制し、労働する身体としての欲望を調整し、労働する身体へと訓育し、労働する身体から排除された人々を「見守る」のである。

資本はこうした体制のなかで、労働する身体を資本の運動に取り込むことを通じて社会を支配し、価値増殖を実現してきた。マルクスはこの価値増殖に動員される〈労働力〉の側面から、搾取をもっぱら剰余労働として論じたが、上記のような〈労働力〉をめぐる構成をふまえれば、搾取とはむしろ〈労働力〉となるように身体を社会的に構成させられることを通じて、プロレタリアートの生きる時間を資本の時間として簒奪するものであって、剰余労働の問題はそのごく一部に過ぎないことがわかる。搾取されているのは、まさに〈労働力〉となることを強制される身体そのものなのであり、この身体が関係する時間と空間をプロレタリアートが自らの自由な意思によってコントロールする手段を奪われていることそのものなのである。（注4）

資本主義における情報コミュニケーション技術（ICT）は、こうした資本の基本的な性格から導き出されるものである。多くの場合、情報化は社会発展の必然的な経路とみなされて「なぜ情報化」なのか、という問いは無視されることが多い。同時に、「なぜ資本主義は工業化として出発したのか」ということについても明確な説明が省かれ、単なる歴史的な事実としてのみ捉えられることが多い。しかし、工業化、脱工業化としての情報化という資本主義の展開の経路は資本の必然性であり、同時に、プロレタリアートの闘争がもたらした結果でもある。

●

市場は、価格という量化のフィルターを通じて、情報を縮減し、異なるコミュニケーション環境にある社会を媒介する。文化や価値規範の相違やずれは、この価格という抽象的で買い手と売り手が共有する一般的な等価としての経済的な「富」の観念を媒介することによって取り引きの障害とはならないように回避される。しかし、逆にこの異質な社会を媒介する経済的に一般的な等価としての貨幣（現代ではドルやユーロといった国際的な通用力を持つ国内通貨、域内通貨がこれに該当するだろう）が富の象徴として諸社会の異質性を抑圧する普遍的な価値として君臨することになる。既に述べた共同体の外部に発生した商品経済が、逆に共同体の規範を解体し、商品経済＝市場経済の規範に従わせることになるという過程は、同時にこのようなコミュニケーション問題を含んでいる。しかし、こうした過程は、市場経済が全て商品や貨幣を介して達成するものではない。市場経済では、貨幣的な富に多くの関心が払われがちだが、実は人々の生活に最も深いところで影響を与えることになるのは、むしろ貨幣を介して消費される商品にある。もっと正確に言えば、「商品の意味」にある。この意味の形成は、市場の価格や市場を流通する商品それ自体では担えない。ここに、商品の意味の流通と生産を担うコミュニケーションの構造が必要になり、このコミュニケーションを成り立たせる物質的な土台としての情報通信システムが必要となる。

コミュニケーションは、人間の基本的な振る舞いであり、身体と言語を持つ人間という実在それ自体が普遍的に他者に対して（自己の内部にある他者や、動物や自然などの非人間的な他者も含む）関わる行為である。従って、この行為と市場経済やそれに伴う情報通信システムとの関わりは、市場経済の側からだけでは捉えきれない拡がりを持つことになる。しかし、他面、コミュニケーションが市場の構造に深く関わっていることも事実である。言い換えれば、コミュニケーションが市場に接合される構造があり、この構造は、市場の枠をはみ出ると同時に、ハーバーマスのいうような生活世界の枠からもはみ出している。

右に述べたように、市場はそれ自体の固有のコミュニケーションシステムを持っているわけではない。コミュニケーションは、市場にとってはメタレベルのシステムである。言い換えれば、人々が言語や記号を駆使してコミュニケーションすることは、市場の前提条件である。市場は、このコミュニケーションのシステムを利用して、価格と商品の使用価値を伝達する回路を構築する。コミュニケーションは、他の物質的な財やサービスのように、全てが商品化できるわけではなかったが、逆に広告という使用価値の意味形成と、近代国民国家の代議制が必要とする世論形成のために、マスメディアがこのコミュニケーションの分野を市場に接合する重要な役割を果たすようになる。しかし、このことは、情報の商品化を伴ったというよりも、市場が必要とする情報を流通させる回路を資本と国家が整備したということである。このように資本主義の市場を支え、市場に付随するが市場の商品のように価格と使用価値を付与されて提供されるわけではない情報の回路が形成されたのがこの20世紀の資本主義の大きな特徴である。このような資本主義の市場にとって不可欠な、市場に随伴する制度を私はパラマーケットと呼ぶが、情報の回路はその典型をなすことになる。

（注4）小倉利丸『搾取される身体性』、青弓社、参照

パラマーケットとして制度化された情報の回路は、コミュニケーションのシステムとしていえば、個人相互の私的なコミュニケーションの自由を保障しながら、不特定多数に対する情報発信の回路は、主としてマスメディアや政府に与えられ、個人やその他の組織は一方的に情報を受け取る受動的な存在とされた。

こうしたコミュニケーションの環境は、国民国家の権力の制度との関わりでいえば、近代社会が民主主義の政体をとりながら、民主主義の理念ともいうべき、討議を通じての意思決定は、このコミュニケーションの構造に制約されて、極めて限定的な形でしか実現されてこなかった。一方で議会という限定された人々の間での討議によって、他方で、マスメディアが代弁する世論によって行われてきたに過ぎないという限定的な討議の空間が正統性を持ってきたのは、二つの理由からである。一つは、技術的な条件から、右のような限定的な討議の方法以外に、より有効な手段が見いだせないからであり、他方で、多くの人々にとって政治的な意思決定に積極的に参加することよりも、もっと他にすべきことや関心があり（あるいは場合によっては、そうした非政治的な関心が市場によって刺激されたとみたほうがいいかもしれない）、政治参加が投票行動のようなごく限られたもので十分だと考えられてきたからである。さらに、投票行動すらとらない人々が無視できない数を占め、場合によっては過半数を占めるようになる。ハーバーマスはこうした傾向を「市民的公共性の解体」（『公共性の構造転換』細谷貞雄、山田正行訳、未来社、284ページ）と呼び、大衆消費社会と広告、宣伝手法の普及現象と深く関わることを指摘したが、むしろ資本主義の成り立ちからみて、このような市民的な公共性は、解体する以前に、十分に形成される条件を持っていなかったというべきかもしれない。と同時に、市場を通じた権力作用は、抑圧ではなく、大衆に私的な生活における快楽を提供することを通じて権力の再生産を達成するというスペクタクル型の支配の結果でもある。

このように20世紀の資本主義は、コミュニケーションのシステムをパラマーケットとして市場に統合し、他方でこのコミュニケーションのシステムが国民国家の「想像の共同体」（ベネディクト・アンダーソン）を支える装置とし、また同時に、諸個人のコミュニケーションの条件をもっぱら受動的な情報の消費者として、また情報発信の相互性の領域を私的な生活世界に閉じ込めることによって、政治過程の合意形成を投票と代議制によって代位できる制度として形成することを前提として、その権力的な構成を維持、再生産してきた。こうしたコミュニケーションの機能は、明らかに個人の意思、とりわけ政治的社会的な意思の表明を押さえ込むものだと言えた。この押さえ込みは、大衆の消費者への転化による非政治的な存在へとつくりかえることと、政治的な意思表示の直接性を無効化する試みとして行われてきた。この意味で、コミュニケーションのガバナンスは、資本主義の権力の正統性を支え、市場を消費者の私生活へと媒介する重要な問題なのである。

●

インターネットを含めて、コミュニケーションのガバナンスを考える上で興味深い観点と言えるいくつかの議論を最後に取り上げておきたい。一つは、ハバーマスの公共性（公共圏）論に関連して論じられるコミュニケーションについての議論である。ハバーマスは国家と市場経済によるシステム合理性の世界とコミュニケーション的な合理性に支えられた生活世界という二元論を前提として、近代資本主義の官僚制批判、後期資本主義批判の手がかりを生活世界のコミュニケーション的な合理性に基づく合意形成に求めようとした。

花田達朗は、『メディアと公共圏のポリティックス』（東京大学出版会）のなかで、ハーバーマスのコミュニケーション論の空間性の観点が欠落していると批判している。サイバースペースは「関係のネットワークによるマトリックス」であり、コミュニケーション媒体の電子化によって脱物質化が進み「物質形態の手段および対象への支配によって基礎づけられてきた所有および権力関係に変化が生じ、また物質的条件との固定した対応関係から解放されたことになる」（同上、１１０ページ）と指摘した。公共圏のコミュニケーションは、こうしたサイバースペースを前提とすれば、ハーバーマスが想定するような相互行為には収まりきらない拡がりを持つことになる。言い換えれば空間構造は、ハーバーマスがその理想的な発話状態として想定した関係から大きく変容していることを指摘した。

この花田の指摘は正しいと思う。ハーバーマスは権力と貨幣がシステムによる生活世界の植民地化の媒体とする関係を指摘するが、こうした植民地化に先立つ生活世界は、革命があろうが近代化があろうが、そうしたマクロな社会変化から相対的に自立した一貫性を持つ民衆の生活の根源のようなものが想定されている。このようなモデルの場合、コミュニケーションのメディアはどのような関わりを持つだろうか。特に、インターネットのような、生活世界における大衆の双方向のコミュニケーション・メディアもあると同時に、政府や資本のコミュニケーションの手段でもあるようなコミュニケーションの技術は、どのように位置づけられるのか。この点に関しては、ハーバーマスの議論には大きな限界があることは確かだ。サイバースペースの新たな空間は、ユーザーインタフェースに関しては確かにある種の脱物質化を伴ってはいるが、しかし、同時にこの空間を支える環境、インターネットのガバナンスの世界での用語法でいえば「名前空間」の管理が、実際のコミュニケーション当事者の背後に隠されて機能するようになっている。公共性はこの意味で、ひとつの見せかけの空間として構築されているとも言えるのである。この点まで含めて公共性を捉えるとすると、公共性という場そのものをメタレベルで規定する、必ずしも公共性の規範には適合しない関係を論じなければならなくなるだろう。逆に、このコミュニケーションの空間を支えるインフラ部分のテクノロジーや政策の意思決定に公共的な討議の場が国境を越えて開かれることができなければ、公共性は公共性としての実質を獲得できない。ルフェーブルを引きながら花田が論じる「可能態としての公共圏」の議論はこうしたメタレベルの公共性を含みうるものであるとすれば、興味深い展開が期待できるだろう。

マニュエル・カステルのいう「フローの権力」もある種の空間性を伴った概念だと言える。カステルは情報経済の発展に伴って、国民国家の枠組みによって与えられた権力の構成が本質的に変更を余儀なくされ、「領土的な拘束を受けることのない権力」（『都市・情報・グローバル経済』大澤善信訳、青木書店、２７７ページ）が登場しているという点に注目している。こうした新たな権力の存在様式をカステルは「フローの権力」と呼ぶ。

「端的に言って、エリートはコスモポリタンであり、民衆は土着的［地方的］である。民衆の生活と経験が個々の場所に根ざし、それぞれの文化に根ざし、それぞれの歴史に根ざしているのに対し、権力と富の空間は世界中にくまなくいきわたっている。社会組織化が歴史と無関係なフローに基づき、いかなる種別的な場所の論理にもとって代るようであればあるほど、それだけグローバルな権力の論理は、歴史的に種別的な地方的／国民的社会の社会的・政治的統制を逃れて出てしまうものである。」（前掲書、２６２ページ）

このカステルの端的な指摘は正しい。とすれば、エリートのコスモポリタンを支える権力の有り様とはどのようなものか。国民国家の枠を越えてなおかつエリートの権力となるその根源にあるものは何なのか。権力は必ず制度を伴い、権力のための表象を伴わなければならない。なぜならばそれなくして権力は自らの存在を顕在化させられないからである。

カステルは、支配の空間的な意思表明がフローの空間でとる二つの主要な形態があると指摘する。一つは、閉鎖的で人的なネットワークである。カステルは「フローの空間は人格的なミクロのネットワークに投影されている、という仮説」（前掲書、２６３ページ）を採用する。典型例が金融ネットワークであるという。プライベートな会合での意思決定、さしずめ日本で言えば料亭政治という部類に属するものだろう。カステルが指摘するのは、こうした伝統的な人的な閉鎖的ネットワークが、「遠距離通信コンピュータを通して市場動向への反応を決定するという即時的意思決定過程のなかでも、依然として行われているのだということに気づくべきである」という。「つまり、フローの空間の結節点は、居住空間や余暇のための空間を含むものであり、本社機能やその補助的サービスの立地に即して、支配的機能を注意深く隔離された空間に集中させる傾向をもっている」(前掲書263ページ)

エリートの文化的種差性の第二の傾向は、どの文化にも帰属しないような、ある種のコスモポリタン的な閉鎖的でエリート主義的な文化である。それは、国際ホテルや空港のVIPラウンジ、ダイエット食、スーツなどのファッションから秘書、接待の様式などに至るまで、文化の相違を越えて相互に理解し合える儀礼の手続き(プロトコル)が存在するということである。こうした「文化的な一貫性」を通じて、フローの空間は、国境横断的なネットワークとなる。

このエリートが支配する国境を越えたフローの空間を彼は次のように描き出す。

「フローの空間の出現は、場所に基礎をおく社会および文化と、それによる統制を受けることなく社会を支配し続ける権力ならびに生産の機構との関節脱臼[disarticulation]を意味している。地球規模で循環する資本の力、秘密裡に移転される情報の力、すみずみまで貫徹されるなりふりかまわない市場の力、国民が知らないうちに決定された政治的、軍事的権力の地球戦略の力、それに市場化されパッケージ化され記録化されて人々の心の内外に直接差し向けられる文化的メッセージの力、これらに直面しては、結局、民主制さえもが無力となる」(前掲書262〜3ページ)

フローの権力に対抗する戦略として、カステルは、国民国家の枠組みにおける政府権力にかえて、むしろローカルな政府の再構築を提起する。すなわち、市民参加の促進と、地域を拠点としてグローバルなネットワークを構築することだという。そしてこの二つは新しい情報科学技術を基礎にして可能なことだとカステルは指摘する。

「市民のデータ・バンク、双方向コミュニケーション・システム、コミュニティを基礎とするマルチ・メディア・センターは、草の根組織や地方政府の政治的意志を基礎として市民参加を高める強力な道具である。地方自治体と世界とを結びつけるオンライン・インフォーメーション・システムは、フローに基づく機構を迎え撃つための重要な道具を提供するだろう。」（前掲書、２７３ページ）

このカステルの理解は、人々の存在の変化、とりわけ人々もまた、空間を移動する存在であり、情報通信技術を駆使してこの権力のフローと対抗することが可能であり、また、実際にそうした傾向を持っているということを軽視している。移民労働者は定住する人々とは異なる存在である。こうした移動する人々、とりわけ国境を越える多くの人々の存在が逆に権力をフロー化させることになったとも言えるのではないか。国民国家にかえてローカルな政府の権力を情報通信テクノロジーを背景に再構築する可能性を示唆している点は、評価できるが、それがグローバルなネットワークを展開する領土に被拘束的な権力に対抗する唯一の戦略であるとは言い難い。

これに対して、エチエンヌ・バリバールの『市民権の哲学』（松葉祥一訳、青土社）での議論は、他者に開かれた市民権を主張することによって、ローカルな闘争を資本や国家の思惑をこえたグローバルな市民権の思想へと媒介するヒントを与えてくれている。

市民的な権利、とりわけ、基本的な人権に属する権利は、闘争のなかで、闘争を通じてのみ獲得され、また維持される。バリバールは、１７８９年の『人間と市民の諸権利の宣言』にいう自然権とは、自由、所有、安全そして圧政への抵抗権であることを踏まえて、この自然権としての基本権とは次のようなことがらを意味するものだと述べる。

「まず蜂起によって、次に日常的な行使——それは結局のところ民主主義そのものなのだが——によって、市民自身が手に入れる権利である、またもちろん、この実践は、それぞれの権利に個々別々に関係するわけではなく、それぞれの権利が全体として形づくるシステムと関係する。・・・例えば、自由と所有はお互いに他方を必要とし、同様に安全は圧政への抵抗を相関項とし、抵抗は安全の条件であると同時に限界でもある。それによって、状況と関連して新しい形式をとり続ける市民権内部の弁証法に巻き込まれることになる」（前掲書、36〜7ページ）

この市民的な権利は、市民による国家への権利、つまり「行政への権利、公権力システムの設立への権利」を暗黙の内に含んでおり、自由はこの公権力や公的な秩序の市民によるコントロールに服する限りにおいて保障されるという構成をとる。バリバールは、市民権が制度化されることによって同時に、この市民権が要求する「安全」が国家による安全保障へと逸脱するという。マルクスが資本主義とその国家を一定の合理的なシステムとして論じようとしたのに対して、むしろバリバールは「国家の構造とその階級機能の分節化が合理的でも機能的でも全くなく、常に歴史的諸力の関係に依存しているということである」ということを強調する。闘争こそがむしろ近代国家が置かれた常態である。

バリバールが主として念頭においているのはフランスやEUで進行しつつある移民労働者への排斥の世論や政策に対して、「国民」という枠組みで保障される安全や権利への根底的な疑問だった。この疑問は、グローバルなコミュニケーションの世界では文字通りそのままあてはまる問題である。国際化やグローバリゼーションは、市民的な権利が国境で遮断されたり、国籍で差別されたり市場によって排除される構造を如実に示し、その抑圧をはっきりと示すことが多い。国境や市場経済の貨幣価値はむしろコミュニケーションの桎梏であり、国境と市場を異化する道筋が市民的な権利をめぐり闘争にはっきりと内在していなければならないことを示している。

少なくとも、市民的権利が自然権の具体的な制度化としての国家を要求し、この国家として制度化された権力の行使を正当化してしまえば、グローバルな市民的な権利へと開かれることはあり得ない。言うまでもなく、市民的な権利は抽象的な「市民」によってではなく、階級、ジェンダー、エスニシティといった多様な社会的分節がもたらす差別と抑圧からの解放のための理念としてのみ、その普遍性を主張できるから、市民的権利の問題はそれ自体が複雑であるが、少なくとも、近代の市民的な権利が国民国家が与える「幸福」や「安全」という城内平和によって保障されていればそれで満たされるということは成り立ち得なくなった、ということは共通の確認事項としてよいと思う。

人間の基本的な権利をめぐる共同の規範や自由への要求がこうして国家という保護者をむしろ必要としなくなり、市場のもたらす貨幣的な価値が逆に障害となるとき、インターネットのガバナンス、コミュニケーションのガバナンスという問題は、コミュニケーションの領域を一つの入り口として国民国家と資本の権力の問題と対決せざるを得ないところにゆきつくことを一つの課題とせざるを得なくなると思うのである。

出典：『現代思想』2001年1月号

労働概念の再検討――「労働の廃絶」論をめぐって

私に与えられたテーマ「労働概念の再検討」ということについて簡単に述べ、そこから徐々に現状認識、私が考えていることを述べたいと思う。

ひどく堅苦しいというか正攻法の形から始めることになるが、左翼の労働運動なり左翼運動の実践ということであれば、経済問題や労働問題を、学習の第一歩として、マルクスのテキストを扱うというのが常套手段だ。一応マルクスの労働概念を捉え返すということであるのならば、「労働過程論」が『資本論』の第1巻第5章「労働過程と価値増殖過程」に出てくるが、それを検討してみるというのはごく普通の方法である。

「労働過程論」でのマルクスの議論では、資本主義における労働を分析するという問題意識を持ちながら、「労働過程論」一般についての分析という体裁をとり、労働の本質規定や労働過程を考えるときには資本主義という特定の歴史的な社会を前提にしなくてもよいという一応の断り書きがある。前提にしなくてよいということは、商品生産であるかそうでないのかということとは関係ないものとして労働過程を考えようということだ。それはマルクスなりの言い方で言うと、使用価値の生産に焦点をあてて議論をしていくということ、「労働過程は差当りどのような特定の社会的形態からも独立に考察されるべきである」ということだ。従って、マルクスの趣旨にそって解釈するとすれば「労働過程論」に書いてあることは、どのような社会にも当てはまるようなものとして書かれているということになる。さらに言えば、人間が社会を形成する以上、どのような社会であっても労働過程は存在し、それがその社会を支える基本的な骨組みになるということでもある。しかし、マルクスが「労働過程論」で考えていた労働の定義では、人と人の関係のなかでの労働――あるいは人を労働対象とする労働――を問題にすることができない。人間が自然に働きかけて、必要なものを獲得するというマルクスのいう人間と自然の間の物質代謝過程だけが対象にされる。他方で、『資本論』では、資本主義の労働過程を特殊歴史的に形成されたものだと後で指摘される。そこでは、むしろこうした普遍的な人間の本質としての労働という理解は退けられて、労働そのものが当時の職人的な労働者や土地を奪われた農民たちの抵抗を受けながら資本によって作り出されたことが強調される。私はむしろこのマルクスの視点を生かしたいと考えている。(この点は拙著『搾取される身体性』青弓社参照)

ところで、普遍的なものとしての労働過程を見るマルクスの見方――それはまた、マルクス主義の通説であると共に「社会主義」諸国を含む近代社会のエートスでもあるわけだが――がどのような問題を含んでいるかをもう少し詳しく見ておくことにしたい。

ひとつは人間が自然に働きかける、例えば空腹だから獲物を獲るとか、という行為の前提にあるのは、何らかの「欲望」があり、その欲望を満たす活動として、人間にとって必要な使用価値を取得するという欲望充足活動がこれに対応するということ、つまり「合目的的行為」がひとつ。第二に、欲望充足の活動をどのようにして行うか、という目的に対する手段の選択が問題になる。プランを立てて実行する、という目的意識的な活動が労働過程には伴うと言われる。この過程は、素手で行われるわけではなく、道具や機械を使う。どのような労働手段を使うのかは、人間社会の発達の「測定器」あるいは社会関係を表示するものであるとも言われる。従って、どのような技術が用いられているのかは、労働過程の歴史を示すものになるという。

さらに、どのような社会にも当てはまるということでマルクスが述べていることのなかには、生産と消費の区別がある。これは自分が必要なものを獲得するための活動が生産である、あるいは、生産物の立場から見れば労働過程は生産過程であるという言い方もされる。要するに自分が必要としているものを取得する過程が生産であって、その取得したものでもって自分自身の〈労働力〉を維持したり、自分の生活を維持したりする、それが消費である、という区別である。そして、生産のなかで原料や機械などを使うことは、生産的消費に属し、それは本来の消費とは異なるというような区別もする。

従来、このような労働過程での議論は、資本主義の労働過程にも当てはまるというふうに教科書的には考えられてきた。しかし、実際にそうなのかと言えば、どうもあまりうまく当てはまらないことが多いのではないか、というのが私のマルクスの「労働過程」に対する批判の観点である。

労働過程は、特定の社会と関係なく考察できるものとは言えない。マルクスが暗黙のうちに労働過程として念頭に置いたのは、賃労働であることは明らかである。賃労働を念頭に置くことによって、労働という行為と労働でない人間の行為との区別が明瞭になり、そこから演繹して、労働過程一般を抽出する。宇野経済学の主張するように、資本主義という歴史的な段階のなかで労働という概念がむしろはっきりさせられてきたのであって、そのこと自体が、歴史貫通的な労働の性格を明らかにすることとは矛盾しないという解釈をとる立場もある。しかし、私は資本主義的な労働の概念を普遍的な行為としての労働に不当に拡張してしまっていると思う。つまり、本来普遍的でも何でもない労働と呼ばれる行為を普遍的な行為へと拡張し、そこから逆に資本主義における労働を普遍的な行為の特殊歴史的な表れとみなすというトリックになってしまい、このトリックに気づかずに、理論的に妥当な前提とみなして、この労働概念を新たな社会にも通用する普遍的な性質を持つものとして位置づけてしまう。これは資本主義的労働から資本の要素を引き算すれば（あるいは、交換価値の支配から使用価値を解放してやりさえすれば）それこそが解放された労働になるという素朴な進歩史観になってしまう。これでは、資本主義が生み出した使用価値を批判することができなくなる。資本主義の核エネルギーは否定されても社会主義の核エネルギーは肯定されるとかという奇妙な議論を正当化してしまう。最近のはやりで言えば、こうした発想は、「歴史の終焉」論の一変種であり、普遍的なものは絶対的なもの、あるいは真理の体現者でもあるということでいえば、批判を許容できない抑圧的で権威主義的な性格を労働概念に持たせるということにもなる。

しかし、労働だけで、人間の本質を語ることはできない。人間の持っている様々な側面を労働の優位性の下に抑圧してしまうという、非常に問題の多い考え方だと思う。

ところで、労働過程の定義の重要な柱として、欲望の充足のための対象物の獲得という定義があるが、資本主義では、労働者は自分の欲望と自分の行為とを密着させた行為を行っているわけではない。一般には、資本主義的な労働は、貨幣的な欲望を媒介として、具体的な欲望を充足することになり、労働という行為は、貨幣的な欲望の充足のための行為――極端なことをいえば、貨幣が獲得できれば差し当たり、内容を問わなくてもよい行為――となる。使用価値形成のための合目的的行為と言われるが、こうした資本主義の労働を踏まえたとき、「合目的的」というときの「目的」とは一体何なのか。実は、資本主義の労働は、そもそも欲望と行為の分離によって成り立っている。働いて貨幣を稼いで、生活に必要なものを買うということである。自分の欲望を満たすものを直接作っているわけではない。従って、使用価値についての合目的性は、労働過程論で想定されているようには成り立ってはいないのだ。

第二に、プランを立てて実行するということについて。これは、蜜蜂や蜘の巣作りなどと比較して、人間の計画的理性の特徴として指摘されることだが、これについては、ハリー・ブレイヴァマンが『労働と独占資本』（岩波書店）で議論しており、欧米では労働過程論争としてかなり議論されたが、日本では、ほとんど注目されなかった。彼がこの本のなかで言っていることにも関わるが、資本主義での労働では、プランと実行が分離されている。プランは資本家が立て、実行するのは労働者である。プランと実行の間の分離は、精神労働と肉体労働の分業という表現でマルクス／エンゲルスが『ドイツ・イデオロギー』などで強調していたことだが、労働過程論では、この階級的な分業が、抽象的に一人の人間の労働のなかに統合され集約されて表現されてしまう。従って、この抽象的な世界では、一応プランと実行が同じ人間がやっているということになる。これは、従来のテキスト解釈としては、資本主義が本来の労働のあり方――労働過程での労働――を歪めている、という解釈になってゆくが、そもそもの労働過程論での労働の議論は過剰な抽象化なのであって、これを理念としての労働の位置にまつりあげることは誤りと言わねばならない。

このプランと実行の分離問題は、労働者に対する資本家の管理など、幾つかの重要な問題を提起することになる。そしてまた、このプランと実行の分離と、実行者への管理という発想は、資本主義が農業社会から形成されたにもかかわらず、工業化と農業を排除する（か周縁化する）重要な契機が隠されている。資本主義における資本の運動を支える運動の基準は、一つには時間の効率性、もう一つが結果の確定性だ。時間の効率性とは、より早く、より多く、ということである。農業など自然を直接労働対象とする生産では、時間の効率性は自然の時間のサイクルによって制約される。工業生産は、時間効率を目指す技術変化の余地が極めて大きい。結果の確定性についても同じことが言える。自然を対象にする場合には、天候や予期せぬ事態によって裏切られる可能性は、工業生産に比べて大きい。資本主義が工業化として出発したことと、資本の持つ時間の効率性と結果の確定性という行動原理との間には、不可分の関係がある。そして、実は、この問題は、先のプランと実行をめぐる労働の関係に大きく関わってくる。つまり、時間の効率性と結果の確定性という要求は、生産過程で労働する労働者への資本の要求として現れるということである。労働者自身の行為を効率化し確定化させていくような技術が、生産の技術とともに開発されてゆく。19世紀の機械制大工業の発達自体が、労働者の身体の機械化の第一歩だった。そして、テーラー主義は労働者の身体そのものを機械とみなして訓練をほどこすという意味で、この機械化の頂点を意味するものだった。もちろん、テーラー主義は、人間と機械の本質的な差異を過小評価した点で限界があり、20世紀の資本主義の技術は、人間の非機械的な側面――感情、心理、価値観から性別などの人的要因――を操作するテクノロジーの開発へと展開していったと言える。産業心理学、精神医学からマスメディア、情報テクノロジー、さらには遺伝子工学といった学問の発達は、資本主義が人間の合理性に還元できない心的側面を最も問題のある要素とみなし、資本がこの意味での人間に対して何をなすべきと考えてきたのかを知る上で、こうした諸科学の発展の方向は、格好の指標と言える。同時に、資本にとって時間の効率性と確定性の上でもうひとつ問題になるものが市場そのものだ。市場のコントロールのために、資本は独占によって流通をコントロールし、需要の確定のために消費者のニーズをコントロールする様々なテクノロジーを開発する。ケインズ主義による総需要管理と国家介入からマーケティングの技術まで、これもまた20世紀の資本主義の主要な特徴を形成してきた。こうして、一方では労働者の問題、他方では、消費者の問題は、資本にとっての時間の効率性と結果の確定性という二つの行動原理——その上に価値増殖の効率性が成り立つわけだが——にとっての解決すべき主要な課題となってきた。

次に、生産と消費の区別についての問題に移ろう。生産的労働者が社会形成の主人公であるというマルクス主義の一般的な認識は、生産的労働者こそが社会変革の中核であるという実践的な理解と結び付いている。これは、ある種の神話と言うべきものであり、理論的には、何が生産で何が消費なのかははっきりしない、いやむしろ、生産と消費の区分線を左右しているのは資本による両者の間の線引き（定義の力）であり、生産的労働者主義は、この資本の罠に陥りかねないものだ。例えば、家庭内で食事を作るのは、家事労働で経済的には消費活動の一環だが、それをレストランの調理人がやれば生産的な労働として認定される。家で食事を作るのとレストランで作るのとの違いは、資本がどこまでの領域を生産過程として包摂しているかにかかっているのであって、生産と消費の境界は、資本の浸透度合によって動くものであり、普遍的な人間の活動に関わるものではない。生産的労働が他の諸活動と比べて優れた行為であるとか、社会的に不可欠であるということではない。単に彼／彼女の行為が、資本に包摂され剰余価値の直接的な生産者とされている場合に、生産的労働と呼ばれているに過ぎない。「あなたの仕事は社会的に意味がある」という資本の労働への動機付けのためのイデオロギーではあっても、社会変革のためのイデオロギーとすべきものではない。逆に、消費を優位に立たせようとする——これもまた大衆消費社会のなかで資本がとってきた戦略だが——こともまた同じ様に誤りであると言わざるを得ない。資本主義が生み出した労働の多くの部分は、資本にとっては必須であっても、それ自体が将来の社会にも継承されるべき労働であるべきかどうかは、十分な検討が必要だ。軍需産業で武器を生産する労働や核関連の技術に基づく労働は、むしろ廃棄されるべき労働であって、これらで働く労働者の働く権利が優先されるべきこととは言えない。こういった問題を論じられる行為のパラダイムが、資本主義批判の理論ではまだ十分ではない。

次に、現代資本主義に最も関わりのあるサービス労働、あるいは人を対象とする労働について述べておく。商業労働、教師などの教育労働、行政による住民管理の労働、資本内部のホワイトカラーが主として担う様々な管理的な労働、情報労働など、現在の労働の多くの部分は、物の生産に直接関わるよりも、人とのコミュニケーションに関わる労働である。では、人を対象とする労働は、労働過程論で定義されている労働とどの点で共通し、どの点で一致しないのか。通説では、商業労働や管理労働は、資本家の活動であり、いわゆる労働者の労働ではない、従って剰余価値も形成しないというが、こうした考え方は、現在の労働者階級の階級構成を前提にした場合、妥当しないばかりか、理論的にも疑問な点がある。「労働過程論」の労働は、自分の欲しい物を取得するために自然に働きかける、人が物(自然)に働きかける行為を指す。サービス労働は、これに当てはまらない。一般に、人間が人間に対して働きかける行為としての労働では、この労働の結果として、労働する側が自分の欲しいものを入手できるのではなく、この行為(サービス)を受ける側が欲求するモノを受け取る。これは、先に貨幣の媒介とプランと実行の分離によって資本主義の労働が欲望の直接的な充足行為とはならなくなったと述べたことと、本質的に別の話だ。この物にまつわる労働と欲望の分離は、資本主義的な階級構造に関わる分業の問題――システム分化の問題――だが、サービス労働については、こうした階級構造が存在しなくても、サービスの行為者がその行為によって自らの欲望を充足することはありえないという点で、基本的に別の問題である。この本質的な違いを考慮した労働運動の展開が今まで考えられてこなかったことが労働運動にとって重要な限界になっている。

商業労働や単純なサービス労働の場合に出てくる問題は、物の生産とは異なって労働者の意識を資本家的な意識に改造することを労働の性格として不可避とするということだ。例えば自動車のセールスをする営業マンと、自動車を生産している工場労働者とでは必要な労働の資質が全然違う。工場で働く労働者はどんなに資本家の悪口を言ったり、人当りが悪くとも物さえちゃんと作っていればいい。ところが、セールス労働者などは、名刺を出して車を売るという営業の行為が、利用者からすれば、それが一介の労働者であれ何であれ、会社を代表してやってきた人間とみなして接する。働いている労働者の愛想が悪かったり、コミニケーションがうまくいかないと、購買意欲を削がれるように、労働者の態度や意識が資本の売り上げに直接影響を与える。こうして、商業労働やサービス労働では、会社と資本を擬制して代表する者として労働しなければならない側面がある。この側面は、労働者の意識からすれば、自分自身を資本の意識に同調させないと労働そのものが成り立たないということである。これが物的生産労働と本質的に違うところだ。さらにもう一つ違うのは、こうした労働のなかで、相手の気持ちや考え方を変える、あるいは合意を取り付けるという労働がなされるということだ。これは直接の対人労働の場合だけでなく、書類を相手にするホワイトカラーの労働でもその書類が他の人の手に渡り、それが他人の労働に介入し影響を与えることによって、人の意識や行動を左右していく労働になる。当然労働者がどのような社会意識や価値観を持っているのか、ということが資本の価値増殖効果と密接に関わる。19世紀的な労働運動は、こうした人の意識を変えたり、資本家を代理するといった仕事を労働者が行うことを想定してはいなかった。言わば資本家的な社会やコミュニティがあるとすれば、それとは全く別の形で労働者のコミュニティや労働者としての階級意識を持った集団があり、この二つの階級意識のバランスや対抗・対立関係、摩擦や軋轢のなかで資本主義というシステムが成り立っていることを19世紀の労働運動は前提にしていた。こうした階級の分節化が明確な時代が20世紀以降徐々に解体する。そしてサービス化、情報化と呼ばれる構造が20世紀後半以降、先進国（資本主義中枢）において支配的となる。イギリスもサッチャー政権以降、労働者階級としての階級意識や階級としての自立性や労働者文化が大幅に後退していったと言われているが、一般に、サービス化状況が進めば進むほど、労働者が資本に同調しない労働運動を成り立たせていくことが困難な意識構造が出てこざるを得ない。こうなると、労働者の運動も資本家に同調した意識を前提とする運動へと変質し、労働運動が資本を補完する運動となってしまい、資本主義を根底から変革する役割を担うことが困難になる。

人間の本質イコール労働する存在という認識について幾つか問題があるが、労働イコール賃労働という常識がさらに人間の本質=賃労働と言うようにアレンジされて資本主義の労働する身体の形成を支えることになる。さきにも述べたように、労働なのか労働でないのかという区別そのものは資本が作り出したものである。その点を前提にして、労働への批判的なアプローチが必要である。資本に加担する労働を、労働であるということによって、暗黙のうちに擁護することが「労働運動」の主流をなすという運動の腐敗は、構造的な必然でもある。人間は必ずしも労働だけしているわけではなく、様々な非労働的な活動をする。その非労働的な活動を、むしろ労働が人間の基本だとすることによって差別する傾向も生まれる。例えば障害者や高齢者、病者への差別は、「労働の尊厳」意識と表裏一体の側面がある。こどもの人権の問題もここに関わるかもしれない。労働を賃労働としてのみ捉えてしまうと、労働の「意味」を賃金の額で評価するという根拠のない対応関係にとらわれてしまう。こうなると、高い賃金を得られる労働はそれだけ優れた能力の労働である、あるいは誇りをもてる労働であるといった賃労働相互の間の階層的な差別意識が形成されることにもなる。

●

マルクス主義のなかで労働問題の基本になるのは搾取の問題、剰余労働の資本による収奪だと一般に言われてきた。しかし、むしろ問題は、賃労働の全体、とくにそこで行われているいわゆる具体的有用労働の内実だ。剰余労働は、抽象的人間労働のカテゴリーに入るが、これとは違う具体的有用労働のなかで、自分が具体的にやっている労働そのものが労働者とっては自分の生き方に関わって重要であり、管理者との関係、管理する者とされる者の関係としての労働が労働運動のひとつの中心問題ともなってきたはずだ。賃金が問題になってくる場合にも、剰余労働と賃金の問題という問題の立て方では、資本の利潤と賃金を連動させる発想に陥り、資本の収益競争に巻き込まれかねず、資本によって構築された労働がもたらす否定的な影響への自己否定を踏まえた労働からの解放を構想しえないことになる。剰余労働論の論証可能性が実証主義的な方法にとらわれてきた悪しき現実主義を超える方法的な挑戦も必要だが、今この点への言及を避けるとしても、労働そのものの意味や労働以外の活動が、「企業社会」における労働中心の社会では無視ないし、軽視されること自体の問題性を問うことが必要である。これは、従来型の搾取論でも疎外論でも十分に取り組めない課題だと考えている。このように考えたときに、もう一度労働の意味を問うこと、実際に自分たちが労働をするということによって、何が奪われているのかということを捉え返す必要がある。私が労働の搾取ではなくて身体（身体というのは肉体と心を合わせた概念）の搾取という概念を提起するのはこのような労働を超えた射程で言い直すことが出来るのではないかと考えたからだ。

身体搾取論として、まず言いたいのは、労働の意味問題だ。仕事をする以上は、多かれ少なかれ仕事に対する意味付けや動機付けなくしては仕事を続けられないが、こうした日常生活での意味付けとは別に、より根源的なところで、労働の意味を問うことはできるのかどうか、あるいはマルクス主義の視座から労働の意味を正当化することはできるのか、このことを考えておく必要がある。そして、実は、個々の労働者の個別的な好みや資質を別にして「自分がこの労働を行う必然性はどこにあるのか」という問いに対して、合理的な解答がない、というのが資本主義的労働の本質である。自分の行為の正当化は、市場経済の合理性を前提としてですら困難であり、むしろ、行為の象徴的な意味作用によって、つまり、因果関係や合理的な判断を超越した価値観や文化的な世界感覚によって直感される日常意識が労働にはあるのだ、ということだ。たとえて言えば、近代世界は、天動説から地動説へと世界観が転換したというのが通説だとすれば、私はそうは考えていないということである。近代世界は天動説と地動説を感性的な日常生活の感覚と客観的な科学的な世界に振り分けて、それぞれに居場所を作って共存させ、本来矛盾するはずのこの両者の世界を調整する力を、近代世界を政治的経済的社会的に統治する権力が握るということである。同様に、前近代から継承された「神」の観念もまた、唯物論的な現世の秩序との共存あるいは調整を可能な場所を与えられる。こうしたことが可能なのは、人間が合理的な判断をその本質とする存在ではないからであり、言語や象徴的な表象を自ら創造することによって世界を構築する存在だからだ。マルクスが蜜蜂にはない人間の労働における構想力を示唆したとき、そこには合理的な建築物の設計や構造計算の世界が念頭に置かれていたにすぎないが、むしろ、それだけが蜜蜂の世界との種差をもたらすのではなく、対象に象徴的な意味を与えることができる一連の能力、とりわけ身体表現を含む言語の能力と不可分な意味の世界（記号や象徴などと呼ばれる場合もあるが）が、労働の意味を構成しているということだ。

資本主義的な労働は、前にも述べたように、貨幣に媒介された行為だ。つまり、金を稼ぐための「何か」だ。だから、金が稼げれば「何でもあり」でもある。このことが、資本主義の労働市場の流動性や労働者相互の競争を支えているとも言える。貨幣という量的基準による相互比較によって、質的側面は二次的なものになってゆくということでもある。しかし、他方で、労働への動機付けがある程度できないと、労働の意欲は低下する。労働の意味付けは、個人としての労働者ひとりひとりに個別に生起するものではなく、こうした意味付けを与えられる階層構造がある。日本であれば、それが学歴によって構造化される傾向が強い。従来、学歴は、熟練労働問題としてしか論じられてこなかった。これは教育が労働にとって意味ある能力形成のシステムであるという認識によるが、イリイチが指摘したように、教育の実学的効果は限定的であって、むしろ労働市場の選別と序列の象徴的な意味形成を支える制度として機能している点に注目する必要がある。

こうして、資本主義を支えている労働についての理解は、基本的には労働倫理としてのそれだと言える。倫理は、論理ではなく、「ねばならない」の世界である。言い換えれば、合理的な根拠は問われずに、それ以前の問題として処理される事柄だということだ。そして、多くの人々は、実感としてこのことを知っている。イタリアのアウトノミア運動のなかで「大衆的労働者」という概念が提起されたとき、それは従来の労働に誇りを抱く熟練労働者とは異質な労働観を持つ大衆の形成として言われた。いまやそうした状況が、物質的生産の単純労働の現場に限らず、ホワイトカラー層や女性労働者の間にも見られるようになってきた。こうした層を運動として組織し得ていないということが左翼の側の問題点であり、課題なのだ。

もう一つの重要な問題、消費について触れておく。消費過程は、マルクスの言い方を借りれば、〈労働力〉の再生産過程ということになる。自分自身の〈労働力〉を職場の中で消費してそれをプライベートな生活で再活性化する。このリフレッシュのための行為を消費活動と言い換えたりするが、〈労働力〉再生産としての消費という意味でいえば、常識的には非労働と分類される行為もまた、労働であると捉える必要がある。

資本主義社会のなかでは、生産と消費、労働と非労働、労働と余暇など、様々な言い方がなされるが、こうした常識的な分類を取り払ってみると、労働しているときもそうでないときも、ある種、労働に駆り立てられているというのが現代の人々の置かれている状態だ。こうして、私たちは消費に隠された労働問題を明るみに出すという課題を担わねばならない、ということになる。これは、一つには、フェミニズムからの問題提起としての家事労働問題、そしてさらに家事労働だけでなく、そうした広義の労働現場を超えた日常生活批判の視座ということでもある。消費生活のなかに資本は、その商品の価値ではなく使用価値を介して（資本が供給する商品の消費を通じて）非常に深く介入してきているということだ。この意味で、資本がライフスタイルを構築するヘゲモニーを商品を介して握っているということであり、資本だけがユートピアを与えることができるという実感もここからくる。言い換えれば、市場も国家も存在しない経済や統治を想像できず、資本が生み出してきた「豊かさ」以外の豊かさを想像できないという想像力の貧困が、資本主義に対する否定の潜勢力を削いできた、ということである。

こうして、20世紀の資本主義にとって、文化産業や意識産業が消費者と呼ばれる人々の日常生活のサイクルを作り出しているということが重要な意味を持つことになり、それ自体が反資本主義の闘争の主題になるべきものだった。フランクフルト学派のアドルノとホルクハイマーが第二次世界大戦後に出した『啓蒙の弁証法』（岩波書店）のなかに、有名な文化産業批判がある。彼らは、そのなかで、文化産業は、工場の外にある人々の意識を工場のなかで労働できる意識として常に再生産する機能を担う資本だと指摘している。つまり、人間の意識を常に賃労働を軸として組み立てる、その働きをするのが文化産業だというわけだ。この文化産業による消費者の操作は、主として娯楽を媒介とすると彼らは見ていた。ここで、彼らは、娯楽は労働の延長であるという理解を示す。娯楽を労働とみなす考え方は、決して私の専売特許ではなく、彼らのほかにも、アンリ・ルフェーブルやシチュアシオニストのドゥボールなど非正統的なマルクス主義のなかで言われてきたことでもあるのだ。

もう一つ、エンツェンスベルガーの例を引いておこう。彼が60年代に書いた本に『意識産業』（晶文社）がある。彼は、その中で、19世紀までの本源的蓄積の時代には搾取と言うのは、経済的、物質的搾取を意味していたが、20世紀に入ると、物質的な搾取ではなく、「意識の搾取」となるということが指摘されている。こうした視座は、資本主義の基本矛盾を私的所有として捉えるのではなく、人間関係に焦点を当てるという点で、私と共通するものがある。所有論は、物の所有関係を第一義的な問題として捉えるが、他者の意識を操作する、操作できる関係、そうした意識に対する所有と言えるような事態の重要性を考慮しなければならない。このことにエンツェンスベルガーはいち早く気づいていた。私はこうした考え方に多分に付着している疎外論的な捉え方を排除して、身体搾取論を組み立てようとしているに過ぎない。

文化産業や意識産業の機能は、政治的な同意形成の前提となる日常意識の形成だ。同意の形成というのは、グラムシの得意な議論だが、支配とは抑圧や強制と同義ではないということだ。むしろ支配は、同意形成能力であると言える。エンツェンスベルガーは、この同意形成力の基本要素として「精神産業」を位置付ける。つまり、マスメディアが非常に重要な機能を果たしていると指摘している。20世紀にはいって、資本主義は急激にメディアテクノロジーを進歩させてきたのもこうした背景があるからだ。それに対して、とりわけ日本の左翼は、19世紀的な活字のメディアに依存したメディア装置しか持てていない。この点で、メディア戦略を欠いたことが長期的に見て左翼の影響力の衰退と関係があると言えると思う。それは、情報資本主義になってますます顕著になっていると言えるのではないか。

しかし、アドルノ＝ホルクハイマーやエンツェンスベルガーの議論には大きな問題がある。それは、文化産業による大衆操作が強調されすぎるきらいがあるということだ。むしろ、文化産業の操作と大衆のなかに形成されるある種のカウンターカルチャーとの対抗関係をはっきりと描く必要がある。また、20世紀がもたらした「意識」における資本主義的な再構成のパラダイムとして、心理学や精神医学、あるいは精神分析といった分野、実学とアカデミズムの果した役割がある。資本主義的な秩序の周辺に、この秩序から逸脱せざるを得ない精神性を抱えた人びとが大量に形成される。労働倫理の資本主義的な形成は本源的蓄積の私的所有の形成に劣らず過酷な過程であり、人間の精神への破壊的な影響をもたらす。それればかりではなく、家族の変容からコミュニティの人間関係の変容、性愛の機能の変化（資本主義的な一夫多妻制）など意味の剥奪された行為としての労働への宿命的な依存など、いずれも精神性への負荷を生み出す。このことが精神医学の発達をもたらしたとも言えるのだ。

マルクス主義の基本的な認識との関連でもう一つ、階級社会論について、述べておこうと思う。通説の階級社会論で階級闘争とか、労働者階級という場合、毎日仕事して働いている人は労働者階級という階級に属するという区切り方を疑問なくしてきた。例えて言えば、電話帳に出ている人を皆リストアップして労働者と資本家の二つに分類できるという発想だ。しかし、人は様々な役割を担っており、労働者、家庭のなかで夫であったり妻であったり親だったりなどの役割を同時に担う。しかも、サービス労働やホワイトカラー労働など労働のあり方そのものが複雑になり、資本家と労働者の間の機能的な分業が19世紀の資本主義のようにはっきりとは区別がつかなくなり、その中間的な労働をする人達が増えてくると、単純に二階級に分類するわけにはいかなくなる。では階級は解体したのか。あるいは階級社会論は間違った理論なのか。私はそうではないと考えている。階級というのは、構造として理解すべきであり、資本の運動があって、そのもとで〈労働力〉として機能している人間集団があり、剰余価値を抽出する機構が存在することは階級構造の機構的な理論によってしか解明できない。階級は資本主義が成り立つ仕組みを説明するための構造的な概念として必須であるが、それを人を単位とした社会集団とみなして、人口を二分して、一方を労働者階級、他方を資本家階級とみなすと言うように定義すべきものである必然性はない。階級闘争とは、資本主義における剰余価値を形成する構造を破壊する闘争である。それだけのことである。この闘争にどのように関与するのかは、極端なことを言えば誰にでも開かれている。しかし、より多く資本に利害関係を持つ者は、こうした階級闘争を阻止する側に自らのアイデンティティを置くだろうということだ。性別、エスニシティ、年齢など様々な属性の役割を担う人が、自分がどういう生き方をしてゆくのか、また、どういうアイデンティティを持ちたいと考えているのか、それを階級という構造で一元的に決定することはできないということだ。エスニシティにこだわれば、自らの少数民族としてのアイデンティティを重視するだろうし、これが闘争の主要な課題となるだろう。闘争の領域は多様で多元的になり、それらの間で優劣をつけることはできない。むしろ、優劣をつけること自体が解放の戦いが抑圧へと転化する前兆とみたほうがよい。つまり、問題は、こうした多元性を前提とした組織論を私たちはいまだに充分に持ち得ていない、ということなのだ。

もうひとつは、労働運動や階級闘争など19世紀的な資本主義観で前提されていた事態は、労働者と資本家が別々のコミュニティと文化的なバックグラウンドを持っていたということだ。20世紀のマスメディアの発達は、そうした文化の棲み分けを解体してきた。20世紀に入って、大衆文化の様相は大きく変化し、現在のポピュラー音楽も、例えば黒人のコミュニティの音楽がラジオの電波によって白人のコミュニティの若者たちが聞くようになり、ロックのような新しい大衆文化が形成されてゆく、そうしたことが繰り返されてきた。しかし同時に、このことは、労働者のコミュニティといった従来の資本に対する対抗的な文化的基盤をもまた徐々に掘り崩してゆくことになった。ファシズムをはじめとして、電波のメディアを利用する体制は、「国民」的統合を全てに優先させる権威主義の体制でもあった。メディアはこうして、一面で階級意識を解体することにつながっていくが、労働者階級の側が逆の形でメディアの戦略をとれば、別の意義をメディアに与えることもできる、メディアはそうした闘争の領域を形成できる位置にある。

情報資本主義について、ひとつだけ述べておきたい。それは、工業化社会から脱工業化社会へという大きな流れがあるとすると、なぜこうした方向を資本主義はとったのか、ということだ。工業化の次は脱工業化だということは当然のようにして言われるが、なぜ脱工業化が現在のような形をとったのかについては、明確な説明はなされてこなかった。私は、この流れを20世紀の資本主義の展開の一つの必然的な帰結だと考えている。20世紀の資本主義が一貫して試みてきたのは、人間をいかに資本の効率性と確実性の原理に沿って操作しつつ、同時に資本主義的な主体性の発揮できる存在として形成できるか、ということだった。市場の原理に依存し、過剰人口や貧困を放置することは、全ての成人男女が参政権を保有し、結社の自由が認められている先進資本主義国では、直ちに政治的不安定と結びつく。支配不可能な自然は社会の周縁に追いやれても、人間そのものを社会から排除することはできない。人間の24時間を管理できる社会テクノロジーの革新、それが資本主義の関心だった。

大衆消費社会、あるいはケインズ主義は、それを物質的豊かさを媒介に実現するシステムだと言える。直接人間を管理するテクノロジーを持たなかった以上、人々を彼らが消費する物を媒介としてコントロールする、それは、工場で機械を媒介として労働者の労働をコントロールする方法と基本的な発想は同じものと言える。アントニオ・ネグリたちが「社会的工場」と表現したことには根拠があった。

人を直接コントロールの対象に出来るようになったのが情報資本主義の段階だ。コンピュータ・テクノロジーによって、情報処理能力が格段に向上したことが、人々の管理を直接可能にした。「大衆」としての人々の統合は、固有名詞をもった人々を一人一人管理できる情報処理能力がなかったからだ。しかし、今や、一人一人の固有名詞に即して、人々の行動を管理することは、個々の企業が顧客管理を行ったり、行政が住民管理を行い、消費者信用が普及してきたことに端的に示されている。情報資本主義は、物の豊かさを前提としつつ、情報によって人々の意識や欲求、価値観を直接操作し、また、物に象徴的な意味作用を加える、そうした社会だということだ。物質的土台が社会意識を規定するという唯物史観の定式はもはや成り立たない。なぜならば、社会意識そのものが資本の生産過程、すなわち物質的土台と呼ばれてきた領域に組み込まれ、土台そのものになってしまったからだ。こうして、私たちは、変革の主体といった表現を古くさいもののように感じる時代をも必然的に迎えたということになる。主体の消滅は、この情報資本主義の構造が必然的に生み出したものであるといえる。ということは、主体の消滅とは、20世紀の資本主義が長年かけて展開してきた資本の戦略の帰結でもあったのだということである。言い換えれば、主体の消滅に対して、私たちがなすべきことは、主体の創成なのだ。そのためには、主体の消滅を許してしまった私たちの運動——というよりはむしろ、マルクス主義の思想というべきだろうが——の問題を問い返すことがなによりも必要だということである。

このことに関連して、労働運動としての大衆運動の限界について述べておく。20世紀に入って、先にも述べたように、普通選挙権が普及し、労働者階級が政治過程に介入できるようになった。同時に、失業者であれ、家庭の主婦であれ、誰もが政治参加の権利を持つようになり、このことが政治的な課題を狭い階級対立の宥和という課題から消費過程を含む広範な領域へと拡散させた。国家は、人々の多様な要求を均衡化させる機構を確立することで、資本の価値増殖の永続化の土台を維持し続けてきた。もはやこうした状況のなかでは、労働現場だけが特権的な資本との対決の場とはいえなくなる。労働運動が社会的工場の労働運動として再構築されない限り、衰退は避け得ないというのは、このことなのだ。そして、こうした新たな領域設定のなかで、基本的に獲得すべき視座が労働のネガティブな視座だ。それは、狭い意味での労働時間の短縮ではなく、〈労働力〉再生産領域を含む労働時間の短縮、つまり、資本のサイクルからの離脱の方法の模索である。それは、政治的な課題であると共に、社会的、文化的な課題であり、多様性を保障できる運動の問題、メディアを含む組織論の問題でもあると言える。多分、そうした実践的な課題のなかで、マルクス主義が本質的に再構成されなければならないということだろうと思う。

出典：『Marxism & Radicalism Review』3号、1992年、「労働・労使関係・労働政治」第一回公開フォーラムでの報告。本書収録にあたって、口語体を文語体に変更し、加筆した。

グローバリゼーションと貧困時代の天皇制

天皇制とナショナリズムの問題を論じる場合に必ずと言っていいほど議論の出発点になるのは、戦前（戦中）と戦後の間に、決定的な断絶を設定し、この両者の間に両立し難い論理が横たわると想定して、前者を否定するか後者を否定するか、あるいは加藤典洋が言うような前者と後者の「ねじれ」、あるいは戦前の軍国主義者が戦後の民主主義者となる有り様をある種の「謎」として、ここに深い思想的な課題を見いだそうとする議論であろう。象徴天皇制は、1945年を決定的な分水嶺としながらも、戦前・戦中の国民統合の戦後への媒介項（継続性を担保する要件）として機能しつつ、戦前的な天皇制の要素をその内部に埋め込もうとする右翼、保守支配層の思惑と戦後民主主義という二つの変数によって、その性質が大きく左右されるというファジーな存在でありつつ戦後国家の統治に不可欠なイデオロギー装置として、はっきりと制度化されてきた。

戦前と戦後の切断については、例えば、「戦前と戦後をひとつながりのものとして見ようとする試みは、戦後の日本では、もっぱら保守派とリベラル派右派とによってになわれてきた」（加藤典洋『戦後的思考』、講談社、392ページ）という理解は、多分、左右を問わず共通の前提となっているかに見える。しかし、こうした戦前と戦後の一貫性は保守やリベラル派右派の専売特許ではない。むしろ、右派とは全く異なるスタンスで、左翼もまた、戦前と戦後の間には「ひとつながり」と言っていい構造があることを指摘してきたはずだからだ。戦前と戦後の分水嶺となる1945年は、日本の統治構造（政治過程）に大きな切断をもたらし、国家イデオロギーの領域では180度の転換と言っていいような深い溝を生み出した。他方で、日本の植民地支配からの解放を達成したアジア諸国とその民衆、そしてまた日本国内にいた朝鮮人や中国人にとって、この年の重さは他の何ものにも替え難いに違いないことは十分理解できる。しかし、そうであってもなお、政治＝イデオロギー過程のこの切断は絶対的なものでもなければ不可逆的なものでもなく、戦前と戦後の間にある「ひとつながり」の確固とした構造を揺るがすことにはなっていないという重要な側面を見逃すべきではない。

この一貫した構造とは、言うまでもなく日本が戦前も戦後も資本主義として、近代国民国家を維持してきたということである。国家の基本法である憲法は大幅に書き換えられたが、近代国家としての構造も、資本主義として、資本による経済の支配という構造も変わるところはない。日本は連合国よりも10年ほど早く植民地を喪失したが、資本蓄積の国内的な構造とこれを支える国家の経済機能は、「経済民主化」（財閥解体、農地解放、労働改革など）を通じてより深く西欧型資本主義経済と接合可能な構造を埋め込まれた。

その後の戦後復興は、対外的には冷戦体制への移行と朝鮮戦争を通じた特需と米国からの援助の受け皿としての戦時総動員体制の非軍事化を通じて、戦時期の体制が戦後に引き継がれた。この継承を支えたのは、米国のニューディール政策を支えたのと同じケインズ主義であると言っていい。ケインズは、主著『一般理論』がナチス政権下でドイツ語に翻訳された際に、ケインズ主義がナチス経済にとって有効な政策であることを自ら述べていた。第二次世界大戦の政治的な対立とは逆に、戦時期の日本やナチスドイツの国家経済と米国の戦時経済に共通する国家の市場経済管理の基本的なプラットフォームであった。同時に、戦後の国際的な経済体制として、ブレトンウッズ体制が連合国と枢軸国の双方にまたがって、国連に対抗する通貨、貿易、援助の体制になりえたのも、遡れば、戦時経済体制が政治的な対立を超えて、帝国主義諸国に共通した構造として構築されており、その真の敵は、ロシア革命以降現実化しはじめた社会主義・共産主義にあったという点に求めることができる。(注) 国民国家や帝国主義の軍事・政治的な敵対関係の背後には資本主義・国民国家として共通性が横たわっていることを踏まえたとき、政治＝イデオロギー過程における切断も全く通約不可能なほど体制の根源を断ち切る深い亀裂ではないということを理解しておく必要がある。

日本の場合、この切断の浅さは、資本主義としての継続性だけでなく、政治・イデオロギー過程における天皇制の存続として顕著に現れた。これはナチスのドイツともファシズムのイタリアとも決定的に異なる連続性の現れである。しかも、その存続を企図した米国や日本の支配層が最も恐れたのは、日本の社会主義革命と天皇制の廃止だった。彼ら支配層が恐れたのは、天皇制廃絶そのものというよりも、天皇制を国民統合の軸に据えて構築された資本主義的な国民国家としての日本が、社会主義へと体制を転換させることを恐れたというべきだろう。米国は、日本を共和制に基づく資本主義として再構築する方針を立てなかったし、資本主義を擁護する日本のリベラルな支配層からも

（注）そのロシア革命以降の20世紀の社会主義もまた、国民国家の枠組みを前提として、生産力のパラダイムを資本主義と共有することによって、その体制としての正統性を構築する（今になってみれば決定的な過ちだが）。

共和制への転換は主張されなかった。日本のリベラリズムのこの弱さは、近代国家としてそもそもの理念を構築できなかった弱さの現れである。戦前・戦中の日本の政治思想は、マルクス主義やアナキズムを除けば、その普遍的な理念を天皇制イデオロギーの土台の上に据えて偽装すること以外の選択肢を持ち得ないような状況にあった。非西欧哲学の典型とも言える西田幾太郎が戦時期に岩波新書として出した『日本の思想』にその無残な典型をみることができる。近代の超克というこの国の思想界で繰り返し言及される課題は、戦前・戦中はおろか、戦後にあっても、日本の近代が天皇制と不可分なものとして設計されてきたという問題を的確に指摘しそこなってきた。

戦後の市民的自由が保障された政治空間にあっても、一つの政治的な潮流を構築するような目的意識的な天皇制なき国家の理念を目指す努力は放棄されてきた。左翼やアナキズムのスタンスを取るものではない天皇制を否定する市民運動や民衆運動、あるいは宗教者の運動は、戦後も粘り強く続いているにもかかわらず、ブルジョワ共和制を主張する政治的な勢力が皆無であることが、現実政治において戦後の象徴天皇制を安定化させてしまっている最大の原因のひとつだろう。そして、このことが同時に戦後日本の市民的自由の脆弱さと密接に関わっている。

●

裕仁から明仁へ、戦後象徴天皇制は、その「象徴」としての国民統合の機能面からすれば、より盤石となるというよりも、むしろ多くの課題と弱さを露呈させてきているように思う。戦後象徴天皇制の制度設計の基本にあった「豊かさ」の幻想を再生産することを通じた「日本人」の物語の創造のための繋留点としての「皇室」の演出は、90年代以降の実体経済の破綻とグローバル化に対応できないまま、戦後の「皇室」の物語を後ろ向きに、豊かさの記憶へとつなぎとめるのがせいぜいのところのように見える。こうした脆弱さと反比例して、右翼は外国人排斥や朝鮮民主主義人民共和国への敵意をバネにした「日本人」や「日本民族」意識の醸成に積極的に打って出ており、こうした右翼的な気分が大衆の感性を掴みかねない危ういところにさしかかっているように見える。

裕仁も明仁も、天皇や日本民族を口実とした排外主義や、天皇の名のもとに繰り返されてきたテロリズムを一度も批判したことはない。1945年を境に、戦前戦中の天皇主義イデオロギーをあっさり放棄して敵国に寝返ったが、かといって植民地支配と戦争責任を自己批判したことはなく、それぱかりか沖縄を米国に売り渡した。彼らが担ってきた役割は、自衛隊の軍隊化への大衆の警戒心を解き、戦争で肥え太り先進国の仲間入りをして、経済帝国主義として復活した戦後日本の戦争依存の体質を隠蔽する恰好の「お言葉」として「平和」の言説を流布させるイデオロギー装置としての役割である。この偽装された平和の言説は、マスメディアを通じて流布し、「平和な日本でよかった」「日本人に生まれてよかった」といった類いの実感を大衆的な感性として形成し再生産する効果をもたらしてきた。学校教育に端的に示されているように、近代日本の侵略をめぐる歴史に居直り、正当化しようという歴史認識の改竄へと突き進んできた戦後の右傾化をふまえるとき、象徴天皇制は、「平和」に言及する一方で、天皇の名において行使されてきた戦後の右翼テロリズムに対しては一貫して沈黙することによって、テロリズムを事実上容認してきた。この不誠実さと不正義への寛容に対して、戦後の天皇は道義的な責任を負うべきであることを忘れてはならないだろう。

裕仁から明仁への天皇代替わりによっても、右に述べた象徴天皇制の本質は何一つ変わっていない。しかし他方で、新自由主義イデオロギーに支えられたグローバル資本主義への日本資本主義の資本蓄積の統合と湾岸戦争から「テロとの戦争」に至る新しい戦争状態に伴う日米軍事同盟の新展開というグローバルな軍事・政治構造の地殻変動が、象徴天皇制による国民統合の構造と機能にも重要な質的な変更をもたらさざるを得なかったことも軽視できない。代替わりが、これと重なったために、裕仁と明仁の象徴天皇としての差異に注目されがちだが、冷戦からポスト冷戦へという国際関係の大きな転換が、明仁の天皇としての役割の変質をもたらしたとみるべきだろう。

裕仁から明仁への代替わりの時代を踏まえた象徴天皇制のこの変化をどう捉えるか、大きく二つの考え方があるように思う。ひとつは、渡辺治に代表されるような国内政治の動向との関わりに注目した象徴天皇制の質的転換論である。渡辺は、裕仁の即位50年、60年、そして葬儀といった一連の天皇をめぐる大きなイベントがその都度マスコミによるセンセーショナルな報道と自民党や保守勢力による組織的な大衆動員の仕掛けによって、国家イベントとして盛り上げられる演出がなされる一方で、イベントの終了とともにマスコミも世論も天皇への関心を急速に失うことを繰り返していること、政権による天皇の政治的な利用が画策される一方で、こうした天皇の政治利用は「民衆のなかに『政治に利用される天皇』というイメージを植えつけ、天皇の権威を押し下げる」という逆効果をもたらすといった点を指摘した。(『戦後政治史のなかの天皇制』、青木書店)同時に、80年代の保守政治は、「アメリカ中心とした国際的枠組みを維持し、それを支えるために、日本は従来よりも能動的役割を分担せざるを得ない」が、こうした役割を果たせない最大の弱点が「軍国主義的ナショナリズムと国家主義的動員の欠如」にあると指摘した。「支配層は、今、この『大国』と『ゆたかな社会』を守るために、という名の下、支配の一層権威的な軍国主義的な再編を推進しようとしている。そのために天皇が求められている」という。(同上)他方で、渡辺は、軍国主義や国家主義としての国民統合のための天皇の必要とは逆に、明仁は、裕仁との差異化のなかで、自らの天皇としての「個性」を平和国家の理念の強調や学問を愛する皇室、環境問題への関心といった軍事や戦争への国民統合と直結するとは言い難いところに置いていた。渡辺のこの指摘が正しいとすれば、明仁は象徴天皇制に対して現在の国家が要請する機能とはかなり外れた役割しか果たせていないということになる。渡辺の右の指摘は1980年代のものであり、「民衆のなかでは軍事大国化への警戒心は強く、支配層は、自衛隊の海外派兵や、GNP1%枠の打破、非核3原則の廃止・修正の合意を獲得できていない」という段階でのことである。その後の日本をみれば明らかなように、日米同盟の変質強化とともに、日本の軍事的な役割は戦後の枠組みをもはや超え、「テロとの戦争」の一方の当事者として、明らかに戦争への動員の必要に迫られてきている。他方で、同時に、渡辺がいうような軍国主義の動員の核をなすような天皇の象徴作用を明仁が果たし得ているとは到底いえない。言い換えれば、明仁は平和国家の天皇という振る舞いを大きく逸脱することはなかったが、しかしその一方で、日本は自衛隊の海外派兵を実現し、軍事大国化を飛躍的に達成してしまった。こうした現実を前にして、天皇が語る「平和」が空疎なものにならないとすれば、同じ言葉が全く異なる意味を持つ言葉として機能しなければならないということになろう。天皇の語る「平和」とは、自衛隊の海外派兵が「平和」に寄与するものであるという文脈で解釈され、その結果として、自衛隊の海外派兵を正当化する大衆的な感性を形成し、派兵の背景を国家と資本の利益から切り離して冷静に批判する力を削ぐ効果を持つようになる。

もう一つの明仁の時代の天皇制についての批判的な議論として、タカシ・フジタニの分析を紹介しよう。フジタニは渡辺とは違って、日米軍事同盟と日本の軍国主義的な動員との関わりで象徴天皇制を批判するというよりも、むしろ経済のグローバル化を支える天皇としての明仁の役割に着目する。グローバリゼーションのなかでの企業戦略に利用される運命にあることを強調して次のように述べている。

「天皇はいまもなお、より大きな差別的なシステムと共鳴する日本の民族ナショナリズムを固定することに役立っている（中略）。このナショナリズムは、日本の経済を支えるために移民の存在を認め、植民地時代の被支配者だった人々とその子孫を一種の多文化的日本に包含するものの、同時に核となる正真正銘の日本人が何であるかという考えを放棄しないものである。現在、外国人労働者、植民地時代の被支配者およびその子孫に対して差別が続けられている証を見つけることはたやすいし、もし一段と厳しい経済的危機や世界戦争が起これば、日本の〈天皇制〉と無関係ではない人種的ないし民族的暴力の高まりを目の当たりにすることになるだろう」（「象徴天皇制の未来について」、C.グラック他『日本はどこへ行くのか』、講談社所収）

フジタニは、裕仁との比較で明仁に顕著なこととして、その積極的な「皇室外交」を指摘する。裕仁は在位中、71年の欧州7ヶ国訪問と75年の合州国訪問の2度しか海外に出ていないが、明仁は即位から10年間だけをとっても8回の海外訪問があることを指摘して、こうした皇室外交は、「日本企業のグローバリゼーション戦略と皇室のネオ国際化との密接な関係から目をそらすことはできない」と論じている。フジタニは「ネオ国際化によって皇室がナショナリズムの役に立たなくなったと言うのではない。むしろ逆で、コスモポリタンになった皇族たちが物理的にも象徴的にも日本に帰ってくるという事実ゆえに、彼ら皇族たちは国内のみならず世界各地に住む日本人に民族的アイデンティティを確認させる一要素」となっているという。また、フジタニは女性天皇をめぐる議論の背景には血の継承への危機という民族差別主義があり、明仁が言及する皇室における朝鮮民族との関わりへの言及は、むしろ戦前の「日鮮同祖論」にみられたように「非日本人」を取り込むと同時に「日本民族」を常に最上位に置くイデオロギーであったことを想起させるものだと指摘する。とりわけ明仁が旧植民地諸国に対して「多大の苦難を与えた不幸な一時期」といった「謝罪」とも受け取れうる言い回しによって、裕仁よりも「率直で内省的な君主」を装い、「自分が悔い改め、さらには責任も感じる主体的人格であるかのように国内外で振る舞う象徴天皇の出現」はむしろ大きな問題を孕んでいると指摘する。こうした発言を通じて、天皇はグローバルな日本企業の動向と不可分な役割を果たしているにもかかわらず、あたかも「日本人の共同意思を不思議にもなぜか反映する独立した主体であるかのような印象を与えてしまう」「そこには、あたかも全国民の利益のために行動する独立した政治主体であるかのように振る舞った戦前・戦中の天皇の姿が思い起こされて心地よくない」（同上）という。

フジタニは、明仁がグローバル化に伴う日本企業の多国籍化を背景とする「皇室外交」に着目したわけだが、他方で、この明仁の外交効果が同時に日本国内における民衆の国民としての統合作用に連動するような効果を発揮しているかといえばこれはかなり疑問だ。裕仁の時代には、天皇が国民統合の中核をなすような仕掛けが存在した。それは、マスメディアによる世論形成効果と戦前・戦中の戦争体験世代のなかの保守層が自民党の支持基盤でもあり、地域から全国に至る様々な保守系の大衆動員組織に組織化可能な存在としてあり、これらが相まって、天皇の「巡幸」、植樹祭、オリンピックなどの国際行事を通じて、国民的な統合を確認する大衆動員を支えてきた。上からの動員ではあってもそこには何らかの大衆的な自発性の発露も見られた。

●

そもそも象徴天皇制を廃止しなければならないのは、旧憲法下での戦争犯罪の加害責任をとることなく戦後に延命し現在に至っているという理由によるだけではない。戦後日本の政府もメディアも、戦後復興から高度成長、そして欧米と肩をならべる先進国となったことを、虚構でしかない「日本人」という民族性にあたかも実体があるかのように演出し、その上で「日本人」の優位性を証明するものだという、これまた虚構の言説を重ねてきた。他民族に対する優位という自民族中心主義＝差別の意識を市場経済の競争原理を隠れみのにして正当化してきたが、戦後の天皇の言説は、こうしたナショナリズムの心情を支える「国民統合」の機能を果たしながら、経済帝国主義として復活した日本資本主義の「成長」を日本人の物語＝イデオロギーとして再生産するものとして作用してきた。つまりこの国のレイシズムの背景をなしてきたのが天皇制の象徴作用であって、ヘイトスピーチとして噴出している感情と天皇制の存在との間には一貫した構造がある。同時に、象徴天皇制は、戦後の「繁栄」と「平和」の闇の部分である経済侵略や戦争への加担を「日本人」の物語から巧妙に排除する効果を発揮してきた。戦後ドイツのような戦争責任への向き合い方ができなかった最大の原因は明らかに天皇制を存続させたことにあり、その結果として東アジアの国際関係を大きく損なった。だが、そのドイツもネオナチの台頭と移民排斥運動が繰り返し登場するように、ナショナリズムそのものの問題は未解決だが、天皇制を存続させた日本は、ドイツ以上にナショナリズムがもたらす排外主義と自民族中心主義への傾きには深刻なものがある。

しかし冷戦後の象徴天皇制は、こうした意味での「日本人」の虚構を再生産できなくなってきた。その理由は、グローバル化のなかで自ら率先して採用した新自由主義政策が国内に貧困と格差をもたらし、もはや「日本人」という括り――70年代の「1億総中流」といった言い回しが典型だが――が成り立たず「日本人」という民族的な属性よりも階級的な分断がより鮮明になってきたからだ。しかも、インターネットの普及は、国民国家の「幻想の共同体」を支え、虚構を大衆が現実のものとして受容するのに不可欠なマスメディアの役割を大きく後退させ、その結果として「日本人」という括りによる世論形成効果が著しく低下した。既に高度成長期には、流動化する都市人口の増加と個人主義的な消費者社会は、町内会など伝統的な地域の動員組織を弱体化させはじめていた。マスメディアがこれを補完することによって、ナショナリズムの再生産に欠かせない「国民」的なイベントへの心理的な同調と実際の動員とを結びつける回路がこれまで確保されてきたが、これらが著しく機能不全に陥りはじめている。そして戦後世代が多数を占めるなかで、戦争経験を共通の基盤として「日本人」としてのアイデンティティを形成する戦争の記憶（アジア民衆の記憶とは共有されることができていない敗北した侵略者としての記憶）の共有もまた著しく困難になった。その結果として、国家イベントにおける天皇の空疎な「お言葉」の文脈を読む想像力に支えられてきた「日本人」としてのアイデンティティが拡散し弛緩するようになった。これは、近代国民国家としての日本を支える「日本人」というアイデンティティそれ自体が衰退したということではなく、「日本人」のナショナリズムが現在の日本の支配体制を支持する方向に収斂しなくなっているということである。ナショナリズムの拡散と弛緩とその結果として、明るみにだされかねないナショナリズムの闇やその虚構の亀裂に対して、支配層やナショナリズムの運動の担い手が最も大きな危機感を抱き、ナショナリズムの再構築へと動く。

グローバル化と貧困のなかで登場してきたナショナリズムの再構築運動は、マスメディアを媒介とした上からの動員を触媒とする大衆動員に代わって、インターネットを駆使した下からの自然発生的な装いという性格を色濃く持ち、貧困と格差による「日本人」の階級的な分断の現実を「日本人」と「外国人」という分断線にずらしながら、階級の問題を「日本人」の職を奪う外国人というストーリーに作り替える。そして近代日本が「日本人」のナショナリズムを再生産する上で「日本人」の民族的優位性を誇示するために繰り返し利用してきた「他者」としての中国人や朝鮮人、あるいはアジアの人々への偏見と排除意識が、右に見た文脈のなかで、「日本人」のナショナリズムを再構築しようとする右派の言説（それはマスメディアが取り上げない分ネットを介して口コミで流通する力をつけてしまったのだが）を通じて、今ここにある「日本人」のナショナリズムの再構築にとって最適な歴史の集合的な記憶に結びつけられて正当化される。

急速な右翼大衆運動の台頭の理由に、貧困の拡大のなかで、貧困層のなかから「職を奪う外国人」への敵意が生み出され、これを右翼勢力が利用しているという見方がある。右翼のプロパガンダとして「職を奪う外国人」キャンペーンがあり、こうしたキャンペーンが主として貧困層のルサンチマンを味方につけようとしている。今の状況は、高円寺の素人の乱やフリーター労組、反貧困ネットなどの広い意味での（20世紀のそれとは切断された）対抗運動に対する右翼と保守支配層からの反撃というある種の階級戦争の様相を呈している。この動きは、日本に固有というよりもグローバル資本主義の中枢に共通した傾向である。貧困層は、失業や不安定な就業が資本の合理化と新自由主義政策を進めてきた政府の政策の結果であることを怒りをもって感じ取っているし、職場で働く外国人労働者の劣悪な環境をよく知っており、ここには敵対ではなく連帯の可能性もあるはずだ。他方で、急速な経済成長によって日本の先進国としての地位を脅かし始めた中国に対しては、この巨大な人口を抱える国を単なる「市場」としてのみ捉えて新たなビジネスチャンスとみなす新自由主義ナショナリズムが正当化され、ここに内在している日本の脅威となる経済力に対するルサンチマンを民族的な敵意へと誘導する政治力も働いており、こうした面でみれば、むしろ敵対的なナショナリズムを支える層は中間層から上の階層であると推測することもできる。こうしたナショナリズムの再構築は、その核にある天皇制の制度設計を「戦後」という枠をとりはらう方向で見直すことにつながらざるを得ないだろう。こうしたナショナリズムの再構築の運動は、改憲の過程に連動して改憲を誘導しようとすることは間違いない。

グローバル化と貧困のなかで拡散し弛緩したナショナリズムの現状をふまえたとき、裕仁から明仁へと続いてきた戦後の象徴天皇制は、その制度設計そのものが大きく機能不全に陥っている。右翼の外国人排斥運動と歴史修正主義が大きな脅威となりつつあることは事実だが、これは、むしろ天皇制に抗ってきた私たちの側の運動もまたグローバル化と貧困の時代を見据えた新たな運動論とこれを支える理論構築ができていない結果であるとも言えるのではないか。反天皇制運動に限定していえば、戦後という括り方で論じうる象徴天皇制は、右に述べたようにある種の終焉を迎えたという理解が必要である。その上で、今現在の天皇制の変質を右に見たようなグローバル資本主義の構造とその内部の敵対関係の有り様を戦後という文脈で語られてきた思想や政治ではなく、そこからの質的な転換を図りつつある危機の中にあるナショナリズムの新たな矛盾として掴み取る包括的な認識を獲得する必要があると思う。このことは言うまでもなく、思想や理論の課題であるだけではなく、経済と軍事のグローバル化と貧困に抵抗する民衆の運動にとっての課題でもある。

出典：『インパクション』170号、2009年

「砦」か「檻」か——富山県立近代美術館裁判から得たこと——

富山県立近代美術館による「遠近を抱えて」と図録『86富山の美術』の非公開、売却・焼却処分をめぐる控訴審判決で、私達原告は見事逆転敗訴の判決を受けた。現在最高裁に上告し、最後の審判を待つという状況にある。(注1)

裁判の結論はまだ当分先のことになると思うが、裁判を闘ってきて、幾つか思うことを書いておきたい。一つは、裁判で闘う意味について。もう一つは、私が裁判を通じて感じてきた「美術館の意義」について、裁判という法律上の土俵からは論じ切ることの出来ない問題について私個人が考えていることを書きたいと思う。

裁判を始めた当初から、裁判に対して懐疑的な意見を私の友人を始め幾人もの人からもらった。原告としてともに裁判を闘ってきた人たちのなかでも、本音のところで言えば、裁判の有効性に疑問を抱いている人が少なからず存在

(注1) 控訴審判決が今年(2000年)2月16日に名古屋高裁金沢支部で言い渡され、原告のうち24名が最高裁への上告の手続きをとった。民事訴訟の場合、最高裁への上告は、自動的には受理されず、憲法判断に関わる場合や、過去の判例に照らして判例違反と言える場合などに限られる。そのため、上告の手続きも、上告理由書と上告受理申立理由書の2通を用意し、最高裁が上告を受理することを決めて始めて実質的な審理が行われることになる。上記2通の書類は4月21日付で最高裁に提出された。これらの書面では、とくに新たな主張はなく、控訴審判決の誤りについて、従来からの主張と提出した書証をもとに、主として憲法違反の処分であることを中心に展開した。最高裁では、法廷が開かれることはまれだと言われている。判決文がある日突然代理人のもとに届けられるケースすらあるという。ただし、控訴審の判決を覆す場合とか、重要な事件だと最高裁が判断した場合には法廷が開かれることもあるという。本件の場合、今後どのような扱いになるかは本稿執筆段階(4月末日)ではまだ明らかではないが、場合によっては判決までに数年かかることもありうる。

すると思う。かくいう私も、決して裁判での闘いがその労力に比例した実質を獲得できるとは思ってはいなかったし、今でもそのようなことへの期待は大きくはない。では、なぜ、裁判を闘ってきたのか？

端的に言えば、今回のような作品の展示・公開に対する美術館や行政からの干渉や検閲は、芸術論や作品論によっては解決できない問題であって、美術館という「制度」、あるいは自治体や政府が管理する公共施設における表現の自由の問題である以上、こうした制度を支える法、政治、制度と対決しなければならないのであって、そのための法的な対抗手段の一つに訴訟がある、ということだと私は考えている。

言い換えれば、美術表現が、公開・展示されるための「場」の問題は、作家と作品との関係のなかで純粋に完結するなどということはありえないし、また、これに鑑賞者を含めて、作家、作品、鑑賞者という3者の関係によって完結するものでもない、ということである。この3者の関係は、必ずどのような場合であれこの3者が出会える「場」を必要とし、この「場」を組織する「制度」の媒介によらねばならないのであり、制度の意志は無視できない、ということである。近代の美術では、こうした「場」は、サロン、ギャラリー、美術館などによって組織されてきた。

例えば、次のような考え方がある。作品への検閲や不当な抑圧（これは戦後の日本でも繰り返し引き起こされてきたことだ）に対して、作家がとるべき態度は、自らの作品の制作を通じてこうした制度の不当な干渉に立ち向かうことであり、政治的な振る舞いや法的な異議申し立てなどに労力を費やすことは消耗なだけだとか(注2)、干渉や検閲を受けたとしても問題を「表沙汰」にするとかえって美術館などの態度を硬化させ、作家にとっては不利益になるとか(注3)、あるいは干渉や検閲をおこなう美術館側に非があるのではなく、美術館側の許容範囲を判断して自主規制することを怠った作家の判断の甘さを暗に批判し、こうした「トラブルメーカー」としての作家を厄介者扱いする傾向など、いずれにせよ美術館など制度の側による干渉や検閲に寛容な傾向が、この国の美術の世界にはあると私は思ってきた。

しかし、美術館や美術行政が作品発表の「場」を組織する大きな力を持っている以上、作家が場合によっては文化行政の方針や意志決定に対して異議を唱えるということは、作家自身の表現の自由にとって不可欠な権利行使であると思う。作家にとっては、自らの作品の公表の回路を確保する活動は、作品制作の延長にあり、美術館が行政の政策的な意図をもって運営されるとすれば、こうした美術館への異議申し立てがある種の政治的な発言とみなされるのは、そもそも美術館自体が政治的な制度だからであって、現代の美術がこうした「場」の政治性を（隠蔽することはできたとしても）回避できなからにほかならない。しかし、作家が作家である以上、まずもってなさねばならないの

（注2）日本の美術はそもそも政治嫌いである、という「神話」がある。これは多分60年代から70年代くらいを境に成立した都市伝説の類であって、実際は違うと思う。少なくとも1950年代なかばまでの日本の美術は政治的な動向と切り離すことができない。50年代の美術ジャーナリズムを論じる上で欠かせない『美術批評』のバックナンバーを一瞥すれば明らかである。しかし、政治性は50年代後半から60年代にかけて表現における「前衛」にとってかわってしまった。理由は、戦時期の戦争責任問題についての総括の不十分さであると私は考えている。トリスタン・ツァラが「シュールレアリスムと戦後」（『美術批評』55年2月号）を書き、アンドレ・ブルトンらの戦後のシュールレアリスムの脱政治性を厳しく批判したが、こうした観点は結局日本のシュールレアリスムには受け入れられず、戦前に政治的な観点を自主規制して書かれた瀧口修造の『近代美術』が戦後になっても再三復刊され、現代美術のある種の「バイブル」的な位置を占め続けた。他方で、当時大きな影響力をもった共産党は、リアリズムの新しい流れを受け入れられなかっただけでなく、既存の美術館やギャラリーなどとは異なる芸術表現のための自立した空間の獲得には関心を示さなかった。

（注3）裁判沙汰にすることで、余計行政や美術館の態度をかたくなにするのでは、という批判がある。これは、間違っている。波風を立てることは、作家にとっても鑑賞者にとっても「得」なことはない、という暗黙の計算が働くことは避けられない。この「計算」こそが、実は民主主義社会とか自由な社会がもっている自主規制としての検閲なのである。行政や美術館にはその表現の内容に関して一定の限界があり、非芸術的な要素による政策的な価値判断を持っている。その限りで、ある種のかたくなな態度をとっているのだが、裁判といった「事件」にでもならない限り、そのかたくなさは露出しないだけである。作家に無意識の自主規制をさせ、観客にいかにも芸術の自由あふれる雰囲気があるかのように演出し、そうした空間を組織することが美術館の機能である。裁判だけでなく、作家や鑑賞者の異議申し立ては、こうした「自由」の欺瞞をあからさまにするために、美術館はこれを嫌う。美術館が嫌うことをやることは発表の機会を奪われかねない作家にとって「得」なことではない。これが制度の抑圧なのであり、芸術をめぐるポリティックスである、ということを自覚しておく必要がある。

は、創作活動による表現行為であって、美術館への異議申し立てなどという行為は、これをないがしろにすることだという「空気」が、作家の政治的な行動を暗黙のうちに自主規制させ、また芸術を政治から分離し、結果として現代の芸術を成り立たせている政治的な制度の前提への異議を封じ込めているように見える。こうした考え方を私は明らかに間違っていると思う。制度への抵抗や異議申し立てを、作家の創作活動、表現行為という形で、作品へと還元することは、問題のすり替えだからだし、表現を具体的に実現する空間的な条件は、政治的な制度と切り離すことができないのが、近代の(そしてポスト近代においても)条件だからである。

しかしまた、制度による干渉・検閲に対して、言論による批判は必要であり、それが「世論」としての拡がりを得れば、場合によっては制度の側の態度変更を促すこともありえよう。(注4) しかし、こうした言論による批判は唯一の手段ではない。制度を変える強制力を持たないからだ。当たり前のことだが、干渉・検閲は具体的であって、その解決もまた具体的、個別的に干渉を排し検閲以前の原状に復すことを実現できなければ、問題の解決にはならないから、こうした原状回復を追求することが第一に必要なことである。今回のように、ある作品が非公開となったり売却された場合、この「事件」の解決とは、作品の買い戻しと公開以外にないのである。とすれば、どのような手段を講じれば作品が買い戻され、公開されるかを検討し、実行することが必要なことである。これは、極めてプラグマティックな事柄であって、面子や建前の問題ではない。作家が作品を制作することを通じて実現するであろう何らかの新たな表現行為や、この「事件」への論壇や画壇などでの議論がいかに活発かつ生産的に展開されたとしても、この「事件」の当事者たる行政と美術館がその態度を変えない限りは、こうした表現行為は「事件」の解決とは関係がない。制度の態度を変えさせる行為は、明らかに、一定の力の行使であるから、政治的な行動であり、一旦こうした「事件」が起きてしまい、その解決を企図するとすれば、行為の政治性は免れない。制度が課した抑圧に対しては制度と立ち向かい、これと闘う以外にない。

このことは、「鑑賞者」にも言える。(注5) 作品への不当な干渉や検閲は、作家の表現の自由への侵害であると感じる鑑賞者は多くいるが、自分の表現の自由が侵害されたなどと感じるものは多くはないのではなかろうか。制度が課した抑圧の問題は、多くの鑑賞者にとっては作家にとっての「事件」としてしか感じられず、自分自身もまたこうした抑圧的な制度と関わる主体であるなどとは感じない。しかし、制度が課す検閲や作品への干渉は、多くの場合、鑑賞者の名において正当化される。「公序良俗」にいう「公」とは民主主義社会であれば世論である。「遠近を抱えて」問題でも、繰り返し持ち出されたのは「一般県民の感情」なるものであった。少なくともこうした状況のなかで、検閲を正当化する「世論」なるものが捏造され、操作されたものであって、決してわずかばかりの客観性も持ち合わせていないということをはっきり主張できるのは、この「世論」や「一般県民」なる集合に、行政によって勝手に繰り入れられた鑑賞者が自ら異議を申し立てる以外にないのである。そして、訴訟の過程で、鑑賞者が法的な手段を始めとして、とり得る手段を駆使することは決して無駄なことではなく、作家以上にこうした権利行使が有効であることもわかった。(注6)

作家たちが作品で「勝負」し、鑑賞者たちがひたすら展覧会に足を運び、作品の出来を批評し合うということだけで物事が進み、その影で行われる検閲や干渉に対する制度との衝突が回避され続けるとすれば、いったいどのようなことになるのだろうか? 多分、表向きはなにひとつ波風もたたず、作家たちはやがて、制度の壁を感じることなく、制度の枠内に収まる作品をむしろ作家本来の創作活動の結果として生み出し、従って、制度が作家の作品制作や表現

(注4)「世論」がこうした検閲行為をチェックする客観的、中立的な存在だと言いたいのではない。「世論」を味方につけようとする行動は行政側も積極的に行うであろうから、「世論」のあり方そのものもまたポリティックスの結果なのである。

(注5)「鑑賞者」は現代美術の世界では、19世紀的な意味でのそれとはかなり異なる位置付けが与えられているし、作家、作品、鑑賞者の3者関係のある種の解体が繰り返し試みられている。本稿ではこの点を念頭には置いているがあえて「鑑賞者」という言葉を使う。以下、本当はカッコつき鑑賞者なのだが、わずらわしいからカッコはつけない。

の自由を侵害するなどと感じることもない、そうした芸術環境が出来上がってくる。作家は自由であり、鑑賞者も自由である。誰も何ひとつ不満を持たないのであれば、一体どこに表現への弾圧だとか、検閲などということがありうるのか?制度が目指すのはこうした意味での「自由」である。

裁判で闘う、というのは、行政や美術館という制度の決定を覆す手段として私達に残された数少ない手段である。公開運動のなかで、美術館との交渉、署名運動、議会への働きかけなど、様々な運動が行われたが、美術館は交渉を拒否し、署名運動は実効性を持たず、議会の多数は行政の判断を妥当と考える状況のなかで、私達に残された最後の手段が裁判だった。(こうした経緯をたどったこと自体が私達の運動の限界であった)裁判での闘いは、法的な枠組みのなかで闘うことであり、問題が芸術の作品に関わるとしても、裁判で問えるのは、行政の意志決定の違法性の有無だけである。芸術についての様々な議論を法廷の場で開陳することはいくらでも可能だが、しかし裁判所の判断はこうした芸術の本質論のような議論には立ち入らないだろうし、「表現の自由」の問題だからといって、抽象的に表現の自由を論じるのでは不十分であり、必要なことは、あたかも重箱の隅をつつくようにして、行政の行為や行政が自ら作りあげた条例や規則の類いを調べて、行政の行為をこれら法令と照らしてその誤りを発見して追求することなのである。「遠近を抱えて」について言えば、マスコミも含めて「世論」が作品、図録の処分に賛成したことはないし、美術界でも(本音はどうあれ)富山県立近代美術館の措置を諸手をあげて賛成するなどということはないから、「世論」的には私達に分があるのだが、裁判所はこうした「世論」に影響されはするものの、最終的には形式的、手続き的に見て違法かどうかが決め手になる。例えば、公立美術館での作品の売却については、前例がないとか、常識で考えて収蔵作品はパーマネントコレクションとなるのが慣例だとしても、規則や条例にこうした規定がなければ、作品の売却は、他の物品同様に可能であるから、売却のための事務手続きに瑕疵がなければ、合法ということになりかねないのが現在の裁判の実情である。少なくとも裁判で闘って、実質的に勝つための最低限の条件はこうした芸術とは一見何の関係もない消耗な作業を行うことである。しかし、これで私達が勝利したとしても問題の本質的な解決とはならないだろうが、行政の美術館としての行為には一定の歯止めをかけることはできるのである。

裁判所の判断の方法が、唯一正しい法的な権力のあり方かといえばそうではない。裁判所は、憲法が定めた抽象的な「表現の自由」の権利に照らして判断するのではなく、個別の法令や条例など下位の具体的な法的な定めがなければ、いくら憲法で「表現の自由」が規定されていても、私達ひとりひとりが主張できる権利とは認めてくれない。しかし、こうした裁判所の立場とは別に、少なくとも表現者や鑑賞者の側の権利として、抽象的であっても「表現の自由」の権利を主張するという立場はありうるし、そうした主張をはっきりと打ち出す必要がある。今回の場合で言えば、作品処分が表現の自由にとって、深刻な抑圧となることを、個別の法規（作品処分権を定めた会計規則など）の形式的な合理性を超越して主張する考え方である。これは、極めて困難なことだが、行政や制度の側が「表現の自由」を、美術品の所有権や管理権などを巧妙に駆使しながら規制している現状にあって、私たちがとりうる立場は、抽象的な「自由」の権利を対置させながら、行政による隠された検閲の制度を打ち砕く以外にない。

（注6）「遠近を抱えて」の公開運動が最初に富山で起きたときに、私たちは「大浦作品を鑑賞する市民の会」というグループを作った。設立当初、このグループは作家とは何の関係もなく、作家に対して特に共に行動することを要請することもなかった。パンフレットに寄稿を要請したことが2度あるだけだ。私たちは、公開運動の「主体」として鑑賞する者の運動を模索した。情報公開条例や特別観覧制度を駆使したり様々な試みを行った。他方で、作家たちもまた、独自に運動を始め、やがてこれらが共同歩調をとるようになった。皮肉なことに裁判の過程で、作家は売却した作品への権利についてはなきに等しいが、鑑賞者が県民であれば主権者としての権利が、またそうでなくとも鑑賞者としての権利は作家よりも保障されていることがわかった。一審で勝訴したのはこうした鑑賞者の権利に基づくものであったが、2審ではこの点で敗訴した。しかし、作家の権利は一審でも全く認められなかった。

ところで、次のような問いかけがあり得るかも知れない。もし私たちが行政の不当な干渉や検閲を一切はねのけられるような理想的な状態に到達したとして、そのときには美術館はどのような「制度」であるべきなのだろうか？私は、こうした意味での理想的な美術館というのは、美術館という制度の本質からして、自己矛盾だと思う。美術館は芸術のための表現の自由を制約する制度とはなりえても、それを解放する理想的な制度となることはありえないと思う。「遠近を抱えて」の公開運動を訴訟という形式で展開してきたので、美術館についての、その否定的な見通しを含む原則的な観点を述べる機会はあまりなかったので、ここではこの点について私の考えていることを書いておきたい。

美術館は、作品を展示する空間であることを通じて、作品が「作品」になり、私達鑑賞者が「鑑賞者」となり、「作品」の背後に作家が立つ、という極めて伝統的な芸術の3者関係を組織する制度である。そして美術館は、この3者の関係を成り立たせる空間を管理し、作品の「意味」を構成し、鑑賞者を啓蒙し、作家を動員する。美術館は、美術や芸術のための表現空間であるから、美術館の展示や作品は芸術の範疇に含まれることになる。それがどのような表現であれ、美術館という空間は、それ自体でその内部に含まれる表現物を芸術という範疇に転換する意味の機械であり、従って、芸術の範疇に組み込まれた表現は、それがいかに実践的であろうとも、いかに反芸術であろうとも、それは芸術なのであり、芸術に還元されることになる。美術館だけでなく、美術ジャーナリズムや美術と称するカテゴリーを構成する諸制度は、美術というカテゴリーを構成する領域の制度である。

こうした制度は、アカデミズムの学問の自由同様、その領域において認知されたものに対しては、最大限の自由を保障するように振る舞うが、同時に、あらゆる自由は、この領域のなかに限って例外として保障されるだけのことである。動物園の動物は、動物園という制度を認め、檻の中で生きる自由は最大限保障されるが、檻そのものや動物園という制度を否定する自由はないのと同様である。現代美術は、こうした近代的な芸術上の自由の制度そのものが動物園の檻の中の自由にすぎないことを直観し、この檻そのものを相対化したり無化する試みとして成り立ってきた。他方で、美術館はこうした現代美術の様々な逸脱した試みを、制度の側に回収する装置として機能し続けてきた。逸脱した表現を次々に「芸術」として認知し、美術、芸術のカテゴリー内部に押さえ込み、この逸脱した表現が決して社会的な逸脱行動にまで拡大することのないように慎重に白い壁の内側に隔離してきた。芸術の表現はいわゆる言語による「言論の自由」ではなく、行為を伴う「表現の自由」と深く関わり、従って、言論の自由よりももっと本質的な意味での自由を要求する。だからこそ、現にある制度や価値観を保守しようとする側にとっては、芸術のための「制度」＝檻が必要なのである。

美術館とは、この意味で現代美術が無条件でその存在を肯定的に前提できる制度ではなく、逆に、美術館が果してきた芸術というカテゴリーにおける弁証法的な役割を自覚した上で、このゲームに乗るのか、それともこの決まりきったゲームそのものをひっくりかえすことにするのか、そのどちらかなのである。

原則論からいえば、私は、もはやこうしたゲームに参加することにはほとんど何の意味もないだろうと思っている。言い換えれば、結果的に美術館という制度を再生産したり創造的な意味を制度の側に簒奪されるようなこの種の弁証法に加担することを拒否することが必要なのである。

先に、作家、作品、鑑賞者という3者の関係が制度抜きには成り立たないということを書いたが、現代美術はこの3者の関係に対して常に疑問を呈し、この3者の境界を揺るがす試みを繰り返してきた。作家によって制作されたのではない作品（レディメイド）であるとか、鑑賞者であると同時に作家にもなるインタラクティブな作品とか、作品とその外部の境界を意識的に曖昧にする環境芸術やインスタレーションなど、制度が形作る作家、作品、鑑賞者、あるいはこれらを取り巻く空間の力学が、作家にとっても鑑賞者にとっても窮屈であって、この関係を解体したいという自己否定的な欲求が常に存在してきた。現代美術を扱う美術館は、こうした現代美術の基本的な欲求を理解した上で、この欲求を美術館の空間のなかに呑み込む仕掛けを持っている。現代美術はこの意味で、美術館の表現の自由の許容範囲を押し拡げることに貢献した。しかし、結果として美術館は常にこの3者の関係を再生産し、作品の「意味」を占有し、さらに作品を物理的にまで独占する。現代美術と美術館は、美術というカテゴリーを再生産する弁証法の悪循環のなかに閉じ込められてしまう。「遠近を抱えて」の公開運動や訴訟は、作品の再収蔵と公開によって、美術館が制約している「表現の自由」の枠を押し拡げるために是非とも必要な闘いだし、その意義は大きいのだが、だからといって、このことによって「遠近を抱えて」をめぐる行政の価値判断や支配的な美術界の沈黙が打破できるということにはならない。言い換えれば、美術館という制度の制約なしに作品を公表できれば今回のような作品の死蔵や図録の廃棄などはありえなかった、ということを考える必要があるということである。

しかし、もしこうしたことを射程に入れて「表現」を問題にするとすれば、現にある表現の制度を前提として成り立つ「作品」そのものもまた、無傷ではいられないだろう。作家、作品、鑑賞者という3者の関係を解体し、背後の組織者としての制度の意志を打ち砕き、既存の意味での作品という範疇での表現ではなく、制度への拒否の表現を模索する以外にないからだ。「芸術の自立」という近代の観念は、この自立の制度の政治性が露出することによって自壊することになる。芸術がその行為と表現に込めた創造性は、芸術というカテゴリーの檻に囲い込まれるべきものではなく、社会化されるべきものであり、そうなることによって、その創造性は生きることになる。(注7)

●

富山県立近代美術館の裁判も大詰めを迎えている。裁判そのものの結果がどのような形で出されようとも時間の経過のなかで否応なく「事件」は風化し、記憶に残る歴史的な事件とはなりえても、現に今ある美術館や表現の制度を問う同時代性には欠けるものとならざるを得ない。

富山県立近代美術館の「事件」を経験するなかで、私は、多くの良心的な美術館関係者の支援を受けてきたから、この点では深く感謝するものだが、しかし、大勢としてはむしろ、美術館の「檻」を制度的に保守することの意志は揺がなかったし、むしろそうした意志が極めて強固なものであることを改めて確認できたと思う。こうした負の経験を現在に生かすとすれば、この裁判を通じて確認された美術館や行政の文化政策という制度の意志に対して、より根底的なところから異議を申し立てる観点や方法を模索することではないかと思う。美術館はもはや芸術にとって意味ある存在ではない、と言いたいのではない。むしろ逆である。現代美術にとって美術館はこれと立ち向かわなければならない大きな「壁」としての「意味」を持っている、と言いたいのである。

これは、芸術をかいかぶりすぎているだろうか？いや、そんなことはないと思う。そもそも、私達（鑑賞者であるか、作家であるかという区別とは無関係に、「私」たち、と言うのだが）の日常的な行為規範や倫理や価値に、芸術は常に様々な方法で（ということは、言語や色彩でということには限らない）違和感を表明し、場合によっては異議を唱えてきたからだ。その意志表示を実践的な回路に媒介することが必要なのである。芸術がアートであろうとする限り、こうした実践的な社会の改造と無関係であるようなあり方は、文字通り無意味な行為でしかないだろう。芸術の自立性？そんなものはあったためしがない以上、また再びありもしない芸術の自立の幻想にしがみつき、美術館に展示された作品なるものをありがたがることはないのである。

（注7）多くの場合、パブリック・アートのような美術館という空間の外部で展開される芸術もこうした制度の外にあるわけではない。わい雑な雑音に満ちた空間を静穏な展示場空間のように「清潔」に保ったり、街興しで観光客を呼び込むための手段というのが、行政や企業が考えるパブリック・アートだから、街路などの公共空間の美術館化でしかない。文字通り、美術館という制度から解放された空間でのアートを模索するのであれば、日本の場合、街路における「表現の自由」は日本の美術館同様極めて抑圧的であるから、パブリックな空間は決して自由ではないし、美術館と無関係でもない。

このエッセイは、裁判の感想からずいぶん離れたものになったかもしれないが、現在の私の偽らざる気持である。多分読者の皆さんのなかにはいろいろ反論もありうるかと思う。出来る限り議論にはお応えしたいと思う。

出典：『あいだ』53号、2000年5月

プロパガンダ表現を解体するプロパガンダ 1989年の美術

旧ソ連や東側諸国では、私たちが戦後の現代美術のカテゴリーに含めるような作品が公式の規範としての社会主義リアリズムのイデオロギーと方法に反するために、反体制芸術とみなされることが多かった。言い換えれば、西側の現代美術の様々な表現様式、例えば抽象表現主義、ポップ・アート、キネティック・アート、ランド・アート、コンセプチュアル・アートなどやインスタレーションによる展示、パフォーマンスによる身体表現などから、さらには現代美術とはいえないが宗教的なモチーフを持つ伝統的な絵画まで、様々な傾向を、この反体制芸術は含んでいたと言える。

このような意味での反体制作家たちは、第二次ロシア・アヴァンギャルドと呼ばれて、戦前ロシア革命期のロシア・アヴァンギャルドと比較されることもあるが、その継承関係はむしろ薄い。ソ連の現代美術家として西側で最も成功した一人としてよく引き合いに出されるイリヤ・カバコフは、戦前のロシア・アヴァンギャルドの影響をほとんど受けていないと断言している。事実ソ連国内では、リシツキー、ロドチェンコ、タトリンなど、戦前のロシア・アヴァンギャルドの作品の展示が行われるようになるのは70年代以降であり、反体制作家のほとんどは、これらの作品すら見ることが出来ない環境にあった。（注1）

戦後のソ連現代美術が特に活発になってくるのは、スターリン死後、フルシチョフによるスターリン批判によってやや表現の自由の兆しが見え始めた50年代後半以降のことだ。１９５９年にアメリカの絵画と彫刻展がはじめてモスクワで開催される。この展覧会でポロック、デ・クーニング、ジョージア・オキーフなどがはじめて展示される。そして60年代に入ると、反体制アーティストたちの様々な活動が活発になってくる。合州国は、冷戦下の文化政策として組織的に自国の文化の海外への普及を通じて、ソ連や社会主義の文化的な影響力を阻止する政治的な戦略をとってきた。

抽象表現主義はこの文化戦略の重要な一翼を担っていた。（注2）日本やヨーロッパに合州国の芸術が積極的に紹介されるようになるのは、決して自然な文化発展の結果などではなく、極めて意図的な政治的背景を持った生臭い出来事だったのである。もちろんこのような政治的な文化戦略があることなど知りようもないとはいえ、ともかくもこうした環境のなかで、反体制作家が大きく影響を受けたのは、自国のアヴァンギャルドの歴史からではなく、むしろ同時代の西側の芸術の動向だった。

スターリン以後のソ連の現代美術は、１９６２年のモスクワ芸術家組合の30年展で、出品作品がフルシチョフの激

（注1）Interviw, David A. Ross, *Ilya Kabakov*, Phaidon, 1998, London.

（注2）比較的早い時期に、アメリカによる東側への文化戦略についてレポートしたものに、Eva Cockcroft, "Abstract Expressionism, Weapon of the Cold War," *ART FORUM*, June 1974がある。また、最近のものとして以下を参照。Frances Stonor Saunders, *The Cultural Cold War*, The New Press, New York, 1999.

怒を買い、以降再び表現への締め付けが厳しくなるなかで、公的な発表の場がなかなか得られずく現代美術の作家としての収入も見込めないなかで、お互いに支え合いながら自宅を開放するなどの工夫を重ねながら続けられた。

70年代に入るとグラフィック・アーティストたちを中心に反体制芸術運動が盛り上がりをみせる。なかでも最も有名になったのは、1974年7月にモスクワで開催された野外展である。この展覧会に当局はブルドーザーを動員して排除を強行し、4名のアーティストが逮捕された。この展覧会は、the First Fall Open Air Show of Paintingという名称なのだが、むしろ「いわゆるブルドーザー展」という名称でソ連体制下での反体制芸術弾圧の象徴的な事件として語り継がれることになる。

こうして、60年代を経て70年代以降、ソ連では、非公式ながら、西側同様、様々なカテゴリーの現代美術の作品がみられるようになった。例えば、抽象表現主義(ベリウチン)、キネテイック・アート(ドゥビゼニーグループ)、ランド・アート(インファンテ)、アクション・ペインティング(ミハエル・クラーコフ)などや、コンセプチュアル・アートのイリヤ・カバコフ、ポップ・アートのコマールとメラミッドなど西側でよく知られるようになる作家が登場するようになる。(注3)

しかし、皮肉なことに、1980年代のグラスノスチ、ペレストロイカ以降、反体制作家の存在理由は逆に危ういものになってしまう。カバコフは、ティヴィッド・A・ロスのインタビューの中で次のように語っている。

「ソビエトの時代には、みんな防空壕で生活しているような感じだった。外では戦争が行われている。しかし、みんな防空壕では一緒だ。親友同士のように、お互いに親密で、情報をやりとりした。それほど親しくなくても芸術的に言えば、お互いに尊敬しあった。ペレストロイカとは、この戦争が終わったということだ。サイレンは鳴り止み、ドアは開かれ、外に出ることができた。30年間にわたって築かれた親密な結び付きがここで終わった。これが平和の代償であり、倫理的な観点からいえば、多くの人たちにとって、真の悲劇だったのだ。（注4）」

1988年7月サザビーズはモスクワで「ロシア・アヴァンギャルドとソ連現代美術」のオークションを開催した。ここでいうソ連現代美術とは言うまでもなく、かつての反体制芸術である。かつての反体制の作家という立場が今では国際的なアートマーケットで商品としての価値を持つことになった。このオークションでグリシャ・ブルシキンの作品が記録的な高値で落札され、こうしてソ連のアートシーンは、西側の市場に呑み込まれることになってしまった。

市場に呑み込まれることによって、国家の検閲や検挙に脅え、展示の自由もないソ連の体制では得られなかった自由を確かに多くのアーティストたちは手にすることができるだろうと期待した。しかし、国家にかわって、市場がある種の検閲者として立ちはだかることになった。市場での価値が認められなければ美術館や画商は購入しない。「自由」な市場の下に隠された検閲（それを西側の観点では決して検閲とは呼ばないのだが）は、彼らが希求してやまなかったであろう芸術的な自由、さらには人間としての自由にいったいどれだけ近づき得るものだったのか。

●

西側の自由が、東側の体制の中で想像されたものと大きくかけ離れていることを最もよく体験していたのは、早い時期にソ連から西側に移住したアーティストや、短期間であれ西側での生活を経験したことのあるアーティストたち

（注3）以上の記述は、下記を参照した。John E. Bowlt, "The Soviet Nonconformists and the Legacy of the Russian Avant-Garde," *FORBIDDEN ART, The postwar Russian Avant-Garde*, Curetorial Assistance Inc., Los Angels, 1998.

（注4）前掲*Ilya Kabakov*より。

だった。（注5）

カバコフとともに70年代から西側で活躍してきたソ連のポップ・アートとも言える「ソッツ・アート」の作家、コマールとメラミッドは、移民のアーティストが直面する「二重の存在」をソ連体制下と比較して次のように語っている。

「共産主義下にあって、ロシア人は二重の存在を強いられた。反体制であることはこの二重基準を打ち破ることだった。つまり、私的に語り合われることを公然と語ることである。これが自由の持つ意味だった。ニューヨークではこうした意味での自由をあえて主張したり闘いとる必要はなくなった。政府は、弾圧することはなく、むしろサポートさえしてくれる。こうしたなかで、移民のアーティストは新たな二重の存在のなかで生き延びることを強いられた。つまり、クリエイティブなアーティストとしてと同時に、資本主義的な『ビジネスマン』として。（注6）」

ソ連・ロシアに戻ることを選ばなかった作家たちですら西側のシステムを賛美していない。例えば、ニューヨークに移住したウラジミール・ヤンキレフスキーは、モスクワのサザビーズ・オークションについて、アートを「荒廃させ、無意味にさせる。アートに価値を与えるのは、ニューヨークの大金持ちであり、…オークションは、ニューヨークのビッグマネーによるロシア・アートの取得を象徴している。」と手厳しい批判を語っている。また、アートは「日常生活の現実に対する人間の反抗である」と語るブラートフは、ロシアではこれは、悲惨な生活への反抗だが、合州国では、反抗や反体制的な行動は同化させられ、対立は、他のアーティストたち、つまり、市場での競争相手の形で現れると指摘する。

ドナルド・クスビットはこうしたソ連、ロシアからの移民のアーティストたちがアイデンティティの喪失に直面しているという。

「アートの自由は合州国では混乱をきたす。人は、自分の好きなように作品を制作する自由がある。……しかし、制作されたアートは、もはや内面の自由あるいは精神的に重要なことではない。というのは、アートがそこにおいて展示するように運命づけられている制度の恩恵を受けているからである。

このことは、内面的な自由よりもマーケティングやパッケージングに大きな関心が寄せられるということである。精神的な自由すら有効性を持つためには市場化され、パッケージ化され、商品化されなければならない。これがアメリカのやりかたである。アートが認知されるためには市場で売れるものにならねばならず、美術館はギャラリーともども市場システムの一部である。

このなかで生き抜くためには、アートは、ギー・ドゥボールが指摘したように『スペクタクルの社会』と呼ばれるものの一部に組み込まれなければならない。ロシア移民のアーティストたちはこのことを学んだ。[注7]」

彼らの作品が商品として扱われることにロシアの作家たちは妥協と屈辱を感じざるを得ないということになるが、それなくしてはシステムに認知されることもできない。このことは、ソ連型の社会主義か、それとも合州国のような資本主義か、という二者択一の選択肢のいずれもが、芸術的な自由を保障するものではないということを示してい

（注5）移民のアーティストについては、以下の文献による。Donald Kuspit "New York Contra Moscow, Moscow Contra New York: The Battle in the Soul of the New Russian Immigration Artists," 前掲 *FORBIDDEN ART, Postwar Russian Avant-Garde*, p.154.

（注6）同上。

（注7）同上、166ページ。

る。東西冷戦後の私たちは、この冷戦が生み出した二項対立のどちら側にも託すべき未来はないというところにたどりついたわけだ。

●

80年代の社会主義の体制下に登場し、体制崩壊後もそのアヴァンギャルドの表現が西と東を幾重にも超越する特異な芸術運動が東ヨーロッパの小国、旧ユーゴのスロベニアに見いだせる。ノイエ・スロベニッシュ・クンスト（新しいスロベニア芸術）、略してNSKと呼ばれる運動がそれである。NSKは、1984年に設立された組織的な文化的政治的な運動、潮流で、設立当初の構成グループは、音楽集団のライバッハ、美術のアーウィン、演劇のサイピオン・ナサイス・シスターズ・シアターである。NSKは、共同の理念を立て、イデオロギーとアートにまたがる領域で活動することを目的意識的に追求した。この点で、個人主義的な西側のアーティストやアートの運動とは決定的に異なるものだった。

80年代のNSKは、集団的な作品制作、政治と芸術の統合を主張するなど、東側の社会主義リアリズムが持つプロパガンダ芸術と共通する傾向を持つとはいえ、ユーゴ社会の矛盾からも目をそらさない態度をとり、場合によってはあからさまな対立を招いた。例えば、NSKを構成するグループで、西側でも最もよく知られる音楽集団、ライバッハは、その名前をナチス占領時にスロベニアに命名された国名から借用しており、その集団主義的なパフォーマンスのスタイルも含めて、ネオナチという誤解を受けることもあり、長年公開での演奏が禁じられた時期があった。

NSKのなかで美術に関わる集団がアーウィンである。アーウィンは、ユーゴからスロベニアが分離独立を表明する80年代末ころに、「レトロ」と彼らが呼ぶ独特な表現方法を用いた作品を多数制作した。「レトロ」は、伝統的な絵画のフレームと表現の手法を用いながら、全く新しい政治的文化的なメッセージを込める一つの方法論である。アーウィンは「レトロ」は過去の様式を引用するが、しかしそれは明らかにその作品が存在する今ここにおけるコンテキストのなかでしか解釈しえない、という。だから、「歴史的な事実はその特殊な内在的な性格を失い、時の流れの中でのその役割を失い、日常の意識的な経験に転化する」(注8)のだが、その様式を歴史から借用することにより、歴史の記憶が喚起されざるを得ないわけだ。

例えば、レーニンの肖像を用いた作品には「自由は東からやってくる」というタイトルがつけられている。社会主義の体制は、公式見解では、階級的な対立を克服した自由な社会であるから、このタイトルは文字通りの公式を提示しながらその「自由」の内実を問うものになっている。"FIAT"はもっと多くの意味を喚起させる作品だ。作品の下に描かれた「FIAT」の文字は、イタリアの自動車メーカーを想起させるが、イタリアはかつて、ナチス占領の前に一時期スロベニアを占領していた国であった。そしてまた「FIAT」という言葉には、自動車メーカーの固有名詞だけでなく、ラテン語の聖書の創世記にある「光よあれfiat lux」を意味する。この作品のFIATの文字は、よく見ると星条旗と重ねて描かれている。これは、FIATに象徴させた西側世界、特にヨーロッパの背後には米国が控えているとも解釈することができるかもしれない。そして、画面全体に比してキリストのイコンが極端に小さく貧弱に描かれ、金色の背景が全体を支配している。

アーウィンが「レトロ」によって、一見すると極めて伝統的な絵画の枠組みを利用しながら、そこに政治的なメッセージを込める転用の技法を駆使したとすれば、音楽集団のライバッハは、それを音楽とステージで試みた。ライバッハは80年に、スロベニアの炭鉱都市トルボブリエで結成された。先にも述べたように、ユーゴ時代は、レコード

(注8) 1984年4月"Retro Principle. The Principle of Manipulation with the Memory of the Visible Emphasized Eclecticism——The Platform for National Authenticity," *PROBLEMI*, no.6, *Ljubilana*, 1985 in New Collectivism ed., *NEUE SLOVENISCHE KUNST*, AMOK Books, Los Angels, 1991.

は出せてもコンサートが禁じられていた時期が長く、87年になってやっとスロベニアを中心に国内での演奏を開始する。

1992年、ライバッハは「KAPITAL」というタイトルのアルバムをリリースする。言うまでもなく、このタイトルは、資本主義を意味するだけでなく、カール・マルクスの主著『資本論』のタイトルでもある。このアルバムでは、彼らの主要な関心は東側を統合した西側のシステムに向けられる。西への統合を彼らは、基本的にアメリカ合州国の支配への屈服とみなす。西ヨーロッパ諸国は、アメリカに対して劣等感をもった帝国主義にすぎない、という。そしてこの西側の体制を「全体主義」だという。例えば、東側の集団主義対西側の個人主義という対置をライバッハのメンバー、ノヴァクは否定して、西側にあるのは、個人主義ではなく、企業主義（コーポラティズム）だという。

「企業のパブリック・エンターテインメント産業において、個人やパーソナルな自由の成功（アメリカン・ドリー

Freedom Comcs from the East,1989,IRWIN WAS IST KUNST

"Fiat",1989,IRWIN WAS IST KUNST

ムの実現）のユートピア・プロジェクトは、彼らの欲望や集合的な深層の上に重ねられた幻の存在を目論む匿名の諸個人からなる大集団によって慎重に操作され、教化されている。（マイケル・ジャクソンの現象のように）」[注9]

だが話はこれで終わったわけではない。さらにライバッハはその後、94年11月、ユーゴ内戦時のサラエボの国立劇場で大規模なコンサートを開催する。このコンサートは「Occupied Europe NATO Tour」と題されたヨーロッパ・ツアーの一環として開催された。サラエボのコンサート会場の舞台正面に据え付けられた巨大なスクリーンに、次々とフェード・インする西側大企業のロゴ、IBM、CANNON、FIATなどにまぎれて、NATOのロゴが差し挟まれる。「犯罪者」を成敗すると称してやってくる「最大の悪」をこのステージは象徴するという。内戦のさなかにあるサラエボは、決して「平和」な西側と無関係ではない、平和や経済的な繁栄の虚構がステージで暴かれる。

同じスロベニア出身の思想家、スラヴォイ・ジジェクは「サラエボには知に飢えたあやしげな『バルカン人』はいない。われわれ同様、当たり前の市民がいるだけだ」「サラエボは孤島ではない。平常という海の中の例外ではない。それどころかサラエボは、他ならぬ平常の方が、共通の戦争の中の虚構の島だという寓意なのだ」[注10]と辛辣に語ったことがある。ライバッハは丁度そうした状況を体現するかのようにサラエボに登場した。しかも、ジジェクはかつてライバッハについて次のように語ったことがある。

「彼ら［ライバッハ］の受け手（とくに知識人）は、『他者の欲望』にとらわれている。ライバッハの本当の立場は何だろう。彼らは本当に全体主義なのか、そうではないのか。つまり、彼らはライバッハに問いかけ、そこから答え

（注9）Stuart Swezey ed., *AMOK JOURNAL, SENSURROUND EDITION*, Amok Books, Los Angels, 1995.
（注10）スラヴォイ・ジジェク『快楽の転移』、松浦俊輔、小野木明恵訳、青土社、13〜14ページ。

が来ることを期待しているが、ライバッハ自身は、答えとしてではなく問いとして機能している、ということに気づいていない」(注11)

ジジェクの言うように、NSKはどこまでも両義的であり、一義的な解釈を退け、作品の意味の決定を最終的には観るものに迫るようなスタイルをとる。ネオナチを肯定するのか？スターリニズムを肯定するのか？資本主義の支配を肯定するのか？「悪」を滅ぼすNATOは正義か？などなど。しかもNSKは自らを領土も国境もないバーチャルな国家であるとみなして、独自のパスポートを発行し、ライブなどの場を一時的な領土と呼ぶ「国家」のパフォーマンスを演じる。ライバッハのサラエボ・コンサートもNSKの「市民」となることを聴衆に促す宣伝の体裁をとる。しかし、彼らは、戦争を繰り返す国民国家に取って代わりたいわけではない。彼らのパフォーマンスとしての「国家」を目撃することによって、むしろ国家の虚構性があばかれ、この虚構のために命を失う残酷さを伝えようとしていると私には理解できるのである。

これは、社会主義の政治的なプロパガンダでもなければ、商品広告に仮託した西側の資本主義的なプロパガンダでもない。プロパガンダとして存在する表現をメタレベルで解体するプロパガンダなのである。こうしてNSKは、社会主義の崩壊、国民国家の崩壊を経験するなかで、西側のアーティストが経験することのできなかった境界線上に立って、その境界を揺るがすスタンスを得たように見える。

(注11) 同上、123ページ。

出典：『20世紀の記憶1989年』、毎日新聞社所収、2000年

ＮＳＡは日本で何をやっているのか？——スノーデンに聞かなければ…

元ＣＩＡとＮＳＡの職員だったエドワード・スノーデンによる機密情報暴露は、米国が官民一体となって、その同盟諸国の指導層なども対象とした網羅的な盗聴を行っていたことを明みに出したことによって、一気に国際的な政治問題化した。最近になってニューヨークタイムズは、米国国家安全保障局（ＮＳＡ）が日本をターゲットに、経済や技術開発など広範囲な情報収集を行っていたと報道した。

ＮＳＡは、欧州、ラテンアメリカ、アジア諸国を敵味方の区別なくターゲットにしてきた。しかも、米国のＩＴ企業が密接に関与しており、グーグル、ヤフーの国外データセンターの通信ケーブルから情報を盗聴し、たった１ヶ月で１億８０００万件以上の情報を入手したという。（読売、２０１３年10月31日、オンライン版）

ＮＳＡや米国政府にとってスノーデン問題とは、彼の違法行為と持ち出したとされる機密情報の流出がもたらすであろう国益侵害問題に限られる。しかし、私たちにとっての問題は、スノーデンの行為が違法かどうかということよりも、彼がＣＩＡやＮＳＡやの職員として何をやってきたのか、米国政府とその同調者（外国の政府であれ民間企業であれ）が私たちに対してどのような犯罪行為を行ってきたのか、である。

特に、沖縄の米軍基地問題やＴＰＰなどの経済問題で米国と多かれ少なかれ緊張関係がある以上、これらの問題で情報収集が行われていた可能性は高い。ドイツなど諸外国と同様、日本でも歴代の内閣閣僚の通信が盗聴されていた可能性がある。しかし日本政府は、この問題が焦点化することを嫌っているようにすら見える。米国の情報収集には異常なほど寛容なこの国の政府が、なぜ特定秘密保護法案に熱心なのだろうか。

●

NHKは、ニューヨーク・タイムズの報道を紹介する形で、「NSAの作戦リストは、アメリカの経済的な優位性を保つことを目的に日本を情報収集活動の対象国と記していた」こと、「NSAは、日本、韓国、イギリス、オーストラリアなどに人員を配置し、アメリカ軍基地やアメリカ大使館を拠点に活動している」と報じた。情報収集の目的は、外交・安全保障だけでなく、米国にとって脅威となるような技術開発や経済動向まで、幅広い。また、スノーデンの情報だけでなく、「アメリカ政府の当局者もNHKの取材に対して、NSAが日本国内に通信傍受の施設を設けて活動していることを明らかにしています」とも報じており、複数の当事者による証言者が、その事実を指摘していることになる。

NSAが日本をターゲットにしていた件に関して、小野寺防衛大臣は、11月5日の閣議後記者会見で「同盟国間含めて様々な友好国との信頼を傷つけるような行為は決して望ましいことではないと思いますから、そのような報道を私どもは信じたくないと思っております。」（防衛省のウェッブより）と述べた。「信じたくない」という表現に象徴的に示されているように、米国を非難する姿勢は皆無で、ドイツなど各国政府の反応と際だって対照的だ。ドイツは、ロシアに亡命したスノーデンへの事情聴取を行う方針をとり、さらに、ブラジルとともに11月1日、国連総会第三委員会（人権）にインターネット上の個人情報の保護などを求める総会決議案を提出した。（読売オンライン版、1月2日）フランスのオランド大統領は、抗議の意思を電話で直接オバマ大統領に伝えたし、メキシコ外務省は、非難声明を出し、オソリオ内相は徹底調査を決定した。

スノーデンが暴露した米国の諜報システムは、第二次世界大戦の末期に連合軍が構築した世界規模の通信傍受システム、コードネーム「エシュロン」をインターネットの時代に合せて高度化させたものといえそうだ。「エシュロン」は、米国を頂点として、イギリス、カナダ、オーストラリア、ニュージーランドの英語圏の諜報機関が相互に連携しながら世界規模で海底ケーブルや通信衛星を盗聴するシステムだった。

このシステムは、冷戦期までは確実に機能していたが、ＥＵに英国が加盟して以降、エシュロンによる情報収集が他のＥＵメンバー国の国民監視になりかねないとして大問題になり、欧州議会は独自の調査委員会を設置し、報告書も作成された。（『エシュロン』、七つ森書館、参照）この報告書では、日米貿易摩擦がヒートアップした時期に、米国が日本の在外公館の通信を盗聴していた事実が指摘されている。

ＮＳＡの諜報活動は、米国の主要なＩＴ企業（マイクロソフト、グーグル、ヤフー、スカイプなど）を巻き込んで展開された官民一体となった動きであることも注目すべきだろう。ジョン・パーキンスが『エコノミック・ヒットマン』（翻訳、東洋経済刊）で述べたように、米国企業と政府諜報機関は、相互に密接な連携を図りながら、時にはターゲットの国の政権転覆すら画策して、米国の国益を実現するシステムを構築してきた。米国の多国籍企業は、米国諜報機関の「フロント企業」としての役割を担ってきたのだ。

ネットを介した盗聴問題でさらにもうひとつ念頭に置くべき論点がある。インターネットはグローバルな情報通信のネットワークとして世界で唯一のネットワークであり、これに代替するものは存在しない。インターネットは、国連のような国際機関の管理下にはなく、そのガバナンスは、米国の民間非営利会社ＩＣＡＮＮが握っている。ネットの世界は、インフラからコンピュータのＯＳに至るまで、米国の企業と政府の圧倒的な支配下にあり、愛国者法をはじめとする米国の法規制に従属しているということだ。今回の事件は、米国のネットにおけるグローバルな支配があってはじめて可能になったことだと思う。

●

この点で興味深いのは、スノーデンは、２００９年から今年始めまでコンピュータメーカーのデルの社員として働くかたわら、ＮＳＡの米国と日本の施設で仕事をしていたと報道されている点だ。この件は8月半ばにロイターが報道じている。

報道されているように、スノーデンが、日本国内に滞在し、情報収集活動をしていたとすれば、こうした活動が日本の国内法に抵触するものなのかどうかは、重大な問題なはずだ。しかも独シュピーゲル誌や英ガーディアン紙などの報道では、情報収集の手法のなかには、ハッキングの手法でネットワークに侵入するだけでなく、通信機器に何らかの装置やプログラム（バグ）を組込む手法も含まれているという。こうしたことを米国のＯＳとハードのＩＴ企業が結託すれば、ほとんど何でもできてしまう。

ＮＳＡがやっていた情報収集は、米国の国内問題ではなく、日本の国内問題であり、私たちに対する権利侵害問題なのだ。日本で米国の諜報機関は何をやってきたのか、米国の同盟国を自認する日本の歴代政府はこのような他国の諜報活動をどこまで知り、どのような関係をもってきたのか、私たちはこの肝心な問題についてすら、ほとんど何も知りえていないのである。もし、特定秘密保護法案が成立してしまえば、ＮＳＡの日本での活動実態は闇に葬られてしまうことは間違いない。

とすれば、なにをさておいても、スノーデンから話を聞けなければならないと思う。このことは今起きている問題の核心を明らかにする上で必須の最低条件であろう。

2015年8月15日付の『ニューヨークタイムズ』と『プロパブリカ』の共同記事は、国家安全保障局（NSA）にAT&Tやヴェライゾンなど米国通信大手が協力している極秘文書をスッパ抜いた。通信のデジタル化により伝統的なスパイ映画もどきの盗聴手法は技術的に不可能になったし、天才的なハッカー集団がいれば何でもできるというわけでもない。今起きているのは、IT企業を手先とする日米の官民が一体となった権力犯罪が行われているということだ。

NSAの主要な任務は、米国に敵対する国の通信を収集することにある。憲法の制約にもかかわらず、2001年の「同時多発テロ」以後、米国内の盗聴が大幅に許容され、国内外を問わず網羅的大規模な盗聴が恒常化する。これに対して、米国内ではプライバシー団体による違憲訴訟等が相次ぐが、外国や外国籍の市民への人権侵害への関心は大きくない。

インターネットはグローバルな通信ネットワークであり、国内と国外を截然と区別することはできない。この極秘文書でも、米国西海岸と日本やアジアの間の盗聴に関する記述も含まれている。やや不鮮明だが、アジア側と米国を繋ぐ海底ケーブルの地図には日本にも中継地点が示されている。説明書きでは、この海底ケーブルの名称は「トランス・パシフィック・エクスプレス」であり、「ヴェライゾン社によって運営され、合州国の西海岸を、中国のチョンミン、チンタオ、韓国のコジュ、日本の新丸山、台湾のタイスィと結ぶ」とある。

ここに登場する「新丸山」は千葉県にある海底と地上の基幹ケーブル（バックボーン）を接続する陸揚局である。この「新丸山」はNTTコミュニケーションズが運用しており、その2008年3月25日付の報道発表では、「各国主要キャリアと共同で、日本・中国大陸・韓国・台湾・米国間を結ぶ新しい大容量光海底ケーブル」であり、

2008年から順次運用が開始され10年に完成予定とされている。そして、その名称が「トランス・パシフィック・エクスプレス」であるほか、国外の陸揚局の名称などNSAの極秘文書とほぼ一致する内容になっている。

さらに、今回の極秘文書には、NSAの大規模監視システム（コードネームFAIRVIEW）が、東日本大震災による新丸山局のケーブル損傷によって、約5箇月間にわたり電話番号識別とデジタルネットワークの諜報機能が停止したとの記述も含まれている。NSAがヴェライゾンの協力を得て、日本からの受発信を網羅的に盗聴していたことを意味しているものと思われる。

インターネットはパケットと呼ばれる細切れにされたデータが様々な経路をとって送受信されるから、バックボーンにアクセスして網羅的に通信を盗聴し、そこから必要な通信を選別するということが必要になる。NSAは、こうした作業を民間通信事業者に協力させて行わせる。2015年7月に公表されたウィキリークスの文書は、この新丸山局が運用される前の時期から日本国内で盗聴が行われいたことを示す内容であり、NSAと協力する米国企業が関与する海底ケーブルは他にもあることを示唆しており、ほとんどの日本の海底ケーブルには何らかの盗聴の仕掛けがなされている可能性もあるのではないか。

●

7月にウィキリークスが公表したNSAの極秘文書では、第一次安倍内閣（2006〜7年）の時期に、内閣府の電話交換器、政府VIP回線、現在官房長官の菅義偉（当時は総務大臣）、現在日銀総裁の黒田東彦（当時はアジア開発銀行総裁）や多くの日銀職員、財務省、経済産業省、三菱の天然ガス部門、三井の石油部門などの電話番号が盗聴対象に含まれていると報じた。しかし、いったいどのようにしてNSAが日本の政権の中枢を含む広範囲の盗聴をなしえたのかは大きな謎のままだった。他方、8月の文書で、この謎の一端が明らかになったと思う。これら二つの文書を総合すると、おおよそ以下のような構図が描けそうだ。ＮＳＡは、ヴェライゾンなどの協力企業を使って、新丸山局など日本と米国やアジアとを繋ぐ基幹部分で通信を網羅的に取得して米国内のＮＳＡの盗聴拠点に送る何らかの大規模な「仕掛け」をほどこす。同時に、日本国内の米企業日本法人や日本の通信事業者、企業あるいは政府などの内部の協力者を得て、日本の政府、金融、企業の中枢を盗聴する何らかの「仕掛け」やインフラを構築する。こうした人間関係の構築は、ＣＩＡなど他の諜報機関も協力がないとできないかもしれない。

これは、米国の権力犯罪であるだけでなく、日本国内において官民一体となって通信の秘密を組織的に侵害する権力犯罪の可能性を否定できない。私の推測が正しいかどうかは、技術的に検証可能なことだが、日本の捜査当局も政府も全く動こうとしておらず、メディアの関心も低い。憲法は9条に限らず通信の秘密を定めた21条もまた危篤状態なのだ。

●

8月26日、安倍首相はオバマ大統領との電話会談で、ＮＳＡの盗聴について事実関係の調査を要請し、オバマは「日本で大きな議論を呼び、迷惑をかけていることを大変申し訳なく思う」と謝罪したが、調査は約束しなかった。(『朝日』8月26日、オンライン版）つまり盗聴は事実であるが米国は調査をしないということだ。これを安倍は黙認しただけでなく、日本側も捜査せずに全てを闇に葬るということを意味している。安倍は、特定秘密保護法で市民の知る権利の侵害を正当化する一方で、米国には極秘情報が筒抜けになる官民一体の権力犯罪を野放しにする。菅義偉や黒田東彦は確実に盗聴されていたにもかかわらず、法的手段に訴えることもしない。こうした日本側の態度は、アジア諸国の政治家や企業家たちの外交上の信頼を裏切ることになる。

歴代の閣僚など政権中枢が恒常的に盗聴対象になっていた可能性は、7月に暴露された文書類から容易に推測できる。社民党や民主党が政権をとったり閣僚を務めていた時期に盗聴活動がなされていたことはほぼ確実だ。にもかかわらず、なぜか野党の閣僚経験者から捜査機関に対する告発も含めた徹底した捜査要求は出されていない。この問題は、政治家のプライバシーが米国によって侵害され、国の政治にも深刻な影響を及ぼしたかもしれない大問題問題だが、その自覚があるのか。彼らと通信した多くの人びとのプライバシーも侵害されたのに、これを放置したままでよいのか。法的対応含め断固たる態度をとることは、政治家の最低限の義務だ。安倍政権の米国の盗聴活動への甘い態度は、憲法21条をないがしろにし、米国と共謀して、官僚から一般市民に至る全ての人びとのプライバシーの権利を侵害する共犯者になりさがったということだが、野党もまたこの共犯者となるのだろうか。これは参議院で現在審議中の盗聴法改悪に野党がどのような態度をとるのかとも深く関わる。

今国会で審議中の盗聴法改悪は、NSA同様の大規模な盗聴活動を日本の当局も実施可能にする前提を準備することになりかねない。NSAの盗聴は、日米だけでなく周辺諸国の人びとのプライバシーを侵害する大規模な監視同盟として、これもまた日米同盟の別の側面であり、かつ、安保・戦争法制が目指す戦争国家のもうひとつの側面でもあるのだ。この国の政治も企業も根底から腐敗している。変革の望みは唯一人びとの闘いの中にのみある。

出典：『週刊金曜日』968号、2013年11月15日、同1055号、2015年9月11日

生存を犠牲にした「再興」？——原発を直視できていない自民党報告書「日本再興」

自民党の国家戦略本部が中長期政策の報告書「日本再興」（２０１１年）を発表した。成長戦略、社会保障・財政・雇用、地域活性化、国土安全・交通、外交・安全保障、教育の６つの部会報告をまとめたものだ。世論調査の動向を踏まえると、自民党が政権に復帰する可能性も高いし、民主党政権の国会運営で自民党との妥協路線が今後も続くとすれば、この報告書の政策が民主党の政策として取り込まれる可能性がある。野党の報告書とはいえ、民主党の今後の政策に影響を与えるだろうものとして読む必要がある。中長期戦略というものの、政局絡みの文書とも言える。

当面の最大の課題が原発政策であることは間違いないが、マスメディアが報じているように、この肝心の最大の課題がこの報告書にはまとまった形では提案されていない。自民党は戦後、原発を一貫して推進してきたが、この点についての総括は一切ない。「成長戦略」のなかで、世論の動向に配慮して、再生可能エネルギーをエネルギー政策の「新たな柱」と位置づけてはいるものの、「ただちに再生可能エネルギーで原子力による発電分をカバーすることは、極めて難しい」として「既存原発の稼働維持」を基本政策として示しており、原発事故の深刻な影響への反省は一切みられない。日経は、自民党内部の事情を次のように報じている。

「党内に中長期的なエネルギー政策をまとめる組織を設け、委員長には山本一太参院政審会長が就任。８月上旬ごろのとりまとめに向けてほぼ連日、会議を開いている。

自民党は『従来通り原発をつくるのは難しく、今後は原発の比重を減らしていく』（政調幹部）との認識ではほぼ一致している。ただ、原発政策に批判的な河野太郎氏は『エネルギー政策を根本的に考え直す必要がある』と主張。これに対し、党のエネルギー政策を主導してきた野田毅党税制調査会長らは『（電力確保の ためには）原発の再稼働を認めざるを得ない』と指摘。細田博之元幹事長も『これまでの政府の説明が全てうそだったからやめろというのは、感情的な意見で 現実的ではない』と批判する。

意見集約は難しい状況で、8月上旬にもまとめる新エネルギー政策は大幅な方針転換にはつながらないとの見方が強い。」

自民党の多数派が原発の全廃政策をとることはまずありえないが、それは民主党の場合も同様だろう。エネルギー政策としての原発の推進が原発の維持と言い換えられただけにすぎない。ベストミックスの一部に原発を位置づける以上、原発のないエネルギーは、「ベスト」ではない、ということになる。現状では夏場の電力不足の危機を煽ることによって原発の延命を図るというのが原発推進派の作戦であり、彼らにとっては猛暑が続き、一度でいいから停電事故のひとつでも起きてくれれば、原発再開の格好のチャンスになると願っているのではないかとすら邪推したくなる。原発事故がもたらしている生存の危機や地域の危機よりも「日本」の経済を優先させる発想がはっきり出されていると言っていい。生存を犠牲にしてでも経済（資本のための経済）を優先させるという考え方は根強い。

自民党が原発事故を甘くみていることは、廃炉が決まっている福島第一原発の処理問題に全く言及していないことに端的に現れている。中長期政策として、福島という「地域」が数10年にわたって（多分それ以上の時間が必要だろう）抱え込む破壊された原発の処理と地域復興との関わりを無視しており、今この時期に出された報告としては極めて奇異というしかない。福島第一だけでなく、老朽化した原発の廃炉や恒常的に出される核廃棄物処理問題といった膨大なコスト負担を強いられる問題への関心は全く見いだせない。

原発問題の無視は、「国土安全・交通」政策のなかでも際立っている。報告では次のように述べられている。

「東海地震と東南海・南海地震が連動して発生する可能性があり、この場合東日本大地震以上に広域で甚大な被害の可能性がある。経済の大動脈である太平洋ベルト地帯に津波、火災、地盤の液状化などにより甚大な被害がもたらされると予想される。」

巨大地震の可能性を否定していないにもかかわらず、原発への深刻な被害を明確に想定した上での対処については言及が回避されている。浜岡原発への言及はもちろん一切ない。もっぱら道路、港湾、河川管理などの社会インフラへの地震被害のみが論じられている。

報告書は「我々は『人間』が『自然』を克服するという二項対立的な西洋文明的価値観とは異なり、古来より自然環境と人間社会の調和を図ることで文化や文明を発展させてきた」と「自然との共生」がこの国の伝統であると誇らしげに語る。もしそうであるとするなら、原発がいかなる意味において「自然環境と人間社会の調和」という文化と整合するのだろうか?自然との共生は、この国のイデオロギーであって、それが現実のものとして維持されたことはない。政治家や官僚が「自然」を口に出すときには要注意だ、と私は考えている。というのは、「自然」という言説は、いかなる事故や事件が起きようと、いかなる環境破壊や公害が起きようと、この国は「自然との共生」という伝統を持つ国であって、自然を蔑ろにすることはありえないとすることで責任を回避する言い訳にしてきたからだ。この国とこの国がもたらした人工的な災害や事件、戦争すらも避けられないこと＝「自然」とみなして受け入れさせるための道具とされてきたのが「自然」という言説だ。「自然」という言説は、国家のあり方も社会体制のあり方も、それらは人びとの力で変えうるようなものではなく、受け入れざるを得ない宿命＝自然とみなすように人びとの社会観を作るための道具とされてきたにすぎない。この報告書は、次期の総選挙では原発の争点化を回避する意図もあると思う。民主党の多数派にとっても原発の是非は争点化したくないと考えているだろうから、この国の次の総選挙も「自然」にまかせれば原発は争点にならないだろう。争点化させるためには、新しい力が必要なことは間違いないと思う。

原発政策を回避していることと比べて饒舌なのは安全保障や教育についての政策だが、いずれも、保守主義そのものだ。安全保障の分野では、核持ち込みを公然と容認し、集団的自衛権を明記した。憲法9条の制約など一言の言及もなく、集団的自衛権に突っ走るような方針は、現在の米国の軍事外交政策を前提とすれば、とんでもない危険な方針である。日米同盟の枠組みやNATOの枠組みを前提とする集団的自衛権は、平和に寄与するのではなく米国の国益のためにますます日本が世界の軍事紛争に加担し平和を遠ざける元凶になると断言していい。国際関係が20世紀的な欧米中心の構造から、非西欧世界へと大きく基軸の転換が起きつつあるなかで、日米同盟にこだわる路線はアジアのなかでますます日本の孤立を深めるだろう。そして、孤立すればするほど領土問題などナショナリズムを刺激する政策へと傾く危険性がある。報告書では領土問題への言及が繰り返しみられるが、解決の方針は示されていない。国家を与件とするから領土問題は解決できず、周辺諸国との軍事的緊張を助長することは避けられず、この緊張が国内の過剰なナショナリズムと排外主義を助長し、それが防衛・外交の保守主義を支えるという緊張と危機のスパイラルを生み出す。しかし、領土問題は、国家という枠組みに執着するからこそ課題になるというに過ぎないのであって、国家は与件ではない、という観点を持つことがむしろ問題を解決する上で欠かせない。民衆の安全保障（あるいは国家安全保障とは対立する人間安全保障）がポスト冷戦期に注目されてきたことにはそれなりの意義があるのだ。

安全保障を国家利害でしか構想できず、そのことが軍事・外交の危機を招き、ナショナリズムを刺激するという点は、民主党政権でも同様であって、自民党と変わるところがない。経済成長の神話が成り立たず、人びとのフラストレーションが高まるなかで、国際関係の緊張と愛国主義という幻想に人びとの感情を動員することで、現実の貧困や苦難を隠蔽する常套的な大衆政治の悪弊に陥り始めているのは与野党共通だ。尊敬するに値しない政治家たちが、「国家」を持ち出し、「国旗」や「国歌」を強要することで「愛郷心（パトリオティズム）」を押しつけるありさまは、この国の破綻した政治を越えたところに何か崇高な「国家」なるものがあるかのような幻想を抱かせることで、今ここにある「国家」を救済したがっているように見える。しかし、「国家」が、今ここにある統治の機構を超越した崇高なにものかであったためしはないし、そんなものはどこにもありはしない。信頼するに足りない政治家や官僚が集団的に構築してきた「システム」こそが、戦前・戦後を通じたこの国の本質であり、それ以外に国家の本質などというものは存在しない。この意味での現実こそが、この国に住む人びとを不安全に陥れてきたのではないか。

自民党の報告書では、内容が空疎で抽象的になればなるほど国家主義的な紋切り型が目立つ。震災や原発の事故への対応が示しているのは、人びとの生存の危機に対応できず、人びとを不安と不安全の状況に置き去りにする以外にないという意味での国家の限界＝統治の危機である。この現実の統治機構の危機を崇高な「国家」なるものの危機にすりかえ、人びとの生存の危機を国家の危機としてしか対処できない限界が、現在の震災と原発事故への政府や自民党の対応では露わになっているのではないか。「がんばれ日本」というまるでオリンピック競技のようなスローガンは、事柄の本質が巧みにはぐらかされていることを端的に示している。頑張ることが強いられている状況なのであって、「がんばれ日本」というスローガンにはこの肝心の強制的な状況が希釈されている。「日本」などという抽象的な観念に回収されてよいような「がんばる」問題なのではない。被災地で暮らさざるを得ない人びと、原発の被害から逃れることのできないなかで生きることを強いられている人びと一人一人は、彼らの生存に責任を持つべき政府や東電の経営や財界と一体のものではない。責任を曖昧にするようなスローガンは許されていいはずがないのだが、「国家」が幻想を伴って登場する時、この国の内部にある利害や矛盾がむしろ隠蔽されてしまう。

国家という「システム」は、自然なものでもなければ崇高な共同体でもなく、人工的な統治の構築物である。このようなシステムの危機を崇高な国家的な共同性の再建によって乗り切ることは、悲劇の繰り返しでしかない。原発の災害が私達に示した最大の教訓は、国家に回収されるような政治には決定的な限界がある、ということである。自民党の報告書は、かつて政権を担い、将来再び担う可能性がある政党が、今ここにある生存の危機を受け止めきれていないことを端的に示したものであり、それは想定内であって民主党の対応不全と大きく異なるところはないのだが、しかし、そうだとして、これを宿命とみなすような絶望しか私たちに残されていないと即断するのは彼らの思うツボでもある。国家の限界や今ある経済の残酷な現実を見据えることを通じて、統治と経済を全く新たなものとしてデザインし直す想像力まで私たちは手放す必要はさらさらない。

出典：ブログ2011年7月21日

売買春と資本主義的一夫多妻制

『経済学・哲学手稿』のなかでカール・マルクスは、「売淫は、労働者の普遍的な身売りのある特別な表現にすぎないのであって、身売りは、身売りさせられる者だけでなく身売りさせる者もまたこれにはいる関係——後者の低劣さのほうがなおいっそう大きい――であるから、資本家等々もまたこのカテゴリーにはいる」(注1)という端的な定義を与えた。売春に関するマルクスの古典的な定義は、『資本論』にみられるよく知られた定義――過剰人口のなかから生み出されるルンペン・プロレタリアートとする定義――よりもむしろこの初期のテキストにみられる記述のほうが私たちに有益な示唆を与えてくれる。

『経・哲手稿』ではさらに続けて、「私が何であり何ができるかは、けっして私の個性によって規定されているのではない。私は醜男である、だが私はどんなに美しい女をも買いもとめることができる。だから私は醜くない」(注2)と言うように、貨幣所有者としての私(男)にとって、貨幣の権力がまさに個性を決定するという資本主義における市場経済の歪みを的確に指摘している。売春をその他の商品売買やサービス商品と区別しようとする様々な議論に対して、マルクスは労働力商品化――初期マルクスにはまだ労働力商品という概念は確立しなかったが――のある特殊な形態にすぎないと言い放っただけではなく、買い手である男たちにとって、買うことに伴う「意味」――金さえあれば「醜男」も「美男」になる――について言及したことは注目に値する。なぜならば、商品売買には、貨幣の一般的等価物としての経済的な権力と売り手による使用価値イメージの構築という二つの条件を欠かすことができないからだ。金を持った男が自分を「女にもてる男」とイメージするコンテキストは、貨幣という権力をまとった男が、性の市場によって戦略的に紡ぎ出される男のイメージにはまり込んだ結果なのである。

こうして、資本主義が一般化する〈労働力〉商品化の一特殊形態となった性産業のなかの売春労働によって生み出される性商品の使用価値は、この商品を消費する男性にとっては、〈労働力〉再生産のための日常生活における性的欲望の充足過程である。同時に、〈労働力〉再生産における性の欲望と充足は、商品市場の外部にある家事労働にみ

(注1)カール・マルクス『経済学・哲学手稿』藤野渉訳、大月書店・国民文庫、1963年、143ページ。
(注2)同右、199ページ。

られる男性と女性の関係にも見いだせる。性産業の外部にいる女性からみた場合、家事労働と性の商品市場は、全く異なる分断された領域のように見えるが、男性からすれば、自分の身体を媒介として、常にその半身を性の市場に、残りの半身を家族関係の内部の性の関係に置くことになる。男性にとって、日々会社に出かけて労働することも家庭でリフレッシュすることも同じ日常生活の別の一面であるように、性的な欲望の喚起と充足を性の市場で充足することと妻や恋人によって満たすこととは、同じ性的な日常生活の別の一側面なのである。

以上の点を踏まえて、本稿では、男性と女性の関係を、市場と家族という二つの領域を媒介する男性という身体の観点に着目して述べてみようと思う。

マルクスの売春に対する関心はさほど大きなものではなかった。それは、彼の資本主義分析が家事労働や性別役割分業などの問題への関心が低かったことと対応している。売春に対してかなり立ち入った議論を展開したマルクス主義の文献としては、アウグスト・ベーベルの『婦人論』がある。ベーベルは、『婦人論』のなかで「市民的社会の必要な社会制度としての売春」という章を独立に設けて、売春を検討した。ここでは、「結婚は市民的社会の性的生活の一面を表し、売春は他面を表す。結婚はメダルの表面であり、売春はその裏面である」(注3)と述べた。これが彼の基本的観点である。そして、彼は、男性と女性との間で、次のように二重規範が存在することを指摘した。

「男子仲間は常に、売春の利用を「法律上」与えられた彼らの特権と認めている。それだけにいっそう、売笑婦でない婦人が「あやまち」を犯したとき彼らは厳格に監視し、批判する。婦人も男子と同じ衝動を持つこと、また彼女の生涯の一定の時期には他の時期よりもいっそう強くこの衝動が現れることには、彼らは無頓着である。男子は彼の支配的地位を利用して、彼女に対してその強烈な衝動を無理に抑制することをしい、彼女の貞操をその社会的信用や結婚の条件とする。(注4)」

ベーベルは、性的な衝動に男女差はないにもかかわらず、女性は一方的に禁欲を強いられ、男性は逆に自由な性欲の充足を享受できるシステムに対して、「同一の自然衝動の満足に関する根本的に異なった解釈と判断ほど、婦人の男子に対する従属を端的にかつ不当に表現するものは他にはない」と厳しく批判したのである。そして、次のように売春を位置づける。

「事情は男子にとって特に有利である。自然は生殖行為の結果を婦人に負わせ、男子は享楽のほかには骨折りも責任も持たない。婦人に比べてこの有利な地位は、男子仲間の大部分の特質を成すあの性的要求における放野を促進する。しかも合法的な性欲の満足をさまたげあるいはこれを制限する多くの原因が存在するために、その結果は自堕落な性欲の満足となるのである。

そこで売春は、あたかも警察、常備軍、教会、個人企業制度と同じく、市民的社会にとって一つの必要な社会制度となるのだ。(注5)(傍点原文)

売春が市民社会にとって必要な制度となっているというベーベルの指摘は、ある種のたとえ話として理解されたことはあっても、文字どおりのものと理解されたことはなかった。警察、常備軍、教会、企業に対する多くの分析や研

(注3) アウグスト・ベーベル『婦人論』上巻、草間平作訳、岩波文庫、1971年、236ページ。
(注4) 同右、236～237ページ。
(注5) 同右、237ページ。

究に比べて、売春――性の商品市場――の果たす市民社会における役割については著しく軽視されてきたことに、そのことは端的に示されている。

とはいえ、売春は、その他の諸制度――警察、常備軍、教会、企業――のように、常に市民社会のなかで公然と正当化されていたわけではない。「国家は一方で売春の必要を公認するが他方では売笑婦と売春媒介とを迫害し、処罰する」し、「現に行われている宗教や道徳は売春を極力非難し、法律はその幇助をさえ処罰するが、しかも国家はそれを黙許し、保護するのである」といったように、アンビヴァレントな態度をとる。この国家の態度は、結婚・出産へと女性を導く支配的なライフサイクルを維持することを迫りながら、他方で、資本主義の〈労働力〉の商品化を肯定しつつその特殊形態としての性の商品化だけを否定する商品経済的な合理性を見いだせないジレンマがある。

ベーベルはマルクスよりも立ち入って二重規範に言及したが、しかし性の市場を〈労働力〉再生産というコンテクストのなかで理解することはできなかった。この観点からより立ち入った検討を加えることがさらに課題となるわけだが、その前に、自由主義的な売春観から性的な欲望に関する最近の所説まで、いくつかの議論を前もって検討しておこうと思う。

●

売買春についてのアプローチは、様々な観点からの長い歴史がある。とりわけ、20世紀初頭のハヴロック・エリス『性の心理』による売買春についての分析は、そこで扱われている問題の視角も含めて、古典的な売買春の是非論を整理する上で非常に重要であるばかりでなく、そこで紹介されている新旧様々な売買春についての議論は、現在でもなお常識や社会通念などのなかにしっかり根づいているという点からも、検討しておく必要がある。

エリスは、「売春とは報酬と引き替えに様々な種類の異性あるいは同性の性的欲望を満たす職業である」(注6)とした上で、差し当たり、近代的な売買春をそれ以前のものとはっきり区別して論じようとする立場をとる。エリスは、次のように述べている。

「女性が愛や情熱という観念を少しも持たずに、単に職業のために誰にでも身体を売り、そしてそうした職業のために同性からさえ社会の除け者として決定的に、厳しく爪弾きにされるということは、発達した文明社会において初めて見られる現象である。この点から見ても、今日の売春を原始時代の遺物として片づけてしまうことは、全くの過ちと言われねばならない。(注7)」

家族は、近代化の過程のなかで、労働の組織から消費の組織へ、つまり〈労働力〉再生産の組織へと変質するにつれて、性欲の充足という役割が夫婦関係のなかでより重要な位置を占めるようになる。近代家族の絆は、生産条件によって規制できないために、愛情といった抽象的な観念が必要になるのだ。この愛情という観念の具体的な確認行為として性的な行為が位置づけられたのである。しかし、男性であれ女性であれ、性欲は愛情に媒介されなければ満たされないとは必ずしも言えない。この恋愛結婚という制度と性欲の充足との間の「ズレ」は、資本主義社会が総体として必要とする人口＝〈労働力〉の再生産を脅かす可能性を常に持つ。だからこそ、恋愛結婚の制度から逸脱する性欲をコントロールする固有の制度、規範、言説が要求される。

例えば、一夫一妻制を維持し、妻と娘の貞操に高い価値を置く保守的なモラリストたちは、売買春は「改良されつつある社会の衛生状態を維持する必要上」不可避であるとか「善良な家庭を防御する砦であり、一夫一婦制を表とす

（注6）ハヴロック・エハヴロック『性の心理』第6巻、佐藤晴夫訳、未知谷、1996年、244ページ。
（注7）同右、243ページ。

るならば、その裏に当たる不可避な現象である」(注8)と見なして容認した。これに対してエリスは、「道徳上から売春を認める議論は、その前提として、我々の今日の結婚制度は無限に尊重すべきものであるということを認めて、現行の結婚制度の支えとして役立つものであれば、どのように醜く、非難すべきものであっても存在させておかなければならないという考えに基づいている」(注9)と指摘している。

エリスは、こうした必要悪説は、現状の売買春を正当化するためのある種の口実にすぎないということを理解していた。売買春の原因として、「管理された複雑な現代生活の機械的なマンネリ化した過程を軽減し、その無味乾燥な単調さを終わらせ、生活に陽気さと変化の要素を加えるという売春の影響力」(注10)と述べているように、都市生活、そこでの生存競争の激しさを指摘する。社交の機会が多く、匿名的で、また好奇心をそそる環境などによって「都市生活は人々の社会的野心を強め、生活費の高騰などによって家庭を作る時期を遅らせる」(注11)という。こうして結婚の代用または補完物としての売春への需要が高まるというわけだ。エリスは、決まりきった疎外された労働、共同体的な人間関係の絆の解体、そして市場経済の私生活への浸透といったいくつかの要因の複合として、売買春が構造化されているとみたのである。

保守的なモラリストたちの売買春についての必要悪説は、男性が売春婦に対してとる侮蔑的な態度とも結びつく。エリスは次のように指摘している。

「現代の道徳的な見地からすると、青年だけに限らないが、多くの男性が依然として売春婦を侮辱しているのは残酷で、不条理であるが、その一方で、売春とは関係がないという理由だけで、その他の女性に対して敬意を払っているのは、売春婦にとってさらに残酷で、不条理な仕打ちである。(注12)」

この侮辱や差別の感情を伴いながら、男性が女性から商品化された性的なサービスを受けるという関係は、確かに平等な人間観からすれば容認しえない関係であると言えるが、市場経済の契約の平等は、この実質的な不平等を常に覆い隠す。むしろ一般的な〈労働力〉の商品化の場合も含めて、職業に対する尊敬と侮蔑はそれぞれの社会の文化的な価値観とも密接につながりがある。次にみるクロード・レヴィ＝ストロースの「女の交換」説は、この点について検討に値する視点を提供している。

クロード・レヴィ＝ストロースは、婚姻と生物学的な性交渉とをはっきりと区別した。そして、近親婚をタブーとすることのなかに文化的事実としての婚姻関係を見いだそうとした。言い換えれば、両性がどのような関係を結ぶのかということは、一見すると動物の性交や種の維持・再生産と同様、人間にとっても本能的な過程、つまり自然過程だと見なされがちだが、そうではなく文化なのだという点を示したのである。

レヴィ＝ストロースにとって、こうした意味での文化とは、規則である。「文化の本源的な役割は、集団が集団として存在することを保証すること」(注13)であり、これは、婚姻関係でも言えることであり、近親婚の禁止とはこの集団としての規則の一例なのだという。

集団の統一性を保つ条件として、レヴィ＝ストロースが持ち込むもう一つの「一般性をもったモデル」は、「希少

(注8) 同右、305ページ。
(注9) 同右、313ページ。
(注10) 同右、313ページ。
(注11) 同右、314ページ。
(注12) 同右、344ページ。
(注13) クロード・レヴィ＝ストロース『親族の基本構造』上巻、馬渕東一／田島節夫監訳、番町書房、1978年、100ページ。

生産物の体系」を基礎とする配分と消費のシステムである。この希少性に基づく配分と消費は、財がその需要に対して慢性的に希少であり、従って常に需要を満たされる部分と満たされない部分という社会内部の欲望の不均衡を生み出す。とりわけ彼は、女性が希少性を伴う重要な交換物であるということを指摘した。

生物学的には、男女の出生比率はほぼ半々だから、この限りでは女性の希少性は生まれないはずだ。しかし、女性を希少とする一般モデルをレヴィ＝ストロースが持ち出すのは、彼が単婚（モノガミー）を例外とみて、「社会的・生物学的観察は、人間においてはこうした（複婚〔ポリガミー〕の――引用者注）傾向が自然的かつ普遍的」であって、「我々の目には一夫一婦制は積極的な制度とは映らない」し、「経済的、性的競争が激しくなっている社会では、一夫一婦制は単に一夫多妻制を制限するものでしかない」、いやそれどころではなく、西欧近代社会においてさえも、「一夫一婦制は一般的な規則とはなっていない」(注14)というのである。しかも、ここでいう希少とは単なる数の問題ではなく、男性にとって魅力的な女性がそもそも希少であるという前提でレヴィ＝ストロースは設定してしまっているのである。

レヴィ＝ストロースの「女の交換」という議論は、繰り返し批判されてきた。例えば、エリザベート・バダンテールは、『男は女、女は男』で指摘しているように、男性は本性的に一夫多妻制の傾向を持ち、全ての女性が常に男性の関心を引くとは限らないことを根拠に、女性は希少な交換対象とならざるを得ないということを、言わば一般的な原則として据えてしまえば、女性にとって不利な普遍的な非対称性から逃れられないことになる。しかも、こうした「女の交換」が近親相姦の禁忌という人間社会一般にみられる規範からもたらされるということになると「女性を物のカテゴリーに入れる状態が続」き、「一見したところ、私たちに逃げ道はいっさい残されていない」(注15)ということになってしまう。

リュース・イリガライも『ひとつではない女の性』において、レヴィ＝ストロースは女の交換を普遍的なものと見なしていることを批判して、なぜ男の交換ではいけないのか、という問いを立てられない彼の議論について、「女という性的物質の搾取は私たちの社会—文化的地平そのものを形成しているから、この地平内ではこの搾取を解釈することができない(注16)」のだと厳しく批判した。

バダンテールやイリガライらの批判は正当なものだ。しかし、イリガライも指摘しているように、このレヴィ＝ストロースの議論は、彼の意図とは無関係に、資本主義における「女の交換」を理解する上で多くの示唆を与えてくれると見ることもできるのである。特に、彼が近代社会ですら一夫多妻制と言えるかもしれないと示唆した点については、もう少し立ち入って検討してみる余地はある。

●

資本は、市場を媒介として、女を取得する。それは性産業での〈労働力〉としての女ばかりでなく、性に基づく労働の様々な領域と微細な行為を資本が簒奪するという方法で、資本はその生産過程と流通過程もまた性的な存在に転換し、自らの性欲を充足する。それは、オフィスで強いられる女性たちの「女らしさ」やＯＬとしての役割に構造化される。他方で、国家は〈労働力〉再生産の領域を夫とともに共有する。セクシュアリティについての倫理・道徳のスタンダードを形成し、社会保障から住宅政策まで、中絶をめぐる法規制からピルなどの避妊薬の許認可まで、相続制度から国籍や戸籍制度まで、国家は様々な非市場的な手法によって夫婦関係の微細な性的な欲望と振る舞いに介入する。

（注14）同右、１０８ページ。
（注15）エリザベート・バダンテール『男は女、女は男』上村くにこ／饗庭千代子訳、筑摩書房、１９９２年、26ページ。
（注16）リュース・イリガライ『ひとつではない女の性』棚沢直子他訳、勁草書房、１９８７年、２２４ページ。

資本―国家によるこの女の取得は、夫の妻に対する占有から何割かずつをかすめ取るという巧妙な隠された方法で行われる。そのためにこの社会は、一夫一妻制という安定的な均衡の制度的な外観を利用しながら、他方で資本―国家による権力構造を再生産できるのである。他方で、この女性をかすめ取られた男性たちの側にも、擬似的な一夫多妻制のシステムが準備されている。それが、市場における性産業による女性の供給である。しかし、それは、女性の性的なサービスの一時的な使用権だけを商品化して売り渡すというやり方によるのであって、性的労働力としての女性そのものを引き渡すわけではない。常に、その資源は、資本の手元に確保され続ける。こうして、性産業で男たちは一時的な一夫多妻制を享受する。それはまさに資本と国家によってかすめ取られた妻への支配を穴埋めする反対給付なのである。

この点を踏まえてレヴィ＝ストロースの「交換」の議論をみてみよう。レヴィ＝ストロースは、次のように述べている。

「婚姻を構成している総体的交換関係は、それぞれが何かを与えたり、受け取ったりする一人の男と一人の女の間に成立するのではない。その関係は、男性から成る二つの集団の間に成立するのであり、そこでは女性はその関係の相手としてではなく、交換される物の一つとして姿を現す。普通そうであるように、娘の感情が考慮にいれられるとしても、このことは真実である。提案された結婚に同意したとしても、彼女はそれで交換の実施をせきたて、許すだけなのであって、交換というものの性格を変えることはできないのだ。(注17)」

資本主義においても、たとえ恋愛結婚のように女性の主体性や意志を尊重しているかのように見える婚姻関係の制度が支配的であるとしても、それはより大きなシステムとの関わりでみれば、個別の主体の主観や感情は問題にならないということ、構造的にみれば「女性はその関係の相手としてではなく、交換される物の一つ」であり、主体は男なのだ、ということである。この観点を押さえておくことが、逆に女性の変革の主体としての意義と意味をより明確にすることになる。

主として未開社会を対象としているレヴィ＝ストロースの議論に近代資本主義のシステムを読み込むことは、果たして適切なのかと考える読者もいるかもしれない。しかし、レヴィ＝ストロース自身、右の議論に続いて次のように述べているのだ。

「婚姻が個人間の契約であるように見える我々の社会においてさえ、この観点を厳重に守らねばならない。なぜなら、婚姻が一組の男と女の間に展開させはじめる互酬性のサイクルは、その婚姻に伴う務めがその種々相を規定するのだが、これはより広大な互酬性のサイクルの副次的な様式にすぎない。この広大なサイクルこそが、一人の男と、誰かの娘あるいは姉妹である一人の女との結合を、その誰かと、この男か他の男の娘あるいは姉妹との結合によって保証するのである。(注18)」

つまり、「婚姻の基礎となる互酬的紐帯は男と女の間に確立されるのではなく、女たちのおかげで男同士の間にうちたてられるのであり、女はその場合、その関係の主な誘因にすぎない(注19)」という関係は、未開社会であれ高度な資本主義社会であれそれらに共通するというわけである。

(注17) レヴィ＝ストロース、前掲書、229ページ。
(注18) 同右、229ページ。
(注19) 同右、230ページ。

こうして、レヴィ＝ストロースの議論は、売買春の問題を論ずる場合、かなり本質的なところで示唆的なものであると言える。すなわち、

・交換は市場経済における性産業と非市場経済における婚姻関係を貫くメタレベルの制度であること
・このメタレベルでは、女性は「物」であり、男性間の交換システムが立ち現れること
・一夫一妻制という外観の背後には隠された一夫多妻制が構造化されており、これが資本主義的な性をめぐる資本―国家の権力構造を再生産していること

である。

だが、レヴィ＝ストロースの議論には、男性の性欲に立ち入った議論はないし、交換と分配への高い関心に比べて、「生産」や「再生産」というカテゴリーは背景に退く。また、女性を「物」という位置に置くことだけでは、他方で女性への性的欲望を交換の重要な前提に置く資本主義的交換システムの説明には不十分なのである。

性という課題のなかに見いだせる権力の主体は一つではない。国家は、法的な強制力の行使を家族関係と性産業が活動する市場経済の双方で発揮できる。しかし、家族法や民法のような法による規制は、慣習的・宗教的な規範に基づく個々の家族関係や夫婦関係によって下から支えられねばならないが、その際に最も重要なことは、こうした法規範は性についてあからさまな規範を設けることができないということである。とりわけ、性的な快楽や性交渉それ自体の規範については何も語れない。性的な快楽を享受することは違法ではないし、子産みの目的以外で性交することもまた違法ではないように見える。しかし、ボーダーの部分では必ずしもそうとはいえない。性的な快楽を同性に求める場合やマスターベーションによって得る場合、アナルセックス、オーラルセックス、獣姦に対するタブー意識、近親婚や未成年あるいは子どもの（広義の意味での）性行為の禁止、避妊や中絶に対する批判や禁止は、歴史的には

近代以降の社会でも見いだせるし、現在もまだ見いだせるケースがある。これらがボーダーの位置に置かれているということは、性的快楽や性交の範囲がどこに中心を置き、何を周縁部に配置するかを知る上で重要な参照枠である。

この参照枠から私たちは、性をめぐる自由と規制の秩序が、様々な回路を通じて、最終的には人口の再生産の秩序であり、この秩序におさまりきらない性的な快楽を周縁部で制度化するものとして機能していることがわかるはずだ。この観点からみた場合、近代社会の性の秩序は、基本的には子産みのためだけの性交を社会的に正当な性交・性欲と見なす観点を根強くもち続けていることがわかる。子産みに結果しない性交や性交渉であっても、それは、子産みのための性交・性交渉の秩序を支えるための条件として巧妙に配置されている。避妊措置をほどこした上での男女間の性交や同性による性交は、どちらも結果としては子産みと結び付かないが、両者の性的秩序に対する配置は同じになるわけではない。同性愛はより周辺に排除される可能性が高いのが現在の社会なのもこのためだ。

子産みは、家族制度のなかで人口と〈労働力〉の再生産に結果するものと社会的には位置づけられるが、実際に家族を構成する諸個人にとっては、むしろ恋愛や愛情を絆とする共同生活とその結果としての子産み・子育てと観念される。共同体的な規範や親族組織が社会の基幹的な組織であることをやめ、市場システムが介在する人口数10万から1000万単位の都市からなるこの匿名的な近代社会では、結婚へと至る人々のコミュニケーションを、レヴィ＝ストロースが論じたような交叉イトコ婚など親族組織のルールで拘束することは不可能である。これにとって代わったのが、恋愛という新たなシステムであることは既に述べた。性欲の喚起は、このシステムでは人々を結婚―子産みへと導く不可欠な役割りを果たす。

家族制度や夫婦の間での性交渉が常に子産みを前提とするとは限らないし、むしろ多くの場合は、避妊を前提として性的な欲望の充足のために行われる。これは右に述べたことと矛盾しない。なぜならば、夫婦関係の基本が、恋愛に象徴されているように性的な欲望に基づく結びつきとして経験される近代以降の家族では、性的な充足は家族関係の再生産、関係の確認行為として不可欠であるからだ。この確認を通じて家族はその関係を再確認し、同時に子産み、子育てと男性を中心とする〈労働力〉商品の供給を安定化することができる。性的な欲望とその充足は、様々なタブーや禁止に取り囲まれており、あたかも反社会的な行為に触れ合うかのような外観があるが、実は性的な欲望の喚起と充足は、近代資本主義が人口と〈労働力〉を再生産する上で不可欠な装置なのである。

このようにして性欲の表出は肯定されなければならないものになったのだが、この肯定の意味は、右に述べたように恋愛―結婚―子産みというコンテクストのなかでしか近代社会が人口と〈労働力〉の再生産が行えないということであって、性的な欲望一般が無条件で肯定されているわけではない。

商品化された性の領域は、一般に子産みや家族制度の外部に排除された主として男性の性的な欲望に関わる領域である。性的な欲望が子産みのための行為に限定されない人間の場合、性欲のこのはみ出した部分を受け持つのが市場における性産業であり、そこで働くセックスワーカーたちである。この意味で、男性の様々な生活上の必要を満たす食品産業や服飾産業と変わるところはない。しかし、一つだけ根本的に異なるところがある。それは、性が権力の基盤であるということだ。食欲を満たしたり、衣服で着飾ることが権力作用と無関係とは言わないが、性関係には人間と人間の関係、とりわけ社会的な再生産を含む関係の基礎が存在する以上、そのコントロールは同時に人間関係のコントロールにならざるを得ない側面をもち、権力の発動の場とならざるを得ないのだ。つまり、性欲の喚起と充足が、主として男性を消費者とする市場の形成を意味し、主として女性はこのなかで男性に対する性的なサービスの労働者となる。性をめぐる消費と労働市場が両性の間に非対称的に配置されているわけだが、このことのなかに、実は市場経済が性をめぐる権力装置としてもまた機能しているということが示されている。

こうして性の二つの側面、快楽と世代の再生産が、資本主義のシステムでは、市場と家族という社会的な分業のなかに振り分けられる。この性的な社会的分業の観点からみて、男性の女性との関係は、フォーマルな婚姻関係の構造の背後に、事実的な性的な関係としては一夫多妻制の社会的な関係を有しているのだ。

しかも、市場が引き受ける性的な関係、性的欲望の充足のシステムが恋愛—結婚—子産みという支配的なシステムを補完できるように規制することは、市場経済の自由競争に委ねれば自動的に実現できるというものではない。市場における性の商品化は、売春防止法にみられる違法の領域を含んでいる。しかしこの売春の違法性は、あまり厳格には適用されないばかりか、主として買春を行う男性ではなく、売春を行う女性を反道徳的と見なして、売春目的での雇用契約、場所の提供などを違法としている。需要側ではなく、主として供給側を規制するこの法律が示しているのは、性の商品化がどのような条件のもとであれば合法であるかの基準を与え、性産業の合法領域を示すものになる。合法的な性の商品化の方法は、違法な方法を参照することによってのみ構成できるからだ。

逆に需要側を規制することは極めて難しい。もし規制しようとすれば需要側を一般に違法とするしかないからだ。この需要側の規制は、むしろ「女を買う」「女遊びをする」ということが、家族関係の崩壊を招かないような暗黙の規範を男社会に生み出させる家父長制イデオロギーによる規制として、別の回路からもち込まれる。需要の規制は、「遊び方の節度」の規制として発動されるに過ぎないが、現在のシステムはそれで十分維持されると見なされているのである。いやむしろ、それによって恋愛から家族制度へと至る人口と〈労働力〉再生産の支配的なシステムが保証される一方で、性産業は、このシステムから逸脱する主として男性の性的な欲望を、この支配的なシステムの障害とならないように処理する不可欠な装置となるのである。そして、婚姻のフォーマルな制度の外部にあるもう一つの性的な欲望の充足システムのなかで男性がとる性交渉もまた婚姻の制度を支える必須条件であるという意味で、近代社会もまた一夫多妻制の一つの変形と見ることができるのである。

他方、女性の性的な欲望は、こうした外部すら持ちえなかった。このことも、右にみたように性的な欲望が子産みと家族に収散する近代社会のシステムがもたらした偏りである。子産みのための「資源」として女性の一定数が動員される必要があるわけだから、彼女たちの多くが、子産みとは無関係な市場における性の商品化へと配分されることはシステムの望むところではない。女性の性的な欲望は、まず子産みへと直接・間接に結びつく関係のなかへと導かれねばならない、と言うようにシステムは機能している。恋愛や夫婦関係のなかで性的な快楽を求めたり、充足を経験することはこの意味で全く問題はないものとされる。しかし、性的快楽は、子産みへと導く行為の必要上その価値を副次的に認められているにすぎない。

こうして、近代社会であっても、性的な欲望はそれ自体に価値があるとは見なされない。マスターベーションや同性愛の禁止は、社会や時代によって大きな揺れがあるが、いずれも性的快楽や性交のスタイルとしては支配的とはいえないのもそのためだ。これは、何回繰り返そうとも子産みには結びつかない性的行為、性的欲望の喚起と充足の行為だからだ。

●

性的な欲望が社会秩序に対してある種の違犯的な行為の領域を形成することは様々な社会で知られている。同時に、このように性的な欲望を婚姻関係における性行為に還元できないということも多くの社会は認めている。ジョルジュ・バタイユがいう「躁宴《オルギア》」にみられる性的な放縦は、やがてキリスト教の教会支配のなかで「サバト」として絶対的な禁止行為とされてしまう。不浄なもの、悪魔的なもの、エロティックなものを俗界へと切り離すキリスト教による瀆聖に関する振る舞いは、逆に世俗化が普遍化した近代社会のなかでは全くその効果も意味も失ってしまったかのように見える。

世俗的な権力支配のもとで、エロティシズムが罪と自由の間で引き裂かれた時代が19世紀のヴィクトリア朝における性道徳だった。家族もまたこのエロティシズムを全て引き受ける制度へと転換することはなかった。家族が性的な関係によって結びつけられた男女の関係を基礎としなければ成り立たないということは、同時に性的な欲望を十分保証する制度であるということを意味するわけではないのだ。

バタイユは、結婚をエロティシズムとは無関係とは見ていないが、逆にこの結婚においてエロティシズムが完全に充足されるとも見ていない。バタイユは結婚には「過程」と「状態」という二つの意味があるという。「過程」というのは、多分に性行為それ自身がもたらす快楽を指し示し、「状態」とは婚姻関係が長期にわたって継続する「習慣」「反復」の関係それ自身を示している。この後者の意味での結婚では、女性の経済的な価値、〈労働力〉として、また出産や育児、家事の担い手としての女性の価値が中心をなす。バタイユはこの習慣化され反復される関係の二面性を指摘している。性的な関係が繰り返されることによって、両者の間には関係の習熟とそれに伴う安定した深い理解が得られるに違いないという面が一つ。しかし、エロティシズムとして人間が感じる欲望は、こうした繰り返しと関係の習熟にのみ収斂するとは言い難く、その逆に、この習熟した継続的な関係によって消し去ることができない不規則で無秩序な違犯が引き起こす性的な欲望であるという面がもう一つである。しかも、規則化されて、秩序を支える行為に組み込まれた違犯と結婚のような性的な規範の正当な制度とは、互いにもたれあいの関係を作りだす。もちろん、このもたれあいは、男性にとって都合のよいもたれあいであると同時に、資本主義社会全体のシステムとしては人口＝〈労働力〉の再生産の不可欠な条件なのである。

バタイユは、性的な欲望とそれに連なるエロティシズムの充足という課題を結婚における男女の性的な行為にではなく、むしろその外側に、つまり「不倫」とか売買春に見いだそうとする。

「いったい、結婚によって少しも無力にならないほど深い愛は、不倫な愛に染まらずに近づくことができるのだろうか。不倫な愛のみが、よりもっと強いものがあることを愛に教える力をもっているのではないか。(注20)」

それは、躁宴、サバトにも連なり、あるいはシャルル・ボードレールが「私に言わせれば、恋愛の唯一至上の悦楽は、悪をなす確信のうちにある。男も女も、あらゆる悦楽は悪の中にあるのだということを、生まれながらに知っているのだ」（傍点原文）[注21]と述べたことを引き合いに出して、「快楽は違犯に結ばれている」と述べるような事態と深く関わっている。

バタイユがこうして論ずる性的な欲望の社会的な見取り図は、非常にシニカルなものになる。つまり、夫婦関係として合法化された性的な関係からはエロティシズムの契機は実は奪われている。完全に奪われてはいないとしても、違犯や悪や不規則な行為として現れるエロティシズムは、継続的で深い関係によって犠牲にされる。同時に、家族は性的な欲望の充足のための集団ではなく――それは近親相姦をタブーとしていることからもわかるわけだが――、むしろ近代以前の社会であれば労働の組織であり、近代化以降の社会であれば消費＝〈労働力〉再生産のための組織である。教会が常に家族の側に立とうとするように、家族とはある種の聖性のシンボルであり続けており、それは世俗化された家族イデオロギーにおいても変わるところはない。というのも、近代の家族には消費の裏側に隠された労働が張りつき、この労働は同時に性的な行為の領域に隠された形で張りついているからなのだ。

他方で、この聖性としての家族の関係から逸脱し、そこにおさまりきらない関係は、「悪」の側に追いやられる。恋愛と性の自由が近代社会ではそれ以前の社会に比べて大幅に認められたかのように見えながら、エロティシズムとしての性的な欲望は家族という制度によって充足されることはなく、その外側に向かう違犯の領域を必要としているように見える。しかしこの違犯が文字通りの「悪」あるいは「罪」として放置されることはありえない。どのような社会であれ、こうした違犯は制度化されることによってコントロールされるからだ。こうして、躁宴やサバト、あるいは近代以前の日本でみられた祭りにおけるある種の性的な放縦や夜這いといった慣習は、近代化された社会のなかでは、「不倫」や売買春という行動によって枠をはめられる。

ジョン・マネーは『ラブ・アンド・ラブシックネス』で性欲の多型性を明らかにした。言い換えれば、男性／女性という性の二分類に基づく、ステレオタイプの性欲は文化的・社会的に形成されたものであって、それが生得的であったり遺伝的であったり、生物学的であることはないと退けた。

ジェンダー役割が言われるほどステレオタイプ的ではないということになると、いくつかのやっかいな問題が出てくる。

それは、男性であれ、女性であれ、対となる相手との関係が非常に複雑になるということだ。異性愛と婚姻による家族の形成というシステムが最も安定するのは、男性の性役割と女性のそれとが相互に対応あるいは相互補完的であるという仮定が成り立つ場合だけだ。つまり、男性が女性に対して感じる性欲も彼女から得る性的な満足も、相手の女性が誰であっても基本的には変わるところがなく、女性に関しても、相手の男性が誰であれ、基本的な性欲とその充足に変わりはないというのであれば、婚姻による男女の対の関係は、少なくとも性欲の充足という観点からみて永続的であることが自然であるということになる。

しかし、マネーが明らかにしたのは、そうではない。むしろタブーとされた異常性愛とされるケースも含めて、性欲の喚起を促す事情とその充足のあり方は非常に多様だということである。しかも、そうした多様性は、個人の内部にも存在し得るのであって、異性愛であると信じている人が本当に異性愛だけしか受け入れられないのかどうかはわ

（注20）ジョルジュ・バタイユ『エロティシズム』澁澤龍彦訳、二見書房、1973年、162ページ。
（注21）同右、183ページより再引用。

からない。これは、フロイトが無意識を発見すると同時に、人間の性的な欲望を、肛門や口唇欲求として、あるいは近親相姦を潜在させるものであることを、むしろ普遍的に見いだすことができるものとし、同時に無意識のなかにこれらを抑圧して意識化されないものとして保持されるとしたこととも平仄が合うものだと見てもいいだろう。あるいは、むしろ、キンゼー報告以来ある種の常識になりつつあるように、予想以上に多くの人たちは同性愛を何らかの形で経験していると実証主義的に論じてもいい。また、様々なフェティシズムやパラフィリアは、個人のなかに複数共存することもあり得ることも知られている。とすれば、こうした多様性を前提するとすれば、特定のパートナーに対して、相手もまた対等に満足する性的な行為の組み合わせを見いだすことは、非常に困難になるかもしれないということになる。

マネーの指摘する多様な性的な快楽の形にもう少し立ち入ってみよう。マネーは、パラフィリアやフェティシズムについて、次のような興味深い指摘をしている。

「パラフィリアの多くは、生得説／養育説の擁護者に対して、特殊な問題を突きつけている。例えば、女性用の絹の靴下、あるいはおしめをとった幼児が使うゴム製のトレーニングパンツをフェティッシュとするケースを考えてみるとよい。ストッキングというフェティイッシュ、ゴムというフェティッシュと性的興奮との間に不可避な関係を指令している遺伝的すなわち生得的決定因子が存在する、と推測するのはばかげたことに思えないだろうか。同じことがクリスマフィリア（浣腸愛――引用者注）についても言えよう。クリスマフィリアの場合、性的行為をやり遂げることは、パートナーがあらかじめ浣腸をしてくれるかどうかにかかっている――これは、あまりにもたびたび浣腸されたために浣腸がエロティックな興奮のもとになってしまったという、ほぼ明らかに幼年期を起源とする手続きなのである。[注22]」

普通の――と一般に考えられている――性的な行為において周辺的な関わりのものが中心的な役割を演ずるということが、様々な形で見いだされる。パラフィリアと呼ばれる行為のなかには明らかに違法・有害な行為がある。例えば快楽殺人症、強姦症、相手を操って自分を殺させるケースなどをマネーは指摘している。このようなカテゴリー化は、現実の性的な行為が多くの場合、これらのカテゴリーのグレーゾーンで行われるという厄介な問題を簡単に片づけてしまう恐れがある。事実マネーも、有害と無害の境界については「一定のルールはない」(注23)のであり、何らかのルールがあるとすれば「パートナーの守っている聖域にまで侵入し不当に侵害し、合意がないため一方的に後遺症を残す」場合ということになろうと述べている。大島渚が『愛のコリーダ』で描いた首を絞めながらのセックスの場面は、極めて異常な情景のようにみられるが、パラフィリアのなかでもアスフィクシオフィリアと呼ばれて窒息によって性欲を高める場合として知られており、必ずしも異例とはいえない。とすれば、心中という死に至る性的な行為もまたパラフィリアの一つの類型と言えるかもしれず、そうなると、パラフィリアには文化的なコンテキストを無視できず、しかもこの文化的なコンテキストのなかで性的な欲望もまた形成され得るということになる。(注24)

このパラフィリアが本稿の主題である売買春にとって重要なのは、二つの観点からである。一つは、多くの場合、

(注22) ジョン・マネー『ラブ・アンド・ラブシックネス――愛と性の病理学』朝山春江/朝山職吉訳、人文書院、1987年、161ページ~162ページ。
(注23) 同右、139ページ。
(注24) 「これらパラフィリアは、社会慣行に従い、科学的というよりは社会的かつ法的に定義されているものである。地球上至る所で等しく烙印を押されているわけではない。従って、露出症人は人びとが衣服を身に着ける所だけで適用され、青年性愛(ephebophilia)は、若者と年長者のセックスを禁じる法律がある所でのみ適用される。動物性愛(zoophilia)は、コロンビアのカリブ海沿岸のように、テーンエイジの少年たちがおとなになるためにはロバとセックスをすることが当然とみなされている(略)文化では当てはまらない」(同右、139~140ページ)。

一夫一妻制における特定のパートナーとの間で可能な性的な形には限界があるが、性的サービスの商品化は、多様なサービスを提供できるという点である。もう一つは、このパラフィリアがイメージの喚起と深く関わるという問題に関連する。マネーは次のように述べている。

「あらゆるハラフィリアに共通する特色とは、それらが必ず空想によるドラマあるいは儀礼を伴うことであり、そしてこの空想はイメージ――主に視覚的イメージ――の中でリハーサルされるか、それとも一人以上のパートナーの助演を得て、さらに演出用小道具も加えたりあるいはとくに用いずに、上演つまり実現されるということなのである。(注25)」

このイメージの喚起は、市場経済における消費者行動を促す基本的な条件である（この点についてはのちに立ち戻る）。

●

かつて教会が性的異端を罰する時代があったが、現代ではこうした機能を世俗的権力が受け継いでいるということは、欧米の文献ではごく一般的に指摘されることである。マネーもこうした性的な道徳に対する「検閲」の世俗化を指摘する。教会に代わって、法律や民衆のなかの慣習などを通じて、性的な規範やタブーが社会的に再生産される。

「世俗的権威が絶対的な指令を下すとき、それは独裁政権となる。われわれは今日、人々の性的行動だけでなく、人々が読み、目にし、聞き、さもなければ心の中に抱いているかもしれぬことまでも制約する、性的独裁政権（sexual dictatorship）の中に生きている。いかなる逸脱も、〈世俗的異端〉とみなされるのだ。(注26)」

しかし、ここに特徴的なパラドクスが生まれる。性的な規範を世俗化する圧力が生ずる一方で、この性的な規範を明確な言説によってコントロールする手段を民衆は持ちえないということである。とりわけ、家族がその子どもに対して性的な言説を持つことができず、性的な事柄が一般に子どもにとってタブーの領域に追いやられる。

「親は普通、子どもたちのエロティック／性的発達について何でも通じているのが当然だと考えているのだが、その一方で、彼ら自身の私事については、子どもたちに何一つ明かせないのである。その結果、一方的になった対話は、家庭での性教育から、真の率直さをまこと効果的に奪ってしまうことになる。（略）人間の経験を構成する要素のうちでもエロティックなセクシュアリティは、われわれが自分自身の子どもたちに直接かつ視覚的に伝えるのに失敗し、その代わりに言い伝え、同年齢の子どもたちの間で慣例化しているフォークウェイズ、本、そしてことによると代理人に任命した人たちを頼りにして、子どもたちへの伝達を任せきりにしている唯一の経験要素なのである。(注27)」

世俗化された性的規範のこの宙づり状態が、フロイトのようなエディプスコンプレクスの仮説を生み出したことは間違いないが、同時に厖大な性産業のための市場を生み出したこともまた間違いない。家族の「清潔」な道徳は、売買春に対する防波堤であるどころかむしろその逆であって、性的な産業を支える社会的な基盤なのである。

（注25）同右、238ページ。
（注26）同右、307ページ。
（注27）同右、85ページ。

●

売買春が古代ギリシャからみられる現象であるということから売買春の普遍性を主張する議論のように、近代社会にみられる売買春を近代以前のそれと同一視する考え方は支持できない。というのは、資本主義はそれ固有の生産関係によって経済を支配し、しかもこの経済の基軸を商品生産関係が占めており、このことは、商品生産それ自体が経済の周辺部に位置するにすぎない前資本主義的な生産様式とは商品売買の社会的な機能が決定的に異なるからだ。売買春という性的な快楽のサービスの商品化は、資本主義においては支配的な生産様式の内部に位置するが、それ以外の社会では周辺的な経済様式のなかに位置するにすぎないからである。

確かにどのような社会システムも、それ以前の社会が保持していた様々なシステムを自らのシステムに取り込むか、あるいは廃棄するかの選択に迫られる。封建制から資本主義への移行は、生産関係や、法制度、政治制度から見れば決定的な切断が見いだされるが、他方で家族関係、言語や文化、大衆的な慣習などについては、多くの場合、継続性が見いだせる。そして、資本主義における「売春」も、それ以前の「売春」を継承している側面が確かにある。しかし近代の「売春」は、工業化とともに大量に流入するようになった都市の商品化された〈労働力〉の資本主義的な特質との関わりを無視しては論じられない。つまり、買春の主要な人口は、19世紀から20世紀半ばまでは工場労働者であろうし、〈労働力〉の構成がホワイトカラーにシフトするに従って、買春の中心もまたホワイトカラーへと移る。工場労働者もオフィスの労働者も資本主義の成立とともに生み出された新しい人間類型である。こうした需要側の変化を無視することはできないし、これら需要者がどのような性的欲望を抱いて性行為のサービスを享受しようとしているのかは、近代以前の「売春」を近代以降のそれと同一視した歴史貫通的な売春一般論では解明できない。言い換えれば、性商品の使用価値の有する歴史的性格を踏まえる必要があるということである。

商品交換、あるいは商品の消費行為のなかでも、売買春は今まで経済学者には注目されてこなかった。というのも、資本主義がまず最初に確立したイギリスの19世紀で市場経済の中核を担ったのは綿工業や製鉄業のような製造業であり、アダム・スミスもマルクスも、経済の中心に物的生産とそれに必要な労働を据え、サービス労働を軽視したためだ。

しかし、ここで重要なのは、生産される商品が物なのかサービスなのかということではない。そのいずれであれ、商品売買が経済と日常の消費生活の中心を占めるようになったということである。こうした社会では、人々の欲望の構造は、商品の購買行動を中心に非市場経済ではみられない特徴的な行動を生み出す。売買春の問題は、この商品経済における消費欲望の問題を踏まえなければ理解できない問題である。言い換えれば、売買春を性的な欲望に固有の問題とみるのではなく、むしろ消費欲望における性的な側面とみて理解しておく必要があるのである。

こうして売買春は、二つの観点からみておく必要があるということになる。一つは、家族および〈労働力〉の再生産の観点から、性的な欲望が夫婦関係においてどのように位置づけられるのかを理解しておくということ、もう一つは、市場経済における商品の消費欲望の観点から、性的な快楽の充足を市場を介して充足しようとする消費者の欲望がどのようにして構築されるのかを理解しておくこと、である。

資本主義システムの唯一の限界は、人口の再生産を資本制的な生産様式のなかで行えないということである。家族は、労使関係や企業組織の外部に必然的にこの資本の組織を支えるために構成されなければならない。

家族の基本的な機能は、マクロの社会システムからみれば人口の再生産であり、日々の〈労働力〉の再生産である。育児を含む家事労働は、この意味で〈労働力〉の再生産であり、男女間の特定の性別役割分業に基づいている。例えば、レオポルディナ・フォルトゥナーティは、次のように述べている。

「資本主義的な男女関係は、個人の関係ではなく、生産関係であり、男性に媒介された資本と女性の間で行われる交換である。これは極めて複雑な過程であって、その現象形態と実際の機能とが二重化して作用する。この複雑さは、二つの側面をもつその交換に反映している。一方でそれは可変資本と家事労働の交換であり、他方で可変資本と売春労働の交換である。つまり、男性労働者の賃金が女性の家事労働か売春労働と交換されるというその形式的なレベルであらわれると同時に、実際は、可変資本と家事労働の交換、男性労働者によって媒介される資本と女性労働者の交換なのである。(注28)」

家事労働を〈労働力〉の再生産=供給労働とみた場合、この家事労働は確かに男性に媒介された資本と女性労働者の交換と見なせる側面はある。つまり、女性の家事労働者は〈労働力〉再生産労働を提供し、これに対して資本は、男性労働者の賃金を媒介として、この女性による家事労働の成果=商品化された〈労働力〉を取得するというわけである。家事労働が資本との間接的な交換なのかどうか、男性労働者は単なる資本の媒介者なのかどうか、家事労働を社会的必要労働量に還元できるのかどうかといった点については多くの論争があるが、今ここではこの点には立ち入らない。その点を別にすれば、家庭内で行われ、一般的には非社会的な行為と見なされる家事労働が、実は資本主義における剰余価値生産に不可欠な〈労働力〉再生産部分を担っているという点については、エンゲルスから現代のマルクス主義フェミニストにいたるまで、繰り返し指摘されてきたことだ。しかしフォルトゥナーティの議論の特徴は、家事労働と売春労働を「労働力再生産労働の二つの主たる特殊な社会的な労働形態」(注29)と見なして、並列し、生産的な労働に組み入れたことだ。つまり、性的な欲望の充足という課題が、日常生活における衣食住の充足とともに、男性労働者の〈労働力〉再生産にとって必須条件であるということが、ここには暗黙のうちに前提されているのだ。

この点を家事労働との関わりで指摘したことは重要である。

しかし、この指摘のなかで、欠落している論点がある。それは、性的な欲望の充足が、なぜ家族関係、あるいは夫婦関係の内部で充足しないのか、なぜ市場における性的なサービスの供給に依存する側面があるのか、という問題である。この問題は前述のように性的欲望の多型性に関わるが、また後に見るように、家事労働が供給するサービスとしての衣食住もまた、市場のサービスによって代替されたり、あるいは市場のサービスとの棲み分けが行われたりするのはなぜなのか、という問題とも共通する充足されるべき欲望の商品経済的な多型性の形成にも関わる。

●

〈労働力〉再生産を担う制度としての家族の核となる成人男性と女性のカップルはどのようにして社会的に組み合わされるのか。この組み合わせを促す社会的な条件は何か。

親族をベースとする共同体が解体して、匿名の諸個人が〈労働力〉として流入することによって構成される資本主義的な都市では、男性と女性が出会い婚姻に至るプロセスにおける伝統的な親族組織による役割は徐々に崩壊し、全く見ず知らずの男女が出会う新しいルールがこれに取って代わるようになる。この新たなルールが恋愛であることは前に述べた。近代の恋愛は、性的な欲望を婚姻による家族形成へと媒介する性愛の特殊形態である。恋愛は、常に婚姻に結びつくとはかぎらないが、逆に婚姻は多くの場合、恋愛を前提とする。従って、恋愛は常に潜在的に婚姻に帰結する可能性があるものと見なされる。

こう言ったからといって、恋愛という現象が、資本主義に特有というわけではない。例えば、ブロニスワフ・マリ

（注28）Leopoldina Fortunati, *The arcane of Reproduction*, Autonomedia, 1995, p.33.
（注29）同右、105ページ。

ノウスキーは、その古典的な研究『未開人の性生活』のなかで、トロブリアンド諸島の性生活や婚姻について記述している。トロブリアンド諸島の住民の場合、子どもの性的な行為や性についての知識や性的なタブーは西欧世界の基準からすればかなり緩やかであり、子ども時代から性的な接触が頻繁に繰り返されており、恋愛関係も早い時期からみられる。恋愛における相手選びは、一見すると自由なようにも見えるが、必ずしもそうではないという。同一トーテム階級に属する者は結婚の対象からはずされ、同じ政治的領域内の10か12の村々のなかで結婚する。また、高い身分の女性は低い身分の男性とは結婚しないのが普通とされる。こうして、「配偶者の選択は、同一氏族のものではなく、身分も大して違わず、ある種の地理的領域内に住み、しかもふさわしい年齢の者に限定されている」(注30)。こうした条件のなかで自由な恋愛が許されたのである。

恋愛という個人の意志に基づくカップルの形成と制度による禁忌、この二つの組み合わせは、資本主義社会でも見いだせる。配偶者の選択は、同一民族である場合が多く、また出身階級も同一である場合が多い。地理的には、同一の国民国家内部に居住する場合が多い。さらにこれらに加えて、宗教や職業上の差別などが配偶者選択にとっての制約条件となる場合がみられる。他方で、資本主義が封建社会に対して自らの優位性を主張する場合にもち出される近代主義の価値観は、個人の自由と平等を主張する。恋愛は、家制度や人種、年齢など様々な制約を超えて達成される個人の自由の象徴のように物語化されてきた。これが、恋愛結婚にまつわる支配的なイデオロギーを生み出した。

恋愛が封建制から資本主義初期にかけての西欧の貴族階級やブルジョワジーのなかに、封建的な身分関係との対抗関係とともに登場したそのあり方が、その後の典型的な資本主義的な恋愛結婚の枠組みと物語を構築した。例えば、エリ・ザレツキィは、次のように述べている。

「貴族の間の家族関係は、経済的取引とみなされ、そうしたものとして処理された。クリストファー・ヒルによると、17世紀のイギリスでは、『婚姻法は、……ほとんど財産法の基礎であった』。婚姻は個人の利益よりむしろ、家族の利益に従ってとりきめられた。恋愛や性生活は婚姻外に、しかもたいていは男の手で求められた。人為的に仕組まれる結婚は二重の規範と、妾と、庶子とを必要とした。初期ブルジョアジーの主要なテーマ（とりわけ文学に表れた）は、『金の力』というシニカルな個人的関係への攻撃と、経済生活と個人生活双方の領域としての家族の防衛であった。

恋愛と個性という貴族の理想は、家族と正面から対立するなかで発達した。商品生産という領域のかなたにある洗練された宮廷社会のなかで、貴族は、精神主義ではあるが非キリスト教的な恋愛イデオロギーを発展させた。（傍点原文）（注31）」

封建制の支配的なイデオロギーが個人の自由に対して家制度を上位に置くものであったとすれば、個人――主として貴族階級の男性を指すわけだが――の自由意志の体現としての恋愛は、その周辺に位置する性愛の様式であった。近代社会が封建制のイデオロギーを批判して、個人主義イデオロギーを支配的イデオロギーの位置につかせたということを踏まえれば、この性愛と婚姻の様式をめぐる中心と周縁の関係も逆転することになったと見ていいかもしれない。つまり、周縁に位置した恋愛が今度は中心の位置に据えられたのである。

しかし、結婚と家族の形成は、その当事者の主観とは別に社会的な観点からすれば〈労働力〉再生産システムを支える制度的な枠組みであり、資本主義的な階級構造と労働市場における階層構造を再生産するものでなければならな

（注30）ブロニスワフ・K・マリノウスキー『未開人の性生活』泉端一／蒲生正男／島澄訳、新泉社、1978年（新装版）、69ページ。

（注31）エリ・ザレツキィ「資本主義・家族・個人生活」『資本主義・家族・個人生活』所収、加地永都子／グループ7221訳、亜紀書房、1980年、38ページ。

い。こうした資本主義的な生産／消費様式に規制されざるを得ないとすれば、この家族の形成をもたらす恋愛に関しても、全く個人の自由な意志に依存するとは言えない。民族差別や職業上の差別意識は、同時にカップルとなる男女の組み合わせに一定の傾向を生み出す。恋愛結婚の対象として同じ民族を暗黙の前提としたり、同じ学歴の相手を選択しようとしたり、相手の勤め先の企業のブランドに左右されたりということは、対象選択の差別意識と不可分だが、当事者の意識に即せば自由な意志決定ということになる。恋愛として発現する自由な諸個人による自由な愛情の関係とは、こうした現実の差別の構造を隠蔽するイデオロギーとして機能することになる。

こうして、資本主義社会であっても、トロブリアンド諸島の住民同様、自由な恋愛と社会的な規範との双方が複合的に組み合わされて恋愛結婚が制度化される。前述したように、大量の人口が集中し、しかも流動性が非常に大きな都市中心の資本主義の社会システムでは、親族組織に依存したカップリングが極めて困難であるから、人口の再生産のシステムを維持するためには、恋愛結婚のシステムは不可欠の方法だと言えた。そして、個人主義と自由・平等の近代主義の理念は、恋愛に極めて高い価値を与えることになった。同時に、この価値観は、この資本主義が本質的に持つ階級的な構造と差別を巧妙に隠蔽するイデオロギー装置ともなったのだ。

他方で、この恋愛結婚のシステムは、様々な副次的な作用を性愛のあり方、あるいは性的な欲望の充足のあり方にもたらした。

第一に、性的な欲望と恋愛という感情との結びつきに特権的な位置が与えられた。性的な欲望が恋愛と結びつかない様々なケースは、抑圧されるか、周辺に排除された。このため、性的な欲望は恋愛という感情とは相対的に区別されて発動されるため、様々な矛盾を抱えることになった。この矛盾は、性的な欲望の抑圧と多様な充足の間を大きく揺れ動くことになる。この両極、禁欲と放縦は、矛盾するのではなく資本主義的な性秩序の二面をなすことになる。

女性の場合、恋愛と恋愛に結びつかない性的な行為は、禁欲と放縦の二重の女性像に結びついた。恋愛は、特定の男性以外との性交渉をもたないということを通じて、象徴的な禁欲を意味し、恋愛に結びつかない性的な行為は、セックスワーカーのように不特定の男性との性交渉を含意する性的な欲望の露骨な象徴とされた。女性は、単に禁欲を強いられてきたわけではなく、同じ性のなかでこの二つの全く相反するように見える性的な態度に振り分けられてきたのである。既に指摘したが、ベーベルが「結婚は市民的社会の性的生活の一面を表し、売春は他面を表す。結婚はメダルの表面であり、売春はその裏面である」と述べたように、支配的なイデオロギーはこのうち女性の象徴的な禁欲の側面を特権的な「表」の態度に、その性的な放縦の象徴的な機能の側面を「裏」として配置した。

第二に、恋愛は、婚姻と人口の再生産に至る可能性を期待されるがゆえに、異性愛であること、未婚の男女間の感情であることが望ましいという一定の規範と結びつけられた。恋愛は、異性間に限られる必要はない。しかし恋愛が結婚を導くための不可欠な前提条件となる資本主義では、恋愛あるいは性的な愛情の関係が何よりも異性愛であることに特権的な位置が与えられてきた。同性愛の排除を西欧のキリスト教文化はその宗教的な理由によって正当化しようとしてきたが、これは資本主義が制度的に必要とした同性愛の排除をイデオロギー的に裏づけるために利用したものであると見たほうがいい。というのも、非キリスト教社会であっても、婚姻の基本的な条件が異性間のそれであることを法的に規制することになっているからであり、それは、同時にそれぞれの国民国家が国家の人口政策の基礎になりうるような家族という制度を組み込んでいることと無関係とは言えないからである。性的な欲望とその充足や愛情の関係だけであれば、それが同性によって満たされることと異性間で満たされることの間に特段の区別があるとは言い難い。両者の間にある差異は、人口の再生産という観点だけである。

こうして、同性愛や恋愛と結びつかない性的な欲望は、婚姻制度＝人口の再生産に結びつかないものとして、周辺的な欲望として排除された。私たちの性的な欲望は、人口の再生産＝子産みという行為から大きくかけ離れているように思われている。確かに、個々人の性的な行為は、子産みとは無関係な性欲それ自体の充足のために行われる行為であることが圧倒的に多い。にもかかわらず、マクロの制度からみた場合、私たちの性的な行為は、巧妙に人口の再生産のシステムのなかに組み込まれているのである。

●

男性に配当される性的な欲望とその充足は、一夫一妻制という枠組みを表向きとしながら、性の商品化によって支えられなければならない仕組みのなかに組み込まれている。これは、男性の本性的な性行動に由来するものではない。むしろこれは、資本主義の市場経済が促した男性の性的な欲望の形である。なぜ、男性なのか。それは、男性がこのシステムでは主たる貨幣所有者であり、〈労働力〉の再生産に必要な消費サービスの主要な需要者だからである。この消費市場が構成する消費者の欲望の構造は、性の商品化のなかで買春行動をとる男性の欲望の構造と共通するものを持っている。言い換えれば、性的な商品の購買は、男性にとっては、レストランで食事をしたり、デパートで服を買ったりする消費者の欲望充足のための貨幣支出行為と、その欲望の喚起と充足の構造においてはさほど大きな違いはない。まず、その点から明らかにしておこう。

性欲にまつわる複雑な対応——性の多型性——を、各々の社会が処理している性と性欲についての特殊なシステムの差異を無視して、人類に必然的な普遍的な要請と見なすことは、間違いである。多分、社会の欲望についての感情の形成のありようが異なれば、性欲も異なる内容を持つと考えるのが自然である。なぜならば、性欲とは、それを喚起させる対象との関係のなかで形成されるものである以上、この関係それ自体の形成によって性欲の内容もまた影響を受けざるを得ないのであり、もしそうだとすれば、文化的な差異による性欲喚起の差異を無視することはできないし、無視すべきでもないということになるからである。恋愛結婚がごく当たり前の社会と、ほとんどそうした慣習が見いだせない社会では、関係のなかで形成される性欲の構造が同じであるはずはないのである。また、既に述べたように、恋愛もまたそれ以外の社会的諸制度——親族、階級、職業構造など——との関わりのなかで、対象となる人間の選別に一定の篩がかけられる。また、商品化が日常生活の深いところまで普及した社会と、ごく限られた空間や階層においてのみ見いだされるにすぎない社会とでは、性の商品化や売買春の持つ意味が同じであるはずはないのである。

従って、性欲喚起の差異とは何を意味するのか、という問題に答えるためには、資本主義というシステムが構築する欲望の構造から明らかにすること、そして同時に「性の商品化」と呼ばれる事象を主として消費者の観点からみてみることが必要になる。というのも、欲望するのは、消費者であり、この消費者の欲望の視線を構築する巧妙なシステムのなかで、セックスワーカーたちは、資本の剰余と身体搾取にさらされながら、しかし同時に、彼女／彼らは、資本の意図や消費者の欲望の枠組みに都合のいい存在としてだけではない、オートノモスな自己の価値意識——文化的な価値の再構築——を試みてもいるからだ。

「性の商品化」とは、それが直接身体を接触させる性行為であれ、ビデオや写真などの映像によって媒介されたものであれ、あるいは小説家の観念のフィルターをいったん通過してフィクションとして再構築された文章であれ、次の点ではいずれも同一の欲望とその充足のメカニズムを持つものとみなされている。

第一に、性商品の買い手は、貨幣を支出してその欲望充足の手段を手に入れようとする。

第二に、貨幣と交換に手に入れる性商品によって、消費者は性欲を充足する。

第三に、このメカニズムのなかにあっては、商品化される性の担い手は、消費者の欲望充足の手段という位置に置かれる。

この枠組みは、実はこれだけでは不十分な幾つかの重要な観点を無視している。例えば、買い手がどのようにして、性商品にアクセスするのか、性商品として消費者の欲望充足の手段とされる存在は、どのような売り手のシステム——多くの場合は、性産業の資本によって商品化されるわけだが——と市場のシステムのなかに組み込まれているのか、といった問題である。しかし、消費者による欲望喚起のメカニズムを検討するという当面の課題にとって、これらに立ち入る必要はない。

性商品もまた商品である以上、商品の消費者が商品に対して一般に喚起される消費欲望の構造をまず押さえておくことが必要だろう。従来、商品論のマルクス主義的な枠組みでは、モノ本来の使用価値が交換価値に従属させられるという観点から、交換価値の分析とそこから析出された労働価値説が重要な分析のツールと位置づけられた。他方、使用価値は、その本来の「使用」の性格そのものについては、踏み込んだ議論が行われず、言わば普遍的にその「モノ」が持つ有用性に商品の使用価値というカテゴリー上の名称の網がかぶせられるのであって、「モノ」の有用性それ自体を資本主義の構造に関わって立ち入って検討するという問題意識を欠いてきた。

しかし、使用価値の問題は、交換価値に従属する添え物ではない。ミクロの観点からマルクスは、価値形態論では、交換の構造のなかに使用価値の契機が否応なく関わることを示唆せざるを得なかったし（この点を積極的に取り出したのが宇野弘蔵の価値形態論だった）、その延長線上にあるフェティシズム論では、モノそれ自体の使用価値性格がそのものの「価値」の源泉であるかのような転倒した社会意識の形成が論じられていた。また、マクロの観点では、再生産表式のように社会システムの均衡的な再生産構造モデルでは、労働と貨幣と使用価値の3者が過不足なく社会の必要のために生産され、消費され、そしてまた（拡大）再生産される条件を論じていた。今、ここでの議論でとりわけ重要なのは、交換における使用価値の契機とマルクスのフェティシズム論である。

モノの所有権（専有権や一定期間に限っての処分権なども含めて考える）の移転には、いくつかのパターンがある。カール・ポランニーの分類に従えば、交換のほかに、再分配と互酬というパターンが歴史的にも有力なものだ。(注32)再分配は、例えば古代のエジプトなどの大規模文明において、国王のもとに集まる財物を臣下や民衆に再度配分するというシステムである。互酬は、マリノフスキーが詳細なエスノグラフィを残したトロブリアンド諸島のクラにみられるような、対価なしのモノの所有権の移転である。(注33)互酬や再分配は、資本主義のシステムでも決して小さくない役割を担っている。例えば、再分配は、福祉・社会保障給付などの国家の財政政策で見いだせるし、誕生日やクリスマスのプレゼント、あるいは盆暮れの付け届けといった儀礼的な贈与行為は、互酬と言える側面をもっている。しかし、資本主義では市場の商品交換が圧倒的に支配的な位置を占める。

使用価値に着目した場合、互酬や再分配と交換の決定的な違いは、欲望の関わり方である。互酬も再分配も、モノを受け取る側の欲望の契機は副次的であり、どのようなモノを与えるかの決定権は、送り手側にある。従って、受け手の欲望は、受け取ったモノと送り手との人間関係のなかで事後的に形成される。これに対して、交換は、買い手の欲望が先行する。買い手に「買いたい」という欲望の契機がまず形成されなければ、購買行動は生まれず、モノの移動も実現しない。ここでいう交換は、貨幣と商品との間で行われる市場経済の交換である。

（注32）カール・ポランニー『大転換――市場社会の形成と崩壊』吉沢英成訳、東洋経済新報社、1975年、参照。
（注33）マリノフスキー「西太平洋の遠洋航海者」『世界の名著71、（中央バックス版）』所収、寺田和夫／増田義郎訳、中央公論社、1971年、参照。

従来、交換に先立つ欲望の存在は、疑問視されることがなかった。そして、交換とは、この欲望を前提条件として、貨幣を媒介として買い手の欲望を充足する当のモノの所有権を獲得し、そのモノを自由に処分することによって欲望を充足する、というふうに見なされてきた。しかし、このシナリオには不可解な点がある。つまり、なぜ買い手は、未だ手に入れてもいないそのモノに欲望するのだろうか、という所有に対する欲望の先行性を説明できていないからだ。例えば、車を買おうとする買い手は、今まで一度も乗ったことのない車に欲望する。食料品のように、日常的に繰り返し購買するものであれば過去の経験に基づいて、その欲望の生成を説明できそうだが、必ずしもそうとはかぎらない。昨日食べたステーキが非常に美味しかったからといって、今日もまた同じステーキを食べたいと思うとは限らない。既に繰り返し使用経験があるものを選択するとは限らず、新製品と呼ばれる未経験の商品をあえて積極的に選択し、過去の経験を否定する場合もある。こうして、買い手の欲望は必ずしも過去の経験に忠実なわけでもない。しかし他方で、昨日も今日も主食と呼ばれる米飯やパンは飽きもせず繰り返し食べる。これは、過去の経験への依存のようにも見えるが、しかし、常に新たなシチュエーションのなかに過去に用いられた素材が投入されるのであって、文字どおり同じものを経験することはありえない。とすれば、買い手は経験以前的な状態で、なぜ当のモノを欲望するのだろうか。互酬や再分配のように、モノの供給者が主導権を握るならこうした問題は大きくない。とすれば、市場経済が支配的になればなるほど、この特殊な問題、需要者による経験以前的な欲望の問題が重要になってくる。

買い手の欲望の契機については、経済学よりもむしろ社会学が消費社会論のなかで、広告に焦点を当てて論じてきた。皮下注射モデルのような古典的な理解では、マスメディアに媒介された広告の場合に典型的なように、買い手の欲望は、広告によって外部注入的に操作されるということになる。他方で、スチュアート・ホールのエンコード・デコード・モデルでは、メッセージの受け手の相対的に自立した解釈を重視する。(注34) ホールに限らず、メッセージの受け手が送り手の解釈や意図を必ずしも忠実に再現するものではないという立場に立つ考え方は、参考になる。性欲を充足するためのメッセージは、他の様々な商品の販売に関わるメッセージ同様、性欲一般とか、性的快楽一般ではなく、その商品が消費される社会的なコンテクストの具体的な表現を先取りする。パリの街並みを走るヨーロッパ産の小型車の広告と同様に、「ロリータ」「熟女」「新妻」「ＳＭ」などのキーワードによって喚起されるある種のイメージを性産業の広告の送り手は戦略的に利用する。他方で、メッセージの受け手は、こうしたキーワードを受け手なりにデコードするが、それが送り手の意図と一致しているかどうかを確証する手だてはない。しかし、これらのキーワードが受け手の性欲喚起に何らかの効果があるというのは、これらのキーワードが社会的な意味作用を持っているからに他ならない。この意味作用は、隠されていて、目に見えない。言い換えれば、こうした隠された意味作用のコンテクストがあり、そのなかで性的な快楽の一定のシチュエーションがしつらえられる。性の商品化が市場として成り立つ前提には、こうした幅広いイメージを構築する社会的な関係の構造があるのだ。

　こうした経験以前的なイメージの形成は、商品本体だけでは実現できない。つまり、それは商品市場によっては果たせない機能なのである。商品はイメージとして情報化されて、買い手に伝達されなければならない。この情報の伝播を担うのがパラマーケットである。[注35] 性の市場は、このパラマーケットを「男文化」として分節化して、その伝播の回路を構築する。サラリーマンの読む夕刊紙や週刊誌のアダルト情報や電話ボックスやトイレのチラシ、捨て看と呼ばれる布製の路上看板などから友人や会社の同僚の口コミまで、その回路は多様だ。こうした性の市場にまつわるパラマーケットは、性の男文化に依存しつつ、同時に男文化を生み出し、性の市場に媒介する。性的な欲望の喚起は、ホテルや浴室の密室のなかで生み出されるのではなく、こうしたパラマーケットのなかで生み出されるのだ。言うま

（注34）Stuart Hall, "Encoding, decoding," Simon During ed., *The Cultural Studies Reader*, London, Routledge, 1993参照。

（注35）パラマーケットについては、拙著『アシッド・キャピタリズム』青弓社、１９９２年、参照。

でもなく、このパラマーケットの性的な情報は、実際に性交渉の行われる現場で女性たちが提供する性労働によって与えられる性的な刺戟の喚起や充足と同じものではない。一方はイメージであり、他方は現実の身体接触だからだ。市場経済のパラマーケットによるイメージのシステムは、この誰でもが知っている違いを誰もが錯誤するように、仕掛けている。しかし、パラマーケットによって喚起される欲望が偽物だというわけではない。むしろ実際に生じているのは、商品の本体が実現できる欲望の充足のほうが偽物の位置をとらされてしまうということなのである。

つまり、市場経済における需要とは、商品のモノそれ自体に対してではなく、モノのイメージに対してまず発動される。イメージに欲望した買い手が、モノを購入するのである。マルクスは、フェティシズム論で、商品の価値がそのモノの使用価値属性それ自身に由来するような錯覚について指摘していた。(注36)例えば、金を貨幣とするのは、市場経済の社会的なシステムの側の作用であって、社会的な共同作業であるにもかかわらず、金の黄金色の輝きそのものが「金貨」と呼ばれるような「価値」を本来的に持つと見なされてしまう転倒した観念を的確に批判した。この批判は、さらに、商品の使用価値とそれに向けられる欲望に対しても拡張できるものだ。つまり、商品への欲望とは、実は商品についてパラマーケットを介して構成されたイメージへの欲望の代替に過ぎないにもかかわらず、あたかもその商品それ自体が欲望充足を実現する当のものだと見なされてしまうのだ。商品のフェティシズムとは、こうした欲望充足の転倒した観念に対しても与えられなければならない。(注37)

私たちの市場経済的な欲望は、モノのイメージによって形成されたものである以上、商品の使用価値それ自体を手に入れたとしても、そのことによって欲望が満たされるという保証は何一つない。外国のエキゾチックな街並みを走るヨーロッパ車のイメージは、日本の無秩序な街路では満たされない。買い手はこうしたイメージとモノそれ自体の差異を十分理解している。しかし、欲望は理解の範疇で解決できる性質のものではない。そうではなくて、身体感覚として生成され、解決されなければならないものであって、理解できるということと、欲望の充足とは直接の結びつきはない。

市場経済は、こうして、モノの購買と消費を消費者による欲望の充足過程としてよりも、むしろイメージと欲望のズレの身体的な確認の過程となる。買い手にとって、欲望の喚起とその解消が最大の臨界点に達するのは、購買行動をとった時点であり、それ以降は、欲望充足のズレを不断に生み出す過程になる。現実に手に入れたモノによって拘束される欲望充足の枠組みと、購買以前に形成された原イメージが意識的・無意識的に構成するもう一つの参照枠との間に見えざる葛藤が常に形成される。これが、新たなモノへの欲望を生み出す契機となる。モノを手に入れた消費者はその翌日からふたたび新たなモノへの欲望のために、カタログに目を通し始めるのである。こうして消費と欲望のサイクルは無限に資本の商品生産のサイクルにつなぎとめられることになる。

このように、商品の使用価値とは、買い手にとっては、パラマーケットを介してまずそのイメージとして構築されるのであって、所有権の移転とともに実際に入手された商品それ自身の使用価値は、このモノのイメージとは同一のものではない。もっと極端に言ってしまえば、商品体それ自身は、イメージとして構成された欲望の対象のできの悪いイミテーションにすぎない。イメージの世界では自由に自分の思いのままになった欲望喚起の対象が、実際に欲望

（注36）マルクスは、『資本論』第1巻冒頭で「商品の物神崇拝的性格」について論じている。商品の価値性格は、商品の使用価値の自然的な性質によって生じるものではなく、人と人との社会関係によって生み出されるものであるにもかかわらず、あたかもその商品体それ自体に価値が内在しているかのようにみなされる事態を商品の物神性と呼んだ。マルクスは、商品の使用価値それ自体には何の謎もないと考えていた。しかし、私は、使用価値もまた社会関係のなかで形成されたものであり、商品体それ自身に内在するものではない、という視点をつけ加えたいと思う。本稿で論じた物神性＝フェティシズムにはこうした拡張された定義が用いられている。

（注37）この点については、拙稿「欲望の再生産と貨幣の権力——交換をめぐる未決の課題」『現代思想』１９９５年9月号、参照。〔本書所収〕

充足の約束された当のモノを手に入れるや、このモノそのものは、決して買い手の自由にならないという事態に直面する。

●

性的なサービス労働を行う労働者にとって、こうした商品そのものとは別に流通する情報の回路によるイメージの構築は、極めて抑圧的だ。なぜならば、常にイメージは買い手の欲望を喚起するように巧妙に構築され、実際の性産業の労働者はこのイメージに自らを合わせることを強いられるからだ。こうして、性的なサービスの場面では労働者は単にその剰余労働を搾取されるだけでなく、身体を介した文化的な意味そのものを搾取され続ける。身体の搾取は、こうして文化の搾取を伴って、パラマーケットを媒介として「男文化」に伝播する。

ここまで見てきたことから明らかなように、性の商品化は、パラマーケットに媒介された欲望を喚起するイメージの形成とその性商品そのものの購買による「充足」のなかに消費者としての男たちを捕らえる。性的な欲望は、愛情や恋愛とは相対的に区別され、それが市場において満たしうるものであるということは、パラマーケットにおいて供給者側が性の欲望とその充足についての物語を提供し、また男たちが「男文化」のなかで読み解く(デコードする)物語の文脈構築がなければ成り立たない。その物語の資源は、性の市場のなかで構築されるだけではない。むしろ家族や企業などの様々な組織のなかでタブーとして構築される性関係や倫理を、性の市場における欲望喚起の物語構築のための格好の材料とする。OL、看護婦、女教師、継母、女子大生などがこうした性のパラマーケットでは通常の情報空間とは全く異なる「意味」作用を持つようになる。

性の多型性は、こうしたパラマーケットにおける性の商品化に前提される経験以前的なイメージの形成と、性をめぐる商品の供給競争のなかで促される傾向である。この多型性の資本主義的な加速化は、実は性的な欲望の蔓延なのではなく、どのような性的な欲望も実は完全には満たされないという性的な欲求不満の蔓延なのである。パラマーケットが生み出す商品のフェティシズムは、完全に満たされた幸福な消費生活は常に今現在の生活のなかにはなく、未だ手に入れることのできない「あの商品」を手に入れることによってしか実現できない、という不断の未来への投企に私たちを縛りつけるように、性の市場も決して男たちを完全に充足させることなどできない。この慢性的な欲求不満は、パラマーケットのなかで性産業と「男文化」が構築してきたものであるにもかかわらず、そのツケは、実際に身体を酷使する性のサービス労働者自身の責任であるかのように見なされ、労働の強化と使用価値の「質的」な向上が押しつけられる。

最後に、一夫一妻制と売買春について形式論理的な議論をしておこうと思う。その手がかりとして、例えば、次のようなエミール・デュルケームの指摘を見てみよう。

「中世期に入って中流階級が勃興してきて、ものの考え方や行動が変化し、自由恋愛と結婚との間に厳格な区別が次第になくなり始めていった。すると、中流階級の人々は自分たちの妻や娘を保護する必要に迫られ、そのためには、男たちの欲求を満足させるための別のはけ口をつくっておくのが安全であるということになり、規制した娼家を公認して、男の道楽心を売春婦による欲求の満足という方向へ向かわせるようになった。(注38)」

(注38)『社会学年報』7巻、1904年、エリス、前掲書、262ページより再引用。

デュルケームの指摘は、多くの同時代の論者たちとともに、女性の性欲を無視した議論であるが、この点について今は批判の対象にはしない。むしろ、ここでのデュルケームの議論には、近代的な恋愛＝結婚と一夫一妻制の家族制度に売買春を必要とすることが含意されている点を確認しておきたい。

つまり、ここには、次のような幾つかの婚姻と夫婦関係をめぐるゲームのルールが存在することになる。

・婚姻に結果する男女関係は、当事者の意志によること
・従って、所属する親族集団などによって当事者の意志を無視して相手方を特定することはできない
・男性の性欲は、恋愛あるいは結婚に結びつく可能性がある
・しかしまた男性の性欲は恋人や夫婦関係の内部で充足しうるとは限らない

こうしたルールを前提として、一夫一妻制が維持されるためには

・既婚女性と未婚・既婚男性の間の恋愛を抑制すること
・未婚で、婚姻を予定している女性との既婚男性の恋愛＝婚姻を抑制すること
・既婚・未婚の男性が、交渉しうる未婚の女性が存在すること

こうした条件は、次のように整理することができる。社会のなかの男性集団をM、女性集団をFとする。それぞれ婚姻関係に入る下位集団をM1、F1とし、それ以外の集団をM2、F2とする。社会全体でM＝Fであり、一夫一妻制であるとすれば、M1＝F1である。未婚・既婚の男性の性欲を充足する婚姻外の女性が必要であると仮定すれば、この部分は、F2だから、M1＋M2＞F2となる。

つまり、複数の男性を相手とする女性が存在しなければ、この不等式は成り立たない。近代社会が一夫一妻制を制度上の前提とする以上、婚姻形態やそれに基づく家族関係とは別の制度としてこの複数の男性を対象とする性交渉の社会的な正当性が保証されなければならない。これを満たせる近代社会のシステムは市場システムしかない。

性欲を充足するサービスを商品化し、商品経済の契約関係のなかで性欲を処理することは、市民社会の契約の形式論理のなかではルール違反にはならない。〈労働力〉の商品化によって身体性の搾取が構造化されている資本主義では、性に基づくサービスが市場経済の領域に囲い込まれている限り、それは許容されるだけでなく、むしろこの市場経済が処理する男性の性欲によって、一夫一妻制の構造が維持されるわけである。

しかし、こうした市場経済上の契約の正当性は、道徳的な正当性とは必ずしも整合しない。道徳的には、常に売買春の価値は婚姻による性交渉の価値よりも低いもの、つまり行為の選択に当たっては、常に婚姻関係における性交渉が優先されるべきであることが価値観上妥当と見なされる。従って、婚姻によって特定の男性との永続的な性交渉に入るか、不特定の男性との市場経済的な契約に基づく性交渉に入るか、という二者択一の選択肢は、社会のなかでは等価ではない。常に後者の選択は抑制されねばならない。この抑制の代償として、通常の女性の〈労働力〉よりも高価な価格が設定される。売春の価格が高いのは、需給のアンバランス——つまり、希少性の問題——ではなく、むしろこの道徳的価値のオーダーにおける下位の位置が構造化されたことに対する代償であると見るのが妥当かもしれない。

こうして、恋愛結婚を前提とする一夫一妻制を維持しながら同時に、婚外の性交渉をも認めるという場合には、恋愛と切断された性欲充足の制度が必要であり、そのためには不特定多数の異性との性交渉を保証する制度が必要なのである。これは、女性が婚外の交渉を持つと仮定した場合でも全く同様である。つまり、一夫一妻制と男性であれ女性であれ性欲の充足が必ずしもこの婚姻制度の枠内に収束するとは限らないという前提条件を置く限り、未婚の男性／女性で、不特定の複数の女性／男性に対して性的サービスを提供できる制度が必要になる（同性愛の場合がこれに加わっても事態は変わりはない。）恋愛と切断され、しかも市場経済的なサービスの商品化にも依存しない婚外の性欲の充足は、「セックスフレンド」とか「ナンパ」などに見いだせるが、それらは明確に恋愛と区別されていないし、全ての男女に「平等に」保証された制度とはなっていない。

近代の一夫一妻制の持つ決定的な限界は、女性と男性が相互に相手を見いだす場合に恋愛という感情が不可欠だという点にあり、このことが、売買春の廃止の大きな制約になっているということである（恋愛以外の両性の出会い――例えば見合い結婚など――であれば売買春の廃止が可能だ、と主張しているわけではない）。恋愛の感情は、性欲の喚起と結びつくとともに、近代社会が生み出した婚姻関係を導く唯一と言っていいものである。しかしこの恋愛という感情は、その後の夫婦関係を長年にわたって維持する条件になるとは限らない。むしろ恋愛を契機に結びついた男女の婚姻関係は、その後に形成される双方の親族との関係、子どもを媒介とした親子関係など、伝統的な家族制度の枠組みのなかに移し替えられてゆく。しかし、夫婦関係は、近代社会においては、性欲の充足の関係抜きには取り結ばれない関係である。性欲―恋愛という拘束は、恋愛感情なしでも性交や性欲の喚起と充足が可能である以上、常に不十分な拘束にならざるを得ないのだ。近代の家族は、生産単位であることをやめ、〈労働力〉の日々の再生産と世代的な再生産、そして消費の単位としてのみその存在理由が維持され、しかも共同体が解体し、人口が流動化し、未知の人々によって成り立つ都市空間のなかでの偶然的な出会いの繰り返しのなかから、パートナーとなるべき相手を探すことによって成り立っている。だから、家族という関係の確認を支えるには、愛情とか恋愛といった性欲やその周辺に配置された観念に頼る以外にない。従って、近代家族から性欲という条件を排除してしまうと、家族の観念それ自体が解体しかねないのだ。

こうした点を踏まえて、売買春を廃棄するとすれば、次のような条件が必要になる。

・〈労働力〉も含めて身体サービスの商品化を一切認めない

・恋愛を前提とする一夫一妻制を廃棄する

しかし、これらの条件が同時に、

・諸個人の自由で平等な性的交渉を保証する
・恋愛それ自体を肯定する

というもう一つの条件も満たすとすれば、果たしてどのような制度が可能なのか。これは、模索すべき課題とはいえ、資本主義的な生産様式のもとでの近代的な家族関係では解決できないことだけは確かである。

愛情を伴わない性的な欲望、出産を予定しない性的な欲望を処理するシステムは、市場システムが受け持つ。それが売買春である。売買春は、婚姻システムとは区別されたその外部にあるシステムではなく、近代社会では恋愛結婚という婚姻制度に付随する婚姻のサブシステムであり、〈労働力〉の日常的な再生産のための性的欲望充足のためのシステムである。

こうした売買春が制度化されているということを冷静に評価した場合、資本主義の家族制度は、狭義には一夫一妻制だが、広義には一夫多妻制であると見ることができる。売買春は広義の婚姻システムに含まれる、ということである。フォルトゥナーティが、売春を家事労働とともに〈労働力〉再生産労働の条件として併置したことに見られるように、こうした観点は決して突拍子もないこととは言えないだろう。あるいは、ボーヴォワールの次のような指摘を引き合いに出してもいいかもしれない。

「妻にとっても娼婦にとっても性行為は一つの務めである。前者は唯一人の男と終身契約をし、後者はそれぞれ支払ってくれる何人かの客をもつ。前者は一人の男性によって他の全ての男から保護され、後者は皆によって各々の排他的な束縛から擁護されている。(注39)」

これは女性の観点からみれば、妻も売春婦もともに労働としての性行為であるという共通性を指摘したものだが、共通性はこれにとどまらない。すなわち、

・男性にとっては、妻も売春婦も性的な欲望の充足のための行為対象である

・金銭を伴う契約関係である

という点で共通するのである。

異なるのは、妻は出産・育児による世代的な再生産を担うこと、そのために法的に保護されるということ、そして家族を構成し、永続的でセクシュアリティに関わらない人間関係を構築するという点である。この部分は資本主義のシステム上の要請であって、性的な欲望と恋愛を同一視して婚姻制度へと促される個々人は、このシステムの意図と重なり合うとはいえ、一致しない動機を持つ。性の商品化によって、多型的な性的欲望を不断に喚起する資本主義のシステムは、こうして一夫一妻制という公式の家族制度の背後に、性的な欲望充足のための特殊な「女の交換」システムを隠し持つのである。それは、男性のメタファとしての資本と男性との間で取り交わされる密かな契約である。資本主義の家族制度がこの売買春を不可欠な補完システムとせざるを得ないとすれば、このシステムを通じて、常に複数の女性を調達できる男性にとって、性的欲望の充足という視点から捉えられた「妻」役割は、複数の女性によって担われているといって間違いではない。

一夫多妻制は、全ての男性がとりうる婚姻制度ではない。その社会の無視しえない数の男性がとる婚姻の制度である。売買春というシステムは、複数の妻を特定の男性に割り当てる一夫多妻制とは違って、複数の不特定の女性が、市場システムでそのつど不特定の男性の一時的な妻役割を担うことになる。こうして、売買春はより多くの男性に一夫多妻制を可能にする、男性に対して平等に女性を配分するシステムである。まさにこのシステムは、この点でも、近代資本主義の男性中心主義を背後に隠しもった「平等」の理念を体現しているとすら言えるのだ。

私は、買春を推奨しないが、しかし他方で、売春労働を選択した女性たちは、その職業から足を洗うべきだなどとも言えない。この事実上の一夫多妻制のシステムのなかで、全ての女性がこのシステムから解放されることはあり得ないからだ。それは、資本主義のシステムのなかで男女を問わず、賃労働や失業を免れえず、また資本の搾取を免れえないのと同じことである。

しかし、工場労働者たちには、資本の価値増殖の欲望をはぐらかし、「労働の拒否」と呼びうる資本のサイクルからの自発的な切断という闘いがあり得たように、性の労働に関わる人々もまた、この労働を男性による「女の交換」というシステムから切断する多様な試みがあり得るということを指摘することはできる。それは、性産業の資本家たちに対して売春労働に従事する女性たちが労働者として自らの労働をコントロールする権利のために闘うという労働運動の文脈だけでなく、さらには男性の性的な欲望の物語をはぐらかして、男性の性的なファンタジーに基づく欲望を崩壊させることもできるのだ。

性的な欲望は、男性の手にあるようで、実はその物語を構築する主導権は男性にはない。むしろそれは女性たちの手にある。そのことを知っている性産業の資本家たちは、性を支配して性的な物語のヘゲモニーを意図的に女性から奪ってきた。しかし、商品の購買欲望が常にそのイメージ＝物語の喚起と現実の商品との間の微妙なズレに依存して形成されるということは、逆に言えば、男たちが構築したがる性的なイメージを女性たちがはぐらかしたり裏切る余地が常にあるということをも含意している。これは、性産業の女性たちだけでなく、家事労働を担う女性たちにも言えることである。こうした男性の間での「女の交換」を無化する闘いは、〈労働力〉再生産の日常的な構造とそれを支える広義の一夫多妻制のシステムを揺るがすことになる。これは、資本に簒奪された性的イメージに縛られた男性

（注39）シモーヌ・ド・ボーヴォワール『第二の性』第二部第八章、生島遼一訳、新潮文庫、1959年、256ページ。

にとっても、解放なのである。性的な多型性が文字どおりの豊かな多様性として登場できるのは、こうした闘いのなかにおいてである。

出典：田崎英明編『売る身体／買う身体』青弓社所収、1997年

「拡散するな」から「被ばくさせるな」へ

脱／反原発運動の最大の重要課題は再稼動阻止だと考えているのだが、瓦礫問題について先に書いたこと（「10万年を見すえた運動の民主主義——瓦礫問題再論」〔本書所収〕）の補足をしておきたい。私は、瓦礫問題に誰もが納得する正解はないと思ってる。最大級の難問だと思うので、以下に述べることも答えとしては十分とは言えないかもしれない。

以前にも述べたように、放射性物質で汚染された瓦礫を「拡散するな」という運動は、被災地ではほとんどみられないのではないかと思う。同時に、被災地での「ここで燃やすな、埋めるな」という運動も寡聞にして知らない。放射性物質の人体への影響はそれが被災地であろうがそれ以外の場所であろうが同じはずだが、運動の濃淡は被災地とそれ以外の場所でかなり鮮明なようにも思う。（私が知らないだけかもしれないが[注]）

他人に押しつけてでも自分の安全を第一に考えるなら、被災地では広域処理大賛成となるはずだろう。行政や政治

家は別にして、広域処理支持という主張は、被災地の脱原発運動には全くないのでは、と思う。自分のところで危険なものを他人に押しつけるべきではないとしたら、「他所に持ってけ」は主張できないのは当然のことだ。とすると、「地元で処分するな、拡散もするな」という矛盾した要求にならざるを得ないから、これは「それでは瓦礫をどうしろというのだ?」という当然の疑問を運動としては突きつけられることになるかもしれない。他方で、運動の中から「拡散反対＝地元で汚染瓦礫処理すべき」という運動もないと思う。

福島の場合、身近に避難している人たちの気持ちに配慮したら、福島第一原発周辺の強制避難区域や第二原発の敷地であっても、「原発周辺の土地はゴミ捨て場にすべきだ」という主張は容易には成り立たない。また、自分たちが暮す日常の場所そのものの除染もしなければならないし、汚染物は日々溜まる一方だ。線量の高い地域での日常生活の状況は過酷だろう。被災地に暮す人々の本音は、それ以外の地域で暮す人々と変るはずはなく、自分たちの責任でもない放射性物質は、どこか他所に持ってって欲しいと思うに違いない。私なら確実にそう感じると思う。福島のゴ

（注）瓦礫処理の是非という問題が、復興の従属関数でしかなかった、ということに今になって気づいた。福島県内の瓦礫処理への反対運動は、焼却場であれ中間貯蔵施設であれあるいは最終処分場であれ、これらが「復興」には繋らず、むしろ原発事故で深刻な被害を被った地域を見捨てる政策にしかなっていないということを地域の住民たちは直感的に理解している。私もそう思う。だからこそ、その可能性がいかに低くとも、瓦礫や除染のゴミは東電の管内に移送すべきだと思う。これは理想論ではなく原則論である。沖縄の米軍基地は廃止すればよいのであって、本土やグアムに移設する必要はないという主張が原則論になるが、放射性廃棄物がやっかいなのは、軍事基地のように「廃止」によってこの世界から消し去ることができず、どこかが引き受けなければならないというところにある。そうだとすれば、原発に関わる責任を誰が負うべきなのか、という問題を核心に据えるなかで、この問題を考えることになる。国策だから日本国民が全体でその責任を負うという考え方もありうる。しかし、私はあえて、このような考え方をとらない。むしろ核エネルギーに依存する構造が都市と農村・漁村という中央と地方の経済的な構造のなかで都市が富を集積する搾取の構造に注目しておくことが必要だと思う。東京は異例なだけでなく異常な場所であり、しかも、この東京こそが経済と政治のヘゲモニーを独占してきた場所である（近代天皇制イデオロギーの震源地でもある）という近代性がもたらした負債を支払うべき場所である、と思うからだ。（2015年7月）

ルフ場が提訴した除染裁判で、放射性物質を「無主物」として東電の責任を認めなかった裁判所は、被ばくを甘受せよ、と言うに等しいものであって、東電を免責する一方で、政府の無条件広域処理を正当化し、被災地とそれ以外に地域の人々の間に瓦礫の押し付けあいを生み出すひとつの原因になっているのではないかとも思う。返す返すも冷酷な判決だと思う。

全国の「拡散するな」の声は、被災地現地の人達にも十分聞こえているはずだ。しかし、この「拡散するな」という要求を、より説明的に表現すれば、次のようなことを含意しているのではないか。「放射性物質で汚染された瓦礫は人体に悪影響を及ぼすから、これらの瓦礫を被災地から外に出すべきではない。被災地に留めることによって、被ばくの被害を最小限に食い止めるべきである」。さらにこのような主張には「被災地での瓦礫処理に伴って、被災地の人々が被ばくしたり健康への被害を被るとしても、多数の健康と安全のための犠牲であって致し方ないことだ」という暗黙のメッセージが含まれざるを得ない。もちろん全国の脱／反原発運動の瓦礫拡散反対運動の担い手がこのような被災地の犠牲を肯定したり自己の安全のために被災地を見捨てることを肯定しているとは思わない。しかし同時に、「拡散反対」というスローガンには意図せざる結果として、被災地の犠牲を事実上強いるメッセージが含まれざるを得ず、被災地とそれ以外の場所での運動の分断をもたらしかねないと私は危惧している。

拡散させずに被災地の地元の人々が瓦礫処分を受け入れるということは、被災地での被ばくを覚悟するということだ。子どもたちも当然被ばくすることになる。残酷なことである。拡散するなという要求は、こうした被災地の被ばくをどのように考えているのか、私には見えない。「拡散するな」と言うよりも、むしろ、瓦礫がどこにあろうとも、被ばくの犠牲者をだすな、と主張することが大切ではないか。このような主張は拡散を容認しているように受けとられかねないが（私は東電の責任を強く主張したいので、東北の被災地が汚染された瓦礫を引き受けるいわれはないと考えている）、多数者の安全のために少数者が犠牲になるのは仕方がないと誤解されるような主張は、再考が必要だと思う。

多数者の安全のために少数者を犠牲にする。これは、原発立地の基本方針と変らない発想かもしれない。「原子炉からある距離の範囲内であって、非居住区域の外側の地帯は、低人口地帯であること。」「原子炉敷地は、人口密集地帯からある距離だけ離れていること。」これは「原子炉立地審査指針およびその適用に関する判断のめやすについて」の考え方である。事故に際しては、多数に被害が及ばないように、ということだが、裏を返して言えば、過疎地の少数の住民を犠牲にするという考え方だ。「拡散するな」という考え方は、多数の安全のために少数者の犠牲は止むを得ないというように誤解されないような運動のメッセージと方法を工夫すべきだと思う。被災地であれどこであれ被ばくさせるな！と言える運動が作れれば、政府や行政の独走を食い止める大きな連帯になるのではないか。もちろん、こうしたスローガンは被ばく労働を強いられる原発の事故現場の労働をなくせるわけではない。この点でこのスローガンも決定的な限界がある。そのこともきちんと自覚しないといけない。

▼関連するブログのエッセイ

10万年を見すえた運動の民主主義——瓦礫問題再論〔本書所収〕

出典：ブログ2012年4月3日

西欧の都市に穿たれたノイズ・パーカッション

アラブ、パレスチナの音楽といえば『インパクション』の読者に最もよく知られているのは、来日もし、国内盤のCDも発売されているサブリーンだろう。今回紹介するムスリムガーゼは、サブリーンや私たちが日頃ワールド・ミュージックとして耳にする「中近東音楽」とはほとんど何の接点ももたない非常にユニーク、というよりは文字どおりラディカルなプロジェクトだ。日本ではまだ無名に近いが、オーストラリアのイクストリームレーベルから3枚のアルバムを立て続けに出したあたりから徐々に日本での知名度も高くなってきたようだ。というのも、このイクストリーム・レーベルは、秋田昌美のメルツバウやゲロゲリゲゲゲなど日本のノイズ、アヴァンギャルド系のアーティストのアルバムも何点かリリースしており、輸入レコード店でもよく見かけるレーベルのひとつだからだ。

ムスリムガーゼは、イギリスのマンチェスターを本拠地としながらも、出されているアルバムは、ドイツやヨーロッパ諸国からのものが多く、私の知っている限りでも9枚のアルバムを出し、数多くのコンピレーション・アルバムに参加しており、活動歴は10年以上になる。昨年出されたアルバム『VOTE HEZBOLLAH［ズボラに投票せよ］』(SOLEILMOON RECORDS, SOL17 CD)にはブリン・ジョーンズという名前が作曲、演奏者としてクレジットされており、ムスリムガーゼはこの人物によるプロジェクトである。この名前だけからすれば、とうていアラブ系とは思えないが、日本にもフェダインというバンドがあるくらいだから、名前からすぐその構成メンバーまで推測することはできない。だが、このプロジェクトではっきりしているのは、上のアルバムのタイトルでもわかるように、民族的な出自とは別に、かなりはっきりとしたパレスチナ解放を支持する政治的問題意識を持っていることだ。

上のアルバムには日本語をサンプリングした「ミヤザワ」というタイトルの曲が収められている。言うまでもなく宮沢前首相を指すものだ。

ムスリムガウゼの政治的なモチーフについて、アルバム『ユナイテッド・ステーツ・オブ・イスラム』(EXTREME, XCD007) のジャケットの次の文章にかなりはっきりと述べられている。

「ムスリムガーゼは、イスラエルのレバノン侵略の時期(1981年)に始まった。中東の政治的な状況への関心は、中東音楽への関心を伴っていた。それ以来、PLO支援が、中東という地域からの影響以上にムスリムガーゼの音楽への影響の源泉のひとつとなってきた。政治的な状況から、ムスリムガーゼは音楽的なレスポンスを創造している。音楽のどの部分も政治的な事実によって影響を受けている」

そして、このアルバムは、占領地エルサレムの、テンプル・マウントで殺害されたパレスチナ人にさげられている。アルバム『インティファクサ』(EXTREME XCD002) では「パレスチナの大義への全面的な責務とあらゆる直接行動には、正当性がある」というメッセージが書かれている。イラン・イラク戦争の際には『イラン』(STAALTAPE, SPVCD091108) というアルバムを発表したり、「P.F・L・P」や「湾岸戦争」など、はっきりとした現実の出来事と対応したモチーフの曲名が多くみられる。政治的な姿勢だけをみると、その音がプロパガンダくさいリアリズムのように見えるかもしれないが、全くそうではないところがいいのだ。

ムスリムガーゼの音は決してアラブの民族音楽にルーツを求められるようなものではない。アラブ、西欧のロック、ポップスの融合というものでもない。サブリーンのような大衆性もないと言っていい。音の基本は、タブラーなどパーカッション系の楽器と打ち込み、サンプリングの組み合わせという非常にシンプルなものだ。電子音楽とノイズを効果的に利用する手法は、時にはSPKやZ'evを思わせる音にさえなる。それはアラブ音楽のステレオタイプなイメージを徹底的に破壊する非常にユニークなもので、いわゆる「ワールド・ミージック」というカテゴリーからは決定的に逸脱した位置に立っている。ふんだんに利用されるノイズやサンプリングされた音、生の楽器の音というよりむしろ打ち込みを思わせるパーカッション、巧妙なミキシングによって人工的に加工され、トランスとでも言った方がふさわしいような音の構成をとるなど、そのコンセプトからはむしろ西欧の都市社会内部から異質なものの力を表現しようとする意図がはっきりと読み取れる。これはサウンドによるオリエンタリズム批判と言ってもいいものだ。

事実ムスリムガーゼのレコードは、ジャンル的に言えばノイズ、アヴァンギャルドに分類されて輸入レコード店で扱われており、間違ってもワールド・ミュージックのコーナーには置かれない。ムスリムガーゼが参加しているコンピレーション・アルバムをみるとこの傾向ははっきりしている。ざっと思いつくままに列挙しただけでも、ボイド・ライス、Z'ev、アスムス・ティートヘンス、ソヴィエト・フランス、ソニック・ユース、コイル、ブシドー、SPK、ノクターナル・エミッションズ、竹田賢一などアヴァンギャルド、ノイズ系のアーティストとの共同アルバムが多く、さらにはキャシー・アッカーが『アホダラ帝国』の一節を朗読しているアルバムにも参加しており、イスラム世界のファンダメンタリストの論理を共有しているとはとうてい言えない側面も持っている。もちろん、西欧のキリスト教の論理も持ち合わせていないことは確実であり、音楽的にも、ぴったりあてはまるジャンルがないハイブリッドなところがとても私好みだ。日本でももっと知られていいアーティストの一人である。

出典：『インパクション』84号　1994年

付記：ムスリムガーゼは1999年に早逝する。しかし、現在に至るまで、その音源は様々なインディペンデント・レーベルからリリースが続いている。

コミュニケーションと〈労働力〉商品化

私は、コミュニケーションは資本主義の基本構造に関わると考えている。しかし、資本がこの領域を産業化したのは20世紀に入ってからであり、その意味で経済学がコミュニケーションの重要性を認識するのが遅れた。主流派経済学とは違ってマルクス派の理論は市場経済の外部を扱う枠組みを豊富にもっている。だから、この点を有効に活用することによって、再度資本主義の基本に立ち戻ってコミュニケーションの問題を取り上げることができる。例えば、商品論における使用価値の性質は、コミュニケーション問題を踏まえて、その欲望の形成や「他人のための使用価値」の意味など多くの新しい観点に照明をあてることができる[注1]。マルクスの場合も、商品の価値形態や交換過程論では、他者との関係の中で商品の価値と使用価値が規定されており、仮想的であるとしても他者とのコミュニケーションを想定している。このコミュニケーションは単なる情報の伝達ではなく、他者の意思や感情に働きかけ、欲望をコントロールしようとするものであって、資本主義に固有の意味生成を司り、従って、イデオロギー機能との接点をなす経済的な土台に位置する重要な観点である。しかし、マルクスもマルクス経済学もこの問題をそれ以上深刻な問題としては追求しなかった。主流派も含めて、使用価値や効用は自明であって大きな関心をもたれず、もっぱら価格＝交換価値を問題にしてきた。しかし、もし市場における買手の関心や売り手による使用価値をめぐる様々な言説に少しでも関心を寄せれば、コミュニケーションの分析が商品経済分析にとって不可欠であることが分ったはずである。同様に、労働に関しても、マルクスの「結合労働」や資本の有機的構成の議論は、労働組織の統制と制御に不可欠な労使間、労働者間のコミュニケーション問題と関わる。そしてこのコミュニケーションは労働の意味生成に関わり、従って、剰余労働を含む労働に資本主義的な意味を与えるばかりでなく、〈労働力〉が商品として売買されるという実感をも日常的な経験から覆い隠し、労使関係を人格的な依存関係へと擬制するような労使関係イデオロギーとの接点をなす重要な役割を担う。

マルクス派も主流派の経済学も労働の問題を、剰余や賃金といった量化可能な関係にもっぱら関心を寄せ、労働者の生きた時間の意味の問題を捉えることがなかった。マルクス派の重要な貢献である搾取概念ももっぱら剰余労働との関わりでのみ理解されてきた。しかし、むしろ、生きた労働の全体が、必要労働、剰余労働の区別を越えて、資本の監督下に置かれた資本にとっての時間に過ぎず、この点で、労働者の身体の使用は剰余労働時間だけでなく必要労働時間すら彼自身のものにはなり得ない（賃金によって等価を得たからといって、自分にとっては無意味な労働時間が意味あるものに転化するわけではない）という観点から再度労働する身体としての資本への組み込みという問題を捉える必要がある。このような観点を踏まえて、私は、搾取論を再構成する一つの仮説として剰余労働の搾取ではなく、身体の搾取という観点の必要を指摘してきた[注2]。この観点は、労働の問題を抽象的な労働時間の問題に据えるのではなく、労働組織、従って労働者相互のコミュニケーションが果たす機能とこれに対する資本の関わりに着目する。言い換えれば、資本によって組織される労働生産過程における労働者相互のコミュニケーションと、資本と労働者のコミュニケーションという、二つの交錯するコミュニケーション空間が形成する権力関係の問題、あるいは闘争の問題を無視することはできず、そうであれば、問題は、労働をめぐって組織される時間の総体を資本の価値増殖とそれに対抗する労働者の時間への権利として論ずる必要がある、と言うことなのである。

しかしまた同時に、階級的な社会構造が階級意識という摩擦や対立に直ちに反映するのではなく、こうした摩擦を不可避としながらも、これを回避する「合意形成」のシステムの構築が繰り返し模索されてきたということもまた資本主義の経済的社会的権力構造の重要な側面であり、ここに、既にコミュニケーションを資本が包摂する基本的な動機が隠されている。こうした主題を扱うには、〈労働力〉商品化[注3]をめぐる経済学の枠組みを越えて政治学のテーマを含み、さらには法や文化の領域をも捉えなければならない。そして、この観点は、インターネットやグローバルな情報通信について、どのような批判的な観点をとることが必要か、またこの新たな状況を資本主義の歴史においてどのように位置づけ、そこにおける資本主義の矛盾を体現する異議申し立ての主体をどこに見いだすか、などの一連の課題についての、理論的な見通しを与えることにもなる。

（注1）例えば、マルクスは商品の物神崇拝的性格をもっぱらその価格との関わりで論じようとしたが、コミュニケーションの問題を商品の使用価値＝他人のための使用価値に着目すると、使用価値をめぐる無視し得ない物神崇拝的な性格が明らかになる。この点が明らかにされないと、20世紀に入ってからの「大衆消費」へと展開する資本主義の軌跡を十分に明らかにすることはできないだろう。この点については前掲拙稿「商品論——自明性の罠」参照。〔本書所収〕

（注2）拙著『搾取される身体性』、青弓社、1990年参照。

（注3）括弧を付した労働力は、労働力そのものではない。労働力は労働者による労働意欲の従属変数である。労働者が実際に自己の労働能力のどれだけを発揮するかは雇用契約だけでは確定しない。八百屋で買った腐ったじゃがいもは、決して新鮮なものには変化しない。しかし、買い手にとっての労働力は、あらかじめ腐っているとか新鮮だとか決めつけることはできない。言うまでもなく、〈労働力〉商品についての私の問題意識は、宇野弘蔵による労働力商品化の無理に資本主義の基本矛盾を見いだす観点に大きな示唆を得ているが、いくつかの重要な点で、宇野の議論から大きく逸脱している。拙著『支配の「経済学」』、れんが書房新社、参照。

●

近代の人間観の基本を長らく規定してきたのは、労働する身体だった。これは、現在でも変わっていない。現代においても、私たちは、労働する身体を形成するべく訓育され、日常生活を（自己）管理し、次世代の再生産を行うように仕向けられる。これは、近代資本主義が労働する身体を必要不可欠としているからである。資本主義が社会的な支配を貫徹できるためには、社会を構成する人間を資本の組織に動員し、資本の運動と人々の日常生活とを一蓮托生の関係として組み立てる必要がある。マルクスはこれを、労働者による剰余労働＝剰余価値の形成、生活手段の商品化（資本による供給）、そしてこの生活手段を賃金（〈労働力〉を資本に売り渡した代価）を介して取得するという相互依存関係として説明した。富の源泉の一つに労働があるとしても、生産手段を持たず、生産の意思決定権を持たない労働者は、資本に依存しない限りは労働を現実のものとすることはできない。

他方で、資本は、〈労働力〉や一部の自然資源については自ら再生産することができない。工場やオフィスでは自動車やコンピュータを製造したり、プログラムを開発したりすることは可能だが、人間を世代的に再生産したり、仕事で疲労した労働者を職場のなかでリフレッシュさせることはできない。この私たちにとって自明な事態こそが、資本主義の最も解決が困難な問題なのである。資本主義の歴史は、資本の側からみれば、この解決不能な問題との格闘の歴史であり、労働者の側からすれば、こうした資本との闘争の歴史であり、この闘争というファクター抜きには資本主義の技術の発達を理解することはできない。従って、私たちはこの〈労働力〉をめぐる困難に着目することを通じて、資本主義に対する根底的な批判を組み立てることが不可欠なのである。

資本の技術は常に省力化技術である。これは資本間の競争によってもたらされるものだとするのが通説だとすれば、この通説は、重要な観点を見逃している。言うまでもなく、技術の「発達」は、〈労働力〉を機械に置き換えることによる単位当たり労働の産出量を増加させることであり、生産力の発達は歴史的な進歩の必然だ、とする定義には何の普遍性もない。これは資本主義的な市場経済の価値観を前提とした場合にのみ成り立つ「発達」の観念であって、機械に排除される労働者にとっては、こうした「発達」は自らの創造的な能力の発揮を阻害するものであるかもしれないのだ。むしろ資本の技術「発達」は、資本主義が本質的に、労働者の身体を持て余しているということを端的に示しているという点に注目する必要がある。持て余す理由は、資本の行動規範と人間のそれとは本質的に異なり、常に、この差異が資本にとっては桎梏だからだ。資本の行動規範とは、効率性原理と結果の確定性原理である。(注4) 効率性は、スピードアップに価値を置く時間についての規範である。資本の回転が直ちに利潤率に反映することから、時間は資本の価値増殖を制約する条件となる。人間の行為はこの点で、身体的な制約を課せられており、機械化は常にこの人間の身体のスピードアップの限界を乗り越えるものとして導入される。こうして労働者は排除される。結果の確定性は、投資の不確定要素を排除しようとする傾向である。機械化に伴って〈労働力〉は補助労働化するが、これは、人間的な気まぐれを嫌い、機械の正確性によって、予定された結果を確実に得ようとする資本の要求を体現している。資本に残された不確定な要因は、資本に包摂された〈労働力〉、流通過程において売買の意思決定を

（注4）時間の効率性と結果の確定性は実はマルクス経済学ではよく知られている。資本が産業資本、商業資本、銀行資本へと分化する理由は、流通過程の短縮と不確定の確定化にあるとする議論がそれである。しかし、流通過程に関わる問題だけでなく労使関係にも関わるという点についてはほとんど言及されていない。また、時間の効率性と結果の確定性については、エンツォ・ルラーニが「不確定性の縮減」「速度の経済」として指摘した観点と共通するが、ルラーニはこれらの観点をマルクス主義の所有論をベースに論じており、知識生産、情報生産の資本主義的な構造へと関心を向けている。従ってルラーニの場合は、知的所有権問題など物象化された知識への批判的なアプローチには私にはない有益な議論が期待できるが、他方で、〈労働力〉商品化（その再生産を含む）をめぐるコミュニケーション問題には必ずしも有効な議論の枠組みにはなりえないだろう。エンツォ・ルラーニ「知識資本主義」、田崎慎吾訳、『現代思想』２００１年１月号。なお、時間の効率性と結果の確定性に関しては前の『現代思想』の同じ号に掲載した拙稿「グローバルガバナンスと『ＩＴ』をめぐる政治経済学批判のために」を参照。〔本書所収〕

行う取引相手、消費者の「ニーズ」と呼ばれる購買欲求である。20世紀の資本主義はこうした人間的な要素がはらむ不確定な条件を確定化するための技術を開発してきた。産業心理学からマスメディアによる広告、政府の広報、資本と政府による情報収集技術から監視の技術まで、20世紀の技術開発の大きな部分は、不確定な要素としての人間の確定化の技術であるといっても過言ではない。

生産過程で精神労働と肉体労働を分離し、労働者に最小限の精神労働を割り当てようと試み、肉体労働を機械的な単純労働に分解し、さらにこれを機械に置き換えようとした。この歴史を、生産性の歴史として理解することは間違ってはいないが、これは事態の一面にすぎない。別の一面は、資本による〈労働力〉の全面的な支配、完璧なまでに自らの意志に従属する〈労働力〉を欲するという不可能な夢、という側面である。

「不可能な夢」だと言うのは、資本の生きる場としての市場は、そもそもが、人間の社会的な関係の外部にあって、社会と社会を媒介する場でしかなく、市場はモノを商品化し、貨幣的な価値によって交換を媒介し、その限りにおいて生産を包摂するが、人間そのものをそれ自体として再生産することはできないからだ。資本には〈労働力〉を直接再生産する機構が存在しない。アルカイックな生産組織や家族制生産様式では、労働生産組織と〈労働力〉の日常的世代的な再生産は共通する組織によって担われるが、資本主義ではそれができない。だから、資本主義は、資本とは異なる組織原理の家族を人口の維持のために必要とするのであり、国家は人口政策、教育や社会保障によって資本の必要とする〈労働力〉を確保することが必要になる。

このことは、資本主義の歴史が常に〈労働力〉の日常的な再生産と世代的な再生産をめぐる矛盾のなかで展開してきたことを示している。既に述べたように、資本の行動原理が、時間の効率性と結果の確定性をめぐって展開される一方で、〈労働力〉としての人間的な条件は、時間の効率性には絶対的な上限があり、予測通りの行動をとるとは限らないという点で機械に劣るものだった。従って、〈労働力〉は繰り返し機械に取って代わられると同時に、この資本の〈労働力〉に対する敵対に対して、闘争の主体として登場してきた。

このように、資本は時間の効率性と結果の確定性という二つの行動原則によって、価値増殖を達成しようとする組織体である。これに対して〈労働力〉としての人間の能力には、スピードアップに限界があり、間違いを犯しやすいという性質を持ち、しかも労働者の意志なくしては機能させることすらできないやっかいな「他者」である。だから、資本主義は、労働集約的な部門を次々に機械化する技術開発を促した。そして、物質的な生産の現場から次々に労働者は駆逐され、機械化が推し進められ、逆に従来の理論で言えば剰余価値を積極的に生むとは見なされない流通過程に関わる労働や、資本家的な労働を代位する管理的な労働へと労働人口の構成が大きくシフトした。

マルクスが、資本による生産過程の形式的な包摂として論じたような段階、あるいはE・P・トムスンが『イギリス労働者階級の形成』で描いた19世紀初頭の労働者階級の意識形成や、ハーバーマスのいう植民地化される以前の生活世界におけるコミュニケーションには、労働者階級による資本から相対的に自立した世界が想定されていた。(注5)

機械化は、それまでの熟練労働者のコミュニティが継承してきた労働現場のコミュニケーションを絶ちきる最初の試みだった。労働者の協業を資本が外部から包摂するのではなく、機械が介入することによって、資本が労働過程のコミュニケーションを分断して支配する。マルクスが主要な対象とした機械制大工業は、物質的な生産過程を担う労働組織を維持するための補足的な条件として、コミュニケーションが労働過程に組み込まれていた。ここでは、コミュニケーションは労働者の「仕事」ではなく、コミュニケーションを最小化して労働者の労働を機械に拘束するこ

（注5）E.P.Thompson, *Making of the English Working Class*, Random House, 1966, ユルゲン・ハーバーマス『公共性の構造転換』、細谷貞雄、山田正行訳、未来社参照。

とに主要な関心があり、いわゆる肉体労働を労働者に、精神労働を資本家に配分する分業として現れた。反資本家的な労働者の生産物と資本家お気に入りの労働者の生産物に違いがあるわけではなかったから、労働者の意識についての問題は、怠惰や労働のサボタージュといった具体的な行為を伴わない限り問題にはならなかった。

こうした段階におけるコミュニケーションの構造は、階級構造に沿って資本家のそれと労働者のそれに分化しており、労働者の労働現場やコミュニティが固有に作り出すコミュニケーションの世界には、資本の外部にあって相対的な自立性を保つ領域が多く見いだされた。労働過程は実質的な包摂を達成されたとしても、コミュニケーション過程は形式的にしか資本に包摂されていなかったからだ。

これに対して、製造業が高度なオートメーションを導入し、労働者の多くが、物質的な生産の現場を離れたポスト工業化資本主義では、むしろコミュニケーションは資本家に固有な仕事ではなくなり、もっぱら労働者に割り当てられる労働となり、様々な意味でコミュニケーションに関わる行為こそが雇用される労働者の労働の支配的な部分となる。コミュニケーション過程は、労働過程を補完するのではなく、それ自体が労働となり、労働の物質性は極めて消極的なものとなる。（注6）

例えば、製造業の場合でも、労働者の労働は、製造過程よりも生産された商品の販売、原材料の調達のための交渉、経理や労務など資本組織の管理に多くが費やされるようになる。古典的なマルクス主義のカテゴリーで言えば、資本家の活動であったコミュニケーションによる管理や販売活動が、労働者によって代位され、コミュニケーションは労働の不可欠な基本要素として再カテゴリー化されるようになった、ということである。こうなると、労働者の考えていることが、労働の成果それ自体に反映せざるを得なくなる。反資本家的な労働者に労務管理をさせたり、資本の商品を賛美する販売活動をさせることはそれ自体が自己矛盾となる。こうして〈労働力〉の質と労働者の意識の間にはより密接な関係が要求されることになる。このような段階では、労働者相互のコミュニケーションへの資本の介入は不可欠であって、資本によるコミュニケーション過程の支配が労働の不可欠な前提条件となる。と同時に、コミュニケーション労働の領域は、よりいっそう解決不可能な矛盾した構造を抱え込むことになる。すなわち、ここでは、労働者が労働者のままで意識だけは資本家となることが要求される。

コミュニケーションが労働過程に統合され、コミュニケーション労働が支配的な時代では、〈労働力〉に要求される質の変化に応じて、〈労働力〉再生産過程もまたコミュニケーション労働の形成に適する内容を持つものへと構造的に変化する必要がある。〈労働力〉再生産過程が主要にターゲットにするのは、労働者の意識や欲望といった非肉体的な条件である。教育やマスメディアがこうした役割を担うことになる。

資本主義の歴史的な展開は、〈労働力〉をまずその肉体的側面で包摂し、次いで精神的・意識の側面で統合する数世紀にわたる歴史である。しかし、この過程は、資本の一方的な思惑で進んだわけではなかった。むしろ、資本の搾取に抵抗する労働者の存在が、工場からオフィスへ、さらには店舗へと展開されてきた〈労働力〉排除技術を促し、また同時に、抵抗の意識と対抗的な生活様式を解体するための意識操作の技術を次々に生み出してきた。コミュニケーションの発達とは、資本主義のこのような階級的な構造と対立・摩擦という要素を抜きにしては論じられないのである。(注7)

(注6) 労働は、資本が支配する産業のなかでその時代の社会的なコンテクストによって常に再定義可能なカテゴリーなのであって、いかなる社会にも共通する超歴史的あるいは歴史貫通的な普遍的な行為ではない。もっといえば、資本は自らの普遍性を僭称するために、資本の下での労働をなにか普遍的に意味のある行為であるかのように見せかけるのであって、労働の普遍性も労働の尊厳や労働倫理もいずれも資本のイデオロギーである。

(注7) 本稿の課題が階級関係との関わりでコミュニケーションを論じているので、この点を強調するが、資本自身の市場との関わり、国家の経済、政治、軍事的な必要から開発されるコミュニケーションの構造も同様に重要な要因であって、この点を抜きにしては資本主義のコミュニケーション構造への総体的な批判は満たせない。この点で本稿は極めて限定された領域の問題を扱っている。

労働者の闘争は、これに対抗する資本の技術を次々に生み出した。そしてさらにこれと闘う労働者の闘争の技術が生み出された。資本主義における技術「進歩」はこうした階級闘争の局面に現れる〈労働力〉を管理する技術と表裏をなすものだ。資本は、労働者を分断する技術を次々に導入し、労働者の団結の基礎となる労働者相互のコミュニケーションに基づく労働編成を解体し、資本の一方的な指図によって管理可能な組織形態を開発し、労働者を労働現場から駆逐した。テーラーの科学的管理法はそれを、非機械的な労働現場で開発してきたが、これをフォードはオートメーション方式として機械的に実現しようとした。そして半世紀後、コンピュータを駆使した新たな自動化がFA、OAとして波及し、日常生活を覆い始める。テーラーのストップウォッチやフォードのベルトコンベアは容易には日常生活を支配する技術にはなりえなかったが、コンピュータ・テクノロジーは様々な形で個別資本の労働現場を越えて、生活領域へと拡大された。

●

資本内部の管理的な労働や営業労働という〈労働力〉の使用価値は、物的生産に携わる〈労働力〉とは全く異なる資質を要求される。組織内部の様々なレベルの意思決定と合意形成であったり、買い手に購買意欲を起こさせるなど、いずれの場合も、他者の意識を操作する労働である。このような労働をソーシャルエンジニアリング労働と総称しておく。(注8)つまり、機械的な工学ではなく、人や組織を対象として自らの目的を達成するテクノロジーを駆使する労働である。こうした労働が主として用いる「スキル」は、コミュニケーションである。対面的なコミュニケーションから手紙、電話、書面による手続きに至るまで、基本的な労働の構成要素はコミュニケーションそのものとなる。

人の意識に介在して、その意思や欲望に働きかけるソーシャルエンジニアリング労働は、資本の意思の内面化を労働者に要求する。言い換えれば、〈労働力〉はその階級意識を持ち、資本から自立した労働現場を持つ事自体を大幅に制約される。これが脱工業化における労働の基本的な性格であるとすれば、こうした〈労働力〉の使用価値の再生産（すなわち、消費過程）が19世紀から20世紀前半にかけての物的生産のための〈労働力〉の再生産と同一の機構では満たし得ないということになるだろう。言い換えれば、労働者の日常生活における価値観がそのまま〈労働力〉の使用価値に反映する。このことは、労働者の資本から自立した階級的な価値観そのものを資本が解体できなければならないということを意味する同時に、そもそも資本の利害と同一の地平に立ちえない労働者を「資本家の代理人」とする無理を強いることになる。こうして、労働者の意識をめぐる摩擦と軋轢が構造化されることになる。

20世紀の資本主義は、この意識をめぐる摩擦を、「大衆消費」社会というイデオロギーによって乗り切る様々な装置を生み出した。マスメディアはこの意味で最も重要な役割を担った。それは、広告による消費行動への介入、ニュースによる社会意識の共有、選挙キャンペーンによる代議制を支える投票行動への動員として機能し、「大衆」意識や「国民」意識の再生産を支えてきた。

しかし、マスメディアによる大衆的な統合は、「情報化」のなかで新たな内的な矛盾を強いられた。マスメディアそれ自体は、大量の情報を一方的に散布するメディアであるとその受け手からは、みなされるが、情報の送り手にとっては、マーケティングの手法に典型的にみられるように、受け手の反応をフィードバックさせる様々な技術を付随させてきた。これは、資本による「結果の確定性」原理が促すメディアの受け手の行動への監視の技術の「発達」である。

そして資本は、結果の確定性原則を追求する中で、資本の組織内部のコミュニケーションを監視し、日常生活を含

（注8）「ソーシャルエンジニアリング」は様々な局面で利用される用語だが、ここでは主としてネットワークセキュリティの分野で、機械に関わるエンジニアリングではなく、人間を操作することによって自己の目的を達成しようとする手法に対して用いられている概念を借用した。

めて労働者の行動や意識を次の資本の意思決定にフィードバックさせ、他方で消費者に対しては、その購買行動をフィードバックさせるといった機構を「開発」する方向を促してきた。コンピュータによる情報処理技術とコミュニケーションへの利用は、情報処理速度の高速化だけではなく、人的な条件に対する結果の確定性を高めようとしてきた資本主義の基本的な性質と不可分なのである。この点からすれば、コンピュータによるコミュニケーションは、その技術と影響の在り方としては全く新しいものではあるが、資本主義の本質的な性格から説明可能な歴史的な展開であると見ることができる。(注9)

●

〈労働力〉をめぐるコミュニケーションの資本による包摂に対して、労働者はこれと総体的に自立した（あるいは対立した）コミュニケーションを形成する。ここには三つの異なる領域が併存する。そしてこれらのコミュニケーション空間は同時にコミュニケーションをめぐる闘争の空間をなしている。この闘争において、資本と国家に対抗し抵抗する権利はどのように位置するのだろうか。

第一に、資本や国家の個別の組織内部のコミュニケーションである。個別資本内部のコミュニケーションの場合、労働者の資本から総体的に自立した（あるいは対立した）コミュニケーション空間の形成がその中心的な課題となるだろう。資本家の指揮監督に基づかないコミュニケーションがこれに属する。組織された労働運動から管理職の目を盗んでのおしゃべりまで、様々な職場の規律からの逸脱した関係がここに含まれる。ここでは、権利要求は労働者による自由なコミュニケーションの権利、資本に監視されることのないコミュニケーションのプライバシーの権利として現れる。〈労働力〉を商品として売買する関係は、労働者の労働能力を百パーセント資本の支配に委ねなければならないという明確な強制力があるわけではない。〈労働力〉の労働としての発揮度には不確定な要素がつきまとう。

労働者による資本から自立した労働現場でのコミュニケーションの権利の大きさは、闘争に依存する。労働者の力が強ければそれだけ労働者は自由なコミュニケーションを得られるだろうが、逆の場合にはコミュニケーションは資本の支配に従属するだろう。同時に、労働者の力が強ければ強いほど資本はコミュニケーションを労働者の自由に委ねる必要のない回路を構築するだろう。これが労働現場におけるコミュニケーション技術や労働監視の技術を発達させることになる。

同様に、国家の組織、例えば学校、監獄、軍隊あるいは病院といった、フーコーがもっぱら関心を寄せたようなミクロな権力の組織の内部でも、同様のことが指摘できるが、ここでは、より直接的な身体管理の一環としてのコミュニケーションの制度化が要求される。コミュニケーションは、より直接的に権力関係そのものであり、コミュニケーションの権利のための闘争は、より直接的にこれら制度の根本を揺るがす可能性を秘めることになる。教師、医師、上官の言説支配が成り立たない学校、病院、軍隊は自己矛盾である。例えば、受刑者たちの自由な団結はそれを保障する自由な交流の空間を要求するとすれば、それ自体はもはや監獄とは呼べないだろう。

第二に、個別資本の外部にあって、マスメディアや国家の制度（例えば教育）から自立した（あるいはそれと対立する）ある種の「市民的な」コミュニケーション空間である。この領域のコミュニケーションは、〈労働力〉の社会的再生産構造から逸脱する政治運動や社会運動などの大衆運動のコミュニケーションとして登場する。街頭におけるビラまき、デモからマスメディアに対抗する左翼や反体制の出版文化、リスナーをスポンサーとするパブリックラジオやテレビ（政府の放送局ではない）、ビデオアクティビストや左翼ジャーナリストなど、多様な非商業的、非政府的なメディアがここに含まれる。この公共的な空間における権利要求は、マスメディアや市場経済を介することのな

（注9）フィードバックの思想は、サイバネティックスとコンピュータ科学を通じて20世紀の科学思想の基本的な特徴を示してる。この点については拙稿「サイバースペースにおける闘争と『主体』」『ポリロゴス』2000年11月、冬弓社、参照。〔本書所収〕

いコミュニケーションの権利である。これは、検閲や情報発信の免許制度などへの批判の闘争と市民的な権利としての言論、表現の自由など、ブルジョワ的な自由の権利を土台にしつつも、市場経済的な障壁を不自由の条件として明確な批判の対象に据える点で、市場経済的な自由に集約されるブルジョワ的な自由とは対立する。言い換えれば、市場経済的な意味での貨幣的な収益に見合わない言論や、参入に経済的な負担を強いるシステムを拒否し、貨幣的な条件からの自由を自由を権利の要求に据える。

第三に、よりマージナルなコミュニケーション空間である。〈労働力〉再生産に寄与する家族関係のコミュニケーションとは異なるものであり、市民的な公共性としての合意を得られるとは限らないマージナルなコミュニケーションの様々な領域が含まれる。例えば、カウンターカルチャーとしての若者たちの親密な集団などのコミュニケーション、社会的には不道徳、反倫理的とみなされるかもしれない価値を含むコミュニケーションは差し当たりここに属する。例えば、同性愛に基づくコミュニケーションの要求や、ある種のセクシュアリティの表現、民族的宗教的なマイノリティによる多数派と敵対的な価値観やライフスタイルの要求をめぐるコミュニケーションなどがこれに含まれるだろう。このマージナルなコミュニケーションは、局所的で大衆的ではないが、資本主義の社会的文化的な矛盾を先鋭的に表明している場合がある。しかし、その先鋭性は、例えばネオナチや天皇主義右翼のような方向で突出したり、カルト的な宗教集団として現れることもある。この領域の権利要求は、マスメディアと競合するというよりも、むしろより分節化されており、よりアンダーグラウンドであって、例えば、都市のグラフィティ、海賊放送、地下出版物などを含む。ドラッグカルチャやクラブカルチャのような若者文化がこうしたコミュニケーション環境を支えるサブカルチャーのインフラをなす。

マスメディアは、このなかで、第二の領域に土台を置きながら、労働倫理と消費欲望を刺激し、ナショナルなアイデンティティを維持するイデオロギー装置である。資本家は、マスメディアを背景に、労働運動に敵対的な「世論」

を形成しようとする一方で、豊かな消費生活のイメージを広告を通じて散布する。そしてマージナルなコミュニケーションの世界を新たな情報「資源」として利用しながら、そのなかから市民的な公共性の領域に接合できる価値意識を汲み上げる。だから、マージナルな領域は、それ自体で直ちに敵対的なわけではない。

このようなコミュニケーション空間の摩擦構造とその歴史的な展開から見えてくるのは、〈労働力〉商品の時間効率性や結果の確定性からの逸脱がコミュニケーションの分野で目立っているということである。コンピュータによる情報処理以前の水準では、労働者は「マス」として、官僚制的な文書化されたデータによって人事が管理され、そのなかで、能率給などの導入によって、個別的な差異化が試みられた。また、マスメディアは情報の受け手を、差し当たり「大衆」としての観衆、聴衆として均質化することによって多くの読者、視聴者を獲得でき、それが資本の収益に結び付くために、多様性は抑制されて「大衆」が前面化した。これは、資本主義の階級社会としての構造を「大衆消費社会」の表象によって覆うことによって、階級的な搾取を不可視の領域に押さえ込む方向をとることを通じて、階級闘争を支える階級意識とそれを支える階級的な構造に沿ったコミュニケーションの分節化を解体するものだと言えるが、しかしこうした押さえ込みは、ジェンダー、民族、文化などの多様な集合的なアイデンティティ要求という別のカテゴリーに基づく資本主義の矛盾を意識化させることを阻止することはできず、階級の問題は、ジェンダーやエスニシティを介して再度噴出することになる。

こうした新たな社会集団の可視化に対して、コンピュータによる情報処理技術は、この社会集団を個へと解体する技術として発達してきた。すなわち、集団的なアイデンティティに対抗して諸個人を集団への帰属以前の個に分断する巧妙なアトミズムである。コンピュータは、個別的な差異をデータとして保ちながら、処理できるだけの情報処理の水準を確保することを可能にした。言い換えれば、コンピュータによる情報処理技術がコミュニケーションに応用される段階は、大衆を固有名詞（個人識別コードやＩＤ）をもった個人へと細分化して、集団的なアイデンティティの社会意識に先行して個人の特異性を情報処理の基本に据えることの可能な情報処理能力を発揮するように促された。こうした個別化してモニタリングする技術は、企業における指紋などを用いた個人識別、クレジットカードにおける消費者としての個人情報のデータ化、医療におけるDNA解析や自治体による住民情報のデータベース化など多岐にわたるが、これらは、資本主義が〈労働力〉を維持再生産する上でますます個人を個人として識別して管理しなければ管理しえなくなったという逆説を含んでいる。コミュニケーションにおける効率性と確定性を確保しようとすればするほど、資本のコミュニケーション技術は社会的な集団性を個に解体して解析しようとする方向に進む。そして限りなく多様な個を〈労働力〉として動員するための限りなく複雑な情報の処理を強いられる。

●

既に大幅に紙幅を越えているので、こうしたコンピュータによる情報テクノロジーそれ自身がもたらす身体搾取をめぐるより具体的な課題については別の機会に譲らねばならないが、最後に一言だけ、こうした集団性の個への解体を促してきたコミュニケーションテクノロジーに内在する闘争と新たな集団性への転用の可能性について強調しておこうと思う。インターネットに代表されるコンピュータのコミュニケーションは、資本が労働現場、公共的な空間、そしてより親密でパーソナルなコミュニケーションを統合する新たな道具として整備されてきた。かつてこうした道具は、唯一電話と直接の会話が担ってきたが、これにコンピュータがとってかわった。しかし、同時に、〈労働力〉の担い手もまた、同じ道具を職場で、公共的な空間で、そして多様な下位の文化的な集団のなかで駆使している。個への解体とそれに伴う個人に対するモニタリングは、これに抵抗する個を生み出す。それはもはや個人としてのアイデンティティに固執しないかもしれない。デジタル化されてネットワークに繋がった個は、もはや単数の個としてのアイデンティティではなく、限りなく多様に拡散した複数の自己を増殖させながら、個人としての特定を免れようとしているように見える。(注10)同時に、地理的な意味でのローカルな集団性に依拠してきた階級、ジェンダー、エスニシティやマージナルな社会集団は、ネットワークのコミュニケーションのなかで地理的な制約から解放されたコミュニケーション空間を構築して、集団的なアイデンティティを再構築しようと試みている。資本主義を解体できない限り、身体は〈労働力〉の拘束から解放されることはできないが、しかしコンピュータ化されたコミュニケーションの空間は、時間の効率性と結果の確定性を揺るがす新たな主体を登場させることにならざるを得ないだろう。それは、コミュニケーションの権利要求のなかに先鋭的な形で表れることもあれば、デジタルデバイドのなかで、コミュニケーションを奪われた人々のなかから、コンピュータコミュニケーションがもたらす新たな貧困への抵抗の運動（コンピュータによるコミュニケーションを拒否するネオ・ラダイトからアクセスの権利要求としてのハッキングまで）として、サイバースペースを越えて再び現実の地理的な空間に根ざした闘争へと還流する動きを伴うだろう。この意味で、やはり資本主義はその構造的な矛盾としての〈労働力〉の商品化に伴う抵抗を免れることはできないのである。階級闘争のアリーナは、リアルワールドからサイバースペースへと拡大した。マルクス主義は多くの制約のある理論的な枠組みに縛られてはいるが、資本主義批判の理論的可能性持つ理論として決してその使命は終わっていない、ということを最後に強調しておきたい。

（注10）拙稿「サイバースペースの階級闘争」、金田善裕編『サイバー・レボリューション――パソコン対抗文化の未来』、第三書館、1995年参照。〔本書所収〕

出典：『アソシエ』6号、2001年4月

セキュリティ産業という名の軍需産業

今日私に与えられたテーマは、セキュリティ産業と兵器・軍事産業の関係である。私は監視社会批判の運動をしてきたので、この関心から兵器・軍事産業を考えてみたい。

従来いわれていた軍事・軍需産業が近代の戦争をどのように支えてきたかという観点からみると、二つのことが言える。一つは工業化である。近代以前の社会は工業中心の社会ではなかったが、工業中心社会がイギリスの産業革命から始まる。この工業化が一つの大きな条件である。もう一つの近代の条件は、国民国家である。

●

国民国家は、主権者の「国民」が自ら主人公として国家運営するという建前になる。欧米列強が封建社会から国民国家に転換し、非欧米諸国を植民地化し、帝国主義戦争の時代に入る。

この近代工業化・資本主義化と国民国家による戦争がなにを私たちにもたらしたか。

これは「民主主義と戦争」という問題でもある。植民地獲得戦争→帝国主義戦争→冷戦→ポスト冷戦という流れでいえば、現在はポスト冷戦の時代だが、この歴史の流れのなかで一貫して肯定的な価値としての民主主義が主張され、同時に、戦争の廃絶も主張されてきたが、他方で、民主主義と戦争も切っても切れない関係にあった。

つまり、近代国民国家は、民主主義を意思決定の好ましい方法とみて、国民を主権者とすることによって、国家の防衛責任を国王や貴族から主権者である国民に移した。国家が王の持ち物である場合は、王に国家を守る義務が生じたが、民主主義、あるいは「国民主権」の統治では、国民には国家を守る義務があるとされる。これを主権者である国民の合意に基づいて決定するというのが近代国民国家の民主主義の前提にある。民主主義国家は国民を戦争の主体に押し上げる。現在の米国のようにイラクの民衆の意思がどうあれ、合州国議会が「戦争」を決議すれば、国民はそれに従う義務を負う。ということは、民主主義は、戦争を遂行する場合に必要な条件としての国民の合意形成の手段になる。民主主義が戦争に正当性を与えることになる。これは近代以前にはない、近代の戦争の基本的な条件である。合意を形成するために国家は戦争がいかに必要かを主権者に説得しなければならない。したがって戦争プロパガンダの技術が発達することになる。市場経済のための広告技術と戦争プロパガンダ技術、大衆の意識操作の技術の発達は対応するのだ。

もう一つは、国民が主体となって戦争をすることから、軍隊の動員可能な枠組みを国民的なものとしてつくらなければならない。常備軍だけでなくて、国民を総動員するのに必要なデータが国家にそろえられなければならない。職業軍人だけでない、国民総動員体制づくり、もちろん戦争だけでなく後方で支える国民が組み合わされる。取り替え可能な兵士が準備されなければならない。公教育や義務教育は、〈労働力〉の育成だけでなく、兵力の基礎を培う役割り、とりわけ国民意識の形成に不可欠の役割をはたす。医療制度や人口統計なども近代化の経済的な基礎であると同時に、軍事的な基礎でもあった。これが近代国家の軍隊を支える構造だったわけである。

公正な民主主義は戦争を阻止できるとか、国民国家は平和を本質とするといった漠然とした統治機構への信頼は、神話にしかすぎない。むしろ、戦争と民主主義の不可分な関わりは、大きな悲劇を生んできた。有権者の支持を必要とする政府は、最小の犠牲で最大の打撃を敵に与える軍事技術の開発を促し、非戦闘員も含む「敵国民」全体を敵とみなす大量殺戮の考え方に容易に道を開く。戦争で大きな犠牲が出ることによって、有権者は政府を支持しなくなる恐れが生じるから、最小の犠牲で最大の効果を上げられる軍事技術への依存が高まる。その典型が大量破壊兵器や核兵器の開発であり、先制攻撃を正当化するブッシュの戦争である。こうして、民主主義国家の戦争は、自国民の犠牲に敏感になる副作用として、味方の犠牲を最少限にして、敵（つまり敵軍だけでなく敵国の国民全体）に大打撃を与える方向で残虐性を増してきたといえる。

絨毯爆撃などの空爆や巡行ミサイルなどを中心とする戦術もそのためで、大量の爆弾で皆殺しにする。だから非戦闘員も殺して当然ということになる。国民国家と総動員戦争とを前提にすると、民間人も戦争をどこかで担うわけだから、国際法上は許されないといわれながらも、他方で、国民国家の戦争では、多くの非戦闘員を構造的に戦争に巻き込まざるを得ないのだ。

資本主義的な工業化がもたらした特徴は、大量生産方式とともに技術の「標準化」が普及するが、工業製品の標準化も兵器産業がベースでつくられてきた。

規格の統一には国家による強力な民間企業への指導と統制が必要になる。国家が技術を「標準化」すべく介入する格好の時期が戦時である。

コンピュータ産業、インターネット、暗号技術といった現代のテクノロジーもまた軍事技術として開発されてきた。コンピュータは、弾道計算の必要や暗号解読の必要から開発され、軍事から民間産業への転用で広く社会に浸透していった。軍事技術が民間産業の中心を担うようになったのは、実はコンピュータ化社会といわれるような現代の脱工業化社会が最初なのである。

●

戦争に「国民」を動員できるかどうかは、その国のイデオロギーの重要な柱である。今のアメリカのイデオロギーは、冷戦期と本質において変わっていない。敵がソ連とか共産主義国から、国家とは言えないような「テロリスト」や「野蛮」な国（と米国がレッテルをはる国）に変わっただけで、大きな枠組みは変わっていない。トルーマン・ドクトリンによるソ連封じ込めの戦略は、敵を封じ込め、味方も閉じこもり、敵を叩いて味方に組み込んでいくわけだが、現在のブッシュ・ドクトリンも基本的な考え方は変わっていない。敵を叩いて、米国好みの資本主義に組み込こもうとする。

このイデオロギーの上に、現在のコンピュータ社会があるということは何を意味しているのだろうか。コンピュータ社会になって、高度な情報収集と解析が先制攻撃を正当化する重要な「証拠」として利用しうるようになった。これは、かつてと比べても、より容易に戦争に陥りやすい性質を持ってしまったということを意味している。監視の意味は、かつてないほど重要になってきる。防衛のための先制攻撃が当たり前になり、国民国家の領土の主権は相対化されてきた。戦争は、宣戦布告というスタイルをとらず、先に攻撃を仕掛ける何らかの正当な口実さえあればよいことになってしまった。先制攻撃のきっかけは、常時敵を監視するなかから導き出せるようになった。監視し、攻撃の口実を見つけ、先制攻撃を仕掛ける。国内の治安でいえば、犯罪や反政府活動の予防によって実行行為がなくても「テロリスト」であれば暗殺したり検挙することができ、何年も収容所に裁判なしで拘束したり拷問することすらできることを「国際社会」なる意味不明な「社会」が容認しているということを多くの人びとは、半ば眉をしかめながらも、現実の出来事として受け入れているようにすら見える。監視は、こうした先制攻撃的な社会、治安維持の社会の重要な柱となっている。

監視社会について、P・N・エドワードの『クローズド・ワールド――コンピュータとアメリカの軍需産業』という本が面白い論点を提起しているので少し紹介しよう。

本書は、冷戦期のアメリカの軍事開発の中でコンピュータがどのような位置にあったかを分析した本である。現在のように高度なコンピュータが開発される以前からアメリカ軍では、敵の行動をセンサーを使って察知し、予測して、叩くというシステムづくりが考えられていたと述べられている。たとえば、ベトナム戦争の時もベトナムのジャングルの中に大量のセンサーを置き、敵の動きを察知することがなされた。こうした一連のシステムづくり、コンピュータをつかった察知のための監視システムづくりがアメリカ軍の戦略だった、というのがエドワードの主張だ。コンピュータ技術は、そうした人間の行動パターンを予測・察知し、それを前提に戦術を立てるという発想に支えられている。人の行動を予測し察知することが技術的に可能になる。それが軍事目的にも使われてきた。

だから監視社会というのは、攻撃的な社会なのであって決して受身なわけではない。これは「自衛」も「防衛」にもいえることだ。自衛隊は交戦権を持たないが、「自衛権」まで放棄していないというのはまやかしで、「自衛」という概念自体が先制攻撃を含むものにかわらざるをえないのだ。例えば朝鮮民主主義人民共和国（北朝鮮）など日本が仮想敵国とする国々をめぐる小泉政権の論理は、北朝鮮に対する自衛のための攻撃を正当化する文脈を常に隠し持っている。

●

現代の日本は、端的に言って、戦時電子政府体制である。電子政府によって構築された戦時体制であって、日本は戦時下にあると言っていい。「電子政府」では、コンピュータを中心とした情報通信のネットワークが政府の意思決定を左右する技術になりつつある。

この体制では、一旦戦争のプログラムが組み込まれると、ここから抜け出すのは容易ではなくなる。民主主義は戦争を極大まで悲惨な状況に拡大するが、同時に民衆の政治的な抵抗がうまく組織できればこの戦争を覆し、新しい政治体制をうち立てる可能性も秘めている。電子政府は、圧制に抵抗する民衆の権利という民主主義の可能性を最終的に抹殺する。

官僚制のもとで、これまで政府は紙の書類で人々を管理してきた。紙と鉛筆で住所氏名を書いて役所に私たちは提出する。役所は人力でこの情報を処理するが、人の能力では処理に限界がある。一人の役人の処理能力は、古代から20世紀半ばまでほとんど変わりはない。この人間の事務処理をもっとも効率的にするものとして近代官僚制が考案された。ところが、コンピュータの登場がこの限界を覆した。つまり、情報処理能力がすさまじく高度化された。個人の様々なデータを膨大な分量であっても短時間に処理できるようになり、国家の情報管理のレベルが高度化した。そうなると政府側は、この高度化した情報処理能力にあわせて個人データを収集分析するようになる。これは諜報機関にもいえることだ。こうして、情報は直接政府に集中することになる。その結果、何が起こるかといえば、最初にふれた議会や司法のように人間の情報処理能力に依存する制度が、高度な情報処理能力を持つ政府によって出し抜かれるようになる。議会の役割は、議員という有権者の代表を通じて、有権者の政治的なニーズという情報を、討議を通じて処理（調整と合意形成）する機関であって、人と人とのコミュニケーションが必須の前提条件だ。コンピュータによって民主主義を代替させることは、そもそも民主主義の定義に反することは言うまでもなかろう。行政にとってはもはやそうした情報収集や討議の制度は不要であり、無駄だと考えられるようになってきた。

ＩＴが普及すると住民と行政が直接対話が可能になるとか、住民投票、アンケート調査が可能で、よい政治になるなどと言われる背景にあるのは、こうした行政の独裁が含意されている。コンピュータを背景としたポピュリズムがあたかも民主主義や民意を政治に反映させる有効な装置であるかのようにみなされる。その結果として、議会はさらに形骸化される。私は議会制民主主義は万能だとなどと思ってはいないし、民主主義がもたらす暴力についても先に述べた通りだ。しかし、異なる政策や主張を相互に討議しあうという制度は、コンピュータによって置き換えられない重要なものであることも否定できない。行政がＩＴを駆使して実施する住民との直接対話の制度は、行政の基本的な方針を覆すものである可能性は少ない。むしろ行政の規定の方針を補強するための方便として利用される。

大量の情報を握った行政は、住民のニーズを吸収するだけでなく、情報コントロールを通じて住民のニーズを調整するようなフィードバックのシステムをつくり出す。コンピュータが得意とするサイバネティックスが社会統制の手段に応用されるようになる。これに対して、議会での討議は人間のやることだから情報処理能力に限りがあり、この面ではコンピュータに劣る。議会の意思決定はのろい、不合理だ、不毛な対立だといった批判から、それだったら、コンピュータを使った住民との直接対話の方がよいという意志決定の効率性の主張が登場する。実際、多くの自治体にこうした動きが出ている。議会抜き行政が日常化し、行政がいわゆる「住民参加」などのプロセスを制度化してあたかも住民の意思を反映した行政が可能であるかのような体裁をとるようになっているが、住民による意思決定が権利として保障されているわけではない。その典型が「パブリックコメント」だろう。参加のルールと権利保障があるわけではないにもかかわらず、このＩＴを背景とした権利なき参加がある種の直接民主主義の幻想を生み出している。

民主主義に基づいた戦争の時代に今私たちはいる。「国民」の合意形成のプロセスにＩＴが動員され，みせかけの参加、討論・論議が制度化され、あらかじめ決められた政策は変更されることなく、人々の意見と行政とのフィードバックを通じて、人々の意見の方が行政の方針に沿って調整されて、行政に意思決定の正統性を支えるように操作される。

こうして三権分立の民主主義は崩壊しつつあると言っていい。電子政府が目指すのは、こうした行政権力の事実上の独裁である。米国と英国はイラクに大量破壊兵器があるという根拠のない情報をふりまき、戦争を正当化してイラク攻撃をしたが、このことに多くの有権者は簡単に騙されて戦争に加担した。こうしたことが、民主主義、参加、透明性などという言葉とともに、草の根から人びとを巻き込む手法をとって権力の正統性を再生産している。

人間の議論は、コンピュータにとっては理解不可能な多くの領域を含む。それが議論のおもしろさだが、コンピュータサイエンスの枠組みでは、こうした機械やプログラムのアルゴリズムでは理解不可能な人間の論理を排除していく一方で、人々の考え方を監視し、解析する。民主主義は電子政府の独裁のもとで機能停止するが、しかし、外見上は住民(「国民」)との直接対話が横行し、人々はあらかじめ与えられた選択肢から一つを選ぶ権利を自由や民主主義だと勘違いするようになる。

ＩＴという産業が、このように政府の統治機構と一体となり、産業としての収益を上げて「成長」を継続するには、より一層政府の統治機構に深く喰い込んでいくことが彼らの資本の利害にかなうことになる。ＩＴ産業はまた、軍事産業の基幹部分を支配するようにもなってきた。あらゆる武器も兵員も、コンピュータのネットワークと情報収集なしには動けないだけでなく、ロジスティクス全体もまたコンピュータによってコントロールされる。こうした一連のＩＴのネットワークインフラが存在することによって、米国は民間軍事会社をも活用して軍事の民営化を可能にしたし、世界規模で展開する米軍基地を相互に繋ぐ情報ネットワークを構築することもできた。そして、このテクノロジーが同時に、人びとの日常生活の感性や世界についての「感じ方」をも左右し、擬制の民主主義として人びとを戦争に加担させるイデオロギー装置にすらなっている。

こうした時代にあって、人びとが時間をかけて討議し合意を形成する過程を、国境を越えて、また、言語を越えて実現するにはどうしたらいいのか。ＩＴ産業が人びとの合意形成から戦争まで、統治の機構から私生活までを支配する時代に、この問いは、かつての「民主主義」の回復や復権ではなく、この時代の新たな独裁と闘える民主主義を創造することの必要を強く私たちに迫っているといえる。

出典：２００４年５月29日の講演に加筆

戦後ナショナリズムの新たな位相と解放

いわゆる「平和憲法」下の戦後日本では、侵略戦争を肯定する戦争言説のレトリックがいくつも生み出された。このレトリックは、戦後日本の国民統合とナショナリズムの再生産のために機能してきたが、まさに改憲が議題にのぼり、政権・与党内部の極右ともいうべき勢力が大きな影響力を持ちはじめるにつれて、この戦後ナショナリズムの破綻が明白になってきた。

戦後ナショナリズムの言説を最も端的に代表しているのが毎年8月15日の「全国戦没者追悼式」における天皇の挨拶の文言である。

「本日、『戦没者を追悼し平和を祈念する日』に当たり、全国戦没者追悼式に臨み、さきの大戦において、かけがえのない命を失った数多くの人々とその遺族を思い、深い悲しみを新たにいたします。

終戦以来既に61年、国民のたゆみない努力により、今日の我が国の平和と繁栄が築き上げられましたが、苦難に満ちた往時をしのぶとき、感慨は今なお尽きることがありません。

ここに歴史を顧み、戦争の惨禍が再び繰り返されないことを切に願い、全国民と共に、戦陣に散り戦禍に倒れた人々に対し、心から追悼の意を表し、世界の平和と我が国の一層の発展を祈ります。」(2006年)

「戦没者」を「かけがえのない命を失った数多くの人々」と呼んで悼む一方で、戦後については、「国民のたゆまない努力」と「我が国の平和と繁栄」と言うように、「国民」と「我が国」へと焦点が絞られてゆく。そして、日本の繁栄と平和を踏まえて、世界平和と日本の発展を祈るというこの挨拶の筋書きはほとんど毎年変わらない。この挨拶文では常に哀悼の対象は「人々」であり、戦後の日本の平和と繁栄の主体は「国民」であるという使い分けが行われ、平和と繁栄（発展）が強調される。

なぜ「かけがえのない命を失った」者たちは「人々」であって「国民」ではないのか。ここには明らかに、この「お言葉」を受け取る受け手を意識した政治的な配慮、言い換えれば政治的なレトリックがある。多くの「日本人」はこの「人々」を「日本人」あるいは「国民」と解釈するかもしれない。いや、そもそも「人々」とは「日本人」以外の他者を指し示すことばでもあるなどということは意識すらしないだろう。多くの「日本人」にとって、「日本人」が人々なのである。だから、多くの「日本人」はなによりも戦争における犠牲者とは人々＝「日本人」の犠牲者であるという枠組みのなかで戦争を理解し、この「日本人」の戦争犠牲者の上に戦後の生きのびた者やその子孫が経済的な繁栄を築き上げたのだという国民の神話、戦後的な国家の正統性を受け入れてきた。そして、この神話の上にさらに、平和と繁栄（発展）への使命が宣言されるわけである。

しかし、他方で「国民」と「人々」がこの短かい挨拶文で使い分けられていることからも明らかなように、「人々」に「日本人」や「国民」には含まれないであろう者たちが含意されていることも明らかだ。しかし、このような意味における「人々」は曖昧であって、そのはっきりとした輪郭を持っていない。いや、あえて鮮明な像を結ばないようにぼかされていると言うべきかもしれない。その結果、戦争に関して「日本人」が考えなければならない最も大切な問題、戦争における犠牲者に対する加害者の問題を問うという意識を持ちえない構造になっているのである。

この天皇の挨拶は、死者は皆おしなべて哀悼の対象であるという一般に受け入れられやすい言説によって、戦争責任や戦争犯罪という日本が戦後において解決しなければならない政治的な課題を、曖昧にしてきた。同時に「繁栄」と「平和」の強調によって、日本の社会におけるネガティブな側面は視野の外に排除される。自衛隊や米軍基地の存在、あるいは冷戦を通じてアジアで繰り返された武力紛争や、今現在のアフガン・イラク戦争への日本の加担には一切言及されない。年間3万人を越える自殺者を生み、貧困問題が社会問題化している現実があるにもかかわらず、「繁栄」という「お言葉」は、こうした現実をむしろ問題化しないスタンスを示している。そして、この曖昧で情緒的かつ非政治的な装いを持った表現は、象徴としての天皇が戦後の国民統合に果たしてきた重要なイデオロギー的特徴を表している。

政治的な実権をもたない象徴的な存在となった戦後の天皇の役割は、戦後的な大衆社会において大衆の脱政治化、「繁栄」や「平和」という言葉に体現されているある種の経済的な「豊かさ」や「安定」にターゲットを絞ったナショナリズムの再生産だったと言える。この意味で、半世紀に及ぶ戦後日本のナショナリズムとは、経済ナショナリズムであり、「日本」や「日本人」としての大衆の統合は常に経済過程を媒介して実現されてきた。言い換えれば戦後日本のナショナリズムは、金で買われたナショナリズム、アジアの中で「日本人」であるということは「豊かさ」を享受できるアジアで唯一の「民族」を意味するという回路を通じて、経済的な優越意識——最もわかりにくい形での民族差別主義——に基づく「日本人」としての統合を達成しようとしてきたのである。日本経済とか日本の企業といったごく当たり前の言葉は、日の丸・君が代のようにナショナリズムの言葉とはみなされてこなかったが、実は日本社会に物質的な「豊かさ」を呼び込む仕掛けこそが、戦後日本のナショナリズムの核心を形成してきたのだった。

戦後の象徴天皇制は、「豊かさ」とはどのようなものなのかを欧米流ライフスタイルとして具体的に演じて見せる役割を担った。明仁が皇太子だった時期の家族像は、典型的な欧米流の上流階級の豊かさを体現してみせた。このことは、戦後日本のナショナリズムが、戦前・戦中の天皇主義イデオロギーや「鬼畜米英」といった立場を捨てて、物質的な「豊かさ」と欧米の価値観やライフスタイルを選択したことを意味した。戦後日本のナショナリズムは、こうして、ある種の親米ナショナリズムとして構築された。しかしこの支配層の反米から親米への転向は、明確な総括のうえになされたわけではなく、いわゆる「国体護持」の方便として選択されたにすぎなかったために、戦争の総括はなされず、植民地支配と戦争犯罪への責任は曖昧なままにされてきた。

天皇は政治的な言説を抑制し、そもそも政治的であるべき課題を非政治的で情緒的な表現や言説に置き換える。戦争や平和をめぐる様々な戦後の言説が、メディアや教育あるいはまさに政治の現場においてすら、政治の問題として語られることがはばかられ、その結果、戦争責任は曖昧なまま、犠牲者の「死」の意味も問われずに彼らをひとまとめにして追悼する抽象的で空疎な「平和」が蔓延した。A級戦犯の合祀への批判は、犠牲者の「死」の意味はひとつではないし、彼らをみなひとまとめにすることなどできないという問題の一端である。

戦争責任を曖昧にしたままの「平和」という概念は、戦争肯定の意識を巧みに再生産する政治的なレトリックとして機能してきた。「負ける戦争はしてはならない」ということと「いかなる戦争もしてはならない」ということとが、あるいは、戦争放棄や非武装という意味合いの「平和」と、米軍と自衛隊という軍隊によって保障されているという意味での「平和」が、ともに同じ「平和」という言葉で語られてきた。私たちは、誰が「平和」を口にするかで、「平和」がどちらの意味で用いられているのかを即座に峻別する特異な判断力をもっている。しかし、その結果として、平和を実体化する上で必要な国家の基本的な在り方が曖昧なままに残された。

このような「平和」の二重基準を許してきた最大の要因は、戦後憲法の平和概念の曖昧さにある。よく引き合いに出される憲法「前文」に典型的に示されている平和主義は、戦前・戦中における日本の侵略戦争と植民地支配に対する歴史的な総括に全く言及していない。戦後憲法は、戦争責任や戦争犯罪の追求の義務づけを戦後国家に課していない。憲法は、日本の国家が負うべき特殊歴史的な責任を明示して、戦後国家にこの意味での責任を負わせるなかで

「平和」を定義するという意図を持っていなかった。これは実に奇妙なことだ。戦後憲法は1946年に公布されているが、この時期はまだ東京裁判の判決すら出ていない時期であり、戦争犯罪問題は、戦後日本の国家が平和に向けて負うべき具体的な政治課題であったはずだからだ。もちろん、当時の憲法制定過程で日本側から出された草案がいずれも旧憲法の域をでない保守的なものであったことからすれば、ないものねだりであるということはできるかもしれないが、同時にGHQや米国政府もまた憲法による戦争責任の追求には関心を寄せていなかった。ここには、親米に転向した支配層を利用しようという米国の利己的な対日戦略と、この戦略によって延命を計ろうとする天皇を始めとする支配層の思惑の一致があったと言っていい。1945年の転換点は、国家が国家に対して戦争責任を問うことには決定的な限界があるということをよく示している。

国家権力を規制する原理としての憲法が、戦争責任への追求の義務づけを伴う「平和」の内実を欠いたために、皮肉なことに、憲法9条は、「日本人」の戦争の被害者意識に立脚して定着したに過ぎず、侵略戦争の歴史の総括の上に成り立つ条文としては決定的に不十分であった。その結果9条は、本来なら相容れない「平和」をめぐる定義や意味内容が共存する平和の二重基準の係留点となり、「平和」のための再軍備を阻止できなかったのである。さらに質の悪いことに、日本の再軍備は、常に「平和」を口実として、9条に抵触しないという平和主義の装いによって正当化されてきた。日本は、世界有数の軍事予算をもち、世界最大の海外の米軍基地群を抱えながら、日本は戦争放棄を国是としているという矛盾した現実を持ち続けることができた。このことが意味しているのは、戦後憲法は、国家権力への規制力としての責任を果たし得ず、無力であり続けたということである。この無力さの背景にあるのは、憲法の物神化ともいうべき事態だったのではないか。9条の神通力を迂回する様々な手だてを戦後政府は編みだし、解釈改憲でもって海外の戦地に自衛隊を出兵させるまでになっている。主権者もまた、9条がありさえすればいつかまた非武装の国家が実現されるに違いないという、ある種の9条神頼みに陥り、近代国家が持つ本質的な暴力の根源が戦後日本国家にもあるのだ、ということを軽視してきた。その結果、多くの左翼も平和運動も暴力を伴う国家という権力のありようそのものを覆す想像力をも持ち得るところにまで行き着くことができなかった。

この意味で、9条が戦後に果たしてきたイデオロギー上の役割は、いわゆる既成の革新や左翼が理想主義的に支持するほどに有効かつ明晰な平和主義として機能してきたとはいえない。むしろ、戦争責任という課題が戦後憲法＝平和憲法によってあたかも清算しうるかのようにみなされてきはしなかったか、と思うのである。戦争責任問題は、戦後の戦争放棄で帳消しになる問題ではないし、戦争責任を曖昧にしたまま戦争放棄を実現できるという考え方は、権力の正統性をささえる歴史性にあまりにも無知な発想であったのではないか。

●

2006年8月15日に、小泉首相は公約どおり靖国神社参拝を行った。この参拝後のマスメディアのインタビューの模様を『朝日』は次のように報じている。

「小泉首相は15日の参拝後、首相官邸で記者団に対し、『あえて15日を避けて参拝してきたが、いつも批判、反発がある。そして何とかこの問題を大きく取り上げようという勢力は変わらない。いつ行っても同じ。ならば今日は適切な日ではないかと判断した。これから戦没者追悼式典も行われる』と語った。

2002年4月の参拝時、首相は『終戦記念日にこだわり、内外に不安や警戒を抱かせることは意に反する』との所感を発表したが、所感との整合性については『矛盾しない。過去5年を踏まえ、いつ行っても問題にしようという勢力がある。仕方ない』と語った。

また、首相は『戦争で尊い命をなくされた方々の上に今日がある。心から敬意と感謝の念を持って参拝している』

とし、『総理大臣である人間小泉純一郎が参拝した。職務としてではない』と述べ、私的参拝の立場を強調した。内外からの批判については、自ら3点挙げて反論。中韓両国に対しては『一つの意見の違いが不愉快だからと首脳会談を行わないことがいいのか』と主張し、『中韓両国は日本の国連安保理常任理事国入りに反対している。不愉快なことだが、私が首脳会談を行わないと言ったら、どっちを批判するのか』と述べた。

A級戦犯合祀（ごうし）については『特定の人に参拝しているのではない。圧倒的多数の戦没者の方々に哀悼の念をささげるためだ』とし、『（A級戦犯は）戦犯として（東京裁判で）刑を受けている。それとこれ（参拝）とは別』と語った。

憲法上の疑義については『私は神道を奨励するために行っているのでも、過去の戦争を正当化、美化し、軍国主義を称揚するために行っているのでもない。憲法上の思想及び良心の自由、まさに心の問題だ』と述べた。」（http://www.asahi.com/politics/update/0815/006.html）

小泉は、決して自分の行動や考え方が、普遍的な意味での「正しさ」に基づいているとは言わない。小泉は、自らの行動の正しさは、国外では、とりわけアジアの旧植民地諸国では通用しないことを十分承知している。その上で確信犯としての行動である。こうしたスタンスは、本誌が発行されている時には首相になっている公算の高い安倍晋三もまたこの小泉とほぼ同じスタンスに立つだろうことは間違いない。

政府首脳の靖国参拝は、日本政府が侵略戦争という歴史認識を否定する立場を、あからさまに行動で示すことに等しい。靖国神社への参拝という行為は、靖国神社が教義の核心に据えている日本の戦争の正当化と賛美に自ら同調する信仰告白のパフォーマンス以外の何ものでもない。こうした意味を日本国内のメディアや世論は軽視しがちだが、「参拝」が宗教に関わるパフォーマンスであるがゆえに、この振る舞いは合理的な言説や歴史的な事実では覆すことのできない「信仰」として捉えられ、感情的な対立を煽る結果となる。

「戦争で尊い命をなくされた方々の上に今日がある」という小泉の言い回しは、先に言及した明仁の挨拶同様、戦後一貫して用いられてきた戦争を正当化する言い回しであって、死者の死の意味を問わずに一つのものとして肯定することを通じて、侵略戦争肯定の心理的な効果を生み出してきた。

靖国肯定派は、イデオロギー的な愛国主義を主張する一方で、「死者を冒瀆すべきではない」という漠然とした一般論を持ち出して、A級戦犯を含むあらゆる死者への追悼についての大衆的な同意を得ようとする。小泉のスタンスもこれと同じだ。しかし、実際には、大衆の感情のなかで、「死者を冒瀆すべきではない」といった一般論が存在したためしがない。死者は、その生前の行い故に、死後も冒瀆されて当然とみなす感情、あるいはその逆に、生前の行為が賛美に値するからこそ死後も死者を賛美するといった因果関係を持っている。例えば、いわゆる「凶悪犯罪」の被疑者や被告人に対して、あからさまに死刑を待望する世論は、死者を冒瀆することなど厭わない。むしろ、誰もが死者の生前の振る舞いへの評価なしに死者と向き合うことはできないはずなのだ。国家のために、怨みのひとつも抱いたことのない相手を殺すことの罪の重さは、何にもまして大きいはずなのに、むしろこれが称賛や賛美の対象にされる。このことが、また次の戦争における殺し合いの賛美を生み出す。靖国神社に限らず「戦没者追悼」の施設は、たとえあからさまな宗教的な施設でないとしても、この意味で、戦争における犯罪を免罪するイデオロギー装置となる以外にないのである。

重要な争点となっているA級戦犯問題について小泉は、「特定の人に参拝しているのではない。圧倒的多数の戦没者の方々に哀悼の念をささげるためだ」とか「過去の戦争を正当化、美化し、軍国主義を称揚するために行っているのでもない。」とある種の弁解を述べている。「特定の人」という婉曲な言い回しそれ自体が天皇のいう「人々」同様、既に「戦犯」という言葉を回避する政治的なレトリックであり、苛立ちを覚えざるを得ないのだが、誰もこの弁解を文字どおりのものとは受け取っていない。彼の参拝という行為に込められたメッセージには、「特定の人」に対しても参拝し、戦争の賛美と肯定が少なからず含意されていると誰もが感じ取っている。なぜなら、かつての日本の戦争を肯定しない人達は靖国神社に参拝するなどという行為は行わないからだ。参拝行為それ自体が、どのような言語的な弁解を述べようとも、その言葉を打ち消して、戦争の肯定なのである。靖国神社とはそのような政治的な存在として、神社自らがそのスタンスを選びとってきており、また右翼、保守派もまたそこに靖国神社の存在理由を見いだしてきた。こうした政治的社会的な文脈のなかで、小泉は、こうした政治的な効果を承知の上で、繰り返し靖国神社とそこに象徴されている戦争観を肯定してきたのである。

しかし他方で、「過去の戦争を正当化、美化し、軍国主義を称揚するために行っているのでもない」という弁解を常に伴わなければならないということは、戦争賛美のパフォーマンスとしての参拝とはどうみても不整合であって、この言葉の「嘘」は誰の目にも明らかだ。私の不安は、右傾化する大衆意識がこうした言い訳をいつまで受け入れるだろうか、というところにある。

●

上に述べたことは、多分、これまでの靖国参拝問題にも共通した争点であって、特に新しいことはない。しかし、今年の小泉の靖国参拝は、これまでと違った波紋をもたらした。この波紋は確実に極右ともいうべき安倍政権のアキレス腱となる可能性を秘めている。それは、米国が日本の保守・右翼層に徐々に影響力を増しつつある反米ナショナリズムに危惧し始めているという問題である。といっても、今のところはあからさまに小泉や閣僚の靖国参拝に対してではなく、靖国神社に併設されている戦争博物館の遊就館の展示における対米戦争に関する米国の扱いに対するクレームである。遊就館では、日米開戦に至る経緯を、米国の国内景気回復をはかるために、「資源に乏しい日本を、禁輸で追い詰めて開戦を強要」したと記述している部分があるが、これを改めるということのようだ。『サンケイ』は以下のように報じている。

「内容を変更するのは『ルーズベルトの大戦略』と題して、第二次世界大戦での米国の戦略について触れた部分。この記述では、まず『大不況下のアメリカ大統領に就任したルーズベルトは、3選されても復興しないアメリカ経済に苦慮していた』と当時の米国経済の窮状を説明。また、『早くから大戦の勃発（ぼっぱつ）を予期していたルーズベルトは、昭和14年には米英連合の対独参戦を決断していたが、米国民の反戦意志に行き詰まっていた』として、米国内に反戦世論があったことを紹介している。

その上で、『米国の戦争準備『勝利の計画』と英国・中国への軍事援助を粛々と推進していたルーズベルトに残された道は、資源に乏しい日本を、禁輸で追い詰めて開戦を強要することであった。そして、参戦によってアメリカ経済は完全に復興した』と表現し、米国は国内経済の復興を目的に対日開戦を志向したと解釈できる内容だった。

こうした記述について、同館では4月ごろから見直しの検討を始め、7月ごろから本格的に見直し作業に入ったという。」（２００６年8月26日、ウエッブ版、http://www.sankei.co.jp/news/060825/sha029.htm）

この見直しの直接のきっかけは、２００６年8月20日付の『ワシントン・ポスト』紙に保守派の歴史家、ジョージ・ウィルが遊就館の展示内容を批判し、これを受けて、岡崎久彦が『サンケイ』の8月24日付「正論」欄に「遊就館から未熟な反米史観を排せ」と題した遊就館の展示への批判を展開したことにある。そして翌日のサンケイが右に引用したように、第二次世界大戦での米国の戦略の解釈について、「『誤解を招く表現があった』として見直し作業を始めた」というわけだ。『フィナンシャル・タイムズ』も8月26日付けでこの件を報じている。同紙が報じる岡崎の発言によれば、靖国神社は自衛隊の歴史アドバイザー（戦史の専門家だろうか）と協力して、岡崎やウィルの批判を踏まえて展示の変更を検討していることを伝えている。また、トーマス・シーファー駐日米国大使も遊就館の展示の米国認識には不快感を示しているという。もちろん、対アジア戦争部分の展示へのクレームは一切ない。岡崎も、修正すべきは米国の部分だと強調している。米国認識の修正問題は、これに留まらない。さらに、岡崎久彦は先のコラムで、扶桑社の『新しい歴史教科書』第二版では「反米的な叙述は全部削除」させたとも述べているように、いわゆる太平洋戦争に関わる部分にとどまらず、近代日本の日米関係全体について親米保守派がある種の歴史観の修正を試みはじめているとも言える。

こうした動きは、何を意味するのだろうか。米国は敏感に日本の右翼、保守派が抱えている反米的な地下水脈を感じ取っている。私は、支配層が担ってきた戦後ナショナリズムが一貫して回避してきた米国との戦争についての評価と戦後の日米同盟と戦前・戦中の日本の反米ナショナリズムとの論理的な整合性問題が、ここにきて大きな矛盾として表面化し始めたと考えている。

このことは特殊日本的な状況ではなく、グローバルに現れ始めている反米ナショナリズムや反米的な宗教原理主義の動きと直接間接に連動している。米国が冷戦期の反共戦略の一貫として自ら育ててきたイスラムの宗教原理主義がここにきて反米に転じた。同様に、戦後日本の親米ナショナリズムや右翼の反共親米というスタンスの背後には米国の日本戦略があったわけだから、日本のナショナリズムのなかのある種の反米的な要素がより一層刺激される国際的な条件があると見ていい。日本の戦後ナショナリズムが封印してきた反米ナショナリズムへの不安を、米国の支配層に喚起したとしてもおかしくないのだ。小林よしのりなど一部の右翼言論人が反米ナショナリズムを公然と主張したり、人気俳優の窪塚洋介主演の映画『凶気の桜』のように、反米ナショナリズムを正面に据えた映画が制作されるなど、若い世代のなかにはある種の反米的なナショナリズムを受容する傾向が少数ながらも見いだせるようになっている。冷戦期には見られなかったグローバルな反共反米の新しい傾向が生み出されつつある。今回の遊就館における展示の変更は、起きたばかりで右派ジャーナリズムや右翼のなかでの動きははっきり見えないが、少なくとも靖国神社側は展示の修正に抵抗を示していないようだし、扶桑社の歴史教科書の変更について、右派側から大きな批判が出されたとは聞いていない。アジアの旧植民地諸国からの歴史観への異論には過剰なばかりの敵意剥き出しの反撃を繰り出す右翼が米国に沈黙する。戦後日本の右翼が親米右翼に転向し、支配層ともどもその魂を米国に売り渡した半世紀の歴史からすれば、この沈黙に米国は安堵しているにちがいない。

戦後の日米支配層は、アメリカ型の生活様式——言い換えれば資本主義擁護のための文化・イデオロギー装置——に「国民」を統合するための仕掛けとして天皇制を位置づけ、皇国史観のイデオロギーを捨て「自由と民主主義」を選択してきたが、反米から親米へのこの無節操な転向によって延命した支配層が今、自己矛盾の淵でかなり危ういアイデンティティ・クライシスに直面し始めている。皮肉にも改憲への動きはこの矛盾をさらに悪化させる可能性を持っている。改憲は、戦後政治の基本的な枠組みを構築してきた戦後憲法とそのもとで長期に渡って権力を握り続けてきた親米保守政権の自己否定にならざるを得ないということを、どの程度まで自覚しているだろうか。米国に押しつけられた憲法だから改憲(自民党は、新憲法制定とすら主張している)すると言いながら、その押しつけた米国との同盟関係はますます強固なものにしたいという態度そのものに、矛盾があることは間違いない。しかし、問題はもっと根深い。

右翼・保守派にとって、改憲に含意されている戦後の否定に対する代替的な選択肢はひとつしかない。すなわち、ある種の戦前・戦中への回帰である。この回帰は、戦前・戦中の日本の植民地支配と戦争の再評価＝肯定・賛美を含意せざるを得ない。とすれば、米国との戦争をどのように正当化するのか、という問題は避けて通れない。いわゆる「太平洋戦争」を正当化するとすれば、敵国であった米国に対しては否定的な評価を下す以外にない。これが遊就館の歴史観だ。しかし、同時に、敗戦をきっかけに、敵国であった米国との同盟関係を結ぶという180度正反対の態度をとったことについて、どのように正当化するのか。そして、この権力の転向のイデオロギー的な中心に天皇制があったことをどのように「総括」するのか。言い換えれば、戦前戦中の天皇制イデオロギーを裏切ることによってのみ延命したのが、戦後の象徴天皇制であるわけであって、戦後の転向した右翼・保守派はこの自らの転向問題を回避してきたツケが今まわってきているのである。むしろここにきて、改憲というカードを切ることによって、近代日本の「国体護持」のイデオロギーの欺瞞がはっきりと露呈せざるを得なくなっているのである。

東アジアの軍事的、政治的緊張は、こうした「原理主義」部分を包含して、親米支配層がヘゲモニーを握り、日米同盟を強化する方向で日本の支配層をまとめ、大衆の意識を反米ではなく親米として統合する上で不可欠の前提条件となっている。朝鮮半島や中国との軍事的な緊張は、米国の軍事的な後ろだてへの依存の正当性を高め、反米に傾きかねない右派的な世論を引き戻す最も効果的なシナリオである。

●

小泉が靖国参拝問題に関連してこの間しきりに強調しているのは、中国には中国の「正しさ」があり、韓国には韓国の「正しさ」があるように日本には日本なりの「正しさ」があるという言い回しだ。靖国参拝は、この種の「正しさ」の問題であって、みなそれぞれの国内の国民統合の必要上のことがらであるから、外交とは無関係であって、ある種のイデオロギー的な内政干渉だというわけである。だから、小泉は、日本の国内で靖国参拝が「正しい」行為であるとみなされるべきであることに強いこだわりをもっている。2005年9月30日に大阪高等裁判所が首相の靖国参拝を憲法違反であるという判決を下しても、「なぜ憲法違反なのかわからない」と居直る傲慢さを発揮する。こうした態度は、法の支配を無視する法治国家においては許されない行為であるはずなのだが、むしろ世論調査などの結果によれば、首相の靖国参拝を支持する声が過半数を占めている。

小泉のある種の相対主義は、歴史認識におけるコンセンサスの放棄を意味するだけでなく、歴史認識が複数の原理を持つこと――ひとつは日本の歴史観であり、もうひとつ（あるいはそれ以上）が他の諸国の歴史観であるが――を日本のイデオロギー上の立場として、打ち出したということを意味している。こうした歴史観の相対主義は、外国にも日本と同じ歴史観を強要するわけではなく、差異を認めるというポーズをとる。しかも政府はこの相対主義を、日本とアジア諸国の間にある植民地支配の歴史的な文脈から切り離された、単なる言説として押し出そうとする。日本の植民地支配と侵略戦争がもたらした国家犯罪の事実を、支配された側、侵略された側の大衆の経験や記憶に即して理解することで生み出される「相対主義」とは全く異なって、他者の理解をあらかじめ退け、「中国人や朝鮮人の考えていることは、日本人とは違うのだ、その違いを埋める必要はなく、彼らと我々はそれぞれ勝手にお互いの歴史観を持てばいい」という排他的な相対主義なのである。だから、この種の相対主義では、日本は自らにとって不都合なあらゆる歴史的な事実（南京虐殺、強制連行、いわゆる従軍慰安婦の存在）を認める必要はなくなる。小泉の表現はおだやかであって、口当たりがいいが、主張の基本は、他者理解の拒否と自らの歴史の肯定である。にもかかわらず、見た目の相対主義は、多様性を重んじる日本と、自国の価値観を他国に押しつける中国や韓国、北朝鮮といった対照的な態度を日本の大衆に印象づける。価値の多様性を口実に、責任を曖昧にすることに慣れてきた大衆の自己保身は、このような政府の態度を受け入れがちだ。この意味での相対主義は、大衆の中に、他者を自己にとって許容できないものとして排除する心理的な効果を生み出す。

小泉が線引きしている相対主義に基づく自己と他者は、日本の国境の内と外の間に、あるいは日本人と外国人の間にある。このことは、日本人のなかにある靖国を拒否する人々や日本国内の在日を含む外国人の批判に対しては、むしろよりいっそう強い抑圧となって作用する。日本人は中国人や朝鮮人と同じ考え方をすべきではない、日本にいる以上外国人は日本の価値観を受け入れるべきだ、という考え方なのである。言い換えれば、小泉の靖国参拝には「日本人なら靖国神社に参拝すべきだ」というメッセージを暗に含んでしまっている。これは、日本政府が自国民に対するイデオロギー政策、ナショナリズム政策の性格を非常によくあらわしている。改憲や教育基本法の改悪、あるいは学校現場でますますひろがりつつある日の丸・君が代の強制を支えている過剰な愛国心へのこだわりと、その裏返しとしての周辺諸国への過剰なまでの敵意や嫌悪を、この小泉の靖国参拝というパフォーマンスは端的に示している。

●

もはや反米は左翼の専売特許ではない。親米であれ反米であれ、大衆意識が収斂する先にナショナリズムが控えているという状況は、明らかにこの国をめぐる国際関係の緊張を高め、国内の民衆の自由を大きく奪っている。小泉のように、ナショナリズムに基づいて他者と自己を区別してアイデンティティを構築しようとする態度は、普遍的な価値よりもある種の「国民的」ないしは「民族的」価値を優先しがちだ。その結果は、国内に強力な同一化の傾向を持ち込んで、他者を排除する力が働く。こうした傾向を安倍政権は改憲と教育基本法の改正のなかで最も端的に継承している。

これに対して、私たちの最大の問題は、この改憲がもたらしている右翼・保守派の自己矛盾に楔を打ち込めるだけの大衆的な力を持ち得ていないところにある。その原因がどこにあるのかは容易に解ける問題ではない。戦後左翼の運動が十分な総括をなしえていないということが、結果的に、多様で豊かな草の根の運動をゆるやかに繋ぐ上で不可欠な社会認識の共有を妨げてきた。支配層が新自由主義的なグローバリズムに直面する中で戦後の経済ナショナリズムを解体し再構成しつつあるのに対して、近代日本を一貫してささえてきた資本主義という経済システムのオルタナティブを提起しきれていない。改憲か護憲かという安直な二者択一を迫られる中で、この踏み絵を拒否して、戦前か戦後かではなく、戦前でもなく戦後でもなく、というスタンスから民衆のコンセンサスを作ることが、いかなる意味におけるナショナリズムにもからめとられない民衆の運動を生み出す上で必要になっている。これは観念の問題ではなく、この国に文字どおりの意味での反政府運動の様々な潮流が草の根から登場するなかで、民衆の共同意識として生み出される以外にないだろう。

出典：『飛礫』52号２００６年

歴史の記憶としての美術 １９９０－１９９９年の美術

80年代から90年代はじめのメープルソープの同性愛やＳＭを主題とした作品などをめぐる「文化戦争」については本シリーズ「かい人21面相の時代 １９７６－１９８８年」の美術〔本書所収〕で紹介をしたが、実はこの「戦争」は90年代にも根深く継続されることになる。なかでも、ブルックリン美術館が１９９９年に開催した「センセーション──サーチコレクションの英国若手作家展」をめぐるニューヨーク市当局と美術館との対立は、日本でも大きく報道され注目を集めた。ここで特に問題にされたのは、クリス・オフィリの「聖母マリア」という作品である。この作品は、象の糞を素材の一部に用いたために、これをキリスト教に対する冒瀆だとみなしたジュリアーニ市長が、政府の補助金による宗教的な冒瀆は認められないとして、もし「センセーション」展を中止しないのであれば、美術館への公的資金の支出を打ち切ると述べ、さらに市による美術館への土地建物の賃貸契約その他の契約を破棄すると予告した。(注1)これに対して、ブルックリン美術館は市当局の態度を憲法違反として訴訟を提起した。法的な問題などの詳細にここでは立ち入ることはできないが、裁判所の判断は美術館側の勝訴とするもので、展覧会は無事開催されることになった。

オフィリは1968年に英国マンチェスターで生まれた若手の黒人アーティストである。彼は、90年の初めに、ジンバブエに行き、自分の絵画の限界を克服する重要な幾つかの転機を経験するが、そのなかで彼は自然の素材を作品に用いることを試み始める。象の糞を用いたのもジンバブエにおいてだった。ここでもそれまでの「文化戦争」で繰り返し示された行政の作品解釈と作家の作品の意図との非和解的なずれが露呈している。この問題は、従来であれば、芸術作品の評価をめぐる論争になるところだが、しかし、90年代の芸術をめぐる規制や検閲の問題は、作品論には収散せず、むしろ作品の展示を成り立たせている制度それ自体への疑問へと問題が展開していった。

政府が公的な資金によって様々な支援を行う最も伝統的な政策は、社会保障や社会福祉といった分野や、公共投資による道路や港湾の整備といった社会資本の分野だった。例えば福祉分野では、所得や健康状態など一定の条件を満たせば誰でも公的な給付を受けることができたし、社会資本の整備は原則として誰もがそのサービスを享受できるものである。生存権が基本的な人権として確立されるにつれて、こうした政府による基本的な生活条件の保障は、資本主義の市場経済が不可避的にもたらす失業や労働できない人々の生存のために必要な国家の機能として、20世紀の国家の基本的な性格となった。

しかし、芸術支援の政策は、こうした国家の公的資金の支出とは根本的に異なる性格を持つものだ。例えば、公的な美術館が作品を購入したり特定のアーティストを支援したりするという行為は、社会保障や福祉のように、客観的な基準を設けて、この基準をクリアした作品やアーティストに対して無条件かつ一律に公的な補助を与えるということにはならないからだ。むしろ、伝統的な公的資金の支出方法とは逆に、特定の作品を選定し、少数のアーティストに公的な支援を与えるという方法をとることになる。美術館に収蔵される作品は、この点で、その時代のアーティストの作品のごくわずかを購入できるにすぎない。

どの作品を購入するのか、どのようなアーティストを支援するのか、という選択は、裏側から見れば、多くの作品やアーティストは公的な支援から排除されたり、あるいは不平等な扱いを受けるということである。これは、政府や公的な機関がある作品やアーティストの表現の機会を奪うことを意味しているから、これは公権力による選別であり、広い意味での検閲といって言えなくはない過程である。

●

もし、公的な資金の使途として、納税者の多数が肯定できる作品やアーティストを支援する場合、政府には正当性があるように見える。しかし、現在多くの人々がよく知っている有名な作品やアーティストは、美術市場においても同様に高い評価を受けるから、公的な資金の支援がなくても作品が展示される機会は多くあり、創作活動に必要な資金を得ることも比較的容易だから、あえて公的な資金の支援を与える必要はないとも言えるのである。

この問題は「ガバメント・スピーチ」として知られている議論である。この問題に早くから着目して論じてきた憲法学者の奥平康弘は「ガバメント・スピーチ」とは「言論というかコミュニケーション形成の中に入ってきて援助したり、しなかったりするような仕事がだんだんふえてくることによって、結果において、多かれ少なかれ国家がコ

（注1）このブルックリン美術館とニューヨーク市との対立に関しては、下記を参考にした。奥平康弘「〝自由〟と不連続関係の文化と〝自由〟と折り合いをつけることが求められる文化——最近の美術館運営問題を素材に（中）（下）」『法学セミナー』2000年8月号、9月号。

ミュニケーション・プロセスそのものに参加しているということ」であり、「国家の一挙手一投足は、ただ単に金をやるというだけの問題ではなくて、そのことによってプロセスの中に入り込んで、ガバメント・スピーチ（国家・政府の言論）を行っている」(注2)と説明している。このガバメント・スピーチの議論では、政府も個人と同じように、法人格の主体であり、言論の自由の主体であるという考え方にたつ場合、政府にも表現の自由があるという主張を肯定し、結果として、事実上の検閲を容認することになる。

奥平は、こうした理屈によって、政府の介入を肯定する考え方が、政府の好まない表現の排除を正当化する危険な論理であるという立場にたち、表現の自由に対する積極的な擁護者として知られる憲法学者であるが、芸術における表現の自由は、政府が芸術から一切手を引けばそれで解決するとはいえない困難な主題であることに彼は着目する。現代の芸術は決して作品が作品として自立するものではなく、制度に依存してしか成り立たない表現であるという点をふまえた上で、では、この芸術を成り立たせている「制度」が、自由な表現を保障するという憲法的な理念を前提とするとすれば、いったいいかなる「制度」であるべきなのだろうか。この点について、彼は次のような興味深い観点を紹介している。

「これはある有名な裁判官の判例の言葉で『あることに制限がつかなくて、そして非常にオープンで、いきいきとした格好で……』というんです。あれやこれやと制限つきではなく、非常にオープンで、活発に意見が交わされるような、そのような状況を作ること、それが政府の仕事である。それが表現の自由というものが憲法によって保障されなければならない理由です。（略）社会が、これこそ正しいこと、よいこと、美しいことだということを一枚岩で展開するような、そういう雰囲気が醸成されてしまい、またそういうものからいつまでも抜け出せないといったような種類の流れに対して政府が援助するというようなことは意味がない。オーソドックスなものを強化し永久化するような援助は意味がない。コンベンショナルなもの、ありきたりなものは放っておいていいんだ。まさに人々にショック与え、そうでなかったら考えないようなこと、そういうものに対してこそ援助すべきなんだ、と」(注3)

このような観点に立つとすれば、例えば米国での議論で言えば、同性愛や中絶を肯定するような芸術的な表現を公的な資金によって援助することには何の問題もないだけでなく、むしろそれこそが公的な芸術支援の基本的な理念にかなうものだ、ということになる。こうした議論が必要になったのは、言うまでもなく、作品の表現の幅が、支配的な芸術的価値観の枠を次々に乗り越え、これを揺るがすようになったからにほかならない。それは同時に、公的文化支援や美術館という制度それ自体を再審に付す流れを生み出した。

●

美術館もギャラリーもともに芸術作品を鑑賞者に提供するための制度である。ミシェル・フーコーによる学校や監獄といった制度の機能への再検討の試みは、美術館の歴史的な役割の再検討にも影響を及ぼしたし、ピエール・ブリュデューの『ディスタンクシオン』は、アーティストの意図とは別に、作品の解釈や評価が「それを見る側の意図、それ自体がある歴史的・社会的状況内での芸術作品との関係を支配している慣習的規範によって決定される」と指摘し、さらには鑑賞者の芸術的な素養にも左右され、従って学歴や階級的な条件を無視できないことを論じた。(注4)

(注2)「国家は芸術になにをなしうるか」、富山県立近代美術館問題を考える会編『公立美術館と天皇表現』所収、桂書房。
(注3)奥平、同上書。
(注4)ピエール・ブルデュー『ディスタンクシオン』石井洋二郎訳、藤原書店。このほかに、例えば次のような研究が登場する。Kevin Walsh, *The Representation of the Past, Museum and heritage in the post-modern world*, Routledge, London, 1992. Tony Bennett, *The Birth of the Museum*, Routledge, London, 1995.

90年代に入ると、美術館への再検討は、アーティストや美術関係者の間でも大きな関心事となってきた。日本でも佐藤道信が『〈日本美術〉の誕生』（講談社メチエ）において、作品による近代美術史ではなく、近代国民国家の形成のなかで成立する美術のカテゴリーを再検証する先駆的な仕事を行った。また、ジェンダーの観点から美術史を再審に付す試みが、若桑みどり、富山妙子、萩原弘子、千野香織、北原恵らによって精力的に取り組まれるようになる。例えば、東京都写真美術館は、ジェンダーに深い関心をもって取り組んできた美術館として注目できる。1991年の「私という未知へ向かって」に始まり、「ジェンダー——記憶の淵から」1996年、「ラヴズ・ボディ」1998年などを企画し、芸術におけるジェンダーの表現に関する問題提起を精力的に展開し、ヌードや身体表現のステレオタイプを批判することを通じて、写真芸術における〝美〟の枠組みを打破することを試みてきた。

また、非西欧現代美術への関心も90年代に急速に広がった。福岡市立美術館が精力的にアジアの現代美術を紹介してきたが、例えば第4回「アジア美術展」（世田谷美術館と共催、1995年）では、「社会という現実」「都市／消費される欲望」「共同体のイメージ」「暴力の曖昧な表れ」といった社会的なテーマをもった作品が展示された。アジアという地域的な範疇は、文化、政治、宗教のいずれをとっても均一で共通した土俵があるわけではないことを示し、西欧芸術の伝統を引きずる日本の美術の底流にある「オリエンタリズム」への批判を試みるものだと言えた。しかし、他方で、こうしたアジアへの関心の高まりは、否応なくアジアをアートマーケットのグローバル化のなかに呑み込み、商品化され消費される過程に組み込んだ。多元的な価値を提示する表現は、既存の表現の規範を揺るがし、芸術的な評価の軸を解体する大きな力を示すが、こうした過程がグローバルなアートマーケットの形成とともにもたらされるというジレンマを抱えることになる。(注5)

美術館それ自体を再検討する動きは、海外でも活発にみられる。例えば、バルセロナのアントニ・タピエス美術館は1995年に「美術館の限界」展を開催する。美術館はもはやニュートラルな美的な表現のための制度といったナイーブな観点は全くみられない。マニュエル・J・ボルジャヴィエールはこの展覧会の図録で、美術館、コレクション、ギャラリーといった概念は歴史的なものであり、「特定の権力構造の文脈において利用される」ものだと述べ、従って芸術は意識的に政治的なものへのコミットを志向すべきだと主張した60年代のマルセル・ブラッドセアーズを再評価し、(注6)ジョン・ハンハードは「20世紀の美術館は西欧の啓蒙主義の過程におけるプロジェクトに起源を持つ。この美術館は、支配階級の富を公的に教化するプロジェクトとして展示することによって、支配階級の権力を象徴的に具体化する手段となった」と指摘した。(注7)

もちろんこのように論じたからといって、この展覧会が特に美術館の限界を文字通り克服できる内容を示し得ていたかどうかという点については議論のわかれるところかもしれない。しかし、フランチェスコ・トレスのように、資本主義の階級的な矛盾を的確に作品に仕上げることで知られた作家で、過去においても検閲を被ったことのある社会派のアーティストが出品していることからもわかるように、この展覧会は、支配的な価値観を補完する美術館の機能を自覚し、これに抵抗の姿勢を示そうという意欲的な試みであったことは疑いない。また、ハンス・ハーケが1994年のベネチア・ビエンナーレに出品した「ゲルマニア」(図版)は、美術館や美術展の歴史の記憶を喚起するものとして大きな注目を浴びた。彼は、ベネチア・ビエンナーレを訪問したヒトラーとホロコーストの記憶を作品で再現してみせようとしたのだった。現代美術と呼ばれる新しい芸術のジャンルが20世紀の初めに誕生した時、誰もこの芸術がこれほどまでに公認されるとは思わなかっただろうし、また、この芸術が伝統的な美学や表現技法からの

(注5) 美術に対する関心も作品に収斂せず制度への問題意識がはっきりと登場する。「美術と美術館の間を考える会」が月刊で機関誌を出し、美術館それ自体を問題の視野に入れる動きは、現代美術が常に「反芸術」を掲げてきたこの世紀の長い歴史をみてもごく最近になってみられるようになる新しい問題意識と言える。

(注6) Manuel J-Borja-Villet, "The End(s) of the Museum," in *ELS LIMITS DEL MUSEU*, Fundacio Antoni Tapies, Barcelona, 1995.

(注7) Jhon G. Hanhardt, "Acts of Enclosure: Touring the Ideological Space of the Art Museum," in *ELS DEL MUSEU*, ibid.

革新や逸脱を試みるとしても、その試みはあくまで芸術という範疇における実験であるに違いないと考えていたかもしれない。

しかし、今、この1世紀の現代美術を振り返ったとき、現代美術がゆきついた地点というのは、ある種のジレンマとも言えるものなのではないかと私は考えている。既にこのシリーズで繰り返し指摘してきたことだが、現代美術はその創造的な活力をそれまでの伝統的あるいは支配的な芸術の様式、方法に対する否定や批判のなかから得てきた。ポストモダン風な言い回しをすれば、現代美術は常に、「外部」を指向することによって、芸術という範疇の内的な安定や均衡状態を揺るがすことを繰り返してきた。「外部」というのは、要するに「あんなものは芸術ではない」といった評価によって従来の芸術的な枠組みでは捉え切ることのできない表現を意識的に追求してきたということである。そして、常に「外部」もまた芸術であるということの正当性を要求してきた。マルセル・デュシャンの「泉」と題された便器のオブジェは有名だし、ヨーゼフ・ボイスの「芸術の拡張」という発想は、芸術をその他の人間的な行為から区別する境界線をあえて意図

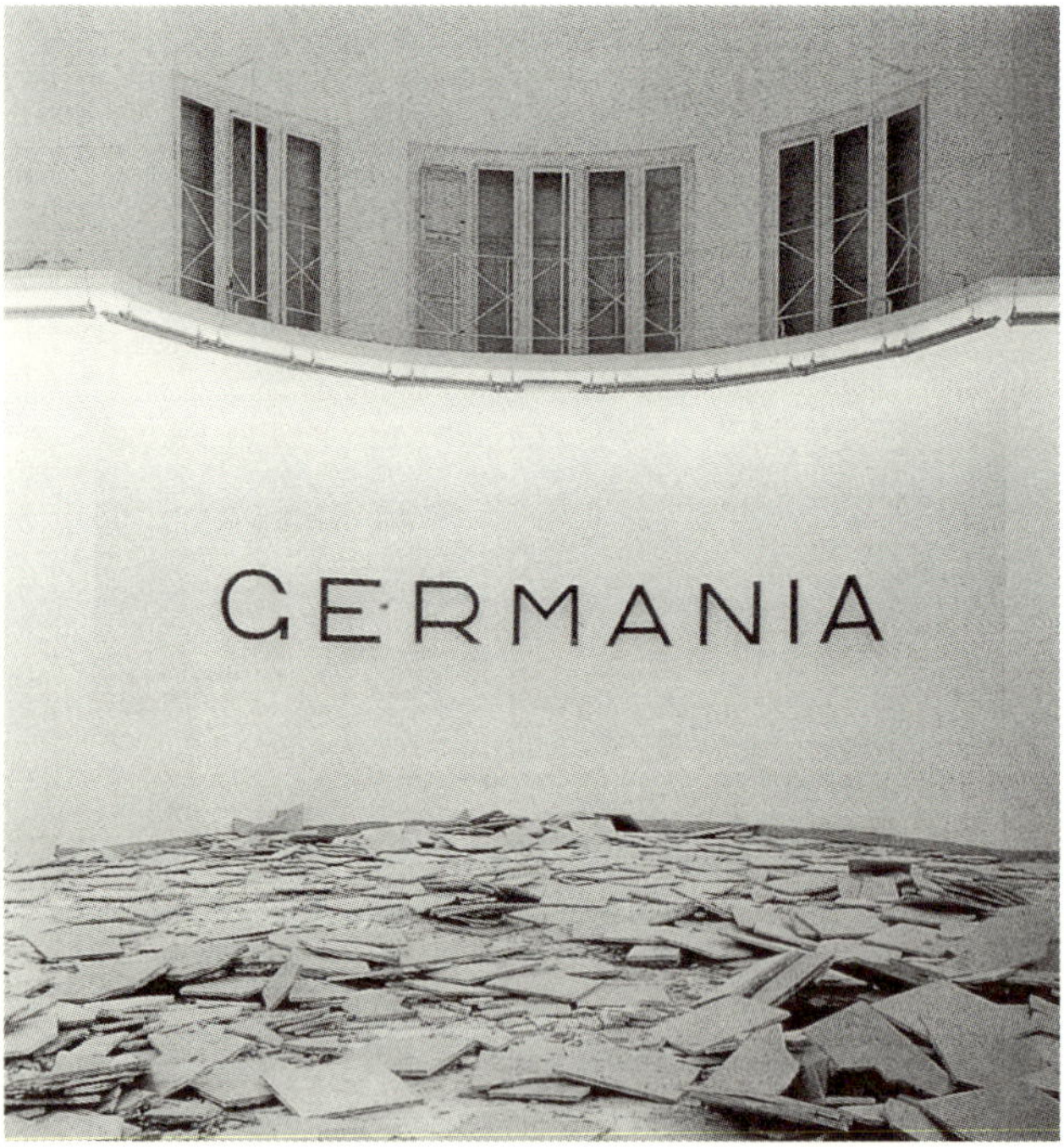

Germania,1993,HANS HACKE

的につき崩して、芸術という固有の概念や、芸術家という固定された役割を否定することを試みた。

私は、こうした「外部」に開かれた実験的な精神や、制度化されたカテゴリーを壊そうとする試みが大好きなのだが、他方でこうした試みが繰り返されるにつれて、この試みそれ自体が一つの制度となっているのではないか、と思えるようになった。

現代美術はその存在理由のかなり核心的な部分に既成の芸術への「反」という態度がある。この態度は、皮肉なことに、「反」という接頭語を付与する何らかの対象を常に必要としてる。反具象であれば具象を必要とし、反写実なら写実を必要としてしまう。そして、この「反」の対象が偉大で権威があればあるほど逆に「反」の持つ意味も大きくなり、結果的に「反」もまたより大きな意味を持つことになる。こうした対抗関係の中で、現代美術は次々と新しい表現領域を開拓し、芸術と呼ばれる範疇の不断の革新を実現してきた。とくに、新しいテクノロジーや社会関係がもたらす新たな表現の可能性への着目は、伝統に縛られた芸術では不可能なものと言えるから、「新しさ」への追求という側面では現代美術は大きな貢献をしてきたと言える。

しかし他方で、1世紀近い歴史を持つ現代美術がそれ自体「反」であると同時に、新たな正当性を自らまとい、また他に対しても要求しうる権威にもなったことは誰しも否定できないのではないかと思う。これは作家の当事者意識とは別に、制度としての芸術の宿命である。

美術館や美術を支える制度が問題視され、「外部」を芸術的な資源にしながらそれを内部化するある種の弁証法的な過程は、もはや創造性の根源をなすものとはいえず、ただ単に美術館という制度に結果的には囲い込まれる宿命から逃れられないように見える。

世紀の節目になにか特別な意味を付与する必要はないとしても、しかし、やはり一つの大きな限界点に立っているという実感を拭い去ることができない。しかし、これは決して悲観的なことではない。20世紀を支えた芸術の根元的な制度が深い危機をもって自覚されはじめているということも事実であり、だからこそ、その危機という言葉とは裏腹に、続く時代がより豊穣な想像力の時代となりうる予感をいだかせるものだと言っていいと思うのである。

出典：『20世紀の記憶1990－1999年』毎日新聞社所収、1999年

平時を呑み込む有事の論理

戦後の日本は、自衛隊をある種の例外的な軍事組織とみなして、「平和」のための法、政治、経済、社会体制を前面に打ち出してきた。東西冷戦のなかで、極東の東西対立に巻き込まれながらも、国内的には軍事的な制度や戦時総動員体制のような強制的な翼賛体制が表面化しなかったのは、憲法9条の戦争放棄条項による戦力保持の禁止がもたらした城内平和体制の結果であった。言うまでもなく、この代償を一手に担ったのは沖縄であり、植民地支配から解放されたアジア諸国は、今度は経済的な搾取の対象として市場を媒介とした従属を被ることになった。

戦後半世紀の日本の日常生活はこうして一見すると戦争の体制とは一線を画した「平和」の領域とみなされることになったわけだが、これは極めて特異な体制でもあった。というのも、近代国家が大衆民主主義、あるいは国民主権の制度を採用するということは、同時に、主権者である「国民」が国家の軍事的機能に関しても「平等」にその義務を負うということを意味しているからだ。

全ての「国民」を兵士として動員できる体制、これが実は国民主権に基づく民主主義国家が一般に内包している制度的理念である。近代国家の枠組みも、その理念としての平等や民主主義もこの意味で決して手放しで賛美できるものではないのだ。むしろ近代国家という枠組みそのものを根底から問い直すことがなければ、この平等と民主主義にはらまれている総力戦の罠から逃れることはできない。

よく知られているように、軍事技術は、同時に民生用の技術に転用されることによって、資本主義の市場経済を支えてきた。それは、マイクロエレクトロニクスやコンピュータのような製品の技術にかぎったことではない。今私たちがごく当たり前に思っている製品の規格の標準化（異なるメーカーの製品であっても互換性があるということ）は、ネジ一本にいたるまで徹底しているが、これも軍需生産の展開に伴って普及してきたものだ。また、労働者の労働意欲の開発などもまた戦場での兵士の士気高揚研究の転用だった。昨日まで人を殺したこともない市民を殺人機械にいかに効率よく転換できるか、戦場の異常な環境のなかでパニックに陥らない組織をささえるメンタリティの確保のための技術は、工場の労働力の士気高揚に転用された。軍事・政治の技術と民生技術の境界は便宜的なものにすぎない。

市民生活の秩序もまた、こうした軍事・政治の技術と無関係ではない。交通管制システム（Nシステムはその最も顕著な例だが）、防災組織、大都市の地下鉄網から住民基本台帳の電算化、人口管理のための戸籍制度にいたるまで、人々を労働力として管理するシステムは、有事においては同時に軍事的な総動員体制のための装置に転用できる。学校教育は、最も見えやすい例だろう。〈労働力〉再生産のための装置であると同時に、ナショナルアイデンティティのためのイデオロギー装置（日の丸・君が代を強制したり皇室行事や国家行事に動員したり、集団行動の訓練をすることは、読み書きテクニックの習得とは何の関係もない）でもあるわけだから、平時の体制と有事の体制とは表裏一体である。

刑事犯罪のための制度もまた、例外ではない。いわゆる民主主義体制をとり、思想信条の自由や政治的権利の自由、結社の自由などが法的に保証されている諸国では、公然と政治的な理由によって反体制運動を弾圧することができない。だから、運動を一旦犯罪化して、刑法の枠組みのなかに組み込んで摘発するという方法がとられることになる。「運動の犯罪化」と呼ばれるこの手法は、政治的な弾圧や権力による人権侵害を隠ぺいし、人々の政治的権利行使や異議申し立ての行為を、政治行為ではなく、刑法上の違法行為として抑圧することになる。

今国会（1998年3月）に上程されている組織的犯罪対策法（組対法）は、この運動の犯罪化を、さらに新たな段階に推し進めることになった。既に諸外国で立法化されている組織犯罪対策のための諸法は、マフィアなどの文字通りの組織犯罪だけでなく政治的な組織をもテロリスト組織と呼んで犯罪化することを共通の特徴としている。また、盗聴法は、組織犯罪に限らず、個人レベルの行動についても適用され、従来は権力によるものだとしても非合法行為だった盗聴捜査を合法化し、将来の「犯罪」を事前に監視できる法的な強制力を捜査当局に保証している。

しかも、この盗聴法は、もしこれが成立してしまうと、様々な波紋を及ぼすことになるだろう。通信という離れた距離の間のコミュニケーションを盗聴できるとする規定は、面と向かって行われる会話などの盗聴行為に拡大されるだろうし、音声の盗聴が許されるのであれば、ビデオによる盗視も合法化されるだろう。既にこうした方向はドイツなどで現実のものになっている。さらに、盗聴法を踏まえて、暗号使用の法規制を警察庁は射程に入れはじめている。こうなると、私たちのコミュニケーションの大半は完全に権力の前で丸裸になってしまう。室内には盗聴・盗視装置が、屋外には監視衛星のカメラが、という一昔前であればSFの世界での話が今ほとんど現実のものになりつつある。

こうしたなかで、有事体制とは、もはや平時の体制と区別をつけることなどできない。皮肉なことに、憲法9条は、こうした平時に組みこまれた有事体制を推進する基本的な枠組みを用意してしまった。全てが平和憲法のもとで、平和な市民生活のために、という大義名分によって権力による市民的な権利の抑制・弾圧を合法化してきた。9条幻想を撃つ観点が今、必要になっているのかもしれない。

出典：『派兵チェック』67号、1998年

所有権を越える表現の自由——都市の闇に影となることについて

かつてナチス・ドイツの時代に、「エーデルワイス海賊団」と呼ばれる労働者階級の若者たちがいた。ドイツでナチスに敵対する非合法集団として抵抗運動を担った数少ない存在のひとつだ。彼らは、闇夜にまぎれて、町の壁にナチス批判の「らくがき」をした。彼らにとって「らくがき」は重要な抵抗の手段だった。ナチスにとってこの「らくがき」は明確な権力への抵抗者が存在する証であったにもかかわらず、その存在は不可視なままだ。「らくがき」は権力に不安感情を喚起し続けたのだ。多分、日本の戦時期にも、その規模はどうあれ、多かれ少なかれ、権力に不安をかきたてる「らくがき」がそこここに存在したであろうことは想像に難くない。

●

電車に乗っていると必ずと言っていいほど目にするものに、線路脇の塀やビルの壁などに描かれた「らくがき」が

ある。「アート」と呼んでもさしつかえないような大きくてカラフルなものもある。あるいは、飲み屋街の路地裏の壁などに乱雑に描かれたサイン（タグと呼ぶ）、図形やイラストなどが描かれたステッカー、型紙にスプレーを吹きかけるステンシルなど様々なスタイルのものを見かけることもある。これらはグラフィティと呼ばれ、世界のほとんどの国・地域でみられるストリートの表現だ。グラフィティには、様々な技法があり、スプレーやマーカー、絵の具などの塗料、ステッカーやポスター、あるいはステンシルと呼ばれる型紙を用いた手法などの他に、最近は、編み物や布、糸などを使った「グラフィティ」もある。表現の内容も多様で、一見すると意味不明な記号から明確な政治的メッセージや差別的な誹謗までほとんど何でもありだと言っていい。もちろん都市の路上や建物の壁面ばかりでなく、地方の農村地帯でも、街道や線路脇の納屋や廃屋になった郊外のパチンコ屋やガソリンスタンドの壁面などにもグラフィティがあったりするから「都市の路上」の表現という限定は文字通りの意味としては正しくない。

いったい誰がどうやって、何を意図してこのような行為に及んでいるのか、などということを詮索する通行人たちは多くはなく、「らくがき」として無視されるか、逆に「汚い」と不快感を持つ人たちもいるが、他方で、型にはまった商業広告と清潔なだけで個性を殺すような景観よりもこの一見猥雑に見える表現はすごいものだ、と気づく数少ないグラフィティ愛好家もいる。

これまでさしたる関心を持つこともなく漫然と眺めていたかもしれない「らくがき」＝グラフィティも、もしあなた自身が、スプレイー缶を持ち、誰にも見つからないように線路わきやビルの高い壁面に「安倍政権打倒」とか「原発再稼動反対」などのスローガンを描くことを想像してみればわかるように、グラフィティは容易な行為ではない。現場を警察官に見つかれば違法行為（建造物侵入や器物損壊など）の現行犯として逮捕される危険を冒す行為でもある。ほぼどこの国でも規制の程度に差はあるにしても無許可での路上の「らくがき」が違法であるのは共通しているが、しかし、こうした表現に挑戦する人たちが、世界規模で大勢いることもどこの国にも共通している。中国にもパレスチナにもイラクにもグラフィティのライター（グラフィティは「文字」を描くので「ライター」と一般に呼ばれることが多い）はいる。しかも、グラフィティはインターネットが普及するずっと前から、一部は市場と既存のメディアの力に依存しながら、他面ではライターたちのインフォーマルな国境を越えるネットワークによって、その（ライフ）スタイルが拡散していった。これは、ライターたちが、国境を越える出稼ぎの労働者や世界を放浪してライターのコミュニティを渡り歩く自由人たちとして、ゲットーやスラムに事実上閉じ込められている貧困層の若者たちを繋いでいるからだ。グラフィティは、この意味で、現実世界のネットワークの痕跡であり、ネットのバーチャルな世界にはない身体性の直接的な表現である。だからこそ、現実世界に土台を置く権力にとって、不安の根源をなすのだ。

●

かつて、戦後から70年代くらいまで、路上は様々な表現にあふれかえっていた。張り紙は電柱やガード下、電話ボックスなど至るところに貼られ、露天、物売り、屋台もいまよりずっと普通の存在だった。大学には立看が林立し、国鉄（現在のＪＲ）の電車の車体には労働組合のスローガンが描かれていた。これらは当時、グラフィティとは呼ばれていなかったが、グラフィティと呼んでさしつかえない表現だろう。デモも狭苦しく車道の片隅に追いやられることもなく、フランスデモやジグザグデモなどが当たり前だった。ところが現在は、ほとんどの路上の表現の自由は瀕死の状態で、行政や警察の許可がなければことごとくが違法行為とみなされるようになってしまった。この傾向は、国鉄や公営バスや電電公社の民営化など、公共サービスの解体とともに、不特定多数が行き交う路上や交通機関もまた民間資本に囲い込まれ、商業広告が場所を占拠する一方で、民衆の自由な表現の場所としての路上の自由は消滅した。そのなかで、グラフィティは唯一といってよい権力の許認可の権限を無視した表現を維持し続けてきた。路上の「運動」表現が後退するなかで、これはなかなかすごいことだと目をみはる活動家はいったいどれほどいるだろうか。

グラフィティの大半は、非政治的なメッセージでしかない。「でしかない」という表現は、政治的表現は非政治的表現よりも意味のあることがらだ、という活動家の思い上がりがある、という皮肉を込めて敢えてこのように表現するのだが、線路脇や繁華街のビルに描かれたグラフィティに、なぜ同じことが政治的な表現として実行できるような「力」が運動の側にはないのか。社会運動あるいは広義の意味での左翼運動あるいは市民運動が現実の空間のなかでいかに力を喪失してきたか、グラフィティはこうした反省を私たちに突きつける事柄だとは言えないだろうか？「遊び半分だからできる」わけではない。かといって違法性を孕んだ行為が持つ問題の社会性にライターたちが自覚的なわけでもない。

グラフィティは、一般に、「やってはいけない」行為とみなされているが、その意味は、二つある。ひとつは法的な意味であり、もうひとつは道徳的又は倫理的な意味である。グラフィティが違法かつ反道徳的であるという、ほとんど「常識」にすらなっている理解は、行政や警察などからすれば説明の必要もない当然の前提だと言うだろうが、必ずしも自明なこと、あるいは当然のことだというわけではない。「法」的な枠組みを前提しても、常識とは逆に、グラフィティと表現の自由の問題の射程は思いの外広い。

第一に、グラフィティは、近代国家の多くの憲法に共通して見られる二つの基本的な権利、表現の自由と所有権（財産権）の矛盾を体現している。日本国憲法だけでなく、多くの国の憲法では言論・表現の自由を基本的人権として明記している。世界人権宣言でも表現の自由は、自由の権利のなかでも重要な権利としての位置にある。日本国憲法では「全て国民は、個人として尊重される。生命、自由及び幸福追求に対する国民の権利については、公共の福祉に反しない限り、立法その他の国政の上で、最大の尊重を必要とする。」（13条）「思想及び良心の自由は、これを侵してはならない。」（19条）「集会、結社及び言論、出版その他一切の表現の自由は、これを保障する。」（21条）とある。しかし他方で、財産権についてもまた「財産権は、これを侵してはならない。」（29条）と明記されている。

他人の財産である壁などに許可なく行われるグラフィティは、財産権を侵害する表現行為だが、その一方でグラフィティもまた日本国憲法21条にある「その他一切の表現の自由」に含まれるから、憲法上の建前からすれば表現の自由によって保障されるべき表現だとも言える。しかし、現状の憲法や下位の法律の解釈や実際の運用では、表現の自由は財産権によって事実上大きな制約を受けている。表現の自由と財産権の間の優劣は憲法には明記されていないにもかかわらず、財産権が事実上特権的な地位を占めている。

財産権の特権性問題は、グラフィティに限らず、著作権や特許などの知的財産の特権性にも関係しており、その理由は、資本主義的な所有が自由を抑圧する構造に由来する。近代社会が理念として掲げる諸権利は、所有の権利に包摂され下位に位置づくような構造をもっている。近代社会では、権利は所有されることによって、その主体に帰属するものとされ、権利もまた商品化可能であって、契約を通じて移転されうるもの、つまり、貨幣を対価として権利放棄することが主体の自由意志に基づいて正当化される。これは、人格的自由を放棄して資本の意思に従属する〈労働力〉商品化を正当化することによってのみ存在可能な資本主義が本質的に有している権利の限界と関わっている。

近代社会の主体が〈労働力〉商品を唯一の糧（人的資源）となることを運命づけられて生れるということのなかには、空間への権利などというものはあらかじめ資本か国家によって奪われているなかで生れる、ということが含意されている。公共空間とか公共圏という概念は、この事実をむしろ隠蔽するように作用するイデオロギー以上のものではない。あたかも公共性への可能性が資本主義において諸個人に平等に配分されうるかのように想定するのは、近代社会の主体が、あらかじめ奪われた空間のなかで他者と関係する限りにおいて「個人」としての固有名を保持するに過ぎないという空間に規定された身体性を軽視することになる。この空間は風土のような歴史的な規定性を捨象した概念ではないし、空間のなかに位置するという個人の具体性を帯びた身体は、観念的な情報や意識に還元することのできない影を携えた身体の動きそのものである。この動きの痕跡として、グラフィティは空間における所有関係を転覆しうる潜勢力の痕跡となる。

都市の秩序が監視社会化のなかで、監視カメラやネットとマスメディアを介した「安全・安心キャンペーン」によって極度にデジタル化され、路上の人々をコンピュータによる顔認証技術などによって個別に捕捉しようとする傾向が強まれば強まるほど、私たちの身体が占める空間と時間の現実的な「重み」は、電子的な情報の集合へと還元され、私が有する固有性は遺伝子情報や生体情報といった情報にとってかわられるようになってきた。監視社会は固有名詞を奪い数字に還元する時代から固有名詞のまま人々を個性ある主体として、しかし電子的な情報の束としての主体として監視し管理できるところにまで情報処理を高度化させてきた。このことが、逆に、匿名性、とりわけ具体的な時間と空間の世界のなかで身体性をもって都市に刻印を残すような行為の主体、電子的な情報の網には捉えられない暗闇の影に権力はこれまで以上に大きな不安を抱くようになっている。

グラフィティは、こうした観点からすると、所有による表現の自由への不当な侵害に対して、表現の自由を主張する実践的な行為である。これは当事者意識に即した評価ではない。当事者がどのような意識を持とうが、その行為の社会的な意味には、権利の不平等という問題が内在している。他方で、空間の所有者は、その空間が「らくがき」されることを阻止し、自己の表現の自由を確保するために空間を所有するという動機を持つとは限らない。むしろこのような動機を持つことは稀だろう。自己の所有する空間を広告のスペースとして貸せば賃貸料を取得できるが、このことがグラフィティライターの表現の自由を侵害する行為だなどとは感じないだろうし、そうした主張に出会えば心外であり、単なる言いがかりにすぎないと思うだろう。アドバスターズたちは逆に、広告を自らの表現への抑圧だと感じて広告への「ヴァンダリズム」を実行する。ここでも当事者の主観とは別に、所有者がその空間を自由な表現の場にしたいと思う者たちを排除することが、不可避的に表現の自由を制約し、摩擦や抵抗を生み出す。所有が自由における不平等の原因になるのは、空間の所有が貨幣的な力あるいは政治的な力に依存し、これらの力が不平等に配分されているのが資本主義の一般的性格だからだ。

こうした経済的政治的な権力の配分は、コミュニティ相互の間にもコミュニティ内部にも不平等の構造に沿って構成される。グラフィティライターは、彼らの仲間集団では相互に認知されるが、外部の世界からは彼らは匿名である。だから、タグであれピースであれ、そこに描かれたものと描き手とを一義的に結びつけることは、ライターのコミュニティの外部では困難であることが多い。確かに「そこ」で「違法行為」が行われ、歴然としてその証拠となる痕跡が残されながら、それが誰の仕業か不明であるだけでなく、そもそもその痕跡が何を意図し、あるいは何を意味または表現したものなのか（文字なのか絵なのか、意味のある単語なのか）すら判然としない。これはライターたちの世界の外にいる「（ライターたちからすれば）よそ者」の不安をかきたてる。これはライターたちに帰されるべき責任の問題ではなく、所有の不平等がもたらした結果である。

●

グラフィティの表現内容は、社会的政治的な主題というよりも、むしろパーソナルな自己表現に関わる場合が多いから、「公共の利益」に寄与するとはみなされない。しかし、「公共の利益」ということでいえば、商業広告が社会性も政治性もない利潤目的で商品を売るために公共空間を私物化していることと、グラフィティのライターが私的な目的で公共空間を利用することとの間に、意味内容という観点からみて優劣をつけ得るものだろうか。一方は合法的に空間利用の権利を獲得したことによって、その表現の意味内容がいかに私的（私企業的）な利益の追求を目的としたものであっても詮索されないということであって、所有は表現の自由に対して暗黙のうちに抑圧効果を伴うことが見てとれる。もちろん、その表現の内容それ自体が、社会的なメッセージをもってグラフィティというスタイルをとることもある。バンクシーは最もよく知られているアーティストだろうし、日本でもチンポムや281_Anti Nukeなどもこうした社会的なメッセージを描くアーティストとして注目されている。こうした表現の意義は大きいが、社会性のあるセッセージだけが意味のある表現として注目されたり擁護の対象になるという伝統的な表現の自由についての序列理解は、現在の支配的な社会秩序の統制構造を前提にすれば意味をなさない。むしろ、路上においても、personal is politicalの観点からその表現を所有の秩序から擁護できなければならないのではないか。この観点からすれば、最も無意味なもののように見えるタグにこそ、ライターたちの思惑を越えたラディカルな政治表現を見いだすことができるはずだ。その証拠に、タグで「汚された」場所を犯罪を誘発する地域であるとみなす「割れ窓理論」や「ゼロトレランス」に基づく警察や自治体の態度は、監視カメラ、パトロールの強化、職務質問の日常化などによって、グラフィティによって領有された路上を権力の空間へと再領有しようとするものだとは言えないだろうか。

タグは、グラフィティのなかでも最も評価が分れ、時には「汚ないらくがき」の代名詞とすらなっているが、そうであればこそ、路上の表現の自由を議論する上で最も重要な課題だとも言える。美しければ「違法」でも許容されるという美意識は、高級ブランドの店をおしゃれで美しいものとする一方で、野宿者や彼らのブルーシートの小屋は不潔で汚なくて美観を損ねるからこそ公園からの排除で地域住民の合意が容易に成り立つ。こうした感覚は、人権意識と真っ向から対立するはずのものではないか。同種の差別化がグラフィティの美学に持ち込まれる。タグは、「ピース」と呼ばれるデザイン的にも洗練された大きな作品と比べて、殴り書きのサインでしかないから、同じグラフィティのカテゴリーに属するにもかかわらず、その記号作用は根本的に異なる。この差異が、一方は路上の「落書き」に、他方は商品化可能な「アート」へとカテゴリーの網の目に捉えられてしまう。こうした支配的な美意識による排除にあえて抗うのが、タグではないか。なぜタグなのか?手軽で高度なテクニックを必要とせずに自己顕示欲を満たせるから、といったありがちな理解は的外れだろう。むしろタグは、私物化された都市空間への無産者による署名行為だと見た方がいい。

署名それ自体はありふれている。署名行為は、一般に、クレジットカードや宅急便の受取りのサイン、売買契約書、外交文書などから、死刑執行のために法務大臣が行う署名に至るまで、市場経済と権力の正統性を自己の名によって引き受け、明示する行為である。カード決済の署名がいかに読めないような代物であるとしても、そのことを誰も「汚ない」とは思わない。署名は承認の主体としてそこにいることを証す記号だが、この記号は、署名それ自体では完結しない。記号の痕跡それ自体は、記号が刻印された場所（契約書などの書類）によってのみ解釈可能なものだが、この「場所」もまた、この場所が指し示すものによってその意味の正統性が確認される。ある意味で、パースのいう無限の解釈項を自己の所有の下に置く行為が資本主義における署名の効果だ。タグはこうした署名の転用、非所有の証しであり、匿名性の証しとしてその場所に新たな解釈項を付加する行為なのだ。もしそうだとすれば、タグは、権利主体による記号作用を横領する行為であり、匿名でありながら署名が持つ非匿名性を僭称し、自らの所有にも権力にも基づかない場所に所有を偽装することであり、こうして場所の意味も言語も歪められる。こうして都市を支配する所有の秩序がタグやグラフィティによって上書きされ、所有する者が所有されうることを示唆する。タグが密集する場所はあたかも裏書きを繰り返えされた手形のように、多くのライターたちの共同署名行為によって、所有の意味を書き換える。

タグがテリトリーに与える効果は、現在のグラフィティの源流とも言えるニューヨークのブロンクスでのヒップホップ文化のなかで既に発揮されていた。１９７０年代のギャングの縄張りに縛られていたコミュニティの若者たちに対して、グラフィティのライターたちは、この縄張りを越境してタッギングを繰り返すことによって、縄張りを異化させてみせた。境界線を引きなおす行為としてのタギングは、「境界」を自ら引くことによって、所有の権力の脆弱性を人工的に創出すると言っていいかもしれない。

●

表現の自由は、自己の身体性に根差した権利であり、所有権は対象性に基づく権利だ。「自己」の主体としてのあり方も、近代的な個人主義の幻想にとらわれるのではないとすれば、自己の主体も関係のなかでしか成り立ちえないのだから、この意味での私は、たとえ「私は私のもの」だとしても、他者と他者が占有あるいは所有する場所への権利によって排除される。所有権とはこの意味で、排除の権利である。ここでの自由の問題の核心は存在と空間である。空間の制約によって時間の条件が規定され、これが、グラフィティの表現を規定する。資本のテクノロジーが時間の条件に規定されるとすれば、ライターの技法は、排除された空間への侵入と監視との弁証法に規定される。空間的な制約が表現の自由を支えるテクノロジーを規定するという定式は、近代の表現一般にあてはまる。主体の自由は、他者との関係抜きには成り立ち得ないと同時に、この関係のなかで、必然的に自由の限界を抱えこまざるを得ない。表現の主体としての権利は、この意味で、必然的に社会的歴史的に規定された場所に制約される。そして、この意味において、表現の自由は、単なる表象の問題ではなく身体性の問題であり、自由の権利を根底から支える根源的な権利であり、所有は常に、この権利を制約する条件として立ちはだかる。個人の財産であれ政府の財産であれ、不特定多数がアクセスできるような壁面について、所有権を理由に表現の自由を制限することは、自由の権利からすれば、常に権利の濫用なのである。所有権（排除の権利）に特権を与える現行の秩序は、身体性に内在する自由を抑圧する。社会的政治的な表現の自由（デモや集会の規制など）はこうした抑圧の構造を免れるべきであるのは当然のこととはいえ、これらが特権性を主張してしまえば、非政治的な行為の担い手たちの政治的行為を理解しそこねる通俗的な政治主義に陥ることになるだろう。

道徳的倫理的に「やってはいけない」とか逸脱行為という判断規範は、所有の秩序に基づいており、上述のような意味における表現の自由には基づいていない。道徳や価値判断の領域においても所有を表現の自由の優位に置くような暗黙の価値観が根付いている。表現の自由の問題領域は、多数の人々にとって許容し難い少数者たちの表現を「自由」として受け入れるべきかどうかといった表現の限界領域の問題であるという場合、表現の自由は、それが、権力から遠い少数者であればあるほど道徳的倫理的にも許容され難く、逆に、権力者は最大の表現の自由の享受者でもあるという矛盾が伏在していることを見落してはならない。グラフィティはこの矛盾を体現しているとも言えるのだ。レイシストやナショナリストは、この意味では、決して少数者の表現の問題ではない。むしろ彼らは沈黙する多数者の価値観を代弁するものとして表出しているからだ。彼らに表現の自由を云々する権利がないのはこの意味でだ。

所有が自由と矛盾するとして、では、「コモンズ」はどうなのか？これは解決の道を切り拓くことになるのか。コミュニティにも共有可能なものや場所についての暗黙の合意がある。そしていかなる場合にも、このコミュニティの合意から逸脱する者たちがいる。逸脱は摩擦を生む一方で、この摩擦を通じて所有をめぐる秩序の意味が問い直されて再考されることはよくあることだ。コモンズは、既存のコミュニティの支配秩序を与件として、この秩序を補完するものとして、コミュニティのなかの不同意な部分の包摂として作用する場合がある。グラフィティにおけるリーガルウォールやアートマーケットを通じた商品化は、摩擦なしには存在しえない出来事だといえよう。しかし、社会へのこれらの逸脱の再統合化によって、問題が解決するわけではない。「コモンズ」と呼びうるものは、既にコミュニティからは不可視のライターたちの集団性のなかに、支配的なコミュニティの秩序（この存在自体がある種の擬制でしかないのだが）から分節され自立して存在するのが一般的だ。所有と表現の自由の間にある矛盾や社会的排除それ自体は残り、複数のコモンズの間の相克が生み出されるだけのことだ。

グラフィティは、ほぼどこの国でも広範に見いだされるグローバル文化であるが、所有権を制限してグラフィティの表現の自由を優先させるような国は見当らない。これもまたグローバルに見いだせる表現の限界状況である。表現の自由と所有権が憲法で対等な権利として規定されていながら現実には所有権が有利に作用するし、所有権による規制があるなかで、違法と言われてもどこの国でもグラフィティが存在する。そこには、法や道徳やコミュニティの秩序などの文脈では理解することが困難な、現代社会の空間の権力が抱えるある種の矛盾を見ることができる。つまり、近代社会が理念として掲げる自由と所有の間にある両立し難い領域の問題が、グラフィティという一見すると些細な「らくがき」に見いだせる。

●

国家間の領土紛争が大衆的な感情的敵意を刺激する事態に端的に示されているように、空間への支配は、権力の象徴的な力が大衆的な敵意を形成し、権力が大衆を味方につける格好の手段となっている。許諾なしに行われるグラフィティは、この象徴的な権力による空間支配に挑戦し、これを侵犯する潜在的な効果を持つ身近な事例なのである。現在、世界中でグラフィティの名前で知られるようになったスタイルの原型となったヒップホップ文化のなかのグラフィティのクルーたちは、先に述べたように、1970年代に、ストリートを実効支配するギャングたちの縄張りにとらわれずに、タギングを繰り返すことによって、ギャングの場所への支配を揺がすほどの影響力をもったとも言われる。

匿名であり、その行為の「意味」を理解し難いとともに確実に「違法行為」という意味付けだけは与えられるグラフィティは、場所の支配的な秩序を揺がす。権力がその正統性を明示的に人々に示すことができるのは、空間的な拡がりのなかで権力が定めた秩序が維持されているということを具体化する場合だけだ。権力の可視的な効果は、空間秩序形成の主導権を彼らが握っていることを人々に自覚させる。米国のグラフィティ研究者でもあり文化犯罪学者でもあるジェフ・フェレールは、米国でもグラフィティは、ある時期まで権力によっても許容されていたと指摘している。町を巡回する警察官もライターたちが描く現場を目撃しても、その「作品」の良し悪しの感想を述べたりはしても違法行為として取締るようなことはほとんどなかった時代があった。ヒップホップ文化とともに急速に拡がったグラフィティが鉄道の車両にも描かれるような時代になっても、違法行為として認知されつつも重大犯罪として取締るべきものだというほどには深刻には捉えられない時代が80年代の半ばくらいまでは確実にあった。

80年代のレーガン政権の時代に、文化的な保守主義者たちによる非白人文化や性的マイノリティ文化への敵意が文化戦争という言葉する生み出すようになった時期に、黒人文化としてのグラフィティもまた敵意をもってみられるようになったと言っていいかもしれない。(グラフィティが黒人文化だというのも誤ったラベリングなのだが)グラフィティに対して、とりわけ都市の中産階級が取締り強化を主張し、取締れない警察や行政に対して不信感が抱かれるとき、所有の権利は憲法で保障されている権利である以上、この所有権が侵害されないように保護するための措置を取るのは権力=警察や行政の責務であるという認識が前面に出てくる。人々はグラフィティの存在に、自らの文化とは相容れない他者の影と権力の不在を読みとり、権力はグラフィティに権力の空間支配への侵犯を読む。誰が何を目的としているのかが不分明である一方で、権力による秩序の再生産を阻害する表象としてグラフィティは機能する。これは典型的な他者の表象の構築である。しかし、ここには文字通りの意味での他者による脅威が存在するのではなく、むしろ、ネオリベラリズムの時代がもたらした中産階級の不安に由来する権力の正統性の危機の存在だったと言える。この時期に、グラフィティ・ライターたちは、権力によって危険な階級の文化的前衛に押し上げられた。

グラフィティの犯罪化は、表現された内容や意味や何らかの「美的」な質などとは全く無関係な権力の正統性への挑戦によるものだ。権力は、空間に配置されているモノをオーソライズするが、グラフィティはこのオーソライズをすりぬけるか拒否するか無視してそこに表現されているということが権力にとっては問題なのである。個々のライターにとっては、彼らがそこに描くという行為が空間をめぐる権力闘争だなどと大上段に構えたイデオロギーで語られるのは迷惑なことかもしれないが、グラフィティの効果は空間の権力への不服従であることは客観的な事実である。多くの場合、グラフィティは、ちょっとした不服従、しかし所有を異化するという意味では根源的な不服従であるしかないのだ。

こうして、もう一度、日頃見慣れたグラフィティを眺めてみよう。都市の景観は、権力が引いた所有の境界を揺がす多くの再領有の境界がそこここに署名の痕跡を伴っていることを見いだせるはずだ。これら先、首都はオリンピックを口実としたジェントリフィケーションによって、地方は「地方再生」の欺瞞的な再開発によって、権力は再び、その領有の力をとりもどそうとしているように見える。しかし、ライターたちは決していなくなることはないだろう。なぜなら既に彼らは不在だからだ。権力はその影に不安を覚えて怯えるが、彼らは、そもそも闇のなかの影であり、都市が実空間の中にある限り、影から解放されることはありえないから、権力はいかなる弾圧の力を駆使しても、この不安から解放されることはあり得ない。

出典：『季刊ピープルズ・プラン』67号、２０１５年

電脳技術時代の身体の複製と編集について

私たちが、具体的な生活世界と表象の世界との間をはっきりと区別して、後者はあくまで観念の世界であるか、あるいは現実の反映であって、現実の世界は表象の世界から断固として区別できる存在であると信じていた時代はもはや存在しない。

この現実と表象の分別関係は、物質的生産を組織化する資本主義的生産様式を問題にする際に、文化的生産や物質の象徴的な側面に注目する必要がないとマルクスが判断した場合の前提をなすものだった。つまり、商品の使用価値には何一つ謎めいたものはなく、その使用や用途、あるいは欲望充足の性質は所与のものとして議論を展開してかまわないと判断されていたのだ。これは、明らかな誤解だが、この誤解は歴史的な限界でもあって、マルクスの責任に帰すことは酷なのだが、その後のマルクス主義が文化マルクス主義による再構成の試みを例外として、一般に表象の問題を現実の世界の内部の問題から排除してきた負債は今非常に深刻な問題としてはね返ってきている。

19世紀が物質の時代だったのは、それが工業という「ハイテク産業」によって未来が構築された時代であり、農業的な自然観からの決別と都市という人工的な空間の構築による生活の自然からの切断を背景として成り立ったものだったからだ。工業という分野では、人間は、自分の構想した設計図通りにその対象とする世界を作り換えることができるものだという前提にたって、技術が構築された。テクノロジーは人間の意志を体現し、自然を支配する手段となった。こうして近代のテクノロジーに呑み込まれた人々は、物質の創造主としての人間という観念を前提として、物質によって構成された世界においてこそ人間はその意志を100パーセント貫徹できるということを体験する事になった。

この工業テクノロジーがもたらした新たな表現を同時代の人々がどのように捉えたかについては、例えば、エッフェル塔や1851年のロンドンで開催された第1回万国博覧会のクリスタル・パレスをめぐる当時の賛否両論の論争によく現れている。エッフェル塔に対して、当時の特権階級の文学者たち、例えばアレクサンドル・デュマや、ギー・ド・モーパッサンたちはエッフェル塔なるものは「一介の機械製造人の異様にして拝金主義的な思いつき」にすぎず「商業主義的なアメリカでさえ欲しそうにない」ものであって、この「無益にして醜悪なるエッフェル塔」に対して「危機に瀕したフランスの芸術と歴史の名において、あらん限りの力をこめ、あらん限りの憤りをこめ、ここに抗議するものである」という抗議声明を発した。（R・バルト『エッフェル塔』花輪光訳、みすず書房、1991）ジョン・ラスキンは、クリスタルパレスに対してその非歴史的で実用的なだけに過ぎない建築を批判した。これらの工業化を象徴する建造物は、伝統的な建築の持つ歴史性や象徴的な意味が希薄であり、むしろテクノロジーが露出した建築物であるという点にその大きな特徴があった。O・P・ハーディソンJrは、『天窓を抜けて消えてゆく』（下野隆生、水野精子訳、白楊社）のなかで次のように述べている。

「エッフェル塔はフランス革命を記念したものであるにもかかわらず、それを示すようなものは、その流れる曲線や繊細に組まれた桁組のどこにも見あたらない。この塔は、純粋なエンジニアリングの産物で、何も象徴せず、ただそれ自身であることを壮大に表現するのみなのだ。」（128ページ）

多分、ここで言われているような歴史性としての象徴的な意味ということで言えばクリスタルパレスにしても、建築における装飾のシンボリックな意味という点では、エッフェル塔と変らない。しかし、万国博覧会というその使用の目的によって、この建物は意味を与えられた。だから、クリスタルパレスは、伝統としての歴史性には欠けていたが、資本主義の新たな「歴史」を象徴する存在として、むしろ未来を先取りした。万国博覧会を労働者のための気晴らしであり、しかも、「地球全体の産業化」を構想するサン＝シモン主義者たちをも取り込んだものだと指摘したヴァルター・ベンヤミンは、さらに次のように述べている。

「万国博覧会は、商品の交換価値を理想化し、商品の使用価値が二次的な位置に退くような枠組みを創り出す。万国博覧会は、消費から力ずくで遠ざけられていた群衆が、商品の交換価値と一体化するほどまで、交換価値に確信を持つようになる学校なのだ。〈展示品に触れることは禁止されています〉こうして、万国博覧会は、人々が気晴しのために中にはいることのできる幻像空間への道を開く。個人は、娯楽産業という枠内で様々な気晴らしにふけるが、その内部で、彼は密集した大衆の一構成要素であり続ける。(ベンヤミン「パリ—19世紀の首都『フランス語草稿』『パサージュ論』Ⅰ、今村仁司他訳、岩波書店、38ページ)

クリスタルパレスは、こうした商品の交換価値の理想化を象徴するものだった。なぜならば、それ自体には意味はなく、その意味はまさに、それが体現されるもの、なわちそこにおいて展開される娯楽産業と展示品によって担われるからだ。国家や宗教の意味と価値に対して「中立性」を装い、逆にテクノロジーへの絶対的な信頼に支えられた市場経済の構造がここにはよく示されている。こうして、使用価値と交換価値の位置の逆転に伴って、テクノロジーと表象がその位置を逆転させており、伝統的な建築にとってテクノロジーとはその意味の表現のための単なる手段でしかなかったのだが、むしろテクノロジーそれ自体がその構築物の外観を構成し、その意味そのものとなったのである。だから、よく言われるように、エッフェル塔には凱旋門のような「意味」はないが、それがテクノロジーの物質化として捉えられれば、そこには19世紀の資本主義を象徴するのに十分な意味の表現となっていると言えたのである。しかし、そうしたテクノロジーそれ自体が宗教やイデオロギーとならんで意味や歴史性を帯びるものとして理解されるためには、テクノロジーそのものが物の技術として構築された19世紀的な工業化の枠を超えて、人間の精神性に直接作用するテクノロジーへと展開してゆく時代、すなわち20世紀の大量生産技術の時代と重なりながら展開されるコミュニケーションテクノロジーの「大量化」現象の時代まで待たければならなかった。

●

この19世紀の時代のテクノロジーがもたらした都市や建築物の外観は、同時に人間に対する認識の転換をも示していた。ここにおいても、テクノロジーが露出し始める。伝統や歴史性、装飾に満ちた身体ではなく、解剖学や生理学にみられるようなメカニックな機構としての身体に注目が集まるようになる。心身二元論に立った場合には肉体を心から分離して操作可能な機械とみなしたし、逆に心身の一元的な理解を採る場合でも、人間の精神的な活動をある種のエネルギー活動に還元して物理的電気的な概念で捉えようとした。シンシア・イーグル・ラセットは、19世紀イギリスの身体観が、科学的な装いをまといながら、いかに女性を男性に対して劣った存在として位置づけようとしたかを丹念に検証しているが、そのなかで、次のように語っている。

「かつての人間の精神は〈肉体の機械〉とは完全に独立した別個の非物質的な存在であり、自由に大空を駆けめぐることができた。いまやそれは鳥篭のなかの鷲となり、神経細胞、神経回路、神経中枢からなる物質にすぎなくなった。精神エネルギーという不可視なものに、一覧表にできるような計測可能な物質的な形を与えようとする試みは、当然生命体に関しての帳簿をつけようという強い関心を呼び起こすこととなった。」(『女性を捏造した男たち』上野直子訳、工作社、164ページ)

精神活動であれ、肉体活動であれ、それをある種のエネルギー支出とみなす科学が隆盛をきわめた。当時人間のエネルギーは熱力学の影響を受けて、エネルギー不変の法則に拘束されるとか、生まれたときに持ったエネルギーを徐々に消費し、肉体的にエネルギーを消耗すれば精神的なエネルギーへの割り当ては少なくなるといった議論がみられた。外界との代謝活動によるホメオスタシスといった考え方はまだ一般的には受け入れられなかった。女性の場合、出産という大きなエネルギー消費活動を運命づけられているから、知的活動などにエネルギーを振り向けることが男性よりも困難であるといった議論がここから生まれたりした。

こうした議論が身体のどのような行為に最も適合的であるかは明らかである。それは、機械としての身体という観点であり、それによって工業化されたテクノロジーと接合する身体が構築されたのである。機械と身体が共有するものこそが、エネルギーであり、身体はエネルギーに還元可能な存在だったのだ。ここで主として主題の地位におかれた身体は肉体としての身体だった。このことは、19世紀の唯物論の到達点とも言えるマルクスの労働価値説にも見いだせるものであって、マルクスは労働をある種の人間のエネルギー支出として捉える側面があり、事実その後繰り返し論争を引き起こすことになる労働価値説の論証に関して、人間の労働をエネルギー（カロリー）に換算して労働量を計測して労働価値説を実証しようという、現在からすれば荒唐無稽としか言えないような試みがなされたりもしたのだ。

この身体観を象徴的に示していた作品がメアリ・シェリーの『フランケンシュタイン』（1818年初版、以下1831年の第3版からの訳書、森下弓子訳、創元推理文庫版による）だろう。この物語の中で、主人公のフランケンシュタインが人造人間を作るきっかけとなり、また「そのときの言葉を私はけっして忘れることがないでしょう」と後に語ることになるヴォルトマン教授の言葉に次のようなものがある。

「この学問（化学のこと――引用者）の古い時代の教師たちは、不可能を約束し、何一つ実現しなかったのであります。現代の権威はほとんど約束をしない。金属を金銀に変えることはできないと、また生命の霊薬は幻想であると、承知しているのであります。これら科学者たちの手は泥いじりのためにのみ造られ、目は顕微鏡やるつぼをのぞくためにのみ造られていると見えるかもしれない。だが彼こそ実際に奇跡をなしとげてきたのです。彼らは自然の深奥を看破し、自然の隠れ家における営みを明らかにする、彼らは天にも昇ってゆく。血液の循環が、われわれの呼吸する空気の性質が、既に明るみに出されております。科学者の得た力は新しく、ほとんど無限といってもよい、天のいかずちを支配することも地震を真似ることも、不可視の世界に本物そっくりの影を造ってみせることさえも、できるのであります」(63ページ)。

こうしてフランケンシュタインは、この言葉につき動かされて「創造の最も深い神秘を世界に解きあかしてみせるのだ」と決意する。彼は、「生命を与える力は得た」、つまり人体を創造する方法を理論的に発見したが、しかし「それを受け入れるからだのほう、複雑な繊維や筋肉や血管をそなえたものを準備する仕事はまだのこって」(69ページ)いると述べている。解剖室と屠殺場から集められた「材料」によって彼は目的の人間の創造を果たす。このように、差し当たり創造される人間とは肉体としての身体によって構築された存在だった。この物語の興味深いところは、まずなによりも生理学的な意味での肉体としての身体の構築が先行している点だ。そして、それこそが原初的な人間の創造であると見なされている点である。これは、20世紀後半以降の情報科学が優位性を獲得して以降の人間が、「遺伝子情報」に収斂させられた事態と対比して考えると興味深いものがある。創造主としてのフランケンシュタインは次のように考える。

「新しい種は私を創り主、みなもとと讃え、あまたのすぐれた幸せ者たちがこの私から生を受ける。私が彼らから受けるべき感謝は、世の父親が子に要求しうるよりもさらに完璧なものなのだ。そういう考えを追ってゆくと、無生物に生命を与えられるなら、ゆくゆくは（今では不可能とわかりましたが）、死が腐敗にゆだねられたかに見える肉体に、生命をよみがえらせることもできるのではないかとおもいました。」（70ページ）

よく知られているように、実際にはこれとは逆のことが生じた。創造された者は自らの出生の秘密に驚愕し、悪魔にすらその仲間がいるのに自分には一人も同胞がおらず、その孤独にさいなまれ、責任を果たさない創造主を深く呪う。そもそもの創造主は自らの作り出したものを「怪物」とみなし、忌み嫌い、嫌悪し、恐怖するようになる。この2人の関係は、工業化社会が生み出した典型的な人間関係を象徴している。資本が生み出した「怪物」としてのプロレタリアートは、ちょうどフランケンシュタインの「怪物」と瓜二つの立場に立つ。しかも、精神的な能力を無視された、肉体としての身体として、すなわち〈労働力〉としてのみその存在を認知されたという点で、さらに、そうした疎外された存在から自らの意識――階級意識――を形成するという自己陶冶のプロセスまで、この怪物がたどる自我の形成と極めてパラレルな関係を見ることができる。そして、この「怪物」の意識形成が後天的であって、運命づけられていないということ、彼は環境や書物から学び、自らの経験から学んだ。これは、啓蒙の物語であるが、同時に、意識をめぐる二つの主題がここにあることを示している。一つは、意識には介入の余地があるという事。しかしまた、この介入のテクノロジーは開発されておらず、肉体を有する者にゆだねられているという事である。フランケンシュタインは、彼が生み出した「怪物」の意識形成に関与できなかったこともまた、プロレタリアートの階級意識の形成が資本の外部で、あるいは資本との対抗関係の中で形成されたという当時の事情とよく似ている。まさに、プロレタリアートは「怪物」、マルクスの言うところの「妖怪」だったのだ。そして、「怪物」である理由は、その外観にあったわけではない。その意識にあったこともまた、この物語を通じて明らかである。

この『フランケンシュタイン』の物語は、様々なバリエーションを生みながら一世紀半を経た現在も、人間の人工的な創造というテーマのひとつの典型をなしてきた。訳者の森下弓子が解説で論じているように、この物語は、『ブレードランナー』にまでつらなる主題でもある。この物語のバリエーションは様々とはいえ、その物語の基本的な構えは、生理学的な身体の創造は可能であるが、精神的な側面の創造は困難であり、決まって創造者は自らの意図したように人造人間の意識や心理を創造する事に失敗する、ということである。『ブレードランナー』でもこの主題は受け継がれ、レプリカントと呼ばれるサイボーグは、より精巧な人間の複製であるが故に、その意識の進化を考慮して寿命を制限された。満たされない孤独と愛、創造者への復讐というテーマはまさに『フランケンシュタイン』のそれとぴったり一致する。

これは、19世紀から20世紀にいたるテクノロジーの歴史において、人間の肉体的なメカニズムが機械に移植されながら、人間のメンタルな側面をコントロールすることに常に最も大きな困難を見いだしてきたということ、そしてまたそこに物語の発生の余地のあることを如実に示している。19世紀の工業化の技術は、物を生み出す人間の技能が機械の技術として外在化されるきっかけを作り出した。人間の身体が記憶してきた物の生産に関わる勘とか経験と呼ばれて言語によっては伝達困難な身体の物に対する認識と操作が、徐々に機械に移植され、普遍化されてゆく。こうして物の生産に関わる身体的な記憶が外部化され、この外部の記憶装置＝機械を操作する手法と目的が残されるにすぎなくなる。

こうしてみると、工業化として開始された技術がさらに人間のメンタルな部分に焦点を合わせるようなテクノロジーへと展開していったことにはある種の必然があったと言える。いわゆる技術「進歩」は、決して運命的なものでもないし、特定の指標――速度の効率性とか量的な効率性といった市場経済が生み出した「効率性」規範――は普遍的なものでもない。ここには、資本主義のシステムが最終的に抱え込まざるを得ない難問、メンタルな側面に集約される「人間」という課題があったからだ。皮肉なことに、西欧の価値観の歴史でいえば、このやっかいな存在は長い歴史の中で、「神」というオールマイティの存在に委ねられることによって、解決されてきた。ところがこの「神」が不在となった時代に、人間は自らこのやっかいな存在に向き合い、その謎を解かざるを得なくなった。こうした意味での人間もまた、近代という時代、あるいは資本主義と呼ばれるシステムの産物であったわけだが。しかも、初期の資本主義が、その社会に存在する大量の人間について、主としてその〈労働力〉を肉体的な機能の側面で必要とし、市民社会における「市民」的な権利の外部に排除して政治的な意志決定の権利を与えなかった限りにおいて、問題は肉体としての人間の能力の操作可能性だった。女性であれば、これに加えてさらに、生殖能力が加わる。プロレタリアートが構成する日常生活の空間は、公式の政治的な空間から切断された、独自の空間を構成していた。資本主義のシステムの側から眺めれば、この日常性の空間は「外部」であった。しかし、言うまでもなく、資本が必要としたプロレタリアートの肉体——機械に接合される身体機械——は、不可避的に、「意識」という資本にとってやっかいなものを付随させた。この「意識」は、同時にプロレタリアートの労働に関わる判断や意欲など、機械としての身体をコントロールするために不可欠な側面を持つとはいえ、しかしまた資本にとっては不要な敵対的な意識をも内包する。こうして、意識を機械のように操作可能な「意識機械」に変容させること、これこそが20世紀のテクノロジーの「夢」となった。

●

工業化社会の表象の問題を議論する場合、必ずと言っていいほど言及されるのがベンヤミンの「複製技術時代の芸術作品」だが、このベンヤミンの主題は、いまや複製不可能と信じられてきた「私」という主体の領域にまで拡張／浸食するようになった。ベンヤミンは、写真以前の芸術作品は一般に〈いま—ここ〉という性質、「一回的に在る」という性質をもち、この一回性によって「その芸術作品の歴史が作られ」「その歴史に作品は、これまで存続してきたあいだ従属していた」と述べ、さらに次のように指摘する。

「時がたつにつれて作品の物質的構造がこうむる変化にしろ、場合によっては生じる作品の所有関係の変遷にしろ、その歴史の一部である。物質的構造の変化の痕跡は、物理学的ないし化学的分析によってのみ明らかになるが、これを複製に対して行っても仕方がない。所有関係の変遷の痕跡は、ひとつの伝統の問題であるが、この伝統を追跡するためには、オリジナルが存在している場所から出発せざるを得ない」（浅井健二郎編訳、久保哲司訳『ベンヤミン・コレクション1』ちくま学芸文庫、588ページ）

これに対して、ベンヤミンは二つの点で、複製はオリジナルにない特徴を持っているということを指摘している。一つは、カメラレンズには人間の目では見えない様々な側面を捉えることができるということ。例えば、拡大やスローモーションといった技術が可能だと言うことである。もう一つの特徴は、「オリジナルの模像をオリジナルそのものが到達できないような状況のなかへ運んでゆくことができる」（同上389ページ）ということである。この二つの性質が芸術作品の〈いま—ここ〉という性質を破壊してしまうとみたのだ。つまり、一回性としての芸術作品の持つアウラを複製技術に基づく芸術作品は破壊したというわけだ。

こうした特徴をベンヤミンはもっぱら写真や映画といった映像芸術によって論じている。このことは、一回性としての芸術として主として彼が念頭に置いていたのが絵画や彫刻だったということとも関わっている。彼は、最も古くから在る言語による複製芸術が20世紀の複製技術においてどのような変化を遂げたのかということについては、ここでは議論の対象外としている。言語の芸術である文学に関して、ベンヤミンはそれが語られるものとしての物語であるのか、書物として存在する小説なのかの違いについて「物語作者」ではっきりとその区別を論じているから、言語における一回性と複製という問題をここで論じていないのは、多分、小説という形式は文字言語としての複製であってもアウラが失われないという問題がそこにはあるからなのだ。例えば、ノヴァーリスを引き合いに出して、芸術作品の必然性を「そこにあることの必然性」として論ずる場合（『ドイツ悲劇の根源』より）には、文学が念頭に置かれている。そこには、極めてはっきりとしたアウラの再生産を含む文学という芸術への認識がある。多分、文字の芸術がそのアウラを解体させる契機になるのは、単なる複製技術の発達ではなく、プロレタリアート自身が消費者となりうるような大量現象として、その複製が意味を持ちうるというケースで、なおかつさらに19世紀以降の新聞などが念頭に置かれている。言い換えれば、プロフェッショナルとしての少数の作家が多数の読者を相手にするという関係だけでなく、「読み手がいつも書き手になる」という関係のなかで、作者の特権的な位置が解体する、ということを前提とすることを考えていたと思われる。映画に関しても、彼がアウラの喪失を論ずるのは、単にそれがオリジナルと複製の区別がつかず、複製がオリジナルであるといった形式であるからということだけではなくて、この技術が同時に多の人々に開かれた技術として、つまり映画の鑑賞者もまたその制作者になりうるという技術の発達の方向をにらんでのことだった。観客と作家という分業を廃棄し、観客（その大半はプロレタリアートだが）もまた作家という位置に立ちうるという条件の成立を見通してのことだった。

しかし、多分、現実の資本主義のシステムのなかで、文字言語のアウラの喪失は別の方向からやってきたといえそうだ。「物語作者」のなかで、ベンヤミンは「市民階級が完全に支配権をにぎるにつれて、新聞が高度資本主義下の最も重要な道具のひとつとなり、そこにひとつの伝達形式が登場してくるのを認めねばならない」と述べている。この新しい伝達形式は小説までも危機におとしいれるものなのだが、それを彼は「情報」と呼んだ。そして、ベンヤミンは、『フィガロ』紙の創設者ヴィルムサンの言葉として、遠くからやってくる知らせよりも身近な情報を読者は好むというエピソードを引き合いに出しながら、「遠くからやってきた知らせは――それが異国という空間的なものであれ、伝承という時間的なものであれ――ある権威をほしいままにしていて、たとえその真偽のほどが検証されなくても十分通用していた」と述べている。つまり、物語にはある種のアウラがまとわりつくものだと見ているのだ。これに対して情報は権威や奇跡の力を借りたりはせず「それが首肯しうるひびきを持つこと」が不可欠だというのだ。「このことによって情報は物語の精神とは相容れぬことが判明する。物語る術が稀になってしまったとき、この間の事情に決定的な役割をはたしているのは、情報の普及なのである」（前掲、187〜8ページ）というのである。

　しかし、ベンヤミンは、物語と情報の相反関係だけを強調しているわけではない。むしろこの新たな情報環境のなかで成立する新たな物語の形式に注目する。これがモンタージュ（編集）であって、映画にその最も大きな可能性を見いだしているということをベンヤミンは指摘していたが、同時に小説におけるモンタージュの試みにも注目していた。「小説の危機」のなかで、デーブリンの『ベルリン・アレクサンダー広場』を取り上げて、この作品におけるモンタージュに言及している。ベンヤミンは、この作品では「小市民的な新聞だね、醜聞、事故、1928年のセンセーショナルな事件、民謡、新聞雑誌広告」がモンタージュされ、「構成的にも文体的にも、従来の〈小説〉を破壊し、新たな、非常に叙事的なもろもろの可能性をひらく」ものだという。こうしたモンタージュによって主人公が構成されるわけだ。ベンヤミンは次のように述べている。

「真のモンタージュは記録文言に基づいている。ダダイズムは、芸術作品に対するファナチックな戦いのなかで、この編集によって、日常生活を自分の仲間に引き入れた。はじめにダダイズムは、確信を持ってではないが、信憑に足るもののみがひとり絶対的な支配権をふるうことができるのだ、と宣言した。映画はその裁量の瞬間において、ぼくたちを編集《モンタージュ》に馴れさせようという素振りを示した。そして、この書物において編集《モンタージュ》がはじめて、叙事文学にとって有用なものとなった」（「小説の危機」ベンヤミン著作集第7巻所収、高木久雄、佐藤康彦訳、晶文社、169〜170ページ）

ベンヤミンは「この編集は極めて緊密におこなわれているので、作者がそのなかに割り込んで発言することはむずかしい」と述べているように、モンタージュは主人公が経験するベルリンの再構成だから、素材を編集するという行為それ自体に作家の意志が込められるが、その個々の要素の内容そのものは複製であるという意味で、複製芸術時代の典型的な芸術表現の形式と言えた。

作者を構成する諸要素が情報として流通しているレディメイドであるということは、白紙の紙の上にゼロから新たな文字を書き記す行為と根本的に異なっている。モンタージュにおいて作者はこうした意味での創造的な主体であることをやめている。全てはあらかじめ準備されたものであって、その組み合わせだけが作者に残された唯一の創造的な行為だということになる。このことは、作者という特権性を解体させるひとつの契機となる。作者もまた、読者であり、読者として自らの解釈を「編集」してみせたのだ。ここには、「編集」という行為に媒介された主体の再生産という新たな主題が見いだせる。

こうした考え方はベンヤミンの言語学への関心のなかに早くから見いだせる。彼は「言語一般および人間の言語」のなかで、次のように述べている。

「言語は何を伝達するのか？ それは、その言語に対応する精神的本質を伝達する。この精神的本質が自己を言語の形で（in）伝達するのであって、言語を通して（durch）伝達するのではないということを知ることが基本だ。従って、言語の話し手を、これらの言語を通じて（durch）自己を伝達する者と考えるならば、そのような意味での話し手は存在しないことになる。精神的本質は、言語を媒介として（durch）ではなくて、言語となって（in）自己を伝達する――すなわち、それは言語的本質に外側から相似してゆくのではない。精神的本質は、それが伝達可能である

限りにおいてのみ、言語的本質と一致する」（佐藤康彦訳、ベンヤミン著作集3『言語と社会』所収、晶文社、14ページ）

ベンヤミンの言う意味でのアウラは、固有名を持つ人間に対してももはや有効性を保ち続けてはいない。固有名を持つ「私」として語ることのできる「人間」という主体、他に代えようのない、また此処に居るのであれば其処には居ないという、空間における唯一性としての人間であるというのが、多分モダニズムの「主体」概念の核心であり、個人主義の理念を支えるものだった。しかしベンヤミンはこのことに疑問を抱いており、言語の背後に確固たる主体としての作者や語り手を想定することはできないと考えている。結局、「私」が「あなた」に何かを伝達するためには「私」は言語になるしかないのだ。この言語を「私」は様々に編集することによって、「私」は様々な「私」を装うことができる。とりわけ物語ではなく情報としての言語が支配的な社会ではこうした方法はより大きな力を持つようになる。

このベンヤミンの複製技術と芸術の問題は、先に指摘した『フランケンシュタイン』に象徴される身体の課題とどのように関わるのだろうか。言うまでもなく、ここで議論の中心になるのは、モンタージュの対象としての人間である。フランケンシュタインの物語は、これを実在の肉体としての身体の再構成として語って見せた。このようにして構成された「怪物」とベンヤミンが引き合いに出したデーブリンによって「情報」から構成されたフランツ・ビーバーコフという主人公（『ベルリン・アレクサンダー広場』の主人公）は、ともに「引用」の産物であるといってよい。だが決定的に異なっているのは、その主体を構成するものが、一方は肉体であり、他方が情報であるということだ。20世紀初頭、『フランケンシュタイン』が生み出されて一世紀になろうとするこの時期が、ちょうどモダニズムの主体が新たな主体の観念にとってかわられる最初の結節点をなしていたと言っていいだろう。こうして、20世紀は、この二つの主体、そしてこの主体を生み出す物語の作家の関係が、徐々に情報による身体の優位と作者の消失――実は拡散なのだが――という「ポストモダニズム」の見慣れた風景に変容する長い過渡期であったのだ。

私たちの身体は、フランケンシュタインの「怪物」ほどにももはや実在性をもたない。それは、「私」の主観とは全く別に、言わば複製技術時代の情報のマトリクスでしかない。医者にとっての「私」は、カルテのデータでしかないし、クレジット会社にとっての「私」は支払い能力の有無を確認できる銀行口座としてのみ意味のある存在であり、免許証の「私」は、そこに記されている氏名や生年月日などのデータの集合でしかない。こうしたデータに対して、文字どおりの「私」は全く信用のおけない存在でしかない。胃痛を訴えても、レントゲンや胃カメラのデータで何も問題なければ、苦痛を感じる私の感覚が「嘘」なのであり、財布に山ほどの札束を持っていても、クレジット会社が支払い能力なしとみなせば、カードでの買い物はできない。臓器移植それ自体も、身体の詳細な情報化の果てに、言わばその最後の確認の儀式として行われるものであって、そのプロセスの9割はデータ化された身体を相手にしたある種の情報処理である。移植がうまく行かなかったのは、データの適合がうまくいかなかったとか、プログラムにバグがあったとかといったこととさほど変わらない。それは、コンピュータにインストールされたプログラムがシステムとコンフリクトを起こしてデータがクラッシュしたりすることとなんら変りがない。

このことは、私たちが、自らの身体的な根拠についての確たる自己確認を得る際にも大いに影響している。自己確認、言い換えればアイデンティティの根拠は、労働から消費に大きくシフトしたのもこの世紀の特徴の一つだ。もちろん労働は廃棄されたわけでもなければ労働が軽減されたり、それから解放されたわけではない。人々の関心が労働という行為よりも消費や日常生活における物質的な「豊かさ」に移った。人々のアイデンティティはこの消費社会では、物の豊かさとして現れるから、生活や人生は資本が供給する大衆的な消費物資のリストによって大衆がモンタージュすることによって構成されたと言っていい。リチャード・ハミルトンの有名なコラージュ[Just what is it that makes today's homes so different, so appealing?]は、掃除機、テレビ、新聞、窓の外には劇場のネオン、フォードのロゴで創られた電気スタンド、床にはテープレコーダーといった50年代の消費生活の欲望を巧みに編集している。このなかにはボディビルの男性とソファに横たわるヌードの女性も配されており、これらの肉体もまた消費の欲望と同列の位置に置かれることによって、肉体そのものがもはや唯一の参照点とはならず、それらをも包み込む「欲望」、それもこれら様々な物によって構成された消費欲望のイメージがまずあらゆるものに先行するということを示して見せた。この意味で生活とは、決して表象と対立する現実なのではなく、現実を構成する表象としてまず大衆が欲望するものなのである。人々が物のモンタージュによって構成するアイデンティティは、「物の豊かさ」を昂進させる一方で、こうした「豊かさ」への依存に対する批判も生み出した。しかし、私たちが手にしたと感じている「物の豊かさ」とは物が与えてくれた豊かさではない。それは、実は消費者としての私たちの欲望が創り出したイメージの差し当たりの拠り所でしかない。物の豊かさ／心の豊かさというおさだまりの二分法は罠でしかない。

20世紀の資本主義の展開は、このようにして物質的生産を資本が次々に制覇すると同時に、単なる物質的な生産にとどまらずに、商品として供給されるものの象徴的な機能に対する介入、あるいは象徴的な生産に資本がますます多大なエネルギーを傾注する傾向を示してきたものと捉えることができる。工業化され、企画化された物の大量生産、大量流通は、物の匿名性を生み出し、消費生活の「画一化」を生み出したという理解が批判的マルクス主義による伝統的な批判の観点だったが、この画一的な管理社会への批判の観点は、20世紀の資本主義の重要な一面を指摘したものとはいえ、十分なものとはいえなかった。

20世紀の資本主義は、工業化をますます進展させながら、ハーバーマスが「生活世界の植民地化」と指摘したように、人々の物質的な生活を市場経済に組み込むことを通じて、生活世界を資本と国家のシステム的な制度に包摂していった。これは、普通選挙権や市民的権利の普及とともに、政治システムの大衆化や総力戦体制による戦時動員体制といった「国民」概念の確立とともに進展した。人々は平等な権利を獲得するにつれて、同時に国家的な義務についても平等な負担を強いられたのだ。こうして、「国民」的な合意のシステムが構築できるかどうかが、20世紀の資本主義の政治的な正統性の確立の重要なメルクマールとなった。

労働の現場では、労働基本権など労働者の権利が確立するにつれて、資本はその専制的な権力行使の手法を強制的な力の行使によるのではなく、労働者の意識に働きかけた合意形成の手法を開発するようになる。こうした意識操作の方法は、国家の動員体制とも深く関わり、20世紀資本主義の基本的なテクノロジーの動向を規定した。精神医学、精神分析、心理学などの諸分野からマスメディアや広告における説得の手法、議会や選挙における弁論にいたるまで、それらは新たなメディアやコミュニケーションのテクノロジーをたずさえて、人々の日常生活における意志決定や欲望の構造に深く関与するようになった。

ベンヤミンが、万国博覧会に見いだしたように、近代の社会において人々は、自らの抑圧や解放を消費に関わる「欲望」という感覚を通じて感じとるようになる。「労働からの解放」とは、資本主義のシステムの中では、余暇とそのために支出できる所得の獲得であり、また気晴らしのための消費であった。満たされない消費欲望は、抑圧を充足された消費欲望として、あるいは快楽を解放として受け取るある種の意味連関の構造ができあがっている。物質的な「豊かさ」あるいは消費社会の形成は、この欲望の充足、あるいは快楽の昂進を物質的な富を介して実現するものだった。こうした欲望は、普遍的なものではなく、市場経済が構築してきた商品の使用価値の物神性に関わる。ベンヤミンばかりか、マルクス主義の基本的な理解とも言っていい使用価値の二次的な性格、交換価値による使用価値の支配は、実は消費社会の中である種のねじれた現象を生み出す。資本主義の市場の構造としては確かに交換価値の支配するシステムは存在する。しかし、この交換価値の支配は実は使用価値に担われなければ貫徹できない。「使用価値は交換価値の担い手」（マルクス）でもあるのだ。しかし、ここで表れる交換価値の担い手としての使用価値こそが右に見た欲望を左右する存在であるとすれば、この使用価値そのものに込められた意味を解きあかすことが必要になる。そして、実はこの問題が資本主義におけるフィクションの構成と表象の問題と深く関わる。

使用価値物神などという概念はマルクス主義には存在しない。しかし、実は使用価値には大いなる謎がある。この謎、それを差し当たり使用価値の物神性と呼んでいるのだが、これは人々の欲望を物に関するイメージの生産として形成するなかに見いだされる。フランケンシュタインが「怪物」という対象に対して抱いた象徴的な意味である。イメージの生産である以上、それはある意味で表象の問題である。商品という確たる市場経済の実物的な世界の問題は、実は表象の問題抜きには論じられないという構成が既に資本主義のシステムの中に基本的に組み込まれているのだ。この点をやや詳しく以下に述べるが、このイメージの形成とその想像力の身体からの離脱、あるいはある種の情報環境への拡散こそが、続くコンピュータによるサイバースペースにおける自我の解体／拡散という事態を準備することになる。コンピュータ・コミュニケーションが生み出したサイバー・スペースは、この使用価値物神を新たな次元に引き上げることにもなるし、またそうである以上、サイバー・スペースは、新たな資本主義の闘争領域ともなる。

物、とりわけ工業製品として生み出された物の意味は、確固たるものであり、疑問の余地のないもののように見える。エッフェル塔同様、そのテクノロジーに支えられた物は、ますます歴史的な装飾を排除するようになる。バウハウスが示したインダストリアル・デザインを、工芸的なデザインを重視したウィリアム・モリスのそれと比較するだけでも明らかなように、モダニズムとは、物の自立であったということも繰り返し論じられた。こうして、私たちはこの物の消費によって手に入れられるものが、どのようなものであるかについても疑うことがなくなった。その結果、人と物の確固たる関係を再生産する資本主義的な意味生産のシステムが存在するということが逆に見えなくなった。

消費者（需要者）の欲望がモノの流通にとって不可欠な条件であるというのは、市場経済の発明である。市場経済のシステムは買い手が所有する貨幣というオールマイティの切り札を出さない限り成り立たない。逆に、売り手は、買い手にこのオールマイティの切り札を出させるように手練手管を使って働きかける。この売り手と買い手のゲームでは、貨幣を手放す動機として利用されるのが欲望という契機だ。売り手は、商品という特定の欲望に買い手の意識を集中させ、貨幣というオールマイティの切り札を手放してでも手に入れる価値のあるものとして自らの商品を供給する。市場経済での売買の成立とは、この特定の欲望の充足の瞬間である。この貨幣を手放す瞬間に向けて市場のスペクタクルはその全てが演出される。広告にせよ、ショッピングモールの喧噪にせよ、それらはこの一瞬のために用意されたものでしかない。高められ興奮状態に維持された欲望は、この瞬間に充足の快楽へと変化する。確かに、消費者はそのように信じて、オールマイティの切り札＝貨幣を手放す。しかし、それは果たして信じるに足るものなのだろうか。消費者はいったい商品の何を信じてそれが自分の満たされざる欲望を充足するかけがえのないモノであると確信したのだろうか。

要するに、ここでの核心は、市場経済において、欲望充足を実現するものとして供給される商品化されたモノには、実は欲望充足の機能はないという点にある。にもかかわらず、そのモノには欲望充足の機能が備わっていると信じられているということ、この確信を形成するのが市場経済、とりわけ資本主義的な市場経済なのだということである。私たちは「欲しい」と思うモノを「買う」ことによって、「欲しい」という感情を充足している、と感じる。それは事実だが、同時に事実ではない。これは、商品化されたモノの持つ使用価値に関わる物神崇拝的な性格によるものだ。商品の使用価値の物神性とは、その商品の使用価値の科学技術的な性質に本来的に備わっている属性によって、その商品に対する使用価値欲望が喚起され、またその使用によってこの欲望が充足されるという観念である。これは、市場経済の中で、売り手と買い手が意図せざる結果としての共同作業によって再生産する社会的な観念である。

私たちのモノへの欲望は、常に所有に先立っている。例えば、私が欲しいと思っている自動車があるとする。この自動車を私が既に所有していれば「欲しい」という欲望は生じない。非所有であるからこそ、そこに欲望が生ずるのだが、では、なぜ人は所有していないモノへの欲望を抱くことができるのだろうか。この欲望にはどれほどの確たる根拠があるのだろうか。私が欲する自動車を私は今まで使用したことはないはずだ。乗ったこともなく、自分で所有した経験もないものであるにもかかわらず「欲しい」と思えるのは何故なのか。あるいは次の様は場合もある。現に今私が所有している自動車があるとする。かつてこの自動車を購入したときには、多額の貨幣を放棄してでも手に入れたいと思ったものだ。そうして手に入れた自動車は今では既に消耗し、使いモノにならなくなっている。そこで新しい自動車を買いたいと考えているが、実は今まで乗っていた自動車と同じモノではなく、別の車種を買いたいという気持ちになっている。では、何故同じ自動車を再び欲しいとは思わないのか。あのかつてのこの自動車を買おうと思ったときに私がこの自動車に抱いた渇望や欲望はどこへ行ってしまったのか。この自動車についてなら十分に経験し、熟知しているはずだ。それなのに、カタログの情報程度しか分らない新しい自動車のほうにずっと魅力を感じている。こうした経験は市場経済では極めて一般的である。つまり、経験に裏付けられた評価によって判断し、経験に基づいて欲望を構成するということにはなっていないのだ。逆に経験しているからこそ、そのものを忌避したり、買わないという選択をすることもあるのだ。「これは買ったことがあるから今度は買ったことのないあれにしよう」という消費者の購買行動は例外ではない。言い換えれば、市場経済のなかで構築される欲望は、経験に基づくものとは必ずしもいえない。経験以上に、市場での消費者の行動を左右するのは彼らが抱くモノに対するイメージ、あるいは「意味」である。「自動車が欲しい」という私の欲望は、私が欲しい自動車そのモノやそれに関わる直接的な経験に基づくのではなく、広告やカー雑誌の記事など、自動車の情報が形成するその自動車に関するイメージなのだ。言い換えれば、私たちはこの自動車への欲望と感じているものは、実は自動車へのイメージへの欲望なのだ。このイメージへの欲望をモノそのものへの欲望として処理するシステムこそが市場のシステムである。従って、私たちは商品化されたモノの購買によって、欲望充足を実感する一方で、そのモノの消費によって私たちが経験以前的に抱いた欲望の充足感に満たされることは稀なことである。なぜならば、私たちは、そのモノ自体によって欲望を喚起されたわけではなく、そのモノのイメージによって欲望を喚起されたのであるからそのモノの所有と消費によっては私たちの欲望は充足され得ないのだ。こうして、私たちはさらに満たされざる欲望の充足が可能と思われるモノを探し求めて市場をさまようことになる。

モノ自体には欲望充足の機能はない、というのは以上のようなことをいう。だから、モノの使用価値は、市場経済的な欲望を喚起するフェティシズムとしての性格が付与されていると言っていい。記号論的な市場システムへのアプローチは、この市場における商品の使用価値のフェティッシュな性格の裂け目を意図せざる結果として明らかにした。例えば、「姿と、かたち。これが、新しいセドリック」「大人として、クレスタに乗ろう」「背が高いこと、ホンダの新しいカタチです」といった意味不明のメッセージが写真入りの広告としてより効果的な「意味」を生み出す。しかし、この文字表現にすればほとんど意味をもたないメッセージが写真や全体のレイアウトといった視覚的な構成のなかで一定の「意味」を持つのは、それらの言語に内在する意味作用なのではなく、むしろ読み手の側に組み込まれた欲望の再生産装置によるものなのだ。自動車に関心があり、もしできれば新しく一台購入したいと考えている消費者にとっては、上のメッセージはある種の「意味」を構築しているということである。この「意味」の構築は、市場経済的な欲望と深く関わっている。言い換えれば欲望が「意味」を産出するのだ。だから、この欲望の側の構造に市場経済的な意味の謎を説く鍵がある。ロラン・バルトは次のようにこの点を的確に指摘している。

「買い手の経済意識を煙に巻くために、対象［物］の前にイメージや理由や意味のベールをかけ、その周囲には食欲をそそるような間接的な実体をたくみに構築し、要するに現実の対象の擬似物を創り出す必要がある。そして消耗という鈍重な時間の代わりに、毎年恒例のお祭りさわぎによって自ら自由自在に消滅していくような高貴な時間を置き替える必要があるのだ。われわれの集団的な想像の世界（略）の源が商業的なものだということは、それゆえ誰の目にも覆い隠せるものではない。」（『モードの体系』佐藤信夫訳、みすず書房、8ページ）

この欲望が、私たちの身体と不可分で、そこから分離不可能なもの——それをデカルト流の心身二元論で捉えようとその否定によって捉えようとどちらでも構わないが——という従来の発想は、欲望が身体に内在的なものではなく、市場経済のシステムがそのモノの経済のために生み出した社会的な生産物であるということを前提したとき、むしろ欲望を身体的な結節点に集約させること自体が、資本主義的な工業化社会の身体観であったのだと断定してしまったほうがいい。（本稿では、モノが人間である場合、とりわけ恋愛といった感情を伴う場合には言及していないが、本質的には同じ構造をもっている。恋愛もまた資本主義的な欲望による構築物だからだ。この点は、本書収録の「売買春と資本主義的一夫多妻制」および「一夫多妻制としての資本主義家族とラカンの『家族コンプレックス』」いずれも本書所収、参照）

工業化の時代は、私たちの身体の肉体的な機能を機械によって外部化し続け、使用価値物神によって、欲望を巧みに物への欲望として組織してきた。だが、70年代以降の4半世紀は、さらに私たちの精神的な領域そのものがコンピュータなどの情報処理テクノロジーによって直接的に機械的に外部化され、物の使用価値を迂回する欲望のイメージは徐々にその存在理由を失いはじめている。イメージはそれ自体として自立しはじめ、同時にイメージはそのものとして私たちの生活世界を構成することが可能になってきた。これは、私たちの生活世界のとりわけ精神的な領域が植民地化されはじめたとみなしてもよいが、しかしこうした地理学的な概念では捉えられないものだ。むしろ私たちの意識そのものがこの身体から相対的に分離して、しかもただひとつの意識――自我とか固有名を持つ一人称としての「私」――ではなく、「私」そのものの多元化である。これは、今まで小説家が特権的に有してきた表象の世界における表現の方法だったが、それがむしろサイバースペースを介して、生活世界を支える新たな主体の存在様式になろうとしている。サイバースペースというのは、ある意味では巨大なフィクションの空間であって、しかもそれがリアルワールドを情報の回路を担う神経組織として皮膜のように覆っている。

20世紀を通じて一貫して開発されてきた心理学、精神医学、精神分析、認知科学といった主として人間のメンタルな部分を研究対象とする科学の発達や人間の身体的な構造を遺伝子工学や分子生物学のように、情報として捉えようとする方法の開発は、こうした精神領域の外部化の前史である。ドーキンスの「利己的な遺伝子」のモデルが完全に市場経済の自由競争モデルを下敷きにしているように、医学、生物学の理論仮説は極めて社会的なバイアスがかかったものであり、イデオロギーから自由ではあり得ないものだった。同様に、サイバースペースを発達させた情報資本主義は、それに似つかわしい人間のモデルを開発することになる。それは情報化された、従ってネットワーク化され、「関係」として捉えられるような身体として構想されることは容易に想像できる。

メディアの戦略も大きく変わらざるを得ない。マスメディアは、当初、私たちの精神的な領域を私たちの身体に残しながらそこへと情報を注入する装置だった。ここでは、「私」という主体がマスメディアに対置され、メディアの情報にさらされる。メディアは、この「私」めがけて情報を照射し、「私」が抱く世界についての意識をメディアの それに合わせようとする。少なくとも、「私」という主体は確認できるある種の実体であることがマスメディアや国家といった近代的なシステムの前提にある。こうしたメディアによる情報の一方的な流通に対して、モンタージュ、コラージュ、カット・アップといった方法は、「引用」と「構成」という情報の受け手に残された二次的な情報の加工の余地を利用して、そこから新たな情報の発信、表現の形成を試みるものだった。私たちは、既に生成された情報に入り込んで、そのデータを書き換えることはできない。だから、それらを恣意的に切り取り、自由に引用することによって、その「意味」に介入しようとしたのだ。スチュアート・ホールがコミュニケーションにおける受け手の解釈の相対的な自立性を強調するためにエンコード＝デコードモデルを提唱するという場合にも、メッセージの送り手の意味を受け手が解釈（デコード）した結果は、必ずしも送り手の解釈と一致しないということによって受け手の主体性を保持したにすぎず、送り手のそもそものエンコードそのものに受け手が遡及的に介入できるなどということは思いもよらないことだった。メッセージは常に一方通行であるということ、それが20世紀の支配的なメディアのあり方であり、それを前提とした表現の環境だった。

サイバースペースはこうした状況を様々な意味で、徐々に掘り崩す。モンタージュが前提とした、引用のための素材そのものの確固とした実在性は、もはやここでは必要ない。デジタル化された画像であれば、ピクセル単位で自由に加工できるということによって、画像は文字と同等のカット・アンド・ペーストの自由な「編集」が可能になった。しかし、それだけではなく、サイバースペースに発信された情報は、多様な「私」を時間的にも空間的にも生み出す可能性がでてきている。ネットワークや双方向の概念は、「私」という主体にむけて情報が照射されるという状況とは逆に、「私」の側がネットワークを経由して、拡散してゆくという新たな状況を含んでいる。ウィリアム・ギブスンの『ニューロマンサー』や『カウント・ゼロ』といったサイバースペースの物語が、従来のＳＦと大きく異なるのは、この「ジャックイン」による主体の拡散にある。ＳＦはテクノロジーのバックグラウンドを明示するために、その仕掛けの技術的な意味に目を奪われやすいが、テクノロジーはここでは可能性としてしか意味をもっていない。むしろこうした物語が多くの読者の実感に訴え得ているのは、実際に人々の感性がネットワーク上に拡散しはじめているということを示している。ダニエル・キイスの『24人のビリー・ミリガン』も瀬名秀明の『パラサイト・イブ』もいずれも、主体の拡散、他者に侵入する「私」の物語であって、私が侵入され解体するという物語ではないと読むこともできる。これらの物語はいずれも身体は「私」を媒介する単なる媒体にすぎない。データが蓄積されたり転送されたり消去されるときに必要になるハードディスクは、記憶の単なる媒体にすぎないのとそれほど変わりはない。記憶はもはや物＝身体に固着せず、それらをやすやすと乗り越えて伝達しうる何かになった。ギブスンはこうした身体を超越する意識の拡散を知的な装いのもとに表現したが、サイバースペースにおけるこうした意識のあり様は、こうしたテクノロジーに仮託したSFばかりではなく、スティーブン・キングに代表されるような現代のホラー小説にも見いだせるものだ。

私たちの身体に属していた情報処理の能力を機械化し、外部化したことによって一面では、私たちの情報処理能力の自立性は大幅に失われ、ネットワークに依存するようになった。こうして「私」がますますデータとしてネットワーク上に蓄積され「私」という主体が逆に拡散される。こうした状態では、マスメディアのように何らかの支配的なイデオロギーとか文化が外部から私たちの意識や無意識の過程に注入されるのではなく、逆に私たちが外部化された機械を媒介として、外部の情報処理のシステムに結びつき、私たちの意識や無意識の情報が外部の情報と交流する。ヘゲモニー的な権力関係の結果としての支配であって、言い換えればこの領域は明らかに新たな闘争の領域となっていると言えるのだ。そこには、自分自身が生み出したデータ化された「私」の片割れもまた存在し、それがブーメランのように今ここにいる（はずなのだが）「私」めがけて襲いかかってくるということも日常茶飯事なのだ。インタラクティブという概念は、このネットワーク上の闘争の諸問題を、闘争ではなく合意形成の問題として捉えようとする意図を図らずも露呈しているにすぎない。もはや使用価値物神という迂回は不要になる。

『フランケンシュタイン』は原作よりも映画によって創られたイメージの方が圧倒的に大きいことはよく知られている。最近映画化された『フランケンシュタイン』は、原作の重要なモチーフをかなりのところまで回復させた。ロバート・デニーロ扮する「怪物」は、自らのアイデンティティを問い、その知性の発達を如実に示す。言い換えれば、この1世紀近く私たちのイメージを支配してきたボリス・カーロフ扮する物言わぬ怪物「フランケンシュタイン」物語は死んだ。そこに示されていた肉体としての「怪物」は、もはやその意味を失ったのかもしれない。こうして『フランケンシュタイン』の物語が、その原典に引き戻されたということは、この物語が象徴してきた表象としての身体のひとつのモデルにピリオドが打たれたということかもしれない。かわりに、私たちのまわりには山ほど多くのサイバースペースの「フランケンシュタイン」の物語があふれ始めている。ここでは、つぎはぎされるのは手や足や胴体ではなく、人々の意識や、遺伝子情報や、得体のしれないサイコキネシスといった類いのものである。もはや脳それ自体も生理学的な意味での実体は必要ではない。60年代の消費社会において私たちが「私」を物を媒介として「編集」して見せたことを、世紀末にはパソコンからサイバースペースにジャックインした「私」の意識を通じて直接「編集」して見せているのかもしれない。言うまでもなく、やっかいなのは、こうした「編集」の作業は必ずしも私が意図した通りに行われるわけでもなければ私の意識によってコントロールできるものとも言えないというところにある。それは、消費社会が物をめぐるフェティッシュな欲望を私たちの内面に形成してきたのに伴って、私たちはさらにやっかいな世界と関わることを強いられているのだ。サイバースペースはある意味で物を媒介とせずに、むしろ今まで物を媒介としてイメージを形成してきた物とイメージの関係が、ここでは全く逆転して、イメージによって物が生み出されるという世界でもあるとすれば、表象はもはや私たちの生活世界それ自体と区別できないものになり、「表象の問題」という問題は、固有の領域としては成り立たなくなったということなのかもしれない。

出典：『ａａｌａ』１００号、１９９５年

原発、自動車、「階級闘争」

昨日、鹿児島川内原発に再稼動用の核燃料が装填された。電力会社も国も、福島第一やチェルノブイリのような深刻な大事故の発生を真剣には想定していない。政府が想定する規模の地震や津波などの自然災害に対する対策の基準をコンピュータのシミュレーションによって満たしさえすれば、住民を避難させなければならないような事故は起きない、というのが基本的な「理屈」になっているので、福島で起きたような住民避難を必要とする事態はありえないということで済まそうとしている。具体的な一人一人の住民や、原発の現場で働く人びとの固有名詞を伴う存在を念頭に置いて、彼らの生存を確実なものにできているのかという「心配」など原発現地から遠く離れた国や電力のトップには無縁のことだろう。彼らにとっては、「人」とはその程度の「数」でしかない。ましてや、「自然」などというものは、ゴミ捨て場でしかなく、ヒトが自然生態系の均衡のなかでかろうじて生存していることなど、4半期ごとの収益や国威国益の前では一顧だにされないということだろう。

真剣に事故の対応に取り組まないというのは、再稼動側にとってはある種の首尾一貫した態度ではある。原発の安全基準を強化して、従来よりも津波や地震に耐えうる構造であるということにお墨付きを与えて再稼動させるということは、こうした災害が起きても、住民を避難させる必要がない対処をした、ということを意味している。しかし、他方で、万が一住民を避難させなければならないような深刻な事故が起きる場合を想定して、避難・防災計画を立てるということになると、こうした避難が必要になる原発事故が現実に起きる可能性を否定しないということになる。

これは、強化されたとされる安全基準を定めたとしても、これを上まわる事故や災害の可能性を想定しうるということを意味しており、改訂された安全基準は「安全」を十分に確保していないということを自ら認めることになる。もしそうであるなら、なぜ、安全基準を住民避難を生じるような事故・災害を防ぐレベルにまでさらに強化しないのか、という批判は避けられないことになる。いったい安全の上限はどこにあるのか?·言うまでもなく上限は「金次第」である。金の切れ目が命の切れ目である。

この安全とリスクは、リスクの原因となる対象を根本から排除するのではなく、これをコントロールしようとする限り、このジレンマから逃れる方法はない。そもそものリスクの根源を根底から排除するということ、つまり、原発それ自体を廃棄すること以外にないのであり、原発の存続を肯定するという選択肢は、リスクを人びとに転嫁することを避けられない。だから、電力であれ国であれ、原発で死ぬ覚悟を受け入れさせようとしているということである。これはとんでもないことのように思われがちだが、そうでもない。人びとは結構安易に「犬死に」を受け入れてしまうのだ。とりわけ「他人の死」であれば。国や電力会社が深刻な事故の可能性を知りながら、それでもなお、原発の再稼動あるいは輸出あるいは新増設へと向かうのは、原発推進側にとっては、リスクを超える経済的政治的社会的利益があるからだ。

ここでいう利益は経済的な利益(儲け)だけではない。例えば、自動車は、現代では生活必需品であり(私は持っていないが)、ライフスタイルの基盤をなし、「文化的な価値」を有する「豊かさ」の象徴でもある。自動車は原発とは違って、年に数千人の命に代えてでも取るべき利益があると、ほとんど全ての人たちが未だに「信じて」いる。これは、自動車の利益が人命を超える価値があるというある種の「信仰」の類いである。交通事故で毎年何千人もの死者を出しながら、自動車を廃止しようという反自動車運動が起きない(当然あってもいい運動だと私は思う)のは、日常生活そのものになってしまったからだ。原発推進派にとって自動車はひとつの憧れの「モデル」である。この国のトップクラスの大学の優秀な学生たちもまた、このような死亡事故の原因を生み出す産業に加担しているという自覚をもってメーカーに就職しているわけではない。電力会社や原発製造メーカーは、自動車産業に許される名誉をなぜ原発が得られないのか、という思いがあるに違いない。これは、原発推進派が、反原発運動に対して、なぜ自動車はよくて、原発はダメなのか?と揶揄したりするなかにも表れている。反原発運動が自動車問題を真剣に議論したことがあるかどうか、私は寡聞にして知らないが、議論した方がいい問題であることは確かだ。毎年数千人が事故死しても、それでも必要だ、という近代文明がなぜまかり通っているのかは、原発を容認する社会のあり方の本質を理解する上で欠かすことのできない議論であると思う。なぜ自動車は、大量死の原因となりながらライフスタイルの中核を占めているのか?技術的にはいくらでも予防は可能なはずなのに、なぜ法定速度を人を轢き殺すことが可能なほどの高速に設定し、なおかつ、自動車自体の構造的な機能としてはこの法定速度を大幅に上回るほどのスピードが出るような設計を許しているのか。この法とテクノロジーのあり方と、これを受容するだけでなく肯定的な「文化」として積極的に受け入れる集団的な精神性そのものの「謎」は、原発の「なぜ」と同じ答えを導くのではないだろうか。この問いは極端だろうか?多分極端に見える。そう見えるのは、それだけ自動車が必須のライフスタイルに埋め込まれているからであり、これを疑う価値観そのものがほとんど消滅しているからだ。これは「自然」なことではなく、近代社会がほんの100年ほどの間に構築してきたことに過ぎない。

福島第一の事故が起きる前まで、実は、この国の大半の人びとにとって原発は自動車と同様、その深刻な問題を熟慮することなく受容されてきた肯定的な価値を体現するものだった。核兵器廃絶運動の長い歴史のなかで、原発は核の平和利用として肯定されてきた歴史があった。かつてウォルト・ディズニーが50年代に「Our Friend the Atom」というアニメと特撮を駆使した核の平和利用賛美の映画を制作したとき、「核」は自動車と並ぶ肯定的な価値を与えうるものだという幻想があった。(既にこの時代までに、「核」の平和利用が深刻な労働災害を引き起こしていたにもかかわらず）この歴史に加担してきたのは、保守派だけではなく、むしろ「革新」とか「進歩的」と呼ばれる政党や知識人もそうだ。最初の過酷事故が米国スリーマイル、2番目が、旧ソ連のチェルノブイリで起きたということが象徴しているように、20世紀の冷戦の相対立する双方が同じ核エネルギーを肯定的に評価してこれを発電のテクノロジーに採用していた。この事態は現在にも受け継がれており、「社会主義」中国やベトナムは原発の新増設に極めて積極的であって、現代の「社会主義」は市場経済の成長主義も技術進歩も根底から疑問に付すような革命を放棄してきた。左派政権のブラジルもそうだ。別の差異の軸をとっても事態はほぼ同じだ。非キリスト教圏に属する東アジアであれイスラム圏であれ、文明の差異を超えて「核」に執着するし、福祉国家の北欧諸国も原発を否定していないから、原発は市場原理主義の専売特許でもない。言うまでもなく、これらの国や文化のいずれも、自動車の価値をその死亡事故の多さにもかかわらず否定したことはない。

言うまでもなく私が言いたいのは、原発はなくても電気は足りている、といった反論では十分ではない、ということなのだ。早晩、原発なくしては電気が足りないくらいの成長をする国々が次々に登場し、日本はますます成長の競争で負け組になり、そうなればなるほど、「核」への欲望を募らせることになる。近代の成長主義社会は、原発がなくてはならないほどまで成長すべきであるという欲望を内在させているのであり、この欲望の根を止めることが必要だということだ。毎年数千人の犠牲者を出しても自動車が必要な程度の犠牲が原発であれ戦争であれ、起きたとしても、それが必要だと人びとが「信じる」信仰の世界を作りたいのだ。資本と国家はこの欲望に人びとの命を巻き込む。

近代社会は、市場と国民国家という二つの大きな「物語」によって構成された特異な制度である。だから近代社会は、この二つの制度を支える固有の精神性を生み出す。市場は「貨幣」に象徴される富の観念への絶対的な信仰を、国家はナショナリズムという虚構への信仰を、人格の中心に据える。資本と国家を現世の「神」とすることで、近代は、「神」の問題に妥協してきた。「神」とは信仰する者が自らの死を委ねることを可能にするある種の観念体系だ。

死の問題は、資本と国家の各々に固有のメカニズムをもって「欲動」として人びとの日常生活に内面化されるものだ。こうして人びとは、この大きな物語のなかで「死」を受け入れるような価値観を生成するのだが、今、このことには深く立ちいらない。リスクはこの死の問題と関わるが、原発が露呈させたのは、このリスクを利益（「公共的利益」）のなかでコントロールしうるものだという権力による「死」の調整の力の存在である。これは、司法制度を通じた死刑、立法と行政を通じた外交の手段としての戦争と構造としては同じことの表れであり、自動車はそのわかりにくい事例であるという意味で、これもまた「死」の権力として説明されるべき事柄なのである。

人びとの「死」の問題は、労働の現場との関わりでいえば、明らかに階級闘争の主要な課題である。リスクと資本や国家の「利益」との間に一定の関係を見いだそうとする発想はその端的な表れだ。人は労働のなかで死ぬべきではないのではなく、ある一定の確率以下であれば死ぬことがあっても「仕方がない」ものとして労働させられている。労災の概念を支える基本的な考え方はこれだ。昨日（7月7日）夜に被ばく労働を考えるネットワークの集会で、ほんのちょっとした質疑があった。原発労働が緊急時に250ミリシーベルトの被ばくまで許すという新たな規制基準の改悪に反対する集会だったが、そのなかで、そもそも労働現場での様々な危険についてある共通した普遍的な基準などはない、ということが言われた。つまり、基準は、労働者が闘わなければいくらでも甘くなり、闘うことで基準は強化されるということなのだ。言うまでもなく、放射線被ばくにはしきい値はない。被ばくしなければしないほどいいのだが、原発の現場は、それを許さない。現行の50ミリシーベルトを250ミリシーベルトに引き上げる圧力は、原発に固有の問題ではなく、近代社会の労働が固有に直面しているリスクの問題なのである。放射線のリスクは資本や国家が労働者に課すリスクの表現なのだ。このリスクから労働者が解放される唯一の道は、階級闘争である。つまり、原発との闘いとは、階級闘争そのものなのだということである。（ここでいう階級闘争の意味は、20世紀の伝統的なマルクス主義のそれとは違うのだが）そして、このことは、同時に、生存のための闘争であり、「死」を資本と国家の利益に従属させるような構造を根底から覆す闘争でもある、ということだ。原発の問題で私たちが深く意識しなければならないのは、これが権力による私たちの「死」に対する支配に関わることだということである。「おまえがどのように死ぬのかは、私が決める」という権力の態度は、神のそれだが、そうした態度を拒否することは、奴隷にもプロレタリアートにも共通した解放の基本的なデザインに描き込まれてきた。そのことを今想起することは、原発が個別課題のなかで解決されえないより普遍的な近代の構造と結びついていることに私たちが気づくひとつのきっかけを与えてくれるだろうと思う。

出典：ブログ 2015年7月8日

グローバル資本主義の次にくるもの

2012年10月に東京でIMF・世銀総会が開催された。東京での開催は1964年以来半世紀ぶりの開催だった。残念なことに、IMF・世銀総会に対する対抗的な運動は2006年の洞爺湖サミット、2010年の横浜APECの時と比べても、十分とはいえないものだった。世界規模の貧困をもたらした新自由主義と構造調整政策が、「国民経済」の危機のみならず政治的危機から武力紛争へ（債務危機の原因の一つに、武器の調達があることも忘れるべきではないだろう）と直接的な生存の危機すら引き寄せてきたのが、冷戦期以降の半世紀の歴史だった。しかし、この国では、こうした国際機関のあり方を徹底した批判に晒す理論と思想の醸成が、とりわけ経済学や政治学の文脈においては欠落してしまった。これは、私のように経済学批判(否定の対象としての経済学)に挑戦してきた者にとっては痛恨の自己批判が必要な事態だと感じている。

債務危機の現状をどのように分析するのかという現状分析については、例えば、エリック・トゥーサン(第三世界債務帳消し委員会)の『世界債務レポート２０１１』(注1)を日本語でネットで読むことができるし、ここでの私の役回りでもない。以下に述べることは、債務危機の構造的な背景として、そもそもの資本主義が内包している生存の経済への敵対の構造である。

20世紀後半の国際的な経済のガバナンスを担うＩＭＦ、世銀は、冷戦を背景として資本主義をグローバルなレベルで維持・再生産する通貨と貿易の構築であり、そのために各国の政府の法と財政という政治経済的な資源を動員するシステムだった。この組織は、「成長と繁栄」の神話を駆使して景気変動として幾度となく現象してきた危機を巧みに乗り切った。しかし、グローバル資本主義が直面しているのは、資本主義的な代替策の見い出せない事態のなかで、グローバルなレベルで、しかも資本主義の中枢諸国を巻き込んで、民衆の異議申し立ての連鎖に直面しているということである。これは、一面では、これまで第三世界で起きてきたことが資本主義中枢諸国で起きているに過ぎないとも言え、新しいことではない。しかし他方で、危機を周辺に排除することができなくなっているという意味では、ＩＭＦ・世銀の構造調整政策の適用がじわじわと中枢諸国に迫っていると言うことでもある。

なぜ先進国といわれた欧米にまで第三世界同様の危機が迫ってきたのだろうか。それは、先進国＝中枢の第三世界化、あるいは、中枢―周辺という地理的な構造に還元できない非空間的な意味での中枢―周辺の構造が、中枢諸国の

（注1）大倉純子訳、http://socialforum.jp/debtbye/DebtByeSpecialIssue2011.pdf

内部に組み込まれてきたことによってもたらされてきた中枢の危機とも言える。言い換えれば、中枢がその地理的な支配の空間（それこそが先進国という国民国家の枠組みそのものなのだが）から排除してきた不都合な関係がその境界の内部に沸き出てきたものだ。その担い手は、移民であったり、非正規労働者であったり、失業者であったり、女性であったり、文化的マイノリティであるなど、典型的な労働者階級の中核をなしてきた社会集団の周辺にあって、伝統的な階級の利益を代弁する政治組織からも疎外されてきた人びとである。２００８年12月、ギリシアで起きた民衆の抗議にはアルバニアをはじめとする東欧からの移民の若者たちが参加していた。他方で組織労働者の姿はほとんど見られなかった。エジプトのタハリール広場には、新自由主義政策によって生業を奪われたカイロのモカッタムのスラムの住民たちも参加していたが、その多くはキリスト教の一派、コプト教徒だった。そして、やや時代は遡るが、２００５年にフランスのパリ郊外、バンリューで起きた「暴動」は、アルジェリアからの移民を親に持つ若者たちが多く参加していた。ポール・メイソンはここ数年起きているグローバルな反乱の特徴を「将来の展望を奪われた大卒の若者たち」によるツイッターやフェースブックを駆使した水平的なネットワーク運動だと指摘したが、これは多分、現実のある一面にすぎないだろう。(注2) むしろ現在進行形のこの大衆的な異議申立ては、概念化が不可能な中に未だある。権力はこれに「形」を与え、排除と統合の境界線をどのように引くかを画策し、運動の側もまた、別の意味と思惑である種の境界線を引く政治に巻き込まれていくだろう。どのような概念化の政治が遂行されようとも、私の関心は排除される側にしかありえない資本主義の次を想像／創造する潜勢力である。

中枢諸国が新自由主義政策を採用し、国家財政による〈労働力〉再生産コストの維持を放棄できるかどうかは、労働運動の資本への統合と弾圧を通じて〈労働力〉コストを切り縮め、正規雇用を縮小することに成功するかどうかにかかっている。これは国や地域によって大きく異なるのだが、一般に、社会主義イデオロギーの後退に伴って、労働者階級を社会政策によって買収する必要性もまた後退したために、運動の軸は、資本主義か社会主義か、という選択肢ではなく、新自由主義かケインズ主義か、あるいは、資本主義か、それとも未だ名づけえないオルタナティブか、あるいは、資本主義か資本主義の否定か（オルタナティブと否定とは必ずしも同義ではない）という曖昧だが可能性に開かれた選択肢に取って換えられてきた。宗教原理主義やナショナリズムの復興は、こうした曖昧さの裂け目をイデオロギーの局面で押し拡げはするものの資本主義を超える条件をもっていない。他方で、代替の要求なき民衆の異議申し立て、「オルタナティブ」という言い回しや「占拠」「われわらが99パーセントだ」という主張に表明されているように、政策や戦略、イデオロギーに還元できない現状への拒否の意識は、未知数とはいえ、資本主義を超える可能性にとりあえずは開かれている。

●

グローバル資本主義が陥っているのは、グローバルな資本過剰である。(注3) その出口は、近代資本主義の基軸であり続けてきた欧米諸国が、その数世紀にわたるヘゲモニーを返上して、かつての植民地諸国のなかで新興国と称されるようになった中国やインド、ブラジルにその経済権力を譲り渡してでも延命するのかどうかというところに来ているように見える。しかし、事柄はそれほど簡単ではない。人口稠密な第三世界が、そもそも人口の希少性を前提として、なおかつ、人間的要素を嫌う資本主義において成功する可能性は極めて低いからだ。やや長いスパンで資本主義の20世紀後半の歴史をみたとき、それは、植民地なき資本主義の失敗（不可能性）の歴史であったということができる。

（注2）下記など参照。Antonis Vradis and Dimitris Dalakoglou eds., *Revolt And Crisis In Greece; Between A Present Yet To Pass And A Future Still To Come*, AK Press & Occupied London, 2011, Paul Mason, *Why It's Kicking Off Everywhere; The New Global Revolutions*, Verso, 2012.
（注3）クリティアン・マラッツィ「金融資本主義の暴力」、A. フマガッリ、S. メッザドーラ『金融危機をめぐる10のテーゼ』、朝比奈佳尉、長谷川若枝訳、以文社、２０１０参照。

20世紀初頭の帝国主義のモデルは、国内の階級構造を「国民」的統合というイデオロギーによって覆いを被せるために社会政策を実施しつつ、対外的には植民地支配による収奪の構造を獲得し、この剰余を国民統合と資本主義的な繁栄の見世物小屋のために注ぎこんできた。そして、帝国主義が植民地解放闘争に敗北した後、市場を媒介とした植民地なき帝国主義の模索を繰り返すことになる。冷戦を背景としながら、ほぼ世界から植民地が消えた1960年代以降、第三世界を市場経済を媒介に再統合し、通貨を金の制約から切り離し、〈労働力〉再生産を担う公共部門すら開放させて市場化した。そして、冷戦の終結以降、社会主義圏を解体させて資本主義市場へと統合してきたにもかかわらず、資本は不安定な環境から抜け出せず、この不安定性を拡大再生産する以外になかった。資本によって支配された市場は、社会の経済のシステムとして明らかな破綻をきたしてきたのである。債務危機(民間の債務であれ公的債務であれ)は、市場経済が金融のメカニズムを経済の存在理由であるところの生存の保障に媒介できなくなっている現れである。世界中の人口を借金の海に追い落としても、それでもなお資本はその欲望を満たせないほど肥大化してしまったのである。

●

私たちは、市場の外部と内部を日々往還しながら生活しているにもかかわらず、市場経済という閉鎖的で自立した構造があたかも檻のようにして存在し、私たちはその中で充足した生存の経済を実現できるのだと信じこまされてきた。

流布されてきたこのような「経済」の概念によれば、今ここにある経済(市場経済)は、人口の維持と再生産を可能にするひとつの全体をなすものであって、経済の法則を発見し、これを制御する何らかのテクニックを見い出すことが可能であるという前提が置かれてきた。市場経済は、社会集団としての人口を維持・再生産する人工的な構築物であり、社会の統治にとっての必須の前提であるということを言いきかせようとするイデオロギーの体系でもあった。ところが市場経済にはそもそもこのような機能は備わっていない。共同体の外部にあって、これを補完することしかできない市場は、生存の保障に対しては限定的な役割しか果せない。マクマートリーは『病める資本主義』(注4)のなかで、資本主義を癌にたとえたが、これはあながち間違った比喩とはいえない。資本が市場のルールを支配するようになり、その自己増殖作用が共同体を破壊し、市場を共同体の内部へ無限に拡張して生存の経済を乗っ取るメカニズムは、悪性腫瘍の作用とよく似ている。しかし、資本主義の側からみれば、この破壊的な自己増殖こそが繁栄と成長なのである。

近代資本主義は、生存の経済を資本のルールが支配する市場という特異なメカニズムに譲り渡すことで成り立つ。解体された共同体は「国民」としての人口に再編され、近代国民国家は、地理的な意味においても法の空間としても、人口を「国民」として社会に繋ぎとめる統治の力を発揮することによって、資本には本来備わっていない人間の再生産を支える装置として近代市場と相補的な関係のなかで形成されてきた。他方で市場は、租税制度を通じて、国家財政に必要な「富」をもたらす。この資本と国家の契約によって、相互の安全、すなわちその継続的な存続が保障されてきた。ここには資本の自己増殖が国民としてのアインデンティティの再生産に結びつく回路、国民国家が要請する国民統合のナショナルなアイデンティティを資本が生存の経済において約束した繁栄や成長によって支えるという関係の形成があった。20世紀後半以降、つまり、資本主義が植民地を喪失して以降、長期にわたって進行してきたのは、この資本と国民国家の回路が断ち切られ、再生の道が徐々に閉ざされてきたということである。

古典派経済学の確立者であるアダム・スミスは、市場の自立的な均衡メカニズムの存在を論証する試みに挑戦し、

（注4）J．マクマートリー『病める資本主義』、吉田成行訳、シュプリンガー・フェアラーク東京、2001年。

この均衡あるいは市場の自動調整機能を「神の見えざる手」と述べたのだが、逆にマルクスは、そもそも市場は共同体と共同体の間を媒介する外部的なもの、つまり、人間集団にとっては例外的な存在であると考え、市場にはそもそも自己調整的に機能するような性質はない、ということを示唆していた。市場メカニズムは、異なる共同体（社会）の異なる経済を市場の一元的な価値体系へと還元して相互に媒介する機能を持つ。市場のルール（商品、貨幣、資本のルール）は、異質性の統合、差異を前提として、これを相互に連結して調整する機能を持っているという意味で、多様性をその本質的な前提としているが、これはあくまで、諸々のモノが商品を纏うことを前提としてのことだ。

近代資本主義は人類史における例外状態としての市場が逆に共同体を乗っ取り、これを解体して、周辺に追いやり、自らが人間集団の経済を支配するという異例な状態を生み出した。古典派経済学から現代の主流派の経済学（近代経済学）に至る経済学の使命は、市場経済には、社会の経済として、それ自体として内在的な安定性（均衡）を達成しうるホメオスタシスが存在するということを理論的に証明することにあった。ただし資本主義のホメオスタシスは、生体のそれとは本質的に異なって、不断の「成長」を前提条件とし、これが社会の進歩と発展という近代社会のイデオロギーの源泉を形成した。しかしマルクスは、スミスに抗して、資本主義の市場経済にはホメオスタシスなどという都合のよいメカニズムはそもそも存在しないということを、19世紀の民衆の闘争のなかから経験的に理解した。マルクスは、「体制」として再生産される構造を、民衆という条件がもたらす不断の変動と摩擦、矛盾と混乱を回避あるいは迂回する技術的構成と動態的なメカニズム、均衡へと収斂することのない資本主義の次へと開かれた潜勢力としての労働による資本への抵抗が組み込まれたもの――構造への統合と亀裂との双方の可能性を秘めたもの――として描こうとしてきた。言い換えれば、資本主義による回避と迂回の回路を遮断して、このシステムを摩擦と矛盾の坩堝に閉じ込め、市場の支配をその本来のあるべき場所、つまり、社会の外部へと放逐すること、これはある意味では自己崩壊のようにも見える過程であるが、しかし、そうとは言えない政治過程として、新たな統治の可能性を開くこと、これがマルクスが構想したものでもあった。

●

近代経済学が、ほぼマルクスと同時代の人びとによって創案された「限界革命」と呼ばれる経済学の仮説を立てた時、その方法論の道具として数学によるモデルを選択し、これが現在にいたるまで経済学の方法を支配し続けてきた。支配的な理解では、経済という領域を含む社会現象が、市場においては価格による量関係に還元可能な現象として現れると考えられている。そして、実物の世界であっても、生存に必要なモノの体系は、人口を維持する上で必要な消費財の量とこの量を生産するために必要な様々な中間財（生産手段や労働力）の量として把握・管理できるものとして理解されてきた。近代経済学がこうした認識を持ち、政府の経済政策や統計の概念と体系、市場のアナリストのレポートもまた、近代の世界観の基盤を形成した物理学と力学的な世界観を前提にしている。「機械化」された経済（生産力の源泉としての工場）、価格によって一元的に説明可能な市場の価格メカニズムを前提に、資本主義経済をひとつの機械とみなすことによって、今ここにある資本主義は、それが存在する以上、存在の必然性があり、この存在が歴史的な実在である以上、それは何らかの継続性を保障するメカニズムが内包されているに違いないという前提を置いて、ホメオスタシスの実在を証明しようとしてきたと言える。永久機械としての資本主義というこの妄想は、19世紀半ばから20世紀初頭に至る壮大な価値論をめぐる科学＝イデオロギー論争を通じて、古典派を換骨奪胎して構築されたマルクスの労働価値説を放逐して、支配的な科学の座を得ることになる。資本主義はこうして「永遠の真理」の体系としての市場経済を支配的なイデオロギーの座につけたのである。

投資家であれ政府の政策立案者であれ、彼らが認識している「経済」とは、主流の経済学が与えた世界観の枠組みに依存している。現実が引き起こす摩擦や変動に対する調整は、主流の経済学の分析枠組みに投げ返されて再帰的に理論に組み込まれ、新たな「均衡と成長」のモデルが構築される。こうして、主流の経済学はその正統性の「確信」のループを生み出すことになる。これは神と教会と信徒の関係が、それ自身の世界観を再帰的に再生産する関係とよく似ている。あるいは神話の世界が普遍的な世界の体系として再生産されるのと同様である。現実の世界にどのような混乱や矛盾が満ち溢れていようとも、それらを経済学のモデルとして再構築しえるのであれば、一切の混乱と不幸は消え去るというのだ。一向に消え去らない混乱や不幸をビジネスチャンスにして生き延びてきた宗教の神観念同様、経済学もまた、現実の混乱や不幸を自らの責任として自覚することはない。ニーチェは「神は死んだ」と言ったのに対して、この国では余り知られていないドイツの哲学者にして徹底した無神論者、ギュンター・アンダースは、そもそも神など存在しないのだから、「死ぬ」ことすらありえない、とニーチェの不徹底な無神論を批判した。(注5) このアンダースのひそみにならえば、主流派の経済学が構築してきた「経済」は、そもそも不在なのである。それ自体は、現実の経済、すなわち、生存の構造を、ただ外部から簒奪する市場の機械であるにすぎない。虚構の経済が擬制の国家と結託して、生存の根源をなす人間と自然の全体を搾取するなかで、金融の破綻や財政の破綻に対する恐怖の蔓延は、支配の構造を支えるイデオロギーの危機という、ある種のシステムのアイデンティティの危機をもたらした。

人びとの世界観を支配しうる「学問」や「科学」の制度を味方につけた経済は、ある意味で精神分析の対象でしかなく、その無意識のなかに抑圧されたもろもろの事柄を意識へと引きずり出して、錯乱へと追い込んでやるのが一番なのである。マルクスはそのことに気付いており、だからこそ、彼の経済学批判の概念は、全く同じ用語を用いた場合ですら、ことごとく、主流のそれとは何の関係もないものなのである。

●

前に述べたように、共同体の外部にあってそもそも社会の経済を統治する条件を欠いている市場が、社会の経済を支配するという歴史的例外状況が社会を不安定にする最大の要因なのだが、市場が社会の経済を統治できない理由はどこにあるのか。それは、社会そのもの、つまり、人間的条件が市場には欠如しているからである。市場経済は人間を再生産できず、人間を市場に統合するためには、人間を商品として扱う以外になく、奴隷は、商品化された人間の市場における基本的な状態である。近代社会は、人権という「市民革命」の条件を前提として、「労働」を人間の行為全体から切り離して、一定期間に限ってその能力を利用する権利として商品化し、労働市場という擬制市場を生み出した。土地（自然）の商品化とともに、資本主義の確立は、権利の商品化を伴っていた。この人間（個人）の権利を売り渡さない限り生活が成り立たないシステムのなかでは、人権が実体としての機能を果す余地は、あらかじめ極めて限られた範囲でしか機能しないように制約されたと言える。

市場が必要とする人間は労働する人間であって、人間そのものではない。労働は資本の関数であり、市場は、資本の外部にある人間の行為を市場の評価に還元するメカニズムを持たない。しかし、人間はこうした意味での労働に還元できるわけではない。だから、マルクスは古典派経済学からの経済学の伝統とは無関係に、労働をクリティカルな論点として、労働ではなく労働の能力を労働力として概念化することによって、労働という行為の意味を古典派や支配的な経済学とは通訳不可能な、資本主義批判の認識の網の目の中心に、「自己の喪失」行為として据えたのである。(注6) 剰余労働はその最も端的なものだが、核心にあるのは、剰余労働に限定されるものではなく、生存の経済を偽装する必要労働や商品の使用価値、さらにはシャドウワークやアンペイドワークに及ぶ労働の総体にあるということにまではマルクスは気づかなかった。

（注5）ギュンター・アンダース『異端の思想』、青木隆嘉訳、法政大学出版局、1997年。
（注6）小倉利丸「自己の喪失としての労働：剰余労働＝搾取論を超えて」、『理論経済』、47巻3号、2010年10月、桜井書店、参照。〔本書所収〕

とはいえ、この労働という主題が近代経済学と決定的に異なることは重要な意味を持っている。主流派の経済学、あるいは資本主義の経済政策にとって、労働は生産要素の一つでしかなく、コストでしかない。しかし、国家という、資本にとっての統治空間の前提をなす側からすれば、「労働」に還元できない人間の管理を一手に引き受けなければならない。経済と政治の間に人間が引き裂かれることになる。この経済と政治の構造的な割れ目が重要であり、ここに一切の矛盾が集約され、「人間」という主体もまた、この割れ目のなかで、引き裂かれた主体を密かに回復しようとする。これが民衆の叛乱の壮大な空間をなしている。反グローバリゼーションの運動のなかで繰り返されてきたスローガン「利潤よりも人間を！」は、現実の資本や開発政策の立案者たちの世界観を支配している資本の従属変数としての労働からの解放を経験的に運動として表明したものだ。

●

資本にとっての迂回と回避という問題は、右のような労働の問題を踏まえたとき、資本主義全体を通底し、なおかつ現在の金融と財政の危機の根底をなすと同時に「成長」イデオロギーを支える神話の基本構造をなしている。資本の効率性を基準にして迂回生産を擁護するのが主流派経済学の価値判断（イデオロギー）であり、「資本理論」の公理だが、ここには、効率性に制約のある人間や自然による労働の直接性よりも機械への依存を選択した方が、資本の利潤率が上昇するということしか念頭に置かれておらず、人間と自然に対する影響への考慮は二の次にされる。飢餓で苦しんでいる子どもたちに母親が母乳を与えるよりも、粉ミルクや栄養食品を与える方が好ましいという選択がここには働く。母親が母乳を与えても何ひとつ資本は儲からないからだ。しかし、選択肢が、母乳か、それとも飼っている家畜の乳か、あるいは近所の女性の母乳か、と並んで、人工栄養という魅力的とは思えない選択がリストの最後にくっついているなかで、選択の自由が母親に委ねられているのであれば、資本の儲けはおぼつかない。人工栄養を唯一の選択肢にするためには、選択の自由の権利を市場における選択の自由にすりかえて、その本来の自由を奪わなければならない。ここで発揮されるのが、共同体の人間関係や自然との関係を分断し、進歩や成長の価値観を介入させることであり、資本を現世の神とする宗教の体系である。その橋頭堡に「教育」の近代化が持ちこまれる。同時に、人間を〈労働力〉とすることによって、その自由の権利を買い取り、〈労働力〉を資本の資源へと統合する。先にも述べたように、「個人」の観念の形成とともに、自由と平等の権利を人びとに与えつつ、これを資本は、労働市場と消費市場を通じて買い戻すことができ、人びとは自らの自由と平等の権利を譲り渡すかわりに、市場での選択の自由の権利、すなわち「何でも買うことができる」とされている貨幣を手に入れ、市場に生活を従属させることになる。

このように、資本主義は、資本が社会の経済を支配し、人間を周辺化し、機械をその中心に据えつつ機械による生産性の向上にありとあらゆる「生産」のネットワークを不断に巻き込み、自然に対して過剰な負荷を与え、自然に対する資本の過剰をもたらしてきた。資本主義が迂回し回避しようとしている当のものとは、人間であり、人間の自然的側面であり、従って自然である。人間と自然、人間と人間の直接性に介入し、そこに効率性という爆弾を仕掛け、最後には人間を追い出すのだ。資本は最大限利潤を目的とし、この資本の目的を合理化するために市場の自由競争が最適な社会の経済を達成するという仮説は、このような前提にたって成り立っている。資本主義を擁護する経済学においては、最も豊かで好ましい社会は、資本が最大限の利潤を獲得する社会であり、社会がこうした状態にないとすれば、資本が十分に儲けることができていないからだ（資本の利潤を保障するように政府は市場を管理すべきだ）という口実を正当化する。資本が最大限に儲けられる社会のために、社会の経済を管理すること、このことに政府は寄与すべきであり、政府には二つの方法があるというわけだ。つまり、口出ししない（新自由主義）か、資本の利潤を下支えするために政府の財政金融機能を発揮させる（ケインズ主義）か、そのいずれかである。もちろん、その成果は資本の利潤率と成長で評価されるから行きつくところは同じ地獄である。

資本主義とは徹底した人間嫌いの体制である。このことが、資本主義が機械化の体制として始まった理由である。市場は人間嫌いであるために、市場経済は〈労働力〉としての人間の自然的な条件（理性＝計算によって測ることができない予測困難な側面）を機械に置き換えるか、機械の支配の下に置くことによって、この人間の条件を回避あるいは迂回するシステムを次々に案出してきたのである。工場に始まりオフィスや流通の現場へと拡がっていった労働者の抵抗を回避する技術としての機械化による熟練の解体に、この人間嫌いの本質が全て示されている。しかし他方で、人間的条件を欠いた市場はありえないから、この意味では市場は人間を完全に排除した完全自動機械として存在することはあり得ない。貨幣とは、市場にとっての最大の厄介者＝人間を市場の秩序に従属させるために、その自由と平等の権利を買い取り、そのかわりに、市場で消費者としての選択の自由を「自由そのもの」として与える仕掛けである。

資本主義はこのように人間嫌いであるが故に、不安定性をその本質とし、この不安定性の排除＝機械による人間の置き換えを「成長」と言い換え、危機を資本の経済的政治的な利益に媒介する固有のメカニズムを持っている。しかも資本主義はある種の壮大な擬制の体系であるにもかかわらず、この擬制を真実なもの、実体を有し歴史としての存在理由を持つものだという誤解の上にあらゆる資本主義を与件とする理論と思想が成り立ってきた。マルクスが「物神性」という概念で論じようとしたことを突きつめれば、商品の物神的性格は貨幣の物神的性格を基礎づけ、貨幣の物神的性格は資本の物神的性格を基礎づけ、資本の物神的性格は、資本が支配する市場と資本主義というシステムそのものの物神的性格を基礎づけるということである。この物神性の構造そのものを支える「科学」を覆すこと、これが今求められていることであるとはいえ、未だに世界への批判は「解釈」のレベルに留まっており、解釈や概念の革

ティブが可能であると本気で信じるか、あるいはとりあえず信じることを装う以外にないという諦めのような感情を伴って、NPOやNGOの主流の「文化」を形成しているように見えるからだ。制度それ自体へのオルタナティブは、確実に、学歴も定職もない階層の生き方のなかに醸成されつつあるはずのものだが、それが、左翼的な反資本主義へと収斂するよりも、極右やナショナリズムのオルタナティブといった世界規模で登場しつつある憎悪の文化へと惹きよせられる傾向もあり、オルタナティブであれカウンターカルチャーであれストリートカルチャーであれ、反体制＝左翼という等式を公理とする時代にはない。60年代末のカウンターカルチャーの時代であれば、三島由紀夫も北一輝もヤクザ的生き方も、左翼の文脈のなかで換骨奪胎して左翼の玩具にする余裕が、ある種の雰囲気として見いだせたが、今はそうした余裕は全くない。ニーチェやフーコーやデリダやマルクスすら資本主義に反対する資本主義という欺瞞的なゲームの中で利用される。これは新自由主義に固有のことではなく、「講壇社会主義」という便利な言葉が生み出されたはるか昔、戦前から連綿と続いてきたことを思い起こせば、少なくとも、この国の近代に一貫する傾向なのかもしれない。

つまり、私には、批判する側の「文化」への関わり方に苛立ちがあるのだ。この苛立ちは、私自身に関するものでもあって、以下に述べる批判から私自身が免罪されているわけではない。苛立ちの核心にあるのは、20世紀の社会主義の崩壊と左翼運動の衰退が文化の革命における失敗あるいは敗北にあると考えているからだ。文化冷戦に敗北し、ポスト冷戦期の反グローバリゼーション運動が社会運動として画期的であったとしても、欧米資本主義文化の壁を突き崩すことはできなかった。ハリウッド映画、ジャズ、ロックからクラブカルチャー、コカコーラとマクドナルド、文化としての自動車、マイクロソフトとアップル、インターネットとハッカー文化、国際的な「交通手段」としてのドルと英語、これらは繰り返し批判されてはきたが、大方の批判もまた、資本主義のなかに、オルタナティブとか「独立」とか「自立」とか「差異」とかあれこれの主流とは区別しうるカテゴリーを与えられて、しかるべき場所を用意され、資本主義の自由を象徴する機能に組み込まれ、同時に文化資本の資源として次世代の支配的文化の予備軍として生かされてきた。これは、いかなる文化も、犯罪性を伴う文化であってすら、この罠から逃れることはできない。テロリズムもそれが文化的な表象としてシンボル化されたものである限り、許容される。それすらも許されないような分野にはちゃんとブラックマーケット（これもまた資本主義的な市場経済であることを忘れるべきではない）が準備される。

社会主義やコミュニズム、あるいはアナキズムが有力な反資本主義の思想を形成してきた19世紀以降、資本主義の支配的な文化は、こうした反資本主義への批判を繰り返してきた。彼らは口汚なく「アカ」を罵しることを繰り返すだけで、十分に大衆的な「死の欲動」を動員できる。在特会は「殺すぞ」「犯すぞ」などという罵りだけで十分なのだ。なぜならば、彼らは資本主義の支配的な文化、ナショナリズムの文化的な価値を前提として、これにスタイルを与えているに過ぎないからだ。ヘイトスピーチへのカウンターアクションは、絶対に不可欠な闘争であるが、それ自体は対症療法以上のものではない。ヘイトスピーチへの批判によって、憎悪を支える心情の次元での他者に向けられた死の欲動それ自体を消失させることにはならないからだ。文化に関わる私たちの問題は、想像／創造力の創造の問題であって、批判はそのための最初の一歩にすぎない。なぜならば、先にも述べたように、文化は批判によって新たな想像／創造力を発揮させることはできないからだ。政治・経済の分野では、マルクスが言う通り、資本主義批判の徹底こそが必要であって、現実を超越したユートピア世界を描くことは現実への批判としての説得力を獲得できないが、逆に文化的な実践は、現にある文化を批判することによっては説得力を獲得できない。想像／創造力に基づく文化の実践が必須なのだ。ハリウッド映画を批判することと新たな表現の創造とは別のことであり、かつ、後者は、将来の理想的な社会を待たずに、今ここで実践しうる（不十分であっても）ものであるからだ。もちろん上に例示した事例に対するオルタナティブはいくらでも見いだすことができるが、問題は、それらが、文字通りの意味で、資本主義という制度に抗う文化となりえているのかどうか、である。これは、繰り返すが、批判の次元の問題ではなく、創造の次元の問題である。

この観点からすると、今世紀に入ってからの非西欧世界の民主化運動は、政治的な自由と民主主義を希求するものとはいえ、文化の次元では、ほとんど何も生まなかった。インターネットはいまだに唯一のthe Internetでありオルタナティブなインターネットは存在しないし、facebookやtwitterが運動の文化のメディアになっているが、これらを凌駕する左翼由来のメディアは不在のままだ。その起源は20世紀にある。左翼文化のなかでは、文学、映画、美術、音楽といった資本主義が生み出した文化のカテゴリーがそのまま流用され、プロレタリアという枕詞を付せばこと足れりという文化への軽視が、20世紀の反資本主義、とりわけ社会主義ブロックと呼ばれる国々において、早々と資本主義的な文化への従属という事態をもたらした。なすすべのない「社会主義」の支配者たちは、ひたすらもぐら叩きのように して「ブルジョワ文化」を弾圧するだけで、想像／創造力のきっかけすら獲得できなかった。これでは近代の文化的な枠組みを前提とした資本主義に対峙できるはずがないのだ。

●

資本主義が文化において実践したことは、世界観を理解する枠組みそれ自体をカテゴリーの革命と表象と観念の革命として具体的な現実の社会のなかに埋め込み、資本と国家をこの文化の再構築の中心に据えるということだった。世界の見え方が変わり、身体や感覚も変わり、そもそも「自己」とか「主体」の位置づけも変わる。神は再定義され、「学問」とか「知」などと呼ばれる世界（神と言おうが言うまいがどちらでもよいし、どのような神であってもよいのだが）が資本と国家に従属する。文化のカテゴリーは資本（市場）に接合されるか、さもなければ国家に接合されて、生かされるものとなる。

こうした西欧社会の理想への素朴な幻想を支えたのは、ロック・ポップスなどの大衆音楽やハリウッド映画から現代美術の「高尚」な世界、あるいはドラッグカルチャやポルノといったアンダーグラウンドなサブカルチャーに至るまで、これらの表象の多様性と批判的なスタンスに自由の意味を見い出すという感覚だ。これが文化資本が仕掛けた遊園地に過ぎないということは、非西欧世界が実際に「自由」な世界に暮すようになって始めて実感することになる。この「自由」な世界で文字通りのかつての「夢」を実現する道は、金が全ての価値観を受け入れて市場競争の勝利者になることだ。資本主義に決別することではありえなかった。なぜならば、資本主義と決別した社会における自由も民主主義も、その実体を実感できるものとして実現されたことがないからだ。反資本主義の運動、あるいは左翼の運動は、資本主義文化の遊園地を否定することしかできていないからだ。ブランドショップのショーウィンドウを石やモロトフカクテルで破壊することはある意味で容易なことで、そのメッセージも分りやすい。しかし、創造的破壊は資本主義の方がずっと上手で、この数世紀、「本源的蓄積」と呼ばれる大量殺戮と破壊の上に再構築（脱構築と言う方が妥当な表現だが）された遊園地を打ち立ててきた。「殺されても資本主義、今度こそは殺す側に立つぞ！」という倒錯した世界を非西欧世界も生きてきたのではないか。もちろん、だからこそ、この遊園地を破壊せよ、というようなことは繰り返し言われてきたことである。破壊することはよいとして、その後に何を？ということについて左翼の文化は想像／創造力を問われることになるが、ここで立ち止まってしまった。資本主義が徹底的に追求してきた欲望の世界は手強い。これはある種のドラッグのような効果をもたらしてきたから、この快楽から離脱する試みは、容易なことではない。

●

私は、新自由主義を特権視する観点をとってこなかったので、ここでも新自由主義ではなく資本主義そのものを問題にするが、上でも述べたように、私の主要な関心は、資本主義批判における文化的想像／創造力にこそ問題の根源があるというところにある。20世紀が冷戦の時代であったとして、あるいは植民地支配がおおむね終焉し、ポスト植民地主義の時代へと移行し、68年革命のような先進国内部の文化変容があったとして、これら全てをひっくるめて、反資本主義文化が資本主義文化に対抗しうる想像／創造力をどの程度獲得しえてきたのだろうか。言い換えれば、20世紀の資本主義に対抗する思想と運動の潮流が、ロシア革命（成功ののちに裏切られた革命となるが、ウクライナでは当初から奪われた革命だった）、敗北したドイツ革命とスペイン革命といった一連の革命と、植民地独立運動を経て形成された第三世界の独立のなかで、あるいは資本主義に対抗するコミュニズムという構図のなかで、資本主義に拮抗しうるような反資本主義の文化を創造しえたと言えるのかどうかの問題である。

右で「拮抗する」文化として私が想定しているのは、左翼文化と呼びうる文化の固有性あるいは特異性であり、資本主義の文脈から切断された自立的な解釈の世界を私たちが獲得できているのかと言い換えてもよい。「あいつらはわけがわからん」と資本家や保守的な政治家たちに言わしめるような意味不明の世界を少なくともマルクスは『資本論』で見せたが、それ以降、文字通り「世界」と言いうるだけの影響力をもって私たちは、このような切断された知を獲得し得たことはあるのだろうか。20世紀の冷戦体制の地図は、同時に、社会主義圏とされた地域において資本主義とは根底的に異なる「文化」を創造する方向を（この方向は一つである必要はない）持ちえただろうか。これは、社会主義圏であれ資本主義内部の左翼についてであれ、この点について、私はかなりの程度まで悲観的である。しかし、資本主義的な文化の優位性に屈して悲観的だと言っているのではない。左翼文化は、批判の文化として、大きな力をもってきたが、想像／創造的な文化としては、自立しえないまま、資本主義の制度に接合されることを繰り返してきた。資本主義は、こうした自己に反する文化を市場を通じて商品化し、それ自体も自己の価値増殖の資源にするという構造をもっている。多分、こうした資本主義文化を超克しえなかった20世紀の反体制文化のなかで、唯一例外と言える挑戦が中国の文化大革命だった。文化大革命は、コミュニズムの矛盾を集約的に表出させた大きな「悲劇」でもあったからこれを肯定的に評価するロマンチシズムに私は与しない。

コミュニズムの理想に程遠い現実のなかに暮す民衆が経験したのは、この今ここにある現実から理想へと転換させる過程を生きることの過酷さだった。理論や思想は現状を批判的に分析し、理想的なモデルを呈示する。しかし、現実から理想へと至る過程そのものを理論化することはまずあり得ない。この過程は、政治過程そのものであって、この過程は抽象的な理論や法の世界ではなく、個別具体的な固有名をもった一人一人の人間の人生を左右しながら、この一人一人の世界観と行動が変容し、理想に近づくような生き方がここから生み出されるものだから、ここにおいては、こうした人々の行動に対して、理想を指し示す思想や道徳の規範は、自由や解放よりも時には大きな抑圧や葛藤となって現れる。自由や平等といった理念は、掲げた目標の達成によって実現されるものではなく、この目標に至る過程それ自体の力学のなかでこそ、その実質的な意味を持つ。理念は実現され得るものではなく、常に実現されるのは、理念未満の不完全な状態であるから、この不完全な状態においてこそ、自由と平等が問われるべきなのだ。理想を掲げることなどはある意味では「絵に描いた餅」で構わないような美辞麗句の類いの域を出ないものだが、そうであっても一旦掲げられてしまった理想に対して、現実の運動は動き出さざるを得ない。抑圧はこうした運動において表出されるわけだから、この運動が自由や平等を体現することとそれ自体でなければならない。この意味で、マルクスがコミュニズムとは解放へと向かう運動それ自体を意味すると言ったことは正しい。ところが、この目標と過程の問題を取り違えて、そもそも理想とか理念とか普遍的な思想とか理論を掲げること自体が抑圧的だと批判して投げ捨て、結果として、現状の枠組みの中で自足せざるを得ないのだとか、微視的な政治や個別の課題に集中し、体制を問うような議論そのものを感情的に拒否する運動感覚（それ自体がいけないとは思わないし、必要なことだと思っている）が支配的になることは、「資本主義」という体制それ自体への根源的な問いを回避する結果を生み、左翼の存在理由の根拠を掘り崩す結果をも招く。

事実、ここ数年の民衆運動は、いわゆる「アラブの春」から南欧の反新自由主義運動、北米出自の「99％運動」そしてウクライナやロシアの民主化運動に至るまで、共通の理念としての反新自由主義と文字通りの意味における民主主義の復権（腐敗した政権の打倒）は、近代資本主義が掲げた「理想」の域を出るものではない。ナオミ・クラインの『ショックドクトリン』も、フリードマン流の新自由主義こそが問題だとみなして、資本主義が問題なのだとまでは言えていないし、革命もまたショック療法だということになり、喧嘩両成敗に陥る危険をもっている。非民主的で腐敗した政権が問題だということであれば、欧米流の民主主義と国民国家、公正な競争原理が保障された市場経済による安定的な成長に基づく繁栄という「夢」を見ること以上の要求はここからはでてこない。新自由主義でもケインズ主義でもどちらであれ、現状の政治・経済の腐敗と破綻に比べればマシに違いないということ以上のものではない。もちろん、ラテンアメリカの幾つかの革命のように、独裁から民主主義への移行が資本主義ではなく社会主義へと帰着する潜在性を秘めた出来事は少なくないし、その歴史的な意義は小さいともいえない。しかし、問題はより根源的なところにある。私たちが求めるべきなのは、民主主義国家でもなければ公正な市場でもないからだ。なぜなら、そのようなものは教科書のなかにしかない虚構だからだ。しかし、虚構の力は現実の力をもって実際の抑圧を構成しているのだ。統治機構としての国家や生存の経済としての市場経済といった近代世界は、それ以前の社会とは根本的に異なるパラダイムの上にシステムを構築してきた。こうした現にあるシステムを継承しない可能性を獲得しなければ資本主義に拮抗する新たな社会は創造できない。これは、政治的社会的な問いであるだけでなく文化的な問いであり、理解しえないものの方へと向かう運動の潜勢力を獲得するという問題である。

「理解しえないこと」の重要性について少し述べておきたい。近代資本主義が非近代（時間的空間的に）の人々にとって「理解しえない」ことの上に構築され、従って、非近代世界の人々にとって近代の世界観を受け入れるということは多かれ少なかれ、苦痛や違和感を伴っていたが、数世代を経て、近代に同化するようになったという経緯を私たちは軽視するか忘れがちだ。これは本源的蓄積の文化的側面の問題である。たとえ西欧という地域に生きていたとしても、近代以前の人々は、近代という時代の文化的な表象をほぼ理解しえないに違いないと思う。近代は、近代に固有の文化的なカテゴリーに沿って表象の秩序が組み立てられており、このカテゴリーを知らない者にとっては、世界を統合的に観念することが困難だからだ。近代の世界の中にある者達は、こうした非近代的な人間の世界観を非合理的と呼ぶが、近代の世界に住む者たちが合理的なわけではない。例えていえば、近代に住む者たちは、天動説の日常を生きながら、地動説の観念を「科学的に正しい」とする世界にあり、非合理な世界と合理的な世界が表裏一体となり、合理的な言説が非合理な世界を正当化する仕掛けを備えている。相対性理論の話をこれに加えると、もっと厄介な世界の存在を抱え込むことになる。あるいは、遠近法のように、物本来の大きさよりも、見える物が持つ他の物との相対的な位置に規定された見かけの物の姿を写し出すことの方が「本物」らしいとする主体の視覚を実感し、本来の物と表象としての物との間にある差異を区別しつつ表象の擬制の世界を「嘘」とか「騙し」とは呼ばずに「正しい」ものとして受容する感性を生み出した。（3D映画はその延長線上にある）

これは、市場経済においてモノが商品となり、その使用価値が買い手の欲望を繋ぎとめる際に生じる構造の基本的な前提となる世界の見え方を規定するものだ。商品の使用価値は、買い手の欲望の係留点をなすが、これは、ほとんど例外なく、その物自体ではなく、その物にまつわる情報（「記号」などと言われるヤツだ）から構成されている。パッケージのデザインや広告のメッセージ、知人友人の評判などなどだ。これらは、商品の科学的な属性とは何の関係もない生活感覚の世界だ。ここには地動説と天動説の世界が再現されている。同様に、商品は主体（買い手）の主観によってその価値が評価される。主体と物との距離、その物が他の物との間にとり結ぶ距離関係、こうした配置の中でその物が実感される。これは物をそれ自体として実感するのではなく遠近法の世界で捉えることを「正しい」対象認識だとする世界だ。近代経済学はこの世界こそが世界の真実だと主張し、マルクスは、遠近法に騙されるな、物の本当の大きさと質はこうだ！とばかりに、その物を掴み、解体し、そこから「労働」を取り出してみせた。別の例を示そう。旧日本国憲法が、荒唐無稽な現人神信仰を謳いながら、近代国民国家として「理性」の体系を装ったのも同様のものと理解できる。明治以降の日本の近代化は、近代医学を導入し、自然科学が学校で教えられながら、人間が神でありうる自然科学的な根拠については誰も真剣に論じなかったように見える。

近代の世界は、世界としての統一性がとれておらず、日常生活それ自体が、意味を「合理的」に組み立てることのできないものとしてありながら、ほとんど多くの人々が、この世界を「合理的」で説明可能な世界だという感覚に捉えられてしまった時代である。学校の時間割上に配列される学科の相互関係とか、なぜ「知」の実質よりも点数化された評価が優位にあるのかとか、なぜ生活と無関係な「労働」に一生を費やすことができるのかとか、なぜ昼の時間を共有できない者たちが「家族」という小集団において親密な感情を抱くことができるのかとか、いずれも、不可解なことであって、世界は本質において、統合されたものとしては構成されてなどいない。自然科学がいかに発達しても神の存在証明に固執する迷妄が消え去らないのは、自然科学が妥当とみなす合理的な世界の側に、近代という時代を越える普遍性が実は十分には備わっていないということを暗示するものだ。神は必要で地動説などなくとも生きられる、という頑固な観念は、前近代的なものではなく、近代そのものだ。この矛盾を人間の欲望として構造化して統治と富の集積の基礎に据えるという離れ業をなしとげたのが近代という時代の文化的な本質である。文化とは、近代世界のバラバラで相互に関係を見いだしうることが極めて困難なかにあって、人々がそれでもなおかつ主体としての自己を維持するための装置である。だからこそ近代資本主義が自己防衛として構築してきた文化の前提となっているカテゴリーとその制度化（物質化）を解体することなしには、資本主義を退ける想像／創造力は生まれないということだ。近代が非近代世界に対して実行してきたような世界観の転換に抵抗するために、「文化大革命」のように近代の世界を暴力的に更地にして人々の記憶を抹殺するような抑圧的な手法ではない何ものかを必死の思いで模索することが必要だ。これは、本来であれば、左翼が唯一担いうる課題なのだが、私たちは、政治と社会の運動に優位性を与えてしまい、文化的な実践をそれらと同等のものとして位置づけうるような思想と理論（複数あっていい）は未だ未知数のままだ。

近代は、それに先行する（あるいはその外部にある）社会には存在しなかった世界についての感情と理解の枠組みを独自のものとして数世紀かけて構築してきたが、同時に、こうした近代の外部にある世界観を「伝統」や「文化遺産」として位置付けなおし、近代を「文明」の系譜の延長線にあるものとして、歴史的な正統性を構築した。ルネサンスはそのような出来事であったし、力学的な世界観と機械による世界の再編が数千年にわたる人間と自然の関係を転換させ、人間が理解する「世界」を変えた。よく知られているように、いわゆる芸術と呼ばれる分野が、宗教や政治から相対的に自立した固有の領域になるのは近代以降のことだ。絵画が、教会の壁画として聖書の教義の表現であったり、支配者の肖像であったりする必要がなく、さらには、「写実」である必要もない、二次元の平面という制約だけが条件とされる表現になるのは、近代になってからのことだ。演劇であれ音楽であれ、もっぱら聴衆というカテゴリーが成立するのも近代になってからだということはよく知られている。音の霊性とでもいうべき性質は衰退し、神と労働との繋がりも希薄になる。神や神話の世界のような不可視の存在を描くことに代えて、人間の内面にあるとみなされることになる「感情」を表現することを通じて、存在の本質をその可視的な対象から切りはなして自由に再構成しうるものとする表現の世界が生み出される。これは、市場経済が人々の欲望に特権的な位置を与え、額縁で平面を区切られた絵画は、空間の所有と商品化のシステムそのものであり（教会の壁画を売買することは困難でも、とりはずせる絵画は容易に持ち手を変えられる）、楽譜の成立は、音楽が時間と場所を問わず、「複製」されうるものとなることによって、祭礼の音楽は場所と時間を選ぶのとは逆に、この祭礼的な様式をいつどこでも再現可能なスペクタクルに転用し、市場経済の享楽のシステムに接続することを可能にした。学問の世界も近代社会の構造に沿って分業化された。近代の個人主義は哲学や政治学の発明ではなく、共同体的な紐帯の危機のなかで、資本主義にとって最適な社会集団の理想モデルとして必要とされた「人間」に普遍的な装いを与えるものとして、「知」に要請されたにすぎない。経済学は市場経済しか対象にしなかったし、政治学も国家しか対象にしなかったのは、これらの学問なるものが、近代を超えることができない限界を原理的に有しているということでもある。哲学も同様に、哲学者という「主体」（個人主義の象徴であり、デカルトとスピノザを包含するものだが）を廃棄できない以上、近代を超えうるものにはならない。哲学が根底から匿名性を獲得し、固有名に還元しえないものになったとき、近代性からの一定程度の解放を成し遂げることになるだろう。自然科学も同様であって、力学の発展も遺伝子情報に還元される生物学も、これらは近代社会の必要の上で開発されたものであり、その多くは日常生活の世界にとっては余計なものばかりだが、近代は、近代以前の社会にとっては理解しえない世界を構築することによって、近代による世界支配を確立し、世界は「近代化」されるべきである！という命令が全てを屈服させてしまった。近代の外部からすれば不可解な世界であっても、近代の側からすれば、近代の外部は、近代という解読装置によって翻訳可能な世界なのだ。つまり、近代は、この外部を翻訳し内部化する（外部の知を収奪する）構造を開発することによって、これまでの世界にない多様性に基づく支配を実現した。

●

マルクスが市場経済は共同体と共同体の間に生まれると述べたことは、重要な指摘だ。共同体とは、近代以前の農村共同体のような社会制度だけを意味していると解釈する必要はない。共同体とは、非市場経済的な人間集団であり、家族はその典型だが、それだけでなく、市場の売買契約以外の関係によって結びつけられた人間関係一般を指す。こうした共同体は、幻想であれ同質性に基づくアイデンティティの共有を必要とするが、市場経済は、逆に、本質的に異食喰いのシステムなのだ。新奇なものや異質なものを呑み込み、市場の細胞の隅々にまで行き渡らせる。異質な共同体相互の間に生じる摩擦や矛盾それ自体が、これを媒介する市場の活性化要因をなす。レコード産業は、新曲を出し続けなければならず、同時に、新曲はヒット曲としてあまねく同じ曲が可能な限り多くの人々に受容されなければならないという二重の動機をもっているように、繰り返し新奇なものを生み出しつつ、これを反復再生産する機構が必要だ。新奇なものは、産業の内部からは創造しえず、多くは、その外部で、時には異なる文化資源を採掘することによって抽出される。このようにして充満した新奇なものはもはや新奇ではなく、新たに新奇なものを外部から調達しようとする。反復と新奇性の組み合わせのなかで市場は維持される。新奇なものが、既存の秩序に対する脅威にはならず、混沌ともならないのは、新奇なものを新たなカテゴリーに分類して近代の価値規範（文化）の内部に翻訳し直す強靭な観念の胃袋を持っているからだ。これは、異なる文化や習俗を持つ諸々の共同体と接触し、これらの共同体内部のモノをその共同体に固有の文脈から剥ぎ取り、別の共同体に商品として持ち込み、この共同体の文化的な規範を乗っ取る。こうして市場に接合された共同体は、徐々に市場に媒介されるだけでなく、市場の規範によって過剰に決定され、共同体に帰属するモノの体系は、市場を介してもちこまれる外部のモノと接合されて、その意味が組み換えられる。こうした市場の場所が近代の核心をなすものでもある。「日本文化」も近代化のなかで、このようにして西洋によって発見され、この西洋という他者を通じて、この国の人々と国家は自己の「日本（人）」としてのアイデンティティを構築してきた。

資本主義は、このような意味を伴う欲動のシステムである。これは単に、物としての社会的な富への欲望を促すばかりでなく、知とか感情などと呼ばれる人間の非物質的な側面への欲望をも促すが、富への欲望が死を賭すこと（植民地戦争や帝国主義戦争から工場内部の労働者の死に至る収奪まで）を内包し、知あるいは科学の欲望は、死を近代の正当性に接合してみせる。資本と国家は、これらの欲望を生と死の欲動の弁証法として、自らの周辺に組み立てる。近代に固有の欲望が、逆に、欲動としての普遍性を有するものになる。近代社会における個人としての人間と人間の関係に内在するエディプス的な欲望は、そのわかりやすい例だが、それだけではなく、主体を取り巻く人間以外の環境との関係に内在する欲望をも含む。例えば、ハロルド・F・サールズが「ノンヒューマン環境」と呼んだような「環境」だ。欲望は、知識や意味の構造に深く喰い込んでおり、「理解しえないこと」を資本主義的な秩序のなかで「理解しうること」へと変換する解釈＝翻訳の装置を内蔵している。これが、資本主義が16世紀以降、非西欧世界を植民地化し、その文化に接することなしには富の蓄積それ自体をなしえず、富の蓄積に限界を設定せず、外部を解体しつつ近代化する戦争と繁栄の世界性を支えてきた。解釈の科学は、人類学、民族学、考古学から言語学、心理学などの広範な学問と不可分なものとして形成され、他方で、経済学は、市場と労働の、法学や政治学は、近代国家と統治の規範科学として構築された。繁栄（平和）と戦争は、この意味で、表裏一体であり、戦争を伴わない繁栄を実現したことは近代の歴史はじまって以来一度もない。キリスト教が植民地主義に果した役割といった文明的な事柄ばかりではない。ドルフマン＝マッテラールがチリにおけるディズニーが果した役割について論じたように、あるいは、ウォルト・ディズニーが「アワ・フレンド・アトム」（1957年）で核の平和を宣伝したように、富と死の表象は表裏一体のものとして近代的な世界支配を支える文化であった。近代日本も例外ではなく、日本の資本主義的発達は、戦争による繁栄によって成し遂げられてきた。「天皇」という荒唐無稽な物語と科学技術と官僚制をフルに動員した富国強兵の絶妙な組み合わせのなかでグローバル資本主義の中枢の一角を担うまでに成り上がった経緯は、私たちには周知の事柄である。この近代化の過程で「日本文化」という虚構が構築される一方で、その周辺に死を配置した。戦前戦中の構造ばかりでなく「憲法9条」もまた、アジアの戦争を自らの経済的な繁栄に媒介する役割を果し、日本人の優秀さや「平和」な民族という神話構築に加担してきた。私たち「日本人」にとって憲法9条は平和のメタファだとすれば、アジアの民衆にとっては、戦争と経済帝国主義の別名でしかない。

●

社会の多数者が肯定する文化は、この多数者にとっての文化的アイデンティティの意識的な構成要素ではなく、環境であり、人間的な自然である。近代化が数世代経過した社会では、人間は、この近代的な環境の中に生れ育つ。出生直後の人間が最初に接触する人間は、人間一般ではなく、近代的な家族のなかの母であり父であり、病院という制度のなかの助産師や医師である。子どもたちを取り巻く物の世界は、その大半が市場経済から調達された物である。スヌーピーのぬいぐるみ、テレビのアニメばかりでなく、衣食住の大半は商品の痕跡を帯びた物からなっている。こうした環境が、客観的な根拠抜きに人々の「多数意識」あるいは「普通」意識を構成する。個々の人々にとっての支配的文化とはこのようなものとして構成される。こうしたなかで子どもは、自己を外部から分離し、人と物を区別しつつともに自己から外化＝疎外することによって、市場経済が支配的な社会の混沌からかろうじて自己を形成・防衛する。このようにして形成された自己（自我）と外部との間にあって世界の秩序と見えるものを構築するのが文化の役割だ。文化は、隠喩と換喩の世界として、あるいは、「記号」や「象徴」などと呼ばれる世界として、言語の秩序に還元されえない事柄をも包含しうるものとして機能する。文化は、混沌の外部との分離壁としてあるから、この分離が不十分であったり、崩壊したりすると、自己は混沌の中に投げ込まれてしまう。外部が自己に直接統合される。ジャック・ラカンやドゥルーズ＝ガタリが「機械」として語った主体のありようは、このような機械に接合した自己という近代社会に固有の矛盾の表出だった。支配的な文化は、単に人々の外部にあるあれやこれやの表象に還元してはならず、人々のパーソナリティにその出生の当初から書き込まれた意識（私が「身体性」と呼んでいるもの）に組み込まれたものである。しかしこれは、宿命でも生得的で変更不能なものでも決してない。むしろ逆に、支配的な文化を自然なものではなく「支配的な」ものとして意識化し、非支配的な文化の存在が自覚化されて自己から疎外し分離することは常に可能である。なぜならば、文化的な環境が純粋な支配的文化によって構成されることはありえないからだ。

このような意味での支配的文化とは、社会の秩序（その中核にあるのは市場と国家である）に違反しないとみなされる文化であればよいのであり、自由や平等といった近代主義の基本的な理念、ナショナリズム、企業、家族制度についての価値観や道徳である。支配的文化それ自体が総体として矛盾のない全体をなしているというわけではない。むしろ相互に多くの矛盾を含みながらも、この矛盾の臨界領域が支配的な秩序の限界をなす。法はその可視的な境界をなすが、むしろナショナリズムのような感情的な共同性がその臨界領域を形成する。多くの場合、民族的優劣の序列を争う文化イベント（オリンピックのようなスポーツ、ベネチアビエンナーレのような国別の芸術祭など）によって刺激を与えられ、他方で、平等の理念には、国家間の優劣や民族差別を否定する価値観が含まれうるはずだが、実際には、そうはならず、他者を排除した上での「われわれの間の平等」だけが議論の俎上にのせられる。ここに、市場と国家を基軸とする近代の自由と平等の決定的な限界がある。文化はこの限界を感情のレベルで共感へと導く枠組みとなる。19世紀から20世紀初頭の帝国主義の時代には、資本主義国家が相互に敵対しあい、戦争を引き起した。戦争は、支配的文化の内部で起こされたものだ。資本主義としての共通性よりも、国家としての特異性が優位を占め、資本主義としての覇権を暴力でもって決着をつけようとするものだった。戦争を阻止できなかったのは、この近代の市場と国家が構築した死の欲動に基づく文化に抗する文化を構築できなかったために、民衆の感情を戦争として表出した死の欲動から切り離すことに失敗したからだ。冷戦期は、資本主義としての共通性ではなく、資本主義か社会主義か、という社会体制の選択が対立の軸を形成したが、20世紀の社会主義が敗北したのは、文化的な想像／創造力において資本主義に寄生し続けたからだ。批判の文化以上のものを創造しえなかったためだ。市場が商品の使用価値に込めた空想の世界に敗北したのである。

政治や経済とは異なって、左翼にとっての文化は、批判によっては完結しない。公共部門の民営化や福祉・社会保障の切り捨て政策、不安定な雇用と貧困などをもたらした原因を批判的に分析することは、左翼の社会科学が果すべき重要な課題であり、それ自体が、新たな社会制度を描くことがないとしても、批判としての有効性が損われるわけではない。しかし、マルクスが『資本論』で批判の徹底を試みて創案した価値論の世界（労働価値説と剰余価値の議論は、支配的なアカデミズムには理解しえないものであり続けている）が、資本主義の認識を根底から変えたように、批判それ自体が想像／創造的であることがその大前提である。文化領域は、それ自体が、創造的な行為の領域であり、批判が新たな表現を介した文化の解体的構築に結びつかない限り、それはほとんど意味をなさない。形式が文化にとって重要なのは、文学、美術、音楽、演劇、映画といった近代文化を支えてきたカテゴリーが近代性と不可分であるからであり、むしろ主題が問題なのではない。その主題がプロレタリア的かどうかではなく、こうした様式そのものを前提にすることが支配的文化そのものだから、このカテゴリーに依存しないということがいかにして可能かという問題である。右のような言わば「文化としての文化」を例示すると逆にわかりにくいが、服装や料理、住まいといった日常生活を念頭に置けばよりはっきりする。スーツを着ることとホワイトカラーという職業との関係は、服のスタイル抜きには成り立たないように、日常生活はスタイルの網の目を通じて、生活文化の意味が構成される。こうした一切のモノの連鎖を剥ぎ取って裸の人間を想定したとしても、言語と身振りや表情というスタイルを奪うことはできない。言うまでもなく、資本主義的な文化様式は、こうした膨大なモノが、人間にとっての意味の集積として現れるものだ。左翼というスタンスは、こうした文化を批判するスタンスであるとしても、批判それ自体が新たなスタイルを創造することそれ自体を意味することはない。19世紀までの社会主義やコミュニズムは、将来社会への構想力にその現実性を委ねたが、20世紀の左翼は、ロシア革命を契機に、現実にある社会主義なるものを前提にして将来社会への創造力を抑圧（禁欲）し、スタイルの創造を放棄した。批判の文化はあっても創造の文化は果してどれほどのものを残しえてきたのか。革命の考古学はこの意味で、ある種の可能性を残してはいるだろうが、むしろ、未だありえないもの、考古学ではなくユートピアこそが必要なことは間違いない。しかし、問題はユートピア的な想像／創造力ではなく、そこへと至ろうとする過程それ自体のユートピアである。

出典：インパクション195号2015年6月

小倉 利丸（おぐら としまる）

2015年3月まで富山大学教員

著　書『支配の「経済学」』（れんが書房新社）
『ネットワーク支配解体の戦略』（影書房）
『搾取される身体性』（青弓社）
『アシッドキャピタリズム』（青弓社）
『カルチャークラッシュ』（社会評論社）
『多様性の全体主義、民主主義の残酷』（インパクト出版会）
『抵抗の主体とその思想』（インパクト出版会）など

ブログ　http://alt-movements.org/no_more_capitalism/modules/no_more_cap_blog/

連絡先　ogr@nsknet.or.jp

絶望のユートピア

定価　5,000円＋税

2016年10月5日　初版発行

■著　者　小倉利丸
■発行者　勝山敏一
■発行所　桂 書 房
〒930–0103 富山市北代3683–11　TEL（076）434–4600
■印　刷　株式会社 すがの印刷
■製　本　株式会社 渋谷文泉閣

地方小出版流通センター扱い　ISBN978-4-86627-014-2

＊造本には十分注意しておりますが、万一、落丁・乱丁などの不良品がありましたら、送料当社負担でお取替えいたします。